SEITE 50

REISEZIELE IN MAROKKO

ALLE ZIELE AUF EINEN BLICK
Fundierte Einblicke, detaillierte Adressen, Insidertipps und mehr

SEITE 525

PRAKTISCHE INFORMATIONEN

SCHNELL NACHGESCHLAGEN
Tipps für Unterkünfte, sicheres Reisen, Smalltalk und mehr

James Bainbridge,
Alison Bing, Paul Clammer, Helen Ranger

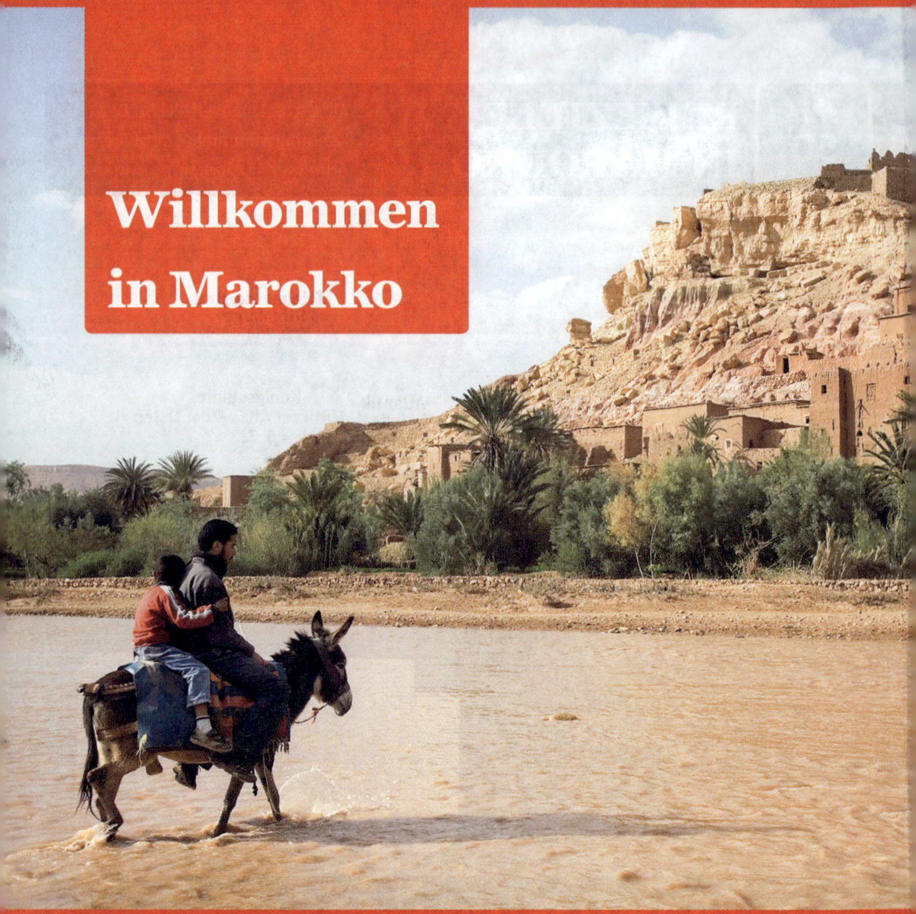

Willkommen in Marokko

Berge & Wüsten

Dieses Land ist wie gemacht für Traveller. Marokko zeichnet sich durch wunderschöne Landschaften aus, die ähnlich farbenfroh und vielfältig sind wie die Teppiche der lokalen Kooperativen. Die Bergregionen – darunter nicht nur der berühmte Hohe Atlas, sondern auch das Rifgebirge und sonnenverwöhnte Hänge, über die man zu den Wüstenoasen gelangt – sind zugleich schlicht und atemberaubend: Hier ist die Luft dünn, Sterne funkeln am nächtlichen Himmel und vom Tizi-n'Test-Pass blickt man auf bauschige Wolkenbänke. Weiter unterhalb erwarten einen schroffe Küsten, Wasserfälle, bewaldete Hügel mit Höhlen und natürlich die imposante Wüste.

Traditionelles Leben

Die Landschaft versetzt Touristen immer wieder ins Staunen, ist jedoch für die einheimischen Berber, Araber und Sahrauis ein schwieriger Lebensraum. Obwohl Autobahnen zwischen Moscheen und Kasbahs davon zeugen, dass ein neues Zeitalter begonnen hat, sind die Marokkaner nach wie vor eng mit der Natur verbunden. Im Süden trotzen sie mit ihren Roben und Turbanen der sengenden Hitze der Wüste, haben aber das Handy stets dabei. Dennoch geht das traditionelle Leben in den Dattelkooperativen, bei den Gewürzhändlern, bei der Herstellung von Berberteppichen, in Hafenstädten wie Essaouira und in den Bergdörfern mehr oder minder unverändert weiter.

BRIAN CRUICKSHANK / LONELY PLANET IMAGES ©

Marokko, das Tor nach Afrika, ist ein exotischer Ort: Berber und Nomaden bevölkern die Berge, Wüsten und Küstenstreifen, und die Gassen der Medinas führen zu Suks und Riads.

(links) Kasbah von Aït Benhaddou, südlich von Marrakesch
(unten) Gewürzmarkt, Marrakesch

JEAN-PIERRE LESCOURRET / LONELY PLANET IMAGES ©

Aktivitäten

Um Kontakt zu Einheimischen zu bekommen, muss man sich nur in ein Café setzen und frisch aufgebrühten Minztee bestellen. Dabei sollte man sich bewusst Zeit nehmen und das Leben einfach mal vorbeiziehen lassen, auch wenn es noch so vieles gibt, was noch auf dem Reiseplan steht: z. B. den höchsten Berg Nordafrikas zu besteigen, Couscous zuzubereiten, auf einem Kamel zu reiten, eine Shoppingtour in einem der Suks zu unternehmen, sich in einer Medina zu verlaufen und in einem Hamam zu schwitzen. Wer eine Pause braucht, kann sich in einen Riad zurückziehen, auf Terrassen mit Panoramablick entspannen oder Tajinen mit Safran und Arganöl genießen.

Alte Medinas

Marokkanische Altstädte sind häufig sehr exotisch, manchmal geradezu überwältigend und stets für eine Überraschung gut. Sie gelten als der Inbegriff von nordafrikanischem Chaos und Magie. Wer sich hier unters Volk mischt, wird Teil einer jahrhundertealten Nomaden- und Händlertradition. Die Unesco hat den historischen Kern von Fes, der größten islamischen Stadt aus dem Mittelalter, und den bunten Djemaa el-Fna in Marrakesch zum Welterbe ernannt. Traveller sollten sich trotz des tragischen Bombenanschlags auf dem Platz im April 2011 nicht davon abschrecken lassen, dieses einladende, tolerante Land zu besuchen.

› Marokko

KANARISCHE INSELN (SPANIEN)
Tarfaya
umstrittene Grenze
Tindouf
Al-Mahbas
Erg Iguidi
Laâyoune
Smara
Bou Craa
Boujdour
15°W
ATLANTIK
25°N
Galtat-Zemmour
Bir Mogrein
WESTSAHARA
Dakhla
Bir Anzarane
Nördlicher Wendekreis
Imlili
Mijek
MAURETANIEN
Aoussard
Zouérat
Aghoninit
Sahara
Bir-Gandouz
Tichla
Gueguarat
Nouâdhibou
La Gouéra
20°N
Atar
0
200 km
Westsahara
HÖHE
10 000 m
3000 m
2500 m
2000 m
1500 m
1000 m
0
35°N
Mohammed
Casablanca
El-Jadida
Azemmour
Oued Oum er-Rbia
Settat
Oualidia
10°W
Safi
Ben Guérir
Marrakesch
Den Trubel auf dem Djemaa el-Fna genießen (S. 59)
Marrakesch
Essaouira
Ourika-tal
Asni
Legzira Plage
Tizi n'Test
Jebel Toubkal
Taroudannt
Rund um die Medina erstreckt sich eine rote Lehmmauer (S. 403)
Taroudannt
Taliouine
Agadir
Inezgane
Tioute
ANTI-ATLAS
Tafraoute
Das Zentrum im Tal der Ammeln (S. 410)
Jebel L'Kest
Tiznit
Tafraoute
Tata
Mirleft
Sidi Ifni
Sidi Ifni
Eine atmosphärische Küstenstadt mit hübschen Art-déco-Relikten (S. 424)
Akka
Bouzakarne
KANARISCHE INSELN (SPANIEN)
Goulimime
Cap Drâa
Tadalt
Assa
Tan Tan
Tiglite
siehe Detailplan
Oued Drâa
Tarfaya
ATLANTIK
umstrittene Grenze
Tindouf
Erg Iguidi
Al-Mahbas
Laâyoune
Smara

Highlights ›

Asilah
Wandmalereien verleihen der am Meer gelegenen Medina Farbe (S. 225)
Chefchaouen
Eine blaue Medina im Rifgebirge (S. 290)
Volubilis
Römische Mosaiken, Bogen und Olivenölpressen (S. 365)
Fes
Fes wartet mit einer herrlichen Medina und zahlreichen Gerbereien auf (S. 325)
Moulay Idriss
Die weiß getünchte Pilgerstätte erstreckt sich auf zwei Hügeln (S. 368)
Figuig
Oasenstadt mit Lehmziegel-Kasbahs (S. 388)
Erg Chebbi
Mit einem Dromedar in die Dünen reiten (S. 172)
Hoher Atlas
Erhabene Gipfel und Berberdörfer (S. 116)
Drâatal
Kasbahs und Oasen erkunden (S. 138)
Erg Chigaga
Im Mondschein eine Wanderung durch die Dünen der Sahara unternehmen (S. 147)
Antiatlas
Trekkingtouren durch das Granitgebirge (S. 410)
SPANIEN
Málaga
Mittelmeer
Cádiz
Gibraltar
Algeciras
Jebel Musa
Ceuta
Tanger
Tetouan
Martil
Asilah
Larache
Chefchaouen
Moulay Bousselham
Ketama
Targuist
Jebel Tidiquin
Al-Hoceima
Melilla
Nador
Berkane
Saïdia
Ahfir
Oujda
Mers el-Kebir
Oran
Mostaganem
Mascara
Sid
Ouezzane
Souk el-Arba du Rharb
Kenitra
Sidi Kacem
Volubilis
Moulay Idriss
Moulay Yacoub
Fes
Taza
Guercif
Taourirt
Jebel Tazzeka
Rabat
Khémisset
Meknès
Sefrou
Ifrane
Azrou
Tendrara
Ain Sefra
Missour
Khouribga
Oued-Zem
Khenifra
Midelt
Bouarfa
ALGERIEN
Beni Mellal
Kasba-Tadla
Jebel Ayachi
Figuig
Beni Ounif
Afourer
Imilchil
Bin el-Oudane
Oued Ziz
Azilal
Demnate
HOHER ATLAS
Béchar
Irhill M'Goun
Vallée des Roses
Tinerhir
Erfoud
Tafilalt
Boulmalne du Dadès
Rissani
Merzouga
Erg Chebbi
Taouz
Taghith
Skoura
Ouarzazate
Tazzarine
Westlicher Großer Erg
Agdz
Beni Abbès
Drâatal
Zagora
M'Hamid
Erg Chigaga
Timimoun
Gourara
Hamada du Drâa
Tinfouchy
Adrar
0
200 km

18 HIGH-LIGHTS

Straßentheater auf dem Djemaa el-Fna

1 Ein Zirkus ist nichts im Vergleich zu dem ausgelassenen *halqa* (Straßentheater) auf Marrakeschs wichtigstem Platz (S. 59). Tagsüber trifft man Astrologen, Schlangenbeschwörer, Akrobaten sowie „Zahnärzte" mit Gläsern voller gezogener Beißerchen und ab Sonnenuntergang öffnen hier rund 100 Imbissstände. „Ich habe Jamie Oliver das Kochen beigebracht", prahlt ein Mann und ein Mitarbeiter an Stand 1 kichert: „Wir sind die Nummer eins, im wahrsten Sinne." Nach dem Abendessen gibt's Jamsessions, bei denen das Publikum gerne mitmachen darf.

Medina von Fes

2 Die Altstadt von Fes (S. 327) ist das ultimative Labyrinth. Viele verlieren darin derart die Orientierung, dass sie jemanden dafür bezahlen müssen, um wieder hinauszufinden. Dabei ist es as Highlight schlechthin, in der Medina umherzustreifen und am Ende enger Gassen versteckte lätze und Suks zu entdecken. Am besten betrachtet man das Ganze als Abenteuer, lässt sich vom lenschenstrom zu den größeren Straßen zurücktragen und genießt das Gefühl, nie so recht zu issen, was einen an der nächsten Straßenecke erwartet.

CHRISTOPHER WOOD / LONELY PLANET IMAGES ©

BRIAN CRUICKSHANK / LONELY PLANET IMAGES ©

Minztee im Hohen Atlas

3 Durstig? Zu heiß? Zu kalt? Keinen Teppich gefunden? Dann ist Minztee das Allheilmittel! In den Berberdörfern des Hohen Atlas verleiht der Blick auf tiefe Täler der geradezu heiligen Teetradition den richtigen Rahmen. Wanderer auf dem Weg zum höchsten Berg Nordafrikas, dem Jbel Toubkal, sollten genug Zeit einplanen, um ab Armoud Einladungen zum Tee nachkommen zu können. Das Dorf ist ein paar Stunden von Marrakesch und nur 30 Minuten von Imlil entfernt, doch wenn man in einem *ighrem* (Haus aus Stein und Erde) Tee mit Absinth trinkt, fühlt man sich in eine andere Zeit versetzt.

Kamelritt in der Sahara

4 Wer sich vorstellt auf einem Kamel in den Sonnenuntergang zu reiten, vergisst meist, was das für eine wackelige Angelegenheit ist. Sich dem schwingenden Gang der Tiere anzupassen scheint einzig Sahrauis, Bauchtänzern und Flaschengeistern im Blut zu liegen. Alle anderen sehen dabei nicht besonders elegant aus, da sie sich x-beinig verkrampft im Sattel halten, bis sie es endlich über die erste Düne geschafft haben. Doch wenn sich der rosagoldene Sand des Erg Chebbi gegen den violetten Himmel abhebt, entspannt man sich langsam. Und im Mondlicht scheint selbst ein Ritt nach Timbuktu machbar zu sein.

Kasbah-Wanderweg im Drâatal

5 Mittlerweile führen sichere Straßen entlang der alten Karawanenrouten von Mali nach Marrakesch. Jenseits der felsigen Schluchten, die man vom Auto aus erspäht, erstreckt sich das Drâatal. Die Palmen und Burgen aus Lehmziegeln in Tamegroute, Zagora, Timidarte und Agdz müssen den früheren Travellern nach Monaten in der Sahara wie Fata Morganen erschienen sein. In den Befestigungsanlagen, wo die Karawanen einst einkehrten, können heute Touristen übernachten. Zum Frühstück gibt's Boufeggou-Datteln, frisch gebackenes Brot und die Erkenntnis, dass Geschwindigkeit überbewertet wird.

Tafraoute

6 Tafraoute (S. 410), die wichtigste Stadt im Antiatlas, wartet mit zahlreichen rosafarbenen Häusern, Marktstraßen und einer außergewöhnlichen Umgebung auf. *Palmeraies* (Palmenhaine) und Berberdörfer sind charakteristisch für das Tal der Ammeln, und die Berge ringsum sorgen zweimal täglich für eine herrliche ocker- bis bernsteinfarbene Lichtershow. Obwohl die Region viel zu bieten hat, steckt der Tourismus noch in den Kinderschuhen. Aber gerade deshalb bietet sich das Tal als Startpunkt für Mountainbiketouren oder Ausflüge zu prähistorischen Felszeichnungen und den modernen Steinkunstwerken eines Belgiers an.

SARA-JANE CLELAND / LONELY PLANET IMAGES ©

CHRISTIAN ASLUND / LONELY PLANET IMAGES ©

Surfen

7 Surfen kann man überall entlang der Atlantikküste, allerdings hat Taghazout (S. 402) die besten Wellen. Zwischen den typischen Cafés und Telefonläden der Stadt stößt man auf jede Menge Surfgeschäfte sowie Einheimische und Touristen, die beim Wachsen ihrer Bretter die nahe gelegenen Strände loben. Die nette Mischung aus „Normalos" und Surfern ist so erfrischend wie ein Sprung ins Meer. Zwei weitere gute Anlaufstellen am selben Küstenabschnitt sind Tamraght und Sidi Kaouki zwischen Agadir und Essaouira.

Trekking im Antiatlas

8 Der Antiatlas ist eine sonnenverbrannte Gebirgskette aus Granitgestein und im Vergleich zum Hohen Atlas noch relativ unberührt. Als größte Attraktion für Wanderer gilt das Quarzmassiv Jebel L'Kest, der „Amethystberg" am Ende des Tals der Ammeln. Rund um den Jebel Aklim entdeckt man darüber hinaus Bauerndörfer, verfallene Kasbahs und Berber mit Schafsherden. Dank der herrlich abwechslungsreichen Landschaft von palmenbestandenen Schluchten bis zum Vulkan Jebel Sirwa lohnt es sich zweifellos, mehrere Trekkingtouren zu unternehmen.

ALDO PAVAN / LONELY PLANET IMAGES ©

Sidi Ifni

9 Pssst, nicht weitersagen: Diese ehemalige spanische Stadt am Meer (S. 424) ist nur einen Kamelritt von der Sahara entfernt und genauso herrlich verfallen, windumspielt und bezaubernd wie das weitaus bekanntere Essaouira. Man kann zu den Steintoren am Legzira-Strand spazieren und die blau-weißen Häuschen in versteckten Gassen bewundern. Am besten besucht man diese Art-déco-Relikte bei Sonnenuntergang, denn dann biegen sich die Palmen in der Meeresbrise und die Luft ist angenehm kühl.

NICOLAS THIBAUT / PHOTOLIBRARY

Kunst in der Medina von Asilah

10 Graffiti mal anders: Bunte Malereien schmücken einen Großteil der Mauern in Asilahs Altstadt, weil sich darauf beim Asilah-Festival (S. 228) im Juli jedes Jahr marokkanische und ausländische Künstler verewigen. Einige Wandbilder sind riesig, z. B. die beim El-Khamra-Turm oder am Aussichtspunkt bei der Koubba von Sidi Mansur. Wer in der Medina um eine Straßenecke biegt, entdeckt vielleicht unverhofft eine dieser bunt verzierten Wände.

Festival der geistlichen Musik in Fes

11 Es hat klein angefangen, doch mittlerweile ist dieses Festival (S. 338) eines *der* Events der Weltmusikszene. Die Organisatoren tun alles, um bekannte Künstler zu verpflichten, außerdem finden jede Menge Begleitveranstaltungen statt. Viele Highlights sind überraschend, darunter kostenlose Konzerte oder spontane Zusammenkünfte von Sufi-Bruderschaften, die bis tief in die Nacht musizieren. Das Tarti Women Ensemble aus Mali tritt ebenfalls auf dem Festival auf.

DOUG MCKINLAY / LONELY PLANET IMAGES ©

Moulay Idriss

12 Das heilige, weiß getünchte Moulay Idriss (S. 368) erstreckt sich auf zwei Hügeln und ist ein wahres Schmuckstück. Viele Jahre durften hier keine Ausländer übernachten, doch neuerdings bieten immer mehr Familien Gästezimmer in ihren Wohnhäusern an. Nun hat man die Möglichkeit, dem Trubel der umliegenden Städte zu entfliehen und einfach mal einen Gang runterzuschalten. Reisegruppen halten sich pro Tag nicht länger als eine Stunde in dem Ort auf, sodass man abends ganz in Ruhe den Sonnenuntergang und die Einheimischen in den Cafés am Hauptplatz beobachten kann.

Volubilis

13 Mit seinen beeindruckenden Torbogen und Mosaiken zeugt das wunderbare Volubilis (S. 365) davon, dass Roms langer Arm bis in diese Breiten reichte. Die Lage der Stätte nördlich des Mittleren Atlas ist einfach traumhaft: Von der römischen Olivenpresse aus erblickt man das nahe gelegene Moulay Idriss, wo auch heute noch eines der besten Olivenöle des Landes hergestellt wird.

Figuig

14 Figuig (S. 388) liegt ganz am Ende einer langen Straße kurz vor einem geschlossenen Grenzübergang nach Algerien und ist dementsprechend nicht sonderlich gut besucht. In vielerlei Hinsicht macht aber genau das den Charme dieses Ortes aus! Wer sich die Mühe macht, in die Gegend zu reisen, lernt ein vollkommen untouristisches Stück Marokko kennen und kann eine der schönsten Oasenstädte des Landes mit Kasbahs aus Lehmziegeln und zahlreichen Palmen erkunden. Bei Streifzügen wird man das Gefühl haben, etwas ganz Neues und Besonderes zu entdecken.

Medina von Chefchaouen

15 Abgesehen von entspannten Cafés erwartet einen in Chefchaouen eine de schönsten kleinen Medinas von Marokko (s. S. 292). Kopfsteinpflasterstraßen führen zu Gassen voller blau getünchter Häuser, Frauen mit Pomponhüten aus der Rifregion verkaufen Gemüse und es gibt einen Hamam einen Gemeindeofen sowie eine Moschee. Ganz oben, auf dem Ras el-Maa, kann man wunderbar den Sonnenuntergang über der Altstadt beobachten. Und weil die Medina recht übersichtlich ist, wird man sich wahrscheinlich nicht ganz so sehr verlaufen wie in anderen Orten.

EMANUELE CICCOMARTINO / PHOTOLIBRARY

WITOLD SKRYPCZAK / LONELY PLANET IMAGES ©

JOHN ELK III. / LONELY PLANET IMAGES ©

Taroudannt

16 Das Handelszentrum der Sousebene (S. 403) bietet Blicke auf den Hohen Atlas sowie den Antiatlas. Angenehmerweise sind die Medina und die Suks frei von typischen Großstadtgaunern. Tagesausflügler aus Agadir werden den Ort sicher mögen, denn die Festungswälle aus rotem Lehm sind einzigartig – ihre Farbe verändert sich je nach Tageszeit. Man kann die Mauern zu Fuß, auf dem Rad oder in einer Pferdekutsche umrunden (7,5 km) und durch eines der Tore in die Altstadt zurückkehren. Wenn das Abendrot verblasst und das Farbschauspiel vorbei ist, locken einige gute Restaurants.

Dünenwanderungen ɪm Erg Chigaga

17 Selbst wer noch nie im Erg Chigaga (S. 146) gewesen ist, ʋird abends instinktiv den Weg auf die Dünenkämme finden. Die Augen genießen das weiche Mondlicht und die ackten Füße graben sich in den welligen Sand. Auf dem Kamm kann man lem Nachtwind lauschen, der die Melodie der Sahara singt. Die Sterne ıaben wohl noch nie heller gefunkelt. Kein Wunder, denn der Erg Chigaga iegt mitten im Nirgendwo: Bis zur ıächsten Straßenlaterne sind es 2½ Stunden mit dem Jeep bzw. ein paar Tage auf dem Kamelrücken.

SARA-JANE CLELAND / LONELY PLANET IMAGES ©

AUT / IMAGEBROKER

Baudenkmäler in Casablanca

18 Wer behauptet, dass es in Casablanca (S. 180) außer der Hassan-II.-Moschee nichts zu sehen gibt, hat dort wahrscheinlich nie den Kopf in den Nacken gelegt. Casa wartet nämlich mit Unmengen von maurischen und Art-déco-Gebäuden aus dem frühen 20. Jh. auf. Damals war die Stadt mit ihren abgerundeten Ecken, kaskadenartigen Blumenfriesen und geschwungenen schmiedeeisernen Balkonen die Krönung aller französischen Kolonien. Der Stadtspaziergang auf S. 186 führt zu vielen architektonischen Leckerbissen.

Gut zu wissen

Währung

» Dirham (Dh)

Sprache

» Marokkanisch-Arabisch (Darija)

» Berbersprachen

» Französisch

Reisezeit

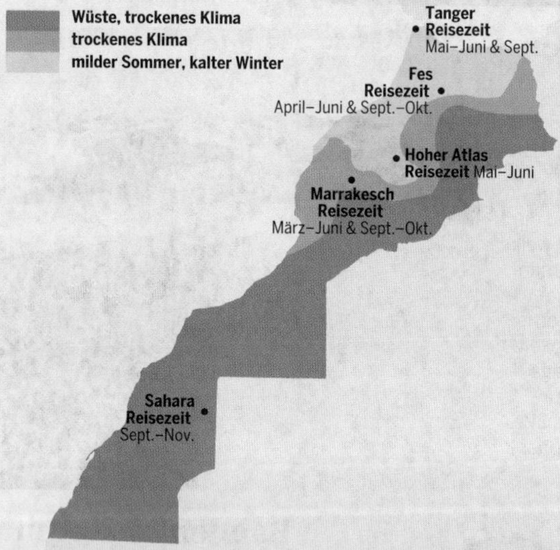

Hauptsaison
(Nov.–März)

» Im Frühjahr und Herbst kommen besonders viele Traveller hierher.

» Jetzt sind die Unterkünfte am teuersten.

» An Weihnachten und Neujahr erfreuen sich Marrakesch und der Süden großer Beliebtheit.

Zwischensaison
(April & Okt.)

» Im Frühjahr gibt's Sandstürme in der Sahara und Regen im Norden.

» Für andere Regionen eine beliebte Reisezeit.

» Rund um Ostern steigen die Preise der Unterkünfte.

Nachsaison
(Mai–Sept.)

» Preisnachlässe in den Unterkünften und Suks.

» Zu dieser Zeit trifft man viele einheimische Touristen. An der Küste werden hohe Preise verlangt.

Tagesbudget

Günstig – unter
350 Dh

» Doppelzimmer (mit Gemeinschaftsbad) ab 50 Dh

» Suppe oder Sandwich 4–30 Dh

» Selbstversorger sollten Suks ansteuern

» Busse sind günstiger als *grands taxis* und Züge

Mittelteuer
550–1000 Dh

» Eintritt zu Sehenswürdigkeiten 10–50 Dh

» Kleine Riads bieten Alleinreisenden geringe Rabatte

» Unterkünfte und Ausflüge kosten am meisten

» Hauptgericht am Abend 70–150 Dh

Teuer – mehr als
1400 Dh

» Mit einem Mietauto (300 Dh) kommt man schneller herum

» Tagestour 300 Dh

» Doppelzimmer in einem Stadt-Riad ab 1200 Dh

Geld

» Geldautomaten findet man fast überall. In den Touristenzentren werden Kreditkarten größerer Institute akzeptiert.

Visa

» Für Aufenthalte von bis zu 90 Tagen braucht man kein Visum. Pässe müssen nach Einreisedatum noch mindestens sechs Monate gültig sein.

Handys

» Handys funktionieren über Roaming oder mit marokkanischen Prepaid-SIM-Karten (ca. 20 Dh).

Verkehrsmittel

» Züge verkehren zwischen Tanger, Fes und Marrakesch, außerdem gibt's viele günstige Busverbindungen.

Websites

» **Al-Bab** (www.al-bab.com/maroc) Nützliche Links.

» **Lonely Planet** (www.lonelyplanet.de) Informationen und Foren.

» **Marokko** (www.marokko.com) Infobörse rund um Marokko.

» **Maroc Blogs** (http://maroc-blogs.com) Diverse Blogs.

» **The View from Fez** (http://riadzany.blogspot.com) News und Meinungen.

» **Visit Morocco** (www.visitmorocco.com) Offizielle Website des Staatlichen Marokkanischen Fremdenverkehrsamts.

Wechselkurse

Eurozone	1 €	11,32 Dh
Schweiz	1 SFr	10,85 Dh

Aktuelle Wechselkurse siehe www.xe.com.

Wichtige Telefonnummern

Die vierstellige Ortsvorwahl muss immer mitgewählt werden, selbst bei Gesprächen innerhalb derselben Stadt.

Feuerwehr	☎15
Krankenwagen	☎15
Polizei (Land)	☎177
Polizei (Stadt)	☎19

Ankunft in Marokko

» **Internationaler Flughafen Mohammed V, Casablanca**
Taxi: 300–350 Dh, 45 Min.
Zug: 40 Dh, 35 Min., stündlich von 6–24 Uhr

» **Fährterminal Tanger Med, Tanger**
Shuttlebus: kostenlos, 40 Min., jeweils zur vollen Stunde

» **Flughafen Menara, Marrakesch**
Bus: 20 Dh, alle 20 Min.
Petit taxi: 70/100 Dh tagsüber/nachts
Transfer zum Hotel: Stadt 150–200 Dh, *palmeraie* (Palmenhain) 150–250 Dh

Guides

Marokkos *faux guides* (inoffizielle Führer) sind berüchtigt. Sie gehören untrennbar zum Stadtbild, auch wenn sich die Lage dank touristenfreundlicher Initiativen in vielen Orten gebessert hat. Wer in Ruhe gelassen werden möchte, sollte sich freundlich, aber bestimmt verhalten, vorgeben, sein Ziel genau zu kennen, oder sich einfach dumm stellen. In verwinkelten Medinas können die inoffiziellen Guides nützlich sein, allerdings sollte man an neutraler Stelle ihren Tagessatz erfragen (meist zwischen 50 und 100 Dh pro Tag) und den Betrag im Vorfeld festlegen. Außerdem sollte man deutlich machen, dass man die Führung nicht im Teppichgeschäft der Verwandtschaft des Führers beenden will. Landet man doch in einem solchen Laden, ist man nicht zum Kauf verpflichtet. Offizielle Guides, die für Touristeninformationen und Hotels arbeiten, sind deutlich teurer.

Wie wär's mit …

Medinas

Wer in einer Medina aus dem Gewimmel der Käufer und Händler tritt und innehält, der wird für einen Moment das Wesen Marokkos erleben. Die uralten, überfüllten Viertel mit ihren gewundenen Gassen und Sackgassen, Gewürzbergen, Händlern und Teetrinkern überfluten die Reize und bieten eine kräftige Portion des berühmten mystischen Zaubers dieses Landes.

Fes Größte mittelalterliche islamische Stadt und größtes autofreies Stadtgebiet der Welt; hier traben Esel zu den Gerbereien im Lederviertel (S. 327)

Marrakesch Ausgelassene Einwohner streifen innerhalb der 19 km langen Mauern zwischen Suks, Palästen und dem fantastischen Djemaa el-Fna durch die Medina (S. 59)

Tanger Die wunderbare Altstadt innerhalb einer portugiesischen Festungsanlage ist die perfekte Begrüßung in Nordafrika für alle Traveller, die mit der Fähre anreisen (S. 264)

Friedliche Labyrinthe Wer es weniger turbulent mag, kann kleinere und stilvolle Altstädte wie die blau-weiße Medina in Chefchaouen mit andalusischem Flair besuchen (S. 294)

Kunst & Kultur

Marokko wartet mit vielfältigen Angeboten von Gnaoua (bluesartige Musik befreiter Sklaven) über moderne Kunst des Maghreb bis hin zu erstklassigem Kunsthandwerk auf.

Taroudannt In den Suks wird Silberschmuck der Chleuh verkauft, der von Sahara-Stämmen und jüdischen Silberschmieden beeinflusst ist (S. 407)

Festival der geistlichen Musik in Fes Auf dem wichtigsten Musikfest des Landes kann man viele internationale Künstler, aber auch einige kleine Konzerte der *tariqas* (Sufi-Bruderschaften) erleben (S. 338)

Marrakesch Designfans werden vor allem in den Suks und im Quartier Industriel Sidi Ghanem fündig, Kunstsammler steuern die hippen Galerien in Guèliz an (S. 69)

Teppiche In Orten wie Ouarzazate und Tafraoute gibt's Kooperativen sowie private und staatliche Geschäfte, in denen der Teppichkauf relativ entspannt abläuft (S. 412)

Tanger Im American Legation Museum hängt die „marokkanische Mona Lisa"; ein Flügel ist Paul Bowles, Burroughs und den Schriftstellern der Beat-Generation in Tanger gewidmet (S. 264)

Städte & Dörfer

Kleine Städte und malerische Dörfer laden dazu ein, sich bei einem Minztee zu entspannen und dabei Einheimische kennenzulernen.

Afella-Ighir Eine kaum befestigte Straße führt in die beiden Oasendörfer und in Tiwadou lädt eine *auberge* mit Dorfmuseum zu einer Übernachtung ein (S. 414)

Agdz Zwischen einer *palmeraie* (Palmenhain) und einer Lehmziegel-Kasbah kann man entspannt zusehen, wie alle anderen durchs Drâatal eilen (S. 138)

Imilchil Das Dorf im Mittleren Atlas ist für seinen Heiratsmarkt berühmt, doch die Fahrt hierher lohnt sich auch zu jeder anderen Zeit (S. 165)

Midelt Zwischen dem Mittleren und dem Hohen Atlas locken schöne Aussichten auf die Berge, Dörfer und Kasbahs in der Umgebung (S. 375)

Tarfaya Im Zeltpool unweit eines Schiffswracks kann man baden und das Leben in der Westsahara beobachten (S. 433)

Rund um Essaouira Nach einem Besuch der quirligen Medina geht's auf der Surferroute gen Süden nach Sidi Kaouki und Taghazout (S. 253)

CHRISTIAN ASLUND / LONELY PLANET IMAGES ©

» Skifahren in Oukaïmeden (S. 33)

Aktivitäten

Von der Küste mal abgesehen hat Marokko für Abenteuersportler nicht sonderlich viel zu bieten, aber dafür warten unberührte Landschaften darauf, entdeckt zu werden.

Mountainbiken In Tafraoute kann man Räder leihen und z. B. das Tal mit den blau-bemalten Steinen besuchen (S. 410)

Klettern Die steilen Felswände der Dadès- und der Todraschlucht sind ein großartiges Klettergebiet (S. 32)

Skifahren In Oukaïmeden befindet sich der höchste Skilift Nordafrikas und im Aït-Bougomez-Tal gibt's die besten Skilanglaufrouten des Landes (S. 33)

Wandern Am Jebel Sarhro mit seinen Hochebenen, Schluchten und Vulkangipfeln kann man ganzjährig Trekkingtouren unternehmen (S. 155)

Wasser und Wind Essaouira und das nahe gelegene Sidi Kaouki eignen sich zum Surfen, Wind- und Kitesurfen; weiter südlich wartet Taghazout mit den besten Wellen auf (S. 253)

Reiten Diabat ist für Ausritte zu Pferd an der Atlantikküste beliebt; die Sanddünen des Erg Chebbi bieten sich für ausgefallenere Kameltouren an (S. 32)

Luxus

An immer mehr Orten können Besucher das Beste der marokkanischen Kultur und Landschaft mit einer gehörigen Prise Luxus genießen.

Riads in Marrakesch In keiner anderen Stadt findet man mehr toll restaurierte Riads; die besten bieten neben Innenhöfen Tradition und Stil, Luxus und Nachhaltigkeit (S. 76)

Hamams Nach ein paar Stunden in einer Medina gibt's nichts Belebenderes als ein Bad im Hamam; die schicken Riads in der Altstadt von Fes haben sogar eigene Spas (S. 337)

Oasen am Meer El-Jadida, Essaouira, Mirleft und Sidi Ifni sind die schönsten Orte am Atlantik und warten mit Refugien in der Medina sowie edlen Hotels auf (S. 231)

Kasbah du Toubkal Warum in einfachen Bergunterkünften nächtigen, wenn man in Imlils königlicher Kasbah mit einem Hamam auf 1800 m wie ein echter Sultan schlafen kann (S. 117)?

Ksar Sania In der Sahara verspricht Merzougas ökologisches Lehmziegel-Refugium viel Komfort ohne dabei die Umwelt zu schädigen (S. 175)

Kulinarische Abenteuer

Marokkos kulinarische Abenteuer reichen vom Couscousrollen bis zum Genuss von Kamel-Tajine.

Fes Beim Fleischer und im Gewürzladen stellt man seine Wunsch-*tangia* (Eintopf) zusammen und lässt diese im Holzfeuerofen des Hamams vor sich hinköcheln (S. 336)

Wüstenessen In M'Hamids Sahara-Refugien lernt man Rezepte der Sahrauis und das Geheimnis eines traditionellen Couscous kennen (S. 149)

Marrakesch Im Suk die Zutaten kaufen, lernen, diese wie ein *dada* (Meisterkoch) zuzubereiten und das Ergebnis in seinem Riad verspeisen (S 72)

Meeresfrüchte Im Hafen von Al-Hoceima gibt's das Abendessen frisch vom Boot; in Essaouira bekommt man die Leckerbissen des Meeres im Fisch-Suk und in Open-Air-Fischrestaurants (S. 303)

Taliouine Safran- und Arganölhersteller zeigen Besuchern, wie Tajine gemacht wird (S. 409)

Demnate Zu den Spezialitäten der kulinarischen Berber-Hochburg gehören Mandeln, Olivenöl und Wildblumenhonig, außerdem hat man die Qual der Wahl zwischen 40 Restaurants (S. 96)

» Medersa Bou Inania, Fes (S. 331)

Architektur

Marokkos Bauwerke spiegeln die lange Geschichte des Landes als kultureller Schmelztiegel wider.

Ali-ben-Youssef-Medersa, Marrakesch Im Innern der prächtigen Koranschule aus dem 14. Jh. befinden sich Wände mit fünffarbigen *zellij* (Kacheln) und Stuckbogengänge (S. 62)

Art déco Die Atlantikküste bietet wunderbare Bauwerke, besonders in Casablanca, wo die Architektur vom örtlichen maurischen Stil und dem Weiß-Blau Sidi Ifnis beeinflusst ist (S. 186)

Kairaouine-Moschee und Universität, Fes Der 1150 Jahre alte Komplex mit der ältesten Universität der Welt und einer der größten Moscheen Afrikas hat ein grünes, pyramidenförmiges Dach (S. 329)

Essaouira Der Name der Stadt am Meer bedeutet „gut geplant" – und das trifft noch heute auf die weiße Medina zu (S. 243)

Rissani Auf einer etwa 21 km langen Rundtour kann man eine *zawiya* (Schrein), die Ruinen eines Sahara-Handelspostens, mehrere *ksour* und ein Museum über das Leben in den festungsartigen Gebäuden besuchen (S. 176)

Berberkultur

Marokkos stolze indigene Bewohner sorgen für unvergessliche Eindrücke. Sie tragen eine Menge zur Atmosphäre Marrakeschs und des Atlasgebirges bei.

Regionale Trachten Die Trachten der Frauen von schwarzen Schals und bunten Kleidern rund um Tata bis zu Hüten und bunt-gestreiften Röcken im Rifgebirge zeigen die lokale Zugehörigkeit (S. 415)

Demnate Nur 1½ Stunden von Marrakesch entfernt kann man in die hiesige Kultur und Küche eintauchen und Marokkos bestes Olivenöl genießen (S. 96)

Heiratsmarkt in Imilchil Heiratswillige Berber schauen sich in diesem Dorf um (S. 165)

Tal der Ammeln Die Berber waren schon immer tolle Gastgeber: In den in Museen verwandelten traditionellen Häusern rund um Tafraoute war das beste Zimmer Gästen vorbehalten (S. 418)

Maison Tiskiwin Marrakeschs Museum der Transsahara-Kultur verdeutlicht die Bindungen der Berber zum übrigen Nordafrika (S. 68)

Al-Hoceima Inoffizielle Hauptstadt der nordmarokkanischen Berber (S. 302)

Geschichte

Zur Geschichte des Landes, in dem sich Europa, Afrika und die islamische Welt begegnen, gehören Araber, Berber, Händler, Eindringlinge und viele andere, die über das Mittelmeer und die Sahara kamen.

Volubilis Marokkos am besten erhaltene archäologische Stätte war einer der entlegensten Außenposten des Römischen Reiches und wartet mit schönen Mosaiken auf (S. 365)

Medinas In den uralten Medinas von Städten wie Fes, Meknès und Marrakesch geht das Leben seit Jahrhunderten den gewohnten Gang (S. 355)

Aït Benhaddou Hollywood-Regisseure drehten in der Karawanserei der Almoraviden viele monumentale Historienfilme wie *Gladiator* (S. 132)

Koloniale Spuren Europäische Besucher hinterließen mit edler Patisserie und spanisch-maurischen Orten wie Tétouan und Larache ihre Spuren im Land (S. 283)

Jüdisch Juden leben seit mehr als 2000 Jahren in Marokko; in den Königsstädten gibt's historische *mellahs* (jüdische Viertel) und in Casablanca ein schönes Museum (S. 183)

Wie wär's mit ... islamischer Architektur? In der 650 Jahre alten Medersa Bou Inania, der prächtigsten Koranschule von Fes, kann man schöne Fassi-*zellij* (Kacheln; S. 331) bewundern

Strände

Mit einer Küste, die sich vom Mittelmeer bis zur Sahara erstreckt, hat Marokko zwischen den zahlreichen Buchten, Felsen und Häfen Strände für jeden Geschmack zu bieten. Einige eignen sich wunderbar für Familien, während viele andere abgesehen von gelegentlichen Surfern und Zugvögeln noch unberührt sind und auf ihre Erschließung warten.

Marabouts Strand Mit dem Grab des gleichnamigen Heiligen und den wilden Felsformationen ist dies der dramatischste Atlantikstrand Mirlefts (S. 423)

Agadir Die Stadt ist eine Betonwüste, doch der lange geschwungene, saubere und nachts beleuchtete Strand wird Familien mit kleinen Kindern begeistern (S. 395)

Yellich Am besten besucht man Yellich und die anderen Strände von Cala Iris, ehe das Fischerdorf ein Urlaubsresort wird (S. 306)

Tanger Plage Robinson am nordwestlichsten Punkt der afrikanischen Atlantikküste und Ksar es-Seghir an der Straße von Gibraltar sind nur wenige Kilometer von Tanger entfernt (S. 274)

Wüsten

Die weite marokkanische Sahara zählt zu den sichersten und stimmungsvollsten Orten Afrikas, um diese grandiose Wüste kennenzulernen. In den geschwungenen Dünen und der harschen *hammada* (Steinwüste) begegnet man vielleicht blau gekleideten Berbern, die ein nomadisches Leben führen.

Erg Chebbi Diese klassische Saharalandschaft mit bis zu 160 m hohen Dünen kann man mit dem Kamel, Geländewagen oder Sandboard erkunden und danach eine Nacht im Berberzelt verbringen (S. 172)

Figuig Ein Besuch dieser Bilderbuchoase ganz im Osten Marokkos mit *palmeraies*, *ksour* und Ausblicken bis nach Algerien ist absolut lohnenswert (S. 389)

Erg Chigaga In M'Hamid reicht die Wüste fast bis an die Gästehäuser; die 40 km langen und bis zu 300 m hohen Sanddünen entdeckt man am besten an der Seite eines „Blauen Mannes" (S. 147)

Drâatal Einst kamen Karawanen auf dem Weg durch Timbuktu durch das trostlose Tal; heute hat man die Gelegenheit, mit einem Kamel durch Palmenoasen zu reiten (S. 138)

Berge

Der Hohe Atlas mit seinen Berberdörfern am Fuße schneebedeckter Gipfel ist eines der atemberaubendsten Gebirge der Welt. Auch die anderen Berge Marokkos lohnen einen Besuch, ob zum Klettern, zum Wandern oder um der Hektik der Städte zu entfliehen und einen Eindruck vom ländlichen Leben zu bekommen.

Jbel Toubkal Die Trekkingtour auf den höchsten Gipfel Nordafrikas bietet tolle Aussichten (S. 120)

Tal der Ammeln Im rosig-goldenen Antiatlas können Gäste zwischen *palmeraies* in traditionellen Dorfhäusern übernachten (S. 414)

Mittlerer Atlas Städte wie Azrou und Midelt im sanfteren Norden des Atlasgebirges sind ideale Ausgangspunkte für Tagestouren durch bewaldete Berglandschaften (S. 373)

Jbel el-Kelaâ Auf diesem Gipfel, den man in einem Tagesausflug von Chafraouen aus erreicht, erkennt man, wie viel mehr als nur *kif*-Felder das Rifgebirge zu bieten hat (S. 296)

Östlicher Atlas Kahle, marsrote Berge überragen die Schluchten des Ziztals und die türkisblauen Seen von Imilchil (S. 166)

Monat für Monat

Top-Events

1. **Festival der geistlichen Musik**, Juni
2. **Volkskunstfestival**, Juli
3. **Heiratsmarkt**, September
4. **Marathon des Sables**, März
5. **Trekking im Rifgebirge**, April

Januar

Winter auf Marokkanisch: Im Norden ist es nass und Schnee macht viele Gebirgszüge für Wanderer und Autofahrer unpassierbar. Marrakesch und der Süden ziehen in dieser Zeit die meisten Besucher an, vor allem rund um Neujahr.

Marrakesch-Marathon

Einmal im Jahr geht's auf dem belebten Djemaa el-Fna sportlich zu, wenn auf dem Platz 5000 Teilnehmer des Straßenmarathons die Ziellinie überqueren. Die Strecke verläuft entlang der Stadtmauer und durch Alleen mit Palmen, Orangen- und Olivenbäumen (S.75).

Februar

Der Winter hält an – und damit auch das ungemütliche Wetter. An trockeneren, milderen Orten wie Marrakesch und Agadir lässt es sich aber gut aushalten. Bis auf Durch- und Städtereisende kommen nur wenige Besucher nach Marokko.

Sidi-ben-Aïssa-moussem

Eines der größten *moussems* (Feste) des Landes findet im Mausoleum für Sufi-Heilige vor den Mauern der Medina in Meknès statt. Vorführungen von Glasessern, Schlangenbissen und dem Stechen ritueller Körperpiercings sind nicht mehr erlaubt, *fantasias* (Reiterspiele samt Musketensalven), Jahrmarktattraktionen und die üblichen Sing- und Tanzdarbietungen schon (S.358).

März

Mit dem Frühlingsbeginn erwacht das Land. In den Bergen setzt Tauwetter ein, Wildblumen, Mandel- und Kirschbäume blühen. Winde fegen bis Ende April über die Wüste und die Sousebene hinweg.

Mandelblütenfest

Wenn die Gegend um Tafraoute in voller Blüte steht, wird mit diesem wunderbaren Fest im Antiatlas die Ernte gefeiert und damit eine langjährige Tradition in Marokkos Mandelhauptstadt fortgesetzt. Zu diesem Anlass gibt's lokale Folklore mit Gesang-, Tanz- und Theateraufführungen sowie Geschichtenerzählern (S.410).

Marathon des Sables

Der Marathon in der Sahara startet und endet in Ouarzazate, Marokkos Filmhauptstadt, und kann es in Sachen Epik durchaus mit einem Streifen aus „Ouallywood" aufnehmen. Der mörderische Sechs-Tages-Lauf findet im März oder April statt und führt 243 km durch die Wüste. Wasser wird bereitgestellt (S.135).

April

Marokko grünt und blüht und die Temperaturen sind verlässlich warm. Die Besucherzahl ist hoch, insbesondere rund um Ostern, wenn die Preise in die Höhe schießen.

Festival der Sufi-Kultur

Auf dem erst wenige Jahre alten Festival in Fes locken Filme und Vorträge sowie Konzerte mit Sufi-Musikern aus der ganzen Welt. Als

Kulisse dient der andalusisch gestaltete Garten des Batha-Museums, das in einem Sommerpalais aus dem 19. Jh. untergebracht ist (S. 337).

Jardin'Art

Marrakesch feiert die Frühlingsblüte mit temporär angelegten Gärten, botanischen Kunstshows und vielen Diskussionen. Neben Familien beim Picknick, turtelnden Pärchen und einem prächtigen Pavillon aus dem 19. Jh. sieht man im Menara-Garten auch jede Menge Sonderexponate (S. 75).

Trekking im Rifgebirge

Nach dem feuchten Winter im Norden und vor dem unerbittlich heißen Sommer kann man im Rifgebirge herrliche Wandertouren unternehmen. Die schönste Landschaft bieten der Talassemtane-Nationalpark mit der Felsformation Pont de Dieu sowie der näher am Mittelmeer gelegene Al-Hoceima-Nationalpark (S. 307).

Mai

Mit dem Ende der Touristensaison fallen die Preise in den Hotels und Suks, wobei die größte Sommerhitze erst noch bevorsteht. Die Durchschnittstemperatur in Marrakesch liegt bei etwa 28 °C. Jetzt sind die Bedingungen für Trekkingtouren in den Bergen ideal.

Ländliche Feste

Beim Festival du Desert in Er-Rachidia treten Künstler aus der Sahara wie die Gnaoua-Band Les Pigeons du Sable auf. Im Dadèstal putzt sich Kelaâ M'Gouna für das alljährliche Fest zur Rosenernte heraus (S. 152).

Juni

Der Sommer nimmt nun so richtig Fahrt auf, doch auf den Gipfeln im Hohen Atlas liegt noch immer Schnee. Als Reiseziele bieten sich vor allem der Norden und die Küste an. Zum Festival der geistlichen Musik in Fes ist die Nachfrage nach Unterkünften groß.

Gnaoua- & Weltmusikfestival

Am dritten Juniwochenende in Essaouira wird dieses Event mit jeder Menge Leidenschaft und Konzerten internationaler, nationaler und lokaler Künstler sowie Kunstausstellungen gefeiert. Es bietet eine tolle Gelegenheit, bluesartigen Gnaoua zu hören, der von befreiten Sklaven entwickelt wurde (S. 245).

Kirschfest

Anfang Juni erwacht das verschlafene Sefrou anlässlich Marokkos ältesten Stadtfests zum Leben und feiert die Kirschernte mit traditioneller Musik, Kunstausstellungen, Umzügen, *fantasias* sowie Sportveranstaltungen. Krönender Abschluss ist die Wahl der Kirschkönigin (S. 351).

Festival der geistlichen Musik

Um Karten für das erfolgreiche Weltmusikfest in Fes sollte man sich so früh wie möglich kümmern. Im Rahmen des Festivals sind bereits Künstler wie Ravi Shankar und Youssou N'Dour aufgetreten. Als ebenso eindrucksvoll gelten die Konzerte marokkanischer *tariqas* (Sufi-Orden). Zum Programm gehören außerdem Ausstellungen, Filme und Gesprächsrunden (S. 337).

Juli

Auf den Bergen schmilzt der Schnee und es wird sogar im Hohen Atlas heiß. In den großen Städten herrschen zu dieser Zeit Durchschnittstemperaturen von rund 30 °C. Am angenehmsten ist es an den Stränden, die allerdings im Norden von marokkanischen und europäischen Touristen bevölkert werden.

Volkskunstfestival

Die Unesco bezeichnete das farbenprächtige Straßentheaterfest in Marrakesch als Meisterwerk des kulturellen Erbes. Während des abendlichen Eröffnungsumzugs mit über 500 Künstlern geht's auf dem Djemaa el-Fna noch lebendiger zu als sonst (S. 75).

Asilah-Festival

Mit diesem dreiwöchigen Kulturfest bietet Asilah rund 200 000 Besuchern tolle Kunstshows, Workshops, Konzerte und Ausstellungen und zeigt damit seine kreative Seite. Zeitgleich findet auf einem dreitägigen Event rund um Pferde eine *fantasia* statt (S. 228).

August

Im Ramadan herrschen extreme Temperaturen, die sich in Marrakesch auf 40 °C einpendeln und im Landesinneren sogar noch höher liegen. An den Stränden des Südatlantiks kann man dem Besucheransturm entgehen.

Moussems

Während Marokkos längstem *moussem* füllen sich die Straßen des malerischen Moulay Idriss mit *fantasias*, Märkten und Musik; fünf Pilgerfahrten hierher entsprechen einer nach Mekka. Weitere *moussems* werden in Setti Fatma, südöstlich von Marrakesch, und in Ouarzazate veranstaltet (S. 368).

September

Der Herbst ist eine gute Zeit für Reisen nach Marokko. Jetzt steigen zwar die Hotelpreise, doch nach dem Ramadan herrscht eine ausgelassene Stimmung. Die Strände sind leer, außerdem ist selbst die Wüste mit ihren Dattelbäumen und der sanften Brise ein angenehmer Ort.

Heiratsmarkt

Bei diesem berühmten dreitägigen Fest in Imilchil im Mittleren Atlas suchen Berber aus der Gegend nach einem Partner fürs Leben und werfen sich mit Baumwollumhängen, weißen Dschellabas (fließenden Gewändern) sowie kunstvollem Schmuck in Schale (S. 165).

Religiöse Feste

Beim Hamdouchi Moussem tanzen religiöse Bruderschaften vor den beiden *zawiyas* (Schreinen) von Demnate um die Wette, während es beim Moulay-Idriss-*moussem* in Fes einen Umzug mit Musik und Rosenwasser durch die Medina gibt und sich anlässlich des *moussems* in der Sidi-Yahia-Oase samt *fantasia* Tausende Pilger auf den Weg in Richtung Osten machen (S. 338).

Oktober

Der Oktober ist ein beliebter Reisemonat, auch wenn nördlich des Mittleren Atlas Regenfälle einsetzen. Während des islamischen Opferfestes Ende Oktober/Anfang November steht das öffentliche Leben für einige Tage still.

Rallye Saint-Exupéry

Ende September/Anfang Oktober erinnert Tarfaya an den kolonialen französischen Kurierdienst, der hier einst einen Stopp einlegte, und dessen bekanntesten Piloten, den Schriftsteller Antoine de Saint-Exupéry. Flugzeuge überqueren die Stadt auf ihrem Weg von Toulouse in Frankreich nach Saint Louis im Senegal (S. 434).

November

In Marrakesch und weiter südlich geht's sehr trubelig zu, denn nun stehen Wüstentouren und Wanderausflüge auf dem Plan. Zudem streifen Vogelbeobachter durch die Sumpfgebiete und man trifft manch einen Traveller auf der Durchreise nach Mauretanien.

Erntefeste

Rund um den Imouzzer-des-Ida-Outanane-Wasserfall in den Ausläufern des Hohen Atlas schütteln Dorfbewohner Oliven von den Bäumen. In Taliouine wird die Safranernte gefeiert und man entdeckt zahlreiche Einheimische beim Blumenpflücken (S. 402).

Dezember

Gegen Monatsende sorgen jede Menge Weihnachtsurlauber für rege Betriebsamkeit. Schnee macht die Pässe des Hohen Atlas leider unzugänglich, aber Skifahrer freuen sich über die weiße Decke.

Internationales Filmfestival

Bei diesem einwöchigen Festival in Marrakesch lassen sich große Stars sehen. Krönender Abschluss sind verschiedene Preisverleihungen; zu den Gewinnern der letzten Jahre gehören beispielsweise Ben Kingsley und Harvey Keitel (S. 76).

Reise-routen

Die folgenden Routen dienen als Orientierungshilfen für eine unvergessliche Reise, egal, ob man nun sechs oder 60 Tage zur Verfügung hat. Mehr Inspirationen gefällig? Auf www.lonelyplanet.de/forum kann man sich mit anderen Travellern austauschen.

Zwei Wochen
Kasbah-Streifzug

Die Tour beginnt auf **Marrakeschs** Djemaa el-Fna. Bei Sonnenuntergang finden sich auf dem trubeligen Platz Akrobaten, Gnaoua Musiker, Grillmeister und Geschichtenerzähler ein. Hier kann man leicht eine ganze Woche verbringen, sich in der Medina verirren, einen Teppich kaufen, in einem Hamam entspannen und wieder verloren gehen. Trotzdem sollte man sich nach ein paar Tagen losreißen und über den **Tizi-n'Tichka-Pass** (2260 m) zu **Aït Benhaddous** Lehmziegel-Kasbah reisen.

Im Filmzentrum **Ouarzazate** verweilt man nur so lange, bis die Menschenmassen im oberen Dadèstal verschwunden sind, und steuert dann das unterhalb gelegenen **Drâatal** mit seinen vielen Kasbahs an. Am äußersten Ende erstreckt sich ein gewaltiges Sahara-Dünengebiet, der **Erg Chigaga**, der zu einer Wanderung im Mondlicht einlädt.

Wer genug Zeit hat, sollte einen anderen Rückweg nach Marrakesch über das Safranzentrum neben dem Antiatlas, **Taliouine**, wählen. Am **Tizi n'Test** überquert man den Hohen Atlas, bevor die Tour schließlich in der Küstenstadt **Essaouira** endet. Von dort sind es nur ein paar Stunden bis nach Marrakesch und Agadir.

Ein Monat
Marokkanische Odyssee

Mit einem Monat Zeit und der Bereitschaft, etwas länger an einem Fleck zu verweilen, erlebt man Marokko von seiner besten Seite. Als Erstes geht's nach **Casablanca**, Marokkos kommerzielle Hauptstadt im Norden. Wer über Nacht bleibt, beginnt den nächsten Tag mit einer Besichtigung der Hassan-II.-Moschee, der drittgrößten Moschee der Welt. Anschließend steuert man die am östlichsten gelegenen Königsstädte an, die mit ihren mittelalterlichen Medinas eine romantischere, historische Seite des Landes zeigen. **Meknès** wartet mit Gebäuden und Plätzen auf, die von Sultan Moulay Ismail und seinen Gefolgsleuten hinterlassen wurden, während sich **Fes** als ehrwürdiges Zentrum des religiösen und kulturellen Lebens in Marokko präsentiert, wo die Tierfelle nach wie vor von Eseln zu den Gerbereien getragen werden.

Dann lässt man den Lärm und Trubel hinter sich und reist nach Süden in den relativ wenig besuchten Mittleren Atlas rund um **Ifrane**. Der Urlaubsort liegt inmitten einer atemberaubenden Berg- und Waldlandschaft und ist ein echtes Wanderparadies. Als Nächstes stehen die affenreiche Umgebung von **Azrou**, das landschaftlich wunderschöne **Midelt** und das entzückende **Ziztal** mit seinen Palmen und *ksars* (Festungen) auf dem Programm. Dies ist einer der schönsten Wege über den Hohen Atlas nach **Merzouga**, Morokkos südwestlichem Tor zur Sahara. Hier kann man auf einem Kamel über turmhohe Dünen schaukeln und nachts im grandiosen Sandmeer **Erg Chebbi** herrlich unterm Sternenzelt träumen.

Im Schatten des Hohen Atlas zieht man weiter gen Südwesten zur **Todraschlucht**. Von dort führt der Weg durch Täler voller Felsbrocken, wo im Frühling die Nomaden zelten. Nächste Station ist die **Dadèsschlucht**. Wer genügend Zeit hat, bricht von Boumalne du Dadès aus zu einer spektakulären Trekkingtour rund um das **M'Goun-Massiv** oder den **Jebel Sarhro** auf, bevor es hinter Ouarzazate nach **Aït Benhaddou** mit seiner märchenhaften Kasbah aus dem 11. Jh. geht.

Auf dem Weg zum Atlantik bietet sich ein Zwischenhalt in einem von **Marrakeschs** Riads an. Auf dem Djemaa el-Fna, einem berühmten Platz, sollte man so viele Sonnenuntergänge wie möglich genießen. Anschließend lockt **Essaouiras** künstlerisch angehauchte Medina am Meer.

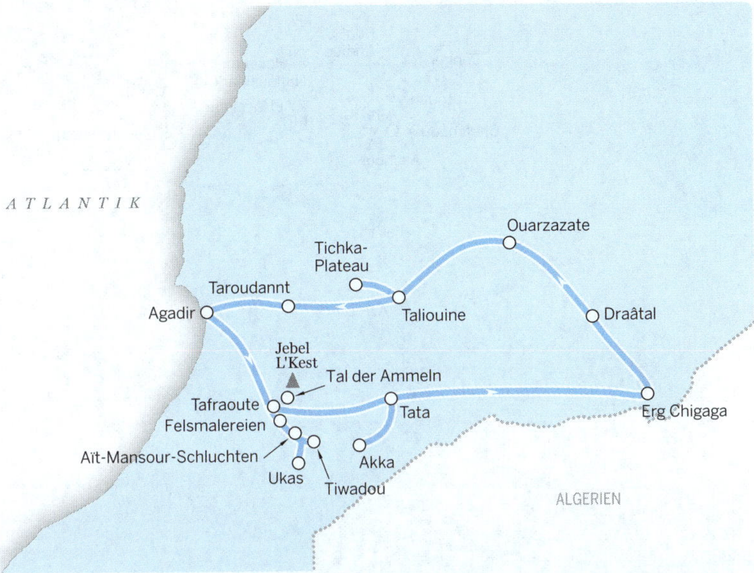

Drei Wochen

Unterwegs im Süden

Marokko steht für weit mehr als für elegante Riads und Touristenhorden, die zwischen dem Hotel, den Suks und der Sonnenliege pendeln. Um die andere Seite des Landes kennenzulernen, sollte man deshalb dieser abwechslungsreichen Route tief in den Süden zu unberührten Berg- und Wüstenregionen fernab der Menschenmassen folgen.

Von **Agadir** aus geht's direkt in das kleine, atmosphärische **Tafraoute** mit seinen üppigen *palmeraies* (Palmenhainen) und rosafarbenen Häusern. Der Ort liegt mitten im wunderschönen **Tal der Ammeln**, das zu ein paar Tageswanderungen einlädt, z. B. auf den **Jebel L'Kest**. Darüber hinaus kann man mit einem Mietmotorrad vorbei an Felsformationen und -gravuren zu den surrealen **bemalten Felsen** fahren und anschließend die weiter südlich gelegenen **Aït-Mansour-Schluchten** ansteuern. Als Zwischenstation bietet sich die Afella-Ighir-Oase an. **Tiwadou** eignet sich als Ausgangspunkt für Trekkingtouren und für den Besuch der Felsformationen von **Ukas**.

Nach diesem Vorgeschmack auf Marokkos Natur im entlegenen Süden geht's zurück nach Tafraoute und von dort Richtung Osten durch den Antiatlas bis zur gewaltigen Sahara. Den letzten Halt vor Jebel Bani und den vielen *hammadas* (Steinwüsten) markiert **Tata**, eine gute Basis, um die Oasen, Kasbahs, *agadirs* (befestigte Kornkammern) und wunderbaren Felsmalereien an Orten wie **Akka** zu erkunden. Anschließend führt die staubige Route weiter gen Osten zu den goldgelben Dünen des **Erg Chigaga**, die abgelegener und weniger gut besucht sind als die von Merzouga. Vom nahe gelegenen M'Hamid schaukelt man auf einem Kamel ins **Drâatal** mit seinen zahlreichen Kasbahs.

Am oberen Ende des Tals geht's mit dem Jebel Sarhro und dem Hohen Atlas wieder in die Berge. Im Filmzentrum **Ouarzazate** diente die steinige Wüstenlandschaft schon als Ersatz für Tibet, Rom, Somalia und Ägypten. Vor Ort mietet man entweder ein Mountainbike, Motorrad, Pferd, Esel oder Dromedar und reist über die Safranhauptstadt **Taliouine** Richtung Küste. Hier oder in **Taroudannt**, einer relaxten Stadt mit roten Mauern und einem Hauch von Marrakesch, lohnt sich eine Wanderung durch eine der Gebirgslandschaften wie dem **Tichka-Plateau**. Die Suks und Plätze in Taroudannt laden zum wohlverdienten Entspannen ein, zudem ist die Nähe zu Agadirs Flughafen praktisch.

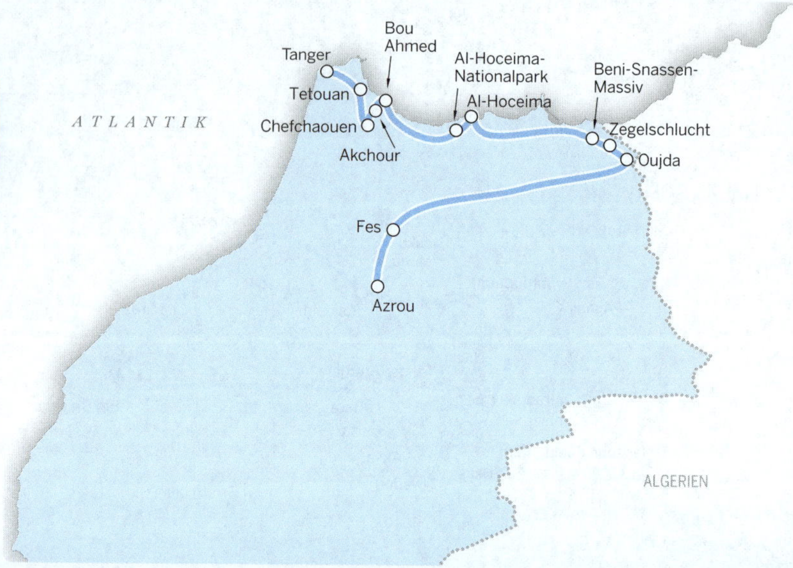

Drei Wochen

Mittelmeer & Berge

Um den Massen in den Urlauberhochburgen auszuweichen, bietet sich wie in der zuvor beschriebenen Reiseroute eine Tour im Süden an, doch die Mittelmeerküste und das Rifgebirge im Norden sind eine tolle Alternative. Obwohl die Regierung viel Geld in diese Gegend investiert hat, damit der Tourismus Fuß fassen kann, geht's hier noch vergleichsweise beschaulich zu.

Ausgangspunkt ist **Tanger**, das man von Spanien aus mit der Fähre erreicht. Mitte des 20. Jhs. zählten zu den Besuchern der legendären Hafenstadt ebenso Waffenschmuggler wie Beatnik-Literaten. Nach einigen Tagen voller Geschichte, Nachtleben und Restaurants reist man landeinwärts nach **Tétouan**. Die Hauptstadt des ehemaligen Spanisch-Marokko besticht durch ihre bildschöne arabische Medina und andalusische Architektur. Im nahe gelegenen **Chefchaouen** mit der bezaubernden blauen Altstadt zeigen sich die spanischen Einflüsse weniger deutlich. Hier kann man herrliche Sonnenuntergänge genießen, den lauten Rufen zum Gebet lauschen und Wanderungen unternehmen, z. B. einen fünftägigen Ausflug über **Akchour** nach **Bou Ahmed**, einem Fischerdorf im Oued-Bouchia-Tal.

Anschließend geht's gen Osten an der Küste entlang zum modernen Badeort **Al-Hoceima**, dem Tor zum **Al-Hoceima-Nationalpark** mit seinen trockenen Schluchten und Kalksteinklippen. Am besten besucht man das Naturschutzgebiet im Rahmen einer Trekkingtour oder bucht einen Mountainbiketrip inklusive Übernachtung bei einer Berberfamilie. Richtung algerische Grenze lockt das fruchtbare **Beni-Snassen-Massiv**, eine grüne Gegend weit entfernt vom klassischen Image Marokkos. Mit einem herrlichen Blick auf die Berge wartet das Schwimmbad im Ort auf, außerdem lohnt sich eine Übernachtung in einem 300 Jahre alten Landhaus. Wer in der **Zegzelschlucht** eine Kumquat pflückt und verspeist, wird verstehen, warum die Römer diese kleine Zitrusfrucht so schätzten.

In **Oujda** hat die Zivilisation einen wieder. Per Zug geht's in die Königsstadt **Fes**, wo Sightseeing in der Medina und Entspannung in einem Riad angesagt sind. Falls einem der Sinn nach ländlichen Gefilden steht, macht man einen Ausflug in das Berberstädtchen **Azrou** und erkundet die Zedernwälder des Mittleren Atlas.

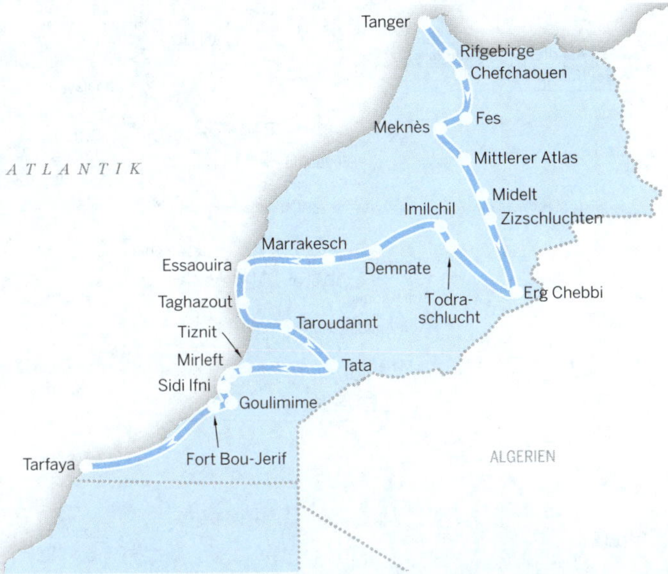

Sechs Wochen

Highlights & versteckte Winkel

Diese Tour beginnt mit einer Fährüberfahrt von Spanien nach **Tanger** mit seiner europäisch geprägten Medina. Von hier aus geht's weiter ins **Rifgebirge**. Europas Einfluss zeigt sich auch in **Chefchaouens** hellblauer, andalusisch angehauchter Medina. Die Königsstädte **Meknès** und **Fes** weiter im Süden wirken dagegen wesentlich marokkanischer.

Nach ein paar Tagen auf farbenfrohen Märkten und in verschlungenen Gassen reist man durch den **Mittleren Atlas** zum Berberdorf **Midelt** sowie ins **Ziztal**. Nun sind es nur noch ein paar (staubige) Stunden bis zum **Erg Chebbi** mit seinen archaisch schönen Wanderdünen, die sich auf einem Kamel oder Sandbrett erkunden lassen.

Die Sahara im Rücken steuert man die **Todraschlucht** im Hohen Atlas an. Dort wandert man zwischen engen Felswänden umher und fährt in einem Marktlieferwagen durch einige Dörfer, in denen die Haupttätigkeit im Pfefferminzteetrinken besteht. Das hübsche **Imilchil** ist vor allem für seinen Hochzeitsmarkt im September bekannt.

Dann reist man durch den Mittleren Atlas bergab Richtung Südwesten in das kulturelle, für seine Berbergastronomie berühmte **Demnate**. Als Nächstes steht **Marrakesch** auf dem Programm, das mit Riads, Shoppingmöglichkeiten in der Medina und dem quirligen Djemaa el-Fna aufwartet. Anschließend locken **Essaouira**, ein Künstlertreff an der wilden Westküste, und das lebhafte **Taghazout**, Marokkos erste Adresse für Surfer. **Taroudannt**, die bezauberndste Marktstadt in der Sousebene, erreicht man über die N10.

Auf den einsamen Wegen nach **Tata**, wo einem blau gekleidete Guides die Wüste zeigen, wird die Gegend immer unwirtlicher. Danach geht's an Oasen, *palmeraies,* Kasbahs, *agadirs* und Felsmalereien vorbei wieder in Richtung Atlantik. In Küstennähe stößt man auf **Tiznit**, wo sich ein toller Schmuck-Suk befindet.

Weitere lohnenswerte Ziele sind **Mirleft** mit seinen rosa-blauen Bogen und **Sidi Ifni** mit einer beeindruckenden Art-déco-Architektur. In der Umgebung erstrecken sich einige Küstenwanderwege. Samstagmorgens wird in **Goulimime** ein Kamelmarkt abgehalten. Für eine Übernachtung bietet sich das **Fort Bou-Jerif** unweit eines verfallenen Stützpunktes der französischen Fremdenlegion an. Zum Abschluss der Reise erkundet man das herrlich abgelegene **Tarfaya** am Rand der Westsahara.

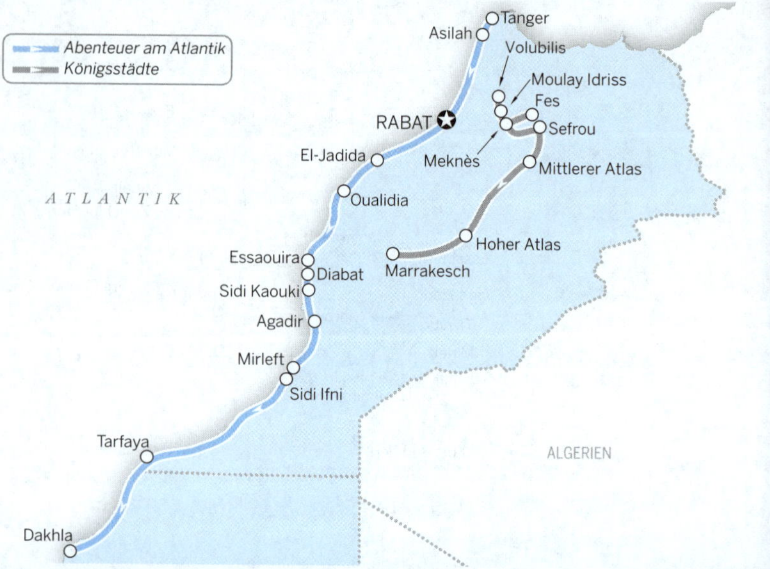

Drei Wochen
Abenteuer am Atlantik

Marokkos Atlantikküste reicht vom geschäftigen Norden zu verlassenen Winkeln im Süden. Von Spanien geht's mit der Fähre nach **Tanger**. Diese Stadt ist Marokko pur und zugleich ein Stück Europa. Per Zug erreicht man das Künstlerstädtchen **Asilah** sowie **Rabat** mit seiner kolonialen Architektur und den palmengesäumten Boulevards. Durch Casablancas Vorstädte führt die Route ins verschlafene **El-Jadida** und an der spektakulären Küsten entlang nach **Oualidia**, das an Saint-Tropez erinnert.

Weiter südlich liegt das bei Hippies einst so beliebte **Essaouira**. Aufgrund der Bohème-Atmosphäre und der hübschen Riads bleiben viele Traveller länger als geplant. Nachdem man sich an einem der Fischgrillstände satt gegessen hat, folgt man den Spuren von Jimi Hendrix und heutiger Surfer zu den friedlichen Stränden von **Diabat** und **Sidi Kaouki**.

Etwas weiter stößt man auf **Agadir**, einen familienfreundlichen Urlaubsort am Meer. **Mirleft** und das von Art-déco-Bauwerken geprägte **Sidi Ifni** sind sogar noch malerischer. Auf dem Weg Richtung Süden nach Mauretanien kann man in **Tarfaya** und **Dakhla** eine Pause machen.

Zwei Wochen
Königsstädte

Diese Route führt in zwei Städte, die für ihre aufgeklärten Dynastien bekannt waren. Letztere lieferten Europas mittelalterlicher Kultur entscheidende Impulse. **Fes**, in dessen Medina sich das moderne Marokko und seine reiche Vergangenheit widerspiegeln, verströmt ein exotisches Maghreb-Flair, während das nahe gelegene **Meknès** trotz der Spuren glorreicher Tage unter Sultan Moulay Ismail von vielen Travellern ignoriert wird, aber dennoch einen Abstecher lohnt.

Nördlich davon locken **Volubilis**, eine antike Stätte, die von der beeindruckenden Schaffenskraft während des römischen Imperiums zeugt, sowie **Moulay Idriss** mit dem Mausoleum des Gründers von Marokkos erster Königsdynastie.

Wer nicht unbedingt alle vier Königsstädte besuchen möchte, überspringt Rabat und macht sich auf den Weg in den Mittleren Atlas; Vorschläge für Zwischenstopps findet man auf S. 26. Lohnenswert ist auch ein Halt im Berberort **Sefrou** 30 km südlich von Fes. Von dort folgt man der N8 unterhalb des **Hohen Atlas**. Wer keinen Zeitdruck hat, kann das wunderbare **Marrakesch**, die Ikone des zeitgenössischen Marokkos besuchen.

Aktivitäten

Berge

In den Bergen kann man die unterschiedlichsten Dinge wie Klettern, Bergsteigen oder Skifahren unternehmen und Wildtiere wie Berberaffen, -schafe und -leoparden beobachten. Rafting, Trekking und Mountainbiketouren sind weitere Möglichkeiten.

Wüste

Auf dem Wüstenprogramm stehen Kameltouren, nächtliche Dünenwanderungen, eine Übernachtung im Berberzelt, Sandboarding sowie das Beobachten von Vögeln und Wildtieren, darunter die Saharagrasmücke und der Löffelhund.

Küste

Am Strand locken Aktivitäten wie Surfen, Windsurfen, Kitesurfen, Kajak- und Kanufahren. Außerdem gibt's hier jede Menge Meereslebewesen und Vögel, etwa den vom Aussterben bedrohten Waldrapp.

Hamams

Jede Stadt, die etwas auf sich hält, hat einen Hamam, in dem man sich kräftig abschrubben lassen kann.

Marokko ist Afrikas Trekkingziel Nummer eins. Das klassische Reiseerlebnis, eine Wanderung durch Berberdörfer im Hohen Atlas, vergisst wohl niemand so schnell. Zudem bietet die vielfältige Landschaft Möglichkeiten für jeden Geschmack, sodass hier sowohl Hobbyornithologen, Golfer, Radfahrer, Kletterer und Reiter als auch Badeurlauber auf ihre Kosten kommen. Und ob man nun Ski fährt, surft oder sich fürs Kameltrekking entscheidet – zwischen den Aktivitäten locken die einzigartige Kultur des Landes und die wunderbare Gastfreundschaft der Einheimischen.

Geführte Touren

Einen Guide anzuheuern oder an einer geführten Tour teilzunehmen ist sehr empfehlenswert, wenn man auf seiner Reise einer bestimmten Aktivität nachgehen möchte. Gute lokale Anbieter kennen nicht nur die besten Orte für das jeweilige Vorhaben, sondern helfen auch bei der Organisation von Ausrüstung, Unterkunft sowie An- und Abreise. Dies selbst in die Hand zu nehmen kann in abgelegenen Gegenden gleich mehrere Tage dauern.

Darüber hinaus erfährt man mit einem Führer eine Menge über Land und Leute. Sowohl in der Sahara als auch in höheren Lagen des Atlas wird einem zu geführten Touren geraten, da es schwierig ist, auf eigene Faust loszuziehen. Neben spezialisierten Veranstaltern, die in diesem Kapitel genannt werden, haben auch die auf den Seiten 552 und 559 aufgelisteten Agenturen Freizeitaktivitäten im Programm.

Kameltouren

Eine Kameltour durch die Sahara zählt zu den eindrucksvollsten Unternehmungen in Marokko, egal, ob man einen Ausflug mit nur einer Übernachtung oder eine längere Wüstensafari bucht.

Zu den besten Gebieten für einen solchen Trip gehören der Erg Chebbi (S. 172) bei Merzouga, der Erg Chigaga (S. 147) nahe M'Hamid und Zagora sowie die Gegend hinter den leichter zugänglichen Dünen von Tinfou (S. 144).

Außerhalb der Herbst- (September und Oktober) und Wintermonate (November bis Anfang März) sollte man von einer Kameltour allerdings besser absehen, da es in der Wüste unerträglich heiß werden kann und im Frühjahr zudem heftige Sandstürme drohen.

Die Preise liegen bei mindestens 300 Dh pro Person und Tag, variieren aber je nach Gruppengröße, Tourlänge und Verhandlungsgeschick.

Der Veranstalter organisiert das Nachtlager, zu dem oftmals ein Programm mit Berbermusik und leckeres *mechoui* (Lamm vom Grill) gehört. Bei kürzeren Ausflügen wird manchmal auch ein festes Camp angesteuert.

Organisation einer Kameltour

Wer nicht unter Zeitdruck steht, organisiert seinen Guide und die Verpflegung am besten direkt vor Ort. Davon profitiert die lokale Bevölkerung, außerdem trägt man so dazu bei, dass junge Männer nicht ihrer Heimat den Rücken kehren, um sich in den Touristenzentren einen Job zu suchen.

Als einfachster Ausgangspunkt für eine Wüstentour gilt M'Hamid, wobei das Angebot in Zagora und Merzouga größer ist. Am besten lässt man sich von anderen Travellern ein paar Tipps geben.

Noch unkomplizierter und schneller geht das Ganze vonstatten, wenn man den Ausflug im Voraus organisiert, entweder bei einem internationalen Anbieter oder bei einem regionalen Veranstalter in Ouarzazate oder Marrakesch.

Klettern

Klettern wird in Marokko immer beliebter. Es gibt hier ein paar fantastische Routen, allerdings sollte man schon einige Erfahrung haben und seine eigene Ausrüstung mitbringen.

Im Antiatlas und im Hohen Atlas reichen die Möglichkeiten von Bouldern bis Extremklettern; Letzteres ist aber nur etwas für Profis. Die Dadès- und die Todraschlucht sind weitere gute Anlaufstellen für diese Sportart.

Des Clarks *Mountaineering in the Moroccan High Atlas – Walks, Climbs & Scrambles Over 3000M* (erschienen bei Cicerone), ein handliches Taschenbuch mit Plastikhülle, zahlreichen Karten, Fotos und praktischen Informationen, beschreibt rund 50 Routen und 30 Gipfel und hat das Zeug zum Klassiker.

Folgende Veranstalter bieten gute Informationen und die Gelegenheit, andere Kletterer zu treffen:

Nicolò Berzi (nicolobe@tiscalinet.it) Der italienische Guide organisiert Ausflüge in die Todraschlucht.

PlanetMountain.com (www.planetmountain.com/english/rock/morocco) Auf der Homepage gibt's einen Abschnitt zu Marokko.

Royal Moroccan Ski & Mountaineering Federation (www.frmsm.ma) Listet einige Routen auf.

Serac Outdoors Sports (http://tinyurl.com/4neemp6) Britischer Veranstalter, der Klettertouren in Marokko organisiert.

Mountainbiken

Obwohl man auch mit herkömmlichen Straßenrädern Touren in Marokko unternehmen kann, stehen einem mit Mountainbikes mehr Möglichkeiten offen.

Wer gut trainiert ist, sollte das ausgedehnte Netz von *pistes* (unbefestigten Wegen) und Fußpfaden im Hohen Atlas nutzen. Weitere ausgezeichnete Routen erstrecken sich im Antiatlas, auf dem Jebel-Sarhro-Plateau und im Drâatal.

Viele Reisebüros, Hotels und Geschäfte haben einen Mountainbikeverleih, z. B. in Tafraoute, für ausgedehnte Trips sind die Räder aber meist nicht geeignet. Wenn man ernsthaft Rad fahren möchte, sollte man sich an einen Anbieter von Abenteuertouren wenden.

HAMAMS

Der Besuch eines traditionellen Badehauses ist definitiv angenehmer als eine kalte Dusche in der Budgetunterkunft. An diesen lebhaften, geselligen Orten gibt's jede Menge heißes Wasser und immer jemanden, der einen ordentlich abschrubbt. Zudem kommt man mühelos mit Einheimischen in Kontakt und vor allem Frauen können sich hier wunderbar vom Stress auf den Straßen erholen.

Jede Stadt hat mindestens einen Hamam, meist modern, weiß gekachelt und geräumig. Oft sind die Bereiche für Männer und Frauen getrennt, andernfalls haben die Bäder separate Öffnungszeiten bzw. -tage.

Manche Hamams sind nicht beschildert und manchmal hängt auch nur ein Bild mit einem Mann oder einer Frau an einer Hauswand, aber Einheimische zeigen einem gerne den Weg. In den meisten Bädern wird man herzlich empfangen, denn es sind nur wenige Einrichtungen (häufig in der Nähe von Moscheen) nicht für Ausländer zugänglich.

Besucher müssen ein Handtuch (wasserdicht verpackt), eine Plastikmatte oder etwas Ähnliches als Sitzunterlage und Badelatschen mitbringen. In einigen Häusern werden Toilettenartikel und eine Handvoll *ghassoul* (Wascherde mit Kräutern, getrockneten Rosen und Lavendel) sowie *el-kis* (rauer Handschuh), schwarze Seife aus Olivenharz (brennt in den Augen) und Henna (für Frauen) verkauft.

Jeder Gast erhält einen Eimer und eine Kelle. Um Ersteren zu füllen, wird der Gemeinschaftseimer genutzt. In fast allen Hamams gibt's Duschen.

Ein Besuch im Badehaus kostet ca. 10 Dh. Für Extras wie *gommage* (Peeling) und Massagen muss man einen Aufpreis zahlen.

Einige Hotels der Mittel- und Spitzenklasse verfügen über teurere Hamams, die aber nur auf Bestellung aufgeheizt werden, wenn sich mindestens vier bis fünf Personen einfinden.

Rafting & Kajakfahren

Rafting und Kajakfahren stecken in Marokko zwar noch in den Kinderschuhen, aber wer sich trotzdem für diese Sportarten entscheidet und eine Tour im Hohen Atlas unweit von Bin el-Ouidane unternimmt, wird eine atemberaubende Landschaft erleben.

Water by Nature (www.waterbynature.com) Der in Großbritannien und den USA ansässige Veranstalter von Abenteuertouren bietet Ausflüge in allen Schwierigkeitsstufen an, u. a. Rafting für Familien.

Reiten

Südmarokko wartet mit besonders guten Reitmöglichkeiten auf, beispielsweise an Stränden wie dem von Dabat, in Hügeln, Bergen, Tälern, Schluchten und der Wüste.

Reisebüros, die sich auf geführte Touren spezialisiert haben:

Club Farah (www.clubfarah.com) Schweizerisch-marokkanischer Veranstalter, der Ausflüge im ganzen Land von den Kaiserstädten bis zur südlichen Atlantikküste anbietet.

Unicorn Trails (www.unicorntrails.com) Britische Agentur mit vier Exkursionen im Hohen Atlas, der Sahara und der Gegend rund um Essaouira.

Skifahren

Die Skisaison dauert von November bis April, allerdings sind die marokkanischen Stationen nicht im besten Zustand.

Abfahrten

Das beliebte Skigebiet Oukaïmeden 70 km südlich von Marrakesch wartet mit dem höchsten Skilift Nordafrikas auf. Hier kann man auch die nötige Ausrüstung leihen. Andere Skigebiete wie Mischliffen liegen verstreut im Mittleren Atlas, haben allerdings oftmals nicht genügend Schnee.

Tourenski

Ski randonné wird immer beliebter, vor allem von Ende Dezember bis Februar, wenn das Aït-Bougomez-Tal hervorragende Bedingungen bietet.

Surfen, Windsurfen & Kitesurfen

Tausende Kilometer Küste machen Marokko zu einem tollen, wenn auch unterschätzten Ziel für Surfer, Windsurfer und Kitesurfer. Wer sich für diese Sportarten interessiert, kann vor Ort die Ausrüstung leihen sowie Unterricht und spezielle Urlaubsangebote buchen.

Nord- & Zentralmarokko

Mehdiya Plage (S. 218) nördlich von Rabat hat eine starke Strömung, wartet aber mit verlässlichen Wellen auf. Richtung Süden kann man auch an der Plage des Nations und der Temara Plage gut surfen. Beide liegen weniger als 20 km von der Stadt entfernt. Sidi Bouzid (S. 232) und die Strände rund um El-Jadida bieten ebenfalls gute Bedingungen.

Oualidia ist beliebt bei Surfern, Windsurfern und Kitesurfern. Die Gegend rund um Lalla Fatna (S. 239) auf dem Weg nach Safi verfügt über die wahrscheinlich besten Wellen des Landes und hat mit seinen spektakulären Right Handers – einige der längsten dieses Planeten – bereits große Namen in der Szene angezogen.

Südmarokko

Essaouira wird zwar vereinzelt von Surfern angesteuert, doch die „Windstadt Afrikas" eignet sich besser zum Wind- und Kitesurfen. Das nahe gelegene Sidi Kaouki ist ein Geheimtipp für alle drei Sportarten.

In der Gegend rund um Taghazout unweit von Agadir erstrecken sich einige der besten Surfstrände des Landes, außerdem gibt's dort eine auf Surfer eingestellte Infrastruktur.

Weitere interessante Gebiete in Südmarokko sind Agadir, Aglou Plage, Mirleft, Sidi Ifni und Dakhla.

Trekking

Marokko ist ein fantastisches Ziel für Trekkingfans, denn es bietet eine wunderbare landschaftliche Vielfalt und Touren für jeden Geschmack. Großer Beliebtheit erfreut sich z. B. der schneebedeckte Hohe Atlas, das gilt vor allem für den höchsten Gipfel des Landes, den Jebel Toubkal (4167 m), den man auf direktem Wege oder im Rahmen einer Rundwanderung erklimmen kann. Richtung Sahara warten auch der Antiatlas und der Jebel Sarhro mit erstklassigen Möglichkeiten auf. Einfachere Routen erstrecken sich in den Wäldern und Hügeln des Mittleren Atlas. Im Rifgebirge, insbesondere im Talassemtane-Nationalpark unweit von Chefchaouen, locken noch mehr tolle Wege. Mehr zu diesem Thema erfährt man im Kapitel „Trekking".

Vogelbeobachtung

Vogelbeobachter fühlen sich in Marokko wie im Paradies. In den vielfältigen Ökosystemen ist eine erstaunliche Artenvielfalt beheimatet, vor allem in den Feuchtgebieten an der Küste.

Es gibt im Land etwa 460 Arten, darunter viele Zugvögel, die hier im Frühling und Herbst Station machen, wenn sie zwischen dem Süden Afrikas und ihren Brutgebieten in Skandinavien, Grönland sowie Nordrussland pendeln. Andere Arten kommen nach Marokko, um dem harten nordeuropäischen Winter zu entfliehen.

Eine schöne Zeit für Hobbyornithologen sind die Monate März bis Mai: Bei angenehmem Wetter kann man dann zahlreiche unterschiedliche Vögel beobachten. Auch im Winter ist in den Feuchtgebieten und Lagunen sehr viel los.

Weitere Informationen zur Vogelwelt Marokkos siehe S. 520.

Führer & Touren

Zusätzlich zu ortsansässigen Führern bieten noch folgende Veranstalter Vogelbeobachtungstouren in Marokko an:

Birdfinders (www.birdfinders.co.uk)

Birdwatching Breaks (www.birdwatchingbreaks.com)

Naturetrek (www.naturetrek.co.uk)

Wild Insights (www.wildinsights.co.uk)

Trekking

Hoher Atlas

Im Hohen Atlas kann man den höchsten Berg Nordafrikas, den Jebel Toubkal, bezwingen und auf dem Toubkal-Rundweg Berbern begegnen (S. 120).
Jenseits der Menschenmengen locken die spektakulären Täler und schönen Dörfer des entlegenen M'Goun-Massivs (S. 105).

Jebel Sarhro

Im Südosten erstrecken sich einige der wildesten und erstaunlichsten Landschaften Marokkos, die sich wunderbar für Winterwanderungen eignen (S. 155).

Rifgebirge

Wer etwas leichtere Routen bevorzugt, kann eine Trekkingtour durch die wenig besuchten Zedernwälder des Talassemtane-Nationalparks nahe Chefchaouen unternehmen (S. 307).

Antiatlas

Auf dem Weg zum Amethystberg Jebel L'Kest sollte man ein paar der 26 Dörfer im Tal der Ammeln besuchen (S. 418).
Im Schatten des vulkanischen Jebel Siroua sind abwechslungsreiche Touren durch malerische abgelegene Dörfer und gewaltige Schluchten möglich (S. 418).

Noch vor nicht allzu langer Zeit war Trekking in Marokko leidenschaftlichen Bergsteigern und ein paar wagemutigen Amateuren vorbehalten, die sich zum höchsten Gipfel Nordafrikas, dem Jebel Toubkal (4167 m), aufmachten. Inzwischen hat sich die Situation jedoch geändert, denn nun gibt's passende Routen für alle Jahreszeiten und Fitnessstufen. Einige Routen bringen auch durchtrainierte Vollblutsportler an ihre Grenzen, wohingegen bei anderen Gepäckträger mit von der Partie sind und am Ziel ein Mittagessen sowie bequeme Betten warten.

Marokko besitzt ein paar der dramatischsten und schönsten Gebirgslandschaften der Welt – in viele kommen nur wenige, in manche überhaupt keine ausländischen Besucher. Das breite Klimaspektrum des Landes ist für Wanderer ein Segen: Wenn Schneefälle im Dezember eine Besteigung des Jebel Toubkal unmöglich machen, kann man stattdessen den Jebel Sarhro auf der südlichen Seite des Atlasgebirges erklimmen. Und wenn hohe Temperaturen sommerliche Ausflüge im Rif verhindern, schmilzt dafür der Schnee am Toubkal.

Da Trekking in Marokko zunehmend beliebter wird, stehen immer mehr Optionen zur Wahl. Von zu Hause aus lassen sich bequem Pauschalreisen inklusive aller Flüge, Transport, Führer und Verpflegung buchen oder man reist einfach zum Ausgangspunkt, sucht sich einen Führer und Maul-

TREKKINGBÜCHER

» *Great Atlas Traverse* von Michael Peyron. Das zweibändige Werk des britischen Autors mit Wohnsitz in Marokko ist der ultimative Trekkingführer durch den Atlas, aber nicht unbedingt für Gelegenheitswanderer geeignet.

» *The Atlas Mountains: A Walking and Trekking Guide* von Karl Smith. Der Reiseführer ist beim Wanderspezialisten Cicerone erschienen. Er verfügt über detaillierte Routenbeschreibungen und Informationen zu Themen wie Skitouren, hat allerdings nicht nur positive Kritiken bekommen.

» *Mountaineering in the Moroccan High Atlas* von Des Clark. 2011 im praktischen Handbuchformat mit Plastikschutzumschlag bei Cicerone erschienen und auf dem besten Weg zum Klassiker. Das Buch beschreibt rund 50 Routen sowie 30 Gipfel und enthält viele Karten, Fotos sowie praktische Informationen.

» *Trekking in the Moroccan Atlas* von Richard Knight. 43 Karten und Informationen von nachhaltigen Wandertouren bis zu Sprachtipps. Hat ebenfalls nicht nur ein positives Echo bekommen. Wahrscheinlich ist es das beste Werk für unerfahrene Wanderer, aber leider auch das dickste.

tiere und bricht auf ins Stammland der Berber. Egal, wie: Eine Wandertour ist oft das Highlight eines Marokkobesuchs.

Bevor es losgeht

Karten

Es gibt für Marokko topografische Karten in den Maßstäben 1:100 000 und 1:50 000. Da Letztere aber nicht überall verkauft werden, halten sich Traveller, die große Gebiete erwandern wollen, am besten an Ausgaben im Maßstab 1:100 000. Versionen in diesem Maßstab wurden früher auch vom sowjetischen Militär angefertigt; trotz der kyrillischen Beschriftung sind sie so präzise wie das übrige Kartenmaterial zu Marokko.

Eine gute Anlaufstellen für Karten ist die Direction de la Cartographie in Rabat (s. Kasten S. 214), die alle hier angebotenen Pläne online auflistet.

Karten und Kopien sind auch in anderen Buchhandlungen in Marokko erhältlich und in den jeweiligen Kapiteln aufgeführt. Außerdem wird man an den Ständen rund um den Djemaa el-Fna in Marrakesch und kurz vor Beginn der Trekkingrouten auf den Atlas fündig.

Karten, beispielsweise von West Col Productions, u. a. für Toubkal und das M'Goun-Massiv, kann man auch über verschiedene Websites bestellen, darunter **Amazon** (www.amazon.de).

Bücher

Das marokkanische Fremdenverkehrsamt Office National Marocain du Tourisme (ONMT) gibt eine hilfreiche Broschüre mit dem Titel *Morocco: Mountain and Desert Tourism* (2005) heraus. Diese bietet nicht nur eine gute Einführung zum Thema Trekking, sondern enthält auch praktische Listen von Autovermietungen, Guide-Agenturen, Touristeninformationen, *gîtes d'étape* (Hostels für Wanderer), *refuges* (Berghütten), Campingplätzen, Markttagen etc. Normalerweise liegt sie in den Zweigstellen des ONMT im Ausland, in Marrakesch und anderen Großstädten sowie in Imlils *bureau des guides* (Guide-Agentur) aus.

Darüber hinaus hat Edisud/Belvisi die Bücher *Gravures Rupestres du Haut Atlas*, das sich der Felsenkunst des Plateau du Yagour nordöstlich von Setti Fatma widmet, und *Randonnées Pédestres Dans le Massif du Mgoun* veröffentlicht. Die Werke sind online sowie in einigen Touristeninformationen, in Buchläden von Rabat und Marrakesch, vom Club Alpin Français (CAF) und der CAF-Berghütte in Oukaïmeden erhältlich.

Eine lohnenswerte Lektüre ist auch Hamish Browns wunderbar atmosphärisches *The Mountains Look on Marrakech*, in dem der Autor von seiner 96-tägigen Wandertour erzählt.

Clubs, Informationen & Touren

Details zu ausländischen und einheimischen Anbietern von Trekkingtouren in Marokko siehe S. 552.

INTERNATIONALE ANBIETER VON REISEHANDBÜCHERN UND KARTEN

» **Aree Greul** (www.mountain-bookshop.de)

» **Au Vieux Campeur** (www.au-vieux-campeur.fr)

» **Stanfords** (www.stanfords.co.uk) Die weltweit größte Reisebuchhandlung verkauft z. B. Karten über das Jebel-Toubkal-Gebiet von Editorial Piolet im Maßstab 1:40 000 und über den Atlas von West Col im Maßstab 1:160 000, die auf Karten des sowjetischen Militärs basieren.

» **The Map Shop** (www.themapshop.co.uk; Upton upon Severn, Worcestershire)

» **Uni Bayreuth; Lehrstuhl für Stadtgeografie und Geografie des ländlichen Raums** (www.uni-bayreuth.de) Hier kann Kartenmaterial bestellt werden.

Atlas Mountains Information Services (AMIS; http://tinyurl.com/48efeva; Fife, Schottland) Eine bewährte Quelle für Informationen und Trekkingtouren. Organisator Hamish Brown, ein hochspezialisierter Autor, Dozent, Fotograf und Touristenführer durch den Atlas, reist seit über 50 Jahren durch Marokko und leitet auch heute noch viele Touren. Wer ihn als Guide will, muss sich frühzeitig anmelden.

Club Alpin Français (CAF; www.caf-maroc.com; Casablanca) Betreibt *refuges* im Toubkal-Gebiet und hat eine informative Website.

La Fédération Royale Marocaine de Ski et Montagne (FRMSM; Königlich-Marokkanischer Ski- & Bergsteigerverband; www.frmsm.ma; Casablanca) Die Internetseite bietet grundlegende Informationen.

Kleidung & Ausrüstung

Zelte

Abgesehen von den grundlegenden Punkten (s. Kasten S. 38) ist die wichtigste Entscheidung bei der Tourplanung die Frage: Zelten oder nicht? Ein gutes Zelt lässt beim Trekking jede Menge Möglichkeiten offen, außerdem kann man damit den Massen entfliehen.

Leihzelte werden von vielen Reiseveranstaltern sowie einigen Bergführern und an zentralen Startpunkten angeboten.

Wer die Ausrüstung nicht die ganze Zeit mitschleppen möchte, kann stattdessen in einem der Dörfer übernachten (s. S. 39).

Schlafsäcke

Ob Zelt oder Haus: Im Hohen Atlas und am Jbel Sarhro ist der Allwetterschlafsack von September bis Anfang April ein absolutes Muss, da die Temperaturen locker auf -10 °C fallen können.

In tiefer gelegenen Gebirgsregionen ist auch noch im Hochsommer ein Schlafsack sinnvoll, der bis zu einer Temperatur von 0 °C warm hält. Dann fehlt nur noch eine dicke Isomatte oder eine dünne Schaumstoffmatratze (bei den Bergführern erhältlich) für den extrem steinigen Boden.

Kocher

Die meisten *gîtes* bieten Kochmöglichkeiten, trotzdem reisen viele Camper nicht ohne ihren Kocher. Ideal sind Mehrstoffkocher, die von Flugbenzin bis zu Diesel alles verbrennen. Brennspiritus ist nicht so leicht zu bekommen, Petroleum dagegen immer. Einweg-Butangaskartuschen gehen auch, sind in puncto Umwelt aber ein Fehlgriff. Im Allgemeinen kennen sich die Guides mit der Thematik gut aus.

Weiteres Equipment

Eine Reiseapotheke mit den wichtigsten Medikamenten und Wasserreinigungstabletten bzw. mechanische Reiniger sollte jeder parat haben, der nach Marokko kommt. Wenn das Wasser nicht direkt aus der Quelle stammt, muss es vor dem Trinken behandelt werden.

Wer zwischen November und Mai in Höhenlagen über 3000 m unterwegs ist bzw. im Winter Bergwanderungen unternimmt, benötigt Dinge wie Klettereisen, Eispickel und Schneeschaufeln (wird alles vor Ort verliehen).

Reisende, die Trekking mit Sightseeing verbinden wollen, können vor der Wanderung überflüssiges Gepäck einlagern – das ist in fast allen Hotels möglich (gelegentlich gegen eine kleine Gebühr). In den Gepäckaufbewahrungen der Bahnhöfe in größeren Städten sind die Sachen ebenfalls sicher (s. S. 561).

WICHTIGE KLEIDUNG

Ganzjährig

» Feste, eingetragene Wanderschuhe (s. Kasten S. 41).

» Funktionstüchtige Kleidung – das Wetter kann nämlich von einer Sekunde auf die andere umschlagen.

» Sonnenhut, Sonnenbrille und Sonnencreme mit hohem Lichtschutzfaktor.

Sommer (Juni bis August)

» Leichte, weite Baumwollhosen und langärmelige Shirts.

» Selbst ab 1800 m Höhe ist es manchmal noch so kalt, dass man einen warmen Pulli braucht.

Winter (November bis März)

» Überall im Land kann es kalt sein.

» Warme Kleidung (im Hohen Atlas gehören auch Wollmützen und Handschuhe dazu) ist ein Muss.

Führer

Unabhängig von individuellen Wandererfahrungen und Fähigkeiten im Kartenlesen sollten immer qualifizierte Führer angeheuert werden – und wenn auch nur, um als Übersetzer zu fungieren: Die eigenen Berberkenntnisse dürften sich nämlich meist in Grenzen halten. Zudem schrecken offizielle Guides ihre „falschen" Berufskollegen *(faux guides)* ab, handeln gute Preise aus und erweitern den kulturellen Horizont der Tourteilnehmer immens durch ihr Wissen. Gute Führer kennen die jeweilige Region und deren Einwohner ganz genau; dadurch wird man unweigerlich zum Tee oder Essen eingeladen und lernt das Berberleben viel intensiver kennen. Bei Problemen können ortskundige Führer außerdem am schnellsten Hilfe holen. Jedes Jahr kommen Ausländer in den marokkanischen Bergen ums Leben, sei es durch heftige Unwetter, Steinschläge oder unglückliches Ausrutschen. In Begleitung eines Guides sind die Überlebenschancen zweifellos höher. Wie groß das eigene Selbstvertrauen auch sein mag: Wanderer sollten niemals auf eigene Faust durchs Gebirge marschieren.

Einen Führer auswählen

Manchmal ist es gar nicht so einfach, den richtigen Führer zu finden. Großspurige englischsprachige *faux guides* aus Marrakesch sind keinesfalls ein adäquater Ersatz für Einheimische, die das Terrain ihrer Heimat wie ihre Westentasche kennen.

Alle offiziellen Guides besitzen Lichtbildausweise. Sie sollten von der Fédération Royale Marocaine de Ski et de Montagne oder der Association Nationale des Guides et Accompagnateurs en Montagne du Maroc als *guides de montagne* (Bergführer) autorisiert sein. Das garantiert nämlich, dass die betreffende Person eine mindestens sechsmonatige Ausbildung am Centre de Formation aux Métiers de Montagne absolviert hat. Diese Bergführerschule ist in Tabant (Aït-Bougomez-Tal) ansässig.

Accompagnateurs (Begleiter) haben lediglich einwöchige Schulungen hinter sich und sind für die Leitung von Bergtouren nicht versichert. Auch *guides de tourisme* (Touristenführer) mangelt es für diese Aufgabe an der nötigen Qualifikation.

Autorisierte Bergführer können ihren Status immer mit einem Ausweis belegen. Zu ihrer Ausbildung gehört auch die Erste Hilfe; bei unbeständigem Wetter oder in Notfällen sind sie unendlich viel hilfreicher als billigere Führer ohne Erfahrung. Wenn ein Guide seinen Ausweis mit dem Foto nur widerwillig zeigen will, hat er vielleicht keinen oder er ist abgelaufen (er muss alle drei Jahre aufgefrischt werden).

Manche *guides de montagne* absolvieren ein Zusatztraining in Felsenklettern, Canyoning und Bergsteigen. Alle Führer sprechen Französisch und einige Englisch, Spanisch oder Deutsch. Inzwischen haben sich übrigens auch ein paar junge marokkanische Frauen unter die vorher ausschließlich männlichen Guides gemischt – und sind sehr gefragt.

Einen Führer buchen

In Marokko arbeiten mehr als 400 zugelassene Bergführer, von denen viele über die *bureaux des guides* in Imlil, Setti Fatma, Chefchaouen und Maroc Profond in Tabant (Aït-Bougomez-Tal) vermittelt werden.

Bei Redaktionsschluss lag der Mindestlohn für einen offiziellen Bergführer bei 300 Dh am Tag (pro Gruppe, nicht pro Person); der Preis kann aber je nach Jahreszeit und Region variieren. Essen und Unterkunft sind nicht inklusive.

Die Guides schlafen meistens umsonst in den Berghütten und *gîtes,* für ihre Verpflegung muss aber nicht selten der Gast zahlen. Wer nur in eine Richtung wandern will, bezahlt dem Führer auch den Rückweg.

Alle Kosten werden vor der Tour ausgehandelt, außer dem Trinkgeld von etwa 10% – dieses wird am Ende fällig, wenn alles gut gelaufen ist. Organisiert der Guide die Tour selbst (statt eines Veranstalters), müssen alle Einzelheiten vorher geklärt werden: Start- und Endpunkte der Tagesetappen; wie viele Leute in die Zelte passen (die Guides haben in der Regel ein Zelt oder einen Schlafsack dabei); wie viele Maultiere gemietet werden; wer das Kochen übernimmt (bei vielen Teilnehmern besteht der Führer vielleicht auf einen Koch, der ca. 100 Dh pro Tag kostet); wer was essen möchte; und wie die Wasserversorgung sowie die Aufteilung von Essen und Ausrüstung innerhalb der Gruppe geregelt sind.

TREKKING-GLOSSAR

Schon ein paar Brocken einer fremden Sprache können Travellern vollkommen unerwartete Erfahrungen ermöglichen. Die folgenden Begriffe sind beim Trekking in Marokko unter Umständen ganz hilfreich. (A) steht für Arabisch, (B) für Berber. Weitere nützliche Ausdrücke findet man ab S. 573.

adfel (B) – Schnee

adrar (B) – Berg (Plural *idraren)*

afella (B) – Gipfel

agdal (B) – Weide (auch *aougdal)*

aghbalu (B) – Wasserquelle

ain (A) – Wasserquelle

aman (B) – Wasser

anzar (B) – Regen

argaz (B) – Mann

asserdoun (B) – Maultier

assif (B) – Wasserlauf, Fluss

azaghar (B) – Ebene, Plateau (auch *izwghar)*

azib (B) – Saisonunterstand für Schäfer

brhel (A) – Maultier

châba (B) – Schlucht

iferd (B) – See

ifri (B) – Höhle

jebel (A) – Berg oder Hügel

kerkour (B) – Steinhaufen

taddart (B) – Haus

talat (B) – ausgetrocknete/r Schlucht oder Wasserlauf

tamada (B) – See

tigm (B) – Haus

tizi (B) – Bergpass

Maultiere

Maultiere (gelegentlich auch Esel) sind in Marokko beliebte Helfer, um Güter durch die Berge zu transportieren. Jeder Traveller kann sich problemlos eines mieten. Das ist vor allem dann sinnvoll, wenn man größere Vorräte dabeihat oder mit einer großen Gruppe reist, denn so ein Tier trägt locker das Gepäck von vier Leuten. Über den Daumen gepeilt schafft es bis zu 120 kg, wenn der Weg nicht zu steil oder zu anstrengend ist. Dann pocht der Maultiertreiber womöglich auf weniger Traglast, weil er natürlich das Wohl seines „Goldesels" im Sinn hat (wobei Marokkaner selten wirklich an ihren Packtieren hängen).

Ein paar Routen sind für Maultiere zwar ungeeignet, doch in dem Fall können sie oft Umwege nehmen. Wenn auf den hohen Pässen Schnee liegt, sind Träger die bessere Alternative (sie schleppen bis zu 18 kg). Ein Maultier samt Treiber kostet ungefähr 100 Dh am Tag.

Wie die Bergführer wollen auch die Maultiertreiber bei Touren in nur eine Richtung die Kosten für die Rückreise erstattet bekommen.

Unterwegs

Unterkunft

Wer keine Lust hat zu campen, kann oftmals in *refuges* oder in einer Dorfunterkunft wie *gîtes d'étape* oder *chez l'habitant* (bei jemandem zu Hause) übernachten. In diesem Fall sollte man sich allerdings nicht wundern, wenn auf dem Boden nicht mal eine Matratze liegt, schon gar nicht in abgeschiedenen Gebieten. In Orten wie Imlil warten aber viele Zimmer mit richtigen Betten auf.

Der Großteil der Trekkingunterkünfte im Hohen und Mittleren Atlas sind *gîtes.* Im Rifgebirge und im kaum besuchten Antiatlas bilden diese Bleiben jedoch die Ausnahme; dort finden Wanderer häufig einen Schlafplatz bei Einheimischen oder zelten stattdessen.

Weitere Informationen gibt's in den einzelnen Kapiteln und auf S. 541.

Gîtes d'Étape

Gîtes bieten wirklich nur das Nötigste, oft nicht mehr als eine Schaumstoffmatratze in einem leeren Zimmer bzw. auf einer Dachterrasse oder einem Balkon. Bäder und Toiletten gibt's in einfachster Ausführung, die besseren verfügen aber über eine Warmwasserdusche. Wenn der Eigentümer vorher Bescheid weiß, kann er vielleicht eine Tajine auf den Tisch zaubern.

Bei Redaktionsschluss betrug der Standardpreis 50 Dh pro Person und Nacht, das kann sich aber je nach Jahreszeit und Gegend ändern. Essen kostet extra (ca. 30–50 Dh/Pers.), ebenso wie heißes Wasser (ca. 10–15 Dh pro Duschgang).

Bei gehobenem Standard nehmen privat geführte *gîtes* bis zu 200 Dh pro Person für Halbpension, während Zimmer in einer luxuriösen Kasbah in Imlil bis zu 2780 Dh kosten (s. S. 117).

Reguges

Der CAF unterhält *refuges* (Berghütten) in Imlil, Oukaïmeden, Tazaghart, Tacheddirt und Toubkal. Offiziell sollten alle Besucher ihre Unterkunft im Voraus in der Oukaïmeden-Hütte (s. S. 118). buchen, es reicht aber meist auch noch, vor Ort in Oukaïmeden oder Imlil nach freien Plätzen in den anderen Hütten der Toubkal-Region zu fragen. Achtung: Im Juli und August platzen die Unterkünfte jedoch oft aus allen Nähten.

Am wenigsten für ein Bett zahlen Mitglieder des CAF und HI. Mitglieder anderer angeschlossener und anerkannter alpiner Organisationen sowie Kinder unter 16 Jahren können sich ebenfalls über Preisnachlässe freuen.

Trekking-Gebiete

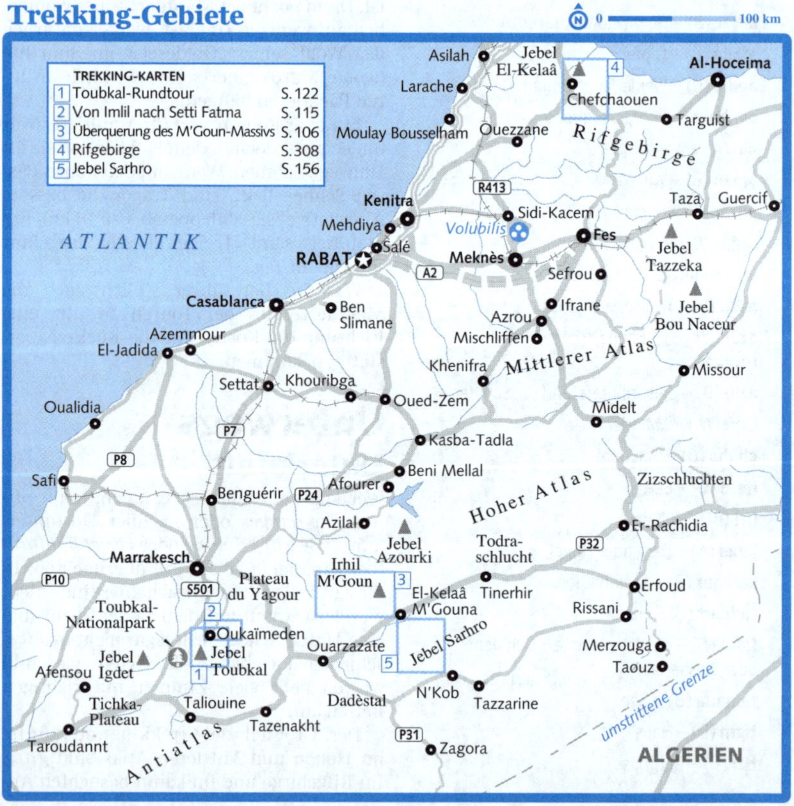

FITTE FÜSSE

Die Berber marschieren in den Bergen meist auf Sandalen durch die Gegend und rennen oftmals sogar die Hänge hinauf und hinunter. Doch wie machen sie das bloß? Dahinter steckt lebenslange Übung, deshalb sollte man es ihnen nicht nachtun, wenn man seine Füße auch zukünftig noch gebrauchen möchte. Die häufigsten Schwierigkeiten unterwegs entstehen durch schlecht sitzendes Schuhwerk oder ungeeignete Socken, die schmerzhafte Blasen an den Füßen verursachen. Um längere Wanderungen jenseits von harmlosen Talspaziergängen richtig genießen zu können, empfiehlt sich dringend ein Paar gut passender und wasserdichter Stiefel (am besten aus Goretex). Selbst wenn diese vorab intensiv eingelaufen werden, bekommt man vielleicht trotzdem noch Blasen. Viele Wanderer haben für diesen Fall spezielle Pflaster dabei, die Schmerzen lindern bzw. stillen.

Essen

Im ländlichen Marokko ist die Auswahl an Trockennahrung mager. Sie beschränkt sich auf Milchpulver, Trockenfrüchte, Tütensuppen, Fischkonserven, Kekse und Datteln. Die Supermärkte größerer Siedlungen und Städte haben ein wesentlich breiteres Sortiment, sodass sich der Speiseplan etwas abwechslungsreicher gestalten lässt, wenn man ein Maultier dabeihat.

In einigen Bergdörfern bekommt man eventuell Brot, Eier, Gemüse und Grundnahrungsmittel wie Tee oder Dosenthunfisch, sollte sich aber besser nicht darauf verlassen. Mancherorts bereiten nach Vorbestellung vor allem *gîtes* und *refuges* richtige Mahlzeiten zu (ca. 30–50 Dh pro Pers.). Noch einmal: Man darf sich nie auf das örtliche Angebot als einzige Nahrungsmittelquelle verlassen, sofern im Vorfeld nicht entsprechende Vereinbarungen getroffen wurden. Außerdem ist es ratsam, Bares in der nächsten größeren Stadt umzutauschen und immer genug kleine Scheine in der Tasche zu haben. Falls einem das Geld in der Landeswährung unerwartet ausgeht, helfen eventuell Euroscheine weiter.

Verantwortungsvolles Trekking

Marokko wird gerade erst als Wanderregion entdeckt, aber viele Gebiete sind sehr abgelegen und deshalb sehr anfällig gegenüber den kulturellen und umweltspezifischen Auswirkungen des Tourismus. Auch wenn zahlreiche Traveller von der Warmherzigkeit und Gastfreundschaft des Bervolkes tief bewegt sind, erhöhen steigende Besucherzahlen den Druck auf die Einheimischen. Aus diesem Grund sollten sich Besucher unbedingt respektvoll und verantwortungsbewusst verhalten.

Interkulturelle Tipps

Hinweise zu Alkohol, Fotografie und Geschenken für Kinder siehe Kastentext S. 42.

Kleidung

Angemessene Kleidung ist wichtig, das gilt vor allem bei einem Besuch der abgeschiedenen lebenden und überaus konservativen Bergvölker. In den Dörfern sollte man zugeknöpfte Hemden oder T-Shirts und keine ärmellosen Tops tragen, denn die werden als Unterwäsche angesehen. Kurze Hosen sind völlig tabu, sowohl für Männer als auch für Frauen.

Die Bedeutung des Dresscodes in den Dörfern kann gar nicht oft genug betont werden (jeder genervte und peinlich berührte Bergführer wird das bestätigen). Und egal, wie man die konservative Haltung findet: Respekt vor Traditionen zahlt sich aus, nicht zuletzt durch Kontakte, Gastfreundschaft und Hilfe.

Gastfreundschaft

Einladungen zum Tee oder Essen sind in den Bergen üblich. Wer einen im Dorf bekannten und beliebten Bergführer dabeihat, wird sogar noch herzlicher aufgenommen. Dafür erwartet keiner eine Gegenleistung, aber die Leute hier bauen gerade so viel an, dass es für sie selbst reicht; große Vorräte legt niemand an, und in entlegenen Dörfern gibt's vielleicht keine anderen Möglichkeiten, sich zu versorgen. Schon ein bisschen chinesischer Gunpowder-Tee (der mit kugelig gerollten Blättern wie Schießpulver aussieht) oder Zucker (am liebsten Zuckerhüte) zaubern den Gastgebern ein Lächeln ins Gesicht. Über Trockenobst freuen sie sich auch, ebenso wie über alles,

TREKKING GANZ IM SINNE ALLAHS

Marokko, geliebt für seinen lockeren, gottesfürchtigen, schicksalsergebenen Charme, macht es Wanderern leider nicht immer leicht, da Sicherheitsvorkehrungen nicht allzu ernst genommen werden und Umweltschutz oftmals gar kein Thema ist. Folgende Tipps, die in diesem Kapitel teilweise auch näher erläutert werden, helfen weiter.

» Sich den örtlichen Gepflogenheiten gemäß kleiden.

» Aktuelles Kartenmaterial benutzen.

» Die Route auf der Karte möglichst mit Einheimischen aus der Gegend durchgehen, denn diese können einen über Quellen und eventuell ausgetrocknete Flüsse informieren.

» Nur an ausgewiesenen Stellen das Zelt aufschlagen. Die Plätze sind in Privatbesitz und eine wichtige Einnahmequelle für einheimische Familien.

» Brennholz ist knapp, deshalb sollte man es besser nicht schlagen, sondern kaufen oder aufsammeln und sparsam verwenden.

» Müll nicht liegen lassen, sondern im nächsten Ort entsorgen.

» Tramper sind auf eigene Gefahr unterwegs.

» Wer als Tramper ein *grand taxi* anhält, muss die Fahrt zur nächsten Stadt natürlich bezahlen.

» Skorpione verstecken sich unter Felsen und manchmal auch in Schuhen und Schlafsäcken, die man deshalb regelmäßig ausschütteln sollte. Die Tiere stechen nur, wenn sie gereizt werden.

» Waschen und Baden in Bächen oder Flüssen verunreinigt die Hauptwasserquelle der ansässigen Bewohner.

» In einigen Dörfern gilt es als Blasphemie, die Einwohner zu fotografieren, in anderen zieht eine Kamera die Leute magisch an. Bevor man jemanden knipst, sollte man immer erst nach der Erlaubnis fragen. Frauen zu fotografieren kann als Beleidigung aufgefasst werden.

» Tiere weder füttern noch streicheln, das gilt auch für Berberaffen, selbst wenn sie noch so süß sind!

» Wer einen Abenteuertrip durch unwegsames Gelände plant, muss unbedingt vorher die Offroadtauglichkeit seines Geländewagens überprüfen (s. Kasten S. 521).

» Kinder in ländlichen Gebieten haben immer ein Lächeln und ein paar nette Worte verdient.

» Geld, Süßigkeiten und andere Geschenke bringen Kinder dazu, Touristen anzubetteln und zu belästigen. Viel besser ist eine Spende an eine örtliche Stiftung oder Schule.

» Keinen Alkohol in abgelegenen Dörfern trinken – das gilt als Beleidigung.

was aus fremden Ländern kommt. Aus diesem Grund sollten Traveller beim Proviantkauf für sich selbst und die Führer ruhig großzügig kalkulieren.

Medizin

In abgeschiedenen Gegenden fragen einen die Einwohner oft nach Dingen wie Desinfektionsmitteln, Bandagen, Schmerzmitteln oder Cremes für trockene Haut (ein Problem vieler Kinder). Wenn man den Leuten derartige Dinge überlässt, sollte der Guide ihnen genau erklären, wie die unterschiedlichen Mittel anzuwenden sind.

Umwelttipps

Müll

Sämtlicher Abfall muss wieder eingepackt werden und darf nicht vergraben oder verbrannt werden (bei uns übliche Verpackungen verbrennen sowieso nicht richtig). Der

Guide würde vielleicht einfach den ganzen Müll nehmen und über eine Klippe schmeißen, doch dieses Vorgehen sollte man natürlich nicht unterstützen und stattdessen alles wieder mitnehmen, was man vorher mitgebracht hat. Am besten reduziert man die Verpackungen und transportiert die Verpflegung in Mehrwegbehältern. Wer ein besonders gutes Vorbild abgeben möchte, nimmt noch ein bisschen Müll von anderen mit zurück.

Plastikflaschen sind in Marokko mittlerweile ein großes Problem, weil ihre Entsorgung immer schwieriger wird. Stattdessen sollte man mit Jod- oder anderen Reinigungstabletten aufbereitetes Quellwasser trinken.

Beseitigung der Exkremente

Menschliche Fäkalien im Wasser können zur Übertragung von Hepatitis, Typhus und Darmparasiten führen, vor allem in dichter besiedelten Trekkinggebieten.

Wo eine Toilette ist, kann sie auch genutzt werden; gibt es keine, vergräbt man seine Hinterlassenschaften. Ein kleines, etwa 15 cm tiefes Loch, mindestens 100 m von einem Wasserlauf entfernt, sollte reichen. Der Abstand zum Wasser ist sehr wichtig, denn viele Wanderrouten folgen Flüssen und Bächen. Ein leichter Spaten gehört mit ins Gepäck, weil das Graben im trockenen Atlasgebirge ansonsten schwierig wird.

Die Exkremente mit Erde und einem Stein bedecken und Toilettenpapier sparsam einsetzen, wenn möglich verbrennen oder mit vergraben. Bei Schnee natürlich bis ins Erdreich graben, sonst liegt nach der Schneeschmelze alles wieder offen da.

Waschen

Keine Waschmittel oder Zahnpasta an oder in der Nähe von Wasserläufen benutzen, auch nicht, wenn sie biologisch abbaubar sind. Waschen kann man sich mit biologisch abbaubarer Seife, aber mindestens 50 m vom nächsten Fluss entfernt. Das benutzte Wasser muss dann weiträumig verteilt werden, damit der Boden es komplett filtern kann, bevor es wieder in den Wasserlauf gelangt. Kochgeschirr wird auch ohne Reinigungsmittel mit Bürste, Sand oder Schnee sauber. Hier ist ebenfalls eine Entfernung von 50 m zum Fluss oder Bach wichtig.

Erosion

Erosion ist vor allem in großen Höhen eine Gefahr für die Berghänge. Man sollte also die Wege nicht verlassen oder Abkürzungen nehmen, nur um sich die Serpentinen zu sparen. Jeder neu gebahnte Trampelpfad den Hang hinunter wird spätestens beim nächsten starken Regen zu einem Wasserlauf und verursacht Bodenverlust sowie tiefe Einschnitte.

Schonend kochen

Wer unbedingt am offenen Feuer kochen will, sollte an die vielen Bäume denken, die dafür gefällt werden müssen – und dann mal schauen, was von den riesigen Waldflächen Marokkos noch übrig ist. Ideal sind leichte Mehrstoff- oder Petroleumkocher, die nicht mit Butangas aus Einwegbehältern betrieben werden. Falls man doch ein Feuer macht, muss man es unbedingt komplett löschen: die Glut verteilen und mit Wasser übergießen. Eine Feuerstelle darf erst verlassen werden, wenn man ohne Weiteres die Hand in die Asche halten kann.

Camping

Die Flora in großen Höhen braucht besonderen Schutz, deshalb sollte man beim Campen immer auf die Umwelt achten und keine Pflanzen um das Zelt herum ausreißen oder kaputtmachen. Damit die ständige und zerstörerische Überweidung in vielen Gebieten nicht noch schlimmer wird, sollte man zudem genug Futter (Gerste) für alle Lasttiere mitbringen. Es ist sehr wichtig, sich vor einer Tour gut über diese Dinge zu informieren!

Mit Kindern reisen

Die besten Regionen für Kinder

Marrakesch
Für Kinder ist in Marrakesch immer etwas dabei. Auf dem Djemaa el-Fna herrscht Volksfeststimmung, außerdem können sich Groß und Klein in Pools, Parks, Kutschen oder auf dem Kamelrücken vergnügen.

Küste
An der Atlantikküste gibt's ein großes Angebot an Wasser- und Windsportarten, z. B. in Agadir oder Essaouira.

Drâatal
Nach einer Besichtigung von Ouarzazates Filmstudios und der Kasbah unternimmt man einen Kamelritt.

Rabat
Hier zeigt sich Marokko von seiner ruhigeren Seite. Neben Suks, Ruinen und Parks locken ein Zoo, ein Vergnügungspark und Ponyritte.

Mittlerer Atlas
Bergkulisse, Wasserfälle, Waldspaziergänge und weniger nervenaufreibende Bergpässe als im Hohen Atlas. Azrou ist eine gute Ausgangsbasis. Als Nachtquartier bieten sich Marrakeschs Vororte an.

Marokko beflügelt die Fantasie eines jeden Kindes. Städte wie Fes oder Marrakesch faszinieren mit ihren chaotischen Medinas und Suks, die viele aufregende Momente garantieren. Für unvergessliche Urlaubserlebnisse sorgen auch eine Nacht am Lagerfeuer oder ein Kamelritt am Strand. Am Ende eines heißen Tages verspricht der Hotelpool Abkühlung.

Marokko für Kinder

Marokko eignet sich perfekt für Eltern, die einst abenteuerliche Reiseziele bevorzugt haben und sich nun trotz des Nachwuchses nicht mit einem Pauschalurlaub begnügen möchten. Im Vergleich mit Asien ist das Land recht schnell zu erreichen, so dauert ein Flug von Frankfurt nach Marrakesch nur etwa vier Stunden. Nach der Ankunft wird man feststellen, dass sich durch Kinder viele Türen in diesem familienorientierten Land öffnen.

Begegnungen mit Einheimischen

Marrokaner lieben Kinder so sehr, dass man die Kleinsten unter ihnen am besten im Babyrucksack verstaut, wenn sie von den vielen Bussis, Umarmungen, Geschenken und der allgemeinen Begeisterung genug haben. Großfamilien sind hier die Regel, deshalb brechen Kinder schnell das Eis und erleichtern den Kontakt mit Einheimischen, die Familien gegenüber ein freundli-

REISEPLANUNG

Wer gründlich sucht, findet in Marokko fast alles, was kleine Kinder brauchen. Beim Kofferpacken sind die unterschiedlichen Klimabedingungen vor Ort zu berücksichtigen. In den Bergen ist wegen eventueller Niederschläge Regenkleidung notwendig.

Weitere Infos und Tipps gibt's im Lonely Planet Band *Travel with Children*.

Unterkunft

Manche Unterkünfte sind familienfreundlicher als andere, deshalb sollte man sich vor der Reservierung entsprechend informieren.

In vielen Hotels muss man für Kinder unter zwei Jahren ebenso wie bei Fluglinien nichts bezahlen. Zwei- bis Zwölfjährige, die mit ihren Eltern in einem Zimmer übernachten, erhalten meist 50 % Rabatt. Anständige Toiletten und Bäder gibt's erst ab der Mittelklassekategorie.

Verkehrsmittel

Nordmarokko verfügt über ein gutes Schienennetz und der Zug ist das wohl einfachste und angenehmste Fortbewegungsmittel. Kinder können die Beine ausstrecken, außerdem eignen sich die ausklappbaren Tische zum Malen oder Spielen. Traveller mit Kindern bekommen oft Preisnachlässe (s. S. 562).

Fahrten in *grands taxis* und Bussen können recht beengend sein, denn Kinder werden als eine Art lebendes Gepäck angesehen, das auf dem Schoß der Eltern transportiert wird. Die Sicherheitsstandards in Bussen und Sammeltaxis sind niedrig und viele Straßen haben Schlaglöcher.

Ein Auto als Fortbewegungsmittel lohnt das Extrageld, wobei man die Kindersitze selbst mitbringen sollte. Autovermietungen haben meist keine, zudem sind sie in Marokko teurer als in Europa.

Gesundheit & Hygiene

Desinfektionsmittel für die Hände ist unverzichtbar, da Kinder alles anfassen. Auf Reisen sind Einwegwindeln trotz ökologischer Nachteile die praktischste Lösung; internationale Marken erhält man überall. Wer mit Kindern unterwegs ist, sollte wissen, wie man kleine Wehwehchen behandelt und wann man einen Arzt aufsuchen sollte.

Routineimpfungen müssen rechtzeitig aufgefrischt werden. Darüber hinaus sollten Eltern sich im Vorfeld über Reiseimpfungen informieren, da manche sich nicht für Kinder unter einem Jahr eignen.

Magenprobleme stellen immer ein Risiko dar, deshalb ist beim Essen Vorsicht angesagt. Erbricht sich das Kind oder hat es Durchfall, müssen die verlorene Flüssigkeit und Salze ersetzt werden. WHO-Trinklösungen, die mit sterilem Wasser eingenommen werden, können nützlich sein; am besten fragt man einfach seinen Arzt.

In der brütenden Hitze muss man sich gegen Sonnenbrand, Hitzeschläge und Dehydrierung schützen. Sonnencreme mit hohem Lichtschutzfaktor gehört unbedingt ins Gepäck. Reisen ins Landesinnere sind im Hochsommer zu vermeiden.

Kinder sollten sich wegen des Ansteckungsrisikos mit Tollwut und anderen Krankheiten von Hunden und Säugetieren fernhalten. Bei Kamelritten in der Wüste oder Eseln und Maultieren an Orten wie der Medina von Fes besteht allerdings kaum ein Risiko.

Weitere Infos zum Thema Gesundheit gibt's auf S. 563.

ches, hilfsbereites und beschützendes Verhalten an den Tag legen.

Auf dem Land winken einem manchmal Frauen mit Kindern auf dem Arm von ihrer Haustür aus zu. Solche Momente haben einen großen Vorteil: Bevor die Kleinen mit Stereotypen über Afrika und den Nahen Osten konfrontiert werden, behalten sie Marokko sehr wahrscheinlich aufgrund der Wärme und Herzlichkeit der Menschen in Erinnerung.

Das bedeutet zwar nicht, dass Eltern von Händlern in den Suks eine Sonderbehandlung genießen, aber immerhin heißt selbst der mürrischste Ladenbesitzer westliche Mütter mit ihren Kindern willkommen, da sie seinem Geschäft ein liberales, familienfreundliches Image verleihen. Die Kids in Teppichläden herumtoben zu lassen kann übrigens beim Feilschen helfen!

Eingewöhnungsphase

Kinder benötigen etwa einen Tag, um sich an die fremde Umgebung zu gewöhnen. Es gibt jedoch auch eine Menge Bekanntes und Unterhaltsames, das ihre Neugier weckt. Emma Catling, eine britische Urlauberin, sagt über die ersten Eindrücke ihres fünfjährigen Sohns Finlay von Marrakesch: „Zuerst war es hektisch: Fahrräder und Pferde, die in engen Gassen an dir vorbeihetzen, verschiedene Gerüche – all das war neu für ihn. Die Schlangen auf dem Djemaa el-Fna wussten ihn jedoch schnell zu begeistern." Auf dem Land sind es die einfachen Dinge wie Bienenstöcke und Pflanzen, die Kinder faszinieren.

Großzügige Zeitplanung

Für einen schönen Familienurlaub muss man genug Zeit für die anfängliche Akklimatisierung und das entspannte Spaßprogramm am Ende einplanen. Ein zu straffer Plan hat nur müde, quengelnde Kinder zur Folge. Entfernungen sind aufgrund von Faktoren wie schlechten Straßenverhältnissen trügerisch, und falls die Kinder krank werden, ist ein Notfallplan vonnöten. Die Tatsache, dass Eltern ihren Urlaub aufgrund der Kinder entschleunigen müssen – in der heißesten Tageszeit zwischen 12 und 16 Uhr ist z. B. eine Pause angesagt – bringt sie gleichzeitig dem marokkanischen Lebensstil und Rhythmus näher.

Auswärts essen

Mögen die Kinder weder Kartoffeln noch Brot, wird es schwierig, ihnen die marokkanische Küche schmackhaft zu machen. In diesem Fall kann man auf westliches Essen wie Pasta, Pizza oder Pommes zurückgreifen.

Bei der Wahl der Speisen ist Vorsicht angesagt. Von Salaten sollte man die Finger lassen und sich stattdessen an dampfende Tajines (sie enthalten z. B. Kartoffeln und Karotten), Couscous, Omelettes oder Suppen wie *harira* (Linsensuppe) halten. Das köstliche Obst und Gemüse von Märkten muss gewaschen oder geschält werden.

Sauberes bzw. in Flaschen abgefülltes Wasser verhindert Magenprobleme. Milch in pasteurisierter und Pulverform bekommt man fast überall, während man spezielle Lebensmittel aus der Heimat mitbringen sollte.

Highlights

In diesem Buch sind viele kindgerechte Sehenswürdigkeiten und Aktivitäten aufgeführt. Spezielle Infokästen findet man in den Abschnitten zu Marrakesch, Tanger, Casablanca und Rabat.

Tierische Begegnungen

» Zu einem Wanderweg im Hohen Atlas wie dem in Imlil reisen und eine geführte Tagestour mit Maultieren buchen.

» Kamel- oder Pferderitte entlang der Strände rund um Essaouira oder in die Dünen im Drâatal und in Merzouga (beide in der Sahara) unternehmen.

» Mit der *calèche* (Pferdekutsche) an den Befestigungsmauern von Städten wie Marrakesch oder Taroudannt entlangfahren.

Nasses Vergnügen

» Kindgerechte Wind- und Wassersportaktivitäten rund um Essaouira oder am Strand von Agadir erleben.

» Die Lagune von Oualidia mit ihren sicheren, ruhigen Gewässern und dem langen Sandstrand erkunden.

» Ceutas kreativer Parque Marítimo del Mediterráneo lockt mit Pools, Restaurants und Cafés.

Spiel & Spaß

» Den Jardin Majorelle und den Djemaa el-Fna in Marrakesch besuchen; Letzterer unterhält Kinder u. a. mit einem Flaschen-Angel-Spiel.

» Die Atlas Film Corporation Studios in Ouarzazate warten mit Kulissen und Requisiten bekannter Filme auf.

Marokko im Überblick

Marrakesch & Zentralmarokko

Abenteuer ✓✓✓
Architektur ✓✓✓
Essen ✓✓

Abenteuer
Zentralmarokko lädt mit seinen Dünen, Bergen, Suks und Karawansereien zu Abenteuern ein. Schon bevor man Marrakesch verlässt, muss man den Straßenverkehr bezwingen und den richtigen Moment auf dem Djemaa el-Fna abpassen. Die einmalige Magie dieses quirligen Platzes versetzt Traveller schnell in euphorische Feierstimmung.

Architektur
Die Region wartet mit einer erstaunlichen Vielfalt an traditionellen Bauwerken auf. In Marrakesch gibt's die meisten Riads, das Drâatal lockt mit zahlreichen Kasbahs und an der Straße nach Rissani liegen jede Menge *ksour* (befestigte Siedlungen). Die Dörfer im Hohen Atlas bestehen aus Stein, Lehm und Stroh und haben weiße Fensterrahmen sowie blaue Türen. Hier findet man schöne Anlehnungen an die Innenarchitektur Marrakeschs.

Essen
Fantastische Straßenimbisse, Speisen in prächtigen Riads, frische Biozutaten aus der Region ... und das schon allein in Marrakesch. Slow Food setzt sich langsam auch in der Sahara durch: Der traditionelle Biotrockenfeldbau verleiht heimischen Erzeugnissen ein unglaublich intensives Aroma. Die Erzeugnisse werden einfallsreich verarbeitet, z. B. zu Dattelsirup, Dattel-Energieriegeln und Berber-Heilkräuterhonig. Überzeugend sind auch die heimischen Weine, vor allem Rosé, Gris und Weißwein, die sich in der Hitze besser halten.

S. 52

Atlantikküste

Strände ✓✓✓
Architektur ✓✓
Vogelbeobachtung ✓✓

Strände
An den beiden Enden dieser Region liegen der traumhafte Paradise Beach unweit von Asilah sowie Sidi Kaouki mit tollen Surf- und Windsurfmöglichkeiten. Dazwischen erstrecken sich die Strände Tamara und Haouzia bei Rabat und Casablanca sowie das schicke Oualidia.

Architektur
Die befestigten Küstenstädte Essaouira und El-Jadida sind besonders beeindruckend. In Larache entdeckt man Spuren der einstigen spanischen Herrscher und in der Medina von Asilah kann man Wandgemälde bewundern. Maurische Prachtbauten entdeckt man in Rabat und Casablanca.

Vogelbeobachtung
Strände und Feuchtgebiete laden vor allem rund um Moulay Bousselham zur Vogelbeobachtung ein, beispielsweise in der Merja Zerga (Blaue Lagune). Der Lac de Sidi Bourhaba ist einer der letzten Lebensräume der Marmelente.

S. 178

Mittelmeerküste & Rifgebirge

Strände ✓✓✓
Nationalparks ✓✓
Trekking ✓✓

Strände
Die Mittelmeerküste erstreckt sich von den reizvollen Stränden nahe Tanger Richtung Osten. Zu den Highlights gehören Oued Laou, Cala Iris, Al-Hoceima und Saídia, die im Vergleich zu den europäischen Mittelmeerstränden sehr ruhig sind.

Nationalparks
Hier findet man die schönsten Küstenabschnitte und Berge der Region: Der Talassemtane-Nationalpark umfasst grüne Berge, winzige Dörfer, ein Ökologiemuseum und die Brücke Gottes, eine Felsformation, während der Al-Hoceima-Nationalpark mit riesigen Tafelbergen, trockenen Schluchten, Thuja-Wäldern und Kalkklippen aufwartet.

Trekking
Im Talassemtane-Nationalpark kann man erstklassig wandern, denn die Routen des Rifgebirges sind größtenteils noch unerkundet. Von Chefchaouen führen Treks durch Zedern-, Korkeichen- und Tannenwälder.

S. 254

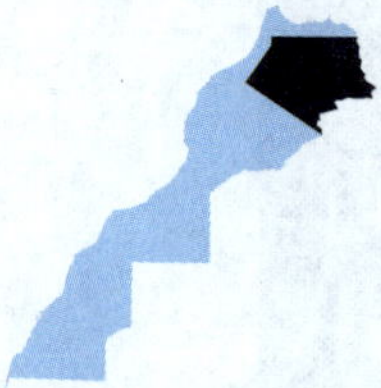

Königsstädte, Mittlerer Atlas & der Osten

Suks ✓✓✓
Geschichte ✓✓✓
Essen ✓✓

Suks
Fes beherbergt einen Henna-Suk mit blauem Geschirr und einen Tischler-Suk, der für Hochzeitsthrone bekannt ist. In Meknès gibt's Stoffe, Schmuck, Teppiche und Stickereien und im Mittleren Atlas Berberteppiche.

Geschichte
Die Medina von Fes ist überaus beeindruckend. Meknès' blickt auf eine glorreiche Vergangenheit zurück. Ganz in der Nähe liegen Volubilis, einst ein römischer Außenposten, und Moulay Idriss, das seinem Namensvetter aus dem 8. Jh. geweiht ist. Über der Oasenstadt Figuig thront ein Minarett aus dem 11. Jh.

Essen
Zu den bekanntesten Gerichten in Fes gehören ein Eintopf aus wilden Disteln sowie Artischocken und Schnecken. Im Mittleren Atlas gedeihen viele Köstlichkeiten wie Kirschen, zu deren Ehren in Sefrou sogar ein eigenes Fest gefeiert wird.

S. 323

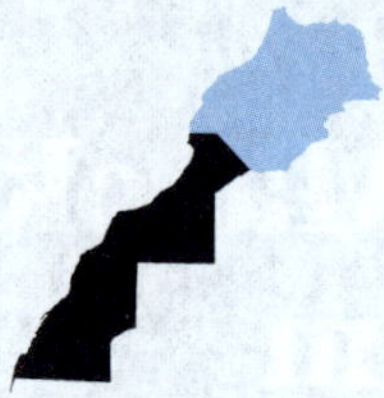

Südmarokko & Westsahara

Küstenorte ✓✓✓
Oasen ✓✓✓
Aktivitäten ✓✓

Küstenorte
Auf dem Weg in die Sahara locken abgelegene Küstenstädte mit leeren Stränden, darunter Mirleft mit seinen Cafés und Boutique-Unterkünften, der verblasste Jugendstilort Sidi Ifniis und Tarfaya samt seinen Überbleibseln aus der spanischen Kolonialzeit.

Oasen
Unterhalb der Klippen in den Aït-Mansour-Schluchten und im Tal der Ammeln wachsen zahlreiche Palmen. Zudem säumen *palmeraies* (Palmhaine) die gewundene Straße durchs Vallée du Paradis und spenden Travellern rund um Tata sowie Tighmert Schatten.

Aktivitäten
Taghazout ist Marokkos bester Surfstrand und Agadir verspricht jede Menge Badespaß. In Mirleft und Sidi Ifni locken Wind- und Wassersport. Der Antiatlas im Inland ist ein tolles Revier für Wanderer und Mountainbiker, während sich Tata für Wüstentouren anbietet.

S. 390

» (oben) Kunsthandwerk aus Holz in einem Suk

» (links) Auf der Festungsmauer von Essaouira reihen sich gleich neben der Skala de la Ville (S. 243) europäische Kanonen aneinander

Empfehlungen von Lonely Planet:

LP TIPP Das empfiehlt unser Autor

Nachhaltig und umweltverträglich

GRATIS Hier bezahlt man nichts

MARRAKESCH & ZENTRALMAROKKO . . 52

ATLANTIKKÜSTE . . . 178

Im Register findet man eine vollständige Übersicht aller Reiseziele in diesem Buc.

Reiseziele

Marrakesch & Zentralmarokko

وسط المغرب مراكش

Inhalt »

Gut essen

» Mechoui-Gasse (S. 83)

» Le Relais Saint Exupéry (S. 136)

» Café-Restaurant Al Jazeera (S. 98)

» Djemaa el-Fna (S. 83)

» Al-Fassia (S. 86)

Schön übernachten

» Dünen des Erg Chigaga (S. 147)

» Riad Al Massarah (S. 76)

» Chez Pauline (S. 168)

» Dar Raha (S. 144)

» Ksar Sania (S. 175)

Auf nach Zentralmarokko

Die Karten werden Zentralmarokko nicht gerecht. Selbst die beste Satellitentechnik kann die Labyrinthe in den überdachten Suks und das Gewimmel auf dem legendären Djemaa el-Fna nicht einfangen. Topografische Pläne zeigen den Jebel Toubkal zwar, aber man bekommt keine Vorstellung davon, wie einem die schneebedeckten Berge des Hohen Atlas an einem heißen Sommertag Abkühlung bieten.

Darüber hinaus lassen die GPS-Koordinaten nicht ahnen, dass so dicht an der Wüste ein sprudelnder Fluss die Todraschlucht durchschneidet und dass die Felsen mit dem Grün der Dadèsschlucht nahezu verschmelzen. Wenn alle Vegetation im steinigen Ziz- und Draâtal zu verdorren scheint, sickert Wasser durch Spalten und bricht in üppigen Oasen voller Palmen hervor. Die Entfernung gestattet es, an einem Tag von der Sahara nach Marrakesch zurückzufahren, aber in Zentralmarokko sollte man die Karte einfach mal weglegen und das Leben genießen.

Reisezeit

Marrakesch

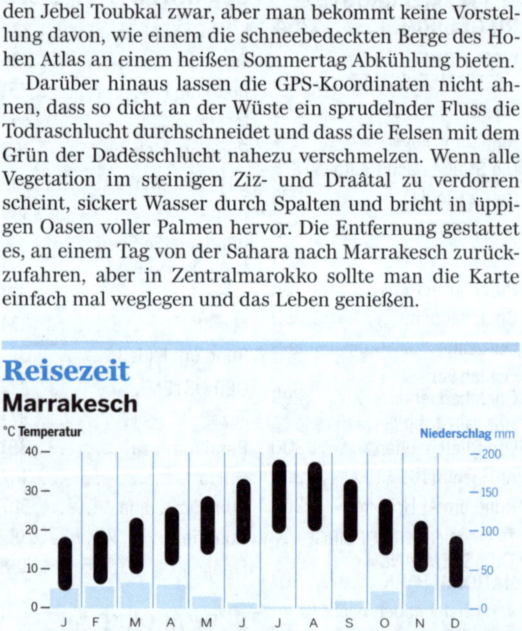

März–April In den Bergen taut es und die Wüste blüht. Rund um Ostern ist alles viel teurer.

Mai–Juni Ideal für Wanderungen im Hohen Atlas. In den Unterkünften und Suks fallen die Preise.

September–Oktober Die schönste Zeit in der Wüste mit sanftem Wind und vielen Datteln.

Geschichte

Man stelle sich die Welt ohne die gewaltigen Beiträge Zentralmarokkos im vergangenen Jahrtausend vor. Wie würde sie aussehen, schmecken und klingen?

Hätten die ambitionierten Almoraviden ihr Reich nicht von Marrakesch bis nach Europa ausgedehnt, dann würden unzählige Bauwerke von Spanien bis Kalifornien nicht von maurischen Bogen getragen werden. Ohne die saadischen Zuckerhändler und die jüdischen Salzhändler könnte unser Essen heute mittelalterlich fade schmecken und die Gier nach mehr Zucker hätte Kolonialhändler vielleicht nicht bis in die Dominikanische Republik getrieben. Ohne die Handelsrouten durch Wüstenoasen hätte der Gnaoua-Sound nicht musikalische Traditionen in der ganzen Welt beeinflusst.

Na gut, ein paar Streifen, die hier mithilfe der Filmstudios von Quarzazate gedreht wurden (obgleich auch *Sex and the City II, Prince of Persia: Der Sand der Zeit* und *Alexander* ihre Fans haben), oder das alarmierende Revival der Haremshose würde man sicher nicht vermissen. Doch um die Entstehung kultureller Entwicklungen zu erleben, ist Zentralmarokko nach wie vor ein Muss.

Selbst im schneebedeckten Hohen Atlas bei Oukaïmeden kann es passieren, dass sich Kletterer an 1500 Jahre alten Felszeichnungen die Zehen stoßen. Seither war Marrakesch die Hauptstadt drei verschiedener Dynastien – öfter als die Königsstädte Fes und Meknès. Die Wachttürme der Lehmziegel-*ksour* (Burgen), mit denen die Wüste gespickt ist, waren die Satellitenfunkstationen des Mittelalters; von hier verbreiteten sich Neuigkeiten von Mauretanien über Skoura, Zagora und Rissani bis nach Spanien. Die Glaoui-Bergfestungen spielten sowohl für den französischen Kolonialismus in Afrika als auch für die Unabhängigkeitsbewegungen eine immense Rolle. Heute bereitet sich die Region, die der größte Besuchermagnet Marokkos ist, auf die Zukunft vor, bleibt aber gleichzeitig seiner Geschichte als Treffpunkt der Kulturen treu.

Klima

Frühling und Herbst sind die besten Jahreszeiten für eine Reise nach Zentralmarokko, denn nun herrschen Durchschnittstemperaturen von 20 bis 25 °C. Im Hohen Atlas können die kalten Winter im September beginnen und bis April andauern, während einen die drückende Hitze in der Wüste schon im Mai nach Wasser dürsten lässt. Im April toben Sandstürme durch die Sahara. Schon Winde mit einer Geschwindigkeit von 10 km/h wirbeln feinen Sand und Staub auf, deshalb sollte man für Dünenbesuche ein paar Tage mehr einplanen, um auch wirklich eine gute Sicht zu haben.

Sprache

Im Hohen Atlas wird vor allem der Berberdialekt Taschelhit (in manchen Winkeln auch Tamazight) gesprochen. Ansonsten verständigt man sich überall auf Marokkanisch-Arabisch (Darija) und Französisch. Auch Spanisch und Englisch bekommt man zu hören, vielleicht sogar Deutsch und Italienisch – insbesondere beim Teppichkauf.

ℹ An- & Weiterreise

Marrakesch ist der Verkehrsknotenpunkt der Region und wird von vielen Zügen, Bussen und Flugzeugen angesteuert. Billigflieger wie easyJet und RyanAir bieten Direktverbindungen von Berlin, Bremen, Düsseldorf (Weeze) und Frankfurt-Hahn an, außerdem starten in Casablanca zahlreiche Flieger und Züge hierher. Royal Air Maroc (RAM) verkehrt sowohl nach Ouarzazate als auch nach Marrakesch, verspätet sich allerdings häufig und ist wenig zuverlässig, was den Transport des Gepäcks betrifft.

Ein Zug nach bzw. von Casablanca verbindet Marrakesch mit den Großstädten im Norden (3 Std.). Busse von Supratours pendeln zwischen Marrakesch und Orten an der südlichen Atlantikküste wie Essaouira, Agadir, Laâyoune und Dakhla sowie zu wichtigen Oasen und Schluchten, darunter Ouarzazate, Zagora, Boumalne du Dadès, Kelaâ M'Gouna und Merzouga. CTM und lokale Busgesellschaften bieten ähnliche Verbindungen an, die jedoch meist weniger komfortabel sind.

ℹ Unterwegs vor Ort

Abgesehen von der Strecke Casablanca–Marrakesch gibt's in Zentralmarokko keine Zugverbindungen. Busse sind die preiswerteste Art, um durch die Region zu reisen, allerdings werden sie zunehmend teurer, da der Ölpreis in die Höhe schnellt. Angestellten der Busgesellschaften zufolge kann man davon ausgehen, dass die gegenwärtigen Preise steigen werden. Wer sich mit Bussen fortbewegen möchte, sollte also sein Budget aufstocken.

CTM bietet regelmäßige Verbindungen, aber Supratours und andere private Unternehmen warten jetzt mit häufigeren Ab-

Highlights

❶ Eine Show besuchen, die es bereits seit 1000 Jahren gibt: das Straßentheater auf dem **Djemaa el-Fna** (S. 59)

❷ Durch Marokkos atemberaubendes **Aït-Bougoumez-Tal** (S. 100) wandern

❸ Den früheren Routen der Wüstenkarawanen im **Drâatal** (S. 138) von Kasbah zu Kasbah folgen

❹ Hinter den schlichten Mauern eines **Riads** (S. 76) in Marrakesch verloren geglaubte gesellschaftliche Umgangsformen wiederentdecken

❺ Im herrlichen **Erg Chigaga** (S. 147) den Sternenhimmel bewundern

❻ Außergewöhnliche geologische Formationen und auf

Felsen thronende Dörfer in der **Dadèsschlucht** (S. 158) entdecken

7 In der friedlichen **Skoura-Oase** (S. 151) unter den sich wiegenden Palmen umherspazieren

8 Dem Singen des wandernden Sands in den wundervollen Dünen des **Erg Chebbi** (S. 172) unweit von Merzouga lauschen

9 Bewegte Geschichte und wahrhaft meisterliche Baukunst in der beeindruckenden **Glaoui-Kasbah** (S. 130) in Telouet erleben, ehe diese endgültig einstürzt

10 Nordafrikas höchsten Gipfel, den **Jebel Toubkal** (S. 120), besteigen

Marrakesch

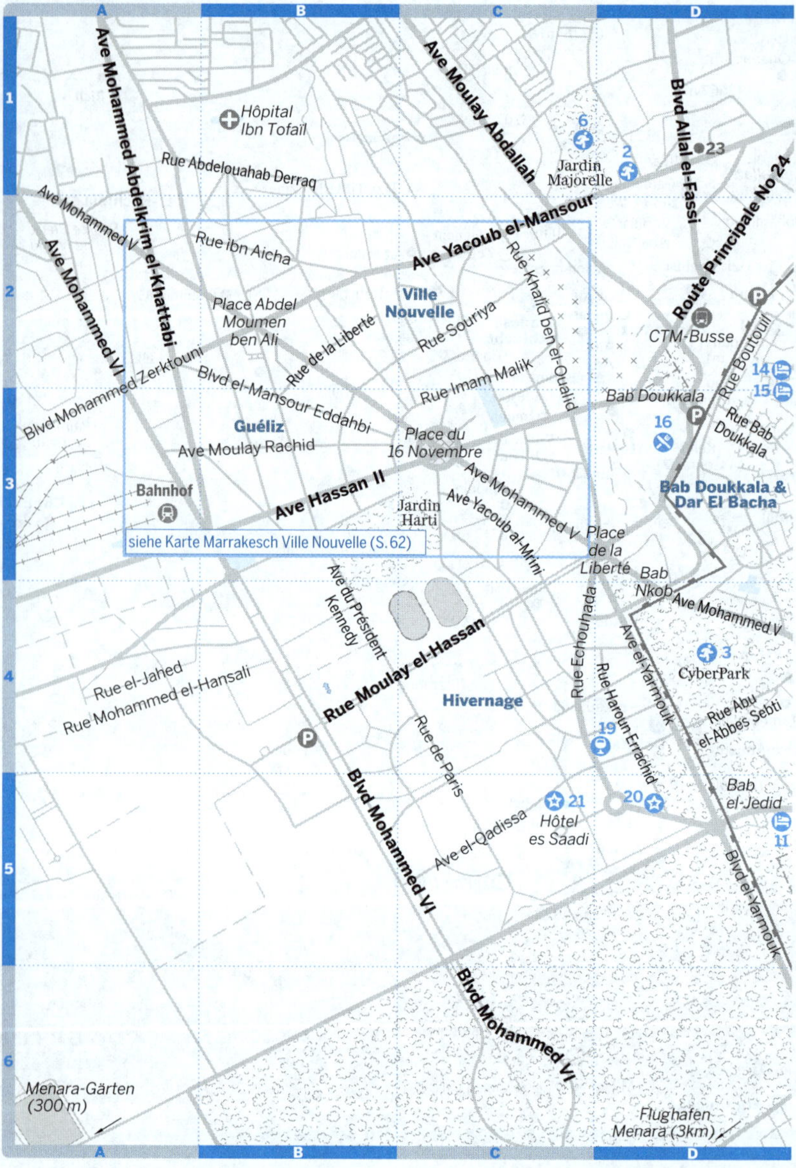

fahrten, klimatisierten Reisebussen und Sitzplatzreservierungen bei Fahrten zu Touristenzielen auf. Sammeltaxis *(grands taxis)* sind eine Alternative, da die meisten Orte, von denen in diesem Kapitel die Rede ist, über gute befestigte Straßen zu erreichen sind. Die Bergregionen bereist man am besten zu Fuß, mit dem Mountainbike, Maultier oder Geländewagen (1000–1500 Dh pro Tag). Wüstenreisende werden für das ultimative Erlebnis im Erg Chigaga und Erg Chebbi entweder einen Geländewagen oder Kamele (350–400 Dh pro Tag und Pers.) mieten wollen.

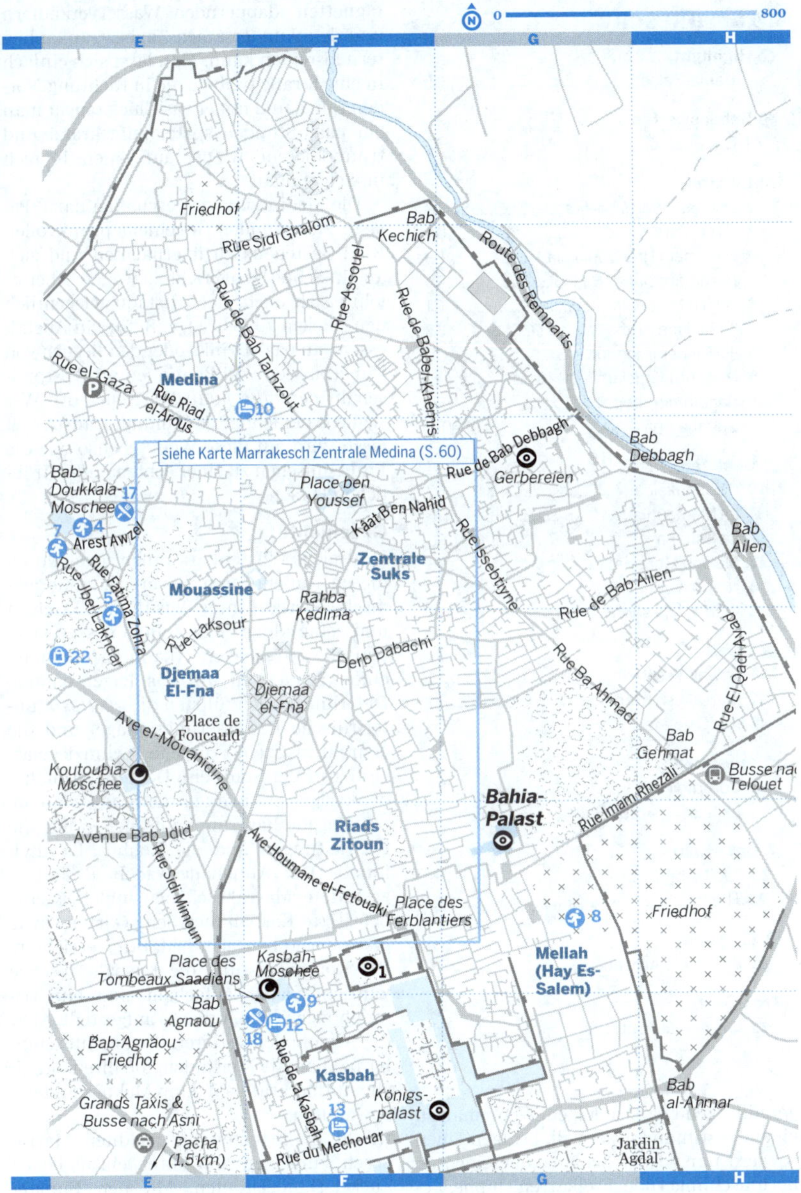

MARRAKESCH شكارم

1608100 EW.

Von dem Augenblick an, in dem man Marrakesch erreicht, wird man das Gefühl nicht mehr los, irgendetwas vergessen zu haben – die Zahnbürste oder vielleicht auch die Socken? Nein, was man in Marrakesch vermissen wird, ist Vorhersagbarkeit und jegliche Orientierungsfähigkeit. Nicht so schlimm, denn ohne die ist man hier sowieso besser dran! Die Stadt ist zu vollgestopft mit verwirrenden Irrwegen und verschlungenen Gässchen, um einer langweiligen,

Marrakesch

Highlights
Bahia-Palast ... G5

Sehenswertes
1 Badi-Palast ... F5

Aktivitäten
2 Actions Sports Loisirs ... D1
3 CyberPark ... D4
4 Hammam Bab Doukkala ... E3
5 Hammam Dar el-Bacha ... E4
6 Jardin Majorelle ... C1
7 La Maison Arabe ... E3
8 Jüdischer Friedhof ... G5
Museum für Islamische Kunst .. (siehe 6)
9 Saaditengräber ... F6
Sultana Spa ... (siehe 12)

Schlafen
10 Dar Soukaina ... F2
11 La Mamounia ... D5
12 La Sultana ... F6
13 Maison Mnabha ... F6
14 Noir d'Ivoire ... D2
15 Riad al Massarah ... D3

Essen
16 Aswak Assalam ... D3
17 Marrakesh Korner ... E3
18 Nid'Cigogne ... F6

Ausgehen
19 Comptoir ... D4
La Maison Arabe Bar ... (siehe 7)

Unterhaltung
20 Jad Mahal ... D5
21 Théâtro ... C5

Shoppen
22 Ensemble Artisanal ... E4

Transport
23 Lhasnaoui Rent ... D1

geradlinigen Logik zu folgen. Wenn man zu einem bestimmten Ziel will, bringen einen sowieso nur wieder Schlangenbeschwörer, herumschlingernde Eselkarren, hippe Ledertaschen und alte Berberheilmittel für Probleme von Beziehungsstress bis Mietschulden vom Weg ab.

Am besten beginnt man mit dem herrlich betriebsamen Djemaa el-Fna und stürzt sich dann in das verwirrende Labyrinth von überdachten Straßenmärkten, falls man sich überhaupt von den mit Kastagnetten klappernden Wasserverkäufern und den wundersamen Zaubertrankanbietern losreißen kann. Man lässt sich einfach in eine Straße treiben, die in Richtung Norden führt, und mit etwas Glück taucht man ein paar Stunden später aufgekratzt und triumphierend wieder auf, einen Teppich im Schlepptau.

Die Medina ist wie geschaffen dazu, Paläste zu erkunden, in einem prunkvollen Riad-Gästehaus zu übernachten und sich an ein Schneckengericht zu wagen. Aber es lohnt sich auch, der Altstadt gelegentlich den Rücken zu kehren, z. B. für ein Abendessen, ein paar Drinks oder den Besuch von Kunstmuseen und Boutiquen mit Festpreisen in der *ville nouvelle* (Neustadt). Wer sich von der lebhaften Stimmung anstecken lässt, wird auf diese Weise ebenso wie die Einheimischen zu einer echten *bahja* (fröhlichen Person).

Geschichte

Zahlreiche Wüstenkarawanen zogen durch diesen Außenposten, bevor der almoravidische Berberführer Yusuf ibn Taschfin und seine kluge Frau Zeinab dessen strategische Möglichkeit erkannten und 1062 einen Schutzwall um das Lager bauten. Die Almoraviden führten die *khettara* (unterirdische Bewässerungsanlage) und die charakteristische rötliche Lehmziegelarchitektur der Stadt ein. Doch die Almohadenkrieger erstürmten die Stadt wie eine plündernde Bautruppe und ließen nur die Rohrleitungen und die Koubba Ba'adiyn intakt. Der Almohade Yacub al-Mansur gestaltete Marrakesch neu und ließ eine befestigte Kasbah, herrliche Gärten sowie *qissarias* (überdachte Märkte) errichten. Die Koutoubia- und die Kasbah-Moschee wurden wieder aufgebaut und ein Triumphbogen (Bab Agnaou) aufgestellt. Aber die Almohaden verloren ihr Prachtexemplar bald an die Meriniden, die ihre königliche Aufmerksamkeit dann Meknès und Fes zuwandten.

Im 16. Jh. machten die Saaditen Marrakesch zum Zentrum ihrer einträglichen Zucker-Handelsrouten. Mit den Einnahmen baute Sultan Moulay Abdullah die almoravidische Ali-ben-Youssef-Moschee und die Medersa wieder auf und errichtete 1558 ein Handelszentrum für Christen sowie eine geschützte *mellah* (jüdisches Viertel). Sein glamourverrückter Nachfolger Ahmed al-Mansur ed-Dahbi (der Siegreiche und Goldene) pflasterte den Badi-Palast mit

Gold und nahm den Reichtum mit ins Grab, indem er sich in den vergoldeten Saaditengräbern zur letzten Ruhe betten ließ.

Alawidenführer Moulay Ismaïl zog das fromme Meknès dem widerspenstigen Marrakesch vor und verlagerte seinen Sitz dorthin – nicht ohne jedoch vorher noch den El-Badi-Palast zu plündern. In Marrakesch begann die Wild-West-Zeit, in der man mit dicken Kanonen um die Herrschaft wetteiferte. Diejenigen, die sich durchsetzen, bauten luxuriöse Riads, aber die Mauern der Medina bröckelten vor sich hin und ein Großteil der Bevölkerung lebte in beengten *funduqs* (Herbergen) von der Hand in den Mund. 1912 gewährte das französische Protektorat Pascha Glaoui die Herrschaft über Südmarokko und verschiedene Medina-Paläste, und die französischen und spanischen Kolonisatoren bauten sich eine *ville nouvelle*. Nachdem die Unabhängigkeitsbewegung den Pascha gedemütigt vor König Mohammed V. hatte heulen lassen, ordnete man das unabhängige Marokko neu. Rabat wurde zur Hauptstadt des Landes, Fes blieb das geistige Zentrum und Casablanca diente wie zuvor als Handelszentrum – doch was war mit Marrakesch?

Ohne eine eindeutige Rolle nahm die Stadt ihre Ersatzkarriere als Karawanserei wieder auf und lieferte die große Erfolgsgeschichte des Landes. Umherziehende Hippies und spirituelle Sinnsucher begründeten in den 1960er- und 1970er-Jahren Marrakeschs geheimnisvollen Nimbus und Besuche der Rolling Stones, der Beatles und Led Zeppelins brachten der Metropole Starglanz. Mit Yves Saint Laurent, Jean-Paul Gaultier, diversen *Vogue*-Redakteuren und Scharen von Supermodels, die alle nach Luxusherbergen verlangten, hielt die Modewelt Einzug. In den 1990er-Jahren wurden viele private Medina-Villen in B&Bs umgewandelt und Billigflieger brachten Wochenendbesucher bis an die messingbesetzten Türen der Riads. Inzwischen hat sich die Größe der Stadt verdoppelt und jetzt wartet Marrakesch begierig auf Traveller. Nach einem Jahrtausend der Handelsposten-Gastfreundschaft explodierte 2011 zwar eine Bombe auf dem Djemaa el-Fna und versetzte der Metropole einen tiefen Schock. Aber Marrakesch hat schon viele historische Tragödien und Triumphe erlebt und weiß, was es zu tun hat: die Tränen trocknen, seine fünf Sinne zusammennehmen und noch eine Kanne Minztee aufsetzen.

Sehenswertes

MEDINA

Viele Sehenswürdigkeiten befinden sich innerhalb der 19 km langen ringförmigen Mauer der Medina. Am besten fragt man jemanden (möglichst Ladenbesitzer) nach dem Weg zum Djemaa el-Fna oder läuft in Richtung des höchsten Minaretts der Stadt, das zur Koutoubia-Moschee gehört.

Kleine Budgetunterkünfte sind in den engen Gassen südlich des Djemaa el-Fna versammelt. Westlich dieses Platzes befindet sich die Koutoubia-Moschee. Die wichtigsten Suks, Moscheen und *zawiyas* (Heiligenschreine) liegen nördlich des Djemaa el-Fna, während sich die meisten Paläste südlich an der Rue Riad Zitoun el-Jedid in Richtung *mellah* (jüdisches Viertel) aneinanderreihen.

Wenn man am überdachten Markt des jüdischen Viertels nach Westen abbiegt und dann an den Mauern entlang in Richtung Süden läuft, erreicht man das Bab Agnaou, den triumphalen Eingang in die königliche Kasbah. Letztere beherbergt vergoldete Saaditengräber, den Königspalast (nicht öffentlich zugänglich) sowie 6,5 ha königliche Gärten.

Im Ramadan machen offizielle Stätten eventuell ein oder zwei Stunden eher dicht. Suks sind in der Regel von 9 bis 19 Uhr geöffnet, aber viele Geschäfte schließen freitagnachmittags.

LP TIPP **Djemaa el-Fna** WAHRZEICHEN
(Karte S. 60; ⌚9–1 Uhr) Wo immer man auf Marrakeschs größtem Platz und Freilichttheater auch hinsieht, überall ist etwas los. Den ununterbrochenen Rummel und *halqa* (Straßentheater) gibt's schon, seit der Djemaa el-Fna 1050 n. Chr. zum Schauplatz öffentlicher Hinrichtungen wurde – daher stammt auch der Name „Platz der Toten".

Bereits um 10 Uhr geht das tägliche Treiben seinen Gang. Schlangenbeschwörer spielen Oboe, um Kobras zu beruhigen, die vorbeirasende Vespas anzischen; Henna-Tätowierer werben um Kundschaft; und Wasserverkäufer mit Fransenhüten schlagen Messingbecher gegeneinander, um die Leute zum Trinken zu bewegen.

Der Höhepunkt des Ganzen ist jedoch erst erreicht, wenn 100 Köche mit ihren Grills im Schlepptau ankommen und die Musiker dazu auffordern, ihre Instrumente zu stimmen. Diese Show sollte man auf keinen Fall verpassen, dabei aber immer auf

Marrakesch Zentrale Medina

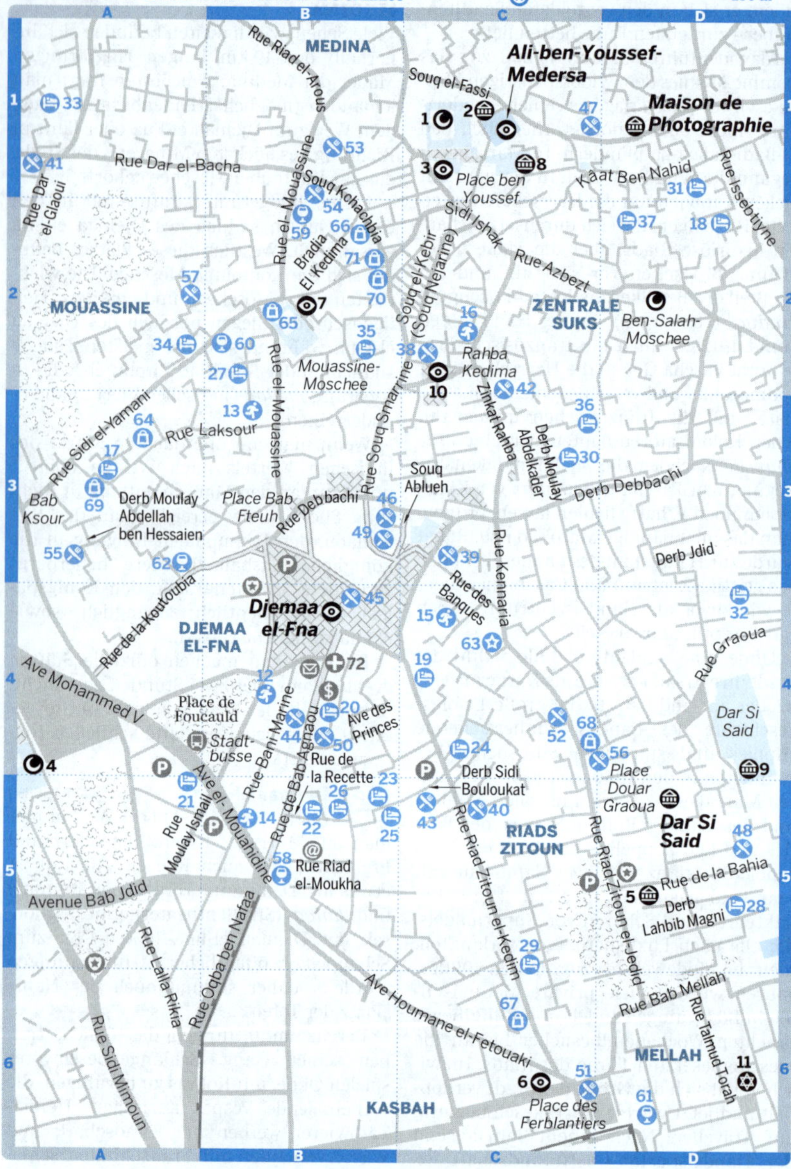

Pferdewagen, Taschendiebe und skrupellose Grabscher achten. Am besten findet man sich bereits früh am Abend ein, um noch einen VIP-Platz auf einer der improvisierten Sitzgelegenheiten zu ergattern (Frauen und Ältere haben Vorrang). Schon um 19.30 Uhr rocken ganze Familien zu Jamsessions mit der elektrischen Laute. Selbst Kleinkinder hüpfen im Rhythmus der wilden Musik und verlangen nach *helwa* (Süßigkeiten).

Beifall und ein paar Dirham sorgen für eine Zugabe. Das allabendliche Spektakel

Marrakesch Zentrale Medina

Highlights
Ali-ben-Youssef-Medersa C1
Dar Si Said D5
Djemaa el-Fna B4
Maison de la Photographie D1

Sehenswertes
1 Ali-ben-Youssef-Moschee C1
2 Dar Bellarj C1
3 Koubba Ba'adiyn C1
4 Koutoubia-Moschee A4
5 Maison Tiskiwin D5
6 Mellah-Markt C6
7 Mouassine-Brunnen B2
8 Musée de Marrakech C1
9 Museum für Marrokanische Kunst D4
10 Rahba Kedima C2
11 Synagoge D6

Aktivitäten
12 Institut Français B4
13 Le Bain Bleu B3
14 Marrakech Roues B5
15 Medina Spa C4
16 Souk Cuisine C2

Schlafen
17 Dar Attajmil A3
18 Dar Tayib D2
19 Hotel Belleville C4
20 Hôtel Central Palace B4
21 Hôtel de Foucauld A5
22 Hotel du Trésor B5
23 Hotel Essaouira B5
24 Hôtel Sherazade C4
25 Jnane Mogador B5
26 Le Gallia B5
27 Les Jardins du Mouassine B2
28 Riad Akka D5
29 Riad Eden C5
30 Riad el Borj C3
31 Riad Hanane D1
32 Riad Ifoulki D4
33 Riad Julia A1
34 Riad L'Orangeraie A2
35 Riad Magellan B2
36 Riad Magi C3
37 Tchaikana D2

Essen
38 Café des Épices C2
39 Chegrouni C3
40 Dar Mimoun C5
41 Dar Moha A1
42 Dar TimTam C2
43 Earth Café C5
44 Fast Food Alahbab B4
45 Essensstände B4
46 Haj Mustapha B3
47 Le Foundouk C1
48 Mama Tilee D5
49 Mechoui-Gasse B3
50 Pâtisserie des Princes B4
51 Restaurant Place Ferblantiers C6
52 Ryad Jama C4
53 Souk Kafé B1
54 Terrasse des Épices B1
55 Tobsil A3
56 Un Dejeuner á Marrakech D4
57 Villa Flore A2

Ausgehen
58 Bar du Grand Tazi B5
59 Café Arabe B2
60 Dar Cherifa B2
61 Kosybar D6
62 Piano Bar Les Jardins de la Koutoubia A3

Unterhaltung
63 Cinéma Eden C4

Shoppen
64 Al-Kawtar A3
65 Assouss Coopérative d'Argane B2
66 Coopérative Artisanale des Femmes de Marrakech B2
67 Créations Pneumatiques C6
68 Jamade C4
69 Kif-Kif A3
70 L'Art du Bain Savonnerie Artisanale B2
71 Michi B2

Praktisches
72 Apotheke mit Nachtdienst B4

ist ein echtes Schnäppchen und wird sogar von der Kritik gefeiert: Weil der Djemaa el-Fna die Legenden und mündlichen Überlieferungen der Stadt am Leben erhält, hat die Unesco ihn 2001 zu einem „Meisterwerk des mündlichen und immateriellen Erbes der Menschheit" erklärt. 2011 befand sich das ganze Land nach einem Bombenanschlag in einem Café auf dem Platz zwar zunächst in Schockstarre, doch die legen-

Marrakesch Ville Nouvelle

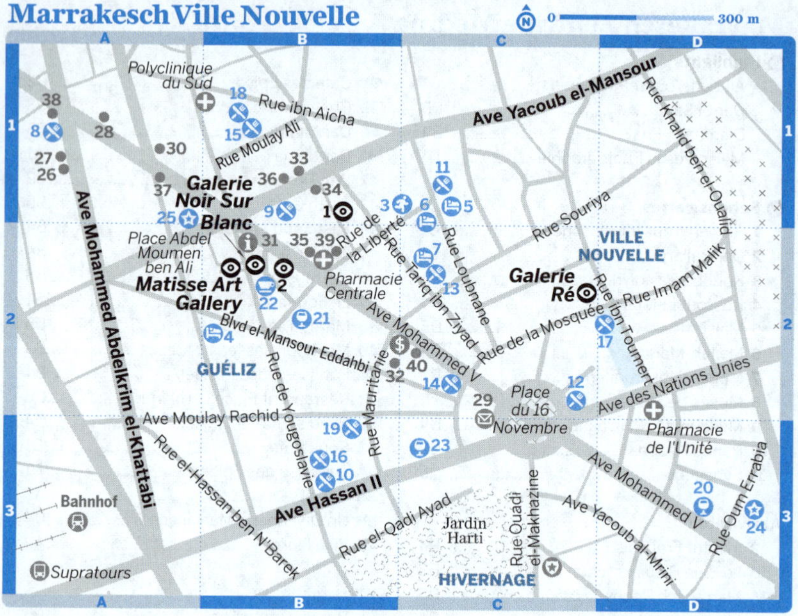

dären Künstler waren schnell wieder zurück. Denn egal, wie das Wetter oder die politische Lage in den vergangenen 1000 Jahren auch waren – die Show auf dem Djemaa el-Fna ist niemals vorbei.

LP TIPP **Ali-ben-Youssef-Medersa** MEDERSA
(Karte S. 60; ☎0524 44 18 93; Pl Ben Youssef; Eintritt 50 Dh, mit Museum & Koubba 60 Dh; ⏲9–18 Uhr; ⊜) „Der du durch meine Tür trittst: Mögen deine größten Hoffnungen übertroffen werden“, lautet die Inschrift über dem Eingang zur Ali-ben-Youssef-Medersa. Auch nach über 600 Jahren übt dieser Segen noch einen Zauber auf die Besucher aus. Die im 14. Jh. unter den Mereniden gegründete Koranschule war einst die größte Nordafrikas und ist noch heute eine der prächtigsten.

Eingangshalle & Innenhof

Nicht nur der Blick, sondern auch die Lebensgeister erheben sich in der Eingangshalle mit geschnitzten Kuppeln aus Atlaszedernholz und *mashrabiyya*-Balkonen (Wandschirmen aus Holz). Im Innenhof der Medersa entdeckt man herrliche spanisch-maurische Ornamente: Fünffarbige Wände mit *zellij*-Mosaiken, Stuckbogengänge mit kufischen Buchstaben im irakischen Stil, die mit Blättern und Knoten verwoben sind, und eine geschwungenen Mihrab (nach Osten gerichtete Nische) aus Carrara-Marmor.

Schlafsäle der Studenten

Die Medersa ist an die nahe gelegene **Ali-ben-Youssef-Moschee** (Karte S. 60; für Nichtmuslime geschl.) angegliedert. Einst brüteten hier 900 Studenten, die in 132 Schlafsälen wohnten, über religiösen und rechtlichen Texten. Trotz Verbesserungen bei ihrer Renovierung im 19. Jh. verlor die Medersa die Studenten nach und nach an ihren akademischen Rivalen, die Bou-Inania-Medersa in Fes, strahlt aber noch immer eine erhabene Ruhe aus.

Koutoubia-Moschee MOSCHEE
(Karte S. 60; Ecke Rue el-Koutoubia & Ave Mohammed V; ⏲Moschee & Minarett für Nichtmuslime geschl., Gärten 8–20 Uhr) Fünfmal am Tag übertönt eine Stimme beim *adhan* den Lärm auf dem Djemaa el-Fna, denn dann ruft der Muezzin vom Minarett der Koutoubia-Moschee alle Gläubigen zum Gebet zusammen. Nach ein paar Tagen in Marrakesch reagieren selbst Nichtmuslime unbewusst darauf: mit einem Wimpernzucken beim Ruf in der Morgendämmerung, einer plötzlichen Zielstrebigkeit bei der nachmittäglichen Aufforderung und einem entspannter Atemzug beim Ruf am Abend.

Marrakesch Ville Nouvelle

Highlights
Galerie Noir Sur Blanc ... B2
Galerie Ré ... C2
Matisse Art Gallery ... B2

Sehenswertes
1 David Bloch Gallery ... B1
2 Gallery 127 ... B2

Aktivitäten, Kurse & Touren
3 Les Secrets de Marrakech ... C1

Schlafen
4 Bab Hotel ... B2
5 Caspien ... C1
6 Hôtel du Pacha ... C1
7 Hôtel Toulousain ... C2

Essen
8 ACIMA-Supermarkt ... A1
9 Al-Fassia ... B1
10 Azar ... B3
11 Beyrouth ... C1
12 Café 16 ... C2
Café du Livre ... (siehe 7)
13 Catanzaro ... C2
14 Grand Café de la Poste ... C2
15 L'Annexe ... B1
16 Le Chat Qui Rit ... B3
17 Marchée Ibn Toumert ... D2
18 Plats Haj Boujemaa ... B1
19 Samak al-Bahriya ... B3

Ausgehen
Bab Hotel Pool Lounge & SkyBab (siehe 4)
20 Coffee Marrak'chic ... D3
21 Kechmara ... B2
22 Le Melting Pot ... B2
23 Yellow Sub ... C3

Unterhaltung
24 Diamant Noir ... D3
25 Le Colisée ... A1

Shoppen
Marchée Ibn Toumert ... (siehe 17)

Praktisches
Café du Livre ... (siehe 7)
26 DHL ... A1
27 FedEx ... A1
28 Instituto Cervantes ... A1
29 Hauptpostamt ... C3
30 Mountain Voyage ... A1
31 Office National Marocain du Tourisme (ONMT) ... B2
32 Voyages Schwartz (AmEx) ... B2

Transport
33 Budget ... B1
34 Europcar ... B1
35 Hertz ... B2
36 KAT ... B1
37 La Plaza Car ... A1
38 Marrakesh Motos ... A1
39 National ... B2
40 Royal Air Maroc ... C2

Minarett

Die Koutoubia-Moschee dient zwar in erster Linie einem spirituellen Zweck, doch das Minarett ist auch für die internationale Architektur von großer Bedeutung. Der 70 m hohe Turm aus dem 12. Jh. war nämlich das architektonische Vorbild für die Giralda in Sevilla und den Hassanturm in Rabat, darüber hinaus ist er mit seinen muschelförmigen Schlusssteinen, den gezackten Zinnen (Krenelierung) und den mathematisch gefälligen Proportionen ein monumentales Paradebeispiel der maurischen Ornamentik. Ursprünglich war das Minarett ganz mit dem für Marrakesch typischen rosafarbenen Putz ummantelt, doch bei seiner Restaurierung in den 1990er-Jahren beschloss man, die freigelegten Steine zu erhalten.

Moschee & Gärten

Die Moschee ist für Nichtmuslime leider tabu, doch die erst kürzlich verschönerten Gärten stehen jedem Besucher offen. Ausgrabungen aus jüngerer Zeit haben eine alte Legende bestätigt: Weil das frühere Gebäude von nachlässigen almoravidischen Architekten geplant wurde, war es nicht genau nach Mekka ausgerichtet. Aus diesem Grund machten die frommen Almohaden das Bauwerk dem Erdboden gleich und errichteten ein neues. Als die heutige Moschee und ihr berühmtes maurisches Minarett im 12. Jh. unter dem Almohadensultan Yacub al-Mansur fertiggestellt wurden, hatten sich rundherum 100 Buchhändler niedergelassen – daher auch der Name Koutoubia, abgeleitet von *kutubiyyin* (Buchhändler).

NICHT VERSÄUMEN

ABENDLICHES THEATER AUF DEM DJEMAA EL-FNA

Am besten kommt man kurz vor Sonnenuntergang zum Djemaa el-Fna, wenn die Köche gerade ihre Stände aufmachen. Die Zutaten sind oft frischer als in den meisten schicken Restaurants und allen Unkenrufen zum Trotz sollte man die Lebensmittel gut vertragen, wenn man sich vor dem Essen die Hände wäscht, mit dem Brot anstelle des gespülten Bestecks isst und das selbst mitgebrachte Wasser trinkt.

Um das Spektakel richtig genießen zu können, muss man sich einfach nur eine Sitzgelegenheit suchen, denn auf „La Place" steppt mindestens bis Mitternacht der Bär. Geschichtenerzähler rezitieren uralte Märchen, daneben stellen „Zahnärzte" Gläser mit Beißerchen aus und es gibt Vorstellungen mit Clowns sowie Amateurboxern. Einige der abendlichen Angebote haben sich seit einem Jahrtausend kaum geändert und so trifft man nach wie vor auf Astrologen, Verkäufer von Zaubertränken und Transvestiten-Bauchtänzerinnen.

Bahia-Palast MUSEUM

(Karte S. 57; ☎0524 38 95 64; Rue Riad Zitoun el-Jedid; Eintritt 10 Dh; ⏲9–16.30 Uhr) *La Bahia* (die Schöne) verfügt über wunderbare Verzierungen, mit denen der Großwesir Si Moussa in den 1860er-Jahren begann und die zwischen 1894 und 1900 von Abu „Bou" Ahmed weitergeführt wurden, der vom Sklaven zum Wesir aufgestiegen war.

Großer & Kleiner Hof

Die bemalten, vergoldeten Intarsiendecken im Großen Hof überwältigen nach wie vor die Massen, während der sonnenüberflutete *zellij* im Kleinen Hof einst nur Würdenträger beeindruckte. Doch der Bahia-Palast erwies sich als zu verlockend: 1908 nutzte Kriegsherr Pascha Glaoui das Gebäude als passenden Rahmen, um seine französischen Gäste zu unterhalten – und diese waren davon so beeindruckt, dass sie ihren Gastgeber 1911 rauswarfen und hier das *résident-généraux* des Protektorats einrichteten.

Harem

Leider ist nur ein Teil der 8 ha und 150 Zimmer des Palastes für die Öffentlichkeit zugänglich, aber immerhin kann man den unmöblierten, opulent dekorierten Harem besichtigen, den Bou Ahmeds vier Gattinnen und 24 Konkubinen bewohnten. Am spektakulärsten sind die Räume seiner Lieblingsfrau Lalla Zineb mit original erhaltenen Paneelen aus gewebter Seide, Buntglasfenstern, Intarsienarbeiten und mit Rosenbuketts bemalten Decken.

Innenhöfe

Durch den Harem gelangt man in einen hübschen Garten voller Blumen, der an den schlichten und strengen offiziellen Ehrenhof grenzt. Dort warteten die Menschen stundenlang in der Sonne und flehten Bou Ahmed um Gnade an. Auch sie sahen sich anscheinend gut um, denn noch ehe die Leiche des Despoten kalt war, hatten seine Feinde und Frauen den Palast bereits komplett geplündert.

Saaditengräber HISTORISCHE STÄTTE

(Karte S. 56 f.; Rue de la Kasbah; Eintritt 10 Dh; ⏲9–16.45 Uhr) Wer behauptet, man könne nichts mit ins Jenseits nehmen, hat die Saaditengräber in der Nähe der Kasbah-Moschee noch nicht gesehen. Sultan Ahmed al-Mansur ed-Dahbi scheute bei seiner Ruhestätte keine Kosten: Er importierte italienischen Carrara-Marmor und ließ wabenförmige *muqarnas* (Stalaktiten-Stuck) mit reinem Gold verzieren, um aus dem Raum der zwölf Säulen ein angemessen prächtiges Mausoleum zu machen.

Versteckte Gänge

Al-Mansur starb 1603 inmitten von Prunk, doch nur wenige Jahrzehnte später ließ der Alawidensultan Moulay Ismail die Saaditengräber zumauern, um seine Vorgänger aus den Augen und damit aus dem Sinn zu kriegen. Die Gräber waren lediglich durch einen kleinen Durchgang in der Kasbah-Moschee zu erreichen und wurden vergessen, bis man sie 1917 bei Luftaufnahmen wiederentdeckte. Man kann alleine durch das Gelände laufen oder sich am Eingang einen Guide suchen (übliches Trinkgeld etwa 15–20 Dh).

Gräber im Hof

Selbst im Tod bevorzugte Al-Mansur noch seine Günstlinge und ließ die Alphamännchen unter den Prinzen in seiner Nähe im Saal der drei Nischen begraben, während etwa 170 Kanzler und Frauen auf das Gartengrundstück verbannt wurden. Einige jüdische Berater, die sein Vertrauen genossen, verdienten sich zudem einen Ehrenplatz und waren dem Herzen des Herrschers im wahrsten Sinne des Wortes näher als dessen Frauen oder Söhne. Das mit geschnitzten, verwitterten Segnungen geschmückte große Mausoleum von Al-Mansurs Mutter, das von streunenden Katzen aufmerksam bewacht wird, stellt jedoch alle anderen Gräber in den Schatten.

Dar Si Said MUSEUM

(Karte S. 60; ☎0524 38 95 64; Eintritt 30 Dh; ⌚Mi–Mo 9–16.30 Uhr) Mit dem Dar Si Said wurde ein Denkmal für die marokkanischen *mâalems* (Handwerksmeister) geschaffen. Es huldigt Marrakeschs eleganter Riad-Architektur und regionaler Handwerkskunst, auch wenn die Anerkennung für das spektakulär bemalte gewölbte Hochzeitszimmer im Obergeschoss Künstlern aus Fes gilt. Si Said, Bruder des Großwesirs Bou Ahmed, beauftragte die besten *mâalems*, um sein Haus zu einem Paradebeispiel zurückhaltender Eleganz zu machen. Das Gebäude ist vom Riad Zitoun el-Jedid ausgeschildert.

Heute beherbergt es das **Museum für Marokkanische Kunst**. Gleich zu Beginn der Ausstellung wird das älteste Exponat aus Marrakesch gezeigt, eine Truhe aus den Jahren 1002 bis 1007 n. Chr., die einem Kammerherrn des spanisch-omaijadischen Kalifats gehörte. Pfeile weisen Besuchern den Weg vorbei an antiken Herrentaschen, hübschen Teppichen des 20. Jhs. aus dem Hohen Atlas in markanten Rot- und Lilatönen, schwerem silbernem Kopfschmuck jüdischer Berberfrauen und Türen, in die verschiedene Talismane gegen den bösen Blick geschnitzt sind.

Im Obergeschoss flankieren die mit Blumen bemalten Balkone der Musiker das von einer Kuppel gekrönte Hochzeitszimmer. Am hinteren Ende des Raums befindet sich ein kleines Schlafzimmer mit schmalen Holzbetten und Kaftanen, darunter ein prächtiges rotes Exemplar aus seidigem Samt mit goldenen Borten.

Die hintere Treppe führt nach oben zu einer Ausstellung von Musikinstrumenten sowie nach unten zum Ausgang, vorbei am schönsten Ausstellungsstück überhaupt: einem Riesenrad für Kleinkinder mit winzigen Sänften.

LOKALKOLORIT

AHMAD NMEIS: MUEZZIN DER KOUTOUBIA-MOSCHEE

Jobprofil

Ein Muezzin hat es nicht schwer, denn seine Hauptaufgabe ist es, die Gläubigen fünfmal täglich zu bestimmten Zeiten zum Gebet zu rufen. Als ich das erste Mal den *adhan* (Ruf zum Gebet) getätigt habe, gab es noch keine Megafone und man brauchte viel Kraft in der Stimme. Mein Vorgänger wurde immer älter und bat mich eines Tages an seiner Stelle zum Gebet zu rufen, weil er zu müde war, um die Stufen des Minaretts hochzusteigen. Daraufhin vertrat ich ihn immer häufiger, und als der Muezzin schließlich in den Ruhestand ging, bot man mir an, seinen Posten zu übernehmen.

Lebendige Poesie

Heute haben wir Tonanlagen, um den Klang zu verstärken, die meisten Moscheen in Marokko benutzen aber keine Tonaufnahmen. Der Muezzin sollte jedes Mal die volle Bedeutung der Worte ausdrücken. Mein erster *adhan* war gut – ich war pünktlich, habe die Worte korrekt gesagt und den *adhan* in alle vier Himmelsrichtungen gerufen. Allerdings musste ich lernen, den Geist des Gebetsrufes zu vermitteln. Jedes Wort sollte so ausgesprochen werden, dass seine Poesie spürbar wird.

Die Botschaft

Der *adhan* beginnt mit *„Allahuakbar"* (Gott ist groß). Obwohl die Worte einfach wirken, ist jedes einzelne bedeutungsvoll. Ihnen entspringt der ganze Islam. Wenn wir uns das merken, verhalten wir uns gegenüber anderen automatisch viel achtsamer. Ich hoffe, dass Nichtmuslime und Menschen, die kein Arabisch verstehen, die Absicht der Worte spüren können und dass diese sie mit Schönheit, Trost und Verständnis erfüllen.

El-Badi-Palast HISTORISCHE STÄTTE
(Karte S. 56 f.; Eintritt Palast/Palast plus Koutoubia-Minbar 10/20 Dh; ⌚9–16.30 Uhr) Als Sultan Ahmed al- Mansur den Badi-Palast im 16. Jh. mit Gold, Türkisen und Kristallen pflastern ließ, witzelte sein Hofnarr: „Das wird eine schöne Ruine geben." Der Mann war kein Dummkopf, denn 75 Jahre später wurde der Palast geplündert. In dem kahlen Innenhof fällt es heutzutage schwer, sich die frühere Pracht von *el-Badi* („der Unvergleichliche") vorzustellen.

Von den Lehmmauern bietet sich ein schöner Blick auf Marrakesch. Besucher sollten sich über bevorstehende Events informieren, da der König gelegentlich mit royalen Besuchern hierherkommt. Außerdem sorgt die imposante Umgebung auf dem Volkkunstfestival im Juli für eine tolle Atmosphäre.

Minbar

Die Hauptattraktion des Palastes – und die zusätzlichen 10 Dh wert – ist die Minbar (Gebetskanzel) aus der Koutoubia. Ihre Stufen aus Zedernholz warten mit kunstvollen Holzintarsien sowie winzigen Gold- und Silberkalligrafien aus dem 12. Jh. auf, die von Künstlern aus Cordoba und einem *mâalem* namens Aziz stammen.

Maison de la Photographie GALERIE
(Karte S. 60; ☎0524 38 57 21; www.maison-delaphotographie.com, auf Französisch; 46 Rue Fassi; Erw./Kind 40 Dh/frei; ⌚9.30–19 Uhr) Wenn Kunstsammler an denselben Werken interessiert sind, folgt meistens ein Bieterwettstreit, doch als Patrick Menac'h aus Paris und Hamid Mergani aus Marrakesch feststellten, dass sie beide herausragende marokkanische Fotografien sammelten, entschlossen sie sich, in Marrakesch eine Galerie zu eröffnen, um die Aufnahmen im ursprünglichen Kontext zu zeigen.

Inzwischen haben die beiden 4500 Fotos, 2000 Glasnegative und 80 Dokumente aus den Jahren 1870 bis 1950 hierhergebracht. Auf drei Etagen sind ausgewählte Arbeiten zu sehen, jeweils nach Regionen und Themen sortiert. Unter den faszinierenden und gut dokumentierten Werken befinden sich ein 1907 gemachtes Foto des Djemaa el-Fna, ein Bild der Ali-ben-Youssef-Medersa mit Studenten von 1920 sowie ein seltener, komplett in Farbe gedrehter Dokumentarfilm, der 1957 in Marokko aufgenommen wurde. Fast alle Fotos sind bearbeitete Abzüge von den Originalnegativen und können auch gekauft werden.

Auf der herrlichen Panoramaterrasse gibt's Kaffee und eines der besten Mittagsangebote der Stadt, eine würzige Hühnchen-Tajine mit eingelegten Zitronen für 35 Dh. Wer zum Ourikatal weiterwill, sollte sein Ticket aufheben, denn damit kommt man kostenlos in das Ecomusée Berbere (S. 111).

Musée de Marrakech MUSEUM
(Karte S. 60; ☎0524 44 18 93; www.museedemarrakech.ma, auf Französisch; Pl ben Youssef; Eintritt 40 Dh, mit Ali-ben-Youssef-Medersa & Koubba 60 Dh; ⌚9–18.30 Uhr) Vielleicht sind die Gerüchte über einen Fluch auf dem Mnebhi-Palast, in dem inzwischen das Musée de Marrakech untergebracht ist, ja tatsächlich wahr. Mit den niedrigen Wänden und dem lichtdurchfluteten Innenhof bot er Mehdi Mnebhi, dem Verteidigungsminister während der unruhigen Herrschaft von Sultan Moulay Abdelaziz (1894–1908), keine Zuflucht. Während Mnebhi auf Reisen war, um von Queen Victoria eine Medaille in Empfang zu nehmen, schmiedete das heimtückische England mit Frankreich und Spanien ein Komplott zur Kolonialisierung Nordafrikas. In Mnebhis Abwesenheit besetzte der Autokrat Pascha Glaoui den Palast, doch nach der Unabhängigkeit wurde das Gebäude vom Staat beschlagnahmt und 1965 zu Marokkos erster Mädchenschule. Der Unterhalt des Bauwerkes erwies sich allerdings als Problem.

1997 wendete sich das Schicksal des Palastes, als er dank der Omar-Benjelloun-Stiftung restauriert wurde. Die Ausstellungen traditioneller Kunst zeigen u. a. Textilarbeiten aus Rabat, Dolche mit Intarsien sowie Keramiken. Darüber hinaus werden im Hamam historische Fotografien und in der früheren Küche zeitgenössische Kunst präsentiert. Im Innenhof gibt's ein nettes Café mit einem kleinen Buchladen.

Koubba Ba'adiyn HISTORISCHES GEBÄUDE
(Karte S. 60; Eintritt mit Medersa 60 Dh; ⌚9–18 Uhr) Die Almohaden zerstörten fast alles, was ihre almoravidischen Vorgänger in Marrakesch erbaut hatten, übersahen aber diesen kleinen Schrein aus dem 12. Jh. gegenüber der Ali-ben-Youssef-Moschee, der vermutlich für rituelle Waschungen verwendet wurde. Seine Überreste machen deutlich, was die spanisch-maurische Architektur den Almoraviden verdankt: Hufeisenbogen, Rippengewölbe, geschnitzte Arabesken und gewölbte Kuppeln auf einem mit Zinnen versehenen Sockel.

WIE MAN GASTFREUNDSCHAFT ERWIDERN KANN

Marrakeschs Einwohner überraschen einen manchmal mit wunderbaren kleinstädtischen Umgangsformen. Minztee anzubieten, Älteren zu helfen, Kids Süßes zu schenken oder Fremde zu einer Mahlzeit einzuladen ist in der Metropole nichts Ungewöhnliches. Für eine solche Geste zu bezahlen kann leicht zu einer peinlichen Situation führen, da nur *faux guides* und freche Kinder Geld wollen, wenn sie einem die Richtung zum Djemaa el-Fna zeigen. Der ehrliche *shukran* (Dank) ist Belohnung genug. Wer jedoch von der Freundlichkeit überwältigt ist, kann diese stets mit einer großzügigen Geste erwidern.

Seinen Segen geben

Wenn man sich für eine freundliche Geste bedanken oder sie taktvoll ablehnen möchte, sagt man einfach „*baraklIafik*" (wörtlich „Sei gesegnet"). Das gilt als wirkungsvoller Segen, besonders wenn man dabei eine Hand aufs Herz legt und dem Angesprochenen direkt in die Augen sieht. Es öffnet das Herz aller Beteiligten und knüpft freundschaftliche Bande.

Etwas für die Kinder tun

Die Stadtbewohner sind in Marokko als *bahja* (die Fröhlichen) bekannt und wissen, wie man das Leben genießt, doch sie sorgen sich auch um das Wohlergehen zukünftiger Generationen. Analphabetismus ist ein ernstes Problem, vor allem für Mädchen aus armen Familien. Die Nichtregierungsorganisation **Education for All** (www.efamorocco.org) hat bereits drei Internate außerhalb der Metropole gebaut, um Mädchen einen weiterführenden Abschluss zu ermöglichen. Besucher können dort als Freiwillige arbeiten, an Fundraising-Veranstaltungen wie einer Fahrradtour im Hohen Atlas teilnehmen oder an Tagen der offenen Tür vorbeikommen (Veranstaltungskalender siehe Website).

Straßenkindern helfen

Neben den allgegenwärtigen Scherzen und freundlichen Gesten der Einwohner fallen auch die obdachlosen Kids ins Auge. **Atfalouna** (www.atfalouna-marrakech.com; Spende erforderlich; ⌚Mo–Do & Sa 17–19 Uhr) bietet 320 Kindern ein Zuhause, Mahlzeiten, Bildung und eine Perspektive. Traveller sind eingeladen, die Einrichtung in der Nähe des Bab Doukkala zu besuchen, müssen sich aber zwei Tage vorher anmelden. Kleine Gruppen von drei bis sechs Personen können gerne Freiwilligenaktivitäten organisieren. Auf diese Weise wurden bereits eine Bibliothek und ein Computerübungsraum eingerichtet sowie für ein Jahr die Miete des Zentrums bezahlt, außerdem entstand auf der Terrasse ein Wandbild. Gestaffelte Spenden von 400 bis 800 Dh reichen einen Monat für das Essen eines Schülers oder ermöglichen einem Kind, das noch nie zuvor im Urlaub war, zum ersten Mal das Meer zu sehen. Saubere warme Kleidung ist ebenfalls gefragt und kann bei vorher arrangierten Besuchen abgegeben werden. Die Großzügigkeit der Besucher wird mit einem aufrichtigen „*baraklIafik*" erwidert.

GRATIS **Dar Bellarj** KUNSTZENTRUM

(Karte S. 60; ☎0524 44 45 55; Ali-ben-Youssef-Medersa; ⌚Ausstellungen Mo–Sa 9.30–12.30 & 14–17.30 Uhr) Dieses ehemalige Storchenkrankenhaus (*bellarj* ist das arabische Wort für Storch) wurde in Marrakeschs führendes Kunstzentrum verwandelt. Jedes Jahr legt die gemeinnützige Dar-Bellarj-Stiftung ein Programmthema fest, dessen Bandbreite von Film über Frauentextilien bis zu Geschichtenerzählen reicht. Regelmäßige Höhepunkte sind kalligrafische Vorführungen, Kunst- und Kunsthandwerksausstellungen und künstlerische Workshops. Der Eintritt ist in der Regel frei (einige Veranstaltungen kosten etwas). In der Kunstbibliothek gibt's Kaffee für 20 Dh, der eine Pause vom Trubel der Suks bietet.

Mellah HISTORISCHE STÄTTE

(Karte S. 56f.) Südlich des Bahia-Palastes befindet sich die historische Heimat der jüdischen Gemeinde von Marrakesch. Die meisten jüdischen Familien zogen zwar in den 1960er-Jahren fort, doch ein Besuch der *mellah* lohnt sich auch schon wegen der aneinandergereihten hohen Lehmziegelhäuser, deren Bewohner sich über die schmiedeeisernen Balkone hinweg unterhalten. Örtliche Fremdenführer zeigen einem die **Synagoge** (Karte S. 60; Rue Talmud Torah; Spende 20–30 Dh pro Pers.) und die **miaâra** (Karte S. 56 f.), den jüdischen Friedhof. Der Pförtner lässt Besucher ein, die sich die weiß getünchten und zum Gedenken mit Steinhaufen gekrönten Gräber ansehen möchten (10 Dh Trinkgeld erbeten).

Aber man kann in dem außerordentlich armen Viertel auch die Lebenden unterstützen: Bei Redaktionsschluss wurde in der Nähe der Place des Ferblantiers gerade ein neuer **Kulturkomplex** errichtet (Infos erhält man beim Riad Ifoulki, s. S. 77) und mit den Einnahmen aus dem Restaurant und Geschäft des Zentrums sollen kommunale Initiativen unterstützt werden. So geht der Erlös aus dem Verkauf gespendeter Seidenkrawatten, die in hinreißende Spielzeugtauben verwandelt wurden, an eine örtliche Mädchenschule. Um herzukommen, folgt man der Rue Riad Zitoun el-Jedid Richtung Osten.

Maison Tiskiwin MUSEUM

(Karte S. 60; ☎0524 38 91 92; 8 Rue de la Bahia; www.tiskiwin.com; Erw./Kind 20/10 Dh; ⏲9.30–12.30 & 14.30–18 Uhr) Mit der hier ausgestellten privaten Kunstsammlung des niederländischen Anthropologen Bert Flint kann man virtuell nach Timbuktu und zurück reisen. Jeder Raum präsentiert eine Karawanenstation von der Sahara bis nach Marrakesch mit Erzeugnissen der Ureinwohner, die von Kamelsatteln der Tuareg bis zu Teppichen aus dem Hohen Atlas reichen. Die englischen Begleittexte sind oft eher skurril als erklärend, doch die Exponate bieten faszinierende Einblicke in die Vergangenheit der Stadt als Handelsposten.

JARDIN MAJORELLE: HIGHLIGHTS

» **Majorelle-Museum** Hier werden die Kunstwerke Jacques Majorelles und Wechselausstellungen, beispielsweise klassische marokkanische Reiseposter und Modeskizzen von YSL, präsentiert.

» **Seltene Pflanzen** Im Garten steht eine baumhohe afrikanische *Euphorbia tirucalli* (Bleistiftstrauch) mit wuchernden Zweigen.

» **Yves-Saint-Laurent-Denkmal** Rund im die Gedenkstätte für den Designer, eine schlichte Steinsäule im hinteren Teil des Gartens, tummeln sich seltene afrikanische Singvögel.

Mouassine-Brunnen HISTORISCHE STÄTTE

(Karte S. 60; Rue Sidi el-Yamani) Anfang des 20. Jhs. gab es in der Medina stolze 80 Brunnen. Jedes Stadtviertel hatte einen eigenen, damit die Einwohner Wasser zum Kochen, für die öffentlichen Bäder, Obstgärten und Gärten bekamen. Der Mouassine-Brunnen mit seinen geschnitzten Holzdetails in der Nähe der Rue el-Mouassine ist dafür ein wunderbares Beispiel. Er dient in der Umgebung noch immer als *der* Ort zum Trocknen von Wolle und zum Tratschen.

VILLE NOUVELLE

Wer allmählich genug von der Medina hat, dem bieten die Galerien rund um die Rue Yougoslavie in Guéliz, Festpreisboutiquen und hippe Cafés auf der Rue de la Liberté sowie der Jardin Majorelle Abwechslung. Budgethotels, Restaurants, Cafés, Galerien und Boutiquen findet man rund um die Ave Mohammed V. An der Ave el-Qadissia in Hivernage reihen sich Clubs aneinander.

20 Minuten außerhalb der Stadt kann man einen Kochkurs belegen, einen Hamam besuchen, am Pool relaxen oder in der *palmeraie* übernachten.

Für den Spaziergang vom Zentrum dieses Stadtviertels zum Djemaa el-Fna muss man etwa eine halbe Stunde einplanen. Da die Strecke sich hinzieht, bis man die Medina erreicht, und zudem eher langweilig ist, nimmt man besser einen Bus oder ein Taxi.

LP TIPP **Jardin Majorelle** HISTORISCHER PARK

(Karte S. 56 f.; ☎0524 30 18 52; www.jardinmajorelle.com; Ecke Aves Yacoub el-Mansour & Moulay Abdullah; Garten 30 Dh, Museum 15 Dh; ⏲Sommer 8–18 Uhr, Winter 8–17.30 Uhr; ⊜) Andere Gäste bringen einfach Blumen mit, doch Yves Saint Laurent schenkte Marrakesch gleich den gesamten Jardin Majorelle. Die Stadt „adoptierte" den Designer 1964 nach einer Reihe von Ereignissen, die in eher unvorteilhafter Reihenfolge kamen: die Erfindung der Hippiemode, der Ruhm als wegweisende Schwulenikone und der Pflichtdienst im französischen Militär. Saint Laurent und sein Partner Pierre Ber-

TOP FIVE: KUNSTMUSEEN

Während sich die Touristenmärkte nach wie vor auf Haremsdamen, Männer mit Musketen und andere orientalische Klischees konzentrieren, bieten diese Kunstmuseen in Guéliz Frisches und Originelles, das man anderswo vergeblich suchen wird.

Galerie Rê KUNSTMUSEUM

(Karte S. 62; ☎0524 43 22 58; www.galeriere.com; Résidence Al Andalous III, Ecke Rues de la Mosquée & Ibn Toumert; ⌚Mo–Sa 10–13 & 15–20 Uhr) Eine Bühne für die Werke der neuen marokkanischen Kunststars: Khadija Kabbajs mumifizierte Barbiepuppen, Hicham Benohouds Pop-Porträts von Helden mit ausradierten Gesichtern, M'barek Bouhchichis dynamische Farbblöcke, die an explodierende Rothkos denken lassen. Nicht verpassen: die fantastischen und brechend vollen Soiréen zu Ausstellungseröffnungen.

Galerie Noir sur Blanc KUNSTMUSEUM

(Karte S. 62; ☎0524 42 24 16; 1. OG, 48 Rue Yougoslavie; ⌚Mo–Fr 15–19, Sa 10–13 & 15–19 Uhr) Arbeiten wichtiger marokkanischer Talente bedecken die Wände und reichen von Hassan Bourkias abstrakten Bildern bis zu Hassan Echairs kunstvoll gearbeiteten Metallinstallationen.

Matisse Art Gallery KUNSTMUSEUM

(Karte S. 62; ☎0524 44 83 26; www.matisseartgallery.com; 43 Passage Ghandouri; ⌚Mo–Sa 9.30–12 & 15–19.30 Uhr) Hinter einer Fassade aus schwarzem Marmor zeigt das Kunstmuseum an der Rue Yougoslavie ätherische Bienenwachsfiguren des in Marrakesch geborenen Mahi Binebine, der Marokko auf der Biennale in Venedig repräsentierte, sowie abstrakte Hennabilder von Farid Belkahia, die Assoziationen an den *baraka* (Segen) der Berber wecken.

David Bloch Gallery KUNSTMUSEUM

(Karte S. 62; ☎0524 45 75 95; 8 bis Rue des Vieux Marrakchis; www.davidblochgallery.com; ⌚Di–Sa 10.30–13.30 & 15.30–19.30, Mo 15.30–19.30 Uhr) Künstler von beiden Seiten des Mittelmeers wandeln auf dem schmalen Grat zwischen traditioneller Kalligrafie und städtischen Graffiti, angefangen bei den abstrakten kalligrafischen Schnörkeln, die der Marrakescher Künstler Larbi Cherkaoui auf Ziegenhaut verewigte, bis zu den wilden Bildern von Zen-Kreisen des Pariser Graffiti-Künstlers Tanc aus den 1980er-Jahren.

Gallery 127 KUNSTMUSEUM

(Karte S. 62; ☎0524 43 26 67; 2. OG, 127 Blvd Mohammed V; www.galerienathalielocatelli.com; ⌚Di–Sa 11–19 Uhr) Ein abgewetzter Eingang, die spärlich beleuchtete Treppe und unverputztes Mauerwerk bilden den Rahmen für neue, herausragenden Werke internationaler Fotografen zu vernünftigen Preisen. Marokkos erstes Museum für Fotografie pflegt die Kontakte zu neuen Sammlern, unter ihnen König Mohammed VI., der hier bereits Dutzende Werke kaufte.

gé kauften die knallblaue Villa sowie den dazugehörigen Garten, um die Vision des ursprünglichen Besitzers, Landschaftsmaler Jacques Majorelle, zu bewahren, und machten ihn der Öffentlichkeit zugänglich. Seinem Wunsch gemäß wurde Saint Laurents Asche nach seinem Tod im Juni 2008 im Jardin Majorelle verstreut.

Garten

Dank dem Botaniker Abderrazak Benchaâbane aus Marrakesch und dem Direktor Touriya Abd ist der Garten, den Majorelle 1924 zu kultivieren begann, mittlerweile eine Art psychedelische Fata Morgana mit über 300 Pflanzenarten aus fünf Kontinenten. Pinkfarbene Bougainvilleen sprengen fast die zitronengelben Terrakottakübel, dürre Kakteen lehnen sich gegen kobaltblau verputzte Wände und bunte afrikanische Singvögel huschen durch den dichten grünen Bambus.

Museum & Einrichtungen

In der Art-déco-Villa werden Saint Laurents Sammlung marokkanischer dekorativer Kunst, Wechselausstellungen sowie Majorelles elegante Landschaftsbilder Südmarokkos präsentiert. Eine kleine Boutique verkauft teure Souvenirs wie blaue Majorelle-Pantoffeln, Parfüms und Kissen, die mit Designs der Neujahrskarten von YSL Marrakesh bestickt sind. Im Café gibt's Getränke zu gepfefferten Preisen (60 Dh für einen Grapefruitsaft), aber bei der Aussicht kann man sich eigentlich nicht beschweren.

CyberPark GARTEN

(Karte S. 56 f.; Ave Mohammed V, Nähe Bab Nkob; ⌚9–19 Uhr; @ᯤ) In dem 8 ha großen königlichen Garten aus dem 18. Jh. mit kostenlosem WLAN-Zugang kann man seine E-Mails lesen und dabei den Rosenduft genießen. Inmitten von Teenagern und nervösen Internetdatern wartet man ab, bis man im kostenlosen Open-Air-Internetkiosk an der Reihe ist oder nutzt alternativ das elegante klimatisierte Cybercafé (10 Dh pro Std.).

Menara-Gärten GARTEN

(außerhalb der Karte S. 56 f.; Ave de la Menara, Hivernage; Eintritt Garten frei, Picknickpavillon 20 Dh; ⌚9–17 Uhr) Eine hiesige Legende erzählt von einem Sultan, der seine Gäste beim Abendessen verzauberte und sie dann in die schimmernden Pools der Menara-Gärten stieß. Schwimmen scheint heute das Letzte zu sein, woran die inmitten der königlichen Olivenhaine knutschenden Pärchen oder die Familien denken, die im herrschaftlichen Pavillon aus dem 19. Jh. picknicken. An klaren Tagen kann man einen Kamelritt unternehmen und schöne Fotos vor der Kulisse des Atlasgebirges machen. Wer sich den Sonnenuntergang ansehen möchte, sollte auf den Wegen bleiben und den Verliebten ihre Privatsphäre lassen.

Aktivitäten

Radfahren

Fahrräder (70–120 Dh pro Tag) kann man in den Budgetunterkünften rund um den Djemaa el-Fna oder den Hotels an der Ave Mohammed Abdelkrim el-Khattabi in der *ville nouvelle* ausleihen. Wer dem Verkehr entfliehen möchte, begibt sich in die 5 km nordwestlich liegende *palmeraie,* wo die Villen vieler Stars liegen.

Marrakech Roues RADFAHREN

(Karte S. 60; ☎0663 06 18 92; Imm Roux, 3 Rue Bani Marine; www.marrakech-roues.com; pro Std./halber Tag/Tag 50/80/120 Dh) Fahrradverleih in der Medina.

Actions Sports Loisirs RADFAHREN

(Karte S. 56 f.; ☎0661 24 01 45; www.marrakechbikeaction.com; Apt 4, 2. OG, Blvd Yacoub el-Mansour, Guéliz; 2 Std. 160 Dh, halber Tag 260–350 Dh, Tag 620–925 Dh) Organisiert Rundfahrten zu den Gärten in der *palmeraie* und Marrakesch (halber Tag 260 Dh, mindestens 4 Pers.).

D&O RADFAHREN

(☎0524 42 19 96) Ganztägige Exkursionen von Marrakesch nach Ouirgane ab 1250 Dh inklusive Mittagessen und Zeit, um am Pool zu relaxen.

Öffentliche Hamams

Eine herrlich authentische Erfahrung zum Schnäppchenpreis macht man in den öffentlichen Hamams. Der Eintritt kostet etwa 10 Dh, eine *gommage* (Peeling) 15 bis 30 Dh und eine Massage 50 bis 100 Dh. Die Ausrüstung – Handtuch, Badelatschen, Plastikmatte und eine Unterhose zum Wechseln (eine muss man tragen) – bringt man selbst mit. Öffentliche Badehäuser sind umweltfreundlicher als private, da pro Person weniger Wasser und Heizstoff verwendet werden.

Hammam Dar el-Bacha HAMAM

(Karte S. 56 f.; 20 Rue Fatima Zohra; Eintritt 10 Dh; ⌚Männer 7–13 Uhr, Frauen 13–21 Uhr) Das größte tradtionelle Badehaus der Stadt verfügt über eine riesige Kuppeldecke mit sternenförmigen Lüftungsöffnungen und ist sehr sauber. Außerdem herrscht hier eine tolle Stimmung. Für Frauen ist dies die Nummer eins unter den öffentlichen Hamams, da ihnen die besten Zeiten am Nachmittag und Abend vorbehalten sind.

Hammam Bab Doukkala HAMAM

(Karte S. 56 f.; Rue Bab Doukkala; Eintritt 10 Dh; ⌚Frauen 12–19 Uhr, Männer ab 20 Uhr) Der historische Hamam in der südöstlichen Ecke der Bab-Doukkala-Moschee stammt aus dem 17. Jh. und hat beheizte Fußböden aus *tadelakt* (polierter Kalkputz). Bei den Männern ist die Atmosphäre absolut entspannt.

Private Hamams

Viele Riads und Hotels warten sowohl mit Spas als auch mit eigenen Hamams auf und erlauben teilweise auch Paaren den gemeinsamen Besuch. Private Hamams sollte man im Voraus buchen, denn es kann ein paar Stunden dauern, sie aufzuheizen.

LP TIPP **Le Bain Bleu** HAMAM

(Karte S. 60; ☎0524 42 69 99; www.lebainbleu.com; 32 Derb Chorfa Lakbir; ⌚10–21 Uhr nach Terminvereinbarung) Ein stilvolles neues Spa-Hamam mit einem tollen Preis-Leistungs-Verhältnis. Man erreicht das gut ver-

TOP FIVE: AKTIVITÄTEN FÜR KINDER IN MARRAKESCH

» **Shoppen für Magier auf dem Rahba Kedima** Auf diesem Platz wimmelt es von Apothekern, die mystische Wurzeln, Gefäße mit Rosenblättern und Gläser voller Flüssigkeiten in gruseligen Farben anbieten – hier könnten Harry und die Bewohner von Hogwarts glatt ihre Schulsachen kaufen. Nur wenige Motorroller kommen durch die Menge, sodass man nach Herzenslust schauen, staunen und feilschen oder auch einfach bei einem Orangensaft im Café des Épices (S. 84) das Panorama genießen kann.

» **Kutschfahrten** Wenn die Beine der Kids und die Rücken der Eltern nicht mehr wollen, sollte man auf dem Djemaa el-Fna (S. 95) eine *calèche* (Kutsche) mieten. Eine kurze Fahrt führt die Derb Debachi hoch, man kann sich aber auch die große Runde vorbei am Bab Agnaou zu den Saaditengräbern und zurück vornehmen.

» **Spielen im Flower Power Café** Schon den Weg hierher zu finden ist wie ein Versteckspiel: Zunächst geht's aus der Stadt raus und über eine Auffahrt in einen Olivenhain sowie eine Biogärtnerei. 3,5 km hinter Royal Golf erreicht man dann endlich das **Flower Power Café** (☎0524 48 40 87; Pépiniére Casa Botanica, Route de Sidi Abdellah Ghiat; www.flower-power-cafe.com; ⊙Mi–So 10–17.30 Uhr) mit einer organischen Saftbar und einem Paradies für Kleinkinder. Fröhliches Geschrei weist den Weg zu den Kaninchen, Pony- und Eselkoppeln, einem Spielhaus und einem *hanout* (kleiner Lebensmittelladen), wo sich die Kids im Feilschen üben können.

» **Dromedarritte in der Palmeraie** Bei einer Kutschrundfahrt in der *palmeraie* wird meistens am **Café le Palmier d'Or** (Circuit de la Palmeraie) eine Pause eingelegt. Dort gibt's einen kleinen Spielplatz, Orangensaft für 10 Dh und Dromedare. Mit etwas Feilschen sollten 100 Dh für einen 15- bis 30-minütigen Ritt langen – das reicht, um den Dreh für die schaukelnde Bewegung der Tiere rauszubekommen und das obligatorische Urlaubsfoto zu machen.

» **Mutproben im Terres d'Amanar** Energiegeladene Kinder dürften von einer Tagestour zum Naturerlebnispark **Terres d'Amanar** (☎0524 43 81 03; www.terresdamanar.com) im Hohen Atlas begeistert sein. 37 km von Marrakesch entfernt und 2 km hinter Tahanaoute locken Ziplines, Raftingtouren, eine BMX-Anlage und Eselpolo. Außerdem kann man sich an *zellij*-Mosaiken, Glasmalerei und Lederarbeiten versuchen oder etwas Leckeres backen. Übernachtsmöglichkeiten gibt's in einem Lehmziegelgebäude und in Zeltbungalows (DZ inkl. Frühstück ab 1000 Dh, Kinder unter 11 Jahren frei).

steckte Bain Bleu, indem man den Schildern von der Rue el-Mouassine zum Dar Cherifa bis zur Derb Chorfa folgt. Der Doppel-Riad verfügt über ruhige Innenhöfe, elegante unterirdische Dampfräume und einen professionellen Service (Massagen 350 Dh pro Std., Hamam/*gommage* 150 Dh, Hamam/Massage für Paare 600 Dh pro Pers., Maniküre oder Pediküre 280 Dh).

Sultana Spa HAMAM

(Karte S. 56 f.; ☎0524 38 80 08; www.lasultanamarrakech.com; Rue de la Kasbah; P ❄) Dieses opulente Spa liegt in der Nähe der Saaditengräber und ist ganz in Marmor gekleidet. Das Angebot reicht von der Nutzung des Badehauses (200 Dh, Zimt-*gommage* 350 Dh) bis zu über dreistündigen Behandlungen für Paare (Hamam/*gommage*, Mineralien-Wannenbad, Maniküre/Pediküre, Sauna und Whirlpool für 3500 Dh).

Les Secrets de Marrakech HAMAM

(Karte S. 62; ☎0524 43 48 48; 62 Rue de la Liberté; ⊙Mo–Sa 10–20 Uhr) Gehobene Anwendungen in einer Art-déco-Villa mit einem schicken Badehaus, in dem Hamam-/*gommage*-Behandlungen (200 Dh) sowie Ganzkörperpackungen mit Arganöl und Atlaszeder (100 Dh) und Rosenblütenmassagen (45 Min. 500 Dh) angeboten werden.

La Maison Arabe HAMAM

(Karte S. 56 f.; ☎0524 38 70 10; www.lamaisonarabe.com; 1 Derb Assehbe, Bab Doukkala) In diesem Doppel-Hamam locken regionale Kräuter und Mineralien, gefolgt von einer *gommage* und einer Heilerdemaske mit zerkleinerten Rosenblüten und Kräutern namens *ghassoul* – und das alles für nur 300 Dh (auf Wunsch ergänzt von einer halbstündigen Massage für 350 Dh). Hier ist man richtig, wenn man die traditionelle Methode des Epilierens, das sogenannte „Threading", ausprobieren möchte, das mit einem Faden und flinken Händen ausgeführt wird (100–150 Dh pro Ober- oder Unterschenkel).

Medina Spa HAMAM

(Karte S. 60; ☎0524 38 50 59; www.medina-spa-marrakech.com; 27 Derb Zaari; ⏲9.30–21 Uhr) Nur ein paar Schritte vom staubigen Djemaa el-Fna kann man unweit der Rue des Banques ein kräftiges Peeling und eine belebende Massage zu guten Preisen genießen (Hamam/ *gommage* 100 Dh/30 Min., Massage 330 Dh/Std.). Hier ist viel los, deshalb geht's geräuschvoller als gewohnt zu, außerdem sind die Bademäntel vielleicht noch feucht von der Wäsche. Ohne Termin muss man etwas Wartezeit einplanen.

Schwimmen

Riads in der Medina dürfen nur Tauchbecken haben, da bei Lecks in größeren Pools die Lehmziegelfundamente gefährdet wären. Pools mit Olympiamaßen und Wasserparks gibt's außerhalb der Stadt im ausgedörrten Zentral- und Südmarokko. Schwimmer, die um ihren „feuchten Fußabdruck" besorgt sind, können eine Spende an eine örtliche Hilfsorganisation leisten (siehe S. 67). Hier sind ein paar der attraktivsten Swimmingpools in der Umgebung Marrakeschs aufgelistet, die man tagsüber besuchen kann.

Jnane Tamsna SWIMMINGPOOL

(☎0524 32 84 84; www.jnanetamsna.com; Douar Abiad, Palmeraie; Eintritt 400 Dh; P) Wer mit gutem Gewissen seine Runden schwimmen will, sollte dieses Bad nur 20 Fahrminuten von der Medina entfernt ansteuern. Hier kann man zu Mittag essen (ein Dreigänge-Biomenü mit Wein ist im Eintrittspreis enthalten) und im Schatten duftender Biogärten in den Pool springen, dessen Wasser mit Sauerstoff aufbereitet wird.

Mamounia SWIMMINGPOOL

(Karte S. 56 f.; ☎0524 38 86 00; www.mamounia.com; Ave Bab Jedid; Tageskarte wochentags/ Zweitageskarte Wochenende 500/1200 Dh; P) Der Preis für die Tageskarte ist grandios, wenn man bedenkt, dass hier eine Übernachtung bis zu 650 € kosten kann. Mit dem Ticket hat man Zugang zu dem ozonbehandelten Pool, den historischen Gärten, dem Fitnesscenter, drei schicken Bars und dem mit *zellij* gekachelten Spa (Grundbehandlung Hamam/*gommage*/Honigpeeling 900 Dh) – und das alles nur einen zehnminütigen Spaziergang vom Djemaa el-Fna entfernt.

Ferme Berbère SWIMMINGPOOL

(☎0524 38 56 85; www.lafermeberbere.net; Km 9, Route d'Ourika; inkl. Mittagessen & Hamam ab 350 Dh pro Pers.) Die Paketangebote dieser familienfreundlichen Oase mitten in einem Olivenhain umfassen Hamam, *gommage*, Massage, Mittagessen und Nutzung eines kleinen Pools und beginnen bei 350 Dh. Familien können sich über ein besonders gutes Angebot freuen: Hamam und *gommage* für zwei Erwachsene, Eselreiten für zwei Kinder, Mittagessen und Benutzung des Pools kosten 600 Dh.

Riad Bledna SWIMMINGPOOL

(☎0661 18 20 90; www.riadbledna.com; Km 2, Route de Ouarzazate; inkl. Mittagessen & Transfer 250 Dh pro Pers.) Das umweltfreundlichste Schwimmbad wartet mit dem besten Preis-Leistungs-Verhältnis auf: Wer eine Tageskarte für diesen familienfreundlichen, 1,6 ha großen Biogarten in einem ruhigen Außenbezirk von Marrakesch ersteht, kommt in den Genuss eines mit Sauerstoff aufbereiteten Pools, eines leckeren hausgemachten Mittagessens und des Transfers vom/zum Djemaa el-Fna.

Zu weiteren Einrichtungen, die tagsüber die Nutzung ihrer Pools anbieten und höchstens eine Fahrstunde von Marrakesch entfernt liegen, gehören Les Deux Tours (S. 82), La Pause (S. 82) und L'Oliveraie de Marigha (S. 73).

Kurse

Viele Riads in der Medina bieten Kurse bei ihrem jeweiligen Hauskoch an. Gelegentlich können auch Nichtgäste an den Workshops teilnehmen.

Souk Cuisine KOCHEN

(Karte S. 60; ☎0673 80 49 55; www.soukcuisine.com; Zniquat Rahba, 5 Derb Tahtah, Medina; 400 Dh pro Tag inkl. Mahlzeit & Wein) Hier kann man kochen lernen wie ein *dada* (Chefkoch). Die Teilnehmer gehen mit der Englisch sprechenden holländischen Gastgeberin Gemma van de Burgt im Suk die Zutaten einkaufen und bereiten gemeinsam mit zwei marokkanischen Hochzeitsmahl-Köchinnen ein viergängiges Mittagessen zu, das anschließend gemeinsam verspeist

ABSTECHER

MARRAKESCHS GEHEIMES AUSFLUGSZIEL: OUIRGANE

Nur 60 km von Marrakesch erstreckt sich zwischen dem Stausee von Ouirgane und den Ausläufern des Hohen Atlas das friedliche Ouirgane, das man vom Bab er-Rob mit einem *grand taxi* (30 Dh) erreicht. Imlim wird im Sommer von Trekkingfans gestürmt, während sich in Ourika gleichzeitig die Ausflügler tummeln – dabei sind Bergwanderungen und Picknicks auch in Ouirgane möglich, und das ohne die Menschenmassen. Donnerstagvormittags kann man hier außerdem den **Suk** besuchen.

Nachmittagsvergnügen

Das Mittagsessen lässt man sich bei einem Glas Wein am Pool der **L'Oliveraie de Marigha** (☎0661 31 04 82; www.oliveraie-de-marigha.com;) schmecken und bewundert beim Espresso, wie sich das Atlasgebirge im Schwimmbecken spiegelt. Heute überlässt man den Fahrdienst mal jemand anderem (Transfers von/nach Marrakesch 200 Dh). Der Olivenhain liegt bei Km 59 an der Route de Taroudannt, 100 m von der Hauptstraße in Ouirganes Zentrum.

Romantische Übernachtungen

Chez Momo (☎0524 48 57 04; www.aubergemomo.com, auf Französisch; DZ inkl. HP 680–890 Dh, Suite 1110–1390 Dh;) ist eine stilvolle und komfortable Unterkunft. Das Restaurant wartet mit Berber-Couscous (120–180 Dh) und WLAN-Zugang auf, wobei man Facebook am Pool und bei den Spaziergängen schnell vergisst. Die Gartenbungalows sind mit *tadelakt*-Bädern, Kiefernholzdecken, Kelim-Polstersesseln sowie Panoramaterrassen ausgestattet und in den Suiten gibt's Kamine und Extrabetten für Kinder (HP 320 Dh). Das Hotel liegt bei Km 61 an der Route de Taroudannt, 150 m von der Hauptstraße in Ouirganes Zentrum entfernt.

Öko-Safaris

Naturfreunde strömen scharenweise zum **Dar Tassa** (☎0524 48 43 12; www.dartassa.com; Douar Tassa, Ouirgane; DZ inkl. HP 605 Dh, mit eigenem Bad 775–990 Dh; @) im Bergdorf Tassa Ouirgane (1300 m). Es befindet sich am Rand des Takherkhort-Naturschutzgebiets und ist über eine Bergstraße von Ouirgane zu erreichen. In der Bibliothek gibt's Tee, außerdem kann man Kochkurse buchen, den Hamam auf der Terrasse besuchen und sich nach Ausflügen erkundigen, bei denen man Mähnenschafe, Gazellen und andere bedrohte Tierarten sieht. Ein Teil des Zimmerpreises kommt der High Atlas Foundation zugute, um Bäume zu pflanzen.

Familienausflüge

Au Sanglier Qui Fume (☎0524 48 57 07; www.ausanglierquifume.com; DZ inkl. HP 605–700 Dh, Suite 860 Dh;), eine ehemalige Unterkunft für französische Fremdenlegionäre, verfügt über 14 einfache Zimmer und zehn Suiten, die um einen Innenhof mit Restaurant, Bar und Pool liegen. Die Bandbreite reicht von vollgestopften Gartenzimmern bis zu Vier-Personen-Suiten im typischen Rosa Marrakeschs, die sich über zwei Etagen erstrecken und mit einem Kamin sowie einer *tadelakt*-Badewanne aufwarten. Kinder können Tischtennisturniere austragen, Billard und Dart spielen oder Ausflüge zu Pferd und mit dem Mountainbike unternehmen. Das Hotel liegt an Km 61 auf der Route de Taroudannt.

wird. Kurse (auch für Vegetarier möglich) finden mit mindestens zwei und maximal zwölf Personen statt.

Jnane Tamsna KOCHEN
(☎0524 32 84 84; www.jnanetamsna.com; Douar Abiad, Palmeraie; Kurs inkl. Mahlzeit 600 Dh) Unter Anleitung des Chefkochs Bahija kreiert man mit frisch gepflückten Zutaten aus dem Biogarten ein wunderbar gesundes marokkanisches Mittagessen, das aus Salat, Gebäck, Tajine sowie einem leichten Dessert besteht, und lässt es sich danach am Pool gut gehen.

START BAHIA-PALAST
ZIEL TERRASSE DES ÉPICES
LÄNGE 4,5 KM
DAUER VIER STUNDEN

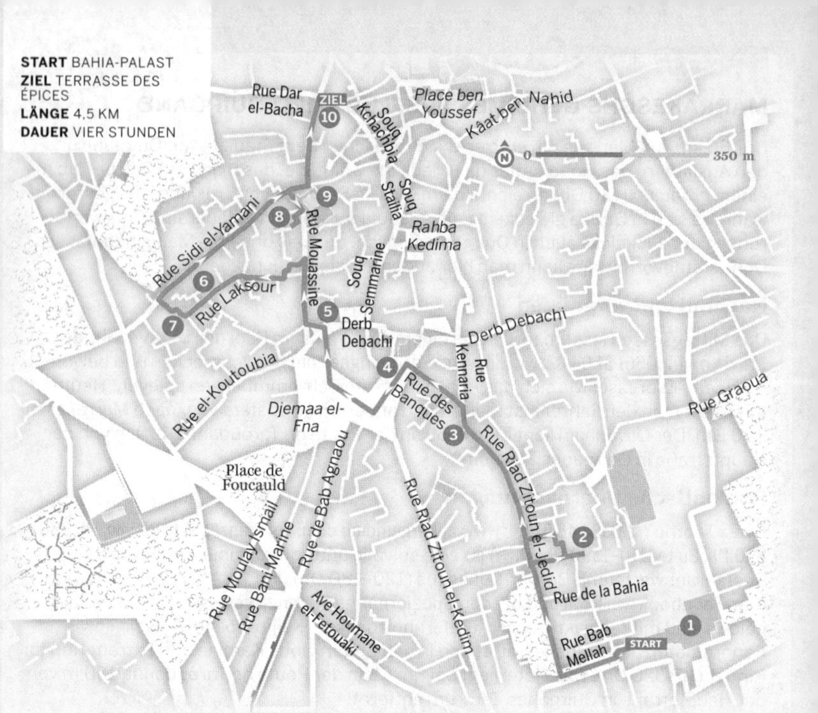

Stadtspaziergang

Suks & Funduqs in der Medina

Um die verborgenen Highlights der Medina zu entdecken, muss man sich nicht hoffnungslos in den Suks verirren oder im Morgengrauen durch die *derbs* (Gassen) rennen. Nachdem man in seiner Unterkunft gefaulenzt oder sich gesonnt hat, beginnt man den gemächlichen Nachmittagsspaziergang am 1 **Bahia-Palast**. Wenn man die aufwendig bemalten Decken lange genug bestaunt hat, läuft man die Rue Riad Zitoun el-Jedid rauf und folgt den Schildern, die nach rechts unter einem Bogengang hindurch zum 2 **Dar Si Said** mit dem beeindruckenden Hochzeitszimmer weisen.

Nun spaziert man zurück zur Rue Riad Zitoun el-Jedid und folgt der Straße Richtung Norden, vorbei am hübschen 3 **Cinéma Eden** auf der linken Seite bis zum 4 **Djemaa el-Fna**. Dort sollte man auf Motorroller, Pferdekutschen, Schlangenbeschwörer und Henna-Tätowierer achten, die jede Hand als leere, um Kunst bettelnde Leinwand ansehen, und steuert die Minzhändler in der Nordwestecke an. Anschließend schwenkt man rechts Richtung Place Bab Fteuh ein und überquert den Platz in Richtung des überdachten Eingangs zur Rue el-Mouassine. Rechts befindet sich der 5 **Funduq Bab Fteuh**. In den kleinen Handwerkerateliers der Karawanserei kann man dabei zusehen, wie Schmuck und Tabletts bearbeitet werden.

Danach geht's auf der Rue el-Mouassine nach Norden bis zur Kreuzung mit der Rue el-Ksour, die unter einem Bogen hindurch nach links führt. Hier kann man einen Shopping-Abstecher nach Westen zu 6 **Al-Kawtar** und 7 **Kif-Kif** einbauen und über die Rue Sidi el-Yamani auf die Rue el-Mouassine zurückkehren. Ansonsten schlendert man weiter nach Norden, am Eingang der Mouassine-Moschee auf der rechten Seite vorbei, und hält nach den Schildern zum 8 **Dar Cherifa** Ausschau. Diese weisen nach links und unter einem Bogen nach rechts, dann hat man das Stadthaus aus dem 15. Jh. schon erreicht und kann inmitten saaditischer Stuckpracht Minztee genießen. Schließlich steuert man erneut die Rue el-Mouassine an, passiert den 9 **Mouassine-Brunnen** und sucht sich oben in der 10 **Terrasse des Épices** eine Couch, um den tollen Nachmittag beim Sonnenuntergang ausklingen zu lassen.

Bled Al-Fassia KOCHEN
(☎0524 32 96 60; www.bledalfassia.com; Route de Fez, Douar Sidi Mbarek) In der makellosen Edelstahlküche des Restaurants Al Fassia (S. 86), das sich in einer Luxusvilla in den Außenbezirken Marrakeschs befindet, lernt man die Geheimnisse des Chefkochs kennen. Preise auf Anfrage.

Institut Français SPRACHE
(Karte S. 60; ☎0524 44 69 30; www.ifm.ma, auf Französisch; Route de Targa, Guéliz; ⌚Mo–Sa 10–12 & 15–18 Uhr) Bietet Privatunterricht für Arabisch und auf Französisch (250 Dh pro Std.) sowie Kurse in Marokkanisch-Arabisch (1800 Dh) und Französisch (1000 Dh) an. Daüber hinaus finden hier zahlreiche Konzerte, Filmvorführungen und Tanzaufführungen statt.

Study Arabic in Marrakech SPRACHE
(www.arabicmarrakech.com) Privatlehrer vermitteln in fünf Unterrichtsstunden die Grundkenntnisse höflicher arabischer Konversation.

Geführte Touren

Marrakeschs Medina mit einem Führer zu besuchen ist zwar nicht wirklich abenteuerlich, doch auf diese Weise kann man bestimmte Sehenswürdigkeiten in ein oder zwei Stunden besichtigen. Auf Schnäppchen auf dem Markt sollte man aber nicht hoffen, denn die Guides bekommen Kommission auf alles, was man kauft, und das treibt die Preise in die Höhe. Einen Führer kann man über Hotels, Riads und Reisebüros organisieren oder direkt bei der Touristeninformation buchen (S. 93; halber Tag/Tag 250/400 Dh). Viele Reisebüros haben Filialen in Guéliz. Damit das Ganze Spaß macht und sicher abläuft, sollte man immer offizielle Fremdenführer mit Fremdsprachenkenntnissen buchen.

Inside Morocco Travel AUSFLÜGE
(☎0661 18 20 90; Riad Bledna; ⌚Mo–Sa 9–12 & 15–19 Uhr) Auf den maßgeschneiderten Abenteuern, die der Ökotourismusexperte Mohamed Nour und sein mehrsprachiges Team zusammenstellen, lernt man Marokko wirklich kennen, beispielsweise beim „Tea for two" zum Sonnenuntergang in der Sahara, bei Wanderungen und traditioneller Hausmannskost in unberührten Berberdörfern oder bei Kunsthandwerk-Workshops in inspirierenden Frauenkooperativen. Die Reiseagentur liegt bei Km 2 an der Route de Ouarzazate.

Mountain Voyage AUSFLÜGE
(Karte S. 62; ☎0524 42 19 96; www.mountain-voyage.com; 2. OG, Immeuble El Batoul, 5 Ave Mohammed V, Guéliz; ⌚Mo–Sa 9–12.30 & 15.30–19 Uhr) Ein britisches Unternehmen mit Sitz in Marrakesch. Hier kann man lizenzierte, Englisch sprechende Fremdenführer für individuelle Marrakesch-Touren, umweltfreundliche Trips in den Mittleren Atlas und Ausflüge in den Hohen Atlas mit Übernachtung in der unternehmenseigenen Kasbah du Toubkal (S. 117) buchen.

Tawada Trekking AUSFLÜGE
(☎0524 44 65 72; www.tawadatrekking.com, auf Französisch) Trekkingtouren und Exkursionen, bei denen man in die marokkanische Kultur eintaucht, sind die Spezialität von Hafida H'doubane, einer der ersten Frauen des Landes, die eine Lizenz als Bergführerin erhalten hat. Bei den Ausflügen mit Flussguide Pascal Perron taucht man dagegen im wahrsten Sinne des Wortes ein, z. B. auf Rafting- und Kajaktouren sowie Flusswanderungen.

Desir du Maroc AUSFLÜGE
(☎0661 16 35 85; www.desirdumaroc.com) Abdelhay Sadouk aus Marrakesch hat 30 Jahre Erfahrung darin, Besuchern die marokkanische Kultur nahezubringen: Er leitet Geschichts- und Kulturtrips, die von Marrakesch zur Küste, in die Wüste und in die Berge führen. Zu den weiteren Möglichkeiten gehören Yoga- und Tai-Chi-Workshops. Es gibt auch Englisch sprechende Guides.

Feste & Events

Marrakesch-Marathon MARATHON
(www.marathon-marrakech.com; Halbmarathon 30 €, Marathon 50 €) Hier sollte man rennen, als wäre ein Teppichverkäufer hinter einem her: 5000 Marathonläufer überqueren bei diesem Wettkampf im Januar die Ziellinie am Djemaa el-Fna.

Jardin'Art GÄRTEN
(www.jardinsdumaroc.com, auf Französisch) Mitte April wird die blühende Stadt mit temporären Grünanlagen, von Gärten inspirierten Kunstshows, botanischen Vorträgen und Ausstellungen gefeiert.

Volkskunstfestival STRASSENFEST
(www.marrakechfestival.com) Die Unesco erklärte Marrakeschs Straßentheaterfest im Juli zu einem „Meisterwerk des kulturellen Erbes", weil es die marokkanischen Traditionen des Tanzes, der Musik und des Geschichtenerzählens würdigt. Der

Eröffnungsabend des Spektakels ist ein musikalisches Chaos, da sich zu diesem Anlass über 500 Künstler auf dem Djemaa el-Fna tummeln.

Marrakesh Art Fair KUNSTMESSE
(www.marrakechartfair.com/en) Auf dieser Messe zeitgenössischer Kunsttalente aus Marokko und dem Mittelmeerraum kann man sozusagen 40 Ausstellungseröffnungen auf einen Streich erleben.

Internationales Filmfestival FILMFEST
(☎0524 42 02 00; http://en.festivalmarrakech.info) Stars von Hollywood bis Bollywood schreiten auf der einwöchigen Veranstaltung im Dezember über den roten Berberteppich. Höhepunkt des Ganzen sind die Preisverleihungen. Zu den Preisträgern gehörten in jüngster Vergangenheit der bosnische Regisseur Emir Kusturica, Ben Kingsley, Michelle Yeoh und Harvey Keitel.

Schlafen

Marrakesch hat von der schäbigsten Absteige bis zum orientalischen Luxuspalast einfach alles zu bieten. Es gibt authentische Riads im Herzen der Suks, Gästehäuser für kleine Budgets fast direkt am Djemaa, unterschiedlichste Hotels in der *ville nouvelle* und Villen in der *palmeraie*, die mit Pools unter schattigen Palmen aufwarten. Außerhalb der Metropole locken Luxusresorts, die über riesige Zimmer für Preise von 600 € (Mamounia) bis mehr als 6000 € (Royal Mansour) verfügen, doch wenn es um persönlichen Service und den wegweisenden Marrakescher Stil geht, können sie mit den Riads in der Medina und den Villen-Hotels in der *palmeraie* nicht mithalten.

Traveller sollten beachten, dass die Preise für Unterkünfte in Marrakesch höher sind als anderswo in Marokko. Und sie steigen weiter. Der Wert des Dirham im Verhältnis zum Euro fluktuiert ständig, zudem verteuern steigende Ölpreise die Versorgung und der Staat erhebt Extrasteuern auf Hotels. Dennoch kommen immer mehr Reisende zum zweiten, dritten oder auch siebten Mal, um die wunderbare Gastfreundschaft der Stadtbewohner zu genießen.

MEDINA

LP TIPP **Riad Al Massarah** RIAD €€€
(Karte S. 56f.; ☎0524 38 32 06; www.riadalmassarah.com; 26 Derb Jedid; DZ inkl. Frühstück 1200–2000 Dh; ❄@📶🏊) Ein echtes Wohlfühlrefugium: Die britisch-französischen Besitzer Michel und Michael haben diesen historischen Riad umgestaltet, um Komfort und Sonnenlicht zu maximieren und den Bedarf an elektrischem Licht und Wasser runterzufahren. Zudem bieten sie hervorragende traditionelle Gerichte mit eigener Note, Kochkurse, einen Hamam, Massagen und tolle Shopping-Tipps. Dabei unterstützen sie noch eine Unterkunft für Straßenkinder, gewähren dem fünfköpfigen Personal alle Arbeitgeberleistungen und wurden für die Umweltfreundlichkeit ihrer Bleibe mit dem „Grünen Schlüssel" belohnt.

LP TIPP **Tchaikana** RIAD €€
(Karte S. 60; ☎0524 38 51 50; www.tchaikana.com; 25 Derb el Ferrane, Azbest; DZ inkl. Frühstück 1000–1800 Dh; 📶) In dem einen Zimmer steht ein Bett aus Zeltpfählen der Tuareg, in dem anderen hängt ein Boot von der Decke: Hier herrscht der abenteuerlustige Geist einer Karawanserei. Beim üppigen Frühstück, das der witzige, Englisch sprechende belgische Besitzer Jean-François serviert, planen die Gäste Streifzüge in die Suks, und zur Happy Hour kommen sie wieder zusammen, um ihre Schnäppchen zu vergleichen und die nächsten Öko-Ausflüge in der Sahara zu besprechen. Es ist zwar nicht so einfach, in den verschlungenen Gassen den Weg zu finden, doch die Mitarbeiter begleiten einen abends, organisieren Leihfahrräder und reservieren Plätze in nahe gelegenen Restaurants.

LP TIPP **Riad Akka** RIAD €€€
(Karte S. 60; ☎0524 37 57 67; www.riadakka.com; 65 Derb Lahbib Magni; DZ inkl. Frühstück 1200–1500 Dh; ❄📶🏊) An die Wände gemalte arabische Redewendungen über interkulturelles Verständnis wirken in diesem Riad stimmig, denn das Akka vereint herzliche Gastfreundschaft mit weltgewandtem Chic. Die Graphit-*tadelakt*-Gästezimmer sind mit frischen Blumen geschmückt, zur Teezeit gibt's hausgemachte Tartes und die französisch-marokkanischen Gastgeber mischen sich ungezwungen unter die Besucher aus allen Kontinenten. Zu den luxuriösen Extras zählen ein Tauchbecken, ein Hamam und WLAN in den Zimmern; die Einnahmen kommen den fünf Angestellten und einer marokkanischen Frauenvereinigung für Mikrokredite zugute. Die Unterkunft liegt in der Nähe der Rue Riad Zitoun el-Jedid.

Noir d'Ivoire RIAD €€€
(Karte S. 56f.; ☎0524 38 09 75; www.noirdivoire.com; 31-33 Derb Jedid, Bab Doukkala;

DZ inkl. Frühstück 2000, Suite 3290–5140 Dh; ❄@) Die übertriebene Opulenz vom riesigen Kronleuchter im Foyer bis zum Flügel in der Cocktailbar im Innenhof verschlägt einem fast die Sprache. Alle Suiten sind mit edler Seide dekoriert, am Kamin im Spa kann man eine Shiatsu-Massage und Pralinen genießen, sich am wassersparenden gefilterten Pool entspannen und in der Boutique handgearbeitete Abendmode kaufen. Viel Gepäck braucht man nicht, denn Besitzerin und Designerin Jill Fechtmann sorgt für sämtliche Bedürfnisse von Bio-Schönheitsprodukten bis zu Gästehandys.

Riad L'Orangeraie RIAD **$$$**
(Karte S. 60; ☎0661 23 87 89; www.riadorangeraie.com; 61 Rue Sidi el-Yamani; DZ inkl. Frühstück 1450–1890 Dh; @) Ein ruhiges, freundliches Haus mit polierten *tadelakt*-Wänden, Massageduschen (die besten der Stadt), einem großen chlorfreien Pool, dessen altes Wasser für den Garten recycelt wird, und geräumigen Zimmern. Die Unterkunft bietet sieben Zimmer, um die sich fünf Angestellte kümmern, ein Auto samt Fahrer auf Abruf, ein großartiges Frühstück, beruhigende Hamam-Behandlungen, umweltfreundliche Pflegeprodukte und ein wegweisendes Recyclingprogramm.

Riad Ifoulki RIAD **$$**
(Karte S. 60; ☎0524 38 56 56; www.riadifoulki.com; 11 Derb Maqadem, Rue Arset Loghzail, Debbachi; DZ 1100–1780, Suite 1670–3680 Dh; ❄) In dem 300 Jahre alten Riad in einer ganz untouristischen Gegend östlich des Djemaa el-Fna wird jeder Gast sofort zum Einheimischen. Was hier als Zimmer gilt, wäre anderswo eine Suite, während die Suiten mit ihren 74 m² ganze Familien beherbergen können. Das Ifoulki verwöhnt mit einem Hamam, Massagen bei Kerzenlicht, Workshops in Marrrakescher Traditionen von Sufismus bis Bauchtanz sowie Impromptu-Konzerten von Sängern, die normalerweise eher an der Metropolitan Opera zu finden sind. Der mehrsprachige Besitzer Peter lebt seit 35 Jahren in Marrakesch und engagiert sich leidenschaftlich für die Belange der Stadt; man sollte ihn nach seinem jüngsten Projekt fragen, dem Kulturkomplex in der *mellah*.

Maison Mnabha DAR **$$**
(Karte S. 56 f.; ☎0524 38 13 25; www.maisonmnabha.com; 32–33 Derb Mnabha, Kasbah; DZ inkl. Frühstück 830–1150, 3BZ 1800 Dh; ❄@) In der Kasbah-Villa aus dem 17. Jh. sind Schatzsucher goldrichtig, denn hier finden sie Abenteuer, Originalität und faszinierende Gesellschaft. Rosenblüten und Kerzen weisen den Weg zu den mit Kerzenlicht erhellten Salons und Dachterrassen, wo sich gefeierte Chefkochs, bekannte Autoren und Traveller bei saisonalen Cocktails und einfallsreichen Canapés unterhalten. Die Brüder Peter und Lawrence und Manager Aziz geben objektive Ratschläge zu Antiquitäten und kulturelle Einblicke (Peter hat mit einer Arbeit über die Geschichte der Kasbah promoviert). Außerdem arrangieren sie erholsame Massagen, traditionelle Schönheitsbehandlungen und umweltfreundliche Wüstenabenteuer.

MARRAKESCHS RIADS: RUHE UND ERHOLUNG

In Marrakeschs Medina gibt's rund 200 authentische Riads (Lehmziegelhäuser mit Innenhof), die in Gästehäuser verwandelt wurden, mehr als in irgendeiner anderen nordafrikanischen Stadt. Wenige Schritte von den lärmenden Suks entfernt tritt man durch die uralte Holztür eines solchen Gebäudes und hört plötzlich nur noch das Zwitschern der Vögel, das Klirren der Eiswürfel in den Drinks und die eigenen Gedanken – und auf einmal scheint sich die Metropole im Gleichgewicht zwischen den Extremen zu befinden.

Die in diesem Kapitel genannten lizenzierten Riads wurden nicht nur wegen ihres Aussehens ausgewählt, sondern auch wegen ihrer günstigen Lage, des freundlichen Personals, der hausgemachten Küche sowie der wunderbaren Gelegenheiten, sich zu erholen und in die marokkanische Kultur einzutauchen. Lonely Planet Autoren empfehlen Stadthäuser, die eine umweltverträgliche Arbeitsweise, faire Entlohnung, genügend Freizeit, nachbarschaftliches soziales Engagement, kulturellen Austausch und echte marokkanische Gastfreundschaft fördern. Leser können dabei helfen, indem sie ehrliche Bewertungen an talk2us@lonelyplanet.com senden.

Riad el Borj RIAD **$$**
(Karte S. 60; ☎0524 39 12 23; www.riadelborj.com; 63 Derb Moulay Abdelkader; DZ/Suite

950/1560 Dh; ❄@📶🏊) Einst war dies der Aussichtspunkt des Großwesirs Madani Glaoui, doch heute darf sich jeder Gast in der Suite mit Original-*zellij,* hohen Decken und einer Wanne mit Oberlicht oder in dem Refugium im Turm mit Privatterrasse als erhabener Herrscher fühlen. Für Entspannung sorgen der Pool im „Berberanbau" und der Hamam, außerdem kann man im Salon DVDs anschauen oder einen Ausflug in die Berge machen. Es gibt sogar einen Babysitterservice und der Djemaa el-Fna ist auch gleich um die Ecke.

Dar Attajmil RIAD **$$**

(Karte S. 60; ☎0524 42 69 66; www.darattajmil.com; 23 Rue Laksour; DZ inkl. Frühstück 880–1100 Dh; ❄📶) Eine rosafarbene und relaxte Unterkunft hinter *tadelakt*-Mauern nahe dem Herzen der Suks. Lucrezia und ihr aufmerksames Personal heißen Besucher auf das Wärmste willkommen und bieten ihnen ein noch wärmeres Hamam auf dem Dach, ein gutes marokkanisch-italienisches Abendessen, Kochkurse, *tadelakt*-Workshops, Konzerte, Unterricht in arabischer Kalligrafie und Ausflüge nach Essaouira.

DIE BESTEN TIPPS FÜR RIAD-SCHNÄPPCHEN

» **Wichtige europäische Feiertage vermeiden** Besonders Weihnachten und Neujahr, Ostern bzw. Pessach und Ende April/Anfang Mai sollte man auslassen. Nebensaison ist im Sommer (Mitte Juni–Aug.) und Winter (Mitte Jan.–Mitte März); die Preise für die Mittelsaison gelten für den Großteil des Frühlings und Herbstes und werden in diesem Kapitel genannt.

» **Selbst ein Angebot machen** Wer in der Nebensaison oder kurzfristig bucht, hat einen Verhandlungsvorteil: Fast alle Riads haben weniger als zehn Zimmer und müssen diese füllen, um die Betriebskosten reinzuholen.

» **Länger bleiben** Wer länger als eine Woche bleibt, bekommt Rabatte von bis zu 30 %, die oft auf den Websites der Unterkünfte zu finden sind.

» **Freunde und Verwandte mitbringen** Einen kompletten Riad nur mit Freunden oder der Familie zu mieten ist für alle ein guter Deal und ab 5000/8000 Dh in der Neben-/Hauptsaison für bis zu sechs Zimmer und 15 Personen zu haben. Auf www.terremaroc.com, www.riadsmorocco.com, www.habibihomes.com und www.ilove-marrakech.com kann man sich Häuser anschauen, die vermietet werden.

Riad Eden RIAD **$**

(Karte S. 60; ☎0672 04 69 10; www.riadeden-marrakech.com; 25 Derb Jdid; DZ inkl. Frühstück 500–1000 Dh; ❄@📶) Freigiebige Köche, ein anheimelndes Wohnzimmer und die wunderbaren Besitzer, eine junge, dynamische französische Familie, machen das Eden unweit der Rue Raid Zitoum el-Kedim zu einem anziehenden, geselligen Plätzchen. Man kann sich in der klimatisierten Küche einen Stuhl heranziehen und zusehen, wie ein leckeres Essen gezaubert wird. Familien fühlen sich im geräumigen Cannelle-Zimmer am wohlsten, während Pärchen sich gern das gemütliche Orangenzimmer auf dem Dach schnappen. Alle Räume bis auf das von Natur aus kühle Berberzimmer im Erdgeschoss haben eine Klimaanlage.

Riad Magellan RIAD **$$**

(Karte S. 60; ☎0661 08 20 42; www.riadmagellan.com; 62 Derb el Hammam, Mouassine; DZ inkl. Frühstück 770–990 Dh) Eine lange, kurvenreiche *derb* führt zur Tür dieses hippen Verstecks hinter dem Mouassine-Brunnen. Der Englisch sprechende französische Besitzer Philippe ist auf nahezu jeden Wunsch vorbereitet, den Weltenbummler haben könnten: Auf der Terrasse wartet ein warmes *tadelakt*-Wannenbad, in der mehrsprachigen Bibliothek im Kamin-Salon gibt's Abenteuercomics und man kommt in den Genuss von Tiefenmassagen. In den schicken *tadelakt*-Gästezimmern sind Rosenblüten verstreut, zudem verleihen ihnen antike Globen, Schiffskoffer und Schaukelstühle ein gewisses altmodisches Flair.

Dar Soukaina RIAD **$$**

(Karte S. 56 f.; ☎0661 24 52 38; www.darsoukaina.com; 19 Derb el-Ferrane, Riad Laârouss; EZ inkl. Frühstück 770–970 Dh, DZ 970–1300 Dh, 3BZ 1115–1400 Dh; ❄🏊) Dar I hat hohe Decken, gemütliche Eckchen und anmutige Bogen, der neuere Anbau des Doppel-Riads (Dar II und III) auf der anderen Seite der Gasse wartet dagegen mit riesigen Betten, großen Innenhöfen, einem Tauchbecken und schönen Holzarbeiten auf. Dank Omar, der einem gern Insidertipps über die Stadt gibt, laufen die Häuser wie am Schnürchen. Bis zum Djemaa und zum nächsten Tor sind es 20 Gehminuten, aber man kann in der Nähe des Riad Laarous parken.

Hotel du Trésor RIAD $

(Karte S. 60; ☎0524 37 51 13; www.hotel-du-tresor.com; 77 Derb Sidi Bouloukat; EZ inkl. Frühstück 425, DZ 390–525 Dh, Suite 840 Dh; ❄📶🏊) Seit die Rolling Stones die *derbs* unsicher machten, hat Marrakesch nicht mehr so viel Rock'n'Roll-Stil gesehen. Die 14 Zimmer des von einem Italiener geführten Riads liegen um einen kühlen weißen Innenhof mit karierten Kacheln. Ein hoch aufragender Orangenbaum sowie moderne Panton-Designmöbel bieten die perfekte Kulisse, um am großen Tauchbecken zu posieren. Hinter den bemalten Türen hängen edle Spiegel, die dem Mamounia abgetrotzt wurden und über den mit rotem Samt gepolsterten Betten hängen beeindruckende Kronleuchter. In der Suite Blue gibt's eine Badewanne, einen mit Goldmosaiken verzierten Kamin und eine private Terrasse. Hier spricht man Französisch, Italienisch und Spanisch.

Riad Hanane RIAD $$

(Karte S. 60; ☎0524 37 77 37; www.dar-hanane.com; 9 Derb Lalla Azzouna, Kaat ben Nahid; DZ inkl. Frühstück 1115–1785 Dh; ❄📶) In diesem schicken Refugium entspannt man sich ganz automatisch. Die sonnigen Zimmer verfügen über Oberlichter, eingebaute Büchernischen und Bäder mit Kuppeln sowie alles moderne Drum und Dran: Anschlüsse für iPods, Safes, Haartrockner, Toilettenartikel von Sens de Marrakech sowie kostenlosen Kaffee und Mineralwasser. Toll sind auch die Panoramaterrasse, die Bar und der Französisch sprechende Concierge, der Mietautos, Guides und Abendessen bucht. Der Riad liegt in der Nähe der Medersa Ali ben Youssef und eine kleine Wanderung vom Djemaa entfernt, doch der längere Weg lohnt sich.

Les Jardins de Mouassine RIAD $

(Karte S. 60; ☎0672 58 10 78; www.lesjardinsdemouassine.com; 20 Derb Chorfa el-Kebir; DZ inkl. Frühstück 500–990 Dh; 🏊❄📶) Ein paar Blocks vom Djemaa el-Fna hinter den Suks an der Rue el-Mouassine versteckt, bietet das Doppel-Riad 20 behagliche Gästezimmer und hervorragende Gemeinschaftseinrichtungen: Lounges, eine Bibliothek, eine Bar, ein Tauchbecken, einen Hamam und eine riesige Terrasse mit einem Grill. Im Mittelpunkt der thematisch gestalteten Räume steht Kunsthandwerk aus Marrakesch, z. B. Trommeln, Kameltaschen und Kinderpantoffeln. Einige Zimmer haben eine eigene Terrasse. Es gibt kostenlose Babybetten, außerdem gehören Massagen sowie Hand- und Fußpflege zum Angebot.

Dar Tayib RIAD $

(Karte S. 60; ☎0524 38 30 10; www.riad-dartayib.com; 19 Derb Lalla Azzouna; DZ 500–850 Dh, Suite 600–950 Dh; ❄) Die Besitzerin Latifa stammt aus Marrakesch und führt den Riad gemeinsam mit ihrem französischen Ehemann Vincent, einem Architekt. Dank der Teppiche voller Glückssymbole, flackernden Blechlampen und den rustikalen Betten aus Palmenholz verströmt die Unterkunft jede Menge Berbercharme. Das Zimmer „Yasmina" mit Himmelbett, Badewanne und stimmungsvoller Beleuchtung macht Liebestränke überflüssig und das Zimmer „Aïcha" mit Fenstern zur sonnigen *derb* und einem bequemen Futonbett weckt die Lebensgeister.

Riad Magi RIAD $$

(Karte S. 60; ☎053 634230; www.riad-magi.com; 79 Derb Moulay Abdelkader, Derb Debbachi; EZ/DZ inkl. Frühstück 650/980 Dh; ❄📶) Sechs erfrischende Zimmer in Zitronen- und Blaubeertönen, mit *tadelakt*-Wannen und einer gut sortierten Bibliothek. Die Suks sind gleich um die Ecke, doch der Rest der Welt scheint unter den Orangenbäumen in diesem ruhigen Hof meilenweit entfernt zu sein. Den Englisch sprechenden Manager kann man nach Kochkursen im Riad und nach Restaurants fragen.

Hôtel Sherazade PENSION $

(Karte S. 60; ☎0524 42 93 05; www.hotelsherazade.com; 3 Derb Djemaa; EZ/DZ 180/230 Dh, EZ/DZ mit eigenem Bad 220–500 Dh, Suite 690 Dh; ❄) In der Pension unweit der Rue Riad Zitoun el-Kedim kommt man schnell miteinander ins Gespräch. Das Haus wird von einer marokkanisch-deutschen Familie geführt und bietet 23 Zimmer, sonnige Terrassen sowie einen entspannenden Innenhof mit einem kleinen Brunnen. Zehn Zimmer haben eine Klimaanlage, einige auch hübsche *tadelakt* -Wannen. Die Terrassenzimmer sind ein Schnäppchen, allerdings sollten Gäste mit leichtem Schlaf besser Ohrstöpsel mitbringen, um nicht vom Ruf des Muezzins und der Unruhe während der Frühstückszeit (50 Dh extra) geweckt zu werden, oder alternativ nach einem Zimmer im hinteren, mit Efeu bewachsenen Innenhof fragen.

Hotel Belleville DAR $

(Karte S. 60; ☎0524 42 64 81; 194 Riad Zitoun el-Kedim; www.hotelbelleville.ma; EZ/DZ/3BZ/4BZ inkl. Frühstück 250/350/500/600 Dh; ❄📶) Direkt hinter dem Djemaa el-Fna versteckt sich das Belleville mit netteren Zimmern und einem aufmerksameren Service, als man ihn in teureren Hotels findet. Was den neun Räumen an Größe fehlt, machen sie durch Charakter wieder wett: Es gibt Himmelbetten, Bäder mit *zellij*-Ausstattung und einen Dachgarten. Die Zimmer im Erdgeschoss haben nur Ventilatoren. Am besten verlangt man nach einem Zimmer im ruhigen Innenhof.

Le Gallia PENSION $

(Karte S. 60; ☎0524 44 59 13; Fax 0524 44 48 53; www.ilove-marrakesh.com/hotelgallia; 30 Rue de la Recette; EZ/DZ/3BZ 320/500/765 Dh; ❄) Obwohl der turbulente Djemaa el-Fna gleich um die Ecke ist, hat sich das Gallia mit seinen 19 komfortablen Zimmern samt funkelnden Messinglampen und Marmorwaschbecken die Ruhe und das Flair früherer Zeiten bewahrt. Alle Zimmer verfügen über eine Klimaanlage und eine Heizung. Beim Frühstück auf der Dachterrasse (40 Dh) kann man sich sonnen, und die stuckverzierten Salons, die um die mit Bougainvilleen bewachsenen Innenhöfe liegen, laden zu einem Plausch mit den anderen Gästen ein. Die seit 1929 von der französischen Familie Galland geführte Pension hat viele Stammgäste und ist oft ausgebucht, deshalb sollte man vorab per Fax reservieren.

Jnane Mogador RIAD $

(Karte S. 60; ☎0524 42 63 24; www.jnanemogador.com; 116 Derb Sidi Bouloukat; EZ/DZ/3BZ/4BZ 360/480/580/660 Dh; @) Dieser Riad aus dem 19. Jh. bietet viele Annehmlichkeiten des 21. Jhs.: eine tolle Lage nahe der Rue Riad Zitoun el-Kedim, ein Hamam im Haus, zwei Dachterrassen und die entspannte Gastfreundschaft des Besitzers Mohammed. Weil sich das Haus bei Diplomaten und Künstlern großer Beliebtheit erfreut, muss man weit im Voraus reservieren und sollte nach den ruhigeren und luftigeren Zimmern im Obergeschoss fragen. Beim Frühstück (40 Dh) kann man hier faszinierende Gespräche genießen.

Riad Julia RIAD $

(Karte S. 60; ☎0524 37 60 22; www.riadjulia.com; 14 Derb Halfaoui; DZ inkl. Frühstück 600–800 Dh, 3BZ 800 Dh; ❄📶🏊) Jedes Zimmer huldigt einer Handwerkskunst aus Marrakesch von der Perlmutt-Einlegearbeit bis zur Zedernholzschnitzerei. Fünf der sieben Räume haben Klimaanlagen und in allen befinden sich weiche Bademäntel sowie leuchtende Berberhochzeitsdecken. Außerdem gibt's ein kleines Tauchbecken und einen Salon mit Fernseher. Der Englisch sprechende Besitzer Ziad organisiert Ausflüge, Babysitter, Henna-Tätowierungen und Abendessen bei Kerzenschein.

Hotel Essaouira PENSION $

(Karte S. 60; ☎0524 44 38 05; www.jnanemogador.com/hotelessaouira-marrakech.htm; 3 Derb Sidi Bouloukat; EZ/DZ mit Gemeinschaftsbad 50/100 Dh, Zi mit eigenem Bad 400 Dh, Matratze auf dem Dach 30 Dh) In den 1960er-Jahren wurde das Familienwohnhaus in ein Hotel mit 28 Zimmern verwandelt und hat auch heute noch einen schillernden Charakter. Angesichts der psychedelisch bemalten Holzdecken und des vielfarbigen Stucks fühlt sich manch einer in die Vergangenheit zurückversetzt. Eine winzige Wendeltreppe führt hoch auf die gesellige Dachterrasse mit Ausblicken auf die Koutoubia; hier wird auch das Frühstück serviert (22 bis 40 Dh).

Hôtel Central Palace HOTEL $

(Karte S. 60; ☎0524 44 02 35; www.lecentralpalace.com; 59 Derb Sidi Bouloukat; DZ mit Gemeinschaftsbad 155 Dh, mit eigenem Bad 255–305 Dh, Suite 405 Dh; ❄) Das überraschend vornehme Hotel verfügt über 40 saubere Zimmer auf vier Etagen, die rund um einen Innenhof mit Brunnen liegen. Frühstück (25 Dh) gibt's auf der Dachterrasse. Schmiedeeiserne Betten und Buntglasfenster machen die düsteren Räume ein bisschen fröhlicher. Die Zimmer in der ersten Etage sind kühler, während die Suiten etwas größer ausfallen und eine Klimaanlage haben.

Hôtel de Foucauld HOTEL $

(Karte S. 60; ☎024 440806; Ave el-Mouahidine; EZ/DZ 215/280 Dh; ❄) Nicht weit vom Djemaa el-Fna entfernt bietet das Foucauld geflieste, leicht abgewetzte Zimmer mit winzigen Bädern und ein verlässliches Restaurant, alles zu angemessenen Preisen. Am Frühstücksbüffet (30 Dh) kann man bei Wanderern und Radfahrern Tipps für Ausflüge in den Hohen Atlas bekommen. Am besten fragt man nach einem Zimmer mit Balkon und Blick auf die Place Foucauld und bringt Ohrstöpsel mit, da vom benachbarten Koutoubia-Minarett bereits um 5 Uhr der Ruf zum Gebet erschallt.

VILLE NOUVELLE

Viele Riadbesitzer in der Medina bieten ihre Unterkünfte zu vernünftigen Preisen an. Im Gegensatz dazu sind viele Hotels in der *ville nouvelle* nicht gerade originell und zudem überteuert, haben aber auch Vorteile, besonders wenn man wenig Zeit hat, eine behindertengerechte Bleibe benötigt oder während der Hauptsaison kommt.

Einige Budgethotels in Guéliz werben mit Neonreklame; die besten sind hier aufgelistet. Darüber hinaus lohnt sich der Blick ins Internet, da Hotels der mittleren Preisklasse im Rahmen einer Pauschalreise manchmal sehr günstige Angebote haben.

Um Luxus ohne den bitteren Nachgeschmack einer sündhaft hohen Hotelrechnung zu erleben, kann man auf einen Drink, zum Abendessen oder mit einer Tageskarte ins Hotel Mamounia (S. 72) gehen: Die Grande Dame der nordafrikanischen Hotels wurde gerade für viele Millionen Euro renoviert.

Bab Hotel BOUTIQUE-HOTEL **$$$**

(Karte S. 62; ☎0524 43 52 50; www.babhotelmarrakech.com; Ecke Rue Mohammed el-Beqal & Blvd Mohamed ed-Dahbi; DZ inkl. Frühstück 1115–1450 Dh, Suite ab 2010 Dh; ❄📶🏊) Gehobene Boutique-Hotels sind in Marrakesch etwas ganz Neues, doch diese Bleibe könnte einen Trend gesetzt haben. Mit ihren minimalistischen, ganz in Weiß gehaltenen Zimmern und einem riesigen weißen Apfel am Eingang erinnert die Unterkunft an einen iPod. In den Deluxe-Zimmern und den Suiten gibt's Badewannen, Nespresso-Maschinen und Flachbildfernseher. Unter den zahlreichen Annehmlichkeiten wie Spa, Bibliothek, Parkmöglichkeit und Auto mit Chauffeur sind die Chill-out-Lounges am coolsten (S. 87).

Hôtel Toulousain PENSION **$**

(Karte S. 62; ☎0524 43 00 33; http://hoteltoulousain.com; 44 Rue Tariq ibn Ziyad; EZ/DZ mit Gemeinschaftsbad inkl. Frühstück 140/190 Dh, DZ 230–280 Dh; 📶) Ein lässiges Budgethotel in Guéliz, das von einer freundlichen marokkanisch-amerikanischen Familie geführt wird. Gleich vor der Tür befinden sich Restaurants, Boutiquen, eine Wäscherei, ein Reisebüro und ein Literaturcafé. Zimmer mit eigenem Bad und die fröhlichen Räume in der ersten Etage mit klassischen blauen *beldi*-(Landstil-)Kacheln sollte man im Voraus buchen. Wem es oben zu stickig wird, der macht es sich auf der Terrasse unter Bananenbäumen bequem.

ÜBERNACHTEN MIT KINDERN

Vorab eine gut gemeinte Warnung: Die tiefen Swimmingpools und steilen Treppen der Riads sind nicht unbedingt kindersicher, außerdem hallen Geräusche durch die Innenhöfe. Fast alle Riadbesitzer und das Personal sind in Babys vernarrt, allerdings gilt das nicht immer auch für die des Schlafs beraubten anderen Gäste, die einem beim Frühstück böse Blicke zuwerfen. Doch das heißt keinesfalls, dass sich Traveller mit Kindern mit auswechselbaren Standardunterkünften begnügen müssen. Zu den herausragenden familienfreundlichen Bleiben gehören die folgenden:

» **Les Jardins de Mouassine** (S. 79) Mitten in der Medina, Tauchbecken und kostenlose Babybetten.

» **Riad Bledna** (S. 82) Spielzeug und Brettspiele, Pool, von einer Mauer umgebenes Gartengrundstück außerhalb der Stadt.

» **Hôtel Toulousain** (siehe links) Kinderwagen, günstige Lage, da sich in der Nähe Pizzerias, Cafés, ein Wäscherei, eine Apotheke und ein Hamam befinden, außerdem leben vor Ort mehrere Kinder.

» **Riad Eden** (S. 78) Familienzimmer, im Herzen der Medina, Brettspiele und auf Wunsch Kindergerichte.

» **Riad Julia** (S. 80) Babysitterservice, Tauchbecken, zusätzliche Betten, in der Medina unweit einer Taxihaltestelle gelegen.

» **Les Deux Tours** (S. 82) Pool, Hamam, Suiten mit getrennten Zimmern für Eltern und Kinder in einem schicken Resort in der *palmeraie*.

Hôtel du Pacha HOTEL **$**

(Karte S. 62; ☎0524 43 13 27; www.hotelpacha.net; 33 Rue de la Liberté; EZ/DZ 320/400 Dh; ❄) Mit seinen hohen französischen Fenstern, durch die ein frische Brise und der Tratsch der Nachbarn dringen, eignet sich das historische Kolonialhotel wunderbar als Schauplatz für einen Roman. Die elegant renovierten Zimmer im Erdgeschoss wurden mit Marmorwaschbecken und dunklem Holz ausgestattet, während die oben gelegenen Räume mit Art-déco-Fliesen und türkisfarbenen Badewannen aufwarten. Der schattige stuckverzierte Eingang, der versteckte Innenhof und die Clubsessel im Salon tragen ebenfalls zur faszinierenden Atmosphäre eines „Roman noir" bei.

Caspien HOTEL $
(Karte S. 62; ☎0524 42 22 82; www.lecaspien-hotel.com; 12 Rue Loubnane; EZ/DZ 460/580 Dh; ❄📶🏊) Das sympathische Caspien in Guéliz wird von Boutiqen, Spas und Restaurants umgeben. Spitze Bogen, *zellij*-Böden, Messinglampen und Balkone sorgen für eine tolle Atmosphäre. Wer's ruhig mag, sollte ein Zimmer oben mit Poolblick wählen, weit genug weg vom Restaurant und der Pianobar.

PALMERAIE & AUSSENBEZIRKE

Wem die Medina zu turbulent ist, der kann in der *palmeraie* relaxen. Nur 30 Autominuten von Marrakeschs Innenstadt entfernt locken zahlreiche Unterkünfte in hübschen Villen. Hat man dann wieder Sehnsucht nach der städtischen Hektik, kommt man am einfachsten per Taxi zurück in die Metropole, allerdings wird das ziemlich teuer (150–250 Dh), da man den Fahrer meist für den Hin- und Rückweg bezahlen muss.

LP TIPP **Jnane Tamsna** RESORT $$$
(☎0524 32 94 23; www.jnanetamsna.com; Douar Abiad, Palmeraie; DZ inkl. Frühstück ab 2730 Dh, Suite ab 3700 Dh; ❄@🏊) Stars wie Brad Pitt, Giorgio Armani und David Bowie kamen schon in dieses nordafrikanische Nirwana mit abgeschirmten Höfen, Leseecken und sonnigen Terrassen auf einer 9 ha großen Biofarm. Umweltfreundlichkeit und Stil gehören hier immer zusammen, davon zeugen Meryanne Loum-Martins Oase aus wasserspeichernden Pflanzen, die gefilterten Pools, die Küche, in der nur Bioprodukte verwendet werden, die Fair-Trade-Design-Galerie und die kulturellen Ausflüge von **Diversity Excursions** (www.diversity-excursions.co.uk), die Meryannes englischer Ehemann Gary Martin organisiert, Ethnobotaniker und Gründer der Global Diversity Foundation. Die geführten Touren, Kochkurse, Yogaangebote und literarische Veranstaltungen mit Booker-Preisträgern bucht man am besten im Voraus.

LP TIPP **La Pause** RESORT $$
(☎0661 30 64 94; www.lapause-marrakech.com; Douar Lmih Laroussiéne, Agafay-Wüste; DZ inkl. HP ab 1100 Dh; 🏊) Wer dem Alltag entfliehen möchte, kann das auf einem Ausflug in die Wüste 45 Minuten von Marrakesch tun (Transport mit Fahrer von/nach Marrakesch inklusiv). Hier spielt man mit den vorhandenen Schlägern oder Frisbeescheiben eine Runde Golf oder Gelände-Disc-Golf oder relaxt in einer Hängematte unter Olivenbäumen am sauberen Pool. Auf arabischen Hengsten, Eseln oder Kamelen kann man in den Sonnenuntergang reiten (alternativ stehen Mountainbikes bereit), um später zum Biofestessen bei Kerzenschein zurückzukehren. Übernachtet wird in großen Berberzelten mit Schaumstoffmatratzen, dicken Teppichen und Duschen oder im privaten minimalistisch-schicken, solarstromversorgten Domizil, wo man beim Licht des Feuers lesen kann.

Les Deux Tours RESORT $$$
(☎0524 32 95 25; www.les-deuxtours.com; Douar Abiad, Circuit de la Palmeraie; DZ inkl. Frühstück ab 1800 Dh, Suite ab 2320 Dh; ❄@📶🏊) Das hinreißend dekadente Gästehaus des tunesischen Architekten Charles Boccara hat in der *palmeraie* den Trend zur Villa begründet – doch nur wenige der langweiligen Nachbarn in dieser Oase bieten so viele Annehmlichkeiten, einen derart unverwechselbaren modernen Stil und ein so aufmerksames Management. Versteckte Durchgänge führen zu bequemen Zimmern mit Himmelbetten, Kaminen, französischen Fenstern, privaten Terrassen und Tauchbecken. Zu mediterranen Mahlzeiten bei Kerzenschein, luxuriösen Hamambehandlungen (4 Std. 1450 Dh) und Cocktails am Pool tauchen die Gäste aber gern wieder aus ihrer Zurückgezogenheit auf.

🍃 **Riad Bledna** MAISON D'HÔTE $
(☎0661 18 20 90; www.riadbledna.com; Km 2, Route de Ouarzazate; DZ inkl. Frühstück 600–800 Dh; 🏊) Willkommen in der Gartenvilla der marokkanisch-britischen Familie Nour, die jeden Besucher wie einen Ehrengast verwöhnt und darauf drängt, dass man sich am gefilterten Pool entspannt, bei der Wachtel-Aprikosen-Tajine kräftig zulangt sowie frischgepressten Orangensaft trinkt (mit Bioorangen aus dem 4 ha großen Garten). Der Transfer vom Flughafen und tägliche Shuttles zur Medina sind im Preis inbegriffen. Auf Wunsch organisieren die Inhaber Babysitter, Wüstenausflüge, umweltfreundliche Exkursionen in die Berge und Workshops für marokkanisches Kunsthandwerk (sowohl für Erwachsene als auch für Kinder).

Essen

Langsam im Hamam gebratenes Lamm, Auberginenkaviar, herzhafte Weiße-Bohnen-Suppe – Marrakeschs traditionelle Spezialitäten lassen einem das Wasser im Munde zusammenlaufen. Der am wenigsten erfreuliche Teil des kulinarischen Erlebnisses ist allerdings der Moment, wenn die Rechnung kommt. Einheimische gehen nicht oft essen, was man bei den 65 bis 80 Dh für eine magere Hühnchen-*Tajine* auf dem Djemaa und Menüs ab 300 Dh in Restaurants auch gut versteht. Es gibt zwar preiswerte Lokale, vor allem in der *ville nouvelle*, aber wenn man in einem Riad wohnt, speist man am besten dort. Viele Riad-Köche haben früher für die High Society der Stadt Gerichte gezaubert, ihr Essen kann also wirklich fürstlich sein.

MEDINA

LP TIPP Mechoui-Gasse REGIONALE KÜCHE $

(Karte S. 60; Ostseite des Souq Ablueh; 250 g Lamm mit Brot 30–50 Dh; ⌚11–14 Uhr) Kurz vor Mittag beginnen die Verkäufer in dieser Gasse damit, dampfende Hälften *mechoui* (langsam gebratenes Lamm) aufzuteilen, als würden sie Heinrich VIII. zum Mittagessen erwarten. Auf das am besten aussehende Stück zeigen und um ein *nuss* (halbes) oder *rubb* (viertel) Kilo bitten. Der Koch schabt das fast vom Knochen abfallende Fleisch ab und verpackt es mit frischem Brot, Kreuzkümmel, Salz und Oliven zum Mitnehmen oder serviert es am Stand direkt auf Papier – auch ohne Tischtuch ein richtiges Festmahl!

LP TIPP Mama Tilee FUSIONSKÜCHE $$

(Karte S. 60; ☎0524 38 17 52; www.mamatilee.blogspot.com; 13 Derb Laarsa; 3-Gänge-Menü zum Festpreis von 220 Dh; ⌚Mo–Sa 19.30–23 Uhr) Um die Ecke des Dar Si Said in der Nähe der Rue Riad Zitoun el-Jedid befindet sich der Traum jedes Küchenchefs: das intime Riad-Restaurant von Kochs Cecile mit 22 Plätzen auf drei Etagen, die kunstvoll mit roten Kissen, maßgefertigten Lederteppichen und Bistrotischen eingerichtet sind. Alle drei Gänge des Menüs enthalten regionale Biozutaten, und man kann jeweils zwischen zwei Gerichten wählen: Mango-Gazpacho oder Stopfleber mit Feigen; Seezungenroulade mit Kaffernlimette oder mit Kräutern aus dem Hohen Atlas gewürztes Steak; Crème brûlée mit Maracuja oder marokkanische Minz- und Schokoladenmakronen. Man reserviert nachmittags telefonisch fürs Abendessen, gezahlt wird bar. Die Alkoholausschanklizenz war bei Redaktionsschluss beantragt.

LP TIPP Villa Flore MEDITERRAN $$

(Karte S. 60; ☎0524 39 17 00; www.villaflore.com; 4 Derb Azzouz, Mouassine; Hauptgerichte 80–150; ⌚Mi–Mo 12.30–15 & 19.30–23 Uhr) In dem fabelhaften, schwarz-weißen Art-déco-Riad gibt's marokkanische Salate mit kreativem Touch, aromatisches, zartes Lamm sowie Ente, und alles wird von elegant gekleideten Kellnern mit viel Flair serviert. Am besten wählt man ein Sofa nahe der Fenstertür oder setzt sich mit einem Glas Wein in den sonnigen Innenhof mitten im Herzen der Suks und relaxt.

Souk Kafé REGIONALE KÜCHE $

(Karte S. 60; ☎0662 61 02 29; 11 Derb Souk Jedid, nahe der Rue Riad Laaroussa; Hauptgerichte 65–80 Dh; ⌚9–21 Uhr; ❄✎) Auf der Terrasse sollte man sich einen handgearbeiteten Stuhl unter einen Sonnenschirm ziehen und etwas verweilen, denn es lohnt sich, das authentische Essen ohne Eile zu genießen. Die marokkanische Mezze besteht aus sechs köstlichen gekochten Gemüsegerichten und reicht als Mittagessen für zwei Personen. Der vegetarische Couscous ist überraschend herzhaft, doch am verführerischsten ist der aromatische Duft der *tanjia* (zartes Rindfleisch), die langsam in einem Hamam auf der anderen Straßenseite gegart wird.

Dar Moha REGIONALE & FUSIONSKÜCHE $$$

(Karte S. 60; ☎0524 38 64 00; www.darmoha.ma; 81 Rue Dar el-Bacha; Mittagessen zum Festpreis von 220 Dh, Abendessen 550 Dh; ⌚Di–So 12–15 & 19.30–24 Uhr) Starkoch Mohamed Fedal, den man neuerdings genauso oft auf YouTube wie in der Küche sieht, verwöhnt den Gaumen seiner Gäste mit modernen Varianten marokkanischer Klassiker: Wachteln in einem lockeren *warqa*-Pastetennest, Stopfleber und Couscous mit Arganöl oder Melonen-„Couscous" mit Thymianhonig. Zum Mittagessen am Pool locken z. B. Gurken mit Orangenblütenduft und toll gewürzte Lammkoteletts. Wein ist nicht im Preis enthalten.

Un Dejeuner á Marrakech MEDITERRAN, SANDWICHES $

(Karte S. 60; ☎0524 37 83 87; 2-4 Rue Kennaria, Ecke Rue Riad Zitoun el-Jedid; Hauptgerichte ab 60 Dh; ⌚9–17 Uhr; ✎) Nur wer früh kommt, kann die frische Spargel-Quiche genießen, die stets schnell von heißhungrigen Vegetariern verschlungen wird. Fleischesser bevorzugen vielleicht das dekadente *croque monsieur* (getoastetes Sandwich) mit Putenschinken und würzigem Salat. Der Selbstbedienungsteil im Erdgeschoss ist komfortabel, außerdem geht's rasch voran, während die Kellner auf der überdachten Terrasse mit Kissen und Aussichten auf die Koutoubia eher gemächlich agieren.

Terrasse des Épices MEDITERRAN, REGIONALE KÜCHE **$$**

(Karte S. 60; ☎0524 37 59 04; 15 Souq Cherifia; www.terrassedesepices.com; Hauptgerichte ab 75 Dh; ⏲12–23 Uhr) Korblampen weisen den Weg zu einer Lehmziegelbude in der Nähe der Rue Dar el-Bacha, wo man mittags über den Dächern des Suks essen kann. Auf einer Tafel stehen Tagesangebote wie Caesar Salad (so groß wie ein Hauptgericht), traditionelle Tauben-*pastilla* und vegetarische Auberginenpasta mit Thymian. Man sollte aber noch Platz lassen für die Spezialität des Hauses, Schokoladen-*pastilla*: geschichtete *warqa*-Pastete mit Aprikosen, Backpflaumen und Mandeln in Schokolade gehüllt. Es gibt keinen Alkohol. In der Hauptsaison ist es ratsam, zu reservieren. Kreditkarten werden akzeptiert.

Marrakech Korner REGIONALE KÜCHE **$**

(Karte S. 56 f.; ☎0524 38 99 27; 93 Arset Aouzal; www.marrakechkorner.over-blog.com; Hauptgerichte ab 55 Dh; ⏲11–22.30 Uhr; 📶) Endlich mal eine Speisekarte, die nett zum Magen *und* zum Portemonnaie ist. Hungrige bekommen auf dem Dach dieses Lokals unweit der Rue Dar el-Bacha ein *merguez*-Wurst-Sandwich oder Zucchinisalat mit Knoblauch, während man sich im knallbunten Salon mit kostenlosem WLAN-Zugang bei einem Tee stärken kann. Der freitags zubereitete köstliche Couscous ist locker und mit duftender *smen* (gewürzter Butter) versehen.

Tobsil REGIONALE KÜCHE **$$$**

(Karte S. 60; ☎0524 44 40 52; 22 Derb Abdellah ben Hessaien; 5-Gänge-Menü inkl. Wein 600 Dh; ⏲Mi–Mo 19.30–23 Uhr) In dem intimen Riad genießen maximal 50 Gäste marokkanische Fünf-Gänge-Menüs samt Aperitif und passendem Wein, während Gnaoua-Musiker im Hof spielen. Es gibt keinen übertriebenen Glitzer, zudem lenken einen keine Bauchtänzerinnen von dem ehrbaren Versuch ab, mit elf Salaten, *pastilla,* Tajines, Couscous, Minztee, frischen Früchten und Gebäck fertig zu werden. Reservierung erforderlich.

Dar Mimoun REGIONALE KÜCHE **$$**

(Karte S. 60; ☎0524 44 33 48; 1 Derb ben Amrane, Ecke Rue Riad Zitoun el-Kedim; Hauptgerichte ab 80 Dh; ⏲12–23 Uhr) Wer vollkommen erschöpft aus den Suks hier hineinstolpert, fühlt sich in dem Restaurant mit begrüntem Innenhof und den beruhigenden grünen, blauen und weißen *zellij* sofort erfrischt. Darüber hinaus betört einen der verführerische Duft der klassischen Tajine mit Hühnchen, Backpflaumen und Mandeln. Man kann aus der Karte wählen oder das feste Menü für 130 Dh nehmen, das Salat, Tee und etwas Süßes beinhaltet. Gegessen wird im Garten oder in von Kuppeln überdachten Alkoven.

Chegrouni REGIONALE KÜCHE **$**

(Karte S. 60; Djemaa el-Fna; Tajine 60–70 Dh, Omelett 25–35 Dh; ⏲8–23 Uhr; 🖉) Hier muss man seine Bestellung aufschreiben, wobei die Gäste entweder Feinschmecker sind, die wegen der klassischen *Tajine* mit Hühnchen, eingelegten Zitronen und Oliven für 60 Dh herkommen; Vegetarier, die Couscous mit sieben Gemüsesorten wählen; oder Traveller, die keine Tajine mehr sehen können und sich dringend ein ordentliches Omelett mit Pommes frites wünschen. Das Chegrouni liegt in der Nähe der Rue des Banques.

Haj Mustapha REGIONALE KÜCHE **$**

(Karte S. 60; Ostseite, Souq Ablueh; Tanjia mit Brot & Oliven 35–50 Dh; ⏲18–22 Uhr) Bei Einbruch der Dunkelheit sieht man viele mit Papier bedeckte Gartöpfe voller *tanjia*. Diesen „Junggesellen-Eintopf" kann man zwar nicht essen, ohne zu kleckern, aber Haj Mustapha bietet in seinem ziemlich abgewetzten Stand trotzdem die saubersten Sitzgelegenheiten an. Am besten benutzt man Brot, um die mit Kreuzkümmel und Salz bestreute *tanija* in den Mund zu befördern und schiebt die Oliven nach.

Café des Épices CAFÉ, SANDWICHES **$**

(Karte S. 60; ☎0254 39 17 70; Pl Rahba Kedima; Frühstück 25 Dh, Sandwich oder Salat 25–50 Dh; ⏲8–21 Uhr) Während man einen frisch gepressten Orangensaft genießt, kann man den Zaubertrankverkäufern der Rahba Kedima bei ihren Geschäften zusehen. Die Salate und Sandwiches sind frisch und werden nach Wunsch zubereitet. Das scharfe Sandwich mit Hühnchen, Kräutern, Muskat und Oliven schmeckt besonders gut. Angesichts der steilen Treppen ist der Service erstaunlich flink.

Le Foundouk FUSIONSKÜCHE $$$
(Karte S. 60; ☎0524 37 81 90; www.foundouk.com; 55 Souq el-Fassi; Hauptgerichte 90–160 Dh; ⌚Di–So 12–24 Uhr) Ein spinnenartiger Eisenkronleuchter mit Kerzen, der wie eine Requisite aus einem Tim-Burton-Film wirkt, schafft das richtige Ambiente für die außergewöhnlichen Gerichte, z. B. Rindfleisch mit wilden Artischocken oder Orangen-Möhren-Suppe. Das Essen schmeckt oft fantastisch, geht aber auch mal daneben, wobei man in dem Fall für sein Geld zumindest die richtige Stimmung bekommt. Die Sitzgelegenheiten auf der Terrasse sind schön, aber manchmal ist es dort etwas windig. Sitzplätze unten in den *bhous* (Nischen) sollte man im Voraus reservieren, kann sich jedoch alternativ in die schicke, gut sortierte Bar setzen. Le Foundouk befindet sich unweit Ali-ben-Youssef-Medersa.

Ryad Jama REGIONALE KÜCHE $
(Karte S. 60; ☎0524 42 98 72; 149 Toualat Kennaria; Hauptgerichte 40–70 Dh; ⌚11–21.30 Uhr) In dem familiengeführten Riad-Restaurant gibt's Gerichte à la carte zu vernünftigen Preisen. Duftende Tajines mit eingelegten Zitronen und Lamm werden mit knusprigen Baguettes im grünen, von Kerzen erleuchteten Garten serviert, was kaum mehr kostet, als man für eine kleinere Portion in einem staubigen Café auf dem Djemaa zahlen würde.

Dar TimTam REGIONALE KÜCHE $$
(Karte S. 60; ☎024 391446; Zinkat Rahba; Mahlzeiten 95–250 Dh; ⌚11.30–16 Uhr; ✎) Wenn man unter dem Schild durch den Teppichladen geht, gelangt man rechts in den innersten Hof eines Riads aus dem 18. Jh. Hier kann man es sich in einer der mit Kissen ausstaffierten Nischen bequem machen und die Karte studieren (manchmal muss man danach fragen). Für einige Gerichte muss man unerklärlich tief in die Tasche greifen (z. B. die *tanjia* für 200 Dh), doch ein belebender Minztee und die großzügige Zusammenstellung acht unterschiedlicher marokkanischer Salate (95 Dh) sind ein schönes leichtes Mittagessen, alles begleitet von Vogelgezwitscher. Das Lokal liegt in der Nähe der Rahba Kedima.

Earth Café VEGETARISCH, FUSIONSKÜCHE $
(Karte S. 60; ☎0661 28 94 02; 2 Derb Zouak; Hauptgerichte 60–80 Dh; ⌚11–23 Uhr; ✎) Etwas ganz anderes kommt mitten im Herzen der Suks in der Nähe der Rue Riad Zitoun el-Kedim auf den Teller: vegetarische Biofrühlingsrolle mit Spinat, Kürbis, Blaukäse, geriebenen Möhren und einem Sesam-Dressing. Der sonnengelbe Hof des Earth Cafés ist zwar klein, doch seine vegetarischen kulinarischen Ambitionen sind umso größer. Der warme Rote-Bete-Salat mit Ziegenkäse könnte selbst die größten Steakliebhaber zu Vegetariern werden lassen. Manchem mag der Name des Cafés vertraut klingen, denn er wurde unlängst auf geologische Formationen im Hohen Atlas gemalt. Die Kunden wiesen jedoch darauf hin, das dies nicht gerade umweltfreundlich ist, deshalb hat die Leitung des Ladens jetzt damit begonnen, die Graffiti-Werbung wieder zu entfernen.

Nid'Cigogne REGIONALE KÜCHE/SANDWICHES $
(Karte S. 56 f.; ☎0524 38 20 92; 60 Place des Tombeaux Saadiens; Mahlzeiten 45–85 Dh; ⌚9–21 Uhr) In diesem Dachlokal ist man mit den Störchen bei den Saaditengräbern auf Augenhöhe. Die gegrillten *kefta*-Sandwichs (mit Hackfleischbällchen), die leichten Salate und die Tajines sind eher durchschnittlich, aber dafür ist der Blick großartig und der Service angenehm.

Pâtisserie des Princes PATISSERIE $
(Karte S. 60; ☎0524 44 30 33; 32 Rue Bab Agnaou; ⌚9–21 Uhr; ❄) Eine der berühmtesten Patisserien der Stadt mit solchen Mengen Schokocroissants, Petit Four, Mandelplätzchen und Eiscreme, dass die Zahnärzte auf dem Djemaa nicht um Kundschaft bangen müssen. Das kleine Café ist ein angenehmer Ort für Frauen, aber auch für Ruhesuchende, die gemütlich einen Kaffee trinken wollen. Tee für zwei Personen mit etwas Süßem kostet bis 50 Dh.

Restaurant Place Ferblantiers REGIONALE KÜCHE $
(Karte S. 60; Westeingang der Pl des Ferblantiers; Tajines 45–65 Dh; ⌚Mittagessen) Im Hof können sich Besucher auf einen Plastikstuhl plumpsen lassen und das Gericht bestellen, das gerade auf dem Herd vor sich hin köchelt oder karamellisiert. Fleisch und Gemüse stammen frisch vom Markt in der *mellah* gleich gegenüber und der Koch bereitet die Speisen direkt vor der Nase der Gäste zu.

Fast Food Alahbab SANDWICHES, FAST FOOD $
(Karte S. 60; Rue de Bab Agnaou; Salate 15–25 Dh, Sandwiches 20–30 Dh; ⌚7–23 Uhr) Die Werbung „recommended by Lonely Planet" auf der Markise dürfte jetzt Jahrzehnte alt

sein, aber wir stehen noch immer zu unserer ursprünglichen Bewertung: Das *shwarma* mit vier Saucen und perfekten Pommes frites für 35 Dh schmeckt lecker und an den Gemeinschaftstischen am Straßenrand kann man wunderbar Leute beobachten.

VILLE NOUVELLE

LP TIPP Al-Fassia REGIONALE KÜCHE $$
Guéliz (Karte S. 62; ☎024 434060; 55 Blvd Mohammed Zerktouni, Hauptgerichte 120–180 Dh; ⏲Mi–So 12–22.30 Uhr; ❄); Zone Touristique de l'Aguedal (Al Fassia Aguedal; ☎024 383839; www.alfassia-aguedal.com; MH 9 Bis, Route de l'Ourika) Tapfer und mit glasigen Augen greifen die Gäste zu Brotstücken und kratzen noch die letzte karamellisierte Zwiebel vom Teller, auf dem einst Berberkürbis und Lamm-*Tajine* lagen. Die Mezze aus neun Vorspeisen ist schon allein ein ordentliches Festmahl, aber den klassischen Hauptgerichten, im Laufe eines Jahrzehnts perfektioniert von den einheimischen Schwestern, denen die Restaurants gehören, kann einfach niemand widerstehen – zumal das Essen mit einem herzlichen *B'saha!* (Zum Wohl!) serviert wird. Wer das Al-Fassia in Guéliz besuchen möchte, das gemütlicher und leichter zu erreichen ist, sollte im Voraus reservieren.

LP TIPP Plats Haj Boujemaa REGIONALE KÜCHE $
(Karte S. 62; ☎25 Rue ibn Aicha; 35–75 Dh; ⏲Di–So 12–22 Uhr) Am besten schnappt man sich einen Stuhl unter einem Schirm auf dem Gehweg und versucht, etwas von den würzigen Oliven und dem warmen Brot für die Berge an gebratenem Fleisch aufzuheben. Abenteuerlustige können fachmännisch gesäuberte und gekochte Innereien probieren. Schafshoden haben allerdings eine mehlige Struktur und sehnige Stückchen, die einem zwischen den Zähnen hängen bleiben – selbst wenn sie richtig gekocht wurden, bis sie golden sind. Die Pommes frites schmecken fantastisch und die Steaks sind gut mariniert.

Le Chat Qui Rit ITALIENISCH $$
(Karte S. 62; ☎0524 43 43 11; 92 Rue de Yougoslavie; Pizzas 50–80 Dh, Tagesmenü 150 Dh; ⏲Di–So 19.30–23 Uhr; ❄) Hier gibt's ordentliche Pasta: Sie ist *al dente* und wird zusammen mit frischem Gemüse, Kräutern und fruchtigem Olivenöl serviert. Der korsische Koch und Besitzer Bernard kommt mit dem Grinsen eines Mannes, der die Antwort bereits kennt, aus seiner Küche, um jeden Gast zu fragen, wie ihm die Pasta schmeckt. Die frischen Meeresfrüchtevariationen sind ebenfalls prima.

L'Annexe FRANZÖSISCH $$
(Karte S. 62; ☎0524 43 40 10; www.lannexemarrakech.com; 14 Rue Moulay Ali; Hauptgerichte 100–140 Dh; ⏲So–Fr 12–15.30, Mo–Sa 19–23 Uhr; 📶) Vor oder nach dem Shoppen in den Boutiquen der *ville nouvelle* kann man in diesem verspiegelten Café-Bistro ein französisches Mittagessen genießen. Nach der x-ten *Tajine* bieten die provenzalische Fischsuppe, das Enten-*confit* (im eigenen Fett langsam gekocht) auf Salat und die Crème Brulée eine willkommene Abwechslung.

Samak al-Bahriya REGIONALE KÜCHE $
(Karte S. 62; 75 Ave Moulay Rachid, Ecke Rue Mauritanie; Meeresfrüchte mit Pommes frites 30–80 Dh; ⏲10–24 Uhr) Eine gute Wahl, denn es locken frischer Fisch sowie perfekt gebratener Calamari mit großen Zitronenstücken, Salz, Kreuzkümmel und scharfer Sauce.

Azar ORIENTALISCH $$
(Karte S. 62; ☎0524 43 09 20; www.azarmarrakech.com; Ecke Ave Hassan II & Rue de Yougoslavie; Hauptgerichte 120–170 Dh; ⏲12–15 & 19–24 Uhr; ❄🍷) Man stelle sich eine Beiruter Lounge vor, die über den Mars nach Marrakesch teleportiert wurde – dann hat man eine Vorstellung vom Azar. Die Einrichtung wirkt mit ihren Raumschiffsesseln und den sternengesprenkelten Stuckwänden wie aus einer anderen Welt, und das von der libanesischen Küche inspirierte Essen steht dem kaum nach. Wer auf authentische Gerichte steht, sollte die *shish taouk* (dick marinierte Hühnchenwürfel) bestellen. Vegetarier wünschen sich zwar vielleicht mehr Zitrone im Hummus, doch die Mezze mit einem Glas Wein für 50 Dh dürften auch sie glücklich machen und dafür sorgen, dass die Rechnung nicht überirdisch teuer wird.

Grand Café de la Poste MEDITERRAN $$$
(Karte S. 62; ☎0524 43 30 38; www.grandcafedelaposte.com; Blvd Mohamed ed-Dahbi, Ecke Ave Imam Malik; Vorspeisen 75–120 Dh, Hauptgerichte 120–190 Dh; ⏲8–13 Uhr; ❄) Das kürzlich renovierte Bistro, ein gleich hinter dem Hauptpostamt gelegenes Wahrzeichen der Stadt, erstrahlt mit seinem Flapper-Ära-Glamour und den Topfpalmen in neuem Glanz. Es bietet jede Menge Komfort und ein sautiertes Beef Tartar. Die Preise fürs Abendessen sind ziemlich hoch und die Be-

dienung kann nervtötend langsam sein, doch zur Happy Hour von 18 bis 20 Uhr wird zu den Drinks eine ganze Palette Appetithäppchen serviert, außerdem ist das Weinangebot das beste der Stadt.

Beyrouth ORIENTALISCH $
(Karte S. 62; ☎0524 42 35 25; 9 Rue Loubnane; Hauptgerichte 80–160 Dh; ⏲12–15 & 19–23 Uhr; ❄✍) Klare libanesische Zitronenaromen sind hier Trumpf. Es gibt Mezze mit Taboulеh, Spinattörtchen und Falafel für 160 Dh zum Selbstzusammenstellen – für Vegetarier eine tolle Abwechslung zum Couscous mit sieben Gemüsesorten. Der rauchige, geschmeidige *baba ghanoush* (Auberginendip) konkurriert mit dem marokkanischen Auberginenmus um den Titel des besten orientalischen Brotaufstrichs.

Café du Livre CAFÉ $
(Karte S. 62; ☎0524 43 21 49; 44 Rue Tariq ibn Ziyad; www.cafedulivre.com; Gerichte 55–90 Dh; ⏲Mo–Sa 9.30–21 Uhr; ❄📶✍) Ein Kleinod für Bücherwürmer mit Wänden voller gebrauchter Schmöker auf Englisch und Französisch, Brettspielen, bequemen Sitzgelegenheiten, Quizabenden und Gedichtlesungen sowie kostenlosem WLAN und leckeren Salaten.

Café 16 PATISSERIE $
(Karte S. 62; ☎0524 33 96 70; 18 Pl du 16 Novembre; Desserts 20–50 Dh; ⏲9–12 Uhr) Das helle Holzdekor und die Preise wirken europäisch, aber die Begrüßung ist Marrakesch pur, ebenso wie die verblüffenden Eissorten, darunter Minztee und *kaab el-gazelle* (Mandelkeks). Auch leichte Mittagsgerichte und Salate sind im Angebot, und sei es auch nur als Rechtfertigung für die hausgemachte golden schimmernde Schoko-Kaffee-Cremetorte und den Himbeermoussekuchen danach.

Catanzaro ITALIENISCH $
(Karte S. 62; ☎0524 43 37 31; 42 Rue Tariq ibn Ziyad; Pizzas u. Pasta 60–80 Dh, Hauptgerichte 80–120 Dh; ⏲Mo–Sa 12–14.30 & 19.15–23 Uhr; ❄) Wo sind wir eigentlich genau? Die dünne Pizza aus dem Holzofen sagt Italien, die Holzbalkone und die leistungsstarke Klimaanlage lassen auf die Alpen tippen, und die scharfen Gewürze und die noch schärferen Gäste gehören eindeutig ins Zentrum von Marrakesch. Das gegrillte Fleisch ist saftig und die Portionen sind großzügig, aber der Renner ist die neapolitanische Pizza mit Kapern, einheimischen Oliven und Atlantik-Sardellen.

Selbstversorger

Eine ordentliche Auswahl an frischem Obst und Gemüse, Trockenfrüchten und Nüssen bietet der **Marché Municipale ibn Toumert** (Karte S. 62; Rue ibn Toumert) unweit der Ave Mohammed V. In den Suks gibt's zahlreiche Stände und Karren, die Oliven, Datteln, Süßigkeiten und vieles mehr verkaufen. Die Preise im Bab Doukkala (Lebensmittel-Suk) sind besser als auf dem Djemaa.

Schwer zu findende Dinge wie Käse, Müsli und Alkohol sowie ein paar andere spezielle Artikel bekommt man in einigen Supermärkten der *ville nouvelle*.

ACIMA-Supermarkt LEBENSMITTEL & GETRÄNKE
Guéliz (Karte S. 62; Ecke Aves Mohammed V & Mohammed Abdelkrim el-Khattabi); Jardin Majorelle (Ave Yacoub el-Mansour)

Aswak Assalam LEBENSMITTEL & GETRÄNKE
(Karte S. 56 f.; Ave du 11 Janvier, Bab Doukkala)

Carrefour LEBENSMITTEL & GETRÄNKE
(Al-Mazar Mall, Route d'Ourika, Aguedal)

Marjane LEBENSMITTEL & GETRÄNKE
(Km 4, Straße nach Casablanca, Palmeraie)

Ausgehen

Wie auch anderswo in Marokko werden traditionelle Kneipen in Marrakesch hauptsächlich von Männern besucht. Ein paar dubiose Gestalten (sowohl Männer als auch Frauen) in sehr engen und knappen Klamotten sorgen an der Theke dafür, dass der Umsatz stimmt. Trendige Lounge-Bars sind mehr auf Frauen eingestellt, die sich dort auch wohler fühlen dürften. Dasselbe gilt für Restaurant-Bars, die nachts zur Partylocation werden, etwa das Foundouk und das Grand Café de la Poste. In vielen Cafés gibt's ausschließlich Kaffee, Tee und süße Sachen, Alkohol bekommt man in Bars, Restaurants und Clubs.

LP TIPP **Dar Cherifa** CAFÉ
(Karte S. 60; ☎0524 42 64 63; 8 Derb Chorfa Lakbir; Tee & Kaffee 20–25 Dh; ⏲12–19 Uhr) In dem ruhigen saaditischen Riad aus dem späten 15. Jh. unweit der Rue el-Mouassine, wo Tee und Safrankaffee inmitten von zeitgenössischer Kunst und Literatur oder mit Blick von der Terrasse serviert werden, kann man wunderbar relaxen.

LP TIPP **Bab Hotel Pool Lounge & SkyBab** BAR
(Karte S. 62; ☎0524 43 52 50; www.babhotelmarrakech.com; Rue Mohammed el-Beqal, Ecke Blvd Mohamed ed-Dahbi) Oben oder unten?

WAS TRINKT MAN IN MARRAKESCH?

Cocktails: Kreative Varianten

Die Kunst des Mixens ist in diesem muslimischen Land noch im Kommen. James Bond und andere, die es mit ihrem Cocktail genau nehmen, sollten die Piano Bar Les Jardins de la Koutoubia ansteuern. Hier gibt's hochprozentige Drinks, die mit einer Rose serviert werden. Marrakeschs Spezialität sind klassische Cocktails mit einer neuen Note, darunter z. B. Mojitos mit Bourbon und Champagner an der Churchill Bar des Hotels Mamounia, oder kreative Schöpfungen wie der Jack Is Back, der in der Pool Lounge & SkyBab des Bab Hotels mit Gin oder Wodka, Kaffernlimette, frischem Ingwer und Feigenpüree gemixt wird.

Bier: Schnäppchen gibt's nicht

Die beiden lokalen Biersorten heißen Casablanca und Flag: „Casa" schmeckt frisch und ist recht harmlos, Flag hat einen Nachgeschmack nach Kräutern. Ein Heineken kann genauso viel kosten wie ein solches Bier (zwischen 25 und 60 Dh); das billigste bekommt man an der Bar du Grand Tazi. Bier wird fast immer in Flaschen gereicht und nicht frisch gezapft.

Wein: Regionale Sorten trinken

Volubilis und Meknès sind die wichtigsten Anbaugebiete für marokkanischen Rotwein, doch wegen des Problems der Hitzestabilität beim Transport sollte man sich an den Gris von der Küste sowie Rosé und frische Weißweine aus dem nahe gelegenen Essaouira halten. In vielen Bars kann man sowohl ein Glas Wein (50–80 Dh) als auch eine günstige Flasche Ferme Rouge aus den Küstengebieten bestellen. Außerdem gibt's qualitativ am unteren Ende angesiedelte französische und spanische Weine, für die man tief in die Tasche greifen muss. Importierte und marokkanische Tropfen zu fairen Preisen bietet **L'Atelier du Vin** ([☎0524 45 71 12; 87 Rue Mohamed el-Beqal; ⏲Di–Do & Sa 9.30–13 & 15.30–20, Mo 14.30–20, Fr 9.30–12.30 & 15.30–20 Uhr); Termine für Verkostungen sind auch auf der Facebook-Seite aufgelistet.

Egal, denn hier ist man auf jeden Fall richtig für kreative Cocktails in originellem Ambiente. In der SkyBab auf dem Dach kann man Sonnenuntergänge und Red City (Wodka, Zitrone und Grenadine) genießen, während die Pool Lounge mit dem erfrischenden Jack Is Back, Originalkunstwerken, DJanes aus Marrakesch, die rockende Chill-out-Musik auflegen, und regenbogenfarbenen Sitzhockern aus recycelten Plastiktüten punktet.

Churchill Bar BAR

(Karte S. 56 f.; ☎0524 38 86 00; www.mamounia.com; Ave Bab Jedid; ⏲18–1 Uhr; ❄) Nach wie vor sind die Meinungen zur jüngsten Renovierung des Mamounias und die geschätzten Kosten von 120 Mio. Euro geteilt, doch in einem Punkt herrscht Einigung: Derart gewichtige Themen diskutiert man am besten bei einem Drink in der Churchill Bar, die nach dem Staatsoberhaupt, einem früheren Stammgast, benannt ist. Gepolsterte fuchsienrote Lederwände, Holzpaneele und schicke Leopardenmuster sorgen dafür, dass die Atmosphäre einer Kneipe aus der Zeit der Prohibition erhalten blieb. Man sollte im Voraus reservieren und sich in Schale werfen, um an den Türstehern vorbeizukommen. Hat man das geschafft, genehmigt man sich einen Klassiker mit 20 Jahre altem Scotch oder den Flapper-Lieblingsdrink: Mamoune Lady mit Gin, Zitrone und Orangenblütenwasser. Leider sind die Preise mit 20 € pro Cocktail gesalzen.

Kosybar BAR

(Karte S. 60; ☎0524 38 03 24; http://kozibar.tripod.com; 47 Pl des Ferblantiers; ⏲12–1 Uhr; ❄) Zur „Marrakesch-trifft-Kyoto"-Einrichtung gehören vornehme, intime Nischen und lässige niedrige Leinensofas. Wein (Glas 40–60 Dh) genießt man am besten oben auf der Dachterrasse. In der Bar kann man bei Sambamusik prima einen Drink süffeln, während die Störche einen von ihren Nestern in der Nähe aus beäugen. Das Sushi schmeckt nach Pappe, deshalb bleibt man am besten bei den Snacks.

Piano Bar Les Jardins de la Koutoubia BAR
(Karte S. 60; ☎024 388800; www.lesjardinsdelakoutoubia.com; Les Jardins de la Koutoubia Hotel, 26 Rue de la Koutoubia; Eintritt frei bei Getränkebestellung; ⏰17–1 Uhr) Über einen roten Berberteppich schreitet man in die edelste Ginbar der Stadt mit Lederclubsesseln unter geschnitzten Zedernholzdecken. Hier werden hochprozentige Longdrinks (70–90 Dh) serviert, dazu laufen Jazzklassiker. Nichtraucher und Ruhesuchende finden einen zweiten eleganten Sitzbereich hinter dem Pool. Im Terrassenrestaurant gibt's noch spätabends gutes indisches Curry.

Café Arabe CAFÉ/BAR
(Karte S. 60; ☎0524 42 97 28; www.cafearabe.com; 184 Rue el-Mouassine; ⏰10–24 Uhr; ❄) Auf der gemütlichen Dachterrasse kann man beim Cocktail zum Sonnenuntergang seine Suk-Einkäufe präsentieren oder bei einem Glas Wein am mit *zellij* geschmückten Zen-Brunnen entspannen. Die Pasta ist langweilig, doch die *merguez*-Tajines schmecken prima und der Caesar Salad ist üppig mit Sardellen und echtem Parmesankäse zubereitet. Außerdem sind die Weinpreise ziemlich bodenständig für eine so stilvolle Umgebung.

Le Melting Pot CAFÉ
(Karte S. 62; ☎0524 45 77 73; Rue de Yougoslavie; ⏰9–21 Uhr; ❄📶) Dank der Wechselausstellungen lokaler Kunst, des guten WLAN-Empfangs, der handgemeißelten Stuckwände und des starken Espresso ist dies ein smartes, modernes und absolut Marrakesch-typisches Café. Die Angestellten sind aufmerksam, aber unaufdringlich und preisen völlig zu Recht die Nutella-Crêpes an. Der Melting Pot liegt in der Nähe der Touristeninformation.

Kechmara CAFÉ, BAR
(Karte S. 62; ☎0524 42 25 32; 3 Rue de La Liberté; ⏰8–24 Uhr; ❄) Auf einem der Tulpenstühle in diesem eleganten, zeitgenössischen Café mit coolem Marrakescher Publikum lässt es sich eine ganze Weile aushalten. Es gibt einheimische Kunstwerke zu sehen, tolle Musik läuft, und die Terrasse mit der kleinen Cocktailbar ist mit silbernem *tadelakt* ausgelegt. Am besten kommt man nach dem Shoppen in den Boutiquen der Gegend zu einem späten Mittagessen und bleibt bis zum Sonnenuntergang – inklusive Cocktails für 65 bis 90 Dh und DJs oder Livemusik.

Coffee Marrak'chic CAFÉ, BAR
(Karte S. 62; ☎0644 49 79 91; Residence al-Morad, Ave Mohammed V; ⏰12–24 Uhr; ❄) In diesem Café kann man wunderbar Leute beobachten. Beim Brunch mit Bagels, Schinken, Pfannkuchen und Champagnercocktails fühlt man sich in eine Folge von *Sex in the City* versetzt, doch die Nächte gehören mit ihren marokkanischen Martinis (eine Hausspezialität aus Wodka, Minze und Extrakt aus grünem Tee) und dem rosa Hintergrund wieder Marrakesch.

Bar du Grand Tazi KNEIPE
(Karte S. 60; ☎0524 44 27 87; Ecke Ave el-Mouahidine & Rue de Bab Agnaou; ⏰19–1 Uhr) Laut, aber nicht heruntergekommen. Hier wird einheimisches Bier für 25 Dh an Massen von Travellern und Marrakeschern ausgeschenkt, die gerade von der Arbeit in den Suks kommen. Man holt sich einfach einen Holzstuhl ran, um die Fußballspiele auf dem Flachbildfernseher in der abgewetzten Hotellobby-Bar zu sehen und den im Laufe des Abends immer wilder werdenden Geschichten der Gäste zu lauschen.

Yellow Submarine BAR
(Karte S. 62; ☎0672 56 98 64; www.yellowsubmarakech.com; 82 Ave Hassan II; ⏰19–1 Uhr) Zum Höhepunkt der Hippie-Ära in Marrakesch waren die Straßen zweifellos voller Stones und Beatles, und diese Lounge-Bar will die glorreichen Tage mit wandgroßen psychedelischen Wandbildern, die mit U-Boot-förmigen Lichtern gespickt sind, wieder aufleben lassen. Einige Anachronismen stiften zwar Verwirrung, z. B. das Porträt von Al Pacino als Scarface neben dem Slogan „All You Need Is Love", doch am besten trinkt man einfach noch einen Cuba Libre und gibt sich der Atmosphäre hin.

☆ Unterhaltung

Nachtclubs

Schlafen wird einfach überbewertet in einer Stadt, in der das Nachtleben erst gegen 24 Uhr beginnt. Die heißesten Clubs liegen in Hivernage und dem schnell wachsenden Vorort entlang dem Blvd Mohammed VI, der Zone Aguedal genannt wird. Der Eintritt kostet zwischen 150 und 350 Dh, ein Getränk ist inklusive; wer zeitig kommt und auch mitten in der Woche schick zurechtgemacht ist, darf vielleicht sogar umsonst rein (das gilt besonders für Frauen). Das Taxi zurück von Clubs außerhalb der Stadt ist ein teurer Spaß, denn die Fahrer wissen, dass man hier festsitzt.

LP TIPP **Comptoir** NACHTCLUB, BAR

(Karte S. 56 f.; ☎0524 43 77 02; Rue Echouhada; www.comptoirdarna.com; ⌚16–2 Uhr; ❄) Das Restaurant sollte man gar nicht beachten – die schicke Lounge oben ist *die* Location, wo schneidige Diplomaten, Modedesigner auf Besuch und verheiratete Casablanca-Playboys abhängen und sich bei Cocktails oder Wein unters Volk mischen. Den Bauchtänzerinnen, die alle zwei Stunden en masse wie knapp bekleidete Anstandsdamen hereinschneien, um das Geflirte zu stören, entkommt man nicht.

Jad Mahal/Silver NACHTCLUB, BAR

(Karte S. 56 f.; ☎0524 43 69 84; 10 Rue Haroun Errachid, Hivernage; www.jad-mahal.com; Eintritt frei bei Abendessen o. Getränkebestellung; ⌚19.30–2 Uhr) Gäste gehen durch das Restaurant hindurch bis zum hinteren Ende des Hofes zur Bar Jad Mahal. Hier lungern die Einheimischen mit einem Cocktail herum, bis das Personal bei einem Ohrwurm die Lautstärke hochdreht, die hauseigene Coverband kommt oder die Besucher zu einem Lied aus den 1980er-Jahren spontan zu tanzen beginnen – je nachdem, was zuerst passiert. Nach Mitternacht sollte man die Hintertür mit freiem Eintritt zum Silver nehmen, dem benachbarten Nachtclub, wo sich gleich 100 Discokugeln drehen: eine dezente Aufforderung zum Tanzen.

Pacha NACHTCLUB/BAR

(außerhalb der Karte S. 56 f.; ☎0524 38 84 00; www.pachamarrakech.com; Complexe Pacha Marrakech, Blvd Mohammed VI, Zone Aguedal, Hivernage; Mo–Mi vor/nach 22 Uhr frei/150 Dh, Do Männer/Frauen 150 Dh/frei, Sa & So 200–300 Dh; ⌚Mo–Do 20–1, Fr & Sa 20–2 Uhr; ≋) Das Pacha Ibiza stand Modell für diesen Ausgehkomplex, den größten in ganz Afrika. DJs mixen internationale und Maghreb-Hits für die Casa-Hipster und feiernden Rabatis, die hier an den Wochenenden einfallen. An Werktagen erreicht der Club nicht einmal annähernd die maximale Besucherzahl von 3000 Personen, daher sollte man sich seine eigene Begleitung mitbringen. Vielleicht kommt man dann sogar kostenlos rein. Donnerstags eilen scharenweise Ladys herbei, um kostenlos an der Rose Bar zu trinken; wer früh genug da ist, kann bis zum Beginn der Party am Pool relaxen.

Diamant Noir NACHTCLUB

(Karte S. 62; ☎0524 44 63 91; Hôtel Marrakech, Ecke Ave Mohammed V & Rue Oum Errabia; Eintritt inkl. Drink ab 150 Dh; ⌚22–4 Uhr) Werktags ist „Le Dia" voll, weil er einer der wenigen schwulenfreundlichen Clubs ist, und an Wochenenden platzt er ebenfalls aus allen Nähten, weil er diesen gewissen heruntergekommenen Charme mit Go-go-Tänzerinnen hat. Die düstere Tanzfläche pulsiert im Hip-Hop-Rhythmus und schimmert wegen der vielen Spiegel und der mit Selbstbräuner aufgehübschten Haut. An der Bar im Obergeschoss drücken sich Prostituierte herum. Man kann nur mir Bargeld zahlen.

Kino

Eine gute Auswahl an französischen und manchmal auch marokkanischen Filmen bietet das Programm des Institut Français (S. 75), wo die Streifen normalerweise auf Französisch oder mit französischen Untertiteln laufen.

Le Colisée KINO

(Karte S. 62; ☎0524 44 88 93; Blvd Mohammed Zerktouni; Parkett/Rang Mo 15/25 Dh, Di–So 25/35 Dh; ⌚15, 17, 19 & 21.30 Uhr) Das vornehmste Kino der Stadt liegt in der Nähe der Rue Mohammed el-Beqal, ist supergemütlich, hat einen tollen Dolby-Sound und zieht ein gut durchmischtes Publikum an. Manchmal werden die Filme in der Originalsprache und mit französischen Untertiteln gezeigt

Cinéma Eden KINO

(Karte S. 60; Derb Debachi; Karten 15 Dh; 15, 18 & 21 Uhr) Zerbrochene Kacheln auf den Lehmziegelwänden verraten, was Besucher in diesem klassischen Kino mit einer Leinwand unweit der Rue des Banques erwartet. Das Publikum ist ungehobelt, einheimisch und ausschließlich männlich. Bollywood-Schmachtfetzen zum Mitsingen stehen unangefochten an erster Stelle. Normalerweise sind die Filme auf Marokkanisch-Arabisch synchronisiert (mit Ausnahme der Lieder).

Shoppen

MEDINA

Marrakesch-Besucher werden die Handgepäckbeschränkungen verfluchen, besonders in der Medina. Man sollte wählerisch sein, plaudern, bevor man um Dinge zu handeln beginnt, die man wirklich will, und nur bei Menschen kaufen, die freundlich sind – so bekommt man noch eine tolle Geschichte zur Ausbeute und steht am Ende nicht wütend und genervt in den Suks.

Egal, wie man sich sonst auf den Märkten schlägt, in den Läden, die von örtlichen

Kooperativen und aus recycelten Materialien hergestellte Artikel anbieten, fairen Handel und regionale gemeinnützige Projekte unterstützen, hat man garantiert ein tolles Einkaufserlebnis. Außerdem gibt's dort faire Festpreise. In allen nachfolgend genannten Geschäften kann man gut und umweltfreundlich shoppen.

LP TIPP Coopérative Artisanale des Femmes de Marrakech

KUNST & KUNSTHANDWERK

(Karte S. 60; ☎0524 37 83 08; 67 Souq Kchachbia; ⏲Sa–Do 10–13 & 15.30–19 Uhr) Hier zeigen Marrakeschs weibliche *mâalems* (Meisterkunsthandwerker) ihr Können, außerdem ist alles spottbillig. Unter den handgearbeiteten Originaldesigns finden sich Handtaschen aus Plastikflaschenverschlüssen, die in Wolle gehüllt sind, handgestrickte *kissa* (Hamam-Handschuhe) und schwarz-weiße Kaftane mit rotem Seidenbesatz. Bei Souad Boudeiry, der Leiterin der Kooperative, kann man sich nach maßgefertigten Tuniken und Kleidungsstücken erkundigen.

LP TIPP Al-Kawtar

KUNST & KUNSTHANDWERK

(Karte S. 60; ☎0524 37 82 93; www.alkawtar.org; 57 Rue Laksour; ⏲10–18 Uhr) Eine elegante gemeinnützige Boutique. Im Al-Kawtar werden erstklassige Haushaltstextilien mit fein bestickten Rändern angeboten, die weniger kosten, als man zu Hause für einfache Baumwollstoffe zahlen würde. Es gibt auch großartige handgenähte Marrakesch-Tuniken, Kleider und Hemden für Männer, Frauen und Kinder – und wenn was geändert werden muss, zahlt man nichts extra. Alle Artikel werden von behinderten Frauen aus der Region hergestellt und mit dem Verkauf ihre Löhne, Trainingsprogramme sowie ein Kinderbetreuungszentrum finanziert.

LP TIPP Michi

KUNST & KUNSTHANDWERK

(Karte S. 60; ☎0661 86 44 07; http://michi-morocco.com, auf Japanisch; 21 Souq Kchachbia) Als eine unerschrockene japanische Travellerin einem hippen Designer aus Marrakesch begegnete, stellten beide fest, dass sie die Liebe zur Handwerkskunst, zu recycelten Materialien und zu *wabi-sabi* (organischen Formen) teilen. Inzwischen haben Hicham und Michiko eine Familie und diese ausgesprochen originelle Boutique gegründet. Hier gibt's *babouches* (Slipper) aus Mehlsäcken, Spiegel aus libyschen Ölfässern und Hamam-Tragetaschen aus recycelten Futterbeuteln.

L'Art du Bain Savonnerie Artisanale

ACCESSOIRES

(Karte S. 60; ☎0668 44 59 42; www.lartdubain.net; Souq Lebbadine; ⏲Mo–Sa 10–19 Uhr) Mit diesen biologisch abbaubaren Seifen aus reinem Pflanzenöl und Düften einheimischer Kräuter, Blumen und Gewürzen tut man seiner Haut und der Umwelt etwas Gutes. Wie Khadija den Käufern erklärt, sind einige Inhaltsstoffe nur schwer zu bekommen, besonders Feigenkaktus-Extrakt und Eselsmilch. Der Laden befindet sich in der Nähe des Souq Sebbaghine.

Kif-Kif

KUNST & KUNSTHANDWERK

(Karte S. 60; ☎0661 08 20 41; www.kifkifbystef.com; 8 Rue Laksour; ⏲10–20 Uhr) Eine hippe Boutique in der Nähe des Bab Ksour, in der innovative einheimische Künstler arbeiten und aus recycelten T-Shirts gewebte Handtaschen, Ringe mit auswechselbaren Filzdekorationen und hinreißende Schlafanzüge für Kinder entwerfen, die mit dem arabischen Ausdruck für „Gute Nacht" bestickt sind. 15 % vom Preis aller Kinderartikel werden an eine örtliche Kinderhilfsorganisation gespendet.

Assouss Coopérative d'Argane

ACCESSOIRES/LEBENSMITTEL & GETRÄNKE

(Karte S. 60; ☎0524 38 01 25; 94 Rue el-Mouassine; ⏲Sa–Do 9–13 & 15–19, Fr 9–12 Uhr) Dies ist die Marrakescher Verkaufsstelle einer Argan-Kooperative außerhalb von Essaouira. Das nur aus Frauen bestehende Personal drängt einem kostenlose Proben von *amlou* (Argannuss-Butter) förmlich auf und erklärt stolz, wie die superpflegenden Kosmetiköle und Gourmet-Salatöle hergestellt werden. Der Laden liegt in der Nähe des Mouassine-Brunnens.

Jamade

KUNST & KUNSTHANDWERK

(Karte S. 60; ☎0524 42 90 42; 1 Pl Douar Graoua, Ecke Rue Riad Zitoun el-Jedid; ⏲10–12 & 15–19.30 Uhr) Eine herausragende Kollektion von Artikeln örtlicher Designer zu Festpreisen. Aktuelle Highlights sind die Olivenölfläschchen aus Graphit-Keramik, luftige eisblaue Tuniken, Perlenketten aus Zitronensamen mit einem cleveren Verschluss aus antiken Münzen sowie handgenähte Untersetzer aus der Frauenkooperative Tigmi (S. 128).

Créations Pneumatiques

KUNST & KUNSTHANDWERK

(Karte S. 60; ☎066 091746; 110 Rue Riad Zitoun el-Kedim; ⏲10–19 Uhr) Wer direkt bei den einheimischen Recycling-Kunsthandwerkern

ABSTECHER

QUARTIER INDUSTRIAL SIDI GHANEM

Moderne marokkanische Designfans nehmen sich morgens oder am späten Nachmittag ein Taxi, um die Factory Outlets einheimischer Modeschöpfer in diesem Lagerhausgebiet zu durchforsten. Das Quartier Industrial Sidi Ghanem liegt 4 km von Marrakesch entfernt an der Route de Safi. Fast alle Originale, die man hier zu sehen bekommt, werden für den Export hergestellt und sind dementsprechend teuer. Wer genau hinschaut, kann aber auch einige Dinge entdecken, die in Boutiquen der *ville nouvelle* wesentlich teurer verkauft werden.

Als Erstes handelt man mit dem Taxifahrer einen festen Preis von 150 bis 250 Dh für die Hin- und Rückfahrt aus, dann besorgt man sich in einem offenen Verkaufsraum eine Karte des Gebiets. Die Geschäftszeiten sind unregelmäßig, doch viele Läden haben montags bis freitags von 9 bis 18 Uhr und samstags bis 21 Uhr geöffnet. Zu den besten Outlets gehören:

» **Le Magasin General/Le Manufacture** Handgearbeitete Luxus-Haushaltswaren im Retro-Stil.

» **ZidZid Kids** Handgenähte Spielzeugkamele eines preisgekrönten marokkanisch-amerikanischen Designerteams.

» **Sens de Marrakech** Pflanzliche Schönheitsprodukte.

» **Atelier Nihal** Handgewebte Ledertaschen und Bodenmatten.

» **16bis** Designerkollektiv, dessen Produktpalette von eleganten Kerzen bis zu geblasenem Glas reicht.

kaufen will, geht rüber zum Riad Zitoun el-Kedim und schaut sich die Windlichter, Schüsseln und Gürtel aus recycelten Blechdosen und Reifen an. Es gibt mehrere Läden, doch dieser bietet eine gute Auswahl an Spiegeln aus Michelin-Reifen, Schmuckkästen aus Schläuchen und Männertaschen mit Coolnessfaktor.

VILLE NOUVELLE

Gehobene Festpreis-Boutiquen mit wunderbaren Geschenken, Mode und Haushaltstextilien reihen sich entlang der Rue de la Liberté in der *ville nouvelle* und der sie kreuzenden Rue Vieux Marrakechis in Guéliz aneinander. Die Galerien, in denen Arbeiten zeitgenössischer marokkanischer Künstler gezeigt werden, sollte man sich ebenfalls nicht entgehen lassen (S. 69). Wer in der Heimat mit hippem Marrakescher Design neue Akzente setzen möchte, fährt mit einem Taxi vom Zentrum ins Quartier Sidi Ghanem zu den Designer-Outlets.

Gute Feilscher bekommen traditionelles Kunsthandwerk in der Medina zwar günstiger, doch für eine größere Auswahl lohnt es sich, zwei angesagte Läden in der *ville nouvelle* zu besuchen.

Ensemble Artisanal KUNST & KUNSTHANDWERK
(Karte S. 56 f.; Ave Mohammed V; ⌚Mo–Sa 9.30–12.30 & 15–19 Uhr) Als Starthilfe für die Suks bietet sich dieser von der Regierung unterstützte Vorzeigeladen gegenüber dem CyberPark an, wo man echten Meistern bei der Arbeit zuschauen kann und eine Ahnung von der Vielfalt und den Preisen des hiesigen Kunsthandwerks bekommt. Die Festpreise sind höher als auf den Märkten, dafür entfällt aber auch der Stress, und die Hersteller werden direkt bezahlt.

Marcheé Ibn Toumert
KUNST & KUNSTHANDWERK, LEBENSMITTEL & GETRÄNKE
(Karte S. 62; Rue ibn Toumert; ⌚8–19 Uhr) Am Fleischer vorbei und hinter dem Blumenhändler unweit der Ave Mohammed V locken zahlreiche Stände mit Silberschmuck, handbemalter Keramik, eingelegten Zitronen und anderen Leckereien. Wer ein bisschen handelt, bekommt alles zu vernünftigen Preisen.

ℹ Praktische Informationen

Apotheken

Apotheke mit Nachtdienst (Karte S. 60; ☎05 24 39 02 38; Djemaa el-Fna; ⌚9–24 Uhr) Zentrale Lage, lange geöffnet, hat alles Wesentliche.

Pharmacie Centrale (Karte S. 62; ☎0524 43 01 58; 166 Blvd Mohammed V; ⌚9–19 Uhr) Liegt günstig nahe der Rue de la Liberté. Kann Rezepte einlösen, hat Sachen für den persönlichen Bedarf sowie Hygieneartikel für Frauen.

Pharmacie de l'Unité (Karte S. 62; ☎0524 43 59 82; Ave des Nations Unies; ⏰8.30–23 Uhr) Die Apotheke hat bis spätabends geöffnet. Es gibt importierte Medikamente, Homöopathisches und aromatherapeutische Mittel. Unweit der Pl de la Liberté.

Geld

In den meisten Banken kann man Geld tauschen und Reiseschecks einlösen, auch an Geldautomaten herrscht kein Mangel. Sonntags gehen den Automaten an der Rue Bab Agnaou (unweit des Djemaa el-Fna) und in der Rahba Kedima allerdings oft die Bargeldvorräte aus; alternativ steuert man jene an der Rue Fatima Zohra in der Nähe des Bab Ksour oder die in der *ville nouvelle* an. In privaten *bureaux de change* (Wechselstuben) kann man Bares zu den offiziellen Wechselkursen tauschen, muss dafür aber möglicherweise eine Gebühr entrichten.

Crédit du Maroc Ville Nouvelle (Karte S. 62; 215 Ave Mohammed V); Medina (Karte S. 60; Rue de Bab Agnaou) Geldautomaten und -wechsel.

Voyages Schwartz (Karte S. 62; ☎0524 43 74 69; 22 Rue Moulay Ali Cherif; ⏰Mo–Fr 8.30–12 & 14.30–18.30, Sa 8.30–12 Uhr) Vertreter von American Express.

Infos im Internet

Auf der Website von **Lonely Planet** (www.lonelyplanet.com/morocco/marrakesh) gibt's Ratschläge für die Reiseplanung, Empfehlungen der Autoren, Bewertungen und Meinungen von Reisenden und Insidertipps.

Internetzugang

Viele Hotels und Riads bieten kostenloses Internet oder WLAN an. Im Café du Livres (S. 87) und Le Melting Pot (S. 89) ist WLAN beim Einkauf inklusive. Die Cybercafés rund um den Djemaa el-Fna verlangen 8 bis 12 Dh pro Stunde (einfach den „c@fe"-Schildern folgen). Sie öffnen meist um 10 und schließen gegen 22 Uhr.

Cyber Café im CyberPark (Karte S. 56 f.; Ave Mohammed V; www.arsatmoulayabdeslam.ma; 10 Dh pro Std.; ⏰9–18 Uhr) Überraschung: 15 Anschlüsse mit schnellen Verbindungen zwischen den Olivenbäumen im CyberPark in der Nähe des Eingangs; gegenüber Ensemble Artisanal.

Hassan Internet (Karte S. 60; ☎0524 44 19 89; Immeuble Tazi, 12 Rue Riad el-Moukha; 8 Dh pro Std.; ⏰7–24 Uhr) Ein gut besuchter Laden mit zwölf Computern in der Nähe des Hotels Tazi.

Notfall

Brigade Touristique (Karte S. 56 f.; ☎0524 38 46 01; Rue Sidi Mimoun; ⏰24 Std.)

Feuerwehr (☎15)

Krankenwagen (☎0524 43 30 30)

Polizei (Karte S. 62; ☎19; Rue Ouadi el-Makhazine)

Polyclinique du Sud (Karte S. 62; ☎0524 44 79 99; Ecke Rues de Yougoslavie & ibn Aicha; ⏰24 Std.) Privates Krankenhaus für ernste Fälle und Notfallzahnbehandlungen.

Post & Telefon

Öffentliche Kartentelefone sind überall zu finden, vor allem unweit der Rue de Bab Agnaou in der Medina und in der Ave Mohammed V in Guéliz. Karten können an Zeitungskiosken und in *téléboutiques* (privaten Telefonläden) gekauft werden.

DHL (Karte S. 62; ☎0524 43 76 47; www.dhl.com; 113 Ave Mohammed Abdelkrim el-Khattabi; ⏰Mo–Fr 8–18, Sa 8.30–12.20 Uhr) Internationaler Kurierdienst; Versicherung gegen Aufpreis.

FedEx (Karte S. 62; ☎0524 44 82 57; 113 Ave Abdelkrim el-Khattabi; ⏰Mo–Fr 8–18, Sa 8–12.15 Uhr) Internationaler Kurierdienst.

Hauptpostamt (Barid al-Maghrib; Karte S. 62; ☎024 431963; Pl du 16 Novembre; ⏰Mo–Sa 8.30–14 Uhr) Postlagernde Sendungen gibt's an Schalter 3; das Paketbüro liegt um die Ecke in der Ave Hassan II.

Postfiliale (Karte S. 60; Rue de Bab Agnaou) Gegenüber dem Djemaa el-Fna.

Toiletten

Wenn in der Medina die Natur ruft, sucht man die Toiletten in den Cafés rund um den Djemaa auf oder legt einen Orangensaft-Boxenstopp im Café des Épices (S. 84) ein. Entlang der Ave Mohammed V in Guéliz gibt's Dutzende schicker Cafeterien, in denen man sich mal schnell erleichtern kann.

Touristeninformation

Office National Marocain du Tourisme (ONMT; Karte S. 62; ☎0524 43 61 79; Pl Abdel Moumen ben Ali) Verfügt über Werbebroschüren und eine Reihe von zugelassenen Fremdenführern.

ℹ An- & Welterreise

Auto

Die hiesigen Autovermietungen haben oft günstigere Angebote als internationale Anbieter. Los geht's bei 450 Dh pro Tag (ohne Kilometerbegrenzung); meist wird's günstiger, wenn man das Auto für mindestens drei Tage mietet. Für Geländewagen sollte man 700 bis 1000 Dh pro Tag bei minimaler Versicherung einplanen. Meistens lassen sich Rabatte von 10 bis 20 % aushandeln, in der Nebensaison (Ende Okt.–Mitte Dez. & Mitte Jan.–Ende Feb.) sogar noch höhere. Wer in den Bergen oder in der Wüste lieber auf die Landschaft als auf die Straße gucken möchte, kann bei einer lokalen Autovermietung (s. S. 75) einen Wagen mit Fahrer mieten; das kostet für einen Geländewagen oder kleinen Minibus pro Tag mindestens 1250 Dh zuzüglich Trinkgeld.

INTERNATIONALE AUTOVERMIETUNGEN In Marrakesch gibt's folgende internationale Unternehmen:

Avis (☎0524 43 31 69; www.avis.com; Flughafen)

Budget (www.budget.com) Blvd Mohammed Zerktouni (Karte S. 62; ☎0524 43 11 80; 80 Blvd Mohammed Zerktouni); Flughafen (☎0524 37 02 37)

Europcar (www.europcar.com) Blvd Mohammed Zerktouni (Karte S. 62; ☎0524 43 12 28; 63 Blvd Mohammed Zerktouni); Flughafen (☎0524 43 77 18)

Hertz (Karte S. 62; ☎0524 43 99 84; www.hertz.com; 154 Blvd Mohammed V)

National (Karte S. 62; www.nationalcar.com) Wird von den Marrakescher Europcar-Büros vertreten.

LOKALE AUTOVERMIETUNGEN Darüber hinaus stößt man auf einige lokale Firmen:

KAT (Karte S. 62; ☎0524 43 35 81; http://membres.lycos.fr/katcar; 68 Blvd Mohammed Zerktouni)

La Plaza Car (Karte S. 62; ☎0524 42 18 01; www.laplazacar.com; Immeuble 141, 23 Rue Mohammed el-Beqal)

Lhasnaoui Rent (Karte 56; ☎0524 31 24 15; www.lhasnaouirent.com; Ecke Blvd Allal el-Fassi & Yacoub el-Mansour, 15 Immeuble el-Omairi)

Bus

Fast alle CTM-Busse steuern den neuen **CTM-Hauptbusbahnhof** (Karte S. 56 f.; ☎0524 43 44 02; Rue Abu Bakr Seddik; ⏲6–22 Uhr) südwestlich des Bahnhofs (ca. 15 Gehminuten) und einen Block südlich der Ave Mohammed VI an. Tickets für Busse, die frühmorgens starten, sollte man einen Tag vorher kaufen (besonders nach Essaouira). Besonders an Feiertagen und am Wochenende sind die Fahrzeuge schnell voll. Der Busbahnhof hat wenig Nützliches zu bieten, von einem verrauchten, rund um die Uhr geöffneten Café mit unzuverlässigem WLAN mal abgesehen.

CTM bedient folgende Ziele:

Agadir 95 Dh, 4 Std., 9-mal tgl.

Casablanca 85 Dh, 4 Std., 3-mal tgl.

Er-Rachidia 155 Dh, 8 Std., 1-mal tgl.

Essaouira 70 Dh, 3 Std.

Fes 150 Dh, 8½ Std., 1-mal tgl.

Laâyoune 310 Dh, 14 Std., 4-mal tgl.

Ouarzazate 80 Dh, 4 Std., 1-mal tgl.

Tan Tan 200 Dh, 6 Std., 1-mal tgl.

Tiznit 125 Dh, 5 Std., 1-mal tgl.

Supratours (Karte S. 62; ☎0524 43 55 25; Ave Hassan II) liegt westlich des neuen Marrakescher Bahnhofs im alten Bahnhofsgebäude.

Die Busse dieses Unternehmens fahren nach:

Agadir 100 Dh, 4 Std., 12-mal tgl.

Dakhla 440 Dh, 25 Std., 1-mal tgl.

Essaouira 70 Dh, 2½ Std., 6-mal tgl.

Laâyoune 300 Dh, 15 Std., 3-mal tgl.

Tan Tan 180 Dh, 10 Std., 3-mal tgl.

Darüber hinaus bietet Supratours Anschlüsse an Züge an und verfügt über einen Raum, in dem man sein Gepäck abgeben kann (10 Dh pro Tag, 6–22 Uhr geöffnet).

Viele internationale Busse fahren auf dem Parkplatz vor dem Supertours-Büro ab und kommen dort auch an, darunter die CTM-Linien von/nach Paris (ab 1040 Dh, 48 Std.) und Madrid (ab 1090 Dh, 36 Std.) am Dienstag, Mittwoch und Samstag.

Einige CTM-Busse halten außerhalb der Stadtmauern am Bab Doukkala, etwa 15 Gehminuten nordöstlich der Pl du 16 Novembre bzw. 20 Gehminuten vom Djemaa el-Fna entfernt. Mehrere lokale Transportunternehmen fahren vom Bab Doukkala nach Fes (ab 130 Dh, 8½ Std., 6-mal tgl.) und Meknès (ab 120 Dh, 6 Std., 3-mal tgl.). Mindestens ein örtlicher Bus verkehrt täglich nach Telouet (50 Dh, 4 Std.); er startet nachmittags beim Bab Gehmat an der Südwestmauer der Medina.

Flugzeug

6 km südwestlich der Stadt liegt der kürzlich ausgebaute schicke **Flughafen Menara** (☎0524 44 78 65; ⏲Infoschalter 8–18 Uhr) mit einem Infoschalter in der Check-in-Halle und einigen Banken, bei denen man Geld wechseln kann.

Mehrere europäische Billigflieger steuern Marrakesch an: **Ryanair** (www.ryanair.com) startet z. B. von Bremen, Düsseldorf (Weeze) und Frankfurt-Hahn, **Swissair** (www.swiss.com) von Basel, Genf und Zürich und **easyJet** (www.easyjet.com) von Genf.

Royal Air Maroc (RAM; Karte S. 62; ☎Callcenter 090 000800, 024 436205; www.royalairmaroc.com; 197 Ave Mohammed V; ⏲8.30–12.20 & 14.30–19 Uhr) fliegt mehrmals täglich von/nach Casablanca (Hin- & Rückflug ab 525 Dh, 40 Min.), wo viele Inlands- und internationale Verbindungen bestehen. Flüge sollte man im rund um die Uhr geöffneten Callcenter bestätigen und für Verbindungen in Casablanca mehr Zeit einplanen – man selbst schafft vielleicht den Anschlussflug noch, aber das Gepäck möglicherweise nicht. RAM bietet auch internationale Direktverbindungen an, beispielsweise von/nach Genf (3 Std.).

Taxi

Grands taxis fahren außerhalb des Bab er-Rob nahe dem Königspalast zu Zielen im Hohen Atlas, u. a. nach Asni (30 Dh), Ouirgane (40 Dh) und Setti Fatma (40 Dh). Taxis zu weiter entfernten Orten wie Agadir (120 Dh), Azilal (75 Dh), Beni Mellal (110 Dh), Demnate (60 Dh), Essaouira (130 Dh), Ouarzazate (90 Dh) und Taroudannt (110 Dh) versammeln sich auf einem Schotterplatz unweit des Bab Doukkala.

Zug

Marrakeschs neuer **Bahnhof** (Karte S. 62; ☎0524 44 77 68, nur Informationen 0890 20 30 40; www.oncf.ma; Ecke Ave Hassan II & Blvd Mohammed VI) ist groß, sauber und komfortabel. Hier gibt's Geldautomaten, Cafés und Fast Food. Am Ende des Bahnsteigs im alten Bahnhof befindet sich Supratours. Vom Bahnhof kommt man mit dem Taxi oder mit den Stadtbussen 3, 8 und 10 (3,50 Dh) ins Zentrum.

Casablanca 2./1. Klasse 90/140 Dh, 3 Std., 9-mal tgl.

Fes 295/195 Dh, 7 Std., 8-mal tgl.

Meknès 265/174 Dh, 6½ Std.

Rabat 120/185 Dh, 4 Std., 9-mal tgl.

Safi 62 Dh (2. Klasse), 3 Std., 1-mal tgl.

Tanger 310/205 Dh, 10½ Std., 1-mal tgl.

Der Zug nach Tanger ist ein Nachtzug. Für ein Ticket im Schlafwagen zahlt man 350 Dh; man sollte mindestens zwei Tage im Voraus buchen.

Unterwegs vor Ort

Auto & Motorrad

Am besten bewegt man sich zu Fuß durch die Medina, die zum größten Teil für den Autoverkehr gesperrt ist. In Marrakesch Auto zu fahren ist Extremsport und bei den Motorrollern, die auf allen Seiten vorbeischießen, und den Kreisverkehren, die nichts für schwache Nerven sind, überlässt man das Ganze besser den unbeeindruckten Taxifahrern. Ein Auto bringt außerdem zusätzliche Probleme beim Parken mit sich, darum sollte man einen Wagen nur für Ausflüge außerhalb der Stadt mieten, wenn es gar nicht anders geht.

Wer sehr mutig oder gar tollkühn ist, kann sich mit einem Motorroller oder Motorrad ins Gefecht stürzen, z. B. von Action Sports Loisirs (S. 70) oder **Marrakesh Motos** (Karte S. 62; ☎0524 44 83 59, 061 316413; 31 Ave Mohammed Abdelkrim el-Khattabi; Roller & 125-ccm-Motorrad 300 Dh pro Tag; ⏲9–20 Uhr) ca. 2 km außerhalb des Zentrums direkt hinter der Goodyear-Werkstatt an der Straße nach Casablanca.

Öffentliche Parkplätze findet man in der Nähe der Koutoubia und gleich südlich der Place de Foucauld auf der Ave el-Mouahidine. Tagsüber bzw. für 24 Std. werden 20 bzw. 40 Dh verlangt. Wer einen Parkplatz an der Straße findet, sollte einem Wächter (Typen im blauen Jackett) 10 Dh Trinkgeld geben – allerdings erst hinterher! –, damit dieser ein Auge auf das Fahrzeug wirft.

Bus

Stadtbusse (Karte S. 60; Ticketpreis einheitlich 3,50 Dh) fahren in scheinbar unregelmäßigen Abständen von der Place Foucauld nahe dem Djemaa el-Fna in die *ville nouvelle*.

Wichtige Buslinien:

LINIE 1 Medina–Guéliz (auf der Ave Mohammed V)

LINIEN 3 & 10 Medina–Bahnhof

LINIEN 11 & 18 Medina–Menara-Gärten

LINIEN 4 & 12 Jardin Majorelle–Medina

Calèches

Die grünen Pferdekutschen, die auf der Place Foucauld neben dem Djemaa el-Fna stehen, sind ein angenehmes Fortbewegungsmittel, wenn man die Hauptverkehrszeiten (8 Uhr, mittags & 17.30–19.30 Uhr) meidet. Einfache Fahrten auf festen Routen in der Medina die Rue Debachi entlang kosten offiziell 20 Dh pro Person, ansonsten gilt der staatlich festgelegte Preis von 100 Dh pro Stunde (Preise hängen in der Kutsche aus). Eine Tour um die Stadtmauern dauert etwa eineinhalb Stunden, die *palmeraie* erreicht man in etwa drei Stunden. In Hivernage stehen die *calèches* vor großen Hotels an der Ave el-Qadissia und der Rue Echouhada.

Vom/Zum Flughafen

Ein *petit taxi* vom Flughafen (6 km) nach Marrakesch sollte tagsüber nicht mehr als 70 Dh und nachts höchstens 100 Dh kosten. Es kann allerdings schwierig werden, auch den Fahrer davon zu überzeugen. Flughafen-Transfers in die *palmeraie* oder Fahrten, die durch Hotels und Riad-Gästehäuser in der Medina oder der *ville nouvelle* arrangiert werden, kosten 150 bis 250 Dh, einschließlich des Gepäcktransports mit einem Handkarren bis vor die Tür des Riads. Alternativ nimmt man den Flughafenbus 19, der alle 20 Minuten vor dem Parkplatz am Flughafen startet und bis in die Nähe des Djemaa el-Fna (20 Dh) fährt, oder den unregelmäßigen Stadtbus 11 zum Djemaa (3,50 Dh).

Taxi

Cremefarbene *petits taxis* in der Stadt kosten pro Strecke 8 bis 20 Dh; nachts gibt's einen Zuschlag von 10 Dh. Alle Fahrer sollten ihre Taxameter benutzen, aber es kann sein, dass man darauf bestehen muss, besonders wenn man vom Bahnhof oder Flughafen kommt. Falls der Zähler unerklärlicherweise kaputt ist, sollte man für eine Fahrt innerhalb der Stadt tagsüber nicht mehr als 20 Dh und nachts höchstens 30 Dh berappen. Gruppen von mehr als drei Leuten müssen ein *grand taxi* nehmen und sich auf Verhandlungen gefasst machen.

ÖSTLICH VON MARRAKESCH

Nach ein paar heißen Tagen in Marrakesch fühlt man sich wie ein Kebab, der etwas zu lange auf einem Grill gelegen hat. Eine Fahrt in die Berberdörfer der gestreiften Hügel des Aït-Bougoumez-Tals oder zu den Cascades-d'Ouzoud-Wasserfällen mit ihren vielen Regenbogen bietet in dem Fall Abwechslung.

Demnate دمنات

Wer hätte gedacht, dass man nur anderthalb Stunden von Marrakesch entfernt authentische Berberkultur und -küche kennenlernen kann? Demnate wird von den Touristenmassen, die zu den Cascades d'Ouzoud hetzen, bereits seit Jahrhunderten übersehen und so bleibt unerschrockenen Travellern angenehm viel Raum, um mehr über die Berber zu erfahren.

Die einst prächtige Glaoui-Kasbah und Lehmziegelmauern sind dem Verfall überlassen worden, doch Demnates faszinierendes interreligiöses Erbe hat überlebt. Im Ortszentrum befindet sich eine **mellah**, deren Eingang 150 m hinter dem Haupttor auf der rechten Seite liegt. Hunderte jüdischer Familien reisen jedes Jahr im Juli aus Marokko, Frankreich, Israel, Kanada und den USA zum historischen einwöchigen **Jüdischen moussem** (Fest) an, bei dem Wunderheilungen möglich sein sollen. Darüber hinaus hat Demnate zwei *zawiyas,* die dafür sorgen, dass der jährliche **Hamdouchi Moussem** im September doppelt so wild wird. Jede Bruderschaft tanzt bei einem ganztägigen Tanz- und Musikfest zu unterschiedlichen Rhythmen, danach gibt's verschiedene dreistündige Paraden zu den *zawiyas*. Manchmal gipfelt der *moussem* in einem Blutritual: Dann schneiden sich die Tänzer in einem dramatischen Akt ritueller Reinigung selbst in die Kopfhaut.

Aus den 100 Jahre alten Olivenhainen in den Hügeln rund um den Ort stammt das beste Olivenöl Marokkos. Es hat eine goldene Farbe, weist Spuren von Mineralsalzen auf und verfügt über einen dezenten holzigen Geschmack, der sogar mit seinen weltbekannten Pendants aus der Toskana verglichen wird. Mandeln sind ein weiteres berühmtes lokales Erzeugnis und der März ist wegen der Mandelbaumblüte eine wunderbare Zeit für einen Besuch Demnates. Ein Essen in den hiesigen Restaurants Al Jazira, Kasbah Illy und Kasbah Timdaf bietet eine tolle Gelegenheit, diese beiden Erzeugnisse zu probieren.

Sehenswertes & Aktivitäten

LP TIPP Association Attadamoun Pour les Handicapés KULTURZENTRUM

(☎0668 90 98 01; handicademl@yahoo.fr; Demnate) Die gemeinnützige Organisation, die behinderten Jugendlichen den Schulbesuch, berufliches Training und den Erwerb grundlegender lebenspraktischer Fähigkeiten ermöglicht, organisiert auch Touren durch die *mellah* und abendliche Konzerte. Direktor Hassan Khallaf spricht fließend Englisch und Französisch und weiß eine Menge über das gemischte muslimische und jüdische Erbe Demnates – er promoviert gerade in Nachhaltigem Kulturtourismus. Nach vorheriger Anmeldung (eine Woche vorher, Terminbestätigung einen Tag vorher) leitet er großartige historische Führungen durch die *mellah,* die an Suks und *funduqs* vorbeiführen und im Attadamoun-Zentrum enden. Bei Anmeldung mindestens sieben Tage vorher und kleinen Gruppen von fünf bis zehn Personen organisiert er auch Konzerte im lokalen *hamadcha*-Stil.

Alle Einnahmen aus den Führungen und Benefizkonzerten fließen in die Bemühungen der Organisation, grundlegende Unterstützungen und Bildungsmöglichkeiten auszuweiten. Die Spendenhöhe ist gestaffelt: 500 Dh reichen, um für eine Woche das Benzin für den Schulbus zu bezahlen, für 800 Dh können 46 behinderte Studenten an zwei Tagen frühstücken, und mit 3000 Dh wird einem Schüler die Konsultation eines Facharztes in Casablanca ermöglicht. Spenden kann man im hiesigen Büro abgeben, wo man auch eine Quittung erhält. Durch die bisher geleisteten Beiträge ist schon der Schulbus finanziert worden, außerdem wurden den Absolventen der Attadamoun-Schule bei der Eröffnung einer Boutique für die Erzeugnisse behinderter Kunsthandwerker unterstützt, zu erkennen am „Handishop"-Schild an der Hauptstraße.

LP TIPP Imi-n-Ifri LANDSCHAFT

Nur 6 km östlich von Demnate stößt man auf Imi-n-Ifri, eine natürliche Brücke über einer Schlucht, die wie das gähnende Maul eines Monsters aussieht. Wer will, kann die Klamm runterklettern und sie durchwandern; die Wege sind deutlich markiert und wurden erst kürzlich geebnet. Al-

ABSTECHER

VON AÏT BLEL NACH AÏT BOUGOMEZ

Mit einem Geländewagen und bei trockenem Wetter zwischen April und November kommt die Erkundung dieses spektakulären Talzugangs nach Aït Bougomez einer Reise in die Vergangenheit gleich. Auf der kurvenreichen Fahrt durch die Ausläufer des Hohen Atlas passiert man gestreifte **Felsformationen** aus Sedimentgestein, die vor ca. 230 Mio. Jahren in der Triaszeit entstanden und heute mit jahrhundertealten **Bergeichen** gespickt sind. Viele andere Autos wird man nicht sehen, dafür aber seltene Vögel wie Falken. Die Dorfbewohner winken, wenn man vorbeifährt, und wer anhält, wird vielleicht zum Tee eingeladen.

Manchmal ist die Straße zwar nur einspurig, aber dafür durchgängig asphaltiert bzw. befestigt (Brücken können im Winter allerdings ausgeschwemmt werden). Oben auf den Felsen gelegene Dörfer lohnen den zweistündigen Umweg über den Tizi n'Oubadou anstelle der kürzeren Strecke über Aït Mohammed. Vor der Fahrt durch Aït Blel sollte man den Tank füllen. Größter Ort ist Khemis Aït Blel mit einem Suk am Dienstag und ein paar Ständen, die gelegentlich auch Benzin verkaufen.

Die fröhliche, violett gestrichene **Gîte Tizi-n-Oubadou** (☎0661 44 36 02; inkl. Frühstück/HP 50/120 Dh/Pers.) liegt im Dorf nahe dem Pass und bietet einen Ausblick auf sorgfältig gepflegte Terrassen mit Johannisbrot- und Mandelwäldchen. Wenn man morgens vor der Abfahrt von Demnate aus anruft, bekommt man mittags eventuell etwas zu essen (60–80 Dh).

ternativ gibt man einem einheimischen Führer ein kleines Trinkgeld (20–30 Dh), damit er einem über ein paar komplizierte Felsbrocken hilft und die hiesige Legende erklärt, die mit der 1,8 Mio. Jahre alten Travertinbrücke verbunden ist.

Angeblich stellen die beiden Seiten des Übergangs einheimische Liebende dar, die von ihren Familien getrennt wurden. Romeo und Julia von Demnate hielten Händchen und wurden zu Stein. Auf der Südseite der Schlucht befindet sich eine Quelle mit mineralsalzreichem Wasser. Bräute kommen vor ihrer Hochzeit hierher und im Sommer kann man bei Junggesellinnenabschieden der Berber Frauen singen und Trommel und Tamburin spielen hören. Auf der anderen Seite der Schlucht entspringt eine Süßwasserquelle, deren Wasser Akne heilen soll, was erklärt, warum hier so viele Teenager rumhängen. Wer unter der Brücke durchgeht, befindet sich auf einmal in einer *Herr-der-Ringe*-Kulisse. Krähenschwärme schießen dort von beeindruckenden Stalaktiten herab.

Aït Blel LANDSCHAFT

Die neue Straße, die in Imi-n-Ifri links abzweigt, führt in das atemberaubende Aït-Blel-Tal, das über das Aït-Bououli-Tal mit dem Aït-Bougomez-Tal verbunden ist. Im Frühling wirkt Aït Blel wie ein zum Leben erwecktes impressionistisches Gemälde: Goldene Weizenfelder, in denen roter Mohn leuchtet, wiegen sich im Wind, und die Getreide erntenden Frauen mit Schürzen sowie gepunkteten Kopftüchern winken mit ihren Sensen, wenn ein Auto vorbeikommt.

Fast scheint das Tal von der Zeit unberührt zu sein. Die Berge sind golden, orange und purpurn gestreift und auf den von Steinmauern umgebenen Terrassenfeldern sprießen grüne Pflanzen. Von Imi-n-Ifri geht's auf der Straße 6 km weiter zum Dorf **Iouaridene** in prähistorisches Territorium. Schilder führen zu dem, was Geologen für **Fußabdrücke von Dinosauriern** halten, die im mittleren Jura, also etwa vor 170 Mio. Jahren, entstanden sind. Die einheimischen Kinder machen einem übrigens gern mal den T-Rex.

Schlafen

LP TIPP **Kasbah Timdaf** MAISON D'HÔTE **$$**

(☎0523 50 71 78; GPS-Koordinaten N 31° 46,50 W 007°01,13; www.kasbah-timdaf.com; EZ/DZ 495/660–880 Dh, weitere Erw./Kind 220/110 Dh) An der Straße nach Azila, etwa 15 Minuten von Demnate entfernt, lockt diese gemütliche Öko-Burg mit riesigen, von Kaminen gewärmten Räumen, schicken *tadelakt*-Bädern und köstlichen Berbergerichten. Die geradezu feudal wirkende Stein- und Lehmziegelkasbah ist gleichzeitig ein Bauernhof inmitten von Mandelbaum- und Olivenhainen. Jacqueline und Yannick, die Inhaber, engagieren sich bei

Assaphar (www.assaphar.com) aktiv, einer medizinischen Vereinigung in Demnate, die sich um hilfebedürftige Schwangere kümmert und postnatale Betreuung leistet. Wenn die beiden nicht gerade Olivenöl herstellen, Festmähler kochen oder frischgebackenen Müttern helfen, organisieren sie Transfers von/nach Marrakesch mit dem Auto (500 Dh) sowie Fahrrad-, Trekking- und Angeltouren.

Essen

LP TIPP Café-Restaurant Al Jazeera

BERBERKÜCHE $$

(0524 45 82 39; nahe der Gare Routiére, Demnate; 3-Gänge-Menüs ab 130 Dh; 8–20 Uhr;) Wer in den Genuss der pikanten sasionalen Salate kommen möchte, die das Vorspiel zu Demnates berühmten feinkörnigen Couscous mit Olivenöl und gerösteten Mandeln sind, sollte vorher reservieren. Abgerundet wird das Ganze dann mit einem erfrischenden Sprung in den Pool (im Sommer geöffnet) und einem ausgezeichneten Espresso im Garten.

Kasbah Illy

BERBERKÜCHE $$

(0523 50 89 53; Mittagsmenü 130 Dh;) Im erfrischenden Kasbah-Hotel 5 km außerhalb von Demnate an der Straße nach Imi-n-Ifri kann man am hübschen Pool Mittag essen und dabei den Blick über das Tal genießen. Am besten reserviert man vorher und bestellt die Tajine mit *beldi*-Hühnchen aus Freilandhaltung (ländlicher Stil) und karamellisierten Zwiebeln.

Ebenfalls empfehlenswert:

Snak Itrane

REGIONALE KÜCHE $

(¼ Hühnchen mit Pommes frites o. Brot 20/65 Dh) In diesem Straßenrestaurant 300 m hinter dem Stadttor auf der linken Seite gibt's leckere gebratene Hühnchen.

Kasbah Timdaf

REGIONALE KÜCHE $$

(0523 50 71 78; GPS-Koordinaten N 31°46,50 W 007°01,13; www.kasbah-timdaf.com; Gäste/Nichtgäste 140/160 Dh) Bietet nach vorheriger Reservierung Mittag- und Abendessen zu Festpreisen.

Shoppen

Der **Suk** am Sonntag zehn Minuten südlich der Stadt ist eine gute Gelegenheit, um einheimische Oliven, Olivenöle und Mandeln zu probieren und Holzarbeiten, Oberbekleidung aus Wolle sowie gelbglasierte, mit Berberglückssymbolen aus Henna bemalte Töpferwaren zu bewundern. Die **Töpfereien** befinden sich 2 km außerhalb der Stadt im Dorf Boughlou; an der Moschee geht's rechts ab und 4 km durchs Gelände.

Honig gibt's in den Hügeln rund um Demnate in Hülle und Fülle. Auf der Hauptstraße sieht man 500 m vor dem östlichen Stadtrand ein Schild mit einer Biene: Das ist der **hanout** (Lebensmittelladen), in dem man nach den lokalen Sorten fragen kann (100 Dh pro 500 g). Der hervorragende Bergkräuter- und Wildblumenhonig mundet nach Pfeffer und Thymian, während der Wacholderhonig einen klassischen Karamellgeschmack mit einer holzigen Note hat. Der *zriga*-Honig wurde nach einer örtlichen Wildblume benannt und schmeckt fruchtig, fast nach Guave, und der Johannisbrothonig erinnert an Ahornsirup.

An- & Weiterreise

Grands taxis nach Marrakesch (55 Dh) und Azilal (35 Dh) starten am Haupttor in Demnate. Busse fahren vom Busbahnhof (vor dem Haupttor die Straße nach rechts nehmen) zwischen 6 und 21 Uhr nach Marrakesch (35 Dh, 2 Std.) und zwischen 7 und 12 Uhr nach Azilal (20 Dh, 1 Std.).

Cascades d'Ouzoud

شالا لد ت أزوض

167 km nordöstlich von Marrakesch und scheinbar Welten entfernt von der Hitze der Stadt stößt man auf die Cascades d'Ouzoud, einem der bei Travellern und Marokkanern gleichermaßen beliebtesten Tagesausflüge von Marrakesch aus. Der Oued Ouzoud fällt hier in drei Stufen 110 m tief in die Schlucht Oued el-Abid. Noch besser wird der Anblick der Wasserfälle, wenn man in die Kühle der Schlucht hinabsteigt, vorbei an den Sprühnebeln, die am späten Nachmittag in allen Regenbogenfarben leuchten, bis man die Becken auf dem Boden erreicht. Von März bis Juni sind die Kaskaden am spektakulärsten, weil es zu dieser Zeit mehr Wasser gibt. Junge Marokkaner zelten aber oft auch im Sommer auf den Terrassen gegenüber. Um sich die Fälle anzusehen, geht man an den Schildern zum Riad Cascades d'Ouzoud vorbei in Richtung Hang, wo sich mehrere Wege dorthinschlängeln.

Die Cascades d'Ouzoud sind so beliebt, dass das Gebiet inzwischen ziemlich touristisch ist. Der Pfad, der von der linken Seite des Stadtplatzes zum Grund der Fälle führt, wird von Souvenirständen, Cafés und Zeltplätzen gesäumt, und wer in den Becken unter den Wasserfällen herumpaddelt, möchte lieber gar nicht daran denken, wohin der Inhalt der Plumsklos abfließt, die an den Hängen gebaut wurden.

Fast alle Cafés an den Kaskaden bieten Mahlzeiten für 60 bis 80 Dh an und manche betreiben zudem Zeltplätze für 15 Dh. Solange keine ernsthaften Schritte unternommen werden, das Abfallproblem und die Sanitäranlagen in den Griff zu bekommen, sind die Umweltkosten dieser Einrichtungen allerdings so hoch, dass man sie Naturfreunden nicht empfehlen kann.

Zwei lokale Umweltorganisationen arbeiten an Lösungen. Auf dem Hauptpfad wurden inzwischen zwei mobile Toiletten aufgestellt, außerdem wurde ein Müllsammler angestellt. Besucher können selbst dazu beitragen, die Schönheit der Wasserfälle zu erhalten, indem sie ihren Abfall wieder mitnehmen und die mobilen Klos benutzen.

Sehenswertes & Aktivitäten

Einheimische führen Besucher für ein paar Dirhams gern in die Schlucht, aber man kann auch einfach den ausgelatschten Wegen folgen. Unten angekommen wandert man am Flussbett bis zu den natürlichen Becken, in denen man schwimmen kann, oder überquert den Fluss und nimmt einen anderen Weg, auf dem **Berberaffen** um Interesse und Essen betteln (es ist jedoch verboten, sie zu füttern). Um das malerische Berberdorf **Tanaghmelt** zu sehen, schlägt man den Weg an den unteren Becken ein und geht an einem Bauernhaus vorbei ungefähr 1,5 km den Hang hinauf. Wer längere Wanderungen bevorzugt, folgt dem Flussverlauf bis zu den Höhlen (2 Std.) und zu den beeindruckenden **Oued el-Abid-Schluchten** (weitere 2 Std.).

Schlafen & Essen

LP TIPP **Riad Cascades d'Ouzoud** MAISON D'HÔTE $

(☎0662 14 38 04; www.ouzoud.com; EZ inkl. Frühstück 510–610 Dh, DZ 710–810 Dh, 3BZ 950 Dh, Suite 1050–1150 Dh; ❄) Nur 30 m vom oberen Teil der Kaskaden entfernt liegt dieses stilvolle Lehmziegelgästehaus. Das gleichmäßige Rauschen der Fälle soll schon Gäste beim Abendessen auf der Terrasse oder beim Lesen in der Bibliothek in den Schlaf gewiegt haben. Solargeheizte Duschen, mit Berbertalismanen bemalte Decken und der herzlich-familiäre Stil des einheimischen Personals sorgen dafür, dass man sich sofort heimisch fühlt. Die Inhaber organisieren Kajaktouren, River-Sliding, Besuche ländlicher Suks und Teestunden bei einheimischen Familien.

Hotel Chellal PENSION $

(☎0523 42 91 80; http://hotelchellal.weebly.com; EZ/DZ inkl. Frühstück 220/350 Dh) Eine fröhliche Unterkunft mit einfachen, pastellfarbenen Zimmern, Privatbädern, entspannten Plätzen zum Relaxen und einem Terrassenrestaurant. Das Chellal thront wenige Schritte unterhalb des Wegs, der vom Stadtplatz links abgeht, auf einem Hügel. Nur Barzahlung.

An- & Weiterreise

Von Marrakesch aus ist es am einfachsten, mit öffentlichen Verkehrsmitteln nach Azilal zu fahren, wo *grands taxis* nach Ouzoud (Hin- & Rückfahrt pro Person/Taxi 25/250 Dh) starten, sobald sie voll sind. Bis 16 Uhr sollte man sich auf den Rückweg nach Azilal begeben, denn später gibt's nur noch wenige Taxis, und die Fahrer lassen kaum mit sich handeln.

Azilal أزيلال

Für Traveller ist dieses fahnengeschmückte Zentrum für regionale Entwicklung hauptsächlich als praktischer Verkehrsknotenpunkt zwischen Demnate, den Cascades d'Ouzoud und dem Aït-Bougoumez-Tal interessant. Auch ein neues Spiel für Autofahrer wurde hier erfunden: Wie viele Fahnen kann man bei der Fahrt auf der Hauptstraße zählen? Bei der letzten Zählung waren es 456, das dürfte ein neuer Rekord sein für eine Stadt, in der weder königlicher Besuch noch ein Staatsfeiertag gefeiert werden. Donnerstags gibt's einen **Suk**, und im städtischen **Complexe Artisanal** (⏲Mo–Sa) auf der rechten Seite gegenüber vom Rathaus finden gelegentlich regionale Kunst- und Kunsthandwerkausstellungen statt.

Schlafen & Essen

Hôtel Souss HOTEL $

(☎0672 32 84 95; EZ/DZ mit Gemeinschaftsbad 40/80 Dh, warme Duschen 10 Dh) Schräg gegenüber dem Ibnou Ziad Restaurant liegt dieses herzlich-relaxte Hotel mit rosa Zimmern, dicken Decken und putzigen Schreibtischen in Kindergröße. Nebenan befindet sich eine Videospielhalle.

Ibnou Ziad Restaurant REGIONALE KÜCHE $

(Ave Hassan II) Zur Mittagszeit kann man hier gut eine Pause für Salat, leckeres gegrilltes Hühnchen und Pommes frites

Autotour

Rundfahrt durchs Glückliche Tal

Auf dieser abenteuerlichen Tour verbringt man fünf Tage in spektakulärer Landschaft und unterstützt damit elf tolle einheimische Projekte.

Tag 1

Fahrt von Marrakesch nach **Demnate** und von dort Richtung Osten nach **Imi-n-Ifri**, wo sich ein Spaziergang unter einer vor 1,8 Mio. Jahren entstandenen natürlichen Brücke anbietet. Zurück in Demnate gönnt man sich im **Restaurant Al Jazeera** ein üppiges regionaltypisches Mittagessen.

Nach vorheriger Anmeldung nimmt man nachmittags an einer Führung durch Demnates uralte **mellah** teil und besucht die **Association Attadamoun Pour les Handicapés**, ein wegweisendes Zentrum für behinderte Kinder und Jugendliche, die hier lebenspraktische Fähigkeiten erlernen. Familien und kleine Gruppen (5–10 Pers.) können sich im Voraus für ein Benefizkonzert anmelden, das vom Attadamoun-Zentrum organisiert wird.

Abends bekommt man in der **Kasbah Timdaf** ein leckeres Abendessen mit frisch im Garten geernteten Zutaten und kann sich auf eine komfortable Übernachtung freuen. Die Inhaber der Unterkunft unterstüzen eine örtliche Initiative, die sich um bedürftige Schwangere kümmert.

Tag 2

Abfahrt aus Demnate und Mittagessen im **Ibnou Ziad Restaurant** in Azilal. Danach steht ein Besuch der **Coopérative Féminine des Tissages Aït Bououli** an: In der Kooperative kann man Berberteppiche bewundern, die aus lokaler Wolle und mit aus Bergpflanzen gewonnenen Farbstoffen hergestellt werden, und die weiblichen *mâalems* (Kunsthandwerksmeister) kennenlernen, die sie anfertigen.

In der **Association Ighrem Atelier du Sculpture** sieht man Holzschnitzern bei der Arbeit zu. Aus Holzresten werden Löffel und Schüsseln gemacht und mit den Erlösen die Aufforstung unterstützt.

Bei der von Frauen betriebenen **Coopérative Tiknioune** warten Kostproben von Kuhmilchkäse sowie verschiedenen Walnussbutter- und Honigsorten.

Zum Abschluss des Tages erlebt man beim Abendessen oder bei der Übernachtung in einem historischen Familienwohnhaus, dem **High Atlas Home**, echte berberische

(40 Dh) einlegen und dabei Fußballspiele im TV verfolgen.

Praktische Informationen

Attijariwafa-Geldautomat (Ave Hassan II) In Aït Bougomez gibt's nur wenige Geldautomaten, außerdem kann man nur selten mit Kreditkarten zahlen, deshalb sollte man sich am Automaten neben der Polizei mit Barem eindecken.

Cyber Espace Bleu (Ave Hassan II; 8 Dh pro Std.; ⏲Mo–Sa 9–22 Uhr) Eines der letzten Internetcafés vor Aït Bougomez liegt neben dem Hôtel Assounfou.

An- & Weiterreise

Busse verkehren zwischen Azilal und Marrakesch (50 Dh, 3-mal tgl.) sowie zwischen Azilal und Demnate (20 Dh, 3-mal tgl.). Darüber hinaus fahren zahlreiche *grands taxis* vom Stand hinter Marrakeschs Busbahnhof nach Azilal (70–100 Dh) und, seltener, von Azilal nach Demnate (35 Dh).

Aït-Bougomez-Tal

وادي عيت بو غومز

Das am besten gehütete Geheimnis Marokkos ist die Region, die als „Glückliches Tal" bekannt ist. Bis 2001 war es vier Monate im Jahr eingeschneit und fast nur zu Fuß zu erreichen. Manche Wege sind zwar nach wie vor nur mit dem Geländewagen oder Maultier zu bewältigen, doch man hat mit befestigten Straßen einen guten Zugang geschaffen, um zu den Lehmziegeltürmen und rötlichen *ighremt* (steinverstärkten Häusern) mit den von weißen Steinen umrandeten Fenstern zu gelangen, die die Aus-

Gastfreundschaft. Die Besitzer spenden einen erheblichen Teil ihrer Einnahmen an eine Frauenorganisation des Dorfes, die sich mit ökologischer Landwirtschaft und lokaler Handwerkskunst beschäftigt.

Tag 3

Morgens wandert man wegen der schönen Aussicht auf das Glückliche Tal zur **Zawiya Sidi Moussa**. Mittagessen gibt's im **Café des Amis** in Tabant.

In der **Internatschule für Mädchen in Tabant** kann man Englisch- und Französischlehrbücher für Anfänger vorbeibringen.

Quer durchs Gelände geht's nach **Zaouiat Ahansal**, um das Frauenweberkollektiv zu besuchen und das Trainingsprogramm im **Atelier du Tissage de l'Association du Zaouiat Ahsal** zu absolvieren.

Zum Abendessen und für die Nacht begibt man sich in die *gîte* **Sidi Ahmed Amahdar**, die mit 10 Dh pro Übernachtung die Apotheke der Dorfgemeinschaft unterstützt.

Tag 4

Am vierten Tag steht die **Resérve Naturelle de Tamga** auf dem Programm, wo man zwischen Wildblumen umherspazieren oder rund um **La Cathédrale du Rocher** klettern kann. Mittags isst man in der **Gîte la Cathédrale**.

Danach fährt man um den Ben-Ouidane-See nach Azilal und weiter zu den **Cascades d'Ouzoud**. Abends isst man im umweltfreundlichen **Riad Cascades d'Ouzoud** auf der Terrasse und lässt sich vom Rauschen des Wassers in den Schlaf wiegen.

Tag 5

Entlang der Regenbogen und ausgetretenen Pfade geht's zum Grund des **Wasserfalls** und weiter zu den am Fluss liegenden Berberdörfern. Während der Wanderung kann man weggeworfene Plastikflaschen einsammeln und so die örtlichen Umweltorganisationen unterstützen.

Anschließend fährt man zurück nach **Marrakesch**, zum vorher arrangierten nachmittäglichen Besuch von **Atfalouna**, einer Unterkunft für 320 obdachlose Kinder.

Als Belohnung für derart sinnvoll verbrachte Urlaubstage gibt's ein Abendessen mit regionalen Delikatessen und eine luxuriöse Übernachtung im **Riad al-Massarah**, einem mit dem „Grünen Schlüssel" ausgezeichneten Riad, das ebenfalls das Atfalouna unterstützt.

läufer des Hohen Atlas sprenkeln. Hier kann man Handys, Chefs und die anderen kleinen Störungen des modernen Lebens vergessen und die Tage stattdessen damit verbringen, den Anblick blühender Obstgärten, mysteriöser Felszeichnungen sowie Steinadler zu genießen.

Neben Naturschönheit entdeckt man in diesem Tal aber auch winzige, von Steinmauern umgebene Terrassenfelder in den Felsen, Dörfer aus Stein und Lehm, die sich perfekt in den spektakulären Hintergrund einfügen, und Einwohner, die in den Hügeln Bergpflanzen sammeln, um daraus natürliche Kräuterheilmittel und Naturfarben für Teppiche zu gewinnen.

Das Aït-Bougomez-Tal ist überwältigend, aber auch sehr abgelegen, sodass die Menschen hart arbeiten müssen, um über die Runden zu kommen und ihre Kinder zur Schule schicken zu können. Mit Blick auf die Zukunft haben die Einheimischen ehrgeizige Initiativen gegründet, die Analphabetismus, Nahrungsunsicherheit und Armut ein Ende setzen sollen. Dazu zählen Mädchenschulen, Kooperativen für Biolandwirtschaft, Holzarbeiterkollektive und Ökotourismus-Unternehmen. Die Einwohner freuen sich sehr darüber, wenn Traveller vorbeikommen und ihre Unterstützung zeigen, z. B. mit der Rundfahrt durch das Tal.

AÏT-BOUOULI-TAL

Von Azilal aus erreicht man zuerst Aït Mohammed. Dort führt die Straße Richtung Südwesten durch Hügel weiter, an denen die geologische Zeit dank der roten, violetten und weißen streifenförmigen Mineralablagerungen abzulesen ist. Bevor man nach Agouti kommt, können Abenteurer mit Geländewagen und eisernen Nerven einen Abstecher Richtung Süden in eine steile Schlucht aus rotem Lehm ins Aït-Bououli-Tal machen. Bis vor ein paar Jahren war dieser Ort sogar mit einem Maultier monatelang unerreichbar.

Sehenswertes

Sebt Aït Bououli LANDSCHAFT

In dem einsamen Außenposten 14 km von der Hauptstraße versorgen sich Trekker im samstäglichen **Suk** mit Lebensmitteln für die Überquerung des M'Goun-Massivs.

2,5 km hinter Sebt Aït Bououli kann man mit etwas Mühe drei malerische Siedlungen ausmachen, die an zweifarbige Felsen gebaut wurden. Die Häuser passen sich wie Chamäleons dem Violett und den Ockertönen ihres Hintergrunds an. Lämmer, die auf den grünen Terrassenfeldern herumtollen, gaben dem Tal seinen Namen: „Bououli" bedeutet „die, die Schafe halten".

Felszeichnungen LANDSCHAFT

7 km westlich des Dörfer-Trios sieht man den **Jebel Ghat** (3797 m) und den Pass namens **Tizi n'Tirghist**. In diesem Gebiet befinden sich Felszeichnungen, deren Alter einige Geologen auf 4000 Jahre schätzen. Örtliche Führer zeigen einem die mysteriösen Symbole, die mit Regenzeremonien in Verbindung gebracht werden.

LP TIPP **Coopérative Féminine de Tissage Aït Bououli**

KUNST & KUNSTHANDWERK, KULTURZENTRUM

(☎0671 41 91 06; ⌚8–12 Uhr) Gleich unter den drei Siedlungen von Aït Bououli liegt eine von Steinmauern umgebene örtliche Vereinigung mit einem Schild, das Besuchern den Weg zur Kooperative der Teppichweberinnen weist. Letztere hat 30 Mitglieder, die alle Schritte der Teppichherstellung selbst in die Hand nehmen, von der Haltung und dem Scheren der Schafe über das Kämmen und Spinnen der Schafswolle zu Garn bis zum Sammeln von Pflanzen, um das Garn in den faszinierenden Farbtönen des Tertiär zu färben. Die Mitglieder arbeiten auch abwechselnd im Laden, also kauft man die Produkte ohne Mittelsmänner garantiert von der Frau (oder ihrer Schwester oder Nachbarin), die sie hergestellt hat.

Sollte die Tür zur Kooperative verschlossen sein, ruft man einfach Fatima, die dynamische Geschäftsführerin an. Sie kommt dann vom Dorf zum kleinen Lagerraum, der bis zur Decke mit weichen, modernen Teppichen gefüllt ist, und erklärt einem gern die Herkunft der Farben: Das ins Rosa gehende Violett wird aus Krappwurzel gewonnen, das Goldgelb aus Henna, Schokoladenbraun aus Granatapfel und Giftgrün aus Reseda. Die Designs reichen von einfachen Streifen- und Karomustern bis zu rätselhaften symbolischen Formen und Talismanen der Berber. Alle Teppiche haben tolle Festpreise. Wer mehrere Stücke kauft, bekommt vielleicht einen kleinen Rabatt und eine Einladung zum Tee.

AGOUTI

Trekker lieben Agouti wegen der tollen Aussicht auf den M'Goun und der Gastfreundschaft der Berber in den *gîtes d'étape* (rustikalen Herbergen); außerdem gibt's hier eine bahnbrechende Holzarbeiterkooperative.

Sehenswertes

LP TIPP **Association Ighrem Atelier du Sculpture**

KUNST & KUNSTHANDWERK, KULTURZENTRUM

(☎0673753163; www.etsy.com/shop/Association Ighrem; ⌚8–18 Uhr) Besucher können in diesem Kulturzentrum (500 m vom Filiou entfernt auf der linken Seite gelegen) Kunsthandwerkern über die Schulter schauen, die Löffel und Schüsseln aus würzigem Walnuss-, Wacholder- und Buchsbaumholz schnitzen. Das Material stammt von umgestürzten Bäumen. Mit den Einnahmen aus dem Verkauf forstet die Association Ighrem das Tal mit schnellwachsenden Buchsbäumen auf und pflanzt Vetiver-Gras, das zum Korbflechten verwendet wird. Für jedes Stück, das man ersteht, wird ein Apfelbaum gepflanzt, um örtliche Familien bei der Versorgung mit Lebensmitteln zu unterstützen; wenn man 200 bis 400 Dh als Spende drauflegt, werden 7 bis 15 Setzlinge mehr gepflanzt.

Schlafen & Essen

Flilou GÎTE $

(☎0524 34 37 98; tamsilt@menara.ma; EZ/DZ inkl. HP 120/150 Dh) Die erste *gîte* auf der linken Seite bietet saubere Mehrbettzimmer, Doppelzimmer mit handbemalten Betten, die rund um den hinteren Innenhof liegen, leckere Mahlzeiten und saubere, modernisierte Bäder mit heißem Wasser. Eine Leiter führt auf die hübsche Dachterrasse mit Berberzelten und Hochzeitsdecken.

Chez ben Ali GÎTE $

(☎0523 45 87 26; EZDZ/3BZ/4BZ mit Gemeinschaftsbad 70/120/170/210 Dh) Am Nordostende von Agouti wartet dieses große rosafarbene Refugium mit wunderbaren Annehmlichkeiten auf. Die in fröhlichen Farben gestrichenen Zimmer teilen sich saubere Gemeinschaftsbäder, eine Waschmaschine, eine Terrasse, drei Gästeküchen und einen Computer mit langsamem Internet. Am besten sind die Räume mit Gartenblick. Wer keine harten Betten mag, sollte sich für eine weichere Schaumstoffmatratze auf dem Fußboden entscheiden. Frühstück kostet 20 Dh, Mittag- oder Abendessen 60 Dh (ohne Getränke).

TIKNIOUINE

Dieses Dorf liegt 5 km hinter Agouti an der Hauptstraße und ist mit seinen kulinarischen Genüssen sowie seiner Kultur ein lohnender Zwischenstopp.

Sehenwertes

LP TIPP Coopérative Tiknioune LEBENSMITTEL & GETRÄNKE, KULTURZENTRUM

(☎0523 45 97 36; ⏲Mo–Do & Sa 9–16 Uhr) Wer den Schildern von der Straße 50 m bergab folgt, gelangt zu diesem 2005 eröffneten Gourmetzentrum. Die Gründerinnen, beherzte junge Frauen, sicherten sich EU-Fördermittel und bauen seitdem Biowalnüsse an, sammeln Bergwildblumenhonig und produzieren einen milden, gereiften Ziegenkäse, der wie eine Kreuzung aus Gouda und Emmentaler schmeckt. Hier kann man all diese Produkte probieren und kaufen.

„Lebensmittelverpackungsunternehmen schlagen aus unseren Erzeugnissen Kapital, und wir wollten zeigen, dass wir bessere Produkte zu einem fairen Preis herstellen können, indem wir sie handwerklich herstellen", erklärt die früh erwachsen gewordene Präsidentin der Kooperative, Malika el-Ouarkhoumi, die im Alter von 19 Jahren Mitbegründerin des Kollektivs war. „Am Anfang wollten manche Leute nicht, dass ihre Töchter mitmachen, aber jetzt sind wir schon zwölf Personen, die Vollzeit arbeiten, und seit wir in Marokko einen Preis als Modellkooperative gewonnen haben, möchten sich alle Familien beteiligen".

Schlafen & Essen

High Atlas Home PRIVATUNTERKUNFT $

(☎0642 34 56 67; www.highatlashome.com; B 80 Dh, Erw./Kind inkl. HP 180/150 Dh) In einem Tal, das voller typischer *gîtes* ist, wirkt dieses historische Berberhaus wie ein frischer Bergwind. Rund um drei sonnige Höfe liegen familienfreundliche Mehrbettzimmer und gemütliche Doppelzimmer. Die Gastgeberfamilie lebt im hinteren Innenhof und organisiert Vogelbeobachtungstouren, Ausflüge zu versteckten Felszeichnungen und Wanderungen, die sich dem Thema „Pflanzen der Berber" widmen. Die familiären Mahlzeiten werden auf Kissen im Wohnzimmer serviert, unter einer liebevoll erhaltenen, 50 Jahre alten bemalten Decke. 20 % der Einnahmen aus der Unterkunft gehen an eine Mikrokreditvereinigung in Tiknioune, die Frauen bei der Gründung von Biolandwirtschaftskooperativen und Handwerkskollektiven unterstützt.

TABANT

Tabant, das Einheimische und Besucher gleichermaßen anzieht, ist mit seinen Bergführerschulen, dem **Suk** am Sonntag und dem Frischmarkt entlang der Hauptstraße neben Verkaufsflächen für Esel in mehrfacher Hinsicht das Herz des Tals.

Eine örtliche Vereinigung betreibt die wunderbare **Internatsschule für Mädchen in Tabant**, eine bahnbrechende Einrichtung für Kinder aus nahe liegenden Bergdörfern, die ihren Horizont erweitern und die Perspektive für die gesamte Familie verbessern können. Schülerinnen mit besonders guten Leistungen erhalten als Auszeichnung Postkarten in englischer oder französischer Sprache, und Besucher sind eingeladen, sich zu beteiligen: Sie können Postkarten in einfachem Englisch mit der Anrede „Dear Student" schreiben und an die Schule schicken, und zwar an den Englischlehrer Merzouk Farami, Al Hay Al Idari, Tabant, Aït Bougomez, Marokko.

Traveller, die Englischlehrbücher für Anfänger spenden wollen, können von donnerstags bis sonntags einen Besuch in der Schule bei **Herrn Farami** (☎0672 18 09 37; farami1982@hotmail.com; ⏲Do–So 15–18 Uhr). arrangieren (eine Anmeldung ein bis zwei Wochen vorher ist erforderlich), und Besucher, die Erfahrungen als Englischlehrer haben, dürfen den Schülern nach der Schule eventuell eine Stunde lang Sprachunterricht geben. Der Unterrichtsplan muss zwei Wochen vorher an Herrr Farami geschickt werden, damit er von der Schule geprüft werden kann; gedruckte Unterrichtsmaterialien bringt man einfach mit.

Sehenswertes & Aktivitäten

LP TIPP Sidi Moussa BAUWERK & LANDSCHAFT

Wer einen spektakulären Sonnenuntergang erleben möchte, folgt der Straße westlich aus Tabant heraus bis zum Beginn

NICHT VERSÄUMEN

DIE TIERWELT DES HOHEN ATLAS

» **Mufflons** Die gefährdeten Bergschafe sind zottelige, flinke Tiere mit großen Hörnern. Sie waren in dieser Gegend schon vom Aussterben bedroht und haben nun ein eigenes Schutzgebiet im Toubkal-Nationalpark.

» **Mauergeckos** Nachts werden die unberechenbaren, gepunkteten kleinen Wesen mit den großen Augen und den gespreizten Zehen vielleicht vom Lampenlicht angezogen, oder man erhascht einen Blick auf sie, wenn sie über Bergpfade flitzen, zusammen mit den winzigen gestreiften Spanischen Mauereidechsen.

» **Raubvögel** In den Lüften kann man majestätische Steinadler, Bartgeier und Schmutzgeier sehen.

» **Wildschweine** Die kleinen, borstigen Energiebündel, die im Unterholz schnüffelnde Geräusche machen, bekommt man nur selten zu Gesicht.

» **Gazellen** Der Anblick von Gazellen, die mit ihren Korkenzieherhörnern anmutig über das unwirtliche Gelände des Hohen Atlas springen, ruft Ehrfurcht hervor – und vielleicht auch ein kleines bisschen Neid.

» **Gefährdete Schlangen** Fast alle Schlangenarten im Hohen Atlas sind klein und harmlos und haben wohl von Eindringlingen mehr zu befürchten als umgekehrt. Viele größere Schlangen werden für Auftritte auf dem Djemaa el-Fna gefangen.

» **Gemalte Scheibenzüngler** Mit ihren bräunlichen Flecken sind diese Froschlurche gut an ihre Umgebung angepasst; vielleicht hört man sie aber quaken oder entdeckt sie, wenn sie sich zwischen Januar und November bis zu zwei Stunden am Stück paaren.

des Wegs, der einen kegelförmigen Hügel hinauf zur *zawiya* des örtlichen *marabout* (Heiliger) Sidi Moussa führt. Bis zum Gipfel braucht man 20 Minuten (wieder runter 15 Min.), einen Guide braucht man dafür nicht. Das runde Bauwerk diente auch als Getreidespeicher und wurde in einer örtlichen Gemeinschaftsaktion restauriert. Mit den Steinmauern und den verwitterten Holztüren bietet es sich als stimmungsvoller Hintergrund für ein Foto an. Es heißt, dass die *zawiya* Frauen hilft, die schwanger werden wollen; ob das stimmt, sei dahingestellt, aber auf jeden Fall bietet sie beeindruckende und romanische Aussichten über das Tal.

Maroc Profond TREKKING

(☎0523 45 93 46; marocprofond@wanadoo.fr) Die Agentur organisiert Wanderungen durch das Tal mit lizenzierten Bergführern. Die vorgeschlagenen Touren reichen von zwei- bis dreistündigen Spaziergängen zu geologischen Formationen bis zu viertägigen Ausflügen über die Berge, die alten Nomadenrouten folgen.

Schlafen & Essen

LP TIPP **Ecolodge Dar Itrane** PENSION $$

(☎010 086930; www.origins-lodge.com; Imelghas; inkl. HP 500 Dh/Pers.) Gleich außerhalb Tabants im Dorf Imelghas stößt man auf dieses Gasthaus, in dem scheinbar gegensätzliche Ideen harmonisch nebeneinander bestehen: ökologisch und gemütlich, ländlich und cool, internationale Eigentümer und lokales Engagement. Achtzehn weiß gestrichene Zimmer wurden mit handgefertigten Einrichtungsgegenständen im Berberstil ausgestattet und verfügen über private *tadelakt*-Bäder mit gehämmertem Messing und solargeheizten Duschen. Die offene Bioküche lädt Neugierige zum Gucken ein und das hydroelektrisch betriebene Hamam lässt Erschöpfte entspannen. Wenn gerade kein Strom da ist, kann man sich die Zeit in der Bibliothek voller Bücher und Videos über die Berberkultur oder beim Stöbern in der Boutique mit lokal hergestellten Waren vertreiben.

Tisami N'Ouayour GÎTE $

(☎0523 45 93 27; B inkl. HP 120 Dh) Von den drei *gîtes* im nahe gelegenen Dorf Ikhf-n-Ighir hat diese die sonnigste Atmosphäre: Licht strömt durch Panoramafenster in den Salon, die Zimmer sind sauber und warten mit regional hergestellten Teppichen auf und von den Sofas im Wohnzimmer blickt man auf geologische Formationen. Man sollte nach einem Zimmer mit Aussicht auf den Ort fragen. Am langsamen Computer kann man seine E-Mails checken. Die Unterkunft liegt hinter dem Dar Itrane auf der linken Seite, wenn man Richtung Norden unterwegs ist, zu erkennen an der gelben Tür, auf die eine rote Rose gemalt ist.

Café des Amis CAFÉ

In dem Café gegenüber der Post, 50 m die Hauptstraße runter, kommt in 30 Minuten eine leckere, günstige Tajine (20 Dh) mit gartenfrischem Gemüse, Fleisch von Tieren aus Freilandhaltung und aromatischen Bergkräutern auf den Tisch.

An- & Weiterreise

Morgens verkehren gelegentlich Minibusse von Azilal nach Tabant (35 Dh, 3 Std.), sobald sie voll sind. Sie starten in der Nähe der Hauptmoschee. Manchmal kann man auch einen Platz in einem *grand taxi* ergattern (65 Dh pro Pers.) oder donnerstags in einem Lastwagen auf dem Weg zum Markt in Azizal mitfahren.

ÜBERQUERUNG DES M'GOUN-MASSIVS جبل المكون

Weil zum Jebel Toubkal immer größere Menschenmassen kommen, zieht es Naturfreunde zunehmend zur zweiten Bergkette des Hohen Atlas, denn die fast unberührten uralten Landschaften des M'Goun-Massivs bieten Wanderfans jede Menge Herausforderungen.

Im Frühling sollte man warme Sachen mitnehmen und sich auf nasse Füße gefasst machen, da es durch zahlreiche Flusstäler geht (ein Highlight!). Die hier beschriebene Überquerung des M'Goun-Massivs folgt einem Fluss bis zu seiner Quelle in den Bergen, überquert den Bergzug und folgt dann einem anderen Fluss hinab ins Tal.

Das Massiv gilt als anspruchsvoll, denn hier befinden sich einige der höchsten Gipfel und schwierigsten Routen des Landes. Doch auch Familien werden Spaß haben, wenn sie auf steileren Abschnitten und durch Flüsse auf dem Maultier reiten. Die Gegend ist unglaublich abwechslungsreich und so führt der Weg an einem einzigen Tag sowohl durch üppige Täler als auch durch felsige Schluchten.

Außerdem entdeckt man unterwegs *ighremt*, per Hand errichtete Berberhäuser aus Stein und Lehm in einem ganz eigenen, für den Hohen Atlas typischen Stil, der eher an jemenitische oder afghanische Bauten erinnert. Die Häuser fügen sich so gut in die Landschaft ein, dass man sie manchmal nur am Kontrast der weißen steinernen Fensterumrandungen und der blauen Türen oder am Rohr, das auf den Flachdächern übersteht, erkennen kann.

Ankunftstag

Ein kleiner Spaziergang durch das Tal nach Agerssif führt zu einem Platz unter Walnussbäumen in der Nähe einer Brücke, wo gezeltet werden darf – eine gute Einstimmung auf die Tour. Man kann auch in einer Stunde von Agouti nach Tabant gehen, um Vorräte einzukaufen und sich eine Tajine im Café des Amis zu gönnen. Übernachtungsmöglichkeiten gibt's in und rund um Tabant sowie direkt am Startpunkt der Wanderung in Agouti.

Tag 1: Von Agouti nach Rougoult

6–7 STD./17 KM/326 M AUF- & ABSTIEG

Zunächst geht's etwa 1½ Stunden entspannt auf der Straße von Agouti Richtung Süden. Dann biegt eine Asphaltstraße links ins Tal ab. Alternativ nimmt man den steileren, kürzeren Zickzackweg nach unten nach **Agerssif** (1469 m), wo man wieder auf die Straße stößt. Von Agouti bis zu diesem Dorf dauert es höchstens drei Stunden. Agerssif liegt am Zusammenfluss des Lakhdar und des Bougomez. An der Brücke lockt ein schöner Platz zum Zelten oder für eine Rast.

Je weiter die Straße die Südseite hinaufklettert, desto enger wird das Lakhdar-Tal. Nach einer halben Stunde erreicht man das malerische, von Wacholderbäumen umgebene Örtchen **Taghoulit** (1519 m) mit einer einfachen **gîte** (45 Dh pro Pers.). Von hier geht's die Schlucht hinauf in ein weites, üp-

DIE TOUR AUF EINEN BLICK

Dauer vier Tage

Länge 57 km

Schwierigkeitsgrad mittelschwer

Start Agouti

Ziel Aït Alla

Höchster Punkt Tizi n'Rougoult (2860 m)

Unterkunft Camping und *gites*

Öffentliche Verkehrsmittel ja

Kurzbeschreibung Diese Trekkingtour mitten durch das Herz des M'Goun-Massiv ist für fast jeden geeignet, selbst für Kinder. An einem Tag ist man lange unterwegs, aber dafür kommt man durch grandiose Berglandschaften, Schluchten, einen Fluss hinauf und einen anderen hinunter in abgelegene Täler.

Überquerung des M´Goun-Massivs

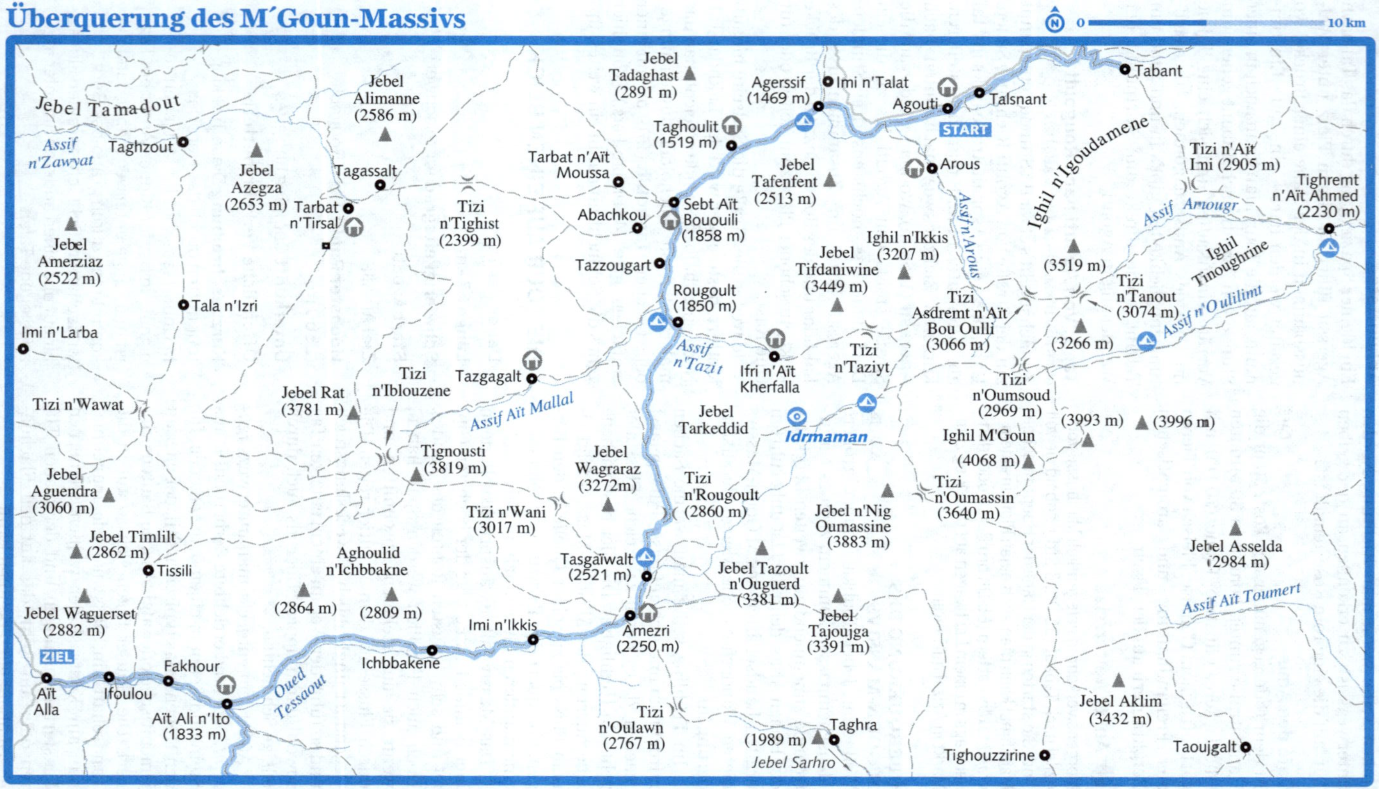

piges Tal und bis nach **Sebt Aït Bououili**. Hier bietet einem die **Gîte Hassan Benkoum** (40 Dh pro Pers.) eine Übernachtungsmöglichkeit, allerdings ist es ratsamer bis nach Rougoult weiterzugehen, damit der nächste Tag nicht zu lang wird. In Sebt Aït Bououili stoßen mehrere Täler zusammen und oben hinter dem Dorf Abachkou erblickt man den **Jebel Rat** (3781 m). Eine planierte *piste* führt nach links Richtung Süden durch ein Tal mit Weizen- und Gerstenfeldern, zwischen denen wilde Feigenbäume, Wacholder und Mandelbäume stehen. Das Dorf **Tazouggart** auf der anderen Talseite liegt auf halber Strecke zwischen Sebt Aït Bououili und Rougoult, dem Endpunkt dieser Etappe. Die Landschaft wird immer paradiesischer, und nach 2½ Stunden ist **Rougoult** (1850 m) erreicht. Hier gibt's einen Zeltplatz am Fluss Tifra und die Möglichkeit, bei Familien zu übernachten (30 Dh pro Pers.) – einfach herumfragen, wer Platz hat.

Tag 2: Von Rougoult nach Amezri

6–7 STD./14 KM/600 M ABSTIEG/970 M AUFSTIEG

Morgens geht's zwei Stunden einen steinigen, gut ausgetretenen Maultierpfad am Tifra entlang, der den Fluss mehrmals überquert. Der Weg klettert immer höher, während die Landschaft immer karger wird. Gelegentlich umgeht er steinige Schluchten und folgt dabei stets dem Flusslauf Richtung Süden.

Die Quelle des Tifra ist nur ein kleines Rinnsaal, wie man unter dem Pass **Tizi n'Rougoult** (2860 m) feststellt. Vom breiten Sattel unter dem Pass verläuft ein Pfad nach links Richtung Osten zu einem Kamm, der auf über 3500 m ansteigt. Geradeaus liegt der ausgetretene Rougoult-Pass, im Osten erhebt sich der Gipfel des **Ighil M'Goun** (4068 m), der nur 100 m niedriger ist als der Jebel Toubkal. Nicht weit von hier erstrecken sich auf der anderen Seite des **Flusses Tessaout** Berghänge mit großen Scharten voller rostbrauner, grüner und grauer Felsen.

Vom Rougoult-Pass ist der Maultierpfad deutlich zu sehen, der sich in den nächsten zwei Stunden langsam bergab schlängelt, bis das Dorf **Tasgaïwalt** erreicht ist. Neugierige Dorfkinder begleiten Trekker manchmal auf dem einfachen 40-minütigen Weg, der rechts vom Fluss zum Dorf **Amezri** (2250 m) führt. In der **Gîte d'Etape Agnid Mohamed** (40 Dh pro Pers., Frühstück 20 Dh, Mahlzeiten 50 Dh) gibt's große Schlafräume – einige mit Blick auf das Tal –, eine primitive Dusche und Toiletten und einen empfehlenswerten Zeltplatz (20 Dh).

Tag 3: Von Amezri nach Aït Ali n'Ito

6 STD./18 KM/427 M ABSTIEG/150 M AUFSTIEG

Der Pfad folgt dem Tessaout und steigt ganz allmählich von 2250 m auf 1833 m ab. Das Tal wird von eindrucksvollen Felswänden flankiert, darunter die grandiose Ichbbakene-Steilwand 600 m über dem Fluss.

Seit sie vor einigen Jahren von einer großen Flut weggespült wurden, gibt's kaum noch Fische im Tessaout, der für die Bewässerung der außergewöhnlich schönen Terrassenfelder der Aafan-Berber genutzt wird. Im Frühling ist diese Gegend am malerischsten, denn dann blühen die Wildblumen sowie die Obst- und Nussbäume. Der Tessaout, der von Schmelzwasser-Strömen aus den schneebedeckten Bergen gespeist wird, fließt hier Richtung Westen.

Wenn der Pfad über den Fluss führt, kann man meistens von Stein zu Stein springen. Im Frühling muss man manchmal auch durch das höher stehende Wasser waten, etwa beim Dorf **Imi-n-Ikkis** 5 km von Amezri. Hier gibt's einen Laden (ohne Schild), der gelegentlich Wasser, Softdrinks, Konserven und Plastiksandalen für die steinigen Flussbetten vorrätig hat.

Nachdem man 1½ Stunden bergab gegangen ist, führt der Weg unter dem größeren Dorf **Ichbbakene** entlang, das sich vor steilen Felswänden erstreckt. Er wird zu einer *piste* (unbefestigten Weg), die weitere 2½ Stunden rechts vom Fluss verläuft und sich zwischen den Stein- und Lehmhäusern von **Aït Hamza** hindurchzwängt. Am unteren Ende dieser Siedlung stößt man auf eine funktionierende **Wassermühle**, mit der Weizen gemahlen wird. In einer weiteren Stunde erreicht man das Örtchen **Aït Ali n'Ito**. Hier bietet die **Gîte d'Etape Assounfou** (☎066 075060, 024 385747; Fax 024 385744; 50 Dh pro Pers., Frühstück 25 Dh) herrliche Aussichten, Strom, Warmwasserduschen (10 Dh) und sogar einen Hamam.

Tag 4: Von Aït Ali n'Ito nach Aït Alla

2½–3 STD./8 KM/150 M ABSTIEG

Eine unbefestigte Straße führt am Fluss entlang allmählich hinauf ins reizende **Fakhour**. Das an einem Hang gelegene Dorf wartet sogar mit einer kleinen Sehenswürdigkeit auf, einem *agadir* (verstärkter Getreidespeicher), den man besichtigen kann (üblich sind 10 Dh Trinkgeld für den Wärter).

CHECKLISTE FÜR DIE ÜBERQUERUNG DES M'GOUN-MASSIVS

» **Karten & Bücher** Die Kartenblätter *Azilal, Zawyat Ahannsal, Qalat M'Gouna* und *Skoura* im Maßstab 1 : 100 000 enthalten alle wichtigen Trekkinggebiete. Die Karte *Mgoun Massif* von West Col Productions im Maßstab 1 : 100 000 ist hier und da in Marokko zu finden, bei **Stanfords** (www.stanfords.co.uk) und **Omnimap** (www.omnimap.com) ist sie oft auf Lager und gelegentlich auch bei **amazon** (www.amazon.de) zu finden. Sie verzeichnet zwar keine Höhenlinien, ist für die Tour aber trotzdem recht brauchbar. Auf der in Deutschland produzierten Karte *Kultur-Trekking im Zentralen Hohen Atlas* ist die Wanderung von Aït Bougomez nach Kelaâ M'Gouna eingezeichnet, außerdem sind *gîtes* im ganzen Gebiet ausgewiesen und bewertet. *Randonnées Pédestres Dans le Massif du M' Goun* ist ein französischer Trekkingführer, den man in größeren marokkanischen Städten bekommt.

» **Führer** Da sich die marokkanische Bergführerschule in Tabant befindet, trifft man dort viele lizenzierte Guides mit Erfahrung im M'Goun-Massiv. Führer aus Imlil, Marrakesch sowie den Regionen Dadès und Sahrho haben meistens genügend Erfahrung und die notwendigen Kontakte für eine M'Goun-Tour.

» **Proviant** Die wichtigsten Grundnahrungsmittel gibt's in Tabant und manchmal auch in Abachkou.

» **Wasser** Wasser in Flaschen bekommt man fast überall, aber die verantwortungsvollere Alternative ist gereinigtes Wasser aus örtlichen Quellen (s. S. 43).

» **Brennstoff** Die beste Anlaufstelle für Gaskanister ist der Hypermarket in Marrakesch. Benzin, Diesel und Petroleum kann man auch in Azilal kaufen.

» **Ausrüstung** Im Frühling, nach starkem Regen oder nach Schneefall hilft ein Wanderstock beim Springen über Bäche oder beim Balancieren, wenn man Flüsse überqueren und dabei von Stein zu Stein hüpfen muss. Bei hohem Pegel bleibt einem nur der Weg durchs Wasser. Wem der Weg barfuß zu steinig ist, sollte wasserdichte Schuhe bzw. Plastiksandalen mitnehmen.

» **Zelt** Ein Zelt ist kein Muss, doch die Suche nach einer Bleibe für die Nacht macht lange Wandertage noch länger. In Rougoult gibt's keine *gîte*, aber einen ausgezeichneten Zeltplatz am Fluss. In der Regel können die Führer Zelte besorgen. Wer kein Zelt hat und nicht unter freiem Himmel schlafen möchte, muss eine Nacht in Sebt Aït Bououili verbringen, was die Wanderung am zweiten Tag verlängert.

» **Maultier** Die Bergführer können vor Ort Maultiere und Treiber organisieren.

Nicht einmal eine Stunde hinter Fakhour erstreckt sich **Ifoulou** an einer Biegung des Flusses und der Straße. Der Montagsmarkt dieses Ortes zieht zahlreiche Bauern aus der Umgebung an. Von hier führt ein asphaltierter Weg zur Brücke über den Fluss Tessaout, unterhalb des Dorfes **Aït Alla**, wo die Hauptstraße zwischen Demnate und Skoura verläuft. An der Brücke starten öffentliche Verkehrsmittel, allerdings muss man dafür meist ein Weilchen warten – wobei man sich nach der M'Goun-Überqerung die Pause auch redlich verdient hat.

Zaouiat Ahansal زاحنصال

Für die 40 km lange *piste* über den 2629 m hohen Tizi 'Tirghist nach Zaouiat Ahansal braucht man einen Geländewagen. Am nördlichen Ende von Imelghas befindet sich eine *piste,* die nach links Richtung Zauoiat Ahansal führt. 15 km später folgen auf einem felsigen Hügel eine weitere Weggabelung und ein Schild, das rechts nach Zaouiat Ahansal weist. Teile dieses Weges sind asphaltiert, allerdings geht's auf den engen und kurvigen Bergstraßen nur langsam voran, besonders wenn die Einheimischen montags auf dem Weg zum Suk sind.

In Zaouiat Ahansal überquert man die Brücke in Richtung des prächtigen Lehmziegel-*douar* (Dorf) oben auf einem steilen Hügel – einst lebte dort die gesamte 300-Seelen-Gemeinde. Übernachten kann man vor Ort oder in einer der *gîtes* in den umliegenden Weilern Agoudim, Amezrai und Taghia (Letzteres liegt 2 Std. flussaufwärts). Nördlich der Stadt erstreckt sich

Ouaouizarht (wah-ri-sat) mit einem Hotel und einem Mittwochsmarkt.

Sehenswertes

Atelier du Tissage de l'Association du Zaouiat Ahsal KUNST & KUNSTHANDWERK, KULTURZENTRUM

(Di–So 13–18 Uhr) Gleich hinter dem uralten *douar* stößt man auf dieses Weberinnenzentrum mit Berufsausbildungsprogramm. Besucher dürfen dabei zusehen, wie Teppiche mit gezackten, alten Werkzeugen hergestellt werden, mit denen weniger geschickte Hände leicht ein Auge ausstechen könnten. Damit alle was zu lachen haben, kann man fragen, ob man es auch mal versuchen darf – aber nicht beleidigt sein, wenn sie den Knoten wieder rausmachen! Die Teppiche stehen zum Verkauf; ein Teil der Einnahmen unterstützt das Ausbildungsprogramm und die Apotheke der Dorfgemeinschaft, der Rest geht direkt an die Frau, die den Teppich angefertigt hat.

Schlafen

Sidi Ahmed Amahdar GÎTE $

(0678 53 88 82; B inkl./ohne Frühstück 30/50 Dh, HP 120 Dh) Es gibt Warmwasserduschen, saubere Gemeinschaftsbäder und eine lautstarke Begrüßung der Geschäftsführerinnen. Für jede Übernachtung gehen 10 Dh als Spende an die Dorfapotheke und die Weberinnenschule.

An- & Weiterreise

In der Gegend ist ein Geländewagen die einzige zuverlässige Transportmöglichkeit. Sonntags fahren auch Transporter von Tabant nach Zaouiat Ahansal. Minivans verkehren regelmäßig zwischen Zaouiat Ahansal und Aït Mohammed (40 Dh) und weniger häufig über Tilougguite nach Ouaouizarht.

Cathédrale des Rochers & Réserve Naturelle de Tamga

Wenn man von Zaouiat Ahansal auf der Hauptstraße weiter nach Norden fährt, erreicht man die Cathédrale des Rochers. Die glatten Steinwände der „Felskathedrale" sind für Kletterer eine Herausforderung und ein echtes Vergnügen. Außerdem erstreckt sich hier die Réserve Naturelle de Tamga, ein riesiges Naturschutzgebiet mit acht einzelnen Parks und 107 Vogelarten, darunter auch seltene und bedrohte Tiere. Vogelliebhaber kommen also ganz auf ihre Kosten. 3 km hinter dem Eingangsschild zum Reservat liegt ein **botanischer Garten**. Er zeigt die vielfältige Pflanzenwelt der Umgebung, z. B. Arzneikräuter, die angeblich Rheuma heilen.

Übernachten und essen kann man in der **Gîte la Cathédrale** (0523 44 20 23; B inkl. HP 150 Dh; Mittag-/Abendessen 50/60 Dh) 2 km hinter dem Schild zur „Felskathedrale".

Bin el-Ouidane

Von der Cathédrale aus kann man über die asphaltierte Straße nach Bin el-Ouidane zurück nach Azilal fahren. Verwirrenderweise tragen ein See, der Damm und der Ort am Ufer alle denselben Namen. Der Damm liefert den größten Teil des Stroms in der Region, und obwohl das zerklüftete Ufer nicht gerade einladend wirkt, ist der See für ausgetrocknete Augen eine Augenweide. Die beste Stelle liegt südwestlich des Damms und ist überwiegend mit privaten Villen bebaut.

Schlafen & Essen

Dar Samy PRIVATUNTERKUNFT $$

(EZ/DZ inkl. HP 500/800 Dh) Das idyllische Familienheim wird gleichzeitig als Gästehaus genutzt. Es bietet Zugang zu den Gärten sowie zum See und verfügt über Tischtennisplatten, einen Grill und eine Dachterrasse mit Beduinenzelt. Die Inspiration für die zwölf thematisch gestalteten Gästezimmer lieferten marokkanische Städte: Im „Zagoro" steht ein Tuareg-Bett mit vier Pfosten, das „Volubilis" ist mit griechisch-römischen Wandbildern verziert und im „Ourika" gibt's *beldi*-Holzmöbel. Ein Zimmer ist rollstuhlgerecht und alle haben eigene Bäder. Die Unterkunft liegt an der Westseite der Straße nach Ben el-Ouidane.

SÜDLICH VON MARRAKESCH

Wer mal schnell aus Marrakesch rausmöchte, fährt in die richtige Richtung. Zu den beliebtesten Ausflugszielen gehören die Wasserfälle von Setti Fatma, die Terrassenstadt Imlil unterhalb des Jebel Toubkal und der Skiort Oukaïmeden, besonders in der Hochsaison (Dez.–Feb.). Doch die Gegend hat noch einiges mehr zu bieten: Abseits der Ourikatal-Straße locken archäologische Stätten, heilende Fußbäder, Arzneipflanzengärten und uralte Felszeichnungen. Von der Hitze und vom Trubel geplagte Marrakescher ziehen sich gern in die Bergdörfer und auf die ökologischen Bauernhöfe rund um die Stauseen Lalla Takerkoust (S. 119) und Ouirgane (S. 73) zurück. Etwas weiter weg im Hinterland des Hohen Atlas gibt's versteckte Täler, Dörfer an Klippen, Plateaus, die Mondlandschaften gleichen, und Glück bringende *marabout*-Schreine.

Ourikatal وادة اوريكة

Dieses idyllische Tal nur 45 Fahrminuten mit dem Auto oder *grand taxi* von Marrakesch entfernt ist quasi der Notausgang der Stadt. Im Schatten der schneebedeckten Gipfel des Hohen Atlas sind die Temperaturen niedriger, außerdem breiten sich patchworkartige Felder wie ein grüner Teppich aus und bieten Platz, um zu campen, zu picknicken oder einfach nur abzuhängen. Von Februar bis April, wenn die Wildblumen, die Mandel- und die Kirschbäume blühen, ist es hier besonders schön.

An- & Weiterreise

Vom Bab er-Rob in Marrakesch fahren regelmäßig *grand taxis* nach Setti Fatma (35 Dh). Minibusse verkehren etwas weniger häufig zu Orten im Ourikatal (15–25 Dh). Viele Taxifahrer lassen einen an jedem beliebigen Ort an der Route d'Ourika aussteigen, allerdings findet man Taxis und Minibusse für die Rückfahrt am ehesten in Setti Fatma, Tnine und Aghbalou. Die Fahrzeuge starten, sobald sie voll sind.

AGHMAT

Wer an dem hinter Marrakesch an der Route nach Setti Fatma liegenden Aghmat (auch Rhmat, Ghmat oder Jemaa Rhmat) einfach vorbeifährt, verpasst einen entscheidenden Wendepunkt in der Geschichte des Landes: Von 828 bis 1058 war dieser Ort eine regionale Hauptstadt der Idrissiden-Dynastie, doch dann wurde er von den Almoraviden erobert. Dabei wurde einer der führenden Bürger Aghmats getötet und die wohlhabende Witwe Zeinab en-Nafzawiyyat mit dem Almoravidenführer Abu Bakr verheiratet. Als Letzterer zurück in die Sahara gerufen wurde, um dort Streitigkeiten zu regeln, ließ er sich von Zeinab scheiden, damit diese seinen Cousin Yusuf ibn Tachfin ehelichen konnte. Mit Zeinabs Geld und Rat war Yusuf ibn Tachfin nicht mehr aufzuhalten: Er gründete Marrakesch und dehnte das Almoravidenreich bis kurz vor Barcelona aus.

> **MARKTTAGE**
>
> Im Ourikatal, rund um den Jebel Toubkal und in Richtung Tizi-n'Tichka-Pass gibt's mehrere Märkte, auf denen Handwerkserzeugnisse, Lebensmittel und Esel verkauft werden:
>
> » **Montag** Tnine
>
> » **Dienstag** Tahanaoute, Aït Ourir
>
> » **Mittwoch** Tighdouine
>
> » **Donnerstag** El-Khemis
>
> » **Freitag** Aghmat
>
> » **Samstag** Asni
>
> » **Sonntag** Setti Fatma

Nachdem die Almoraviden nach Marrakesch gezogen waren, wurde Aghmat zu einem Exil für politische Dissidenten, unter ihnen der andalusische Dichter-König Al-Mutamid ibn Abbad. Am Ende wog die Dichtkunst jedoch schwerer als die Politik und Al-Mutamid erhielt mit seiner Frau und seinen Kindern ein ehrenvolles Begräbnis. Auch heute spielt die Kunst eine große Rolle im Ort: Im Juni findet hier das internationale Straßenkunstfestival **Awaln'art** (www.awalnart.com) statt, bei dem Künstler aus der ganzen Welt auftreten.

Sehenswertes & Aktivitäten

Eine Ahnung vom früheren Ruhm des Ortes bekommt man gleich hinter dem zentralen Marktplatz der Stadt, wo freitags der **Suk** stattfindet.

Stadtfundamente HISTORISCHE STÄTTE
200 m von der Hauptstraße auf der linken Seite begannen 2010 Ausgrabungen, die mit finanzieller Unterstützung des Staates und – sonderbarerweise – McDonald's durchgeführt wurden und alte Fundamente freilegten, darunter die eines Hamams, einer Moschee, eines Marktes sowie Bewässerungsanlagen. Wer sich für Geschichte interessiert, kann sich einfach auf dem nicht abgesperrten Gelände umschauen.

Mausoleum HISTORISCHE STÄTTE
Al-Mutamids letzte Ruhestätte verfügt über eine Kuppel im Almoravidenstil und befindet sich in einem Garten. Von der Hauptstraße hinter dem Gemeindegebäude liegt das Grab etwa 200 m links und ist dort auch ausgeschildert. 1950 kam es hier zu einem Protest gegen die französische Besat-

zung, der von Pascha Glaoui gewaltsam unterdrückt wurde und die marokkanische Unabhängigkeitsbewegung nur noch stärker beflügelte. Schon Al-Mutamid sagte in seinem berühmten Gedicht „Tod“:

Tot sind die Prinzen und Potentaten
und niemand wird sie wecken.
Sagt jenen, die bei meinem Tod triumphieren,
dass der Tod sie einholen wird.

TNINE

Tnine (oder Tnin l'Ourika) liegt 33 km von Marrakesch und hinter dem Abzweig nach Aghmat an der Route d'Ourika. Beim Suk am Montag sieht man in dem Ort etliche Esel. Wirklich spannend sind aber die bemerkenswerten Gärten und Öko-Museen in und um Tnine.

Sehenswertes & Aktivitäten

LP TIPP **Dar Taliba** GARTEN, KULTURZENTRUM
(0524 48 26 90; www.globaldiversity.org.uk/north-africa-community-and-conservation; El Hanchane) Die hiesigen Experten für die Botanik der Berber sind keine Profis, sondern Schülerinnen einer bahnbrechenden Sekundärschule für Mädchen etwa 7 km westlich von Tnine. Dank eines von Ethnobotanikern der Universtität Marrakesch zusammengestellten Wissenschaftsprogramms konnten die Jugendlichen ein geradezu enzyklopädisches Wissen über einheimische Kräuter erwerben und stellen gerade bereits ihr zweites Buch über die mündlichen Überlieferungen der Berber zum medizinischen Nutzen von Bergkräutern fertig.

Rachida Mouch, Schulleiterin, Betreuerin des botanischen Clubs und Direktorin der örtlichen Nichteregierungsorganisation Association for Ourika Basin Wellbeing and Development, erklärt: „Die Schülerinnen von Dar Taliba kommen aus abgelegenen Dörfern des Hohen Atlas und hatten vorher keine Möglichkeit, sich weiterzubilden. Doch von diesen Bergen können wir so viel lernen. Je aufmerksamer man sie betrachtet, desto mehr erweitert man seinen Horizont.“

Gäste werden mit erfrischendem Tee aus acht wilden Kräutern begrüßt, die hier erfolgreich kultiviert wurden: Verbena, Minze, Rosmarin, Majoran, Storchschnabel, Salbei, Thymian und Wermut. *Ground Forces* von der BBC unterstützte die Mädchen 2004 beim Ausbau der Schulgärten. Bei Anmeldung ein paar Tage im Voraus und einer gestaffelten Spende von 250 bis 500 Dh ist ein Besuch möglich. Mit den Beiträgen wird armen Schülerinnen das Frühstück oder Mittagessen bezahlt. Besuchszeiten sind montags bis donnerstags und samstags von 15 bis 17 Uhr.

Ecomusée Berbere MUSEUM
(0524 38 57 21; Km 37, Route de l'Ourika, Tafza; www.ecomuseeberbere.com; Eintritt 40 Dh; 10–17 Uhr) Ein unauffälliges Schild weist 4 km hinter Tnine von der Straße zu einem unbefestigten Weg voller Freilandhühner, der ins Berberdorf Tafza führt. Das Museum des Ortes befindet sich in einem dreistöckigen Lehmziegel-*ksar*, das einst vom *caid* (Häuptling) bewohnt wurde. Auf den enthusiastischen obligatorischen Führungen lernt man jeden wichtigen Aspekt des häuslichen Lebens von den in die Türrahmen geschnitzten Symbolen bis zur Silberschmuck-Mitgift kennen. Wer vorab anruft, kann eine Mahlzeit auf der Terrasse bestellen oder einen Besuch in der Töpferwerkstatt arrangieren. Der **marabout-Schrein** in Tafza wurde im Gegensatz zu den meisten weißen und von einer Kuppel gekrönten Schreinen aus dem örtlichen roten Stein gebaut und ist strohgedeckt. Mit dem entsprechendem Abschnitt der Eintrittskarte des Maison de la Photographie in Marrakesch muss man für die Besichtigung nichts bezahlen.

Safranerie GARTEN
(0522 48 44 76; www.safran-ourika.com; Km 34, Route de l'Ourika, Tnine; Gartenführung 10 Dh; 7.30–17.30 Uhr) In der reichen Erde von Ourika gedeiht fast alles, sogar Safran *(Crocus sativus)*. Die biologisch angebauten Pflanzen werden hier aufgezogen und in der Nähe von Talouine kultiviert. Ihre Pflege ist sehr aufwendig und ihre Blüten müssen vor der Dämmerung gepflückt werden, um den größten Ertrag zu erzielen. Leider werden die Führungen von gelangweilt wirkenden Mitarbeitern übernommen, die lediglich die wichtigsten Informationen der schriftlichen Erklärungstafeln wiederholen, ehe man nach draußen in den faszinierenden Garten geht. Am Ende der Tour folgt der unaufdringliche Safranverkauf. Ein echtes Schnäppchen sind die Tees (20–40 Dh) aus vor Ort angebauten Kräutern. Während der Safranernte von Ende Oktober bis Mitte November herrscht hier ein emsiges Treiben, während man zu anderen Zeiten auf der Terrasse bei einem Tee auf Kosten des Hauses relaxen kann.

Nectarôme GARTEN
(☎0524 31 38 00; www.nectarome.com; Km 34, Route de l'Ourika, Tnine; Besuch des Gartens 10 Dh; ⏲10–17 Uhr) Im Zentrum von Tnine weisen Schilder den Weg von der Hauptstraße Richtung Westen zu den botanischen Biogärten eines französisch-marokkanischen Unternehmens für natürliche Badeprodukte, das Heilkräuter der Berber mit moderner Aromatherapie kombiniert. Kein Wunder, dass der Garten herrlich duftet. Ein Fußbad samt Fußmassage mit organischen ätherischen Ölen (100–200 Dh) ist nach einer Trekkingtour genau richtig.

La Clédes Huiles MUSEUM
(☎0524 48 20 30; Km 35, Route de l'Ourika; www.lacledeshuiles.com; Eintritt mit Verkostung 25 Dh; ⏲8–17 Uhr) Dieses Bauernhaus-Ökomuseum liegt einige Kilometer hinter Tnine und verfügt über eine traditionelle marokkanische Olivenölpresse. Die Wandtexte (auf Französisch) bieten viele interessante Informationen: So können Olivenbäume 2000 Jahre alt werden, außerdem erntet man hauptsächlich Picholine-Oliven. Besucher erfahren viele Insiderdetails zur Ölherstellung und können in einem angrenzenden Raum lokale Olivenöle verkosten. Dazu gibt's Brot und Marmelade. Im 10 ha großen Garten befinden sich ein Villa-Gästehaus aus Stein sowie Bungalows mit komfortablen Zimmern (DZ/4BZ 880/1100 Dh). Darüber hinaus lockt mitten im Olivenhain ein Pool. Bei Redaktionsschluss wurde gerade ein Restaurant gebaut.

Schlafen & Essen

LP TIPP **Jardin de Timalizene** DAR $
(Erw. inkl. HP 440 Dh, Kind 12–18 J. 330 Dh) Ein Gartenpfad führt zur Schwesterneinrichtung des Cafés des Arts, einem Lehmziegel-Landhaus mit fünf gemütlichen Gästezimmern. Diese haben eigene Bäder, Holzbalkendecken, Gartenblick und Lesenischen. Am besten ist das Doppelzimmer mit dem Schlafboden. Mustapha und Rémi, die Gastgeber, wohnen seit 1996 in dem *dar*. Man kann ihnen bei der Organisation von botanischen Wanderungen, Exkursionen mit Dromedaren oder Eseln und Spaziergängen zu Salzvorkommen des Hohen Atlas voll und ganz vertrauen. Online sind Rabatte möglich.

Café des Arts FUSIONSKÜCHE $
(☎0524 48 40 59; www.timalizene.com, auf Französisch; Km 41, Route de l'Ourika, Timalizene) In dem lauschigen Gartencafé 8 km hinter Tnine (im Osten auf die roten Fahnen jenseits der Brücke achten) gibt's Mittagessen, Hängematten, Skulpturen und Kaninchen. Wer vorher anruft, darf sich auf eine besonders kreative Mahlzeit (150 Dh) freuen, die das Beste aus den wilden Kräutern und den im Garten angebauten Bioprodukten macht. Zum Angebot gehören auch besondere saisonale Gerichte wie einheimischer Truthahn mit mexikanischer *mole*-Sauce im Oaxaca-Stil und in Berghonig geschmortem Fenchel. Nach dem Essen kann man durch den von Kaninchen bewohnten Biogarten schlendern und sich in der Galerie Arbeiten zeitgenössischer marokkanischer Künstler anschauen.

ℹ Praktische Informationen

Centre d'Informations Touristique Ourika
(☎0668 46 55 45; ⏲Mo–Sa 8.30–19, So 8.30–13 Uhr) In dem Informationsbüro gleich außerhalb von Tnine, das von einer örtlichen Nichtregierungsorganisation betrieben wird, gibt's Karten von Aussichtspunkten des Tals und aktuelle Trekkinginfos. Wanderungen sind von Dezember bis März nicht zu empfehlen, da Springfluten ganze Gebiete des Ourikatals unzugänglich machen können. Im Winter 1995 löschten Fluten fast das Dorf Oulmes aus.

AGHBALOU

Eine **rote Steinmoschee** und ein **Minarett** sind die Wahrzeichnen von Aghbalou, einem Dorf an der Route de l'Ourika, 47 km von Marrakesch entfernt. In der Umgebung gibt's schöne Stellen für ein Picknick über dem rauschenden Fluss und friedliche ländliche Unterkünfte, in denen man fernab des Trubels von Setti Fatma ruhig schlafen kann.

Schlafen

Auberge le Maquis HOTEL $
(☎0524 48 45 31; www.le-maquis.com, auf Französisch; Km 45, Route de l'Ourika; EZ/DZ HP 450/840 Dh) Gäste der Herberge werden in diesem wunderbar familiären Zufluchtsort sowie Start- und Zielpunkt für Radler und Trekker herzlich empfangen. Das Hotel hat acht Zimmer und einen Spielplatz, auf dem sich der Nachwuchs austoben kann. Dank dem freundlichen einheimischen Management fühlt man sich beim Abendessen wie unter Freunden. Für 80 Dh dürfen auch Nichtgäste den Pool nutzen, außerdem organisieren die Betreiber Touren zu den Felszeichnungen auf dem Yaggour-Plateau und Ausflüge auf Maultieren für die Kleinen.

Ourika Garden HOTEL $$

(☎0524 48 44 41; www.ourika-garden.com; Km 49,5, Route de l'Ourika, außerhalb von Aghbalou; EZ inkl. Frühstück 660–880 Dh, DZ 760–1280 Dh;) Gepflasterte Wege führen durch aromatische Kräuter- und Gemüsegärten über eine kleine Brücke zu dem hübschen Hotel. Die Zimmer warten mit Kaminen, Sitzecken, aus Holz geschnitzten Möbeln und Bädern auf. Leider ist das Warmwasser unzuverlässig, deshalb sollte man früh duschen. Zum Frühstück auf der Terrasse kann man nicht nur lokale Produkte wie Honig und Olivenöl genießen, sondern auch den Blick auf den Hohen Atlas. Rund um die Bar im Innenhof gibt's WLAN.

Essen

Von Aghbalou bis Oulmes säumen Cafés das Ufer, die mit Kebab und Salat (50 Dh) sowie üppigen Tajines (60 Dh; reicht für zwei Pers.) locken. Bei schönem Wetter werden unter schattigen Bäumen Teppiche ausgebreitet.

Auberge Le Maquis RESTAURANT $$

(☎0524 48 45 31; www.le-maquis.com, auf Französisch; Km 45, Route de l'Ourika; Mahlzeiten 70–120 Dh) Wer sich nur auf der Durchreise befindet, sollte sich telefonisch anmelden, um die leckeren Berbermahlzeiten zu angemessenen Preisen kosten zu können.

Ikalimo Ourika RESTAURANT $$

(☎0524 38 54 46; Km 46, Route de l'Ourika; Mittagessen 90–150 Dh) In diesem *auberge*-Restaurant ein kleines Stück außerhalb von Aghbalou ist das Mittagessen mit einer Prise Abenteuer gewürzt, denn auf dem Weg dorthin muss man eine wacklige Hängebrücke überqueren und einem mit Pfeilen markierten Pfad durch ein Bergdorf nach oben folgen. Wer ein paar Stunden vorher anruft, kann eine der Berber-Tajines vorbestellen und sich einen Platz am Feuer sichern. Alternativ verputzt man auf der sonnigen Terrasse bei spektakulären Talblicken Fleischspieße und Salat.

TREKKINGTOUR VON IMLIL NACH SETTI FATMA

DIE TOUR AUF EINEN BLICK

Dauer drei Tage (für sehr fitte Trekker in zwei Tagen möglich)

Länge 30 km

Schwierigkeitsgrad leicht bis mittelschwer

Start Imlil

Ziel Setti Fatma

Höchster Punkt Tizi n'Tacheddirt (3230 m)

Unterkunft Camping und *gîtes*

Öffentliche Verkehrsmittel ja

Kurzbeschreibung Eine großartige, entspannte dreitägige Tour durch einige der spektakulärsten Gegenden des Hohen Atlas. Die Route führt über einen felsigen Pass, danach folgt ein langer Abstieg ins obere Ourikatal.

Tagesbesucher erspähen den Hohen Atlas nur durch das Autofenster. Doch wer sich ein oder zwei Tage mehr Zeit nimmt, kann von Imlil nach Setti Fatma durch eine eindrucksvolle Landschaft wandern, die man vom Wagen aus nicht sehen kann. Die überaus reizvolle, entspannte dreitägige Trekkingtour führt über einen felsigen Pass, danach folgt ein langer Abstieg ins obere Ourikatal mit grünen Terrassen, schattigen Walnussbaumwäldchen und steilen Hängen. Die Route führt durch ein Dutzend Berberdörfer, in denen es teilweise noch nicht einmal Anschluss ans Stromnetz gibt – kaum zu glauben, dass der Ausgangsort der Wanderung, Imlil, nur zwei Stunden von Marrakesch entfernt liegt und leicht mit öffentlichen Verkehrsmitteln zu erreichen ist.

Tag 1: Von Imlil nach Ouaneskra

3 STD./7 KM/560 M AUFSTIEG

Der erste Abschnitt der Tour ist fast mit der Toubkal-Rundtour identisch und führt vom Ausgangspunkt in Imlil in die Berge. Am **Tizi n'Tamatert** (2279 m) angekommen, ist das Dorf **Ouaneskra** nur noch einen 45-minütigen Spaziergang entfernt. Unterwegs bieten sich traumhafte Aussichten auf das Tal.

In Ouaneskra gibt's drei gut geführte **gîtes** (50 Dh pro Pers., Mahlzeiten 20–50 Dh, warme Dusche 10 Dh). Die erste ist zuverlässig sauber und man erreicht sie unmittelbar vor der Überquerung des Flusses vor dem Ort. Die anderen beiden Bleiben liegen fünf Minuten entfernt an den jeweiligen Enden des Dorfes.

Wer schon vormittags in Ouaneskra eintrifft, kann den Nachmittag im Imenanetal verbringen, das sich von Ouaneskra und Tacheddirt in nordwestlicher Richtung nach

Asni erstreckt. Das Land wird sorgfältig kultiviert und man kann die sieben entlegenen Berberdörfer des Tals erkunden.

Alternativ holt man für den nächsten Tag einen Vorsprung raus, indem man 2 km (30 Min.) weiter bis nach **Tacheddirt** (2300 m) wandert. Dabei folgt man der asphaltierten Straße, die vor Ouaneskra nach Westen abbiegt und über das Amagdoul-Plateau führt. Letzteres dient im Sommer als beliebter Campingplatz. Übernachten kann man in Tacheddirt in einer **CAF-Hütte** (B CAF-Mitglied/HI-Mitglied/Nichtmitglied 30/45/60 Dh) oder im Haus eines der Betreiber. Die beste Unterkunft ist aber **Tigmmi n' Tacheddirt** (☎0662 10 51 69; ab 50 Dh pro Pers.) mit einem fantastischen Ausblick und guten Einrichtungen.

Tag 2: Von Ouaneskra nach Timichi

6–7 STD./12 KM/900 M AUFSTIEG/1300 M ABSTIEG

Die heutige Wanderung beginnt auf dem viel benutzten Maultierpfad, der zwischen schönen Terrassenfeldern hindurch von Ouaneskra nach Tacheddirt führt. Vom anderen Ende des Dorfes steigt der felsige Weg stetig über 870 m bis zum Pass **Tizi n'Tacheddirt** (3230 m) an, der den ganzen Aufstieg über deutlich zu sehen ist. Er verläuft links vom Flussbett und windet sich in der letzten halben Stunde in Zickzacklinien steil zur Südseite des Jebel Angour (3616 m) hinauf. Der Pass ist ungeschützt und windig, dafür ist die Aussicht aber überwältigend. Nun beginnt der schöne, aber sehr lange (mind. 3 Std.) Abstieg nach Timichi. Etwa 30 Minuten hinter dem Tizi n'Tacheddirt stößt man auf eine geschützte Stelle, die sich für die Mittagspause anbietet.

Danach geht's weiter bergab, vorbei an uralten, knorrigen Wacholderbäumen und rund um die abschüssige Ostflanke des Jebel Angour. Hierher werden am Anfang des Frühlings Schafe und Ziegen zum Weiden gebracht. Der Pfad ist zwar gut erkennbar, aber ziemlich steinig, außerdem führt er manchmal gefährlich nah am Abhang entlang. Bei Nässe sollte man äußerst vorsichtig sein, denn dann kann es gefährlich rutschig werden.

Nach und nach weicht das blasse Kaffeebraun der Landschaft Rot- und Grüntönen und schließlich tauchen die kaskadenartigen Terrassen des Dorfes Iabassene auf. Der Weg führt auf den großen Walnussbaum vor dem Örtchen zu, hinter den Häusern vorbei und von dort Richtung Nordosten. Nun sind es noch 2 km bis Timichi.

Auf diesem Abschnitt gibt's zwei *gîtes*: **Chez Ali Ouhya** (B 30 Dh, warme Dusche 10 Dh) in Iabassene und **Chez Oussalem Brahim** (B mit warmer Dusche 40 Dh) in Timichi. Letztere liegt außerhalb des eigentlichen Dorfes und wartet mit einer Terrasse auf, von der man auf das geschäftige Treiben im Ort blickt. In beiden Unterkünften werden einfache Mahlzeiten serviert.

Tag 3: Von Timichi nach Setti Fatma

3½–4 STD./12 KM/370 M ABSTIEG

Am dritten Tag überquert man das Flussbett, biegt rechts ab und folgt dem langen, einfachen Weg Richtung Osten, der oberhalb von Getreidefeldern und Walnussbaumwäldchen verläuft sowie durch die Dörfer Tiourdiou, Tiwediwe, Anfli und Tadrart führt. Unterwegs bieten sich Aussichten auf die verschachtelten Bewässerungskanäle und Dorfterrassen. Ende Mai und Anfang Juni leuchtet hier goldene Gerste, die reif für die Ernte ist. Allmählich öffnet sich das Tal und der Pfad steigt immer höher, während er sich an die kahlen Hänge schmiegt.

In Tadrart wird der Weg immer steiniger, deshalb kann man alternativ auch die unbefestigte Straße nehmen, die in 1½ Stunden nach Setti Fatma führt. Wer dem Verkehr aber noch ein Weilchen fernbleiben will, folgt dem Fluss von Tiwediwe bis zum Ende der Tour in Setti Fatma, wo in den Ufercafés schon dampfende Tajines warten.

CHECKLISTE FÜR DIE TOUR VON IMLIL NACH SETTI FATMA

» **Karte** Am besten besorgt man sich die staatliche Vermessungskarte *Oukaïmeden-Toubkal* im Maßstab 1 : 100 000.

» **Führer** In Setti Fatma gibt's ein **Bureaux des Guides** (☎/Fax 0524 42 61 13).

» **Verkehrsmittel** Busse und *grand taxis* (30 Dh) fahren zwischen Setti Fatma und dem Bab er-Rob in Marrakesch (67 km).

» **Wetterinfos** Der Bergpass Tizi n'Tacheddirt ist von Dezember bis Ende Februar und manchmal auch im November sowie im März geschlossen. Vor der Wanderung unbedingt überprüfen!

Von Imlil nach Setti Fatma

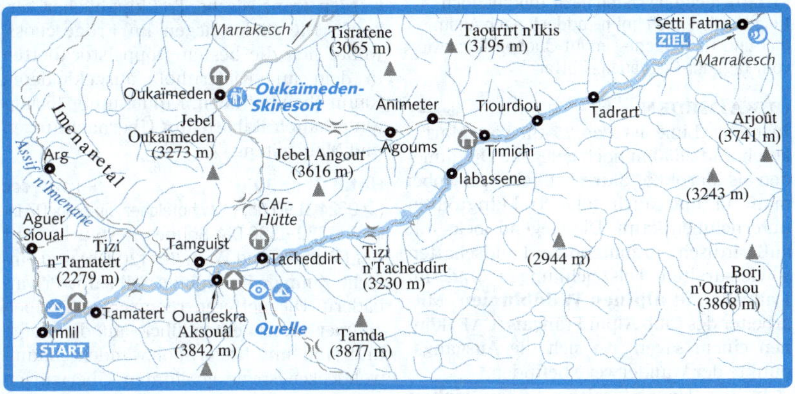

SETTI FATMA ستي فتما

In den letzten zehn Jahren hat dieses malerische Dorf jede Menge touristischer Aktivitäten erlebt. Es eignet sich wunderbar für einen Zwischenstopp, um am Fluss zu Mittag zu essen, und Wanderungen zu sieben Wasserfällen zu unternehmen. Setti Fatma schmiegt sich in eine Schlucht neben den Bergen des Hohen Atlas und befindet sich am südlichen Ende der Straße durch das Ourikatal, 24 km südlich der Abzweigung nach Aghbalou. Touren zu den Kaskaden reichen von einfachen, 20-minütigen Spaziergängen bis zu anstrengenden Exkursionen auf dem Fluss. *Faux guides* sollte man ignorieren und stattdessen einfach den Pfaden folgen. Alternativ bucht man im *bureau des guides* (s. rechts) einen lizenzierten Führer, der den Ausflug zu Fuß oder mit einem Maultier leitet.

Die besten Zeiten für einen Besuch sind Anfang März, wenn die Kirsch- und Mandelbäume blühen, oder im August zum viertägigen *moussem* mit seinem Jahrmarkt und Rummel bei der *koubba* von Setti Fatma. Im Sommer ist der Ort voller Besucher aus Marrakesch. Um sich fernab der Massen abzukühlen, fährt man besser ins herrlich unberührte Zattal (S. 129).

Schlafen & Essen

LP TIPP **Hôtel Restaurant La Perle D'Ourika** CAFÉ, GÄSTEHAUS $
(☎0666 34 95 99; DZ inkl. Frühstück 200–450 Dh; Tagesmenü 100–120 Dh) Das Café am Rande der Felsen ist so farbenfroh wie ein Marrakescher Wasserverkäufer und wird von der mütterlichen Ammaria geführt, die einen mit ihren legendären, üppigen Couscousgerichten (u. a. mit Wildpilzen) versorgt. Im Erdgeschoss befinden sich einfache, sonnige, weiß getünchte Gästezimmer mit farbenfrohen Hochzeitsüberdecken und Gemeinschaftsbäder.

Hôtel Asgaour CAFÉ, GÄSTEHAUS $
(☎0666 41 64 19; 3BZ mit/ohne eigenes Bad 150/100 Dh) Oben gibt's schlichte, aber luftige und saubere Zimmer mit klumpigen Kissen sowie Gemeinschaftsduschen (5 Dh) und unten ein Restaurant, in dem kochend heiße, gut karamellisierte Tajines (50–60 Dh) serviert werden.

Zwischen Oulmes und Setti Fatma liegen an beiden Seiten des Flusses rustikale Café-Restaurants, die günstige Tajines anbieten; einige der Lokale am Ostufer sind allerdings nur über wacklige Hängebrücken zu erreichen. Zu den besseren Optionen in Setti Fatma gehören das **Café-Restaurant Imlil** (auf der linken Seite unweit des Parkplatzes am Ortsausgang) und das **Café-Restaurant Azrrabzou** (gegenüber vom Fluss) auf der anderen Seite einer Bohlenbrücke zwischen Mandelbäumen. In beiden Lokalen bekommt man Menüs mit Salat, Tajine/Kebabs und Wasser in Flaschen für 50 bis 60 Dh, oder großzügige Tajines für 50 Dh, die für zwei ausgehungerte Trekker reichen.

Praktische Information

Asgaour-Apotheke (⏲10–20 Uhr) Ein hilfsbereiter Apotheker mit einer guten Auswahl an Erste-Hilfe-Artikeln, Medikamenten und Frauenbedarf.

Bureau des Guides (☎/Fax 0524 42 61 13) 200 m hinter dem Hôtel Asgaour. Die Angestelten informieren über Trekkingtouren nach Imlil (S. 120), Richtung Osten nach Tourcht, Richtung Norden nach Imi-n-Taddert, nach Anammer und Tiz n'Oucheg im Aït-Oucheg-Tal sowie vom Yaggour-Plateau ins Zattal.

OUKAÏMEDEN اوكيمدين

In erster Linie ist das 75 km von Marrakesch und 2650 m hoch gelegene Oukaïmeden als Marokkos Skiresort bekannt, wobei man im hier auch tolle Trekkingtouren unternehmen kann. Die Gegend lockt mit außerirdisch anmutenden Landschaften sowie uralten Felszeichnungen und im Frühjahr mit **alpinen Wildblumen**. Mitarbeiter des Club Alpin Français (CAF) können einem sagen, wo sich die Ausgangspunkte der Wanderwege befinden.

In der Hauptskisaison locken **sieben Abfahrten** vom Idiotenhügel bis zur schwarzen Piste, sechs Schlepplifte und der höchste Skilift in Afrika (3243 m). Ausrüstung, Pässe und Kurse gibt's im Ort zu günstigen Preisen. Ursprünglich dauerte die Hauptsaison von Ende Januar bis März, doch in den letzten Jahren lag bereits im März kein Schnee mehr. In dem Fall ist immerhin **Skilanglauf** möglich, außerdem kann man auf den Dünen in Merzouga (S. 172) „snowboarden".

Lange vor dem Einfall der Wintersportler gab es in Oukaïmeden schon eine Zivilisation auf großer Höhe. Ein Schild auf der rechten Seite der Straße, wenn man in den Ort kommt, weist den Weg zu den **Felszeichnungen**. Für ein kleines Trinkgeld (10 Dh) helfen einem örtliche Guides, die sechs rätselhaften, in den Fels geritzten Symbole zu finden: einen Jäger, einen Stier, einen Dolch, einen Menschen, einen mysteriösen Kreis, der die weibliche Macht verkörpern soll, und ein Tier, das wie ein Hirsch aussieht – es wird jedoch vermutet, dass es einen Elefant darstellt.

Schlafen & Essen

CAF-Hütte HOSTEL €

(☎0524 31 90 36; www.caf-maroc.com; B CAF- & HI-Mitglied/Nichtmitglied 69/110 Dh, warme Dusche 5 Dh; WLAN) Hier gibt's beheizte Schlafsäle mit vier bis acht Betten, ein Restaurant mit Bar (Frühstück/Gericht/Mahlzeit 22/60/80 Dh, Bier 15–32 Dh), eine gut ausgestattete Küche, eine Bibliothek und WLAN. Einen Schlafsack muss allerdings jeder Gast selbst mitbringen. Die Abholung von Gruppen in Marrakesch kann arrangiert werden (400 Dh für 1–4 Pers. im *grand taxi* oder 700–900 Dh für 9–12 Pers. im Minibus oder Geländewagen). Darüber hinaus werden französische Trekkingbücher verkauft. Die Bäder liegen im Erdgeschoss, wobei sich die besten Doppelstockbetten in dem mit Kiefernholz ausgekleideten Raum oben befinden. Kinder unter 16 Jahren erhalten Rabatte auf Übernachtungen und Mahlzeiten.

Hôtel Chez Juju HOTEL €€€

(☎0524 31 90 05; www.hotelchezjuju.com; DZ inkl. HP 1330–1580 Dh) Solides Restaurant mit Bar (Whisky und Wein 60–120 Dh) und einfache Zimmer im alpinen Stil samt Privatbädern. Die netteren renovierten Doppelzimmer bieten einen Blick auf die Berge und sind mit Kiefernholzwänden, Baumwolldecken sowie geblümten Überwürfen ausgestattet. Im Gegensatz dazu haben die trostloseren Zimmer nach hinten raus abgewetzte Teppiche und durch einen Vorhang abgetrennte Bäder in der Ecke.

Hotel Club Louka HOTEL €€€

(☎0524 31 90 41; www.clublouka.com; EZ/DZ 850/1100 Dh, Chalet 3900 Dh; ❄🏊) Wie ein Fremdkörper ragt das aprikosenfarbene Hochhaus mit seinen 101 langweiligen Zimmern und dem farblosen internationalen Restaurant (Frühstück/Abendessen 110/240 Dh) zwischen den schneebedeckten Bergen auf. Pluspunkte gibt's für den großen Innenpool, den Hamam und die neuen hölzernen Alpenchalets, in denen vier Personen stilvoll wohnen können. Die Hütten verfügen über Panoramafenster und Kamine im Erdgeschoss sowie Schlafböden und finnische Saunas im Obergeschoss. Vor einem Besuch sollte man besser anrufen, denn das Hotel ist oft wegen Wartungsarbeiten geschlossen.

ℹ An- & Weiterreise

Wer nicht mit dem Mietwagen unterwegs ist, sollte sich für einen der CAF-Transporte entscheiden. Alternativ kann man vor dem Bab er-Rob in Marrakesch ein *grand taxi* chartern (400–600 Dh).

Toubkal & Hoher Atlas

Willkommen im höchsten Gebirgszug Nordafrikas, der bei den ansässigen Berbern „Idraren Draren" (Berg der Berge) heißt und vom Frühling bis zum Herbst ein echtes Paradies für Trekkingfans ist. Der Hohe Atlas zieht sich fast 1000 Kilometer diagonal durch Marokko, aber die höchsten Gipfel befinden sich alle in der Toubkal-

Region nur 2½ von Marrakesch entfernt. Aus diesem Grund ist die Gegend auch so gut besucht.

Die erste Straße durch die abgelegene Region wurde im frühen 20. Jh. über den Tizi-n'Test-Pass gebaut. Vorher gab es hier nur Maultierpfade, die von der Sahara bis zu den Ebenen im Norden führten. Auf diesen uralten Wegen kann man noch heute in den Fußspuren beherzter Pilger und Wüstenhändler wandern.

Wer richtig klare Bergluft atmen will, sollte den höchsten Berg Nordafrikas, den schneebedeckten Jebel Toubkal, nicht verpassen. Die Pfade, die sich kreuz und quer durch den Hohen Atlas ziehen, beginnen in den Basislagern in Imlil (s. S. 120). Auf dem Weg dorthin legt man 47 km südlich von Marrakesch in **Asni** eine Pause ein, um am Straßenrand eine Tajine zu essen und den **Samstags-Suk** zu besuchen, wo zwischen Obstständen und Versteigerungen von Eseln Berberteppiche und Silberschmuck verkauft werden. Von hier aus kann man den restlichen Weg in etwa sechs Stunden bewältigen, indem man einem alten Maultierweg folgt, der außerhalb von Asni an winzigen Berberdörfern vorbei durch das **Mizanetal** nach Imlil führt.

An- & Weiterreise

Regelmäßige lokale Busse (15 Dh, 1½ Std.) und *grands taxis* (30 Dh, 1 Std.) nach Asni starten südlich des Bab er-Rob in Marrakesch. Auf der 17 km langen Strecke von Asni nach Imlil (15–20 Dh, 1 Std.) verkehren Minibusse und gelegentlich auch Taxis. Für die Fahrt von Marrakesch nach Imlil sollte man mindestens 2½ Stunden einplanen.

IMLIL إمليل

Imlil (1740 m) ist ein beliebtes Ziel für Wanderer und überhitzte Marrakesch-Flüchtlinge. Den Fuß des Jebel Toubkal erreicht man bereits in einer fünfstündigen Trekkingtour. Tagesausflügler von Marrakesch können auch von Imlil ins benachbarte Armoud wandern, allerdings sollte man sich im Frühling das Erwachen in den blühenden Ausläufern des Hohen Atlas nicht entgehen lassen.

Schlafen & Essen

Zwischen April und Oktober steigen die Preise in den lokalen *gîtes* um mindestens 15 %. Einige Hotels schließen in der kalten Nebensaison zwischen November und Februar. Im nahe gelegenen Armoud gibt's weitere Übernachtungsmöglichkeiten.

LP TIPP Douar Samra DAR $$
(☎0524 37 86 05; www.douar-samra.com; Tamartet-Dorf; inkl. HP 480–645 Dh pro Pers.; 📶) Am Ostende des auf Imlil zulaufenden Tals führt ein Zickzackweg zwischen niedrigen *pisé*-Häusern hindurch – das dreistöckige Gebäude ist das Douar-Samra-Gästehaus. Ein Schaf auf einem Dach in der Nähe blökt ein nachbarschaftliches Hallo, aus Steinen gemeißelte Stufen führen zu den von Kerzen erhellten Gästezimmern mit Holzbalken und Esel bringen das Gepäck. Im Biogarten gibt's WLAN und zum Sonnenuntergang werden Aperitifs auf der Terrasse serviert. Die Gartenzimmer sind groß genug für Familien, außerdem wartet eine Holzhütte im Alpenstil auf Romantiker.

Kasbah du Toubkal KASBAH $$$
(☎0524 48 56 11, 33 0549 050135; www.kasbahdutoubkal.com; B inkl. Frühstück 1440–1780 Dh, DZ 1780–2780 Dh, Suite 3440–4890 Dh; 📶) Oberhalb von Imlil bietet die umgebaute historische Kasbah (1800 m) eine herrliche Panoramasicht auf verschneite Gipfel und grüne Täler. Ihre elf Zimmer sind von altmodisch süß bis *kasbah*-cool eingerichtet und in den „Berbersalons" mit Hochbetten können Familien sowie Gruppen nächtigen. Es gibt einen traditionellen Hamam, Brettspiele, WLAN und leckeres Essen (160–390 Dh). Der Mindestaufenthalt beträgt zwei Nächte und die 5 % Gemeindesteuer, die zusätzlich zum Übernachtungspreis gezahlt werden müssen, haben dazu beigetragen, eine örtliche Mädchenschule zu bauen und einen Krankenwagen zu kaufen.

Dar Zaratoustra PENSION $
(Chez Jean Habib, Atlas Gîte Imlil; ☎0524 48 56 01; http://toubkal-maroc.voila.net; Imlil; DZ inkl. HP 350–550 Dh; ⏲März–Okt.; 📶) Das Bergrefugium, das man durch einen grünen Tunnel aus Wein betritt, wartet mit einem von einer Kastanie beschatteten Garten, Sonnenliegen auf der Terrasse, einer Gästebibliothek, WLAN in der Lobby sowie einem Hamam mit Kuppel und Sternenfliesen (60 Dh) auf. Die mit Teppichen geschmückten Gästezimmer teilen sich Gemeinschaftsbäder und einige Doppelzimmer haben eine schöne Aussicht. Unten befindet sich die beste Bar der Stadt. Das marokkanische Essen hat einen leichten Burgundergeschmack.

Dar Ouassaggou DAR $
(☎0667 49 13 52; www.guesthouseouassaggou.com; Douar Aït Soukka; DZ inkl. Frühstück 320–

400 Dh; ❄@) Walnussbäume beschatten den Talweg östlich von Imlil, der zu diesem Gästehaus mit insgesamt acht Zimmern führt. Houssein, ein Englisch sprechender Bergführer, und seine Familie begrüßen jeden Gast wie einen lange verschollenen Verwandten. Die gemütlichen und komfortablen Zimmer haben eigene Bäder und eines davon sogar eine *tadelakt*-Wanne. Nach einer Morgenwanderung lädt die sonnige Terrasse zum Entspannen ein, außerdem gibt's Internet und Waschmaschinen (10 Dh). Die Mahlzeiten sind hausgemacht und bestehen aus Suppe, Tajine sowie einem Dessert (100 Dh).

Hôtel Etoile de Toubkal HOTEL $
(☎0524 48 56 18; EZ/DZ inkl. Frühstück 120/180 Dh, DZ mit eigenem Bad 250–300 Dh) Die Aussicht auf den Parkplatz am Dorfeingang ist nicht gerade malerisch, aber dafür wirken die zehn Zimmer mit Balkonen, geschnitzten Türen, Holzbalkendecken und teilweise auch *tadelakt*-Duschen umso einladender. An den gefliesten Tischen im Garten findet man Ruhe, allerdings wird nebenan eine Moschee gebaut. Darüber hinaus wartet das Hotel mit einem Wäschereiservice auf und akzeptiert Kreditkarten.

Riad Imlil MAISON D'HÔTE $$
(☎0524 48 54 85; www.riadimlil.com; EZ/DZ inkl. Frühstück 500/770 Dh; ❄📶) Eine neue Pension mit 20 Zimmern im Stile Marrakeschs. Die Räume sind komfortabel, mit WLAN augestattet und klimatisiert und haben gezimmerte Holzmöbel, schmiedeeiserne Fenster sowie moderne Bäder. Es ist allerdings nicht so einfach, den Staub vor der Tür zu lassen. Die Zimmer zum Innenhof hin sind ruhiger, aber auch dunkler. Das Abendessen wird am Kamin im Salon eingenommen.

Hôtel el-Aïne PENSION $
(☎0524 48 56 25; DZ inkl. Frühstück mit Gemeinschaftsbad/eigenem Bad 300/350 Dh; 📶) Am besten sind die hellen, angenehmen Zimmer im Obergeschoss um einen ruhigen Innenhof mit einem alten Walnussbaum. Es gibt warme Duschen, Gemeinschaftstoiletten und anständige Mahlzeiten (70–90 Dh).

Café-Hotel Soleil HOTEL $
(☎0524 48 56 22; www.hotelsoleil.com; DZ inkl. Frühstück mit Gemeinschaftsbad/eigenem Bad 300/350 Dh; 📶) Das gesellige Hotel verfügt über fünf sehr einfache Zimmer im Schlafsaalstil sowie acht renovierte Zimmer mit En-suite-Bädern. Im Restaurant am Fluss werden Mahlzeiten für 70 bis 90 Dh serviert. Die Unterkunft liegt gegenüber dem *bureau des guides*.

CAF-Hütte HOSTEL $
(☎0524 48 56 12; www.caf-maroc.com; B CAF- & HI-Mitglied/Nichtmitglied 45/60 Dh, Camping inkl. Dusche pro Pers./Zelt 30/20 Dh) Schlafsäle mit Doppelstockbetten, einige Zeltplätze, eine Kochmöglichkeit, Warmwasserduschen, leckere Picknicks (50 Dh), warme Mahlzeiten (80 Dh) und Gepäcklagerung (10 Dh pro Tag).

Praktische Informationen

In Imlil gibt's ein wirklich informatives **Bureau des Guides** (☎/Fax 0524 48 56 26), aber Reisebüros in Marrakesch können ebenfalls Toubkal-Trekkingtouren mit englischsprachigen Führern organisieren.

ARMOUD

Wunderbare Berbergastfreundschaft bietet das Bergdorf Armoud (auch Armed oder Aroumd genannt) in 1960 m Höhe. Von Imlil bis zu diesem Örtchen sind es 3 km bergauf. Man kann zwar auch die fahrbare *piste* nehmen, doch der Wanderpfad führt an einem rauschenden Bach, Steinhäusern und schattigen Obstgärten vorbei. Wer dem Weg Richtung Südwesten durch Armoud folgt, kommt zum **Haus Nr. 106** mit einer ockerfarbenen Tür sowie einem Blick über die Obstgärten und Berge. Hier laden einen die netten Bewohnerinnen gern zum Tee ein (20 Dh Trinkgeld werden dankbar akzeptiert).

Schlafen & Essen

LP TIPP **Les Roches Armed/Chez Lahcen** DAR $
(☎067 644915; B 40 Dh, DZ inkl. HP 150 Dh pro Pers.) Oberhalb von Armoud können Gäste den Rundumblick auf die Berge sowie die Hofgärten genießen und sich am Feuer im Wohnzimmer unterhalten, ehe sie sich in ihre Zimmer mit Decken aus *tataoui* (geflochtenen Palmenzweigen) oder in die sauberen Schlafsäle zurückziehen. Die schicken, gut gepflegten Gemeinschaftsbäder sind mit Warmwasserduschen ausgestattet. Das herzhafte Essen besteht aus lokalen Zutaten und wird auf Geschirr mit Berbersymbolen serviert.

Dar Warawt/Chez Omar Jellah DAR $
(☎0667 41 46 23; omarjellah@yahoo.co.uk; 50 Dh pro Pers.) Das neue, komplett eingerichtete Apartment ist perfekt für Familien. Es be-

ABSTECHER

TOLLE KURZTRIPS VON MARRAKESCH AUS: LÄNDLICHE REFUGIEN IN LALLA TAKERKOUST

In nur einer Fahrstunde auf der Route d' Amizmiz kann man Marrakesch komplett hinter sich lassen. Der Stausee von Lalla Takerkoust ist eine echte Wohltat für ausgetrocknete Augen, aber die neuen ländlichen Refugien in Bauernhöfen, Olivenhainen und Berberdörfern sind noch besser.

Jnane Tihihit BAUERNHOF, RESORT $$

(☎0668 46 55 45; Douar Makhfamane; www.riad-t.com/jnane-tihihit; DZ 500–720 Dh; 🏊) Dieser wunderbare Biobauernhof verfügt über solarbeheizte, weiß getünchte *pisé*-(Stampflehm-)Bungalows zwischen Granatapfelbäumen. Gourmets können die Safrangärten hüten und lernen, wie man Couscous kocht, während die Kleinen beim Füttern der Esel und Hühner helfen dürfen. Der chemikalienfreie Pool lädt zum Relaxen ein, man kann sich aber auch zum Strand am Seeufer aufmachen, im Hamam entspannen oder am Kamin in der Bibliothek lesen. Die Unterkunft liegt in Douar Makhfamane an der Route d'Amizmiz; bei Km 40 biegt man rechts ab und fährt noch 500 m.

Tigmi RESORT $$$

(☎0524 48 40 20; Km 24, Route d'Amizmiz, Douar Tagadert; www.tigmi.com; EZ/DZ inkl. HP 1750/2250 Dh, Suite 2100 Dh; ❄🏊) Von den Liegestühlen am Pool blickt man auf eine Palmenoase, die wie ein am Fuß dieses Berberdorfs ausgerollter grüner Teppich aussieht. Charles Boccara, ein tunesischer Architekt, entwarf das Dorfresort, das aus örtlichen Baumaterialien errichtet wurde, auf modernen Komfort aber nicht verzichtet: Die Zimmer warten mit Lehmziegelkaminen, Tagesdecken von Sabra, dicken Bettdecken, roten Chichaoua-Teppichen und hohen Decken mit Palmenholzbalken auf. Nach einem Spaziergang durch die Oase sollte man zum Sonnenuntergang zurückkehren, um die Aperitifs, den Hamam und eine Arganölmassage zu genießen.

Dar Zitoune RESORT $$

(☎0662 40 83 80; Douar Zii; www.dar-zitoune.com; EZ inkl. Frühstück 480–530 Dh, DZ 660–810 Dh) In diesem steinernen Landhaus entkommt man mühelos der Hektik der Stadt: Im Garten gibt's einen Pool, die geräumigen Zimmer sind mit handgeschnitzten Berbermöbeln ausgestattet und das gemütliche Frühstück wird im Innenhof mit Ausblick ins Grüne serviert. Gastgeber Anouar organisiert Hamambesuche und Massagen auf dem Gelände sowie umweltfreundliche Exkursionen, die von Kanufahren bis zu Dromedartouren reichen. Auch Haustiere sind gern gesehen und können auf Anfrage während der Abwesenheit von Frauchen und Herrchen betreut werden. Das Resort liegt etwas abseits der Route d'Amizmiz.

findet sich im Erdgeschoss des Wohnhauses von Omar Jellah, einem Englisch sprechenden Guide, und seiner Familie und verfügt über einen Salon mit Aussicht auf den Jebel Toubkal, Schlafzimmer mit Stuckarbeiten sowie eine tolle, neu ausgestattete Küche. Man kann entweder selbst kochen oder Mahlzeiten (100 Dh) bestellen.

Dar Adrar DAR $

(☎070 726809; www.daradrar.com; EZ/DZ inkl. Frühstück 130/200 Dh, mit Bad ab 250/300 Dh) Hoch über der Welt gegenüber von Armoud gelegen. Die einfachen Zimmer lenken Gäste nicht von der Sicht auf die Berge ab und es gibt einen hauseigenen Hamam (40 Dh). Zudem ist Mohamed Aztat, der Besitzer und erfahrene Bergführer, eine unschätzbare Informationsquelle.

Hôtel Armed HOTEL $

(☎0524 48 57 45; EZ/DZ inkl. Frühstück 150/300 Dh) Auf der Armoud gegenüberliegenden Talseite bietet dieses Hotel schlichte Zimmer mit recht harten Betten, Warmwasserduschen, Hilfe bei der Organiation von Trekkingtouren, eine Panoramaterrasse und deftige, köstliche Berbergerichte – sogar die einheimischen Führer kommen zum Essen her.

Camping-Auberge Atlas Toubkal/ Chez Omar le Rouge CAMPING, PENSION $
(☎0524 48 57 50; EZ/DZ 50/100 Dh, Camping 15 Dh pro Pers.; P) Campingplatz am Hang inklusive Parkplatz (10 Dh) oder einfache Zimmer mit harten Matratzen und Gemeinschaftseinrichtungen, Warmwasserduschen (10 Dh) und Mahlzeiten (Frühstück/Tajine 20/40 Dh).

AUFSTIEG ZUM JEBEL TOUBKAL

تساق جبل توبقال

Für Nordafrikas höchsten Berg, den Jebel Toubkal (4167 m), braucht man keine Klettererfahrung. Den Gipfel erreicht im Sommer jeder, der einigermaßen sportlich ist. Anfang Oktober quälen sich die Teilnehmer des **Toubkal-Marathons** (www.toubkaltrail.com) den Berg 42 km rauf und runter; gegenwärtig hält den Rekord der Frauen mit 7:23 Stunden eine Italienerin, den der Männer mit 5:39 Stunden ein Einheimischer aus Imlil. Für Ultramarathonläufer gibt's eine zusätzliche Strecke von 106 km namens **Toubkal Trail**.

Der Aufstieg von Imlil ist zwar technisch nicht besonders schwierig, doch das berüchtigte schnell umschlagende Wetter, die steilen Geröllhänge aus Vulkangestein und die Höhenkrankheit machen ihn trotzdem zu einer Herausforderung. Aus diesem Grund sollte man dafür ausreichend Zeit einplanen. Wer es lieber gemütlich mag, zeltet unterwegs in Sidi Chamharouch. Die Toubkal-Besteigung kann auch mit benachbarten Gipfeln oder, wenn man sehr fit ist, mit dem Aufstieg auf den Ouanoukrim (4088 m) verbunden werden.

Tag 1: Von Imlil zur Toubkal-Hütte

5–6 STD./10 KM/1467 M AUFSTIEG

Am besten startet man schon frühmorgens in **Imlil**, denn es geht nur bergauf und gibt kaum Schatten. Zunächst führt die unbefestigte Straße durch **Armoud** (Armed) und an der **Kasbah du Toubkal** vorbei. Dahinter verläuft ein Feldweg im Zickzackkurs steil bergauf und stößt irgendwann wieder auf die Straße.

Hinter Armoud überquert man ein steiniges Flussbett und wandert auf dem gut erkennbaren Maultierpfad bergauf in Richtung eines riesigen Felsens über dem östlichen Tal des Assif Reraya bis zum Weiler und zum *marabout* von **Sidi Chamharouch** (2310 m). Der Legende nach ist Sidi Chamharouch der König der *djinn* (Geister), was vielleicht erklärt, wieso sich in dem Mausoleum (nur für Muslime geöffnet) kein Körper befindet.

Aufgrund der vielen Pilger und Gipfelstürmer wurden auf halbem Weg der Tagesstrecke mehrere Stände eingerichtet, an denen man Softdrinks, Essen und Souvenirs bekommt. Links vom Pfad hinter dem *marabout* locken zudem ein paar Wasserfälle mit natürlichen Pools und ein hervorragender, schattiger Picknickplatz.

Nachdem man die Brücke in Sidi Chamharouch überquert hat, führt die steinige Route mehrere Kilometer vom Fluss weg und verläuft im Zickzack oberhalb der Talsohle. Dann wird er flacher und folgt schließlich wieder dem Fluss. Die **Toubkal-Hütte** liegt direkt unterhalb der Westflanke des Bergs ist bereits eine Stunde vor der Ankunft zu sehen.

Tag 2: Der Aufstieg

9 STD./12 KM/960 M AUF- & ABSTIEG

Auch am zweiten Tag startet man so früh wie möglich, um den Aufstieg in der prallen Sonne zu vermeiden. Unbedingt warm anziehen und viel Wasser sowie ein paar Snacks mitnehmen! Wer direkt von Imlil hergewandert ist, sollte schön langsam und gleichmäßig gehen, um nicht höhenkrank zu werden. Sobald allerdings Symptome wie starke Kopfschmerzen oder Übelkeit

DIE TOUR AUF EINEN BLICK

Dauer zwei Tage

Länge 22 km

Schwierigkeitsgrad mittelschwer bis schwer

Start/Ziel Imlil

Höchster Punkt Jebel Toubkal (4167 m)

Unterkunft Camping und *refuges (Berghütten)*

Öffentliche Verkehrsmittel ja

Kurzbeschreibung Die beliebteste Wanderung im Hohen Atlas wartet mit grandiosen Aussichten auf. Trotz der unkomplizierten Strecke ist der Aufstieg über drei Geröllhalden sehr anstrengend, außerdem droht die Höhenkrankheit. Am besten unternimmt man die Tour im Sommer oder Herbst, sollte sich aber vor dem Start immer über das Wetter informieren, da es selbst im Juni noch schneien kann.

CHECKLISTE FÜR DEN AUFSTIEG ZUM JEBEL TOUBKAL

» **Karten** Es sind die gleichen Karten wie für die Toubkal-Rundtour (s. S. 108) empfehlenswert.

» **Wasser** Gereinigtes Wasser aus örtlichen Quellen ist eine umweltfreundliche Alternative zu abgefüllten Flaschen (s. S. 43), allerdings kann man sich nicht darauf verlassen, unterwegs immer Quellen zu finden. Von Juni bis Oktober sollte man genug zu trinken mitnehmen.

» **Führer** Trotz der markierten Route ist ein Führer empfehlenswert, besonders wenn man wenig Erfahrung hat und die Tour zwischen Oktober und Juni (wechselhafte Bedingungen) unternimmt. Im **Bureau des Guides** (☎/Fax 0524 48 56 26) gibt's Listen mit lizenzierten Bergführern.

» **Essen** In der Toubkal-Hütte und in der Mouflon-Hütte bekommt man Mahlzeiten oder einen kleinen Imbiss, in Imlil kann man Zutaten fürs Mittagessen kaufen, und in den Supermärkten in Marrakesch findet man eine große Auswahl an Snacks für unterwegs.

» **Maultier** Für die zweitägige Wanderung braucht man nicht viel Ausrüstung, deshalb mieten die meisten erfahrenen Trekker kein Maultier. Auf Wunsch können die Guides aber Maultiere und Treiber organisieren.

» **Ausrüstung** Ein Schlafsack gehört unbedingt ins Gepäck, während ein Zelt nicht nötig ist – es sei denn, man möchte lieber campen als in den *refuges* zu bleiben. In dem Fall bittet man vorher seinen Guide, ein Zelt zu besorgen.

mit Erbrechen auftreten, muss man sofort absteigen und darf sich auf keinen Fall am Hang hinlegen und ein Schläfchen machen!

Zwei Kare (durch Gletscheraktivitäten entstandene Täler) ziehen sich die Westflanke des Toubkal hinab und werden durch den von Westen nach Nordwesten verlaufenden Kamm getrennt. Fast alle Wanderer wählen den Weg über das südliche Kar. Der Pfad beginnt direkt links hinter der Berghütte, wo er über den Fluss und in östlicher Richtung auf den Geröllhang zuführt. Auf dem klar erkennbaren Weg an der linken Hangseite wird nun geklettert, denn er überquert ein Steinfeld und steigt im Zickzackkurs hoch zum **Tizi n'Toubkal** (3940 m). Dann wendet er sich nach links (Richtung Nordosten) und folgt dem Kamm bis zum Gipfel (4167 m). Je nach Kondition und Wetter sollte man für den Aufstieg bis zu vier Stunden einplanen.

Zurück geht's auf demselben Weg. Wenn die Toubkal-Hütte auftaucht, hält man sich links. Der Abstieg zur Unterkunft dauert höchstens 2½ Stunden. Entweder kehrt man jetzt nach Arnoud oder Imlil zurück oder verbringt eine zweite Nacht in der Hütte. Wer sich für die letztere Möglichkeit entscheidet, kann vom Gipfel auch den längeren Weg über die Südrunde (Ihibi sud) wählen. Der Pfad führt in vier Stunden relativ gradlinig nach unten zum *refuge*, wo es zur Belohnung wohlverdiente Glückwünsche und Schokolade gibt.

TOUBKAL-RUNDTOUR جولة جبل توبقال

Neben majestätischen Gipfeln und fantastischen Aussichten auf den Toubkal bietet diese Tour faszinierende Einblicke in die Kultur der abgeschieden lebenden Berber im Hohen Atlas. Für die Route benötigt man eine Campingausrüstung, kann aber alternativ auch Abstecher zu schlichten Dorfunterkünften und Berghütten unternehmen.

Schwierigkeitsgrad & Anforderungen

Weil die Tour anstrengend ist, sollte man sich einen zusätzlichen Tag zum Ausruhen gönnen. Auf den Toubkal geht's erst am sechsten Tag, sodass man Zeit zum Akklimatisieren hat. Der größte Teil der Strecke verläuft oberhalb von 2000 m, mehrere Pässe liegen sogar über 3000 m.

Reisezeit

Ideal ist die Zeit von April bis Ende Juni. Im April und Mai blühen die Wildblumen und im Juni ist es tagsüber angenehm warm. Von November bis Mai fallen die Temperaturen oft unter den Gefrierpunkt und die höher gelegenen Gipfel und Pässe sind schneebedeckt. Jetzt kann man nur in den

Toubkal-Rundtour

tieferen Tälern wandern, es sei denn, man bringt Seile und Klettereisen mit.

Im Hochsommer sind die Tage lang und die Pässe schneefrei (auf dem Toubkal kann allerdings Schnee liegen), in den tieferen Tälern wird es aber sehr heiß und es gibt kaum Wasser. Viele Trekker kommen im Juli und August und wandern frühmorgens bzw. am Nachmittag. Außerdem legen sie zahlreiche Pausen im Schatten ein.

Vor dem Beginn der Tour muss man sich unbedingt über die Wetteraussichten informieren. Im Sommer kann es nach Gewittern zu Sturzfluten kommen, was man bei der Entscheidung für einen Zeltplatz im Hinterkopf haben sollte. Im Herbst (November) und späten Frühling (April oder Mai) führen die Flüsse das meiste Wasser.

Tag 1: Von Imlil nach Tacheddirt

3½–4½ STD./9,5 KM/560 M AUFSTIEG

Die relativ leichte Strecke folgt größtenteils der Geländewagenpiste, die **Imlil** (1740 m) mit dem Dorf **Ouaneskra** 2 km westlich von Tacheddirt (2300 m) verbindet. Nachdem man Imlil durchquert hat, nimmt man die linke Abzweigung über den Fluss **Assif n'Aït Mizane**. Hier steigt der Weg langsam Richtung Osten an und verläuft durch Gerstenfelder sowie Walnuss-, Apfel- und Kirschgärten, ehe er im Zickzackkurs hinauf nach **Aït Souka** führt.

Nach einer Stunde, gleich hinter dem Fluss Talat n'Aït Souka, kann man entweder auf der Piste Richtung Norden direkt zum Pass bei **Tizi n'Tamatert** (2279 m) weitergehen oder man wählt den steinigen, relativ gut erkennbaren Pfad nach Osten, der um das Dorf **Tamatert** herumführt, danach für weitere 15 Minuten Richtung Osten verläuft, dabei einen kleinen Kiefernwald umrundet und eine Straße überquert. Anschließend steigt der Weg steil in nordöstlicher Richtung bis zum Tizi n'Tamatert an. Der Aufstieg dauert etwa 30 bis 45 Minuten.

Am Pass bekommt man in der verwitterten **Bivi Thé** Softdrinks und Minztee; die Hütte öffnet aber nur, wenn genug los ist. Richtung Nordosten bieten sich tolle Blicke auf den **Tizi n'Eddi** (2960 m), den Pass nach Oukaïmeden, und auf den **Tizi n'Tacheddirt** (3130 m); nordöstlich davon erstreckt sich das schöne **Ourikatal**.

Am Tizi n'Tamatert trifft der Pfad wieder auf die Piste. Von hier ist es noch ein einfacher 45-minütiger Spaziergang bis nach Ouaneskra, der mit wunderbaren Aussichten auf hübsche Berberhäuser und üppige Terrassen in Talate n'Chaoute, Tamguist und Ouaneskra lockt.

Kurz vor Ouaneskra teilt sich die Strecke. Der Maultierpfad führt nach rechts und durchquert die Südseite des Tals bis zu einem tollen Zeltplatz dicht am Weg, der ganz in der Nähe des Flusses **Irhzer n'Likemt** und des Ausgangspunkts für den Aufstieg am nächsten Tag liegt.

Die längere Route über **Ouaneskra** und **Tacheddirt** überquert den Tizi n'Tamatert und führt an der Nordseite des Tals entlang. In Ouaneskra gibt's drei *gîtes* und ein nettes Restaurant. Da die Wanderung am zweiten Tag lange dauert, sollte man hier nur zu Mittag essen und danach wieder aufbrechen. Nach weiteren 2 km auf dem Maultierpfad oder auf der Straße, die an der Nordseite des Hangs verläuft, gelangt man zum Dorf **Tacheddirt**. Die neue **Tigmmi n Tacheddirt** (☎0662 10 51 69; inkl. HP & mit Gemeinschaftsbad/eigenem Bad pro Pers. 130/200 Dh) bietet Platz für 50 Personen. Vielleicht hat man auch in der CAF-Hütte bzw. *chez l'habitant* (30–50 Dh) Glück.

Von Tacheddirt schlängelt sich der Wanderweg Richtung Süden hinauf zum Campingplatz unweit des Irhzer n'Likemt.

Tag 2: Von Tacheddirt nach Azib Likemt

5–6 STD./9 KM/1200 M AUFSTIEG/900 M ABSTIEG

Für den zwei- bis dreistündigen Aufstieg zum **Tizi Likemt** (3550 m) bricht man am besten früh auf. Der Weg um das obere Talende herum führt relativ gemächlich nach oben. Sehr viel steiler ist die Route, die zunächst direkt hinunter zum **Assif n'Imenane** und dann am Zeltplatz vorbei nach oben verläuft. Morgens liegt dieser Weg zwar überwiegend im Schatten der Berge, doch der Aufstieg ist extrem anstrengend, das gilt vor allem für das steile Geröllfeld unterhalb des Passes.

In der Nähe des Zeltplatzes klettert ein gut erkennbarer, steiniger Pfad in der Mitte der engen Schlucht an der Ostseite des Flussbetts hinauf, das er zweimal überquert. Nach etwa 50 Minuten wendet er sich nach links Richtung Südosten zum *col* (Pass). Vom Tizi Likemt blickt man auf üppige Täler und schroffe Gipfel. An klaren Tagen kann man sogar den Jebel Oukaïmeden und den Jebel Toubkal sehen.

Auf der anderen Seite wandert man auf einem steinigen Weg Richtung Südosten wieder hinunter. Nach einer halben Stunde kommt man an einer Quelle vorbei, die nicht immer Wasser führt, und nach einer weiteren Stunde erreicht man bewässerte Weiden oberhalb von **Azib Likemt** (2650 m). Ein *azib* ist eine nur im Sommer bewohnte Siedlung. Von Mai bis Oktober leben hier Einheimische, die auf den Terrassen Getreide anbauen und auf den saftigen Weiden Vieh mästen.

Vielleicht wird einem vor Ort eine Unterkunft oder ein Platz zum Zelten angeboten. Wenn nicht, kraxelt man durch die Terrassen hinunter zum **Assif Tifni**, überquert den Fluss und hält sich rechts, bis man zu einer Gruppe großer Felsen kommt. Ganz in der Nähe gibt's einen ebenen Platz zum Campen.

DIE TOUR AUF EINEN BLICK

Dauer sieben bis zehn Tage

Länge 60,2 km

Schwierigkeitsgrad mittelschwer bis schwer

Start/Ziel Imlil

Höchster Punkt Jebel Toubkal (4167 m)

Unterkunft Camping, Dorf-*gîtes* und *refuges* (Berghütten)

Öffentliche Verkehrsmittel Ja

Kurzbeschreibung Die von Marrakesch aus leicht zugängliche Tour rund um sowie auf den Jebel Toubkal führt durch abwechslungsreiche Landschaften, die von kultivierten Tälern und Berberdörfern bis zu scheinbar unbezwingbaren Gipfeln und kahlen Pässen reichen. Sie beinhaltet lange, zermürbende Kletterpartien über felsiges Gelände und ist sehr anstrengend. Gute Kondition ist ein Muss und ein Bergführer äußerst empfehlenswert.

CHECKLISTE FÜR DIE TOUBKAL-RUNDTOUR

» **Karten** Die aus mehreren Blättern bestehende Karte *Jebel Toubkal* im Maßstab 1 : 50 000 deckt die gesamte Toubkal-Rundtour ab und wird manchmal im **Bureau des Guides** (☎/Fax 0524 48 56 26) in Imlil verkauft. Gelegentlich ergattert man noch die übersichtlichere und genauere Ausgabe von 1994. Die vierteilige topografische Karte *Toubkal Massif Walking Map* im Maßstab 1 : 100 000 enthält ebenfalls das gesamte Gebiet der Rundtour. Man bekommt sie im Büro der Division de la Cartographie (Marokkanische Vermessungsbehörde) in Rabat, in Marrakesch auf dem Djemaa el-Fna im Hotel Ali (150 Dh) und bei **Stanfords** (www.stanfords.co.uk). Auf den von der Regierung herausgegebenen *Cartes des Randonnées dans le Massif du Toubkal* im Maßstab 1 : 100 000 sind die Trekkingrouten eingezeichnet, dafür bieten sie aber weniger topografische Details. *Toubkal and Marrakech* von Orientazion im Maßstab 1 : 50 000 ist übersichtlich und wasserfest, zeigt jedoch nicht alle Rinnen und Felswände.

» **Führer** Einen erfahrenen, lizenzierten Führer bucht man am besten über das *bureau des guides* in Imlil. Dafür und für die Organisation der Trekkingtour benötigt man mindestens einen Tag, da von den etwa 60 offiziellen Führern im Toubkal-Gebiet oftmals nur wenige direkt vor Ort anzutreffen sind. In der Hauptsaison muss man möglicherweise auf eine renommierte Agentur in Marrakesch zurückgreifen, um einen erfahrenen Guide zu finden (S. 75).

» **Maultiere** Bergführer können Maultiere und Treiber organisieren, allerdings sollte man bedenken, dass die Tiere Probleme haben, den Tizi n'Ouanoums östlich vom Lac d'Ifni zu überqueren. Darüber hinaus sind für sie von November bis Mai eventuell einige Gegenden unpassierbar. Wenn sie lange Umwege zurücklegen müssen, ist man gezwungen, sein Gepäck samt dem Essen selbst zu tragen. Diesen Punkt sollte man unbedingt vor Beginn der Tour mit dem Führer und dem Maultiertreiber besprechen.

» **Essen** Fleisch, Obst, Gemüse und Brot gibt's in Imlil; Studentenfutter, Tütensuppen und andere leicht tragbare Lebensmittel bekommt man in den Supermärkten in Marrakesch.

» **Wasser** Die Reinigung von örtlichem Wasser ist eine verantwortungsbewusste Alternative zu abgefüllten Flaschen (s. S. 41). Da man sich jedoch nicht darauf verlassen kann, immer eine Quelle zu finden, sollte man genügend zu trinken mitnehmen.

» **Ausrüstung** Nach Regen oder Schneefall ist ein Wanderstock nützlich. Benzin, Diesel und Kerosin bekommt man in Marrakesch oder Asni.

» **Zelt** Der Führer kann Zelte besorgen, die für diese Tour erforderlich sind. Ansonsten muss man ein paar Umwege in Kauf nehmen, um eine Unterkunft zu finden. Im Sommer kann man eventuell auch mal unter freiem Himmel schlafen.

Tag 3: Von Azib Likemt nach Amsouzert

6–6½ STD./15,2 KM/470 M AUFSTIEG/1380 M ABSTIEG

Diese direkte Südroute nach Amsouzert ist weniger strapaziös als die Wanderung am Tag zuvor und führt an schönen Kammwegen entlang. Von **Azib Likemt** geht's auf einem ausgetretenen Pfad hinter dem Campingplatz Richtung Süden einen Berghang hinauf und in die riesige Schlucht, die durch den **Assif n'Tinzer** entstanden ist. Über dem Ostufer des Flusses windet sich der Weg oberhalb des **Tombe-Asmine-Wasserfalls** entlang und führt dann wieder zum Fluss hinab. Für etwa zwei Stunden folgt man dem Verlauf des Stroms vorbei an fantastischen Klippen und durch große Weiden, bis ein deutlich erkennbarer Pfad das Tal zum **Tizi n'Ououraïne** (3120 m; auch Tizi n'Ouaraï) hinaufklettert. Hier genießt man herrliche Aussichten auf die Ostseite des Toubkal, den **Dôme d'Ifni** (3876 m) und das übrige zerklüftete Toubkal-Massiv. Einen Kontrast dazu bilden der **Agounss n'Tiniline** (3674 m), der 90 Minuten Richtung Nordwesten liegt, sowie einige sanftere und rundere Gipfel im Osten.

Anschließend geht's über den Pass, wo der Weg das obere Talende durchquert und auf eine Kreuzung stößt. Richtung Südwesten führt ein Pfad den Kamm hinunter zum **Tagadirt** (nach 50 m folgt ein großartiger Aussichtspunkt nach Süden zum **Jebel Siroua**), man wählt jedoch den Weg nach links (Richtung Südosten) und dann den Maultierpfad entlang Richtung Süden. Dieser überquert am oberen Ende ein weiteres Tal und führt an einem Bergausläufer entlang, bis er nach 90 Minuten den Kamm erreicht. Im Westen ist nun der **Lac d'Ifni** zu sehen. Nach weiteren 15 Minuten, kurz vor zwei spitzen Felsnasen, gabelt sich der Weg. Man nimmt die rechte Abzweigung, kraxelt langsam in Richtung Süden zu einem großen Steinhaufen hinab, wandert dann 30 Minuten Richtung Südwesten und hält sich schließlich Richtung Westen bis zum Ende des Bergvorsprungs nach **Amsouzert** (1797 m). Das wohlhabende Dorf erstreckt sich auf beiden Seiten des Flusses und verfügt über eine Moschee, außerdem sind mehrere Häuser mit Satellitenschüsseln ausgestattet. Der Ort eignet sich wunderbar für einen Ruhetag, falls man einen eingeplant hat. Neben der Schule befindet sich eine Open-Air-Teestube unter einem riesigen Walnussbaum. Hier kann man eventuell auch sein **Zelt** (20 Dh) aufstellen. Alternativ übernachtet man in der **Gîte Himmi Omar** (B 40 Dh, Tajine 30 Dh).

Darüber hinaus gibt's im Ort kleine Läden und westlich vom Fluss ein paar Cafés. Am frühen Morgen besteht eine Transportmöglichkeit zur Straße N10 mit Verbindungen nach Marrakesch und Ouarzazate. 3 km südlich von Amsouzert liegt noch ein Dorf, das Imlil genant wird (nicht zu verwechseln mit dem Imlil auf der Nordseite der Bergkette, wo die Tour begonnen hat). Mittwochs wird dort ein überaus beliebter **Suk** abgehalten, der mit wilden Kräutern, abgenutzten Werkzeugen, etlichen Maultieren und lokalem Klatsch lockt.

Tag 4: Von Amsouzert nach Azib Imi n'Ouassif

5½–6 STD./10,5 KM/1100 M AUFSTIEG

Maultiere kommen zwischen November und Juni nicht weiter als bis kurz hinter den Lac d'Ifni, den größten See im Hohen Atlas. Treiber bringen die Tiere über Sidi Chamharouch zur Toubkal-Hütte, man muss also sein Gepäck selbst nach **Azib Imi n'Ouassif** und weiter über den **Tizi n'Ouanoums** (3600 m) bis zur Toubkal-Hütte schleppen.

Von **Amsouzert** folgt man der ebenen, viel befahrenen Geländewagenpiste, die oberhalb der Nordseite des Flusses in Richtung Nordwesten auf den Lac d'Ifni zuführt. Unterwegs passiert man die Dörfer **Ibrouane**, **Takatert** und **Tisgouane**, bis man **Aït Igrane** mit ein paar Cafés und der **Gîte Belaïde** (40 Dh) erreicht. Auf einem ebenen, steinigen Platz gleich hinter dem Café Toubkal erstreckt sich der **Campingplatz** (30 Dh) mit einer Kaltwasserdusche und einer Toilette.

Über die Straße verlässt man Aït Igrane und wandert am Fluss entlang in Richtung Nordwesten. Dort, wo die Piste den Fluss überquert und dann scharf nach links abbiegt, stößt man auf einen schmalen, steinigen Maultierpfad. Auf diesem geht's weiter um die Nordseite des **Lac d'Ifni** (2295 m) herum über schroffes, steiniges, karges Gelände. Zunächst steigt der Weg steil an, dann führt er jedoch wieder hinab zur nordöstlichen Ecke des einladenden grünen Sees, an dessen Ufer Angler darauf hoffen, dass Forellen anbeißen. Bis man hier eintrifft, ist man etwa drei Stunden unterwegs. Kurz vor dem Ufer befindet sich eine **Hütte** mit der Aufschrift „Café". Seltsamerweise gibt's zwar keinen Kaffee, aber wenn jemand da ist, bekommt man immerhin Wasser, Softdrinks und mit etwas Glück auch eine Tajine.

An einem kleinen Strand am Nordufer erstrecken sich schattige **Steinhöhlen**, die manchmal voller Fliegen sind. Auf dem steinigen Boden wächst nichts, doch dafür kann man sich prima im See erfrischen und gefahrlos schwimmen. Bei Regenwetter ist es gefährlich, näher am Pass zu zelten, deshalb sucht man sich besser einen Platz oberhalb des Ufers.

Jedes Jahr im Oktober treffen sich die Dorfbewohner aus der Umgebung zu einem dreitägigen *moussem* zu Ehren eines lokalen *marabout*, dessen **Grab** sich hoch über der südöstlichen Ecke des Sees befindet. Ein Weg führt vom nordöstlichen Ufer hinauf.

Von der Nordwestseite des Sees überquert der Pfad den breiten trockenen Teil des Lac d'Ifni, ehe der lange, kurvenreiche und mühselige Marsch zum **Tizi n'Ouanoums** (3600 m) beginnt. Durch eine felsige Schlucht geht's nach oben; dabei bleibt man stets auf der Südseite des Flusses. Vom See sind es 3,5 km bis nach **Azib Imi n'Ouassif** (2841 m), wo zwei dramatische Schluchten zusammentreffen. Danach steigt der Weg steil hinauf zum Tizi n'Ouanoums. In der Nähe des Gipfels bläst der Wind und man entdeckt ein paar klei-

NICHT VERSÄUMEN

PFLANZENKUNDE DER BERBER IM HOHEN ATLAS

Trotz der eisigen Winter und heißen Sommer ist die Region außerordentlich fruchtbar. Überweidung, Landwirtschaft und das Sammeln von Holz haben zwar ihren Tribut gefordert und die heimische Flora stark geschädigt, doch durch akribische Aufforstung und die ausgeklügelte Terrassenlandwirtschaft mittels der *targa*-(Kanal-)Bewässerung gedeihen in den Bergen wieder zahlreiche Blumen und Sträucher. Eine faszinierende Einführung in die Pflanzenkunde der Berber erhält man im Dar Taliba (S. 111) beim Besuch des botanischen Gartens.

Auf Wanderungen im Hohen Atlas kann man Folgendes sehen:

» **Täler** Im Frühling erblühen fast explosionsartig unzählige Wildblumen sowie die Mandel-, Kirsch- und Aprikosenbäume in den Obstgärten. Quitten-, Johannisbrot-, Granatapfel- und Feigenbäume spenden im Sommer Schatten. Terrassenfelder ziehen sich bis auf erstaunliche Höhen und den geschickten Bauern gelingt es, die Ernte auf winzigen Feldern mehrmals einzubringen: Von Oktober bis Ende Mai wächst hier Gerste und vom Frühjahr bis zum Herbst werden Kartoffeln, Mohrrüben, Zwiebeln, Linsen sowie Bohnen angebaut. In den hoch gelegenen Dörfern sind Walnüsse ein wichtiges landwirtschaftliches Produkt; sie werden Ende September geerntet.

» **Subalpine Zone** (2400–3200 m) Das Gestrüpp des knorrigen Spanischen Wacholders *(Juniperus thurifer)* wird vom Wind in die ungewöhnlichsten Formen geblasen und freigelegte Wurzeln klammern sich wie Finger an den Fels. Zedern werden gepflanzt, um der Erosion vorzubeugen; sie ersetzen würzige Atlaszedern, die für Holzarbeiten genutzt werden.

» **Höher gelegene Gebiete** Am ehesten sieht man stachlige, kuppelförmige Büsche, die im Frühling kurz blühen. Selbst wenn man auf dem Weg keine Pflanzen entdeckt, steigt gelegentlich ein Hauch von Lavendel, Rosmarin und wildem Thymian vom Boden auf.

ne eisige Wasserfälle, Unterstände in den Felsen und ebene, steinige Stellen für Zelte.

Tag 5: Von Azib Imi n'Ouassif zur Toubkal-Hütte

4 STD./4 KM/759 M AUFSTIEG/393 M ABSTIEG

Der Pfad zum Tizi n'Ouanoums liegt unmittelbar nordwestlich des Zeltplatzes und führt hinauf in eine extrem felsige, schroffe Landschaft. Der Anstieg ist steil und anstrengend, doch von oben bietet sich eine spektakuläre Aussicht über den **Assif n'Moursaïne**, der zwischen den zerklüfteten Bergzügen von **Adrar bou Ouzzal** und **Ouimeksane** eingezwängt ist. Hinter dem Zeltplatz überquert der Weg mehrmals den Fluss. Nach etwa einer Stunde erreicht man einen steinernen Unterstand sowie eine Wasserquelle und eine Stunde darauf den Pass. Selbst im Hochsommer ist es dort kalt und stürmisch und in schattigen Felsspalten liegt sogar noch Schnee.

Beim Abstieg auf der anderen Seite geht's über gefährlich lose Steine und bis Juli auch über Schnee. Von dieser Stelle kann man den Jebel Toubkal und im Westen den Pfad zum **Tizi n'Melloul** (3875 m) sehen. Nach dem Abstieg wird der Weg flacher und führt Richtung Norden zur **Toubkal-Hütte** (☎064 071838; B CAF-Mitglied/HI-Mitglied/Nichtmitglied 46/69/92 Dh) des CAF, die man in etwa zwei Stunden vom Tizi n'Ouanoums erreicht. Die ehemalige Neltner-Hütte wurde in den 1990er-Jahren komplett umgebaut, leidet jedoch unter Überfüllung, Feuchtigkeit und einem Mangel an Einrichtungen. Vor den Duschen (10 Dh) und Toiletten bilden sich manchmal schier endlose Schlangen. Immerhin gibt's etwas zu essen und einen Laden, in dem Schokolade, Cola, Kekse und etwas Proviant verkauft werden. Gleich nebenan befindet sich eine gute Alternative, die neue **Mouflon-Hütte** (☎061 213345; afoud@wanadoo.net.ma; B 75 Dh). Sie verfügt über mehr Einrichtungen (eine Dusche kostet ebenfalls 10 Dh), einen Laden mit einem besseren Angebot und leckere Mahlzeiten (50 Dh), die in der kühlen Lounge serviert werden. Man kann aber auch flussabwärts von der Unterkunft oder auf einer ebenen Weide 20 Minuten südlich davon zelten.

Wer die Hütte schon vor dem Mittagessen erreicht, hat die Möglichkeit, nachmittags verschiedene Wanderungen zu unternehmen oder in drei bis vier Stunden Richtung Norden zum Ausgangspunkt der Tour nach **Imlil** (S. 120) zurückkehren, wenn man den Jebel Toubkal nicht erklimmen will. Auch die Besteigung des zweithöchsten Berges der Region, des **Jebel Ouanoukrim** (4088 m, hin & zurück 5–6 Std.), bietet sich an. Am sinnvollsten ist es aber, den ganzen Nachmittag zu relaxen, um am nächsten Morgen fit für den Aufstieg zum Jebel Toubkal zu sein.

Tag 6: Von der Toubkal-Hütte nach Azib Tamsoult

5 STD./8 KM/493 M AUFSTIEG/1300 M ABSTIEG

Von der **Toubkal-Hütte** nimmt man den Maultierpfad, der Richtung Nordwesten führt und dann 15 Minuten allmählich den Hang Richtung Norden hinaufsteigt. In der Nähe einer kleinen abgerundeten Mauer, die als Schafspferch dient, gelangt man zu einer Gabelung. Hier geht's nach links Richtung Westen: Der im Zickzack verlaufende Maultierpfad windet sich in zwei Stunden zum **Tizi n'Aguelzim** (3560 m) hinauf. Die Strecke ist zwar länger, aber sicherer als die Südroute beim Tizi n'Taddert, die wegen gefährlicher Bedingungen oftmals ganz plötzlich geschlossen wird.

Vom Tizi-n'Aguelzim-Pass genießt man ein herrliches Panorama: Im Osten liegt der Toubkal, im Nordosten das Imlil-Tal, im Nordwesten Azzadene und im Westen das Tazaghart-Plateau. Von hier schlängelt sich der Weg in 92 Haarnadelkurven fast eine Stunde lang bergab und überquert unten einen Fluss. 20 Minuten darauf nimmt man an einer Gabelung die linke Abzweigung und biegt 15 Minuten später erneut links ab. Nun führt der Pfad in zehn Minuten hinauf zur **CAF-Tazaghart-Hütte** (☎067 852754, Oukaïmeden 024 319036; B CAF-Mitglied/HI-Mitglied/Nichtmitglied 42/63/83 Dh) an einem imposanten Wasserfall. Die Unterkunft hat Platz für 22 Personen, Gaslampen und eine schlichte Küche. Wenn man nicht vorher reserviert hat, ist sie allerdings meistens geschlossen. Weil der *gardien* (Wärter) unten in Tizi Oussem wohnt, ruft man besser vorher an. Alternativ gibt man unterwegs Maultiertreibern oder Schäfern eine Nachricht mit, falls diese vielleicht bis nach Tizi Oussem kommen. Zelte kann man neben der Hütte oder auf ebenem Gelände oberhalb des Wasserfalls aufstellen.

Die Route von bzw. zur Toubkal-Hütte über den **Tizi n'Melloul** (3875 m), südöstlich von der Tazaghart-Hütte, ist anstrengender, bietet dafür aber Zugang zu dem südöstlich vom Pass gelegenen **Afella** (4045 m) und dem zerklüfteten Kamm Richtung Norden nach Biginoussen.

Die Route hinab nach **Azib Tamsoult** (2400 m) führt an den eindrucksvollen **Cascades d'Irhoulidene** vorbei, in deren Umgebung wieder mehr Pflanzen und Bäume wachsen. Fünf Minuten von den Wasserfällen entfernt erstreckt sich ein hübsches Wäldchen, das sich zum Zelten eignet. Zum Dorf sind es noch weitere zehn bis fünfzehn Minuten Richtung Norden.

Tag 7: Von Azib Tamsoult nach Imlil

4–5 STD./7 KM/89 M AUFSTIEG/749 M ABSTIEG

Wenn man genügend Energiereserven hat, schafft man es bereits am sechsten Tag bis Imlil. Von den Gemüsebeeten in **Azib Tamsoult** (mit dem **Assif n'Ouarzane** unten links) ist im Norden ein Maultierpfad zu sehen, der durch ein bewaldetes Tal führt. Man erreicht diesen durch das Dorf und über den Fluss. Während man ihm folgt, muss man Abzweigungen nach links ins Tal meiden.

Der Weg führt allmählich aufwärts und stetig Richtung Nordosten auf einen Kiefernwald zu; dabei liegt der **Tizi Oussem** im Westen. Schließlich erreicht man den **Tizi n'Mzik** (2489 m), wo eine Schafhütte Unterschlupf bietet. Von hier geht's auf einem ausgetretenen Maultierpfad in 90 Minuten bergab nach Imlil. Nach 40 Minuten passiert man eine Quelle rechts vom Pfad. In **Imlil** warten weiche Betten und heiße Tajines auf einen – und die hat man sich nach einer ganzen Woche auf dem höchsten Weg im Hohen Atlas auch redlich verdient.

Zum Tizi n'Test

Selbst mit vor Angst schlotternden Knien muss man zugeben, dass die Strecke nach Taroudannt toll ist: Sie windet sich durch den Hohen Atlas und über den 2092 m hohen Pass Tizi n'Test und führt dann runter in die Sousebene. Als wäre die einspurige Straße nicht schon abenteuerlich genug, kann sich auch noch das Wetter blitzschnell ändern. Bei tief hängenden Wolken und Nebel ist die Sicht auf der Passhöhe gleich null. Im Winter liegt hier außerdem oft Schnee. Bevor es wieder runtergeht, sollte man also nach den Wetterverhältnissen fragen!

ABSTECHER

COOPÉRATIVE TIGMI

In der **Coopérative Tigmi** (☎0524 48 08 19; Km 37, Route de Ouarzazate, Nr. 110, Lotissement Tafoukt Hay el-Massira, Aït Ourir; ⊙Mo–Fr 14.30–17.30 Uhr) etwa 35 km von Marrakesch entfernt setzen 30 weibliche *mâalems* (Kunsthandwerksmeister) mit Nadel und Faden ganz neue Trends von Marokko bis Mailand und sorgen in ihren ländlichen Gemeinden gleichzeitig für bessere Perspektiven. Tigmis unverkennbare und oft imitierte Designs sind einfach und auffällig: Sterne, Glückssymbole der Berber und Architekturumrisse werden in kräftigen, kontrastreichen Farben auf schwere Baumwollstoffe gestickt.

Mit den Einnahmen aus dem Verkauf unterstützt Tigmi Alphabetisierungs- und Gesundheitsförderungsprogramme von Müttern und Kindern. Im Geschäft der Kooperative, das vor der Moschee in Aït Ourir 250 m rechts von der Hauptstraße liegt und ausgeschildert ist, gibt's z. B. schokoladenbraune Kissenbezüge mit lavendelblauen Strahlenkränzen oder auberginefarbene Tischläufer mit Umrissen von safrangelben Kasbahs. Doch was hat das orangefarbene Täschchen mit taubenblauen Bersymbolen für eine Funktion? „Das ist wie ein Teewärmer, nur für Handys oder iPods", erklärt ein hippes junges Mitglied von Tigmi.

Dank der Unterstützung von Oxfam und spanischen Nichtregierungsorganisationen kann die Kooperative vielfältigere Produkte herstellen und bietet darüber hinaus handbemaltes Glas sowie bestickte Bettdecken an. Mit den Sachen kommt der von den Frauen „Berber-Zen" genannte Stil in jedes Haus und zugleich verbessern sich die Zukunftschancen des erstaunlichen ländlichen Unternehmens.

Sehenswertes & Aktivitäten

Tin-Mal-Moschee MOSCHEE

LP TIPP Wenn man von Marrakesch Richtung Süden zum Tizi n'Test fährt, entdeckt man das Dorf Tin Mal rechts von der Straße gleich hinter einer Kasbah auf einem Felsvorsprung auf der linken Seite. Die Moschee des Ortes aus der Almohadenzeit wurde 1156 zu Ehren des strengen geistigen Oberhaupts der Dynastie, Mohammed ibn Tumart, errichtet und gilt noch heute als architektonisches Wunder. Sie wird nach wie vor für das Freitagsgebet genutzt, aber an anderen Tagen führt einen der Wächter durch ihre massiven Tore und rosafarbenen Bogen in die ruhige Gebetshalle (10–20 Dh Trinkgeld erbeten). Dank der gewissenhaften Restaurierung blieb die kunstvolle Geometrie der geschnitzten Zedernholzdecken erhalten, außerdem verleihen die hohen Hufeisenbogen dem Bauwerk einen Hauch von Solidität und Anmut.

Café Dar Issouga TREKKING

(☎0670 10 65 21) Auf der Nordseite des Passes befindet sich ein Reservat für Mufflons, gefährdete Berberschafe mit langen Hörnern. Während man sich dem Bergübergang nähert, kann es passieren, dass der Nebel plötzlich klarem Himmel weicht und sich atemberaubende Aussichten über tiefziehende Wolken hinweg eröffnen. Auf der Südseite des Passes bietet sich eine Pause im Café Dar Issouga an. Vom Balkon genießt man einen großartigen Blick auf das Tal mit seinen grünen Terrassen und Zypressenwäldern – der perfekte Ort, um sich Berberrind oder eine Ziegentajine (70–90 Dh) zu gönnen. Nach dem Essen kann der Besitzer Larbi Wanderungen oder Eseltouren von einer halben bis drei Stunden Länge organisieren, die zum Tee in ein Bergdorf führen.

Zum Tizi n'Tichka

Dieser Pass liegt zwar höher als der Tizi n'Test im Westen, aber dafür ist die Straße, die Marrakesch mit den Oasen der Sahara verbindet, einfacher zu bewältigen – jedenfalls solange das Wetter mitspielt. Im Winter sollte man sich vor der Fahrt unbedingt bei der **Gendarmerie von Col du Tichka** (☎0524 890615) erkundigen, ob der Pass geöffnet ist, da dort 2005 mehrere Touristen starben, deren Auto eine Panne hatten.

Auf dem Weg über den Tizi n'Tichka lohnen sich Abstecher nach **Aït Ourir** und ins **Zattal**. Wer schnell in die Wüste möchte, kann es von Marrakesch in drei Stunden über den Pass schaffen. Hinter Aït Ourir führt die Straße bergauf durch eine malerische Landschaft mit Eichenbäumen, Walnusshainen und Oleanderbüschen. Hinter dem Dorf **Taddert** wird die Strecke noch steiler und der Landschaft geht abgesehen von winterharten Wildblumen und Kindern, die an der Straße knallig rot und grün gefärbte Drusen verkaufen, die Farbe aus.

Oben auf dem Bergübergang bietet sich ein Zwischenstopp im **Assanfou-Café** (☎061 132130; ⏲9–19 Uhr) an, wo man mit einem belebenden Espresso, kühler frischer Luft und einer tollen Aussicht belohnt wird. Nach der Pause fährt man hinunter in die Mondlandschaft des Antiatlas und in die dahinter liegende Wüste.

Wer nun auf der Schnellstraße direkt nach Ouarzazate rast, verpasst einige faszinierende Orte, darunter die prächtige, nahezu völlig zerstörte **Glaoui-Kasbah** in **Telouet** und die uralten Lehmziegel-*douar* (Dörfer) entlang des **Oued Ounila** wie **Anmiter** und **Tamdaght**. Der asphaltierte Weg von der Schnellstraße nach Telouet ist mit Schlaglöchern übersät, doch die historische *piste*, die von Telouet über den Oued Ounila nach Aït Benhaddou führt, wurde kürzlich planiert und ermöglicht eine faszinierende, relativ problemlose Reise mit dem Geländewagen oder Mountainbike nach **Aït Benhaddou**. Hotels in Telouet organisieren für 300 Dh pro Tag Führer und Maultiere für die Wanderung nach Aït Benhaddou.

Zattal

Jahrzehntelang haben Trekker das Geheimnis eines der unberührtesten Täler im Hohen Atlas wie ihren Augapfel gehütet. Während Marrakesch nur 50 km nordwestlich unter der Hitze ächzt, weht hier ein angenehmer Wind durch Gerstenfelder und lässt die Pappeln rauschen.

Um ins Zattal zu kommen, nimmt man die N9 nach Ouarzazate, bis sie den Oued Zat bei Aït Ourir kreuzt, und fährt dann nach Süden in Richtung der Transportstadt **Tighdouine** fast am Ende des Tals. Am Straßenrand kann man sich mit leckeren Tajines stärken, ehe man die Gegend erkundet und über die Gärten, die direkt in den Felsen angelegt wurden, Steinhäuser mit leuchtend blauen Türen und weiß umrandeten Fenstern sowie die herzlichen Familien staunt. Am besten genießt man das alles zu Fuß oder mit dem Maultier. Es gibt eine *piste*, die sich über den Talgrund schlängelt, aber nur von außerordentlich sicheren Fahrern bewältigt werden kann.

Das Tal scheint von der Zeit vergessen worden zu sein, was nicht nur Vorteile hat: Einige kleine Dörfer verfügen weder über fließendes Wasser noch über medizinische Versorgung, und die Kinder müssen bis zur nächsten Schule mehr als 8 km laufen. Doch die örtlichen Selbsthilfeorganisationen haben sich Lösungen einfallen lassen, die funktionieren, ohne die Landschaft zu zerstören. Inside Morocco Tours (S. 75) z. B. organisiert ein- bis fünftägige Wanderungen und teilt die Einnahmen mit der einheimischen Association Ajlal, die Initiativen zum Schulbesuch und zur medizinischen Versorgung im Zattal finanziert.

Wenn Dorfbewohner, die sich mit winzigen Terrassenfeldern mühsam durchschlagen müssen, einen in ihr Haus einladen und ihr bestes hausgemachtes Brot, Butter, Walnüsse sowie Wildsalbeitee anbieten, geht vielen Besuchern das Herz auf. Es gehört sich, ein kleines finanzielles Zeichen der Wertschätzung anzubieten, man sollte aber nicht darauf bestehen, wenn es abgelehnt wird. Größere Spenden hebt man besser für örtliche Organisationen auf, die sie für wichtige Gemeinschaftsprojekte wie Brücken, Aufforstung, Alphabetisierungsprogramme und eine Apotheke verwenden.

Sehenswertes & Aktivitäten

LP TIPP **Isafarne Honey Collective** LEBENSMITTEL & GETRÄNKE

(☎077 787548) 13 km hinter dem Abzweig von der Straße nach Ouarzazate bei Aït Ourir (2 km vor Tighdouine) sieht man auf der linken Seite ein auffälliges rosa Gebäude mit einem Bienenzeichen. Hier stellen 120 Bewohner des Zattals mit großem Arbeitaufwand den außergewöhnlichen dunklen, würzigen Honig aus wilden Heilpflanzen der Berber her, die in der Gegend gedeihen. Der Präsident des Kollektivs, Ahmed Zaki, bietet Besuchern gern eine Kostprobe (250/500 g 80/150 Dh) an und hilft, die komplexen Geschmacksrichtungen zu identifizieren. Je nach Jahreszeit können Eisenkraut, wilder Salbei, Lavendel, Johannisbrot, Walnuss und Bergthymian dabeisein. An Werktagen ist er immer hier, doch man trifft ihn oft auch an Wochenenden an oder entdeckt ihn, mit frischen Honigwaben bepackt, auf der der Straße vom Zat.

L'Association des Amis du Zat TREKKING

(☎0670 21 92 51) Für Gruppen ab sechs Personen arrangiert diese örtliche Nichtregierungsorganisation Wanderungen mit

Maultieren sowie Übernachtungen in *gîtes*, die von den Dorfbewohnern dank der Spenden zahlreicher in das Tal vernarrter Trekkingfans errichtet wurden.

Telouet تلوات

Vor 1928 zahlte jeder, der den Tizi n'Tichka passierte, für dieses Privileg Zölle an die einheimischen Kriegsherren. 1953 änderte sich die Situation jedoch grundlegend, als Pascha Glaoui, Sohn der Stadt und französischer Kollaborateur, durch die marokkanische Unabhängigkeitsbewegung vertrieben wurde. Man sagt, dass Menschen, die Jahre zuvor auf mysteriöse Weise aus ihren Dörfern verschwunden waren, benommen auf die Straßen von Telouet stolperten, als die imposanten Tore der hiesigen Glaoui-Kasbah endlich aufgerissen wurden: Sie waren jahrelang im Keller des Paschas eingesperrt gewesen.

Einst gab es in dem Ort eine blühende jüdische Gemeinde, der die Glaoui-Familie den so überaus wichtigen Salzhandel anvertraut hatte, und noch immer befinden sich in der Gegend aktive **Salzminen** sowie das geschätzte rosa Salz vom nahe gelegenen **Oued Mellah** (Salzfluss), das früher als Zahlungsmittel akzeptiert wurde. In der Nähe der Kasbah stößt man zudem auf die Überreste eines alten **Sklavendorfes**, ein weiteres wichtiges Zeugnis der lokalen und globalen Handelsgeschichte, das dringend erhalten werden müsste. Allerdings hat die marokkanische Regierung gemischte Gefühle, wenn es um die Heimatstadt des Glaoui-Clans geht, und da Investitionen von außerhalb nur sehr spärlich fließen und die Schnellstraße die Stadt umgeht, scheint Telouet in der Vergangenheit gefangen.

Die engen Flusstal-Oasen außerhalb des Ortes sind von bröckelnden Kasbahs, mit Höhlen durchsetzten Schluchten und alten befestigten Dörfern wie **Anmiter** (11 km von Telouet) umgeben, das über zwei recht gut erhaltene Kasbahs und eine historische **mellah** verfügt. Homestays Morocco (S. 131) kann geführte Wanderungen, Höhlenerkundungen, Besuche von Salzminen und Teepausen in der Kasbah von Anmiter organisieren.

Sehenswertes & Aktivitäten

LP TIPP **Glaoui-Kasbah** HISTORISCHE STÄTTE
(empfohlene Spende 20 Dh) In heutiger Zeit bröckelt die einstmals so prächtige Festung vor sich hin. Bester Beweis für Telouets frühere Bedeutung als Zentrum eines Trans-Sahara-Handelsimperiums ist die **Empfangshalle** im zweiten Obergeschoss. Mehr als 300 Handwerker arbeiteten daran, sämtliche Salons mit Stuck, *zellij* und bemalten Decken aus Zedernholz zu versehen und Marrakeschs königlichen Bahia-Palast wie ein Gesellenstück aussehen zu lassen. Doch Pascha Glaoui konnte das Bauwerk nicht lange genießen. Nach der Unabhängigkeit wurde er aus dem Palast geworfen und starb bald darauf im Exil in Telouet an Krebs.

Nachkommen der Glaoui-Familie erhoben kürzlich Besitzansprüche auf dieses architektonisch prächtige und politisch bedeutungsvolle Wahrzeichen, doch ohne staatliche Mittel für die bauliche Verstärkung und Restaurierung könnte es passieren, dass sie die Kasbah in ein Restaurant oder Hotel verwandeln – nur um zu verhindern, dass sie komplett einstürzt. Aus diesem Grund sollte man sich das architektonische Meisterwerk ansehen, solange es noch geht; in den mit einem roten X gekennzeichneten Räumen sind die Decken bereits eingestürzt. Örtliche Organisationen tun ihr Bestes, um das Gebäude zu erhalten, und man kann auch selbst dazu beitragen, indem man die *zellij* nicht berührt (die Keramik platzt schnell ab), herumliegenden Abfall beseitigt und sich nicht an die Fensterbretter, Türrahmen oder andere Gebäudeelemente lehnt.

Baraka Community Partnerships KULTURZENTRUM
(www.barakacommunity.com) Dank dieser lokalen Nichtregierungsorganisation errichten Freiwillige Schulen, pflanzen Bäume und kümmern sich um grundlegende medizinische Bedürfnisse. Baraka Partnerships bietet eintägige „*baraka*-(Segenswunsch-)Ferien" im entlegenen Dorf Tighza an. Besucher können einen Nachmittag bei der Restaurierung der alten Steinterrassen in den Berghängen helfen oder ein Kinderzimmer in einem Lehmziegelhaus in strahlenden, nicht gesundheitsschädlichen *beldi*-Farben (im ländlichen Stil) streichen. Der kulturelle Austausch wird gegen eine gestaffelte Spende organisiert: Für 250 Dh erhält eine Familie aus Tighza ein Erste-Hilfe-Set, 500 Dh reichen, um einem Kind ein Jahr lang Schulbücher zu kaufen, und für 700 Dh erhält eine Familie aus Tighza ein ganzes Jahr lang medizinische Betreuung.

ABSTECHER

OFFROAD IM OUNILATAL

Traveller, die einen Geländewagen, ein Mountainbike oder gute Wanderschuhe und einen Führer von Homestays Morocco (siehe unten) haben, können den alten Karawanenrouten durch das prächtige **Ounilatal** von Telouet nach Aït Benhaddou folgen. Diese Offroad-Route auf einer frisch planierten *piste* folgt dem Lauf des Oued Mellah und passiert Anmiter, Assaka, Tizgui sowie andere malerische Dörfer entlang der **Assaka-Schlucht**. In Tizgui lohnt ein Zwischenstopp, um herrliche Fotos von der Schlucht zu machen. **Chez Abdellah Nbarda** (☎0676 52 73 42; Tizgui; Mahlzeiten 90–120 Dh) bietet Tee auf der sonnigen Terrasse (10 Dh) und wartet mit einem traditionellen Hamam (20 Dh) sowie hausgemachten Gerichten auf. Beim Verlassen des Ounilatals Richtung Süden entdeckt man in dem nach Osten gerichteten Hang **Dreschterrassen aus Kalkstein**. In der Erntesaison dreschen die Dorfbewohner dort das Getreide, so wie es ihre Vorfahren schon Jahrhunderte zuvor taten.

Schlafen

LP TIPP **Homestays Morocco** PRIVATUNTERKUNFT $

(☎0677 84 04 87; www.homestaysmorocco.net; Tighza) Übernachtungen bei einheimischen Familien im Dorf Tighza verschafften dieser abgelegenen, von Subsistenzlandwirtschaft lebenden Gemeinschaft (21 *piste*-Kilometer von Telouet entfernt) dringend benötigtes Einkommen. Gäste werden wie Fußballstars begrüßt, das Essen ist frisch und großzügig portioniert und nachts scheinen die Sterne zum Greifen nah. Eine Übernachtung mit Halbpension erfolgt gegen eine Spende (300–500 Dh), die für den medizinischen Grundbedarf genutzt wird. Mohamed El Qasemy aus Tighza und seine britische Frau Caroline leiten das Programm. Zudem eröffnen sie mit der **Kasbah Tighza** (☎0668 44 30 40) gerade eine neue solar- und windbetriebene Unterkunft.

LP TIPP **I Rocha** MAISON D'HÔTES $$

(☎0667 73 70 02; www.irocha.com; Tisseldi, Ighrem N'Oudal; DZ inkl. HP 450–550 Dh pro Pers.; 🏊) An der Straße von Marrakesch nach Ouarzazate liegt auf halbem Weg zwischen dem Abzweig nach Telouet und Aït Benhaddou diese von Felsen umgebene Pension über dem grünen Flusstal. Hier werden erschöpfte Lebensgeister wieder geweckt. Mit ihren Deckenbalken, schönen Teppichen und *beldi*-Bädern verströmen die zehn sonnigen, in Cremefarben gestrichenen Zimmer lässigen Berbercharme. Die zweistöckige Unterkunft beim Pool mit einem Schlafboden und einer Badewanne eignet sich ideal für Familien. Ahmed und Katherine, die Besitzer, servieren fabelhafte französisch-marokkanische Speisen mit frisch im Terrassengarten geernteten Kräutern – und für 350 Dh können Gäste lernen, wie man die Gerichte kocht. Nach den geführten Wanderungen zur Fint-Oase und den natürlichen Quellen bietet sich ein Besuch im Hamam (90 Dh), eine Tazzarine-Hennabehandlung oder ein Bad im kleinen Schwimmbecken an.

Dar Aissa GÎTE D'ÉTAPE $

(☎0670 22 22 47; www.maisondhotesdaraissatelouet.com; Telouet; inkl. Frühstück/HP 120/200 Dh pro Pers.) Eine neue Pension im Zentrum von Telouet unweit der Glaoui-Kasbah. Sie verfügt über saubere Zimmer in Rosa und Gelb mit Matratzen auf dem Boden sowie modernen Gemeinschaftsbädern.

Essen

Die örtlichen Gästehäuser bieten Zimmer mit Halbpension an. In den Restaurants rund um den zentralen Platz des Ortes bekommt man zudem einfache Tajines für 40 Dh und Berberomelettes (mit Tomaten, Oliven und Kräutern) für 30 Dh.

Café Restaurant Palace/Chez Mohamed FUSIONS- & BERBERKÜCHE $$

(☎0524 88 57 30; www.palacedetelouet.com; Telouet Zentrum; Hauptgerichte 85–160 Dh) Tajines für Feinschmecker, z. B. mit Hühnchen, Mandeln und Pfirsichen, Lamm und Feigen oder Kaninchen, Thymian und Ingwer.

An- & Weiterreise

Auf der N9 (Marrakesch–Ouarzazate) ist ein paar Kilometer hinter dem Pass die Straße nach Telouet ausgeschildert. Jeden Tag fährt ein Bus vom Bab Gehmat in Marrakesch in den Ort (55 Dh) und kehrt um 7 Uhr nach Marrakesch zurück. In Ouarzazate startet um 12 Uhr ein Bus nach Telouet und fährt ebenfalls um 7 Uhr zurück (40–50 Dh). *Grands taxis* kosten 50 bis 70 Dh pro Passagier, allerdings kann es passieren, dass man alle sechs Plätze bezahlen muss, wenn sich niemand anderes einfindet.

Aït Benhaddou آيت بنحدو

Wie so mancher geliftete Star wirkt auch die von der Unesco geschützte Kasbah ein bisschen zu sehr in der Zeit erstarrt, ähnelt mithilfe von Hollywood-Retuschen aber noch immer ihren Tagen als Karawanserei der Almoraviden im 11. Jh. Kinofreunde kennen sie aus Filmen wie *Lawrence von Arabien, Jesus von Nazareth* (für den ein Großteil von Aït Benhaddou wiederaufgebaut wurde), *Auf der Jagd nach dem Juwel vom Nil* (man achte auf die ägyptischen Türme) und *Gladiator*.

Auf dem Weg in die Wüste lohnt ein Abstecher nach Aït Benhaddou für ein leckeres Mittagessen und einen Spaziergang. Vom Hôtel la Kasbah schlendert man an Souvenirständen vorbei bergab und erblickt die Karawanserei auf der anderen Seite des ausgetrockneten Flussbettes des Oued Ounila. Doch wo sind die ganzen Leute? Einige verbliebene Einwohner verdienen ein paar Dirhams damit, Touristen durch ihre Häuser in die **Kasbah** (übliches Trinkgeld 10 Dh) zu lassen. Hier kann man zu einem verfallenen **agadir** (befestigter Kornspeicher) hochklettern, der eine tolle Aussicht auf den Palmenhain ringsum und die *hammada* (Steinwüste) bietet.

7 km nördlich von Aït Benhaddou befindet sich an der Asphaltstraße eine weitere Karawanserei, die **Tamdaght-Kasbah** (Spende an den Wärter 10 Dh), eine verfallene Glaoui-Festung, auf der Störche ihre Nester errichtet haben. Um zu sehen, wie Aït Benhaddou ursprünglich einmal ausgesehen haben könnte, folgt man der nach Telouet führenden *piste* nach Anmiter nördlich von Tamdaght zu der von einem roten Turm gekrönten Kasbah.

Schlafen

LP TIPP **Kasbah Ellouze** KASBAH $$$

(☎0524 89 04 59; www.kasbahellouze.com; Tamdaght; inkl. HP EZ 528–755 Dh, DZ 704–1054 Dh, Suite 1054 Dh; ❄📶@☒) Fast sieht es so aus, als würde dieses *pisé*-Gästehaus mit der angrenzenden Kasbah verschmelzen. Die besten Zimmer, darunter die stilvoll eingerichteten Unterkünfte rund um den Pool, bieten eine tolle Aussicht auf Mandelbäume (*luz* bedeutet Mandeln). In der Küche lernen die Gäste, wie das ortstypische Brot gebacken wird, oder sie treffen sich im Jazzsalon mit WLAN auf einen Aperitif. Darüber hinaus locken Aquarellmalerei-Exkursionen ins Ounila- und Drâatal sowie zwei Hauskamele namens Ella und Maryline, auf denen man Ausritte unternehmen kann.

Fibule d'Or KASBAH $

(☎0524 88 76 82; www.lafibule-dor.com; DZ inkl. Frühstück 360 Dh, HP 250 Dh pro Pers.) Die natürliche *pisé*-Pension droht der aufgemotzten Filmstar-Kasbah gegenüber auf der anderen Talseite die Show zu stehlen. Sie verfügt über insgesamt neun Zimmer. Die Nummern 5, 6 und 7 haben hohe Decken und viel Licht, doch die Nummer 8 wartet mit dem besten Blick auf die Kasbah auf. Wegen der Privatbäder sind die Preise angemessen. Die dicken Lehmziegelwände sorgen dafür, dass es auch ohne Klimaanlage kühl bleibt.

Etoile Filante d'Or GÄSTEHAUS $$

(☎024 890322; www.etoilefilantedor.com; DZ inkl. Frühstück/HP 385/550 Dh; ❄📶@) Wenn der Mond scheint, lockt er die Gäste aus den 19 geräumigen, frisch renovierten Zimmern auf die Dachterrasse der Unterkunft, denn dann sieht die Kasbah wirklich filmreif aus. Das Etoile überzeugt mit einer cleveren Kombination aus traditionellen Elementen (*tataoui*-Zimmerdecken, Berberdecken) und modernem Komfort (Privatbäder, Klimaanlagen) sowie WLAN und Mittagessen à la carte (Mahlzeiten 60–90 Dh). Hind und Aurélien, den marokkanisch-französischen Gastgebern, kann man bei der Organisation von Dromedarritten und Fahrradtouren voll und ganz vertrauen.

Essen

Hotel-Restaurant Baraka REGIONALE & BERBERKÜCHE $$

(☎0524 89 03 05; www.hotel-labaraka.com; Mahlzeiten 70–90 Dh) Hier gibt's Couscous à la carte, der mit Hühnchen, Gemüse und den Gewürzen der Handelsroute gekocht wird, und eine fantastische Tajine mit der örtlichen Spezialität *kalia*: Dabei wird das Fleisch langsam in *smen* (gewürzter Butter) und karamellisierten Zwiebeln gesiedet und obendrauf kommt ein pochiertes Ei. Wer hinterher ein Nickerchen braucht, findet oben abgewetzte, einfache Zimmer (DZ mit/ohne Klimaanlage 200/150 Dh).

Auberge La Goulade MEDITERRAN, BERBERKÜCHE $$

(☎0524 88 48 72; www.lagoulade.net; Mahlzeiten 70–100 Dh) Das marokkanisch-französische Paar Sami und Michel führt dieses gemütliche, eklektische Restaurant mit einer gut sortierten Bar, in dem frische Salate aus würzigen lokalen Zutaten, Pizza mit Berberkräutern und dekadente *kefta*-Tajines serviert werden.

Chez Brahim REGIONALE KÜCHE $

(☎0671 81 63 12; Mahlzeiten 70 Dh) Sicher, man bekommt auch anderswo Tajines, doch nur Brahims Gerichte tragen zur Verbesserung der internationalen Beziehungen bei: Der Küchenchef und Lokalbesitzer hat nämlich schon mal einen Brief von Hilary Clinton bekommen, in dem sie ihm für eine Mahlzeit dankt. Die Tagesmenüs umfassen Salate, Tajine und Desserts und werden in einem Salon mit *pisé*-Wänden und Blick auf die Kasbah serviert.

Auberge Cafe-Restaurant Bilal REGIONALE KÜCHE $

(☎0668 24 83 70) Wer zum Mittagessen – z. B. bei einem Omelette (35 Dh), Couscous (50 Dh) oder Kebab (60 Dh) – eine tolle Aussicht genießen möchte, sollte sich im Innenhof einen Stuhl schnappen und auf Aït Benhaddou gegenüber blicken.

An- & Weiterreise

Von Ouarzazate geht's auf der Hauptstraße Richtung Marrakesch zur ausgeschilderten Abzweigung (22 km). Von dort führt eine Asphaltstraße noch einmal 9 km runter nach Aït Benhaddou. Mit dem Rad braucht man von Ouarzazate aus drei Stunden.

Grands taxis starten beim Busbahnhof in Ouarzazate (20 Dh pro Pers.) und von der Abzweigung (einfache Strecke 120 Dh, halber Tag mit Rückfahrt 250–350 Dh), sobald sie voll sind. Zwischen Tamdaght nach Ouarzazate verkehren morgens Minibusse, wenn alle Plätze besetzt sind.

Ouarzazate ورزازت

79 000 EW.

Ouarzazate (War-sasat) hat sich schon immer mit Köpfchen statt mit Schönheit über Wasser gehalten. Jahrhundertelang trafen hier Menschen aus dem Atlas, dem Drâataal und dem Dadèstal zusammen, um in der weitläufigen Taourirt-Kasbah Geschäfte zu machen. In den 1920er-Jahren wurde hier eine moderne Garnisonsstadt gebaut, von der aus Frankreichs Kolonialinteressen überwacht werden sollten. Nachdem die Franzosen in den 1950er-Jahren abzogen, entwickelte sich in Ouarzazate nach und nach das Filmgeschäft, und die „Ouallywood"-Studios erwarben sich mit ihren überzeugend exotischen Kulissen für Streifen, die angeblich in Tibet, im alten Rom, in Somalia oder in Ägypten spielen, ein gutes Renommee.

Seit König Mohammed VI. anfing, der Stadt Besuche abzustatten und die Straßen reparieren zu lassen, hat sie sich rasch gemausert. So wurden im Zentrum neue Komplexe mit Eigentumswohnungen und Hotels sowie eine weitläufige verkehrsfreie Plaza gebaut. Ouarzazate ist immer einsatzbereit und voller gut ausgestatteter Supermärkte, in denen man sich mit allen wichtigen Vorräten für die Wüste eindecken kann. Dank der vielen Läden für die Vermietung von Fahr- und Motorrädern sowie Kamelen ist es zudem ein idealer Ausgangspunkt für Touren in die Berge, die Wüste und die Schluchten. Zwischen November und März muss man sich allerdings auf plötzlich auftretene eisige Winde einstellen.

Sehenswertes

Taourirt-Kasbah KASBAH

(Eintritt 20 Dh; ⌚8–18.30 Uhr) Aufgrund seines Nebenjobs als Hollywoodkulisse (*Himmel über der Wüste, Gladiator, Prince of Persia: Der Sand der Zeit*) und indem es die Aufmerksamkeit der Unesco erregte, die kleine Bereiche im inneren Heiligtum der Kasbah restaurierte, entging Taorirt dem Verfall. Man kann das Bauwerk mit einem Führer erkunden (50 Dh pro Gruppe), wobei es Fotografen wahrscheinlich lieber mit Muße durchstreifen wollen, um das durch die Torbogen fallende Licht einzufangen und den Blick durch die Fensterschlitze auf die Palmenoase festzuhalten. Besucher folgen dem Labyrinth der Salons und Treppenhäuser bis zur obersten Etage, wo es unter Hufeisenbogen hindurch und an Resten von mehrfarbigem Stuck und einer originalen *tataoui*-Decke vorbei zu einem Gebetsraum geht. Außerdem kann man durch das Dorf im Inneren der Festungsmauern schlendern und in den Seitengassen vielleicht sogar örtliche Handwerkserzeugnisse zum Schnäppchenpreis finden.

Atlas Film Corporation Studios FILMSTUDIO

(☎0524 88 22 12/23; www.atlastudios.com; Erw./Kind 50/35 Dh; ⌚8.30–17.15 Uhr) Das erste „Ouallywood"-Studio zeigt Sets und Requisiten von hier gedrehten Blockbustern, darunter *Auf der Jagd nach dem Juwel vom Nil, Königreich der Himmel* und *Kundun*. Wer weiß, vielleicht wird man ja von einem Scout entdeckt, der Statisten sucht?

Ouarzazate

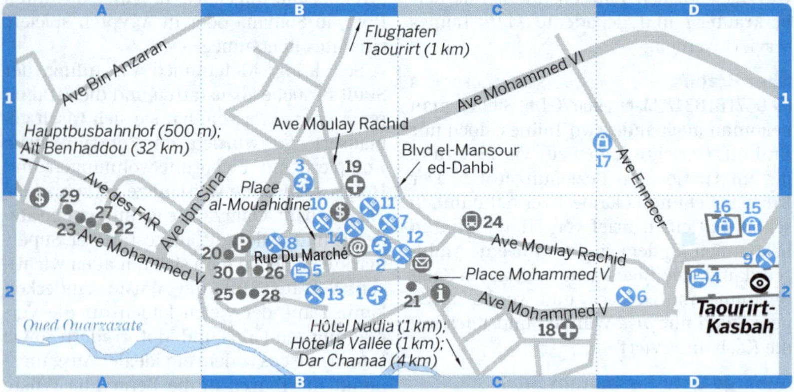

Ouarzazate

Highlights
Taourirt-Kasbah D2

Aktivitäten, Kurse & Touren
1 Daya Travels B2
2 Saïd Mountain Bike B2
3 Wilderness Wheels B1

Schlafen
4 Dar Kamar D2
5 Hôtel Royal B2

Essen
6 Akabar D2
7 Aux Delices B2
8 Hauptmarkt B2
9 Douyria D2
10 Patisserie-Glacier des Habouss B2
11 Pizzeria Veneziano B2
12 Restaurant 3 Thés C2
13 Supermarché B2
14 Supermarkt B2

Shoppen
15 Coopérative de Tissage D2
16 Ensemble Artisanal D2
17 Horizon Artisanat D1

Praktisches
18 Hôpital Bougafer C2
19 Kabinet Kabir B1
Ksour Voyages .... (siehe 29)
20 Lavanderie B2
21 Nachtapotheke C2

Transport
22 Avis A2
23 Budget A2
24 CTM-Busbahnhof C2
25 Desert Evasion B2
26 Dune Car B2
27 Europcar/InterRent A2
28 Hertz B2
29 National Car Rental A2
30 Royal Air Maroc B2

Einheimische weisen allerdings darauf hin, dass die Tagessätze von 40 bis 100 Dh nicht gerade den Gagenvorgaben des Schauspielerverbandes entsprechen. Das Studio liegt 5 km westlich der Stadt an der Straße nach Marrakesch. Mit dem gelben STUDID-Bus (S. 138) kommt man leicht hin. Führungen beginnen alle 20 bis 40 Minuten.

Aktivitäten

Viele Unternehmen und Hotels bieten sie zwar noch immer an, aber Quads schädigen das anfällige Ökosystem der Wüste beträchtlich und sind deshalb nicht zu empfehlen. Motorrad- und Fahrradfahrer sollten auf den gut gekennzeichneten Spuren bleiben, um negative Auswirkungen auf die Luftqualität und einheimische Arten zu minimieren.

Saïd Mountain Bike RADFAHREN
(☎062 869324; www.saidmountainbike.com; Ecke Ave Moulay Rachid & Rue de la Poste; pro Tag/Woche 220/990 Dh) Neben der Vermietung von 43 Mountainbikes hat dieser lokale Tourenveranstalter geführte Wanderun-

gen und Wüstenexpeditionen mit Mountainbikes, Maultieren und Kamelen im Programm.

Wilderness Wheels ABENTEUERSPORT
(☎0524 88 81 28, in Marrakesch 024 330443; www.wildernesswheels.com; 61 Hay al-Qods; Ausflüge für 3 Tage/2 Nächte ab 8470 Dh) Das von Briten betriebene Unternehmen abseits der Ave Mohammed V organisiert professionell geführte Motorradausflüge. Übernachtungen, die komplette Ausrüstung und ein Servicefahrzeug für bis zu 20 Motorräder sind im Preis inbegriffen.

Daya Travels RADFAHREN
(☎0524 88 77 07; www.dayatravels.com; Ave Mohammed V) Die Englisch sprechenden holländisch-marokkanischen Besitzer arrangieren Wüstenexkursionen, vermieten Fahrräder und verfügen über kostenlose Radwanderkarten.

Feste & Events

Der **Sidi-Daoud-moussem** findet jedes Jahr im August statt. Der **Marathon des Sables** (www.saharamarathon.co.uk) ist ein mörderischer sechstägiger Ultramarathon in der Wüste über 243 km, der jährlich im März/April durchgeführt wird. Teilnehmer haben nur das dabei, was sie selbst tragen können, doch die umsichtigen Veranstalter stellen Wasser, 3200 Durchfalltabletten und 1,8 km Verbände bereit. Die Strecke wird erst bekannt gegeben, wenn sich die Läufer in Ourzazate treffen.

Schlafen

Dar Chamaa BOUTIQUE-HOTEL $$$
(☎0524 85 49 54; www.darchamaa.com; Tajdar, Ouarzazate Palmeraie; EZ/DZ inkl. HP 633/955 Dh; ❄📶🏊) Am Rand von Ouarzazates Palmenoase bietet dieses geschmackvolle neue Hotel Zimmer im marokkanisch-minimalistischen Stil, die rund um einen zentralen Innenhof mit Fotogalerie liegen. Die geräumigen Unterkünfte wurden von den Waschbecken aus Fossiliengestein bis zu den *tadelakt*-Nischen, die als Kleiderschränke dienen, von Architekten entworfen. Am besten fragt man nach einem Zimmer mit Balkon und Blick auf den Pool in dem von Palmen beschatteten Garten. Darüber hinaus kann man sich über WLAN und die gut sortierte Bar freuen. Von der Route de Zagora folgt man den Schildern zum Dar Daïff nach links; nach 3 km auf der *piste* kommt auf der linken Seite das Dar Chamaa.

Dar Kamar KASBAH $$$
(☎0524 88 87 33; www.darkamar.com; 45 Kasbah Taourirt; inkl. Frühstück EZ 1020–1275 Dh, DZ 1200–1500 Dh, Suite 2400–3000Dh; ⏲im Juli geschl.; ❄📶) Die gemütliche *pisé*-Pension, einst ein Glaoui-Gerichtsgebäude aus dem 17. Jh., hat Sinn für Humor: Umgedrehte Tajines dienen als Waschbecken und Nähmaschinentische als Schreibtische. Die örtlichen Metallarbeiter haben sich bei der Dekoration der privaten Bäder richtig ausgetobt, wenngleich die Duschen schlecht belüftet sind – ein guter Vorwand, um den Hamam und den Massageraum im Haus zu nutzen. Nach den Doppelzimmern oben fragen, sie sind kleiner, aber genauso schön wie die Suiten – und kosten nur die Hälfte.

Dar Daïf KASBAH $$$
(☎0524 85 42 32; www.dardaif.ma, auf Französisch; Douar Talmasla; EZ/DZ inkl. HP 710/1143 Dh; ❄🏊) Ein solarbetriebenes *pisé*-Familienhaus am Rand der *palmeraie* und ein Labyrinth aus Höfen, versteckten Gästezimmern, privaten Terrassen sowie einem Pool im Innenhof. Die Inhaber des Dar Daïf bestehen auf einem schrulligen „Schuhe ausziehen", auch die Abendessen sind Pflicht und die Bäder sind klein. Doch die Unterkunft ist gut mit Personal ausgestattet und die Benutzung des Hamams ist kostenlos. Außerdem werden Wüstentouren und Dorfbesuche per pedes bzw. auf Eseln und Kamelen organisiert. Um herzukommen, biegt man hinter dem Hotel la Vallée links ab und folgt den Schildern auf der 5 km langen *piste*.

Hôtel La Vallée HOTEL $
(☎0524 85 40 34; www.hotellavaleemaroc.com; inkl. HP 200 Dh pro Pers.; ❄🏊) Trekker, Biker und Familien fühlen sich in den 41 Zimmern des Hotels mit Stuckdecken, harten Matratzen, Wüstenwandbildern und zuverlässigen Warmwasserduschen sehr wohl. Die Jagd aufs Büfett am Pool zu den Mahlzeiten (Frühstück 20 Dh) wird durch die Livemusikbegleitung noch verrückter. Das Vallée liegt an der Route de Zagora bei Km 2.

Hôtel Royal HOTEL $
(☎0524 88 22 58; 24 Ave Mohammed V; EZ/DZ/3BZ 70/130/175 Dh, mit Bad 115/170/235 Dh; ❄) Zentral gelegen und sehr viel hübscher, als man für den Preis erwarten würde, allerdings sollte man Ohropax dabeihaben. Einige modernisierte Zimmer verfügen über Stuckdecken, geschnitzte Türen, geflieste Bäder und Klimaanlagen (beim Bu-

chen nachfragen). Traveller hängen gern auf der Terrasse und im Innenhof ab. Im Café unten bekommt man frische Säfte, starken Kaffee und Tajines (40 Dh).

Hôtel Nadia HOTEL $
(☎0524 85 49 40; www.hotelnadiaozt.com; EZ/DZ/3BZ inkl. Frühstück 200/305/385 Dh; ❄@☒) Mit strahlenden, neu gefliesten Bädern und Zimmern, Stuckdecken, handbemalten Türen, einem kleinen Pool und dem putzmunteren Personal bietet dieses Haus eine willkommene Abwechslung zu den üblicherweise staubigen Budgetunterkünften. Es liegt an der Route de Zagora bei Km 1.

Essen

LP TIPP **Le Relais Saint Exupéry** FUSIONSKÜCHE $$$
(☎0524 88 77 79; www.relaissaintexupery.com; 13 Blvd Moulay Abdallah; Tagesmenü 90–260 Dh, Abendessen Hauptgerichte 99–336 Dh; ⏲Mittag- & Abendessen, Mi & im Juli geschl.) Bei der Slow-Food-Konferenz von Terra Madre sorgten die kreativen Gerichte mit regionalen Zutaten wie Talouine-Safran und Saharasalz für Aufsehen. Die Blätterteig-*pastilla* mit Fisch und das Dromedarfleisch in einer von Mali inspirierten Sauce mit Knoblauch, Kreuzkümmel, Ingwer und Paprika schmecken besonders gut. Es mag sonderbar erscheinen, in der Nähe des Flughafens von Ourzazate auf so abenteuerliche kulinarische Genüsse zu stoßen, doch dieser inspirierte den Autor des *Kleinen Prinzen* und Piloten Antoine de Saint-Exupéry.

Douyria REGIONALE KÜCHE $$
(☎0524 88 42 62; 72 Ave Mohammed V; Hauptgerichte 70–90 Dh; ⏲Frühstück, Mittag- & Abendessen) Romantische Abendessen bei Kerzenschein werden in gemütlichen Essecken auf einer Terrasse mit Blick zur Taourirt-Kasbah serviert. Man kann sich an die spezielle Dromedar-Tajine mit Rosinen und Feigen wagen, die überraschend schmackhafte Kaninchen-Tajine mit eingelegten Zitronen und Oliven kosten oder sich für die gut marinierten Rindfleischspieße mit wildem Thymian entscheiden.

Aux Delices PATISSERIE, CAFÉ $
(☎0524 88 28 29; Ave Moulay Rachid; ⏲6–24 Uhr) Die Patisserie ist für ihre *chnek* (Vanille-Zimt-Rosinen-Schnecke) berühmt, doch ihre *pain au chocolat,* Elefantenohren (flache Zuckerkekse) und die flockigen Croissants, die sogar in der Wüste feucht bleiben, sind ebenfalls nicht zu verachten.

Restaurant 3 Thés SANDWICHES, REGIONALE KÜCHE $
(☎0524 88 63 63; Ecke Ave Moulay Rachid & Rue de la Poste; Hauptgerichte 25–55 Dh; ⏲Mittag- & Abendessen) Schmiedeeiserne Sitzgelegenheiten auf dem Bürgersteig und die gemütliche Inneneinrichtung erinnern an ein Pariser Café, aber auf der Karte stehen leckere vegetarische Tajines (30 Dh), Cheeseburger (35 Dh) sowie Fleischtajines mit Feigen, Backpflaumen und Mandeln (55 Dh).

Pizzeria Veneziano ITALIENISCH $
(☎0524 88 76 76; Ave Moulay Rachid; Pizza 39–43 Dh, ⏲12–21.30 Uhr) Das freundliche, zentral gelegene und preiswerte Veneziano serviert Pizzas mit lokalen Zutaten wie Wüstenkräutern, Sardellen und Ziegenkäse. Dazu gibt's echten italienischen Espresso.

Patisserie-Glacier des Habouss PATISSERIE, CAFÉ $
(Rue du Marché; ⏲6–21 Uhr) An milden Abenden pilgern die Leute hierher, um die französischen Eclairs (7 Dh), das marokkanische Gebäck und das Eis (im Sommer) zu genießen. Morgens stellen sich Trekker und Einheimische für frische Baguettes (10 Dh), Croissants (2,50 Dh) und Kaffee an.

Akabar CAFÉ $
(☎0524 88 66 44; www.restaurant-akabar.com; Ave Mohammed V; Hauptgerichte 40–80 Dh, ⏲9–22 Uhr; 📶) Das schicke Café an der Ave Mohammed V auf dem Weg zur Taourirt-Kasbah ist ein WLAN-Hotspot und ist ein wunderbarer Ort für all jene, die einen Hänger haben oder einen Kaffee brauchen. Pasta und Pizzas schmecken fade, deshalb hält man sich besser an die Sandwiches und Tajines mit *beldi*-Hühnchen und Erbsen.

Selbstversorger

Der **Supermarché** (Ave Mohammed V) hat alles, was man für die Wüste braucht: Wasser, Zahnpasta, Lippenbalsam, Tütensuppen, Kekse, Wodka und Anti-Cellulite-Lotion aus Arganöl. Es gibt noch einen größeren **Supermarkt** (Ave Moulay Rachid) mit europäischen Lebensmitteln. Frischen Käse, Fleisch und Gemüse findet man auf dem täglichen **Hauptmarkt** (Rue du Marché).

Shoppen

Coopérative de Tissage KUNST & KUNSTHANDWERK
(Weberkooperative; ☎0662 61 05 83; Ave Mohammed V) Gegenüber der Kasbah kann man Handwerkerinnen bei der Arbeit an *hanbels* (vor Ort gewebten Teppichen) und

bestickten Strohmatten über die Schulter schauen und einen davon zu Festpreisen zwischen 550 und 1100 Dh pro Quadratmeter mit nach Hause nehmen.

LP TIPP **Horizon Artisanat** KUNST & KUNSTHANDWERK
(☎0524 88 69 38; 181 Ave Ennacer; ⏰Mo–Fr 9–18 Uhr) Hübsche Töpferwaren, handbemalte Teegläser und filigrane Silberringe der örtlichen Organisation werden in diesem Laden zu vernünftigen Festpreisen verkauft. Mit dem Erlös unterstützen die Betreiber das Horizon-Programm zur beruflichen Ausbildung und Integration von Behinderten in die Gemeinschaft.

Ensemble Artisanal KUNST & KUNSTHANDWERK
(⏰9–12.30 & 13.30–18 Uhr) Staatlicher Laden mit regionalen Steinschnitzarbeiten, Intarsiendolchen und bestickter Wäsche.

Praktische Informationen

Geld

Banken mit Geldautomaten liegen am nördlichen Ende der Ave Mohammed V.

Banque Populaire (Ave Moulay Rachid; ⏰Mo–Fr 8.30–11.30 & 14.30–16.30, Sa 15–18, So 9–13 Uhr)

Crédit du Maroc (Ecke Ave Mohammed V & Ave Bir Anzaran)

Internetzugang

Cyber Ouarzazate (Ave Mohammed V; 10 Dh pro Std.; ⏰9–22 Uhr) Zentral gelegen, familienfreundlich und relativ sauber.

Medizinische Versorgung

Hôpital Bougafer (☎0524 88 24 44; Ave Mohammed V) Öffentliches Krankenhaus östlich der Touristeninformation.

Kabinet Kabir (☎0524 88 52 76) Zuverlässige Privatklinik.

Nachtapotheke (☎0524 88 24 90; Ave Mohammed V; ⏰8–13 & 15.30–23 Uhr)

Notfall

Polizei (☎19; Ave Mohammed V)

Post & Telefon

Im Zentrum gibt's zahlreiche *téléboutiques*.

Hauptpostamt (Ave Mohammed V; ⏰Mo–Fr 8.30–16.30 Uhr)

Reisebüros

Désert et Montagne (☎0524 85 49 49; www.desert-montagne.ma) Dieses Unternehmen im Dar Daïf (s. S. 135) wird von Marokkos erster weiblichen Bergführerin betrieben und bietet Ausflüge zu Berberfamilien in den Bergen, Wander- und Geländewagentouren im Hohen Atlas und längere Trips auf den Karawanenrouten an.

Desert Dream (☎0524 88 53 43; www.sahara-desert-dream.com; 4 Blvd Al-Mansour ed-Dahbi) Günstiges, freundiches Büro mit Pauschalexkursionen zu Festpreisen in die Wüste und die Schluchten per Kamel, Geländewagen oder zu Fuß.

Ksour Voyages (☎0524 88 28 40; www.ksour-voyages.com; 11 Place du 3 Mars) Bucht Flüge und organisiert Ausflüge aller Art von Bergwanderungen bis hin zu Wüstentouren mit dem Geländewagen inklusive Englisch sprechenden Reiseführern. Vermietet auch Mountainbikes.

Touristeninformation

Délégation Régionale du Tourisme (ONMT; ☎0524 88 24 85; Ave Mohammed V; ⏰8.30–16.30 Uhr) Dies ist ein überdurchschnittlich effizientes und nützliches Fremdenverkehrsamt.

Waschsalon

Lavanderie (Rue du Marché; ⏰9–12 & 14–20 Uhr) Moderne Geräte (Waschen/Trocknen 30/18 Dh pro Ladung) sowie Wäsche-/Bügelservice (Waschen/Trocknen/Bügeln 4/2/3 Dh pro Stück).

An- & Weiterreise

AUTO Um Wüstenabstecher zu prächtigen *ksour* entlang des Drâatals zu unternehmen, kann man ein Auto mieten (ab 350 Dh pro Tag). Einen Wagen plus Fahrer bekommt man für 900 (PKW) bis 1250 Dh (Geländewagen).

Avis (☎0524 88 80 00; www.avis.com; Ecke Ave Mohammed V, Place du 3 Mars & Flughafen)

Budget (☎0524 88 42 02; www.budget.com; Ave Mohammed V & Flughafen)

Desert Evasion (☎0524 88 86 82; www.desert-evasion.net; Imm El Ghifari, Ave Mohamed V) Bezahlung bei Übergabe der Schlüssel.

Dune Car (☎0524 88 73 91; Fax 024 884901; Ave Mohammed V) Zuverlässig und viel billiger als die internationalen Autovermietungen. Hat auch Geländewagen im Angebot.

Europcar/InterRent (☎0524 88 20 35; www.europcar.com; Place du 3 Mars)

Hertz (☎024 882084; www.hertz.com; 33 Blvd Mohammed V & Flughafen) Verfügt über Kindersitze.

National Car Rental (☎024 882035; www.nationalcar.com; Place du 3 Mars & Flughafen)

BUS Am praktischsten gelangt man mit **CTM** (☎0524 88 24 27; Ave Moulay Rachid; ⏰7–22 Uhr) in die Stadt. Busse des Unternehmens fahren von sowie nach Marrakesch (80–100 Dh, 4½ Std., 4-mal tgl.), Casablanca (160 Dh, 7½ Std., 3-mal tgl.), Agadir (130 Dh, 6½ Std., 2-mal tgl.), Er-Rachidia (90 Dh, 4½ Std., 1-mal tgl.), M'Hamid (60 Dh, 5 Std., 1-mal tgl.) und Zagora (40 Dh, 2 Std., 2-mal tgl.).

Am Hauptbusbahnhof, etwa 1,5 km nordwestlich des Stadtzentrums, starten Busse nach Marrakesch (65 Dh, 4–5 Std., 6-mal tgl.), Er-Rachidia (75 Dh, 6 Std.), Agadir (115 Dh, 4–5 Std., 6-mal tgl.), Boumalne du Dadès (25 Dh, 5-mal tgl.), Taroudannt (75 Dh, 5 Std., 5-mal tgl.), Tazenakht (20 Dh), Foum Zguid (45 Dh, 4 Std.), Tata (60 Dh, 5 Std.) und M'Hamid (70 Dh, 7 Std., 4-mal tgl.) via Zagora (45 Dh, 4 Std.).

FLUGZEUG 2 km nördlich der Stadt liegt der **Flughafen Taourirt** (☎0524 88 23 83). **Royal Air Maroc** (RAM; ☎0524 88 51 02; 1 Ave Mohammed V) fliegt täglich von hier nach Casablanca (direkt oder über Marrakesch), außerdem bestehen Charterverbindungen nach Deutschland.

TAXI Taxis fahren vom Hauptbusbahnhof nach Agdz (40 Dh), Aït Benhaddou (30 Dh), Boumalne du Dadès (40 Dh), Marrakesch (90–110 Dh), Skoura (25 Dh), Tinerhir (60 Dh) und Zagora (70 Dh).

ℹ Unterwegs vor Ort

Auf der Ave Mohammed V pendeln *petits taxis*. Sie kosten pauschal 5 Dh pro Kopf (bei 3 Fahrgästen). Der gelbe STUDID-Bus (5 Dh) fährt alle halbe Stunde die Ave Mohammed V rauf und runter. Für Taxis vom Flughafen in die Stadt zahlt man 35 bis 60 Dh.

DRÂATAL وادة درءة

Solange man das einsame Drâatal nicht kennengelernt hat, kann man nicht wirklich verstehen, wie Marokko das Kunststück fertigbringt, zu existieren. Bevor die Almoraviden das ganze Gebiet bis hoch nach Barcelona erobern und die Saaditen den Zuckerhandel in der Sahara monopolisieren konnten, mussten sie erst einmal an uneinnehmbaren Schluchten, Lehmziegelwachttürmen und kämpferischen autonomen Oasenbewohnern vorbei. Eine asphaltierte Straße und komfortable Hotels machen das Vorankommen heute deutlich einfacher. Doch noch immer hat diese Wüstenlandschaft etwas an sich, das sie absolut abenteuerlich erscheinen lässt.

Von Ouarzazate führt die N9 südöstlich ins Drâatal, das durch einen schmalen Streifen Wasser aus dem Hohen Atlas geformt wurde. Dieser taucht immer mal wieder triumphierend in einer üppigen Oase auf. Der saftigste und faszinierendste Teil der Region sind die 95 km zwischen Agdz und Zagora. Für die Fahrt von Agdz nach Zagora benötigt man drei bis vier Stunden, allerdings ist die *piste* durch die Oase (s. *circuits touristiques*, S. 142) landschaftlich reizvoller. Dahinter geht's 96 km weiter in Richtung Süden bis nach M'Hamid, ein Ort 40 km vor der algerischen Grenze, der seit Kurzem ein Wüstentourismusziel ist und nach wie vor eine Niemandslandatmosphäre verströmt.

Agdz اكدز

9400 EW.

Traveller, die von Ouarzazate nach Zagora rasen, verpassen Agdz (Ag-das), eine klassische Karawanserei mit einer nach wie vor unberührten *palmeraie,* uralten Lehmziegelkasbahs, einem wegweisenden Gemeinschaftsgarten und einem geheimen Wüstengefängnis.

Wenn man sich der Stadt nähert, sieht man am Horizont den tajineförmigen Jebel Kissane und Mountainbiker, die zum 20 km entfernten Tizi n'Tinififft auf 1600 m Höhe fahren. Auf den Bergen scheint der Schnee zu funkeln, doch das ist eine Luftspiegelung – tatsächlich trifft das Sonnenlicht auf Einlagerungen von reflektierendem Glimmer (Katzensilber). Zu den traditionellen Handwerken des Ortes gehören Töpferei und Korbflechterei, und vor den Geschäften im Zentrum oder im **Suk** (Oktober–November) am Donnerstag findet man vielleicht ein paar besonders schöne Stücke.

Die wichtigsten Attaktionen sind allerdings von der Straße aus nicht zu sehen. Weil das historische Zentrum etwa 1,5 km östlich der N9 an einer staubigen *piste* liegt, daher wurde die Altstadt vom Massentourismus bisher links liegen gelassen. Aus diesem Grund stehen hier auch noch ungewöhnlich viele ursprüngliche Lehmziegel-Kasbahs, die anderswo abgerissen und durch nachgemachte Kasbah-Hotels ersetzt wurden.

Das Leben geht in Agdz seinen ganz normalen Gang und ist im Hart-Chaou-Gemeinschaftsgarten sogar wie nie zuvor erblüht. Besucher, die hier übernachten, können morgens in der riesigen **Palmenoase** spazieren gehen und den Rest des Tages beim Oasen-Hopping zwischen Hart Chaou und Zagora verbringen.

ABSTECHER

DIE BESTEN DATTELN

Ob man Datteln nun mag oder nicht, im Drâatal gibt's auf jeden Fall die leckersten, die man je gegessen hat. Während der Saison von Oktober bis November entdeckt man sogar viele ältere Herren, die sich mit einem Gurt, einem Beutel und einem Messer bewaffnet hohe Palmen hinaufschieben, um *boufeggou*-Datteln zu sammeln, eine lokale Spezialität: außen schön von der Wüstensonne karamellisiert, innen ganz zart und lecker süß. Die Haut sollte nicht zu hart oder ledrig sein und die Frucht muss sich ganz leicht vom Kern lösen.

Tinzouline, ein Ort etwa 36 km nördlich von Zagora, wartet mit besonders leckeren Früchten auf. Wenn man auf der Straße nach Zagora Verkäufer sieht, deren Palmwedelkörbe vor Datteln überquellen, ist es nicht mehr weit bis dorthin. Montags, wenn der Suk stattfindet, kann ganz schön was los sein, dann heißt es Ellbogen an Ellbogen mit Großmüttern aus der Gegend um die besten Früchte wetteifern. Natürlich gewinnen immer die alten Damen, aber man kann sie ja auch bitten, einem bei der Auswahl zu helfen.

Wer nicht im Herbst herkommt, muss trotzdem nicht auf Datteln verzichten. In **Timidarte** sind sie nämlich eine echte Slow-Food-Sensation, etwa bei **Timarine Tijara** (☎0664 93 22 42; Timidarte; ⊙nach Vereinbarung) 1 km östlich der Route de Zagor und 15 km südlich von Agdz. Vorbei an historischen Lehmziegel-Kasbahs und durch den Garten eines traditionellen Familienhauses geht's in eine makellose, weiß gekachelte Küche, in der ein großer, moderner Kessel fröhlich vor sich hin blubbert. Auf einer Theke stehen ein paar Dutzend Gläser mit köstlicher Dattelmarmelade und *tahalout* (Dattelsirup) – alles, was nach dem jüngsten Ansturm auf die Produkte bei der Slow-Food-Konferenz von Terra Madre in Turin (Italien) übrig geblieben ist.

„Natürlich schmecken beide auf *beghrir* [marokkanische Pfannkuchen] gut, aber die Leute mögen den Sirup ganz besonders zu herzhaftem Essen", sagt der Besitzer und Wegbereiter der Dattelgourmets Abderrahim Ouagarane. „Man kann auch ein bisschen auf warmen Ziegenkäse oder Stopfleber träufeln – das betont den nussigen, fruchtigen Geschmack unserer Datteln." Auf jeden Fall wird man diese Früchte nach dem Besuch im Drâatal ganz anders sehen – und schmecken.

Sehenswertes

Kasbah des Caïds KASBAH

(Erw./Kind 40/20 Dh) Die 170 Jahre alte Kasbah des einstigen *caïd* (Führer) von Agdz gehört heute seinen Nachfahren. Sie liegt neben der Casbah Caïd Ali, an deren Rezeption der Eintritt für das Lehmziegelbauwerk, ein Labyrinth von Räumen über drei Etagen, gezahlt werden muss. Das Spiel von Licht und Schatten in der alten Kasbah nimmt Fotografen für Stunden gefangen, und gelegentliche Ausstellungen geben einen Einblick in das Kasbah-Leben im 19. Jh. Am besten sind aber die Ausblicke vom Dach auf die benachbarte Oase.

Glaoui-Kasbah HISTORISCHE STÄTTE

Alteingesessene Einwohner berichten, wie schockiert sie nach der Entdeckung waren, dass die von einer Mauer umgebene Glaoui-Kasbah in Agdz (am Tor mit „307" gekennzeichnet; sie liegt südlich der *piste* in der Nähe der Pension Rose du Sable) als geheimes Gefangenenlager benutzt wurde. Die Säuberungsaktionen von Hassan II., mit denen politische Dissidenten unterdrückt werden sollten, führten zur Einrichtung solcher Haftanstalten. Erst kürzlich wurden durch die Marokkanische Wahrheitskommission Einzelheiten bekannt. Die Regierung soll Pläne erörtern, die langsam verfallende Glaoui-Kasbah in eine Gedenkstätte an die „bleiernen Jahre" unter Hassan umzuwandeln und so einen monumentalen Schlusspunkt unter dieses Kapitel der Landesgeschichte zu setzen.

Bis dahin kann man jedoch den Nachbarn, der ein Auge auf die Kasbah hat, um Einlass bitten (übliches Trinkgeld 20 Dh). Die oberen Räume sind nicht stabil, aber wenn man durch den in der Sonne glühenden Innenhof geht und dann rechts abbiegt, stößt man auf dunkle, fensterlose Zellen. In den vergangenen Jahren wurden die Räume als gemeinschaftliches Getreidelager genutzt. Wenn diese geheimen Zellen endlich in einem Museum ausgestellt würden, könnten auch ähnliche Kapitel in der Ge-

NICHT VERSÄUMEN

HART-CHAOU-GEMEINSCHAFTSGARTEN

Der Wüstentourismus hat im letzten Jahrzehnt einen Boom erlebt, doch bis vor Kurzem war davon im landwirtschaftlich geprägten Dorf Hart Chaou, 1 km südlich von Agdz, noch nichts zu spüren. Nach mehreren Dürren hatten einige Familien kein kultivierbares Land oder Wasser mehr, und viele Kinder schliefen vor Hunger und Erschöpfung im Unterricht ein – also kamen die Einwohner zusammen und verwandelten eine freie Fläche nahe einem funktionierenden Brunnen in einen kleinen **Bio-Gemeinschaftsgarten** (☎0662 84 04 55; khalah10@yahoo.fr; Hart Chaou; gestaffelte Spende 200–800 Dh; ⊙nach Vereinbarung Mo–Fr 15.30–18 Uhr), der inzwischen jedes Jahr drei Ernten und 80 % des Nährstoffbedarfs der 114 Familien dieses Dorfes liefert.

Wer die wunderbare Oase besuchen möchte, sollte ein paar Tage vorher anrufen; dann wartet jemand an der Hauptstraße und führt einen zum Garten. Interessierte können frische Kichererbsen oder Tomaten kosten, Tipps zur Pflanzenpflege austauschen, in der vom Verein errichteten Dorfschule einen Tee trinken und mit einer gestaffelten Spende helfen, das Saatgut fürs nächste Jahr zu kaufen (200 Dh reichen für ein Feld Saubohnen oder Zwiebeln und 800 Dh für Tomatenpflanzen). Wie die Organisation berichtet, können sich die Schüler viel besser konzentrieren, seit mit den großzügigen Spenden mehr Gemüse auf ihre Teller kommt.

„Wir hätten nie gedacht, dass sich Menschen aus so vielen Ländern für unseren Garten interessieren würden", sagt Lahcen Khallouki, der Direktor des Projekts. „Unser Anliegen war es, dafür zu sorgen, dass die Dorfkinder genügend gesundes Essen bekommen, um sich gut zu entwickeln, und das ist auch immer noch unser Ziel. Doch Besucher aus den USA, aus Bangladesch, Deutschland und Großbritannien haben uns geholfen zu erkennen, dass Gärtner überall in der Welt dieselbe Idee haben: Brachland in Biogärten zu verwandeln, um die Bewohner mit Lebensmitteln zu versorgen. Jetzt bemühen wir uns, ein Modellgemeinschaftsgarten zu werden, sodass wir unseren Kindern und allen, die über die Anlage eines Gartens nachdenken, sagen können: ‚Schaut mal, was man mit einem kleinen Stück Land und vielen Händen erreichen kann.'"

schichte des Landes aus der Dunkelheit hervorkommen.

Schlafen

Dar Qamar DAR $$
LP TIPP (☎0524 84 37 84; www.locsudmaroc.com; EZ 610 Dh, DZ 720–1100 Dh, 3BZ 1055–1280 Dh;) Rötliche *pisé*-Mauern, mit Fliesen aus Tamegroute gepflasterte Fußwege und Fische im Brunnen, die Mücken fressen – der clevere Öko-Chic ist in Agdz angekommen. Die hübschen Zimmer mit den originalen Decken und Lukenfenstern haben den kühlen, authentischen Charakter des umgebauten Familienhauses bewahrt. Hier kann man Fahrräder ausleihen und zu einer Kasbah-Tour aufbrechen, sich an der Rezeption eine Karte für *palmeraie*-Spaziergänge besorgen und im Hamam oder am chlorfreien Pool bei einem Glas des lokalen Weißeweins Larroque entspannen.

Kasbah Azul MAISON D'HÔTES $$
(☎0524 84 39 31; www.kasbahazul; Agdz; DZ inkl. Frühstück 833–1000 Dh, 3BZ 1165 Dh, 4BZ 1387–1997 Dh, Suite 1330 Dh; P) Am östlichen Ende des historischen Zentrums versteckt sich in einem Garten dieses Refugium mit künstlerischem Touch sowie eigenen *tadelakt*-Bädern in auffälligen Farben: Giftgrün und Pflaumenblau, Terrakotta und Taubenblau. Die Besitzerin hat zur auffälligen Dekoration mit ihren eigenen Collagelampen und Bildern beigetragen. Darüber hinaus bekommen Gäste hier ein reichliches Frühstück und können sich über den hufeisenförmigen Pool freuen.

Casbah Caïd Ali KASBAH $
(☎0524 84 36 40; www.casbah-caidali.net; Rue Hassan II; DZ mit/ohne Frühstück 220/190 Dh, Matratze auf dem Dach 35 Dh, Zelt 10–25 Dh;) Nachfahren des örtlichen *caïd* nutzen die teilweise restaurierte Kasbah als Unterkunft. Die auf einen Innenhof gehenden Zimmer teilen sich Gemeinschaftsbäder und sind mit originalen Berbermotiven bemalt sowie mit schmiedeeisernen Möbeln ausgestattet. Außerdem arrangieren die mehrsprachigen (Deutsch/Englisch/Dari-

ja/Französisch) Gastgeber Mahlzeiten (HP 170 Dh) in Berberzelten am Quellwasserpool. Man kann auch im Garten unter Palmen zelten.

Rose du Sable MAISON D'HÔTES $$
(☎0524 88 64 52; www.rosedusable.com; EZ/DZ/3BZ inkl. Frühstück 466/633/800 Dh; P ❄ ≋) Mit ihren psychedelischen Buntglasfenstern, feuersteinmäßigen Granitwänden und zwei rollstuhlgerechten Räumen sticht diese Acht-Zimmer-Pension wie ein Rockstar in der Wüste hervor. Familie Jolie-Pitt empfiehlt das Gästehaus – und wie könnten wir da widersprechen?

Essen

Am Ortseingang auf der linken Seite gibt's eine Tankstelle mit einem Tante-Emma-Laden und einem Café namens **Kasbah Total** (8–21 Uhr), in dem man sich mit gutem Espresso und abgepackten Snacks eindecken kann. Im Sommer und Winter ist es allerdings manchmal geschlossen. Rings um die Place Marché Vert im Zentrum von Agdz liegen weitere Cafés, darunter das **Sable d'Or**, das mit einem sensationellen, nach Safran duftenden Brathähnchen und Pommes frites aufwartet (35 Dh).

An- & Weiterreise

In Agdz halten sowohl CTM-Busse als auch Fahrzeuge anderer Gesellschaften, die zwischen Ouarzazate und Zagora pendeln. Gelegentlich verkehren auch *grands taxis* nach Ouarzazate (25 Dh) und Zagora (28 Dh).

Von Agdz nach Zagora

TAMNOUGALT

Ein Stück die Straße von Agdz hinunter stößt man auf die Hauptattraktion des Drâatals: ein befestigtes Dorf aus dem 16. Jh., das zu den ältesten Lehmziegel-*ksour* des Landes zählt und ein unverzichtbarer Halt auf jeder Architekturpilgerfahrt durch Marokko ist.

Sehenswertes

LP TIPP **Tamnougalt-ksar** KSAR
(Eintritt 10 Dh, obligatorischer Führer 50 Dh) Im Labyrinth der Räume dieser Lehmziegelfestung kommt man durch eine große *mellah,* taucht ab unter die Erde (Oberlichter und Kerzen spenden Licht) und erreicht in sonnigen Hofstallungen, die von Hufeisenbogen flankiert sind, wieder die Oberfläche. Die arabischen, andalusischen und berberisch-jüdischen Motive, die fast nahtlos ineinander übergehen, kann wahrscheinlich kaum ein Besucher voneinander unterscheiden. Allerdings erinnert man sich vielleicht an Szenen aus den oscargekrönten Filmen *Babel* und *Der englische Patient*, die hier gedreht wurden. Wenn man vom Sonnenlicht geblendet in den Hofstall hinten im Komplex tritt, sollte man aufpassen, dass man nicht über spanische und belgische Architekturstudenten stolpert, die hier Skizzen von wichtigen Details anfertigen.

Schlafen & Essen

LP TIPP **Bab el Oued** MAISON D'HÔTES $$
(☎0524 88 53 95; www.babeloued-maroc.com; DZ 660–825 Dh, 3BZ 990 Dh, Suite 935 Dh; ❄ ≋) Die charmanten Gästebungalows in einem ummauerten Biogarten liegen im Schatten von Dattelpalmen und leuchten geradezu vor lokalem Stolz: Ihre Holztüren wurden im Ort geschnitzt, die Teppiche stammen aus dem nahe gelegenen Tazenakht, die Decken sind aus Palmenstämmen und die strahlenden Bäder aus *tadelakt.* Weil der Pool klein ist und die Toilettenspülung auf Sparmodus läuft, können die Englisch und Französisch sprechenden Besitzer genug Wasser speichern, um 60 Pflanzenarten anzubauen, darunter Kräuter und Gemüse für marokkanisch-mediterrane Mahlzeiten und Leckerli für die hier lebenden Kaninchen. Auch Nichtgäste kommen in den Genuss eines Biomittagessens, wenn sie vorher anrufen. Anschließend laden Hängematten beim Goldfischteich zu einem Nickerchen ein. Die Unterkunft befindet sich 1 km östlich von der Route de Zagora, 5 km südlich von Agdz.

Chez Yacob KASBAH $$
(☎0524 84 33 94; www.lavalleedudraa.com; inkl. HP 300 Dh/Pers.; ❄) Neben der alten Tamnougalt-*mellah* gruppieren sich um einen von Fackeln erhellten Innenhof acht schnörkellose, behagliche Zimmer mit eigenen Bädern. Über dem Hof erhebt sich eine schöne Terrasse, die einen Blick auf die *palmeraie* bietet. Tagesmenüs kosten 80 bis 90 Dh und sind so üppig, dass eines fürs Mittag- und Abendessen reicht. Das Chez Yacob liegt 2 km von der Route de Zagora entfernt, der Abzweig ist 4 km südlich von Agdz.

An- & Weiterreise

4 km hinter Agdz biegt man von der Hauptstraße links ab und folgt dann etwa 2 km einer *piste* Richtung Osten.

CIRCUITS TOURISTIQUES

Wer einen Geländewagen hat, sollte die langsamere und landschaftlich reizvolle *piste,* die parallel zur N9 von Tamnougalt bis kurz vor Zagora führt, nicht verpassen. Die unbefestigte Straße windet sich auf der Nordseite des Tals durch Palmenoasen, Dörfer sowie Felder und bietet immer wieder Blicke auf den Fluss. Kürzere Exkursionen auf der schönen Nordseite des Drâatals bieten die *circuits touristiques:* Von der N9 folgt man den entsprechenden Schildern vorbei an der **Kasbah Said Arabi** bei Ouled Atman und der **Tinzouline-Kasbah**. Bei Tansikht, ca. 30 km vor Zagora, sollte man auf den alten **Wachtturm** achten, der die *palmeraie* bewacht, ausgeschildert als „Oasis Du Drâa".

TIMIDARTE

In diesem Dorf westlich der N9 gibt's noch mehr Kasbahs. Die schönste stammt aus dem 17. Jh. und wurde kürzlich von der verantwortungsbewussten Tourismusvereinigung des Ortes in ein authentisches Gästehaus, die Kasbah Timidarte, verwandelt.

Schlafen & Essen

Kasbah Timidarte KASBAH $

(☎0668 68 00 47; www.kasbahtimidarte.com; DZ mit Gemeinschaftsbad inkl. Frühstück/HP 200/350 Dh, DZ mit eigenem Bad inkl. Frühstück/HP 300/540 Dh) Hier kann man für eine Nacht so leben, wie es Kasbah-Bewohner seit Jahrhunderten tun: in einem von sieben Lehmziegelräumen rund um einen zentralen Lichtschacht mit Palmblattmatten und Matratzen auf dem Boden. Anstatt vor dem Fernseher trifft man sich unter dem Sternenhimmel auf der Dachterrasse neben einem Brotbackofen der Berber. Seit dem 17. Jh. wurden aber auch einige Neuerungen wie elektrisches Licht zum Lesen und ein paar Privatbäder eingeführt. Es ist beeindruckend, für wie viel Kühle und Ruhe die dicken *pisé*-Wände sorgen. Mitglieder der Tourismusvereinigung bereiten die Mahlzeiten für die Gäste mit viel Liebe zu und sind vor allem auf ihre Berbergerichte im familiären Stil stolz. Nichtgäste können vorher anrufen, um ebenfalls in den Genuss einer Tajine (75 Dh) und des Blicks von der Dachterrasse zu kommen. Die Kasbah liegt 1 km östlich der Route de Zagora, etwa 15 km südlich von Agdz.

LP TIPP **Timarine Tijara** REGIONALE KÜCHE

(☎0664 93 22 42; Timidarte; ⏲nach Verabredung) Timidarte wird mit diesem Hersteller von Dattelmarmelade und Dattelsirup immer mehr zu einem Anziehungspunkt für Feinschmecker. Nach vorherigem Anruf kann man die Produkte probieren und zu günstigen Preisen von 15 bis 40 Dh kaufen.

Zagora زاكورة

35 000 EW.

Das kultige Schild „Tombouctou, 52 jours" (Timbuktu, 52 Tage), auf dem ein Nomade mit einem grinsenden Kamel abgebildet war, wurde zwar vor Kurzem im Rahmen eines unerklärlichen Regierungsprogramms zur Verschönerung entfernt und durch ein neues, ebenso schlampig gemaltes Schild ersetzt, aber Zagoras Ruhm als Wüstenposten ist unauslöschlich. Von hier aus zogen die Saaditen 1591 los, um Timbuktu zu erobern, und die Wüstenkarawanen, die durch die Stadt kamen, verliehen dem isolierten Ort seinen coolen, kosmopolitischen Charakter.

Im Herzen ist Zagora noch immer ein Handelsposten: Mittwochs und sonntags wird ein großer **regionaler Suk** mit Obst, Gemüse, Kräutern, Eisenwaren, Kunsthandwerk, Schafen, Ziegen und Eseln abgehalten. Der **Sufi-Moulay-Abdelkader-Jilali-moussem** findet zur selben Zeit statt wie das Moulid an-Nabi (s. S. 528) und bringt Leben in die Stadt. Mitglieder der Sufi-Jilala-Bruderschaft machen eine Pilgerreise nach Zagora, um ihren Respekt zu zollen; vielleicht hört man ja ihre hypnotische Musik des Gebetes und Feierns mit der *bendir* (Handtrommel).

Auf dem Weg ins Stadtzentrum bildet die *palmeraie* eine dramatische grüne Kulisse für die tristen Verwaltungsgebäude aus der Zeit, als Zagora Sitz eines französischen Kolonialaußenpostens war.

Sehenswertes

LP TIPP **Musée des Arts et Traditions de la Vallée du Drâa** MUSEUM

(☎0661 34 83 88; Kasbah de Tissergat; Eintritt 20 Dh) Vom Parkplatz geht's den Schildern „Musée" nach raus aus der Wüstensonne durch die kühlen, dunklen Flure dieses alten *ksar* (befestigtes Dorf) und in ein dreistöckiges Lehmziegelhaus, in dem sich dieses faszinierende Museum der Wüstenkultur befindet. Es liegt 8 km nördlich von Zagora. Die Ausstellungsstücke sind mit interessanten Erklärungen ihrer Herkunft und Funktion auf Französisch und Englisch versehen, was angesichts der ansons-

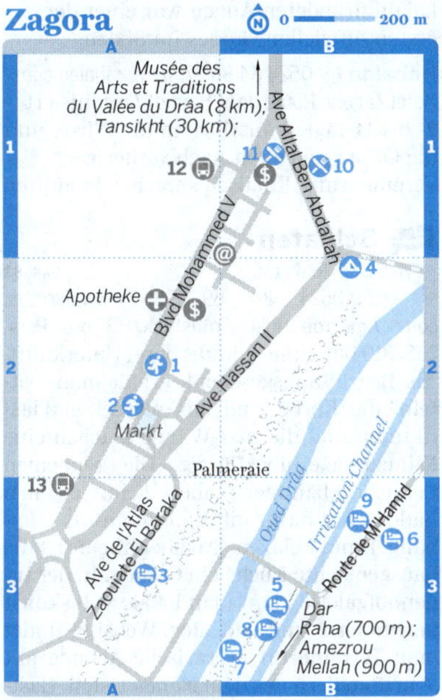

Zagora

Aktivitäten, Kurse & Touren

1 Caravane Desert et Montagne A2
2 Caravane Hamada Drâa A2
Irahalen .... (siehe 6)

Schlafen

3 Auberge Restaurant Chez Ali A3
4 Camping les Jardins de Zagora B2
5 Hotel la Fibule du Draa B3
6 Hotel Zagour B3
7 Les Jardins du Drâa B3
8 Riad Lamane B3
9 Villa Zagora B3

Essen

10 Hôtel-Restaurant la Rose des Sables B1
11 Supermarkt B1

Transport

12 Busbahnhof A1
13 CTM-Busbahnhof A3
Grands Taxis .... (siehe 12)

ten mysteriösen Tätowierwerkzeuge und der Hochzeitskleider fünf lokaler Stämme eine große Hilfe ist.

Im Teesalon gibt's wirklich alles, was in den 1930er-Jahren dazugehörte, wenn es um Unterhaltung in der Wüste ging: ein Amateurradio, ein Grammofon und Teegläser, die angeblich bei Kontakt mit Gift zerspringen sollten. Noch faszinierender ist der Geburtsraum, in dem ein einzelnes Seil von der Decke baumelt. Eine Frau, die in den Wehen lag, sollte das Seil nutzen, um sich selbst in eine sitzende oder hockende Position hochzuziehen, während sie presste; die Hebamme massierte ihr dabei den Bauch und flüsterte beruhigende Segnungen – nicht gerade mit moderner Anästhesie zu vergleichen, aber sicherlich tröstlich. Der Rundgang endet in der traditionellen Küche auf dem luftigen Dach, wo es ein ziemlicher Schock ist, am Horizont auf einmal Satellitenschüsseln zu sehen.

Jebel Zagora LANDSCHAFT

Dieser spektakuläre Berg erhebt sich über dem Oued Drâa und bietet eine grandiose Aussicht. Wer ihn bezwingen will, braucht eine Menge Durchhaltevermögen sowie Sonnenschutz und sollte frühmorgens losgehen. Hin und zurück benötigt man zu Fuß etwa zwei bis drei Stunden oder 45 Minuten mit dem Auto auf einer *piste* rechts hinter dem Camping de la Montagne. Auf halbem Wege passiert man die Trümmer einer **Almoravidenfestung** aus dem 11. Jh. Die Militäranlage auf dem Gipfel ist tabu.

Amezrou STADTVIERTEL

Einen Blick auf Zagoras Wüstenkreuzungskultur bietet das angrenzende Dorf Amezrou auf der anderen Seite des Oued Drâa, ungefähr 1,5 km südlich des Stadtzentrums. In der historischen **mellah** integrieren Kunsthandwerker afrikanische, jüdische, muslimische und berberische Glückssymbole in ihre Arbeiten – wer 52 Tage lang die Wüste durchquerte, brauchte natürlich alles Glück, das er kriegen konnte. In den 1930er-Jahren gab es schätzungsweise 400 jüdische Haushalte in Amezrou, doch bis 1960 hatten fast alle Familien die Stadt verlassen. Am besten fragt man einen älteren Bewohner nach dem Weg zur winzigen **alten Synagoge**, die gegenwärtig von der Dorfgemeinschaft restauriert wird. Die benachbarte Familie lässt einen in das Gebetszimmer (übliches Trinkgeld 20 Dh), das aufgrund der späteren Nutzung als Küche sowohl die Torbogen als auch die Torah-Nische geschwärzt hat. Doch die stützenden Bogen sind nach wie vor sehr stabil. Das Dach aus Palmenstämmen wird zudem gerade mithilfe von Nachbarn und des Dar Raha restauriert.

ABSTECHER

KURZTRIP ZU DEN DÜNEN VON TINFOU

Im Vergleich zum Sanddünenmeer in Merzouga oder im Erg Chebbi sieht dieses kleine Fleckchen mit zwei bis drei großen Dünen wie eine Sandkiste aus, aber wer lieber relaxt als Auto fährt, bekommt gleich südlich von Zagora in den Dünen von Tinfou einen Vorgeschmack auf den Saharasand. Die Hügel erstrecken sich 8 km südlich von Tamegroute auf der linken Seite. An manchen Tagen herrscht hier so viel Betrieb, dass man sich wie auf einem Spielplatz fühlt. Es macht aber trotzdem Spaß, die großen Dünen hochzuklettern und wieder runterzurennen. Vor allem schafft man es an einem Tag hin und zurück, und das auf die altehrwürdige und umweltfreundliche Weise: mit einem Dromedar von Zagora oder Tamegroute aus.

Aktivitäten

Kamelritte sind in Zagora praktisch ein Muss. Vor der Buchung sollte man erst einmal die Angebote vergleichen und sich nach Wasser, Bettzeug sowie Toiletten erkundigen. Außerdem ist es wichtig zu wissen, wie viele weitere Gäste im Camp schlafen. Die Preise starten bei etwa 300 Dh pro Tag und Person.

Caravane Desert et Montagne (☎0524 84 68 98; www.caravanedesertetmontagne.com; 112 Blvd Mohammed V) Arbeitet mit einheimischen Nomaden zusammen und ermöglicht so Abenteuerausflüge abseits der ausgetretenen Kamelpfade für Einzelpersonen und kleine Gruppen.

Caravane Hamada Drâa (☎0524 84 69 30; www.hamadadraa.com, auf Französisch; Blvd Mohammed V) Verfügt über Englisch sprechende Führer und bietet Touren zu Nomadencamps mit dem lizenzierten Guide und einheimischen Nomaden Youssef M'hidi an.

Discovering South Morocco (☎0524 84 61 15; www.discoveringsouthmorocco.com) Wird vom Englisch und Französisch sprechenden Mohamad Sirirou geleitet, der aus Zagora stammt.

Excursions Kasbah Tifawte (☎0524 84 88 43; www.tifawte.com) Der Besitzer mit den kajalumrandeten Augen war einer der ersten offiziellen Guides im Süden.

Irahalen (☎0524 84 86 27; www.irahalen.com; Hotel Zagour, Route de M'Hamid) Organisiert 2- bis 14-tägige Ausflüge in die Wüste und die Oasen und stellt nach vorheriger Vereinbarung Englisch sprechende Führer.

Schlafen

LP TIPP **Dar Raha** DAR $$

(☎0524 84 69 93; www.darraha.com; Amezrou; inkl. Frühstück/HP pro Pers. 235/310 Dh) Eine wunderbare Unterkunft. Als Begrüßungsgeschenk erhält man Datteln, die Körbe sind aus recycelten Plastiktüten und die *pisé*-Wände machen eine Klimaanlage überflüssig. Die bequemen Lehmziegelzimmer haben keine eigenen Bäder, aber dafür gibt's *ghandouras* (Umhänge) zum Relaxen. Darüber hinaus ist die hausgemachte Küche ein Genuss. In der Innenhofgalerie kann man lokale Volkskunst bewundern und auf der Website findet man Termine für literarische Abende mit Schriftstellern aus dem Nahen Osten. Gastgeber Antoine arrangiert gern Besuche in der alten Synagoge von Amezrou sowie in einem *ksar* aus dem 18. Jh. und bei dörflichen Selbsthilfeorganisationen.

Villa Zagora MAISON D'HÔTES $$

(☎0524 84 60 93; www.mavillaausahara.com; DZ inkl.HP mit Gemeinschaftsbad/eigenem Bad 860/1030 Dh, Suite 1322 Dh; ❄≋) Dieses umgebaute Landhaus verströmt natürlichen Charme, ist hell und luftig und lässt das Leben in der Wüste leicht erscheinen. Hinter französischen Türen locken üppige marokkanische Teppiche, hohe Decken und eine vielseitige Kunstsammlung, darunter von Zagora inspirierte abstrakte Bilder. Die Angestellten umsorgen einen wie marokkanische Verwandte, von deren Existenz man noch nichts wusste, und die ausgedehnten Mahlzeiten werden mit oasenfrischen Zutaten zubereitet. Das Poolwasser wird sinnvoll für den aromatischen Kräutergarten wiederverwendet. Dromedare kann man zur Abwechslung mal vergessen und sich stattdessen mit einem Buch auf die Veranda zurückziehen.

Riad Lamane RESORT $$$

(☎0524 84 83 88; www.riadlamane.com; DZ inkl. Frühstück 900–1200 Dh, inkl. HP 1200–1800 Dh; ❄📶≋) In dem Garten mit einer Bar im afrikanischen Stil und WLAN-Verbindung liegen runde zweistöckige Bungalows und aufpolierte *tadelakt*-„Zelte" (Zimmer mit dünnen von der Decke herabfallenden Stoffen). In der Lodge dominiert der Tuareg-Stil von Zeltpfosten-Bettgestellen bis zu mit Leder bedeckten Lichtschaltern.

Les Jardins du Drâa MAISON D'HÔTES **$$$**
(☎0524 84 67 66; www.riad-zagora.com; DZ inkl. Frühstück/HP 880/1100 Dh, Suite 945/1220 Dh; ❄🏊) Das umgebaute Wohnhaus in der Palmenoase von Amezrou ist eine fröhliche Kakofonie aus Stuck, Kissen und Kacheln. Die modernen Gästezimmer haben Himmelbetten und sind in Sandtönen gestrichen. Toll für Familien: Die Standardzimmer sind groß genug für drei Personen. Romantiker sollten sich jedoch das Saharazimmer mit Privatbalkon gönnen. Zur Unterkunft folgt man den hellblauen Markierungen etwa 300 m vom Fibule du Drâa.

Auberge Restaurant Chez Ali PENSION **$**
(☎0524 84 62 58; www.chez-ali.com; Ave de l'Atlas Zaouiate El Baraka; Gartenzelt 40 Dh pro Pers., DZ inkl. HP 360–400 Dh, Duschen 10 Dh) Während sich die frei umherlaufenden Pfauen durch nichts stören lassen, begrüßen alle anderen begeistert jeden neuen Gast. Die Standardzimmer im Obergeschoss sind mit Oberlichtern, einfachen Kiefernmöbeln, Bädern und Klimaanlagen ausgestattet, die Zelte mit *pisé*-Wänden haben Platz für vier bis fünf Personen und teilen sich Gemeinschaftsbäder, ebenso wie die „traditionellen" Räume mit Matratzen auf Teppichen (Nr. 14 hat eine eigene Terrasse). Auf den Tisch kommen leckere Berbermahlzeiten und die freundlichen Englisch sprechenden Führer Mohamed und Yusuf veranstalten Touren mit Übernachtung.

Hotel la Fibule du Drâa HOTEL **$**
(☎0524 84 73 18; EZ/DZ/3BZ inkl. Frühstück 480/550/700 Dh; 🏊) Ein unerwartet friedlicher Ort an der Amezrou-Kreuzung, 50 m abseits der Route de M'Hamid, mit einem von Palmen beschatteten Pool, einer Gartenbar, einem Hamam (ab 100 Dh) und Massagemöglichkeiten (ab 330 Dh). Die 24 einfachen Zimmer haben *pisé*-Wände, eigene Bäder, Kühlschränke und unterschiedlich gut funktionierende Klimaanlagen. Am besten sind die mit Gartenblick. Morgens gibt's ein Frühstücksbüfett.

Hotel Zagour HOTEL **$**
(☎0524 84 61 78; www.zagour.com; Route de M'Hamid; DZ inkl. Frühstück/HP 250/400 Dh; ❄🏊) Das aufgeweckte Team aus elf einheimischen Mitarbeitern, ein Terrassenpool und Zimmer mit Klimaanlage sowie Lokalkolorit machen den Aufenthalt im Zagour zu einem komfortablen Schnäppchen. Kamelzügel dienen als Handtuchhalter, Buntglaslaternen sorgen für Wüstenstimmung und das mit Stuck verzierte Restaurant hat sich auf die typische Zagora-Tajine spezialisiert: Rindfleisch, Aprikosen, Pflaumen, Rosinen, Zwiebeln und geröstete Mandeln. Die Unterkunft liegt 600 m vor der Brücke.

Camping les Jardins de Zagora CAMPINGPLATZ **$**
(☎0524 84 69 71; Berberzelt 40 Dh, Campen 20/10/10 Dh pro Pers./Zelt/Auto, Zi. mit Gemeinschaftsbad 50 Dh/Pers.) Auf diesem blumenbewachsenen Campingplatz neben dem Hotel Ksar Tinzouline genießt man einen tollen Blick auf den Jebel Zagora. Wer sich für ein Bett im Berberzelt entscheidet, hat auch Strom. Tajines werden auf Bestellung gekocht (Tagesmenü 80 Dh).

Essen & Ausgehen

Hotels servieren Gästen und Nichtgästen nach vorheriger Reservierung Tagesmenüs für 100 bis 150 Dh. Marokkanische Speisen in weniger atmosphärischem Rahmen gibt's in den beliebten günstigen Lokalen am Blvd Mohammed V. Zutaten für ein Picknick bekommt man an Marktständen, im Supermarkt am nördlichen Ende der Stadt (kein Alkohol) und in Bäckereien. Wer einen ordentlichen Drink will, besucht die Gartenbar im Fibule du Draa oder die afrikanische Bar im Riad Lamane.

Hôtel-Restaurant la Rose des Sables REGIONALE KÜCHE **$**
(☎0524 84 72 74; Ave Allal Ben Abdallah; Mahlzeiten 40–60 Dh) Leckere Rindfleisch- und Hühnchen-Tajines.

Praktische Informationen

Banque Populaire & BMCE (Blvd Mohammed V) An einem der letzten beiden Geldautomaten vor der Sahara kann man sich mit Bargeld eindecken. In M'Hamid gibt's keine funktionstüchtigen Automaten.

Placenet Cyber Center (95 Blvd Mohammed V; 10 Dh pro Std.) Internetzugang.

Zagora-Apotheke (☎0524 84 71 95; Blvd Mohammed V; ⌚Mo–Fr 8.30–13 & 15–20, Sa 8.30–13 Uhr)

An- & Weiterreise

BUS Der **CTM-Busbahnhof** (☎0524 84 73 27; Blvd Mohammed V) liegt am südwestlichen Ende des Blvd Mohammed V, während sich der **Busbahnhof** und die *grand-taxi*-Haltestelle am Nordende befinden. **Supratours** (☎0524 84 76 88; Blvd Mohamed V) fährt täglich um 6 Uhr über Agdz (40 Dh) und Ouarzazate (40 Dh) nach Marrakesch (180 Dh, 8 Std.). Außerdem gibt's einen täglichen CTM-Bus nach Ouarzazate (50 Dh, 4 Std.), der weiter nach Marrakesch (120 Dh, 9½ Std.) und Casablanca (190 Dh, 12½ Std.) fährt.

Andere Unternehmen bieten täglich mindestens eine Verbindung nach Boumalne du Dadès (75 Dh), Tinerhir (70 Dh), Er-Rachidia (125 Dh), Marrakesch (100 Dh) und Ouarzazate (50 Dh). Busse nach Rissani (80 Dh) via N'Kob (20 Dh) und Tazzarine (30 Dh) verkehren dreimal pro Woche. Am Morgen kommt ein Bus nach M'Hamid (20 Dh, 2 Std.) durch Zagora. Tagsüber starten zudem Minibusse nach M'Hamid (25 Dh), sobald sie voll sind.

FLUGZEUG Es sind Pläne in Arbeit, den neuen Flughafen von Zagora für landesweite und internationale Verbindungen zu öffnen, doch wegen der Treibstoffpreise und Fragen der Wirtschaftlichkeit gibt's derzeit nur Charterflüge.

TAXI *Grands taxis* verkehren am häufigsten morgens, u. a. nach Tamegroute (7 Dh, 15 Min.), Agdz (30 Dh, 1½ Std.), Ouarzazate (65 Dh, 3 Std.), M'Hamid (25 Dh, 1½ Std.), Tazzarine (50 Dh, 2½ Std.) und N'Kob (40 Dh, 1½ Std.).

Südlich von Zagora

TAMEGROUTE تمكروت

Gestresst? Dann ist das hier der richtige Ort: Angeblich heilt Tamegroutes Zawiya Nassiriyya dank des postmortalen beruhigenden Einflusses von Sidi Mohammed ben Nassir, Gründer der einflussreichen und wissbegierigen Nassirija-Bruderschaft im 17. Jh., nämlich Ängste und Bluthochdruck. Bücherliebhaber sollten ihren Wüstentrip so planen, dass sie die Bibliothek der *zawiya* mit den illuminierten alten Texten besuchen können.

Abgesehen davon, dass es Spannung abbaut, ist Tamegroute auch noch für sein Labyrinth aus *ksour* bekannt. Die Festungen sind durch dunkle Gänge miteinander verbunden, die man mit einem einheimischen Führer oder allein erkunden kann. Samstags findet im Ort ein Suk statt.

Sehenswertes

LP TIPP **Zawiya Nassiriyya** MEDERSA
(empfohlene Spende 20 Dh; ⏲Sa–Do morgens & spätnachmittags) Nichtmuslime dürfen zwar nicht in das von einem grünen Dach gekrönte Mausoleum Sidi ben Nassirs, doch dafür steht die Bibliothek in der angrenzenden Medersa für Koranschüler jedem offen. Neben prächtigen Koranen aus dem 13. Jh., die zum Teil auf Gazellenhaut geschrieben sind, befinden sich unter den 4000 Büchern auch antike Medizin-, Mathematik-, Algebra- und Rechtstexte.

LP TIPP **Coopérative des Potiers** GALERIE
(⏲Mo–Fr 8–18 Uhr) Oxidiertes Kupfer ergibt die für Tamegroute typische grüne Glasur auf den rustikalen Schüsseln, geprägten Fliesen und stilvollen Tellern dieses lokalen Töpfereikollektivs.

Geführte Touren

Travel Tamegroute WÜSTE
(☎0662 20 09 75; www.traveltamegroute.com) Soll es eine kurze Spritztour mit dem Dromedar zu den nahe gelegenen Dünen von Tinfou oder ein längerer Ausflug durch die Oasen zu den Sanddünen sein? Diese Agentur wartet mit einem zuverlässigen Service und guten Preisen auf (500 Dh pro Tag mit Mittagessen, 550 Dh über Nacht).

Schlafen & Essen

Auberge-Restaurant-Camping-Jnane Dar Diafa GÄSTEHAUS $
(☎0524 84 06 22; www.jnanedar.ch; EZ/DZ mit Gemeinschaftsbad 125/170 Dh; EZ/DZ/3BZ/Suite mit eigenem Bad ab 200/300/400/600 Dh) In dem wunderbar luftigen Gartenlaubenrestaurant lockt ein geruhsames Mittagessen aus vor Ort angebautem Gemüse. Von den abgewohnten, aber charmanten Gästezimmern blickt man direkt auf den Garten. Einige Räume haben eine Klimaanlage, Moskitonetze über den Betten und Wände mit Sternenmuster.

VON TAMEGROUTE NACH M'HAMID

Wer bei den Dünen von Tinfou auf den Geschmack gekommen ist, kann nach Osten zu den gewaltigen rosafarbenen Dünen Merzougas und des Erg Chebbi (s. S. 172) oder über M'Hamid in die offene Wüste zum Erg Chigaga fahren. Bei M'Hamid, 96 km südlich von Zagora und etwa 40 km von Algerien (der Verlauf der Südgrenze ist noch immer strittig), verschwindet die Straße nach Süden im Sand. Die Reise dorthin führt durch eine trostlos schwarze Landschaft mit von der Sonne verbranntem Geröll, bis die Route ansteigt und über den Pass **Tizi Beni Selmane** führt. Im Dorf **Tagounite** gibt's Benzin und eine Handvoll Cafés. Ein lohnenswerter Zwischenstopp vor den letzten 5 km nach M'Hamid ist das **Ksar Ouled Driss** mit einem kleinen

ethnografischen Museum (Eintritt 20 Dh), das in einem reizenden Lehmziegelhof traditionelle Haushaltsgegenstände zeigt.

M'Hamid المحاميد

3000 EW.

Einst war dies eine einsame Oase, aber heute ist M'Hamid kein Mauerblümchen mehr. Grenzspannungen zwischen Algerien, Marokko und der Polisario isolierten den Karawanenrastpunkt bis in die 1990er-Jahre, als es ihm wieder erlaubt wurde, Besucher zu beherbergen. M'Hamids Hauptattraktionen beginnen dort, wo keine Gebäude mehr stehen und die unbarmherzige Wüste die Herrschaft übernimmt.

Jetzt ist es nicht mehr weit bis zu den Dünen, und im Westen der Stadt schmiegen sich bereits einige direkt an die Gästehäuser an. Doch um die großen Dünen zu sehen, muss man über die *reg* (festgetretene Felsenwüste). Als absolutes Highlight der Gegend gilt der **Erg Chigaga**, ein 40 km langer Streifen goldener Saharahügel, die bis zu 300 m hoch sind. Die Dünen erstrecken sich 56 km von M'Hamid und können mit dem Geländewagen bei guten Bedingungen innerhalb von zweieinhalb bis drei Stunden erreicht werden. Bei schlechten Bedingungen wird ein guter Führer dazu raten, bis zum nächsten Tag zu warten – und man tut gut daran, auf ihn zu hören. Wenn sich das metallische Licht der Sandstürme wieder legt, verschwinden die Straßen erst einmal im Nichts.

Viele Kameltouren mit Übernachtung (ab 300 Dh pro Pers.) enden 10 km nördlich beim **Erg Lehoudi** (Judendünen), etwa 100 m hohen Dünen mit Biwaks. Hier müsste dringend mal die kürzlich eingerichtete Müllabfuhr von M'Hamid vorbeikommen. Mit einem Geländewagen kann man auf einer *piste*, die 18 km vor dem Ort von der Hauptstraße abgeht, hierherfahren; allerdings sollte man besser einen Führer mitnehmen. Zu den weiteren nahe gelegenen Wüstenzielen gehören der **Erg Zahar**, eine hohe „schreiende Düne", die bei Wind gespenstisch heult, die **Iriki-Oase** mit ihrer Luftspiegelung (s. S. 149) und die kleineren Dünen bei **Mesouria**, 8 km von M'Hamid entfernt.

Der Ort selbst besteht aus zwei Vierteln und bietet fünf ethnischen Gruppen eine Heimat: den Haratin, Berbern, Chorfa, Beni M'Hamid und den nomadischen „blauen Menschen". M'Hamid Jdid, der vorzeitig gealterte „neue" Bezirk hat eine Moschee, Café-Restaurants, kleine, meist düstere Hotels, eine Handvoll Handwerksläden und einen **Suk**, der am Montag stattfindet. Hier herrscht die Atmosphäre einer Grenzstadt. Harte Jungs mit *shesh* (Turban) und Sonnenbrille hängen in verstaubten Cafés rum und erzählen sich die Geschichte über einen Touristen, der in der Wüste verloren ging, um zwei Jahre später wieder aufzutauchen – verheiratet und mit Kindern.

Im alten Bezirk M'Hamid Bali, 3 km entfernt auf der anderen Seite vom Oued Drâa, gibt's eine gut erhaltene Kasbah. Nach einem vernichtenden Ausbruch der Bayod-Krankheit (Wurzelfäule) in der Region erleben die Palmen in der Oase am Rande des Ortes gerade ein Comeback und bilden eine grüne Linie des Widerstands gegen das Vorandringen der Sahara.

Aktivitäten

Am besten erreicht man den Erg Chigaga auf die klassische, filmreife Art: mit einem Kamel (hin & zurück 5 oder 7 Tage ab 400 Dh pro Tag). Wenn man beim Reiten den Bogen raushat, kann man eine malerische zwölftägige Tour über den Erg Chigaga nach Foum Zguid in Erwägung ziehen. Auch kürzere Kamelritte zu kleineren Sandhügeln sind empfehlenswert, doch der Erg Chigaga hat die größten Dünen auf dieser Seite von Merzouga. Wer ihn in ein paar Stunden erreichen will, muss viel Geld für einen Geländewagen hinlegen, der 1000 bis 1300 Dh plus Versicherung und 250 Dh für das Camp kostet. Viele Agenturen bieten Führer *und* Fahrer an – eine gute Idee, da selbst einheimische Fahrer, die mit den Bedingungen in der Wüste vertraut sind, vom Kurs abkommen oder im Sand stecken bleiben können.

Schon von den Touristen gehört, die die Dienste eines einheimischen Guides ablehnten und in einem Sandsturm nur 2 km vom Ort entfernt verloren gingen? Verkaufstricks gehören eben automatisch dazu, aber man sollte sich von der Angstmacherei der *faux guides* nicht einwickeln lassen. Ausflüge zu Fuß, per Kamel oder im Geländewagen zum Erg Chigaga mit zuverlässigen, offiziellen Führern werden in Marrakesch, Zagora oder direkt in M'Hamid organisiert. Die Tourveranstalter akzeptieren allerdings nur Bares, und da es in M'Hamid keine Banken gibt, muss man sich bei den Geldautomaten in Zagora eindecken, ehe man zu den Dünen aufbricht.

EXKURSIONEN ZUM ERG CHIGAGA BUCHEN

» **Nicht in M'Hamid aufkreuzen und mit Schnäppchen rechnen** Wenn man erst einmal hier ist, hat man nicht mehr viel Verhandlungsspielraum: Die Guides wissen, dass man nicht einfach wieder umkehren wird, ohne die Dünen gesehen zu haben, und verlangen dementsprechend hohe Preise für ihre Dienste. Renommierte Tourveranstalter werden oft im Voraus von Agenturen in Marrakesch (S. 75) gebucht, daher muss man sich möglicherweise mit weniger erfahrenen Führern und ihren knatternden Fahrzeugen begnügen (Probleme mit dem Auto sind in der Wüste allerdings alles andere als lustig). In Zagora gibt's mehr lohnenswerte Optionen für budgetbewusste Last-Minute-Ausflüge in die Wüste (S. 143).

» **Zum ersten Mal hier? Lieber eine kurze Tour unternehmen** Es kann eine aufschlussreiche und erhebende Erfahrung sein, sich allein in der Wüste zu befinden. Doch wer eine solche Isolation nicht gewöhnt ist, langweilt sich schnell. Einige Besucher erleben auch eine „Wüstenpanik", die jeden Aspekt der so fremdartigen Landschaft, vom Pfeifen der Dünen bis zu den harmlosen Sandkäfern, bedrohlich wirken lässt. Einheimische Tourveranstalter haben berichtet, dass manche Traveller schon darum baten, umzukehren, ehe sie ihr Ziel überhaupt erreicht hatten. Andererseits sagen viele Besucher, dass ihnen das Nachdenken in der Sahara dabei half, persönliche Schwierigkeiten hinter sich zu lassen. Am besten entscheidet man sich erst einmal für eine Exkursion mit einer Übernachtung und tastet sich so langsam an die Wüste heran.

» **Vor einer längeren Tour Empfehlungen einholen** Der Erfolg einer Tour steht und fällt mit dem Guide, das gilt besonders für mehrtägige Exkursionen. Selbst bei empfohlenen Veranstaltern sollte man nach dem Namen des Führers fragen, mit dem man unterwegs sein wird, im Internet nach Berichten suchen und bei **Thorn Tree von Lonely Planet** (www.lonelyplanet.com/thorntree) um Rückmeldungen bitten. Die persönlichen Erfahrungen unterscheiden sich sehr voneinander, doch die Sprachkenntnisse sind auf jeden Fall wichtig. In der Wüste verstummen Gespräche allmählich, aber während eines Sandsturms wünscht man sich einen Guide, der einen in einer Sprache, die man versteht, beruhigen kann.

Sahara Services TREKKING

(☎061 776766; www.saharaservices.info; Kasbah Sahara Services, M'Hamid) All-inclusive-Touren in die Wüste mit einem Kamel und einem Geländewagen. Dazu gehört auch eine Übernachtung in einem Lager mit ummauerten Berberzelten im Erg Chigaga samt allerlei Extras: Abendessen und Musik bei Feuerschein, Dromedartouren, Toiletten, warmes Essen und sogar warme Duschen. Wenn man nach M'Hamid kommt, liegt die Agentur 300 m weiter auf der rechten Seite.

Zbar Travel TREKKING

(☎068 517280; www.zbartravel.com) Bietet Übernachtung in einem Erg-Chigaga-Camp, Nächte unterm Sternenzelt, Sandboarding, Dromedar- und Wandertouren sowie Einblicke in die Kultur und Botanik der Sahrauis.

Dar Azawad TREKKING

(☎0524 84 87 30; www.darazawad.com; Douar Ouled Driss) Das Gästehaus in M'Hamid hat sich mit dem Mamounia in Marrakesch zusammengetan, um ein luxuriöses Sahara-„Camping"-Erlebnis auf die Beine zu stellen, das sich z. B. für dekadente Flitterwochen anbietet: Champagner zum Sonnenuntergang, breite Doppelbetten, auf Wunsch einen Barbier, Masseur und Henna-Tätowierkünstler, und am beeindruckendsten: private Trockentoiletten.

Schlafen & Essen

LP TIPP **Dar Sidi Bounou** DAR $

(☎0524 84 63 30; www.darsidibounou.com; pro Pers. inkl. VP in Zelt/Hütte/Zi 330/420/540 Dh) Ein echter Wüstentraum: Dünen im Garten, Sand-Hamams, Jamsessions mit Sahraui-Musik und *mechoui*-Festmahlzeiten (ganzes Lamm am Spieß) auf mit Sternen gefliesten Terrassen. Gäste können sich in die Berberzelte und Lehmziegelhütten für sechs bis acht Personen zurückziehen, auf dem Dach unterm Sternschnuppenregen schlafen oder sich in den Zimmern im Haupthaus zwischen frischen Laken zusammenrollen. Anstelle des üblichen sandigen Pools bietet das Dar Sidi Bounou Landschaftsmalerei-Ausflüge mit dem Dromedar, Bauchtanzunterricht und sogar authentische Sahara-Hochzeiten. Am besten reserviert man im Voraus. Man kann nur bar oder mit Reiseschecks bezahlen. Die Unterkunft liegt 4 km hinter Ouled Driss.

Dar Azawad RESORT **$$$**
(☎0524 84 87 30; www.darazawad.com; Douar Ouled Driss; DZ inkl. HP 1600–1800 Dh, Suite 2200–2500 Dh; ❄🏊📶) Hier sind abenteuerlustige Geister mit Lust auf Komfort genau richtig. In dem Biogarten des Resorts locken Designerbungalows mit *tadelakt*-Wänden, hohen Decken aus Palmenstämmen, eigenen Bädern und natürlichen pflanzlichen Hautpflegeprodukten. Die Suiten verfügen über zusätzliche Extras wie Kamine, übergroße Doppelbetten, Nespresso-Kaffeemaschinen, iPod-Anschlüsse, versteckte Flachbildfernseher und Whirlpool-Badewannen. Darüber hinaus kann man in den Dünen luxuriös zelten (ab 1350 Dh pro Pers.) oder sich im Hamam mit einer Maniküre/Pediküre oder einem Peeling mit Sahara-Sand und Arganöl verwöhnen lassen. Die Mahlzeiten reichen von köstlichen in Kräutern marinierten Putenkebabs bis zum aufwendigen traditionellen Couscous. In Kochkursen kann man lernen, wie sie zubereitet werden. Zu den weiteren Einrichtungen gehören eine gut sortierte Bar, eine Boutique und ein Pool mit gefiltertem Wasser.

Kasbah Sahara Services PENSION **$$**
(☎0524 84 80 33; www.hotelmhamid.com; pro Pers. inkl. HP Zelt/DZ/Suite 200/300/350 Dh) Wenn der Schirokko durch den Ort weht, kann man es sich in den bonbonfarbenen Zimmern mit Klimaanlage und eigenem Bad, in den Berberzelten mit Waschbecken und Gemeinschaftsbad oder in den Familiensuiten mit *tataoui*-Decken und *tadelakt*-Bädern gemütlich machen. Die Menüs umfassen oasenfrischen Salat, Kebabs und Pommes frites (80 Dh), und bei den hauseigenen Kochkursen werden einige Sahraui-Rezepte ausprobiert. Die Unterkunft befindet sich 300 m hinter dem Ortseingang von M'Hamid auf der rechten Seite.

An- & Weiterreise

Supratour-Busse fahren täglich über Zagora (20 Dh), Agdz (40 Dh) und Ouarzazate (60 Dh) nach Marrakesch (180 Dh, 8 Std.). Außerdem startet jeden Nachmittag ein CTM-Bus nach Zagora (25 Dh, 2 Std.), Ouarzazate (60 Dh, 6 Std.), Marrakesch (155 Dh, 6 Std.) und Casablanca (220 Dh, 15 Std.).

Vom Erg Chigaga zum Tizi n'Tichka

Wer den Erg Chigaga mit dem Geländewagen verlässt, fährt über Foum Zguid Richtung Norden nach Marrakesch. Auf dem Weg durch *sahel* und *reg* erstreckt sich zur Rechten die **Iriki-Oase** mit einem einsamen Café. Dieses bietet kühle Getränke unter Sonnenschirmen sowie einen Blick auf durstige Vögel und Gazellen, die aus einem großen See trinken. Doch man sollte noch mal richtig hinsehen: Der „See" ist nämlich eine Luftspiegelung mit irreführenden Umrissen giftiger Madarsträucher.

Wenn man etwa 30 km hinter dem Café nach Norden abbiegt, kommt man linker Hand auf ein Plateau zu. Fast jeder Traveller würde schwören, dass dies ein Hotel ist, aber tatsächlich handelt es sich um eine weitere optische Wüstenillusion. Statt einer Unterkunft erwartet einen die Wache des Militärstutzpunktes **Foum Zguid** mit der Aufforderung, den Reisepass zu zeigen. An der Kreuzung findet man alles Nötige wie Wasser, Benzin, ein öffentliches Telefon und Kaffee.

Folgt man der holprigen Straße 2,5 km östlich vom Maison d'Hôtes Hiba, erreicht man die Cooperative Ahilal des Tapis (S. 150), in deren sauberen, gut ausgestatteten Räumen wunderbare Teppiche, tajineförmige Körbe und *lugnâa* (einheimischer schwarzer Umhang mit grafischen abstrakten Blumenmustern in frechen Farben) präsentiert werden. Der nächste Halt auf dem Weg nach Tizi n'Tichka ist das Örtchen **Tazenakht**, wo man einen schnellen Happen und einen Kaffee zu sich nehmen sowie Benzin und noch mehr Teppiche erstehen kann.

Bei Jemaite Tifawin (S. 150), 26 km weiter an der N10, warten ebenfalls traditionelle Teppiche auf ihre Entdeckung. Die Arbeitsräume der Vereinigung von Weberinnen sind sonntags für alle geöffnet; dann lernen Besucher unter der Anleitung von Expertinnen, wie man ein Lesezeichen webt oder Rohwolle zu Garn spinnt. Die gestaffelten Spenden (200–500 Dh) fließen direkt an die demokratisch geführte Vereinigung, um die Miete zu zahlen sowie

NICHT VERSÄUMEN

TEPPICHTOUR: VON FOUM ZGUID NACH ANZAL

Auf dieser zweistündigen Fahrt entdeckt man Teppiche, die einen verzaubern, die Füße umschmeicheln und daran erinnern, wie man mit talentierten marokkanischen Weberinnen Tee getrunken hat. Durch den direkten Kauf bekommt man günstige Preise und verbessert das Leben der Familien, die sich in dieser steinigen Gegend ihr karges Brot verdienen.

Coopérative Ahilal des Tapis
TEPPICHE

Ein sonniges Atelier voller eng geknüpfter Teppiche in überraschend modernen Stilen und Farben. Hier schreit der üppige auberginefarbene Teppich regelrecht nach einem Kamin und dort liegt ein rockstarroter Läufer mit Streifen aus scharlachroter Wolle sowie zotteligem, glänzendem schwarzen Ziegenhaar. Bei unserem Besuch wurde gerade ein frei gestalteter „Berber-Picasso" mit indigoblauen zackigen Bergketten und safrangelben geometrischen Figuren hergestellt. „Das da ist mein Haus", erklärte uns die Weberin und zeigte auf ein Viereck.

Alle Preise sind fix. Die Kooperative erhält einen kleinen Anteil für Ausrüstung, Ausbildung und Kinderbetreuung, während der Rest direkt an die Frauen geht, die die Teppiche angefertigt haben – ihr Einkommen ist in dieser Halbwüste oft das einzige der ganzen Familie. Die 8 km von Foum Zguid entfernte Einrichtung erreicht man nach 2,5 km auf einer planierten *piste*.

Tazenakht Ensemble Artisanal
TEPPICHE

Tazenakht beherbergt mehrere Teppichläden, die ihre Waren überwiegend an Wiederverkäufer abgeben. Im Ensemble Artisanal, einem von der Regierung geführten Geschäft, kann man die Zwischenhändler umgehen und sich hochwertige Produkte zu Festpreisen anschauen. Allerdings ist der Laden nicht ganz einfach zu finden. Er liegt im Ortszentrum, wo nur wenige Straßen ausgeschildert sind. Wenn man von Süden in die Stadt kommt, biegt man erst rechts und dann links Richtung Postamt ab. Vor dem Parkplatz beim Postamt geht's nach rechts und an der nächsten T-Kreuzung nach links: Hier stößt man auf das Geschäft, das von 10 bis 17 Uhr geöffnet ist.

Jemaite-Tifawin Carpet Coopérative
KUNST & KUNSTHANDWERK

(Association of Light; ☎0674 74 48 30; Anzal-Dorf, ⊙Teppichverkauf Mo–Do 9–12 & 14–18 Uhr, Atelier So 9–17 Uhr geöffnet) Die Frauen des Dorfes Anzal haben beeindruckend viele Fähigkeiten: Neben der Landwirtschaft, dem Haushalt und der Suche nach Bergkräutern weben 88 Einheimische auch Teppiche. Obendrein sind sie geradezu wagemutig kreativ. Während sich andere örtliche Weber an die traditionellen geknüpften gelben Glaoui-Teppiche mit klassischen Rautenmustern halten, stellen die hiesigen Frauen überaus originelle Stücke her, experimentieren mit Farben, die aus Pflanzen des Hohen Atlas gewonnen werden und suchen nach neuen Inspirationen für die Entwürfe.

Im Verkaufsraum ist ein faszinierender karminroter Kelim mit grafischen schwarzweißen Zickzacklinien zu sehen. „Wie ein Verkehrszeichen, wissen Sie?", sagt Fatima, die den Teppich gemacht hat. Auf einem purpurnen Stück, der mit Krappwurzel gefärbt wurde, schlängeln sich hennagelbe Linien, die von der Kufi-Kalligrafie inspiriert sind und *baraka* (Segnungen) darstellen. Auf allen Teppichen sind Festpreise vermerkt. Die Einnahmen gehen direkt an die Herstellerinnen, bis auf einen kleinen Teil, der für das benötigte Zubehör verwendet wird. Über Gepäckbeschränkungen braucht man sich keine Sorgen zu machen, denn es gibt auch Tischläufer, Kissenbezüge und Laptoptaschen für Macs. Von allen Teppichweberinnenkooperativen in Südmarokko dürfte diese die hippste sein. Man findet sie 26 km hinter Tazenakht an der N10.

Webstühle und Wolle zu kaufen, und die charismatische Direktorin Khadija Ighilnasaf überreicht die Spendenquittung mit einem von Herzen kommenden *Barakllafik* (Segenswunsch). In Anzal, etwa 30 Minuten nördlich von Tazenakht auf der N10, sollte man nach dem Schild am Straßenrand Ausschau halten.

Schlafen & Essen

Maison d'Hôtes Hiba GÄSTEHAUS $
(☎0615 72 72 82; 8 km außerhalb von Foum Zguid; inkl. HP 220 Dh pro Pers.; ❄) In dem Gästehaus mit Restaurant locken aufmunternde Mahlzeiten aus Tajine, Salat und Früchten (80 Dh), die auf der malerischen Terrasse oder auf Sofas im Salon mit Klimaanlage serviert werden. Die bequemen Zimmer im Höhlenstil verfügen über neue private Bäder und sorgen dafür, dass man nach der Wildnis der Sahara eine behagliche Nacht verbringt. Von Foum Zguid fährt man 8 km nach Norden Richtung Marrakesch; auf den Abzweig rechter Hand zur *piste* nach Zagora bzw. Amezrou achten.

Restaurant La Liberté RESTAURANT $$
(Foum Ziguid; Mahlzeiten 70–80 Dh; ⌚7–22 Uhr) Warmes Frühstück und brauchbare Kebabs gibt's auf der Westseite des Stadtplatzes hinter der einzigen Kreuzung auf der rechten Seite.

DADÈSTAL & DIE SCHLUCHTEN

سهول داداس و المضايق

Nomadenkreuzungen, Täler voller Rosen und zweifarbige Kasbahs: Selbst auf dem Papier fordert die Beschreibung dieser Gegend die Vorstellungskraft heraus. Das Dadèstal erstreckt sich vom gewaltigen Hohen Atlas im Norden bis zur zerklüfteten Jebel-Sarhro-Gebirgskette im Süden und ist mit Oasen sowie Lehmziegelpalästen gesprenkelt, die der Region ihren märchenhaften Spitznamen gaben: Tal der tausend Kasbahs. Die schönsten Dinge sieht man oft nur, wenn man zu Fuß unterwegs ist, etwa an verborgenen Durchgängen zwischen den Schluchten Dadès und Todra und auf den Nomadenrouten über den Sarhro.

Skoura سكورة

2800 EW.

Wenn die mit Gold und Gewürzen beladenen Karawanen endlich Skoura erreichten, müssen die Kamele schon gekeucht haben. Nach einer zweimonatigen Reise durch die Sahara luden die blau gekleideten Wüstenhändler der Tuareg ihre Ware ab und Bergbewohner des Hohen Atlas packten sie auf Maultiere, die sie nach Fes brachten. Heute dient das 39 km westlich von hier liegende Ouarzazate als Handelszentrum der Region, doch in Skoura gibt's nach wie vor historische Lehmziegelfestungen sowie Wüstenhändler, die sich montags und donnerstags in dem randvollen Suk drängen. Wenn die Markttage vorbei sind und die Palmen lange Schatten über die Straße werfen, scheint es niemand eilig zu haben, wieder wegzukommen. Anderswo geht das Leben seinen gewöhnlichen Gang, doch in Skoura bleibt es ein Wunder.

Sehenswertes & Aktivitäten

LP TIPP **Palmenhaine** LANDSCHAFT
Nach wie vor prägen Lehmziegelkasbahs und riesige, unter dem Schutz der Unesco stehende Palmenhaine mit dem Spitznamen „Oase der 1000 Palmen" den Ort. Unter dem grünen Dach liegen über 20 km sorgfältig bewirtschaftete Gartengrundstücke, die mithilfe eines ausgeklügelten, jahrhundertealten *khattara*-Systems aus Schleusen und Kanälen bewässert werden, und in den Bäumen zwitschern zahlreiche Vögel – mehr als 100 unterschiedliche Arten. Um Skouras Pracht wirklich zu erleben, sollte man in einer *pisé*-Pension übernachten und die *palmeraie* zu Fuß oder mit dem Fahrrad erkunden (viele Gästehäuser können Mietfahrräder besorgen).

Kasbah Amridil KASBAH
(Besuch mit/ohne Führer 50/10 Dh) Dieses wunderbare Gebäude aus dem 17. Jh. ist auf dem 50-Dirham-Schein abgebildet und Marokkos begehrteste Kasbah. Es liegt nur einige Hundert Meter von der Hauptstraße entfernt und ist ausgeschildert. Das Freilichtmuseum mit seinen handgeschnitzten Türen, der Olivenölpresse, noch immer funktionierenden Backöfen und im Hof blökenden Ziegen zeigt, dass sich das traditionelle Kasbah-Leben im Laufe der Jahrhunderte kaum verändert hat.

Skoura-Kulturzentrum KULTURZENTRUM
(☎0524 85 23 92; N10; ⌚So–Do 9–12 & 14.30–17.30 Uhr) An Wochentagen zeigt die eifrige Nichtregierungsorganisation in ihrem Handwerksgeschäft den Einfallsreichtum der Einheimischen und bietet sonntags gegen eine gestaffelte Spende (pro Pers. 200–500 Dh) Touren zu Fuß und mit dem Fahrrad an (Anmeldung fünf Tage vorher erforderlich). Mit den Erträgen werden Programme zum Wasserschutz, zur Alphabetisierung und zur Erhaltung der Palmen gefördert (s. S. 153). Das Kulturzentrum

liegt 300 m hinter der Skoura-Kreuzung auf der linken Seite.

Schlafen & Essen

In Skoura gibt's keine Geldautomaten, und da nur wenige Pensionen Kreditkarten akzeptieren, muss man sich unterwegs in Ouarzazate mit Bargeld eindecken.

LP TIPP **Sawadi** MAISON D'HÔTES $$
(☎0524 85 23 41; www.sawadi.ma; Palmeraie de Skoura; EZ/DZ inkl. Frühstück 615/725 Dh, EZ-/DZ-Suite 715/860 Dh, Villa für 6–10 Pers. 2570 Dh; ❄) Eine Oase in der Oase: 3,6 ha Biogärten bilden eine bukolische Umgebung für die *pisé*-Bungalows und liefern gleichzeitig die Zutaten zu den üppigen Drei-Gänge-Menüs. Nach einem Besuch bei den örtlichen Kunsthandwerkern oder einem Kasbah-Architekturtrip mit dem Rad kann man im dampfenden Hamam oder bei einem kühlen Glas Weißwein am chlorfreien, mit Salz gefilterten Pool entspannen. Man erreicht die Unterkunft, indem man den grünen dreieckigen Markierungen von der Straße zum Nordende der Oase folgt. Nur Barzahlung.

Jardins de Skoura MAISON D'HÔTES $$
(☎0524 85 23 24; www.lesjardinsdeskoura.com; Palmeraie de Skoura; Zi./Suite inkl. Frühstück 770/1120 Dh; ❄) Skouras dezenter, aber höchst romantischer Stil zeigt sich hier in den intimen Nischen der *pisé*-Wände und den handgearbeiteten Teppichen. Im Biogarten gibt's einen kleinen gechlorten Pool, eine Kunsthandwerksboutique und Abendessen (120–180 Dh) mit marokkanischen Hauptgerichten, französischen Desserts und lokal angebauten Zutaten. Wer seine Portion nicht schafft, kann die pummeligen Esel des Hauses füttern – sie dienen als Kompostierer. Von der Hauptstraße geht's den orangenen Dreiecksmarkierungen nach. Nur Barzahlung.

Chez Talout PENSION $$
(☎0662 49 82 83; www.talout.com; inkl. HP 370–420 Dh pro Pers.; ❄) Die beiden Zwillingsgästehäuser aus Lehmziegeln thronen auf einer Erhebung in der Wüste und bieten einen schönen Blick auf Skoura. Das eine beherbergt einfache, sonnige Zimmer, während das andere mit einem gechlorten Pool und Klimaanlagen lockt. Nach Exkursionen zu Fuß, mit dem Pferd oder dem Mountainbike schmeckt das verführerische Mittagessen mit *tannour* (dünnen Brotfladen) und gewürzter lokaler Butter auf der Dachterrasse gleich noch besser. Die Unterkunft liegt 7 km nordwestlich von Skoura und ist ausgeschildert.

Kasbah Aït ben Moro KASBAH $$$
(☎0524 85 21 16; www.aitbenmoro.com; EZ/DZ mit Gemeinschaftsbad & HP 450 Dh, DZ mit eigenem Bad 1000–1200 Dh; ❄) Eine Kasbah aus dem 18. Jh., die 2000 stilvoll rundumerneuert wurde. Mit ihren original Palmendeckenbalken, stimmungsvoll beleuchteten Gängen und wassersparenden Kaktusgärten (es gibt also keinen Pool) ist sie ihren Ursprüngen in der Wüste aber stets treu geblieben. Die drei Turmzimmer mit Gemeinschaftsbädern und Blick auf die Oase sind am schönsten; nach dem Zimmer mit Kamin fragen! Vom Zentrum in Skoura bis zur Unterkunft sind es 2 km.

Espace Kasbah Amridil KASBAH $$
(☎0524 85 22 79; www.espaceamridil.com; EZ 200 Dh, DZ 400–500 Dh, HP 650 Dh) In den Lehmziegelturmzimmern blickt man beim Aufwachen auf die benachbarte Kasbah, sie sind viel netter als die düsteren Räume unten. Der Plasmafernseher im Salon stört die Romantik ein bisschen, zieht aber Sportfans an. Das Gästehaus liegt neben der Kasbah Amridil. Nur Barzahlung.

Kasbah Aït Abou KASBAH $
(☎0524 85 22 34; www.chez.com/kasbahaitabou; Palmeraie de Skoura; inkl. HP 180 Dh pro Pers.) Wie ein echter Würdenträger fühlt man sich in dieser 1825 vom örtlichen *caïd* erbauten Kasbah mit ihren 25 Lehmziegeltürmen. Die Zimmer im Erdgeschoss sind groß und natürlich kühl und haben wackelige, aber zweckmäßige Bäder. Im Garten gibt's neue Zeltzimmer. Von der Hauptstraße führen rote Pfeile zur Unterkunft. Nur Barzahlung.

An- & Weiterreise

Von Ouarzazate und Tinerhir (40 Dh) fahren regelmäßig, aber selten Busse hierher. Skoura ist besser mit einem *grand taxi* von Ouarzazate (25 Dh) aus zu erreichen.

Kelaâ M'Gouna قلعة مكونة

Seinen Namen verdankt das kleine Örtchen zwar dem nahen Berg M'Goun, aber berühmt ist es vor allem für Rosen und Dolche. Schon 50 km vor Skoura gucken die rosafarbenen Blumen durch dichte Hecken an der Straße, und im Dorf selbst werden jede Menge Flaschen mit Rosen-

OASE DER TAUSEND PALMEN

Beim Spaziergang in der Skoura-Oase fallen die Füße von ganz allein in den Bossa-Nova-Rhythmus der stattlichen Palmen. Doch die Gewächse stehen nicht wegen ihrer Schönheit hier, sondern erfüllen wichtige Aufgaben: Sie spenden Datteln, Schatten und Wedel, aus denen Dachbedeckungen, Fußböden und Zäune für störrische Esel geflochten werden.

Aufgrund der Bayoud-Krankheit (ein sich schnell ausbreitender Pilz) ist keine der Pflanzen in der „Oase der 1000 Palmen" eine Selbstverständlichkeit. Die Unesco unternimmt Schritte, um die Oasen von Aït Benhaddou bis Figuig zu schützen und hat sie zum Biosphärenreservat erklärt. Überdies pflanzt die marokkanische Regierung Palmen, die gegen den Pilz resistent sein sollen.

Doch die majestätischen Gewächse von Skoura sind einer anderen Gefahr ausgesetzt, berichtet Mohamed Elkasbaoui, Direktor der Initiative zum Schutz hiesiger Palmen. „Die größte Bedrohung ist gar nicht Bayoud, sondern die Armut", sagt er. „Wenn die Ernte schlecht ist, verkaufen einige Leute illegal Palmen an Resorts in großen Städten, die sie zur Dekoration verwenden."

Um das Problem anzugehen, wurde unlängst am östlichen Stadtrand ein Geschäft für Oasenkunst eröffnet. Dort verkaufen die Einwohner von Skoura Erzeugnisse aus Wedeln, die umweltfreundlich geerntet wurden, ohne die Pflanzen zu beschädigen. Sonnenhüte, Brotkörbe, Matten und mit Glas verkleidete Laternen sind sinnvolle Erinnerungen für Traveller, die Marokkos majestätische Palmenhaine bewundern, denn mit ihrem Kauf wird die Erhaltung der Gewächse unterstützt.

„Der Laden verschafft den Leuten Einkommen zwischen den Ernten, wenn sie es am dringendsten brauchen", erklärt Elkasbaoui. „Es ist nur ein kleines Geschäft, doch es steht für eine große Idee: Wenn wir uns um unsere Palmen kümmern, versorgen sie uns, unsere Kinder und unsere Enkel."

wasser verkauft. Zur Ernte im Mai hängen überall Rosengirlanden, vor allem während des **Rosenfests** am ersten Wochenende des Monats. Mittwochs kann man sich im **Suk** mit essbaren getrockneten Blumen eindecken.

Wer anhalten und bei einem Spaziergang in der Natur an den Rosen schnuppern will, fragt beim **bureau des guides** (☎0661 79 61 01, 0662 13 21 92) nach oder bucht bei einem örtlichen Hotel einen offiziellen Guide. Zudem gibt's im Ortszentrum ein paar Einrichtungen, die vor dem Aufbruch in die Berge nützlich sein können: einen Geldautomaten, Apotheken und Internetcafés.

Schlafen & Essen

Kasbah Itran KASBAH $
(☎0524 83 71 03; www.kasbahitran.com; DZ inkl. HP mit Gemeinschaftsbad/eigenem Bad 350/500 Dh; ❄) Ein Labyrinth aus privaten Terrassen, Kaminen und Zimmern. Fast alle Gästeräume verfügen über eigene Bäder, harte Betten und einen Ausblick auf den M'Goun-Fluss. Zum Angebot der Pension gehören außerdem Trekkingtouren. Wer es bequemer haben will, sollte sich für ein Doppelzimmer mit Klimaanlage entscheiden und zum Sonnenuntergang eine Kutschfahrt unternehmen. Die Unterkunft liegt 2,5 km nordwestlich von Kelaâ M'Gouna; Minivans aus dem Ort kommen hier auf dem Weg zum Dorf Torbis (5 Dh) über die Kasbah Itran entlang.

Kasbah Assafar KASBAH $
(☎0524 83 65 77; www.kasbahassafar.com; DZ inkl. HP mit Gemeinschaftsbad/eigenem Bad 350/500 Dh) Andere Gästehäuser nennen sich zwar ebenfalls gerne Kasbah, doch dies ist wirklich eine. In dem umgebauten Familienhaus muss man sich in den Fluren zu den Zimmern mit ihren *pisé*-Wänden ducken, wird dafür aber mit der Aussicht auf Bergschluchten belohnt. Die behaglichen Räume besitzen tragbare Heizungen und teilen sich Gemeinschaftsbäder. Abdelaziz Boullouz, der Gastgeber und lizenzierte Bergführer, gibt vertrauenswürdige Tipps zum Trekking und serviert hausgemachte Berberküche. Die Unterkunft liegt 4 km nordwestlich von Kelaâ M'Gouna; man fährt die Kelaâ-Straße Richtung Nordwesten an der Kasbah Itran vorbei und folgt den Schildern 1 km durchs Dorf.

Café Restaurant Rendez-Vous des Amis RESTAURANT $
(☎0661 87 14 43; http://rendezvousdesamis.webobo.biz; Ave Mohammed V) Mit seinen Zimt-Tajines (35–50 Dh) und aufmunternden Wermut-Kräutertees ist dies das beste Café im Ortszentrum.

Shoppen

Unité de Distillation de Rose SOUVENIRS
(☎0661 34 81 77; ⌚8–17.30 Uhr) Dieses Kollektiv aus fünf Bauernhöfen betreibt eine mustergültige Rosenwasser-Destillerie und liegt 500 m vor dem Stadtzentrum auf der rechten Seite. Im angeschlossenen Verkaufsraum wird eine breite Palette an Badeartikeln präsentiert, darunter farbloses, unbehandeltes Rosenwasser, das als Rasierwasser und zum Senken von Fieber benutzt wird.

Coopérative Artisan du Poignards Azlag
KUNST & KUNSTHANDWERK
(⌚9–17 Uhr) Das Leben in Kelaâ M'Gouna kann nicht immer so rosig gewesen sein, denn die Region hat auch eine lange Tradition der Dolchherstellung. In diesem Geschäft mit Festpreisen am östlichen Stadtrand neben der Hauptstraße werden zeremonielle Dolche für 250 bis 1200 Dh verkauft. An der Wand hängt eine Auswahl regionaler Stile von Tuareg-Messern (Ledergriff, gerade Klinge) bis zu Dolchen aus Aït Aitta (Heft mit Intarsien, gekrümmte Klinge). Gelegentlich ist der Laden mittags geschlossen.

An- & Weiterreise

Zwischen Ouarzazate und Tinerhir fahren Busse über Kelaâ, die oft aus allen Nähten platzen. *Grands taxis* steuern Ouarzazate (30 Dh), Skoura (10 Dh), Boumalne du Dadès (7 Dh) und Tinerhir (6 Dh) an.

Boumalne du Dadès

بوملنه داده

11 200 EW.

Dieser Ort an der Kreuzung zur Dadèsschlucht bietet eine Aussicht über das Flusstal und praktische Einrichtungen für Wanderer. Von Kelaâ M'Gouna fährt man 24 km nach Nordosten, bis man eine Weggabelung erreicht: Die Hauptstraße verläuft weiter über den Fluss nach Boumalne du Dadès, während einen die linke Abzweigung in die atemberaubende Dadèsschlucht führt. Mittwochs ist Markttag.

In der *hammada* (Steinwüste) und den grünen Ebenen südlich des Städtchens kommen vor allem Vogelliebhaber auf ihre Kosten. Sie nehmen einfach die *piste*, die hinter dem Städtchen nach Süden von der Hauptstraße in Richtung des Dorfes Tagdilt und dem Vallée des Oiseaux (Vogeltal) abzweigt. Hier kann man nach Lerchen, Steinschmätzern, Flughühnern, Bussarden und Uhus Ausschau halten.

Aktivitäten

Hamou Aït Lhou GEFÜHRTE TOUREN & RADFAHREN
(☎0667 59 32 92; hamou57@voila.fr; Ave Mohammed V) Ein kenntnisreicher lizenzierter Führer, der Wandertouren leitet und Fahrräder verleiht (120 Dh pro Tag).

Hammam Warda HAMAM
(Eintritt 8 Dh plus Trinkgeld; ⌚8–20 Uhr) Schlendert man durch das Tor zum Suk und auf die andere Seite der Plaza, kommt man zu diesem Hamam. Männer und Frauen entspannen in getrennten Räumlichkeiten.

Schlafen

Xaluca Dadès HOTEL $$$
(☎0635 57 84 50; EZ/DZ/Suite inkl. HP 1056/1533/2033 Dh; P❄📶@🏊) Eine Runderneuerung im Neo-Saharastil hat das Konferenzzentrum aus den 1970er-Jahren in eine echte Attraktion verwandelt. Die 106 Zimmer verfügen über Balkone mit Tuareg-Stühlen, üppige, warme Betten mit Bogolan-Tagesdecken sowie Bäder mit glänzenden Waschbecken aus gehämmertem Kupfer. Da Boumalne eine Bergbaustadt ist, zeigt sich dieses Thema in Steinwänden, einer Lobbygrotte und in mit Fackeln beleuchteten Gängen. Selbstverständlich gibt's alle modernen Annehmlichkeiten, einen Hamam (100 Dh), Massagen (250 Dh pro halbe Stunde), eine schicke Bar, Billard, ein Schwimmbecken auf der Panoramaterrasse, einen Whirlpool und ein (lautes) Fitnessstudio. Das Hotel liegt oben auf einem Hügel an der Ave Mohammed V und ist ausgeschildert.

Hôtel Almanader PENSION $
(☎0524 83 01 72; Ave Mohammed V; EZ/DZ/3BZ inkl. HP 250/400/500 Dh; ❄) Die hoch über dem Tal gelegene Pension verströmt mit ihren farbenfrohen Wandbildern und zwölf ordentlichen, skurrilen Zimmern samt Balkonen, Hutständern und bonbonfarbenen Stuckdecken ein erfrischendes Ambiente. Vier Gästeräume besitzen eine Klimaanlage. Die lockeren Mitarbeiter sind schnell

mit einem „Hallo" und einem Espresso zur Hand und servieren Berbergerichte im familiären Stil (Mahlzeiten 70–100 Dh).

Essen

Restaurant Oussikis REGIONALE KÜCHE $
(☎0666 64 14 21; Pl de Souk; Gerichte 50–90 Dh) Auf dem Marktplatz kann man an der linken Seite dem Koch Fadil Faska in seiner offenen Küche dabei zusehen, wie er frische lokale Zutaten in köstliche Tajines verwandelt. Es gibt Tagesangebote, eine herrlich locker-leichte *pastilla,* die man im Voraus bestellen muss, und für Eilige gute Salate (10 Dh) sowie Brathähnchen (30 Dh).

Hôtel-Restaurant Adrar REGIONALE KÜCHE $
(☎024 830765; Ave Mohammed V; Mahlzeiten 35–70 Dh; ❄) Praktisch nahe der Bushaltestelle gelegen und sehr sauber. Hier locken beliebte Mahlzeiten aus Salat und *brochettes* sowie die örtliche Spezialität *gallia*-Tajine (mit jungem Huhn).

Praktische Informationen

An der Ave Mohammed V gibt's einen **Attijariwafa-Geldautomaten**, vier Apotheken und Internetzugang bei **Taziri Net** (10 Dh pro Std.; ⏲9–22 Uhr).

An- & Weiterreise

BUS Es fahren täglich Busse nach Ouarzazate (40 Dh), Zagora (60 Dh), Tinerhir (25 Dh), Fes (135 oder 160 Dh), Casablanca (120–160 Dh), Rabat (140 oder 195 Dh), Er-Rachidia (40 Dh), Erfoud (60 Dh) und Marrakesch (70–104 Dh).
TAXI, PICK-UP & MINIBUS Manchmal dauert es eine Weile, bis ein *grand taxi* oder ein Minibus voll ist. Eine Fahrt nach Ouarzazate kostet 35 Dh, nach Tinerhir 20 Dh und nach Aït Oudinar in der Dadèsschlucht 15 Dh.

Jebel-Sarhro-Rundtour

Die überwältigend schöne und gewaltige Bergkette des Jebel Sarhro (auch Jebel Saghro oder Djebel Sahro) erstreckt sich zwischen dem Hohen Atlas und dem Dadèstal. Hierher verschlägt es nur wenige Touristen, da man die meisten Hochebenen, Vulkangipfel und mit Palmen gespickten Täler nur zu Fuß erreicht. Das trockene, abgeschiedene Gebiet ist die Heimat der halbnomadischen Aït Atta, legendäre Krieger, die 1933 mit ihrem Widerstand gegen die Franzosen auf dem Jebel Bou Gafer berühmt wurden.

Zum Jebel Sarhro gelangt man von drei Ausgangsorten aus: von Kelaâ M'Gouna und Boumalne du Dadès auf der Nordseite der Bergkette und vom Dorf N'Kob (S. 176) auf der Südseite. Die besten Trekkingausflüge führen durch das Herz der Bergkette zwischen Igli und Bab n'Ali.

Die nachfolgend beschriebene Rundtour hat gegenüber der klassischen Sarhro-Überquerung von Nord nach Süd einen großen Vorteil: Sie beginnt und endet auf der Nordseite der Berge, sodass es problemlos zur Dadèsschlucht, nach Merzouga und zu den Dünen weitergehen kann. Unterwegs bestehen mehrere Möglichkeiten zu zelten, doch im Winter ist es besser, sich in *gîtes* oder *chez l'habitant* einzuquartieren, denn dann fällt nachts schon mal ein ganzer Meter Schnee.

Reisezeit

Während im Hohen Atlas viele Wege zwischen November und Februar unpassierbar sind, ist Sarhro ein erstklassiges Wintertrekkingziel. Die Temperaturen können zwar unter den Gefrierpunkt fallen und bis 1400 m Höhe kann es schneien, doch selbst bei Schneefall ist für gewöhnlich Trekking möglich. Im Frühling und Herbst zeigt das Thermometer nachts selten weniger als 0 °C an. Im Sommer dagegen sorgt die sengende Hitze (über 40 °C) für versiegende Wasserquellen. Nun suchen selbst Skorpione unter den Steinen Schutz vor der Sonne.

An- & Weiterreise

Auf der Nordseite der Bergkette starten Minibusse von Boumalne du Dadès nach Iknioun (25 Dh). Abfahrt ist gegen Mittag und am nächsten Morgen geht's früh nach Boumalne zurück. Mittwochs, wenn in Iknioun der wöchentliche Suk stattfindet, sind möglicherweise mehr Busse unterwegs.

Tag 1: Von Tagdilt zum Assif-Ouarg-Tal

4 STD./17 KM/200M AUFSTIEG

Tagdilt ist ein langweiliges Nest, aber mit seinen drei *gîtes* und einem täglichen *camionette* (Pick-up) von Boumalne ein guter Ausgangspunkt für die Tour. Die ersten 2½ Stunden kann man der *piste* folgen – sie wird von Transportern genutzt, die von N'Kob aus die Berge überqueren – oder auf den Weg ausweichen, der manchmal seitlich abgeht und dann weiter oben wieder auf die Straße stößt.

In **Imi n'Ouarg**, dem dritten Dorf oberhalb von Tagdilt, trennt sich der Weg endgültig von der Straße, die zu den Minen bei

Jebel Sarhro

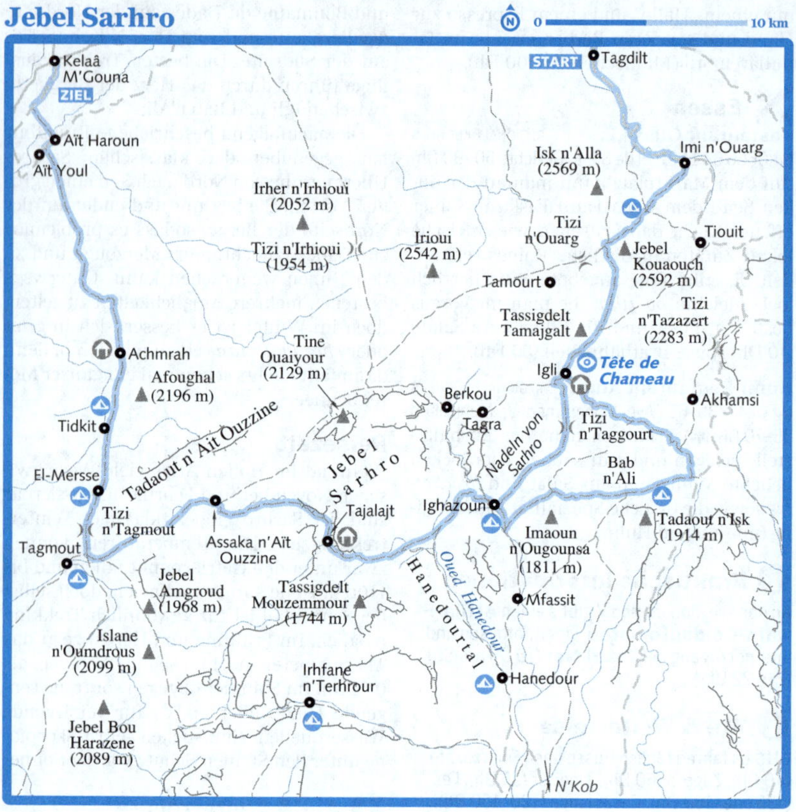

Tiouit weiterführt. Er biegt rechts Richtung Südwesten ab und passiert eine mit der marokkanischen Fahne geschmückte Schule. Gleich hinter der Ortschaft liegt rechts ein hübsches Plätzchen für die Mittagspause.

Danach geht's auf der rechten Talseite des sich dahinschlängelnden Assif Ouarg unterhalb vom Gipfel des **Jebel Kouaouch** (2592 m) weiter. Nach einer Stunde (3 km) erreicht man einen oberhalb von Terrassenfeldern gelegenen Bauernhof, wo man **chez l'habitant** (☎0661 08 23 21; 30–50 Dh pro Pers.) übernachten kann. Der Sohn des Gastgebers kommt vielleicht als Maultiertreiber mit, und wenn man Glück hat, bekommt man sogar eine warme Mahlzeit.

Tag 2: Vom Assif-Ouarg-Tal nach Igli

6–7 STD./19 KM/620 M AUFSTIEG/860 M ABSTIEG

Diese Tagesetappe ist am eindrucksvollsten, aber auch am anstrengendsten. Sie beginnt mit einem 35-minütigen Anstieg in Richtung des oberen Talendes, wo man einzelne Steinhäuser und Felsen entdeckt. Hier führt der Pfad nach links (südlich). Vor einem liegt eine Kette von Berggipfeln; der höchste ist der **Jebel Kouaouch**. Jetzt geht's im Zickzackkurs über einen Fluss und nach oben auf den Jebel Kouaouch zu. Unter einem einsamen Wacholderbaum gibt's ein schönes Plätzchen zum Verschnaufen. Je nach Kondition und Wetter kann es noch eine Stunde dauern, bis der Pass erreicht ist. Beim Aufstieg bieten sich schöne Aussichten zurück in Richtung Tagdilt, während auf der anderen Seite des Bergübergangs der Hohe Atlas und der Jebel Sarhro auftauchen.

Der Pfad verläuft weiter geradeaus und fällt steil ab, doch die Rundtour führt nach rechts Richtung Südwesten über die Talschulter und über einen weiteren Kamm mit Aussichten nach Süden zu den Palmen und Kasbahs von **N'Kob**. **Igli** versteckt sich hinter einer Reihe von Hängen noch weiter im Süden. Auf dem Weg hinab in die Ortschaft erblickt man die berühmten Felsen des sogenannten **Tête de Chameau** (Kamelkopf). Im Dorf gibt's eine **gîte** (30 Dh pro Pers.), die aus drei niedrigen Gebäuden besteht und über eine Toilette sowie mit Holz beheizte Duschen (10 Dh) verfügt. Sie hat weder Strom noch Matten zum Schlafen, doch der freundliche *gardien* besitzt einen Laden für den Bedarf von Trekkern und bietet auch Hufeisen für Maultiere an. Wenn man ihm Mehl bringt, lässt er daraus Brot backen.

Wer einen atemberaubenden Sonnenuntergang im Gebirge erleben will, ist hier genau richtig. Auch eine Rundtour zum **Bab n'Ali**, einer der spektakulärsten Felsformationen im Sarhro, ist möglich, wenn man eine zweite Nacht in Igli verbringt. Alternativ geht's weiter zur **Gîte Irhazzoun n'Imlas** (30 Dh pro Pers.).

Tag 3: Von Igli nach Tajalajt

7–7½ STD./24 KM/350 M AUFSTIEG/400 M ABSTIEG

Auf der rechten Seite erhebt sich beim Wandern der Gipfel des **Jebel Amlal**. Er ist den Aït Atta heilig und im August ein beliebtes Pilgerziel. Die Strecke des heutigen Vormittags ist leichter als die gestrige und verläuft durch breite, felsige Täler. Nach 1½ Stunden führt der Pfad unterhalb des Dorfes **Taouginte** um den **Friedhof der Aït Atta** herum, dessen Gräber mit Steinhaufen markiert sind. Dann geht's unterhalb der **Nadeln von Sarhro** weiter, einer langen, dramatischen Klippe, die in weiteren 1½ Stunden zum Fluss Amguis abfällt. An einer wunderbar zum Zelten geeigneten Stelle zwischen Palmen und Oleander treffen mehrere Täler zusammen. Nach einer halben Stunde Richtung Süden durch das Tal erreicht man das oberhalb von sorgfältig gepflegten Feldern gelegene Dorf **Ighazoun** mit einer schönen Stelle am Fluss, die sich für die Mittagspause anbietet.

Im Ort stößt der Weg auf eine *piste*, die links nach N'Kob und rechts Richtung Dadès führt. Man nimmt den rechten Weg Richtung Nordwesten auf eine steile Klippe linker Hand zu. Der steinige Pfad führt unter die Klippe und hinauf zu einem breiter werdenden Tal. Nun windet sich die *piste* um die Nordseite des **Jebel Tassigdelt Si el-Haj** (1722 m) und dann wieder nach Süden nach **Tiguiza** mit einer schlichten **gîte** (☎0671728006; 30 Dh). Vor Tiguiza biegt eine andere *piste* nach rechts (Richtung Westen) ins **Dorf Akerkour** ab, führt in ein enges Tal mit Palmen und einen Hang hoch nach **Tajalajt**, wo man **chez l'habitant** (30 Dh pro Pers.) übernachten kann und vielleicht auch einfache Mahlzeiten bekommt.

Tag 4: Von Tajalajt nach Achmrah

8–8½ STD./26 KM/200 M AUFSTIEG/300 M ABSTIEG

Ab Tajalajt führt die Tal-*piste* oberhalb von prächtigen terrassierten Getreidefeldern sowie Palmen- und Mandelhainen entlang. Nach nicht einmal 1½ Stunden erreicht man **Assaka n'Aït Ouzzine** (1584 m) mit einer zerfallenen Kasbah. Danach geht's aus dem Tal heraus in eine steinige, windige Steppe, die scheinbar aus Zentralasien hierher versetzt wurde.

Hinter Assaka wandert man 1½ Stunden zwischen 2000 m hohen Kämmen hindurch, bis man schließlich nach **Tagmout** gelangt (das auch nach einem der über dem Dorf aufragenden Berge Amgroud genannt wird). Im Ort gibt's eine gut geführte **gîte** (30 Dh pro Pers., Frühstück 25 Dh) mit Strom, Matratzen, Decken und vielleicht auch ein leckeres Mittagessen (25–30 Dh).

Von Tagmout führt die *piste* Richtung Nordwesten nach Kelaâ M'Gouna und Richtung Süden nach N'Kob, wo zum **Sonntags-Suk** allerlei Verkehr unterwegs ist. Danach geht's Richtung Norden in einer

DIE TOUR AUF EINEN BLICK

Dauer fünf bis sechs Tage

Länge 56 km

Schwierigkeitsgrad mittelschwer

Start Tagdilt

Ziel Kelaâ M'Gouna

Höchster Punkt Tizi n'Ouarg (ca. 2300 m)

Unterkunft Camping und *gîtes/chez l'habitant*

Öffentliche Verkehrsmittel ja

Kurzbeschreibung Eine tolle Alternative zur klassischen Sarhro-Überquerung. Die Tour zeigt einem die eindrucksvolle und abwechslungsreiche Schönheit der Bergkette und könnte wegen der anstrengenden Aufstiege und langen Wandertage um einen Tag verlängert werden.

CHECKLISTE FÜR DEN JEBEL SARHRO

» **Karten** Die Karten *Boumalne* und *Tazzarine* im Maßstab 1 : 100 000 umfassen die gesamte Region. Eine detailliertere Trekkingkarte ist die in Deutschland produzierte *Randonnée culturelle dans le Djebel Sarhro* von Mohamed Aït Hamza und Herbert Popp im Maßstab 1 : 100 000 in französischer Sprache. Man bekommt sie in Marokko, z. B. in den Hotels in Boumalne und N'Kob (150 Dh).

» **Führer** Verschiedene ausländische Anbieter organisieren günstige Touren hierher, arbeiten aber häufig mit örtlichen Guides. In einem der **bureaux des guides** (☎Kelaâ 0661 79 61 01, 0662 13 21 92, Boumalne 0667 59 32 92, N'Kob 0667 48 75 09), die man in allen Trekkingorten im Sarhro-Gebiet findet, kann man sich auch selbst einen Führer suchen. Pro Tag sollte man 300 Dh für den Guide und 100 Dh für ein Maultier einplanen.

» **Wasser** Dehydrierung kommt zu jeder Jahreszeit vor, deshalb sollte man viel Wasser mitnehmen.

» **Essen** In Ouarzazate oder Marrakesch kann man alles Nötige zur Verpflegung kaufen. Tee, Büchsenfisch, Kekse und Brot gibt's in den drei Ausgangsorten für den Sarhro. Unterwegs bekommt man eventuell auch in einigen Dörfern Eier, Datteln, Mandeln, Brot und Büchsenfisch.

» **Maultier** Angesichts der Mengen an Wasser, die man in dieser trockenen Umgebung mitschleppen muss, lohnt sich die Ausgabe für ein Maultier. Guides können sowohl die Tiere als auch die Treiber organisieren.

» **Ausrüstung** In das Reisegepäck gehört unbedingt ein Schlafsack. Ein Zelt benötigt nur, wer lieber campt als in den *refuges* zu bleiben.

Stunde hinauf zum **Tizi n'Tagmout** (1754 m). In einer weiteren Stunde erreicht man **El-Mersse**, das mit jeder Menge Schatten und einer ganzjährig Wasser führenden Quelle zum Campen einlädt.

Der Weg windet sich die meiste Zeit sanft bergab und steigt nur gelegentlich an. Keine 1½ Stunden hinter El-Mersse entdeckt man in **Tidkit** einen Zeltplatz unter schattigen Bäumen am Fluss, eventuell kann man auch hier oder eine Stunde weiter den Weg lang in **Achmrah** *chez l'habitant* übernachten. Auf dieser Seite des Jebel Sarhro sind die Berber jedoch Halbnomaden und deshalb im April und Mai eventuell gar nicht da. Wenn sich niemand in den Häusern befindet, stehen auch die Ställe leer und bieten nachts ein unglamouröses, aber praktisches Dach über dem Kopf.

Tag 5: Von Achmrah nach Kelaâ M'Gouna

4 STD./14 KM/150 M AUFSTIEG/450 M ABSTIEG

Die schönsten Abschnitte dieser Vormittagswanderung sind der Beginn und das Ende. Nördlich von Achmrah steigt der Weg kurz an und plötzlich eröffnen sich Blicke auf den M'Goun und den Siroua. Knapp 30 Minuten später überquert man eine *piste*, die zu einer Anthrazitmine führt und einfach ignoriert werden sollte. Stattdessen geht's auf einem ausgetretenen Weg in Richtung Norden bzw. manchmal auch Richtung Nordwesten eine Schlucht hinunter auf das Dadèstal zu. Beim Näherkommen tauchen links und rechts zwei Dörfer auf: **Aït Youl** und **Aït Haroun**. Außerdem erblickt man ein Tal voller alter Kasbahs. Anschließend geht's nach Aït Haroun, wo eine Brücke über den Dadès-Fluss führt. Die Straße von Boumalne nach Kelaâ M'Gouna liegt ganz in der Nähe.

Dadèsschlucht

مخنف ا مفيق ا دادس

Die Art-déco-Poster, die man überall in Marokko sieht und die eine rot-weiße Festung in einer felsigen Oase zeigen, übertreiben nicht: Nur 6,5 km tief in der Schlucht bei **Aït Youl** bilden Mandel- und Feigenbäume eine saftig grüne Kulisse für zweifarbige Kasbahs und *ksour*.

Ein paar Kilometer hinter Aït Youl überquert die Straße ein *oued*. Das Flusstal ist ein Fußgängerschleichweg nach Kelaâ M'Gouna. 5 km später kommt rechts hinter einem kleinen Pass die versteckte **Gorge de**

Miguirne (Sidi-Boubar-Schlucht) mit Quellen und Felsbecken, die sich wunderbar für eine Halbtagsflusswanderung eignet.

Nach weiteren 4 km erreicht man außergewöhnliche **rote Felsformationen**: Sie sehen wie Wachs aus, das mit dem grünen Teppich aus Palmen unter **Aït Arbi** zu verschmelzen scheint. Ein Stück entfernt wird die Schlucht plötzlich enger und man gelangt in das Dorf **Aït Oudinar** mit einer Teppichweberinnen-Kooperative, Läden sowie einem Sonntagsmarkt.

Ungefähr 2 km hinter Aït Oudinar windet sich die Straße in mehreren Haarnadelkurven durch die Schlucht. Wenn sie schließlich wieder gerader wird, dreht man am besten einfach um, denn der landschaftlich schönste Teil der Gegend, den man ohne Geländewagen oder gute Wanderschuhe sehen kann, liegt bereits hinter einem. Es gibt einen schönen **Wanderweg** Richtung Nordwesten, der 28 km von Boumalne du Dadès gleich auf der anderen Flussseite beginnt.

Bis Msemrir (63 km) ist die Straße durchgängig asphaltiert, aber ab da braucht man einen Jeep, vor allem auf der *piste* nach Südosten in die Todraschlucht. Wer Lust auf eine Herausforderung hat, kann von Msemrir Richtung Norden über den Hohen Atlas bis nach Imilchil fahren. Samstags ist in Msemrir Markttag.

Sehenswertes

Aït-Oudinar-Teppichweberinnen-Kooperative KUNST & KUNSTHANDWERK

(☎0666 39 69 49, 0677909670; Km 24, Aït Oudinar; ⏲Mo–Do 9–12, Sa & So 9–15 Uhr) In dieser von der Dorfvereinigung geleiteten Kooperative werden geknüpfte Teppiche hergestellt, doch ihr Markenzeichen sind weiche Kelim-Decken aus ungefärbter, besonders flauschiger Lammwolle. Die Frauen benutzen chemiefreie Farbstoffe aus den Schalen hiesiger Walnüsse (Braun), Zwiebelhaut (Gelb) und Mohn (Schwarz). Ihre Erzeugnisse werden zu Festpreisen verkauft. Das Geld geht direkt an die Herstellerin und ein kleiner Teil davon wird für die Finanzierung von Projekten der Kooperative verwendet, z. B. die Renovierung einer verlassenen Moschee. Besucher können die Bemühungen mit gestaffelten Spenden (100–300 Dh) unterstützen. Vom Schild an der Straße folgt man den Pfeilen zum Westufer bis zu dem umgebauten Stall, in dem die Vereinigung gegenwärtig untergebracht ist.

Aktivitäten

Viele Hotels der Gegend und in Boumalne du Dadès können **Wanderführer** (180–250 Dh pro Tag), **Geländewagentouren** in die Todraschlucht und **Mietfahrräder** (75–100 Dh) organisieren.

Schlafen

Fast alle hier genannten Übernachtungsmöglichkeiten sind maximal 28 km von Boumalne du Dadès entfernt (die Kilometerangaben beziehen sich immer auf die Entfernung von Boumalne). Viele Unterkunftsbetreiber lassen Gäste auch für 30 Dh im Salon oder auf der Terrasse schlafen (selbst im Sommer braucht man einen Schlafsack) oder für 10 bis 30 Dh am Fluss zelten.

LP TIPP **Kasbah de Mimi** MAISON D'HÔTES $$

(☎0524 83 05 05; mimi.kasbah@laposte.net; 12 km, Aït Ibrine; inkl. HP 500 Dh pro Pers.; ❄≋) In dem sorgfältig restaurierten Refugium am Rand der Felsen ist alles von erlesenem Geschmack: der auf die Wohnzimmerwände gemalte Berber-*baraka*, die Paté Hors d'œuvres, der wassersparende Terrassengarten und der Flügel in der gut bestückten Bibliothek. Die Einfahrt ist entsetzlich, doch dafür begrüßen die Dorfkinder neue Gäste überschwänglich.

Riad des Vieilles Charrues MAISON D'HÔTES $$

(☎0524 83 06 52; http://riadv.ifrance.com; 24 km, Aït Oudinar; inkl. HP 250 Dh) Das durch einen zentralen Schacht in das umgebaute *pisé*-Familienhaus flutende Sonnenlicht beleuchtet die großen Gästezimmer und hebt die Stimmung erschöpfter Traveller. Besitzer Said Naïm hat das Gebäude clever im Berberstil eingerichtet, indem er Körbe zu Lampenschirmen und Couscous-Teller zu Waschbecken umfunktionierte. In den Zimmern gibt's Kamine und elektrische Heizungen für kühle Nächte.

Les 5 Lunes MAISON D'HÔTES $

(☎0524 83 07 23; 23 km, Aït Oudinar; DZ & 3BZ inkl. HP 200 Dh pro Pers.) Dieses steinerne Gästehaus schwankt auf einem Kliff über den Baumgipfeln und verfügt über sechs höhlenartige Zimmer (fünf mit eigenem Bad). Besitzer Daoud ist ein versierter Jazz-, Berber- und Flamencomusiker, der bei rechtzeitiger Ankündigung oder freundlicher Überredung Konzerte und Berbermusik-Workshops organisiert. Ein Picknick mit Zutaten aus dem Biogarten und Abendessen am Kamin sollte man im Voraus buchen.

Auberge des Gorges du Dadès PENSION $
(☎0524 83 02 21; www.aubergeaitoudinar.com; 24 km; Camping 15 Dh pro Pers., Zi inkl. Frühstück/HP 120/200 Dh pro Pers.) Eine temperamentvoll geführte Herberge mit Blick auf den Fluss und 15 Zimmern. In einem Gebäudeflügel dominieren *pisé*-Designs der Imazighen und Waschbecken aus Fossiliengestein, im anderen Stuck und *beldi*-Fliesen. Alle Zimmer haben eigene Bäder, zehn einen eigenen Balkon und die Hälfte wartet mit einer Klimaanlage auf.

Auberge Tissadrine PENSION $
(☎0524 83 17 45; 27 km; inkl. HP 200 Dh pro Pers., Matratze auf dem Dach 40 Dh) An einer Biegung des Flusses zwängt sich dieses *pisé*-Gästehaus in eine Felsenschlucht. Die 14 einfachen Zimmer im Berberstil warten mit *tataoui*-Decken, Teppichen aus dem Hohen Atlas und kleinen eigenen Bädern auf. Im Sommer kann man auf der Terrasse unter dem herrlichen Sternenhimmel schlafen, gleich neben Planen, die zum Trocknen der Feigen ausgebreitet werden.

Hôtel le Vieux Château du Dadès HOTEL $
(☎0524 83 12 61; 25 km; HP pro Pers. DZ 200–300 Dh, Suite 350 Dh) Bietet eine Aussicht auf den Fluss sowie ein nettes Terrassenrestaurant und 30 Zimmer. Die Standardräume im Erdgeschoss mit in die *pisé*-Wände geschnitzten glückverheißenden Imazighen-Symbolen übertreffen die neuen Terrassensuiten mit Badewannen noch.

Chez Pierre PENSION $
(☎0524 83 02 67; http://chezpierre.ifrance.com; 27 km, Aït Ouffi; EZ/DZ inkl. Frühstück 470/615 Dh, 3BZ & 4BZ 895 Dh; ⏲April–Okt.; 🏊) Die acht luftigen Zimmer und ein Apartment mit recht schlichter Dekoration, blumengeschmückten Terrassen und Sonnendecks am Pool wurden direkt in die Wand der Schlucht gebaut.

Hôtel El-Ouarda HOTEL $
(☎0524 83 16 09; Zi 70 Dh pro Pers.) Ein einfaches, aber sehr fröhliches Hotel in Msemrir.

Essen

Restaurant Riad Bleu Afriqua BERBERKÜCHE $
(☎0666 39 69 49; 29 km; Menü 50–100 Dh) Die Belohnung dafür, dass man das andere Ende der Schlucht erreicht hat, ist ein reichliches Mittagessen mit leckeren örtlichen Spezialitäten: Salate mit Gebirgskräutern, eine fleischhaltige Berber-Tajine mit Walnüssen und Feigen oder Platten mit Früchten aus dem Tal.

Le Jardin de Source REGIONALE KÜCHE $
(☎0524 83 04 83; 11 km, Aït Ibrirne; Hauptgerichte 55–60 Dh) In dem Gartenrestaurant an der Mündung der Schlucht bekommt man schnelle Mittagessen, darunter leckere vegetarische Gerichte, Omelettes (30 Dh) und marinierte Putenkebabs sowie Menüs mit Salaten und Tee (70 Dh).

Restaurant Isabelle REGIONALE KÜCHE $
(15 km; Menü 70 Dh) Die herzhaften Omelettes oder Tajines mit Salat auf der Terrasse können Gäste genießen, während sie sich über die scheinbar schmelzenden Felsen auf der anderen Seite des Tals wundern.

An- & Weiterreise

Von Boumalne fahren *grands taxis* und Minibusse in die Schlucht. Pro Person zahlt man 15 Dh bis zur Ansammlung von Hotels in der Mitte der Schlucht (nahe dem Vieux Château) bzw. 30 Dh bis Msemrir. Wer zurückwill, stoppt einfach ein

VON DER TODRA- BIS ZUR DADÈSSCHLUCHT

Die 42 km von Tamtattouchte in die Dadèsschlucht sind eine anstrengende fünfstündige Fahrt, die aufgrund der geschwungenen Hügel und dem Tizgui-n'Ouadda-Tal mit den verstreuten Felsbrocken jedoch jede Menge fürs Auge bietet.

Die *piste* beginnt gleich hinter Tamtattouchte unter der *auberge* auf dem Hügel. Da die Route oft von Blitzfluten überschwemmt wird, sollten Traveller vor der Abfahrt immer den aktuellen Zustand der Straße checken. Auf halber Strecke erreicht man den 2639 m hohen **Tizi n'Uguent Zegsaoun**, bevor man schließlich die holprige Abfahrt nach Msemrir in Angriff nimmt.

An die Tour sollte man sich nur in den Sommermonaten (Mai–September) und mit einem Geländewagen wagen, außerdem ist ein örtlicher Führer zu empfehlen. Im Mai schlagen in der Gegend viele nomadische Berber mit Häusern in Aït Haini ihre Zelte auf und weiden große Schafherden. Wer anhält, wird vielleicht zum Tee und Austausch von Geschichten eingeladen.

vorbeifahrendes Fahrzeug. Ein Taxi für einen Halbtagsausflug in die Schlucht kostet etwa 200 Dh. Minibusse nach Msemrir verkehren recht häufig; der letzte zurück nach Boumalne startet gegen 16 Uhr.

Tinerhir تنر هير

36 000 EW.

In dieser Bergbau- und Durchgangsstadt ist vor Staub und Gewimmel von Charme wenig zu merken, wobei unererschrockene Traveller in Tinerhir (oder Tinghir) durchaus Attraktionen entdecken können. Bis zur Todraschlucht sind es nur 12 km, doch wer nach der 51 km langen Fahrt von Boumalne du Dadès erst mal eine Pause braucht, sollte sich zum östlichen Ortsrand aufmachen. Hier erstreckt sich eine Palmenoase mit bröckelnden Kasbahs sowie der verlassenen **Medersa Ikelane** aus dem 19. Jh. (auf die weiß getünchte Lehmziegelkuppel achten). Nördlich der Stadt stößt man dagegen auf die Ruinen des **Ksar Asfalou**, in dem Muslime und Juden einst unter demselben Dach studierten. Montags findet 2,5 km westlich des Zentrums ein riesiger Suk statt, und samstags gibt's im Ort einen Viehmarkt.

Aktivitäten

Im Hôtel Tomboctou kann man Fahrräder ausleihen und einen Führer für die Oase buchen.

Hôtel de l'Avenir REITEN
(☎0672 52 13 89; www.avenir.tineghir.net; 27 Rue Zaid Ouhmed) Organisiert Ausritte mit Pferden in die Oase und in die Schlucht.

Schlafen

Retour au Calme DAR $
(☎0524 83 49 24; www.retouraucalme.com; Palmeraie de Tinerhir; DZ 70–120 Dh, mit eigenem Bad 150–180 Dh, 3BZ/4BZ 200–250 Dh) In diesem *dar* sind die lokalen Farben außer Rand und Band geraten. Das Haus ist so lebhaft gestrichen, dass selbst Matisse erröten würde. Mohamed und Alexandra, die Besitzer, haben die *pisé*-Architektur bewahrt und Überraschendes hinzugefügt: Decken im Dalmatiner-Look in vollkommen blauen Zimmern, Souvenirs der Fußball-WM in pinken Doppelzimmern und einen Tischtennisplatz auf der Terrasse mit Blick über die Oase von Tinerhrir. Auch Nichtgäste können hier essen (Mahlzeiten 50 Dh) und Tischtennis spielen. Am östlichen Stadtrand biegt man von der Ave Mohammed V nach Süden ab und folgt den Schildern 150 m auf der *piste*.

Hôtel Tomboctou KASBAH $$$
(☎0524 83 51 91; www.hoteltomboctou.com; 126 Ave Bir Anzarane; EZ inkl. Frühstück 480–680 Dh, DZ 560–760 Dh; ❄️🏊) Schrullige, gemütliche Zimmer mit eigenen Bädern in einer renovierten Kasbah, die 1944 für den örtlichen *caïd* gebaut wurde. Geräumiger ist die in ein Gästezimmer umgewandelte ehemalige Küche mit einer hohen Palmenholzdecke. Die traditionellen Kasbahfenster sind nur bullaugengroß, doch rund um den Pool und die Bar im Innenhof bekommt man jede Menge Sonnenlicht ab. Im Hotel kann man Wanderungen durch die Oase sowie Fahrradtouren organisieren.

Essen

Hôtel l'Oasis REGIONALE KÜCHE $$
(☎024 833670; Ave Mohammed V; Mahlzeiten 80–100 Dh) Mit den marinierten Putenspießen und der örtlichen Spezialität *gallia* (junges Hühnchen) auf der luftigen Dachterrasse und den sauberen Toiletten ist dieses Restaurant eine Klasse besser als die anderen Lokale.

Chez-Michelle-Supermarkt SUPERMARKT $
(☎0524 83 46 68; Ave Mohammed V; ⏰Sa–Do 9–21 Uhr) Verfügt über eine hervorragende Auswahl an Trekkingproviant, Snacks und hausgemachter Marmelade.

Grillrestaurants liegen an der Ave Mohammed V und der Ave Hassan II, darunter das **Café des Amis** (Ave Hassan II), das **Café Central** (Ave Hassan II) und das **Restaurant Essaada** (Ave Hassan II).

Praktische Informationen

Banken mit Geldautomaten befinden sich an der Ave Mohammed V, darunter BMCE und Crédit du Maroc.

Tichka Internet (Rue Zaid Ouhmed; 6 Dh pro Std.; ⏰7–21.30 Uhr) Neben dem Hôtel de l'Avenir.

An- & Weiterreise

BUS Busse fahren an der Place Principale gleich bei der Ave Mohammed V ab. Supratours-Busse halten in Tinerhir auf dem Weg nach Marrakesch (120 Dh), Ouarzazate (50 Dh), Casablanca (210 Dh), Erfoud (55 Dh), Er-Rachidia (30 Dh), Merzouga (80 Dh) und Boumalne du Dadès (25 Dh). Außerdem bestehen regelmäßige Verbindungen von Tinerhir nach Marrakesch (100 bis 110 Dh) über Ouarzazate (40 Dh) sowie nach Casablanca (175 Dh), Erfoud (30–45 Dh, 4-mal tgl.), Meknès (110 Dh), Zagora (70 Dh) und Boumalne du Dadès (15 Dh).

TAXI & MINIVAN *Grands taxis* nach Ouarzazate (50 Dh) und Er-Rachidia (50 Dh) starten am östlichen Rand der Stadtgartenanlage; hier findet man auch Taxis, Trucks und Pick-ups in die Todraschlucht (7 Dh) und weiter nach Tamtattouchte (7–15 Dh). Um 8 Uhr fährt ein Minivan nach Tamtattouchte (15 Dh), Aït Haini (20 Dh) und Imilchil (40 Dh).

Todraschlucht

مختف ا مفيق ا تودرغة

In der Klemme zu stecken ist in der Todraschlucht eine großartige Erfahrung. Die gewaltige Bruchlinie, die den Hohen Atlas vom Jebel Sarhro trennt, ist an manchen Stellen gerade breit genug, dass sich ein kristallklarer Fluss und die Trekker einer nach dem anderen durchzwängen können. Die Straße von Tinerhir führt durch grüne *palmeraies* und Berberdörfer, bis sie nach 15 km von hohen Wänden aus rosafarbenem und grauem Fels eingerahmt wird. Die Anfahrt ist aufregend und man hat das Gefühl, sich beeilen zu müssen, weil sich die Himmelstüren gerade vor einem schließen.

Neben Wanderungen in der Schlucht und um sie herum (s. Kasten S. 163) bietet die von Palmenoasen und verfallenen Kasbahs flankierte Schlucht auch Traummotive für Fotografen. Wer schnell weiterwill, kann in drei bis vier Stunden durch *palmeraies* zurück nach Tinerhir laufen. Wenn man einen Geländewagen oder ein paar Tage Zeit zum Wandern hat, legt man den Weg bis zur Dadèsschlucht auf der holprigen *piste* westlich von Todra zurück.

Die Ankunft in der Todraschlucht richtet man am besten morgens ein, wenn die Sonne den Grund der Schlucht für einen goldenen Moment der Begrüßung kurz aufleuchten lässt. Nachmittags ist der Eingang in die Klamm von Souvenirverkäufern und Touristenbussen verstopft, bis es schlagartig dunkel und eiskalt wird. Durch die Felsen hindurch und 18 km weiter die Straße entlang geht's zum Berberdorf Tamtattouchte; von dort sind es noch 95 km bis nach Imilchil.

Todraschlucht

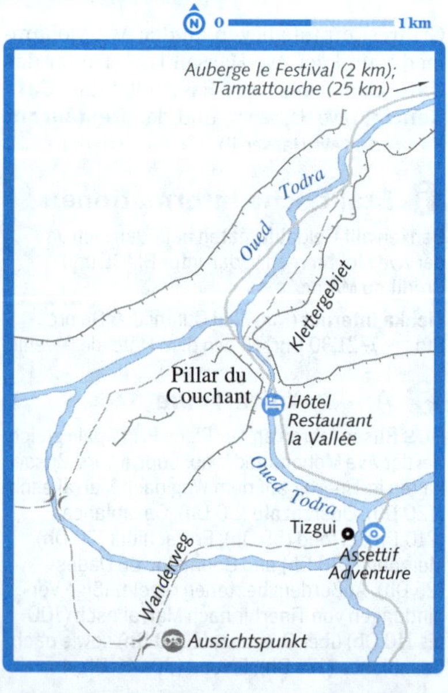

Aktivitäten

Die Steilwände der Schlucht warten mit tollen Kletterrouten (Schwierigkeitsgrad 5 auf der französischen Skala) auf, teilweise mit Kletterhaken. Beim **Pillar du Couchant**, nahe dem Eingang zur Klamm, findet man klassische lange Strecken. Mit ein paar guten Kurzrouten eignet sich die **Petite Gorge** eher für Anfänger. Detailliertere Infos zu den Strecken bekommt man in den meisten Hotels.

Assettif Aventure

TREKKING, ABENTEUERSPORTARTEN

(☎0668 35 77 92; www.assettif.org; Km 14) Organisiert Wanderungen und Ausritte mit Pferden (150/500 Dh pro Std./Tag) und vermietet Räder (100 Dh/Tag) sowie Bergsteigerausrüstung. Ausritte mit Übernachtung, Führer und Verpflegung (800 Dh) sollte man im Voraus buchen.

Schlafen & Essen

Auberge Le Festival PENSION $$

(☎0661 26 72 51; www.auberge-lefestival.com; Haupthaus inkl. HP EZ/DZ 300/460 Dh, Höhlenzimmer DZ/3BZ 700/900 Dh) „Zurück zur Natur" ist das Motto in dieser Pension. Sie überzeugt mit Höhlenzimmern, die direkt in den Hang gebaut wurden, Bädern mit fossilen Elementen und den Zimmern im Haus, das über Solarenergie, Steinwände und einen Ausblick auf die Petite Gorge verfügt. Nach den Trekking- und Klettertouren, die vom mehrsprachigen Besitzer arrangiert werden, kann man im Whirlpool am Hang relaxen oder im Biogarten helfen, das Gemüse fürs Abendessen zu ernten.

RUNDWANDERUNG DURCH DIE TODRASCHLUCHT

Die dreistündige Wanderung vom Nordende der Schlucht nach Tizgui an ihrem Südrand erfordert etwas Kondition (s. Karte S. 162). Bis zur **Petite Gorge** hinter der Hauptschlucht benötigt man 30 Gehminuten. Hier beginnen ganz in der Nähe der Auberge le Festival mehrere Wanderwege. Man nimmt den Pfad, der links nach oben führt (Richtung Südwesten). Da er regelmäßig von Eseln und Maultieren benutzt wird, ist er gut zu erkennen. Er steigt bis zum Pass an und verläuft dann Richtung Südosten noch höher zum nächsten Bergübergang. Ein Stück abseits des Hauptwegs kann man über den Klippenrand in die Schlucht hinabschauen. Vorsicht – der Wind bläst ordentlich! Vom zweiten Pass führt der Pfad runter ins hübsche Dorf **Tizgui**, von wo man durch *palmeraies* zurück zur Klamm wandert.

Dar Ayour MAISON D'HÔTES $$
(☎0524 89- 52 71; www.darayour.com; 13 km von der Gorges du Todra; inkl. HP mit Gemeinschaftsbad/eigenem Bad 150/250 Dh pro Pers.) Mit dieser freundlichen, künstlerischen fünfstöckigen Pension haben die Riads in der Todraschlucht Einzug gehalten. Die Unterkunft ist voller Teppiche aus dem Mittleren Atlas, Kissen mit Spiegeln und farbenfrohen, von den Berbern inspirierten abstrakten Gemälden. Fast alle Zimmer haben ein eigenes Bad. Das Frühstück wird auf der Dachterrasse mit Talblick serviert.

Auberge Les Amis PENSION, CAMPINGPLATZ $
(☎0670 23 43 74; www.amistamtt.wg.vu; Km 34, Tamtattouchte; pro Pers. EZ inkl. HP 130 Dh, DZ & 3BZ 200 Dh, Camping pro Pers./Auto 30/30 Dh) Die Belohnung dafür, dass man sich über die von Touristengruppen beherrschte untere Todraschlucht hinausgewagt hat, ist diese herzliche Bleibe im Stil einer Kasbah. Sie bietet großzügige hausgemachte Mahlzeiten, riesige Bäder (die meisten Zimmer haben ein eigenes), handgearbeitete *tataoui*-Decken, lokale Teppiche und Krüge, die zu Waschbecken umfunktioniert wurden. Hinten befindet sich auch ein Platz zum Zelten mit Stromanschlüssen (10 Dh) und Waschmaschinen (15 Dh pro Ladung).

Hôtel Amazir HOTEL $
(☎0524 89 51 09; Km 16, Todra; EZ/DZ/3BZ inkl. Frühstück 300/400/600 Dh, inkl. HP 500/600/800 Dh; ❄🏊) Hinter dem strengen Äußeren des Hotels verbergen sich entspannte, schlichte Zimmer mit eigenen Bädern und eine von Palmen umgebene sonnige Terrasse mit Pool. Von unten ertönt das einschläfernde Rauschen des Flusses.

Auberge Baddou PENSION, CAMPINGPLATZ $
(☎0672 52 13 89; www.aubergebaddou.com; Km 36, Tamtattouchte; DZ mit eigenem Bad inkl. Frühstück 200 Dh, Camping 30 Dh pro Pers) Die vielen Touristen, die gerade dabei sind, die Schlucht zu bestaunen, überholt man einfach und macht sich auf nach Tamtattouchte, um in Berberzelten oder Bungalows mit bonbonfarbenen Wänden und dominanter Feuerstein-Ästhetik zu nächtigen – Heizung, warme Duschen und bequeme Betten inbegriffen.

Hôtel Restaurant la Vallée HOTEL $
(☎0524 89 51 26; Todra; DZ mit Gemeinschaftsbad inkl. Frühstück 120 Dh, DZ mit eigenem Bad inkl. Frühstück/HP 150/300 Dh) Auf der einen Seite blickt man zum Fluss, auf der anderen zur Schlucht. In dieser bodenständigen Unterkunft dreht sich alles um die Aussicht von den Zimmern des zweiten Stocks. Neun der zwölf Räume sind lichtdurchflutet und haben eigene Bäder mit Duschen direkt über den Toiletten.

Camping

An der Straße zur Schlucht stößt man 9 km vor Tinerhir inmitten der *palmeraie* auf mehrere gute Campingplätze.

Camping le Soleil CAMPINGPLATZ $
(☎0524 89 51 11; www.hotelcampinglesoleil.com; Camping 15 Dh pro Pers. plus 18/18/28/25 Dh pro Zelt/Auto/Wohnmobil/Strom, DZ 240 Dh) Der erste Platz, den man erreicht, ist einer der besten. Hier gibt's ein gutes Restaurant, saubere Warmwasserduschen, schattige Stellplätze und eine Waschmaschine (29 Dh pro Ladung). Einfache Zimmer mit eigenen Bädern sind ebenfalls vorhanden.

Camping Poisson Sacrée CAMPINGPLATZ $
(☎0613 68 38 74; 25–35 Dh pro Pers.) In diesem nach den „Heiligen Fischen" benannten Garten, die als Süßwasserfische wunderbarerweise in einer Salzwasserquelle gedeihen, lockt ein geradezu surreales Campingerlebnis. Man kann in Berberzelten (30 Dh pro Pers.) in der Nähe des Gartenrestaurants übernachten, auf einem Sofa im

Salon (70 Dh/Zi) relaxen oder eine der Matratzen auf der Terrasse (25 Dh) belegen.

Hôtel-Camping Atlas CAMPINGPLATZ $
(☎0524 89 50 46; pro Pers./Auto/Zelt 15/20/30 Dh) Von Palmen umringte Stellplätze sowie warme Mahlzeiten (Frühstück 25 Dh, Abendessen 60–70 Dh), Duschen und Waschmaschinen (30 Dh pro Ladung).

An- & Weiterreise

Informationen zu Transportmöglichkeiten in die Schlucht findet man auf S. 162. Richtung Norden fahren Minivans von Tinerhir nach Aït Haini (Donnerstag ist Markttag) und weiter nach Imilchil.

Tinejdad

7500 EW.

Zu den Zeiten, als die Karawanen mit Gold beladen und nach Monaten unter der Sonne der Sahara ganz betäubt hier eintrafen, waren sie verständlicherweise nicht gerade ausgeglichen, doch in Tinejdad (Tamazight für „Nomade") entspannten sie sich schnell. An diesem Verkehrsknotenpunkt kreuzten sich die Wege von fünf Berber- und Saharastämmen, die in den **Sources de Lalla Mimouna**, natürlichen Quellen, ihren Durst stillten, in den gut befestigten *ksour* der **Ferkla-Oase** schliefen und in dem 1000 Jahre alten **Ksar Asir**, einem mittelalterlichen Handelszentrum mit einer Almoraviden-Moschee und einer beträchtlichen jüdischen Gemeinde, ihre Geschäfte tätigten. Wasser, Unterkunft, Handel und *baraka* (Segnungen): Was sonst hätte ein Nomade noch benötigt?

Wenn man sich Tinejdad nähert, merkt man, wie erstaunlich gut diese Kultur einer Verkehrs- und Handelkreuzung gleich neben der N10 noch erhalten ist. Die Quellen sind 3 km vor dem Ort auf der linken Seite ausgeschildert, und die grüne Linie der Ferkla-Oase beginnt am südwestlichen Stadtrand, wo man auch das hoch aufragende Ksar Asir sieht.

Im Innern des restaurierten Ksar el-Khorbat befindet sich das faszinierende **Musée de Oasis** (Eintritt 20 Dh), das die Bewegungen der Stämme mit Artefakten des halbnomadischen Lebens zurückverfolgt: mit abgewetzten Sätteln, Verträgen, die auf Arabisch und Hebräisch in hölzerne Tafeln geritzt wurden, Krügen aus Tinejdad für Wasser und konservierte Butter, schwerem Silberschmuck sowie Flinten samt Intarsienarbeiten und Handschellen zum Schutz vor Dieben. Um selbst bei den Wüstenhändlern nach Schätzen zu suchen, sollte man sich zum **Sonntags- und Mittwochsmarkt** im Westteil der Stadt aufmachen.

Schlafen & Essen

Ksar el-Khorbat KSAR €
(☎0535 88 03 55; www.elkhorbat.com; Ferkla-Oase, Tinejdad; EZ/DZ inkl. HP 600/800 Dh; ❄) In dieser Unterkunft werden saisonale Gerichte serviert, darunter eine Suppe mit Kürbissen, die aus dem hauseigenen Garten stammen, und Sahara-Rindfleisch-Tajine mit Datteln (80–100 Dh). Hier machten bereits im 19. Jh. die Aït-Merghad-Nomaden regelmäßig Rast. Das *ksar* ist nach wie vor bewohnt, und auch Gäste können in dem lebenden Museum übernachten. Die zehn Zimmer sind groß genug, um einen eigenen kleinen halbnomadischen Stamm zu beherbergen, und warten mit Privatbädern, Klimaanlagen, Moskitonetzen über den Betten und Tinejdad-Tontöpfen als Lampenschirme auf.

Shoppen

Galerie d'Art Chez Zaid KUNST & KUNSTHANDWERK
(☎0661 35 16 74; ⌚9–13 & 15.30–18 Uhr) Wenn man sich in dem umgebauten Haus eines einheimischen Kalligrafen ein wenig umschaut, findet man aus Tinejdad stammendes Geschirr im Hof, vom Sand verschlissene Armreifen im Salon und wunderbare, gut gearbeitete Nickelsilber-Teekannen in der Küche. Die Galerie liegt im Zentrum von Tinejdad 200 m hinter der Shell-Tankstelle auf der rechten Seite.

Praktische Informationen

Ein Attijariwafa-Geldautomat befindet sich auf der linken Straßenseite gegenüber dem Gemeindezentrum.

An- & Weiterreise

Grands taxis fahren von hier nach Goulmima und Tinerhir, sobald sie voll sind.

Goulmima غولميما

16 600 EW.

Goulmina ist ein altes Zentrum der Berberkultur. Seine hoch aufragenden **ksour** rahmen die von Nord nach Süd durch die Stadt verlaufende Palmenoase ein und nordöstlich der Stadt erstreckt sich eine **vorislami-**

ABSTECHER

IMILCHIL: MAROKKOS GRÖSSTE FLEISCHBESCHAU

Die meiste Zeit des Jahres ist Imilchil einfach nur ein wunderschönes Berberdorf im Mittleren Atlas. Doch während seines dreitägigen Heirats-*moussem* im September wird es von Besuchern geradezu überschwemmt. Auf dem riesigen Jahrmarkt decken sich einheimische Berber für die langen Monate winterlicher Isolation ein und halten nach Ehepartnern Ausschau. Frauen stolzieren in gestreiften Wollumhängen und mit kunstvollem Schmuck behängt herum und Männer putzen sich mit flatternden weißen Dschellabas heraus.

Normalerweise findet das Fest in der dritten oder vierten Septemberwoche von Freitag bis Sonntag statt; die Termine sind in den Touristeninformationen im ganzen Land ausgehängt. Geführte Touren zu dem Event werden von Städten überall in Marokko angeboten und Busladungen von Touristen über die neue asphaltierte Straße von Rich und Aït Haini nach Imilchil hergekarrt. Bei all den Betrügern, *faux guides* und Souvenirständen, die Traveller im Visier haben, ist die Zahl der Schaulustigen mittlerweile fast höher als die der jungen Liebenden – aber die voyeuristische Faszination des Ereignisses lässt sich wirklich nicht leugnen.

Schlafen

Während des Fests findet man in der Gegend zahlreiche Zeltunterkünfte. Alternativ übernachtet man in einem der drei einfachen Hotels, die hier nach dem Umfang ihrer Annehmlichkeiten aufgeführt sind:

Chez Bassou HOTEL €

(☎0523 44 24 02; www.chezbassou.com; EZ/DZ inkl. HP 260/400 Dh) 15 Zimmer mit einem eigenen Bad.

Hotel Izlane HOTEL €

(www.hotelizlane.com; EZ/DZ inkl. HP 195/360 Dh) 14 Zimmer, vier davon mit einem eigenen Bad.

Aït Yaselmane Hotel-Restaurant HOTEL €

(☎0523 42 66 88; DZ inkl. HP 150 Dh/Pers.) Vier Zimmer und warme Mahlzeiten (60 Dh).

An- & Weiterreise

Um von Marrakesch nach Imilchil zu kommen, fährt man mit dem Bus oder *grand taxi* Richtung Nordosten bis zur Kasba Tadla. Hier steigt man in ein Taxi nach El-Ksiba um, wo täglich ein Bus nach Aghbala startet. Die Abzweigung nach Imilchil befindet sich in der Nähe des Tizi n'Isly, etwa 10 km vor Aghbala. Von dort sind es noch 61 km auf einer asphaltierten Straße Richtung Süden nach Imilchil. Vielleicht entdeckt man auch örtliche *grands taxis* oder Kleinlaster auf dem Weg zu den Suks am Freitag und Sonntag.

Wer mehr Zeit hat, kann Imilchil von Boumalne du Dadès oder Tinerhir aus ansteuern. Die 160 km lange atemberaubende Fahrt ist mit dem Geländewagen oder einem Truck möglich, der zum Markt unterwegs ist. Samstags fahren Minivans von Imilchil nach Tinerhir (50–55 Dh).

sche Nekropole (von der N10 ausgeschildert). Jeweils dienstags, donnerstags und samstags finden **Suks** statt, auf denen man lokal hergestellte Couscous-Teller bekommt. Entlang der Hauptstraße reihen sich Geldautomaten, Internetcafés und neuerdings auch riesige Plakattafeln mit dem Bild des Königs in flottem tradtionellen Aufzug aneinander.

Als Highlight gilt das labyrinthartige **Ksar Aït Goulmima**, ein ummauertes Dorf am südöstlichen Rand der Oase, in dem mehrere Hundert Menschen leben. Besucher können sich von einem Führer durch *palmeraie* und *ksar* zur 500 Jahre alten Moschee und zur historischen jüdischen **mellah** führen lassen. Dazu fährt man durch das Ortszentrum und biegt am Er-

Rachidia-Kreisverkehr rechts ab; zum *ksar* geht's der Beschilderung nach geradeaus.

Schlafen & Essen

Nordöstlich der Stadt liegt das Dorf Tadighoust mit einem wunderbaren Biobauernhof namens Chez Pauline (S. 168), in dem man übernachten kann.

Maison d'Hôtes les Palmiers HOTEL €€
(☎/Fax 0535 78 40 04; www.palmiersgoulmima.com; Palmeraie de Goulmima; EZ/DZ/3BZ/4BZ 220/350/450/524 Dh; P) Diese Oase, das Wohnhaus eines französisch-marokkanischen Paares, wartet mit Palmen, einem Berberschlafzelt und einer beeindruckenden Sammlung alter Wasserkrüge auf. Die Zimmer sind geräumig und blitzblank geputzt und haben geflieste Bäder. Im Winter werden alle beheizt; ein Zimmer verfügt über eine Klimaanlage. Das gartenfrische, überwiegend marokkanische Berberessen ist einfach sagenhaft (Abendessen 95 Dh). Außerdem gibt's hier Trekkinginfos und Führer für das *ksar*.

Chez Michèle CAMPINGPLATZ €
(☎0535 88 54 13; Ave Hassan II; Camping 2 Pers. 60 Dh, jede weitere Pers. 15 Dh, Strom 20 Dh;) Camping mit allen modernen Annehmlichkeiten wie Warmwasserduschen, Waschmaschinen (50 Dh pro Ladung) und einem gechlorten Pool.

An- & Weiterreise

Grands taxis fahren über Tinejdad nach Er-Rachidia und Tinerhir, sobald sie voll sind.

ZIZTAL & TAFILALET

تــلالفاتـ و زيز ةداو

Der Oued Ziz ist der Lebensspender in dieser dürren Landschaft und hat ein Tal ausgewaschen, das sich über Merzouga hinaus Richtung Süden zieht, während das raue Tafilalet eine der letzten Regionen war, die vor der französischen Kontrolle unter dem Protektorat kapitulierten. Noch bis 1932 leisteten die hiesigen Stämme sporadisch Widerstand, doch zwei Jahre später galt Marokko offiziell als „befriedet". Damit es dabei blieb und um die Tafilalet-Stämme im Auge zu behalten, wurde Erfoud als Garnisonsstadt gebaut.

Heute enthüllt die Straße nach Er-Rachidia die spektakuläre Jura-Geografie der Zizschluchten, die 20 km südlich von Rich beim von den Franzosen gebauten Tunnel du Légionnaire anfangen. Hinter Er-Rachidia verschwindet sie an Oasen vorbei in den hügeligen Dünen bei Merzouga.

Er-Rachidia الراشيدية

76 800 EW.

Garnisonsstädte sind ja nicht gerade für ihre Gastfreundschaft oder ihre Kultur bekannt, aber Er-Rachidia versucht gerade, das zu ändern. Jedes Jahr im Mai treten in dem großen Stadttheater Künstler aus der ganzen Sahara beim **Festival du Desert** (www.festivaldudesert.ma) auf. Sonntags, dienstags und donnerstags findet im Ort ein **Markt** statt.

Schlafen

Hotel le Riad HOTEL $$
(☎0535 79 10 06; www.hotelleriad.com; Route de Goulmima, Er-Rachidia; EZ 600 Dh, DZ & 3BZ 700 Dh;) Ein echtes Businessclass-hotel mit 30 großen Gästesuiten samt Marmorwannen, einem riesigen Pool und Konferenzen. Überaus komfortabel und angesichts des hohen Standards nicht zu teuer.

Hôtel Errachidia HOTEL $
(☎0535 57 04 53; 31 Rue Ibn Battuta; EZ/DZ/3BZ 250/320/410 Dh;) Von der Lage hinter dem Busbahnhof (praktisch, wenn man sehr früh oder spätabends ankommt bzw. abfährt) sollte man sich nicht täuschen lassen: Das Hotel verfügt über 26 komfortable, ruhige Zimmer mit eigenem Bad (die Hälfte davon mit Klimaanlage) und ein Café.

Essen

Restaurant Imilchil RESTAURANT $
(☎0535 57 21 23; Ave Moulay Ali Cherif; Tagesmenü 70 Dh) Auf der großen Terrasse werden gute Tajines serviert und auf dem riesigen Flachbildschirm läuft Sport.

Café Restaurant Snak Fiesta CAFÉ $
(Rue el-Mesjia; ⌚Mittag- & Abendessen) Frische marokkanische Salate (15 D) und Sandwiches (20 Dh).

Praktische Informationen

Die Banque Populaire und Attajariwafa haben Geldautomaten an der Ave Mohamed V.

An- & Weiterreise

BUS Alle Busse starten am zentralen **Busbahnhof** (Rue M'Daghra). **CTM** (☎0535 57 20 24) bietet Verbindungen nach Rabat/Casablanca (155/150 Dh, 10/11 Std.), Fes (130 Dh, 8½ Std.) und Meknès (110 Dh, 7 Std.).

Er-Rachidia

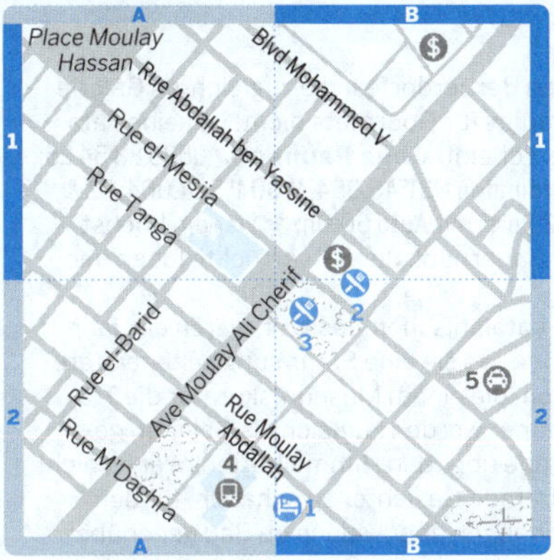

Er-Rachidia

Schlafen

1 Hôtel Errachidia B2

Essen

2 Café Restaurant Snak Fiesta B2
3 Restaurant Imilchil B2

Transport

4 Busbahnhof A2
5 Grands Taxis B2

Privatbusse steuern Fes (85 Dh, 5-mal tgl.), Marrakesch (125 Dh, 11 Std., 3-mal tgl.), Ouarzazate (65 Dh, 6 Std., 3-mal tgl.) und Rissani (25 Dh, 2 Std., 9-mal tgl.) via Erfoud (20 Dh) an.

FLUGZEUG Royal Air Maroc bedient Casablanca.

TAXI *Grands taxis* fahren nordöstlich des zentralen Busbahnhofs ab. Zu ihren Zielen gehören Azrou (90 Dh, 5 Std.), Erfoud (20 Dh, 1 Std.), Fes (120 Dh, 5 Std.), Meknès (110 Dh, 5 Std.), Tinerhir (40 Dh, 1½ Std.), Rissani (25 Dh, 1½ Std.) und Merzouga via Rissani (50 Dh, 1½ Std.).

Rund um Er-Rachidia

Wenn man Richtung Süden nach Erfoud fährt, kommt man zur Source Bleue de Meski, einer Quelle. Danach führt die Straße auf ein Wüstenplateau gleich nördlich von Aufous, das den Blick auf eine grüne Schlucht freigibt. Von diesem Aussichtspunkt sind es noch 15 km bis **Aufous**. Die Stadt verfügt über Nützliches wie Kaffee, Benzin, ein Telefon, CTM-Busse und ein Supratours-Büro und wartet zudem mit einigen erstaunlichen *pisé*-Gebäuden sowie der eindrucksvollen Ruine einer Kasbah auf.

Sehenswertes

Source Bleue de Meski LANDSCHAFT

Am Wochenende zieht das von einer Quelle gespeiste natürliche Schwimmbecken 17 km südöstlich von Er-Rachidia zahlreiche hitzegeplagte Einheimische an. Unter der Woche ist es ein nettes Plätzchen, um mal ins Wasser zu tauchen (5 Dh) und eine Wanderung zum verlassenen **Ksar Meski** auf der anderen Seite des *oued* zu unternehmen. Die Quelle liegt 1 km westlich der Hauptstraße und ist ausgeschildert.

Coopérative Al Ouaha KULTURZENTRUM

(☎0662 22 58 33; ⌚Okt.–Nov. tgl. 10–16 Uhr, ganzjährig Di, Do & Sa 10–16 Uhr) Wer nach Aufous kommt und Datteln liebt, hat Glück: In der Oase wachsen mehrere Sorten, und man kann sie alle probieren. Während der Saison im Oktober und November begleiten einen die Frauen der Kooperative bei der Verköstigung (20 Dh). Außerhalb der Saison bieten sie an den Markttagen Dienstag, Donnerstag und Sonntag Kostproben (20 Dh) des nussigen *tahalout* (Dattelsirup) und der natürlichen Energieriegel mit Datteln an, die für Sportler geeignet sind, wie uns eine Mitarbeiterin erklärte. Mit den Einnahmen aus dem Verkauf und den Verköstigungen unterstützt die Vereinigung ein Mikrokreditprogramm für Frauen, die neue Dattelspezialitäten entwickeln. Die Kooperative ist von der Hauptstraße ausgeschildert, sie liegt hinter der Dorfmoschee auf der linken Seite, gleich neben dem Gemeindezentrum.

Schlafen & Essen

LP TIPP **Maison d'Hôtes Zouala** MAISON D'HÔTES $

(☎0555 57 81 82; http://labrisenet.free.fr/maison_zouala, auf Französisch; inkl. HP 250 Dh pro Pers.) Ein friedliches *pisé*-Refugium, das Zimmer mit Privat- oder Gemeinschaftsbädern, Hausmannskost (z. B. selbst gebackenes Brot) und eine hübsche Dekoration (bestickte Tücher, die zu Gardinen umfunktioniert wurden, und Krüge, die als Lampensockel dienen) bietet. Gäste sollten sich nach Leihfahrrädern und Touren zu versteckten Quellen sowie Besuchen bei einheimischen Familien während der Dattel- und Olivenernte erkundigen. Ein Teil der Einnahmen unterstützt das Alphabetisierungsprogramm der Dorfgemeinschaft. Nach 30 km auf der Straße von Er-Rachidia nach Erfoud erreicht man die Unterkunft im Zentrum von Douar Irgroum.

ABSTECHER

EDEN IN AFRIKA: CHEZ PAULINE

Nein, diese Bio-Oase in der Nähe eines kleinen Berberdorfes, die zugleich als Galerie für afrikanische Kunst, Streichelzoo und Paradies für Gourmets dient, ist keine Fata Morgana, auch wenn sie fast wie ein Traum erscheint! **Chez Pauline** (☎0535 88 54 25; www.gitechezpauline.com; Tadighoust; GPS-Koordinaten N31°48.954, W004°584.064; EZ & DZ 350 Dh, Suite für 1–5 Pers. 550 Dh, Camping 2 Pers. mit Auto 60 Dh; 📶) ist ein höchst ungewöhnlicher, nach einem Esel benannter Bauernhof, der für verrückte Ideen und Besucher offen ist.

André und Chantal Boyer, die französisch-katalanischen Besitzer, waren ein Jahrzehnt lang Hoteliers in Guinea und Sierra Leone, wo sie eine Sammlung seltener Zeremonienmasken und Statuen zusammentrugen, die einem Museumskurator die Tränen in die Augen treiben dürfte. Die Gästezimmer werden zugleich als Galerien genutzt, außerdem schmücken Masken die Wände über den Himmelbetten. Wer es nicht gewohnt ist, vor dem Einschlafen in so viele fremde Gesichter zu schauen, für den gibt's auch ein Zimmer ohne Masken – dafür hängen aber welche im Bad gegenüber der Toilette – ein Hinweis auf den schlitzohrigen Humor der Gastgeber und Kuratoren.

Das Kochen nehmen die beiden aber richtig ernst und auch Nachhaltigkeit wird großgeschrieben. Alle Zutaten stammen aus der Umgebung, denn die Boyers haben sich bereits seit 1983 der Biolandwirtschaft verschrieben. Wo andere Hoteliers einen Pool hinsetzen würden, erstrecken sich hier eine Wildblumenwiese und vier von Palmen beschattete Campingstellplätze.

Der Bauernhof liegt nahe der Route de Rich, etwa 18 km nördlich von Goulmima. Die Straße ist asphaltiert; wenn man vom Kreisverkehr in Goulmima Richtung Norden fährt, befindet sich rechts das prächtige *ksar* Aït Yahia, während links Palmenhaine zu sehen sind. Es geht durch einen respekteinflößenden Streifen *hammada* (Steinwüste) vor der Kulisse des Hohen Atlas, zu dessen Füßen sich das Oasendorf Tadighoust (auch Tadirhoust) duckt. Man folgt den Schildern, die einen nach links in den Ort hinein führen, dann geht's eine *piste* entlang, die eine Kurve nach Nordwesten macht, vorbei an weiß getünchten Lehmziegelhäusern.

Gerade wenn man denkt, dass man wohl niemals ankommen wird, erreicht man einen von einer Lehmziegelmauer umgebenen Garten mit Aprikosenbäumen und durch die Gegend watschelnden Enten. Vom Rand des Olivenhains blöken die Schafe, die als Rasenmäher fungieren, einen Gruß. Das Schwein Gideon ist ein Faulpelz, doch es kommt in seinem Gehege schon mal rüber, um sich hinter den Ohren kraulen zu lassen. Wer sich fragt, was Schweine in einem muslimischen Land machen, sollte sich Gideon mal genauer anschauen: Er wiegt 280 kg und grinst ganz breit. Chez Pauline hat diese Wirkung auf Schweine – und auf Menschen übrigens auch.

Camping Tissirt MAISON D'HÔTES **$**
(☎0662 14 13 78; tissirtziz@yahoo.fr; pro Pers./Auto/Campen im Auto/Wohnmobil 15/15/20/30 Dh, DZ inkl. HP 150 Dh) Am Rande der *palmeraie* vor Aufous erstreckt sich dieses Camp mit zwei ansprechenden *pisé*-Bungalows. Zu den Mahlzeiten gibt's *kalia* (gewürztes, gehacktes Hammelfleisch).

ℹ An- & Weiterreise

Öffentliche Busse fahren zwischen 7 und 21 Uhr von Er-Rachidia zu einem Busbahnhof oberhalb der Quelle (3,50 Dh). Alle Busse und *grands taxis* nach Erfoud oder Aufous können einen am Abzweig absetzen. Um wieder wegzukommen, winkt man an der Hauptstraße ein *grand taxi* ran.

Erfoud ارفود

24 000 EW.

Erfouds Spezialität sind Fossilienbadewannen und saftige, süße Datteln. Seit die Asphaltstraße bis zu den Dünen führt, kann man in den Straßencafés der Stadt sitzen und das Dröhnen vorbeifahrender Geländewagen hören, die auf dem Weg nach Merzouga sind. Clevere Traveller machen hier einen Stopp, um eine Holzfeuer-*madfouna* (Berber-Calzone) zu essen und sich die Fossilien sowie das alte **Ksar M'Aadid** 5 km nördlich anzusehen.

Im September oder Oktober wird in Erfoud ein immer besser besuchtes **Dattel-**

fest mit jeder Menge Tanz und fröhlicher Musik abgehalten. Datteln findet man auch auf dem Obst- und Gemüse-Suk am Südende der Stadt.

Schlafen

Riad Nour PENSION $

(☎0535 57 77 48; http://riad-nour.ifrance.com; EZ/DZ/3BZ 310/380/460 Dh; ❄≋) Ruhe und Frieden – das ist hier das vorherrschende Motto. Die zwölf weiß getünchten Gartenzimmer haben blau geflieste Böden, schmiedeeiserne Betten und eingerahmte Kalligrafien. Palmen beschatten den Pool, außerdem gibt's eine gut bestückte Bar und Singvögel im Hofgarten. Die Pension liegt 5 km vor Erfoud auf der rechten Seite.

Kasbah Xaluca Maadid RESORT $$$

(☎0535 57 84 50; www.xaluca.com; EZ/DZ 700/900 Dh, Juniorsuite/Royal Suite 1200/2900 Dh; ❄≋) Dies ist genau die Art von schriller Poolpartyszene, wo Musikvideos gedreht werden (das marokkanische MTV dreht vor Ort), nur mit mehr Kindern. Die Juniorsuiten sind mit ihren Marmorbettgestellen und Minerallampen die bessere Wahl, da die Suiten mit den Chintz-Volants an den Himmelbetten ein bisschen zu rausgeputzt daherkommen. Viele Gäste schätzen auch das umfangreiche Angebot des Spas und die Kids springen am liebsten gleich in den Pool oder wollen Minigolf spielen. Das Resort befindet sich 5 km vor Erfoud auf der rechten Seite.

Essen

LP TIPP **Pizzeria-Restaurant des Dunes** ITALIENISCHE & BERBERKÜCHE $

(☎0535 57 67 93; www.restaurantdesdunes.com; Ave Moulay Ismail; Pizza 40 Dh, Tagesmenü 80–100 Dh) In diesem wunderbaren Restaurant werden authentische Holzofenpizzas serviert, darunter Pizza Margherita mit Sardellen aus der Gegend, Oliven und frischem Oregano. Wer eine Viertelstunde länger Zeit hat, sollte die himmlische *madfouna* bestellen, eine Teigtasche, die mit gehackten Zwiebeln und kräutergespicktem Lamm gefüllt ist und gebacken wird, bis sie richtig aufgeht und golden wird.

Hotel-Restaurant Benhama CAFÉ, SANDWICHES $

(☎0661 82 64 57; Ave Moulay Ismail; Sandwiches 20–25 Dh) An schicken Tischen auf dem Bürgersteig oder drinnen im glamourösen, klimatisierten Lobby-Restaurant gibt's Brathähnchen, Käsesandwiches, Hamburger, Smoothies und Espresso. Das Hotel-Restaurant liegt an der Hauptstraße.

Shoppen

Museum für Fossilien & Mineralien SOUVENIRS

(☎0535 57 68 74; brahimtahiri@hotmail.com; ⌚8–19 Uhr) Natürlich sind die wertvollen Fossilien in den Schaukästen nicht zu verkaufen, doch dafür findet man in der Boutique winzige erstarrte Fische und tolle Espressotassen mit antiken Ammoniten. Wer das Museum besuchen möchte, erreicht es nach 5 km auf der Straße nach Rissani.

Manar Marbre SOUVENIRS

(☎0535 57 81 26; www.manarmarble.com; Route de Jorf; ⌚8–18 Uhr) Hier können Besucher zuschauen, wie aus fossilem Marmor prähistorische Waschbecken gehauen werden, und Dinge wie prähistorische Buchstützen oder Tribolit-Ohrringe kaufen.

Praktische Informationen

Die **Banque Populaire** (Ave Moulay Ismail) und **BMCE** (Ave Moulay Ismail) verfügen über Geldautomaten. E-Mails kann man bei **Internet Moulay el Hassane** (Ave Moulay el-Hassan; 8 Dh pro Std.; ⌚10–23 Uhr) checken.

An- & Weiterreise

BUS Vom **CTM-Bahnhof** (☎0535 57 68 86; Ave Mohammed V) fahren zweimal täglich Busse nach Fes (135 Dh, 7 Std.) via Er-Rachidia (25 Dh, 1¼ Std.), Marrakesch (175 Dh, 11½ Std.), Meknès (125 Dh, 6½ Std.) und Rissani (20 Dh, 20 Min.).

Supratours und andere Busse verkehren von der Place des FAR nach Tinerhir (55 Dh, 2-mal tgl.), Ouarzazate (105 Dh, 3-mal tgl.) und Fes (135 Dh, 3-mal tgl.).

TAXI *Grands taxis* und Taxi-Minivans starten an der Place des FAR und gegenüber dem Postamt nach Merzouga (30 Dh, 1 Std.), Rissani (7 Dh, 20 Min.), Er-Rachidia (20 Dh, 1 Std.) und Tinerhir (60 Dh, 5 Std.).

Die **Association Tamounte** (☎0535 57 75 23; 5 Ave Moulay Ismail) vermietet Autos mit Fahrer für 450 bis 550 Dh pro Tag; Spritkosten kommen noch dazu.

Rissani الريصاني

20 500 EW.

Besucher auf dem Weg zu den Dünen sind vielleicht geneigt, einfach durch Rissani durchzubrausen, doch Fotografen, Geschichtsfans und Architekturbegeisterte können tagelang auf dem „Landmark Loop"

Rissani & Merzouga

(siehe unten) durch heruntergekommene *ksour,* eine bedeutende *zawiya*, verfallene Kasbahs und die Ruinen der sagenhaften Wüstenstadt Sijilmassa streifen. An der Straße nach Merzouga liegen weitere Lehmziegel-*ksour*, darunter das Ksar al-Beidha und das Ksar Haroun (beim Verlassen der Stadt linker Hand auf die Schilder achten).

In Rissani versickert der Oued Ziz, aber früher war dies eine Wüstenhauptstadt, in der die Karawanen aus dem *sahel* das Glück brachten. Der Ort lag strategisch so günstig, dass ihn die Filali (Vorfahren der herrschenden Alawidendynastie) als Schauplatz für ihre legendäre Schlacht nutzten, bei der es um die Verdrängung der Saaditen ging.

Heute kann man in den Suks am Sonntag, Dienstag und Donnerstag den Einwohnern beim Feilschen zuhören.

Sehenswertes

Rissanis alte architektonische Pracht entdeckt man auf dem 21 km langen „Landmark Loop", einer Rundtour gleich südlich der Stadt. Vom Suk führt die Strecke erst nach Norden und dann auf der Hauptstraße Richtung Westen zu den berühmten Bauwerken.

GRATIS Zawiya Moulay Ali ash-Sharif
BAUWERK

(Eintritt frei; ⌚8–18 Uhr) 2 km südöstlich von Rissani stößt man auf diesen fröhlichen gelben Schrein, der auch für Nichtmuslime offen steht und zu Ehren des Gründers der Alawidendynastie gebaut wurde.

Ksar Aber
HISTORISCHE STÄTTE

Hinter der *zawiya* kommt man über einen Sandweg zu den fantastischen verfallenen Türmen dieser Festung aus dem 19. Jh. Einst waren hier unerwünschte oder in Ungnade gefallene Mitglieder der Dynastie untergebracht – und genau wie diese schwarzen Schafe wurde schließlich auch das *ksar* sich selbst überlassen.

Rissani & Merzouga

Sehenswertes

1 Ksar Aber ... A2
2 Ksar Oulad Abdelhalim ... B2
3 Ksar Tinheras ... A2
4 Musée Ksar El Fida ... B1
5 Sijilmassa ... A2
6 Zawiya Moulay Ali ash-Sharif ... A2

Schlafen

7 Auberge Camping Sahara ... D3
8 Auberge Kasbah Derkaoua ... C1
9 Chez Julia ... D4
10 Dar el Janoub ... D4
11 Hôtel Sijilmassa ... B1
12 Kasbah Mohayut ... D3
13 Kasbah Sable d'Or ... D3
14 Kasbah Tombouctou ... D4
15 Ksar Sania ... D4
16 Maison Merzouga ... D3
17 Riad Totmaroc ... D4
18 Ryad Amazir ... D3

Essen

19 Chez M'Barek ... A1

Praktisches

20 Banque Populaire ... B1
21 Cyber Shop Les Amis ... D4

Transport

22 Camionettes nach Merzouga ... A1
23 CTM ... A1
24 Grands Taxis ... A1
25 Grands Taxis ... D4

Ksar Oulad Abdelhalim KSAR

1 km hinter der *zawiya* erhebt sich auf der rechten Seite eine faszinierende Ruine, die einst „Alhambra von Tafilalet" genannt wurde und um 1900 von Sultan Moulay Hassans älterem Bruder errichtet wurde. Durch das Holztor gelangt man in das ummauerte Gelände und geht anschließend nach rechts, links und wieder nach rechts, um sich die wenigen intakten bemalten Deckenbalken und Stuckfenster anzusehen.

Ksar Tinheras KSAR

Zurück auf der Straße kommt man an einer weiteren Gruppe von *ksour* vorbei – einige werden immer noch von den Filali bewohnt. Das Ksar Tinheras ist dank der schönen Ausblicke besonders interessant.

Sijilmassa HISTORISCHE STÄTTE

Kurz vor Rissani erstrecken sich die Ruinen der Hauptstadt eines praktisch unabhängigen islamischen Fürstentums, das in den frühen Tagen der arabischen Eroberung Nordafrikas aufgrund seiner schiitischen „Ketzerei" bekannt war. Über die Gründung von Sijilmassa ist nichts Genaues bekannt, wobei manche sagen, es sei 757 entstanden. Am Ende des 8. Jhs. spielte der Ort auf jeden Fall eine Schlüsselrolle als Zwischenstation für den Trans-Sahara-Handel. Karawanen mit bis zu 20 000 Kamelen verließen Sijilmassa auf dem Weg zu den abgelegenen Salzminen von Taodeni und Tagahaza (im heutigen Mali) und zogen dann weiter nach Niger und Ghana. Dort bekam man für ein Pfund Saharasalz eine Unze afrikanischen Goldes.

Doch wie die Berber zu Recht sagen: Wo es Gold gibt, da gibt's auch Ärger. Interne Fehden führten im 14. Jh. zum Zusammenbruch der sagenhaften Stadt. Der Alawidensultan Moulay Ismail baute Sijilmassa im 18. Jh. wieder auf, doch dann wurde es von nomadischen Kriegern der Aït Atta erobert und zerstört. Seitdem ist es eine Ruine, und außer zwei verzierten Toren und anderen teilweise erhaltenen Gebäudeteilen deutet nur wenig auf seine vergangene Pracht hin. Der ganze prächtige Zerfall schreit geradezu danach, das Motiv für ein Albumcover zu werden.

Musee Ksar El Fida MUSEUM

(☎0661 84 78 17; Rissani; Eintritt mit Führer 10 Dh) 2,5 km südlich der Stadt sieht man schon die Schilder zu der riesigen restaurierten Alawiden-Kasbah (1854–1872), in der z. B. prächtige Trachten und eine Werkzeugkiste aus dem 19. Jh. zu sehen sind.

Schlafen & Essen

Auberge Kasbah Derkaoua RESTAURANT, PENSION $$$

(☎/Fax 0535 57 71 40; www.aubergederkaoua.com, auf Französisch; Mahlzeiten 150–300 Dh; ⏰im Jan. & teilweise Juni–Aug. geschl.; ❄ 🏊) Das einstige Sufi-Zentrum, das südlich von Rissani von der Hauptstraße ausgeschildert ist, bietet mit aufwendigen marokkanisch-französischen Mittagessen und einem Sprung in den Gartenpool einen willkommenen Rückzug von der Welt.

Hôtel Sijilmassa HOTEL $

(☎/Fax 0535 57 50 42; Pl al-Massira al-Khadra; EZ 80 Dh, DZ 140–160 Dh; ❄) Befindet sich in der Nähe des Busbahnhofs und der *grands-taxis*-Haltestelle und ist somit günstig für alle, die sehr spät oder früh im Ort ankommen. Die sauberen Zimmer haben eine Klimaanlage und enge Bäder, und im Restaurant unten gibt's eine herzhafte *kalia*.

Chez M'Barek REGIONALE KÜCHE $
(☎0667 50 16 58; 7 Rue Moulay Ali Chrif, Rissani; Frühstück 15 Dh, Tagesmenü 40 Dh) Wer zur Mittagszeit durch Rissani kommt, sollte vorher in diesem netten Lokal anrufen und eine *kalia* oder eine gut gewürzte *madfouna* (80 Dh; reicht für drei Personen) bestellen. Das Essen wird entweder im kühlen Untergeschoss oder auf der luftigen Terrasse serviert.

Praktische Informationen

Am Nordende der Altstadtmauern gibt's ein Post- und Telefonamt und gegenüber dem Suk eine Banque Populaire mit Geldautomat.

An- & Weiterreise

Busse starten bei der *gare routière* 400 m vom Hauptplatz entfernt an der Straße nach Erfoud. Von dort geht's via Meknès (140 Dh, 9 Std.) und Marrakesch (180 Dh, 10 Std., 1-mal tgl.,) nach Fes (130 Dh, 13 Std., 2-mal tgl.), außerdem startet ein Nachtbus nach Casablanca (200 Dh, 15 Std., 1-mal tgl.). Manchmal verkehren auch Busse nach Zagora (90 Dh, 5 Std.) und Tinerhir (50 Dh, 6 Std.); die Abfahrtszeiten sind am Busbahnhof ausgehängt. Jeden Tag fahren sechs Busse über Erfoud nach Er-Rachidia (20 Dh, 3 Std.).

CTM (☎0666 36 70 06; Pl de la Marche Verte) hat im Stadtzentrum ein Büro. Täglich um 20 Uhr startet hier ein Bus nach Fes/Meknès (145 Dh, 8–9 Std.) via Er-Rachidia (30 Dh, 1½ Std.).

Grands taxis verkehren regelmäßig gegenüber dem Hôtel Sijilmassa nach Erfoud (7 Dh), Er-Rachidia (25 Dh), Tinerhir (70 Dh), Merzouga (12 Dh) und manchmal nach Taouz (30 Dh).

Merzouga ist überdies mit der *camionette* (Minivan; 10 Dh) zu erreichen, die stündlich vor dem Chez M'Barek abfährt.

Merzouga

Als eine reiche Familie einer armen Frau und ihrem Sohn keine Gastfreundschaft gewähren wollte, war Gott erzürnt und begrub die Familie unter einem Sandhügel 50 km südlich von Erfoud, der jetzt **Erg Chebbi** genannt wird. So heißt es jedenfalls in der Legende über die Dünen, die sich majestätisch über den Zwillingsstädten **Merzouga** und **Hassi Labied** erheben.

Der Erg Chebbi verändert ständig seine Form, erreicht Höhen bis zu 160 m und erstrahlt in einem atemberaubenden rosagoldenen Ton, bis ihn die Nachmittagssonne orange, pink und lila färbt.

Dies ist wohl die beste Gegend in Marokko, um **Wüstenvogelarten** wie Wüstensperlinge, ägyptische Ziegenmelker, Wüstengrasmücken, rote Schmätzer und Bienenesser zu beobachten. Es lohnt sich, sie zu suchen, und sei es auch nur, um die exzentrischen Namen mit einem konkreten Bild zu verbinden. Nordwestlich von Merzouga bildet sich im Frühling manchmal ein flacher See, der Scharen von **Flamingos** und anderen Wasservögeln anlockt.

Puristen beklagen zwar das Vordringen der Hotels, die die Westseite des Erg Chebbi vom Dorf Merzouga Richtung Norden bis hinter das Oasendorf Hassi Labied flankieren, doch es lässt sich nicht leugnen, dass die Aussicht auf die Dünen von den Zimmern und Terrassen spektakulär ist. „Sandspielzeug" (Snowboards, Skis etc.) und Fahrräder kann man bei den meisten Hotels kostenlos ausleihen.

Aktivitäten

Nahezu alle Hotels bieten Ausflüge in die Dünen an. Eine zweistündige Kameltour bei Sonnenaufgang oder Sonnenuntergang kostet zwischen 80 und 200 Dh. Für typische Exkursionen mit Übernachtung in einem Berberzelt, Abendessen und Frühstück legt man zwischen 300 und 650 Dh pro Kopf hin. Geländewagentouren sind teurer und schlagen mit bis zu 1200 Dh am Tag pro Auto mit bis zu fünf Mitfahrern zu Buche. Für die Erkundung der Dünen sind Kamele empfehlenswerter als Geländewagen – sie knurren vielleicht hin und wieder mal, aber sind umweltfreundlich.

Das kann man von den lärmenden, aufdringlichen Quads nun wirklich nicht sagen. Ihr ständiges Stampfen hat die Dünen besonders stark abgeflacht, außerdem waren die widerhallenden Vibrationen für Tiere, Traveller und Einwohner gleichermaßen abschreckend. Doch der Ort macht jetzt dagegen mobil und hat ein Verbotsschild für die Gefährte aufgestellt. Abgesehen davon scheint die Nachfrage auch deshalb zu sinken, da Traveller sensibler für die Probleme (und den Staub) werden, die sie verursachen.

Wer ohne Guide oder Kamel in Merzouga ankommt, muss mit wiederholten Angeboten für beides rechnen. Aber mal nüchtern betrachtet: Da es so schwer ist, in der Wüste über die Runden zu kommen, wäre man an ihrer Stelle sicher auch manchmal etwas aufdringlich. Wenn man das Gefühl hat, unter Druck gesetzt zu werden, sollte man sich zurückziehen.

Schlafen & Essen

Zu vielen Hotels führen *pistes*, die 1 km oder weiter Richtung Osten von der Asphaltstraße abgehen. Da sie nicht alle nah beieinander liegen – Hassi Labied befindet sich 5 km von Merzouga entfernt – lohnt es sich, rechtzeitig nachzufragen, ob in der Wunschbleibe überhaupt noch etwas frei ist. Fast alle Unterkünfte bieten Halbpension an, und oft können Gäste für 30 bis 50 Dh pro Person eine Matratze auf der Terrasse oder einen Platz im Berberzelt buchen.

Im Mai 2006 verursachten starke Regenfälle eine plötzliche, außergewöhnlich starke Überschwemmung in Merzouga, die sechs Menschenleben kostete und 300 Wohnhäuser sowie ein Dutzend Hotels zerstörte. Alle Hotels bis auf das Riad Maria wurden inzwischen wieder aufgebaut. Manchmal behaupten Taxifahrer, dass die Unterkunft, in der man übernachten will, bei der Überschwemmung zerstört wurde. Alle Hotels, die in diesem Reiseführer aufgeführt sind, gibt's aber eindeutig noch. Mit einem Handy lässt sich die Frage leicht klären, indem man einfach bei dem gebuchten Gästehaus anruft und das Personal bittet, dem Fahrer zu erklären, wo man hinwill.

FRAGEN VOR EINER KAMELTOUR

Bevor man eine Kameltour bucht, sollte man dem Führer folgende Fragen stellen.

» **Wie groß ist das Camp und wie viele Leute werden heute Nacht dorthin geführt?** Die Touren mit Übernachtung haben oft dasselbe Ziel. Wer also davon träumt, allein unter Sternen in den Dünen zu sein, muss sich einen Anbieter mit separatem Camp suchen.

» **Wie weit ist es bis zum Camp?** Nicht jeder ist fürs Dromedarreiten geschaffen – manche Leute werden davon seekrank, andere bekommen von der ständigen Reibung wunde Stellen. Auf lange Touren sollte man Tabletten gegen Übelkeit und Speisestärke oder Talkumpuder mitnehmen.

» **Spricht der Guide Englisch oder eine andere Sprache, die ich beherrsche?** Das ist für einen unwahrscheinlichen Notfall in der Wüste wichtig und macht peinliches Gestikulieren, wenn man mal aufs Klo muss, unnötig.

» **Ist dieses Kamel sauer auf mich?** Bloß nicht persönlich nehmen – aber sichergehen, dass das Kamel ausgeruht ist. Launische, übermüdete Tiere sind für abrupte Bewegungen, jähes Anhalten und rasselndes Spucken berüchtigt. Gut ausgeruhte Kamele sind friedlicher, bewegen sich langsam und posieren auch für Fotos.

HASSI LABIED

Dar el Janoub RESORT **$$$**

(☎0535 57 78 52; www.dareljanoub.com; DZ Standard/groß/Suite pro Pers. 580/725/800 Dh; ❄ 🏊) Während sich die Nachbarhotels für das *Tausendundeine-Nacht*-Motiv entschieden haben, ist das Dar el Janoub ein Amazigh-Haiku, dessen Dekoration sich auf das Berber-Alphabet an der Wand der Lobby beschränkt. Die Zimmer sind mit klaren Linien und kühlen Farben gestaltet, weil die Sicht auf die Dünen genügend Aufmerksamkeit beansprucht. Der Preis ist hoch, und Zimmer mit dem besagten Ausblick kosten noch mehr, doch dafür bekommt man Halbpension, einen gechlorten Pool – und reine Poesie.

Maison Merzouga MAISON D'HÔTES **$$**

(☎0535 57 72 99; www.merzouga-guesthouse.com; inkl. HP 350–450 Dh pro Pers.; ❄ 🏊) Anders als die Hotels, die etwas näher an den Dünen stehen, konzentriert sich das von einer einheimischen Familie geführte Gästehaus mit 14 Zimmern auf Berbergastfreundschaft statt auf Wüstendeko. Hier kann man nicht nur am Pool relaxen und den Hamam im Gebäude genießen, sondern ist auch eingeladen, an örtlichen Festen teilzunehmen, in der Küche Brot zu backen und die *palmeraie* zu erkunden. Das billigste Zimmer im Turm mit Blick auf die Dünen ist auch das beste.

Ryad Amazir PENSION **$$**

(☎0535 57 72 03; http://amazir.merzouga.free.fr; inkl. HP 200–300 Dh pro Pers.; ❄) Dort, wo die Besuchermassen weniger werden und die Dünen die Herrschaft übernehmen, stößt man auf diese angenehme Pension mit 18 Zimmern, *pisé*-Wänden und einem Biogar-

DIE QUAL DER WÜSTENWAHL

Die Sonne über sanft geschwungenen Saharadünen untergehen zu sehen ist eine einmalige Erfahrung, die man in Marokko sogar an zwei Orten machen kann – im Erg Chebbi (bei Merzouga) und im Erg Chigaga (bei M'Hamid). Aber inwieweit erfüllen diese beiden Ziele die Ansprüche von Lonely Planet Travellern? Hier ist das Ergebnis:

» **Naturschönheit** Beide. Merzougas rosa-goldene Dünen werden von der sonnengeschwärzten, harten *reg* eingerahmt, während die goldgelben Dünen des Erg Chigagas von sonnengebleichter *reg* und *sahel* (einer Mischung aus weichem und hartem Sand) umgeben und mit hübschen, aber giftigen Madarbäumen gesprenkelt sind.

» **Kameltouren** Merzouga. Mit dem Dromedar gelangt man binnen einer halben Stunde vom Zentrum Merzougas zu den sanft geschwungenen Dünen. In M'Hamid hingegen sind zwei Stunden mit dem Geländewagen nötig, um die Sandhügel zu erreichen.

» **Ruhe** Der Erg Chigaga ist abgelegener und weiter entfernt vom Stadtlärm. Merzouga hat die Nutzung von Quads an den Dünen endlich beschränkt, nachdem der Krach und die Zerstörung der Natur die Einheimischen aufgebracht und die Touristen abgeschreckt haben. Doch beide Regionen müssen was tun, um den Strom von Geländewagen zum *sahel* bei den Dünen zu stoppen: Kamelritte verlieren ihren Zauber, wenn Autos vorbeirasen, und die Ankunft von Geländewagen nach Sonnenuntergang nervt ziemlich beim Sternegucken.

» **Romantik** Mit Lagerfeuern und Kerzen, die für Stimmung sorgen, ohne die Sicht bei Nacht in der Wüste zu behindern, hat hier der Erg Chigaga die Nase vorn. Im länger etablierten Merzouga wurden dagegen einige alteingesessene Camps mit Straßenbeleuchtung ausgestattet, die mit ihrem grellen fluoreszierenden Licht das Sternegucken und die romantischen Aussichten beeinträchtigen.

» **Bequemlichkeit** In Merzouga kann man in einem komfortablen Hotel mit toller Sicht auf die Dünen übernachten und auf einem zweistündigen Kamelritt die Landschaft genießen. Den Erg Chigaga erreicht man zwar von Marrakesch schneller, doch von M'Hamid geht's nur mit einer Geländewagenfahrt samt Führer weiter, die mindestens 2½ Stunden dauert.

» **Ökotourismus** Keine von beiden. M'Hamid hat kürzlich damit begonnen, Abfall einzusammeln und Wasserflaschen zu recyceln, was immerhin schon mal ein Anfang ist. Auch die Veranstalter müssen in den Wüstenlagern ihren Teil dazu beitragen, die Müllflut einzudämmen. Toiletten mit Spülung sind besorgniserregend, da die nächste Wasseraufbereitungsanlage weit weg liegt. Marokko will nun ein Verbot von nicht biologisch abbaubaren Plastiktüten einführen, doch wenn jeder Besucher seinen Abfall und herumliegende Plastikflaschen mitnehmen würde, wären die Umweltaussichten in der Sahara rosiger.

» **Kinderfreundlichkeit** Beide. Da Geräusche durch die ganze Wüste hörbar sind, müssen elektronische Spielzeuge und alles andere, was piepst, ausgeschaltet werden, um die ruhige Zeitlosigkeit der Dünen zu bewahren. Aber keine Sorge: Dies ist ein natürlicher Spielplatz, auf dem Kinder nach Herzenslust rennen und herumtollen können. Mit ein bisschen Glück schlafen sie die komplette Fahrt zurück nach Marrakesch.

ten. Von den sieben Terrassenzimmern genießt man phänomenale Dünenblicke. Da das Haus sehr isoliert liegt, stören einen weder Licht noch Verkehr beim Betrachten der Sterne. Einen Pool gibt's nicht, aber mit einem Ozean voll Sand vor der Tür vermisst den auch niemand.

Kasbah Mohayut RESORT **$$$**
(☎0666 03 91 85; www.mohayut.com; DZ/Suite inkl. HP 350/450 Dh;) In dem Resort findet jeder seine Nische: ob in den Zimmern mit geformtem *tadelakt*, im Schatten am kleinen Pool oder auf dem Dach mit Sicht auf die Dünen. Himmelbetten, Berberteppiche

und *tataoui*-Decken sorgen für jede Menge Charme. Am besten fragt man nach einem Zimmer mit Kamin. Vier Suiten verfügen über Fenster mit Blick auf die Dünen, darunter ein Familienzimmer mit Schlafboden und privater Terrasse.

Auberge Camping Sahara PENSION, CAMPING **$**
(☎0535 57 70 39; www.aubergesahara.com; DZ inkl. HP 200–300 Dh pro Pers., Campen auf der Terrasse 25 Dh pro Pers.; P❄≋) 20 einfache, aber sehr saubere Zimmer mit eigenem Bad in einer freundlichen, von Tuareg geführten Unterkunft mit Pool. Die Unterkunft liegt am südlichsten Teil des Dorfes direkt an den Dünen. Vier Zimmer bieten Aussicht auf die Sandhügel und haben eine Klimaanlage.

Kasbah Sable d'Or PENSION **$**
(Chez Isabelle & Rachid; ☎0535 57 78 59; http://kasbah-sable-dor.com; mit Gemeinschaftsbad/eigenem Bad inkl. HP pro Pers. 150/180 Dh) Wenn die Ziege einen Willkommensgruß meckert, ist man am richtigen Ort angekommen. Rachid und Isabelle warten mit vier Zimmern samt handgemalten Wandbildern und Ventilatoren statt Klimaanlagen sowie hausgemachtem Abendessen auf. In sternenklaren Nächten ist das Beduinenzelt bei den Dünen die schönste Unterkunft (ohne/mit HP pro Pers. 40/120 Dh).

MERZOUGA

LP TIPP **Ksar Sania** RESORT **$$**
(☎0535 57 74 14; www.ksarsaniahotelmerzouga.com; EZ/DZ/3BZ inkl. HP 500/600/810 Dh, Hütte inkl. HP eine/zwei Pers. 300/460 Dh, Camping 25 Dh pro Pers.; P) Als dieses unter einer 150 m hohen Düne liegende Oasenhotel 2006 von der verheerenden Flut weggespült wurde, baute die Besitzerin Françoise ein neues Öko-Refugium, das seiner Umgebung sogar noch besser angepasst ist. Hier locken sechseckige Bungalows aus Lehmziegeln mit eigenem Bad und natürlicher Klimaregulierung durch die kühle Luft, die vom Quellwasser unter den Plattenfußböden aufsteigt. Auch die weiß getünchten Nurdachhütten aus Lehm, die mit Palmenstämmen verstärkt sind, schützen vor Sand und Hitze; sie haben Gemeinschaftsbäder mit solarbeheiztem Wasser. Die ganze Anlage wurde dieses Mal weiter oben gebaut. Und auch die Stimmung der Gäste ist nach einem Abendessen unterm Sternenhimmel im Hofrestaurant und einer Wanderung zu den pfeifenden Dünen gehoben. Das Resort liegt 1 km südöstlich vom Zentrum von Merzouga.

Chez Julia MAISON D'HÔTES **$**
(☎0535 57 31 82; Ortszentrum; EZ/DZ/3BZ/4BZ 160/400/600/800 Dh) Echten Charme im Herzen von Merzouga gleich hinter der Moschee bieten neun einfach möblierte Zimmer in sanften, sonnigen Farben und mit von Stroh strukturierten *pisé*-Wänden, alten Kaminsimsen und weiß gekachelten Gemeinschaftsbädern sowie ein möbliertes Familienapartment (400–800 Dh). Die marokkanischen Spezialitäten wie *kalia* und *madfouna,* vegetarische Mahlzeiten und österreichischen Apfelstrudel bestellt man am besten im Voraus (Mahlzeiten 60–120 Dh, Frühstück 36–50 Dh). Außerdem kann man nach Vogelbeobachtungstouren, Konzerten mit Sahara-Musik und geologischen Expeditionen auf der Suche nach Fossilien, *roses des sables* und Wüstensandkristallen fragen.

Riad Totmaroc MAISON D'HÔTES **$$**
(☎0670 62 41 36; www.totmarroc.com; inkl. HP 330 Dh pro Pers.; P❄) Eine moderne Kasbah, die Erholung von der weißen, heißen Wüste bietet. Es gibt fünf Gästezimmer in kühnen Blau- und Grüntönen, schattige Innenhöfe mit direktem Blick auf die Dünen, eine offene Küche, in der kräftig gewürzte Speisen gezaubert werden, und Touren über Nacht mit Dromedaren und einem einheimischen, erfahrenen offiziellen Reiseführer.

ℹ Praktische Informationen

In Merzouga findet man *téléboutiques*, Kioske, einen Mechaniker, ein paar Teppichgeschäfte und den **Cyber Shop Les Amis** (5 Dh pro Std.; ⌚9–22 Uhr).

ℹ An- & Weiterreise

Die *pistes* können in der Wüste rau sein, deshalb sollte man Wasser und ein Handy dabeihaben, falls man im Sand stecken bleibt.

Grands taxis fahren vom Zentrum in Merzouga gegenüber dem Dakar Restaurant nach Rissani (12 Dh) im Norden; Minibusse steuern Taouz (15 Dh) im Süden an.

Darüber hinaus kann man von Minibussen in Hassi Labied abgeholt oder rausgelassen werden (vom Hotel regeln lassen). In der Hauptsaison starten in Merzouga zwischen 7.30 und 9.30 Uhr Minivans.

Supratours bietet täglich um 8 Uhr eine Busverbindung von Merzouga nach Marrakesch (185 Dh) und um 19 Uhr nach Fes (165 Dh) an.

Taouz تاوز

In Taouz, wo die Wüste die Straße verschluckt, entdeckt man Mineralienformationen und vielleicht sogar Dinosaurierknochen. Zwischen Merzouga und Taouz liegt das Dorf **Khamlia**, dessen Einwohner von entflohenen Sklaven abstammen sollen. Der Grenzort ist die Heimat namhafter Gnaoua-Musiker, unter ihnen Les Pigeons du Sable (Sandtauben). Ihre CDs werden auch in Europa verkauft, zudem treten sie manchmal in der Gegend und auf dem Festival du Desert in Er-Rachidia (s. S.166) auf. Mehr Informationen gibt's in ihrem (an einem Transparent erkennbaren) Haus.

Die **Casa Taouz** hinter dem Dorf hat Tee und manchmal auch Essen im Angebot. Mit einem Geländewagen kann man Unterkünfte in der Wüste ansteuern; Schilder an der Straße geben ihre GPS-Koordinaten an.

VON RISSANI NACH ZAGORA

Wüstentraveller fahren oft auf der N10 nach Marrakesch zurück, doch die landschaftlich reizvollere Route von Rissani nach Zagora führt Richtung Westen durch das fossilienreiche Alnif, die Tazzarine-Oase und N'Kob mit seinen vielen Festungen, ehe sie nach Norden durch Zagora abbiegt und 98 km später Ouarzazate erreicht.

N'Kob, Tazzarine & Alnif نيكو ب تزارين و النيف

Die Berberoase N'Kob ist eines der bestgehüteten Geheimnisse Marokkos. Hier bringen einen 45 **Lehmziegel-ksour** zum Anhalten und Staunen. Manche der Festungen wurden in Pensionen verwandelt (s. rechts). Auf dem Hauptplatz am östlichen Stadtrand sieht man vielleicht auch ein Mitglied des hiesigen legendären Aït-Atta-Kriegerstamms mit einem Krummsäbel gerüstet ins Postamt marschieren – bestimmt ein toller Brieföffner. Gleich gegenüber befindet sich **Aït Atta Chassures**, ein Schuster, der traditionelle Laufsandalen aus Leder, Seil und gebrauchten Reifen anfertigt – sie sind bequemer, als es klingt, und ziemlich stilvoll, anstelle von Logos sind Berber-Pride-Symbole aufgestickt (80–120 Dh). Wenn man die Seitenstraße mit Schildern zur Kasbah Baha Baha 500 m runtergeht und durch ein Tor biegt, das mit verbeulten Töpfen geschmückt ist, gelangt man zum Teekesselflicker von N'Kob, dessen Dienste im Sonntags-Suk sehr gefragt sind.

Um nach N'Kob zu kommen, fährt man von Rissani 100 km durch die *hammada* nach Alnif und zum Maidir-Becken, einem der reichhaltigsten Fossiliengebiete Marokkos. Der nächste Zwischenstopp vor N'Kob ist Tazzarine, eine schmuddlige Kreuzungsstadt 150 km hinter Rissani, in der sich die Straßen aus Zagora und Agdz treffen und die Fahrer eine Pause machen, um im Internetcafé ihre E-Mails zu checken, ein Mittagessen zu genießen, Sprit nachzutanken und dienstags den Suk zu besuchen.

Sehenswertes & Aktivitäten

N'Kob Bureau des Guides TREKKING
(☎0667 48 75 09; N'Kob) Mitarbeiter des Büros an der Hauptstraße organisieren Trekkingtouren zum Jebel Sarhro (s. S.155) sowie Wanderungen zu N'Kobs Festungen, Palmenoasen und Gesteinsformationen.

Ihmadi Trilobites Centre TREKKING, LADEN
(☎066 22 15 93; trilobites@caramail.com; Alnif) Hier werden echte Fossilien zu Festpreisen verkauft. Der Besitzer, ein Geologe, leitet kurze Ausflüge zu fossilen Stätten (180 Dh für einen Nachmittag).

Schlafen

LP TIPP **Kasbah Baha Baha** KASBAH $$
(☎0524 83 97 63; N'Kob; Berberzelte EZ/DZ/3BZ 80/150/210 Dh, mit eigenem Bad 200/300/400 Dh) In der wunderschön restaurierten Kasbah gibt's einen riesigen Garten voller Berberpflanzen, einen holzbeheizten Brotbackofen, Gourmetmahlzeiten am Pool (Frühstück/Abendessen 30/100 Dh), ein ethnografisches Museum und eine tolle Panoramaaussicht auf die Oase. Gäste werden aufs Wärmste begrüßt und sogar zu örtlichen Hochzeiten eingeladen, die hier im Sommer stattfinden.

Kasbah Imdoukal KASBAH $$
(☎0524 83 97 98; www.kasbahimdoukal.com; N'Kob; DZ/3BZ/Suite 700/900/1000 Dh; ❄ ≋) Berberstolz trifft auf Marrakescher Chic. Diese Kasbah wartet mit kunstvoll geschnitzten Betten samt luxuriösen Kissen, Imazighen-Friesen über *tadelakt*-Wänden, Maultiertouren in die Oase und einem Pool auf. Das Abendessen besteht aus *madfouna* (120–190 Dh) und wird am Kamin des Restaurants serviert, in dem manchmal private Konzerte stattfinden. Die 20 Zimmer haben

DAS ENDE DER STRASSE ... ODER DOCH NICHT?

Anstatt in Taouz umzukehren, kann man mit einem Geländewagen die *piste* Richtung Südwesten nehmen und zu den 30 km bzw. ca. eine Stunde entfernt liegenden Dünen bei **Ouzina** fahren, einem Wüstenziel, das nur Sahara-Experten kennen und in das sich nur selten durchschnittliche Touristen verirren. Hier befindet sich die **Kasbah Ouzina** (☎0668 98 65 00; inkl. HP 250 Dh pro Pers.), eine kleine, ordentliche Herberge mit herrlich sandfreien Betten. In Ouzina wendet sich die *piste* nach Westen zum Drâatal und erreicht nach 45 km das **Dorf Mhaje**. Jetzt biegt man auf eine gut planierte *piste* Richtung Norden ab und fährt bis **Alnif**, wo die Route die Asphaltstraße nach Zagora kreuzt. Alternativ nimmt man von Taouz den holprigen Weg gen Westen zum Drâatal südlich von Zagora. Für die Tour von Taouz nach Zagora benötigt man in beiden Fällen mindestens sieben Stunden. Jede Menge Trinkwasser, Sprit, Essen, ein Ersatzreifen, ein Handy und ein in der Sahara erfahrener Führer sind unerlässlich – wenn man einmal zu weit südlich abbiegt, landet man nämlich in Algerien!

große, schicke Bäder und sind größtenteils klimatisiert.

Auberge Restaurant Ennakhil MAISON D'HÔTES $$

(☎0524 83 97 19; N'Kob; DZ inkl. HP mit Gemeinschaftsbad/eigenem Bad 160/300 Dh) Gäste werden nach Art der ländlichen Berber begrüßt, mit einem Tee auf der Terrasse zwischen Palmenstümpfen und mit Aussicht auf den Jebel Sarhro. In den Zimmern unten gibt's Hochzeitsdecken, Palmenstammdecken und Gemeinschaftsbäder samt Waschbecken aus umgedrehten Wasserkrügen. Die flotten „Kasbah"-Zimmer oben haben eigene Bäder, *pisé*-Wände und Steinfußböden; von drei Räumen blickt man direkt auf die Oase.

Ksar Jenna MAISON D'HÔTES $$$

(☎0524 83 97 90; www.ksarjenna.com; DZ inkl. HP 1100 Dh; ❄🏊) Diese Unterkunft 2 km vor N'Kob kann es mit den Riads in Marrakesch ohne Weiteres aufnehmen. Sie verfügt über sieben weitläufige Zimmer mit fabelhaften Designerbädern (das warme Wasser ist allerdings unzuverlässig). Das Abendessen genießt man unter der bemalten Decke des Speiseraums, das Frühstück wird zwischen Palmen im Garten serviert und Aperitifs oder Espresso gibt's an der Bar im Innenhof (ein marokkanisch-italienisches Gemeinschaftsunternehmen) .

Ouadjou CAMPINGPLATZ, PENSION $

(☎0524 83 93 14; www.ouadjou.com; Zelt ohne/mit HP 50/150 Dh, Zi 225 Dh; P🏊) Von der Wüste benommene Traveller finden im Ouadjou, 2 km vor N'Kob, den Komfort, nach dem sie sich sehen: kühle *pisé*-verkleidete Hofzimmer mit Warmwasserduschen im eigenen Bad oder Berberzelte im Garten mit Beistelltischen, Leselampen und Decken. Gäste können den Pool kostenlos benutzen, das gilt auch für Besucher, die hier zu Mittag essen (90–120 Dh).

Camp Amasstou CAMPINGPLATZ $

(☎0524 83 90 78; Tazzarine; inkl. HP 150 Dh pro Pers.; P🏊) Wer den Schildern folgt, die einen Richtung Süden in die Oase von Tazzarine führen, stößt auf diesen herrlichen ummauerten Garten mit vier großen Berberzelten und einem kleinen Pool. Auf der Bank aus Ziegenleder sitzend kann man mit anderen Travellern Geschichten austauschen oder entspannt sich im schmalen, sauberen Zeltbett.

Essen

Kasbah Riad Du Sud BERBERKÜCHE $$

(☎024 886453; www.hotelriaddusud.com; Tamsahlte via Tazzarine; Mittagsmenü 100 Dh) Um in dieser kulinarischen Oase Couscous aus Hirse sowie Ziegen- oder Dromedar-Tajine zu bekommen, muss man die Gerichte telefonisch vorbestellen. Außerdem ist eine Reservierung erforderlich.

Kasbah Meteorites REGIONALE KÜCHE $

(☎0535 78 38 09; www.kasbahmeteorites.com; Alnif; Mahlzeiten 70–80 Dh; 🏊) Ein angenehmer Zwischenstopp für ein reichhaltiges Mittagessen und einen Sprung in den übergroßen gechlorten Pool.

An- & Weiterreise

Grands taxis verkehren zwischen Rissani und Alnif (30 Dh), Alnif und Tazzarine (30 Dh) sowie Tazzarine und Ouarzazate (70 Dh). Dienstags, freitags und sonntags fährt zudem ein Bus zwischen Rissani und Zagora via Alnif, Tazzarine und N'Kob.

Atlantikküste

الأطلنطي شاطىء

Inhalt »

Gut essen

» Fischlokale (S. 248)
» Restaurant du Port de Pêche (S. 192)
» Le Petit Beur – Dar Tajine (S. 210)

Schön übernachten

» Dar el-Manar (S. 232)
» La Sultana (S. 236)
» Riad Oudaya (S. 209)

Auf zur Atlantikküste

Die herrlichen Strände an der Küste sind mit Fischerdörfern, Häfen und befestigten Städten gesprenkelt. Darüber hinaus beherbergt die Region die Hauptstadt Rabat und die Wirtschaftsmetropole Casablanca. Mit der Vorstellung eines traditionellen Marokkos sind die maurische Architektur, exzellenten Restaurants, schicken Cafés und liberalen Einstellungen der Einheimischen kaum zu vereinen.

In der Vergangenheit mussten Eindringlinge und einheimische Stämme die Region zwangsläufig unter Kontrolle bekommen, wenn sie ihren Herrschaftsbereich ausdehnen wollten. Phönizier, Römer, Portugiesen, Spanier und Franzosen hinterließen wunderschöne Städte, breite Boulevards und eine relaxte Atmosphäre.

Das Weideland erstreckt sich bis zum Meer und in den Feuchtgebieten wimmelt es von Vögeln. Leider wollen findige Unternehmer ihre Träume von gigantischen Ferienresorts umsetzen – das aber würde das Gesicht dieser malerischen Gegend entscheidend verändern.

Reisezeit

Casablanca

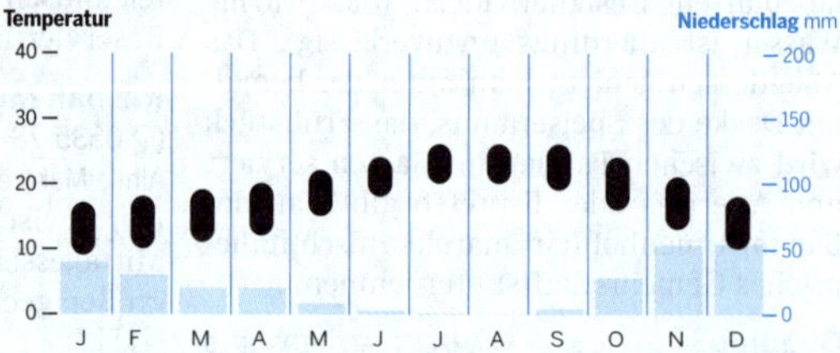

Mai & Juni Mawazine-Weltmusikfestival in Rabat (Mai), Gnaoua-Festival in Essaouira (Juni)

September Nun sind die Strände wieder leerer und das Wetter ist noch immer gut

Dezember–März In den Feuchtgebieten und an den Lagunen tummeln sich Unmengen von Vögeln

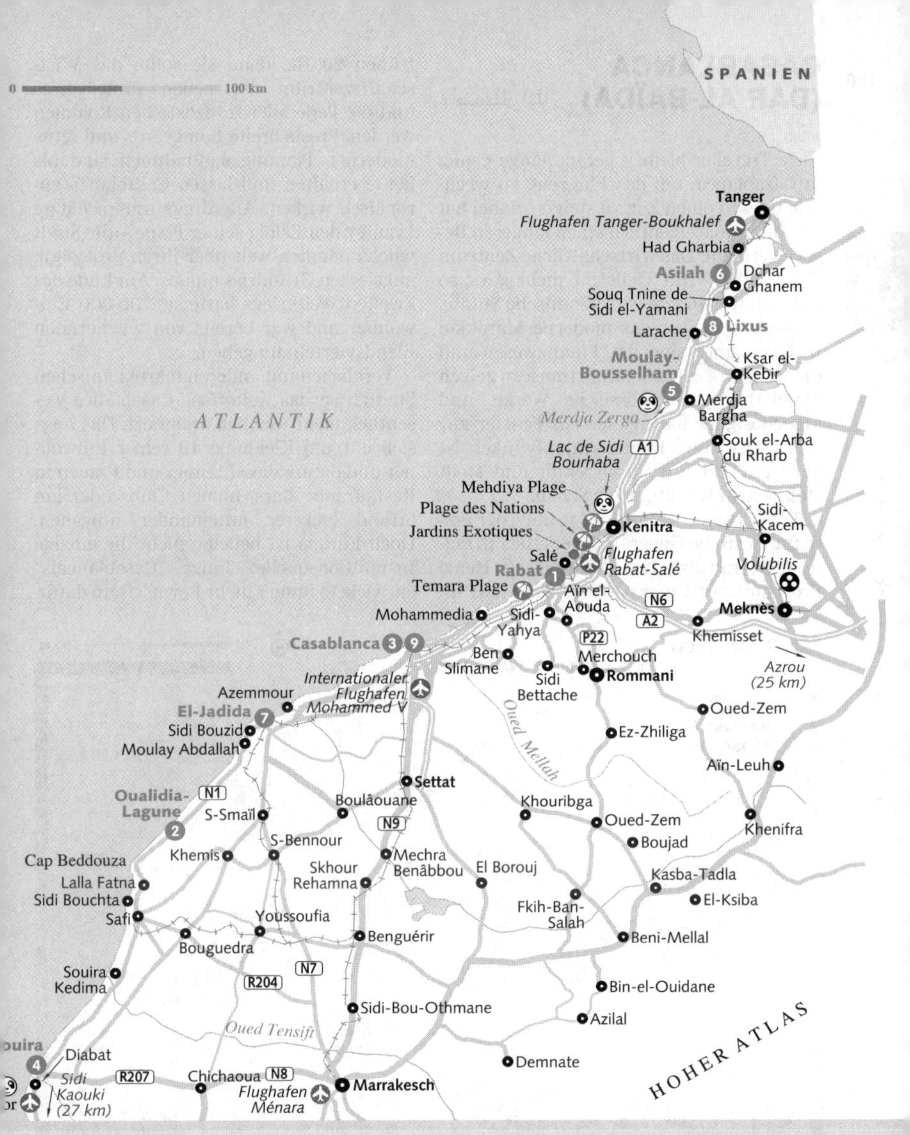

Highlights

1 In den Gärten von Rabats **Kasbah Les Oudaias** (S. 208) Tee trinken

2 Nach einem Bad im warmen Wasser der **Oualidia-Lagune** (S. 235) eine Portion Austern verspeisen

3 Sich in Casablancas **Straßencafés** (S. 195) unters durchgestylte Volk mischen

4 Kitesurfen am windumtosten **Strand** (S. 244) von Essaouira

5 In **Moulay Bousselham** (S. 219) alle Viere von sich strecken und mal so richtig ausspannen

6 Die herrlichen Wandmalereien in der **Medina** (S. 225) von Asilah bestaunen

7 In El-Jadida die Zisterne der **Cité Portugaise** (S. 232) erkunden

8 Sich in der antiken Stätte **Lixus** (S. 223) wie ein „alter Römer" fühlen

9 Den Anblick stattlicher **maurischer Gebäude** (S. 186) in Casablanca genießen

CASABLANCA (DAR AL-BAÏDA) الدار البيضاء

4 MIO. EW.

Viele Traveller bleiben gerade lange genug in Casablanca, um das Flugzeug zu wechseln oder in einen Zug zu steigen, dabei hat die Metropole eigentlich einen längeren Besuch verdient. Das wirtschaftliche Zentrum des Landes wirkt vielleicht nicht ganz so exotisch wie andere marokkanische Städte, repräsentiert aber das moderne Marokko: In Casablanca sind das Finanzwesen und die Industrie zuhause, Kunstmuseen zeigen wunderbare zeitgenössische Werke, und Modedesigner haben hier ein Fenster zur Welt. Der alte Piratenschlupfwinkel ist ganz auf Zukunft ausgerichtet und stellt stolz seinen Reichtum zur Schau.

Louis Hubert Gonzalve Lyautey, der erste französische Generalresident, beauftragte den französischen Architekten Henri Prost mit der Umgestaltung der Stadt im frühen 20. Jh., denn sie sollte das Wirtschaftszentrum des neuen Protektorats und die Perle aller französischen Kolonien werden. Prosts breite Boulevards und seine modernen Planungsmaßnahmen sind bis heute erhalten und lassen Casablanca europäisch wirken. Allerdings unterschätzte Lyautey den Erfolg seiner Pläne – die Stadt wuchs nämlich weit über ihren großzügig angelegten Grundriss hinaus. Am Ende des Zweiten Weltkriegs hatte sie 700 000 Einwohner und war bereits von wuchernden Elendsvierteln umgeben.

Verglichen mit anderen marokkanischen Städten ist das weltoffene Casablanca wesentlich mehr westlich orientiert. Das zeigt sich u.a. am Kleidungsstil seiner Einwohner und daran, dass Männer und Frauen in Restaurants, Bars, hippen Clubs oder am Strand lockerer miteinander umgehen. Doch Europa ist beileibe nicht die einzige Inspirationsquelle: Junge „Casablancais" entwickeln immer mehr Bewusstsein dafür,

Casablanca

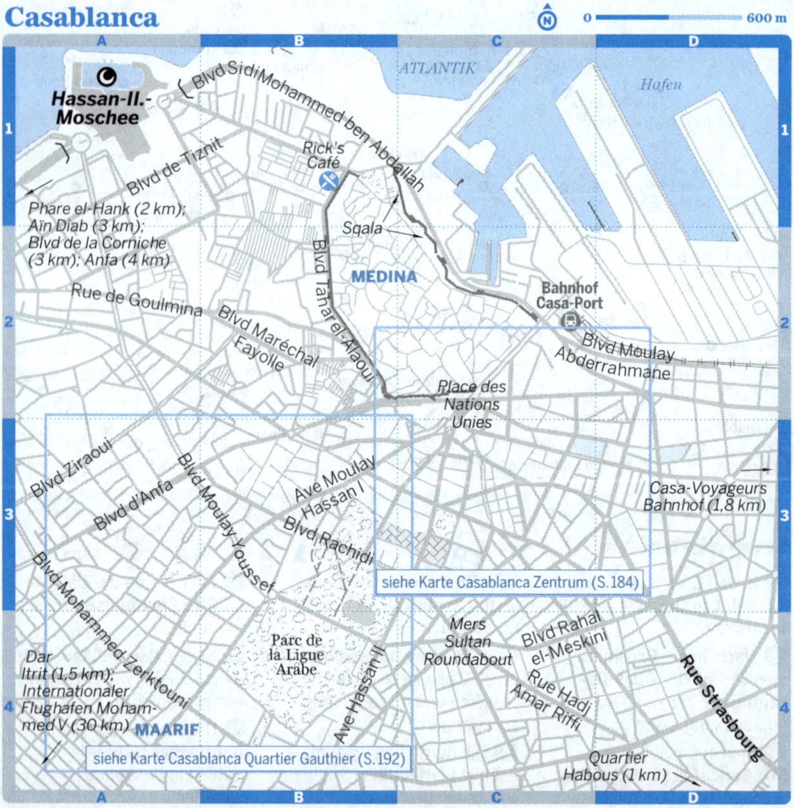

dass sie in einem Land mit einer faszinierenden Geschichte leben.

Casablanca ist eine Stadt extremer Gegensätze. Breite Boulevards, gepflegte öffentliche Parks, Springbrunnen und großartige Kolonialarchitektur gibt's genauso wie mörderisches Verkehrschaos (zumindest, bis das neue Straßenbahnsystem Ende 2012 in Betrieb genommen wird).

Triste Vorstadtfassaden stehen in starkem Kontrast zu den prunkvollen, im maurischen oder im Art-déco-Stil gehaltenen Gebäuden im Zentrum. Dazu kommen außergewöhnliche Prachtbauten wie die Hassan-II.-Moschee, Casablancas Wahrzeichen.

Die winzige Medina, der älteste Teil der Stadt, liegt im Norden unweit des Hafens. Südlich der Medina befindet sich die Place des Nations Unies. Diese gewaltige Straßenkreuzung ist das Herz der Metropole. Dort beginnen auch Casablancas Hauptverkehrsadern: die Ave des Forces Armées Royales (Ave des FAR), die Ave Moulay Hassan I, der Blvd Mohammed V und der Blvd Houphouët Boigny.

Die Ave Hassan II führt zur Place Mohammed V und ist durch prächtige Verwaltungsgebäude im Art-déco-Stil geprägt. Die Bezirke Gauthier und Maarif liegen westlich bzw. südwestlich vom Parc de la Ligue Arabe. Dank der vielen Läden, Bars und Restaurants sind diese beiden Stadtviertel am belebtesten.

Im Südwesten erstreckt sich das Quartier Habous (alias Nouvelle Medina); noble Hotels und Nachtclubs sind im Vorort Âïn Diab am westlichen Strand angesiedelt.

Derzeit steckt Casablanca mitten in einer aufregenden Entwicklungsphase. Fast könnte man meinen, dass die Geister von Lyautey und Prost einen neuen Plan ausgeheckt hätten, nur dass dieses Mal der marokkanische Stil, nicht der französische, maßgeblich ist. Entlang der Küstenstraße in Anfa werden einige neue Bauprojekte umgesetzt. Bei Redaktionsschluss stand die Eröffnung der umweltfreundlichen, preisgekrönten Morocco Mall bevor, mit einer Fläche von 200 000 m² das größte Mehrzweckeinkaufszentrum Nordafrikas. Es beherbergt Geschäfte und Büros, ein riesiges Aquarium und ein Imax-Kino mit 400 Sitzplätzen. Die Casablanca Marina an der Küste östlich der Hassan-II.-Moschee wird dagegen erst in ein paar Jahren fertiggestellt sein.

Geschichte

Ab dem 6. Jh. v. Chr. richteten die Phönizier einen kleinen Handelsposten am Standort des heutigen Nobelvorortes Anfa ein, der im 7. Jh. n. Chr. zur Regionalhauptstadt der Barghawata (Stammesverband der Berber) und 1188 von den Almohaden zerstört wurde. 70 Jahre später geriet der Ort unter die Kontrolle der Meriniden.

Im frühen 15. Jh. erkoren Piraten und zwielichtige Geschäftsleute den Hafen zu ihrem Schlupfwinkel. Ein paar Jahrzehnte später ging von Anfa eine solche Bedrohung aus, dass Lissabon 50 Schiffe und 10 000 Mann mit seiner Unterwerfung beauftragte. Portugals Streitmacht hinterließ nur Ruinen. Da die Händler aber weiter unter den Raubzügen örtlicher Stämme litten, griffen die Portugiesen 1515 ein zweites Mal ein. Erst 60 Jahre später ließen sie sich dauer-

Casablanca

Highlights

Hassan-II.-Moschee A1

Sehenswertes

1 Twin Center A4
2 Villa des Arts A4

Aktivitäten, Kurse & Touren

3 Gauthier Bain Turc B3
4 Institut Français B4
5 Yasmina-Vergnügungspark B4

Schlafen

6 East West Hotel A3

Essen

7 La Maison du Gourmet A3
8 Le Rouget de l'Isle B3
Paul .... (siehe 17)
9 Rick's Cafe B1
Sqala Restaurant .... (siehe 11)

Ausgehen

Blue Parrot .... (siehe 9)
10 Le Trica A3
11 Sqala Café Maure C2

Unterhaltung

12 Cinéma Lynx C4
Sky 28 .... (siehe 1)

Praktisches

13 Belgisches Konsulat B3
14 Britisches Konsulat B3
15 Polyclinique Atlas A3
16 Spanisches Konsulat B3
17 US-Konsulat B3

haft hier nieder, errichteten Festungsanlagen und nannten den Hafen Casa Branca (Weißes Haus).

1755 gab Portugal die Kolonie auf, nachdem ein verheerendes Erdbeben Lissabon zerstört und Casa Brancas Mauern stark beschädigt hatte. Danach besiedelte Sultan Sidi Mohammed ben Abdullah die Stadt neu und befestigte sie, doch ihre frühere Bedeutung erlangte sie nie mehr. 1830 hatte sie nur etwa 600 Einwohner.

Mit dem europäischen Wirtschaftsboom zur Mitte des 18. Jhs. ging ein steigender Bedarf an Getreide und Wolle einher. Marokko wurde als Lieferant interessant – schon bald versorgten die fruchtbaren Ebenen rund um Casa Branca den europäischen Markt. Mittelsmänner und Kaufleute strömten erneut in die Stadt, die von spanischen Händlern in Casablanca umbenannt wurde. Zu Beginn des 20. Jhs. sicherten sich die Franzosen die Genehmigung zum Bau eines künstlichen Hafens.

Das zunehmende Handelsaufkommen brachte der Region Wohlstand. Gleichzeitig stießen die Machenschaften und der Einfluss der Europäer auf Ablehnung. 1907 kam es zu Gewaltausbrüchen, als Europäer einen muslimischen Friedhof entweihten. Die prokolonialistischen Franzosen witterten ihre Chance und entsandten eine Streitmacht, um den Konflikt zu beenden. Schon bald traf ein französisches Kriegsschiff mit einer Kompanie Marinesoldaten ein und beschoss die Stadt. 1912 wurde diese Teil des neuen französischen Protektorats.

Sehenswertes

Casablanca ist Marokkos Wirtschaftszentrum, sodass man sich hier weitaus stärker auf internationale Geschäfte als auf den Tourismus konzentriert. Meist sind nur wenige Traveller in der Stadt, die durch Arbeit und Alltag geprägt ist und über bemerkenswert wenige Sehenswürdigkeiten verfügt. Wenn man von der prächtigen Hassan-II.-Moschee mal absieht, ist die hiesige Hauptattraktion das Erkunden der verschiedenen Viertel. Da wären z. B. die wunderschöne maurische Architektur im Zentrum, der friedliche Parc de la Ligue Arabe, der sanierte Marktbezirk des Quartier Habous und der Meerblick von der Corniche. Außerdem kann man Casablancas Einwohnern beim Genießen kosmopolitischer Freuden Gesellschaft leisten, abends essen gehen, Kunstmuseen besuchen oder ausgiebig in der Morroco Mall in Anfa bummeln. Inlineskaten vor der Moschee und das brummende Nachtleben haben ebenfalls ihren Reiz.

ZENTRUM

Es wird häufig behauptet, dass Casablanca außer der Moschee keinerlei Attraktionen besitzt, aber im von den Franzosen erbauten Stadtzentrum entdeckt man allerlei prächtige Kolonialgebäude, von denen manche gerade restauriert werden. Den

CASABLANCA IN ...

... einem Tag

Der Tag beginnt mit einem herzhaften Frühstück in der **Frédéric Cassel Haute Pâtisserie** in Anfa. Dann geht's mit dem Taxi zur **Hassan-II.-Moschee** am Meer – ihre Besichtigung ist ein absolutes Muss für jeden Casablanca-Besucher! Mittagessen gibt's im Garten des **Sqala Restaurant**. Die Künstlergeschäfte im **Quartier Habous** laden zum Stöbern nach marokkanischen Souvenirs ein. Anschließend lockt die **Pâtisserie Bennis Habous** mit Tee und Kuchen. Ein Abendessen mit Meerblick genießt man in einem der **Restaurants auf den Klippen** unweit des El-Hank-Leuchtturms. Hinterher lässt man den Abend in den hippen Bars und Clubs entlang des **Blvd de la Corniche** ausklingen.

... zwei Tagen

Das Frühstück kann man z. B. bei **Paul** in einem herrlichen Zevaco-Gebäude zu sich nehmen. Danach ist es Zeit für unseren **Stadtspaziergang** (S. 186, der zu Casas schönsten maurischen Denkmälern führt. Nach dem Mittagessen bummelt man durch die angesagten Boutiquen der **Morocco Mall** oder besucht das dortige Imax-Kino. Nun stehen der Hamam und eine Massage im **Gauthier Bain Turc** auf dem Programm. Das **Restaurant Port de Pêche** ist eine tolle Adresse fürs Abendessen. Zum Abschluss gibt's ein paar Drinks bei **La Bodega**.

besten Überblick bekommt man auf einer Erkundungstour rund um den **Marché Central** oder auf unserem Stadtspaziergang (S.186). Allmählich wird sogar das schäbige Marché-Central-Viertel saniert, vor allem rund um den Fußgängerteil der Rue Prince Moulay Abdallah.

Place Mohammed V STADTVIERTEL

(Karte S.184) An der **Place Mohammed V** hat sich der Architekt Henri Prost so richtig ausgetobt. Der großartige Platz ist von öffentlichen Gebäuden wie den Gerichtshöfen, der wunderbaren *wilaya* (ehemalige Polizeihauptwache, heute das Gouverneursbüro), der Bank al-Maghrib, dem Postamt und dem Verteidigungsministerium umgeben, deren Architektur später in ganz Marokko kopiert wurde. Von dem Platz zweigen außerdem zahlreiche Prachtstraßen mit weiteren tollen Gebäuden ab. Südlich davon erstreckt sich der 1918 eröffnete **Parc de la Ligue Arabe** mit seiner majestätischen Palmenpromenade.

GRATIS **Villa des Arts** KUNSTMUSEUM

(Karte S.192; ☎0522 29 50 87; 30 Blvd Brahim Roudani; ⌚Di–Sa 10–19 Uhr) Das wunderschöne Kunstmuseum aus den 1930er-Jahren ist in einem umgebauten Art-déco-Gebäude nahe dem Parc de la Ligue Arabe untergebracht und beherbergt Ausstellungen moderner marokkanischer sowie internationaler Künstler.

ANCIENNE MÉDINA

In Casablancas kleiner, maroder **Medina** (Karte S.184) bekommt man eine Ahnung, wie winzig die Stadt vor den umfangreichen Erweiterungsmaßnahmen der Franzosen war. Fast alle Gebäude stammen aus dem 19. Jh. und lassen den mittelalterlichen Charakter anderer marokkanischer Altstädte vermissen. Die meisten sollen demnächst restauriert werden.

Am Nordostrand der Place des Nations Unies geht's in der Nähe des restaurierten **Uhrenturms** (Karte S.184) – man beachte das verfallene **Excelsior Hotel** gegenüber – hinein in die Medina. In den schmalen Gassen Richtung Osten stapeln sich günstige Schuhe, Unterwäsche und Haushaltsgegenstände. Das restliche Viertel besteht größtenteils aus Wohnhäusern. Der **Jemaa ash-Chleuh** an der gleichnamigen Straße ist die wichtigste Freitagsmoschee des Bezirks.

Auf der nördlichen Altstadtseite stehen die letzten Reste der städtischen Wehranlagen am Hafen. Die Bastion aus dem 18. Jh. ist als **sqala** (Karte S.180) bekannt. Hier hat man eine weite Aussicht übers Meer.

> **STRASSENNAMEN**
>
> Casablancas französische Straßennamen werden allmählich durch marokkanische ersetzt. Wer nach dem Weg fragt, sollte sich präzise ausdrücken: An vielen Ortsansässigen, Taxifahrern inklusive, und ein paar Straßenverzeichnissen ist der Wechsel bis jetzt vorübergegangen. So hat dieselbe Straße oft verschiedene Namen.

MAARIF

Das Geschäftszentrum südwestlich vom Parc de la Ligue Arabe lockt mit internationalen Designerlabels.

Twin Center KLEIDUNG

(Karte S.192; Ecke Blvd Mohammed Zerktouni & Al-Massira al-Khadra) Dies ist der (preisliche) Höhepunkt des feinen Einkaufsbezirks. Das Twin Center umfasst eine Shopping Mall, ein Luxushotel und Büroräume. In den Seitenstraßen und im Umkreis des überdachten Maarif-Markts liegen jede Menge kleinere Boutiquen. Sie wirken atmosphärischer und sind prima für Schnäppchenjäger.

Jüdisches Museum MUSEUM

(☎0522 99 49 40; 81 Rue Chasseur Jules Gros, Quartier Oasis; Eintritt 20 Dh, mit Führer 30 Dh) Südlich von Maarif befindet sich im Viertel Oasis Casablancas einziges Museum. Seit den Anschlägen 2003 war es nur selten geöffnet. Vor einem Besuch ruft man deshalb besser an. Wer die wunderschöne Villa inmitten eines üppig grünen Gartens zu sehen bekommt, darf sich glücklich schätzen, denn sie beherbergt das einzige jüdische Museum in der islamischen Welt. Hier wird der Einfluss der einst blühenden jüdischen Gemeinde auf das moderne Marokko beleuchtet. Zu den mehr als 1500 Exponaten gehören Dokumente, traditionelle Trachten, Zeremonienwerkzeuge und zahllose Fotos. Vom Stadtzentrum benötigt man mit dem Taxi (30 Dh) 15 Minuten bis nach Oasis.

QUARTIER HABOUS (NOUVELLE MEDINA)

Das Quartier Habous (alias Nouvelle Medina) ist die idealisierte, beinahe Disney-artige Version einer echten Medina mit adretten Straßen und Verkaufsständen. Es wur-

Casablanca Zentrum

de in den 1930er-Jahren von den Franzosen angelegt und war ein einzigartiges Experiment, da man eine Medina nach westlichem Standard errichten wollte. Diese sollte Menschen aufnehmen, die bei der ersten großen Landflucht in den 1920er-Jahren nach Casablanca kamen. Infolgedessen sind in dem Viertel marokkanische Architektur und französische Ideale miteinander kombiniert. Sinnbild hierfür ist die Moschee, deren grasbewachsener Vorplatz an europäische Dorfkirchen erinnert.

So künstlich das Ganze auch erscheinen mag: Wer in letzter Minute noch ein paar Andenken braucht, kann hier wesentlich entspannter shoppen als in den meisten Suks, denn Habous hat eine prima Auswahl an Basaren, Kunsthandwerksläden, Bäckereien und Cafés.

Der **Königspalast** im Norden des Bezirks ist nicht öffentlich zugänglich, aber in den über 60 Räumen der alten **Mahakma du Pasha** (Höfe & Empfangshalle; Eintritt frei; ⏲Mo–Sa 8–12 & 14–18 Uhr) im Süden können Holzdecken, Stuckelemente, schmiedeeiserne Geländer und Steingutböden bewundert werden. Leider ist sie nicht durchgängig für Besucher geöffnet.

Habous liegt 1 km südöstlich vom Zentrum und ist mit dem Bus 81 erreichbar, der gegenüber der Hauptpost am Blvd de Paris abfährt.

AÏN DIAB & ANFA

Die beiden wohlhabenden Vororte säumen den Atlantikstrand westlich des Zentrums. Hier erstreckt sich der belebte **Boulevard de la Corniche**. An Casas Amüsiermeile gibt's jede Menge Strandclubs, teure Hotels, Restaurants, Bars und Nachtclubs. Für hippe junge Leute ist sie also *das* Pflaster zum Sehen- und Gesehenwerden.

Zwischen den ganzen gut besuchten Läden entdeckt man zwar auch verlassene

Casablanca Zentrum

Sehenswertes
1 Uhrenturm B1
2 Medina A1

Aktivitäten, Kurse & Touren
3 École Assimil-Formation C2
4 Olive Branch Tours B2

Schlafen
5 Hôtel Astrid B4
6 Hotel de Foucauld B2
7 Hôtel de Paris B3
8 Hôtel du Palais B4
9 Hôtel Guynemer B3
10 Hôtel Hyatt Regency A2
11 Hôtel les Saisons C1
12 Hôtel Maamoura C3
13 Hôtel Mon Rêve C3
14 Hôtel Oued-Dahab C3
15 Hôtel Transatlantique C3

Essen
16 Ifrane B3
17 La Brasserie la Bavaroise D2
18 Marché Central C2
19 Restaurant al-Mounia B4
20 Rotisseries C2
Snack Amine Adam ..... (siehe 20)
21 Taverne du Dauphin C1

Ausgehen
22 Café Alba B3
23 La Bodéga D2
24 Petit Poucet C2

Unterhaltung
Black House ..... (siehe 10)
25 Caesar D2
26 Cinéma Rialto C3
27 Complex Culturel Sidi Belyout D2
Hôtel Transatlantique ..... (siehe 15)

Shoppen
28 Disques GAM A3
29 Exposition Nationale d'Artisinat B2

Transport
30 Avis C1
31 Budget C2
32 Bus 10 & 36 zur Gare Routière Ouled Ziane D3
33 Bus 81 zur Nouvelle Medina B3
34 CTM-Busbahnhof D2
35 Hertz B2
36 National B1
37 President Car B3

Vergnügungsparks und Betonschwimmbecken, die mit Bauschutt gefüllt sind, doch das tut der extremen Beliebtheit des Strands keinen Abbruch. Am leichtesten ergattert man ein freies Fleckchen Sand in einem der Clubs. Zwei der besseren Anlaufstellen sind das **Miami Plage** (80–150 Dh pro Tag) und das **Tahiti** (80–150 Dh pro Tag). Sie verfügen über Sonnenschirme, einen Pool, ein Restaurant und eine Bar.

Die Buslinie 9 fährt von der Place Oued al-Makhazine nach Aïn Diab. Eine Taxifahrt vom Zentrum kostet etwa 30 Dh (nachts 70 Dh).

Bei Erscheinen dieses Reiseführers sollte die neue **Morocco Mall** in Anfa inzwischen geöffnet sein. Sie liegt 4 km westlich des Zentrums und wartet mit einem großen **Aquarium** auf.

Aktivitäten

Hamams

Hammam Ziani HAMAM
(☎0522 31 96 95; 59 Rue Abou Rakrak; Eintritt 45 Dh; ⌚7–22 Uhr) Blitzsauber und sehr modern. Der gediegene Hamam an einer Seitenstraße der Rue Verdin bietet ein traditionelles Dampfbad und *gommage* (Peeling) für 50 Dh. Außerdem kann man sich massieren lassen. Es gibt einen Whirlpool und ein Fitnessstudio. Wertsachen sollte man besser im Hotel lassen.

Gauthier Bain Turc HAMAM
(Karte S. 192; ☎0661 14 59 26; 25 Rue Jean Jaures; Mo–Fr 50 Dh, Sa & So 60 Dh; ⌚7–22 Uhr) Ähnlich ausgestattet wie das Ziani und ultramodern. Ein Peeling kostet 15 Dh, eine 30-minütige Massage 100 Dh.

Spa 5 Mondes HAMAM
(☎0522 99 66 08; 18 Rue Ibrahim En-Nakhai, Maarif; ⌚10–20 Uhr) Angesagte Adresse mit traditionellem Hamam, japanischem Bad, balinesischen Massagen und Ayurveda-Behandlungen.

Kurse

In Casablanca gibt's zahlreiche Sprachschulen. In fast allen wird Französischunterricht angeboten.

START CATHÉDRALE DU SACRÉ COEUR, BLVD RACHIDI
ZIEL RUE PRINCE MOULAY ABDELLAH
LÄNGE 3 KM
DAUER 50 MINUTEN

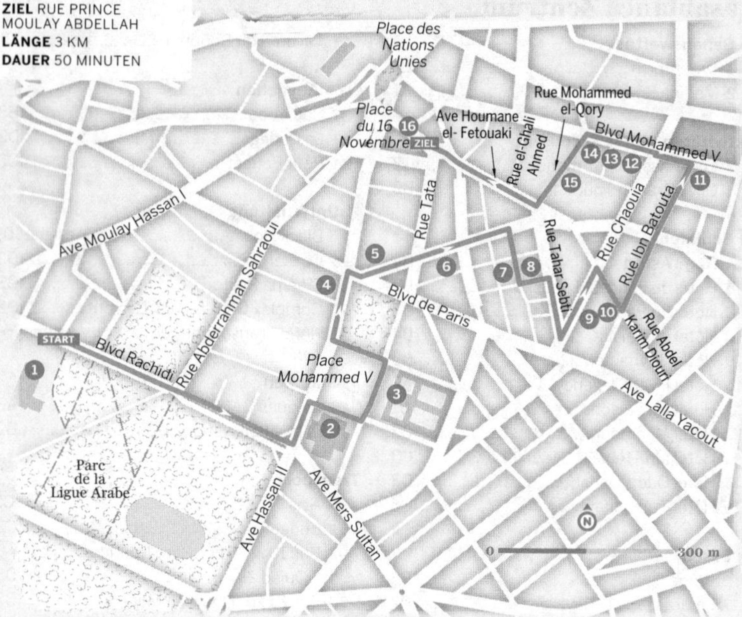

Stadtspaziergang
Casablanca

Casas Zentrum strotzt nur so von herrlichen Baudenkmälern im maurischen Stil, der während Lyauteys Amtszeit als Generalresident von Marokko (1912–1924) geprägt wurde.

Die Bauweise vereint traditionell marokkanisches Design (islamische Bogen, Säulen, Schweifwerk und Fliesen) mit „freizügigeren" europäischen Elementen des frühen 20. Jhs. In den 1930er-Jahren spiegelte sich in der maurischen Architektur der Pariser Art-déco-Stil in Form von schmiedeeisernen Balkonen, Treppengeländern und Fensterverzierungen, geschnitzten Fassaden und Friesen sowie abgerundeten Häuserecken wider. Manche Gebäude wurden restauriert bzw. sind gut erhalten und erinnern an die Anfänge der Protektoratszeit in der Stadt. Einige weisen dagegen einen bedauernswerten Zustand auf.

General Lyautey, der Gouverneur, war derjenige, der Casablanca zum Wirtschaftszentrum Marokkos bestimmte. Er beauftragte den französischen Architekten und Stadtplaner Henri Prost (1874–1959) mit Casas umfassender Neugestaltung. Prost hatte sein Können bereits in Antwerpen unter Beweis gestellt und entwarf daraufhin Pläne für Meknès, Fes und Rabat sowie Paris und Istanbul. Der Gedanke, eine Stadt ganz neu aufzubauen, war berauschend für Prost. Und so flog er das Terrain kurzerhand ab: Casblanca ist die erste Stadt der Geschichte, die aus der Luft geplant wurde! Sie galt als Krönung der französischen Kolonialisierungserfolge.

Wenn man durch die Metropole schlendert, sollte man regelmäßig nach oben blicken, denn selbst ein schlichter oder heruntergekommener Apartmentblock kann mit traumhaften Bauelementen wie geschnitzten Friesen, fein gearbeiteten Kacheln oder runden Balkonen versehen sein.

Ausgangspunkt für den im Folgenden beschriebenen Spaziergang zu den schönsten maurischen Gebäuden und weiteren Sehenswürdigkeiten ist die nordwestliche Ecke des Parc de la Ligue Arabe. Hier erhebt sich die elegante weiße 1 **Cathédrale du Sacré Coeur**, 1930 von Paul Tornon errichtet. Sie ist ein gutes Beispiel für den maurischen Stil, wobei man auch einige neugotische Elemente entdecken wird. Die Kirche wurde 1956 entweiht und dient gelegentlich als Kulturzentrum. Im Innern ist sie allerdings ziemlich verfallen.

Zwei Straßen gen Osten erstreckt sich die Place Mohammed V, das Vorzeigestück französischer Baukunst. Die Casablancais lieben den weitläufigen Platz und nutzen ihn an Abenden und Wochenenden als Treffpunkt. Ringsum stehen beeindruckende Verwaltungsgebäude; fast alle gehen auf das Konto von Robert Marrast und Henri Prost. Die 2 **wilaya** (ehemalige Polizeihauptwache, jetzt das Büro des Gouverneurs) von 1930 dominiert die Südseite des Platzes und wird von einem modernistischen Uhrenturm gekrönt.

Nicht weit von hier befindet sich der 3 **Palais de Justice** (Gerichtsgebäude) von 1925. Vorbild für das gewaltige Portal und den Eingangsbereich war der persische *iwan* – eine überwölbte Halle, die sich zum zentralen Innenhof der Medersa (islamische Hochschule) einer Moschee öffnet.

Wer über den Platz schlendert, kann das 4 **Hauptpostamt** aus dem Jahr 1918 bewundern. Dieses fantastische Gebäude ist mit zahlreichen Bogen, Steinsäulen und sagenhaften Mosaiken verziert. Mehr im traditionellen marokkanischen Stil präsentiert sich dagegen die 5 **Banque al-Maghrib** am Blvd de Paris, das neueste Gebäude an diesem Platz. Ihre Fassade verfügt über tolle Steinmetzarbeiten als Dekoration.

Von hier geht's auf der Rue Indriss Lahrizi weiter nach Osten. Auf beiden Seiten der Straße entdeckt man phänomenale Fassaden, darunter die schöne von 6 **La Princière Salon de Thé**, leicht zu erkennen an der riesigen Steinkrone auf Dachhöhe. Dann biegt man rechts in die Rue Mohammed Belloul ab, in der man auf das 7 **Hôtel Guynemer** mit seiner liebevoll restaurierten Art-déco-Fassade und das etwas weniger eindrucksvolle 8 **Hotel Oued Dahab** beinahe gegenüber stößt. Anschließend geht's eine Querstraße zurück gen Osten und rechts in die Rue Tahar Sebti mit Häusern aus der Kolonialzeit, die heute Wohnungen und Büros beherbergen.

Links in der Rue Chaouia sollte man auf das 9 **Hôtel Transatlantique** achten. Es wurde 1922 gebaut und zwischenzeitlich erstklassig restauriert. Gleich um die Ecke findet sich noch ein weiteres restauriertes Schmuckstück mit einer großartigen Fassade, das 10 **Hotel Volubilis**.

Nach links geht's die Rue Ibn Batouta rauf und dann weiter bis zur Ecke am Blvd Mohammed V. Rechter Hand erblickt man die heruntergekommene Fassade des 11 **Hôtel Lincoln**, ein maurisches Meisterwerk von 1916. Für ihre Renovierung fehlen dem Besitzer die finanziellen Mittel, aber die Behörden verbieten den Abriss eines derart bedeutenden Gebäudes.

Links kommt man auf den Blvd Mohammed V. Auf der Südseite der Straße sieht man ein paar beeindruckende Fassaden. Die 12 **Postfiliale** auf dem zentralen Markt mit ihren kunstvollen Verzierungen und das klassische Gebäude von 13 **Le Matin/ Maroc Soir** sind die architektonischen Sahnehäubchen. Das gesamte Gebiet soll saniert werden.

Am Ende des Häuserblocks, an der Rue Mohammed el-Qory, liegt das 14 **Petit Poucet**, eine Mischung aus Bar und Straßencafé. Dort kehrte Antoine de Saint-Exupéry in den 1920er-Jahren ein, wenn er zwischen zwei Flügen in die Sahara ein wenig Zeit hatte. Weitere berühmte Gäste waren Edith Piaf und Albert Camus. Es lohnt sich, einen Blick auf die Originaltheke zu werfen. Biegt man links in die Rue Mohammed el-Qory, gelangt man zum 15 **Cinéma Rialto** in einem klassischen Art-déco-Gebäude mit wunderschönen Ornamenten. Weiter südlich stößt man auf die Kreuzung mit der Ave Houmane el-Fetouaki. Hält man sich rechts, erreicht man die 16 **Place 16 Novembre** mit einer ganzen Reihe von Art-déco-Bauten.

Mehr über Casablancas architektonisches Erbe erfährt man in *Casablanca: Colonial Myths and Architectural Ventures* von Jean-Louis Cohen und Monique Eleb sowie in *Casablanca – Portrait d'une Ville* von J. M. Zurfluh.

NICHT VERSÄUMEN

HASSAN-II.-MOSCHEE

Hassan II. ließ die riesige **Moschee** (Karte S. 180; ☎0522 22 25 63; Führungen Erw./Kind/Stud. 120/30/60 Dh; ⏲Sa–Do 9, 10, 11 & 14 Uhr, Fr 9, 10 & 14 Uhr) anlässlich seines 60. Geburtstags errichten. Der 1993 fertiggestellte Bau wurde mit öffentlichen Geldern finanziert und zählt zu den Wahrzeichen der Stadt. Auf dem Gelände befindet sich auch ein neues **Islamisches Medienzentrum mit Bibliothek** (Eintritt frei; ⏲Mo–Fr 8–20 Uhr).

Die vom französischen Architekten Michel Pinseau entworfene Moschee thront auf einem Felsvorsprung über dem Meer und versinnbildlicht damit den Koranvers, nach dem „Gottes Thron über dem Wasser errichtet wurde". Das 210 m hohe Minarett ist Marokkos höchstes Bauwerk. Es wird von einer spektakulären Laseranlage gekrönt, die nachts in Richtung Mekka leuchtet. Die drittgrößte Moschee der Welt kann 25 000 Menschen aufnehmen und weitere 80 000 finden auf den Höfen und Freiflächen der Umgebung Platz. Während sie auf dem zentral beheizten Fußboden beten, blicken Gläubige durch Glasscheiben hinunter auf den Atlantik, und durch das sich automatisch öffnende Dach fallen Sonnenstrahlen hinein.

Am eindrucksvollsten sind jedoch die Größe und die Pracht des Gebetssaals, in dem Notre Dame in Paris oder der Petersdom in Rom Platz finden würden. Sein Inneres ist über und über mit herrlichen Holzschnitzereien, *zellij* (Fliesenelementen) und Stuck verziert. Am Bau der Moschee haben über 6000 Handwerksmeister mitgewirkt und Zedernholz aus dem Mittleren Atlas, Marmor aus Agadir sowie Granit aus Tafraoute zu aufwendigen Elementen und Mustern verarbeitet.

Wer das Gebäude betreten will, muss „angemessene, respektvolle Kleidung" tragen. Schuhe sind direkt am Eingang auszuziehen. Die einstündigen Touren auf Deutsch, Englisch, Französisch und Spanisch führen durch den Gebetssaal, den Hamam und die Räume für rituelle Waschungen.

Institut Français FRANZÖSISCH
(Karte S. 192; ☎0522 77 98 70; www.ambafrance-ma.org, auf Französisch; 121–123 Blvd Mohammed Zerktouni; ⏲Di–Sa 9–14.30 Uhr) Hat ausschließlich Langzeitkurse (1 Semester) im Angebot und eine gute Bücherei. Hier werden beispielsweise Filme gezeigt und Lesungen, Ausstellungen etc. organisiert.

École Assimil-Formation ARABISCH
(Karte S. 184; ☎0522 31 25 67; 71 Rue Allah ben Abdellah) Privater Arabischunterricht.

Geführte Touren

Beide Touristeninformationen (s. S. 197) organisieren Rundgänge durch die Stadt (450 Dh für bis zu 3 Pers.). Diese dauern etwa drei Stunden und können individuell angepasst werden.

Olive Branch Tours GEFÜHRTE TOUREN
(Karte S. 184; ☎0522 22 03 54; www.olivebranchtours.com; 35 Rue el-Oraïbi Jilali) Bietet eine „Grand Tour of Casablanca" zu den Highlights im Stadtzentrum, der Medina und im Quartier Habous an. Ein Spaziergang entlang der Corniche steht natürlich auch auf dem Programm.

Feste & Events

L'Boulevard Festival of Casablanca LIVEMUSIK
(www.boulevard.ma) Jedes Jahr im Juni steigt das städtische Musikfestival. Drei Tage lang werden Hip-Hop, Elektro, Rock, Metal und Fusion von Bands aus Marokko, Frankreich, Großbritannien und den USA gespielt.

Schlafen

Fast alle Hotels liegen im Stadtzentrum, nur das Hostel ist in der Medina und die Nobelabsteigen befinden sich am Blvd de la Corniche. Weil die Unterkünfte in den Sommermonaten (vor allem im August) oft aus allen Nähten platzen, sollte man im Voraus reservieren. Casas günstigste Herbergen kommen allesamt sehr einfach daher. Die Hotels in der Medina sind mies und überteuert, und verglichen mit den Hotels der gleichen Kategorie in der *ville nouvelle* (Neustadt) ist das Preis-Leistungs-Verhältnis schlecht. Im Zentrum erwartet Traveller ein gutes Angebot an Mittelklasseunterkünften. Wer eine Behausung mit Meerblick und Strandzugang sucht, steuert am besten den Blvd de la Corniche an. Spitzenklassehotels gibt's en masse – alle großen internationalen Ketten sind vertreten. Viele Luxusbleiben säumen die Ave des FAR, ein paar liegen auch am Blvd de la Corniche. Folgende Häuser stechen aus dem Einheitsbrei hervor:

LP TIPP **Hôtel Guynemer** HOTEL €
(Karte S. 184; ☎0522 27 57 64; www.guynemerhotel.com; 2 Rue Mohammed Belloul; EZ/DZ/3BZ 372/538/626 Dh; ❄📶) Unsere Leser empfehlen diesen netten, effizient geführten Familienbetrieb in einem traumhaften maurischen Gebäude. Die 29 gepflegten Zimmer werden regelmäßig renoviert und sind geschmackvoll in fröhlichen Farben dekoriert. Frische Blumen, Flatscreens, WLAN-Zugang und feste, bequeme Betten machen ihn in diesem Preisbereich zu einem echten Schnäppchen. Auch der Servicestandard liegt weit über dem Durchschnitt, denn das Personal erfüllt Gästen gern jeden Wunsch: Sie können z. B. an Stadtführungen teilnehmen und sich vom Flughafen abholen lassen (400 Dh). Neben einem interaktiven Infostand gibt's in der Lobby auch einen Gästecomputer. Zudem werden in derselben Straße zwei voll ausgestattete, moderne Apartments vermietet, die sich ideal für längere Aufenthalte und Familien eignen.

Hôtel Astrid HOTEL €
(Karte S. 184; ☎0522 27 78 03; hotelastrid@hotmail.com; 12 Rue 6 Novembre; EZ/DZ/3BZ 324/386/486 Dh; 📶) Das Hotel versteckt sich an einer ruhigen Straße südlich des Zentrums und ermöglicht im Gegensatz zu Casas anderen Budgetunterkünften einen erholsamen Schlaf: Die geräumigen, gepflegten Zimmer mit eigenen Bädern, TV, Telefon und Rüschendeko bekommen nur wenig Verkehrslärm ab. Unten befindet sich ein nettes Café und in der Lobby hat man kabellosen Internetzugang.

Hôtel de Paris HOTEL €
(Karte S. 184; ☎0522 27 42 75; Fax 0522 29 80 69; Ecke Rues Ech-Cherif Amziane & Prince Moulay Abdallah; EZ/DZ/3BZ 350/450/550 Dh; 📶) Die frisch renovierten, sauberen Zimmer in diesem kleinen Hotel sind geräumig und relativ ruhig. Ihre Ausstattung umfasst dunkles Holzdekor, gute Matratzen, Satelliten-TV und Direktwahltelefone. Das fesche Café unten grenzt an eine nette Fußgängerzone. Prima Lage im Zentrum.

CASABLANCAS ELENDSVIERTEL

Bei Selbstmordanschlägen im Mai 2003 starben auf Casablancas öffentlichen Plätzen insgesamt 32 Zivilisten und 13 Attentäter. Letztere gehörten der radikalislamischen Gruppe Salafia Jihadia an, deren Gründungsmitglieder in Afghanistan ausgebildet worden waren. Die Bombenleger – allesamt junge Marokkaner – stammten aus Casablancas schlimmsten Elendsvierteln, die weniger als 30 Minuten vom Zentrum entfernt liegen.

2007 wurden weitere 24 Islamisten verhaftet, die gerade eine neue Anschlagsserie planten. Zuvor hatte sich ihr Anführer in einem Internetcafé selbst in die Luft gesprengt. Auch ein Großteil dieser Gruppe kam aus den Elendsvierteln.

Viele Einwohner verurteilen die Anschläge lautstark und erklären ihre Stadt für die toleranteste im ganzen Land. Dennoch fristet ein Viertel oder sogar ein Drittel der Bevölkerung ein klägliches Dasein in Slumsiedlungen, deren provisorische Behausungen aus Pappe oder Plastikfolien bestehen. Es gibt weder eine Kanalisation noch Strom, fließendes Wasser, Schulen, Arbeit oder Hoffnung. Daher haben viele der Jugendlichen einfach nichts zu verlieren.

Nach den Anschlägen widmete sich die marokkanische Regierung verstärkt diesen sozialen Problemen. Gleichzeitig wurden viele Wohlfahrtseinrichtungen gegründet, um die Lebensbedingungen der Slumbewohner zu verbessern. Nach Plänen des Wohnungsbauministeriums sollen Casablancas Elendsviertel bis 2012 verschwunden sein. Mittlerweile wurden mehrere Slums dem Erdboden gleichgemacht und deren Bevölkerung in neue Wohnungen umgesiedelt. Momentan befinden sich Zehntausende neuer Häuser im Bau, die aber oft zu teuer und zu klein für arme Großfamilien sind. Die Lage hat sich zwar deutlich, aber offenbar noch nicht ausreichend verbessert. Solange sich die Regierung nicht um die eigentlichen Probleme kümmert, steht eine echte Wende kaum in Aussicht. Doch sie wird hoffentlich eintreten, bevor Wut und Frustration erneut in offene Gewalt umschlagen.

Hôtel les Saisons HOTEL €€€
(Karte S.184; ☎0522 49 09 01; www.hotellessaisonsmaroc.ma; 19 Rue el Oraïbi Jilali; EZ/DZ 1100/1400 Dh; ❄📶) Kleines Hotel mit komfortablen, gepflegten, ruhigen Zimmern, die über Extras wie Tresore, Minibars, Satelliten-TV und Direktwahltelefone verfügen. Wirkt persönlicher als die größeren Häuser und bietet ein prima Preis-Leistungs-Verhältnis sowie eine super Lage. Das Personal spricht Englisch.

Jugendherberge HOSTEL €
(außerhalb der Karte S.184; ☎0522 22 05 51; lesauberges@menara.ma; 6 Pl Ahmed el-Bidaoui; ⏲8–10 & 12–24 Uhr; EZ/DZ/3BZ 60/135/190 Dh, 3BZ mit Bad 200 Dh; @) Liegt an einem baumbestandenen Platz. Die Zimmer sind schlicht, aber sauber und ruhig, außerdem warten sie mit hohen Decken auf. Sie gruppieren sich rund um eine helle, zentrale Lobby. Im Winter müffeln sie etwas feucht. Pluspunkte gibt's für die ausgezeichneten Warmwasserduschen und die netten Mitarbeiter. Ein IYHF- oder YHA-Ausweis ist nicht erforderlich.

Hôtel Maamoura HOTEL €
(Karte S.184; ☎0522 45 29 67; www.hotelmaamoura.com; 59 Rue Ibn Batouta; EZ/DZ/Suite 430/570/800 Dh; ❄📶🏊) Sehr beliebt bei unseren Lesern, denn das moderne Hotel bietet ein tolles Preis-Leistungs-Verhältnis. Die blitzsauberen und geräumigen Zimmer sind für diese zentrale Lage extrem ruhig. Sie besitzen einwandfreie Bäder und geschmackvolles Dekor in Pastelltönen. Das Personal ist freundlich und hilfsbereit.

East-West Hotel HOTEL €€
(Karte S.192; ☎0522 20 02 10; www.eastwest-hotel.com; 10 Ave Hassan Souktani, Ecke Rue Washington, Quartier Gauthier; EZ/DZ inkl. Frühstück 450/600 Dh; 📶) Leser empfehlen diese helle, fröhliche und sehr ruhige Drei-Sterne-Bleibe. Sie steht im aufstrebenden Quartier Gauthier, einem Wohngebiet. Alle Zimmer haben Tresore, kostenlose Internetzugänge und saubere Bäder mit modernen Elementen. Darüber hinaus beherbergt das Hotel ein gutes Restaurant und ein Irish Pub.

Hôtel du Palais HOTEL €
(Karte S.184; ☎0522 27 61 91; 68 Rue Farhat Hachad; EZ/DZ 90/130 Dh, DZ/3BZ mit Bad 140/240 Dh) Eine gute Wahl trifft man auch mit dieser einfachen Unterkunft am unteren Ende des Preisspektrums. Die sauberen, geräumigen Zimmer haben große Fenster. Trotz der kürzlich erfolgten Renovierung ist das Haus spartanisch eingerichtet und bekommt teilweise viel Straßenlärm ab. Eine heiße Dusche kostet 10 Dh.

Hotel de Foucauld HOTEL €
(Karte S.184; ☎0522 22 26 66; 52 Rue el-Oraïbi Jilali; EZ/DZ 100/150 Dh, EZ/DZ/3BZ mit Bad 150/180/220 Dh) Die Zimmer des schlichten Hotels im Stadtzentrum halten leider nicht, was die Stuckdeko in der Rezeption verspricht. Dennoch sind sie überdurchschnittlich geräumig und versprühen irgendwie altmodischen Charme. Manche besitzen eigene Bäder, aber der Lärmpegel aus Richtung Straße ist zuweilen recht hoch.

Hôtel Mon Rêve HOTEL €
(Karte S.184; ☎0522 41 14 39; 7 Rue Chaouia; EZ/DZ/3BZ 90/130/170 Dh, EZ/DZ/3BZ mit Bad 150/200/250 Dh) Bei Budgetreisenden steht das atmosphärische, altmodische Hotel unweit des Hauptmarkts seit Jahren hoch im Kurs. Die blau gestrichenen Zimmer sind sauber, aber karg eingerichtet und kriegen teilweise ziemlich viel Lärm ab. Letzteres lässt sich umgehen, indem man in den oberen Stockwerken absteigt. Die Rue Chaouia wird übrigens häufig mit ihrem alten Namen – Rue Colbert – bezeichnet.

Hôtel Transatlantique HOTEL €€
(Karte S.184; ☎0522 29 45 51; www.transatcasa.com; 79 Rue Chaouia; EZ/DZ/3BZ 770/925/1025 Dh; ❄📶) Das Transatlantique ist ein architektonisches Meisterwerk von 1922, das Dekor wirkt allerdings ein wenig übertrieben. Reisegruppen lieben das Hotel, das über eine Snackbar, schattige Sitzgelegenheiten im Außenbereich und komfortable, wenn auch ziemlich einfache Zimmer verfügt. Den ersten Stock sollte man meiden, da man hier den Lärm von der beliebten, rauen Bar abbekommt. Es gibt ein paar kürzlich modernisierte Suiten. Die Angestellten werden einem sicherlich stolz erzählen, dass dort Edith Piaf und Telly Savalas aus *Kojak* (samt legendärem Lutscher) übernachtet haben.

Hôtel Riad Salam HOTEL €€€
(☎0522 39 13 13; Fax 0522 39 13 45; Blvd de la Corniche, Aïn Diab; DZ inkl. Frühstück 2700 Dh; 🚭❄📶🏊) Nach wie vor die Nummer eins am Wasser. Die Nichtraucherzimmer sind im marokkanischen Stil gehalten und haben niedrige Sofas, gewebte Teppiche sowie dekorative Fliesen. Sie grenzen an die drei Swimmingpools und die begrünte Terrasse. Ein Thalassotherapiezentrum, ein Fitnessstudio und Tennisplätze gehören zu den

GEHEIMTIPP

TAHIR SHAH, AUTOR & EINWOHNER VON CASABLANCA

Ich liebe die wilde Lebendigkeit von Casablanca. Die Stadt ist der Schmelztiegel Marokkos. Ich wohne jetzt seit sieben Jahr hier, und es gefällt mir immer besser. Casa verzaubert mich, immer. Touristen sind so selten, dass man sich zweimal umdreht, wenn man mal einen entdeckt!

Meine Lieblingsorte? Das kommt ganz auf die Stimmung an. Das alte Art-déco-Zentrum rund um die Place Mohammed V zählt dazu. Was für ein Schatz! Was für eine Perle! Es ist schmuddelig und heruntergekommen, doch diese verblassende Pracht zu sehen ist einfach ein unbeschreibliches Erlebnis. Man steht mit offenem Mund da und staunt!

Ein weiteres Art-déco-Gebäude ist das Stade Velodrome. Dort finden jede Woche Windhundrennen statt. Hunderennen in Casablanca, das ist ein sehr zwielichtiger Zeitvertreib. Ich liebe es!

Zudem ist unsere Medina eine der authentischsten von ganz Marokko. Dort gibt's wirklich nichts für Touristen. Sie gehört ganz und gar den Einheimischen.

Und mein Geheimtipp ist der Socco de Moina-Suk im „Mittelschichtviertel" Hay Hassani. Er ist wirklich toll: Neben Antiquitäten aus französischer Zeit, tollem architektonischen Krimskrams, riesigen Kronleuchtern und Flügeln findet man Badewannen und Grammofone. Die gesamte Einrichtung meines Hauses stammt aus diesem Suk.

weiteren Annehmlichkeiten der Unterkunft. Außerhalb der Saison gibt's ordentlich Rabatt. Das Hotel liegt an der Corniche, 3 km südlich des Zentrums.

Hôtel Bellerive HOTEL €€
(☎0522 79 75 04; www.belleriv.com; 38 Blvd de La Corniche, Aïn Diab; EZ/DZ/3BZ inkl. Frühstück 550/750/1050 Dh; ❄🏊) Die kleine familienbetriebene Pension besitzt eine tolle Terrasse, außerdem sind der Pool und der Garten einfach klasse. Sie bilden den Ausgleich für die altmodischen Standardzimmer. Viele bieten aber Meerblick, und es ist hier billiger als in den meisten anderen Hotels am Wasser. Über Platzmangel kann man ebenfalls nicht klagen. Da es auch noch einen Spielplatz gibt, ist dies eine gute Wahl für Reisende mit Kindern.

Hôtel le Littoral HOTEL €€€
(☎0522 79 73 73; Fax 0522 79 73 74; Blvd de l'Océan Atlantique, Aïn Diab; EZ/DZ inkl. Frühstück 990/1380 Dh; ❄📶🏊) Eine verwinkelte, gut gepflegte Bleibe. Sie ist ziemlich dunkel, aber die Zimmer wurden bei unserem Besuch gerade generalüberholt. Die großen Balkone gewähren Aussicht auf den Strand. Vor Ort findet man zwei Restaurants, eine Disko und (Leih-)Sonnenschirme.

Dar Itrit B&B €€
(☎0522 36 02 58; www.daritrit.ma; 9 Rue Restinga; EZ/DZ 870/980 Dh; 📶) Charmantes B&B mit nur drei Doppelzimmern, die jeweils individuell im Marrakesch-, Berber- oder Mogadorstil dekoriert sind. Leider liegt es etwas außerhalb des Zentrums. Das leckere Frühstück wird entweder im hellen Wohnbereich oder auf der Terrasse serviert.

Hôtel Oued-Dahab HOTEL €
(Karte S. 184; ☎0522 22 38 66; 17 Rue Mohamed Belloul; EZ/DZ/3BZ 120/160/220 Dh; EZ/DZ/3BZ mit Bad 150/220/295 Dh) Wird von derselben Familie betrieben wie das Guynemer. Es bietet geräumige Zimmer (mit eigenem oder Gemeinschaftsbad), ist günstig und sauber. Die Zimmer zur Innenseite sind ruhiger, aber auch etwas dunkler. Gutes Preis-Leistungs-Verhältnis.

Hôtel Hyatt Regency HOTEL €€€
(Karte S. 184; ☎0522 43 12 34; www.casablanca.hyatt.com; Pl des Nations Unis; Zi. 1900 Dh; P❄📶🏊) Das beste der örtlichen Fünf-Sterne-Hotels weist auch die zentralste Lage auf. Casablancas Einwohner kommen liebend gern hierher, um in einem der vielen Restaurants zu speisen oder an der Bar etwas zu trinken. Die geräumigen Zimmer sind mit modernen Extras ausgestattet und punkten mit zeitgenössisch-elegantem Dekor sowie einer grandiosen Aussicht auf die Medina, den Ozean und die Hassan-II.-Moschee. Zu der Unterkunft gehören überdies eine Disko und ein Wellnesszentrum.

✕ Essen

Casablancas Gastroszene ist sehr vielfältig. Das Angebot reicht von wunderbaren Taji-

Casablanca Quartier Gauthier

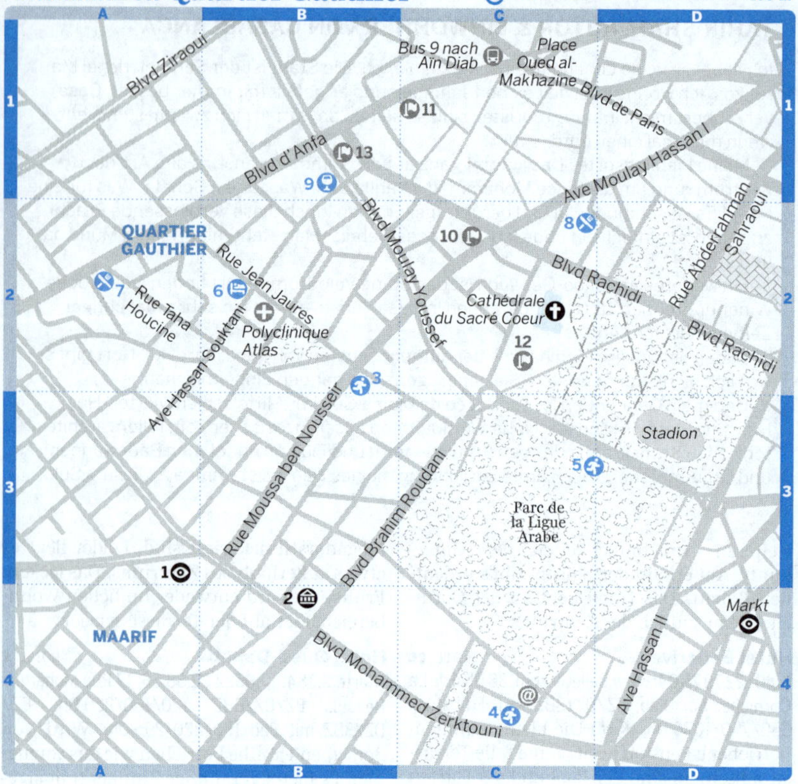

ne-Gerichten und französischer Pâté bis zu thailändischen Klößen. Wie überall entlang der Küste sind die Spezialitäten jedoch frischer Fisch und Meeresfrüchte. Hafenrestaurants und Lokale in Richtung Âïn Diab bieten da besondere Gaumenfreuden.

Als bester Ort für schnelles, preiswertes Essen gilt die Rue Chaouia gegenüber dem Marché Central. Grillstände, Buden und Restaurants haben hier Hühnchen, Spieße sowie Sandwiches für 20 bis 30 Dh im Angebot und sind bis etwa 2 Uhr geöffnet.

ZENTRUM

LP TIPP **Restaurant du Port de Pêche** FISCH & MEERESFRÜCHTE €€

(☎0522 31 85 61; Le Port de Pêche; Hauptgerichte 140 Dh; ⌚Mittag- & Abendessen) Das rustikale Meeresfrüchtelokal im Herzen des Fischerhafens wirkt ganz authentisch. Mittags und abends platzt es aus allen Nähten, denn dann vertilgen die Gäste hier fangfrische Fische, die perfekt zubereitet sind und wie die würzige Paella zu den besten Gerichten der Stadt zählen. Durch die Papierdecken erinnert das Dekor stark an die 1970er-Jahre. Die Angestellten arbeiten flink und professionell. Unbedingt reservieren, da sich der Laden bei den Städtern extremer Beliebtheit erfreut.

LP TIPP **Le Rouget de l'Isle** FRANZÖSISCH €€€

(Karte S. 192; ☎0522 29 47 40; 16 Rue Rouget de l'Isle, off Blvd Moulay Hassan I; Hauptgerichte 160 Dh; ⌚Mo–Fr Mittagessen, Mo–Sa Abendessen) Eines der besten Restaurants in Casa. Das Rouget ist in einer wunderschönen Villa aus den 1930er-Jahren untergebracht und wartet mit einem leicht nach Jasmin duftenden Garten auf. In dem eleganten, stilvollen Lokal werden einfache, aber köstliche und herrlich leichte französische Speisen zu moderaten Preisen serviert. Moderne Kunstwerke des Besitzers zieren die Wände. Vorab reservieren.

Casablanca Quartier Gauthier

Rick's Cafe MEDITERRAN €€
(Karte S.180; ☎0522 27 42 07; www.rickscafe.ma; 248 Blvd Sour Jdid; Hauptgerichte 160 Dh; ⏲Mittag- & Abendessen) Extrapunkte gibt's für das Dekor und die Atmosphäre. Das Mobiliar und die Aufmachung des tollen Bar-Lounge-Restaurants, das von einem ehemaligen US-amerikanischen Diplomaten geführt wird, könnte glatt aus dem Hollywoodklassiker *Casablanca* stammen. Auf der Karte stehen französische und marokkanische Spezialitäten und der Fokus liegt auf frischem Fisch. Mittags kommt man in den Genuss von Chili con Carne (nach einem Rezept von Barack Obama). Der Pianist Issam spielt *As time goes by* und sonntags findet sogar eine Jamsession statt. Außerdem: WLAN und, natürlich, Souvenir-T-Shirts. Im ersten Stock wird „der Film" in einer Endlosschleife gezeigt. Die Bar oben (sie heißt, na wie wohl, The Blue Parrot, s. S.195) lädt zu vorgerückter Stunde zu ein paar Drinks ein.

Sqala Restaurant REGIONALE KÜCHE €€
(☎0522 26 09 60; Blvd des Almohades; Hauptgerichte 90–160 Dh; ⏲Di–So Mittag- & Abendessen, im Sommer tgl.) Dieses reizende Restaurant nördlich des Zentrums dient als Zufluchtsort vor dem städtischen Trubel. Es verbirgt sich in den ockerfarbenen Mauern der *sqala,* einer befestigten Bastion aus dem 18. Jh. Der schmucke Garten des rustikalen Cafés ist von blumenberankten Gittern umgeben. Statt Alkohol gibt's eine gute Auswahl an Tees und frisch gepressten Säften – ein prima Plätzchen für ein marokkanisches Frühstück (70 Dh) oder einen Salat zu Mittag (68 Dh). Spezialität des Hauses sind Tajines. Auf der Karte stehen zudem zahlreiche Fischgerichte und verschiedene Fleischspieße.

Taverne du Dauphin FISCH & MEERESFRÜCHTE €€
(Karte S.184; ☎0522 22 12 00; 115 Blvd Houphouët Boigny; Hauptgerichte 140 Dh; ⏲Mo–Sa Mittag- & Abendessen) Das provenzalische Traditionslokal mit Bar ist eine örtliche Institution, die seit 1958 *fruits de mer* (Meeresfrüchte) serviert. Der altmodische Laden steht unter familiärer Leitung. Wer den saftigen Grillfisch, frittierten Tintenfisch oder *crevettes royales* (Riesengarnelen) probiert, wird hingerissen sein.

Ostréa FISCH & MEERESFRÜCHTE €€
(☎0522 44 13 90; Le Port de Pêche; Hauptgerichte 150 Dh; ⏲Mittag- & Abendessen) Gegenüber dem Restaurant du Port de Pêche am Hafen befindet sich dieses gediegenere Fischrestaurant, das sich auf Oualidia-Austern und frischen Hummer spezialisiert hat.

Restaurant al-Mounia REGIONALE KÜCHE €€
(Karte S.184; ☎0522 22 26 69; 95 Rue Prince Moulay Abdallah; Hauptgerichte 150 Dh; ⏲Abendessen) Ein tolles traditionelles Restaurant, das die beste einheimische Küche im Stadtzentrum auftischt. Gespeist wird entweder im marokkanischen Salon mit eleganten *zellij*-Fliesen und Holzschnitzereien oder unter dem Pfefferbaum im kühlen, schattigen Garten. Die Salatauswahl wäre eines jeden vegetarischen Restaurants würdig. Darüber hinaus gibt's exotische Köstlichkeiten wie Tauben-*pastilla* (gehaltvolle, pikante Pastete) und süße Tomaten-Tajine.

La Brasserie la Bavaroise FRANZÖSISCH €€€
(Karte S.184; ☎0522 31 17 60; 129 Rue Allah ben Abdellah; Hauptgerichte 150–200 Dh; ⏲Abend-

essen) Bei Einheimischen und Auswanderern erfreut sich die gehobene Brasserie hinter dem Marché Central gleichermaßen großer Beliebtheit – teils wegen der französischen Küche, teils um zu sehen und gesehen zu werden. Neben einer guten Auswahl an Fisch locken französische Klassiker wie Steak, Kalb und Fasan. Das Fleisch wird in freundlichem, einladendem Ambiente auf dem Holzkohlegrill gegart. Jeden Monat stehen Spezialitäten aus einer anderen französischen Region auf der Karte. Dieselben Eigentümer leiten auch das benachbarte La Bodéga (S. 195), eine tolle Tapas-Bar.

La Maison du Gourmet FRANZÖSISCH, REGIONALE KÜCHE €€€
(Karte S. 192; ☎0522 48 48 46; Rue Taha Houcine, Maarif; Gerichte 400–500 Dh; ⊙Mo–Fr Mittagessen, Mo–Sa Abendessen) Innovative Highlights der französischen und marokkanischen Küche. Die Inhaber dieses gehobenen Gourmettempels – eine Marokkanerin und ein Franzose – haben eine Ausbildung bei Paul Bocuse genossen. Zu den hiesigen Spezialitäten gehören himmlische *pastilla* mit Entenconfit und Foie Gras. Elegante Einrichtung, super Service und außergewöhnliches Essen machen das Lokal zur perfekten Adresse für besondere Gelegenheiten. Reservierung empfohlen.

Paul MEDITERRAN €€
(Karte S. 192; Ecke Blvd d'Anfa & Blvd Moulay Rachid; ⊙7–21 Uhr) Mittlerweile ist die französische Bäckerei- und Konditoreikette auch in Casa angekommen und nimmt die großartige Villa Zevaco im Art-déco-Stil ein, in der einst Edith Piaf verweilte. Den trendigen Treffpunkt sucht ein steter Strom von Besuchern auf, die wegen des Essens, des Dekors und des Vergnügens, gesehen zu werden, herkommen. Neben fantastischem Frühstück gibt's diverse Salate, Snacks und weitere mediterrane Leckereien.

Patisserie Bennis Habous PATISSERIE €
(2 Rue Fkih el-Gabbas) Eine der berühmtesten traditionellen Patisserien der Stadt. Hier im Quartier Habous locken die leckersten marokkanischen Süßigkeiten der Stadt, u. a. *cornes de gazelle* („Gazellenhörner", Mandelhörnchen) und schmackhafte *pastillas* auf Bestellung.

Ifrane REGIONALE KÜCHE €
(Karte S. 184; Ecke Rues Tata & Mouftakar; Hauptgerichte 40–65 Dh) Das sympathische, relaxte Café ist fast immer überfüllt; die Gäste sitzen und essen dann am Straßenrand. Es bietet Grillgerichte und -spieße zu sehr guten Preisen. Die Klientel ist gemischt, aber Frauen können unbelästigt essen.

Chez Flavio ITALIENISCH €€
(☎0522 29 45 29; 3 Blvd Mohamed Abdou; Pizzas 80 Dh, Hauptgerichte 120 Dh; ⊙Mittag- & Abendessen) Eines der beliebtesten italienischen Restaurants und eine willkommene Abwechslung, wenn man mal etwas anderes als Tajines & Co. essen möchte. Die hervorragenden Pizzas suchen in Casablanca wirklich ihresgleichen.

Snack Amine Adam FISCH & MEERESFRÜCHTE €
(Karte S. 184; Rue Chaouia; Hauptgerichte 70 Dh) Dieser Imbiss versteckt sich zwischen den Hähnchengrillern am Marché Central und kredenzt große Teller mit gebratenem Fisch sowie Platten voller frischer Meeresfrüchte.

AÏN DIAB & ANFA

Die besten Restaurants drängen sich unweit des El-Hank-Leuchtturms am Rand der Steilküste.

La Fibule REGIONALE KÜCHE, MEDITERRAN €€€
(☎0522 36 06 41; Blvd de la Corniche, Phare el-Hank; Gerichte 300–500 Dh; ⊙Mittag- & Abendessen) Schummerlicht, warme Farben und elegantes Dekor verleihen dem Lokal eine einladende Atmosphäre. Auf der Karte steht Leckeres aus Marokko und dem Libanon. An den niedrigen Tischen blickt man durch große Fenster direkt aufs Meer.

La Mer FISCH & MEERESFRÜCHTE €€€
(☎0522 36 33 15; Blvd de la Corniche, Phare el-Hank; Gerichte 400 Dh; ⊙Mittag- & Abendessen) Liegt direkt neben dem La Fibule und hat denselben Besitzer. Die weißen Leinentischtücher und das feine Porzellan geben La Mer einen edlen Touch, der das Ethno-Ambiente ersetzt. Karte und Service sind beinahe übertrieben französisch, aber das Essen lässt keinerlei Wünsche offen.

A Ma Bretagne FISCH & MEERESFRÜCHTE, FRANZÖSISCH €€€
(☎0522 36 21 12; Sidi Abderrahman, Blvd de la Corniche; Gerichte 500 Dh; ⊙Abendessen) Vor Ort wird der selbstbewusste, coole und moderne Laden gerne als Afrikas bestes Restaurant bezeichnet. Das Essen ist jedenfalls vom Feinsten. Für Meeresfrüchte muss man hier am tiefsten in die Tasche greifen, der *maître cuisinier* (Küchenchef) André Halbert bereitet aber auch noch andere französische Köstlichkeiten zu. Das Lokal befindet sich 5 km außerhalb der Stadt.

CASABLANCA FÜR KINDER

Casablanca ist eine riesige, schmutzige Stadt. Wer mit Kindern unterwegs ist, hält sich besser von dem Lärm und Verkehr im Zentrum fern. Die Strände und Strandclubs in **Âïn Diab** sind für Kids besser geeignet. Außer Swimmingpools, Rutschen und Spielplätzen gibt's dort Sportplätze und massenhaft andere Sachen. Traveller, die in einem Hotel am Blvd de la Corniche absteigen, haben meist einen eigenen Pool und viele Vergnügungsmöglichkeiten gleich um die Ecke.

Westlich von Aïn Diab liegt das teure Viertel **Anfa** mit der riesigen **Morocco Mall**. Außer Geschäften beherbergt das Einkaufszentrum ein Aquarium und ein Imax-Kino.

Mitten in der Stadt erstreckt sich Casas größte Grünfläche, der **Parc de la Ligue Arabe**. Er ist der perfekte Ort zum Spielen und Spazierengehen, außerdem beherbergt er diverse kleine Cafés und den **Yasmina-Vergnügungspark** (Karte S.192; Eintritt 150 Dh; ⌚10–19 Uhr) mit jeder Menge Karussells, auch für kleinere Kinder, und Rummelflair.

Frédéric Cassel Haute Patisserie PATISSERIE €€

(8 Blvd Moulay Rachid, Anfa) Sehen und gesehen werden heißt es in Anfas neuestem Trendcafé, wo köstliches Frühstück und leichte Mahlzeiten, aber auch hervorragende Eiscreme und Kuchen serviert werden.

Hediard PATISSERIE €€

(Résidence Jardin d'Anfa, Blvd Lido Route Côterie, Aïn Diab) Superschick, neu und angesagt: Dieses Café in Âïn Diab wartet mit verschiedenen leckeren Kuchen, kleinen Gerichten und Sandwiches auf (50–90 Dh).

SELBSTVERSORGER

Marché Central MARKT €

(Karte S.184) Wer ein gemütliches Picknick am Strand plant, kann sich am Marché Central (Hauptmarkt) zwischen dem Blvd Mohammed V und der Rue Allah ben Abdellah eindecken. Dies ist auch der perfekte Ort, um sich einfach nur umzugucken. Es gibt hier eine tolle Auswahl an frischen Produkten und jede Menge Köstlichkeiten.

Ausgehen

Im Stadtzentrum stößt man auf zahlreiche Kneipen im französischen Stil. Allerdings sind sie eine Männerdomäne, weibliche Gäste fühlen sich meist bedrängt und eingeschüchtert. In einigen Bars geht's ziemlich rau zu, denn dort trifft man praktisch nur Männer (und Prostituierte). Frauen sollten eher die Bars in größeren Hotels besuchen.

Café Alba CAFÉ €

(Karte S.184; 59–61 Rue Indriss Lahrizi) Hohe Decken, moderne Möbel, eine geschickte Beleuchtung und ein Hauch von elegantem Kolonialzeitstil unterscheiden das Café von den üblichen verrauchten Kneipen in der Innenstadt. Wenn nicht viel los ist, können Frauen dort ungestört sitzen. Ein toller Ort, um „wichtige" Leute zu beobachten.

Sqala Café Maure CAFÉ €

(Blvd des Almohades) Noch eine Ausnahme von der Regel „nur für Männer" ist dieses süße Café hinter der *sqala* in den Mauern der Medina. Der Garten steht in voller Blüte und es geht den ganzen Nachmittag ruhig zu – ein herrliches Ambiente für einen Kaffee oder Saft.

Blue Parrot BAR

(248 Blvd Sour Jdid) Die Bar im karibischen Stil liegt über Rick's Cafe (S.193), hat einen Außenbereich und gewährt einen tollen Blick auf den Hafen. Dies ist der richtige Ort für ein paar Drinks – auch für Frauen – und einfache Grillgerichte (Hauptgerichte 75–160 Dh).

La Bodéga TAPAS-BAR

(Karte S.184; 129 Rue Allah ben Abdellah) Hip, quirlig sowie bei Casas junger und alter Crème de la Crème im Trend. In der Tapas-Bar gibt's reichlich laute Musik (alles von arabischem Pop bis Salsa) und Rioja (spanischer Wein). Die Stimmung ist super und nach 22 Uhr geht auf der Tanzfläche die Post ab.

Petit Poucet BAR

(Karte S.184; Ecke Blvd Mohammed V & Rue Mohammed el-Qory) Ein unverwüstliches Relikt aus den 1920er-Jahren. Der französische Autor und Flieger Saint-Exupéry hing hier gern zwischen zwei Postflügen über der Sahara ab. Heute wirkt die reine Männerbar heruntergekommen, ist aber ein authentisches Stück altes Casablanca. Nach den altmodischen Schildern Ausschau halten.

Le Trica BAR

(Karte S. 192; 5 Rue el-Moutanabi, Quartier Gauthier; ⌚Sa & So mittags geschl.) Zweistöckige trendige Loungebar mit Backsteinwänden und Möbeln im Stil der 1960er-Jahre. Im Trica kann man den Puls des modernen Marokko fühlen. Techno-Beats heizen die Atmosphäre kräftig an, während Bier und Mojitos in Strömen fließen. Beim Mittagessen geht's wesentlich ruhiger zu.

☆ Unterhaltung

Nachtclubs

Wer spätabends etwas trinken und tanzen gehen will, ist im Strandvorort Aïn Diab goldrichtig. Allerdings muss man recht tief in die Tasche greifen, um mit den hippen Szeneleuten die Nacht durchzumachen. Der Eintritt kostet mindestens 150 Dh und ungefähr das Gleiche geht noch mal für Getränke drauf. Gorillas bewachen die Eingänge und kontrollieren die Gäste – wer ihnen nicht gefällt, kommt nicht rein. Viele dieser Clubs sind speziell auf reiche Typen aus dem Mittleren Osten zugeschnitten (ein Prinz aus Saudi Arabien besitzt einen Palast an der Corniche) und bieten Unterhaltungsprogramme mit ägyptischen sowie libanesischen Künstlern.

Balcon 33 CLUB

(33 Blvd de la Corniche) Bar-Restaurant-Kabarett mit Fellini-Charme.

Le Carré Rouge CLUB

(Hotel Villa Blanca, Blvd de la Corniche; ⌚23.30–4 Uhr) Ein übermoderner Club, in dem Pop gespielt wird.

VIP Club CLUB

(Rue des Dunes) Homosexuelle sind willkommen.

Le Village CLUB

(11 Blvd de la Corniche) Auch hier fühlen sich Schwule einigermaßen wohl.

Armstrong Legend CLUB

(41 Blvd de la Corniche) Immer zum Bersten voll. Eine der wenigen Locations, in denen funky Livemusik gespielt wird.

Außerhalb von Aïn Diab bleiben eigentlich nur die Clubs großer internationaler Hotels, inklusive der hier genannten Läden. Prostituierte sind jedoch überall zugegen. Von Männern wird Spendierfreudigkeit erwartet und Frauen können fast nirgendwo unbehelligt einkehren.

Hôtel Transatlantique HOTELCLUB

(Karte S. 184; www.transatcasa.com; 79 Rue Chaouia) Der schäbige Nachtclub im Transatlantique wird größtenteils von männlichen Marokkanern besucht und ist eine gute Adresse für etwas *couleur locale* zu später Stunde. Sängerinnen und Bauchtänzerinnen geben ihr Bestes und animieren das Publikum, ihnen Geld zuzuwerfen.

Sky 28 HOTELCLUB

(Kenzi Tower Hotel, Twin Centre, Maarif) Cocktails und Livemusik.

Caesar HOTELCLUB

(Karte S. 184; Hôtel Sheraton, 100 Ave des FAR)

Black House HOTELCLUB

(Karte S. 184; Hôtel Hyatt Regency, Place des Nations Unies)

Theater

Complex Culturel Sidi Belyout THEATER

(Karte S. 184; 28 Rue Léon L'Africain; ⌚Vorführungen 21 Uhr) Das Theater bietet Platz für 200 Zuschauer. Auf dem Spielplan stehen größtenteils Bühnenstücke auf Arabisch, gelegentlich aber auch Konzerte und Tanzvorstellungen.

Les Abattoirs de Casablanca KULTURZENTRUM

(☎0537 73 26 50; www.abattoirs-casablanca.net; Quartier Hay Mohammadi) Dieses ehemalige Schlachthaus aus dem Jahr 1922 wurde zu einem beeindruckenden Kulturzentrum umgebaut und ist als Culture Factory bekannt. Es befindet sich unweit des Casa-Voyageurs-Bahnhofs. In dem Komplex finden Ausstellungen, Theaterstücke und Konzerte statt, außerdem kann man an Seminaren von Maskenherstellung bis Rollerbladen teilnehmen. Manche Angebote richten sich speziell an Kinder. Das aktuelle Programm findet man unter www.casapocket.com.

Kinos

Sofern sie nicht als *„version originale"* (Originalversion) gekennzeichnet sind, laufen die meisten englischsprachigen Filme auf Französisch.

Megarama KINO

(☎0522 79 88 88; www.megarama.info, auf Französisch; Blvd de la Corniche; Vorstellungen nachmittags/abends 40/50 Dh) Casas vornehmstes Kino nimmt einen großen Komplex in Aïn Diab ein. Die vier komfortablen Säle sind stets proppenvoll.

Cinéma Lynx KINO
(150 Ave Mers Sultan; Parkett/Loge/Club 30/40/50 Dh) Geräumiges, bequemes Kino mit tollem Soundsystem. Prima Alternative, wenn der Weg nach Aïn Diab zu weit sein sollte.

Cinéma Rialto KINO
(Karte S. 184; ☎0522 26 26 32; Rue Mohammed el-Qory; Parkett/Loge/Club 30/40/50 Dh) Klassisches großes Art-déco-Kino mit nur einer Leinwand.

Imax-Kino KINO
(Morocco Mall, Route Azemmour, Anfa) Bei unserem Besuch war das Kino fast fertiggestellt. Es bietet 400 Personen Platz.

Shoppen

Casablanca ist nicht gerade eine Hochburg des Kunsthandwerks, doch man findet trotzdem eine Menge traditioneller Waren aus dem ganzen Land. Besonders nett ist es im Quartier Habous südlich des Zentrums. Die Verkäufer sind entspannt, aber die Qualität der Sachen lässt maanchmal zu wünschen übrig und man kommt nicht um hartes Feilschen herum.

Exposition Nationale d'Artisanat KUNST & KUNSTHANDWERK
(Karte S. 184; ☎0522 26 70 64; 3 Ave Hassan II; ⌚8.30–12.30 & 14.30–20 Uhr) Wer nicht gerne handelt, kommt am besten hierher. Auf drei Etagen gibt's Ware zu Festpreisen.

Disques GAM MUSIK
(Karte S. 184; ☎0522 26 89 54; 99 Rue Abderrahman Sehraoui) Bietet eine gute Auswahl an traditioneller arabischer und Berbermusik.

Praktische Informationen

Informationen zur Planung, Empfehlungen der Autoren, Erfahrungsberichte von Travellern und Insidertipps findet man auf der englischsprachigen Website von **Lonely Planet** (www.lonelyplanet.com/morocco/the-atlantic-coast/casablanca).

Geld

Im Zentrum gibt's an beinahe jeder Ecke Banken. Fast alle haben Geldautomaten und Wechselstuben.

BMCE (Hôtel Hyatt Regency, Pl des Nations Unis; ⌚9–21 Uhr) Auch nach Ladenschluss und am Wochenende.

Crédit du Maroc (48 Blvd Mohammed V) Eigenständige Wechselstube in zentraler Lage. Löst kostenlos Reiseschecks von Amex (American Express) ein.

Voyages Schwartz (Rue Prince Moulay Abdallah) Amex-Vertreter, der weder Reiseschecks verkauft noch einlöst.

Wafa Cash (15 Rue Indriss Lahrizi; ⌚Mo–Sa 8–20 Uhr) Hat lange Öffnungszeiten und einen Geldautomaten. Löst auch Reiseschecks ein.

Internetzugang

EuroNet (51 Rue Tata; 10 Dh pro Std. ; ⌚8.30–23 Uhr)

G@.net (29 Rue Abdelkader al-Moftaker; 8 Dh pro Std. ; ⌚9–24 Uhr) Sauber und modern. Schnelle Verbindungen.

Gig@net (140 Blvd Mohammed Zerktouni; 10 Dh pro Std. ; ⌚24 Std.)

LGnet (81 Blvd Mohammed V; 8 Dh pro Std. ; ⌚9–24 Uhr)

Medizinische Versorgung

Polyclinique Atlas (Karte S. 192; ☎0522 27 40 39; 27 Rue Mohammed ben Ali, Quartier Gauthier; ⌚24 Std.) In einer Seitenstraße der Rue Jean Jaures.

Notfall

Feuerwehr/Krankenwagen (☎15; ⌚24 Std.)

Polizei (☎19; ⌚24 Std.)

Service d'Aide Médicale Urgente (SAMU; ☎0522 25 25 25; ⌚24 Std.) Privater Rettungsdienst.

SOS Médecins (☎0522 44 44 44, 0522 25 30 49; Hausbesuch 400 Dh; ⌚24 Std.) Privater Ärztedienst; Hausbesuche.

Post

FedEx (☎0522 54 12 12; 313 Blvd Mohammed V)

Hauptpostamt (Ecke Blvd de Paris & Ave Hassan II)

Postfiliale am Hauptmarkt (Ecke Blvd Mohammed V & Rue Chaouia)

Postfiliale in der Medina (Pl Ahmed el-Bidaoui) In der Nähe der Jugendherberge.

Reisebüros

Carlson Wagonlit (☎0522 20 30 51; www.carlsonwagonlit.com/en/countries/ma; 60–62 Rue Araibi Jilali) Renommierter internationaler Anbieter.

Supratours (☎0522 24 81 72; www.supratourstravel.com; Bahnhof Casa Voyageurs) Organisiert Zug- und Busreisen.

Voyages Wasteels (☎0522 54 10 10; www.wasteels.fr, auf Französisch; 26 Rue Léon L'Africain) Eine gute Adresse für günstige Interkontinentalzugtickets.

Touristeninformation

Trotz des höflichen Personals sind Casas Touristeninformationen nicht empfehlenswert, deshalb holt man am besten vor Reisebeginn Infos unter **Visit Casablanca** (www.visitcasablanca.ma) ein. Auch die Rezeption des eigenen Hotels kann manchmal weiterhelfen.

Eine nützliche Infoquelle zum Thema Veranstaltungen ist **Casa Pocket** (www.casa-pocket.com).

Office National Marocain du Tourisme (ONMT; außerhalb der Karte S. 184; ☎0522 27 95 33; 55 Rue Omar Slaoui)

Syndicat d'Initiative (Karte S. 184; ☎0522 22 15 24; 98 Blvd Mohammed V)

An- & Weiterreise

Auto

In Casablanca gibt's zahlreiche Autovermieter, vor allem an der Ave des FAR, am Blvd Mohammed V und am Flughafen.

Avis Casablanca (Karte S. 184; ☎0522 31 24 24; 19 Ave des FAR); Internationaler Flughafen Mohammed V (☎0522 53 90 72)

Budget Casablanca (Karte S. 184; ☎0522 31 31 24; Tours des Habous, Ave des FAR); Internationaler Flughafen Mohammed V (☎0522 33 91 57)

Hertz Casablanca (Karte S. 184; ☎0522 48 47 10; 25 Rue el-Oraïbi Jilali); Internationaler Flughafen Mohammed V (☎0522 53 91 81)

National Casablanca (Karte S. 184; ☎0522 27 71 41; 12 Rue el-Oraïbi Jilali); Internationaler Flughafen Mohammed V (☎0522 53 97 16)

President Car (Karte S. 184; ☎0522 26 07 90, 0661 21 03 94; presidentcar@menara.ma; 27 Rue el-Ghali Ahmed) Empfehlenswerter lokaler Anbieter mit gepflegtem Fuhrpark und günstigen Preisen. Die hilfsbereiten Bouayad-Brüder sind abseits des Blvd Mohammed V zu finden. Sie werden von ortsansässigen Einwanderern sehr geschätzt und bringen Mietwagen auf Wunsch zum Flughafen oder nach Marrakesch.

Außer an Sonn- und Feiertagen sind Casablancas Parkuhren täglich zwischen 8 und 12 bzw. 14 und 19 Uhr in Betrieb (2 Dh pro Std., max. 2 Std.). Wer sich um die Gebühr drückt, muss eventuell Strafe zahlen oder der Wagen bekommt eine Radkralle verpasst. Bewachte Parkplätze liegen neben dem britischen Friedhof (Tag/Nacht 20 Dh) und abseits der Rue Tata (5 Dh pro Std.). Anderswo erwarten Wächter fürs Aufpassen immer ein Trinkgeld (5 Dh).

Bus

Der moderne **CTM-Busbahnhof** (Karte S. 184; ☎0522 54 10 10; www.ctm.ma; 23 Rue Léon L'Africain) verfügt über ein Café und liegt in der Nähe der Ave des FAR. Hier läuft alles recht reibungslos und die Busse fahren täglich. Es gibt folgende Nachtverbindungen:

ZIEL	PREIS (DH)	DAUER (STD.)
Al-Hoceima	200	11
Dakhla	530	28
Er-Rachidia via Tinerhir	190	14
Nador	190	13
Ouarzazate	170	7½
Oujda	190	11
Taroudannt	190	10

BUSSE (TAGSÜBER) AB CASABLANCA

ZIEL	PREIS (DH)	DAUER (STD.)	TÄGLICHE VERBINDUNGEN
Agadir	200	6½	6
Chefchaouen	125	7	1
El-Jadida	40	2	6
Essaouira	145	6	2 mit CTM; stündl. mit privaten Unternehmen
Fes	100	4	8
Laâyoune	410	20	2
Marrakesch	90	3½	8
Meknès	90	3½	6
Ouezzane	80	4	1
Tanger	145	5½	5 mit CTM; regelmäßig mit privaten Unternehmen
Taza	155	7	4
Tetouan	145	6	5

Außerdem hat CTM internationale Fahrten (s. S. 548) im Programm.

Die moderne **Gare Routière Ouled Ziane** 4 km südöstlich des Zentrums dient als Anlaufstelle für praktisch alle Busse, die nicht zu CTM gehören. Wer also ein Ziel erreichen möchte, das von diesem Unternehmen nicht angeboten wird, muss sich hierhin aufmachen. Ein Taxi zu dem Busbahnhof kostet etwa 20 Dh. Die Buslinien 10 und 36 vom Blvd Mohammed V in der Nähe des Markts steuern ihn ebenfalls an.

An der Route Ouled Ziane, aber rund 1 km näher an der Stadt, liegt auch der SAT-Busbahnhof. SAT bietet zwar weniger nationale und internationale Verbindungen an, hat aber einen ähnlichen Standard wie CTM und ist etwas günstiger.

Flugzeug

Der **Internationale Flughafen Mohammed V** (☎0522 53 90 40; www.onda.ma) liegt 30 km südöstlich der Stadt an der Straße nach Marrakesch. Dort starten regelmäßig Flieger in die meisten Länder Westeuropas sowie nach Westafrika, Algerien, Tunesien, Ägypten, Nordamerika und in den Nahen Osten. Auf S. 546 findet man eine Liste der Airlines.

Fast alle Inlandsverbindungen von Royal Air Maroc (RAM) führen über Casablanca, deshalb kann man von hier alle Ziele in Marokko direkt ansteuern. Die Regional Air Lines fliegt mehr als ein Dutzend Orte im Land an; die meisten liegen im Süden an der Küste.

Taxi

Grands taxis nach Rabat (30 Dh) und Fes (120 Dh) fahren auf dem Blvd Mohammed V gegenüber dem alten Hotel Lincoln ab. Zugreisen sind aber weit komfortabler.

Zug

Wer einen Ort an einer Bahnstrecke besuchen will, fährt am besten mit dem Zug. Casablanca hat fünf Bahnhöfe, aber nur zwei sind für Traveller relevant.

Alle Fernzüge und die Züge zum Internationalen Flughafen Mohammed V starten am Bahnhof Casa Voyageurs 4 km östlich des Stadtzentrums. Entweder nimmt man die Buslinie 30 (4 Dh), die über den Blvd Mohammed V fährt, oder ein Taxi (15 Dh).

Der **Casa-Port-Bahnhof** (Karte S. 184) liegt ein paar hundert Meter nordöstlich der Place des Nations Unies und ist gut zu erreichen. Hier bestehen allerdings nur Verbindungen nach Rabat (35 Dh, 1 Std., alle 30 Min.) und Kenitra (48 Dh, 1½ Std., alle 30 Min.).

Zu den Reisezielen zählen:

Azemmour 31 Dh, 7-mal tgl.

El-Jadida 35 Dh, 1½ Std., 7-mal tgl.

Fes 110 Dh, 3½-4½ Std., 18-mal tgl.

Marrakesch 90 Dh, 3 Std., 9-mal tgl.

Meknès 90 Dh, 3½ Std., 18-mal tgl.

Nador 185 Dh, 11 Std., 5-mal tgl.

Oujda 205 Dh, 10 Std., 3-mal tgl.

Tanger 125 Dh, 5 Std., 8-mal tgl.

ℹ Unterwegs vor Ort

Bus

Das lokale Bussystem wurde modernisiert, wer allerdings nicht allein reist und auch nicht so sehr aufs Geld achten muss, ist mit einem *petit taxi* besser bedient. Busfahrten kosten 4 Dh; die Linien halten an festgelegten Haltestellen. Folgende Busse sind besonders praktisch, wobei sich die Nummern und Routen eventuell im Rahmen der Umstrukturierung für die neue Straßenbahn ändern:

LINIE 2 Vom Blvd Mohammed V zum Casa-Voyageurs-Bahnhof.

LINIE 4 Den Blvd de Paris runter und über die Ave Lalla Yacout zur neuen Medina.

LINIE 9 Vom Blvd d'Anfa nach Aïn Diab und zu den Stränden.

LINIE 10 Von der Place de la Concorde den Blvd Mohammed V runter zur Gare Routière Ouled Ziane.

LINIE 11 Von der Ave des FAR zur Gare Routière.

LINIE 15 Von der Place Oued al-Makhazine nach Norden zur Hassan-II.-Moschee

Vom/zum Flughafen

Vom Internationalen Flughafen Mohammed V kommt man am einfachsten mit dem Zug nach Casablanca (2. Klasse 40 Dh, 35 Min.). Abfahrt ist unter dem Terminal 1. Die Züge sind komfortabel, zuverlässig und verkehren von 6 bis 22 Uhr stündlich sowie noch einmal um Mitternacht. Wer will, kann auch weiter bis nach Rabat (75 Dh) oder Kenitra (88 Dh) fahren. In dem Fall muss man im Bahnhof Casa Voyageurs oder in Aïn Sebaa umsteigen.

Der erste Zug vom Casa-Voyageurs-Bahnhof zum Flughafen startet um 4.40 Uhr (ab 6.07 dann stündl. bis 22.07 Uhr). Ab dem Casa Port-Bahnhof bestehen weitere Verbindungen (man muss in Aïn Sebaa umsteigen).

Für ein *grand taxi* zwischen Flughafen und Stadtzentrum ist mit 300 Dh zu rechnen; zu unchristlichen Zeiten können es auch mal 350 Dh sein. Manche Fahrer kassieren eine Provision, wenn sie Gäste zu bestimmten Hotels kutschieren.

Straßenbahn

Die Straßenbahn soll bis Ende 2012 in Betrieb genommen werden.

Taxi

Die roten *petits taxis* in Casa sind ihr Geld wert und bringen einen oft schneller ans Ziel als Busse. Wer eines braucht, kann es überall heranwinken. Ansonsten steuert man den Taxistand in der Ave des FAR an. Der Mindestpreis liegt bei 7 Dh, im Stadtzentrum können es allerdings auch 15 Dh sein. Fast alle Fahrer schalten ihr Taxameter ein. Falls sich einer weigert, sollte man einfach aussteigen! Nach 20 Uhr wird der Spaß 50 % teurer. Man muss ausreichend Münzgeld zur Hand haben und das Rückgeld auf jeden Fall zählen.

RABAT الرباط

2,5 MIO. EW.

Im Unabhängigkeitsjahr 1956 wurde Rabat zur Landes- und Verwaltungshauptstadt Marokkos. Obwohl es bis heute nicht viele Touristen anzieht, ist es ein echtes Juwel, denn es verfügt über eine großartige Kolonialarchitektur. Seine gepflegten Boulevards verlaufen im Schatten von Palmen und sind relativ wenig befahren. Gleichzeitig gibt sich die Stadt so weltbürgerlich wie ihre größere, von der Wirtschaft geprägte Schwester weiter unten an der Küste. Alles in allem ist das Leben hier ausgesprochen angenehm und kultiviert. Casablancas Einwohner bezeichnen Rabat wegen seiner vielen Bürokraten als langweilig und haben damit nicht ganz unrecht. Im Vergleich ist Rabat jedoch entspannter, angenehmer und provinzieller und viel weniger schäbig und hektisch.

Die stille Medina begeistert Besucher mit ursprünglicher Atmosphäre, tollen Läden und faszinierender Bauten. Auf Straßen und in Suks wird man weitgehend in Ruhe gelassen und kann die Monumente und versteckten Schätze prima auf eigene Faust erkunden. Schmale Gassen, Kunstmuseen und die tolle Aussicht aufs Meer machen auch die malerische Kasbah zu einem lohnenden Ziel.

Viele Bauwerke der Phönizier, Römer, Almohaden und Meriniden zeugen noch heute von Rabats langer, facettenreicher Geschichte. Zuweilen verlagerte sich das Machtzentrum hinüber nach Salé, eine weiß getünchte Stadt am anderen Ufer des Bou Regreg, in der die Zeit noch stillzustehen scheint.

Dank zahlreicher guter Restaurants ist Rabat zudem ein wunderbares Pflaster für Feinschmecker. Das Nachtleben ist nicht ganz so bunt wie das in Casablanca, aber für Unterhaltung sorgen bereits nachmittägliche Spaziergänge auf den Hauptstraßen im umtriebigen Vorort Agdal – dort stellen einheimische Trendsetter ihre engen Jeans zur Schau. Wer genug vom städtischen Trubel hat, steuert die Strände weiter nördlich an.

Mittlerweile sind die Ufer zu beiden Seiten des Flusses ausgebaut und die Straßenbahn zwischen Rabat und Salé sollte bei Erscheinen dieses Reiseführers in Betrieb genommen sein.

Geschichte

Jenseits von Rabat erstrecken sich fruchtbare Ebenen landeinwärts, die bereits im 8. Jh. v. Chr. Siedler anzogen. An der Mündung des Oued Bou Regreg errichteten Römer und Phönizier ihre Handelsposten in Sala (heute Chellah). Die römische Siedlung Sala Colonia überlebte das Weltreich um viele Jahre und wurde schließlich Sitz eines unabhängigen Berberkönigreichs. Die Zenata-Berber bauten ein *ribat* (Wehrkloster), dem die Stadt ihren Namen verdankt. Es befand sich am Standort der heutigen Kasbah. Im 10. Jh. wurde die neue Stadt Salé am nördlichen Flussufer gegründet. Ihr wachsender Wohlstand bedeutete den Niedergang Chellahs.

Nach Ankunft der Almohaden im 12. Jh. baute man das *ribat* zur Kasbah um. Diese diente als strategischer Ausgangspunkt für Kriegszüge in Spanien, wo die Dynastie erfolgreich eine neue muslimische Herrschaft über Andalusien etablierte. Unter Yacub al-Mansur (der Siegreiche) erlebte Rabat eine kurze Blütezeit als Reichshauptstadt Ribat el-Fath (Siegesfestung). Al-Mansur ließ mächtige Stadtmauern hochziehen, versah die Kasbah mit dem gewaltigen Tor Bab Oudaïas und begann mit der Errichtung der Hassan-Moschee, der größten Moschee des islamischen Westens bzw. der gesamten islamischen Welt.

1199 machte Al-Mansurs Tod dem ehrgeizigen Vorhaben ein Ende – der gigantische Bau blieb unvollendet. Bald darauf versank die Stadt in Bedeutungslosigkeit. Erst im 17. Jh. sollte sich das Blatt wieder wenden.

Zusammen mit muslimischen Flüchtlingen aus Spanien hielt eine Schar von christlichen Banditen, maurischen Piraten, Freibeutern und Abenteurern Einzug. Rabat und Salé wurden zu sicheren Schlupfwinkeln von Korsaren, jenen skrupellosen Piraten, die englische Geschichtsschreiber als „Sallee Rovers" bezeichneten. Mit der Republik von Bou Regreg gründeten diese schließlich ihren eigenen Staat. Die Gier nach spanischem Gold trieb die Korsaren sogar bis zur weit entfernten US-Küste. Im südenglischen Cornwall brachten sie christliche Sklaven in ihre Gewalt. Die ersten Alawiden-Sultane versuchten, dem munteren Plündern einen Riegel vorzuschieben. Dennoch bekam niemand die Korsaren in den Griff – bis weit ins 19. Jh. hinein kaperten sie europäische Schiffe.

Ende des 18. Jhs. war Rabat kurzzeitig die Hauptstadt von Sultan Mohammed ben Abdallah, um bald darauf erneut in der Bedeutungslosigkeit zu verschwinden. Die traditionellen Hauptstädte Fes und Marrakesch waren Schauplätze ständiger Unruhen und politischer Intrigen. So entschlossen sich die Franzosen 1912, beide „Hornissennester" aufzugeben, und verlegten ihr Machtzentrum nach Rabat, dessen Versorgung und Verteidigung wesentlich einfacher war. Seitdem ist die Küstenstadt Regierungssitz und offizielle Königsresidenz.

⊙ SEHENSWERTES

MEDINA

In Rabats befestigter Medina (Karte S. 206) – aus ihr bestand die Stadt, als die Franzosen hier im frühen 20. Jh. eintrafen – erwartet den Besucher ein vielfältiger Mix aus Gewürzen, Teppichen, Handwerksgegenständen, günstigen Schuhen und DVD-Raubkopien. Im 17. Jh. wurde die Altstadt mit einem regelmäßigen Grundriss angelegt. Auch wenn sie damit vielleicht weniger fasziniert als ältere Medinas im Landesinneren, gilt sie dennoch als toller Ort zum Bummeln, weil man herumstreunen kann, ohne von aggressiven Kundenfängern belästigt zu werden.

Wichtigste Marktstraße ist die Rue Souika. Ihr Westende säumen Lebensmittel- und Gewürzläden, Richtung Osten findet man Textilien und Silberwaren. Der **Souq as-Sebbat** (Schmuck-Suk; Karte S. 206) hat sich auf Auffälliges in Gold spezialisiert und beginnt im Bereich der Rue Bab Chellah. Die **Grande Mosquée** (Karte S. 206) aus dem 14. Jh. geht ursprünglich auf das Konto der Meriniden, wurde aber seitdem immer wieder umgebaut. Am Ende dieser Straße kommt sie zur Rechten in Sicht.

Ihren Namen verdankt die Rue des Consuls den Diplomaten, die dort bis 1912 wohnten. Jenseits davon erstreckt sich die *mellah* (jüdische Viertel) mit einem interessanten **Flohmarkt**, der bis hinunter zum Bab el-Bahr am Flussufer reicht. Wer der Rue des Consuls nordwärts folgt, erreicht einen der interessanteren Altstadtbezirke mit Handwerksläden und prächtigen Diplomatenhäusern. Hinter dem **Teppich-Suk** (Karte S. 202 f.) mündet die Straße in einen offenen Platz mit vielen Handwerksläden, auf dem zu Korsarenzeiten Sklavenauktionen stattfanden. Von hier aus geht's bergaufwärts zur Kasbah.

ÖSTLICH DES ZENTRUMS

La Tour Hassan HISTORISCHE STÄTTE

(Hassan-Turm; Karte S. 202 f.) Der Hassan-Turm ist Rabats berühmtestes Wahrzeichen. Umgeben von gepflegten Gärten ragt er hoch über dem Oued Bou Regreg auf. Nach Samara im Irak wäre das ehrgeizigste Bauprojekt der Almohaden wahrscheinlich zur größten Moschee seiner Zeit geworden, doch Sultan Yacub al-Mansur starb vor der endgültigen Vollendung. Ursprünglich sollte das Minarett 60 m Höhe erreichen, kam jedoch nie über 44 m hinaus. Ein Erdbeben zerstörte die Moschee 1755. Seitdem zeugt nur noch ein Wald zerschmetterter Säulen von Al-Mansurs gewaltigen Plänen. Die Turmarchitektur entspricht der Giralda in Sevilla und der Koutoubia in Marrakesch.

Mohammed-V.-Mausoleum WAHRZEICHEN

(Karte S. 202 f.; Eintritt frei; ⌚Sonnenauf- bis Sonnenuntergang) In der Nähe des Turms erhebt sich ein Marmorgrabmal im traditionell marokkanischen Stil. Darin ruhen Vater (Hassan II.) und Großvater des heutigen Königs. Trotz *zellij*-Mustern und Stuckelementen verbreitet das Mausoleum eine erhabene Atmosphäre. Besucher müssen sich respektvoll kleiden. Von einer Galerie blickt man hinunter auf die Gräber.

Chellah HISTORISCHE STÄTTE

(Karte S. 202 f.; Ecke Ave Yacoub al-Mansour & Blvd Moussa ibn Nassair; Eintritt 10 Dh; ⌚9–17.30 Uhr) Die verlassene und vor sich hin bröckelnde antike römische Stadt **Sala Colonia** ist schon völlig überwuchert und gehört zusammen mit der merinidischen Nekropole Chellah zu den bewegendsten Sehenswürdigkeiten Rabats. Die Phönizier waren die ersten, die eine Siedlung auf den grasbewachsenen Hängen oberhalb des Flusses bauten. Als die Römer um 40 n. Chr. das Ruder übernahmen, entwickelte sich daraus eine größere Stadt. 1154 wurde Chellah zugunsten von Salé aufgegeben. Während des 14. Jhs. ließ der merinidische Sultan Abou el Hassan Ali jedoch eine Nekropole über der römischen Stadt anlegen. Im Rahmen dessen entstanden auch die heutigen Rundmauern und Türme.

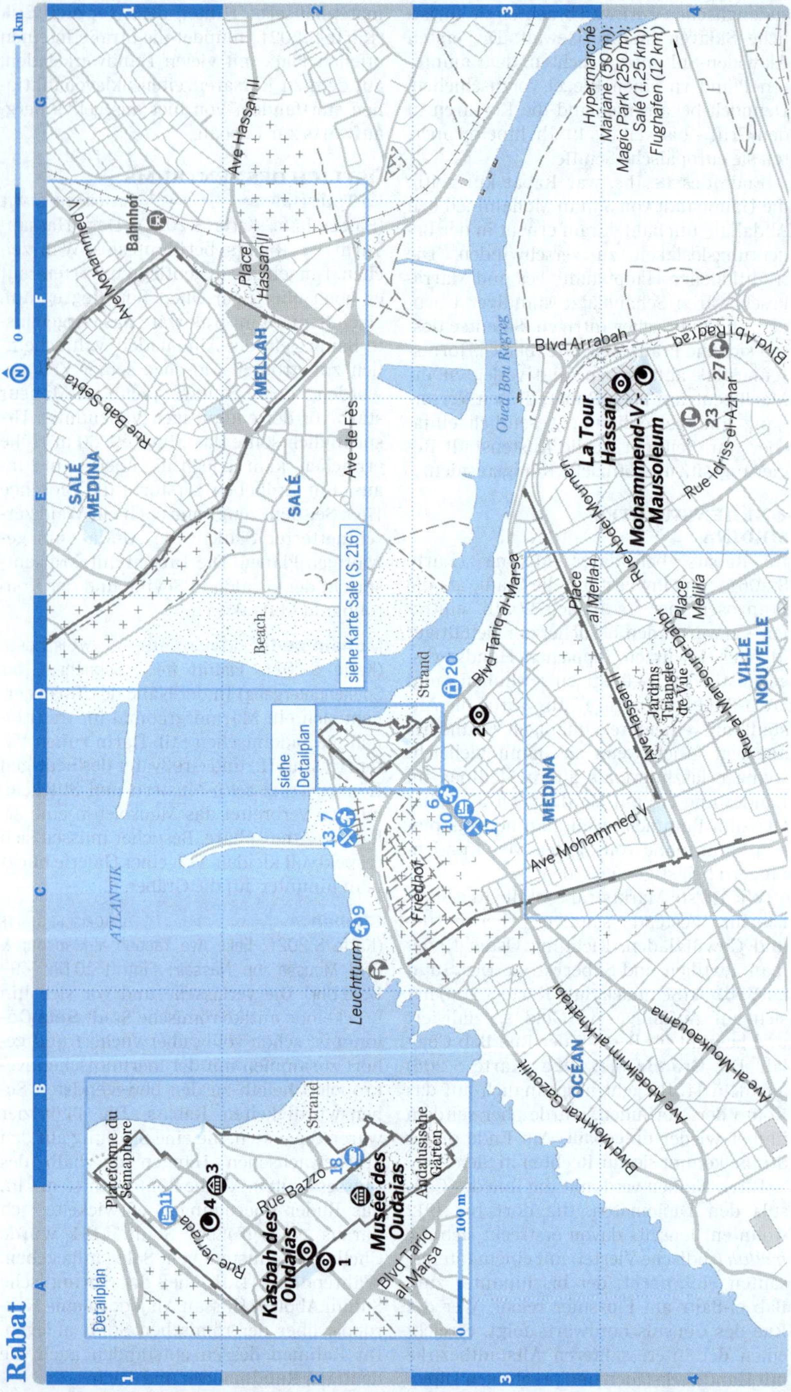
Rabat
0
1 km
Detailplan
0
100 m
Kasbah des Oudaias
Musée des Oudaias
Plateforme du Sémaphore
Rue Jerrada
Rue Bazzo
Strand
Andalusische Gärten
Blvd Tariq al-Marsa
1
3
4
11
18
ATLANTIK
Leuchtturm
9
Friedhof
13
7
6
10
17
siehe Detailplan
Strand
2
20
Blvd Tariq al-Marsa
Beach
siehe Karte Salé (S. 216)
SALÉ MEDINA
SALÉ
MELLAH
Rue Bab-Sebta
Ave Mohammed V
Bahnhof
Place Hassan II
Ave Hassan II
Ave de Fès
Oued Bou Regreg
Blvd Arrabah
Blvd Abi Radrag
Hypermarché Marjane (50 m); Magic Park (250 m); Salé (1,25 km); Flughafen (12 km)
La Tour Hassan
Mohammend-V.-Mausoleum
27
23
Rue Idriss el-Azhar
Rue Abdel-Moumen
Place al Mellah
Place Melilia
Rue al-Mansour-Dahbi
Jardins Triangle de Vue
Ave Hassan II
MEDINA
VILLE NOUVELLE
Ave Mohammed V
OCÉAN
Blvd Mokhtar Gazoulit
Ave Abdelkrim al-Khattabi
Ave al-Moukaouama
A
B
C
D
E
F
G
1
2
3
4

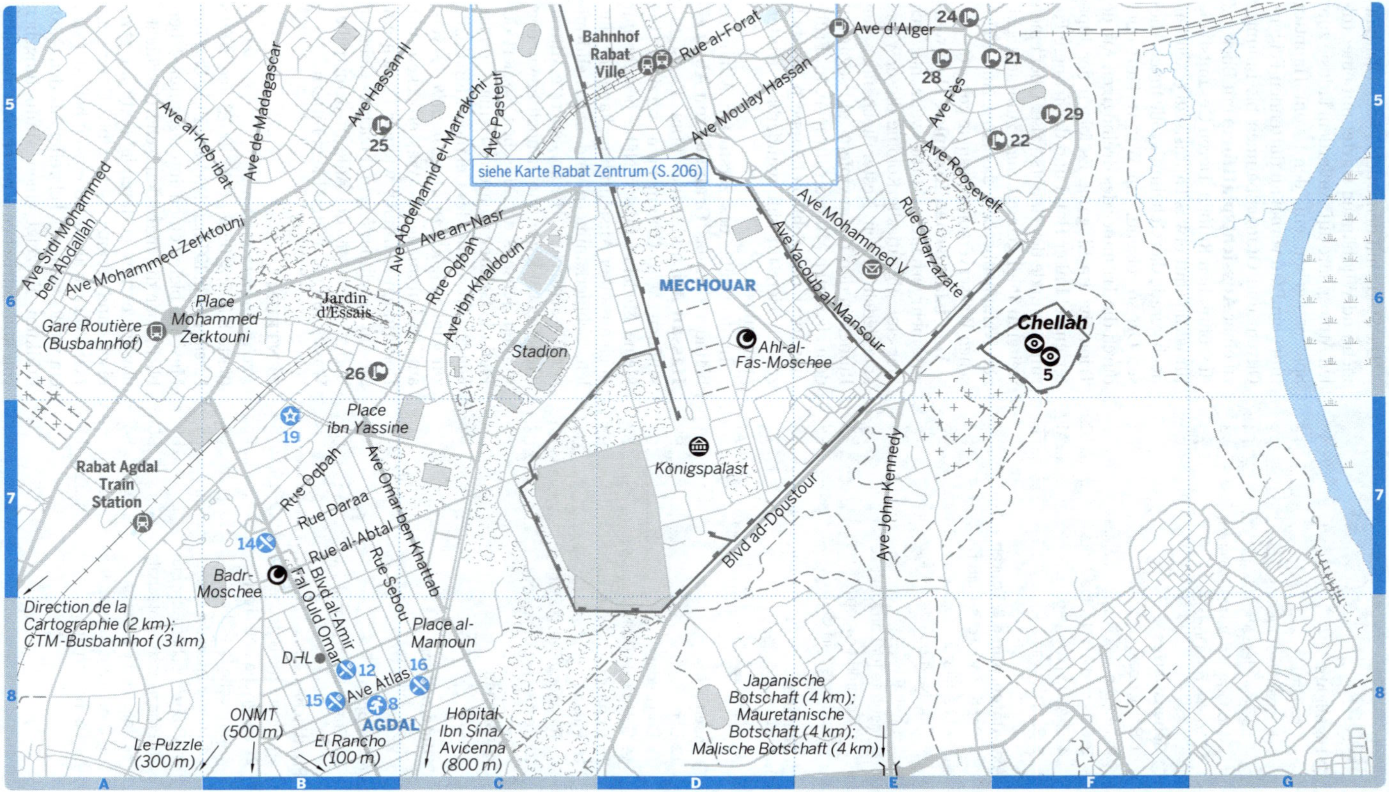
Bahnhof Rabat Ville
Rue al-Forat
Ave d'Alger
24
21
28
29
22
Ave Fès
Ave Roosevelt
Ave Moulay Hassan
Ave Hassan II
25
Ave Pasteur
Ave Abdelhamid el-Marrakchi
Ave de Madagascar
Ave al-Keb ibat
Ave Sidi Mohammed ben Abdallah
Ave Mohammed Zerktouni
siehe Karte Rabat Zentrum (S. 206)
Ave Mohammed V
Rue Quarzazate
Ave Yacoub al-Mansour
MECHOUAR
Ahl-al-Fas-Moschee
Chellah
5
Ave an-Nasr
Rue Oqbah
Ave ibn Khaldoun
Place Mohammed Zerktouni
Gare Routière (Busbahnhof)
Jardin d'Essais
Stadion
26
Place ibn Yassine
19
Königspalast
Ave John Kennedy
Blvd ad-Doustour
Rabat Agdal Train Station
Rue Oqbah
Rue Daraa
Ave Omar ben Khattab
Rue al-Abtal
Rue Sebou
14
Badr-Moschee
Blvd al-Amir Fal Ould Omar
Direction de la Cartographie (2 km); CTM-Busbahnhof (3 km)
Place al-Mamoun
D-HL
12
16
15
Ave Atlas
8
AGDAL
ONMT (500 m)
Le Puzzle (300 m)
El Rancho (100 m)
Hôpital Ibn Sina/Avicenna (800 m)
Japanische Botschaft (4 km); Mauretanische Botschaft (4 km); Malische Botschaft (4 km)
A
B
C
D
E
F
G
5
6
7
8

Rabat

Highlights

	Chellah	F6
	Kasbah des Oudaias	A2
	La Tour Hassan	F4
	Mohammed-V.-Mausoleum	F4
	Musée des Oudaias	A2

Sehenswertes

1	Bab Oudaia	A2
2	Teppich-Suk	D3
3	Galérie d'Art Nouiga	B1
4	El-Atiqa-Moschee	A1
5	Sala Colonia	F6

Aktivitäten, Kurse & Touren

6	Center for Cross-Cultural Learning	C3
7	Club Nautique de la Plage de Rabat	C2
8	Institute for Language & Communication Studies	B8
9	Oudayas Surf Club	C2

Schlafen

10	Dar Al Batoul	C3
11	Riad Kasbah	A1

Essen

12	Bert's	B8
13	Borj Eddar	C2
14	Galapagos Café	B7
15	L'Entrecôte	B8
16	Paul	C8
	Restaurant de la Plage	(siehe 13)
17	Restaurant Dinarjat	C3

Ausgehen

18	Café Maure	B2

Unterhaltung

19	5th Avenue	B7

Shoppen

20	Ensemble Artisanal	D3

Praktisches

21	Algerische Botschaft	F5
22	Belgische Botschaft	F5
23	Britische Botschaft	E4
24	Niederländische Botschaft	E5
25	Französisches Konsulat	B5
26	Französische Botschaft	B6
27	Italienische Botschaft	F4
28	Tunesische Botschaft	E5
29	US-Botschaft	F5

Die Stätte mit den wuchernden Obstbäumen und Wildblumen wartet mit einer tollen Atmosphäre auf. Außerdem lädt sie zum Spazierengehen ein, denn vom Haupttor führt ein Pfad vorbei an duftenden Feigen-, Oliven- und Orangenbäumen bis hinunter zu einer **Aussichtsplattform** mit Blick auf die römischen Ruinen. Deren Gesamtstruktur ist nur mit etwas Fantasie zu erkennen, doch gerade das Geheimnisvolle macht diesen Ort so reizend. Ein Weg verläuft quer durch die Trümmer des dreibogigen Arc de Triomphe am Eingang. Es folgen der Jupitertempel linker Hand und das frühere Forum am Ende der Hauptstraße. Über einen weiteren Pfad gelangt man zum achteckigen Nymphenbecken, das einst zum römischen Wasserversorgungsnetz gehörte.

Vom **islamischen Komplex** blieb weitaus mehr erhalten. Mittlerweile hat sich hier eine gigantische Kolonie dieser Vögel angesiedelt, deren Nester hoch über den Ruinen in den Baumwipfeln und sogar auf dem eleganten Minarett thronen. Im Frühling sorgt das Schnabelklappern der balzenden Tiere für eine wunderbare Hintergrundmusik.

In der Nähe des zerstörten Minaretts befindet sich das **Grabmal von Abou el-Hassan Ali** und seiner Frau. Es ist mit schönen *zellij*-Ornamenten verziert. Die kleine Medersa in der Nähe besteht nur noch aus einer Ansammlung kaputter Säulen, Schülerkammern und muschelförmiger Wasserbecken. Die abgesperrte Mihrab (Gebetsecke) kann immer noch bewundert werden. Jenseits der Moschee passiert der Pfad die **Gräber** mehrerer Heiliger am äußersten Westrand des Geländes. Ein Schild zur Linken *(„bassin aux anguilles“)* weist auf ein ummauertes Wasserbecken hin. Dort finden sich nach wie vor Frauen ein, die auf Fruchtbarkeit und leichtes Gebären hoffen, wenn sie die Aale in dem trüben Wasser mit gekochten Eiern füttern.

ZENTRUM

Archäologiemuseum MUSEUM

(Karte S. 206; ☎0537 70 19 19; 23 Rue al-Brihi Parent; Eintritt 10 Dh; ⏲Mi–Mo 9–16.30 Uhr) Das Museum bietet einen interessanten Überblick über die marokkanische Geschichte, obwohl es nur erklärende Texte auf Arabisch und Französisch gibt. Unter den Fundstücken aus der Steinzeit befindet sich ein wunderschönes Felsrelief aus dem Neolithikum. Es zeigt einen Mann umgeben von konzentrischen Kreisen. Als absolutes

RABAT IN ...

... einem Tag

Der Tag beginnt mit einem köstlichen Frühstück in der **Pâtisserie Majestic**. Danach besucht man die **Buchläden** an der Ave Mohammed V und schlendert durch die **Medina**. Mittags geht's zum Essen in den **Riad Oudaya**. Gut gesättigt überquert man den Blvd Tariq al-Marsa und tritt durch das herrliche Bab Oudaia in die **Kasbah des Oudaias**, die oben mit einer tollen Aussicht aufwartet. Anschließend steht die **Galerie d'Art Nouiga** auf dem Programm. Das **Café Maure** bietet einen Blick auf den Fluss Bou Regreg und lädt zum Teetrinken ein. In einem Taxi fährt man zum **Archäologiemuseum**, um sich die berühmten Bronzen aus Volubilis anzusehen. Hinterher hat man sich ein kühles Bier redlich verdient, am besten auf der hübschen Terrasse des **Hôtel Balima**. Zum Abschluss des Abends empfehlen wir ein Essen im eleganten **Le Grand Comptoir.**

... zwei Tagen

Mit der Straßenbahn geht's nach **Salé**, wo man in einem der Cafés an der **Place Bab Khebaz** ein marokkanisches Frühstück genießt. Als Nächstes sieht man sich die schöne **Große Moschee und die zawiyas** (Schreine) in der Medina an. Nach einem Spaziergang zum Flussufer kann man sich mit einem Ruderboot nach Rabat bringen lassen, mittags Fisch im **Borj Eddar** mit Blick aufs Meer schlemmen und dann ein Taxi zum **Tour Hassan** und **Mohammed-V.-Mausoleum** nehmen. Nach einer weiteren kurzen Taxifahrt erreicht man **Chellah**, wo man den Nachmittag verbringt. Zum Abendessen lockt das **L'Entrecôte** im angesagten Agdal. Nun hat man genug Energie, um die Nacht im **Amnesia** durchzutanzen.

Highlight der Sammlung gilt jedoch die **Salle des Bronzes**. Darin sind Keramiken, Statuen und Artefakte aus den römischen Siedlungen von Volubilis, Lixus und Chellah ausgestellt. Besonders attraktiv: der Kopf Jubas II. und die winzigen Akrobaten, die in Volubilis gefunden wurden. Das Schicksal der Artefakte ist ungewiss, da gerade ein neues ethnografisches Museum geplant wird. Auch in Volubilis selbst soll ein neues Museum entstehen.

Geldmuseum GRATIS — MUSEUM
(Karte S. 206; www.bkam.ma; Ecke Ave Mohammed V & Rue Al-Qahira) Ein schräges Museum, das im historischen Gebäude der Bank al-Maghrib untergebracht ist. Besucher erfahren hier alles über die Geschichte der Münzprägung.

Museum für Zeitgenössische Kunst — MUSEUM
(Karte S. 206; Ave Moulay Hassan) Im Bau. Dies wird das erste öffentliche Museum für moderne Kunst in Marokko sein.

Aktivitäten

Oudayas Surf Club — WASSERSPORT
(Karte S. 202 f.; ☎0537 26 06 83; Plage des Oudaias; 90 Min. Unterricht Surfboard/Bodyboard 250/180 Dh) König Mohammed VI. ist eines der Gründungsmitglieder dieses Surfclubs.

Club Nautique de la Plage de Rabat — WASSERSPORT
(Karte S. 202 f.; ☎0537 26 16 09; www.cnpr@menara.ma; Plage des Oudaias) Unterhalb der Kasbah. Hat ein ähnliches Angebot wie Oudayas Surf Club und verleiht auch die Ausrüstung.

Kurse

Es gibt in Rabat zahlreiche Sprachschulen mit einjährigen Kursen. Folgende Einrichtungen haben auch kürzere Varianten im Programm:

Center for Cross-Cultural Learning — SPRACHEN
(CCCL; Karte S. 202 f.; ☎0537 20 23 65; www.cccl-ma.com; Ave Laalou, 11 Zankat Hassani) Kurze Intensivkurse in Hocharabisch und Marokkanisch-Arabisch.

Institute for Language & Communication Studies — SPRACHEN
(Karte S. 202 f.; ☎0537 67 59 68; www.ilcs.ac.ma; 29 Rue Oukaimeden, Agdal) Kurse und Privatunterricht in Hocharabisch, Marokkanisch-Arabisch und Amazigh.

Rabat Zentrum

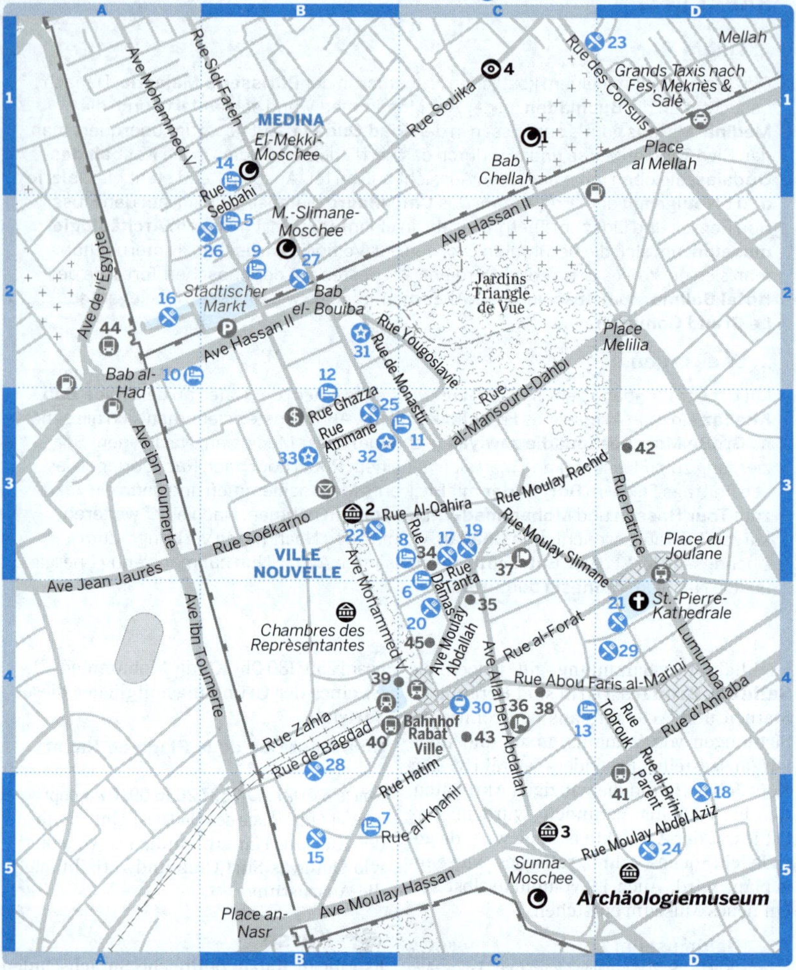

Feste & Events

In Rabat finden viele unterschiedliche Festivals und Events statt, die einen Besuch lohnen, darunter die beiden folgenden Veranstaltungen:

Festival Mawazine LIVEMUSIK

(www.mawazine.ma) Bei diesem Festival im Mai treten bekannte Weltmusiker auf.

Festival International de Rabat LIVEMUSIK, FILM

(www.rabatfilmfestival.org, auf Französisch) Ein echtes Highlight für Musik- und Filmfans, das Ende Juni/Anfang Juli zwei Wochen lang gefeiert wird.

Schlafen

Fast alle besseren Unterkünfte liegen in der neuen Medina zwischen der Ave Mohammed V und der Ave Abderrahman, während sich in der alten Medina billige Absteigen und ein paar gediegene Riads (Stadthäuser mit einem Innenhofgarten) angesiedelt haben. Sie sprechen in erster Linie Geschäftsleute an, deswegen gibt's unverhältnismäßig viele Spitzenklassehotels.

In der Medina und der Kasbah stößt man auf zahlreiche sehr schlichte Budgethotels – mitunter fehlen selbst Duschen! –, aber natürlich gibt's auch einige gute Opti-

Rabat Zentrum

onen (siehe unten). Das Angebot an Mittelklassehotels ist begrenzt. Die meisten befinden sich an oder nahe der Ave Mohammed V. In Rabat sind alle internationalen Tophotelketten vertreten, in der Medina entdeckt man jedoch auch einige authentischere Bleiben. Diese sind wunderbar elegant und überzeugen mit einem wirklich tollen Service.

VILLE NOUVELLE

Le Piétri Urban Hotel HOTEL €€
(Karte S. 206; ☎0537 70 78 20; www.lepietri.com; 4 Rue Tobrouk; EZ/DZ 720/790 Dh; ❄📶) Ein modernes, schickes Boutique-Hotel, das mit einem Umweltpreis (La Clé Verte) ausgezeichnet wurde. Es liegt an einer ruhigen Straße in einem zentralen Wohnviertel der Stadt. Die 36 geräumigen, hellen und komfortablen Zimmer warten mit Holzfußböden und einer prima Ausstattung auf. Gäste im fünften Stock kommen in den Genuss großer Balkone. Zur Unterkunft gehört auch ein exzellentes Restaurant, Les Sessions du Piétri (s. S. 211).

Hôtel Balima HOTEL €€
(Karte S. 206; ☎0537 70 77 55; www.hotel-balima.net; Ave Mohammed V; EZ/DZ inkl. Frühstück 543/716 Dh; ❄) Mittlerweile hat die Grande Dame der örtlichen Hotels ein paar Falten im Gesicht, aber die hübsch dekorierten Zimmer mit eigenen Bädern sind immer noch komfortabel und einfach top in Schuss. Von ihnen hat man eine klasse Aussicht auf die Stadt. Außerdem beherbergt das Balima ein anständiges Restaurant, einen Nachtclub und eine herrliche, schattige Terrasse direkt an der Ave Mohammed V – bis heute der angesagteste Treffpunkt in Rabat.

NICHT VERSÄUMEN

KASBAH LES OUDAIAS

Die **Kasbah** (Karte S. 202 f.) nimmt den ältesten Teil der Stadt ein. Hier befand sich einst das *ribat*. Vom Aussichtspunkt am Rand der Steilkante genießt man einen atemberaubenden Blick auf Fluss und Meer. Größtenteils ist der malerische Bezirk ein Wohngebiet, dessen ruhige Gassen zum Spazierengehen einladen. Die weißen Häuser an den Rändern wurden hauptsächlich von muslimischen Flüchtlingen aus Spanien erbaut und sind so hübsch, dass sie inzwischen meist von Ausländern gekauft werden. Einige „Führer" bieten ihre Dienste an, aber man braucht sie nicht.

Das spektakulärstes Kasbah-Tor, das **Bab Oudaïa** (Karte S. 202 f.) wurde im 12. Jh. von den Almohaden errichtet und mit einer Reihe von Reliefbogen verziert. Dahinter führt die Rue Jamaa als Hauptstraße quer durch die Zitadelle. Nach etwa 200 m stößt man rechts auf die **Mosque el-Atiqa** (Karte S. 202 f.), Rabats älteste Moschee. Sie stammt aus dem 12. Jh. und wurde im 18. Jh. restauriert. Zudem reihen sich an dieser Straße ein paar bescheidene Touristenläden und diverse Kunstmuseen wie die **Galerie d'Art Nouiga** (Karte S. 202 f.) aneinander.

Am Ende der Straße stößt man auf die **Plateforme du Sémaphore** (Signalplattform), von der sich ein weiter Panoramablick über Salé und die Flussmündung eröffnet. Ihre erhöhte Position ermöglichte eine leichte Verteidigung gegen Angreifer vom Meer, die die darunter liegenden Sandbänke überwunden hatten.

Auf dem Rückweg von der Plateforme geht's nach links in die Rue Bazzo hinein. Die schmale Straße windet sich hinunter zum **Café Maure** (S. 212) und zu einem Seiteneingang des **Andalusischen Gartens** (⌚Sonnenaufgang- bis Sonnenuntergang). Dieser wurde während der Kolonialzeit von den Franzosen angelegt, erstreckt sich über das Palastgelände und verspricht wunderbare Erholung im Schatten.

Der eigentliche Palast ist ein echter Prachtbau und wurde im 17. Jh. von Moulay Ismail errichtet. Heutzutage beherbergt er das **Musée des Oudaias** (Karte S. 202 f.; Eintritt 10 Dh), das nationale Schmuckmuseum. Dessen faszinierende Sammlung umfasst prähistorische, römische und islamische Stücke aus verschiedenen Regionen Marokkos.

Hôtel Royal HOTEL €€
(Karte S. 206; ☎0537 72 11 71; www.mtds.com/royalhotel; 1 Rue Ammane; EZ/DZ 528/748 Dh) Das Royal liegt sehr zentral und besticht durch geschmackvoll renovierte, bequeme Zimmer mit polierten Holzmöbeln, neuen Matratzen sowie blitzsauberen Bädern. Den schönsten Ausblick auf den Park und die Stadt bieten die Räume im vierten Stock. Sie sind auch ruhiger und gehen auf eine große Terrasse hinaus. Im hauseigenen Restaurant wird ein leckeres Frühstück serviert.

Hotel Central HOTEL €
(Karte S. 206; ☎0537 70 73 56; 2 Rue Al-Basra; EZ/DZ 100/150 Dh, EZ/DZ mit Bad 150/200 Dh, heiße Dusche 10 Dh) Gegenüber dem imposanten Hotel Balima und mitten im Stadtzentrum bietet diese Bleibe schlichte Zimmer zu vernünftigen Preisen. Die Einrichtung ist nicht mehr taufrisch, aber dafür wirkt das Central sehr sympathisch. Und in die Innenstadt ist es von hier aus nur ein Katzensprung.

Hôtel Majestic HOTEL €
(Karte S. 206; ☎0537 72 29 97; www.hotelmajestic.ma; 121 Ave Hassan II; EZ/DZ 284/348 Dh) Eine weitere gute Option, wenn auch nicht ganz so „majestätisch", wie der Name verspricht. Leser schwören jedoch auf das moderne Hotel mit den eher kleinen Zimmern, die über schicke neue Möbel verfügen. Trotz der doppelt verglasten Fenster ist es recht laut. Am besten entscheidet man sich gegen ein Zimmer zur Medina hin und nimmt stattdessen eines nach hinten raus.

Hôtel Bélère HOTEL €€
(Karte S. 206; ☎0537 20 33 01/2; www.belerehotels.com; 33 Ave Moulay Youssef; EZ/DZ 677/888 Dh; ⊖❄📶) Das Vier-Sterne-Hotel ist etwas besser als seine Konkurrenten im selben Preissegment. In den kleinen, aber sehr gemütlichen Zimmern darf nicht geraucht werden. Ihr modernes, geschmackvolles

Dekor erinnert stark an die 1970er-Jahre, aber die sind ja inzwischen wieder in Mode. Das Haus hat eine Bar und ein Restaurant und liegt günstig zum Bahnhof.

MEDINA & KASBAH

LP TIPP Riad Oudaya RIAD €€€
(Karte S. 206; ☎0537 70 23 92; www.riadrabat.com; 46 Rue Sidi Fateh; DZ/Suite 1300/1650 Dh) Dieses großartige Gästehaus verbirgt sich am Ende einer Altstadtgasse und ist ein echtes Juwel. Die Zimmer verteilen sich rund um einen herrlichen Hof. Ihre geschmackvolle Einrichtung kombiniert marokkanischen Stil mit westlichem Komfort. Indirekte Beleuchtung, offene Kamine, Balkone und ein leise plätschernder Springbrunnen im gefliesten Hof machen das Hotel reizvoll romantisch. Die Verpflegung ist vom Feinsten, muss aber im Voraus bestellt werden (s. S. 211).

Hôtel Dorhmi HOTEL €
(Karte S. 206; ☎0537 72 38 98; 313 Ave Mohammed V; EZ/DZ/3BZ 80/130/195 Dh, heiße Dusche 10 Dh) Ein superfreundliches Hotel mit tollen Preisen. Es wird von der Eigentümerfamilie tadellos sauber gehalten und ist die beste aller Billigoptionen in der Altstadt. Die einfachen, hellen und ordentlichen Zimmer befinden sich direkt oberhalb der Banque Populaire. Sie umgeben einen zentralen Innenhof und sind trotz ihrer Lage mitten im Stadtkern recht ruhig. Achtung: Manchmal wird statt „Dorhmi" „Doghmi" geschrieben.

Hôtel al-Maghrib al-Jadid HOTEL €
(Karte S. 206; ☎0537 73 22 07; 2 Rue Sebbahi; EZ/DZ 80/120 Dh, heiße Dusche 10 Dh) Leider sind die Zimmer ziemlich klein und spartanisch, aber dafür liegt hier kein einziges Staubkorn herum und die Fenster mit Fensterläden lassen eine Menge Licht rein. Die knallig pinkfarbenen Wände sind zwar Geschmackssache, passen jedoch zum schrulligen Charakter dieser Unterkunft.

Hôtel Splendid HOTEL €
(Karte S. 206; ☎0537 72 32 83; 8 Rue Ghazza; EZ/DZ 125/160 Dh, mit Bad 190/230 Dh) Mitten in der Medina wohnen die Gäste in geräumigen, hellen Zimmern rund um einen hübschen Hof. Die Räume warten mit hohen Decken, großen Fenstern, fröhlichen Farben, modernen Bädern und schlichten Holzmöbeln auf. In den Zimmern ohne eigenes Bad gibt's immerhin Waschbecken mit Warmwasser.

Dar Al Batoul RIAD €€€
(Karte S. 202 f.; ☎0537 72 72 50, 0661 40 11 81; www.riadbatoul.com; 7 Derb Jirari; DZ/Suite 870/1400 Dh; 📶) Hier wurde ein prächtiges Kaufmannshaus aus dem 18. Jh. zum Luxushotel mit nur acht Zimmern umgebaut. Diese gruppieren sich um einen wunderschönen Säulenhof und sind im traditionellen marokkanischen Stil dekoriert. Tolle Kompositionen aus Textilien, Buntglas und aufwendigen Fliesenelementen setzen individuelle Akzente.

Riad Kasbah RIAD €€
(Karte S. 202 f.; ☎0537 70 52 47; www.riadrabat.com; 49 Rue Zirara; EZ/DZ 700/770 Dh) Abseits des städtischen Trubels stößt man auf dieses wunderschöne Gästehaus im herrlich ruhigen Herzen der Kasbah. Es steht unter gleicher Leitung wie das Riad Oudaya,

RABAT FÜR KINDER

Da man in den Suks und in der beeindruckenden **Kasbah** ungestört bummeln kann, ist Rabat ein sehr angenehmer Ort für Traveller mit Kindern. Die weitläufige **Chellah** bietet viel Platz, außerdem gibt's ein paar Anlaufstellen speziell für jüngere Besucher, darunter die Strände außerhalb der Stadt und die **Jardins Exotiques**.

Bei unserem Besuch wurde der 52 ha große, verwahrloste **Jardin Zoologique de Rabat** (Zoologischer Garten) nordwestlich von Temara gerade modernisiert. Der neue Zoo mit Aquarium müsste bei Erscheinen dieses Reiseführers bereits eröffnet sein. Er wird von den Emiraten mitfinanziert. Zum Angebot sollen ein Aquarium, Nachtsafaris und Aktivitäten für Kinder gehören.

Im **Poney Club de Rabat** (☎0537 66 63 63; www.poneyclubderabat.ifrance.com; 45 Min. Privatunterricht 150 Dh) westlich der Stadt können Kinder Reitstunden nehmen. Die Angestellten sprechen Englisch.

In Salé am anderen Flussufer lockt der **Magic Park** (außerhalb der Karte S. 216; ☎0535 88 59 90; Route N6; Eintritt 10 Dh; ⌚Mo–Fr 12.30–23, Sa & So 16.30–23 Uhr) mit Fahrgeschäften und Cafés und vertreibt einen Nachmittag lang gut die Zeit.

kommt aber weniger luxuriös daher. Die fünf Zimmer liegen rund um einen hübschen Garten.

Essen

Rabats Restaurants lassen keine Wünsche offen. Das Spektrum in der marokkanischen Hauptstadt reicht von günstigen, fröhlichen Kleinlokalen bis zu teuren Gourmettempeln, in denen Politiker und Diplomaten verköstigt werden.

Fast-Food bekommt man in der Ave Mohammed V gleich hinter dem Tor zur Medina. Eine ganze Reihe Stehimbisse bietet hier Tajine-Gerichte, Spieße, Salate und Pommes frites an – einer billiger als der andere. Die besten sind an den langen Warteschlangen mit Einheimischen zu erkennen.

Eine andere gute Gegend ist die Rue Tanta in der *ville nouvelle,* wo es mehrere Imbissbuden gibt, die von Burgern und Fleischspießen bis Pizza und Panini einfach alles verkaufen.

VILLE NOUVELLE

LP TIPP **Le Petit Beur – Dar Tajine** REGIONALE KÜCHE €€

(Karte S. 206; ☎0537 73 13 22; 8 Rue Damas; Hauptgerichte 100 Dh; ⏲Mo–Sa Mittag- & Abendessen; 🍷) Das bescheidene kleine Lokal mit Ausschanklizenz ist für hervorragende marokkanische Kost bekannt. Auf der Speisekarte stehen gehaltvolle Tajines, himmlischer Couscous und eine von Rabats besten *pastillas.* Zur Mittagszeit geht's relativ ruhig zu, aber das ändert sich abends: Dann sind die Kellner gleichzeitig Musiker und versüßen den Gästen ihre Mahlzeit mit Lautenklängen. Das Lokal ist schnell voll, deshalb rechtzeitig reservieren oder früh erscheinen.

La Veranda MEDITERRAN €€

(Karte S. 206; ☎0674 84 12 44; Institut Français, 1 Rue Abou Inane; Hauptgerichte 80–130 Dh; ⏲Mo–Sa Mittag- & Abendessen) Loftartiger Laden in einer modernistischen Villa gleich hinter der Kirche im französischen Institut. Um das Lokal, das von denselben Leuten geführt wird wie Le Grand Comptoir und bereits jetzt als Rabats angesagtester Mittagstreffpunkt gilt, erstreckt sich ein netter Garten mit majestätischen Palmen. Die wechselnden Bistrogerichte werden auf einer Tafel angeschrieben. Es gibt leckeres zeitgenössisches Essen mit französisch-mediterranem Einschlag. Das Personal ist jung und hip.

Le Grand Comptoir FRANZÖSISCH €€€

(Karte S. 206; ☎0537 20 15 14; www.legrandcomptoir.ma; 279 Ave Mohammed V; Hauptgerichte 100–160 Dh; ⏲Mittag- & Abendessen; 📶) Mischung aus Restaurant, Lounge und Bar, deren stilvoller Schick den Charme einer altmodischen Pariser Brasserie versprüht. In vornehmem Ambiente werden französische Küchenklassiker serviert. Kronleuchter, Riesenpalmen und moderne Kunstwerke zieren den prächtigen Salon und im Hintergrund klimpert ein Pianist. Empfehlenswert ist z. B. der frische Fisch. Wer's etwas ungewöhnlicher mag, bestellt stattdessen Kalbsnieren oder *andouillette* (Kuttelwurst). Das Lokal verfügt über einen WLAN-Zugang und eignet sich auch prima zum Frühstücken, für einen Kaffee oder Aperitif.

Tajine wa Tanja REGIONALE KÜCHE €€

(Karte S. 206; ☎0537 72 97 97; 9 Rue de Baghdad; Hauptgerichte 80 Dh; ⏲Mo–Sa Mittag- & Abendessen; 📶) Ein nettes kleines Restaurant in der Nähe des Bahnhofs mit bodenständigem marokkanischem Essen. Auf der Karte stehen Grillgerichte vom Holzfeuer und traditionelle Tajines. Der absolute Hit ist der Couscous am Freitag. Es geht sehr entspannt zu – genau das Richtige für Frauen, die allein unterwegs sind.

Pâtisserie Majestic PATISSERIE €

(Karte S. 206; Ecke Rue Ammane & Ave Allal ben Abdallah) Für ein leckeres Frühstück oder erstklassigen Kaffee und Kuchen am Nachmittag ist die ausgezeichnete und sehr beliebte Patisserie mitten in der Stadt der perfekte Ort.

Ty Potes MEDITERRAN €€

(Karte S. 206; ☎0537 70 79 65; 11 Rue Ghafsa; Menü 100 Dh; ⏲Di–So Mittagessen, Do–So Abendessen) Bei den wohlhabenderen Bewohnern der Stadt erfreut sich die angenehme, einladende Mischung aus Mittagslokal und Teehaus überaus großer Beliebtheit. Vor allem der Sonntagsbrunch findet regen Zuspruch. Auf den Tisch kommen süße und pikante Crêpes, Sandwiches und gesunde Salate. Der kleine Garten hinter dem Haus verströmt eine eher europäische Atmosphäre.

La Mamma ITALIENISCH €€

(Karte S. 206; ☎0537 70 73 29; 6 Rue Tanta; Hauptgerichte ab 80 Dh; ⏲Mittag- & Abendessen) Von außen sieht dieser alteingesessene Italiener zwar ziemlich düster aus, doch die Pizza und Pasta zählen zu den besten der Stadt. Balken an der Decke und Kerzen auf den Tischen sorgen für einen Hauch von 70er-Jahre-Romantik, und das leckere Essen sorgt dafür, dass die Gäste wiederkommen. Auch die Weinkarte überzeugt. Ein weiterer Pluspunkt: Frauen werden sich wohlfühlen.

Café Weimar CAFÉ €

(Karte S. 206; 7 Rue Sana'a; Pizzas 80 Dh) Das hippe Café im Goethe-Institut ist ein Tummelplatz der Jungen und Schönen, die hier ein Mittagessen oder Kaffee und Kuchen zu sich nehmen. Das schlichte mediterrane Menü ergänzt ein empfehlenswerter Sonntagsbrunch. Tische sollten im Voraus bestellt werden – freitags und samstags kann man allerdings nicht reservieren.

La Koutoubia REGIONALE KÜCHE €€

(Karte S. 206; ☎0537 70 10 75; 10 Pierre Parent; Hauptgerichte 80 Dh; ⏲Mittag- & Abendessen) Altmodisches marokkanisches Restaurant mit vielen traditionellen *zellij* und farbenfroh bemalten Wandpaneelen. Auf der Karte stehen einheimische Klassiker wie Couscous und Tajine. Aufwendigere Spezialitäten wie Tauben-*pastilla* oder *mechoui* (gegrilltes Lamm) müssen vorab bestellt werden. Prima Weinkarte.

L'R du Gout FRANZÖSISCH €€

(Karte S. 206; ☎0537 76 06 10; 8 Rue Moulay Abd el-Aziz; Mittagsmenü 160 Dh; ⏲Mittag- & Abendessen) Dieses geräumige Restaurant wird von ein paar jungen Franzosen geführt und verfügt über eine farbenfrohe Dekoration kombiniert mit französischer Bistroatmosphäre und marokkanischem Flair. Die französische Karte umfasst traditionelle Gerichte wie Gänsestopfleber, Kalbsnieren und Steak mit Pfeffersauce.

La Dolce Vita EISCREME €

(Karte S. 206; 8 Rue Tanta) Köstliches hausgemachtes italienisches Eis in zig verschiedenen Geschmacksrichtungen. Der Laden befindet sich gleich neben dem Restaurant La Mamma.

MEDINA & KASBAH

Riad Oudaya REGIONALE KÜCHE €€€

(Karte S. 206; ☎0537 70 23 92; 46 Rue Sidi Fateh; Mittagessen/Abendessen Menü 220/330 Dh) Dieses niedliche Restaurant versteckt sich hinter einer Holztür in den Tiefen der Medina und ist schon allein Grund genug, um nach Rabat zu kommen. In der Umgebung eines fantastischen Riads werden fünfgängige Gourmetmenüs mit allen erdenklichen Köstlichkeiten aufgetischt: von üppigen Tajines über *pastillas* bis zu gefüllten Tintenfischen.

Restaurant el-Bahia REGIONALE KÜCHE €

(Karte S. 206; Ave Hassan II; Hauptgerichte 60 Dh; ⏲Mittag- & Abendessen) Entspanntes Lokal in den Außenmauern der Altstadt. Es wird vor allem von Einheimischen frequentiert, die herzhafte marokkanische Gerichte lieben, und ist ein prima Plätzchen, um Leute zu beobachten. Gegessen wird auf der Terrasse an der Straße oder im schattigen Hof. Im Obergeschoss gibt's zudem noch einen traditionellen Salon.

Restaurant Dinarjat REGIONALE KÜCHE €€€

(Karte S. 202 f.; ☎0537 72 42 39; 6 Rue Belgnaoui; Gerichte 300–400 Dh; ⏲Mittag- & Abendessen) Bei gut betuchten Einheimischen und Touristen steht das stilvollste und eleganteste der Altstadtrestaurants hoch im Kurs. Das herrliche Haus im andalusischen Stil stammt aus dem 17. Jh. und befindet sich mitten in der Medina. Man hat es sorgsam restauriert und im traditionellen Stil dekoriert. Darüber hinaus ist das Lokal eine Ode an die arabisch-andalusische Lebensart. Dafür sorgen beispielsweise prächtige Architektur, noble Traditionsküche und die friedlichen Klänge der Oud (Laute). Hier werden nur frischeste Zutaten für Couscous, Tajines und Salate verwendet, die überraschend leicht sind. Vorab reservieren!

Les Sessions du Piétri FUSIONSKÜCHE €€

(Karte S. 206; ☎0537 70 91 30; Hotel Le Piétri, 4 Rue Tobrouk; Hauptgerichte ab 80 Dh; ⏲Mittag- & Abendessen) Nach Feierabend wird das frisch renovierte Restaurant von zahlreichen schönen jungen Menschen aufgesucht. Dienstags, freitags sowie samstags finden hier Konzerte statt. Auf der abwechslungsreichen Karte stehen asiatisches Hühnchen, Steaks, Forelle, Muscheln und Schokoladenfondue.

Le Ziryab REGIONALE KÜCHE €€€

(Karte S. 206; ☎0537 73 36 36; 10 Zankat Ennajar; Menüs ab 400 Dh; ⏲Mittag- & Abendessen) Dieses schicke marokkanische Restaurant ist in einem umwerfenden Gebäude nicht weit von der Rue des Consuls untergebracht. Der Mix aus altmodischem Charme und stylischem, modernem Design hat auch die exzellente Speisekarte geprägt: Es gibt interessante Tajine-Variationen, Couscous und *pastillas* sowie Fleisch und Fisch vom Grill.

Restaurant de la Libération REGIONALE KÜCHE €
(Karte S. 206; 256 Ave Mohammed V; Hauptgerichte 60 Dh; ⌚Mittag- & Abendessen) Ein einfaches, günstiges Restaurant, das für seine guten traditionellen Standardgerichte bekannt ist. Es wirkt heiter und ein kleines bisschen edler als die anderen Lokale an dieser Straße und verfügt sogar über Speisekarten aus Plastik sowie Tischdecken. Freitags locken die riesigen Portionen des frisch zubereiteten Couscous zahlreiche hungrige Gäste an.

Borj Eddar FISCH & MEERESFRÜCHTE €€
(Karte S. 202 f.; ☎0537 70 15 00; Hauptgerichte 120 Dh; ⌚Mittag- & Abendessen) In dem Lokal mit Meerblick gleich außerhalb der Kasbah unten am Strand werden frischer Fisch und exzellente Meeresfrüchte serviert. Falls alle Tische besetzt sind, kann man das benachbarte **Restaurant de la Plage** aufsuchen, das ähnliche Gerichte anbietet. Beide Lokale haben verglaste Terrassen mit Meerblick.

AGDAL

Bert's CAFÉ €€
(Karte S. 202 f.; ☎0802 00 07 07; Ecke Ave de France & Rue Melouya) Je nach Saison verwöhnen einen die Angestellten dieses stylischen Cafés mit einer Auswahl an vitaminreichen Salaten und Sandwiches, ausgefallenen Desserts und frischen Obstsäften. Der Lieferservice wird montags bis samstags von 8 bis 22 Uhr angeboten.

L'Entrecôte FRANZÖSISCH €€€
(Karte S. 202 f.; ☎0537 67 11 08; 74 Blvd al-Amir Fal Ould Omar; Hauptgerichte 180 Dh; ⌚Mittag- & Abendessen) Die Speisekarte und das Ambiente in dem edlen, auf alt getrimmten Restaurant sind ausgesprochen französisch – es gibt klassische Gerichte wie Steak, Fisch und Wildspezialitäten. Allerdings erinnern das dunkle Holz und der raue Verputz eher an Bayern als an Bordeaux. Um noch mehr Multikulti-Verwirrung zu stiften, kommt man abends in den Genuss von Jazz und spanischer Folklore.

Paul MEDITERRAN €€
(Karte S. 202 f.; 2 Ave al-Oumam al-Muttahida) Die angesagteste französische Bäckerei und Patisserie der Stadt serviert nicht nur die besten Frühstückscroissants, sondern auch leckere Sandwiches, etwas „schlaffe" Salate und Snacks. Gäste können sich im Innenraum oder auf der netten (wenn auch lärmgeplagten) Terrasse an der Straße niederlassen.

Galapagos Café CAFÉ €
(Karte S. 202 f.; 14 Blvd al-Amir Fal Ould Omar) Ein schickes Café mit Terrasse, dunkler Holztäfelung, zeitgenössischen Möbeln und Fenstern vom Boden bis zur Decke, das vor allem bei jungen Berufstätigen hoch im Kurs steht. Die Gäste vertilgen Eis, Pizzas und Panini, während sie das Treiben auf der Straße beobachten.

SELBSTVERSORGER

Wer sich selbst versorgen will, deckt sich am besten in der Medina ein.

Obst- & Gemüsemarkt MARKT
(Karte S. 206; Ave Hassan II) In dem Marktgebäude stapeln sich frisches Obst und Gemüse, getrocknete Früchte und Nüsse. Was Traveller sonst noch so brauchen (auch Alkohol), finden sie an den Ständen in der Nähe oder in der Rue Souïka und beim Bab el-Bouiba.

Hypermarché Marjane SUPERMARKT
(außerhalb der Karte S. 202 f.; ⌚7–19 Uhr) Westliche Lebensmittel bekommt man im großen Supermarkt an der Straße nach Salé.

Ausgehen

Viele Bars wirken abschreckend auf Frauen, die sich stattdessen besser an die modernen, angesagteren Läden halten sollten.

Café Maure CAFÉ
(Karte S. 202 f.; Kasbah des Oudaias) Dieses lässige Open-Air-Café breitet sich über mehrere Terrassen im Andalusischen Garten aus. Es ist perfekt, um sich entspannt zurückzulehnen, den Blick über die Bucht nach Salé schweifen zu lassen und dazu Minztee sowie ein paar leckere kleine Mandelkekse zu genießen. Die Zeit kann man sich mit Postkartenschreiben vertreiben. Frauen haben hier ihre Ruhe.

Cafétéria du 7ème Art CAFÉ
(Karte S. 206; Ave Allal ben Abdallah) Ein beliebtes Café im schattigen Garten eines Kinos, das sowohl Studenten als auch Berufstätige anzieht. Die Atmosphäre ist relaxt, und man kann Snacks wie Pizzas und Panini bestellen.

El Rancho BAR
(außerhalb der Karte S. 202 f.; ☎0667 33 00 30; 30 Rue Misch-liffen, Agdal) In der Tex-Mex-Restaurantbar stärken sich betuchte Einheimische für das Nachtleben. Am Wochenende geht's hoch her, dann schallen die Weltmusik-Beats etwas lauter aus den Boxen.

Le Puzzle BAR
(außerhalb der Karte S. 202 f.; ☎0537 67 00 30; 79 Ave ibn Sina, Agdal; ⏲So mittags geschl.) Bei reichen Vorstädtern ist die Restaurantbar in Agdal schwer angesagt. Die seltsame Deko kombiniert traditionelle und moderne Elemente. Außer am Karaoke-Mittwoch bzw. -Sonntag spielen abends Livebands. Das Bier zum halben Preis lockt jede Menge Leute an.

Hôtel Balima BAR
(Karte S. 206; ☎0537 70 77 55; Ave Mohammed V) Da halb Rabat an den Gästen vorüberzieht, gilt die begrünte Terrasse vor dem Balima als perfekter Ort zum Sehen und Gesehenwerden. In warmen Sommernächten ist es hier angenehm kühl, außerdem werden weiblicher Gäste in der Bar nicht belästigt. Auf der Terrasse gibt's nur Bier.

Henry's Bar BAR
(Karte S. 206; Place des Alaouites) Auf der Suche nach einem altmodischen Einheimischentreff? Rund um die Place des Alaouites stößt man auf diverse Spelunken, darunter das beliebte Henry's. In der Kneipe (nur für Männer!) hängt dichter Rauch unter der Decke und es wird Alkohol ausgeschenkt. Der Laden ist von morgens bis ca. 22 Uhr geöffnet.

☆ Unterhaltung

Da Rabat ein Schmelztiegel der Kulturen ist und viele junge, reiche, gebildete Einheimische in puncto Unterhaltung etwas geboten bekommen wollen, kann sich das Angebot an Events auf jeden Fall sehen lassen. Veranstaltungskalender findet man in den französischsprachigen Zeitungen.

Nachtclubs

Obwohl das Nachtleben viel begrenzter und weniger ausschweifend ist als das von Casablanca, gibt's in der Stadt eine ganze Reihe toller Clubs. Die großen Hotels haben alle eigene, meist unspektakuläre Diskos. Ein paar Clubs strengen sich sehr an, einen besonderen Stil zu kreieren. Ihre Deko erträgt man allerdings oft nur nach reichlich Alkoholgenuss. Der Eintritt beträgt in der Regel zwischen 150 Dh und 200 Dh, das Gleiche bezahlt man noch mal für die Getränke. Ohne passendes Outfit kommt man nicht rein.

Amnesia NACHTCLUB
(Karte S. 206; 18 Rue de Monastir) Das Amnesia ist definitiv der angesagteste Club in ganz Rabat. In der amerikanisch gestylten Location (das Hinterzimmer kommt im American-Diner-Style daher) ist abends die ganze Woche über die Hölle los. Hier läuft der übliche Mainstreampop aus den Charts.

5th Avenue NACHTCLUB
(Karte S. 202 f.; 5 Rue Bin al-Widane, Agdal) Noch eine Bar im US-Style – so, wie man sich halt in Marokko New York vorstellt. Die Musik ist besser als in den anderen Läden: Von arabischem Pop über Techno bis Hip-Hop läuft einfach alles.

Kino

Sofern nicht als *„versions originales"* gekennzeichnet, laufen die meisten Filme auf Französisch.

Cinéma Renaissance KINO
(Karte S. 206; 360 Ave Mohammed V; orchestra/Balkon 40/50 Dh) Großer Kinokomplex an der Hauptstraße mit Mainstream-Hollywoodprogramm.

Cinéma du 7ème Art KINO
(Karte S. 206; Ave Allal ben Abdallah; Eintritt 35 Dh) Tolle Adresse für einheimisches und eher künstlerisch angehauchtes Kino. Zeigt vor allem Streifen aus Marokko, Europa und Nahost.

Shoppen

Seine relaxten Händler machen Rabat zu einem Geheimtipp in puncto Shoppen. Weil man hier nicht so zum Kaufen genötigt wird, kann man die Stände einigermaßen unbehelligt abklappern. Andererseits ist der Verhandlungsspielraum relativ gering. In den städtischen Suks lässt sich immer noch tolles Kunsthandwerk ergattern, vor allem rund um die Rue des Consuls (Medina) und den Blvd Tariq al-Marsa in Richtung Kasbah. Das dortige Angebot reicht von Schmuck, Seidenstoffen und Keramik bis hin zu *zellij* und geschnitzten Holzmöbeln.

In Rabat zählt die Weberei zu den wichtigsten traditionellen Handwerkszweigen, und der nüchternere islamische Stil (s. S. 498) erfreut sich bis heute großer Beliebtheit. Am Dienstag- und Donnerstagmorgen machen sich die Frauen aus den Dörfern auf den Weg zum Teppich-Suk an der Rue des Consuls, um ihre Produkte an örtliche Händler zu versteigern – ein toller Anblick, obwohl Besucher dem Ganzen nicht direkt beiwohnen dürfen.

Ensemble Artisanal (Karte S. 202 f.; Blvd Tariq al-Marsa) bietet eine sehr gute Auswahl an Kunsthandwerksgegenständen zu Fest-

KARTEN

Landesweit zählt Rabat zu den wenigen Orten, wo man Stadtpläne und topografische Karten von Marokko bekommt. Die **Direction de la Cartographie** (außerhalb der Karte S. 202 f.; ☎0537 23 08 30; www.ancfcc.gov.ma, auf Französisch; Ave Hassan II, km 4; ⏱9–15.30 Uhr) verkauft topografische Karten, rückt manche davon aber nur ungern heraus. Fast alle Pläne müssen vorab bestellt werden und können 48 Stunden später abgeholt werden. Reisepass mitnehmen!

preisen. Fans von Tonwaren besuchen am besten den Complexe des Potiers in Salé (S. 217).

Praktische Informationen

Geld

Zahlreiche Banken mit Geldautomaten säumen die Ave Mohammed V und die parallel verlaufende Ave Allal ben Abdallah, darunter auch eine Filiale der Banque Populaire.

BMCE (Ave Mohammed V)

Internetzugang

Internet (Rue Tanta; 8 Dh pro Std.; ⏱9–19.30 Uhr) Neben La Mamma.

Medizinische Versorgung

Die örtlichen Apotheken haben abwechselnd Nacht- und Wochenenddienst. In ihren Schaufenstern hängt der aktuelle Dienstplan auf Französisch und Arabisch aus.

Hôpital Ibn Sina/Avicennes (außerhalb der Karte S. 202 f.; ☎0537 67 28 71, Notfälle 0537 67 44 50; Pl Ibn Sina, Agdal)

Notfall

SAMU (☎0537 73 73 73) Privater Rettungsdienst.

SOS Médecins (☎0537 20 21 23; Hausbesuch 400 Dh; ⏱24 Std.) Bereitschaftsärzte.

Post

DHL (☎0537 77 99 34; Ave de France, Agdal)

Hauptpostamt (Ecke Rue Soékarno & Ave Mohammed V)

Reisebüros

CAP Tours (Karte S. 206; ☎0537 73 35 71; www.captours.ma; 7 Rue Damas) Eine tolle Adresse für günstige Flüge innerhalb Afrikas. Reserviert auch Fährtickets.

Carlson Wagonlit (Karte S. 206; ☎0537 70 96 25; www.carlsonwagonlit.com; 1 Ave Moulay Abdallah)

Touristeninformation

Office National Marocain du Tourisme (ONMT; off Karte S. 202 f.; ☎0537 67 40 13; visitmorocco@onmt.org.ma; Ecke Rues Oued el-Makhazine & Zalaka, Agdal) Hier wird man mit einem Lächeln und ansonsten leeren Gesichtern empfangen. Man erreicht die Infostelle mit Taxis und Bus 3 ab dem Bahnhof.

An- & Weiterreise

AUTO Lokale Autoverleiher gibt's in Rabat wie Sand am Meer. Meistens sind sie günstiger als die folgenden internationalen Agenturen:

Avis (Karte S. 206; ☎0537 72 18 18; 7 Rue Abou Faris al-Marini)

Budget (Karte S. 206; ☎0530 20 05 20; Bahnhof Rabat Ville, Ave Mohammed V)

Europcar (Karte S. 206; ☎0537 72 23 28; 25 Rue Patrice Lumumba)

Hertz (Karte S. 206; ☎0537 70 73 66; 467 Ave Mohammed V).

Einschränkungen fürs Parken im Stadtzentrum gelten montags bis samstags von 8 bis 12 Uhr und von 14 bis 19 Uhr. An Parkuhren zahlt man 3 Dh pro Stunde. Einen günstig gelegenen Parkplatz findet man unweit der Kreuzung von Ave Hassan II und Ave Mohammed V.

BUS Rabat hat zwei Busbahnhöfe: die große **Gare Routière** (Karte S. 202 f.; Place Mohammed Zerktouni), wo die meisten Linien ankommen und abfahren, und den weniger chaotischen **CTM-Bahnhof** (außerhalb der Karte S. 202 f.) 3 km südwestlich der Stadt an der Straße nach Casablanca. Ersterer verfügt üner eine **Gepäckaufbewahrung** (5 Dh pro Gegenstand und Tag; ⏱6–23 Uhr). Von den Busbahnhöfen gelangt man mit dem Bus 30 (5 Dh), der Straßenbahn oder einem *petit taxi* (30 Dh) in die Stadt.

Wer mit dem Bus aus dem Norden kommt, wird eventuell durchs Stadtzentrum chauffiert. Dann ist es besser, den Fahrer zu fragen, ob er einen einfach dort rauslassen kann. Alternativ steigt man in Salé aus und nimmt die Straßenbahn ins Zentrum von Rabat. Einige Busverbindungen:

Agadir 220 Dh, 10 Std., 3-mal tgl.

Casablanca 35 Dh, 1½ Std., stündl.

Er-Rachidia 155 Dh, 10 Std., 1-mal tgl.

Fes 70 Dh, 3½ Std., 9-mal tgl.

Laâyoune 420 Dh, 22½ Std., 1-mal tgl.

Marrakesch 130 Dh, 5 Std., 10-mal tgl.

Nador 155 Dh, 9½ Std., 1-mal tgl.

Oujda 155 Dh, 9½ Std., 1-mal tgl.

Tanger 100 Dh, 4½ Std., 5-mal tgl.

Tetouan 100 Dh, 5 Std., 1-mal tgl.

Außerdem gibt's internationale Verbindungen nach Barcelona (1220 Dh), Madrid (940 Dh) und Paris (1380 Dh).

FLUGZEUG Vom winzigen Flughafen Rabat-Salé, 10 km nordöstlich der Stadt, starten Direktflüge nach Paris mit **Royal Air Maroc** (RAM; Karte S. 206; ☎0537 70 97 66; www.royalairmaroc.com; Ave Mohammed V) und **Jet4You** (www.jet4you.com). Ein *grand taxi* hierher kostet 250 Dh; Busse fahren leider nicht.

TAXI *Grands taxis* nach Casablanca (40 Dh) starten vor dem Intercity-Busbahnhof. *Grands taxis* nach Fes (60 Dh), Meknès (45 Dh) und Salé (5 Dh) fahren an einem Stand nahe der Ave Hassan II hinter dem Hôtel Bou Regreg ab.

ZUG Rabat ist am bequemsten per Zug erreichbar. Achtung: den neuen zentralen **Bahnhof Rabat Ville** (Karte S. 206) nicht mit dem Bahnhof Rabat Agdal westlich der Stadt verwechseln! Rabat Ville hat einen Restaurantbereich und wartet mit WLAN sowie Filialen von Budget und Supratours auf.

Von 6 bis 22.30 Uhr verkehren Züge alle 30 Minuten zwischen den Bahnhöfen Rabat Ville, Casa-Port (35 Dh) und Kénitra (15 Dh, 30 Min.). Wer zum Internationalen Flughafen Mohammed V (75 Dh, 1½ Std.) bei Casablanca möchte, muss in Casa Voyageurs oder Aïn-Sebaa umsteigen.

Auf allen Fernstrecken ist neben *trains rapides* (Schnellzügen) spätabends auch ein regulärer *train ordinaire* (Personenzug) unterwegs. Details zu Zugklassen siehe S. 562. Ziele und Preise der 2. Schnellzugklasse: Fes (80 Dh, 3 Std., stündl.), Marrakesch (120 Dh, 4½ Std., 9-mal tgl.), Meknès (65 Dh, 2 Std.), Oudja (180 Dh, 9 Std., 3-mal tgl.), Tanger (95 Dh, 4 Std., 8-mal tgl.) und Taza (111 Dh, 5 Std.).

ℹ Unterwegs vor Ort

BUS Nützliche Stadtbuslinien (jeweils 4 Dh):

Linien 2 & 4 Von der Ave Moulay Hassan zum Bab Zaer (für Fahrten nach Chellah).

Linie 3 Vom Bahnhof Rabat Ville nach Agdal.

Linien 12 & 13 Von der Place Melilla nach Salé.

Linien 17 & 30 Von einem Haltepunkt in der Nähe des Bab al-Had zur Gare Routière (via Direction de la Carthographie); Bus 17 fährt von dort am Zoo vorbei zum Temara-Strand.

Linie 33 Vom Bab al-Had zum Temara-Strand.

Straßenbahn Die Straßenbahn verkehrt zwischen Rabat und Salé und steuert Haltestellen in der gesamten Stadt an. Für eine Fahrt zahlt man 7 Dh.

TAXI Blaue *petits taxis* gibt's in Hülle und Fülle. Sie sind preiswert und schnell; eine Fahrt im Stadtzentrum kostet ca. 15 bis 20 Dh. Taxistände befinden sich in der Nähe des Eingangs zur Medina, an der Ave Hassan II, und am Bahnhof.

NÖRDLICH VON RABAT

Salé سلا

500 000 EW.

Diese Stadt ist noch eine ganz andere Welt als ihre alte Rivalin am anderen Ufer des Oued Bou Regreg. Im Vergleich zum lebhaften Rabat wirkt Salé ruhiger und traditioneller und die Zeit scheint regelrecht stillzustehen. Doch das soll jetzt anders werden: Bei Redaktionsschluss war das Mammutprojekt, das den Ort ins 21. Jh. katapultieren soll, beinahe abgeschlossen. Zu ihm gehören eine neue Straßenbahn, eine neue Brücke und neue Gebäude inklusive Apartments und Einkaufszentren.

Die schmalen Gassen, Altstadthäuser und wunderschönen Denkmäler im Zentrum erinnern an ein typisch marokkanisches Dorf. Jenseits davon breitet sich jedoch ein weitläufiges Wohngebiet aus, dessen gesichtslose Apartments hauptsächlich von Pendlern bewohnt werden, die in Rabat arbeiten. Salés Einwohner sind deutlich konservativer eingestellt als die Rabats, was sich auch in ihrer Kleidung widerspiegelt.

Im 10. Jh. ließen sich hier die ersten Siedler nieder. Die Bedeutung des Ortes wuchs, als Einwohner der älteren Siedlung Sala Colonia in die neue Stadt am anderen Flussufer umzogen. Zu dieser Zeit lieferten sich die einheimischen Stämme immer wieder kriegerische Gefechte. Im 12. Jh. brachten die Almohaden die Region unter ihre Kontrolle und machten das benachbarte Rabat zur Basis für ihre Vorstöße nach Spanien.

1260 wurde Salé von spanischen Freibeutern angegriffen. Daraufhin befestigten die Meriniden die Stadt und bauten Verteidigungsmauern sowie einen Kanal zum Bab el Mrissa, damit die Schiffe sicher in den Hafen einlaufen konnten. Die Stadt blühte auf und nahm lukrative Handelsbeziehungen zu Venedig, Genua, London sowie den Niederlanden auf.

Durch den Handel bekamen auch die Piraten Auftrieb. Im 16. Jh. profitierten Salé und Rabat von den Aktivitäten der berüchtigten Sallee-Rover-Freibeuterbanden. In Daniel Dafoes gleichnamigem Roman wurde Robinson Crusoe hierhin gebracht.

Im 19. Jh. gelang es endlich, die Seeräuber in ihre Schranken zu weisen. Rabat war zur Hauptstadt geworden, und Salé versank in der Bedeutungslosigkeit.

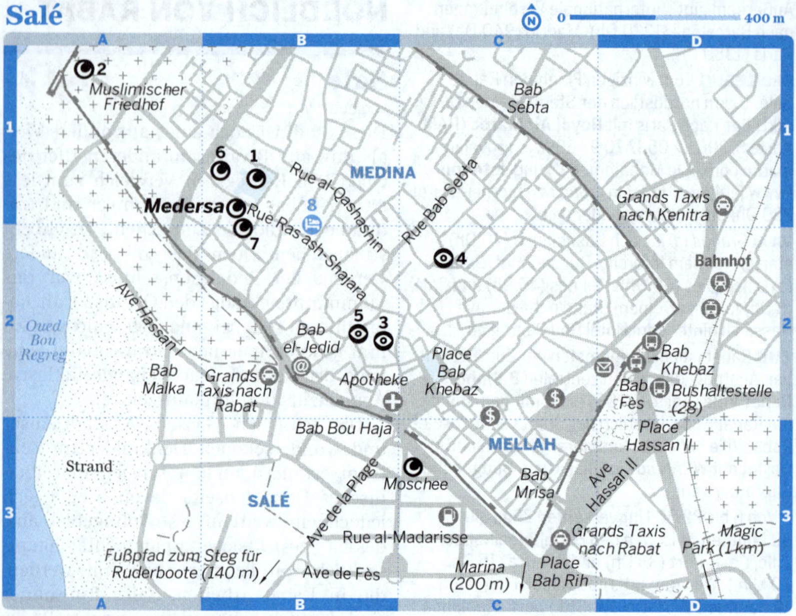

Salé

Highlights

Medersa	B1

Sehenswertes

1 Grande Mosquée	B1
2 Sidi-ben-Ashir-at-Taleb-Koubba	A1
3 Souq el-Ghezel	B2
4 Souq el-Kebir	C2
5 Souq el-Merzouk	B2
6 Sidi-Abdallah-ibn-Hassoun-Zawiya	B1
7 Sidi-Ahmed-at-Tijani-Zawiya	B2

Schlafen

8 The Repose	B1

Sehenswertes

Salé eignet sich wunderbar für einen Tagesausflug von Rabat aus. Das Bab Bou Haja dient als Hauptzugang zur Medina. Es liegt an der Südwestmauer und ist zur Place Bab Khebaz hin offen. Von hier geht's gen Norden zu den Suks und zur Großen Moschee 500 m weiter Richtung Nordwesten die Rue Ras ash-Shajara (oder Rue de la Grande Mosquée) runter. Alternativ nimmt man den Weg innen an der Stadtmauer entlang, vorbei am Bab Bou Haja und Bab Malka.

Grande Mosquée & Medersa
MOSCHEE, MEDERSA

Die Grande Mosquée und die Medersa spielen eine zentrale Rolle im Leben dieser frommen Stadt. Beide gehören zu den ältesten religiösen Institutionen Marokkos und sind herausragende Beispiele für die Kunst der Meriniden. 1333 ließ der Almohaden-Sultan Abou el Hassan Ali die beiden Bauwerke errichten. Nichtmuslime dürfen nicht in die Moschee, doch die wunderschöne **Medersa** (Eintritt 10 Dh) ist als Museum geöffnet. Ähnlich wie die Medersas von Fes oder Meknès hat die hiesige Koranschule die Form eines kleinen Hofes und ist von einer Galerie umgeben. Ihre Wände sind aufs Prächtigste dekoriert, von der *zellij*-Basis bis zum Stuck und den eleganten Zedernholzarbeiten.

Um die Galerie im oberen Stock liegen kleine Kammern für Studenten. Wer will, kann von dort aus aufs Flachdach klettern und die herrliche Aussicht auf Salé und hinüber nach Rabat genießen. Der Aufpasser, der Traveller herumführt, freut sich über ein kleines Trinkgeld.

Schreine
BEMERKENSWERTE GEBÄUDE

Hinter der Moschee liegt die **Zawiya von Sidi Abdallah ben Hassoun**, dem Schutzheiligen von Salé. Dieser sehr beliebte Sufi starb 1604. Von ihm erhoffen sich marokkanische Reisende Schutz, ungefähr so wie die Christen vom hl. Christophorus. Der Schutzheilige wird jedes Jahr am Mouloud-Abend (dem Geburtstag des Propheten) mit einer Prozession durch die Straßen von Salé geehrt. Zu diesem Anlass werfen sich die Fischer des Ortes in aufwendige Korsarenkostüme und ziehen durch die Straßen bis zum Schrein des *marabout* (Heiligen). Dabei tragen einige geschmückte Wachsfiguren.

Es gibt noch zwei weitere Grabmale in Salé: die **Zawiya von Sidi Ahmed Tijani** in der Gasse zwischen der Moschee und der Medersa und die weiße **Koubba von Sidi ben Ashir at-Taleb** auf dem Friedhof nordwestlich der Moschee.

Suks SUKS

Von der Moschee geht's durch die Rue Ras ash-Shajara (wird später zur Rue Mellah el Kadim) zu den Suks. Reiche Kaufleute ließen sich die Häuser an dieser Straße bauen. Der stimmungsvolle **Souq el-Ghezel** (Wollmarkt) liegt im Schatten großer Bäume und hat sich seit Jahrhunderten nicht verändert – er ist auf alle Fälle einen Abstecher wert. Hier feilschen Männer und Frauen um den Preis und die Qualität weißer Rohwolle, die von alten Waagen an riesigen Dreibeinen baumelt.

Im nahen **Souq el-Merzouk** werden Textilien, Korbwaren und Schmuck hergestellt und verkauft. Darüber hinaus gibt's die berühmten gewebten Grasmatten für die Moschee. Am wenigsten für Traveller zu bieten hat der **Souq el-Kebir** mit seiner Secondhand-Kleidung und Haushaltswaren.

Schlafen & Essen

Weil Salé dank der Straßenbahnanbindung leichter zu erreichen ist, werden in der Medina immer mehr Pensionen eröffnet. Darüber hinaus stößt man in den Suks und den Straßen der Umgebung sowie der Gegend gleich südlich der Place Bab Khebaz auf viele kleine Cafés.

The Repose RIAD €€

(☎0537 88 29 58; www.therepose.com; 17 Zankat Talaa, Ras Chejra; Suite 650–850 Dh;) Seit der Renovierung des traditionellen Hauses in der Medina wartet es mit vier schönen, unterschiedlich gestalteten Zimmern auf. Die schattige Terrasse ist eine echte Oase der Ruhe und bietet jede Menge Privatsphäre. Überdies helfen einem die kundigen Besitzer beim Buchen von geführten Touren oder Kochkursen. Achtung: Hier werden ausschließlich vegetarische Speisen serviert.

Praktische Informationen

Banken liegen an der Rue Fondouk Abd el-Handi.

Apotheke (Pl Bab Khebaz)

Perfect Computer (Bab al-Jedid; 4 Dh pro Std.; 9–22 Uhr) Internetzugang.

An- & Weiterreise

BUS Salés Hauptbusbahnhof befindet sich 1 km östlich der Medina. Busse aus Richtung Rabat halten zudem außerhalb vom Bab el Mrisa. In Rabat starten die Busse 12, 13, 14, 16 und 34 (5 Dh) an der Place al-Mellah gleich abseits der Ave Hassan II und stoppen unweit von Salés Busbahnhof am Bab Khebaz. Dort fahren auch Busse in die Gegenrichtung ab.

STRASSENBAHN Mit der Straßenbahn gelangt man schnell und unkompliziert von Rabat nach Salé (7 Dh).

TAXI Einfach in der Nähe vom Hôtel Bou Regreg an der Avenue Hassan II in Rabat in ein Taxi einsteigen und als Reiseziel Bab Bou Haja oder Bab el Mrisa nennen. In Salé starten Taxis beim Bab Jdid und beim Bab el Mrisa (einfache Fahrt 4 Dh). *Petits taxis* dürfen allerdings nicht zwischen Salé und Rabat pendeln. *Grands taxis* nach Kénitra (15 Dh) fahren gleich nördlich vom Bahnhof ab.

ZUG Von und nach Rabat verkehren zwar Züge, aber die Straßenbahn oder *grands taxis* sind die bessere Wahl. Züge in Richtung Norden nach Kénitra starten alle 30 Minuten (15 Dh).

Rund um Rabat & Salé

Complexe des Potiers KUNST & KUNSTHANDWERK

(Töpferkooperative; Sonnenauf- bis Sonnenuntergang) Die Töpferkooperative befindet sich im Dorf Oulja, 3 km südöstlich von Salé. Hier wird eine breite Palette von Tonwaren produziert.

Das Material stammt aus einer Tonschicht in den Hügeln der Umgebung (bei der Ortseinfahrt auf der linken Seite zu sehen) und wird im hinteren Gebäudebereich auf Drehscheiben mit Fußantrieb verarbeitet. Anschließend werden die Stücke glasiert und in riesengroßen Brennöfen bei 900 °C 15 Stunden gebrannt. Feinere Gegenstände für den Hausgebrauch werden in Gasöfen gebrannt, was weniger umwelt- und luftverschmutzend ist. Die rustikaleren Stücke kommen aber immer noch in Öfen, die mit Zweigen und Blättern aus den nahen Wäldern befeuert werden.

In der Kooperative gibt's auch ein Café und Werkstätten, in denen Korbflechter und Schmiede werkeln. Man kann von Salé mit dem *petit taxi* (ca. 18 Dh) oder ab dem Bab Khebaz mit der Buslinie 35 bzw. 53 (4 Dh) fahren.

Jardins Exotiques GARTEN

(www.jardinsexotiques, auf Französisch; Erw./Kind 10/5 Dh; ⌚Winter 9–17 Uhr, Sommer bis 19 Uhr) Marcel François, ein französischer Architekt, legte die Jardins Exotiques 1951 an. Seit 2003 sind die Gärten Teil des Weltnaturerbes und wurden 2005 nach mehrjähriger Restaurierung neu eröffnet. Sie bestehen aus mehreren Abschnitten: Die Plantagen des **Jardin Nature** erinnern an all die exotischen Pflanzen, die dem Gartenbauer auf seinen zahlreichen Reisen begegneten, während im **Jardin Culture** die Gartenbauphilosophie verschiedener Kulturen im Mittelpunkt steht und der **Jardin Didactique** Vogelvolieren, ein Aquarium sowie ein Tiergehege beherbergt. Pfade mit verschiedenen Farbmarkierungen führen quer durch üppige brasilianische Regenwälder, polynesische Dschungelgebiete, japanische Lustgärten und ein Stück Andalusien. Verwaltet wird die Anlage von der Umweltschutzstiftung Mohammeds VI.

Am Wochenende geht's hier sehr ruhig zu. Das Gelände ist ideal für Besuche mit Kindern und auch bei turtelnden Liebespaaren sehr beliebt.

Die Gärten erstrecken sich 13 km nördlich von Rabat an der Straße nach Kénitra und sind mit Bus 28 zu erreichen – entweder ab der Ave Moulay Hassan in Rabat oder ab dem Bab Fès (Haupttor) von Salés Medina.

Musée Belghazi MUSEUM

(☎0537 82 21 78; www.museebelghazi.com, auf Französisch; Hauptsammlung 50 Dh, Privatsammlungen nach vorheriger Anmeldung 100 Dh; ⌚9–19.30 Uhr) Marokkos ältestes Museum zeigt eine riesige Sammlung von andalusischem, jüdisch-marokkanischem und islamischem Kunsthandwerk. All diese traditionellen Stücke wurden im Laufe der Jahre von der Familie Belghazi angehäuft.

Zu den Exponaten gehören Messinstrumente (einer der ersten Belghazis war Astrologe am Kairaouine-Hof in Fes), Teppiche aus dem 17. Jh., wunderschön gedrechselte Minbars aus Holz, Türen und Deckenelemente aus dem 10. Jh., verspielter Gold- und Silberschmuck, tolle Tonwaren und Stickereien aus Fes sowie Miniaturausgaben des Korans. Außerdem gibt's hier noch einen Andenkenladen und ein Restaurant.

Das Museum liegt 17 km von Salé entfernt an der Straße nach Kénitra und ist mit Bus 28 ab der Ave Moulay Hassan in Rabat oder ab dem Bab Fès (Haupttor) von Salés Medina zu erreichen.

Temara Plage STRAND

Zu den wunderschönen Stränden in der Nähe von Rabat zählt auch die wilde **Temara Plage** (Temara-Strand) 13 km südwestlich der Stadt. Der Sandstreifen ist bei Surfern und Sonnenanbetern beliebt und mit Bus 17 ab dem Bab al-Had in Rabat erreichbar.

Plage des Nations STRAND

Die saubere **Plage des Nations** erstreckt sich 17 km nördlich von Rabat und zieht zahlreiche Einheimische an. Ihre starke Brandung eignet sich gut zum Surfen, macht das Schwimmen aber gefährlich.

Oberhalb des Strands befindet sich das **Hôtel Firdaous** (☎0537 82 21 31; www.hotelfird.com; Zi. 600 Dh; ≋) mit bemerkenswertem Originaldekor aus den 1970er-Jahren. Die abblätternde Farbe, rostigen Heizkörper und abgewetzten Teppiche werden nur gerade so durch den Meerblick und neue Bäder wettgemacht. Im Sommer sind die Zimmer stets ausgebucht und sollten daher unbedingt rechtzeitig reserviert werden.

Um den Strand mit dem Auto zu erreichen, fährt man zunächst nach Norden bis zum Musée Dar Belghazi und nimmt dann die Straße zur Linken (Sidi Bouknadel). Die Busse 9 und 48 ab Rabat oder Salé setzen Passagiere an der Abzweigung ab; von dort aus führt ein 2 km langer Fußmarsch zum Strand, vorbei an riesigen Siedlungen mit Ferienapartments.

Mehdiya Plage STRAND

50 km nördlich von Rabat säumt ein weiterer Strand die Küste. An der Mehdiya Plage gibt's zahlreiche Ferienhäuser und Bars, doch auch dort ist die Strömung zu gefährlich zum Schwimmen. Im Sommer wird der Sandstreifen von Tagesausflüglern bevölkert, im übrigen Jahr ist er aber nahezu menschenleer. Züge verkehren regelmäßig von Rabat nach Kénitra, wo die Busse 9 bzw. 15 nach Mehdiya starten. Beide Buslinien (6 Dh) und *grands taxis* (10 Dh) fahren an der Ecke Rue du Souk el-Baladia/Ave Mohammed Diouri in Kénitra ab.

Lac de Sidi Bourhaba NATURSCHUTZGEBIET

Landeinwärts von Mehdiya erstreckt sich die Süßwasserfläche des idyllischen Lac de

Sidi Bourhaba. Als Teil eines größeren geschützten Feuchtgebiets dient der See als Zwischenquartier für Tausende von Zugvögeln, die von Europa aus zu Regionen südlich der Sahara fliegen. Insbesondere von Oktober bis März bietet er landesweit einige der besten Möglichkeiten für Vogelbeobachtungen. Dank der gepflegten Pfade kann man zudem wunderbar durch die bewaldeten Hügel der Umgebung wandern.

Hier wurden bereits über 200 verschiedene Vogelarten gesichtet – darunter viele seltene und bedrohte Spezies –, von denen ein Großteil vor Ort überwintert oder brütet. Der See zählt zu den wenigen Orten des Planeten, an denen sich immer noch große Scharen von Marmelenten tummeln. Diese sind leicht an ihren dunklen Augenflecken zu erkennen. Außerdem lassen sich hübsche Kapohreulen (vor allem in der Dämmerung), Kammblässhühner, Gleitaare und Flamingos blicken.

Das **Informationszentrum** (☎0537 74 72 09; ⏲Sa & So 12–16 Uhr) am nördlichen Seeufer ist nützlich, aber nicht oft geöffnet.

Um zum See zu kommen, folgt man einfach der Strandstraße zur Mehdiya Plage, die 300 m hinter dem Café-Restaurant Belle Vue beginnt. Fußgänger haben ab der Abzweigung noch 3,3 km vor sich.

Moulay Bousselham مولاي بو سلهام

Das ruhige, idyllische Fischerdorf mit einem weitläufigen, einsamen Strand wird von den Grabmalen zweier örtlicher Heiliger beschützt und vergrößert sich langsam, aber sicher, da sich in der Umgebung immer mehr europäische Pensionäre Wohnhäuser kaufen. Die Einwohner sind sehr freundlich, außerdem gibt's ein paar gute Fischrestaurants und ein beeindruckendes Vogelschutzgebiet. Aus diesen Gründen kann man in Moulay Bousselham ein paar tolle Tage verbringen. Hier hat amn nur wenig mehr zu tun als zu angeln, Vögel zu beobachten und am Strand spazieren zu gehen. Die kräftige Brandung lockt Surfer an, aber starke Strömungen machen das Schwimmen lebensgefährlich.

Im Sommer herrscht allerdings ungleich mehr Betrieb. Dann verwandelt sich das 1000-Seelen-Dorf in ein marokkanisches Billig-Reiseziel mit 65 000 Bewohnern.

Moulay Bousselham ist nach einem ägyptischen Heiligen aus dem 10. Jh. benannt. Das Andenken an ihn bewahrt eine der *koubbas* (Grabstätten), die den zum Meer hin abfallenden Hang säumen. Das Grabmal wacht über die Flussmündung. Ein Besuch soll bei psychischen Problemen helfen; dazu lassen sich Marokkaner einen Tag lang darin einschließen. Angeblich verhilft das Grabmal Sidi Abd el-Galils am anderen Flussufer unfruchtbaren Frauen zum Mutterglück. An der Hauptstraße befinden sich alle wichtigen Einrichtungen wie Bank, Apotheke, Post und diverse Internetcafés (8 Dh pro Std.). Achtung: Der Konsum von Alkohol ist verboten!

👁 Sehenswertes & Aktivitäten

Merja-Zerga-Nationalpark NATIONALPARK

Egal, ob Vogelliebhaber oder nicht – ein Bootsausflug auf der Merja Zerga (Blaue Lagune) ist eines der schönsten Erlebnisse in Moulay-Bousselham. Am besten lässt man sich dabei von einem Führer die Landschaft erklären. Die 73 km² des nach der Ramsar-Konvention geschützten Nationalparks umfassen 4 km² Wasserfläche, der Rest ist Sumpfland. Hier tummeln sich Tausende von Zugvögeln, darunter große Schwärme von Wildhühnern, Watvögeln sowie Flamingos, und machen den Park zu einem der besten Orte in Marokko, um Vögel zu beobachten. Die Wassertiefe der Lagune ist gezeitenabhängig und schwankt zwischen 50 cm und 4 m. 90 % des Wassers stammen aus dem Meer, der restliche Süßwasseranteil kommt vom Oued Dredr im Süden dazu. Bei Redaktionsschluss war das neue Besucherzentrum noch nicht geöffnet.

Obwohl man die größten Vogelschwärme im Dezember und Januar vor die Linse bekommt, flattern Reiher, Flamingos, Ibisse, Löffler und Regenpfeifer manchmal auch noch bis März oder April durch die Lüfte. Etwa 100 Arten sind ganzjährig anzutreffen. An der ruhigen Lagune erspäht man außerdem regelmäßig Afrikanische Kapohreulen, Froschweihen, zahlreiche Seeschwalben, Brand- und Krickenten sowie Wanderfalken, Dünnschnabel- und Korallenmöwen.

Sechs Dörfer verteilen sich rund um den See; vier leben vom Ackerbau, die übrigen beiden vom Fischfang. Die Männer fischen in der Lagune und im Meer, während die Frauen Schalentiere sammeln.

Fast alle Fischer verdienen sich etwas dazu, indem sie Touristen mit auf den See nehmen. Darüber hinaus wurden viele örtliche Bootsbesitzer zu Vogelführern ausgebildet.

Ihre Kähne liegen unten am kleinen Strand vertäut. Hier kann man problemlos Ausflüge arrangieren (Boot ca. 100 Dh pro Std.). Der einzige offizielle und zudem beste Guide ist **Hassan Dalil** (☎0668 43 41 10; halbtägige Führung 200 Dh, Motorboot zzgl. 100 Dh pro Std.); der Kontakt wird u. a. über das Café Milano an der Hauptstraße in Richtung Ort hergestellt (dort befindet sich das „Vogel-Logbuch"). Allerdings ruft man Hassan besser persönlich an, anstatt im Dorf nach ihm zu fragen – es haben sich nämlich bereits mehrere Leute für ihn ausgegeben, um seine Geschäfte zu übernehmen. Alternativ bittet man die Kellner im Milano, ihn anzurufen. Das Villanora veranstaltet ebenfalls Ausflüge. Wer möchte, kann mit den Bootsleuten auch auf Angeltour gehen (100 Dh pro Std. inkl. Ausrüstung).

Für leidenschaftliche Vogelfans ist vielleicht auch ein Abstecher zur **Merja Khaloufa** interessant. Der hübsche See erstreckt sich 8 km östlich von Moulay-Bousselham. Er gehört zum Park und bietet gute Möglichkeiten zum Beobachten verschiedener Wildvögel im Winterquartier.

Schlafen & Essen

Auf Anfrage vermittelt der freundliche Eigentümer des Restaurant l'Océan **Ferienhäuser** (Sept.–Mai 500 Dh, Juni–Aug. 700–1000 Dh) für maximal sechs Personen. Die Unterkünfte sind im Sommer schwer gefragt, deshalb sollte man vorher anrufen oder rechtzeitig buchen.

Villanora B&B €€

(☎0537 43 20 71, 0664 87 20 08; http://villanoramorocco.ifrance.com; EZ/DZ inkl. Frühstück 300/400 Dh, mit Meerblick 400/500 Dh; 📶) Das Ferienhaus einer britischen Familie, die sich einst in diese ruhige Ecke Marokkos verliebte, thront auf dem Gipfel einer hohen Düne und bietet einen herrlichen Meerblick. Mohammed, ein Englisch sprechender Freund der Familie, hat hier das Sagen. Für Gäste gibt's ein paar heimelige Zimmer (z. T. mit Gemeinschaftsbad), in denen man von der donnernden Brandung in den Schlaf gewiegt wird. Das Frühstück wird auf der Terrasse serviert. Abendessen kann im Voraus bestellt werden (der Fisch ist sehr zu empfehlen). Das Villanora liegt ungefähr 2 km von der Hauptstraße entfernt am äußersten nördlichen Rand des Ortes. Wer hier übernachten möchte, muss unbedingt im Voraus buchen. Mohammed organisiert auch Bootsausflüge auf dem See. Kürzlich haben die Inhaber überdies noch die einzige Unterkunft am nahen Merja-Bargha-See eröffnet, die **Farm Nora** (☎0537 43 20 71, 0664 87 20 08; http://villanoramorocco.ifrance.com; EZ/DZ 300/400 Dh) – genau das Richtige für Vogelliebhaber.

Hôtel Le Lagon HOTEL €

(☎0537 43 26 50; Fax 0537 43 26 49; DZ 300 DZ; 🏊) Seine herrliche Lage über der Lagune rettet die Ehre dieses schon etwas welken Hotels aus den 1970er-Jahren. Die geräumigen, hellen, sauberen Zimmer brauchen dringend eine Renovierung, aber die Gäste werden mit einer großen Terrasse entschädigt. Das Restaurant ist mittelmäßig, und der Pool sowie der Nachtclub sind nur von Juli bis August geöffnet.

La Maison des Oiseaux B&B €€

(☎0537 43 25 43, 061 301067; http://moulay.bousselham.free.fr; HP 350 Dh pro Pers.) Ein freundliches Gästehaus in einem reizenden Garten. Die neun einfachen, aber wunderschönen Zimmer sind traditionell dekoriert. Für reisende Schulklassen gibt's einen Seminarraum im Obergeschoss. Man kann auch Ausflüge zur Vogelbeobachtung (200–300 Dh, 2½ Std.) buchen. Das Haus verbirgt sich am Ende eines Gewirrs aus sandigen Sträßchen links hinter dem Ortseingang. Den genauen Weg erfragt man am besten telefonisch oder bei Einheimischen.

Camping Caravaning International ZELTPLATZ €

(☎0537 43 24 77; www.atlantisgatemb@yahoo.fr; 2-Pers.-Zelt/Campen/Auto 60/70/30 Dh, zusätzl. Pers. 13 Dh; 🏊) Toller, ganzjährig geöffneter Zeltplatz in bester Lage.

Restaurant l'Ocean RESTAURANT

(☎0678 31 09 54, 0669 43 42 45; Hauptgerichte 50 Dh; ⏲Mittag- & Abendessen) In den Cafés und Restaurants an der Straße zum Meer hin gibt's Tajines und gegrillten Fisch. Zu den besten Adressen zählt dieses kleine Lokal mit einer Terrasse und Tischen im Innenraum. Auf der Speisekarte stehen hervorragende Fischgerichte, Couscous, Tajines und Paella.

An- & Weiterreise

Moulay-Bousselham liegt etwa 40 km Luftlinie südlich von Larache. Wer mit öffentlichen Verkehrsmitteln anreisen möchte, muss über die kleine Ortschaft Souk el-Arba du Rharb fahren, wo regelmäßig *grands taxis* (20 Dh, 45 Min.) und ein paar Busse (12 Dh, 45 Min.) starten. Von Kénitra bzw. Larache (35 Dh, 1 Std.) und Rabat

(40 Dh, 1½ Std.) ist Souk el-Arba du Rharb per *grand taxi* erreichbar. Außerdem fahren in dem Dorf täglich Züge in beide Richtungen ab. Das Villanora organisiert Privattaxis von Larache nach Moulay-Bousselham (150 Dh, 1 Std.).

Larache العرائش

Wie andere Kleinstädte an diesem Küstenabschnitt wirkt Larache fast das ganze Jahr über verschlafen und beschaulich. Im Sommer erwacht der charmante Ort jedoch zum Leben, denn dann bevölkern marokkanische Touristen den Strand. Ansonsten verirren sich nur wenige Besucher hierher. In der Neustadt entdeckt man ein paar prächtige Beispiele für die Architektur der spanischen Periode, besonders rund um die zentral gelegene Pl de la Libération (ehemals Plaza de España). Die verfallende kleine Medina ist ebenfalls einen Besuch wert. Laraches Hauptattraktion liegt nördlich des Flusses Loukos am Stadtrand: Die überwucherten Ruinen des uralten Lixus befinden sich an der Stelle, wo die Legende den Garten der Hesperiden lokalisiert.

Im 17. Jh. stand Larache die meiste Zeit unter spanischer Herrschaft. Gefährliche Sandbänke vor der Küste schränkten die Hafenaktivität ein. Dafür bauten örtliche Werften Schiffe für die Korsaren weiter südlich. 1911 wurde der Ort zum Haupthafen des spanischen Protektorats. Der starke spanische Einfluss zeigt sich bis heute an Kirche, Markt, Hotels, Bars und weiß getünchten Gebäuden mit blauen Türen. Larache mag genauso malerisch sein wie Asilah, verzeichnet aber weit weniger Besucher und Betrieb.

Zum *paseo* (Abendspaziergang) scheinen sich nahezu alle Einheimischen im Zentrum zu versammeln. Dann füllen sich die Cafés und die wenigen Restaurants mit Gästen, die bei einem Kaffee und einem Kartenspiel den Tag Revue passieren lassen. Gegen 22 Uhr sind die Straßen wieder menschenleer.

Der französische Schriftsteller Jean Genet liebte die Bucht von Larache. Er starb in Frankreich, wurde aber hier begraben.

Sehenswertes

Altstadt HISTORISCHE STÄTTE

Auf einem Felsen hoch über dem Meer thronen die Ruinen der im 16. Jh. von den Portugiesen errichteten **Kasbah** (Kebibat). Heute ist die Festung so verfallen, dass Besucher keinen Zutritt haben. Von hier aus Richtung Süden geht's zur alten, kopfsteingepflasterten **Medina**. Als Eingang zur Altstadt dient das **Bab el Khemis**, ein riesiger, spanisch-maurischer Torbogen auf der Place de la Libération. Dahinter erstreckt sich ein Marktplatz mit Säulen, der quirlige **Zoco de la Alcaiceria**. Die Spanier bauten ihn im 17. Jh., als sie Larache zum ersten

Larache

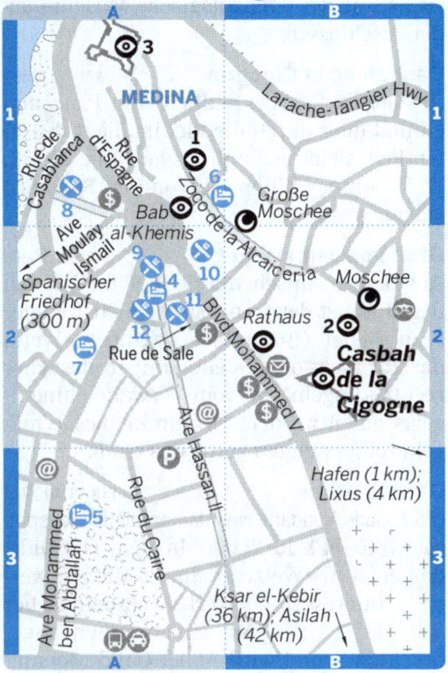

Larache

Highlights
Casbah de la Cigogne B2

Sehenswertes
1 Galerie Afnar A1
2 Musikhochschule B2
3 Kasbah-Ruine A1

Schlafen
4 Hôtel España A2
5 Hôtel Riad A3
6 La Maison Haute A1
7 Pension Amal A2

Essen
8 Balcón Atlantico A1
9 Le Sourire Salon de Thé A2
10 Restaurant Commercial A2
11 Restaurant Puerta Del Sol A2
12 Salon de Thé Triana A2

Mal besetzt hatten. Während unseres Besuchs war das Archäologische Museum leider geschlossen.

Casbah de la Cigogne WAHRZEICHEN

(Festung der Störche) Südlich vom Platz und einmal quer durch die Medina liegt die öffentlich nicht zugängliche Festung, die im 17. Jh. unter Philipp III. von den Spaniern gebaut wurde.

Grab von Jean Genet WAHRZEICHEN

Auf dem spanischen Friedhof im Westen der Stadt ist der französische Schriftsteller Jean Genet (1910–1986) begraben. Wenn das Tor nicht offen steht, können Besucher rechts klingeln, um vom Verwalter hineingelassen zu werden. Für ein kleines Trinkgeld zeigt er einem gerne das Grab.

Galerie Afnar KUNSTMUSEUM

(58 Assadr Alaadam; www.lafnargalerie.blogspot.com ⌚10–14 & 16–21 Uhr) In dem Gebäude, das einst als Weizen-*fondouq* diente, werden interessante Werke einheimischer Künstler gezeigt. Auf einem außen angebrachten Schild wird Abuel Ualid Mohammed ben Ahmed Ben Rox (1120–1198; auch bekannt als Averroes), der berühmte andalusische Philosoph, als Besitzer genannt.

Konservatorium BEMERKENSWERTES GEBÄUDE

An dem Platz nordöstlich der Casbah de la Cigogne, gleich gegenüber dem Archäologischen Museum, befindet sich das große, reich verzierte Konservatorium mit einem eigenen Minarett, das einen kurzen Besuch lohnt.

Strände STRÄNDE

Unterhalb von Larache erstreckt sich ein kleiner Sandstreifen. Einige Klassen besser ist der Strand 7 km nördlich auf der anderen Seite der Loukos-Mündung. Dort befindet sich ein riesiges Urlaubsresort, Port Lixus, mit einem Golfplatz, einigen Hotels, Villen und einem Luxusjachthafen. Es ist mit der Buslinie 4 zu erreichen (stündl., 5 Dh, Juni–Aug.). Außerhalb der Saison setzt Bus 5 Traveller an der Abzweigung kurz vor Lixus (5 Dh) ab. Von hier aus sind es 3 km zum Strand, die man locker zu Fuß bewältigen kann. Beide Buslinien starten gegenüber der Casbah de la Cigogne.

Schlafen

Larache verfügt über eine kleine, aber ordentliche Auswahl an Unterkünften. Die meisten findet man in den Straßen südlich der Place de la Libération.

LP TIPP **La Maison Haute** RIAD €€

(☎0665 34 48 88; www.lamaisonhaute.com; 6 Derb ben Thami; Zi. 440–550 Dh, Apt. 700–924 Dh) Diese atmosphärische Bleibe ist in einem restaurierten Altstadthaus im spanisch-maurischen Stil untergebracht und wartet mit sechs charmanten Zimmern sowie modernen Bädern auf. Erlesenes Dekor, fröhliche Farben, Buntglasfenster und spanische Mosaikböden prägen das freundliche Haus. Die Dachterrasse bietet eine unschlagbare Aussicht auf Meer und Marktplatz, und ihre netten Eckchen laden zum Lesen und Sonnenbaden ein. Abendessen gibt's nach vorheriger Anmeldung.

Hôtel España HOTEL €

(☎0539 91 31 95; hotelespana2@yahoo.fr; 6 Ave Hassan II; EZ/DZ/3BZ 260/300/380 Dh; ❄📶) Eine weitere tolle Option ist dieses Überbleibsel aus der Kolonialzeit mit freundlichem Service. Das dunkle Holzdekor erinnert an vergangene Tage, doch die Bäder sind modernisiert worden und in den tadellos sauberen Zimmern stehen komfortable Betten. Da der Platz in der Nähe den Lärmpegel ganz schön ansteigen lässt, quartiert man sich am besten oben ein. Frühstück wird nicht serviert, aber ganz in der Nähe liegen mehrere Cafés.

Pension Amal HOTEL €

(☎0539 91 27 88; 10 Rue Abdallah ben Yassine; EZ/DZ/3BZ 50/100/150 Dh, heiße Dusche 10 Dh) Supergünstig, blitzsauber und sehr freundlich: Die Gäste der kleinen Pension kommen in gefliesten Zimmern unter und teilen sich Gemeinschaftsbäder. Weil die Matratzen jedes Jahr ausgetauscht werden, sind die Betten ausgesprochen komfortabel. Der Sohn des Eigentümers, dem es eher um Ideenaustausch geht als um reinen Profit, lernt gern neue Leute kennen. Musikliebhaber beehrt er schon mal mit einem spontanen Ständchen auf seiner Gitarre.

Hôtel Riad HOTEL €€€

(☎0539 91 26 26; Ave Mohammed ben Abdallah; 🏊) Ein prächtiges Anwesen aus dem 19. Jh. mit einem gepflegten Garten südlich des Zentrums. Während unseres Besuchs wurde es gerade renoviert. Wenn man dieses Buch in den Händen hält, sollte es aber bereits als Boutique-Hotel mit Wellnessbereich wiedereröffnet worden sein.

Essen

In Larache Essen gehen macht Laune – und nicht arm: Um die Place de la Libération und den Socco de la Alcaiceria gibt's massenhaft kleine Lokale, die einfache, aber anständige Gerichte auffahren. Der spanische Einfluss ist immer noch unverkennbar, z.B. in den Restaurants mit Paella auf der Karte und am *churros*-Stand (eine Art Schmalzgebäck) auf dem Marktplatz.

Restaurant Commercial REGIONALE KÜCHE €
(Pl de la Libération; Hauptgerichte 40 Dh; ⌚Mittag- & Abendessen) Viele Einheimische stehen auf dieses unspektakuläre, nette Lokal am Markt. Hier werden Unmengen Suppe, Spieße und gebratener Fisch verschlungen. Es ist superbillig, jeden Abend randvoll mit zufriedenen Gästen und ein klasse Ort zum Leutebeobachten.

Restaurant du Port FISCH & MEERESFRÜCHTE €€
(☎0539 41 74 63; Larache Port; ⌚Sommer) Eine etwas elegantere Location am Hafen, die den etwas weiteren Weg auf jeden Fall lohnt! Ihre Spezialität sind frische, perfekt zubereitete Meeresfrüchte. Das Restaurant ist nur im Sommer geöffnet, deshalb sollte man vor einem Besuch besser anrufen.

Restaurant Puerta Del Sol REGIONALE KÜCHE €
(5 Rue Ahmed Chaouki; Hauptgerichte 40 Dh; ⌚Mittag- & Abendessen) Noch mehr Fisch und marokkanische Gerichte. Es gibt hier keinen überflüssigen Schnickschnack und es geht ruhiger zu als im Restaurant Commercial, dennoch ist das Lokal eine wirklich gute Wahl.

Balcón Atlantico CAFÉ €
(Ecke Rue de Casablanca & Rue Tarik Ibnou Ziad) Das nette, lebhafte Café mit Blick auf den Strand eignet sich wunderbar dazu, in Ruhe zu frühstücken oder eine Kleinigkeit zu Mittag zu essen. Es gibt Sitzplätze draußen und ordentliche Pizza, die Bedienung ist allerdings seeehr langsam.

Für ein Frühstück auf die Schnelle oder ein Eis kann man den **Salon de Thé Triana** (Ave Mohammed ben Abdallah) ansteuern, wo auch ganz anständige Pizza ab 40 Dh angeboten wird. Alternativ besucht man **Le Sourire Salon de Thé** (Ave Hassan II) nicht weit vom Markt.

Praktische Informationen

Banken reihen sich am nördlichen Ende des Blvd Mohammed V aneinander. In den meisten Filialen kann man Bargeld und Reiseschecks tauschen. Viele haben auch Geldautomaten.

Cyber Space (Rue 2 Mars; 6 Dh pro Std.; ⌚10–24 Uhr) Internetzugang.

Marnet (Ave Mohammed ben Abdallah; 6 Dh pro Std.; ⌚Sa–Do 10.30–24, Fr 15–24 Uhr) Internetzugang.

An- & Weiterreise

Der Busbahnhof liegt südlich der Stadt an der Rue du Caire. Von hier bestehen CTM-Verbindungen nach Agadir (260 Dh, 12 Std.), Casablanca (100 Dh, 4 Std., 3-mal tgl.), Fes (80 Dh, 4 Std., 3-mal tgl.), Marrakesch (190 Dh, 8 Std.), Meknès (65 Dh, 3 Std., 3-mal tgl.), Rabat (70 Dh, 3 Std., 3-mal tgl.) und Tanger (40 Dh, 2½ Std., 3-mal tgl.).

Busse anderer Gesellschaften steuern diese Ziele ebenfalls an, verkehren aber für gewöhnlich häufiger und nehmen darüber hinaus Kurs auf Ouezzane (30 Dh), Tetouan (25 Dh) und Kenitra (35 Dh).

Grands taxis fahren vom Busbahnhof nach Ksar el Kebir (13 Dh) sowie gelegentlich nach Asilah (15 Dh), Souk el Arba (25 Dh) und Tanger (30 Dh).

Lixus الاوكوس

Auf einem Hügel mit Blick auf die Mündung des Loukos liegen die karthagisch-römischen Ruinen von **Lixus** (Eintritt frei). Dieser sagenumwobene, vor sich hinbröckelnde Ort gehört zu den am längsten bewohnten Plätzen des Landes. Von der antiken Stadt wurde nur ein Viertel ausgebuddelt, aber was man von den Ruinen sieht, ist absolut beeindruckend – auch wenn die Überreste ramponiert und zugewachsen sind. Die ganze Anlage ist nicht so groß und wurde auch weniger sorgfältig freigelegt wie Volubilis, wirkt durch ihre Lage, Größe und Schönheit jedoch trotzdem würdevoll. Besucher brauchen nur ein bisschen Fantasie, um sich vorzustellen, wie prachtvoll und bedeutsam Lixus einmal war.

Bei unserem Besuch gab es auf dem Gelände keine Absperrungen, außerdem wurde gerade ein Informationszentrum errichtet. Außerhalb der Sommermonate kommen kaum Leute hierher und im Winter leisten einem sogar bloß noch der Wind und ein paar friedlich grasende Ziegen Gesellschaft. Der sachkundige Aufseher, El Mokhtar el Hannach, führt Traveller für etwa 50 Dh pro Person herum.

Geschichte

In der Umgebung von Lixus wurden Megalithsteine gefunden. Sie deuten auf frühe Einwohner hin, die eine Sonnengottheit verehrten und astronomische sowie mathematische Kenntnisse besaßen. Doch das ist auch schon fast alles, was über die prähistorischen Gebiete bekannt ist, bevor die Phönizier gegen 1000 v. Chr. ihre Kolonie Liks gründeten. Nach Berichten von Plinius dem Älteren stibitzte Herkules hier die goldenen Äpfel aus dem Garten der Hesperiden und erfüllte damit die vorletzte seiner zwölf Aufgaben. Wahrscheinlich handelte es sich bei den goldenen Früchten um die berühmten marrokanischen Mandarinen.

Im 6. Jh. v. Chr. rissen sich die Karthager die atlantischen Kolonien der Phönizier unter den Nagel. Lixus blieb ein Handelsvorposten, vor allem für Gold, Elfenbein und Sklaven. 42 n. Chr. wurde es dem Römischen Reich angegliedert. Salz, Oliven, Wein und *garum* (eine würzige Fischsauce) avancierten zu Exportschlagern, außerdem verdienten sich die Kaufleute eine goldene Nase mit dem Export wilder Tiere für die Amphitheater des Reiches.

Als sich die Römer aus Nordafrika zurückzogen, ging es mit der Kolonie in Lixus bald darauf bergab, und nach dem Zusammenbruch des Römischen Reiches im 5. Jh. n. Chr. wurde sie schließlich komplett aufgegeben. Bei den Muslimen hieß der Ort später Tuchummus.

Sehenswertes

Ruinen HISTORISCHE STÄTTE

In dem grünen Geländer an der Straße von Larache nach Tanger befindet sich das Haupttor zu Lixus. Dahinter sind auf der linken Seite die Überreste der *garum*-Fabriken zu sehen, in der früher Fisch eingesalzen und die Sauce angerührt wurde, die sich in Rom so unglaublich großer Beliebtheit erfreute. Ein Schotterweg führt vom Tor rauf auf den Hügel, vorbei an einer Reihe kleinerer Ruinen und schließlich zu den **öffentlichen Bädern** sowie zum **Amphitheater**. Der Blick vom Amphitheater auf die Landschaft rundherum ist grandios. Ein wunderbares Plätzchen zum Hinsetzen und Entspannen!

Von den meisten Mosaiken ist vor Ort nichts mehr zu sehen. Die Stücke sind im archäologischen Museum von Tétouan ausgestellt, darunter auch jene des großen Tempels mit Helios, Mars, Rhea, den drei Grazien sowie Venus und Adonis. In Lixus gibt's nur noch das Mosaik von **Oceanus** (dem griechischen Meeresgott). Leider haben die Elemente und ein paar Vandalen ihr Unwesen getrieben, deshalb ist es mittlerweile ziemlich ramponiert.

Weiter auf dem Pfad geht's zur größten Ansammlung von Gebäuden oben auf dem Hügel. Die Aussicht von dort auf die Mündung des Loukos und die Salzfelder ist umwerfend. Hier stehen Verwaltungsgebäude, ein paar öffentliche Badehäuser und die ehemaligen Festungsanlagen der Stadt. Im Süden ragt die beeindruckende Zitadelle in die Höhe, und vor dem Himmel zeichnet sich ein Haufen dicht gedrängter Ruinen ab. Viele Bauwerke sind zwar schon im fortgeschrittenen Verfallsstadium, aber man kann noch den Haupttempel und die damit verbundenen Heiligtümer, eine Kapelle, ein paar weitere Bäder und die Reste der Stadtmauern erahnen.

LOKALKOLORIT

EL MOKHTAR EL HANNACH, STADTFÜHRER IN LIXUS

Lixus ist mein Geburtsort. Da drüben, wo jetzt das Informationszentrum gebaut wird, stand früher mein Elternhaus. Mein Vater hat diese Feigenbäume gepflanzt. Mittlerweile wohne ich auf dem Land und fahre mit dem Bus zur Arbeit. 1923 war mein Vater der erste Guide in Lixus. Er hat mir alles beigebracht, als ich vor 40 Jahren in seine Fußstapfen getreten bin.

Im Altertum reichte das Meer noch bis an die Ausläufer von Lixus, heute ist es jedoch 4 km entfernt. Der damalige Zugang zum Wasser verlieh Lixus eine enorme Bedeutung. Ruinen der karthagischen Bauten sind erhalten: die großen Steinblöcke in den unteren Abschnitten der Mauern, das Amphitheater und die Tempel. Der römische Baustil ist feiner, denn es wurden kleinere Steine verwendet. Allerdings kümmerten sich die Römer nicht um die karthagischen Sammelschächte für das Regenwasser – und das war nicht sehr schlau. Abgesehen von *garum* (würzige Fischsauce) waren Oliven die wichtigste Exportware in Lixus. Heute wachsen hier wilde Oliven und werden von den Vögeln verzehrt.

Hätte man mich vor die Wahl gestellt, wäre ich eindeutig lieber ein Karthager als ein Römer gewesen.

An- & Weiterreise

Lixus liegt rund 4,5 km nördlich von Larache an der Straße nach Tanger. Bus 9 fährt außerhalb der Casbah de la Cigogne hierhin (5 Dh). Ein *petit taxi* kostet pro einfache Strecke etwa 25 Dh.

Asilah أصيلا

Dieser herrliche Ferienort erstrahlt ganz in Weiß und erinnert an ein griechisches Inseldorf, doch auf den spanischen Speisekarten der Restaurants stehen Tapas und Paella. Auch die schmiedeeisernen Fensterelemente der gekalkten Häuser zählen zu den wenigen, aber unübersehbaren Beweisen für die lange spanische Herrschaft. Asilah gilt als angenehmer Auftakt für ein Marokko-Abenteuer und wartet mit einer guten Auswahl an Billighotels und Restaurants sowie einer aufkeimenden Kunstszene auf. Aus diesen Gründen ist die Stadt mittlerweile sehr beliebt bei Travellern, die sich auf die Nordatlantikküste konzentrieren.

Der Bürgermeister wohnt in der malerischen Medina und ließ den alten Stadtteil in den letzten Jahren von Grund auf sanieren. Währenddessen wurden immer mehr Häuser von wohlhabenden Marokkanern und Europäern (vor allem von Spaniern) aufgekauft. Fast das ganze Jahr über ist Asilah verschlafen, im Sommer jedoch steigt die Bewohnerzahl von 12 000 auf 110 000 an. Wie anderswo an der Küste strömen nun zahlreiche marokkanische Familien herbei, was überfüllte Strände und viele Schlepper mit sich bringt. Frühling und Herbst sind die besten Reisezeiten: Dann kann man das immer noch angenehme Wetter ohne Menschenmassen genießen.

Asilah trat erstmals als karthagische Siedlung Zilis auf den Plan. Seitdem hat der kleine, aber strategisch günstig gelegene Hafen eine turbulente Geschichte hinter sich. Während der Punischen Kriege standen seine Einwohner auf der Seite Karthagos. Als die Region an Rom fiel, wurde die hiesige Bevölkerung nach Spanien deportiert und durch Iberer ersetzt. Danach war Asilah auf Gedeih und Verderb mit Spanien und dessen zahlreichen Eroberungsfeldzügen verbunden.

Als die Christen im 14. und 15. Jh. die muslimischen Truppen auf der iberischen Halbinsel besiegten, bekam Asilah die Folgen unmittelbar zu spüren. 1471 eroberten die Portugiesen den Hafen, indem sie mit 477 Schiffen und 30 000 Mann anrückten. Anschließend errichteten sie die heutigen Mauern der Medina, um ihren Handelsposten an der berühmten Goldroute durch Afrika zu sichern. Sebastian I. von Portugal brach hier 1578 zu einem verhängnisvollen Kreuzzug auf. Nach dem gewaltsamen Tod des Königs gerieten Portugal und dessen marokkanische Außenposten für lange Zeit unter spanische Herrschaft.

Moulay Ismail eroberte Asilah 1691 zurück. Wegen des andauernden Piratenproblems ließen Österreich und Spanien die Stadt im 19. Jh. von ihren Seestreitkräften beschießen. Berühmtester örtlicher Bandit war Er-Raissouli (s. S. 227), einer der schillerndsten Schurken des wilden Rifgebirges. Im frühen 20. Jh. agierte er von Asilah aus und galt als Geißel der europäischen Großmächte. Von 1911 bis 1965 gehörte die Stadt zum spanischen Protektorat.

Sehenswertes & Aktivitäten

Über 50 ortsansässige Künstler, fünf Galerien sowie diverse Ateliers und Ausstellungsflächen machen Asilah zu einer bekannten Kunsthochburg. Alles begann 1978, als mehrere marokkanische Künstler eingeladen wurden, Workshops für einheimische Kinder abzuhalten; im Rahmen des örtlichen *moussem* (Tag des Schutzheiligen) bemalten sie zudem ein paar Mauern der Medina. Mittlerweile haben sich einige der teilnehmenden Kinder und Zaïlachi-Künstler in der zeitgenössischen Kunstszene einen Namen gemacht, darunter der verstorbene Abdelilah Bououd, Brahim Jbari, Elina Atencio, Mohamed Lhaloui und mehrere Mitglieder der Familie Mesnani.

Festungsanlage & Medina

HISTORISCHE STÄTTE, MEDINA

Asilahs Medina wird hauptsächlich zum Wohnen genutzt. Sie ist von den unverwüstlichen Steinmauern umgeben, die im 15. Jh. von den Portugiesen errichtet wurden. Die von Palmen flankierten Wälle gelten als Wahrzeichen der Stadt.

In den letzten Jahren wurde das Viertel samt Mauer wieder auf Vordermann gebracht; es lohnt sich also, durch die ruhigen, kleinen Gassen mit ihren weißen Häusern zu bummeln. Durch die Restaurierungsarbeiten wirkt die Gegend inzwischen fast zu sauber, ist mit den kunstvollen schmiedeeisernen Gittern vor den Fenstern, blassgrünen *jalousies* (hölzerne Fensterläden) und bunten Wandbildern, die jedes Jahr

Asilah

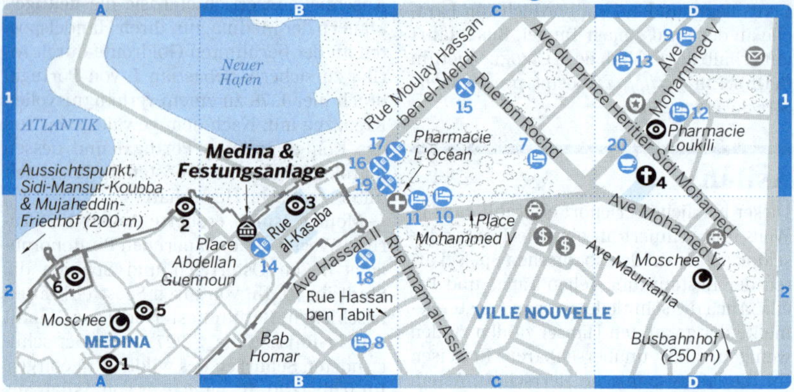

Asilah

Highlights
- Medina & Festungsanlage ... B2

Sehenswertes
1 Galerie Aplanos ... A2
2 Kanonen ... A2
3 Centre de Hassan II Rencontres Internationales ... B2
4 Bartholomäuskirche ... D1
5 Galerie Hákim ... A2
6 Palais de Raissouli ... A2

Schlafen
7 Hôtel Azayla ... C1
8 Hôtel Belle Vue ... B2
9 Hôtel Mansour ... D1
10 Hôtel Marhaba ... C2
11 Hotel Patio de la Luna ... C2
12 Hôtel Sahara ... D1
13 Hôtel Zelis ... D1

Essen
14 Al-Madina ... B2
15 Casa García ... C1
16 La Symphonie II des Douceurs ... B1
17 Restaurant la Place ... B1
18 Restaurant Yali ... B2
19 Restaurante Oceano Casa Pepe ... B1

Ausgehen
20 Café Tanger ... D1

beim Asilah-Festival gemalt werden, aber trotzdem mehr als ein Urlaubsfoto wert. In den Hauptstraßen haben Kunsthandwerker und Künstler ihre Ateliers und laden dazu ein, ihre Arbeiten zu bewundern.

Leider kann die Festungsanlage nur zum Teil besichtigt werden. Die Bastion im Südwesten bietet die beste Aussicht auf das Meer und ist ein beliebtes Plätzchen bei Sonnenuntergang. Von hier aus kann außerdem ein Blick auf die nahe **Koubba von Sidi Mansur** (für Nichtmuslime nicht zugänglich) und den **Mujaheddin-Friedhof** geworfen werden.

Der Südeingang zur Medina, das **Bab Homar** (Ave Hassan II), verfügt über ein königlich-portugiesisches Wappen, dem Wind und Regen bereits stark zugesetzt haben. Direkt hinter der Stadtmauer stehen zur Seeseite hin ein paar **alte Kanonen**; da aber kein Fußweg hinführt, sind sie nur aus der Entfernung zu bewundern. Das **Bab al-Kasaba** führt zur **Großen Moschee** (für Nichtmuslime geschlossen) und zum Centre Hassan II des Rencontres Internationales. Donnerstags, am Markttag, ist in der Medina die Hölle los.

Palais de Raissouli HISTORISCHES GEBÄUDE

Der **Palais de-Raissouli** alias Palais de Culture (Kulturpalast) wurde 1909 von Er-Raissouli erbaut. Bis heute zeugt das Gebäude auf der Seeseite der Medina vom luxuriösen Leben, das der Bandit auf dem Höhepunkt seiner Macht führte. Der wunderschön restaurierte Palast öffnet nur während des Asilah-Festivals oder für temporäre Ausstellungen. Vielleicht lässt sich der Hausmeister aber trotzdem überreden, einen hineinzulassen. Innen gibt's einen Hauptempfangsraum mit einer Glasterrasse direkt am Meer. Hier zwang Er-Raissouli verurteilte Mörder, 30 m tief auf die Felsen in den Tod zu springen.

GRATIS **Centre de Hassan II Rencontres Internationales** KUNSTMUSEUM
(☎0539 41 70 65; foundationdassilah@yahoo.fr; ⏲8.30–12.30 & 14.30–17 Uhr, Sommer bis 20 Uhr) Asilahs größte Ausstellungsfläche befindet sich gleich am Innenrand der Medinamauern. Das Kunstzentrum ist in einem wunderschönen Altstadthaus untergebracht und zeigt wechselnde Sammlungen von Malerei und Bildhauerei aus aller Welt – entweder in der eigenen Galerie oder im benachbarten **El-Khamra-Turm**. Bei Letzterem handelt es sich um eine renovierte portugiesische Festung an der Place Abdellah Guennoun.

Galerie Aplanos KUNSTMUSEUM
(☎0661 99 80 30; Rue Tijara) Zusammen mit ihrem marokkanischen Ehemann Ahmed Benraadiya gründete die belgische Malerin Anne-Judith van Loock eine Galerie, in der ausländische und einheimische Künstler ihre Werke ausstellen.

Galerie Hakim KUNSTMUSEUM
(☎0539 41 88 96, 061 799535; hakimghailan@yahoo.fr; 14 Place Sidi ben Issa) In seiner Galerie präsentiert der Zaïlachi-Künstler Hakim Ghaïlan vor allem Arbeiten junger Marokkaner.

Neustadt WAHRZEICHEN
Zentrum der kleinen Neustadt ist die hübsche Place Mohammed V. Die **Bartholomäuskirche** nördlich davon wurde von spanischen Franziskanermönchen im typisch maurischen Kolonialstil erbaut. Sie zählt zu den wenigen marokkanischen Kirchen, deren Glocken zur Sonntagsmesse läuten dürfen. Nebenan befindet sich der **Marché Central** (Hauptmarkt).

Strände STRÄNDE
Asilahs Hauptstrand erstreckt sich nördlich der Stadt. Vor Ort haben sich eine Reihe von Campingplätzen und Hotels angesiedelt. Meistens kann man es auf dem breiten goldenen Sandstreifen prima aushalten, aber im Sommer drängeln sich hier die Menschenmassen, und der Lärmpegel ist wegen der nahen Straße ziemlich hoch. Wer mehr Ruhe und Beschaulichkeit sucht, sollte den **Paradiesstrand** 3 km südlich ansteuern. Dieses superidyllische Fleckchen Erde wird seinem Namen absolut gerecht, allerdings räumt in der Nebensaison niemand den Müll weg. Von der Stadt bis zum Strand ist es ein gemütlicher Fußmarsch immer an der Küste entlang. Wer will, kann auch mit einer der Pferdekutschen fahren, die im Sommer die Strecke entlangzuckeln.

Asilah Marina Golf ist ein nagelneues Resort südlich der Stadt, dessen Fertigstellung aber noch auf sich warten lässt. Es soll einen Jachthafen, einen Golfplatz, ein Luxushotel und Apartments umfassen. Weiter nördlich, 23 km südlich von Tanger, wird eine weitere Ferienanlage an dem wunderschönen Küstenabschnitt Al Houara errich-

DER SCHURKE ER-RAISSOULI

Gefürchteter Bandit, Kidnapper und Aufrührer: Moulay Ahmed ben Mohammed er-Raissouli (oder Raisuni) war der legendärste Einwohner von Asilah. Er fing als kleiner Gauner im Rifgebirge an, hatte aber schon damals keine Skrupel, widerspenstige Opfer einen Kopf kürzer zu machen. Bald war er als gnadenloser Mörder bekannt und wurde in der ganzen Region gefürchtet.

International war Er-Raissouli vor allem dafür berüchtigt, dass er westliche Ausländer entführte. Gemeinsam mit seiner Bande erpresste er Lösegeld für verschiedene hohe Herrschaften, u. a. für den griechisch-amerikanischen Milliardär Ion Perdicaris. 1904 wurden für ihn 70 000 US$ gezahlt.

Mehrere Sultane versuchten, den Gesetzlosen in den Griff zu kriegen. Sie übertrugen ihm sogar diverse politische Ämter wie den Gouverneursposten von Asilah und später den von Tanger. Doch Er-Raissouli beeindruckte das wenig: Er machte weiter wie gehabt. Sein Einfluss auf die Rifstämme war enorm, darum sponserten die Spanier seine Waffen: Sie hofften, so würde in den Bergen endlich Ordnung einkehren. Aber Er-Raissouli erhob diese Waffen nur allzu oft gegen seine Förderer.

Nach dem Ersten Weltkrieg zwangen die Spanier Er-Raissouli, Asilah zu verlassen, trotzdem wütete dieser noch bis 1925 im Hinterland des Rif. Schließlich nahm ihn der Rebell Abd al-Krim gefangen und warf ihm vor, mit den Spaniern gemeinsame Sache gemacht zu haben.

tet. Doch auch hier gab es bei unserem Besuch gerade einen Baustopp.

Feste & Events

Asilah-Festival KULTURFEST

(www.c-assilah.com) Hauptveranstaltungsort des alljährlichen Asilah-Festivals im Juli ist das Centre Hassan II des Rencontres Internationales. Das Fest dauert drei Wochen und lockt Künstler, Musiker, Schausteller sowie 200 000 Besucher an. Zu diesem Anlass kann man bei zahlreichen Seminaren mitmachen und öffentliche Vorführungen, Konzerte, Ausstellungen und Veranstaltungen mit Teilnehmern aus aller Welt erleben. Gegen Ende der Feierlichkeiten findet ein dreitägiges Pferdefest mit einer marokkanischen *fantasia* (Kavallerieangriff mit Musketenfeuer) statt. Im Apple Store gibt's dazu eine iPhone-App.

Schlafen

Das Unterkunftsangebot in der Neustadt ist anständig, aber relativ langweilig. Alternativ kann man ein Haus in der Medina mieten, denn Ausländer und wohlhabende Marokkaner haben eine Reihe von Grundstücken in der Altstadt gekauft und darauf Ferienhäuser errichten lassen. Über die Agentur **House in Asilah** (www.houseinasilah.com) werden ganzjährig Unterkünfte in der Medina oder am Strand vermietet. Ein paar Domizile sind umwerfend schön – sie haben zwei, drei oder vier Schlafzimmer sowie ein tolles Dekor und bieten allen erdenklichen Komfort. Dafür müssen zwischen 600 und 3000 Dh pro Nacht einkalkuliert werden. Typische Wochenpreise: 4000 Dh in der Nebensaison und etwa 15 000 Dh in der Hauptsaison.

Während der Hauptsaison (Osterwoche & Juli–Sept.) strömen scharenweise Touristen in die Stadt, deshalb sollte man rechtzeitig reservieren. Zimmer in günstigen Hotels sind sehr schnell ausgebucht.

VORSICHT, ABZOCKE!

Drogen Wie die Touristen- und die Haschischmenge hat auch die Anzahl der Schlepper in Asilah deutlich zugenommen. Ein Großteil der Einwohner ist sehr jung und die Arbeitslosigkeit hoch. *Kif* (Haschisch) spielt eine große Rolle und wird zur Touristenabzocke benutzt (s. S. 536).

Unterkünfte Schlepper fangen Bus- und Zugpassagiere bei der Ankunft ab, um ihnen einfache Übernachtungsmöglichkeiten in der Medina anzudrehen (ca. 75 Dh). Normalerweise handelt es sich dabei um große Räume mit dünnen Matratzen, in denen bis zu sieben Personen direkt auf dem Fußboden schlafen können. Manchmal werden einem auch inoffizielle B&B-Zimmer zu hohen Preisen aufgedrängt. Augen auf bei derartigen Angeboten: Oft sind Betrüger am Werk!

Hôtel Patio de la Luna HOTEL €€

(☎0539 41 60 74; 12 Pl Zellaka; EZ/DZ 350/450 Dh; 📶) Asilahs einzige Unterkunft mit etwas marokkanischem Charakter steht unter spanischer Leitung. Sie verbirgt sich diskret hinter einer unauffälligen Tür an der Hauptstraße. Die recht spartanisch eingerichteten, rustikalen Zimmer sind mit Holzmöbeln, Webdecken und gefliesten Bädern ausgestattet und um eine schattige Veranda angeordnet. Nettes Personal. Die Unterkunft ist sehr beliebt, deshalb sollte man vorab reservieren.

Hôtel Belle Vue HOTEL €

(☎0539 41 77 47; Rue Hassan ben Tabit; DZ 200 Dh, Nebensaison 100 Dh) Bei spanischen Travellern erfreut sich das sympathische, kleine Hotel an einer ruhigen Seitenstraße besonders großer Beliebtheit. Die jungen marokkanischen Eigentümer sind herzlich und wissen immer, was in der Stadt gerade so los ist. Alle Zimmer wurden kürzlich neu dekoriert und teilweise sogar von einheimischen Künstlern gestaltet. Manche besitzen eigene Bäder (zzgl. 50 Dh) und Balkone. Außerdem gibt's vier nette Apartments (100 Dh pro Pers.) mit jeweils zwei Doppelzimmern und einem Wohnbereich. Matratzen und Sauberkeit lassen keine Wünsche offen, auch nicht in den Gemeinschaftsbädern. Auf der Dachterrasse kann man prima relaxen oder abends einen Drink genießen.

Hôtel Azayla HOTEL €€

(☎0539 41 67 17; www.hotel-azayla.com; 20 Rue ibn Rochd; EZ/DZ 326/386 Dh, Juli & Aug. 350/486 Dh) Geräumige, gemütliche, helle und gut ausgestattete Zimmer mit modernen Bädern. Zur geschmackvollen Deko gehören Fotos, die der Eigentümer von Land und Leuten geschossen hat, und dank der riesigen Fenster bekommen die Räume jede

Menge Tageslicht ab. Die größeren haben weitläufige Wohnzimmer und bieten locker bis zu drei Personen Platz. Das Hotel wirkt nicht sehr marokkanisch, aber dafür arbeiten hier freundliche, hilfsbereite und zuverlässige Angestellte.

Hôtel Sahara HOTEL €

(☎0539 41 71 85; 9 Rue de Tarfaya; EZ/DZ/3BZ 98/150/240 Dh, heiße Duschen 5 Dh) Das blitzsaubere kleine Hotel ist bei Weitem die beste Budgetoption der Stadt mit einfachen Zimmern rund um einen offenen Hof. Schmucke Fliesen und Topfpflanzen am Eingang sorgen für marokkanisches Flair. Die kleinen Quartiere sind spartanisch eingerichtet, aber gemütlich und gut in Schuss. Manche haben nur winzige Fenster, deshalb ist es sinnvoll, die Zimmer vor dem Einchecken zu besichtigen. Die Gemeinschaftstoiletten und -duschen sind brandneu und immer auf Hochglanz geschrubbt.

Hôtel Marhaba HOTEL €

(☎0539 41 71 44; Rue Zellaka; EZ/DZ 100/200 Dh, heiße Duschen 5 Dh) In dem zentral gelegenen Hotel direkt neben der Place Zellaka wird man sehr freundlich empfangen. Die Zimmer haben schon bessere Tage gesehen, überzeugen jedoch mit ihrer Sauberkeit. Im vorderen Bereich ist der Straßenlärmpegel höher, aber dafür fallen die Zimmer etwas geräumiger aus und bieten mehr Tageslicht. Eine nette Dachterrasse mit Altstadtblick entschädigt für die vorsintflutlichen Gemeinschaftsbäder.

Hôtel Mansour HOTEL €€

(☎0539 41 73 90; www.hotelmansour.cabanova.fr; 56 Ave Mohammed V; EZ/DZ inkl. Frühstück 350/420 Dh) Die gefliesten öffentlichen Bereiche in diesem kleinen Hotel nordöstlich vom Zentrum haben zwar einen traditionellen Touch, allerdings sind die Zimmer mit ihrer verblichenen Deko und den beengten Bädern nicht gerade der Hit. Über das Preis-Leistungs-Verhältnis (das Frühstück ist inklusive) kann man dennoch nicht meckern. Am besten fragt man nach einem größeren Zimmer mit Balkon und Meerblick.

Hôtel Zelis HOTEL €€

(☎0539 41 70 69; Fax 0539 41 70 98; 10 Ave Mansour Eddahabi; EZ/DZ/3BZ 300/400/550 Dh, Juli & Aug. 400/550/650 Dh; ❄@☒) Im Sommer platzt das große Ferienhotel aus allen Nähten, ansonsten wirkt es wie ausgestorben. Schicke Textilien in Weiß und Blau zieren 65 komfortable, moderne Zimmer mit TV und Kühlschränken. Gegessen wird entweder an den niedrigen Tischen und Stühlen des traditionell marokkanischen Restaurants oder in der charakterlosen Cafeteria. Neben einem prima Pool hat das Haus auch einen Fitnessraum, eine Bar, ein Internetcafé (10 Dh pro Std.) und ein Spielzimmer für kleine Gäste.

✕ Essen & Ausgehen

Asilahs Restaurantmeilen findet man im Bereich des Bab Kasaba sowie entlang der Altstadtmauern an der Ave Hassan II. Ein paar günstige Lokale säumen außerdem die Rue Ahmed M'dem in der Nähe der Banken an der Place Mohammed V.

Casa García FISCH & MEERESFRÜCHTE €€

(☎0539 41 74 65; 51 Rue Moulay Hassan ben el-Mehdi; Hauptgerichte ab 80 Dh; ⏲Mittag- & Abendessen) Das kleine Lokal serviert vor allem spanisch angehauchte Fischgerichte und fischlastige Tapas auf einer großen, luftigen Terrasse gegenüber vom Strand. Empfehlenswert sind z. B. der saftige Fisch vom Grill und die leckere Paella. Abenteuerlustigere bestellen stattdessen einen Teller mit Tintenfisch, Aal, Garnelen und Entenmuscheln. Dazu gibt's ein Glas süffigen Grauburgunder aus Marokko.

Restaurante Oceano Casa Pepe FISCH & MEERESFRÜCHTE €€

(☎0539 41 73 95; 8 Place Zellaka; Hauptgerichte 80–120 Dh; ⏲Mittag- & Abendessen) Kellner mit schwarzen Krawatten locken die Laufkundschaft in dieses eher konservative Restaurant, in dem vor allem Meeresfrüchtegerichte auf der Karte stehen. Weine aus Spanien und Marokko, Schummerlicht und leise Musik verleihen dem Ganzen einen recht noblen Touch.

Restaurant la Place REGIONALE KÜCHE, FISCH & MEERESFRÜCHTE €€

(☎0539 41 73 26; 7 Ave Moulay Hassan ben el-Mehdi; Hauptgerichte 75 Dh; ⏲Mittag- & Abendessen) Verglichen mit seinen Nachbarn wirkt das freundliche Restaurant etwas lockerer und aufgeschlossener. Neben marokkanischer Traditionsküche umfasst die Speisekarte auch die obligatorischen Gerichte mit Fisch und Meeresfrüchten; die leckere Fisch-Tajine vereint das Beste von beidem.

Restaurant Yali REGIONALE KÜCHE €

(Ave Hassan II; Hauptgerichte 50 Dh; ⏲Mittag- & Abendessen) Die Restaurants an den Altstadtmauern unterscheiden sich zwar nicht

ABSTECHER

DIE MONOLITHEN VON M'SOURA

Traveller können von Asilah aus einen interessanten Halbtagestrip zu den geheimnisumwitterten **Monolithen von M'Soura** unternehmen. An dieser prähistorischen Stätte ist ein großer Steinkreis (eigentlich eine Ellipse) mit etwa 175 Steinen zu sehen. Ursprünglich soll er einen Grabhügel umgeben haben. Viele Steine sind umgefallen oder zerbrochen, aber der Kreis ist nach wie vor beeindruckend. Seine mysteriöse Aura wird durch den Verfall noch verstärkt. Der höchste Stein ist 5,50 m hoch und wird *el-uted* (der Zeiger) genannt.

Der Steinkreis liegt 25 km (entlang der Straße) südöstlich von Asilah. Wer dorthin will, sollte ein robustes Fahrzeug haben. Zuerst geht's in das Dorf Souk Tnine de Sidi el-Yamani unweit der R 417, die von der Hauptstraße Tanger–Rabat Richtung Osten abzweigt. Im Ort links halten; dann fährt man auf einer schlechten, nicht asphaltierten Straße 6 km nach Norden bis zum Steinkreis. Die Stätte nicht ganz leicht zu finden, deshalb sollte man im Dorf nach dem Weg fragen oder einen Führer anheuern.

Ein anderer schöner Ausflug von Asilah aus ist ein Besuch auf dem quirligen Sonntagsmarkt im Dorf **Had Gharbia** etwa 16 km nördlich von der Stadt, ganz in der Nähe der Straße Richtung Tanger.

großartig voneinander, dennoch zählt dieses Lokal zu den beliebtesten Adressen. Es bietet eine gute Auswahl an Fischgerichten, Meeresfrüchten, Pizzas und traditionell marokkanischer Küche.

La Symphonie II des Douceurs CAFÉ €
(26 Pl Zellaka) Ein wunderbares Plätzchen zum Frühstücken oder für eine nachmittägliche Kohlenhydratdosis. Hier kann man in gediegener Umgebung Gebäck und Eis (nur im Sommer) genießen.

Al-Madina CAFÉ €
(Pl Abdellah Guennoun) Hauptattraktion des schlichten, kleinen Cafés in der Altstadt sind dessen sonnige Tische auf dem Platz am Fuß des El-Khamra-Turms. Ein schöner Ort, um bei einer Tasse Kaffee die Seele baumeln zu lassen.

Café Tanger CAFÉ €
(52 Ave Mohammed V) Wer es etwas authentischer man, sollte dieses Café nördlich vom Platz ansteuern. Das überwiegend männliche Publikum trinkt genüsslich seinen Kaffee und lässt die Welt an sich vorüberziehen.

Praktische Informationen

An der Place Mohammed V befinden sich zahlreiche Bankfilialen, z. B. von BMCE und Banque Populaire. Hier können Bargeld und Reiseschecks getauscht werden. Außerdem gibt's Geldautomaten.

Cyber Haytam (197 Ave Hassan II; 6 Dh pro Std.; ⏲9–24 Uhr) Internetzugang.

Pharmacie l'Océan (Pl Zellaka)

Pharmacie Loukili (Ave Mohammed V).

An- & Weiterreise

AUTO Vor dem Bab al-Baha (Meertor) in der Nähe des Hafens befindet sich ein bewachter Parkplatz (10 Dh für 24 Std.).

BUS Asilah liegt 46 km südlich von Tanger und bietet gute Verbindungen in die meisten Städte. Der winzige Busbahnhof liegt an der Kreuzung zwischen der Ave Mohammed VI und der Straße von Tanger nach Rabat. Seitdem es die Schnellstraße gibt, hält CTM nicht mehr in Asilah. Mit mehreren privaten Unternehmen geht's von der Stadt aus z. B. nach Casablanca (80 Dh, 4½ Std., 8-mal tgl.), Fes (60 Dh, 4½ Std., 4-mal tgl.), Marrakesch (120 Dh, 9 Std., 3-mal tgl.), Rabat (60, 3½ Std., 8-mal tgl.) und Tanger (15 Dh, 1 Std.).

Plätze in Fernbussen sollten reserviert werden, da die Fahrzeuge ab Tanger oft rappelvoll sind. Von 6.30 bis 20 Uhr geht's alle 30 Minuten nach Tanger und Casablanca – einfach einen Bus abpassen und auf freie Plätze hoffen.

TAXI *Grand taxis* fahren nach Tanger (20 Dh) und Larache (15 Dh), sobald sie voll sind. Sie starten in der Rue 2 Mars, einer Seitenstraße der Ave Mohammed VI, gegenüber von der Moschee. Der Flughafen von Tanger liegt nur 26 km weiter nördlich. Wer mit dem Taxi von Asilah (250 Dh) aus dorthin fährt, erspart sich einen zeit- und nervenraubenden Aufenthalt in Tanger. Der Stand für *petits taxis* befindet sich auf der Place Mohammed V.

ZUG 2 km nördlich von Asilah liegt der Bahnhof. Normalerweise verkehrt kurz nach der Ankunft der Züge ein Bus (6 Dh) zur Place Mohammed V und zum Bab Homar. Zu den Reisezielen ab Asilah zählen Casablanca (109 Dh, 4 Std.), Fes (87 Dh, 4 Std., 5-mal tgl.), Meknès (70 Dh, 3 Std., 5-mal tgl.), Rabat (83 Dh, 3 Std., 9 tgl.)

und Tanger (16 Dh, 45 Min., 10-mal tgl.). Ein Direktzug fährt über Nacht nach Marrakesch (186 Dh, 9½ Std.); er kommt aus Tanger und startet dort schon gut besetzt – Fahrkarten kauft man also besser vorab.

SÜDLICH VON CASABLANCA

El-Jadida الجديدة

148 000 EW.

1506 errichteten die Portugiesen an diesem Küstenabschnitt die Mazagan-Festung, um ihren Schiffsverkehr entlang der afrikanischen Küste zu schützen. Schnell entwickelte sich die Bastion zum bedeutendsten Handelsposten des Landes. Nach einer Belagerung wurde sie 1769 von Sultan Sidi Mohammed ben Abdallah erobert, allerdings sprengten die flüchtenden Portugiesen einen Großteil des Bollwerks in die Luft. Viele neue Einwohner ließen sich in der Neustadt nieder, und die Zitadelle lag lange Zeit in Trümmern. Erst im 19. Jh. siedelte Sultan Abd er Rahman dort Juden aus Azemmour an. Die Stadt erhielt den arabischen Namen „El-Jadida" („die Neue").

Über den landesweiten Handel kam die große und einflussreiche jüdische Gemeinde bald zu Wohlstand. Im Gegensatz zu anderen marokkanischen Städten besaß El-Jadida jedoch keine separate *mellah* (Judenviertel). Die Juden lebten in einer Atmosphäre der Toleranz und Offenheit direkt mit den übrigen Einwohnern zusammen. Während der Zeit des französischen Protektorats wurde der Ort zum Verwaltungszentrum und Urlauberziel. Allerdings büßte der Hafen seine Bedeutung zugunsten von Safi und Casablanca ein.

Die alte portugiesische Stadt, die heute Cité Portugaise genannt wird, ist eine verschlafene, aber wunderschöne Medina. Sie gehört seit 2004 zum Welterbe der Unesco. Da es an Investitionen mangelte, sind die weitläufigen Gassen und Wehranlagen im Originalzustand erhalten geblieben. Den Großteil des Jahres ist El-Jadida eine beschauliche Stadt, deren Ruhe nur im Juli und August von scharenweise hierher pil-

El-Jadida

El-Jadida

Highlights
- Citerne Portugaise ... A1
- Porte de la Mer ... B1

Sehenswertes
- 1 Bastion de L'Ange ... B1
- 2 Bastion de St. Sébastian ... B1
- 3 Himmelfahrtskirche ... A1
- 4 Öffentliches Backhaus ... B1
- 5 Grande Mosquée ... A1
- 6 Synagoge ... B1

Schlafen
- 7 Hôtel de Bordeaux ... A2
- 8 Hôtel Royal ... B4
- 9 Riad Le Mazagao ... A2

Essen
- 10 Patisserie Royal ... B3
- 11 Restaurant du Port ... B2
- 12 Restaurant La Portugaise ... A1
- 13 Restaurant Tchikito ... A2

Praktisches
- 14 Syndicat d'Initiative ... A3

gernden Marokkanern gestört wird, die an die herrlichen Strände wollen und die Boulevards entlangspazieren.

Das Gesicht der Stadt ändert sich jedoch, denn in den letzten Jahren haben Marokkaner und Ausländer immer mehr Grundstücke innerhalb der Altstadtmauern erworben, darunter auch die alte koloniale Kirche. Die bröckelnden Häuser werden renoviert und El-Jadida einer Verjüngungskur unterzogen. Direkt nördlich der Stadt, an einem herrlichen Strandabschnitt, prangt das neu eröffnete Ferienresort von **Mazagan** mit einem Golfplatz, einem Kasino, einem Wellnessbereich und einem riesigen Hotel. El-Jadidas Medina wird in den nächsten Jahren neues, wenn auch ganz anderes Leben eingehaucht bekommen.

Sehenswertes & Aktivitäten

Cité Portugaise HISTORISCHE STÄTTE

Als Hauptattraktion der Stadt gilt die **Cité Portugaise** (Portugiesenstadt), die aus einem kompakten Labyrinth verwinkelter Straßen besteht und von ockerfarbenen Festungsmauern umgeben ist. Der Haupteingang nahe der Place Mohammed ben Abdallah mündet in die Rue Mohammed Ahchemi Bahbai. Bei unserem Besuch wurde die portugiesische **Himmelfahrtskirche** direkt links davon gerade saniert und zu einem noblen Hotel umgebaut. Ganz in der Nähe befindet sich die **Grande Mosquée** mit ihrem einzigartigen fünfeckigen Minarett, das ursprünglich als Leuchtturm diente.

Citerne Portugaise HISTORISCHES GEBÄUDE

(Portugiesische Zisterne; Rue Mohammed Ahchemi Bahbai; Eintritt inkl. Zutritt zum Festungswall 10 Dh; ⌚9–13 & 15–18.30 Uhr) Wenn man auf der Hauptstraße an den Souvenirläden vorbeigekommen ist, gelangt man zu einem gewaltigen, nur durch einen einzigen Lichtschacht erhellten Zisternengewölbe. Einst fungierte dieser stille Ort als Wasserspeicher. In dem dünnen Wasserfilm auf dem Boden spiegeln sich das Deckengewölbe und elegante Säulen. Berühmt geworden ist die Zisterne als gruselige Kulisse für den dramatischen Aufstand in Orson Welles' *Othello* (1954).

Porte de la Mer WAHRZEICHEN

(⌚Festungswall 9–18 Uhr) Weiter unten an der Straße durchbricht die Porte de la Mer den Festungswall. Sie ist der ursprüngliche Direktzugang zum Meer, an dem die Schiffe ihre Ladungen löschten. Von hier aus kehrten die Portugiesen der Stadt für immer den Rücken. Links vom Tor befindet sich ein Bogengang. Dahinter liegt eines der **öffentlichen Backhäuser**, in denen einheimische Frauen ihre Brote backen lassen.

Rechts vom Tor führt eine Rampe hinauf auf die windigen Wallanlagen mit der **Bastion de L'Ange** (südöstlicher Eckturm). Von diesem tollen Aussichtspunkt kann man weit über Meer, Hafen und Neustadt schauen. An den Mauern entlang verläuft der Weg nach links zur **Bastion de St. Sebastian** (nordöstlicher Eckturm) mit Blick auf den alten jüdischen Friedhof. Früher war die verlassene **Synagoge** mit dem Davidstern an der Fassade neben der Bastion ein Gefängnis.

Strände STRAND

Die Strände nördlich bzw. südlich der Stadt sind relativ sicher, sauber und angenehm. Letzteres gilt allerdings nur für die Nebensaison, denn im Juli und August tummeln sich dort Massen von Menschen. Der Sandstreifen von **Haouzia** nordöstlich der Stadt ist traumhaft. Hier befindet sich das Mazagan-Resort. **Sidi Bouzid** liegt 5 km südwestlich von El-Jadida und zieht zahlreiche Sonnenhungrige sowie Surfer an. Bei **Le Requin Blue** (☎0523 34 80 67; Hauptgerichte ca. 80 Dh; ⌚Mittag- & Abendessen) direkt am Strand gibt's leckeren Fisch.

Der Stadtbus 2 fährt stündlich von El-Jadida nach Sidi Bouzid (3,50 Dh).

Schlafen

Ein paar Hotels nahe der Cité Portugaise machen El-Jadida zu einem tollen Ort, um ein paar Tage zu verweilen. In der Neustadt wohnt man moderner und komfortabler, aber weniger marokkanisch.

LP TIPP **Dar el-Manar** B&B €€

(☎0523 23 35 16 45, 061 495411; www.dar-al-manar.com; Zi. 800–1000 Dh; ❄@) Bei einer Radtour verliebte sich Fatima in ein Weizenfeld mit Blick auf den Ozean und die Stadt. So beschloss sie, an dieser Stelle ein reizendes Haus zu bauen, um sich hier niederzulassen und gleichzeitig Gäste empfangen zu können. Ihr Konzept ist voll aufgegangen und verspricht einen angenehmen Aufenthalt. Die fünf einfachen, aber geschmackvollen und geräumigen Zimmer sind im marokkanischen Stil dekoriert. Es gibt einen hellen Speiseraum und einen großen Garten, in dem Kühe und ein Esel grasen. Das Abendessen mit selbst angebautem Biogemüse kann im Voraus bestellt werden. Fatima und ihr französischstämmiger Ehemann (Pascal ist professioneller Masseur; Massagen kosten 300 Dh) heißen einen aufs Herzlichste willkommen, allerdings sollte man sich vorab telefonisch nach dem genauen Weg erkundigen. Das Gästehaus liegt in der Nähe eines Leuchtturms (Phare Sidi Mesbah). Ein Hinweisschild steht an der Straße, die von El-Jadida nordwärts nach Azemmour führt.

Riad Le Mazagao RIAD €€
(☎0523 35 01 37; 6 Derb el-Hajjar; www.lemazagao.com; DZ 550–825 Dh; ❄) Das Altstadt-Gästehaus aus dem 19. Jh. besitzt blitzsaubere Gemeinschaftsbäder und empfängt seine Gäste mit einladendem Ambiente. Seine geräumigen Zimmer verteilen sich rund um den Innenhof und die Dachterrasse. Die marokkanische Deko wirkt warm und freundlich, und zahlreiche Fliesenelemente sowie einheimische Stoffe sorgen für tolle Wohlfühlatmosphäre. Wer länger als eine Woche bleiben möchte, muss Halbpension buchen.

La Villa RIAD €€€
(☎0523 34 44 23, 0661 41 86 81; www.la-villa-david.com; 4 Ave Moulay Abdelhafid; Zi./Suite 1100/1540 Dh; ❄📶🏊) Ein charmantes, modernes Hotel, das von zwei Franzosen geführt wird. Die alte Villa direkt am Stadtrand besteht komplett aus einheimischen Baumaterialien und Hölzern. Stylishe Neonlampen weisen den Weg ins Obergeschoss. Alle Zimmer grenzen an einen weißen Innenhof. Ihre Ausstattung umfasst Plasmafernseher und WLAN-Zugänge; Bäder und Böden sind mit *tadelakt* (Kalkputz) versehen. Diese Mischung lässt die Räume eher zen- als hightech-mäßig wirken. Auf dem Dach beim Pool lockt eine kleine Bar und auf der Terrasse oben gibt's ein Solarium mit umwerfendem Altstadtblick. Zudem ist hier das beste Restaurant der Stadt untergebracht, das kreative französisch-marokkanische Gerichte kredenzt (Abendessen 350 Dh).

Hôtel de Bordeaux HOTEL €
(☎0523 37 39 21; 47 Rue Moulay Ahmed Tahiri; EZ/DZ 80/130 Dh, mit Bad 150/180 Dh) In einem traditionellen Altstadthaus liegt die beste der örtlichen Budgetoptionen. Die komfortablen, etwas beengten Zimmer umgeben einen überdachten Innenhof. Eigene Bäder haben lediglich die Räume im ersten Stock (je höher gelegen das Zimmer, desto günstiger!). Wer warm duschen möchte, muss das Gemeinschaftsbad im Untergeschoss benutzen. Ab der Rue ben Tachfine weisen Schilder den Weg.

Hôtel Royal HOTEL €
(☎0523 34 11 00; 108 Ave Mohammed V; EZ/DZ 125/140 Dh, mit Bad 198/245 Dh) Großes Hotel mit geräumigen, hellen Zimmern samt Billigmöbeln und nachträglich eingebauten Duschen, die von den Betten nur durch Glaswände getrennt sind. In puncto Qualität und Komfort gibt's große Unterschiede, deshalb lohnt es sich, sie vorher anzuschauen. Die Gemeinschaftsbereiche sind bunt gefliest, und der Innenhof wird abends zu einer beliebten Bar.

Essen

Neben tollen Cafés gibt's in El-Jadida auch einige anständige Restaurants.

Restaurante La Portugaise REGIONALE KÜCHE €
(Rue Mohammed Achchemi Bahbai; Hauptgerichte ab 40 Dh; ⏱Mittag- & Abendessen) Ein kleines, atmosphärisches Restaurant am Innenrand der Altstadtmauern. Anständige Menüs mit Fisch, Hühnchen und Tajines zu prima Preisen. Nettes Personal.

Restaurant du Port FISCH & MEERESFRÜCHTE €€
(☎0523 34 25 79; Port du Jadida; Hauptgerichte 80 Dh; ⏱Mo–Sa Mittag- & Abendessen, So Mittagessen) Zählt zu El-Jadidas besten Restaurants und besitzt eine Schanklizenz. Im Obergeschoss genießt man eine herrliche Aussicht auf Hafen und Wehranlagen. Der Schwerpunkt liegt naturgemäß auf Fisch und Meeresfrüchten – einfach, aber lecker. Dank der entspannten Stimmung fühlen sich auch weibliche Gäste wohl.

Restaurant Tchikito FISCH & MEERESFRÜCHTE €
(4 Rue Mohammed Smiha; Fischplatte 40 Dh) Der winzige Laden unweit der Place Hansali steht bei unseren Lesern hoch im Kurs, denn er serviert köstlichen gebratenen Fisch mit scharfer Sauce zu wunderbar günstigen Preisen.

Patisserie Royale PATISSERIE €
(Pl Mohammed V) Viele Leser schwören auf den Kaffee im Royale, das mit seiner Holztäfelung etwas altmodisch wirkt. Ein toller Ort, um ganz relaxt mit Einheimischen zu plaudern.

Praktische Informationen

Im Stadtzentrum findet man diverse Banken mit Geldautomaten und an der Ave Mohammed VI liegen ein paar Internetcafés.

@Kiltec (1. OG, 62 Place Hansali; 6 Dh pro Std.; ⏱9–23 Uhr, Fr mittags geschl.)

Clinique Les Palmiers (☎0523 39 39 39; Route de Casablanca) Notfallbetreuung rund um die Uhr.

Hauptpostamt (Pl Mohammed V)

Syndicat d'Initiative (Pl Mohammed V; ⏱Mi geschl.) Sachkundig und hilfreich – in Marokko eine Seltenheit!

An- & Weiterreise

BUS Zum **Busbahnhof** (Ave Mohammed V) braucht man vom Zentrum aus zehn Gehminuten. Hier bestehen Verbindungen nach Casablanca (27 Dh, 1½ Std., 4-mal tgl.), Essaouira (80 Dh, 4½ Std., 1-mal tgl.), Oualidia (30 Dh, 1½ Std., 3-mal tgl.) und Safi (60 Dh, 2½ Std., 6-mal tgl.). Billigere Stadtbusse steuern dieselben Ziele sowie Azemmour (5 Dh), Rabat (40 Dh, 4 Std., 12-mal tgl.) und Marrakesch (40 Dh, 4 Std., stündl.) an. Im Sommer sollte man Tickets nach Casablanca (23 Dh) und Marrakesch mindestens einen Tag im Voraus kaufen. Die Busse 2 nach Sidi Bouzid (3,50 Dh) und 6 nach Moulay Abdallah (4,50 Dh) starten gleich nördlich von der Cité Portugaise.

TAXI *Grands taxis* nach Azemmour (6 Dh) und Casablanca (35 Dh) warten in der Straße neben dem Bahnhof für die Fernbusse. Taxis nach Oualidia (25 Dh) und Safi (55 Dh) starten an einer Kreuzung der Straße nach Sidi Bouzid. Dorthin fahren auch *petits taxis* (5 Dh). Der Stand für die *grands taxis* nach Sidi Bouzid (5 Dh) und Moulay Abdallah (6 Dh) befindet sich neben dem Bahnhof für die Stadtbusse, nördlich der Cité Portugaise.

ZUG El-Jadidas Bahnhof liegt 4 km südlich der Stadt. Von und nach Casablanca (30 Dh, 1 Std.) geht's fünfmal am Tag. Für ein *petit taxi* ins Zentrum ist mit rund 10 Dh zu rechnen. Details zu den Abfahrtzeiten gibt's in der Touristeninformation oder unter www.oncf.ma.

Azemmour

El-Amine, einer der erfolgreichsten Maler Azemmours, hat seine Lieblingsaussicht, den Blick von seiner Dachterrasse auf die Stadt, detailgetreu in zahlreichen Werken verewigt: Vor einem Hintergrund aus Feldern quetschen sich die Altstadtmauern zwischen den Oum er Rbia (Mutter des Frühlings) und das Meer.

Viele Künstler haben sich von dem verschlafenen Ort inspirieren lassen und ihn zu ihrem Dauerwohnsitz erkoren. Die Atmosphäre erinnert stark an den Kunstmarkt in Casablanca, dennoch ist das Leben bis heute einfach geblieben: So verkaufen Fischer und Bauern ihre Waren weiterhin direkt an der Haustür. Azemmour punktet mit charmanter Beschaulichkeit und dicken Altstadtmauern aus der Zeit der Portugiesen. Wunderbare Unterkünfte und die Aussicht auf den Fluss sorgen für ein paar entspannte Tage.

Die Portugiesen errichteten den Ort 1513 als einen von mehreren Handelsposten entlang der Küste. Als berühmtester Einwohner gilt der maurische Sklave Estevanico. Er war einer der ersten vier Abenteurer, die ganz Nordamerika von Florida bis zum Pazifik durchquerten.

Sehenswertes

Azemmours Hauptattraktion ist die Medina mit ihren ockerfarbenen Mauern, die ein Gewirr von schmalen, verwinkelten Gassen mit weiß getünchten Häusern umgeben. Im Gegensatz zur Altstadt Asilahs im Norden wurde die von Azemmour nicht saniert, sodass sie einen authentischen Eindruck vom Leben im modernen Marokko vermittelt. Die **Altstadtmauern** kann man nahe der Place du Souk oder über die Stufen an der Nordostecke der Medina erklimmen. Wer den Mauern folgt, stößt auf das **Dar el Baroud** (Pulverhaus). Von dem portugiesischen Munitionslager steht allerdings nur noch der Turm. Die *mellah* befindet sich nördlich der Medina; jenseits davon lockt eine super Aussicht auf den Fluss. Innerhalb der Medina haben einheimische Künstler zahlreiche Wände mit Gemälden verziert. In ein paar Unterkünften und Künstlerwerkstätten wie der von **Ahmed el-Amine** (☎0523 35 89 02; 6 Derb el-Hantati) kann man Azemmours charakteristische Stickereien kaufen.

Schlafen & Essen

In der Neustadt (außerhalb der Mauern) haben sich zahlreiche kleine Restaurants angesiedelt.

L'Oum Errebia HOTEL €€€
(☎0523 34 7071 71, 25 87 20 08; http://villanora morocco.ifrance.com; EZ/DZ inkl. Frühstück 750/900/1250 Dh, mit Flussblick 900/1200/1650 Dh; 📶) In diesem Haus vermischt sich traditionell marokkanischer Stil mit zeitgenössischem Schick. Die geräumige Lounge mit offenem Kamin und Konzertflügel fungiert gleichzeitig als moderne Kunstgalerie. Zur Hotelanlage gehören ein Hamam (*gommage* 150 Dh) sowie eine große Terrasse mit Flussblick, außerdem werden verschie-

dene Behandlungen angeboten (Massage 250 Dh). Die Mahlzeiten (250 Dh) werden am großen Gemeinschaftstisch im Speiseraum eingenommen.

Riad Azama RIAD €€
(☎0523 34 75 16, 0648 24 14 85; www.riadazama.com; 17 Impasse Ben Tahar; EZ/DZ inkl. Frühstück 500/800 Dh) Die Holzschnitzereien des herrlichen Hauses aus dem 19. Jh. sind im Originalzustand erhalten und die bemalten, mit Schnitzereien verzierten Decken suchen ihresgleichen. Weil die Zimmer auf einen schattigen Hof hinausgehen, fehlt es ihnen allerdings etwas an Tageslicht. Von der Dachterrasse genießt man einen tollen Blick auf die Medina. Abendessen wird auf Anfrage zubereitet (200 Dh) und überzeugt nicht immer.

Mazagan Beach Resort RESORT €€€
(☎0523 38 80 00; www.mazaganbeachresort.com; Zi. ab 2900 Dh; ❄📶🏊) 3 km südlich von Azemmour stößt man auf das an einer Lagune gelegene Resort. Bis zum wunderschönen Haouzia-Strand sind es 7 km. Zum Gelände gehören einige Restaurants und Bars, ein Nachtclub, ein Kasino, ein Golfplatz und ein Spa. Darüber hinaus kann man hier reiten. Zwischen El-Jadida und Azemmour gibt's auch ein paar gehobene Golfresorts.

ℹ Praktische Informationen

In Azemmour befinden sich mehrere Banken und eine Apotheke. Wer seine E-Mails checken möchte, kann das bei **Capsys** (nahe der Pl du Souk; 7 Dh pro Std.) tun.

ℹ An- & Weiterreise

Züge verkehren über Azemmour Halte und fahren weiter nach El-Jadida (15 Dh, 20 Min., 7-mal tgl.) sowie Casablanca (31 Dh, 1¼ Std., 7-mal tgl.).

Grands taxis nach bzw. von El-Jadida kosten 10 Dh (Bus 5 Dh).

Oualidia الوالدية

4200 EW.

Die Fahrt von El-Jadida nach Oualidia ist spektakulär, denn das Ackerland entlang der Küstenstraße fällt steil zur rauen Ozeanküste ab. Doch das ist noch nichts gegen den Anblick bei Ankunft in dem reizenden kleinen Ferienort, der an einer herrlichen halbmondförmigen Lagune mit goldenen Sandstränden liegt. Vorgelagerte Felsen schützen diese vor den donnernden Atlantikwellen. Jahrelang war Oualidia ein stilles Nest mit prima Unterkünften und tollen Fischrestaurants, doch mittlerweile kommt es als Wochenendziel für Ausflügler aus Marrakesch und Casablanca immer mehr in Mode.

Außerhalb der Hauptsaison geht's immer noch sehr ruhig zu – dann beschränken sich die Aktivitäten auf Relaxen, Surfen, Schwimmen und den Genuss von leckerem Essen. Den Menschenmassen im Sommer sollte man aber unbedingt aus dem Weg gehen. Leider gefährden viele neue Bauprojekte den idyllischen Charme dieses herrlichen Ortes massiv.

👁 Sehenswertes & Aktivitäten

Oualidia ist nach Sultan el-Oualid benannt, der die heute romantisch vor sich hin bröckelnde Kasbah 1634 auf dem Felsen über der Lagune errichten ließ. Zudem zog es den marokkanischen Hochadel hierher: So diente z. B. die prächtige Villa am Meer als Sommerpalast Mohammeds V. Viele Hotels und Restaurants liegen an der 1 km langen Straße hinunter zum Strand – Schilder neben der Post weisen den Weg. Auf dieser Strecke verkehren keine Taxis; der Transport kann in Hotels organisiert werden.

Lagune LAGUNE
Die sichere, ruhige Lagune eignet sich wunderbar zum **Schwimmen**, **Segeln** und **Angeln**, während man rund um den Hafendamm **windsurfen** und **surfen** kann.

Surfland WASSERSPORT
(☎0523 36 61 10; ⏲April–Mitte Nov.) Der marokkanische Surfmeister Noureddine Joubir betreibt eine gut organisierte Surfschule; den Schildern links der Straße zum Strand folgen. Unterricht kostet 250/200 Dh pro Erw./Kind (1½ Std.).

Dream Surf Oualidia WASSERSPORT
(☎0661 81 78 17; ⏲ganzjährig) Dieser Anbieter hat sich am Stadtstrand niedergelassen. Hier kann man Surf- und Kitesurfunterricht nehmen, Ausrüstung oder Quadbikes leihen und Angelausflüge buchen. Wer einen Roller ausleihen möchte, zahlt 400 Dh für einen halben Tag.

Maison de l'Ostréa II WAHRZEICHEN
(☎0523 36 63 24; www.ilove-casablanca.com/ostrea) Oualidia ist berühmt für seine Austernbänke, deren Ertrag bei etwa 200 t pro Jahr liegt. Die Austernfarm Nr. 7 im Maison de l'Ostréa II informiert Besucher über den gesamten Aufzuchtprozess. Austern (ein

Dutzend kosten 180 Dh) und andere Meeresfrüchte werden in dem angrenzenden hervorragenden Restaurant auf den Tisch gezaubert. Wer sich gar nicht mehr losreißen kann, bucht eines der Doppelzimmer (700 Dh). Die Maison de l'Ostréa II befindet sich am Ortseingang (an der Straße nach Casablanca).

Schlafen & Essen

Alle im Folgenden genannten Hotels haben eigene Restaurants. Etwas erschwinglichere Läden säumen die Straße hinunter zum Strand. Über Agenturen im Ort können Apartments und auch ganze Villen gebucht werden. Besonders günstige Gerichte gibt's in den zahlreichen Lokalen an der Hauptstraße im Dorf.

LP TIPP **Hôtel-Restaurant L'Initiale** B&B €€
(☎0523 36 62 46; initialhotel@menara.ma; Zi. mit Frühstück 500 Dh) Kleine, weiße Villa mit Innenräumen in warmen Orangetönen. Die sechs schönen, komfortablen Zimmer verfügen über eine neue Einrichtung, blitzsaubere Bäder und kleine Balkone. Zudem besitzt das beliebte hauseigene Restaurant eine Alkohollizenz (Hauptgerichte ab 80 Dh) und zählt zu den besten Lokalen im Ort. Es serviert eine breite Auswahl an Fischgerichten und Pizzas.

Motel A l'Araignée Gourmande HOTEL €
(☎0523 36 64 47; Fax 0523 36 61 44; EZ/DZ 250/300 Dh; wifi) Mittlerweile könnten die geräumigen, gemütlichen Zimmer dieses freundlichen Hotels eine Modernisierung vertragen. Im Gegensatz zu den weniger ansprechenden Quartieren im benachbarten neuen Gebäude haben die Zimmer über dem Restaurant Balkone mit Blick auf die Lagune. Das Lokal wartet mit leckeren Fisch- und Meeresfrüchtegerichten (Hauptgerichte ab 80 Dh) auf.

L'Hippocampe HOTEL €€€
(☎0523 36 61 08; DZ mit Halbpension 1600 Dh, Nebensaison 1200 Dh, Suite mit Meerblick 3200 Dh, Nebensaison 2600 Dh) Sympathisches, familienfreundliches Hotel mit tadellosen Zimmern, die an einen wunderschönen Garten voller Blumen grenzen und einen tollen Blick auf die Lagune bieten. Außerdem gibt's hier ein super Fischrestaurant (Hauptgerichte ca. 120 Dh). Stufen führen runter zum Strand.

La Sultana HOTEL €€€
(☎0524 38 80 08; www.lasultanaoualidia.com; Parc à Huîtres No 3; Zi. ab 4100 Dh; ❄ wifi pool) Eine großartige, ungemein luxuriöse Unterkunft mit nur elf Zimmern, die offene Kamine, eigene Whirlpools sowie Terrassen mit Lagunenblick bieten. Das Sultana verwöhnt Gäste überdies mit einem schön gestalteten Gartengelände samt drei Restaurants, einem Innenpool, einem riesigen Freiluftbecken und einem Wellnessbereich. Umweltschutz wird hier groß geschrieben: Das Gebäude besteht aus Materialien aus der Umgebung und dank innovativer Technologien wird weniger Wasser verbraucht.

Villa La Diouana FERIENHAUS €€€
(☎0666 55 16 46; www.ladiouana.com; Quartier Moulay Abdelsalam; bis zu 10 Pers. pro Woche ab 1650 £, Hütte/Apt. für 2 Pers. pro Nacht ab 80 £; @ pool) In der wunderbaren Villa aus den 1930er-Jahren sind nachts lediglich der Wind und das Donnern der Brandung zu hören. Das elegante Gebäude mit endlosem Meerblick klebt am Rand einer hohen Klippe. Die schlichte, aber luxuriöse Einrichtung kombiniert traditionelle und moderne Designelemente im marokkanischen Stil. Zur Auswahl stehen ein Ferienhaus mit drei Schlafzimmern, eine reizende Gartenhütte mit einem Schlafzimmer und ein Wohnstudio mit eigener Dachterrasse. Drum herum erstreckt sich ein 2323 m² großer Palmengarten. Die Unterkünfte werden nur wochenweise vermietet. Frühstück und Zimmermädchen sind im Preis enthalten.

Hotel Thalassa HOTEL €
(☎0523 36 60 50; EZ/DZ 150/200 Dh, Nebensaison 100/150 Dh) Obwohl das einzige Hotel an der Hauptstraße im Zentrum schon ein paar Jahre auf dem Buckel hat, ist es trotzdem keine schlechte Wahl. Es verfügt über helle, weiß getünchte Zimmer mit altmodischen Bädern und bietet ein gutes Preis-Leistungs-Verhältnis. Bis zum Strand ist es allerdings recht weit.

Praktische Informationen

In Oualidia gibt's eine Bank, ein CTM-Büro und ein **Internetcafé** (10 Dh pro Std.). Samstags verkaufen die Einwohner der umliegenden Dörfer ihre Waren im hiesigen Suk.

An- & Weiterreise

Regionalbusse und *grands taxis* verkehren unregelmäßig nach El-Jadida (Bus/Taxi je 25 Dh) und Safi (Bus/Taxi je 25 Dh). Sie fahren in der Nähe der Post an der Hauptstraße ab. CTM hat ein Büro vor Ort und schickt täglich je einen Bus (34 Dh) in beide Richtungen.

Safi آسفي

285 000 EW.

Als industrielles Zentrum und geschäftiger Exporthafen für Phosphate ist Safi deutlich weniger schmuck als seine Nachbarn an der Küste. Dafür können Besucher prima Einblicke in den Alltag einer marokkanischen Stadt gewinnen. Auf dem Weg nach bzw. von Essaouira legen hier viele Touristen einen Zwischenstopp ein, um die riesige Keramikfabrik zu besuchen. Diese nimmt ein ganzes Viertel ein und produziert strahlend bunte Tonwaren.

Mit ihren von Bäumen gesäumten Boulevards und den weiß getünchten Villen ist schon die Neustadt ganz hübsch. Die Gassen in der befestigten Medina sind aber noch atmosphärischer und toll für einen Spaziergang. Häufig hat man die Sehenswürdigkeiten ganz für sich allein. Safis Strände sind für ihre starke Brandung berühmt. An den unberührten Sandstreifen nördlich der Stadt fand 2006 die Billabong Challenge statt. Angeblich gibt's dort ein paar der weltbesten Wellen. Das Gebiet im Süden ist größtenteils industriell geprägt und für Besucher nicht weiter interessant.

Safis natürlicher Hafen war bereits den Phöniziern und Römern bekannt. Im 11. Jh. wurde der Ort zu einem bedeutenden Anlaufpunkt für den Handel zwischen Marrakesch und Guinea. Auf dieser Route hat man einst Gold, Sklaven und Elfenbein quer durch die Sahara geschafft. Im 14. Jh. entwickelte sich Safi zu einem wichtigen Religions- und Kulturzentrum, nachdem die Meriniden dort ein *ribat* (Wehrkloster) errichtet hatten. Von 1508 bis 1541 fiel die Stadt kurzzeitig an die Portugiesen, die ne-

Safi

Highlights
Colline des Potiers C1

Sehenswertes
1 Cathédrale Portugaise B2
Kechla .... (siehe 2)
2 Musée National de Céramique D1
3 Gefängnisturm A2
4 Qasr al-Bahr A2

Schlafen
5 Hôtel Farah C3
6 Hôtel Majestic B2

Essen
7 Restaurant Gégène B3

Shoppen
8 Keramikladen mit Festpreisen B2
9 Keramik-Suk C1

Safi

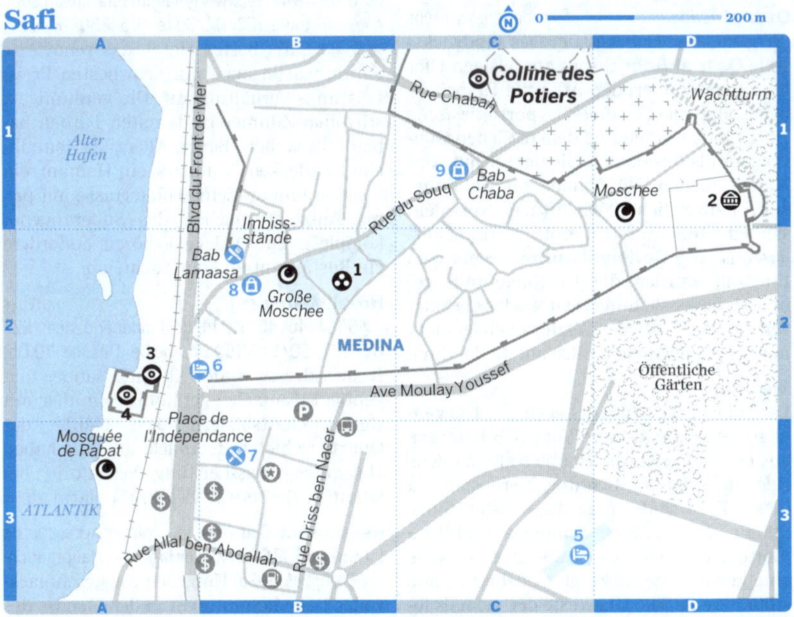

ben dem gigantischen Bollwerk Qasr al-Bahr auch eine Kathedrale errichteten und den gesamten Ort erweiterten. Allerdings zerstörten sie die meisten Gebäude wieder, als die Saaditen Safi zurückeroberten.

Im 16. Jh. kam die Stadt zu Reichtum, als Kupfer- und Zuckerhandel Kaufleute und Mittelsmänner aus Europa anzogen. Mit dem Bau von Essaouiras Hafen im 18. Jh. verlagerte sich jedoch der gesamte Exporthandel und Safi geriet in Vergessenheit.

Ihr Comeback feierte die Stadt im 20. Jh. Sie erhielt eine größere Fischereiflotte und riesige Sardinenfabriken, um den jährlichen Fang von 30 000 t verarbeiten zu können. Als noch ein großes Phosphatwerk im Süden hinzukam, wuchs Safi mit rasender Geschwindigkeit und zählt heute zu Marokkos größten Häfen.

Sehenswertes

Colline des Potiers WAHRZEICHEN

Außerhalb der Mauern ragt gegenüber dem Bab Chaba der **Colline des Potiers** (Töpferhügel) empor. Seine irdene Brennöfen und Schornsteine werden nach wie vor auf traditionelle Weise genutzt. Besucher können dort die Kooperativen abklappern und den Töpfern bei der Arbeit zusehen. Wer zu Letzteren eingeladen wird, sollte zumindest ein kleines Trinkgeld bereithalten oder ihnen ein bis zwei Gegenstände abkaufen.

Qasr al-Bahr HISTORISCHES GEBÄUDE

(Burg am Meer; Eintritt 10 Dh) Das eindrucksvolle **Qasr al-Bahr** thront am felsigen Ufer über dem donnernden Atlantik. Ursprünglich sollte die Festung die portugiesische Herrschaft stärken und dem örtlichen Gouverneur als Residenz sowie dem Schutz des Hafens dienen. Die Rampe im Hof führt zum südwestlichen Wachtturm, von dem sich eine tolle Aussicht eröffnet. Im Untergeschoss des **Gefängnisturms** rechts vom Eingang wurden die Häftlinge untergebracht, bevor sie hingerichtet oder als Sklaven verkauft wurden. Ganz oben genießt man einen herrlichen Blick auf die Medina.

Medina MEDINA

Die Mauern der Altstadt liegen gleich gegenüber dem Qasr al-Bahr. Vom Bab Lamaasa aus erstreckt sich die Hauptstraße namens Rue du Souq in Richtung Nordosten. In dieser Ecke findet man die meisten Suks, Stände, Restaurants, Schmuck- und Klamottenläden. Von der Straße zweigt rechts eine gewundene Gasse ab. An ihrem Ende stößt man auf die Überreste der niemals fertiggestellten **Cathédrale Portugaise** (Portugiesische Kathedrale; Eintritt 10 Dh).

Musée National de Céramique MUSEUM

(Eintritt 10 Dh) Die **Kechla** ist ein gewaltiges Bollwerk mit Rampen, Geschützplattformen und Wohnquartieren. Seit ihrer Restaurierung beherbergt sie das Töpfermuseum mit Keramikwaren aus Safi, Fes und Meknès sowie ein paar zeitgenössischen Stücken einheimischer Künstler.

Schlafen & Essen

Es gibt eigentlich keinen Grund, in Safi zu übernachten. Wer sich dennoch entscheidet zu bleiben, sollte die billigsten Unterkünfte meiden, da diese teilweise sehr schäbig sind. Die günstigsten Übernachtungsmöglichkeiten findet man am Hafenende der Rue du Souq und entlang der Rue de R'bat. Keine dieser beiden Ecken ist für Frauen geeignet.

Hôtel Assif HOTEL €

(☎0524 62 29 40; www.hotel-assif.ma; Rue de la Liberté; EZ/DZ 276/342 Dh; ❄) Bewährtes Drei-Sterne-Hotel nahe der Place Mohammed V im Zentrum der Neustadt. Die betagten, aber komfortablen Zimmer verfügen über kleine Balkone und En-Suite-Bäder. Das Menü im Restaurant kostet 140 Dh.

Hôtel Farah HOTEL €€€

(☎0524 46 42 99; www.goldentulipfarahsafi.com; Ave Zerktouni; EZ/DZ/Suite 615/880/1828 Dh; ❄ 📶 🏊) Safis bestes Hotel, das renovierte Farah, wartet auch mit dem besten Preis-Leistungs-Verhältnis auf. Die geräumigen, stilvollen Zimmer in dezenten Farben haben blitzsaubere Bäder. Allergikerfreundliche Bettdecken, Minibars, ein Hamam, ein Fitnessraum und eine Poolterrasse mit prima Aussicht machen das Superangebot komplett. Zur Anlage gehören außerdem ein Restaurant und ein Nachtclub.

Hôtel Majestic HOTEL €

(☎0524 46 40 11; Pl de l'Indépendance; EZ/DZ/3BZ 50/100/150 Dh, heiße Dusche 10 Dh) Beste Adresse in der Altstadt, sauber und gepflegt. Einfache, geräumige Zimmer mit Gemeinschaftsbädern. Die Hälfte der Quartiere bietet Meerblick, und alle haben ein gutes Preis-Leistungs-Verhältnis, bekommen aber etwas viel Straßenlärm ab.

Restaurant Gégène REGIONALE KÜCHE €€

(☎0524 46 33 69; 11 Rue de la Marne; Hauptgerichte 80 Dh; ⌚Mo–Sa) Umgeben von geschmackvoller Deko kommt man in den Genuss des altmodischen Services und eines überraschend noblen Menüs. Auf der Karte stehen marokkanische und mediterrane Gerichte wie Lamm-Tajine, Pizza und Austern aus Oualidia. Dazu gibt's ein Glas Wein.

Restaurant La Trattoria ITALIENISCH €€
(☎0524 62 09 59; 2 Rue l'Aouinate; Gerichte 200 Dh; ⏰Mo–Sa) Dieses reizende Lokal wird vom Gégène-Team geführt, ist aber etwas nobler und bietet ein entspanntes Ambiente sowie passables italienisches Essen. Hier gibt's z. B. Pizza, Pasta, Fisch und Meeresfrüchte. Die Trattoria liegt am Blvd du Front de Mer 400 m nördlich der Medina.

Open-Air-Fischrestaurants REGIONALE KÜCHE
Safis Spezialitäten sind Meeresfrüchte und Fisch (vor allem Sardinen). Wer sie probieren will, besucht am besten eines der Fischrestaurants auf dem Hügel beim *rond-point de Sidi Bouzid* (Sidi-Bouzid-Kreisverkehr). Achtung: Den Preis unbedingt vorab aushandeln, denn es geht nach Gewicht. Eine Alternative sind die Specials für etwa 35 Dh, die aus Tellern mit Fisch, Brot und würziger Tomatensauce bestehen. Hin kommt man z.B. mit *petits taxis* (ca. 10 Dh).

Shoppen

In Safi gibt's wunderbare Tonwaren aller Art. Wer sich erst mal einen Eindruck von den Preisen verschaffen will, sollte den **Keramikladen mit Festpreisen** (⏰9–20 Uhr) besuchen. Das Geschäft befindet sich auf der rechten Seite der Rue du Souq, wenn man vom Bab Lamaasa in die Medina kommt. Linker Hand, am östlichen Ende derselben Straße, liegt der bunte **Keramik-Suk**.

Praktische Informationen

Rund um die Place de l'Indépendance und die Place Driss Ben Nacer gibt's massenweise Banken und Geldautomaten. Auf www.safi-ville.com finden Touristen nützliche Infos über die Stadt.

Cyber Club Lascala (Ave Sidi Mohammed Abdallah; 5 Dh pro Std.; ⏰8–24 Uhr) Eine tolle Spielhölle mit Billardtischen (5 Dh pro Spiel), die viele Studenten anzieht.

Hauptpostamt (Ave Sidi Mohammed Abdallah)

Syndicat d'Initiative (Rue de la Liberté; ⏰9–12 & 15–19 Uhr) Wenig hilfreiche Touristeninformation.

An- & Weiterreise

BUS Fast alle CTM-Busse, die in Safi halten, kommen aus anderen Orten. Es ist also besser, Fahrkarten mindestens einen Tag im Voraus zu besorgen. Zu den Reisezielen gehören Agadir (110 Dh, 5 Std., 1-mal tgl.), Casablanca (85 Dh, 4 Std., 15-mal tgl.), El-Jadida (50 Dh, 2 Std., 4-mal tgl.) und Essaouira (50 Dh, 2 Std., 9-mal tgl.). Auch andere Unternehmen bedienen diese Orte sowie Oualidia (25 Dh, 1 Std., 1-mal tgl.) und Tiznit (90 Dh. 6 Std., 1-mal tgl.).

TAXI *Grands taxis* fahren u. a. nach Marrakesch (65 Dh) und Essaouira (50 Dh). Sie starten am Parkplatz neben dem Busbahnhof. Der Taxistand für Oualidia (27 Dh) und El-Jadida (45 Dh) befindet sich 1 km nördlich der Stadt an der Straße nach El-Jadida.

ZUG Am **Bahnhof** (Rue de R'bat) fahren täglich zwei Züge ab, einer um 5.50 Uhr, der andere um 15.50 Uhr. Sie halten in Casablanca (84 Dh, 4½ Std.), Rabat (110 Dh, 5½ Std.) und Fes (185 Dh, 8 Std.). In Benguérir muss man umsteigen.

Unterwegs vor Ort

Der **Busbahnhof** (Ave Président Kennedy) und der **Bahnhof** (Rue de R'bat) liegen ein ganzes Stück südlich des Stadtzentrums. Ein *petit taxi* mit Taxameter dorthin kostet jeweils ca. 12 Dh. Lokalbusse fahren nördlich von der Place Driss ben Nacer ab.

Rund um Safi

Für Traveller, die mit dem Auto unterwegs sind, bietet sich die wilde Küste nördlich von Safi mit ihren spektakulären Klippen und geschützten Sandbuchten als herrliches Ziel für eine kleine Spritztour an. Der erste Stopp ist auf der Landzunge von **Sidi Bouzid**. Von dort genießt man einen großartigen Blick auf die Stadt und kann im Fischrestaurant **Le Refuge** (☎0524 46 43 54; Route Sidi Bouzid; Hauptgerichte 100 Dh; ⏰Di–So) zu Mittag essen.

Weiter die Küste hinauf erstrecken sich Naturstrände, die viele Surfer anziehen. Sie locken mit einigen der längsten Righthander Tubes der Welt. Hier trainieren Profis wie Gary Elkerton, Tom Carroll und Jeff Hackman und 2006 fand in der Gegend die Billabong Challenge statt. 12 km von Safi entfernt stößt man auf **Lalla Fatna**, eines der schönsten und am besten geschützten Plätzchen an diesem Küstenstreifen. Am Strandcafé geht's links ab und durch Haarnadelkurven runter zum Sand unterhalb der Klippen. Noch ein Stück weiter erreicht man die Landspitze mit dem Leuchtturm des **Cap Beddouza** (23 km) und einen breiten Sandstrand.

Im Sommer (Mai–Sept.) verkehrt auf dieser Strecke der Bus 15; er startet in der Rue Driss ben Nacer in Safi.

ESSAOUIRA الصويرة

70 000 EW.

Mit den Festungsmauern, dem Fischerhafen und den vielen schreienden Seemöwen wirkt Essaouira („essa-uiera“ oder in arabischer Aussprache „es-suiera“) vertraut und exotisch zugleich. Auf den ersten Blick könnte die Stadt genauso gut in der französischen Bretagne liegen, was gar nicht so abwegig ist: Dieser Ort geht nämlich auf das Konto desselben Franzosen, der den berühmten bretonischen Hafenort Saint-Ma-

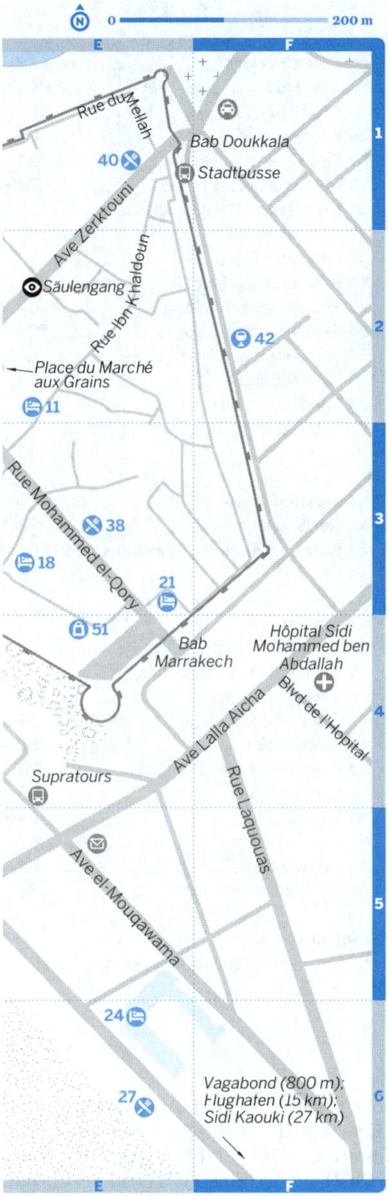

lo entwarf. Innerhalb der Stadtmauern ist man jedoch sofort in Marokko: In den schmalen Gassen schwirren zahllose Gerüchte, es weht ein Wind, der die Menschen angeblich in den Wahnsinn treibt, und der Geruch von Fischinnereien und feuchter Seeluft vermischt sich mit dem Duft von Gewürzen und Thujaholz. Wenn die Palmen mittags Schatten auf die roten Stadtmauern werfen, sieht man Frauen in weißen *haiks* (Schleiern) umherschlendern, während Läden und Wohnhäuser von Getrommel und Gnaoua-Gesängen widerhallen.

Es ist der Wind – in der Berbersprache trägt er den wunderschönen Namen *alizee* oder *taros* –, der trotz der Touristenscharen dafür sorgt, dass die Stadt ihren Charakter bewahrt: Sonnenhungrige Strandurlauber werden von seiner Kraft abgeschreckt. Fast das ganze Jahr über kann man überhaupt nicht am Strand sitzen, weil einem der Sand ständig ins Gesicht geblasen wird. Kein Wunder, dass Essaouira als „Afrikas Windstadt“ gilt und viele Surfer anlockt. Wer hingegen die Sonne genießen möchte, steuert besser das mildere Agadir weiter im Süden an. Essaouira ist so reizvoll, weil es nicht völlig im Zeichen des Tourismus steht. Sein Fischerhafen ist nach wie vor so betriebsam, wie er immer war, die Kunsthandwerker stellen weiterhin so wunderschöne Holzgegenstände her und die Medina ist für die Einheimischen so wichtig wie bei den Touristen beliebt.

Essaouira liegt zwischen den Stammesterritorien der arabischen Chiadma (Norden) und der Haha-Berber (Süden). Außerdem wären da auch noch die Gnaoua, die ursprünglich aus südlicher gelegenen Gebieten Afrikas stammen. Zusammen mit ein paar Europäern ergibt sich so ein kunterbunter Kulturmix. Die Lichtverhältnisse und die Schönheit der Landschaft haben Künstler dazu bewogen, sich hier dauerhaft niederzulassen, sodass sich Essaouira einer blühenden Kunstszene erfreut. Mit Gründung des örtlichen Museums in den 1950er-Jahren wurde der Bildhauer Boujemaa Lakhdar zum Vorbild einer ganzen Künstlergeneration. Seitdem verewigen die autodidaktischen Schöpfer naiver Malereien ihre Träume in bunten Farben. Ihren internationalen Erfolg verdanken sie vor allem den Bemühungen der Galerie Frederic Damgaard.

Während der Sommermonate wird der Ort von marokkanischen Touristen überrannt, die für überfüllte Strände und Unterkunftsengpässe sorgen. Im Winter heult der Wind am stärksten und lässt das Meer gegen die Stadtmauern donnern – dann kann man sich dem echten Essaouira am besten nähern.

Essaouira

Highlights
Skala de la Ville ... B2
Skala du Port ... A5

Sehenswertes
1 Aufgang zu den Wällen ... B2
2 Fischauktion ... B4
3 Sidi-Mohammed-Ben-Abdallah-Museum ... C2

Aktivitäten, Kurse & Touren
4 Alliance Franco-Marocaine ... B2
5 Essaouira Sailing Tour ... A6
6 Hammam de la Kasbah ... C3
Hammam Lalla Mira ... (siehe 18)
7 Hammam Riad el-Medina ... C3
L'Atelier Madada ... (siehe 20)
Sofitel Mogador ... (siehe 24)

Schlafen
8 Dar Adul ... B2
9 Dar Afram ... B2
10 Dar Al-Bahar ... C1
11 Dar Beida ... E2
12 Hôtel Beau Rivage ... B4
13 Hôtel Les Matins Bleus ... C3
14 Hôtel Smara ... B2
15 Jack's Appartments ... B3
16 Karimo ... B3
17 La Casa del Mar ... D2
18 Lalla Mira ... E3
19 Le Grand Large ... D2
20 Madada ... C4
21 Palais Heure Bleue ... E3
22 Riad Etoile d'Essaouira ... D2
23 Riad Nakhla ... D3
24 Sofitel Mogador ... E6

Essen
After 5 ... (siehe 20)
25 Au Bonheur des Dames ... D2
26 Café d'Horloge ... C3
Café Faid ... (siehe 41)
27 Côtè Plage ... E6
28 Fischgrillstände ... B4
29 Fisch-Suk ... D2
30 Gelateria Dolce Freddo ... B4
31 Grillstände ... D2
32 La Licorne ... B2
33 Pâtisserie Driss ... B3
34 Restaurant d'Orient et d'Ailleurs ... B2
35 Restaurant El-Minzah ... C4
36 Restaurant Ferdaous ... C3
37 Restaurant Les Alizés ... B2
38 Riad Al-Baraka ... E3
39 Sandwichstände ... B3
40 Imbissstände ... E1
41 Taros ... B3

Ausgehen
42 Getränkeladen ... F2
43 Café Restaurant Bab Laachour ... B4
44 Le Patio ... C3

Shoppen
45 Association Tilal des Arts Plastiques ... C4
46 Coopérative Artisanal des Marqueteurs ... B3
47 Espace Othello ... C4
48 Galerie Sadiqui ... B2
49 Galeries Frederic Damgaard ... C4
50 Schmuck-Suk ... D3
51 Rafia Craft ... E4
52 Riad al-Khansaa ... C2
53 Gewürz-Suk ... D2
54 Holzschnitzerwerkstätten ... B2

Transport
55 Résidence Hôtel Al-Arboussas ... C2

Geschichte

Ein Großteil der heutigen Altstadt und der Befestigungsanlagen stammt aus dem 18. Jh. Essaouiras Geschichte begann jedoch schon lange Zeit zuvor mit den Phöniziern. Jahrhundertelang hatten Ausländer die Stadt fest im Griff. Obwohl sie schließlich von Marokkanern zurückerobert wurde, ist der fremdländische Einfluss immer noch überall zu sehen und zu spüren.

Sultan Sidi Mohammed ben Abdallah erkor Essaouira 1764 zum Standort seiner Residenz. Von hier aus konnten seine Korsaren die rebellische Bevölkerung Agadirs angreifen. Er beauftragte den französischen Architekten Théodore Cornut, inmitten der Ödnis aus Sand und Wind eine brandneue Stadt anzulegen. Die Kombination aus marokkanischer und französischer Architektur gefiel dem Sultan so gut, dass er das Ganze auf den Namen Essaouira („gut geplant") taufte. Schnell entwickelte sich der Hafen zu einem lebenswichtigen Knotenpunkt für den Handel zwischen Timbuktu und Europa. Der Umschlag von Gold, Salz, Elfenbein und Straußenfedern wurde genauestens kontrolliert, dokumentiert und besteuert. Dafür war eine 2000 Mann starke Garnison von Reichssoldaten zuständig.

Zu Anfang der Protektoratszeit benannte Frankreich die Stadt in Mogador um und verlagerte den Handel nach Casablanca, Tanger und Agadir. Erst im Zuge der marokkanischen Unabhängigkeit 1956 erhielt der verschlafene Ort seinen alten Namen zurück. Später drehte Orson Welles hier seinen *Othello*. Durch den Besuch von Jimi Hendrix wurde Essaouira zur Hippie-Hochburg. Seither zieht die Stadt zahlreiche Künstler, Surfer, Schriftsteller und europäische Touristen an, die den Menschenmassen in Marrakesch zu entkommen versuchen.

Sehenswertes

Was Sehenswürdigkeiten betrifft, hat Essaouira nicht besonders viel zu bieten, eignet sich aber wunderbar zum Bummeln. Medina, Suks, Stadtmauer, Hafen und Strand lassen sich prima bei einer gemächlichen Entdeckungstour erkunden, und zwischendurch gibt's ein relaxtes Essen, eine Tasse Kaffee oder frisch gepressten Orangensaft.

Medina — MEDINA

Seit 2001 steht Essaouiras ummauerte Altstadt auf der Unesco-Liste der Welterbestätten. Die toll erhaltene Anlage aus dem späten 18. Jh. gilt als Paradebeispiel für die europäische Militärarchitektur in Nordafrika. Besucher sind hingerissen von der relaxten Atmosphäre und den schmalen, gewundenen Gassen mit den bunten Läden, weiß getünchten Häusern sowie schweren alten Holztüren. Einfach perfekt zum Herumstreifen!

Die vom Atlantik umtosten Mauern der Medina sind der ideale Ort, um sich einen Überblick über das Straßenlabyrinth zu verschaffen. Berühmtheit erlangten sie durch ihre Rolle in der Eröffnungsszene von Orson Welles' *Othello*: In einer Totalen ist Jago zu sehen, wie er in einem Käfig über Felsen und Meer hängt. Der leichteste Aufstieg befindet sich bei der **Skala de la Ville**, einer beeindruckenden Bastion an den Klippen. Rechts und links vom Weg stehen diverse europäische Kanonen aus dem 18. und 19. Jh. Außerdem genießt man von hier aus einen überwältigenden Blick aufs Meer und auf herrliche Sonnenuntergänge.

Skala du Port — HISTORISCHES GEBÄUDE

(Erw./Kind 10/3 Dh; ⌚9–17.30 Uhr) Bei der Skala unten am Hafen stößt man auf weitere Kanonen. Die Aussicht von hier auf den Fischerhafen und die Île de Mogador ist schlichtweg fantastisch und der Blick zurück auf die Medina sowie ihre Stadtmauer mit einem Schwarm kreisender Möwen davor wird als Bild auf fast allen touristischen Broschüren der Stadt abgedruckt.

Im riesigen, betriebsamen Arbeitshafen liegen zahlreiche Boote und jede Menge Fischer schleppen ihren Fang an Land. Hier werden traditionelle Holzboote für die Fischer entlang der gesamten marokkanischen Küste und selbst in Frankreich gebaut, denn dank ihrer Machart sind die Kähne besonders seetüchtig. Auch die **Fischauktionen** (⌚Mo–Sa 15–17 Uhr) in der Markthalle direkt vor den Hafentoren lohnen einen Besuch.

Île de Mogador — WAHRZEICHEN

Die **Île de Mogador** besteht eigentlich aus zwei Inseln und einem Haufen kleiner Inselchen. Zur Zeit der Phönizier und Römer wurde hier tyrrhenischer Purpur aus einheimischen Weichtieren produziert, deshalb hießen die Eilande früher auch Îles Purpuraires (Purpurinseln). Heute sind von der Siedlung nur noch eine massive Festung, eine Moschee und ein leer stehendes Gefängnis übrig. Weil die unbewohnten Inseln nun als Schutzgebiet für **Eleonorenfalken** *(falca eleonorae)* genutzt werden, dürfen sie nicht betreten werden.

Die eleganten Raubvögel brüten zwischen April und Oktober und machen sich danach auf den Rückweg nach Madagaskar. Vom Strand in Essaouira kann man die Falken prima mit dem Fernglas beobachten, am besten am frühen Abend. Aber auch von einem anderen Platz aus – südlich der Stadt, rund 1 km hinter dem Leuchtturm am Ufer bei der Flussmündung – sind sie gut zu sehen. Am Abend sollte sich aber besser niemand allein hier rauswagen.

Sidi-Mohammed-ben-Abdallah-Museum — MUSEUM

(☎0524 47 53 00; Rue Laâlouj; Erw./Kind 10/3 Dh) Essaouiras wunderschön renoviertes Museum nimmt einen alten Riad ein. Die kleine, aber interessante Sammlung umfasst Schmuck, Trachten, Musikinstrumente und Teppiche aus der Region. Eine Abteilung erklärt die Zeichen und Symbole der örtlichen Handwerker. Darüber hinaus werden ein paar interessante Bilder von der Stadt präsentiert, die um die Jahrhundertwende aufgenommen wurden, sowie römische und phönizische Fundstücke aus der Bucht gezeigt.

Aktivitäten

Rund um Essaouira kann man auf Pferden oder Kamelen reiten (s. S. 252).

Strand STRAND

Essaouiras breiter Sandstrand eignet sich prima zum Spazierengehen. Wegen der starken Winde und Strömungen sind Sonnenbaden und Schwimmen aber weniger zu empfehlen. Das städtische Strandende ist fest in der Hand von Fußballern, Wind- und Kitesurfern. Weiter draußen liefern sich teilweise penetrante Pferde- und Kamelbesitzer einen harten Konkurrenzkampf. Wer nicht reiten möchte, sollte höflich, aber bestimmt ablehnen; bei echtem Interesse ist dagegen erbarmungsloses Feilschen angesagt

Wer einen Spaziergang unternimmt, sollte sich Richtung Süden wenden und den Fluss Ksob überqueren (bei Flut ist er unpassierbar). Dahinter laden die Ruinen von **Borj el-Berod** zur Besichtigung ein. Die alte Festung mit Pavillon ist teilweise vom Sand bedeckt. Angeblich soll sie Jimi Hendrix zu seinem Hit *Castles Made of Sand* inspiriert haben. Allerdings erschien das Lied bereits ein Jahr vor dem Besuch des Musikers hier ... Von hier aus kann man entweder landeinwärts zum Dorf Diabat (S. 251) marschieren oder dem Strand bis zu den Sanddünen von Cap Sim folgen.

Union Nationale des Centres Sportifs de Plein Air WASSERSPORT

(UCPA; ☎0661 24 98 01; ucpam_essaouira@yahoo.fr) UCPA verleiht Surfbretter (420 Dh für 3 Tage) und Bodyboards (220 Dh für 3 Tage). Außerdem kann man Windsurfausrüstung leihen (halber Tag/3 Tage 350/1450 Dh). Zwei Stunden Unterricht gibt's für 440 Dh. Ein Kitesurfkurs kostet 1600 Dh (3-mal 2 Std.). Außerdem wird Surfunterricht für Kinder angeboten (2 Std. für 250 Dh).

Océan Vagabond WASSERSPORT

(☎0524 78 39 34; www.oceanvagabond.com; ⏲9–18 Uhr) Zum Angebot gehören Surfbretter (750 Dh für 3 Tage) und Surfunterricht (2 Std. für Erw./Kind 440/340 Dh). Kitesurfkurse kosten 2310 Dh (6 Std.), die Ausrüstung kann für 1600 Dh (3 Tage) geliehen werden. Für Windsurfer gelten folgende Preise: 2 bzw. 6 Std. Unterricht bekommt man für 825 bzw. 1750 Dh, die Brettmiete liegt bei 440 Dh (2 Std.). Ein tolles Extra ist das Café-Restaurant am Strand inklusive einer Terrasse.

Hammam Lalla Mira HAMAM

(☎0524 47 59 07; www.lallamira.ma; 14 Rue d'Algerie; Hamam mit gommage 75 Dh; ⏲Frauen 9.30–19, Männer 19–22 Uhr) Der renovierte Hamam zählt vor Ort zu den ältesten seiner Art und wird mit Solarenergie beheizt. Er zielt vor allem auf Touristen ab, verfügt aber über eine tolle, traditionelle Einrichtung. Prima Massagen mit Arganöl! Wer nicht in der Pension übernachtet, muss sich vor dem Hamam-Besuch anmelden.

Hammam de la Kasbah HAMAM

(7 Rue de Marrakech; Eintritt 10 Dh) Wer Essaouira von der traditionelleren Seite kennen lernen möchte, ist hier richtig. Nur Frauen!

Hammam Riad el-Madina HAMAM

(☎0524 47 59 07; 9 Rue el-Attarine; Eintritt 70 Dh, Massage ab 300 Dh; ⏲Frauen 9–10 & 15–16 Uhr, gemischt 10–12.30 & 16–19 Uhr) Eine weitere tolle Adresse.

Sofitel Mogador HAMAM, SPA

(☎0524 47 90 00; Blvd Mohammed V; ab 200 Dh; ⏲gemischt 8.30–14 & 18.30–22.30, Frauen 14.30–18 Uhr) Traditioneller Hamam mit erstklassigem Service. Massagen, Wasseranwendungen, Gymnastik usw.

Kurse

L'Atelier Madada KOCHEN

(☎0524 47 55 12; 5 bis Rue Youssef el-Fassi; www.lateliermadada.com; ⏲10.30–14.30 & 15–17 Uhr) Die schön aufgemachte Kochschule ist in einem ehemaligen Lagerhaus untergebracht. Pro Kurs (auf Englisch oder Französisch) können acht Personen teilnehmen. Morgens wird man in die Geheimnisse von Tajines und Couscous eingeweiht (450 Dh, inkl. Mittagessen), nachmittags stehen marokkanische Süßwaren im Mittelpunkt (200 Dh).

Alliance Franco-Marocaine SPRACHE

(☎0524 47 61 97; www.ambafrance-ma.org/institut/afm-essaouira/index.cfm; Derb Lâalaouj, 9 Rue Mohammed Diouri; ⏲Mo–Fr 9–12.30 & 14.30–18.30 Uhr) Bietet beispielsweise einsemestrige Französischkurse und achtwöchige Arabischkurse an. Dazu kommen regelmäßige Filmvorführungen, Ausstellungen und Kulturevents.

JIMI HENDRIX: WAHRHEIT ODER LEGENDE?

Vielleicht werden einem in Essaouira ein paar Geschichten über Jimi Hendrix zu Ohren kommen, etwa dass er in den 1960er-Jahren mit Unterbrechungen hier gewohnt hat. Oder dass ihm ein Riad gehörte, in dem Touristen heute übernachten können, bzw. ein Restaurant, das immer noch in Betrieb ist. Dass er in einer Reihe weiterer Riads nächtigte. Dass er in einem Wohnwagen schlief, vielleicht auch in einem Zelt. Und dass er versuchte, die Île de Mogador zu kaufen. Er schrieb *Castles Made of Sand* in Essaouira. Er unterschrieb ein Foto von sich selbst, das heute in einem Restaurant an der Wand hängt. Er wollte einen marokkanischen Jungen adoptieren. Er zeugte mehrere Kinder. Er teilte sich ein Zimmer mit Timothy Leary.

All diese Geschichten erzählt man sich in Essaouira – und sie sind allesamt völliger Unsinn. Hendrix verbrachte im Juli 1969 gemeinsam mit seiner damaligen Freundin Collette Mimram etwa eine Woche in Marokko. Zwei oder drei Tage hielt er sich in Essaouira auf. Seine Gitarre hatte er nicht dabei und dies war sein einziger Marokkobesuch – 18 Monate *nach* der Veröffentlichung des Albums, auf dem auch *Castles Made of Sand* ist.

Und bei dem Foto mit dem Schriftzug *A mon ami Sam, 63* handelt es sich schlichtweg um eine Fälschung.

Geführte Touren

Essaouira Sailing Tour SEGELN
(☎0661 62 63 13; www.essaouira-resort.com; Hafen) Das Unternehmen organisiert zweistündige Segelausflüge (Erw./Kind 250/125 Dh, 10 & 14.30 Uhr) in die Bucht sowie rund um die Mogador-Inseln. Im Sommer stehen auch Segeltörns bei Sonnenuntergang auf dem Programm (Erw./Kind 300/150 Dh, 1½ Std.).

Feste & Events

Zwei große Festivals locken jede Menge Künstler und Zuschauer nach Essaouira.

Gnaoua- und Weltmusikfestival LIVEMUSIK
(www.festival-gnaoua.net) Viertägiges Musikspektakel am dritten Wochenende im Juni mit Künstlern aus Essaouira, Marokko und aller Welt. Parallel laufen mehrere Kunstausstellungen.

Festival des Andalousies Atlantiques LIVEMUSIK
(www.festivaldesandalousiesatlantiques.com) Einheimische und ortsansässige Künstler geben Ende Oktober ein vielfältiges Programm aus andalusischem Tanz, Musik und Kunst zum Besten.

Schlafen

In Essaouira zu übernachten ist nicht gerade billig, doch das schier unendliche Angebot an Unterkünften deckt mittlerweile so ziemlich alle Preisbereiche ab. Da sich fast alle Hotels und Riads innerhalb der Altstadtmauern befinden, liegen normalerweise alle wichtigen Einrichtungen in der näheren Umgebung. Wer im Sommer ein Zimmer ergattern möchte, sollte im Voraus buchen oder am Ankunftstag zumindest frühmorgens eintreffen. Weil in der Medina schon ziemlicher Platzmangel herrscht, entstehen momentan neue Hotels weiter südlich bzw. direkt am Meer.

In Essaouira sind die Budgetoptionen weit besser als der marokkanische Standard. Die Unterkünfte verfügen nicht nur über akzeptable Bäder, sondern teilweise auch über Zimmer voller Charakter und eine Terrasse. In der mittleren Preisklasse hat man die Qual der Wahl: Ein Haus ist charmanter als das andere.

Zudem bietet Essaouira eine tolle Auswahl an makellosen Mietapartments und -Riads. Sie können eine erschwingliche und flexible Alternative für Familien und Reisegruppen sein. Das Spektrum reicht von Apartments mit einem Bett (600 Dh pro Nacht) bis zum mondänen ehemaligen britischen Konsulat mit drei Schlafzimmern (3000 Dh pro Nacht).

LP TIPP **Dar Adul** GÄSTEHAUS €€
(☎0524 47 39 10; www.dar-adul.com; 63 Rue Touahen; DZ 600–880 Dh; 📶) Dieses wunderschön restaurierte Haus hat ein paar wenige gemütliche Zimmer. Weil die Beleuchtung gedämpft und das Haus in dezenten Pastelltönen gehalten und mit liebevollen Details verziert ist, mutet es eher wie ein Eigenheim an als wie ein Hotel. Die bunten

Bilder an den Wänden hat der Besitzer gemalt und die Angestellten sind unglaublich freundlich – bei der Abreise fühlt man sich wie ein Familienmitglied und nicht mehr wie ein zahlender Gast! Auf Wunsch wird auch Abendessen serviert (165 Dh).

Hôtel Beau Rivage HOTEL €
(☎0524 47 59 25; www.essaouiranet.com/beaurivage; 14 Pl Moulay Hassan; EZ/DZ/3BZ inkl. Frühstück 270/390/510 Dh; 📶) Unsere Leser loben das nette Hotel u. a. wegen der tollen Lage mit Blick auf den Hauptplatz. Die hellen, fröhlichen Zimmer punkten mit ihrer modernen Einrichtung und blitzsauberen Bädern. Leider ist der Straßenlärmpegel ein bisschen hoch, aber dafür kann man das Treiben unten optimal beobachten. Das Frühstück wird auf der charmanten, ruhigen Dachterrasse serviert, die mit einer tolle Aussicht über den Hafen und die Stadt aufwartet. Zu dem Hotel gehört auch ein Restaurant.

Lalla Mira GÄSTEHAUS €€
(☎0524 47 50 46; 14 Rue d'Algerie; www.lallamira.net; EZ/DZ/3BZ inkl. Frühstück & Hamam 436/692/860 Dh; 📶✈) Essaouiras allererstes Ökohotel! Die einfachen Zimmer der hübschen Pension sind mit ockerfarbenem *tadelakt* verputzt und punkten mit schmiedeeisernen Möbeln, naturbelassenen Stoffen und einer mit Solarenergie betriebenen Fußbodenheizung. Komplettiert wird das alles von allergikerfreundlichen Betten, einem hervorragenden Hamam und einem hervorragenden Restaurant, in dem Gerichte aus Bioprodukten zubereitet werden, z. B. Kaninchen mit Pfirsichen und Nüssen oder Ziege in Arganöl. Auch die Auswahl an vegetarischen Speisen kann sich sehen lassen.

Riad Nakhla RIAD €
(☎/Fax 0524 47 49 40; www.essaouiranet.com/riad-nakhla; 2 Rue d'Agadir; EZ/DZ/Suite inkl. Frühstück 230/360/500 Dh; 📶) Eine positive Überraschung: Von außen sieht der Riad aus wie irgendeine beliebige Budgetoption, aber innen werden müde Traveller an einer freundlich gestalteten Rezeption in einem wunderschönen Innenhof in Empfang genommen. Im Hof stehen elegante Steinsäulen und ein Springbrunnen gluckert vor sich hin – solche schmucken Details bieten normalerweise nur deutlich teurere Hotels. Die gepflegten, komfortablen Zimmer mit TV sind einfach, aber tadellos sauber und nach marokkanischem Geschmack ausgestattet. Es gibt z.B. Klappläden an den Fenstern, farbenfrohe Bettwäsche und tolle Bäder mit *tadelakt*-Putz. Ebenfalls klasse: Das Frühstück nimmt man auf der Dachterrasse ein, von der aus man Ausblick auf Stadt und Meer hat. Alles in allem bietet diese Bleibe ein unglaublich gutes Preis-Leistungs-Verhältnis.

Dar Afram B&B €€
(☎0524 78 56 57; www.dar-afram.com; 10 Rue Sidi Magdoul; EZ 250 Dh, DZ 400–600 Dh) Superfreundliche, unkonventionelle Unterkunft. Die Gäste in den einfachen, blitzsauberen Zimmern teilen sich Gemeinschaftsbäder. Da die australisch-marokkanischen Eigentümer Musiker sind, finden nach dem Abendessen am Gemeinschaftstisch oft spontane Jamsessions statt. Außerdem gibt's einen toll gefliesten Hamam.

Hôtel Les Matins Bleus RIAD €€
(☎0524 78 53 63; www.les-matins-bleus.com; 22 Rue de Drâa; EZ/DZ/3BZ inkl. Frühstück 310/470/940 Dh) Das sympathische Hotel versteckt sich am Ende einer Sackgasse. Es verfügt über helle, traditionell dekorierte Zimmer, die sich rund um einen zentralen, fröhlich gestrichenen Innenhof gruppieren und mit kahlen, weißen Wänden, tadellosen Bädern sowie reizenden Stoffen aus der Region ausgestattet sind. Eine überdachte Terrasse mit prima Altstadtblick dient als Frühstückslocation.

Riad Etoile d'Essaouira GÄSTEHAUS €€
(☎0524 47 20 07; www.riadetoiledessaouira.com; 2 Rue Kadissiya, Av Sidi Mohammed ben Abdellah; EZ/DZ/3BZ/Suite 385/495/660/990 Dh; 📶) Eine neue Pension mit komfortabler Einrichtung und farbenfrohem Dekor (schöne marokkanische Stoffe!). Sie liegt im *mellah*-Viertel der Medina. Alle Zimmer haben Fernseher und es gibt auch ein paar Quartiere für Familien.

Le Grand Large GÄSTEHAUS €€
(☎0524 47 28 66; www.riadlegrandlarge.com; 2 Rue Oum-Rabia; EZ/DZ/3BZ inkl. Frühstück 440/550/660 Dh) Viele Riads vor Ort sind schlicht weiß verputzt oder in gedeckten Farben gestrichen – nicht so diese freundlich-fröhliche Unterkunft: Die Wände erstrahlen in Rosa, Grün und Blau. Gusseiserne Betten setzen weitere attraktive Akzente.

Dar Al-Bahar GÄSTEHAUS €€
(☎0524 47 68 31; www.daralbahar.com; 1 Rue Touahen; DZ ohne/mit Meerblick 550/660 Dh, Suite 880 Dh) Unsere Leser empfehlen diese schöne Pension in der Medina. Nackte weiße

Wände und schmiedeeiserne Möbel verleihen den Zimmern eine schlichte Eleganz, die durch traditionelle Bettwäsche und Vorhänge in Blau-, Rosa-, Grün- und Gelbtönen aufgelockert wird. Werke einheimischer Künstler zieren die Wände und die Terrasse bietet einen super Meerblick.

La Casa del Mar GÄSTEHAUS €€
(☎0524 47 50 91; www.lacasa-delmar.com; 35 Rue D'Oujda; DZ inkl. Frühstück 825 Dh) Das großartige Gästehaus vermischt zeitgenössisches Design mit traditionellem Stil. Dadurch entsteht ein schlichtes, aber tolles Ambiente, wie geschaffen, um gediegen zu relaxen. Gäste können sich entweder in ihre Gemächer zurückziehen oder anderen Besuchern bei marokkanischen Mahlzeiten und spanischer Paella (nach vorheriger Bestellung) Gesellschaft leisten. Auf Wunsch kommen Masseure und Hennakünstler direkt aufs Zimmer. Und nicht zuletzt hat man noch die Möglichkeit, einfach den Sonnenuntergang auf der Uferterrasse zu genießen.

Madada GÄSTEHAUS €€€
(☎0524 47 55 12; www.madada.com; 5 Rue Youssef el-Fassi; DZ 1265–1700 Dh, Suite 1870 Dh; ❄📶) Dieses stilvolle, vornehme Haus bietet modern eingerichtete, elegante Luxuszimmer. Die ruhige „Zen-Atmosphäre" des minimalistischen Madada wird durch Elfenbein, *tadelakt*-Sandputz, Designermöbel und neutrale Farben erzeugt. Gäste wohnen in geräumigen, hellen Zimmern mit dezentem Dekor, Messingwaschbecken, Rosenholzmöbeln und eigenen Terrassen. Die Varianten im Obergeschoss gehen zu einer großen Terrasse mit weitem Blick auf die Bucht hinaus. Zu der Unterkunft gehören auch die Kochschule L'Atelier Madada (S. 244) und das After 5 (S. 248), ein Restaurant mit Cocktaillounge.

Hôtel Smara HOTEL €
(☎0524 47 56 55; 26 Rue de la Skala; EZ/DZ/3BZ 76/104/174 Dh, DZ/3BZ mit Ausblick 196/236 Dh) Alle vier Zimmer des weiß getünchten Hauses bieten Meerblick. Am besten sind die zur Dachterrasse hin, auf der auch das Frühstück serviert wird. Die anderen Quartiere gehen zu einem Innenraum hinaus und können im Winter etwas feucht sein. Es gibt geflieste, saubere Gemeinschaftsbäder. Dank des tollen Preis-Leistungs-Verhältnisses ist das Smara sehr beliebt, das gilt insbesondere für die Vierbettzimmer. Aus diesem Grund sollte man rechtzeitig buchen oder möglichst früh am Tag herkommen.

Palais Heure Bleue RIAD €€€
(☎0524 47 42 22; www.heure-bleue.com; 2 Rue Ibn Batouta; DZ/Suite 3300/5830 Dh; ❄📶🏊) Wer Essaouiras bestes Hotel betritt, ist augenblicklich an einem Ort ausgesprochener Ruhe angekommen. Dieser noble Riad wartet mit allen erdenklichen Extras vom Dachpool über das Hauskino bis zum Billardzimmer auf. In der Lounge trifft europäischer Schick auf kolonialen Charme. Hier steht ein Konzertflügel unter den Trophäenköpfen längst vergangener Jagdpartien. In den Zimmern erfreuen Zebradrucke, dunkles Holz und Theken mit Marmorplatten das Auge des Gastes.

Dar Beida FERIENHAUS €€€
(☎0667 96 53 86; www.castlesinthesand.com; pro Woche und Pers. ab 3300 Dh) Das „Weiße Haus" im Herzen Essaouiras ist ein traditionell marokkanischer Bau aus dem 18. Jh. Es wurde von der Londoner Innenarchitektin Emma Wilson reizend restauriert und mit Möbeln im Stil der 1950er- und 1960er-Jahre eingerichtet, die Emmas Ehemann auf örtlichen Flohmärkten ergattert hat. Das Haus hat mehrere Schlafzimmer; das Beste befindet sich oben auf der Dachterrasse. Zudem gibt's zwei Wohnzimmer mit Büchern, CDs und einer großen Terrasse. Im Mietpreis sind die Reinigung, das Feuerholz und ein Paar *babouches* (Lederslipper) pro Gast inbegriffen. Dies ist definitiv die hippste Unterkunft der Stadt. Die Inhaberin vermietet auch das Dar Emma – etwas traditioneller, aber ähnlich komfortabel und abgefahren.

Jack's Apartments (☎0524 47 55 38; www.essaouira.com/apartments; 1 Pl Moulay Hassan) und **Karimo** (☎0524 47 45 00; www.karimo.net; Pl Moulay Hassan) bieten mehrere empfehlenswerte Mietimmobilien an. In der Hauptsaison sollte man früh reservieren.

Essen

LP TIPP **Riad Al-Baraka** REGIONALE KÜCHE €€
(☎0524 47 35 61; 113 Rue Mohammed el-Qory; Hauptgerichte 110 Dh; ⏲Mittag- & Abendessen) Ein trendbewusstes Lokal in einer ehemaligen jüdischen Schule. Rund um einen großen Innenhof, in dem ein gewaltiger Feigenbaum Schatten spendet, liegen mehrere Speiseräume und eine Bar. Hier werden hauptsächlich marokkanische Gerichte mit ein paar jüdischen und arabischen Einschlägen zubereitet. Am Wochenende treten im Al-Baraka Livebands aus der Gegend auf.

Taros MEDITERRAN €€
(☎0524 47 64 07; 2 Rue du Skala; Hauptgerichte 120 Dh; ⏲Mittag- & Abendessen) Lust auf Tee am Nachmittag, einen Drink an der Bar oder Abendessen bei Kerzenschein? In diesem stimmungsvollen Terrassenrestaurant kann man sowohl drinnen als auch im Freien sitzen, wo man einen tollen Blick auf den Platz und den Hafen genießt. Außerdem gibt's häufig Livemusik und einen Zauberer. Auf der Karte stehen vor allem Fischgerichte.

Fischgrillstände REGIONALE KÜCHE
Essaouira ist voller Cafés und Restaurants, sodass man seinen knurrenden Magen überall besänftigen kann. Was die Qualität betrifft, gibt's allerdings große Unterschiede. An den **Fischgrillständen** am Ende der Place Moulay Hassan in Richtung Hafen sollte man sich unbedingt ein Häppchen gönnen. Einfach mit dem Verkäufer einen Preis aushandeln (rund 60 Dh für ein Mittagessen) und den leckeren Fisch oder Meeresfrüchte frisch vor einem zubereiten lassen.

Restaurant El-Minzah
REGIONALE KÜCHE, FISCH & MEERESFRÜCHTE €€
(☎0524 47 53 08; 3 Ave Oqba ben Nafii; Hauptgerichte 85–130 Dh, Menüs ab 95 Dh; ⏲Mittag- & Abendessen) Beliebtes Restaurant an den Altstadtmauern. Gegessen wird entweder auf der Terrasse oder im eleganten Speiseraum. Neben einer guten Auswahl an internationalen Gerichten stehen auch Spezialitäten wie Blauhai oder frischer Fisch auf der Speisekarte. An Samstagabenden wird mitreißende Gnaoua-Musik gespielt.

Restaurant d'Orient et d'Ailleurs
FRANZÖSISCH, REGIONALE KÜCHE €€
(☎0524 45 59 77; 67 bis Rue Touahen; Menüs 90–130 Dh; Hauptgerichte 90–160 Dh; ⏲Mittag- & Abendessen; 🖉) Romantische Beleuchtung und interessantes Dekor. Es gibt Fisch in allen möglichen Variationen, marokkanische und französische Klassiker sowie eine Reihe vegetarischer Gerichte.

After 5 MEDITERRAN €€€
(☎0524 78 47 26; 5 Rue Youssef el-Fassi; Hauptgerichte 200 Dh; ⏲Mi–Mo 19–23, Sa & So 12–15 Uhr) Lilafarbene Sitzkissen, gemütlich wirkende Steinbogen und riesige Lampenschirme prägen dieses trendige Restaurant. Auf den Tisch kommen leckere mediterrane und marokkanische Spezialitäten nach Originalrezepten. Eine der besten Adressen fürs Abendessen!

Restaurant Ferdaous REGIONALE KÜCHE €€
(☎0524 47 36 55; 27 Rue Abdesslam Lebadi; Hauptgerichte 60–80 Dh, Menü 105 Dh; ⏲Di–So Mittag- & Abendessen) Das entzückende marokkanische Lokal mit dem freundlichen Service zählt zu den wenigen Adressen der Stadt, die echte einheimische Hausmannskost auf den Tisch bringen. Auf der saisonabhängigen Karte stehen traditionelle Gerichte mit innovativem Touch. Die niedrigen Tische und die gepolsterten Sitzgelegenheiten passen perfekt dazu.

Restaurante Les Alizés REGIONALE KÜCHE €€
(☎0524 47 68 19; 26bis Rue de la Skala; Hauptgerichte 120 Dh; ⏲Mittag- & Abendessen) Dieses beliebte Restaurant oberhalb des Hôtel Smara in einem Haus aus dem 19. Jh. wird von einem charmanten marokkanischen Paar geführt. Von den leckeren einheimischen Gerichten stechen besonders der Fisch-Couscous und die Tajine mit *boulettes de sardines* (Sardinenbällchen) hervor. Vorab reservieren.

La Licorne REGIONALE KÜCHE €€
(☎0524 47 36 26; 26 Rue de la Skala; Menü 160 Dh; ⏲Abendessen) Mit seinen Holzbalken und schweren Stühlen passt dieser gemütliche Laden so gar nicht nach Essaouira. Er erinnert irgendwie an eine Jagdhütte. Hier servieren nette Kellner bodenständige marokkanische Tajines.

Café d'Horloge CAFÉ €
(Pl Chefchaouni) Beliebtes Café an einem hübschen Platz. Am Fuße des Uhrenturms kommt man in den Genuss eines fantastischen Frühstücks mit Crêpes oder Brot und *amlou* (25 Dh), einem Aufstrich aus Arganöl, Mandeln und Honig. Das d'Horloge liegt abseits der überfüllten Hauptcafémeile und ist daher immer gut für einen Kaffee oder einen Snack in aller Seelenruhe.

Gelateria Dolce Freddo EISCREME €
(Pl Moulay Hassan) In dem kleinen Laden am Hauptplatz wird echtes italienisches Eis verkauft (10 Dh pro Kugel). Bei 20 Sorten kann man der Versuchung nur schwer widerstehen …

Au Bonheur des Dames CAFÉ €
(Pl du Marché au Grains) Bietet eine gute Auswahl an Tees, Kaffee, frischen Säften sowie ein tolles Frühstück (35 Dh) und liegt an einem malerischen Platz.

Océan Vagabond CAFÉ €
(abseits des Blvd Mohammed V; Hauptgerichte 60–90 Dh; ⏲Mittag- & Abendessen) Das einfa-

che, kleine Café ist zwar ein gutes Stück von der Stadt entfernt, gilt jedoch als beste Option am Strand. Es wartet mit einer kleinen, aber ordentlichen Auswahl an Sandwiches, Pizzas, Nudelgerichten und Salaten auf und hat viele gemütliche Sitzgelegenheiten auf dem Sand, sodass Kinder frei herumtollen können.

Côté Plage MEDITERRAN €€
(Blvd Mohammed V; Hauptgerichte 150 Dh; ⏲Mittag- & Abendessen) Dieses Strandcafé gehört zum hoch aufragenden Sofitel auf der anderen Straßenseite. Auf der eleganten Terrasse sitzt man im Schatten riesiger, weißer Schirme. Mit Blick aufs Meer kann man sich am Nachmittag z. B. ein paar Tapas (35 Dh) oder Grillgerichte (nur im Sommer) genehmigen.

Fisch-Suk REGIONALE KÜCHE
(direkt an der Ave de l'Istiqlal) Wer mag, kauft sich hier einen fangfrischen Fisch und trägt ihn zu einem der Grillstände in der Südecke. Für 30 Dh wird das Gewünschte in die Pfanne geschmissen und mit Brot sowie Salat serviert.

Die **Pâtisserie Driss** mit ihrem versteckten Sitzbereich hinten zählt zu den besten Adressen, um sich morgens ein Croissant oder nachmittags etwas Gebäck zu gönnen. Eine weitere gute Anlaufstelle ist das **Café Faid** (beide in der Nähe der Place Moulay Hassan). An der Ave Sidi Mohammed ben Abdallah, der Ave Zerktouni und gleich hinter dem Bab Doukkala gibt's jede Menge **Imbissstände** und kleine Lokale.

Ausgehen

Essaouira erfreut sich zwar großer Beliebtheit bei Travellern, aber das Nachtleben ist trotzdem sehr überschaubar. Wer ein Warmup braucht, bevor es richtig losgeht, kann sich in den **Alkoholläden** (⏲9–12.30 & 15–18 Uhr) gleich außerhalb der Medina beim Bab Doukkala eindecken und auf der Hotelterrasse bei Sonnenuntergang ein paar Drinks genießen. Weitere Optionen:

Le Patio BAR
(28 Rue Moulay Rachid; ⏲Di–So Abendessen) In der hippen Restaurantbar mit Kerzenschein, blutroten Möbeln und einer schwarzen Diskokugel geht's sinnlich-stilvoll zu. Wer sich hier niederlässt, um etwas zu trinken, muss ein paar Tapas dazubestellen (35 Dh). Vielleicht wird man auch vom Duft nach gegrilltem Fisch verführt, der aus dem Restaurant rüberweht (Hauptgerichte ab 90 Dh).

Taros BAR
(2 Rue du Skala) Die Terrasse lädt zu einem Drink bei Sonnenuntergang ein.

Café Restaurant Bab Laachour CAFÉ
(Pl Moulay Hassan) Hat ebenfalls eine Terrasse. Bier wird nur abends serviert.

Shoppen

Gewürz-Suk LEBENSMITTEL & GETRÄNKE
Wer pflanzliches Viagra, Berberlippenstifte, Mittel gegen Haarausfall, exotische Gewürze, Produkte aus Arganöl oder traditionelles *amlou* (ca. 40 Dh pro Flasche) sucht, wird hier fündig.

Riad al-Khansaa KUNST & KUNSTHANDWERK
(60-62 Rue Touahen; 📶) Das Erdgeschoss ist vollgestopft mit kleinen Schätzen, die von ausgefallener Kleidung über Lampen bis hin zu Bildern und Skulpturen reichen. Oben gibt's Übernachtungsmöglichkeiten (400 Dh).

Holzschnitzerwerkstätten
KUNST & KUNSTHANDWERK
Essaouiras Holzhandwerk ist weithin bekannt. Nahe der Skala de la Ville liegt eine Reihe von Werkstätten, die exquisite Einlegearbeiten aus dem duftenden Holz der Thujen verkaufen. Die Lebensbäume wachsen in der Umgebung und zählen mittlerweile zu den bedrohten Pflanzenarten. Alle Arbeiten, die man hier bekommt, sind wunderschön und werden zu guten Preisen angeboten. Trotzdem: Wer Gegenstände aus Thujaholz ersteht, erhöht die Nachfrage. Damit steigt die Wahrscheinlichkeit, dass durch illegale Abholzung die letzten vorhandenen Baumbestände weiter dezimiert werden. Verantwortungsbewusste Traveller sollten sich besser nach Kunsthandwerk aus anderen Holzarten erkundigen.

Coopérative Artisanal des Marqueteurs
KUNST & KUNSTHANDWERK
(6 Rue Khalid ibn Oualid) Hat feste Preise.

Rafia Craft KUNST & KUNSTHANDWERK
(82 Rue d'Agadir) Essaouira ist auch für Produkte aus Raffiabast (besteht aus den Fasern der Doumpalme) bekannt. Ein Großteil der Waren wird nach Europa exportiert.

Schmuck-Suk SCHMUCK
Dieser Suk ist recht klein, aber das vielfältige Sortiment reicht von schweren Berberperlen bis zu glänzendem Gold.

Essaouira ist eine Künstlerhochburg und mehrere örtliche Galerien verkaufen die Werke einheimischer Maler.

Galerie Aida BÜCHER
(2 Rue de la Skala) Wird von einem Ex-New-Yorker geführt. Kleine, aber gute Auswahl an englischsprachigen Büchern und abgefahrener Kitsch.

Galeries Frederic Damgaard KUNST & KUNSTHANDWERK
(www.galeriedamgaard.com; Rue Oqba ben Nafi) Die beste und älteste Galerie der Stadt.

Association Tilal des Arts Plastiques
KUNST & KUNSTHANDWERK
(4 Rue de Caire) Bietet aufstrebenden Talenten eine Plattform.

Espace Othello KUNST & KUNSTHANDWERK
(9 Rue Mohammed Layachi; ⌚9–13 & 15–20 Uhr) Konzentriert sich ebenfalls auf die Stars von morgen.

Galerie Sadiqi KUNST & KUNSTHANDWERK
(Ecke Rue Laalouj & Rue Touahen) Latifa Boumazzourh zeigt in dieser kleinen Galerie ihre naiven Malereien.

Praktische Informationen

Infos zur Planung, Empfehlungen der Autoren und Erfahrungsberichte Reisender findet man auf der Website von **Lonely Planet** (www.lonelyplanet.com/morocco/the-atlantic-coast/essaouira).

Gefahren & Ärgernisse

Essaouira gilt größtenteils als sichere und entspannte Touristenstadt. Nach Einbruch der Dunkelheit ist in den Seitenstraßen der *mellah* dennoch Vorsicht geboten. Hier und in der übrigen Stadt wurden in den letzten Jahren umfangreiche Sanierungsmaßnahmen durchgeführt. Nichtsdestotrotz sorgen Alkohol und illegale Drogen weiterhin für Probleme. In den Seitenstraßen nördlich der Ave Zerktouni und östlich der Ave Sidi Mohammed en Abdallah treiben sich Dealer und Junkies herum. Traveller sollten diesen zwielichtigen Stadtteil meiden.

Geld

Mehrere Banken mit Geldautomaten umgeben die Place Moulay Hassan. Weitere Geldinstitute gibt's entlang der Hauptstraße, die nordostwärts nach Bab Doukkala führt. In den meisten Fällen kann man Bargeld problemlos umtauschen oder sich auf Kreditkarte auszahlen lassen.

Internetzugang

Internetcafés gibt's überall in der Stadt. Fast alle haben von 9 bis 23 Uhr geöffnet und verlangen 8 bis 10 Dh pro Stunde.

Cyber Les Remparts (12 Rue du Rif)
Espace Internet (8 bis, Rue du Caire)
Mogador Informatique (5 Ave de l'Istiqlal)

Karten

In der Touristeninformation gibt's einen nützlichen Stadtplan (25 Dh) und einen interessanten französischsprachigen Führer namens *Essaouira – La Séductrice* (40 Dh). Darin geht's um die Geschichte und die Kunst der Gegend, um traditionelle Musik, Festivals und Architektur. Ebenso empfehlenswert ist die französischsprachige Broschüre *Essaouira de Bab en Bab: Promenades* von Hammad Berrada, die man vor Ort allerdings nicht immer bekommt. In dem Buch werden acht verschiedene Spaziergänge beschrieben, dazu gibt's erläuternde Texte, Fotos und übersichtliche Pläne von der Medina.

NICHT VERSÄUMEN

NAIVE KUNST AUS ESSAOUIRA

Wohin man in Essaouira auch geht – überall sind Künstler am Werk. Die einheimischen Maler wurden in den 1970er-Jahren von westlichen Künstlern inspiriert und beeinflusst und entwickelten ihren eigenen Malstil. Sie sind Autodidakten und verwenden vor allem Acrylfarben. Die Mischung aus moderner und naiver Malerei weist viele Gnaoua-Elemente auf. Ihre Motive sind farbenfroh und zeigen häufig Musiker oder mehrere Sänger.

Latifa Boumazzourh ist Malerin und stammt aus einer Künstlerfamilie. Ihr Ehemann malt ebenfalls und ermutigte sie überhaupt erst, zum Pinsel zu greifen. Latifas erste Ausstellung fand 1996 im Palais de Congres in Marrakesch statt. Es folgten weitere in Deutschland, der Schweiz und Frankreich. Latifa ist Präsidentin der Vereinigung für Künstlerinnen und Malerinnen. Ihre Arbeiten können in der Galerie Sadiqi und im Riad al-Khansaa bestaunt werden.

In erster Linie malt sie Musikerinnen. Ihre Familienmitglieder gehören seit jeher der Sufi-Bruderschaft Hamadcha an. Latifas Bilder zeigen Frauen in Trance gemäß dieser Sufi-Tradition *(hadra)* und kosten jeweils mindestens 2000 Dh.

Medizinische Versorgung

Hôpital Sidi Mohammed ben Abdallah (☎0524 47 57 16; Blvd de l'Hôpital) Bei Notfällen.

Pharmacie la Kasbah (☎0524 47 51 51; 12–14 Rue Allal ben Abdellah)

Notfälle

Medizinische Notfälle (☎0524 47 57 16)

Polizei (☎19, 0524 78 48 80; Rue du Caire) Gegenüber der Touristeninformation.

Post

Hauptpostamt (Ave el-Mouqawama; ⏲Mo–Fr 8.30–16.15, Sa 8–12 Uhr)

Postfiliale (Rue Laâlouj; ⏲Mo–Fr)

Touristeninformation

Délégation du Tourisme (☎0524 78 35 32; www.essaouira.com; 10 Rue du Caire) Nützliche Einrichtung, in der man viele Tipps bekommt. Schwarze Bretter informieren über örtliche Veranstaltungen und Aktivitäten.

An- & Weiterreise

BUS Tagsüber ist der Busbahnhof 400 m nordöstlich der Medina problemlos zu Fuß zu erreichen. Wer zu später Stunde ankommt oder abreist, greift jedoch besser auf *petits taxis* (10 Dh) zurück. Die **Gepäckaufbewahrung** (7 Dh pro Gepäckstück) hat rund um die Uhr geöffnet.

CTM bietet täglich mehrere Verbindungen in folgende Städtea an:

ZIEL	PREIS (DH)	DAUER (STD.)
Agadir	60	3
Casablanca	135	6
El-Jadida	95	4
Inezgane	60	3½
Marrakesch	75	2½
Safi	50	2½

Tickets für Fernverbindungen sollte man möglichst einen Tag im Voraus buchen!

Andere Unternehmen sind günstiger und steuern die genannten Ziele häufiger an. Außerdem verkehren sie nach Taroudannt (70 Dh, 6 Std.), Tan Tan (130 Dh, 6 Std.) und Rabat (90 Dh, 6 Std.).

Die ONCF-Tochter **Supratours** bietet Verbindungen zum Bahnhof von Marrakesch (70 Dh, 2½ Std., 5-mal tgl.) in der Nähe des Bab Marrakech, wo die Züge nach Casablanca abfahren. Besonders im Sommer sollten diese Fahrten mehrere Tage vorher gebucht werden.

Der Regionalbus 5 nach Diabat (5 Dh) und Sidi Kaouki (6 Dh) startet ungefähr achtmal täglich am Blvd Moulay Youssef außerhalb des Bab Doukkala.

FLUGZEUG Am **Aéroport de Mogador** (Route d'Agadir) 15 km südlich der Stadt heben zweimal täglich Maschinen nach Casablanca ab. Im Sommer gibt's unregelmäßige Verbindungen nach Paris.

TAXI Der Stand für *grands taxis* befindet sich unmittelbar westlich vom Busbahnhof. Fahrten nach Agadir bzw. Inezgane kosten 75 Dh.

Unterwegs vor Ort

Zum Flughafen kommt man mit Bus 5 (10 Dh, 15 Min.) oder mit den blauen *grands taxis* (200 Dh). Letztere eignen sich auch prima für Fahrten vom bzw. zum Busbahnhof (10 Dh), dürfen aber nicht in die Medina hinein. Wer gern läuft, aber nicht selbst schleppen möchte, kann die Dienste vieler geschäftstüchtiger Herren mit Gepäckkarren in Anspruch nehmen. Diese bringen Taschen und Koffer direkt zum Hotel (ca. 20 Dh).

Fahrräder werden in der **Résidence Shahrazed** (☎0524 47 29 77; 1 Rue Youssef el-Fassi; 100 Dh pro Tag) und in der **Résidence Hôtel Al-Arboussas** (☎0524 47 26 10; 24 Impasse Rue Laâlouj; 100 Dh pro Tag) verliehen.

Die Mietwagen von **Wind Car** (☎/Fax 0524 47 28 04; Rue Princesse Lalla Amina) kosten etwa 450 Dh pro Tag. **Avis** (☎0524 47 49 26) hat eine Filiale am Flughafen.

Rund um Essaouira

Für Traveller, die mit einem eigenen fahrbaren Untersatz unterwegs sind, lohnen sich Abstecher zu den kleinen Frauenkooperativen in Essaouiras Umgebung. Hier bekommt man u. a. Naturkosmetik, Lebensmittel und Produkte aus Arganöl. **Assafar Imitaghant** (☎0661 55 35 86) liegt 8 km außerhalb der Stadt an der Straße nach Marrakesch, die **Coóperative Tiguemine** (☎0524 79 0110) folgt nach weiteren 7 km. Eine Liste mit interessanten Adressen ist bei der Touristeninformation erhältlich. Absolutes Highlight ist jedoch ein Ausflug zum Dorf Tamanar im Süden. Dort kann man in der Coopérative Amal (S. 252) den gesamten Gewinnungsprozess des Arganöls nachvollziehen.

DIABAT ديابات

Einst war das verschlafene Berberdorf gleich südlich von Essaouira sehr beliebt bei Marihuana rauchenden Hippies. Jetzt entsteht hier eine riesige neue Anlage für Touristen, Golf Mogador, die bei Redakti-

ARGANÖL

Arganöl aus biologischem Anbau gilt als „das neue Olivenöl". Immer mehr trendige Restaurants in aller Welt verwenden es, um Salaten eine nussige Note zu verleihen. Der Arganbaum *(argania spinosa)* mit seiner furchigen Rinde kommt ausschließlich in diesem Teil Marokkos vor. Deshalb wurden die Arganwälder der Sousebene und der Hahaküste südlich von Essaouira kürzlich zu Unesco-Biosphärenreservaten erklärt.

Das hitzeresistente Gewächs übersteht Temperaturen von bis zu 50 °C und dient damit als wichtige Waffe im Kampf gegen die sich ausbreitende Wüste im südlichen Marokko. Zudem ist der Arganbaum ein grundlegender regionaler Wirtschaftsfaktor, da er neben dem erwähnten Öl auch Feuerholz und Futter für Ziegen liefert. Berberfrauen ernten die Früchte im Frühling und verfüttern sie an die Tiere. Deren aggressive Verdauungssäfte zersetzen das zähe Fruchtfleisch. Die Kerne werden anschließend aus dem Dung gelesen und aufgeschlagen, bei schwacher Hitze geröstet, zerstampft und dann ausgepresst. Für einen Liter Öl sind 30 kg Kerne und 15 Stunden Handarbeit nötig, die ausschließlich von Frauen ausgeführt wird. In letzter Zeit haben sich ein paar Kooperativen entschlossen, diese Tradition etwas abzuändern. Sie lassen den „Ziegenfaktor" weg und pflücken die Früchte direkt von den Bäumen, um ein milderes Öl zu erhalten. Den ganzen Verarbeitungsprozess kann man sich 80 km nördlich von Agadir bei Führungen durch die **Coopérative Amal** (☎0524 78 81 41; www.targanine.com, auf Französisch; Tamanar; Eintritt frei; ⌚Mo–Fr 8–19 Uhr) ansehen. Deren Bioöl gewann bereits 2001 den Slow Food Award.

Von den Berbern wird Arganöl seit jeher als Heilmittel verwendet. Studien zufolge soll es den Cholesterinspiegel senken und Arteriosklerose vorbeugen. Sein intensives, süßes Nussaroma eignet sich hervorragend zum Verfeinern von Salaten, gegrilltem Gemüse oder Gerichten aus der Tajine. Die Berber vermischen das Öl mit gemahlenen Mandeln und Honig zu *amlou*, einer Köstlichkeit, die angeblich eine aphrodisische Wirkung besitzt.

Kaltgepresstes Öl aus nicht gerösteten Nüssen wird zunehmend Kosmetikprodukten – vor allem fürs Haar – hinzugefügt. Dank seines hohen Gehalts an Vitamin E findet man es auch häufig in Antifaltencremes.

onsschluss noch nicht fertiggestellt war. Der Golfplatz des Resorts mit drei Luxushotels und Villen wurde von Gary Player gestaltet. Der Umwelt zuliebe wird der Rasen der Anlage mit den Abwässern des Komplexes bewässert werden.

Aktivitäten

Wer mehr als nur einen kurzen Ausritt auf Pferden oder Kamelen am Strand machen möchte, kann mehrtägige Touren über Land oder in der Umgebung von Essaouira unternehmen. Folgende Anbieter organisieren maßgeschneiderte Exkursionen:

Zouina Cheval REITEN
(☎0669 80 71 01; www.zouina-cheval.com; 1 Std. Reiten 155 Dh, Tagestour inkl. Picknick 600 Dh, Reitwanderungen 2/5 Tage 1760/6600 Dh) Mehrere Leser haben uns das Unternehmen von Najib und Sophie ans Herz gelegt, die gut ausgebildete und erfahrene Reitlehrer sind und Unterricht anbieten (auch für Kinder und blutige Anfänger).

Maison du Chameau KAMELREITEN
(☎0661 34 71 08; maisonduchameau@yahoo.fr; Douar Al Arab; 160 Dh pro Std., pro Tag inkl. Mittagessen 400 Dh) Auf dem Gelände der entlegenen Pension leben acht *meharis* (weiße sudanesische Rennkamele). Gäste können einen einwöchigen Reitkurs belegen, es werden aber auch kürzere Touren angeboten. Man übernachtet in ruhigen Zimmern, die in Fuchsia und Blau gehalten sind. Nach 7 km auf der Route de Marrakech gelangt man zur Maison du Chameau.

Ranch de Diabat REITEN
(☎0662 29 72 03; www.ranchdediabat.com; 1 Std. Unterricht 165 Dh, 7-tägige Tour inkl. Übernachtung 7700 Dh) Reitunterricht für Erwachsene und Kinder sowie ein- oder mehrtägige Ausritte.

Abouda Safar REITEN
(☎0528 31 45 70, 0662 74 34 97; www.abouda-safar.com; 8-tägige Reitwanderung 9000 Dh) Die Agentur organisiert achttägige Ex-

kursionen in verschiedenen Regionen im Süden des Landes.

Schlafen

Auberge Tangaro GÄSTEHAUS €€
(☎0524 78 47 84; www.aubergetangaro.com; EZ/DZ inkl. Frühstück 500/770 Dh, Suite 880–1100 Dh; 📶) Wer in Diabat übernachten möchte, ist mit diesem rustikalen abgelegenen alten Haus in der Nähe des neuen Golfplatzes gut beraten. Es wartet mit einem Hamam sowie schicken, frisch renovierten Zimmern samt offenen Kaminen auf. Die Pension ist urig-romantisch mit Kerzenlicht beleuchtet (Elektrizität gibt's nur zum Aufladen von Batterien). Auf Wunsch wird Abendessen serviert.

An- & Weiterreise

Auf der Küstenstraße nach Agadir geht's von Essaouira aus 7 km gen Süden. Gleich hinter der Brücke biegt man rechts ab. Außerdem fährt Bus 5 nach Diabat; er hält vorm Bab Marrakech in Essaouira (5 Dh, alle 2 Std.).

SIDI KAOUKI سيدي كاوكي

Sidi Kaouki steht für wilde Strände, tolle Unterkünfte und eine konstant steife Brise (davon zeugt der Windpark gleich nördlich des Dorfs). All dies hat den Ort in letzter Zeit immer mehr zu einem Hotspot für Surfer und Windsurfer werden lassen, wobei die rauen Gewässer für Unerfahrene zu gefährlich sind.

Das große Gebäude auf den Felsen ist die letzte Ruhestätte des heiligen Sufi Sidi Kaouki, der für seine Fähigkeiten als Heiler bekannt war. Nach wie vor zieht der Schrein viele Besucher an. Wer mag, kann ein Pferd (70/120 Dh für eine halbe/ganze Std.) oder ein Kamel (100 Dh pro Std.) „mieten" und am wunderschönen langen Strand ausreiten. Lust auf Wassersport? *Die* Anlaufstelle für Surfer ist die **Station Sidi Kaouki** (☎0672 04 40 16; www.sidi-kaouki.com), ein farbenfroh aufgemachtes Café-Restaurant mit einer lässigen Atmosphäre. Hier kann man auch ein Surfbrett (275/660 Dh für 1/3 Tage) bzw. die Kite- oder Windsurfausrüstung leihen (1430 Dh für 3 Tage). Zudem organisieren die Betreiber Ausflüge an abgeschiedene Strände.

Ein Stück vom Sand entfernt entdeckt man ein paar Pensionen. In allen bekommen Gäste auf Wunsch Abendessen.

Schlafen

Auberge de la Plage GÄSTEHAUS €€
(☎0524 47 66 00, 0661 10 26 64; www.kaouki.com; EZ/DZ/3BZ inkl. Frühstück 350/550/650 Dh) Tolles, rustikales Haus mit komfortablen Zimmern inklusive Meerblick. In den günstigeren Quartieren teilt man sich das Bad mit anderen Gästen. Nach vorheriger Anmeldung wird ein hervorragendes Abendessen zubereitet. Die Speisekarte wechselt regelmäßig; es kommt immer darauf an, was die Fischer im Netz hatten! Der Garten ist eine schattige Oase, aber nirgendwo kann man den Sonnenuntergang besser genießen als auf der Dachterrasse. Außerdem kennt der Besitzer die Gegend wie seine Westentasche.

Hotel Le Kaouki GÄSTEHAUS €€
(☎0524 78 32 06; www.sidikaouki.com; EZ/DZ/3BZ inkl. Halbpension 330/550/730 Dh) Eine gute Wahl! Kräftig blaues Dekor und marokkanische Stoffe und nettes, herzliches Personal. Strom gibt's allerdings nur im Erdgeschoss.

Windy Kaouki APARTMENTS €€€
(☎0524 47 22 79; www.windy-kaouki.com; Apt. 750–1100 Dh; 🏊) Die geräumigen Apartments eignen sich wunderbar für Familien. Sie sind vollständig ausgestattet (sogar inkl. Kamin) und hübsch hergerichtet. Von den Balkons genießt man einen prima Blick aufs Meer. Die Angestellten kümmern sich auf Wunsch um Windsurfkurse und organisieren Quadbikes sowie Ausritte.

An- & Weiterreise

Sidi Kaouki liegt 27 km südlich von Essaouira. Die Buslinien 2 und 5 (6 Dh) fahren dorthin; sie halten alle zwei Stunden vor dem Bab Marrakech. Für ein *grand taxi* zahlt man ca. 150 Dh und braucht etwa eine Stunde.

Mittelmeerküste & Rifgebirge شاطئ البحر المتوسط و الريف البحر

Inhalt »

Gut essen

» Populaire Saveur de Poisson (S. 267)
» Blanco Riad (S. 285)
» Auberge Dardara (S. 296)

Schön übernachten

» Dar Nour (S. 264)
» Dar Ech-Chaouen (S. 295)
» Gîte Tagma (S. 322)

Auf nach Nordmarokko

Nordmarokko besticht durch eine herrliche Küste und ein gebirgiges Hinterland. Tanger, die größte Stadt der Region, präsentiert sich als betörendes Tor zu Afrika und östlich davon erstreckt sich einer der letzten Abschnitte unverbauter Mittelmeerküste mit hohen Klippen und Sandbuchten.

Tetouan und Al-Hoceima spiegeln in Architektur und Küche die Zeiten der spanischen Schutzherrschaft wider. Noch mehr gilt dies für die spanischen Enklaven Ceuta und Melilla mit ihren mittelalterlichen Festungen und ihrer spektakulären historischen Architektur. Im Landesinneren locken herrliche Nationalparks, angefangen von Al-Hoceima bis zum Beni-Snassen-Massiv.

Weil die Schnellstraße an der Küste bald fertiggestellt ist und in Martil, M'Diq sowie Saïdia immer mehr Ferienanlagen errichtet werden, sollte man sich mit einem Besuch allerdings beeilen. Die Wirtschaftskrise hat diese Entwicklung zwar verlangsamt, doch früher oder später wird sich die Gegend unwiderruflich verändern.

Reisezeit

Tanger

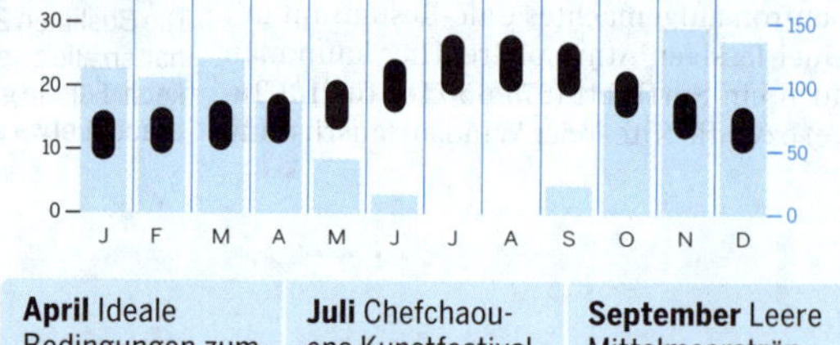

April Ideale Bedingungen zum Trekking im Rifgebirge und Erkunden der Nationalparks.

Juli Chefchaouens Kunstfestival sollte sich kein Traveller entgehen lassen.

September Leere Mittelmeerstrände warten auf Besucher.

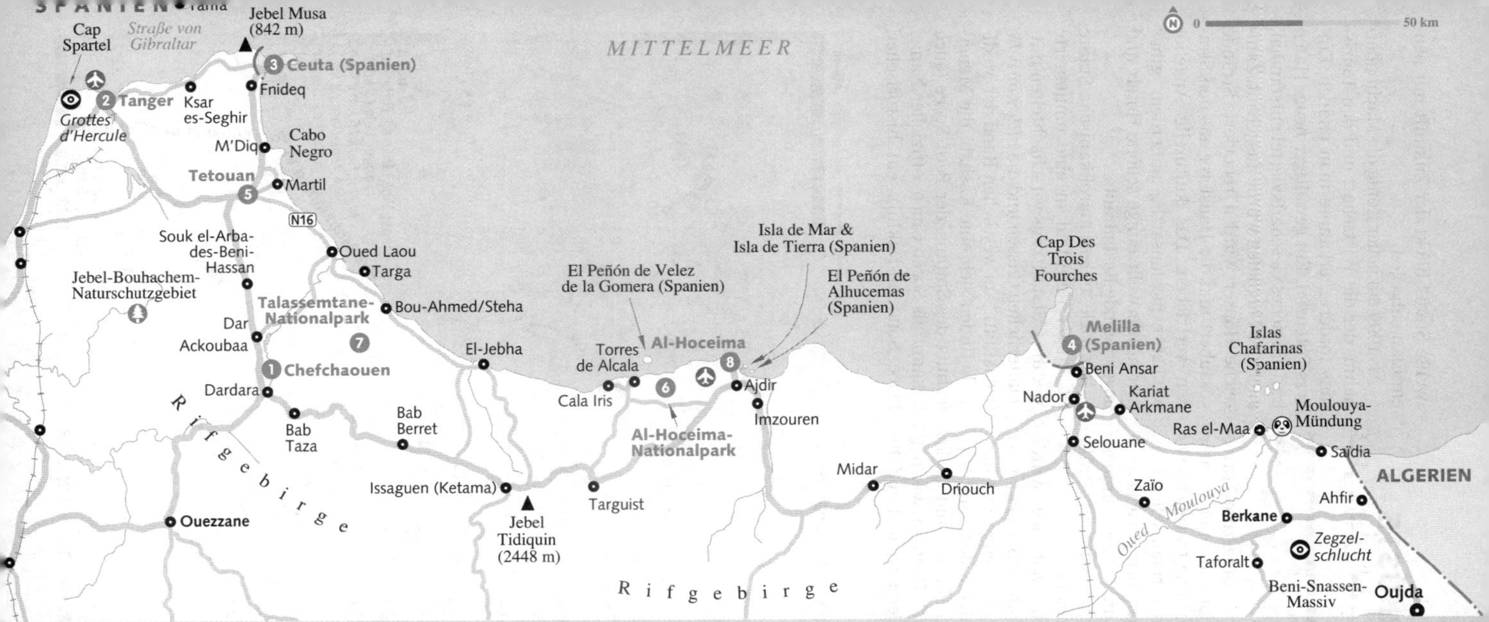

Highlights

1 Auf Chefchaouens **Plaza Uta el-Hammam** (S. 292) in einem Café entspannen

2 In der **Medina von Tanger** (S. 263) Läden voller Schätze durchstöbern und eine Kaffeepause im Petit Socco einlegen, einem Dichter-Treffpunkt der Beat-Generation

3 Die Drachen auf einem Palastdach in **Ceuta** (S. 277) bewundern

4 Jugendstilhäuser in den Straßen von **Melilla** (S. 311) betrachten und danach leckere Tapas schlemmen

5 Im Archäologischen Museum von **Tetouan** (S. 285) römische Mosaiken aus Lixus bestaunen

6 An den entlegenen Stränden des **Al-Hoceima-Nationalparks** (S. 306) Sonne tanken

7 Eine Trekkingtour im **Talassemtane-Nationalpark** (S. 307) unternehmen

8 In Al-Hoceimas **Club Nautique** (S. 304) eine köstliche Fischplatte bestellen

WESTLICHE MITTELMEERKÜSTE

شاطىء البحر المتوسط

Tanger طنجة

700 000 EW.

Dank seiner Lage mit Zugang zum Mittelmeer besaß Tanger schon immer eine große strategische Bedeutung. Für Traveller ist es das spannende Tor zum afrikanischen Kontinent und bietet einen beeindruckenden Einstieg in eine Kultur, die sich immens von jener auf der anderen Seite der Straße von Gibraltar unterscheidet.

Nach dem Zweiten Weltkrieg wurde Tanger zur Internationalen Zone deklariert und zog daraufhin jede Menge exzentrische Ausländer, Künstler, Spione und Hippies an. Es verfiel zusehends und geriet immer mehr in Verruf. Doch inzwischen hat sich das Blatt wieder gewendet und die „weiße Stadt" blickt der Zukunft mit neuem Elan entgegen.

Als 1999 ein neuer König die Macht übernahm, der die Wirtschaft und den Tourismus förderte, erkannte man endlich Tangers Potenzial. Ein gewaltiger neuer Hafen und ein neues Geschäftsviertel entstanden, auch der Flughafen wurde ausgebaut. Zahlreiche Häuser wurden renoviert, Strände gesäubert und die Hausierer aus den Straßen vertrieben. Das kulturelle Angebot wächst explosionsartig, außerdem gibt's hier mittlerweile einige schöne Hotels und hevorragende Restaurants.

Wie viele andere marokkanische Städte ist Tanger unterteilt in eine ummauerte Medina (Altstadt) aus verschachtelten mittelalterlichen Gassen und die *ville nouvelle* (Neustadt). Am westlichen Rand der Medina befinden sich eine Kasbah, die Mauerfestung des Sultans, der Petit Socco (auch bekannt als Socco Chico; offizieller Name: Place Souq ad-Dakhil), ein historischer,

Tanger

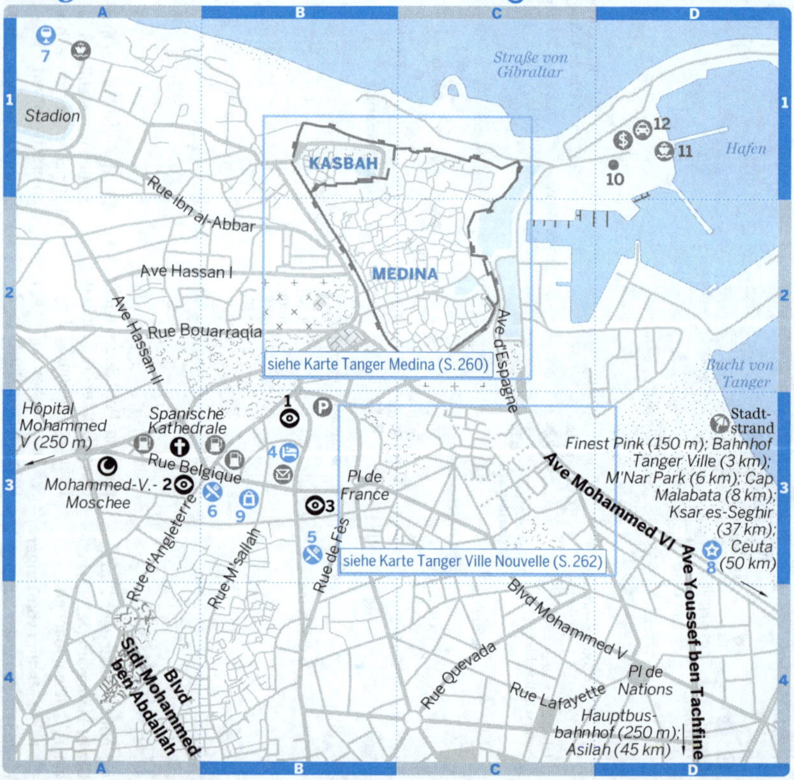

kaum erkennbarer Platz im Zentrum, und natürlich die Suks. Der wesentlich beeindruckendere Grand Socco (offizieller Name: Place du 9 Avril 1947), ein hübscher Platz mit einem Brunnen in der Mitte, bildet die Verbindung zwischen den beiden Seiten der Stadt und einen malerischen Eingang zur Medina.

Geschichte

Tangers Geschichte ist eine wilde Story von ausländischen Invasionen, die vor allem durch die strategische Lage der Stadt am Mittelmeer begünstigt wurden. Die Gegend wurde erstmals von den alten Griechen und Phöniziern (die das traditionelle marokkanische Kapuzengewand, die Dschellaba, mit sich brachten) besiedelt und als Handelsbasis genutzt. Die Einwanderer benannten die Siedlung nach der Göttin Tingis, der Geliebten Herkules', dessen Kräfte so gewaltig waren, dass er Europa von Afrika trennte und dabei die Straße von Gibraltar formte. Unter römischer Herrschaft war Tanger die Hauptstadt der Provinz Mauretania Tingitana. 429 n. Chr. kamen die Spanier, gefolgt von den Byzantinern und den Arabern, die 705 einmarschierten und die Berberstämme bezwangen. Der Ort wurde zwischen verschiedenen Arabergruppen hin- und hergeschoben, bis er 1149 schließlich unter die Herrschaft der Almohaden fiel. 1471 nahmen ihn die Portugiesen bei ihrem zweiten Versuch ein, nur um ihn 200 Jahre später dem Engländer Charles II. als Hochzeitsgeschenk zu übergeben. Tangers Wert ist nur schwer einzuschätzen: Der englische Tagebuchautor Samuel Pepys nannte es den „Auswuchs der Erde". Unter Sultan Moulay Ismail erlangten die Marokkaner 1679 die Kontrolle über die Stadt zurück, wobei sie zum großen Teil zerstört wurde. Die Marrokaner blieben an der Macht, bis Nordafrika Mitte des 19. Jhs. wieder einmal das Interesse der europäischen Mächte auf sich zog.

Während der Rest des Landes zwischen Frankreich und Spanien aufgeteilt wurde, wandelte man Tanger in eine „Internationale Zone" mit verschiedenen Bezirken um (ähnlich wie Westberlin während des Kalten Krieges). Frankreich, Spanien, England, Portugal, Schweden, Holland, Belgien, Italien und die USA erhielten ein Stück vom Kuchen, der zumindest auf dem Papier vom Sultan verwaltet wurde. Diese Situation dauerte von 1912 bis kurz nach der marokkanischen Unabhängigkeit 1956, das Jahr, als die Stadt an Marokko zurückgegeben wurde. In der berühmten Phase der „Interzone" machten in Scharen herbeiströmende Ausländer die Hälfte der Bevölkerung aus. Eine wilde „Alles-ist-möglich"-Kultur entwickelte sich und zog sämtliche Randgruppen der Gesellschaft an: Die vielen Salonlöwen, Währungsspekulanten, Drogenabhängige, Spione, sexuell Andersdenkende, Exilanten und Exzentriker brachten Tanger jedoch immer mehr in Verruf.

Mit dem Ende der Interzonen-Ära begann für die Stadt eine lange Zeit des Verfalls. Genau wie das wirtschaftliche Fundament zog auch die kulturelle Szene weiter, und Tanger wurde zu einem trostlosen Hafen, der lediglich seine Kriminalität behielt. Die nachfolgenden Könige entwickelten eine Abneigung gegen den Ort und kappten den Zugang zu entscheidenden Geldmitteln. Daraufhin wuchs die Straßenverkäuferszene rasant und stieß Touristen regelrecht ab. Von den einst so vielen Einwanderern waren schließlich nur noch einige Tausend übrig.

Seit 1999 hat sich die Stadt dank des neuen Hafens Tanger Med beständig weiterentwickelt. Auch der Tourismus bekam mit Tanger als zentralem Drehkreuz neue Impulse.

Tanger

Sehenswertes
1 Grand Hotel Villa de France B3
2 Instituto-Cervantes-Galerie A3
3 Mohamed Drissi Gallery of Contemporary Art B3

Schlafen
4 Pension Hollande B3

Essen
5 Fès-Markt B3
6 La Fabrique B3

Ausgehen
7 Café Hafa A1

Unterhaltung
8 Beach Club 555 .... D3

Shoppen
9 Ensemble Artisanal B3

Transport
10 Ticketschalter der Fährgesellschaft .. D1
11 Fährterminal D1
12 Grands Taxis D1

TANGER IN ...

... einem Tag

Nach dem Frühstück im **Le Salon Bleu** erkundet man den **Sultanspalast** und lässt sich durch die verwinkelten Gassen der **Medina** treiben. Vor dem Mittagessen im **Le Nabab** sollte man unbedingt **das Majid's** besuchen – der Laden ist eine wahre Schatztruhe. Danach lädt der **Grand Socco** zu einem Minzetee ein und es geht zur **St.-Andreas-Kirche**, um die dort in Stein gravierten Bilder und Zitate zu betrachten. Anschließend kann man sich die aktuelle Kunstausstellung in der **Ibn-Khaldoun-Galerie** ansehen und im **El-Minzah-Spa** entspannen. Nach einem Aperitif in der **Caid's Bar** isst man im **Les Passagers de Tanger** zu Abend und begibt sich gut gesättigt auf die Spuren der Beat-Autoren ins **Tanger Inn**.

... zwei Tagen

Den Schwung der neuen Stadt spürt man beim Frühstück im schicken **La Giralda**, wo der Ausblick von der **Terrasse des Paresseux** bis nach Spanien reicht. Danach kann man im Kunsthandwerksgeschäft des Frauenverbandes **DARNA** stöbern und im Fischrestaurant **Populaire Saveur du Poisson** zu Mittag essen. Zur Verdauung bietet sich ein Spaziergang durch den **Mendoubia-Park** an. Anschließend geht's zum Fotografieren auf den **Obst- und Gemüsemarkt.** Gleich um die Ecke liegt das **American Legation Museum**, das Marokkos Mona Lisa ausstellt. Nach dem Abendessen im **Casa de España** tanzt man im **Beach Club 555** die ganze Nacht durch.

Sehenswertes

Grand Socco — WAHRZEICHEN

(Karte S. 260) Vor dem winzigen Bab Fass erstreckt sich der Grand Socco, ein großer, abschüssiger, von Palmen gesäumter Platz mit einem Brunnen in der Mitte. Er bildet den romantischen Eingang zur Medina. Früher wurde der Kreis aus Pflastersteinen als großer Marktplatz genutzt, heute ist er das Ende der Taxistände. Den besten Überblick hat man gegenüber der großen, hellbraunen Polizeiwache vom höchsten Punkt des Platzes (auf den Stufen), der von den Einheimischen La Terrasse genannt wird. Hier oben fühlt man sich, als würde man auf eine Filmszene hinabblicken.

Vom Grand Socco sind verschiedene Sehenswürdigkeiten wie das Cinéma Rif zu sehen. Der hellste Stern der kulturellen Szene ist eine Kombination aus Programmkino, Café und Archiv sowie Dreh- und Angelpunkt für alles, was mit Film zu tun hat. Hier trifft sich die Stadtjugend, um die Atmosphäre zu genießen und das kostenlose WLAN zu nutzen.

DARNA, der Frauenverband von Tanger — KUNST & KUNSTHANDWERK

(Karte S. 260) Das gelbe Gebäude gegenüber La Terrasse ist ein kleiner öffentlicher Komplex mit einem günstigen Restaurant, einer Boutique, in der Kunsthandwerk von Frauen und Kleidung verkauft wird, sowie einem sonnigen Innenhof, der zum Mittagessen oder einfach nur zum Entspannen einlädt. Seit 2002 kümmert sich DARNA hier um hilfsbedürftige einheimische Frauen, die beispielsweise unter den Folgen einer Scheidung leiden.

Mendoubia-Park — PARK

(Karte S. 260) Auf der anderen Seite des Grand Socco, gegenüber dem Cinéma Rif, erstreckt sich ein riesiger Park voller umherschlendernder Paare und Fußball spielender Kinder. Rund um die Grünanlage stehen elegante Kolonialgebäude – vielleicht die schönsten ihrer Art in der ganzen Stadt – und oben auf dem zentralen Hügel befindet sich ein Monument mit Kanonen, auf dem die Unabhängigkeitsrede von Mohammed V. eingraviert ist.

St.-Andreas-Kirche — KIRCHE

(Karte S. 260; ⏲Gottesdienste So 8.30 & 11 Uhr) Ein kurzer Spaziergang die Rue d'Angleterre hinunter führt zu einer der charmanteren Kuriositäten von Tanger. Diese anglikanische Kirche wurde von 1894 bis 1905 auf Land errichtet, das Königin Viktoria zur Verfügung gestellt hatte. Das Gebäudeinnere ist im maurischen Stil ohne eingravierte Bilder und mit dem Vaterunser auf Arabisch gestaltet. Hinter dem Altar befindet sich eine Spalte, die nach Mekka weist. Alle eingravierten Zitate stammen aus dem Koran. Der Besuch der Kirche ist eine religionsübergreifende Erfahrung.

Auf dem benachbarten Friedhof entdeckt man ein paar faszinierende Grabsteine aus Zeiten des Krieges, darunter der eines auf der Flucht abgeschossenen Kampfpilots mit den Worten „Gute Jagd, Tim". Außerdem stößt man auf die aneinandergereihten Gräber abgestürzter Flugzeugbesatzungen. Wächter Ali und sein Sohn Yassine sind stets vor Ort und gewähren interessierten Besuchern gern Einlass.

Medina MEDINA

Tangers saubere, gut beleuchtete Medina gilt als Hauptattraktion der Stadt. Sie ist ein von den Mauern einer portugiesischen Festung aus dem 15. Jh. umgebenes Labyrinth aus Geschäfts- und Wohnstraßen und voller touristischer Schätze – das reicht von flüchtigen Einblicken in alte Lebensweisen bis zu den Juwelen der Suks. Am besten läuft man einfach mal drauf los und vertreibt sich ein paar Stunden die Zeit, auch wenn es nicht viele Orte gibt, die man unbedingt gesehen haben muss. Wenn man seinem Ziel zwar schon nah ist, aber nicht mehr weiter weiß, bringen einen die jungen Leute für ein paar Dirhams gern überallhin.

Vom Grand Socco geht's gegenüber dem Mendoubia-Park auf der Rue as-Siaghin in die Medina hinein. Dieser Straße folgt man bergab, bis sie beim Café Central auf der linken Seite breiter wird. Hier erstreckt sich der **Petit Socco** (Karte S. 260), Tangers einstiger Treffpunkt für Drogendealer und Prostituierte. Mittlerweile sind die Fassaden frisch gestrichen und es wimmelt nur so von Touristen, doch zum Leute beobachten und Minzetee trinken ist der Platz hervorragend geeignet.

Vom Petit Socco führt die Rue Jemaa el-Kebir (ehemals Rue de la Marine) vorbei an der **Grande Mosquée** (Karte S. 260), in der früher eine portugiesische Kirche untergebracht war. Etwas weiter erreicht man einen **Aussichtspunkt** (Karte S. 260) mit Blick über den Hafen.

Um sich nicht zu verlaufen, sollte man die Medina kurz verlassen und bis zu ihrer südlichsten Ecke hinuntergehen, wo eine Treppe auf die Rue D'Amérique/Zankat America und wieder in die Altstadt führt. Im Zickzack geht's zu einer Tür in einem überdachten Durchgang auf der linken Seite. Hier befindet sich eine weitere tolle Kuriosität der Stadt, die man unbedingt gesehen haben muss: das **Tangier American Legation Museum** (Karte S. 260; ☎0539 93 53 17; www.legation.org; 8 Rue D'Amérique; Eintritt frei, aber Spenden erwünscht; ⏰Mo–Fr 10–13 & 15–17 Uhr, am Wochenende nach Vereinbarung). Marokko nahm als eines der ersten Länder Notiz von den aufkeimenden Vereinigten Staaten und dies war das erste Stück amerikanischen Grundbesitzes im Ausland (Ausschau halten nach dem Dankesbrief von George Washington an Sultan Moulai Sulaiman). Das elegante fünfstöckige Herrenhaus beherbergt eine beeindruckende Sammlung, die Tangers Vergangenheit aus der Perspektive von Künstlern wie dem Schotten James McBey darstellen. McBeys hypnotisierendes Gemälde des Dienstmädchens Zohra ist übrigens als marokkanische Mona Lisa bekannt. Der neue Direktor Gerald Loftus (s. Kasten S. 265) ließ eine gut sortierte Buchhandlung errichten und widmete Paul Bowles einen Teil des Gebäudes. Die Wände des romantischen Kartenraums die Treppen rauf sind mit alten Pergamenten und diplomatischen Andenken tapeziert, darunter ein urkomischer Brief des amerikanischen Konsuls, in dem dieser noch einmal berichtet, wie er 1839 vom Sultan einen Löwen geschenkt bekam. Spätestens hier merkt man, dass man sich mitten in einem exotischen, historischen Roman befindet.

Neben dem Petit Socco liegt das ebenso sehenswerte **Musée de la Fondation Lorin** (Karte S. 260; fondationlorin@gmail.com; 44 Rue Touahine; Eintritt frei, aber Spenden erwünscht;

KUNSTMUSEEN

Mohamed Drissi Gallery of Contemporary Art

(Karte S. 256; 52 Rue d'Angleterre) Im Gebäude des ehemaligen Britischen Konsulats.

Galerie Delacroix

(Karte S. 262; 86 Rue de la Liberté; ⏰Di–So) Ausstellungsraum des Institut Français.

Centre Culturel Ibn Khaldoun

(Karte S. 262; Rue de la Liberté) Zeitgenössische Kunst.

Instituto Cervantes Gallery

(Karte S. 256; Rue Belgique) Zeitgenössische Kunst.

Tanger Medina

Ⓒ So–Fr 11–13 & 15.30–19.30 Uhr). In einem offenen zweistöckigen Saal der ehemaligen Synagoge werden bezaubernde Schwarz-Weiß-Fotografien von Tanger aus dem 19. und 20. Jh. gezeigt. Darüber hinaus gibt's hier ein Kindertheater, denn das Museum dient auch als Anlaufstelle für benachteiligte Kinder – was jede Menge Leben in die statische Ausstellung bringt!

Nach der Besichtigung geht's die Rue Touahine entlang weiter bis zur Rue as-Siaghin, wo man die Medina wieder am ursprünglichen Ausgangspunkt verlässt. Man folgt ihrem Umriss den ganzen Weg bis zum höchsten Teil der Stadt, tritt durch die Porte de la Kasbah und folgt der Straße bis zum **Kasbah-Museum** (Karte S. 260; Pl de la Kasbah; Erw./Kind 10/3 Dh; Ⓒ Mi–Mo 9–11.30 & 13.30–16 Uhr), das im Dar el-Makhzen untergebracht ist. Der ehemalige Palast des Sultans (in dem auch portugiesische und britische Gouverneure lebten), wurde erst kürzlich rundum erneuert. Seither liegt der Schwerpunkt der Ausstellung auf der örtlichen Geschichte von der Vorzeit bis zum 19. Jh. Die meisten Exponate findet man in den sieben Räumen rund um den Innenhof. Alle Erläuterungen sind auf Französisch und Arabisch. Zu den Highlights gehören präromanische Werkzeuge, eine Skulptur mit Szenen eines wilden Trinkgelages, einige Schmuckstücke aus dem 16. Jh., ein ungewöhnliches Bodenmosaik aus Volubilis sowie eine faszinierende Wandkarte mit früheren und heutigen Handelsrouten. Bevor man das Museum wieder verlässt, sollte man sich unbedingt den exotischen Garten des Sultans ansehen (gegenüber dem Eingang, abseits des Haupthofs), der bei unserem Besuch gerade restauriert wurde.

VILLE NOUVELLE

Die Riviera-Architektur und das koloniale Ambiente der Gegend um die Place de France und den Blvd Pasteur verweist noch

Tanger Medina

Highlights

Grand Socco B4
Petit Socco C3
Tangier American Legation Museum C4

Sehenswertes

1 1001 Nights B1
2 Cinémathèque de Tanger/Cinéma Rif B4
3 DARNA, der Frauenverband von Tanger B4
4 Grande Mosquée D3
5 Kasbah-Museum B1
6 Mendoubia-Gärten B3
7 Denkmal A3
8 Moschee A4
9 Musée de la Fondation Lorin B4
10 Aussichtspunkt D3
11 Aussichtspunkt B1
12 St.-Andreas-Kirche A4

Schlafen

13 Dar Nour A2
14 Hôtel Continental D2
15 Hôtel Mamora C3
16 La Tangerina A1
17 Nord Pinus Tanger B1
18 Riad Tanja C4

Essen

19 Überdachte Märkte B4
20 Überdachte Märkte B4
21 Überdachte Märkte B4
22 Le Nabab C2
23 Le Salon Bleu B1
24 Les Passagers de Tanger B4
Riad Tanja Restaurant .... (siehe 18)

Ausgehen

25 Café Central C3
Nord Pinus Tanger .... (siehe 17)

Unterhaltung

Cinémathèque de Tanger/Cinéma Rif .... (siehe 2)

Shoppen

26 Boutique Majid C3
27 Laura Welfling B1
28 No 5 Rue Ben Raissoull C2

Praktisches

29 Anegay-Apotheke B3

Transport

30 CTM-Busbahnhof D4
31 Grands Taxis nach Cap Spartel A4

immer auf den Glanz aus den 1930er-Jahren. Der Platz ist sehr beliebt für einen Spätnachmittagsspaziergang oder ein paar Stunden bei einem Minztee in einem der vielen Straßencafés – besonders im Gran Café de Paris, dessen Retrofassade geradezu danach schreit, auf eine Leinwand gebannt zu werden. Wo ist denn bloß dieser nach Tanger ausgewanderte Matisse, wenn man ihn mal braucht?

Nebenan liegt die treffend benannte **Terrasse des Paresseux** (Faulenzerterrasse; Karte S. 262), die einen weiten Blick auf den Hafen und an klaren Tagen gar bis nach Gibraltar und Spanien bietet. Eine Reihe uralter Kanonen vor der Bucht wehrt symbolisch Thronräuber ab.

In der Nähe befindet sich die **Librairie des Colonnes** (Karte S. 262; 54 Blvd Pasteur; ⊙Mo–Sa 9.30–13 & 16–19 Uhr), eine echte Institution in Tanger – immerhin trafen sich in dem Buchladen einst Paul Bowles, Jean Genet, Samuel Becket und William Burroughs. Sie wurde erst kürzlich renoviert und wiedereröffnet. Heute begegnen einem hier vielleicht Tahar Ben Jelloun oder Bernard Henri-Levy.

Stadtstrand STRAND

Der breite **Stadtstrand** (Karte S. 256) wurde enorm verbessert und bietet während der turbulenten Sommermonate inzwischen die sauberste Möglichkeit, sich zu sonnen. Vom Schwimmen sollte man aufgrund des verschmutzten Wassers jedoch ganzjährig absehen, insbesondere im Bereich des Hafens. Tagsüber kann man auf den neuen Uferstraßen schön spazieren gehen, doch in der Dunkelheit sollte man die Gegend wegen der vielen Diebesbanden meiden. An der nahe gelegenen Atlantikküste gibt's jede Menge schöne Strände.

Aktivitäten

Spas & Hamams

El-Minzah-Spa HAMAM

(Karte S. 262; ☎0539 93 58 85; www.elminzah.com; 85 Rue de la Liberté; Fitnessraum 200 Dh) Verwöhnung pur: Diese wunderbar luxuri-

Tanger Ville Nouvelle

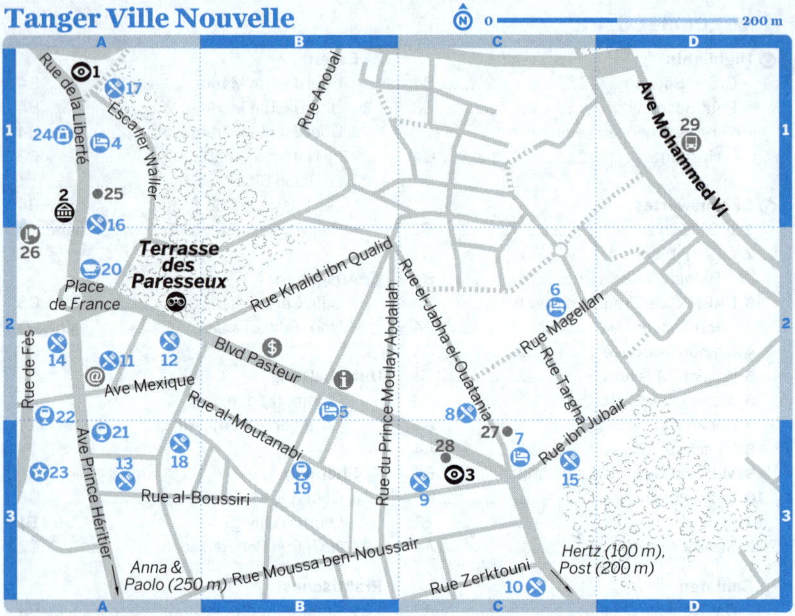

Tanger Ville Nouvelle

Highlights
Terrasse des Paresseux A2

Sehenswertes
1 Centre Culturel Ibn Khaldoun A1
2 Galerie Delacroix A1
Gran Café de Paris .... (siehe 20)

Aktivitäten, Kurse & Touren
El-Minzah-Spa .... (siehe 4)
3 Juan Guilleri Barber C3

Schlafen
4 El-Minzah A1
5 Hotel de Paris B2
6 Hôtel el-Muniria C2
7 Hôtel Rembrandt C3

Essen
8 Casa de España C2
9 Casa Pepé C3
10 Champs Élysées C3
11 Fast Food Brahim A2
12 La Giralda A2
13 Le Pagode A3
14 Mix Max A2
15 Number One C3
16 Pâtisserie La Española A1
17 Populaire Saveur de Poisson A1
Restaurant el-Korsan .... (siehe 4)
18 San Remo A3

Ausgehen
19 Americain's Pub B3
Caid's Bar .... (siehe 4)
20 Gran Café de Paris A2
21 Hole in the Wall Bar A3
22 Pilo A2
Tanger Inn .... (siehe 6)

Unterhaltung
23 Cinéma Paris A3

Shoppen
24 Bazar Tindouf A1

Praktisches
25 Carlson Wagonlit A1
26 Französisches Konsulat A2
27 Hispamaroc C3

Transport
28 Avis C3
29 Stadtbusse zum Bahnhof D1

öse Wellnessoase verfügt über ein Fitnessstudio mit großartiger Aussicht aufs Meer, eine Sauna, einen Whirlpool sowie ein breites Angebot an Massagen und therapeutischen Behandlungen.

Serenity Day Spa HAMAM
(☎0539 37 28 28; serenity@serenityspa.ma; Rue Adolfo Fessere, im Quartier California; Hamam & Peeling 400 Dh) Männer müssen draußen bleiben! Hier kann frau der allzu dominierenden männlichen Welt Marokkos für ein paar Stunden entfliehen und sich in wunderbar luxuriöser Umgebung entspannen. Der viel gelobte Hamam liegt westlich der Place de Koweit an der Straße zum Golfplatz und ist am besten per Taxi zu erreichen.

Juan Guilleri BARBIER
(Karte S. 262; in der Nähe von Casa Pepe, Rue Ibn Rochd) Dieser von Jean-Olivier und Philippe im Dar Nour empfohlene Barbier seift ein und rasiert für nur 25 Dh. Einen Termin braucht man nicht.

Reiten

Royal Club Equestre REITEN
(☎0539 93 43 84; Route de Boubana; halbe/ganze Std. 75/150 Dh; ⏲Di–So 8–12 & 14–18 Uhr) Der Royal Club Equestre liegt an der Straße nach Cap Spartel inmitten bewaldeter Hügel. Wer möchte, kann die wunderschöne Gegend hoch zu Ross erkunden. Dabei wird jeder Reiter von einem Führer begleitet, der im Preis inbegriffen ist.

Geführte Touren

Zuverlässige Führer findet man in jedem Hotel oder in der Touristeninformation. Eine ausgezeichnete Wahl ist auch **Said Nacir** (☎0671 04 57 06; www.d-destination.com). Der Englisch sprechende Guide besitzt 20 Jahre Erfahrung und hat sich auf private Touren durch Tanger für kleine Gruppen (von Einzelpersonen bis Familien) spezialisiert. Sie kosten 350 Dh pro Tag einschließlich des Transfers und der Eintrittsgelder. Für 800 Dh bietet Said einen Tagesausflug von Spanien aus an, inklusive Fährtickets, Abholung, Eintritte, Mittagessen und Führungen – ein echtes Schnäppchen. Die Reiseroute kann dem persönlichen Geschmack angepasst werden.

Feste & Events

Alle Events und Lokalinformationen findet man in *Tanger Pocket* (www.tangerpocket.com). Die französischsprachige Broschüre liegt in den meisten Hotels aus.

TANGER FÜR KINDER

Der **M'Nar Park** (☎0539 34 38 29; www.mnarparktanger.com; Cap Malabata; Aquapark Erw./Kind 100/50 Dh; ⏲8–18 Uhr, Pool 15. Juni–15. Sept.) ist das reinste Paradies für die Kleinen. Die Anlage auf den Klippen südlich der Punta Malabata bietet einen tollen Blick auf die Bucht von Tanger und verfügt über einen Wasserpark, einen elektronischen Spielepark, Gokarts, einen kleinen Zug, einen Mini-Fußballplatz, Restaurants, ein Café sowie 38 Wohnbungalows für Familien.

In Tanger selbst eignen sich die Wiesen des **Mendoubia-Parks** zum Fußballspielen, außerdem gibt's hier Schaukeln, sodass sich die Kids richtig austoben können.

Salon International de Tanger des Livres et des Arts BÜCHER
(☎0539 94 10 54; Institut Français, 41 Rue Hassan ibn Ouazzane; www.amba-france-ma.org) Einwöchiges Buchfestival im April mit unterschiedlichen Themen.

Le Festival International de Théâtre Amateur THEATER
(☎0539 93 03 06; Fondation Lorin, 44 Rue Touahine) Jeden Mai gibt's eine Woche lang arabisches und französisches Theater. Die Veranstaltung wird von der Fondation Lorin organisiert.

TANJAzz LIVEMUSIK
(www.tanjazz.org) Das allseits beliebte Festival findet im September statt und umfasst Konzerte von einheimischen sowie internationalen Jazzmusikern, darunter auch einige bekannte Namen.

Festival du Court Métrage Méditerranéen KURZFILME
(Internationales-mediterranes Kurzfilmfestival; www.ccm.ma) Einwöchiges Festival im Oktober mit Kurzfilmen aus der Mittelmeerregion.

Tanja Latina LIVEMUSIK
(☎0539 93 03 06; Fondation Lorin) Mit diesem Festival im November will es Tanger mit Rio de Janeiro aufnehmen.

Schlafen

Tangers Unterkünfte bieten etwas für jeden Geldbeutel und Anspruch, von ultrabilligen Pensionen in Hafennähe bis zu superschi-

DER BEAT IN TANGER

Die Beat Generation galt als eine amerikanische Gegenbewegung nach dem Zweiten Weltkrieg, die instinktives Verhalten in weltlichen Erfahrungen mit einer Suche nach tieferem Verständnis verband. In Tanger erreichte sie ihre stärkste Ausprägung. Viele dazugehörende Künstler, z. B. der Schriftsteller Jack Kerouac sowie die Dichter Allen Ginsberg und Gregory Curso, waren nur auf der Durchreise, während die Schriftsteller William Burroughs und Paul Bowles sowie das Multitalent Brion Gysin wichtige Teile ihres Lebens hier verbrachten und einen Klüngel von einheimischen Künstlern inspirierten. Das Ergebnis war eine bunte Mischung aus hoher künstlerischer Kreativität und tiefer moralischer Verdorbenheit. Auch heute noch ist die Geschichte der Beat Generation in der ganzen Stadt zu finden:

» **Hotel el-Muniria** William Burroughs schrieb hier *The Naked Lunch*, seine bissige Satire über den modernen amerikanischen Geist. Der ursprüngliche Titel lautete „Interzone" und wurde in der Cut-up-Technik geschrieben, die Brion Gysin entwickelt hatte. 1957 fanden auch Ginsberg und Kerouac in dem Hotel Unterschlupf.

» **Tanger Inn** An den Wänden dieser Bar unter dem Hotel el-Muniria hängen Unmengen von Bildern der Beat-Anhänger.

» **Café Central** Burroughs' Lieblingsplatz auf dem Petit Socco.

» **1001 Nights** Brion Gysin – bekannt für seine Dreamachine, ein kinetisches Kunstwerk, das einen tranceartigen Zustand hervorruft –, gründete dieses legendäre Café in der Kasbah. Der Laden war wegen seiner Hausband aus Trance-Musikern berühmt, den Master Musicians aus Jajouka. Die Gruppe veröffentlichte eine Platte, die von Brian Jones (von den Rolling Stones) produziert wurde. Inzwischen ist das 1001 Nights bereits seit Jahren „wegen Umbauarbeiten geschlossen".

» **Tanger American Legation Museum** Ein Flügel dieses Gebäudes ist Paul Bowles gewidmet.

» **Hotel Continental** In dem Hotel wurden Szenen aus der Verfilmung von Paul Bowles' Werk *Himmel über der Wüste* gedreht.

» **Café Hafa** Hier rauchten Paul Bowles und die Rolling Stones gern Haschisch.

» **Gran Café De Paris** Der wichtigste Salon der Literaten während der Interzone zog u. a. Tennessee Williams und Truman Capote an.

cken Hotels entlang der Uferpromenade. Die meisten Budgetunterkünfte liegen rund um die Medina und in der Nähe des Tores zum Hafen. Sie sind günstig, aber nur selten schön; es lohnt sich also, ein bisschen zu suchen. Zusätzlich zu den hier genannten Adressen gibt's noch eine große Auswahl an Bleiben in den Straßen rund um die Ave Mokhtar Ahardan und die Rue Magellan. In der Nebensaison werden die Preise oft reduziert. Bevor man sein Zimmer bezieht, sollte man sich allerdings vergewissern, dass es aufgrund der feuchten Meerluft nicht schimmelt.

MEDINA

LP TIPP **Dar Nour** GÄSTEHAUS €€

(Karte S. 260; ☎0662 11 27 24; www.darnour.com; 20 Rue Gourna, Kasbah; DZ/Suite mit Frühstück ab 720/1300 Dh; 📶) Die Zimmer in diesem Gästehaus ohne Innenhof bilden ein Labyrinth aus Räumen und romantischen Salons. Sie sind mit Kunstobjekten dekoriert und randvoll mit Büchern, was eine entspannte gemütliche Atmosphäre schafft. Außerdem verfügen sie über blitzblanke *tadelakt*-Bäder. Einige Räume haben auch eine private Terrasse. Vom Dach des Hauses genießt man einen eindrucksvollen Blick über die Dächer der Medina. Das üppige Frühstück wird auf der Terrasse serviert.

La Tangerina GÄSTEHAUS €€

(Karte S. 260; ☎0539 94 77 31 19; www.latangerina.com; Rue Sultan, Kasbah; DZ mit Frühstück 600–1620 Dh; 📶) Dieser perfekt renovierte Riad an der Spitze der Kasbah besitzt zehn individuell eingerichtete Zimmer und ist mit dem Auto gut zu erreichen – eine echte Seltenheit. Darüber hinaus sind die Gastgeber sehr aufmerksam. In Licht getaucht und gesäumt von Geländern aus Tauen fühlt man sich hier wie auf einem eleganten

Dampfschiff mit Berberteppichen auf dem Gipfel der Medina. Die Dachterrasse überblickt die alten, mit Zinnen versehenen Mauern der Kasbah; darunter trocknet an Zeitzeugen (ausgedienten Kanonen an der Küste) die Wäsche der Einwohner. Früh buchen. Abendessen auf Anfrage.

Nord Pinus Tanger GÄSTEHAUS €€€
(Karte S. 260; ☎0661 22 81 40; www.nord-pinus-tanger.com; Rue Sultan, Kasbah; DZ/Juniorsuite/Deluxe mit Frühstück 220/310/340 €;) Das große Haus mit den gotisch anmutenden Steinsäulen und der Treppe ist die Schwester des Nord Pinus im südfranzösischen Arles. Alle Zimmer entzücken mit ihrer vielseitigen Einrichtung und jeglichem Komfort. Auf Bestellung werden in dem herrlich prunkvollen Speisesaal oder auf der Dachterrasse üppige Mahlzeiten serviert (Mittag-/Abendessen 240/300 Dh). Die Bar auf der Terrasse mit Meerblick ist ein beliebter Ort für einen Aperitif.

Hotel Continental HOTEL €€
(Karte S. 260; ☎0539 93 10 24; www.continental-tanger.com; 36 Rue Dar el-Baroud; EZ/DZ mit Frühstück 595/735 Dh;) Es scheint, als sei hier seit Jahrzehnten nichts angefasst worden, was diesen verblichenen Prachtbau zu einem faszinierenden Stück Archäologie macht. Die Zimmer kommen spartanisch daher, aber immerhin wurden einige renoviert. Dagegen ist die große Terrasse mit Blick über den Hafen einfach fantastisch. Manager Jimmy versucht sich zusätzlich im Verkauf, worauf ein veraltetes Schild am Eingang hinweist: „Jimmys weltbekannte Parfümerie mit Stammkunden aus der internationalen Film- und Lebewelt". Zum Hotel gehört ein großer Kunsthandwerksladen.

Hotel Mamora HOTEL €
(Karte S. 260; ☎0539 93 41 05; 19 Mokhtar Ahardan; EZ/DZ mit Dusche 60/120 Dh, DZ mit Toilette 200–260 Dh) Unsere Leser haben den Aufenthalt in diesem Hotel unweit des Petit Socco genossen. Das Hotel bietet verschiedende Zimmer in unterschiedlichen Preiskategorien und wirkt etwas institutionell – fast wie eine alte Schule –, ist jedoch sauber, gut geführt und das Geld wert. Am schönsten sind die Zimmer mit Blick auf das grün geflieste Dach der Grande Mosquée (z. B. die Nummer 39 für 200 Dh), sofern einen der Ruf des Muezzins nicht stört. Die Straße ist auch unter ihrem alten Namen Rue des Postes bekannt.

Riad Tanja GÄSTEHAUS €€
(Karte S. 260; ☎0539 33 35 38; www.riadtanja.com; Rue du Portugal, Escalier Américain; DZ 800–1000 Dh;) Ganz in der Nähe des American Legation Museum stößt man auf die stilvolle Nachbildung eines traditionel-

GEHEIMTIPP

GERALD LOFTUS, DIREKTOR DES AMERICAN LEGATION MUSEUM

Nach meiner Karriere im Auslandsdienst zog ich nach Brüssel, doch dann bekam ich dieses Jobangebot. Und weil mir die kulturelle Seite des Lebens in Afrika so sehr gefällt, konnte ich es einfach nicht ausschlagen. Wegen seiner Medina-typischen Architektur liebe ich vor allem den alten Teil des Museumsgebäudes.

Ich engagiere mich sehr dafür, das Museum so umzugestalten, dass es die Geschichte noch besser vermitteln kann. Im James-McBey-Raum hängt das berühmte Bild der Zohra. Sie lebt noch – als sie 1952 gemalt wurde, war sie erst 15 Jahre alt. Ihr Sohn wohnt heute in den USA und ihre Tochter arbeitet in der amerikanischen Botschaft in Rabat.

Inzwischen haben wir einen ganzen Museumsflügel Paul Bowles gewidmet und besitzen eine gut sortierte Buchhandlung. Bowles war nicht nur Schriftsteller, sondern fertigte auch zahlreiche Aufnahmen von marokkokanischer Volksmusik an, eine Arbeit von großer Bedeutung. Es war unmöglich, die Bänder zu bekommen, aber anlässlich von Bowles' 100. Geburtstags bat ich die Library of Congress, die Musik zu digitalisieren, sodass man sie heute hören kann.

Unsere Bibliothek steht Autoren und Forschern offen, außerdem bieten wir für Frauen aus der Medina nach wie vor Kurse zu den Themen Literatur, Kochen, Nähen, Kunst sowie Fremdsprachen an. Eine unserer Teilnehmerinnen arbeitet heute als Künstlerin und verdient genug Geld, um den Strom für ihr Haus zu bezahlen. Unsere älteste Teilnehmerin ist 81 Jahre alt.

len Hauses mit gemütlichen, traditionell eingerichteten Zimmern. Gäste können sich über Fernseher, große Bäder, Steinböden und hübsche Dekoelemente freuen. Der Speisesaal beherbergt das vielleicht beste Restaurant in Tanger und verfügt über eine kleine Terrasse mit Blick auf die Medina. Da dem Riad jedoch offensichtlich ein engagiertes Management fehlt, wirkt alles sehr unpersönlich.

VILLE NOUVELLE

Viele Hotels und Pensionen entlang der Rue Salah Eddine el-Ayoubi und der Ave d'Espagne sind kaum besser als die billigsten Unterkünfte in der Medina. Abends sollte diese zwielichtige Gegend von alleinreisenden Frauen besser gemieden werden. Im Folgenden listen wir ein paar Alternativen auf. An der Ave Mohammed VI reihen sich ansprechendere Herbergen aneinander, die spektakuläre Ausblicke über die Bucht von Tanger versprechen und in der Nähe der Sehenswürdigkeiten liegen. Einige dieser Hotels sind direkt im Stadtzentrum zu finden.

Hotel de Paris HOTEL €

(Karte S. 262; ☎0539 93 18 77; 42 Blvd Pasteur; EZ/DZ mit Frühstück in der Hochsaison 350/450 Dh) Die Lobby dieses bewährten Hotels im Herzen der Neustadt strahlt eine stilvolle Alte-Welt-Aura aus. Dagegen wirkt der Frühstückssaal eher bescheiden. Es gibt viele verschiedene Zimmer und Preise, immer abhängig vom Bad und Balkon. Alle sind sauber und modern, aber die mit Blick auf den Blvd Pasteur können sehr laut sein. Das Empfangspersonal ist hilfsbereit.

Marco Polo HOTEL €

(☎0539 94 11 24; www.marco-polo.ma; 2 Rue al-Antaki; EZ/DZ 462/616 Dh, Frühstück 40 Dh) Einige unserer Leser empfehlen diese freundliche, helle Bleibe mit glitzernden Marmorböden und pastellfarbenenen Wänden. Dank der ausgezeichneten zentralen Lage gegenüber dem Strand gelangt man leicht in die *ville nouvelle* und die Medina, außerdem ist das hauseigene beliebte Restaurant sehr praktisch. Alle 35 Zimmer wurden kürzlich frisch gestrichen und es gibt ein großes Fitnessstudio, einen Hamam sowie eine Bar.

Hotel El-Muniria HOTEL €€

(Karte S. 262; ☎0539 93 53 37; 1 Rue Magellan; EZ/DZ 200/250 Dh, Schlafplatz auf der Terrasse 250/300 Dh; 📶) Die beste Budgetunterkunft in der *ville nouvelle* und ein Segen inmitten all der düsteren, oft schmutzigen Alternativen. Überdies steckt das Hotel voller Geschichte (s. Kasten S. 264) und wartet mit Fenstern bis zum Boden sowie jeder Menge heller, geblümter Stoffe auf. Zimmer 4 ist ein toller Rückzugsort in einer Ecke mit viel Licht, ebenso wie die Nummer 8 auf der Terrasse mit Blick auf den Hafen. Der Lärm aus der Bar Tangier Inn unten ist der einzige Minuspunkt.

Hotel El Djenina HOTEL €

(☎0539 92 22 44; eldjenina@menara.ma; 8 Rue al-Antaki; EZ/DZ 351/451 Dh; ❄) Vom Hotel Marco Polo aus liegt diese Bleibe ein Stückchen weiter oben auf dem Hügel, ist qualitativ aber weiter unten anzusiedeln. Die hellen, modernen Zimmer fallen etwas kleiner aus und die Einrichtung beeindruckt nicht so sehr, doch dafür überzeugt das gemütliche Bar-Restaurant mit Veranda und Meerblick. Wenn im Fernsehen Fußball läuft, darf man allerdings keinen Service erwarten.

Pension Hollande HOTEL €

(Karte S. 256; ☎0539 93 78 38; 139 Rue de Hollande; EZ/DZ 200/350 Dh) Nur wenige Meter von der Place de France versteckt sich dieses ehemalige Krankenhaus in einer ruhigen Straße. Es verfügt über weiß gekalkte Zimmer mit hohen Decken und sehr enge Bäder, die sich nicht für Menschen mit Platzangst eignen. Alle Zimmer haben Waschbecken und in den Doppelzimmern gibt's auch Duschen. Heißes Wasser bekommt man nur auf Bestellung. Von den großen Zimmern sind die Nummern 11 und 8 die besten, aber günstiger sind die im Dachgeschoss am Ende einer versteckten Wendeltreppe (EZ/DZ mit Gemeinschaftsbad 100/150 Dh).

Hotel Rembrandt HOTEL €€

(Karte S. 262; ☎0539 33 33 14; www.hotel-rembrandt.com; Ave Mohammed V; EZ/DZ 650/790 Dh, mit Meerblick plus 100 Dh, Frühstück 80 Dh; ❄📶🏊) Die durchschnittlichen Zimmer bilden einen deutlichen Kontrast zur stilvollen Lobby im Erdgeschoss mit ihrem eleganten Aufzug und der Wendeltreppe. Das verglaste Restaurant (Menü 150 Dh, Alkoholausschank) ist aber ein willkommenes Extra, zudem kann man in dem ruhigen grünen Gartencafé prima relaxen. Der protzige Blue Pub mit seinen sonderbaren purpurfarbenen Samtsofas ist abends ein beliebter Treff (Bier ab 20 Dh, Wein ab etwa 80 Dh).

El-Minzah HOTEL €€€
(Karte S. 262; ☎0539 93 58 85; www.elminzah.com; 85 Rue de la Liberté; DZ/Suite ab 1725/2450 Dh; ❄📶🏊) Tangers nobelstes Fünf-Sterne-Hotel gilt als lokales Wahrzeichen. Das wunderschön erhaltene Gebäude aus den 1930er-Jahren beherbergt drei ausgezeichnete Restaurants und Bars, ein Fitnessstudio, ein Wellnesscenter, hübsche Gärten und sogar einen Babysitterservice. In dem gewaltigen spanisch-maurischen Innenhof atmet man Geschichte pur. Die Zimmer zum Hafen hin bieten eine wunderschöne Aussicht, können aber sehr laut sein, wenn der Wind bläst. Bei unserem Besuch wurde gerade die Schwester des El-Minzah, das Grand Hotel Villa de France, renoviert.

Essen

Tangers 800 Cafés ermöglichen eine Studie über die einheimische Kultur. Die alten Läden werden fast nur von Männern besucht und wirken oft schäbig, während die neueren hell, modern und designbewusst mit leichtem Essen, hohen Decken und viel Licht daherkommen. Empfehlungen für Koffeinjunkies gibt's auf S. 269 im Abschnitt „Ausgehen".

In der Medina rund um den Petit Socco (Karte S. 203) und die angrenzende Ave Mokhtar Ahardan warten zahlreiche billige Essgelegenheiten mit Grillhähnchen, Sandwiches oder Spießen auf hungrige Mägen. In der *ville nouvelle* sollte man die Straßen direkt südlich der Place de France ansteuern, in denen man jede Menge Fast-Food-Läden, Sandwichbars und Fischtheken findet.

MEDINA

LP TIPP **Populaire Saveur de Poisson** FISCH & MEERESFRÜCHTE €€
(Karte S. 262; ☎0539 33 63 26; 2 Escalier Waller; Festpreis 150 Dh; ⏲Mittag- & Abendessen, Fr geschl.; 🍷) Ein kleines, charmantes Meeresfrüchterestaurant, das ausgezeichnete, sättigende Menüs in einer rustikalen Umgebung bietet. Der Besitzer serviert ein viergängiges Menü aus Fischsuppe, gefolgt von einfallsreichen Kreationen aus frischem Fisch und knackigem Gemüse. Ein selbst gemachter Obstcocktail aus 15 verschiedenen Früchten (man sollte mal einen Blick in den Bottich im Hinterraum werfen) schwemmt alles runter. Das hier ist nicht einfach nur ein Essen, sondern ein echtes Erlebnis.

AUF PROMISCHAU

Wer an dem Türsteher des El-Minzah-Hotels vorbeigeht und die Treppen zum schönen andalusischen Patio hinunterschreitet, entdeckt an den Wänden Dutzende Fotos berühmter Besucher. Ein Großteil dieser Aufnahmen stammt aus den 1950er- und 1960er-Jahren. Ob der weltmännische Rock Hudson, Aristoteles Onassis in einem weißen Auto, Jackie O., Winston Churchill mit seiner Zigarre, die glamouröse Rita Hayworth oder Errol Flynn – alle sind hier abgebildet. Wenn man sich sattgesehen hat, kann man sich in der Caid's Bar einen Cocktail genehmigen und darüber nachdenken, wo man das eigene Foto hinhängen würde.

Riad Tanja Restaurant REGIONALE KÜCHE €€€
(Karte S. 260; ☎0539 33 35 38; www.riadtanja.com; Rue du Portugal; Menüs 250–450 Dh; ⏲Abendessen) Dank seines gerechtfertigten Rufs, eines der besten Lokale der Stadt zu sein, und der romantischen Aussicht auf die *ville nouvelle* ist dieses heimelige Restaurant vor allem eine tolle Anlaufstelle für Paare. Es erstreckt sich über zwei Ebenen und wartet mit einem Dutzend Tische, hohen Decken, einer diskreten Bedienung und köstlichen marrokanischen Gerichten auf.

Les Passagers de Tanger MEDITERRAN €€€
(Karte S. 260; Grand Socco; Hauptgerichte 80 Dh; ⏲Mittag- & Abendessen) Ein schicker, abwechslungsreich eingerichteter Laden mit einem guten Ausblick auf den Socco. Die Speisekarte wird mit Kreide auf die Tafel geschrieben – die Auswahl reicht von frischem Fisch bis zu Entenbrust. Außerdem gibt's eine gute Weinkarte. An lauen Sommerabenden nimmt man am besten auf der Terrasse Platz.

Le Nabab REGIONALE KÜCHE €€
(Karte S. 260; ☎0661 44 22 20; 2 Rue al Kadiria; Hauptgerichte 80 Dh, Menü 170 Dh; ⏲Mittag- & Abendessen) Dieses herzliche Restaurant mit Alkohollizenz ist in einem hübsch restaurierten alten *fondouq* (Wohnaus) untergebracht. Es punktet mit gemütlichen Stühlen, viel luftig pinkem Stoff, einem großen Kamin und privaten Nischen. Auf der Karte stehen größtenteils marrokanische Gerichte.

Le Salon Bleu REGIONALE KÜCHE €€
(Karte S. 260; Pl de la Kasbah, Eingang 71 Rue Amrah; Menü 100 Dh; ⌚Mittag- & Abendessen) Erst kürzlich haben die Besitzer der Pension Dar Nour in dem hübsche Haus am Meer einen Teesalon und ein Restaurant eingerichtet. Von der Dachterrasse genießt man einen herrlichen Blick.

VILLE NOUVELLE

Anna e Paolo ITALIENISCH €€
(Karte S. 262; ☎0539 94 46 17; 77 Rue de Prince Heretier; Hauptgerichte ab 80 Dh; ⌚Mittag- & Abendessen, So geschl.) Das beste italienische Bistro in der Stadt ist ein Familienbetrieb mit venezianischen Besitzern, in dem sich die Gäste wie bei einer Einladung zum Sonntagsessen fühlen. Hier erwarten einen ein internationales Publikum, tischübergreifende Gespräche über die Ereignisse des Tages und ein gesundes Essen, beispielsweise hervorragender Wurstaufschnitt und Pizza. Auf dem Weg nach oben den Kopf einziehen!

La Fabrique FRANZÖSISCH €€€
(Karte S. 262; ☎0539 37 40 57; Residence Salima, 7 Rue d'Angleterre; Hauptgerichte 200–350 Dh; ⌚Mittag- & Abendessen, Mo geschl.) Das Gebäude erinnert an eine Flugzeughalle. Dieses neue Restaurant ist sehr trendbewusst und kredenzt französische Speisen.

Casa de España SPANISCH, FISCH & MEERESFRÜCHTE €€
(Karte S. 262; ☎0539 94 73 59; 11 Rue el-Jabha el-Ouatania) Bei unserem Besuch wurde das beliebte Lokal gerade renoviert. Wenn es wieder öffnet, darf man sich weiterhin auf klassische spanische Gerichte freuen, darunter wunderbare Specials, wie Lamm mit Sommerfrüchten und kostenlose Tapas zu den Drinks.

Number One REGIONALE KÜCHE, FRANZÖSISCH €€
(Karte S. 262; ☎0539 94 16 74; 1 Ave Mohammed V; Hauptgerichte 75 Dh; ⌚Mittag- & Abendessen) Rosafarbene Wände und weiße Fenster schaffen das Ambiente eines Ferienhäuschens, während die rote Beleuchtung, die Jazzmusik im Hintergrund und exotische Andenken dem renovierten Apartment ein intimes, heißblütiges Flair verleihen. Die Einheimischen, die seit rund 50 Jahren hierherkommen, loben die marokkanisch-französische Küche in den höchsten Tönen.

Restaurant el-Korsan REGIONALE KÜCHE €€€
(Karte S. 262; ☎0539 93 58 85; Hotel El-Minzah, 85 Rue de la Liberté; Hauptgerichte ca. 160 Dh; ⌚Mittag- & Abendessen) Das schicke und elegante Restaurant im El-Minzah gehört zu den besten Lokalen der Stadt und ist eine kleinere, persönlichere Version der vielen Läden im royalen Stil – und das ohne Reisebusgruppen! Zu gediegener Livemusik und gelegentlich auch zu traditionellem Tanz kommen gut präsentierte marokkanische Klassiker auf den Tisch. Man muss reservieren, für mittags sogar einen Tag im Voraus. Angemessen kleiden.

San Remo ITALIENISCH, REGIONALE KÜCHE €€
(Karte S. 262; ☎0539 93 84 51; 15 Rue Ahmed Chaouki; Pizzas ca. 50 Dh, Hauptgerichte ab 150 Dh; ⌚Mittag- & Abendessen) Eine internationale Speisekarte mit Hang zum Italienischen und zu Fisch, Tische mit hellen Tischdecken zur Straße hin, marokkanische Hintergrundmusik und ein bunt gemischtes Publikum – Auswanderer, Touris, einheimische Geschäftsleute – machen dieses Lokal zu einem lebhaften Ort mit großartiger, kulturell-bunter Atmosphäre.

Le Pagode CHINESISCH €€
(Karte S. 262; ☎0539 93 80 86; Rue al-Boussiri; Hauptgerichte ab 80 Dh; ⌚Di–So) Wenn man mal etwas anderes möchte als Tajine und Pasta ist dieser lebensechte Hauch Asiens genau das Richtige. Der elegante Essbereich mit lackierten Möbeln, weißen Tischdecken und schummriger Beleuchtung passt perfekt zur klassischen chinesischen Speisekarte.

Eric Kayser PATISSERIE, FRANZÖSISCH €€
(Ecke Rue des Amoureux & Rue Granada; Hauptgerichte 140 Dh, Tagesgericht 100 Dh; ⌚7–22.30 Uhr) Eric Kayser, ein renommierter französischer *boulanger* (Bäcker), hat nun auch in Tanger einen Laden eröffnet. Das Restaurant ist sehr stylish und wegen der guten französischen Küche überaus beliebt.

Patisserie La Española PATISSERIE €
(Karte S. 262; 97 Rue de la Liberté; ⌚Winter 7–22.30 Uhr, Sommer 7–0.30 Uhr) Die verspiegelte Teestube überzeugt mit hübschen Arrangements aus Kuchen und Gebäck. Es scheint fast so, als könnte niemand an der Patisserie vorbeigehen, egal, ob Einheimische, Touristen, Geschäftsleute oder flirtende Paare.

La Giralda CAFÉ €
(Karte S. 262; 1. Stock, 5 Blvd Pasteur; Frühstück ab 20 Dh; ⌚7–24 Uhr; ❄) Tangers trendbewusste junge Leute lieben das große Café mit Blick auf die Terrasse des Paresseux, den prunkvollen Möbeln und der aufwen-

dig geschnitzten Decke. Die großen Fenster bieten einen tollen Blick aufs Meer. Leichte Gerichte wie Crêpes und Paninis machen das Giralda zu einem idealen Ort für die Mittagspause.

Champs Élysées CAFÉ €
(Karte S. 262; 6 Ave Mohammed V; Frühstück ab 25 Dh; ⌚6–22 Uhr) Ein riesiges rundes Café mit einem gigantischen Kronleuchter in der Mitte, roten Velourspolstermöbeln und köstlichen, klebrigen Backwaren.

Fast Food Brahim FAST FOOD €
(Karte S. 262; 16 Ave Mexique; Sandwiches 18–25 Dh; ⌚11–24 Uhr) Großartige, auf Bestellung zubereitete Sandwiches. Wer es ganz eilig hat, bestellt ein fertiges halbes Baguette mit *kefta* (würzigen Lammfleischbällchen) und Salat.

Mix Max FAST FOOD €
(Karte S. 262; 6 Ave du Prince Héritier; Hauptgerichte 25–45 Dh; ⌚12–2 Uhr) Ein relativ neuer, angesagter Fast-Food-Laden mit großartigen Paninis, *shwarma* und vielen anderen Leckereien.

SELBSTVERSORGER

Die überdachten Märkte (Karte S. 260) in der Nähe des Grand Socco sind die besten Adressen für frische Lebensmittel, besonders donnerstags und sonntags: Dann kommen Frauen aus dem Rif in traditionellen Hüten und bunt gestreiften Röcken in die Stadt herunter und verkaufen ihre landwirtschaftlichen Produkte. Der **Fès-Markt** (Karte S. 256) im Westen des Zentrums ist bekannt für importierten Käse und andere Köstlichkeiten.

Casa Pepé GEMISCHTWARENHANDLUNG
(Karte S. 262; 39 Rue ibn Rochd; ⌚9–22.30 Uhr) Eine von mehreren Gemischtwarenhandlungen der Gegend. In der Feinkostabteilung kann man seine Vorräte auffüllen, importierte und getrocknete Lebensmittel sowie Alkohol kaufen.

Ausgehen

Adressen für Backwaren findet man unter der Rubrik „Essen". Angesichts seiner hedonistischen Vergangenheit ist es nicht verwunderlich, dass die Barszene in der Kultur Tangers fest verwurzelt ist. Genauso wenig überrascht es, dass Bars generell eher eine Männerdomäne sind, mit Ausnahme einiger Orte, die sich an der westlichen Welt orientieren und wo Frauen einen Drink zu sich nehmen können. In vielen Läden ist erst nach zwölf was los. Für Kaffeepuristen gibt's drei legendäre Adressen.

Gran Café de Paris CAFÉ
(Karte S. 262; Pl de France; ⌚6–22.30 Uhr) Die Erdanziehungskraft zerrt gewaltig an den erhabenen Buchstaben des prächtigen Gran Café de Paris und erinnert an dessen Alter. Das berühmteste Kaffeehaus am Blvd Pasteur steht bereits seit 1927 an der Place de France und diente als Kulisse für den Flim *Das Bourne-Ultimatum*. Früher trafen sich hier vor allem Literaten.

Café Hafa CAFÉ
(Karte S. 256; Ave Hadi Mohammed Tazi; ⌚Mo–Fr 8.30–23, Sa & So 8.30–2 Uhr) Dieses Open-Air-Café liegt wie ein Stadion über der Meerenge und ist bei gutem Wetter der perfekte Ort für einen faulen Nachmittag. Einheimische spielen hier gern eine Partie Backgammon. Eine Speisekarte gibt's nicht, aber man kann Rührei, *b'sara* und Oliven bestellen.

Café Central CAFÉ
(Karte S. 260; Petit Socco; ⌚6–23.30 Uhr) Von der Terrasse des Cafés hat man einen wunderbaren Blick über das Treiben in der Medina. Hier sieht man einheimische Mafiosi im fetten Benz vorfahren, entdeckt seltsame Exemplare der Spezies Mensch und hört merkwürdige Schreie durch die Gassen hallen – kurz gesagt: Dies ist ein toller Ort, um einen Kaffee zu trinken.

Tanger Inn BAR
(Karte S. 260; Hotel El-Muniria, 1 Rue Magellan; ⌚10–2 Uhr) Eine kleine dunkle Bar mit einem Flügel in der Ecke und sehr viel Flair. An den Wänden hängen von Jack Kerouac signierte Fotos der Beat-Poeten. Ein Flag-Bier kostet 25 Dh.

Nord Pinus Tanger BAR
(Karte S. 260; Rue Sultan, Kasbah) Bar und Terrasse im oberen Stockwerk dieser Pension in der Kasbah warten mit einer fantastischen Aussicht bis nach Spanien auf. Die schicke Lounge ist im Retrolook gestaltet und voller skuriler Stühle, marokkanischer Kissen sowie zeitgenössischer Fotos. Am besten genießt man den Anblick bei einem Cocktail.

Caid's Bar BAR
(Karte S. 262; El-Minzah, 85 Rue de la Liberté; Wein ab 50 Dh; ⌚10–24 Uhr) El-Minzahs Wahrzeichen, ein stilvolles Überbleibsel aus den glorreichen Tagen der Interzone, war lange die angesagteste Kneipe der Sze-

PAUL BOWLES IN TANGER

Der wohl bekannteste ausländische Schriftsteller in Tanger war der Amerikaner Paul Bowles, der 1999 im Alter von 88 Jahren starb. Bowles unternahm 1931 auf Anraten von Gertrude Stein eine kurze, aber lebensverändernde Reise nach Tanger und widmete die nächsten 15 Jahre, die er wieder in der Heimat verbrachte, dem Komponieren und der Kritik. 1938 heiratete er Jane Sydney Auer, aber die beiden waren nie ein konventionelles Paar: er bisexuell, sie lesbisch. Nach dem Zweiten Weltkrieg brachte Bowles seine Frau nach Tanger, wo er den Rest seines Lebens verbrachte und sich in einem lebhaften kreativen Kreis aus Leuten wie Allen Ginsberg und William Burroughs dem Schreiben widmete.

Während der 1950er-Jahre begann Bowles mit der Aufzeichnung, Übertragung und Übersetzung von Geschichten marokkanischer Autoren, insbesondere von Driss ben Hamed Charhadi (mit dem Pseudonym Larbi Layachi) und Mohammed Mrabet. Zudem nahm der Amerikaner als einer der Ersten marokkanische Volksmusik auf. Bis vor Kurzem gab es diese ausschließlich auf Schellack-Schallplatten in der US-amerikanischen Library of Congress.

Bowles bekanntestes Werk ist *Himmel über der Wüste* (1949), teils auch wegen der 1990 erfolgten Verfilmung von Bernardo Bertolucci. Es handelt von der düsteren und kraftvollen Geschichte eines unschuldigen amerikanischen Paares, das eine Reise durch Marokko langsam entzweit. Zu den weiteren Werken des Autors gehören *So mag er fallen* (1952), ein in Tanger spielender Thriller, und *Das Haus der Spinne*, das im Fes der 1950er-Jahre spielt, sowie zwei ausgezeichnete Sammlungen von Reiseerzählungen: *Their Heads Are Green* (1963) und *Points in Time* (1982). *A Distant Episode: the Selected Stories* ist eine Sammlung seiner Kurzgeschichten.

Bowles' Werke zeichnen sich durch eine dunkle, nihilistische Unterströmung aus, die sein Schriftstellerkollege Norman Mailer wie folgt beschrieb: „Paul Bowles öffnete dem Grauen Tür und Tor. Er bereitete Mord, Drogen, der Gruppe The Death of the Square ..., dem Bedürfnis nach Orgien und dem Ende der Zivilisation den Weg." Andere Kritiker versuchten, Aspekte von Bowles' Biografie *Without Stopping* (1972; Spitzname *Without Telling*) mit seinen Erzählungen in Zusammenhang zu bringen, allerdings gibt diese nur wenig Aufschluss.

Die offizielle Website des Autors: www.paulbowles.org.

ne. Wenn der Pianist aufhört zu spielen, werden schon mal die Bee Gees aufgelegt. Frauen sind herzlich willkommen. Ebenso toll: das angrenzende Restaurant mit Weinstube.

Pilo BAR

(Karte S. 262; Ecke Ave Mexique & Rue de Fès) Partystimmung auf zwei Ebenen, die durch die energiegeladene Musik und festliche Beleuchtung noch verstärkt wird. Die kürzlich renovierte Bar zieht jede Menge Einheimische an, hat rote Wände und ist das ganze Jahr über weihnachtlich dekoriert. Frauen können sich hier wohlfühlen, obwohl oben Prostituierte arbeiten.

Americain's Pub BAR

(Karte S. 262; Rue al-Moutanabi; ⌚12–2 Uhr) Man darf sich vom Namen nicht in die Irre führen lassen, denn die Bar ist wie ein originaler Teil des Londoner U-Bahn-Systems eingerichtet. Sie verfügt über weiß geflieste Wände, eine rote Inneneinrichtung und eine viel authentischeren Beschilderung, als sie die Bobbies zu schätzen wüssten. Hier kann man sich super verstecken: Es gibt keine Hausnummer, und das Telefon funktioniert nicht.

Hole in the Wall Bar BAR

(Karte S. 262; Rue du Prince Heretier; Bier ab 18 Dh; ⌚11–24 Uhr) Folgt man der Rue du Prince Heretier von der Terrasse des Paresseux eineinhalb Blocks hinauf, kommt man zu einer schwarzen Schwingtür im Old-Western-Style: Willkommen in der kleinsten Bar Tangers – wenn nicht gar der kleinsten der Welt! Zu trinken gibt's nur Bier.

☆ Unterhaltung

Nachtclubs

Die Clubszene erwacht besonders im Sommer zum Leben, wenn zahlreiche Europäer mit Fähren anreisen. In der Nähe der Place de France und am Strand reihen sich jede

Menge Diskos aneinander, die ein breites Publikum von grauhaarigen Pärchen bis zu Sextouristen anziehen. Die Eintrittspreise sind unterschiedlich und werden manchmal auf die Getränke angerechnet. Wer bis spätnachts feiert, sollte sich vom Türsteher ein Taxi rufen lassen.

Loft NACHTCLUB
(☎0673 28 09 27; www.loftclub-tanger.com; Route de Boubana; ⌚Do & Sa 22–4 Uhr) Ein großartiger, hochmoderner Club. In der angesagtesten Location der Stadt finden über 2000 Leute Platz und man kommt sich aufgrund der Balkone in den oberen Stockwerken, glitzernden Metallrelings, wogenden segelähnlichen Vorhängen und Scheinwerfern, die durch Kunstnebel strahlen, vor wie in einem riesigen silbernen Kreuzfahrtschiff. Und das alles ohne Eintritt! DJ Spicy spielt House und R&B.

Beach Club 555 NACHTCLUB
(Karte S. 256; Ave Mohammed VI; 📶🏊) Am Abend verwandelt sich der Strandclub mit Pool, Pizzeria und Sportbar in eine tolle Diskothek (Eintritt 60 Dh). Hier kann man inmitten der Einheimischen zum DJ-Sound wild abtanzen.

Regine Club NACHTCLUB
(8 Rue al-Mansour Dahabi; ⌚Mo–Sa 22–3 Uhr) Willkommen in den 1980er-Jahren! Dieser Laden hat sich nie verändert und wirkt mit seinen reflektierenden Diskokugeln aus Glas und den violetten Veloursofas wie ein Museumsstück. Ab 1.30 Uhr geht's im Regine Club erst so richtig los, vor allem am Wochenende.

Finest Pink NACHTCLUB
(außerhalb der Karte S. 256; Ave Mohammed VI; ⌚23–spät) Zu der schwulenfreundlichen Lounge- und Tapas-Bar mit Restaurant gegenüber dem Hotel Shahrazad gehört auch eine beliebte Disko mit Wänden in grellem Pink.

Kinos

Filme sind entweder arabisch oder französisch synchronisiert.

Cinéma Rif KINO
(Cinémathèque de Tanger; Karte S. 260; Grand Socco) In diesem schönen, kürzlich renovierten Art-déco-Gebäude werden alternative und Mainstreamfilme gezeigt. Die Streifen sind meist amerikanisch, marokkanisch, spanisch oder französisch (spanische und amerikanische Filme sind oft arabisch synchronisiert).

Cinéma Paris KINO
(Karte S. 262; Rue de Fès; Eintritt Parkett 15 Dh, Balkon 25 Dh) Zeigt Französisches, Amerikanisches und Bollywoodfilme, die beiden Letzteren auf Französisch oder Arabisch.

Shoppen

VILLE NOUVELLE

Bazar Tindouf ANTIQUITÄTEN, KUNSTHANDWERK
(Karte S. 262; 72 Rue de la Liberté) Ein netter Laden gegenüber dem Hotel El-Minzah voller Antiquitäten, Geschirr, Messingware, Keramik, Lampen, Schmuck und Kleidung.

La Casa Barata FLOHMARKT
(Ave Abou Kacem Sebti at Ave Fayçal Ben Abdel Aziz, ⌚Do & So 9–20 Uhr) Wörtlich heißt dieser große Trödelmarkt „das billige Haus". Er hält von Gemüse über Elektroartikel bis hin zu Teppichen alles bereit, was man sich vorstellen kann. Die beste Möglichkeit, wahre Schätze zu entdecken, und eine Erfahrung für sich.

Ensemble Artisanal SOUVENIRS
(Karte S. 256; Ecke Rue Belgique & Rue M'sallah; ⌚Sa–Do 9–13 & 15–19 Uhr) Wer sich lokales Kunsthandwerk ansehen und die Künstler bei ihrer Arbeit beobachten möchte, sollte das von der Regierung unterstützte Kunst- und Handwerkszentrum ansteuern. Die Preise sind festgelegt – es gibt also keinen Verhandlungsspielraum – und viel höher als in den Suks.

El Tapisero TEPPICHE
(www.eltapisero.com; 31 Rue el Hassan el Youssi Aziz Bou Charf) Sogar Madonna hat hier schon einen handgeknüpften Teppich gekauft. Das Personal dieses Unternehmen ist sehr kreativ und arbeitet mit einigen bedeutenden Dekorateuren aus Europa zusammen. Pro Quadratmeter ist mit einem Preis von 50 bis 250 € zu rechnen.

MEDINA

In den Suks der Medina kann man stundenlang umherstreifen. Einige ungewöhnliche Plätze, die man gesehen haben muss:

Boutique Majid ANTIQUITÄTEN, SCHMUCK
(Karte S. 260; Rue Les Almohades) In dem wunderbar ausgefallenen Antiquitätenladen ist alles perfekt organisiert. Während Majid den Kunden seine erstaunliche Sammlung aus marokkanischen Türen, Schmuck, Artefakten, Kleidung, Stoffen und Teppichen zeigt, beglückt er sie mit Geschichten über die Rolling Stones und andere Koryphäen.

No 5 Rue Ben Raissoull KLEIDUNG
(Karte S. 260) Die namenlose Textilfabrik ist bekannt für ihre faszinierenden Kombinationen aus traditionellen marokkanischen Gewändern und westlicher Frauenkleidung. Wer will, kann den Arbeiterinnen dabei zusehen, wie sie auf der Straße einen Faden mit dem umgebauten Motor einer Angel aufwickeln.

Laura Wefling KUNST & KUNSTHANDWERK, KLEIDUNG
(Karte S. 260; Pl de la Kasbah) In der Nähe des Kasbah-Museums wartet dieser hübsche Laden mit wunderbaren Einzelstücken (Kleidung, Taschen, Deko und Keramik) auf. Man beachte auch den Kronleuchter in Segelschiffform.

Silberschmuckbasar SCHMUCK
(13 Rue Jamaa Jadida) Der Name sagt schon alles: Hier locken zwei Ebenen mit Glasvitrinen voller Silberschmuck – sowohl neu als auch antik – und einem hervorragenden Service. Der Basar versteckt sich in einer Gasse unweit des Café Central auf dem Petit Socco.

Praktische Informationen

Gefahren & Ärgernisse

Wie in jeder größeren Stadt ist es ratsam, sich stets in belebten Gegenden aufzuhalten und nachts ein Taxi zu nehmen. Frauen, die allein unterwes sind, müssen nach 22 Uhr damit rechnen, belästigt zu werden, und sollten bei Dunkelheit die Hafengegend meiden. Wer ein ernstes Problem hat und Hilfe von den Behörden braucht, wendet sich an die **Brigade Touristique** (Touristenpolizei; Karte S. 260; ☎177; Ave Mohammed VI, Tanger Port).

Geld

Am Blvd Pasteur und am Blvd Mohammed V liegen viele Banken mit Geldautomaten und Wechselstuben. Außerhalb der Öffnungszeiten wechseln auch die großen Hotels Geld.

BMCE (Banque Marocaine du Commerce Extérieur; Karte S. 262; Blvd Pasteur) Eine von vielen Banken.

Infos im Internet

Informationen zur Planung, Empfehlungen der Autoren, Erfahrungsberichte von Travellern und Insidertipps findet man auf der englischsprachigen Website von **Lonely Planet** (www.lonelyplanet.com/morocco/the-mediterranean-coast-and-the-rif/Tanger).

Internetzugang

In der Gegend rund um den Blvd Pasteur gibt's einige Internetcafés.

Espace Net (Karte S. 262; 16 Ave Mexique; 5 Dh pro Std.; ⏲9.30–13 Uhr)

Medizinische Versorgung

Anegay-Apotheke (Karte S. 260; Rue as-Siaghin)

Clinique du Croissant Rouge (Rot-Kreuz-Klinik; Karte S. 262; ☎0539 94 25 17, 0539 94 69 76; 6 Rue al-Mansour Dahabi)

Hopital Mohammed V (☎0539 93 08 56; Rue Val Fleurie) Liegt an der Straße zum Flughafen.

Notfall

Notruf (☎177; ⏲24 Std.)

Post

Hauptpostamt (außerhalb der Karte S. 262; Ecke Rue Quevada & Ave Mohammed V) Die Ausgabestelle für postlagernde Sendungen befindet sich an der Ecke ganz rechts, die Paketpost auf der Südseite des Gebäudes.

Reisebüros

In diesen beiden Reisebüros bekommt man Fähr- und Flugtickets.

Carlson Wagonlit (Karte S. 262; ☎0539 33 10 24; 91 Rue de la Liberté)

Hispamaroc (Karte S. 262; ☎0539 93 21 78; hispamaroc@mamnet.net.ma; 2 Rue el-Jabha el-Ouatania)

Touristeninformation

ONMT (Délégation Régionale du Tourisme; Karte S. 262; ☎0539 94 80 50; 29 Blvd Pasteur; ⏲Sa & So geschl.) Leider haben es die jüngsten Investitionen in die touristische Infrastruktur nicht bis hierher geschafft. Mündliche Auskünfte, aber kaum Gedrucktes. Im Hotel de Paris auf der anderen Straßenseite gibt's zahlreiche Broschüren und das Personal ist hilfsbereit.

An- und Weiterreise

Sich an einem unbekannten Ort nach Einbruch der Dunkelheit zurechtzufinden ist immer etwas gespenstisch. Aus diesem Grund sollte man möglichst früh an seinem Ziel ankommen und unbedingt vorher Geld für die Taxifahrt wechseln!

Auto

Die größeren Autovermietungen sitzen am Flughafen. Folgende Anbieter haben auch Zweigstellen in der Stadt:

Avis (Karte S. 262; ☎0539 93 46 46; Fax 0539 33 06 24; 54 Blvd Pasteur; ⏲Mo–Sa 8–12 & 14–19, So 9–12 Uhr)

Budget (Karte S. 262; ☎0531 06 09 50; Bahnhof Tanger Ville; ⏲Mo–Fr 8.30–12 & 16.30–20.30, Sa 9–12 & 15–18, So 9–12 Uhr)

Hertz (außerhalb der Karte S. 262; ☎0539 32 22 10; Fax 0539 32 21 65; 36 Ave Mohammed V; ⊙ Mo–Fr 8–12 & 14.30–18.30, Sa 9–12 & 15–18, So 9–12 Uhr)

Ein halbwegs sicheres und angenehmes **Parkhaus** (Karte S. 256; 42 Rue Hollande; 2 Dh pro Std., 15 Dh pro Nacht, 25 Dh/24 Std.) befindet sich neben dem Dawliz-Komplex.

Bus

Der **CTM-Busbahnhof** (Karte S. 260) liegt neben dem Tor zum Hafen. CTM-Busse steuern auf dem Weg stadtauswärts alle größeren Haltestellen an. Zu ihren Zielen gehören:

ZIEL	PREIS (DH)	DAUER (STD.)
Agadir	320	14
Casablanca	130	6
Chefchaouen	40	3
Fes	110	6
Marrakesch	230	10
Meknès	90	5
Rabat	100	4½
Tetouan	20	1

Gepäck (4–10 kg) kostet 5 Dh.

Preiswertere Busse starten am **Hauptbusbahnhof** (*gare routière*; Pl Jamaa el-Arabia) 2 km südlich des Stadtzentrums in der Nähe der syrischen Moschee; die nicht gerade marokkanisch aussehenden Minarette sind eine gute Orientierungshilfe. Von hier aus geht's regelmäßig in die gleichen Städte wie oben, außerdem nach Al-Hoceima (97 Dh, 10 Std.) und Fnideq (19 Dh, 1½ Std.), eine Kleinstadt 3 km von der Grenze bei Ceuta entfernt.

Am Busbahnhof ist zwar ziemlich viel los, aber dank der zentral gelegenen Polizeiwache muss man sich wegen Taschendieben keine großen Sorgen machen. Außerdem gibt's hier eine **Gepäckaufbewahrung** (5–7 Dh pro Stück & 24 Std.; ⊙5–1 Uhr). Ein *petit taxi* mit Taxameter vom bzw. ins Stadtzentrum kostet etwa 8 Dh.

Flugzeug

Der Internationale Flughafen Ibn Batouta (TNG) liegt 15 km südwestlich von Tanger. Hier starten und landen zahlreiche Billigflieger, z. B. Air Berlin und easyJet. Im Internet findet man die neuesten Anbieter und die aktuellen Flugpläne.

Schiff/Fähre

Es gibt zwei Möglichkeiten, die Straße von Gibraltar zu überqueren: die schnellen Fähren von FRS und Balearia (nach Tarifa 350 Dh, 35 Min.) oder die langsameren (nach Algeciras 350 Dh). Erstere sind zwar anfälliger für wetterbedingte Verspätungen (manchmal muss der Hafen tagelang geschlossen bleiben), aber für seekranke Passagiere wahre Lebensretter.

Fähren von/nach Tarifa legen derzeit am Tanger Port (Hafen von Tanger; Karte S. 256) an; alle weiteren Ziele werden von Tanger Med aus angesteuert, dem neuen Hafen der Stadt. Ein kostenloser Shuttlebus fährt zu jeder vollen Stunde von Tanger Med zur CTM-Bushaltestelle am Tanger Port.

Fahrkarten bekommt man an den Ticketschaltern der Unternehmen vor der Fähranlegestelle am Tanger Port, im Fährterminal selbst sowie in fast jedem Reisebüro in der Stadt. Jeder Traveller sollte unbedingt ein Ausreiseformular ausfüllen, um späteren Ärger zu vermeiden. Das Hauptziel ist der spanische Hafen von Algeciras; seltener steuern Fähren auch Tarifa und Málaga (Spanien) bzw. Gibraltar und Sète (Frankreich; Reservierung erforderlich) an. Zum Transfer von und nach Tarifa gehört auch ein kostenloser Shuttlebus nach Algeciras (50 Min.); man muss nur das Fährticket vorzeigen. Während der Saison (vor allem an Ostern sowie in der letzten August- und Oktoberwoche) sollte man im Voraus buchen, 90 Minuten vor Abfahrt sein Ticket abholen und durch die Passkontrolle gehen. Zudem darf man den Zeitunterschied von Spanien und Marokko nicht außer Acht lassen (Marokko ist 1 Std. hinterher, während der Sommerzeit sind es sogar 2 Std.; s. S. 545).

Man sollte darauf achten, dass der Pass vor der Ankunft in Marokko auf der Fähre gestempelt wird.

Taxi

Der *grand-taxi*-Stand für Ziele außerhalb von Tanger liegt gegenüber dem Hauptbusbahnhof. Zu den häufigsten Ziele gehören Tetouan (30 Dh, 1 Std.), Asilah (20 Dh, 30 Min.) und Larache (30 Dh, 1½ Std.). Wer nach Ceuta will, muss zuerst nach Fnideq (40 Dh, 1 Std.), 3 km von der Grenze entfernt, denn die Taxis fahren nicht direkt zur Grenze (Bab Sebta). *Grands taxis* nach Tetouan warten regelmäßig auf Züge, die am Bahnhof Tanger Ville ankommen. Wer in die Randbezirke von Tanger, etwa zu den Herkuleshöhlen oder zur Punta Malabata, möchte, geht zum Taxistand am Grand Socco.

Zug

Der kürzlich renovierte Bahnhof Tanger Ville ist sehr entspannt. Hier starten täglich fünf Züge nach Sidi Kacem, Meknès, Fes, Rabat (Ville), Casablanca (Casa Voyageurs) und Marrakesch. Es gibt auch einen Nachtzug mit Liegewagen und den berühmten *Marrakesh Express*, der einen Tag im Voraus reserviert werden sollte (1./2. Klasse 310/205 Dh, Liegewagen 350 Dh). Von Sidi Kacem gibt's Verbindungen in den Süden nach Marrakesch oder in den Osten nach Oujda. Fahrpläne findet man auf www.oncf.ma. In der **Gepäckaufbewahrungsstelle** (10 Dh pro Stück; ⊙7–13 & 14–21.30 Uhr) werden nur ver-

GEHT'S NOCH WEITER?

Wer von hier aus weiter nach Spanien reist und sich über die Provinzen Cadiz und Gibraltar informieren möchte, kann sich den deutschsprachigen Lonely Planet *Andalusien* zulegen.

schlossene Koffer und Taschen angenommen. Ein *petit taxi* ins bzw. vom Stadtzentrum kostet etwa 10 Dh.

Unterwegs vor Ort

Bus

Busse sind nicht unbedingt notwendig, um sich in Tanger fortzubewegen, es gibt aber zwei ganz nützliche Verbindungen. Bus 13 fährt vom Bahnhof über die Ave Mohammed VI zum Hafen und Bus 17 pendelt zwischen Bahnhof und Hauptbusbahnhof. Ein Ticket kostet 6 Dh.

Vom/Zum Flughafen

Ein *grand taxi* vom Hafen braucht 30 bis 40 Minuten und schlägt mit 200 Dh zu Buche. Wenn man erst hinter dem Hafen einsteigt, zahlt man nur noch 150 Dh. Wer vom Flughafen aus mit dem Stadtbus fahren möchte, nimmt die Linie 17 oder 70 zum Grand Socco, muss in dem Fall aber noch 2 km zur Hauptstraße laufen.

Von/Nach Tanger Med

Von Tanger Med zum Zentrum ist zwar eine Bahnverbindung geplant, doch bei unserem Besuch war sie noch nicht in Betrieb. Ein kostenloser Shuttlebus fährt stündlich von Tanger Med zum CTM-Busbahnhof in der Nähe vom Tanger Port (40 Min.). Der Fahrer lässt einen auf Nachfrage in der Nähe des Bahnhofs aussteigen.

Taxi

Petits taxis sind an ihrer ultramarinblauen Lackierung und dem horizontalen gelben Streifen an der Seite zu erkennen. Standardfahrten in der Stadt kosten zwischen 7 und 10 Dh. Nachts kommt ein Aufschlag von 50 % dazu.

Rund um Tanger

CAP SPARTEL رأس سبارطيل

Nur 14 km westlich von Tanger liegt Cap Spartel, der nordwestlichste Punkt der afrikanischen Atlantikküste. Einheimische und Touristen besuchen die Gegend gern während eines Tagesausflugs. Eine dramatische Autofahrt führt durch La Montagne, ein Nobelviertel mit königlichen Palästen und Villen, und über die pinienbewachsene Landspitze zum **Cap-Spartel-Leuchtturm**. Normalerweise ist das Gebäude geschlossen, aber für ein paar Dirhams lässt der Wächter einen vielleicht hinein. Die südlichen Strände sind außerhalb der Saison sauber und ruhig und mit etwas Glück findet man sogar eine eigene, private Bucht zum Relaxen.

Unterhalb vom Cap Spartel erstreckt sich die **Plage Robinson** gen Süden. An diesem Sandstreifen kann man einen ausgedehnten Spaziergang unternehmen. 5 km weiter erreicht man die **Grottes d'Hercule** (Eintritt 5 Dh; ⌚8 Uhr–Dämmerung) – Herkules' mythische Behausung – neben dem Hotel Le Mirage. Seit den 1920er-Jahren wurde in den Höhlen das Material für Mühlsteine abgebaut, außerdem arbeiteten Prostituierte darin und reiche Berühmtheiten aus Tanger feierten hier ihre Privatpartys. Der oft fotografierte Blick auf den Atlantik vom Innern der Höhlen erinnert an die Umrisse Afrikas. Gleich vor dem Eingang auf der rechten Seite kann man auf einem Kamel reiten.

Schlafen & Essen

Camping Achakkar CAMPINGPLATZ €
(☎0612 24 97 27; Campen 20 Dh, zzgl. 20/20/45 Dh pro Zelt/Auto/Wohnwagen, Bungalows 500 Dh; heiße Dusche 20 Dh) Dieser schattige Platz unweit der Höhlen und gegenüber von Le Mirage verfügt über saubere Einrichtungen und heißes Wasser (Strom 30 Dh). Es gibt einen Laden mit den notwendigsten Dingen und ein Café mit einfachen Gerichten. Bei unserem Besuch wurde gerade ein neues Restaurant gebaut.

Le Mirage HOTEL €€€
(☎0539 33 33 32; www.lemirage-tanger.com; DZ ab 2400 Dh; ❄📶🏊) Gehört zu den besten Hotels in der Gegend um Tanger und thront auf den Klippen neben den Höhlen. Von hier reicht der Blick über kilometerlange, breite Atlantikstrände. Die Bungalows sind ausgezeichnet, was man bei dem Preis auch erwarten darf; außerdem gehören ein Spa und ein Golfplatz zur Anlage. Nichtgäste können im makellosen Restaurant (Gerichte ab 300 Dh) schlemmen oder sich unter der Pergola einen Drink genehmigen. Von der sonnigen Terrasse sieht man die römischen Ruinen von Cotta, wo einst Fischöl verarbeitet wurde.

Restaurant Cap Spartel FISCH & MEERESFRÜCHTE €€
(Cap Spartel Rd; Salate 50–70 Dh, Hauptgerichte ab 80 Dh) Am Wochenende erfreut sich die-

ses eher durchschnittliche Restaurant neben dem Leuchtturm besonders großer Beliebtheit.

An- & Weiterreise

Grands taxis sind das beste Transportmittel, um von Tanger zum Cap Spartel zu kommen. Eine Strecke kostet um die 60 Dh, etwas mehr als doppelt so viel bezahlt man für die Fahrt hin und zurück (inkl. Wartezeit). Die Taxis starten am Haupteingang der St.-Andreas-Kirche in Tanger. *Petit-taxi*-Fahrer sind nicht so begeistert, wenn sie nur für eine einfache Strecke gebucht werden. Sie verlangen etwa denselben Betrag wie die Fahrer der *grands taxis*.

Die Straße nach Ceuta

Die landschaftlich reizvolle Straße von Tanger nach Ceuta enthüllt mit einem grünen Flickenteppich aus Feldern, hübschen Bergstraßen, felsigen Landzungen und schönen Sandstränden an ihrem Ende eine andere Seite Marokkos, die allerdings mittlerweile auch von der Entwicklung eingeholt wurde. Ein *grand taxi* nach Fnideq, der Stadt vor der Grenze, kostet 200 Dh.

Die Straße beginnt am **Cap Malabata**, der Landzunge 8 km von Tangers Zentrum entfernt. Hier befindet sich eine wunderbare Einrichtung für Kinder, der **M'nar Park** (☎0539 34 38 29; www.mnarparktanger.com; Familienapartment ab 1400 Dh; ❄), in dem es alles von Wasserrutschen bis zu Bootsfahrten gibt. Außerdem eröffnet sich vom Restaurant ein herrlicher Blick.

Ksar es-Seghir, 25 km weiter die Küste entlang, ist ein kleiner Fischerhafen, der von den Ruinen einer portugiesischen Festung dominiert wird. Im Sommer erfreut sich der Strand bei den Einheimischen großer Beliebtheit und wird sicher noch voller, sobald die neue Küstenstraße fertig ist. Hier locken einige gute Lokale wie das **Laachiri** (☎0539 39 00 06; Fischplatte 90 Dh; ⏲Mittag- & Abenessen) mit Blick über die Meerenge von Gibraltar. Direkt dahinter erstreckt sich der 45 km von Tanger entfernte riesige neue Container- und Fährhafen **Tanger Med**.

Die beste Aussicht entlang des Weges bietet der **Jebel Musa** – eine der uralten Säulen des Herkules (der Fels von Gibraltar ist die zweite) –, der etwa 10 km weiter aus dem Meer emporragt.

Ceuta (Sebta) سبتة

78 700 EW.

Ceuta ist eines der wenigen spanischen Besitztümer an der Küste Marokkos (s. Kasten S. 280) und ein wahres Schmuckstück. Die Stadt liegt auf einer Halbinsel, die ins Mittelmeer hinausragt, und verabreicht Besuchern eine kompakte Dosis fantastischer Architektur, interessanter Museen und ausgezeichneten Essens. Darüber hinaus wartet sie mit einem entspannenden Wasserpark und erfrischenden Naturpfaden inklusive zahlreicher ausgezeichneter Einrichtungen für Traveller auf. Bei Nacht ist der Ort dank seiner Silhouette aus kunstvoll erleuchteten Gebäuden und ausladenden Palmen besonders schön.

Einst war Ceuta eine Siedlung des Römischen Reiches. Deren arabischer Name Sebta leitet sich von *Septem Fratres*, dem lateinischen Namen der Stadt ab. Für kurze Zeit geriet der Ort unter die Kontrolle des Byzantinischen Reiches und 931 rissen es sich die Omaijaden aus dem muslimischen Spanien unter den Nagel – davon leiten die Spanier übrigens ihren historischen Anspruch ab. In den folgenden 500 Jahren rangelten spanische Prinzen, marokkanische Sultane und portugiesische Könige um dieses Sahnestück am Nordostzipfel Afrikas. Als sich Portugal und Spanien 1580 unter einer gemeinsamen Krone zusammentaten, kehrte etwas Ruhe ein und Ceuta ging kampflos an Spanien. Nachdem sich die beiden Länder 1640 wieder trennten, blieb die Stadt spanisch und ist es bis heute.

Von Marokko her kommend öffnet einem Ceuta die Augen. Ähnlich dem früheren Westberlin erscheint es wie ein riesiges soziales Experiment, das aufgrund zweier gegnerischer politischer Systeme entstand. Wenn man die Bettler und Straßenhändler hinter sich gelassen hat, passiert man eine trostlose Grenzzone (ein 100 m breites Niemandsland mit planlos aufgestellten Barrikaden, Teil eines 30 Mio. € teuren Zaunes, der von der EU aufgestellt wurde, um illegale Einwanderung zu verhindern). Dahinter empfangen einen die glitzernden Lichter der spanischen Kultur, eine relaxte Welt mit gut erhaltenen Plätzen, wunderschönen Gebäuden und Tapasbars, in denen bis in die frühen Morgenstunden immer etwas los ist. Allein diese Erfahrung lohnt den Ausflug und klingt später noch lange nach.

Ceuta macht das Phänomen einer kulturellen Insel aus und erklärt die starke Präsenz des spanischen Militärs, die marokkanischen Immigranten, den Duty-Free-Einkaufsbereich, den schmutzigen Grenzhandel, den Tourismus und die Vorsicht der Einheimischen gegenüber Ausländern. Viele Menschen durchqueren die Stadt einzig und allein, um den Schwierigkeiten in Tanger aus dem Weg zu gehen. Doch dieses kleine Stück Spanien versprüht auch so mehr als genug Charme und bietet sich als perfekter Rückzugsort fürs Wochenende an.

◉ Sehenswertes & Aktivitäten

Ceutas Geschichte wird durch die *ruta monumenta* nachgezeichnet, eine Reihe hervorragender Informationstafeln auf Englisch und Spanisch vor den wichtigsten Gebäuden und Denkmälern.

Plaza de Africa WAHRZEICHEN

Ceutas bezauberndes Herz ist von der gepflegten, tropischen Bepflanzung, dem Platz aus Pflastersteinen und der besten Architektur der Stadt geprägt. Bewegt man sich im Uhrzeigersinn von dem langgezogenen, für Besucher geschlossenen militärischen Hauptquartier, der **Commandancia General**, aus voran, gelangt man zum auffälligen gelben **Santuario de Nuestra Señora de Africa** (⏲Mo–Sa 9–13 & 17–21, So & Feiertage 9–13 & 18.30–21 Uhr), einer Kirche im andalusischen Stil aus dem 18. Jh. Der aus dem 19. Jh. stammende **Palacio de la Asamblea** mit seiner eleganten Kuppel und der Uhr ist eine Kombination aus Palast und Rathaus. Schließlich wäre da noch die **Catedral Santa Maria de la Asuncion** (⏲Di–So 9–13 & 18–20 Uhr) aus dem 17. Jh. mit Zwillingstürmen und einem **Museum** (⏲Di–Sa 16–20 Uhr). In der Mitte des Platzes erinnert ein Denkmal an die Soldaten, die im spanisch-marokkanischen Krieg von 1860, bei dem es um die Grenzen von Ceuta ging, ihr Leben verloren.

GRATIS **Königsmauern** HISTORISCHES GEBÄUDE

Die eindrucksvollste Sehenswürdigkeit der Stadt sind die mittelalterlichen **Königsmauern** (Avenida González Tablas; ⏲10–14 & 17–21 Uhr), die auf das 5. Jh. zurückgehen. Diese großflächige, strategisch raffiniert verschachtelte Befestigungsanlage wurde wunderbar restauriert und verfügt über Informationstafeln in mehreren Sprachen. Innerhalb ihrer Mauern befindet sich das schön gestaltete **Museo de los Muralles Reales** mit wechselnden Kunstausstellungen. Das stimmungsvolle Museum ist immer einen Besuch wert, egal, was gerade gezeigt wird. Wer das Glück hat, eine Ausstellung des einheimischen Künstlers Diego Canca zu sehen, sollte sich das auf keinen Fall entgehen lassen.

Ceuta

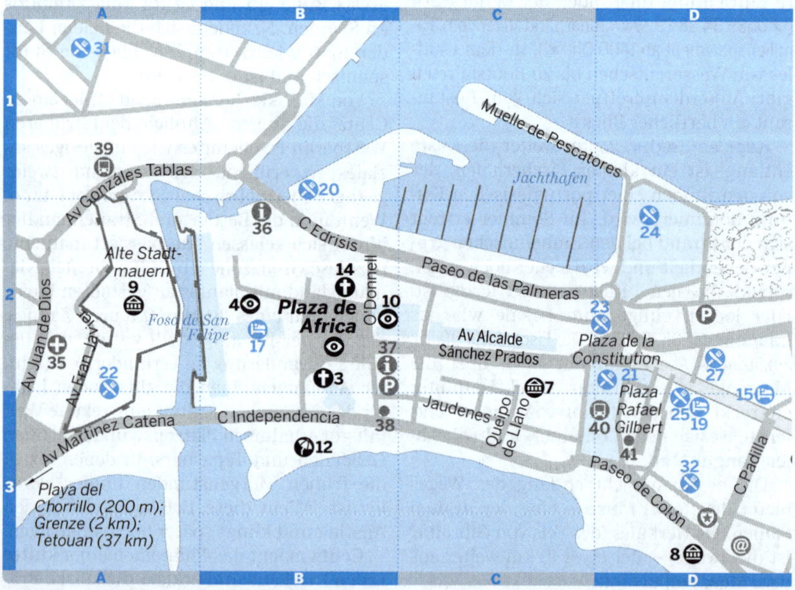

Strände STRAND

Die zwei Stadtstrände namens **Playa del Chorillo** und **Playa de la Ribera** sind ziemlich leicht zu übersehen und erstrecken sich südlich der Landenge unterhalb der Avenida Martinez Catena. Sie sehen gepflegt aus und warten mit einer praktischen Lage auf, nur der Sand hat einen langweiligen Grauton.

Museo de la Legión MUSEUM

(Paseo de Colón; Eintritt frei, Spenden erwünscht; ⌚Mo–Sa 10–13.30 Uhr) Dieses verblüffende Museum ist der Spanischen Legion gewidmet und wird auch von ihr unterhalten. Die Armeeeinheit wurde 1920 gegründet und spielte eine entscheidende Rolle in Francos republikanischer Armee. Hier entdeckt man zahlreiche Erinnerungsstücke, Waffen und Uniformen, natürlich alles in Glanz und Gloria dargestellt. Besucher bekommen einen faszinierenden Einblick in die militärische Kultur, die den Norden prägte: von der gebieterischen Statue Francos über die Erklärung, wie der unerschrockene Gründer der Legion, Millan Astray, sein rechtes Auge verlor, bis zur Geschichte der Legion im Film. An der Tür muss man seinen Pass vorzeigen. Alternativ kann man auf http://lalegion.es „einchecken“. Es gibt geführte Touren in verschiedenen Sprachen.

Museo de Ceuta MUSEUM

(30 Paseo del Revellín; Eintritt frei; ⌚Mo–Sa 10–14 & 17–20, So & Feiertage 10–14 Uhr) Das in die Jahre gekommene Stadtmuseum verfügt über eine kleine Sammlung, die die Geschichte der Halbinsel vor der Zeit der Spanier darstellt (auf Spanisch). Interessanter sind die Wechselausstellungen.

Plaza de los Reyes WAHRZEICHEN

Ein grüner Triumphbogen (mit der Inschrift „ein Denkmal an die Koexistenz“) und ein Brunnen schmücken den Platz, der die gelbe **Iglesia de San Francisco** mit ihren Zwillingstürmen umgibt. Das wahre Schmuckstück befindet sich jedoch auf der anderen Straßenseite: die **Casa de los Dragones** (Drachenhaus), ein fantastischer, wahr gewordener Traum. Dieses ehemalige Wohnhaus, das kürzlich bis zur Perfektion restauriert wurde, ist ein außergewöhnliches Beispiel für eklektische Architektur mit maurischen Bögen, polierten Backsteinfassaden, Mansardendächern, märchenhaften Balkonen und dem *pièce de résistance*: vier gewaltige dunkle Drachen, die vom Dach springen. Das aufwendige Anagramm der Erbauer, den Gebrüdern Cerni Gonzalez, schmückt die Ecke. Ein Anblick, der einen den Hut ziehen lässt.

Museo de la Basilica Tardorromana MUSEUM

(⌚Mo–Sa 10–13.30 & 17–19.30, So 10–13.30 Uhr) Dieses hervorragende unterirdische Museum wurde in die architektonischen Überreste einer alten Basilika integriert, die in den 1980er-Jahren während Straßenbauarbeiten entdeckt wurde. Zu der Anlage gehört eine Brücke über Gräber, in denen Skelette liegen. Über die Artefakte werden viele Geschehnisse der örtlichen Geschichte vermittelt. Zwar ist hier alles nur auf Spanisch beschrieben, aber ein Besuch lohnt sich auf jeden Fall. Der Eingang befindet sich in der Calle Queipo de Llano.

Parque Marítimo del Mediterráneo PARK

(Eintritt 1 €; ⌚Pool April–Sept. 10–19 Uhr, Do geschl.) Für den herrlich kreativen Wasserpark borgte sich der brillante Künstler und Architekt Cesar Manrique das Motiv der Stadtmauern und errichtete eine riesige Poolanlage im Meer mit einer Lagune und zwei Salzwasserpools. Alles wird von zehn Bars, Pubs, Restaurants und Cafés eingerahmt. Auf einer Insel in der Mitte befindet sich ein **Kasino** (⌚ab 22 Uhr) im Stil einer Festung. 50 m auf der rechten Seite, gleich

Ceuta

Highlights	
Casa de los Dragones	E3
Plaza de Africa	B2
Sehenswertes	
1 Baños Arabes	F2
2 Kasino	F1
3 Catedral Santa Maria de la Asuncion	B2
4 Commandancia General	B2
5 Iglesia de San Francisco	E3
6 Museo de Ceuta	E3
7 Museo de la Basilica Tardorromana	C2
8 Museo de la Legión	D3
9 Museo de los Muralles Reales	A2
10 Palacio de Asamblea	B2
11 Parque Marítimo del Mediterráneo	F1
12 Playa de la Ribera	B3
13 Plaza de los Reyes	E3
14 Santuario de Nuestra Señora de Africa	B2
Schlafen	
15 Hostal Central	D3
16 Hostal Plaza Ruiz	E3
17 Parador Hotel La Muralla	B2
18 Pensión Charito	F2
19 Pensión La Bohemia	D3
Essen	
20 Cala Carlota	B1
21 Hauptmarkt	D2
22 El Angulo	A2
23 El Puente Cafeteria	D2
24 El Refectorio	D2
25 Gran Muralla	D3
26 La Jota	E2
27 La Marina	D2
28 Mesón el Bache	E3
29 Mesón el Cortijo	E3
30 Mucha Kanã	F2
31 Supersol	A1
32 Supersol	D3
Ausgehen	
33 Café Central	E3
34 Dublin	E2
Praktisches	
35 Instituto Gestión Sanitario (Ingesa)	A2
36 Haupttouristeninformation	B2
37 Plaza-de-Africa-Infostand	B2
38 Viajes Flandria	B3
Transport	
Busse zur Grenze	(siehe 40)
39 Busse zur Grenze	A1
40 Lokaler Busbahnhof	D3
41 Renfe-Büro	D3

hinter dem Eingang, entdeckt man eine Ausstellung von Manriques Werken in Bildern, die im Sommer der Renner ist, vor allem bei Familien. Bei unserem Besuch wurde gerade eine Disko eröffnet.

Baños Arabes HISTORISCHES GEBÄUDE

(Calle Arrabal 16; ⌚11.30–13.30 & 18.30–20.30 Uhr) Nur aus Zufall wurden die alten arabischen Bäder bei Bauarbeiten entdeckt. Sie liegen an einer Hauptstraße und sind eine Attraktion, die ansonsten nicht gerade in die Umgebung passt. Beide Bäder verfügen über Gewölbedecken, die ursprünglich mit Marmor verziert waren – in früheren Zeiten eine Art Hightech-Spa.

Monte Hacho LANDSCHAFT

An schönen Tagen bietet sich ein Spaziergang auf den Monte Hacho an. Karten gibt's entweder bei der Touristeninformation oder man improvisiert und folgt der Küste. Da es von der Stadt aus bergauf geht, kann man für die ersten zwei Drittel des Weges auch ein Taxi (10 €) zum **Mirador de San Antonio** nehmen, wo atemberaubende Ausblicke über Ceuta und weiter Richtung Norden nach Gibraltar locken. Den Gipfel der Halbinsel krönt die massive Fortaleza de Hacho, eine Festung, die von den Byzantinern errichtet wurde. Da sie immer noch als aktive Militäreinrichtung dient, sind keine Besuche erlaubt.

Im Uhrzeigersinn geht's nun die Hauptstraße wieder hinunter bis zum **Castillo del Desnarigado** (Eintritt frei; ⌚Sa & So 11–14 Uhr), eine kleine Festung an der südöstlichen Spitze der Halbinsel, die ein kleines Militärmuseum beherbergt. Darüber befindet sich ein Leuchtturm und darunter ein abgelegener Strand namens **Playa Torrecilla**.

García Aldave LANDSCHAFT

Wenn man sich alles andere angeschaut hat, durchquert man die García Aldave von

Küste zu Küste entlang der N354 entweder mit dem Auto oder zu Fuß (eine Wanderkarte von der Touristeninformation ist hilfreich). Auf der Strecke befindet sich eine Reihe kreisförmiger, neumittelalterlicher Wachttürme, die für Besucher geschlossen sind. Einige davon sieht man vom ausgezeichneten **Mirador de Isabel II**, der mit tollen Ausblicken über die Landenge bis nach Monte Hacho aufwartet. Am 1. November, dem Tag der Toten, pilgern Menschenmassen hierher, um der Verstorbenen zu gedenken.

Die Straße endet bei Benzú, einem kleinen Ort an der Nordküste, der gegenüber dem großartigen Jebel Musa auf der anderen Seite der Grenze liegt. Der Berg ist als „Tote Frau" bekannt, da er aussieht wie eine Frau, die auf dem Rücken liegt. Bei einer Tasse Minztee kann man jetzt über die Sterblichkeit nachdenken.

Schlafen

Ceuta hat kein allzu große Auswahl an Unterkünften. Wer erst später am Tag ankommt, sollte daher vorab reservieren. Fast alle günstigen Unterkünfte sind *pensiónes* (Pensionen), die man manchmal nur am großen blau-weißen „CH"-Schild erkennt.

LP TIPP **Hostal Central** HOTEL €€
(☎956 51 67 16; www.hostalesceuta.com; Paseo del Revellín; EZ/DZ/3BZ 45/66/76 €; ❄📶) Ein preiswertes, ausgezeichnet gelegenes Zwei-Sterne-Hotel mit einem hochmodernen Design. Die einladenden hellen Zimmer sind klein und makellos, alle haben Bad und Kühlschrank. In der Nebensaison werden die Preise reduziert.

Parador Hotel La Muralla HOTEL €€€
(☎956 51 49 40; ceuta@parador.es; 15 Plaza de Africa; EZ/DZ ab 80/100 €; ❄📶🏊) Ceutas Topadresse. Die Zimmer in dem geräumigen Vier-Sterne-Hotel auf der Plaza de Africa sind gemütlich, aber nicht luxuriös. Sie verfügen über einfache Holzböden, einfarbige Keramikfliesen und Balkone mit Blick auf den hübschen Palmengarten. Eine Café-Bar macht das Hotel zusätzlich attraktiv, aber der Schnäppchenpreis toppt alles.

Hostal Plaza Ruiz HOTEL €€
(☎956 51 67 33; www.hostalesceuta.com; 3 Plaza Ruiz; EZ/DZ/3 BZ 45/66/76 €; ❄📶) Das Schwesterhotel des Central ist ähnlich einladend und punktet vor allem mit seiner bezaubernden Lage. Alle Zimmer sind luftig und mit hübschen Pinienmöbeln, Bädern sowie Kühlschränken ausgestattet. Die besten haben schmiedeeiserne Balkone mit Blick auf die Cafés an der Plaza.

Pensión La Bohemia HOTEL €
(☎956 51 06 15; 16 Paseo del Revellín; EZ/DZ 25/35 €) Eine gut geführte Unterkunft über einer Einkaufsarkade. Hier übernachtet man in hellen, makellosen Zimmern, die sich um einen Innenhof gruppieren und mit Blumentöpfen, glänzenden Fliesenböden, Fernsehern, Ventilatoren sowie zahllosen Bildern von Marilyn Monroe aufwarten. In den Gemeinschaftsbädern gibt's genügend heißes Wasser und Gemeinschaftsduschen.

Pensión Charito HOSTEL €
(☎956 51 39 82; pcharito@terra.es; 1. OG, 5 Calle Arrabal; EZ/DZ 15/20 €) Zu erkennen ist das

SPANISCH

Hallo/Auf Wiedersehen/	*¡Hola!/ ¡Adios!*
Ja/Nein	*Sí/No*
Bitte/ Danke	*Por favor/ Gracias*
Wo ist …?	*¿Dónde está…?*
ein Hotel	*un hotel*
eine Pension	*una pensíon*
ein Campingplatz	*un camping*
Haben Sie freie Zimmer?	*¿Tiene habitaciones libres?*
ein Einzelzimmer	*una habitación individual*
ein Doppelzimmer	*una habitación doble*
Wie viel kostet das?	*¿Cuánto cuesta?*
Wann fährt/ kommt der/ die nächste?	*¿A qué hora sale/llega el/ la próximo/a…?*
Bus	*autobús*
Fähre	*barca*
Ich hätte gerne ein/e …	*Quisiera …*
einfache Fahrkarte	*un billete sencillo*
Ticket hin und zurück	*un billete de ida y vuelta*
Bier	*una cerveza*
Sandwich	*un bocadillo*

DIE LETZTEN ÜBERRESTE DES KAISERREICHS

Einige der faszinierendsten Plätze in Nordmarokko sind ganz und gar nicht marokkanisch, sondern spanisch. Als Spanien 1956 die marokkanische Unabhängigkeit anerkannte, erbte es eine Handvoll historischer Merkwürdigkeiten, die noch aus Zeiten des Spanischen Protektorats stammten. Sie tragen den euphemistischen Namen *plazas de soberanía* (Plätze der Souveränität), beherbergen mehr als 145 000 Einwohner und sind in zwei Gruppen unterteilt.

Fast alle Menschen leben in den *plazas mayores* (größeren Plätzen), zu denen auch die Küstenstädte Ceuta und Melilla gehören. Politisch gesehen sind das „autonome Städte", und die Regierungen ordnen sie irgendwo zwischen „spanische Stadt" und „spanische Region" ein.

In den *plazas menores* (kleineren Plätzen) leben, wenn überhaupt, nur ein paar wenige spanische Legionäre. Auch die Inseln in der Bucht von Al-Hoceima gehören dazu: Isla de Mar, Isla de Tierra (beide verlassen, abgesehen von spanischen Flaggen) und El Peñón de Alhucemas, eine eindrucksvolle weiße Festung, die 60 Soldaten einen Unterschlupf bietet. El Peñón de Velez de la Gomera, am Ende einer langen Schlucht im Al-Hoceima-Nationalpark, ist eine weitere alte Felsenbastion, die durch einen schmalen Sandstreifen und ein Grenzgebäude mit dem Festland verbunden ist – eine der seltsamsten Ländergrenzen, die man je gesehen hat. Die Islas Chafarinas, 3 km von Ras el-Mar entfernt, bestehen aus drei kleinen Inselchen: Isla del Congreso, Isla del Rey und Isla Isabel II. Letztere beherbergt eine Garnison von 190 Soldaten. Zu Spanien gehört auch die winzige Isla Perejil in der Nähe Ceutas, Auslöser für einen der kleinsten Konflikte der Welt, als die spanischen Truppen 2002 eine Handvoll marokkanischer Soldaten auswiesen. Die Isla de Alborán mit einer kleinen Marinebesatzung liegt etwa 75 km nördlich von Melilla.

Beide Festungs-*peñónes* (auf Felsen) sollte man unbedingt besichtigen, allerdings darf keine der *plazas menores* betreten werden: Sie sind Militärgebiet, und da Marokko auf sie alle Anspruch erhebt, müssen sie verteidigt werden. Ansonsten ist ihre strategische Bedeutung flüchtiger als die Mittelmeermönchsrobben, von denen die letzte in den 1990er-Jahren von den Islas Chafarinas verschwunden ist.

Die jüngste Geschichte stand im Zeichen der Probleme mit Spanien wegen der Immigration und der politischen Souveränität. 2002 gab es einen bizarren Streit um die nahe gelegene winzige Insel Perejil: Ein halbes Dutzend Marokkaner hatte versucht, diese von Spanien zurückzugewinnen. 2006 steckten Jugendliche etliche Moscheen in Ceuta in Brand, nachdem mehrere einheimische Moslems auf dem spanischen Festland verhaftet und mit den Bombenattentaten von Madrid in Verbindung gebracht wurden. 2007 stattete der spanische König der Stadt den ersten Besuch seit 80 Jahren ab, was Proteste der marokkanischen Regierung hervorrief. Und Ende 2010 kam es in Ceuta und Melilla aufgrund der hohen Arbeitslosigkeit zu Unabhängigkeitskämpfen von Jugendlichen. Keiner dieser Konflikte führte jedoch bislang zur Schließung auch nur einer Tapas-Bar.

grün- und cremefarbene Gebäude mit der Café-Bar Limite lediglich am leicht zu übersehenden „CH"-Zeichen. Das Haus ist zwar etwas in die Jahre gekommen, aber sauber und gemütlich mit heißen Duschen und einer kleinen, gut bestückten Küche. Wenn alle Zimmer belegt sind, sucht man manchmal vergeblich nach Angestellten.

Essen & Trinken

Zusätzlich zu den hier genannten Restaurants gibt's im Poblado Marinero (Seefahrerdorf) neben dem Jachthafen jede Menge weiterer ordentlicher Lokale, darunter das wunderbare **El Refectorio** (☎956 51 38 84; Hauptgerichte ab 15 €; ⏲Mittag- & Abendessen). Die besten Tapas bekommt man in den Straßen hinter der Hauptpost sowie rund um die Calle Millán Astray im Norden der Calle Camoens. Alle Bars servieren auch *raciones* (eine größere Portion Tapas) und *bocadillos* (Sandwiches).

Mucha Kaña TAPAS-BAR €
(7 Sargento Mena; Tapas ab 0,85 €, Hauptgerichte ab 6 €; ⏲Mittag- & Abendessen) In der wie eine

cervecería eingerichteten Bar gibt's sogar spanische Weine. In dem Laden, der für jedes Alter interessant ist, sitzt man entweder auf Barhockern um Fässer herum oder an Tischen, dabei läuft gute Musik. Neben Tapas und *raciones* werden auch Pasta- und Fleischgerichte angeboten.

Mesón el Bache TAPAS-BAR €
(Sargento Mena Algeciras; Tapas 1,50 €, raciones ab 7,50 €; ⌚9–15 & 20.30–24 Uhr, So geschl.) Direkt unterhalb der Plaza Real mit Blick auf den Hafen verspeist man seine Tapas in einer rustikalen Jagdhütte. Die Einheimischen lieben die Bar vor allem deshalb, weil man zu jedem Getränk eine kostenlose Tapa bekommt.

El Angulo REGIONALE KÜCHE €€
(1 Muralles Reales; Hauptgerichte ab 15 €; ⌚Mittag- & Abendessen, So geschl.) Wer einmal innerhalb der Königsmauern speisen möchte, hat hier die Möglichkeit. Die einheimischen Fleischspezialitäten und Meeresfrüchte sind ebenso fantastisch wie die Atmosphäre, außerdem machen sich die weißen Tischdecken gut in dieser Festung aus Stein. Man kann auch draußen am Graben sitzen.

Cala Carlota REGIONALE KÜCHE €€
(Calle Edrisis; Menü ab 7 €; ⌚Mittag- & Abendessen) Ein einfaches Restaurant im Club Nautico mit Blick auf den Jachthafen und einer erstklassigen Lage. Während der Hauptsaison bietet es zusätzliche Sitzgelegenheiten im Freien. Der größten Beliebtheit erfreuen sich das dreigängige *menú del diá* (Menü des Tages) und die üppigen Fischgerichte.

Mesón el Cortijo TAPAS-BAR €
(14 Calle Cervantes; Tapas ab 1,50 €; ⌚Mittag- & Abendessen, So geschl.) Hier treffen sich die Einwohner des Viertels bei Tapas, *cerveza* (Bier) und Herzenswärme. Man bekommt von Fußball bis Klatsch alles mit und kann sein Spanisch vor authentischer Kulisse aufpolieren.

La Marina
FISCH & MEERESFRÜCHTE, REGIONALE KÜCHE €€
(☎956 51 40 07; 1 Alférez Bayton; ⌚Mittag- & Abendessen, So und im Feb. geschl.) Bei unserem Besuch war das Lokal wegen Renovierungsarbeiten geschlossen. Sicher wird es in dem Laden auch künftig Fisch und großartige dreigängige Menüs mit Hühnchen oder Fisch und Pommes frites geben.

Gran Muralla CHINESISCH €
(Plaza de la Constitution; Hauptgerichte ab 5 €; ⌚Mittag- & Abendessen) Wer genug vom einheimischen Essen hat, kann sich im Gran Muralla über chinesische Klassiker freuen. Die Tische am Fenster bieten einen Blick auf die Plaza und das Meer. Vorsicht: Wenn man hier zwischen den Hauptmahlzeiten isst, wird einem oft der Reis vom Vortag serviert.

Café Central CAFÉ, BAR €
(3 Calle Millán Astray; ⌚15.30–4 Uhr) In dieser mondänen Bar bzw. Kaffee-Lounge mit der gedämpften Musik und dem Art-déco-Eingang geht's gesellig zu. Der Arm aus Bronze, der einen Krug über den Tresen reicht – ein funktionierender Zapfhahn –, verleiht dem Ganzen einen exzentrischen Touch. Das Café eignet sich prima für Kaffee, Brandy und/oder Eiscreme – und das zu jeder Uhrzeit.

La Jota GEBÄCK, EISCREME €
(6 Calle Méndez Nuñez; Frühstück 2 €, Eis ab 2 €) Mit einer verlockenden Auswahl an köstlichen Kuchen und verschiedenen Eissorten ist dies der perfekte Ort, um einen Tag zum Erkunden der Stadt zu beginnen oder abzuschließen.

El Puente Cafeteria CAFÉ €
(Plaza de la Constitution; Sandwiches ab 3,50 €) Ein hippes Café mit leckeren Sandwiches im Angebot. Es geht auf einen Platz hinaus, auf dem man prima Leute beobachten kann. Da es sehr voll werden kann, muss man sich schon etwas einfallen lassen, um die Aufmerksamkeit des Kellners auf sich zu lenken.

Dublin PUB €
(Delgado Serrano; Bier 3,50 €; ⌚Mo–Sa 15.30–3 Uhr) Das Dublin ist zwar nur ein x-beliebiges Irish Pub, aber als Guinness-Fan ist man hier genau richtig, auch wenn das himmlische Gebräu ein kleines bisschen wässerig schmeckt. Wem die Lautstärke auf die Nerven geht, setzt sich besser an einen Tisch im Freien. Die Kneipe liegt am Ende der Treppen, die an der Stelle beginnen, wo die Calle Delgado Serrano eine 90°-Kurve macht.

SELBSTVERSORGER

Der **Supersol-Supermarkt** (Avenida Muelle Cañonero Dato) ist perfekt, um sich mit Grundnahrungsmitteln und Snacks einzudecken. Im Zentrum bei Dean Navarro Acuña gibt's eine weitere, kleinere Filiale.

Frisches Fleisch und andere Produkte bekommt man im höhlenartigen, herrlich quirligen **Hauptmarkt** (⌚Mo–Sa 8–15 Uhr).

Praktische Informationen

Um von außerhalb Spaniens nach Ceuta zu telefonieren, wählt man die Vorwahl ☎0034. Nicht vergessen, dass es in Ceuta während der spanischen Sommerzeit zwei Stunden und sonst eine Stunde später ist als in Marokko (S. 545). Außerdem sind die meisten Geschäfte sonntags geschlossen.

Geld

In Ceuta zahlt man alles in Euro. An Geldautomaten mangelt es nicht. Außerhalb der Banköffnungszeiten kann man in den teureren Hotels Geld wechseln. Auf beiden Seiten der Grenze gibt's inoffizielle Geldwechsler, obwohl es eigentlich illegal ist, Dirhams aus Marokko auszuführen.

Internetzugang

Cyber Ceuta (Paseo de Colón; 2, 50 € pro Std.; ⏲ Mo–Sa 11–14 & 17–22 Uhr, So 17–22 Uhr)

Medizinische Versorgung

Instituto Gestión Sanitario (Ingesa; ☎956 52 84 00; ⏲24 Std.) Eine Filiale befindet sich neben der Königsmauer, die andere liegt östlich vom Fischerhafen.

Post

Correos (Postamt; 59 Calle Real; ⏲Mo–Fr 8.30–20.30, Sa 9.30–14 Uhr)

Reisebüro

Reisebüros, die Fährtickets nach Algeciras verkaufen, säumen die Avenida Muelle Cañonero Dato und den Zugang zur Estación Marítima.

Viajes Flandria (☎956 51 20 74; Fax 956 51 45 59; ventas@viajesflandria.com; 1 Ave Independencia)

Touristeninformation

Haupttouristeninformation (☎856 20 05 60; www.ceuta.es, auf Spanisch; Baluarte de los Mallorquines; ⏲8.30–20.30 Uhr) Sehr freundlich und hilfreich mit guten Karten und Broschüren.

Infostand an der Plaza de Africa (☎956 52 81 46; ⏲15. Sept.–31. Mai 10–13 & 17–20 Uhr, 1. Juni–14. Sept. 10.30–13.30 & 18–21 Uhr) Kleinere Filiale.

Infostand an der Estacion Marítima (☎956 50 62 75; ⏲9–21 Uhr) Eine weitere Filiale.

An- & Weiterreise

Marokko

Busse und *grands taxis* nach Ceuta halten meist bei Fnideq und nicht an der Grenze (Bab Sebta). Von hier ist es dann noch ein 1 km langer Fußmarsch oder man nimmt ein Taxi für 5 Dh. Obwohl der Grenzübergang 24 Stunden lang geöffnet ist, fahren zwischen 19 und 5 Uhr kaum öffentliche Verkehrsmittel.

Auf der marokkanischen Seite füllt man ein Ausreiseformular aus, entweder am Zollfenster – wenn man zu Fuß ist – oder am Registrierungsfenster für Fahrzeuge (unbedingt alle Straßenhändler ignorieren, die einem das Formular verkaufen wollen – es ist nämlich kostenlos!). Fahrer eines Mietwagens müssen nachweisen, dass sie berechtigt sind, mit dem Auto das Land zu verlassen. Der 100 m breite Grenzübergang ist unglaublich chaotisch – etliche Male wird der Ausweis verlangt und Fußgänger müssen sich häufig in die Autoschlangen einreihen.

Von der anderen Seite aus gibt's neben der marokkanischen Grenzkontrolle einen Stand mit *grands taxis*. Sie fahren regelmäßig nach Tetouan (30 Dh, 40 Min.), von wo aus man mit anderen Transportmitteln weiterkommt. Taxis nach Chefchaouen oder Tanger sind selten zu finden und man muss in der Regel hart verhandeln, um ein Auto zu ergattern (Chefchaouen 300 Dh, 90 Min.; Tanger 200 Dh, 1 Std.). Eine gute Alternative ist ein *grand taxi* nach Fnideq (5 Dh, 10 Min.) direkt südlich der Grenze, wo bessere Transportmöglichkeiten nach Tanger (30 Dh, 1 Std.) bestehen.

Spanisches Festland

Die unübersehbare **Estación Marítima** (Fährterminal; Calle Muelle Cañonero Dato) liegt westlich vom Stadtzentrum. Täglich starten hier mehrere Hochgeschwindigkeitsfähren nach Algeciras (S. 550). Ticketschalter befinden sich gleich um die Ecke. Viel spektakulärer (und sehr viel teurer) ist es, ab Ceuta mit einem Hubschrauber von **Inaer** (www.inaer.com) nach Algeciras (7 Min.) oder zum Flughafen von Málaga (30 Min.) zu fliegen.

Im **Renfe-Büro** (☎956 511317; 17 Plaza Rafael Gilbert, ⏲Mo–Fr 9.30–13 & 16.30–20.30, Sa 9.30–13 Uhr) oder einem anderen Reisebüro bekommt man Zugtickets für alle europäischen Ziele. Verschiedene Büros am Fährterminal verkaufen auch Fahrkarten von Enatcar, dem größten spanischen Busunternehmen.

Unterwegs vor Ort

Bus 7 verkehrt etwa alle zehn Minuten von der Plaza de la Constitución (0,70 €) direkt zur Grenze *(frontera)*. Wer mit der Fähre ankommt und gleich zum Grenzübergang will, kann von der Bushaltestelle in der Avenida Gonzáles Tablas starten (gegenüber dem Eingang zu den Festungsmauern). Vor dem Fährterminal gibt's auch einen Taxistand.

Autofahrer dürfen ihren Wagen tagsüber nur zwei Stunden (1 €) parken. Falls man länger bleiben möchte, stellt man das Auto auf dem **Parkplatz** (1/12 Std. 0,50/4 €) in der Calle O'Donnell oder beim Poblado Marinero ab.

DAS RIFGEBIRGE جبل اريف

Tetouan تطوان

330 000 EW.

Tetouan ist ein echtes Schmuckstück und liegt atemberaubend am Fuße des Rifgebirges, nur wenige Kilometer vom Meer entfernt. Es unterscheidet sich insofern von Tanger oder den Königsstädten, dass es noch nicht von ausländischen Touristen entdeckt wurde. Seine authentische Atmosphäre macht einen Besuch zusätzlich attraktiv. Die alte Medina, eine Unesco-Welterbestätte, sieht aus, als hätte sie sich über die Jahrhunderte nicht verändert. Es gibt zwar einige Neuerungen – ein Busbahnhof, Restaurierungen an den Stadtmauern, einige öffentliche Gärten –, aber das ist nichts im Vergleich zu den Küstenstädten. Tetouan wartet auf Entdeckung und „explodiert geradezu", wie ein Hotelier es formulierte. Cleveren Travellern eröffnen sich dadurch viele Möglichkeiten.

Von 1912 bis 1956 war Tetouan die Hauptstadt des Spanischen Protektorats, das den größten Teil von Marokkos Norden umfasste. Diese Tatsache und die langjährigen Beziehungen zu Andalusien haben einen hispanisch-maurischen Charakter geprägt, der einzigartig ist für Marokko und sich im spanischen Teil der Stadt, dem Ensanche („Erweiterung"), widerspiegelt. Hier wurden die Gebäude und die breiten Alleen renoviert und in ihren ursprünglichen Zustand zurückversetzt.

Der Ensanche umgibt die Place Moulay el-Mehdi und die Fußgängerzone in der Ave Mohammed V, die in östlicher Richtung zur Plaza al Jala verläuft, und beherbergt Hotels, Banken sowie Essgelegenheiten. An der großen Place Hassan II, gegenüber dem Königspalast, befindet sich der Eingang zur Medina. Der Rest der sich ausbreitenden Stadt hat Besuchern nur wenig zu bieten.

Geschichte

Seit dem 8. Jh. diente Tetouan als Hauptkontaktpunkt zwischen Marokko und Andalusien. Im 14. Jh. errichteten die Meriniden hier eine Basis, um die rebellischen Stämme aus dem Rif zu kontrollieren und Ceuta anzugreifen. 1399 aber wurde die Stadt durch Heinrich III. von Kastilien zerstört. Nach der Reconquista (Rückeroberung Spaniens; 1492 vollendet) bauten Flüchtlinge aus Andalusien die Stadt wieder auf. Daraufhin erblühte der Ort – teils aus eigenen Kraft, teils dank der aufkeimenden Piraterie.

Im 17. Jh. errichtete Moulay Ismail die Verteidigungsmauern von Tetouan. Die Handelsverbindungen mit Spanien intensivierten sich. 1860 nahmen die Spanier die Stadt unter Leopoldo O'Donnell ein, der sie weitgehend an Europa anpasste. Zwei Jahre später jedoch eroberten die Mauren sie zurück und entfernten alle Zeichen des europäischen Einflusses.

Um die Wende zum 20. Jh. besetzten spanische Truppen Tetouan drei Jahre lang mit der Begründung, man müsse Ceuta vor den Stämmen aus dem Rifgebirge schützen. 1913 machten die Spanier den Ort zur Hauptstadt ihres Protektorats, das abgeschafft wurde, als Marokko 1956 seine Unabhängigkeit wiedererlangte. In letzter Zeit verhalf die andalusische Regierung der Stadt zu einem großen kulturellen Boom, indem sie mehrere Renovierungsprojekte des Ensanche förderte.

Sehenswertes

MEDINA

Die weiß gekalkte Medina von Tetouan ist eine wahre Zeitmaschine und dank der mopedfreien Gassen, wenigen Straßenhändler und aufmerksamen Einwohner sehr touristenfreundlich. Hier herrscht generell wenig Andrang, besonders in den riesigen Wohngegenden. In den Einkaufsgebieten stößt man überall auf Sehenswürdigkeiten und hört die Klänge des traditionellen Lebens: Handwerker schmieden Messing, Seidenhändler bieten Tausende Spulen bunter Fäden feil und Bäcker füllen die öffentlichen Öfen. Es gibt rund 35 Moscheen, darunter die **Grande Mosquée** und die **Saïda-Moschee**, beide nordöstlich der Place Hassan II. und nur für Moslems zugänglich. Wer sich verirrt, gibt einem Einheimischen einfach ein paar Dirhams; dieser bringt einen dann überallhin.

Südlich an die Medina grenzt der hübsche **Park der Verliebten**, ein netter Rückzugsort. Bei unserem Besuch wurde der alte Bahnhof südlich des Parks in das **Museum für Moderne Kunst** umgebaut, das aber noch nicht eröffnet war.

Ethnografisches Museum MUSEUM
(Eintritt 10 Dh; ⌚Mo–Sa 9–16 Uhr) Im wie gemalt wirkenden Osttor, dem Bab el-Okla, befindet sich das Ethnografische Museum, das allein wegen der Aussicht von der Terrasse auf das Rif einen Besuch wert ist

Tetouan

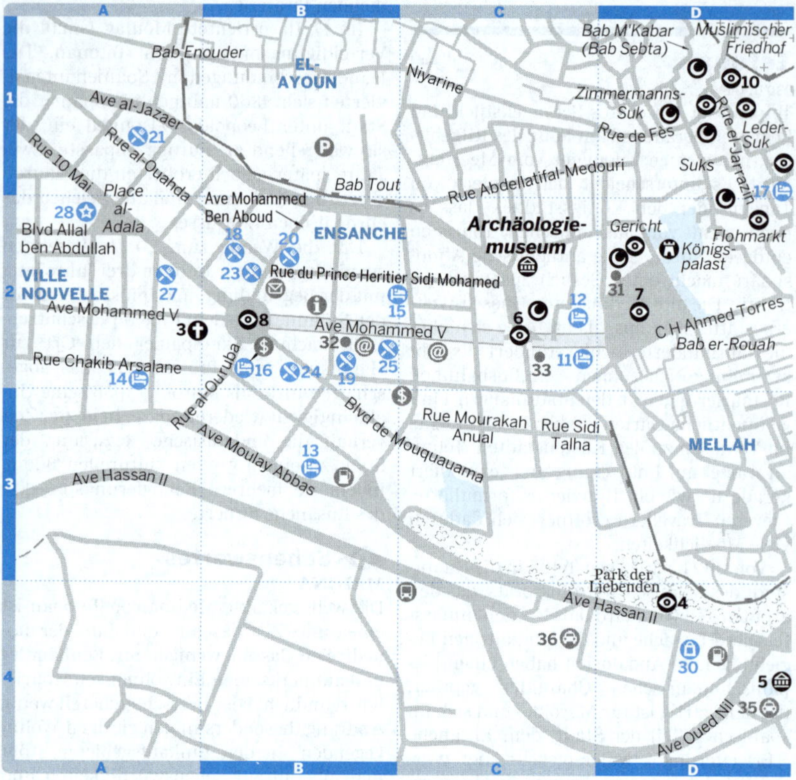

(falls nötig bittet man den Wärter, sie für einen zu öffnen). Aber auch der hübsche Garten mit den alten Kanonen und die Ausstellung von Hochzeitskleidern aus Seide lohnen sich.

Kunsthandswerksschule

BEMERKENSWERTES GEBÄUDE

(Eintritt 10 Dh; ⏲Sa–Do 8.30–14.30, Fr 8.30–11.30 Uhr) Außerhalb des Bab el-Okla liegt das beste Kunsthandwerkszentrum Nordmarokkos. Hier bietet sich die faszinierende Möglichkeit, den Meistern dabei zuzusehen, wie sie ihre Lehrlinge in traditionellen Künsten ausbilden, z. B. im Fertigen von dekorativen Holzarbeiten, Seidenkostümen, Gipsschnitzereien, komplizierten Mosaiken oder kunstvollen Gewehren. In einer fantastischen, zentralen Schatzkammer ist nur das Beste vom Besten ausgestellt – unbedingt einen Blick auf die Decke werfen. Die Angestellten öffnen den Raum auf Anfrage. Auch das Gebäude an sich ist sehr interessant: Es erstreckt sich um einen großen Innenhof und hat fein gearbeitete Türen im Obergeschoss.

Place Hassan II

WAHRZEICHEN

Die breite, leere Place Hassan II, die aus Sicherheitsgründen meist gesperrt ist, verbindet die Medina mit dem Ensanche. Der Platz sieht aus wie das Zuhause des Zauberers von Oz; vor der langen, flachen Fassade des Königspalastes stehen Wachen, und es gibt vier Brunnen mit Säulen in der Mitte. Dabei handelt es sich nicht um Minarette, wie man vielleicht vermuten könnte, sondern um Jugendstilleuchttürme von einem Schüler Gaudís. Die riesigen Verzierungen an der Mauer gegenüber stellen die Hände der Fatima dar, ein gebräuchliches Symbol, mit dem einst das Auge des Bösen abgewendet werden sollte. Es gibt hier ein paar uninteressante Cafés, die sich für ein Päuschen eignen – das gilt besonders für jene im zweiten Stock, die eine bessere Aussicht bieten.

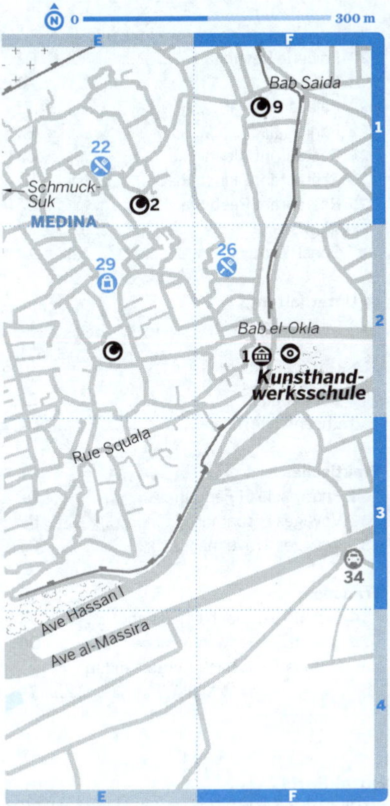

ENSANCHE

Am besten besichtigt man diesen Stadtteil bei einem Spaziergang entlang der Ave Mohammed V von der **Place Al-Jala** zur **Place Moulay el-Mehdi**. Die breite Allee ist gesäumt von weißer, spanischer Kolonialarchitektur mit Art-déco-Elementen, was an Casablanca und Larache erinnert. Das alles hat die andalusische Regierung erst neulich renovieren lassen.

Archäologiemuseum MUSEUM

(Ave al-Jazaer; Eintritt 10 Dh; ⏲Mo–Sa 10–18 Uhr) Ein paar Straßen von der Place al-Jala entfernt stößt man auf ein ausgezeichnetes Museum mit zahlreichen Artefakten aus den römischen Ruinen von Lixus, die man im Gebäude und im Garten bewundern kann. Sie sind auf Französisch, Spanisch und Arabisch beschriftet.

Iglesia de Bacturia KIRCHE

(Place Moulay el-Mehdi; ⏲Sonntagsmesse 11 Uhr, tgl. Messe um 19 Uhr) Die römisch-katholische Kirche wurde 1926 erbaut. Nach wie vor finden hier Gottesdienste statt.

Schlafen

Angesichts der rasanten Entwicklung an der Küste stellt sich als Erstes die Frage, ob man in der Stadt übernachten will. Tetouans Hafen Martil liegt mit dem Taxi nur 15 Minuten entfernt; M'Diq, eine elegantere Alternative, ist doppelt so weit weg. Der Kontrast zwischen der alten Medina und diesen modernen, an schicken Küstenstraßen gelegenen Häusern, könnte nicht größer sein und ist entweder Schock oder Erholung. Außerhalb der Feriensaison im Juli und August sind die Strände sehr ruhig.

Entscheidet man sich für die Stadt, muss man zuerst klären, ob man lieber eine Unterkunft in der Medina oder woanders haben möchte. Ein bis zwei Nächte innerhalb der uralten Mauern können ein unvergessliches Abenteuer sein und bieten Gelegenheit, die typische Architektur und das oft mit Perlmutteinlegearbeiten dekorierte Mobiliar kennenzulernen.

LP TIPP **Blanco Riad** RIAD €€€

(☎0539 70 42 02; www.blancoriad.com; 25 Rue Zawiya Kadiria; DZ mit Frühstück 880 Dh, Suite ab 1320 Dh; ❄📶) Das schöne Haus in der Medina mit der typischen Architektur Tetouans wurde liebevoll restauriert und mit einer Mischung aus modernen sowie antiken Möbeln eingerichtet. Es hat große gemütliche Zimmer und einen Garten mit Zen-Feeling. In einem der Säle befindet sich ein riesiger Hamam, in einem anderen ein ausgezeichnetes öffentliches Restaurant. Gäste werden freundlich empfangen und bekommen Tipps, um die Medina zu erkunden.

El Reducto RIAD €€€

(☎0539 96 81 20; www.riadtetouan.com; 38 Zanqat Zawiya; Zi. mit Frühstück 400–600 Dh, DZ 550–850 Dh) Allein wegen der kupferrot schimmernden traditionellen Mosaiken lohnt ein Besuch dieses Hauses. Die makellosen, palastartigen Zimmer verfügen über große Bäder (in einem gibt's einen Whirlpool für zwei), antike Möbel von bester Qualität und wunderschöne Seidenbettwäsche. Das Restaurant ist gut, hat eine Alkohollizenz und serviert Gerichte mit spanischer Prägung.

Pension Iberia HOTEL €

(☎0539 96 36 79; 5 Pl Moulay el-Mehdi; EZ/DZ/3BZ 60/100/150 Dh) Vor Ort die beste

Tetouan

Highlights

	Archäologiemuseum	C2
	Kunsthandwerksschule	F2

Sehenswertes

1	Ethnografisches Museum	F2
2	Grande Mosquée	E1
3	Iglesia de Bacturia	A2
4	Park der Verliebten	D4
5	Museum für Moderne Kunst	D4
6	Place al-Jala	C2
7	Place Hassan II	D2
8	Place Moulay el-Mehdi	B2
9	Saïda-Moschee	F1
10	Gerberei	D1

Schlafen

11	Blanco Riad	C2
12	El Reducto	C2
13	Hotel Panorama Vista	B3
14	Hotel Paris	A2
15	Hotel Regina	B2
16	Pension Iberia	B2
17	Riad Dalia	D1

Essen

18	Cafétéria Emirates	B2
19	Dallas	B2
20	Epicerie Restinga	B2
21	Oahda	A1
22	Palace Bouhlal	E1
23	Panini	B2
24	Restaurant Albahr	B2
	Restaurant Blanco Riad	(siehe 11)
25	Restaurant Restinga	B2
26	Riad Saada	F2
27	Snack Taouss	A2

Unterhaltung

28	Cinéma Avenida	A2

Shoppen

29	Dar Lebadi	E2
30	Ensemble Artisanal	D4

Praktisches

31	Pharmacie El-Feddan	D2
32	Voyages Hispamaroc	B2
33	Voyages Travelmar	C2

Transport

34	Grand Taxis nach Oued Laou	F3
35	Grands Taxis nach Al-Hoceima	D4
36	Grands Taxis nach Ceuta, Fnideq, Cabo Negro & M'diq	C4

Budgetunterkunft. Die klassischen Zimmer (möglichst die Nr. 11 buchen) mit den hohen Decken und den vergitterten Balkonen gehen auf die Place Moulay el-Mehdi hinaus und die Ausblicke über die weiße Stadt sowie den Brunnen auf dem Platz, den man von hier aus besser sehen kann als von der Straße, sorgen für eine gewisse Romantik. Es gibt nur Gemeinschaftsbäder, heiße Duschen kosten 10 Dh extra. Die Pension liegt im dritten Stock über einer Bank. Praktischerweise befindet sich nur 100 m entfernt ein öffentlicher Parkplatz (Parking Hammadi; Ave al-Jazaer).

Hotel Regina HOTEL €

(☎0539 96 21 13; 8 Rue Sidi Mandri; EZ/DZ/3BZ 90/123/160 Dh) Eine der größeren Budgetunterkünfte. Anfangs kommt einem das Hotel ziemlich einschläfernd vor, aber die weiß gekalkten Wände und die hellen Riffian-Stoffe wecken einen bald wieder auf. Die Bäder sind zwar etwas abgenutzt, aber blitzblank und so ist das Hotel für den Preis absolut in Ordnung. Frühstück wird unten im Café serviert.

Hotel Paris HOTEL €

(☎0539 96 67 50; 31 Rue Chakib Arsalane; EZ/DZ 257/309 Dh, Frühstück 40 Dh) Hier bekommt man nicht gerade eine Flitterwochensuite, aber die grundsätzlichen Bedürfnisse werden erfüllt. Die Zimmer sind sauber, aber unspektakulär und mit kleinen Bädern ausgestattet.

Riad Dalia RIAD €€

(☎0539 96 43 18; www.riad-dalia.com; 25 Rue Ouessaa; Zi. ohne Bad 150 Dh, DZ mit Frühstück 400 Dh, Suite 600 Dh) Diese unkonventionelle Bleibe, ein Familienbetrieb, war der erste Riad in der Medina und müsste mittlerweile dringend restauriert werden. Ohne viele Erneuerungen wurde das 300 Jahre alte ehemalige Haus des holländischen Konsuls in ein Hotel umgewandelt, und so erwartet man praktisch jeden Moment den ehemaligen Hausherren in der Tür. Der Eigentümer bewahrt die alten Briefe des Konsuls in einem Album an der Rezeption auf, ebenso wie dessen Briefmarkensammlung. Die Mastersuite ist riesig, riecht allerdings leicht muffig.

Hotel Panorama Vista HOTEL €€
(☎0539 96 49 70; www.panoramavista.com; Ave Moulay Abbas; EZ/DZ mit Frühstück 307/404 Dh; ❄📶) Außerhalb der Medina ist dies die beste Wahl. Die Zimmer sind zwar ohne jegliches einheimisches Ambiente im Stil einer Hotelkette eingerichtet, aber sauber. Zudem bieten sie einen spektakulären Blick über das Rifgebirge. In dem beliebten Café mit Wänden aus Glas im ersten Stock wird ein nahrhaftes marokkanisch-kontinentales Frühstück angeboten. Das Management möchte zwar lieber, dass die Gäste duschen, aber man kann darauf bestehen, einen Stöpsel für die Badewanne zu bekommen.

Essen

Tetouan ist nicht gerade berühmt für seine gastronomische Szene, aber dank der zunehmenden Beliebtheit der Stadt bei Touristen bessert sich die Situation allmählich. Es gibt einige Palastrestaurants, in denen man wegen der vielen Reisegruppen vorab reservieren sollte. Am besten steuert man die Lokale der Pensionen in der Medina an. Ansonsten beschränkt sich das Angebot auf Gegrilltes und Sandwiches.

Restaurant Blanco Riad REGIONALE KÜCHE €€€
(☎0539 70 42 02; 25 Rue Zawiya Kadiria; Hauptgerichte 400 Dh) Der Küchenchef dieses Lokals im gleichnamigen Hotel modernisiert die marrokanische Küche mit viel Talent. Seine traditionelle *pastilla* enthält z. B. Foie gras und Taube, die gefüllten Calamares-Röhrchen werden mit safrangelber Zabaglione serviert und die Desserts sind sündhaft lecker. Zur schlichten Einrichtung zählen Stühle und Tische sowie marokkanische Sitzbänke. Vorher reservieren.

Snack Taouss FAST FOOD €
(3 Rue 10 Mai; Hauptgerichte 25 Dh; ⏲Mittag- und Abendessen) Eine kleine Snackbar, die für ihre Burger und Pommes frites bekannt ist. Zudem gibt's einige syrisch beeinflusste Gerichte wie Falafel und *shwarma*. Günstige Pizzas, Salate, *harira* (Tomaten- und Linsensuppe), Tajines und vieles mehr sind ebenfalls zu haben. Entweder isst man im kleinen Speisebereich oben (auch praktisch, wenn man auf seine Pizza wartet) oder nimmt das Essen mit. Falls es hier zu voll ist, besucht man einfach den benachbarten Imbiss mit einem ähnlichen Angebot.

Restaurant Restinga REGIONALE KÜCHE €
(21 Ave Mohammed V; Hauptgerichte ab 50 Dh, Bier 15 Dh; ⏲Mittag- und Abendessen) Als Hauptattraktion dieses charmanten Restaurants gilt der offene Innenhof, in dem ein großer Ficus Schatten spendet Darüber hinaus punktet das Restinga mit seiner Alkohollizenz. Hier kann man prima den belebten Alleen entkommen und sich ein Bier sowie Meeresfrüchte von der Küste gönnen.

Restaurant Albahr FAST FOOD €
(21 Rue Almoukawama; Hauptgerichte ab 30 Dh; ⏲Mittag- und Abendessen) Nichts Ausgefallenes (Gebratenes, Burger, Fish & Chips), aber alles schmeckt und der Preis stimmt. Die Salate sind spitze und freitags wird Couscous (50 Dh) serviert.

Riad Saada REGIONALE KÜCHE €€
(☎0661 46 71 29; 18 Rue Jenoui; Menü 100 Dh; ⏲Mittag- und Abendessen) Eine typisch marokkanische Erfahrung: zahlreiche Teller voller Essen (Suppe, Couscous, Tajines, Salate, Kebab), Unterhaltungsprogramm (Bauchtanz, traditionelle Musiker) und eine erstklassige Kulisse im Haus eines Kalifen aus dem 16. Jh. Es gibt sogar zwei goldene Thronstühle für Hochzeiten und wunderschön geschnitzte Gipswände. Durch das Bab el-Okla gehen, dann sofort rechts abbiegen und die zweite Straße links bei Optique Seffar nehmen, schon sieht man den Eingang, einen sehr langen, gefliesten Korridor.

Palace Bouhlal REGIONALE KÜCHE €€
(☎0670 85 95 63; 48 Jamaa Kebir; Menü 100 Dh; ⏲Mittagessen) Das prächtige Palastrestaurant wartet mit Plüschsofas, Wandteppichen, privaten Essbereichen (besonders oben), sprudelnden Brunnen und einem großartigen maurischen Bogen auf. Wer Lust hat auf ein übliches Vier-Gänge-Menü, folgt einfach der Gasse Richtung Norden um die Grande Mosquée und späht nach den Schildern, die ein winziges Gässchen hinunterführen. Vor dem Betreten des Lokals kann man auf der rechten Seite kurz vor dem Eingang im Les Secrets des Plantes die 670 Gewürze an den Wänden bestaunen.

Cafétéria Emirates CAFÉ €
(5 Ave Ouahda; ⏲6–22 Uhr) Mit seiner glitzernden Einrichtung aus Schwarz und Chrom ist dieses Café der angesagteste Ort der Stadt und für Frauen eine gute Adresse. Der Kaffee schmeckt gut und es gibt tolle Säfte (15 Dh).

Oahda CAFÉ €
(16 Rue al-Ouahda; ⏲7–21 Uhr, Fr geschl.) Dieser ebenfalls frauenfreundliche Laden ist zwar nicht ganz so stylish wie das Emirates, er-

freut sich aber bei den Einheimischen genauso großer Beliebtheit. Seine Spezialität sind klebrige Kuchen. Oben herrscht eine etwas klaustrophobische Atmosphäre.

Dallas PATISSERIE €
(11 Rue Youssef ben Tachfine; ⏲6–22 Uhr) Das Café ist zwar nach der TV-Serie benannt, aber ansonsten hat diese keinen Einfluss auf die Patisserie, die bis unters Dach mit Gebäck vollgestopft ist. Einheimische Familien decken sich hier, einen Block von der Ave Mohammed V, mit Süßigkeiten ein.

Panini FAST FOOD €
(5–6 Ave Mohammed Ben Aboud; Paninis ab 20 Dh; ⏲12–23 Uhr) Sandwiches zum Selbstbelegen. Man hat die Wahl zwischen einer bunten Mischung aus Standard- und exotischen Zutaten.

SELBSTVERSORGER

In der Medina wird an der Straße, die in östliche Richtung zum Bab el-Okla führt, frisches Obst und Gemüse in Hülle und Fülle verkauft. Der Hauptmarkt (Fr geschl.) gleich um die Ecke vom Park der Liebenden hat eine tolle Auswahl an Fisch direkt von der Küste. Die **Epicerie Restinga** (Ecke Rue du Prince Héritier Sidi Mohamed & Rue Ben Aboud; ⏲9–22 Uhr) verfügt über alkoholische Getränke.

Ausgehen

Entsprechend der marokkanischen Norm sind die Kneipen in Tetouan ganz in männlicher Hand; einladendere Cafés findet man unter der Rubrik „Essen". Wem nach etwas Hartem zumute ist, steuert die dunklen, verrauchten Bars entlang der Rue 10 Mai nordwestlich der Place Moulay el-Mehdi an. Für ein schlichtes Bier ist das Restinga genau das Richtige.

Unterhaltung

Abgesehen vom Essen in einem Palastrestaurant bietet das **Cinéma Avenida** (Pl al-Adala; Eintritt 20–35 Dh; ⏲Vorführungen 15.30, 18.30 & 21.30 Uhr) die einzige Unterhaltungsmöglichkeit. Die meisten Filme werden auf Französisch oder Arabisch gezeigt, einige auch auf Spanisch.

Shoppen

Holz- und Lederarbeiten gehören zu den Spezialitäten der Stadt. Letztere kauft man am besten direkt an der Quelle in der kleinen **Gerberei** (Bab M'Kabar) im Norden der Medina.

Dar Lebadi KUNSTHANDWERK, TEPPICHE
(Jenoui-Sektion) Früher diente das 200 Jahre alte, sorgsam restaurierte Gebäude als Wohnsitz des Gouverneurs, heute ist es der Einkaufspalast der Medina und ein Treffpunkt für Berberkünstler. Hier bekommt man z. B. Rabati-Teppiche. Schon das Bauwerk an sich lohnt einen Besuch, aber Vorsicht: Es dauert meistens Stunden, bis man sich wieder losreißen kann.

Ensemble Artisanal KUNSTHANDWERK
(Ave Hassan II; ⏲Mo–Sa 8–20 Uhr) In dem von der Regierung geförderten Laden brummt es, denn hier bieten Teppichweber, Lederarbeiter, Juweliere und Holzarbeiter ihre Waren zu festen Preisen an.

Praktische Informationen

Geld

Entlang der Ave Mohammed V gibt's jede Menge Banken mit Geldautomaten.

BMCE (Pl Moulay el-Mehdi) Hier kann man auch außerhalb der regulären Banköffnungszeiten Geld und Reiseschecks wechseln.

Internetzugang

Imex Media (19 Ave Mohammed V; 5 Dh pro Std.)

Remote Studios (13 Ave Mohammed V; 9 Dh pro Std.; ⏲9–24 Uhr)

Medizinische Versorgung

Clinique du Croissant Rouge (Rot-Kreuz-Klinik; ☎0539 96 20 20; Pl al-Hammama, Quartier Scolaire)

Hauptkrankenhaus (☎0539 97 24 30; Martil Rd) 2 km außerhalb der Stadt.

Pharmacie El-Feddan (☎0539 96 80 51; Pl Hassan II; ⏲9–13 & 15.30–20 Uhr) Apotheke in der Medina.

Post

Postfiliale (Pl Moulay el-Mehdi)

Reisebüros

Voyages Travelmar (☎0539 71 42 37; 5 Ave Mohammed V; ⏲Mo–Sa 9–12 & 14.30–18.30 Uhr)

Voyages Hispamaroc (☎/Fax 0539 71 33 38; 23 Ave Mohammed V; ⏲8.30–12.30 & 15–19 Uhr, Sa morgens & So geschl.)

Touristeninformation

ONMT (Délégation Régionale du Tourisme; ☎0539 96 19 15; Fax 0539 96 19 14; 30 Ave Mohammed V) Das Personal ist hilfsbereit und hat zahlreiche Broschüren sowie Karten. Ein Besuch lohnt sich schon wegen der 1951 angefertigten Wandgemälde von Nordmarokko.

An- & Weiterreise

Bus

Mittlerweile ist Tetouan mit einem modernen **Busbahnhof** gesegnet. Es gibt einen Fahrplan mit elektronischer Scrollingfunktion, also einfach an den Schwarzhändlern, die Bustickets verkaufen, vorbeigehen und die Abfahrtszeiten selbst herausfinden. Man gelangt von hier aus in jede Stadt im Norden. Der Bahnhof verfügt über eine Gepäckaufbewahrung (mittelgroße/große Gepäckstücke 6/10 Dh).

CTM hat einen eigenen Bahnhof, der mit dem Taxi nur fünf Minuten vom Hauptbusbahnhof entfernt liegt. Im Hinblick auf die Qualität und für Langstreckenfahrten ist CTM eindeutig die bessere Wahl.

Fes 90 Dh, 5 Std.

Rabat 100 Dh, 4–5 Std.

Marrakesch 235 Dh, 11 Std.

Ziele in der näheren Umgebung:

Martil 4 Dh, 25 Min.

M'Diq 8 Dh, 1 Std.

Fnideq 10 Dh, 1¼ Std.

Die Gepäckaufbewahrung kostet 5 Dh pro Kilogramm und Tag.

Flugzeug

Der Flughafen von Tetouan ist für Charterflüge von Paris und Brüssel geöffnet, bietet aber keine Linienflüge an. Anhaltende Gerüchte, dass ein Flughafen mit Komplettservice in Planung sei, werden wahrscheinlich von dem Bestreben geschürt, Ausländern Immobilien zu verkaufen.

Taxi

Grands taxis nach Fnideq (mit Ziel Ceuta; 15 Dh, 30 Min.) und Martil (5 Dh, 15 Min.) fahren von der Ave Hassan II in der Nähe des Parks der Verliebten ab. Gelegentlich gibt's auch Verbindungen nach Al-Hoceima (150 Dh, 8 Std.) von einem staubigen Platz 100 m weiter östlich hinter dem Museum für Moderne Kunst.

Vom Taxistand auf der Place al-Hammama 2 km westlich des Stadtzentrums geht's nach Chefchaouen (30 Dh, 1 Std.) und Tanger (25 Dh, 1¼ Std.). Wenn man aus einem dieser Orte hier ankommt, bringt einen der Taxifahrer vielleicht auch näher ans Zentrum heran.

Grands taxis nach Oued Laou warten unterhalb der Überführung über die Ave al-Massira, die nicht zu übersehen ist.

Unterwegs vor Ort

Petits taxis sind kanariengelb und haben keine Taxameter. Eine Fahrt innerhalb der Stadt sollte um die 10 Dh kosten. Das eigene Auto kann man im bewachten **Parking Hammadi** (Ave Al Jazaer; 4 Std. tagsüber/nachts jeweils 10 Dh) abstellen.

Rund um Tetouan

Nach Tetouan selbst kommen nur wenige Besucher, aber im Sommer strömen Einheimische und in Europa lebende Marokkaner zu den goldenen Stränden in der Nähe. Von Fnideq bei Ceuta bis in den Süden mit M'Diq, Cabo Negro und Martil entsteht momentan eine neue touristische Infrastruktur. Entlang der neuen Küstenstraßen werden große Golfresorts und zahlreiche Appartmenthäuser für Feriengäste errichtet. Viele dieser Projekte liegen jedoch halbfertig brach, denn aufgrund des krisenbedingten Kreditstopps wurden die Bauarbeiten wegen Geldmangel der Investoren vielfach abgebrochen.

MARTIL مرتيل

Tetouans Hafen in Martil wächst rasend schnell. Der moderne Strandort mit einer weiten Sicht auf die Berge besteht aus einer langen Küstenstraße parallel zu Gassen voller Cafés, Eisdielen und Restaurants. Das ganze Jahr über kommen Wochenendbesucher hierher und im Sommer ist Hauptsaison, doch ansonsten trifft man keine Menschenseele. Martil dient als nützlicher Ausgangspunkt, sofern einen die 8 km lange Taxifahrt (10 Min.) nach Tetouan nicht stört.

Schlafen & Essen

Hotel Etoile de la Mer HOTEL €

(☎0539 97 90 58; Ave Hassan II; EZ/DZ mit Frühstück 177/231 Dh; 📶) Mit seinem unkonventionellen Design – der zentrale Lichthof voller Pflanzen wird von Treppen durchkreuzt – und der attraktiven Lage nur einen Block vom Strand entfernt ist dies derzeit die beste Unterkunft in Martil. Riffian-Stoffe und grüne Farbe lassen alles hell und freundlich wirken. Die besten Zimmer haben Balkone mit Meerblick, und das neugestaltete Restaurant schenkt Alkohol aus.

Camping al-Boustane CAMPINGPLATZ €

(☎/Fax 0539 68 88 22; Corniche; Camping pro Pers. 20 Dh, Zelt/Auto/Wohnmobil 30/20/35 Dh, Strom 30 Dh; ⏲Rezeption 7.30–12 & 19–23 Uhr; 📶🏊) Dieser empfehlenswerte Campingplatz liegt ungefähr einen Häuserblock vom Strand entfernt in einem malerischen Garten. Die Einrichtungen sind zwar schon etwas in die Jahre gekommen, aber das Restaurant ist ganz passabel (Hauptgerichte ab 55 Dh). Im Sommer gibt's einen Pool. Wenn es geregnet hat, fließt das Wasser nur schwer ab. Die Abzweigung von der Küstenstraße erkennt man an einem Brunnen.

Ras Tarf Restaurant REGIONALE KÜCHE €€

(☎0539 68 83 00; Corniche; Pizzas ab 70 Dh; ⊙Mittag- und Abendessen) Dies ist eines der netteren Lokale unter den vielen Restaurants am Strand. Auf der Speisekarte des Ras Tarf stehen Pizzas, Burger und *shwarma*. An Wochentagen außerhalb der Saison ist man der einzige Gast.

An- & Weiterreise

Busse nach Tetouan (5 Dh, 15 Min.) starten am Busbahnhof nahe dem Wasserturm am südlichen Ende des Strandes. In der Nähe der großen, neuen Moschee warten *grands taxis* nach Tetouan (5 Dh, 10 Min.).

CABO NEGRO & M'DIQ

قيضم و دوسال سأرل

5 km von Martil die Küste rauf ragt das Kap von Cabo Negro ins Mittelmeer (es ist von Martil aus deutlich zu sehen) und versteckt im Windschatten der Nordseite liegt das überraschende Örtchen M'Diq. Aus dem ehemaligen kleinen Fischerdorf wurde schnell das eleganteste Ferienresort an der Küste mit einem tollen Ortseingang, ausgezeichneten Hotels und Restaurants, einem schönen Strand und einem Jachtclub. Das Resort unterscheidet wirklich kaum etwas von Florida. Wer genug vom Trubel der Medina hat, findet hier genau den richtigen Rückzugsort. M'Diq ist nur 20 Minuten von Tetouan entfernt.

Schlafen & Essen

Es scheint, als würden sich die Unterkünfte von M'Diq auf Sommertouristen konzentrieren und das untere Ende der Preisskala ignorieren. Außerhalb der Sommermonate sollte man unbedingt nach Ermäßigungen fragen. Angesichts der Anzahl an neuen Apartments lohnt es sich auch, vor Ort nach Mietwohnungen zu suchen. Am Ufer liegen mehrere Cafés und günstige Lokale.

Golden Beach Hotel HOTEL €€

(☎0539 97 50 77; www.goldenbeachhotel.com; 84 Route de Sebta; EZ/DZ mit Frühstück 478/709 Dh;) Dieses Vier-Sterne-Hotel am Strand trägt seinen Namen zu Recht und ist sein Geld wert: wenig charmant, aber gut geführt und schön erhalten mit Einrichtungen wie einem Restaurant, einer Disko und einem Pool an der Corniche. Außerdem steht in der Bar ein Klavier mit Tasten aus Marmor.

Hotel Narijiss HOTEL €

(☎0539 66 37 70; Ave Lalla Nezha; EZ/DZ 150/250 Dh;) Ein anständiges Hotel 200 m hügelaufwärts vom Ufer an der Straße nach Tetouan. Es ist etwas langweilig, aber die Zimmer verfügen über neue Bäder und Satelliten-TV, und es gibt ein Café im Freien.

Las Olas Restaurant und Cafe REGIONALE KÜCHE €

(☎0539 66 44 33; Corniche; Hauptgerichte ab 50 Dh; ⊙Mittag- und Abendessen;) Dieses Wahrzeichen am Wasser kann man nicht verfehlen: Verkleidet als Leuchtturm beherbergt es ein Café unten und ein Meeresfrüchterestaurant oben. Die Einrichtung ist flott, der Blick vom Dach erstklassig und der Weg zum frischen Fang nicht weit. Liegt am Parkplatz an der Küstenstraße.

Royal Yachting Club de M'Diq RESTAURANT

(Hafen von M'Diq) Bei unserem Besuch wurde der gesamte Hafen restauriert und eine zusätzliche Marina errichtet. Sicher eröffnet das elegante Meeresfrüchtelokal des privaten Jachtclubs wieder, wenn die Arbeiten endgültig abgeschlossen sind.

An- & Weiterreise

Grands taxis und Busse verkehren zwischen Tetouan und Fnideq (3 km von der Grenze nach Ceuta) und fahren durch M'Diq. *Grands taxis* nach Tetouan (5 Dh, 20 Min.) starten an einem Stand in der Nähe des Narijiss-Hotels. Taxis zur Grenze (10 Dh) versammeln sich im Norden der Stadt neben der Banque Populaire.

Chefchaouen شفشاون

45 000 EW.

Unter den rauen Gipfeln des Rifgebirges liegt eines der hübschesten Städtchen Marokkos: Chefchaouen, ein künstlerisches, blau gestrichenes Bergdorf, das eine Welt für sich ist. Obwohl der Tourismus sich definitiv durchgesetzt hat, ist das Gleichgewicht zwischen Bequemlichkeit und Authentizität doch genau richtig. Die alte Medina ist eine wahre Freude: marokkanische und andalusische Einflüsse mit roten Ziegeldächern, hellblauen Gebäuden und schmalen Gassen, die an dem belebten Platz Uta el-Hammam und seiner restaurierten Kasbah zusammenlaufen. Bei Backpackern ist der Ort lange bekannt, weil man hier früher leicht an *kif* (Cannabis) kam. Chefchaouen wurde schnell luxussaniert und es gibt eine Menge gute Unterkünfte, leckeres Essen, viele Aktivitäten und keine nennens-

Chefchaouen

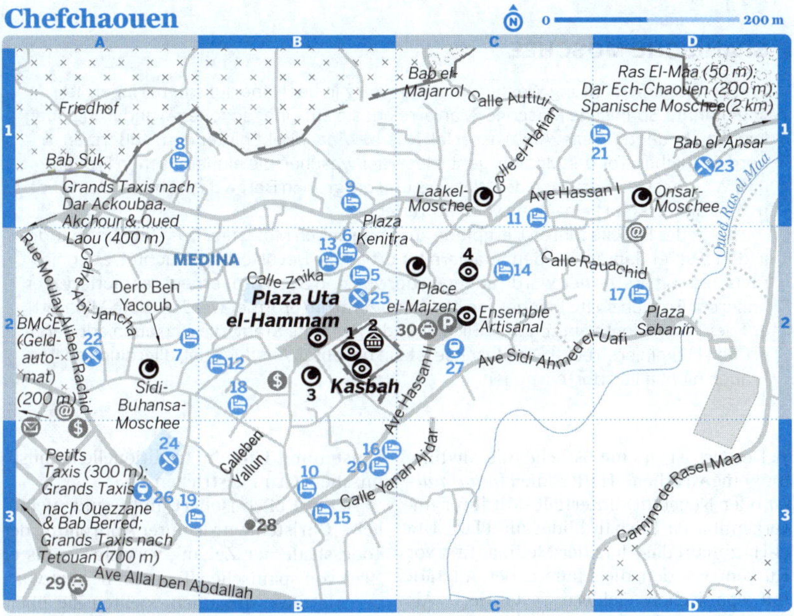

Chefchaouen

Highlights

Kasbah B2
Plaza Uta el-Hammam B2

Sehenswertes

1 Kunstgalerie B2
2 Ethnografisches Museum B2
3 Grande Mosquée B2

Aktivitäten, Kurse & Touren

4 Douches Barakat C2

Schlafen

5 Casa Hassan B2
6 Dar Baibou B2
7 Dar Baraka A2
8 Dar Mezlana A1
9 Dar Terrae B1
10 Dar Zman B3
11 Hostal Guernika C1
12 Hostal Yasmina B2
13 Hotel Barcelona B2
14 Hotel Koutoubia C2
15 Hotel Madrid B3
16 Hotel Marrakech B3
17 Hotel Molino D2
18 Hotel Mouritania B2
19 Hotel Rif A3
20 Hotel Salam B3
21 John's House D1

Essen

22 Assaada A2
23 Bab el-Ansar Café D1
24 Chez Aziz A3
25 La Lampe Magique B2

Ausgehen

26 Bar Oum-Rabiá A3
27 Hotel Parador Bar C2

Praktisches

28 Preference Voyages Agency B3

Transport

29 Grands Taxis nach Bab Taza A3
30 Petits Taxis C2

werten Probleme. Das macht es zu einer echten Alternative zu einer hektischen Tour durch mehrere Städte. Hier kann man toll entspannen, forschen und Tagesausflüge in die grünen, kühlen Hügel unternehmen, besonders als Familie.

NICHT VERSÄUMEN

SPANISCHE MOSCHEE

Von der Medina Richtung Westen sieht man ganz in der Nähe auf einem Hügel die sogenannte Spanische Moschee. Man erreicht sie auf einer schönen Wanderung über leicht zu findende Wege. Am Wasserfall **Ras el-Maa**, direkt hinter dem äußersten nordwestlichen Tor der Medina, geht's los. Hier waschen die einheimischen Frauen ihre Wäsche. Das Geräusch des Wassers und die grünen Berge direkt hinter der Stadtmauer bieten sofort ein intensives Naturerlebnis.

Hinter der Brücke führen Bergpfade zur Spanischen Moschee. Das Gebäude wurde in den 1920er-Jahren von den Spaniern für die lokale Bevölkerung errichtet, aber niemals genutzt. Es verfiel, wurde aber (wieder von den Spaniern) erneut restauriert. Bei unserem Besuch sollte hier gerade ein Kulturzentrum eröffnet werden. Vom Minarett auf dem Gipfel lockt ein schöner Blick über die gesamte Stadt, die sich auf niedrigeren grünen Hügeln erstreckt. Die Moschee ist ein beliebtes Ausflugsziel, allerdings sollten Frauen nicht allein dorthin gehen.

Der Ort ist in eine östliche (die Medina) und eine westliche Hälfte (die *ciudad nueva* oder Neustadt) unterteilt. Mit ihrer unverkennbaren Kasbah bildet die Plaza Uta el-Hammam das Herz der Medina. Erst vor Kurzem wurden die Mauern der Altstadt mit spanischen Geldern restauriert. Als Hauptstraße der Neustadt dient die Ave Hassan II. Sie führt von der Plaza Mohammed V, einem quirligen, von Joan Miró designten Platz, hinter das Westtor von Bab el-Ain, um die Südmauer der Medina und in die Altstadt hinein und endet schließlich an der lebhaften Place el-Majzen. Der Busbahnhof liegt 1 km südwestlich des Stadtzentrums und die Wasserfälle von Ras-el-Maa befinden sich gleich hinter den Stadtmauern im Nordosten.

Geschichte

Ursprünglich hieß der Ort Chaouen, was so viel wie „Gipfel" bedeutet. Unter der spanischen Besetzung änderte man die Schreibweise in Xaouen und 1975 wurde die Stadt in Chefchaouen („Blick auf die Gipfel") umbenannt. Heute werden alle Namen synonym verwendet.

Moulay Ali ben Rachid gründete Chaouen 1471 als Basis für Berberstämme aus dem Rif, um die Portugiesen in Ceuta anzugreifen. Die Stadt wuchs mit Ankunft der muslimischen und jüdischen Flüchtlinge aus Granada 1494, die hier jede Menge weiß gekalkte Häuser mit winzigen Balkonen, Ziegeldächern und Innenhöfen (oft mit einem Zitrusbaum in der Mitte) errichteten. Diese Gebäude verleihen der Stadt ihr unverkennbar spanisches Flair. In den 1930er-Jahren wurde die heute allgegenwärtige blassblaue Tünche eingeführt – davor waren die Fenster und Türen in traditionellem, muslimischem Grün gestrichen.

Der Ort blieb isoliert und fremdenfeindlich – Christen wurde unter Androhung der Todesstrafe der Zugang verwehrt –, bis er 1920 von spanischen Truppen besetzt wurde. Als diese ankamen, stellten sie überrascht fest, dass die jüdischen Einwohner immer noch eine Variante des mittelalterlichen Kastilisch sprachen. Während des Rifkrieges in den 1920er-Jahren wurden die Spanier kurzzeitig von Abd al-Krim vertrieben, kamen aber bald zurück und blieben bis zur Unabhängigkeit 1956.

Sehenswertes

Medina MEDINA

Die Medina von Chefchaouen gilt als eine der hübschesten Altstädte in Marokko. Sie ist klein und menschenleer und dadurch leicht zu erkunden, mit genügend kurvigen Wegen, die einen verwirren können, aber so kompakt sind, dass man nie allzu weit vom Weg abkommt. Viele Gebäude sind in einem blendenden Blau-Weiß gestrichen, das ihnen ein sauberes, frisches Aussehen verleiht. Terrakottakacheln tragen zum andalusischen Flair bei.

Das Herz der Medina ist der wunderbar schattige Kopfsteinpflasterplatz **Plaza Uta el-Hammam**, gesäumt von Cafés und Restaurants, die alle ähnliches Essen servieren. Besonders nach einem langen Tag voller Erkundungen eignet sich der ruhige Platz zum Entspannen und Beobachten des bunten Treibens. Er wird dominiert von den roten Mauern der **Kasbah** und der angrenzenden **Grande Mosquée**. Letztere ist vor allem für ihren ungewöhnlichen achteckigen und vor Kurzem restaurierten Turm bekannt und wurde im 15. Jh. vom Sohn des Gründers der Stadt, Ali ben Rachid, errichtet. Hier haben nur Moslems Zutritt. Die **Kasbah** (☎0539 986343; Eintritt inkl. Museum & Galerie 10 Dh; ⌚Mi–Mo 9–12 & 15–18.30, Fr 9–11.30 & 15–18.30 Uhr) ist eine stark restaurierte, von Mauern umgebene Festung, in der heute ein hübscher Garten, ein kleines **Ethnografisches Museum** und eine noch kleinere **Kunstgalerie** untergebracht sind. Im Museum bekommen die Besucher eine Vorstellung vom alten Chefchaouen mit der Plaza und der Kasbah. Die Galerie stellt Arbeiten talentierter einheimischer Künstler aus.

Aktivitäten

Spas & Hamams

Centre Viva Form SPA
(☎0539 98 61 65; Atlas Chaouen Hotel; ⌚12–21 Uhr) Ein anspruchsvolles Spa im Atlas Chaouen Hotel mit umfassendem Service. Die Preise reichen von 100 Dh für eine Reflexzonenmassage bis zu 500 Dh für die 50-minütige Abnehmmassage.

Douches Barakat HAMAM
(Hamam 10 Dh; ⌚Männer 8–12 Uhr, Frauen 12–20 Uhr) Traditioneller und um einiges günstiger.

Trekking

Der 580 km² große **Talassemtane-Nationalpark** direkt vor den Toren der Stadt wartet mit zahlreichen Wanderstrecken unterschiedlicher Länge auf. Sein Name bedeutet in der Berbersprache „klare Quelle". Zu den beliebten Ausflugszielen gehören auch die kleinen Dörfer Kalaa und Akchour sowie die Brücke Gottes, eine natürliche Formation, die aussieht wie ein Steinbogen. Die Dauer der einzelnen Wanderungen hängt davon ab, wie weit man jeweils fahren und laufen möchte

Das **Ökomuseum** (beim Campingplatz Azilane) am Eingang des Nationalparks lohnt einen Besuch. Es bietet Infos zum Park, Wanderkarten und zeigt eine große Ausstellung zur lokalen Flora und Fauna. Wer während einer Wanderung campen möchte, muss sich hier anmelden.

12 km von Chefchaouen entfernt stößt man an der Straße nach Oued Laou auf **Le Caiat** (☎0666 28 87 15; www.caiat.com; ab 160–300 Dh pro Pers.; Mahlzeiten 100 Dh), eine wunderbare Berghütte mit Übernachtungsmöglichkeiten und einem Restaurant mit fantastischem Ausblick. Zudem organisieren die Betreiber unterschiedliche Trekkingtouren von zwei Stunden bis zu zwei Tagen.

Geführte Touren

Association des Guides du Tourisme de Chefchaouen TREKKING
(☎0662 11 39 17; mouddenabdeslam@yahoo.fr; halbtägige Städtetour 120 Dh, Bergwanderungen halbtägig/ganztägig 250/400 Dh) Diese Nichtregierungsorganisation wurde gegründet, um über Trekkingmöglichkeiten zu informieren und Wanderführer auszubilden. Der Präsident der Vereinigung, Abdeslam Mouden, spricht fließend Englisch, weiß eine Menge über die Gegend und ist ein erfahrener Guide.

Feste & Events

Im Juli organisiert die aktive Kulturvereinigung **Rif el-Andalus** (☎0539 98 68 00) eine große Kunstausstellung unter freiem Himmel und das Alegria Chamalia, ein internationales Musikfestival.

Schlafen

Chefchaouen wartet mit einer großen Auswahl an Unterkünften auf. Da die meisten Besucher wegen der Medina kommen, übernachten sie am besten gleich vor Ort, wobei

MOSTAPHA EL-HABTI: BERGFÜHRER

Wenn man fit ist, kann man in jedem Alter im Rifgebirge Wanderungen unternehmen. Wir bieten halbtägige und mehrtägige Touren an. Da ich ein engagierter Umweltschützer bin, bitte ich am Anfang jeden, nichts wegzuwerfen und den Müll unbedingt wieder mitzunehmen.

» **Beste Wanderung:** Zwei Tage an der Küste entlang von Akchour nach Oued Laou.

» **Was man auf dem Weg sieht:** Kräuter wie Wacholder, Lavendel, Rosmarin und *fliou* (Polei-Minze), die von den Bergbewohnern zu Heilzwecken genutzt werden; Bäume wie Zedern, Thuyas und Koniferen; sowie Berberaffen, Füchse, Eidechsen, Goldadler und andere Raubvögel.

» **Schönstes Erlebnis:** Mit den einheimischen Familien Tee trinken, Kooperativen von Webern oder Käseherstellern besuchen.

es auch außerhalb der Altstadt gute Alternativen gibt. Nur wenige Hotels haben eine Heizung, deshalb müssen sich die Gäste in kalten Winternächten unter zahlreichen Decken verkriechen.

MEDINA

LP TIPP **Hostal Guernika** GÄSTEHAUS €
(☎0539 98 74 34; hostalgernika@hotmail.com; 49 Onssar; DZ/3 BZ 200/300 Dh; 📶) Diese warmherzige, bezaubernde Unterkunft mit einem fürsorglichen, aufmerksamen Besitzer liegt nicht weit von der Plaza Uta el-Hammam entfernt. Es gibt einige tolle Zimmer zur Straße hinaus – groß und hell mit Blick auf die Berge –, aber die anderen sind ziemlich dunkel. Alle Zimmer haben Duschen. Für Übernachtungen im Sommer, an Ostern und im Dezember vorab reservieren.

Dar Terrae GÄSTEHAUS €€
(☎0539 98 75 98; www.darterrae.com; Ave Hassan I; EZ/DZ/3BZ mit Frühstück 290/390/600 Dh; 📶) Jeder der fröhlich gestrichenen Räume ist individuell dekoriert und hat ein eigenes Bad sowie einen Kamin. Die italienischen Inhaber bereiten ein fantastisches Frühstück und auf Anfrage auch andere Mahlzeiten zu. Das Haus ist schlecht ausgeschildert – im Zweifelsfall nach dem „Hotel Italiano“ fragen.

Dar Baraka GÄSTEHAUS €
(☎0614 68 24 80; www.riad-baraka.com; Derb Ben Yacoub; DZ mit Gemeinschaftsbad und Frühstück 240 Dh, 4BZ 120 Dh pro Pers. mit privatem Bad 280 Dh; 📶) Ein nagelneues, helles Haus mit englischen Besitzern. Die Zimmer sind komfortabel und die Gemeinschaftsbäder makellos. Besonders schön ist die Terrasse. Sie bietet Sonne, etwas Wärme und auch Schatten. Auf Wunsch bekommt man Abendessen – oft wird gegrillt. Sonntags tischt die Herrin des Hauses einen guten Braten auf.

John's House FERIENHAUS €€
(17 Calle Autiui; www.johndirkwilkinson@gmail.com; für 3 Pers. pro Übernachtung/Woche 715/3850 Dh; ❄@) In dem gemütlichen Haus gibt's zwei Schlafzimmer, ein beheiztes Bad und eine tolle Terrasse mit einem Brunnen, der groß genug ist, um die Füße hineinzutauchen. Das Gebäude gehört dem britischen Konsul von Chefchaouen und draußen weht der Union Jack neben der marokkanischen Flagge. Im Winter kann man sich zum Singen mit Klavierbegleitung am offenen Kaminfeuer treffen.

Dar Meziana GÄSTEHAUS €€
(☎0539 98 78 06; www.darmezianahotel.com; Rue Zagdud; EZ/DZ/3BZ ab 475/650/950 Dh; ❄📶) Das Boutique-Hotel ist eine kunstvolle Kreation aus einem einzigartigen eckigen Innenhof, üppiger Bepflanzung, viel Licht, qualitativ hochwertigen Möbeln und außergewöhnlichen Decken. Es liegt zwar am Rand der Medina und hat kein Schild, ist ansonsten aber einfach wunderbar.

Hotel Mouritania GÄSTEHAUS €
(☎0539 98 61 84; 15 Rue Qadi Alami; EZ/DZ 60/120 Dh; 📶) Die Zimmer sind schlicht, aber das Personal ist hilfsbereit. Es gibt eine gemütliche Lounge im Innenhof, in der man andere Traveller treffen kann. Das Frühstück (20 Dh) schmeckt großartig.

Hostal Yasmina GÄSTEHAUS €
(☎0539 88 31 18; yasmina45@hotmail.com; 12 Zaida Al-Horra; Zi. pro Pers. 75 Dh) Für den Preis blitzt dieses Gästehaus geradezu. Die wenigen Zimmer kommen hell und sauber daher und die Unterkunft liegt nur einen Steinwurf entfernt von der Plaza Uta el-Hammam, außerdem ist die Dachterrasse sehr einladend. Vorab reservieren.

Hotel Koutoubia GÄSTEHAUS €
(☎0668 11 53 58; Calle Andalouse; EZ/DZ 150/200 Dh) Budgetniveau in Perfektion: freundliches und aufmerksames Management, zentrale Lage, traditionelle Einrichtung, makellose Zimmer und eine Dachterrasse, die sich schließen lässt und sich deshalb auch für das Frühstück (15 Dh) an kalten Tagen eignet.

Dar Baiboo GÄSTEHAUS €€€
(☎0539 98 61 53; www.casahassan.com; Rue Targhi; ❄) Die neu eröffnete, helle und luftige Pension liegt gegenüber der Casa Hassan und hat denselben Besitzer. Sie wartet mit großen und komfortablen Zimmern auf, die sich rund um einen Innenhof gruppieren.

Casa Hassan GÄSTEHAUS €€€
(☎0539 98 61 53; www.casahassan.com; 22 Rue Targhi; EZ/DZ mit Halbpension ab 850/1000 Dh; ❄) Ein großes Gästehaus im zweiten Stock über dem Restaurant mit einer Feuerstelle. Dem Gebäude sieht man sein Alter schon leicht an. Alle Zimmer sind sehr geräumig und kreativ eingerichtet, z. B. mit Betten in kleinen Alkoven und Kaminen. Außerdem gibt's einen Hamam und eine Lounge.

Hotel Barcelona GÄSTEHAUS €
(☎0539 98 85 06; 12 Rue Targhi; Zi. mit Gemeinschaftsbad pro Pers. 70 Dh, EZ/DZ mit Bad

300 Dh) Freundliche Budgetunterkunft in hellem Blau, typisch für Chefchaouen. Einrichtung und Ausstattung sind recht einfach, aber das Hotel wurde erst kürzlich neu gestrichen und die Dachterrasse ist großartig.

Hotel Molino GÄSTEHAUS €€
(☎0539 98 74 23; Plaza Seloannine; www.hotelchefchaouen.com; EZ/DZ mit Gemeinschaftsbad und Frühstück 250/350 Dh, DZ/4BZ mit Bad 550/750 Dh; 📶) Diese neue Bleibe bietet verschiedene, flippig und mit lokalen Stoffen eingerichtete Zimmer. Ungewöhnlich ist der herrliche Garten, in dem einheimische Kinder lernen, wie man Gemüse anbaut. Der amerikanische Besitzer plant, demnächst ein Spa und ein libanesisches Restaurant zu eröffnen. Man kann entweder ein Abendessen bestellen oder in der eigenen Küche kochen.

AUSSERHALB DER MEDINA

Fast alle anderen Unterkünfte reihen sich an der Ave Hassan II aneinander, die südlich der Medina an der alten Stadtmauer verläuft.

LP TIPP **Dar Ech-Chaouen** GÄSTEHAUS €€€
(☎0539 98 78 24; www.darechchaouen.ma; 18 Route Ras el-Mar; EZ/DZ mit Frühstück 490/690 Dh, Suiten EZ/DZ 600/890 Dh; ❄📶🏊) In der Nähe des Ras el-Maa, gleich außerhalb der Stadtmauern, wartet das kürzlich eröffnete Gästehaus mit ausgezeichneten, gehobenen Übernachtungsmöglichkeiten auf. Es hat einen guten Schnitt, eine flache Treppe, geräumige komfortable Zimmer und eine schattige Gartenterrasse. Darüber hinaus gibt's einen Pool mit großartigem Ausblick sowie ein Restaurant. Bei unserem Besuch wurden am Pool gerade fünf Familienbungalows gebaut.

Dar Zman GÄSTEHAUS €€
(☎0539 98 93 46; darzmanguesthouse@gmail.com; Bab el Hammar, Ave Hassan II; EZ/DZ mit Frühstück 450/600 Dh; 📶) Das entzückende, restaurierte Gästehaus hat acht hell gestrichene Zimmer und eine schöne Dachterrasse, auf der das Frühstück serviert wird. Ein paar ehrgeizige junge Hoteliers haben es entworfen. Die nachgemachten Artefakte in den Wänden sind eine clevere Dekoidee.

Hotel Salam HOTEL €
(☎0539 98 62 39; 39 Ave Hassan II; EZ/DZ/3BZ 60/120/180 Dh) Frisch gestrichen und aufgemöbelt. Die Gemeinschaftseinrichtungen sind annehmbar, denn immerhin gibt's Waschbecken in den hellen Zimmern. Während der Hauptsaison wird den Gästen eine Espressomaschine im Salon zur Verfügung gestellt.

Hotel Marrakech HOTEL €
(☎0539 98 77 74; Hotel.Marrakech1@hotmail.com; 41 Ave Hassan II; EZ/DZ mit Frühstück 150/240 Dh, DZ/3 BZ mit Dusche 300/360 Dh; 📶) Etwas unterhalb des ganzen Trubels stößt man auf ein Hotel mit Charakter. Die Zimmer in Pastellfarben strotzen nur so vor frischer Luft, der Gemeinschaftsraum besticht mit seinem Kamin in der Mitte und den verzierten Gipswänden, und die Dachterrasse bietet einen atemberaubenden Blick über das Tal.

Hotel Rif HOTEL €
(☎0539 98 69 82; hotelrif@hotmail.com; 29 Ave Hassan II; EZ/DZ mit Frühstück 150/180 Dh, mit Bad & Frühstück 180/240 Dh; ❄) Unter den Mauern der Medina gelegen. In dem Hotel mit hauseigenem Restaurant gibt's einige gute Zimmer, die über eine tolle Aussicht verfügen – die ohne sind aber ebenfalls akzeptabel. Obwohl recht dunkel und chaotisch, ist die Unterkunft bei Reisegruppen beliebt, deswegen sollte man im Voraus buchen. Hier können auch Bergwanderungen organisiert werden.

Hotel Madrid HOTEL €€
(☎0539 98 74 97; www.moroccanhousehotels.com; Ave Hassan II; EZ/DZ/3BZ mit Frühstück 327/428/605 Dh; 📶) Die Lobby im Alte-Welt-Stil wirkt freundlich und die gemütlichen Zimmer mit schmiedeeisernen Betten, rüschenbesetzten Baldachinen und gut ausgestatteten Bädern sind eine angenehme Überraschung. Achtung: Nicht auf dem lose auf der Treppe liegenden Teppich ausrutschen!

Camping Azilane CAMPINGPLATZ €
(☎0539 98 69 79; Hay Ouatman; Campen für Erw. 25 Dh und für Zelt/Auto/Wohnmobil 20/20/35 Dh, Strom 15 Dh; 📶) Dank der schattigen Lage und der tollen Aussicht erfreut sich der Campingplatz großer Beliebtheit, auch wenn er anstrengende 20 Gehminuten von der Medina entfernt liegt. Zu den Einrichtungen gehören ein kleines Restaurant und ein Laden, wo das Nötigste verkauft wird. Wer warm duschen möchte, muss dafür 10 Dh zahlen.

Chaouen Youth Hostel HOSTEL €
(☎0666 90 84 42; Hay Ouatman; mit Frühstück pro Pers. 40 Dh, in Gruppen pro Pers. 30 Dh) Neben dem Campingplatz befindet sich eine

DIE BESTEIGUNG DES EL-KELAÂ

1616 m hoch thront der Jebel el-Kelaâ über Chefchaouen. Auf den ersten Blick wirkt der Berg ausgesprochen respekteinflößend, aber wer früh loszieht und ordentlich Verpflegung dabeihat, dürfte ihn – eine gewisse körperliche Fitness vorausgesetzt – an einem Tag leicht bewältigen.

Los geht's hinter dem Campingplatz Azilane; einfach der Holperstraße folgen, die zum Örtchen Aïn Tissimlane führt. Gelbe und weiße Streifen, die auf Felsen gemalt sind, zeigen einem den richtigen Weg. In der ersten Stunde geht's ziemlich steil nach oben. Über der Baumgrenze können Wanderer zum ersten Mal den Blick über Chefchaouen genießen. Danach wandert man auf einer befestigten Piste weiter hinauf auf den Berg. Aïn Tissimlane dürfte nach einigen Stunden erreicht sein. Hier klettert der Weg im Zickzackkurs zwischen Felsbrocken hindurch. Nach knapp 60 Minuten taucht ein Pass auf; dort dem Weg nach Westen folgen, um den Bergsattel zu erreichen. Nun ist es nicht mehr weit bis zum Gipfel. Ein holpriger Pfad, auf dem man zwischendurch auch richtig kraxeln muss, führt zum Ziel. Oben wird die ganze Plackerei aber schließlich mit dem schönsten Blick über diesen Teil des Rifgebirges belohnt.

Der Abstieg auf der gleichen Route ist schnell und unkompliziert. Alternativ nimmt man nördlich vom Bergsattel einen anderen Pfad, der zu einer Gruppe von Dörfern auf der anderen Seite des Berges führt. In einem von ihnen, El-Kelaâ, sieht man Getreidespeicher aus dem 16. Jh. und ein schiefes Minarett. Von dem Örtchen aus geht's in ein paar Stunden über einfache Wege zurück nach Chefchaouen.

helle und saubere Jugendherberge. Eine warme Dusche kostet 20 Dh und es gibt eine Waschmaschine. In der Saison braucht man einen Jugendherbergsausweis.

Atlas Chaouen HOTEL €€€

(☎0539 98 60 02; www.hotelsatlas.com; EZ/DZ/3BZ mit Frühstück 612/774/1161 Dh; ❄📶🏊) Unübersehbar thront das Hotel auf den Hügeln. Es dient nicht nur als Unterkunft, sondern auch als bescheidenes Kunstmuseum mit einigen fantastischen Arbeiten des einheimischen Künstlers Zaidi Mohammed, darunter ein Gemälde der Medina, das eine ganze Wand einnimmt. Das Atlas Chaouen bietet alle Annehmlichkeiten eines europäischen Vier-Sterne-Hotels, z. B. eine riesige Lobby, ein Spa mit umfassendem Service, einen Pool mit herrlichem Blick auf die Berge, den einzigen Nachtclub der Gegend, ein durchschnittliches Restaurant und eine Bar. Nichtgäste dürfen den Pool gegen Gebühr nutzen (Erw./Kind 100/70 Dh).

Auberge Dardara PENSION €€

(☎0539 70 70 07, 0661 15 05 03; www.dardara.ma; Route Nationale 2; DZ/3BZ/4BZ mit Halbpension 90/1200/1500 Dh7; ❄🏊) Eine echte französische *auberge* auf dem Land mit riesigen, rustikalen Suiten samt TV und Kamin. Zu der 10 ha großen Anlage gehören eine bewirtschaftete Farm, Gärten, ein Pool, ein Kunsthandwerksladen, ein Hamam, ein Fitnesscenter, Pferde und die anspruchsvollste Küche in der ganzen Gegend rund um Chefchaouen. Gäste können bei der Gartenarbeit helfen und Kunsthandwerk anfertigen. Mit dem Taxi (5 Dh) sind es zehn Minuten bis Bab Taza.

✕ Essen

An den Cafés rund um die Place Outa el-Hammam kommt einfach niemand vorbei. Die frisch gepressten Säfte oder ein gemütliches Tässchen Minztee sind einfach zu verlockend! Und erst das klebrig süße Gebäck, das die Bauchladenverkäufer hier nachmittags anbieten… In den Hinterzimmern spielen die einheimischen Männer Karten und rauchen *kif.* Hier kann man schon mal einen Blick reinwerfen, allerdings werden sich Frauen nicht sehr willkommen fühlen.

LP TIPP **Auberge Dardara Restaurant** REGIONALE KÜCHE €€

(☎0539 70 70 07, 0661 15 05 03; Route Nationale 2; Hauptgerichte ca. 90 Dh; ⏲Mittag- und Abendessen) Für die beste Küche in der Gegend lohnt sich die zehnminütige Fahrt von der Stadt nach Bab Taza (5 Dh) auf jeden Fall. Der Besitzer aus Tanger verwendet frische Zutaten aus dem Garten, backt das Brot selbst und stellt eigenen Ziegenkäse her. Wir empfehlen vor allem das ausgezeichnete Wildgericht mit getrockneten Feigen und das saftige Kaninchen mit Quitten.

Plaza Café-Restaurants REGIONALE KÜCHE €
(Plaza Uta el-Hamman; Frühstück ab 20 Dh, Hauptgerichte ab 30 Dh) In Chefchaouen geht man zum Essen gern in eines der Dutzend Café-Restaurants auf dem Hauptplatz. Das Angebot ist praktisch identisch (kontinentales Frühstück, Suppen, Salate, Tajines und Meeresfrüchte), das Essen generell ziemlich gut und die Atmosphäre lebhaft.

Lala Mesouda REGIONALE KÜCHE €€
(Calle Znika; Menü 120 Dh; ⌚Mittag- und Abendessen) Dieses neue Restaurant ist eine willkommene Ergänzung, denn auf der Karte stehen Gerichte, die es in der Stadt sonst nicht gibt. Sowohl das Steak mit Roquefortsauce als auch das Huhn mit Sahne und Pilzen schmecken hervorragend, außerdem gibt's Fischgerichte. Drinnen ist es gemütlich und vertraut und man wird herzlich empfangen.

La Lampe Magique REGIONALE KÜCHE €
(Rue Targhi; Hauptgerichte ab 45 Dh, Menü 75 Dh; ⌚Mittag- und Abendessen) Ein atmosphärisches Lokal mit Blick auf die Plaza Uta el-Hammam. Auf drei hellblauen Etagen verteilen sich eine entspannte Lounge, ein formellerer Essbereich und eine Dachterrasse. Die marokkanischen Speisen, darunter Leckereien wie Lamm-Tajine mit Pflaumen und vorzüglichen Salaten, sind überdurchschnittlich gut.

Chez Hicham REGIONALE KÜCHE €€
(Rue Targhi; Hauptgerichte ca. 80 Dh; ⌚Mittag- und Abendessen) Das neben dem La Lampe Magique neu eröffnete Chez Hicham hat eine schöne warme Inneneinrichtung, bequeme Sitzgelegenheiten und eine Terrasse mit Blick über die Kasbah. Auf der Karte stehen lokaltypische Gerichte.

Assaada REGIONALE KÜCHE €
(Bab el-Ain; Menü 40 Dh; ⌚Mittag- und Abendessen) Dieses bewährte, günstige Restaurant will mit allen Mitteln gefallen. Es nimmt beiden Seiten einer Gasse direkt vor dem Bab el-Ain ein, hat das übliche *menu complet* im Angebot und wirbt mit cholesterinfreiem Ziegen-*kefta*. Die schrille Dachterrasse mit Graffitis strahlt städtischen Charme aus, aber die Treppe ist nichts für Feiglinge.

Bab el-Ansar Café CAFÉ €
(Bab el-Ansar) Die Lage des Cafés an der äußeren Mauer der Medina ist einfach fantastisch. Es gibt hier drei in einen Hang gehauene Terrassen, von denen man einen herrlichen Blick auf den Ras el Maa genießt. Am besten kommt man am späten Nachmittag her, wenn die Sonne auf die gegenüberliegenden Berge scheint.

Chez Aziz PATISSERIE €
(Ave Hassan II) Wer Süßes mag, ist hier richtig. Pizzas und Paninis, frisch gepresste Säfte und leckerer Kaffee gehören ebenfalls zum Angebot. Optimal für ein schnelles Frühstück.

SELBSTVERSORGER
Frischen Fisch, Fleisch, Obst und Gemüse findet man auf dem Markt bei der Ave Hassan II. Besonders montags und donnerstags, wenn die Bauern vom Land hier ihre Produkte verkaufen, ist die Hölle los.

Es lohnt sich, die Augen nach lokalen Spezialitäten wie dem aromatischen Berghonig und frischen Schafskäse offen zu halten. Zusammen mit frischen *dial makla* (eine Brotsorte) ergibt das ein köstliches Picknick.

Ausgehen

Hier kommt man leicht an Haschisch, aber Bier ist nur schwer aufzutreiben.

Bar Oum-Rabiá BAR
(Ave Hassan II; ⌚10–22 Uhr) Eine reine Männerbar.

Hotel Parador BAR
(Pl el-Majzen; Bier 23 Dh; ⌚14–23 Uhr) Besser ist dieser gesichtslose Laden, aber Wein bekommt man nur, wenn man in dem leicht zwielichtigen Restaurant etwas isst.

Atlas Chaouen BAR
(Bier 20 Dh; ⌚14 Uhr bis spät) Die netteste Bar, aber leider etwas abgelegen.

Unterhaltung

Atlas Chaouen NACHTCLUB
(⌚23–3 Uhr) Der einzige Club der Gegend. Unter der Woche trifft man hier meist Hotelgäste, am Wochenende auch viele Einheimische.

Shoppen

Chefchaouen ist traditionell ein Zentrum des Kunsthandwerks und deshalb super zum Shoppen. Besonders brühmt sind die gewebten Riffian-Teppiche und Decken in leuchtendem Blau-Rot-Gelb. In fast allen Läden steht ein Webstuhl, damit sich die potenziellen Käufer anschauen können, wie so eine Decke gefertigt wird. Früher war Seide das beliebteste Material; die Maulbeerbäume auf der Place Outa el Hammam erinnern noch an diese Zeit. Heute wird eher Wolle verarbeitet, eines der wichtigsten Produkte der Region.

Fast alle für Traveller interessanten Shops liegen rund um die Plätze Uta el-Hammam und El-Majzen.

Einen Besuch lohnt **Ensemble Artisanal** (Place el-Majzen; ⏲10–14 & 16–18 Uhr) gegenüber dem Parador Hotel. Der Laden zählt zu den besten, die wir in Marokko gesehen haben, auch wenn die Beschreibungen nur auf Arabisch und Spanisch sind. Hier sieht man Weber, Kupferschmiede, Künstler, Teppichknüpfer und Kunsthandwerker, die mit Metall arbeiten.

Praktische Informationen

Geld

Banque Populaire Medina (Plaza Uta el-Hammam); Neustadt (Ave Hassan II) In der Medina gibt's einen Geldautomaten.

BMCE (Ave Hassan II) Geldautomat.

Internetzugang

Cyber-Net (Zanqat Sbâa; 5 Dh pro Std.; ⏲10–24 Uhr)

IRIC (Institut Raouachid pour l'Information et le Commerce; Ave Hassan II; 5 Dh pro Std.; ⏲8–24 Uhr) In der Nähe der Librairie Al-Nahj.

Medizinische Versorgung

Hospital Mohammed V (☎0539 98 62 28; Ave al-Massira al-Khadra)

Pharmacie Chefchaouen (☎0539 98 61 58; Ave Moulay Driss)

Post

Postfiliale (Ave Hassan II)

Reisebüros

Preference Voyages Agency (☎0539 98 79 13; www.preferencevoyages.com; 39 Ave Hassan II; ⏲Mo–Fr 9–12.30 & 15–18.30, Sa 9–12.30 Uhr) In diesem hilfsbereiten Reisebüro – dem ersten in Chefchaouen – gibt's eine Touristeninformation. Die Mitarbeiter organisieren Bergwanderungen mit lizenzierten Führern. Es wird Englisch gesprochen.

An- & Weiterreise

Bus

Viele Busse legen in Chefchaouen nur einen Stopp ein und sind deshalb oft schon voll. Am besten kauft man seine Fahrkarte gleich bei der Ankunft in Chefchaoen, um sich einen Sitzplatz zu sichern. Die Haltestelle, die von CTM-Bussen und allen anderen Unternehmen angesteuert wird, liegt 1,5 km südwestlich vom Zentrum am Ende der Ave Mohammed V (*petits taxis* fahren für 10 Dh von der Place el-Makhzen hierher).

CTM (☎0539 98 76 69) bedient folgende Städte:

ZIEL	PREIS (DH)	DAUER (STD.)
Al Hoceima	80	6
Casablanca	115	8
Fes	70	4½
Nador	135	9
Ouezzane	20	1½
Rabat	85	5
Tanger	40	3
Tetouan	20	1½

Busse anderer Unternehmen fahren günstiger zu denselben Zielen sowie nach Oued Laou (30 Dh, 1½ Std., 1-mal tgl.).

Taxi

Der Festpreis für ein *grand taxi* vom Flughafen Tanger nach Chefchaouen beträgt 600 Dh. Von Tanger Med zahlt man 500 Dh. Wenn man alleine fahren muss und sich den Preis nicht teilen kann, ist es billiger, erst nach Tanger und dann über Tetouan nach Chefchaouen zu fahren. Sogar bei zwei Plätzen spart man noch über 500 Dh und braucht nur eine knappe Stunde länger.

Grands taxis in Richtung Norden verlassen Chefchaouen unterhalb der Plaza Mohammed V und verkehren meist nur bis Tetouan (30 Dh, 1 Std.). Wer nach Tanger oder Ceuta will, muss umsteigen; Direktverbindungen per Taxi sind selten. Auf der Ave Allal ben Abdallah warten *grands taxis* mit dem Ziel Dar Ackoubaa (6 Dh, 20 Min.) in der Ave Moulay Abdesalam, wo die Straße nach Oued Laou abzweigt.

Grands taxis nach Süden fahren unterhalb des Hauptmarkts ab. Wer Ouezzane (30 Dh, 1 Std.) zum Ziel hat, kommt von dort weiter nach Fes und Meknès. In Richtung Osten und Küste gibt's allerdings kaum Transportmöglichkeiten. Am besten nimmt man erst ein *grand taxi* zur Abzweigung nach Dardara (8 Dh, 15 Min.) oder bis Bab Taza (15 Dh, 30 Min.) – und hofft dann auf das Beste ...

Unterwegs vor Ort

Chefchaouens 37 blaue *petits taxis* warten auf der Place el-Makhzen und in der Nähe vom Markt. Sie haben keine Taxameter, aber eine Fahrt kostet meist nicht mehr als 10 Dh. Das Hotel Parador verfügt über einen sicheren und günstig gelegenen **Parkplatz** (Pl el-Makhzen; 10 Dh pro Nacht), auf dem auch Nichtgäste ihr Auto abstellen dürfen.

Chaouen Car (☎0539 98 62 04; Ave Hassan II) Die Agentur in der Nähe von Preference Voyages vermietet Autos und organisiert Jeepfahrten sowie Quads.

Ouezzane وزان

53 000 EW.

Diese wachsende, heruntergekommene Industriestadt hat nur wenig zu bieten, ist aber immerhin die Heimat des bekannten Ouazzaniyya-Sufi-Ordens und ein Produktionszentrum für Riffian-Djellabas (dicke gestreifte Kleidungsstücke aus Wolle mit farbenfrohen Quasten auf den Schultern).

In Ouezzanes Zentrum liegt die Place de L'Independence, ein großes Dreieck. Auf der anderen Straßenseite reihen sich ein paar Restaurants und schäbige Hotels aneinander, dahinter erstreckt sich die Medina, die gerade restauriert wird. Bergauf bilden einige Straßen ein Gewerbegebiet, in dem zahlreiche Stände zum Bummeln einladen. Die grüne Moschee hat ein interessantes achteckiges Minarett. Es gibt keinen Grund hier anzuhalten, außer man muss tanken.

Bei der Ein- und Ausfahrt in die Stadt sind Polizeikontrollen üblich. Alkohol kann man nirgendwo kaufen.

Schlafen & Essen

Falls das Auto hier seinen Geist aufgibt, hat man genau zwei akzeptable Übernachtungsmöglichkeiten:

Hotel Bouhlal HOTEL €

(☎0537 90 71 54; Rue 1, Hay el-Haddadine Echaouen; EZ/DZ/3BZ 80/120/150 Dh, mit Klimaanlage zzgl. 40 Dh für 2 Std.; ❄) Die bessere Budgetunterkunft liegt in einer langweiligen industriellen Nebenstraße, in deren Umgebung absolut nichts los ist, und verfügt über saubere Zimmer. Es gibt Gemeinschaftsbäder mit Warmwasserduschen sowie westlichen Klosetts und Hocktoiletten. Außerdem ist die Dachterrasse sehr gemütlich. Das freundliche Personal serviert auf Bestellung Frühstück, ansonsten isst man im Motel Rif.

Motel Rif RESORT €

(☎0537 90 71 72; www.motel-rif.ma; Zi. 250 Dh, 5-Pers.-Apt. 700 Dh; ≋) Auf dem Weg nach Chefchaouen, rund 3 km vor der Straße nach Fes, stößt man auf diesen seltsamen blau-weißen Komplex am Stadtrand, der sich selbst für ein Drive-in-Resort hält. Zu der Anlage gehören Tiki-Schirme am Pool, ein Stellplatz für Wohnmobile (2 Fahrzeuge 70 Dh), Strom und warme Duschen, ein höhlenartiges Restaurant (Menü 100 Dh) und eine 35 ha große Farm, die das Motel mit Nahrungsmitteln versorgt. Die großen Betonblöcke geben einem das Gefühl, sich in einer Fabrik aufzuhalten, die als Hotel genutzt wird.

Gegenüber der Place de L'Independence befinden sich noch mehrere andere Budgetunterkünfte, die sich alle auf der untersten Sprosse einer kurzen Leiter drängen. Das **Restaurant des Négociants** (Place de l'Indépendence) ist das beliebteste Lokal im Ort, allerdings lassen die vielen Fliegen in puncto Hygiene Böses ahnen.

An- & Weiterreise

Bus

Zwei unscheinbare, staubige Plätze auf der Rue de la Marche Verte, 50 m nordwestlich vom Hauptplatz, dienen als Busbahnhof und Stand für die *grands taxis*. Wer Ouzzane verlassen will, sollte sich rechtzeitig einfinden, denn nach 17 Uhr fahren keine Busse mehr.

CTM bietet Verbindungen nach Fes (50 Dh, 2 Std., 2-mal tgl.) und Tetouan (40 Dh, 2 Std., 1-mal tgl.) via Chefchaouen (20 Dh, 1½ Std.) an.

Vor 17 Uhr verkehren auch häufig Busse anderer Unternehmen, z. B. zu folgenden Zielen:

Casablanca 65 Dh, 5 Std.

Chefchaouen 20 Dh

Fes 40 Dh

Kenitra 25 Dh, 2½ Std.

Meknès 40 Dh

Tanger 50 Dh, 4 Std.

Tetouan 35 Dh

Die meisten Nicht-CTM-Busse in Richtung Chefchaouen halten auf Wunsch an der Abzweigung nach Dardara. Von hier aus können sich Traveller von einem grand taxi (10 Dh) die restlichen 10 km in die Stadt bringen lassen.

Taxi

Es fahren *grands taxis* nach Chefchaouen (30 Dh, 75 Min.) und Fes (60 Dh, 2 Std.). Für größere Entfernungen, z. B. nach Rabat oder Tanger, muss man eventuell erst ein Taxi nach Souk-el-Arba-du-Rharb (20 Dh, 45 Min.) oder Ksar el Kebir (25 Dh, 1 Std.) nehmen und dort umsteigen.

Östlich von Chefchaouen

ISSAGUEN

5000 EW.

Verlässt man Chefchaouen in südöstlicher Richtung, führt die N2 ins Herz des Rifgebirges 150 km entlang der „Wirbelsäule" der Berge hinunter. Die Straßen sind uneben, und aufgrund der endlosen Windungen und Kurven kommt man nur langsam voran. Außerdem gibt's kaum Tankstellen.

ISSAGUEN & KETAMA

Issaguen und Ketama haben einen zweifelhaften Ruf und gelten als Region jenseits aller Gesetze. Hier finden Menschen Unterschlupf, die sich in keinem anderen Teil Marokkos mehr blicken lassen können. Die Einheimischen werden sich wundern, was Touristen hier verloren haben, und ganz selbstverständlich annehmen, dass sie Haschisch kaufen wollen. Hier ist niemand, an den man sich wenden könnte, wenn man in Schwierigkeiten gerät, und es ist schwer, Ärger aus dem Weg zu gehen. Travellern wird dringend empfohlen, durchzufahren und in keinem der beiden Orte zu übernachten.

Der kleine raue Ort Bab Berret markiert den inoffiziellen Eingang zum angeblich größten Cannabis-Anbaugebiet der Welt. Hier liegen überall Marihuanafelder, die man von der Straße aus nicht sehen kann. Für ihre Bewirtschaftung werden auf den Märkten riesige Mengen an chemischem Dünger verkauft.

Issaguen taucht unerwartet inmitten von Zedernwäldern auf. Die heruntergekommene Grenzstadt ist wie das 20 km entfernte Ketama eines der Zentren des Haschischanbaus und des Schmuggels. Auf einigen Karten werden beide Orte einfach als einer angezeigt. Der Verkehr schlängelt sich planlos über Issaguens löchrige, staubige Hauptstraße, an deren Rand ausgenommene Schafe hängen und Männer mit Kapuzen herumschleichen.

Richtung Südosten sieht man am Horizont den Jebel Tidiquin (2448 m), den höchsten Gipfel des Rifgebirges.

Nördlich & östlich von Chefchaouen

OUED LAOU واد لاو

Mit seiner staubigen Hauptstraße voller blindlings errichteten Gebäuden wirkt der kleine, aber wachsende Ort wie eine Stadt aus dem Wilden Westen, die am Meer liegt. Günstige Zimmer am Wasser, preiswertes Bier und Essen, Internetcafés und ein sehr langer, verlassener Strand machen Oued Laou vor allem im Sommer zu einem Backpackerparadies. Außer den Fischern, die am Morgen ihre Boote zu Wasser lassen, ist hier nichts zu sehen.

Schlafen & Essen

Hotel Oued Laou GÄSTEHAUS €

(☎0655 21 37 89/0650 18 43 38; Blvd Massira; EZ/DZ ab 150/200 Dh) Trotz einiger neuer Budgetoptionen ist dieses Hotel die beste Unterkunft. Es wird von einem energischen jungen Manager geführt, liegt direkt am Strand und verfügt über ein Billardzimmer sowie eines der besseren Cafés bzw. Restaurants. Die Zimmer mit Meerblick sind besonders toll.

Mare Nostrum HOTEL €€€

(☎0664 37 60 57; www.marenostrumhotel.net; Familienbungalow mit Frühstück 1500 Dh;) Ein perfekter Zufluchtsort in toller Lage auf den Klippen. Das kleine Resort für Selbstversorger liegt 4 km von der Stadt entfernt an der Straße nach Tetouan und bietet Gästen eine Reihe von Bungalows mit Pool, ein gehobenes Restaurant (Hauptgerichte ab 150 Dh), eine charmante Lounge und einen privaten abgeschlossenen Strand weiter unten. Die Bungalows sind riesig und wurden kürzlich neu möbliert. Sie bieten eine herrliche Aussicht auf die felsige Landzunge. Im Sommer vorab reservieren.

La Plage Restaurant FISCH & MEERESFRÜCHTE €

(Corniche; Hauptgerichte ab 20 Dh) Gleich gegenüber von den Fischerbooten gibt's frische Sardinen, Hühnchen, Pommes frites und Tajines.

Praktische Informationen

Cyber Costa (5 Dh pro Std.; 9–24 Uhr) Gegenüber vom La Plage Restaurant. Außerhalb der Saison ist das Internetcafé aber meistens geschlossen.

An- & Weiterreise

Wer mit dem Auto aus Chefchaouen kommt, muss bei Dar Ackoubaa, 11 km nördlich von Chefchaouen, von der Hauptstraße nach Tetouan abbiegen. Die Strecke vorbei am großen Staudamm, durch sanft hügeliges Gelände und die beeindruckende Schlucht von Laou ist großartig. Traveller, die aus Tetouan kommen, nehmen die ausgebaute N16: Bis El-Jebha schlängelt sie sich 140 km lang an der spektakulären Küste entlang.

Jeden Tag verbinden drei Busse Tetouan und Oued Laou (25 Dh, 2 Std.). Einer dieser Busse fährt nach Chefchaouen (20 Dh, 90 Min.) und weiter die Küste entlang nach El-Jebha (30 Dh, 5 Std.). Auf dem Rückweg startet dieser Bus am frühen Morgen in El-Jebha. Allerdings wirft er die Fahrgäste in Oued Laou beim Suk raus. Dann gibt's zwei Optionen: 45 Minuten Fußweg in die Stadt oder ein *grand taxi* für 5 Dh.

Die Taxis in Oued Laou warten gleich neben der Moschee. Von hier geht's via Dar Ackoubaa (15 Dh, 20 Min.) nach Tetouan (30 Dh, 1 Std.), von wo man mit einem Taxi nach Chefchaouen kommt.

VON TARGA NACH EL-JEBHA

من ﺗﺮﮔﺖ إلى الجبهة

Dieser dramatische Küstenabschnitt ist sehr abgelegen. Pinienbewachsene Hügel wechseln sich ab mit Tälern voller bewirtschafteter Felder, die bis zum Meer und den grauen Kieselstränden reichen. Allerdings war bei unserem Besuch gerade eine Küstenstraße in Bau, die Tetouan mit El-Jebba verbindet. Sie wird wahrscheinlich 2012 fertig gestellt. Gleichzeitig dazu starteten massive Entwicklungsprojete wie die Errichtung des Golf Paradise Resort und der Marina Playa Vista.

17 km südöstlich von Oued Laou stößt man auf das spanisch geprägte Dörfchen **Targa**, einst ein richtiges Piratennest. Hoch oben über dem Dorf thront auf einem schwarzen Felsvorsprung eine Festung aus Stein. Sie wurde zur Zeit des Spanischen Protektorats gebaut. Die Moschee aus dem 13. Jh. ist einem lokalen Heiligen gewidmet.

Im breiten Tal des Oued Bouchia, 18 km südöstlich von Targa, erstrecken sich die Zwillingsdörfer **Steha** (ein Verwaltungszentrum) und, ein Stück hinter der Küste, **Bou Ahmed**. Letzteres ist übrigens das Ziel der langen Trekkingtour (s. S. 310). Dienstags gibt's einen interessanten Suk, außerdem öffnet im Sommer ein schlicht ausgestatteter Campingplatz.

Von hier führt die Straße an der Küste entlang ins blau-weiße Städtchen **El-Jebha** 52 km weiter südöstlich – eine echte Achterbahnfahrt! Die zerklüftete Küste wartet mit vielen atemberaubenden, geschützten Buchten auf. Wer mit dem Auto unterwegs ist, wird ein paar tolle Ecken entdecken. Während die Straße gebaut wird, verkehren keine Busse und nur wenige Taxis. Diens-

DIE CANNABISINDUSTRIE

Das Rif ist die Heimat der weltweit größten Anbaufläche von Cannabis: Auf geschätzten 1340 km^2 werden 42 % der Weltproduktion erzeugt. Seit den 1980er-Jahren hat sich der Anbau schnell ausgedehnt, teilweise auch wegen der steigenden Nachfrage in Europa. Nun ist der Cannabishandel die größte wirtschaftliche Aktivität der Region, die ungefähr 800 000 Menschen beschäftigt und wahrscheinlich die Haupteinnahmequelle Marokkos für ausländische Währung ist, auch wenn die Bauern auf dem Land nur wenig davon abbekommen. 2002 wurde das Jahreseinkommen aus der Cannabisproduktion auf 267 US$ pro Kopf geschätzt.

Der Anbau von Cannabis begann im 15 Jh. rund um Ketama und 1912 bekamen einige wenige Stämme aus dem Rif von Spanien das Recht zur Anpflanzung zugesprochen. Als Marokko 1956 seine Unabhängigkeit erlangte, wurde Cannabis verboten. Da dies im Rif jedoch zu Konflikten führte, duldete Mohammed V. später den Anbau.

Fast alle großen Ladungen mit marokkanischem Haschisch (eine konzentrierte Form von Marihuana) werden mit dem Schiff nach Europa geschmuggelt, u. a. auf kleinen Schnellbooten, die nur eine Stunde nach Spanien und wieder zurück brauchen. Hauptanlegestellen sind Martil, Oued Laou und Bou Ahmed sowie die größeren Häfen von Nador, Tetouan, Tanger und Larache. Dealer verstecken ihre Ware zudem in Lastwagen und Autos, die auf Fähren von den spanischen Enklaven Ceuta und Melilla oder von Tanger aus verschifft werden.

Es ist nicht überraschend, dass die Hälfte aller Festnahmen von Dealern weltweit in Spanien stattfindet. Vermutlich beteiligen sich auch Terroristengruppen an dem Markt, um ihre Aktionen zu finanzieren. Mittlerweile haben sich die Dealer zusätzlich auf Menschenhandel spezialisiert und schmuggeln Hasch und Migranten gemeinsam nach Europa.

Um den illegalen Handel einzudämmen, wirbt die Regierung mit Unterstützung der EU für den ländlichen Tourismus und fördert die Einrichtung von *gîtes* und Ausbildungsprogrammen für Touristenführer. Langsam entwickeln sich diese Anstrengungen für die Einheimischen zu einer alternativen Einkommensquelle.

tags kommen die Bauern aus den Rifdörfern der Umgebung zum Suk. In El-Jebha kann man Richtung Süden durch das Rifgebirge bis Issaguem fahren oder man folgt der neuen Küstenstraße geradeaus weiter nach Al-Hoceima.

Al-Hoceima الحسيمة

103 000 EW.

Dieses moderne Ferienresort am Meer ist ruhig, sicher, relaxt und voll stolzer Berber und es ähnelt mehr als alle anderen Orte im Norden einer westlichen Stadt. Hier hält man es gut ein paar Tage aus. Wenn die Berber aus dem Norden ihr eigenes Land hätten, wäre dies ihr Hauptsitz. Ihren Dialekt Tarifit hört man weitaus öfter als Spanisch.

Der Ort wurde von den Spaniern als Villa Sanjuro gegründet und nach dem Rifkrieg Anfang des 20. Jhs. als Garnison genutzt. Ganz in der Nähe war der Rebell Abd al-Krim aktiv. Der Unabhängigkeit ist die Umbenennung in Al-Hoceima geschuldet, aber Sprache, Architektur und Handel stehen nach wie vor stark unter spanischem Einfluss.

In den letzten Jahren sind zahlreiche Auswanderer hierher zurückgekehrt und haben in ihre Heimatstadt investiert, besonders in ihre boomende Tourismusindustrie. Seither wurde der große **Place Mohammed VI** mit einem Brunnen aufpoliert, eine kurvige Küstenstraße gebaut, neue Hotels errichtet und der wundervolle **Al-Hoceima-Nationalpark** vorsichtig für den Agrotourismus geöffnet. Außerdem soll die hübsche **Place du Rif** mit ihrer maurischen Architektur in eine Fußgängerzone umgewandelt werden.

Die Stadt thront auf hohen Klippen mit Blick auf zwei Buchten – eine davon ein Strand (Plage Quemado), die andere ein Handelshafen. Der Blvd Mohammed V verläuft parallel von der Ecke der Spanischen Schule am einen Ende zur Place du Rif am anderen. Fast alle Banken, Hotels und Restaurants befinden sich hier oder ganz in der Nähe, während rund um die Place du Rif Unterkünfte der Budgetklasse liegen. Das ebene Netz aus breiten Straßen ist mü-

Al Hoceima

Al Hoceima

Sehenswertes
- 1 Place du Rif ... B3
- 2 Plage Quemado ... B2

Schlafen
- 3 Hotel al-Hana ... B3
- 4 Hotel al-Khouzama ... A2
- 5 Hotel Maghreb Jadid ... A2
- 6 Hotel Rif ... B3
- 7 Hotel Villa Florido ... B3
- 8 Suites Hotel Mohammed V ... B1

Aktivitäten, Kurse & Touren
- 9 Boulangerie Patisserie Azir ... A3
- 10 Café La Belle Vue ... A2
- 11 Épicerie Hassouni ... A2
- 12 Espace Miramar ... B2
- 13 La Dolce Pizza ... B3
- 14 Supermarché el-Bouayadi ... A3

Ausgehen
- 15 Bougamar ... A3
- Suites Hotel Mohammed V ... (siehe 8)

Shoppen
- 16 Suk ... B3

Praktisches
- 17 Chafarinas Tours ... A2
- 18 Ketama Voyages ... A1
- 19 Pharmacie Nouvelle ... A2

Transport
- 20 Busbahnhof & Grands Taxis ... B3
- 21 CTM-Busbahnhof ... B3

helos begeh- bzw. befahrbar. Weiter im Süden erwarten einen drei weitere Stadtstrände sowie der Peñón de Alhucemas, eines der letzten Überbleibsel des Spanischen Protektorats.

Sehenswertes & Aktivitäten

STRÄNDE

Plage Quemado STRAND

Eine ziemlich steile Bucht schützt den Stadtstrand. Er ist relativ sauber, aber der Hafen im Norden stört bei der Entspannung, ebenso wie die Baustelle für ein neues Hotel.

Cala Bonita, Plage Isly und Plage Asfiha STRÄNDE

Im Sommer ist es besser, einen der drei weißen Sandstrände 5 km südlich der Stadt anzusteuern. Außerhalb der Saison sind sie dagegen mit Abfällen übersät. An der Plage Asfiha, dem abgelegensten Sandstreifen, gibt's einige baufällige Restaurants direkt am Wasser, die Sardinen und Pommes frites auftischen. Zu den Stränden gelangt man am besten per *grand taxi*. Ein Taxi zur Cala Bonita kostet etwa 50 Dh, zur Plage Asfiha 75 Dh. Regionalbusse nach Ajdir und Imzouren, die an den Abzweigungen zu diesen Stränden vorbeifahren (4–5 Dh), starten neben der Mobil-Tankstelle am südlichen Ende des Blvd Mohammed V.

EL PEÑÓN DE ALHUCEMAS

Diese außergewöhnliche weiße Inselfestung gehört zu den Plazas de Soberanía (s. Kasten S. 280) und ist über einige hundert Meter von der Playa Asfiha aus zu sehen, genau wie die unbewohnten Inselchen Isla de Mar und Isla de Tierra, auf denen die spanische Flagge gehisst ist. Die spanische Herrschaft reicht bis ins Jahr 1559 zurück, als die Saadi-Dynastie das Land im Austausch gegen militärische Unterstützung an die Spanier übergab. 1673 errichtete das spanische Militär eine Garnison und ging nie wieder fort. Heute beherbergt die Festung 60 Soldaten und kann deshalb nicht besichtigt werden. Seit der Unabhängigkeit 1956 erhebt Marokko Einspruch gegen die spanische Herrschaft.

HAFEN

Der Hafen wird überwiegend für den Fischhandel genutzt. Man kann zusehen, wenn der Fang abgeladen wird, und sich anschließend einen Fisch zum Essen aussuchen. Den bringt man dann zum Club Nautique, wo er zubereitet wird.

Schlafen

In den Straßen zwischen der Place du Rif und dem Suk stößt man auf zahlreiche billige Hotels. Einige sind ziemlich schäbig, deshalb sollte man sich umsehen, bevor man eincheckt.

LP TIPP **Hotel Villa Florido** HOTEL €€

(☎0539 84 08 47; http://florido.alhoceima.com; Place du Rif; EZ/DZ/3BZ 386/492/638 Dh; 📶) Ein prächtiges 1920 errichtetes Art-déco-Hotel auf der Place du Rif, das in großem Stil komplett renoviert wurde. Die makellosen Zimmer verfügen über Bad und Satelliten-TV und haben meist auch einen Balkon. Unten gibt's ein hübsches Café (Frühstück 10 Dh). Das Hotel könnte für die Taxis nicht besser liegen. Vor Ort die beste Wahl!

Hotel al-Khouzama HOTEL €€

(☎/Fax 0539 98 56 69; Calle al-Andalous; EZ/DZ/3BZ 286/372/468 Dh; 📶) Ganz in der Nähe des Blvd Mohammed V entdeckt man dieses bei Geschäftsreisenden beliebte Zwei-Sterne-Hotel. Die Unterkunft ist komfortabel und bietet geräumige Zimmer (die von der Straße weg sind etwas finster) mit eigenen Bädern und Satelliten-TV. Die Angestellten an der Rezeption sind freundlich und hilfsbereit.

Hotel al-Hana HOTEL €

(☎0666 90 32 00; 17 Calle Imzouren; EZ/DZ/3BZ 50/80/120 Dh) Diese einfache Bleibe am unteren Ende der Preisskala versteckt sich in den winzigen Straßen östlich der Place du Rif. Alle Einrichtungen werden gemeinschaftlich genutzt, auch die sauberen Hocktoiletten (heiße Duschen kosten 10 Dh). Das Hotel ist gepflegt, doch in der Küche wimmelt es nur so von Insekten.

Hotel Maghreb Jadid HOTEL €

(☎0539 98 25 04; Fax 0539 98 25 05; 56 Blvd Mohammed V; EZ/DZ/3BZ 280/360/474 Dh) Wenn alle anderen Hotels in dieser Preisklasse ausgebucht sind, ist das Maghreb Jadid eine bewährte Alternative. Die geräumigen Zimmer verfügen zumeist über geschlossene Balkone und Fernseher. Es gibt ein Restaurant mit Alkohollizenz.

Suites Hotel Mohammed V HOTEL €€€

(☎0539 98 22 33; Fax 039 983314; Pl Mohammed VI; Suite 2200–5000 Dh; ❄📶🏊) Al-Hoceimas beste Unterkunft wurde von Grund auf renoviert. Sie ist nun ultramodern, aber leider auch ziemlich gesichtlos und befindet sich in bester Lage über der Plage Quemado. Die

TARAFIT

Hallo/Auf Wiedersehen	*salam/ beslama*
Ja/Nein	*naam/alla*
Bitte/ Danke	*minfadlak/ shoukran*
Wo ist ein ...?	*fin...?*
Hotel	*hotel*
Campingplatz	*el moukhayam*
Haben Sie Zimmer frei?	*wash kayan shi bit khawi?*
ein Einzelzimmer	*bit dyal wahad*
ein Doppelzimmer	*bit dyad jouje danass*
Wie viel kostet das?	*beshhal?*
Wann fährt/ kommt der/ die nächste ...?	*foukash yam shi ...?*
Bus	*el car*
Fähre	*en babour*
Ich hätte gerne ein/e ...	*bghit*
einfache Fahrkarte	*warga aller*
Ticket hin und zurück	*warga aller retour*
Bier	*bira*
Sandwich	*cascrout*

großen, komfortablen Zimmer verfügen über Balkone mit einer schönen Aussicht auf die Bucht.

La Perla HOTEL €€

(☎0539 98 45 13; hotel.perla@gmail.com; Ave Tariq ibn Zaid; EZ/DZ 650/750 Dh;) Das moderne Luxushotel in einem Hochhaus mit Spiegelglas wartet mit Zimmern inklusive Satelliten-TV und großen Bädern auf. Wegen der gefliesten Böden, der dünnen Wände und der Lage an einer verkehrsreichen Kreuzung geht's hier recht laut zu. Im Erdgeschoss gibt's ein Café und oben ein Restaurant.

Hotel Rif HOTEL €

(☎0539 98 22 68; 13 Calle Sultan Moulay Youssef; EZ/DZ/3BZ 97/170/225 Dh, heiße Dusche 10 Dh) Wenn die Reisekasse bereits überstrapaziert ist, endet man wahrscheinlich in diesem langen Korridor, von dem einfache Zimmer abgehen. Die Gemeinschaftsbäder haben nur kalte Duschen und Hocktoiletten, aber immerhin sind die Zimmer mit eigenen Waschbecken ausgestattet. Immer die Tür abschließen – das Personal schläft tagsüber und dann passt keiner auf.

Essen

Günstige Restaurants rund um die Place du Rif servieren den Menschenmassen vom Busbahnhof für etwa 25 Dh pro Kopf sättigende Tajines, Spieße und Meeresfrüchte. Außerdem gibt's jede Menge Snackshops.

LP TIPP **Club Nautique** FISCH & MEERESFRÜCHTE €€

(Gate 2, Port d'Al-Hoceima; Hauptgerichte 60–120 Dh; Mittag- und Abendessen) Das Hauptrestaurant am Hafen ist gleichzeitig auch das beste Lokal vor Ort. Nach 18 Uhr kann man seinen Fisch direkt vom Boot kaufen und hier zubereiten lassen. Vom Obergeschoss bietet sich ein toller Ausblick über die Gegend, den man bei einem oder zwei Bierchen genießen kann.

Espace Miramar FAST FOOD €

(Rue Moulay Ismail; Hauptgerichte ab 35 Dh; Mittag- und Abendessen) Mit der Wahl dieses 5000 m² großen Komplexes auf den Klippen mit Blick aufs Meer, Pizzeria, zwei Cafés, einem Grill und Restaurant sowie gelegentlicher Livemusik macht man nichts falsch. Leider wird die schöne Aussicht von dem aufgeschütteten Hügel und dem Hafen gegenüber zunichte gemacht.

La Dolce Pizza FAST FOOD €

(Place du Rif; Pizzas ab 30 Dh; Mittag- und Abendessen) Ein italienisches Bistro mitten im Chaos der Place du Rif, das mit „DP" beschildert ist. Drinnen gibt's nur vier Tische, aber man kann auch draußen sitzen. Der Service ist fürchterlich langsam, und der Koch wurde durch die Mikrowelle ersetzt, doch das Ambiente lädt zum Verweilen bei Pizza, Hamburger oder Salat ein.

Café La Belle Vue CAFÉ €

(131 Blvd Mohammed V; Frühstück 12 Dh) Der Name des Cafés stammt von der Terrasse hinten mit Blick auf die Bucht. Auf diesem Abschnitt der Mohammed V gibt's zahlreiche ähnliche Läden mit herrlicher Aussicht.

Boulangerie Patisserie Azir PATISSERIE €

(14 Rue Youseff Beni Tachafine; 5–20.30 Uhr) Eindeutig der Liebling der Einheimischen. Hier gibt's großartiges selbst gebackenes Brot und tonnenweise Süßigkeiten.

SELBSTVERSORGER

Überall in der Stadt stößt man auf kleine Krämerläden wie die **Épicerie Hassouni** (Blvd Mohammed V) und den **Supermarché el-Bouayadi** (Calle Abdelkrim Khattabi).

Alkohol bekommt man bei **Bougamar** (nahe Ecke Rue Micra), wo die Flaschen wie in einer Apotheke hinter dem Tresen aufbewahrt werden.

Ausgehen

Club Nautique BAR
(Gate 2, Port d'Al-Hoceima; Bier 18 Dh) Dieser wunderbar stimmungsvolle Laden zieht viele Gäste an.

Suites Hotel Mohammed V BAR
(Pl Mohammed VI) Hier gibt's eine einladende Bar, und von der Terrasse genießt man eine wunderschöne Aussicht über die Plage Quemado. Ein Bier kostet 20 Dh.

Unterhaltung

Calypso NACHTCLUB
(Plage Tala Youssef; Eintritt 100 Dh; ⌚24–4 Uhr) Der Club im Chafarina Beach Resort bietet die einzige Gelegenheit zu tanzen. Besonders im Sommer platzt das Calypso aus allen Nähten, was teilweise an der professionellen weiblichen Gesellschaft liegt.

Einkaufen

Montags und dienstags findet im **Suk** ein Wochenmarkt statt.

Praktische Informationen

Geld

Auf dem Boulevard Mohammed V befinden sich mehrere Banken mit Geldautomaten, darunter auch Zweigstellen von BMCE, BMCI und der Banque Populaire.

Internetzugang

Cyber Bades (Calle Al Amir Moulay Abdallah; 5 Dh pro Std.; ⌚8–21.30 Uhr)

Medizinische Versorgung

Pharmacie Nouvelle (Calle Moulay Idriss Alkbar; ⌚Mo–Do 8.30–12.30 & 15–20.30, Fr 8.30–12, Sa 8–12.30 Uhr)

Post

Postfiliale (Calle Moulay Idriss Alkbar)

Reisebüros

Während der Saison bekommt man in allen Reisebüros Tickets für die Fähren ab Al-Hoceima. Fährtickets ab Nador werden das ganze Jahr über verkauft.

Chafarinas Tours (✆0539 84 13 23; www.chafarinas@menara.ma; 109 Blvd Mohammed V)

Ketama Voyages (✆0539 98 51 20; www.ktmahu@menara.ma; 146 Blvd Mohammed V)

Touristeninformation

Tourist Bureau (Délégation du Ministère de Tourisme; ✆0539 98 11 85; Zanqat Al Hamra, Cala Bonita)

An- & Weiterreise

Bus

Alle Unternehmen haben Filialen rund um die Place du Rif und am eleganten neuen Busbahnhof. **CTM** bedient folgende Ziele:

Chefchaouen (75 Dh, 6 Std., 3-mal tgl.)

Oujda via Nador (60 Dh, 3½ Std., 1-mal tgl.)

Direktbus nach Nador (55 Dh, 3 Std., 2-mal tgl.)

Tetouan (80 Dh, 7 Std., 3-mal tgl.) via Chefchaouen (65 Dh, 6 Std.)

Casablanca (170 Dh, 11½ Std., 1-mal tgl.) via Taza (60 Dh, 4 Std.)

Fes (90 Dh, 6 Std.)

Meknès (105 Dh, 7½ Std.)

Rabat (140 Dh, 10 Std.) Der Bus ist auf den Nachtzug nach Marrakesch abgestimmt, der in Taza abfährt.

Mehrere kleine Busunternehmen steuern dieselben Ziele an. Mindestens dreimal täglich geht's nach Tetouan und Tanger (80–90 Dh, 9 Std.). Allerdings halten die Busse nur in Chefchaouen, wenn dort genug Leute aussteigen möchten, ansonsten fahren sie bis zur Hauptstraße bei Dardara. Von dort kommt man mit einem *grand taxi* nach Chefchaouen (10 Dh, 15 Min.). Darüber hinaus gibt's tägliche Verbindungen Richtung Osten nach Nador (35 Dh, 2 Std.) und Oujda (120 Dh, 6 Std.).

Flugzeug

Von Juni bis September verkehrt Royal Air Maroc ab Amsterdam und Brüssel zu dem kleinen Flughafen 12 km von der Stadt (ein Taxi kostet 120 Dh). Zudem verbindet die Airline Al-Hoceima sporadisch mit Paris, verschiedenen spanischen Städten und Casablanca. Am besten fliegt man 150 km östlich nach Nador.

Schiff/Fähre

Bei unserem Besuch gab es keine Fährverbindungen nach Spanien.

Taxi

Grands taxis warten am Südende des Blvd Mohammed V und an der Place du Rif. Die gefragtesten Ziele sind Taza (60 Dh, 2½ Std.) und Nador (55 Dh, 2½ Std.). Hin und wieder geht's auch nach Fes (120 Dh). Nach Melilla gelangt man nur über Nador.

Rund um Al-Hoceima

AL-HOCEIMA-NATIONALPARK

قميسرل يلطوني زتنلما

Der unerschlossene Nationalpark ist der verborgene Schatz der Region. Seine riesigen Ausmaße und trockenen Canyons erinnern an den Südwesten Amerikas, nur dass sie ans Meer grenzen, wo wiederum Kalksteinfelsen wie auf Mallorca zu sehen sind. Die Abgeschiedenheit des Gebiets rettete einige gefährdete Tier- und Pflanzenarten von einer Seeadlerkolonie bis zu Thuyawäldern. Auf einer Fläche von 485 km² (inkl. 190 km² unter Wasser) verteilen sich zahlreiche Berbersiedlungen und Waldpfade und bieten ideale Bedingungen für Wanderer und Mountainbiker. Mit Allradantrieb hat man sicherlich mehr Möglichkeiten, aber auch ein normales Auto schafft es über die Hauptwege. Das Schutzgebiet besteht aus zwei Regionen, dem zentralen Rifgebirge, das im Westen und Süden von der N 16 begrenzt wird, und der Küste.

Zentrales Rifgebirge: Von den 15 000 Einwohnern des Parks gehört ein Großteil zum Stamm der Bokkoya, der in ländlichen Gemeinden und Dörfern in der Umgebung frischer Wasserquellen lebt. Die Frauen kennen sich gut mit Heilkräutern aus, darunter der überall wachsende Lavendel und Thymian.

Hier sieht man auch einige seltene Bäume wie den in Marokko fast überall verschwundenen wilden Johannisbrotbaum und die vom Aussterben bedrohte Thuya, deren Holz hohe Preise erzielt. Zur weiteren Vegetation zählen wilde Olivenbäume, Ilex, Granatäpfel, Heidekräuter, Knollen und Orchideen. Auf der Liste der hier lebenden Tiere stehen u. a. Schakale, Wildschweine, Kaninchen und Hasen.

Küstenregion: Dieser Teil des Parks erstreckt sich bis ins Meer und zeichnet sich durch eine große Artenvielfalt aus. Bisher wurden 86 Fisch- und drei Delfinarten (Pandion haliaetus) gezählt, darunter einige seltene wie rote Korallen und verschiedene Weichtiere oder Algen. Darüber hinaus gibt's hier eine große Fischadlerpopulation.

In dem Schutzgebiet erstrecken sich mehrere abgelegene, malerische Strände, aber als Highlight gilt der fantastische Peñón de Velez de la Gomera (eine der Plazas de Soberanía, s. Kasten S. 280). Nach einer langen Wanderung durch den Canyon erblickt man die Festung, die am Rande eines atemberaubenden Strandabschnitts hinter hohen Felsmauern aufragt. Gemeinsam mit dem schmalen Sandstreifen, der an einem Wachhaus endet, bildet dieses winzige Stück Spanien die seltsamste Staatsgrenze der Welt. Ein paar Steinmauern in der Nähe sind alles, was von Bades, der Stadt, die im Altertum von einer Flut zerstört wurde, übrig geblieben ist.

Ein Büro hatte der Park bei unserem Besuch nicht. Broschüren und eine Karte bekommt man in der Touristeninformation von Al-Hoceima, wo auch die Fremdenführer ausgebildet werden.

Wer die Gegend erkunden möchte, wendet sich am besten an **RODPAL** (Rif-Vereinigung für die Entwicklung des Agrotourismus; ☎0539 98 18 33; www.rodpal.org/www.parquenacionalalhucemas.com; riftou risme@yahoo.fr; 19 Calle Ajdir), eine engagierte Vereinigung lokaler Nichtregierungsorganisationen mit spanischer Unterstützung, die das agrotouristische Potenzial des Parks fördert. Derzeit verwaltet das Unternehmen Wanderwege mit einer Gesamtlänge von 30 km und drei Aussichtspunkte zur Vogelbeobachtung. Hier können sich Traveller eine Reiseroute mit günstigen Übernachtungen in einer der vier *gîtes* zusammenstellen lassen. In jeder Unterkunft können zwei bis zwölf Leute übernachten, außerdem haben die Hütten eine Küche und warmes Wasser. Alternativ quartiert man sich bei einer einheimischen Familie ein. Für den Gepäcktransport werden Maultiere vermietet. Die Preise reichen von 242 bis 308 Dh pro Person mit Halbpension, je nach Gruppe und Aufenthaltsdauer. Empfohlen werden Besuche bei lokalen Kunsthandwerkern: Die einheimischen Frauen stellen Töpfer- und Korbwaren sowie Kosmetika, ätherische Öle, Honig, Schinken und andere Kaktusfeigenprodukte her.

An der Küste entlang gelangt man zu Fuß in etwa eineinhalb Stunden von Cala Iris nach El Peñón de Velez de la Gomera. Ohne eigenes Fahrzeug braucht man ein *grand taxi,* um hierherzukommen. Im Sommer findet man meist genug Leute, mit denen man sich eines teilen kann, ansonsten muss man für die einfache Fahrt 130 Dh berappen.

CALA IRIS & TORRES DE ALCALA

رمن و سيريإ الاك الالكل

Cala Iris ist ein kleines Fischerdorf, das kurz vor großen Veränderungen steht: Bei unserem Besuch hatte der Bau einer riesigen Touristenanlage mit Apartements, einem Hotel, einer Marina und einem Golfplatz allerdings noch nicht begonnen. Ursprünglich sollte das Resort 2012 fertig sein, aber wie bei vielen anderen Projekten auch wurde der Termin verschoben. Der ehemalige Zeltplatz wurde geschlossen, doch der schäbige Hafen mit den Sardinenfischern, die bei Nacht im Lampenschein Beute machen, bleibt erhalten. Hinter der Coopérative des Marins Pecheurs befindet sich ein ungepflegt aussehendes Restaurant, das typische Berbergerichte serviert. Den Hafen flankieren hübsche Strände: Yellich im Osten liegt gegenüber einer Insel, zu der man hinauslaufen kann, Oued Sahfa erstreckt sich im Westen und eine einstündige Wanderung über den Hügel bringt einen zum Mestaza.

In Torres de Alcala, etwa 5 km östlich, gibt's ein paar sehr einfache Läden. Drei halbverfallene spanische Türme bewachen das im Nationalpark gelegene Dorf abseits eines Kiesstrands und zwischen zwei felsigen Landzungen. Das einladende **Café Mediterranée** (☎0660 35 75 01) bietet sich für eine kleine Pause an und verfügt über ein Mietapartment.

TREKKING IM RIFGEBIRGE: TALASSEMTANE-NATIONALPARK

Von Chefchaouen nach Bab Taza شفشاون إلى باب تازة

Diese Wanderung ist am besten dazu geeignet, das Rifgebirge kennenzulernen. Sie führt durch den **Talassemtane Nationalpark** (www.talassemtane.com) und beginnt in Chefchaouen. Zu der spektakulären Landschaft gehört die sogenannte Gottesbrücke, ein natürlicher Steinbogen über den Oued Farda. Unterwegs begegnet man höchstwahrscheinlich ganzen Horden von Berberaffen.

Die Tour dauert fünf Tage, aber es gibt mehrere Möglichkeiten, sie abzukürzen. Beispielsweise kann man sich am Ende des zweiten Tags von Akchour ein Transportmittel zurück nach Chefchaouen organisieren. Das ist in Akchour nicht kompliziert, wer sich jedoch im Vorfeld absichern möchte, vereinbart mit dem Fahrer eines *grand taxi* aus Chefchaouen einen Abholzeitpunkt. Alternativ führt auch eine andere Wanderstrecke zurück.

DIE TOUR AUF EINEN BLICK

Dauer vier bis fünf Tage

Länge 56 km

Schwierigkeitsgrad mittelschwer

Start Chefchaouen

Ziel Bab Taza

Höchster Punkt Sfiha-Telj-Pass (ca. 1700 m)

Unterkunft *gîtes* und Camping

Öffentliche Verkehrsmittel ja

Kurzbeschreibung Die Wanderung ist nicht besonders anspruchsvoll, doch die Landschaft umso spektakulärer. Unterwegs lohnen Abstecher zu kleinen Riffian-Dörfern und in die Schluchten.

Der Talassemtane-Nationalpark ist einer von zwei großen Parks im Rifgebirge (neben dem Bouhachem-Nationalpark) und zu großen Teilen noch unentdeckt. Die mit wundervollen Gebirgsketten, Schluchten und Tälern voller Zedern-, Korkeichen- und Tannenwäldern gesegnete Landschaft gilt als wahres Wanderparadies. Dank der Nähe zum Mittelmeer ist das Rifgebirge eine der grünsten Bergketten Marokkos. Im Frühjahr, der schönsten Jahreszeit zum Wandern, blühen zahlreiche Wildblumen.

Abschreckend für Wanderer und Kehrseite der Abgeschiedenheit: Auf Dreiviertel der bestellbaren Ackerfläche östlich von Chefchaouen wird Cannabis angebaut. Dennoch haben Trekkingfans nichts zu befürchten, vor allem wenn sie mit einem Guide unterwegs sind. Die Dorfbewohner heißen Fremde mit echtem Interesse und Herzenswärme willkommen. Der hier beschriebene ausgetretene Wanderweg beginnt in Chefchaouen und ist in Sachen Drogen unproblematisch. Lokale Organsiationen bemühen sich mit Unterstützung der Regierung darum, die Abhängigkeit von der Cannabis-Industrie zu verringern: Sie schaffen touristische Einrichtungen wie *gîtes* und Unterkünfte bei einheimischen Familien, sie verwalten die Wanderwege und bilden Wanderführer aus.

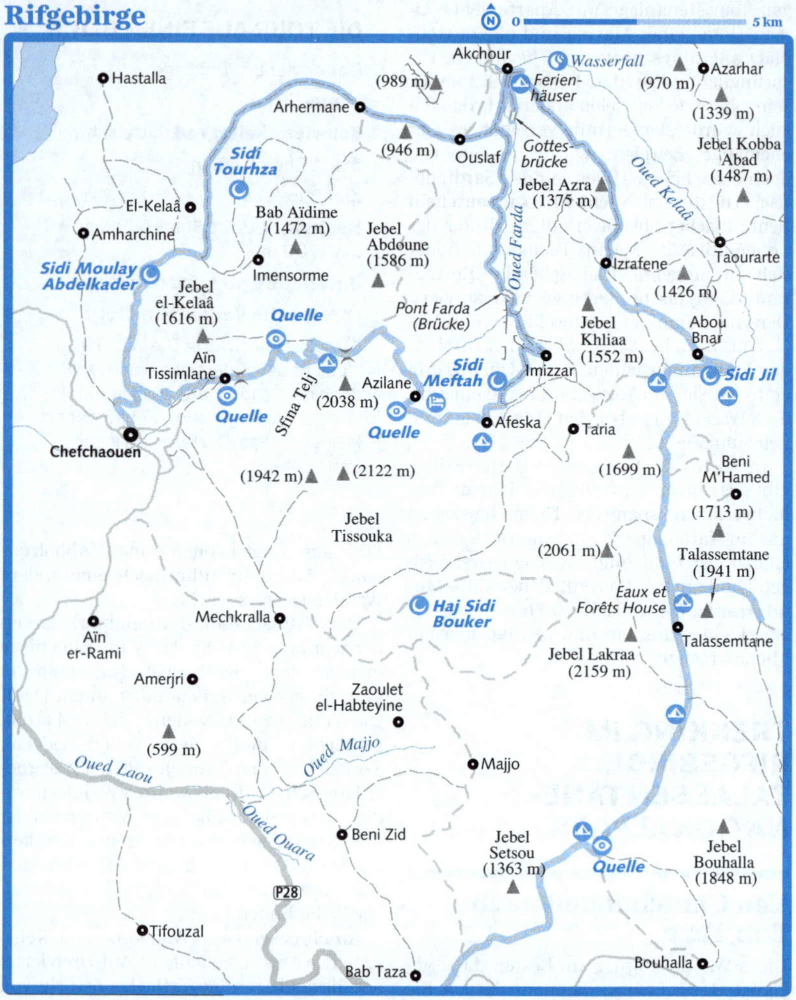

Das Rifgebirge ist nur an wenigen Stellen höher als 2500 m und kaum eine Strecke führt in Höhen über 2000 m, sodass man sich keine Sorgen wegen der Höhenkrankheit machen muss.

Fauna und Flora

Dank des Klimas und seiner Nähe zu Europa hat das Rifgebirge etwas Mediterranes – es ähnelt den südspanischen Sierras. Unter den Baumarten ist die Zedar stark vertreten. Seltener stößt man auf die heimische *Abies maroccana*, eine Unterart der Spanischen Zeder, die nur in Höhen über 1200 m wächst. Dabei handelt es sich um ein Überbleibsel aus einer erdgeschichtlichen Periode, wähernd der es in Marokko kälter war. Außerdem sprenkeln Korkeichen, Kiefern, wilde Olivenbäume, Wacholder sowie der seltene Johannisbrotbaum das Kalksteingebirge. Auf dem nährstoffarmen felsigen Boden lässt sich nur schwer etwas anbauen; Kahlschlag stellt wie auch in anderen Gegenden ein Problem dar. Kräuter wie Lavendel und Thymian gedeihen im Überfluss und werden von Einheimischen als Heilpflanzen genutzt.

Manchmal erzählen die Bewohner, es gäbe Wölfe in den Bergen – ein Übersetzungsfehler, denn in Wirklichkeit sind es Füchse.

Außerdem treiben sich in der Gegend Wildschweine herum, die man allerdings ausgesprochen selten zu Gesicht bekommt. Die berühmtesten Säugetiere des Rifgebirges sind jedoch die Berberaffen *(mgou genannt)*, deren Verbreitungsgebiet sich bis in den Mittleren Atlas erstreckt.

Vogelliebhaber haben mehr Glück, da überall Gleitaare, Königsadler und Adlerbussarde in den Lüften kreisen. Darüber hinaus entdeckt man vor den Kalksteinklippen zahlreiche Raben.

Die Skorpione im Rifgebirge sind zwar nicht ganz ungefährlich, aber harmloser als weiter südlich. Vorsicht vor dem roten Skorpion, dessen Stiche höllisch schmerzen. Die giftige Hufeisennatter verdankt ihren Namen dem hufeisenförmigen Zeichen am Kopf und flieht wahrscheinlich eher vor Wanderern als umgekehrt.

Tag 1: Von Chefchaouen nach Afeska

5½–6½ STD./14,5 KM/1200 M AUFSTIEG/600 M ABSTIEG

Weil dies die anstrengendste Etappe der Wanderung ist, sollte man morgens unbedingt früh aufbrechen. Die Tour beginnt auf der *piste* für Geländewagen hinter dem Campingplatz Azilane (s. Karte S. 291), die steil ansteigt und großartige Ausblicke auf die Medina von Chefchaouen bietet. Der Weg führt an den Hängen des **Jebel el-Kelaâ** (1616 m) entlang und wird ebener, sobald er dem Bach durch das Dorf **Aïn Tissimlane** folgt. Zuvor geht's in einem kurzen Bogen bergan auf eine Anhöhe, die von den Kalksteinwänden des **Sfiha Telj** überragt wird. Der Blick ist in beide Richtungen fantastisch – an klaren Tagen sieht man sogar das Mittelmeer.

CHECKLISTE FÜR DAS RIFGEBIRGE

» **Wetter** Wanderungen sind das ganze Jahr über möglich, allerdings kann es zwischen November und März sehr kalt werden und sogar schneien. Zwischen Ende September und Juni regnet es häufig. Im Sommer ist es sehr heiß, sodass einige Wasserquellen austrocknen.

» **Führer** Abdeslam Moudden, Präsident der **Association des Guides du Tourisme de Chaouen** (☎0662 11 39 17; mouddenabdeslam@yahoo.fr; Tagestour 400 Dh) in Chefchaouen vermittelt Guides für 350 Dh pro Tag. Ein Büro hat er nicht, man muss ihn anrufen. Zu den besten Trekkingführern gehört **Mustapha El-Habti** (☎0671 25 31 55; aventure_akchor@hotmail.com), Sekretär der Entwicklungs- und Umweltorganisation Association Akchour pour le Développement et pour Préserver l'Environnement.

» **Unterkunft** In vielen Dörfern gibt's einfache Hütten *(gîtes)*, wo man für 200 Dh pro Person inklusive Frühstück und Abendessen unterkommt. Man kann auch unterwegs eine Unterkunft suchen, allerdings besteht dann das Risiko, dass der Parkwächter *(gardien)* nicht da oder die *gîte* geschlossen ist. Weil die Einheimischen nicht davon profitieren, wenn man stattdessen sein Zelt aufschlägt, sollte man davon absehen – es sei denn, man ist in Gegenden ohne Berghütten unterwegs. Im Dorf Talassemtane gibt's einen offiziellen Campingplatz. Die Genehmigung zum Zelten (kostenlos) muss man im Voraus beim Ökomuseum in Chefchaouen beantragen. Bei einheimischen Familien zu wohnen ist leider noch nicht erlaubt, aber man kann bei ihnen Tee trinken und Kooperativen besuchen, die Teppiche oder Käse herstellen.

» **Karten** Die von der Regierung in der topopgrafischen Reihe herausgegebenen Übersichtsblätter *Chaouen* und *Bab Taza* (Maßstab 1 : 50 000) decken das Gebiet der Trekkingtour von Chefchaouen nach Bab Taza ab. Karten mit den Wanderwegen bekommt man auch im Ökomuseum am Parkeingang.

» **Ausrüstung** Wenn es keine *gîtes* gibt, braucht man ein Zelt. Unerlässlich sind ein guter Schlafsack und eine leichte Regenjacke, da es häufig regnet. Lebensmittel und Getränke kann man man in Chefchaouen kaufen. Ein Maultier für den Gepäcktransport kostet inklusive Treiber 250 Dh pro Tag. Von August bis Oktober ist es nicht leicht, Mulis zu finden, da sie für die Cannabisernte eingesetzt werden. Dementsprechend steigen die Preise.

Kurz bevor der Abstieg beginnt, führt der Weg nach Osten. Zwischendurch kann man immer wieder Pausen einlegen, um die tolle Aussicht zu genießen. Über die rechte (südliche) Variante der Gabelung erreicht man in etwa einer Stunde das Dorf **Azilane** mit einer *gîte*. Alternativ folgt man dem anderen, meist ebenen Weg eine weitere Stunde bis **Afeska**, das ebenfalls über eine Berghütte verfügt.

Tag 2: Von Afeska nach Akchour

3½–4½ STD./10 KM/860 M ABSTIEG

Ab Afeska verwandelt sich die breite *piste* der bisherigen Strecke in einen kleinen Pfad. Nun geht's Richtung Norden durch weitere Eichen- und Kiefernwälder nach **Sidi Meftah**. Hier befinden sich ein *marabout* und eine Quelle. Danach kommt man aus dem Wald heraus und folgt den Serpentinen hinunter bis **Imizzar** am **Oued Farda**. Hinter dem Fluss biegt man links ab (weg vom Dorf nach Nordwesten), überquert den Fluss unter einigen beeindruckend überhängenden Felsen und wandert weiter Richtung Nordwesten. Über einen ausgetretenen Mulipfad marschiert man allmählich hinunter zur **Pont Farda**, einer alten Brücke über den Oued Farda.

An der anderen Seite, dem Westufer, geht's weiter nach Norden, aufgrund der landschaftlich reizvollen Umgebung nun etwas langsamer. Nach einer Stunde führt der Weg linker Hand vom Fluss weg Richtung **Ouslaf**, das von einer gigantischen Felssäule überragt wird. Man folgt dem Pfad aber weiter nach rechts hinunter bis zum Flussufer im Außenbereich des Ortes **Akchour** (398 m).

Auf dem Weg in das Dorf, das am **Oued Kelaâ** liegt, kommt man zuerst zu einem kleinen Café mit sehr einladenden, im Fluss gekühlten Getränken und einem Wehr mit tiefem Wasser, das sich zum Baden eignet, wobei die Wassertemperatur nur ein kurzes Eintauchen erlaubt.

In Akchour gibt's eine komfortable *gîte*, die mit ausgezeichnetem Essen aufwartet.

Hier besteht meist eine Möglichkeit nach Chefchaouen zurückzufahren – wahrscheinlich mit einem der robusten Lieferwagen, die über die Piste rumpeln. Wer keine Mitfahrgelegenheit findet, kann es 2 km weiter nördlich in **Talembote** versuchen. Dienstags wird dort ein Markt abgehalten und es fahren Fahrzeuge nach Chefchaouen (15 Dh). Viele nehmen zahlende Tramper mit, wenn sie genügend Platz haben. Aussteigen kann man in Dar Ackoubaa, einem Ort 10 km nördlich von Chefchaouen an der Schnellstraße N2.

Abstecher: Gottesbrücke

Wer früh in Afeska aufbricht, erreicht Akchour am Mittag und hat noch genügend Zeit für einen kurzen Abstecher (1½ Std., hin & zurück 3 km) zur **Gottesbrücke**, einem bizarren Gebilde, das man sich nicht entgehen lassen sollte.

Der Pfad im Süden vom Wehr in Akchour flussaufwärts am Oued Farda entlang ist an manchen Stellen unwegsam, aber die Kletterpartie lohnt sich. Zweimal geht's über den Fluss, was an den flachen Stellen kein Problem ist, wenn man keine Angst vor ein paar Spritzern hat. Wer die Tour im Frühjahr unternimmt, sollte sich allerdings in Afeska vergewissern, dass die Schneeschmelze den Fluss nicht unpassierbar gemacht hat. Von Akchour aus sind es 45 Minuten bis zur Gottesbrücke. Ein riesiger Bogen aus rotem Stein türmt sich 25 m hoch über den Fluss – kaum zu glauben, dass er nicht von Menschen, sondern von der Natur geschaffen wurde. Jahrtausendelang verlief der Fluss unterirdisch, erodierte den Felsen und grub seinen Weg immer tiefer in das Gestein, bis nur die hohe Brücke übrig blieb.

Tag 3: Von Akchour zu den Weiden oberhalb von Abou Bnar

4½–6 STD./12 KM/977 M AUFSTIEG

Frühmorgens startet man in Akchour Richtung Norden (mit vollen Wasserflaschen, da es bis Izrafene keine Quelle gibt), überquert die Brücke über den Oued Kelaâ und biegt dann rechts (südöstlich) in den Weg zum Dorf Izrafene ein. Die Wanderung ist landschaftlich sehr schön, denn sie führt auf und um den **Jebel Azra** (1375 m). Von den steilen Schluchten, die man durchwandert hat, kann man den Blick hoch zu den Bergen schweifen lassen. Wer etwas klettern möchte, sollte bis zum Gipfel eine halbe Stunde mehr einkalkulieren. Oben bieten sich weitere herrliche Ausblicke.

Auf der anderen Bergseite wird die Landschaft sanfter und weiter gen Süden sogar hügelig. **Izrafene** liegt auf halber Strecke der Tagestour. Kurz vor dem Ort zweigt ein Pfad an einem Pass nach Osten ab – Abenteurerlustige verlassen nun den Pfad nach Bab Taza und wandern nach Taourarte (mit einer *gîte)* sowie weiter nach **Bou-Ahmed** an der Küste. Dafür braucht man weitere zwei bis drei Tage.

Ab Izrafene wird der Weg zu einer *piste* für Geländewagen, der ersten seit Afeska. Diese verläuft durch ein enges Tal und Richtung Osten allmählich hinauf zu einem Kamm mit schönem Ausblick. An der Gabelung geht's nach links und 25 m danach nach rechts auf einen Weg, der in südöstlicher Richtung durch ein schönes Stück Eichenwald nach **Abou Bnar** führt. Weil es keinen Grund gibt, sich hier länger aufzuhalten, wandert man nun nicht mehr auf der *piste,* sondern stattdessen am Fluss entlang durch eine offene grasbewachsene Landschaft zum *marabout* von **Sidi Jil**. In der Umgebung kann man gut zelten, doch nach 30 Minuten folgt eine noch idyllischere Stelle zwischen Weiden in der Nähe der El-Ma-Souka-Quelle – ein tolles Plätzchen für die Nacht.

Alternative: Zurück nach Chefchaouen

Ein Tag reicht, um auf einer anderen Route von Akchour durch die Dörfer **Ouslaf**, **Arhermane** und **El-Kelaâ** zurück nach Chefchaouen zu wandern. In El-Kelaâ befindet sich die faszinierende **Mosquée Srifiyenne** mit einem kuriosen schiefen Turm. Die Strecke hat keine großen Steigungen und Abstiege und ist in sechs Stunden zu schaffen.

Tag 4: Von den Weiden oberhalb von Abou Bnar ins Dorf Talassemtane

2–2½ STD./6 KM/352 M AUFSTIEG

Vom Zeltplatz südwestlich von Abou Bnar geht's zurück zur *piste* für Geländewagen. Hier biegt man links ab, überquert den Fluss und wandert Richtung Süden durch den Kiefernwald. An der T-Kreuzung hält man sich rechts (links führt der Weg bergab nach Beni M'Hamed), wo die Strecke wieder ansteigt.

Von Abzweigungen und Kreuzungen sollte man sich nicht irritieren lassen und immer auf dem Hauptweg bleiben. Dieser führt über mehrere Minipässe mit tollen Ausblicken. Im Westen beherrscht der **Jebel Lakraa** (2159 m) die Landschaft.

Am späten Vormittag erreicht man das Dorf **Talassemtane**. Ein kleines Schild weist runter von der *piste* nach links zum Haus des Parkwächters. Dort befindet sich auch der offizielle Campinplatz.

Abstecher

Nach der kurzen Wanderung bleibt Zeit zur Erkundung der Gegend und der Tierwelt.

Zunächst geht's Richtung Norden wieder zurück über die *piste* oberhalb des Parkwächterhauses bis zu einer Lichtung und Kreuzung und dann rechts ab nach Osten in das Land der *mgou* (Berberaffen). Hier treiben sich jede Menge Affen herum, die jedoch schnell auf die Bäume flüchten, wenn man ihnen zu nahe kommt. Nun führt der Weg nach Süden und bietet einen schönen Blick über das Tal zum langen Kamm des **Jebel Taloussisse** (2005 m), bevor er sich kurz wieder nach Osten wendet. Rechter Hand geht's gen Süden über den Bergsporn des **Talassemtane** (1941 m) zu einem Fußballfeld – merkwürdig, aber wahr! – auf einem flachen Stückchen Land. Von dort kommt man über die Felsen nach Westen zurück zum Camp.

Wer jetzt noch immer an Energieüberschuss leidet, besteigt den **Jebel Lakraa**. Am besten nähert man sich dem Gipfel von Norden und wandert über den Kamm, um durch die Rinnen des Bachs südöstlich wieder abzusteigen. Allerdings gibt's keinen richtigen Weg und streckenweise muss man richtig kraxeln. Hin und zurück braucht man etwa 3½ Stunden.

Tag 5: Vom Dorf Talassemtane bis Bab Taza

2½–3½ STD./13,5 KM/825 M ABSTIEG

Am letzten Tag geht's recht schnell über die *piste* für Geländewagen in die Siedlung Bab Taza hinab, wo jede Menge Cannabis angebaut wird. Der Weg windet sich über eine große Wiese und weiter durch den Korkwald des **Jebel Setsou** (1363 m), bevor **Bab Taza** im Tal zu sehen ist, das nach ein paar Tagen in den Bergen wie eine Erscheinung wirkt.

An der Hauptstraße reihen sich Cafés und mehrere hässliche Hotels aneinander. Das Hauptgeschäft scheint der Ort mit riesigen Düngemittelsäcken für die Cannabisfelder zu machen. *Grands taxis* fahren tagsüber regelmäßig vom Westende des Ortes nach Chefchaouen (12 Dh, 30 Min.).

ÖSTLICHE MITTELMEERKÜSTE

Melilla مليلية

75 000 EW.

Wer hätte gedacht, dass man in Nordafrika die zweitgrößte Sammlung modernistischer Bauten außerhalb Barcelonas findet? Tatsächlich erwarten einen in Melilla, einem Paradies für Architektur- und Geschichtsfans und einem tollen Ziel für einen Wochenendausflug, stolze 900 Gebäude – zusammen mit einer perfekt erhaltenen, mittelalterlichen Festung, faszinierenden Museen und beinahe 50 Tapas-Bars.

Neben Ceuta ist Melilla eine von zwei autonomen spanischen Städten an der marokkanischen Küste, die als *plazas majores* (s. Kasten S. 280) bekannt sind. Diese Kulturoasen haben viel gemeinsam: Ihre Wirtschaft gründet sich auf grenzübergreifenden Handel, ihre Gesellschaft ist multikulturell, und überall ist das Militär präsent – eine Folge der angespannten Beziehungen. Die Bevölkerung besteht fast zu gleichen Teilen aus Christen und Moslems, wobei Letztere überwiegend Berber sind. Verschiedene Faktoren – Einwanderer, die nach Marokko wollen, oder der marokkanische Anspruch auf die Gebiete usw. – haben der Stadt in der Vergangenheit Kopfzerbrechen bereitet. Bei unserem Besuch kam es wegen der schlechten lokalen Arbeitsmarktsituation zu Aufständen. Nachdem Tausende von Immigranten aus Schwarzafrika versuchten aufgenommen zu werden, wurde ein Zaun für 33 Mio. Euro errichtet, der sich von einem Ende der spanischen Exklave bis zum anderen erstreckt. Beim Besuch des spanischen Königspaares 2007 – dem ersten königlichen Besuch seit 80 Jahren – kam es zu Demonstrationen.

Melilla ist sehr touristenfreundlich und verfügt über eine wunderbare Infrastruktur für Traveller. Im Sommer karren die Fähren Tausende Besucher an, aber in der Nebensaison kann man frei atmen.

Die Stadt steckt voller Geschichte, die allerdings weder so weitreichend noch so tiefgehend ist, wie man erwarten würde. Obwohl die Region schon seit über 2000 Jahren bewohnt ist, wurde mit dem Bau der Altstadt erst nach der spanischen Eroberung 1496 begonnen. Bis zum Ende des 19. Jhs. lag fast ganz Melilla innerhalb einer uneinnehmbaren Festung. Die heutigen Grenzen wurden zwischen 1859 und 1894 durch mehrere Verträge mit Marokko festgelegt, von denen der letzte nach einer erfolglosen Belagerung durch Berberrebellen aus dem Rif geschlossen wurde. Zur Grenzfestlegung feuerte man Kanonenkugeln ab und schaute, wie weit sie flogen. In den darauffolgenden Jahren gab es noch mehr Kämpfe mit Aufständischen, bis das Spanische Protektorat 1927 seinen Griff festigte. 1936 floh Franco von den Kanarischen Inseln hierher, um den Spanischen Bürgerkrieg zu entfachen. Nach wie vor ist die lokale Politik rechtsorientiert.

Melilla bildet einen 12 km^2 großen Halbkreis entlang der marokkanischen Küste. Die Altstadt, Melilla La Vieja, ist eine höchst komplexe Befestigungsanlage auf mehreren Ebenen, die ins Meer hineinragt. Sie beherbergt zahlreiche Museen und einige kleinere Wohngegenden. Der Hafen und die größeren Strände liegen im Süden und der Fährhafen direkt im Osten.

Die „Neustadt" ist ein durchbrochenes Straßenraster mit einem hübschen Handelszentrum voller modernistischer Gebäude. Ihr Herzstück bildet der lange, dreieckige Parque Hernandez, der an der runden Plaza de España endet. Fast alle Hotels, Banken und Restaurants befinden sich im Norden. Wie in Marokko 4 km weiter südlich sieht man auch hier nur wenige Einheimische in kurzen Hosen, selbst dann nicht, wenn es sehr heiß ist.

Sehenswertes & Aktivitäten

MELILLA LA VIEJA (ALTES MELILLA)

Die Festung der Altstadt wurde bis zur Perfektion restauriert. Als Haupteingang dient die **Puerta de la Marina**, vor der eine Statue von Franco steht und von wo aus man vorbei an mehreren kleinen Museen bis ganz hinauf auf die Anlage gelangt. Es gibt auch einen Aufzug, allerdings funktionierte er bei unserem Besuch nicht. Die Beschilderung auf Spanisch, Französisch und Englisch ist sehr gut.

Museo de Arqueología e Historia MUSEUM
(Plaza Pedro de Estopiñán) Derzeit wegen Renovierung geschlossen. Nach der Wiedereröffnung zeigt es eine hübsche, kleine Sammlung architektonischer Zeichnungen, alter Keramiken und Münzen sowie zahlreiche Modelle und archäologische Funde, die auf Englisch beschrieben sind.

GRATIS **Aljibes de las Peñuelas** HISTORISCHES GEBÄUDE
(April–Sept. Di–Sa 10–14 & 17–21.30, So 10–14 Uhr) Eine kleine Tür auf der anderen Seite des Hofs führt in die höhlenartige Zisterne, die wie aus einer anderen Welt wirkt und noch immer Wasser speichert.

Iglesia de la Purísima Conceptión KIRCHE
(Kirche der Unbefleckten Empfängnis; Di–Sa 10–15 & 16–21, So 10–12.30 Uhr) Stammt aus dem 17. Jh. und lohnt schon allein wegen des prächtigen Kirchenschiffs einen Besuch.

Melilla

Melilla

Highlights

- Melilla La Vieja D1
- Plaza de España B2

Sehenswertes

1 Aljibes de las Peñuelas D1
2 Banco de España C1
3 Casino Militar C2
4 Cuevas del Conventico D1
5 Museo de Arqueologia e Historia D1
6 Museo Militar D1
7 Palacia de la Asamblea C2
8 Playa de la Ensanada de los Galápagos C1
9 Puerta de la Marina D1
10 Trasmediterránea B2

Schlafen

11 Hostal La Rosa Blanca A1
12 Hostal Residencia Cazaza A1
13 Hotel Anfora B1
14 Hotel Nacional A1
15 Hotel Rusadir B1

Essen

16 Antony Pizza Factory A2
17 Café Rossy B1
18 Casa Marta B2
19 La Cervecería A1
20 La Pérgola C1
21 La Vinacoteca C1
22 Real Club Marítimo C2

Praktisches

23 Oficina-del-Turismo-Infostand C2
24 Touristeninformation C1
25 Viajes Melilla A2

Transport

26 Busse zur Grenze B2
27 Estación Marítima D1

Cuevas del Conventico

HISTORISCHES GEBÄUDE

(Klosterhöhlen; Eintritt 1,20 €; ⌚Di–Sa 10.30–13.30 & 16.30–20, So 10.30–14 Uhr) Während der verschiedenen Belagerungen wurden die weitläufigen, gut restaurierten Höhlen als Unterschlupf genutzt. Sie enden an einem kleinen Strand unter den Klippen. Die Führung (auf Spanisch) ist ausgezeichnet.

GRATIS Museo Militar

MUSEUM

(⌚Di–So 10–14 Uhr) Am höchsten Punkt der Festung genießt man einen absolut herrlichen Panoramablick. Die Geschichte des Spanischen Protektorats wird von Militärgeschichte dominiert; in diesem Museum lassen sich die gewaltigen Ausmaße des brutalen Dramas gut nachvollziehen. Im Hintergrund läuft martialische Musik. Auf keinen Fall sollte man den Raum mit den antiken Fotografien verpassen, wo Doppeldecker, Legionäre und Berberreiter aufeinander treffen und zu einem träumerischen Abenteuerroman verschmelzen. Außerdem befindet sich hier ein Schild mit der Aufschrift „Die Kanonenkugeln nicht anfassen" aus dem Film *Dr. Seltsam oder: Wie ich lernte, die Bombe zu lieben.*

DER MODERNISMUS & MELILLA

Wie viele der Bewegungen, aus denen der Modernismus seine Inspiration bezog, war auch er selbst eine breite Reaktion auf die materiellen Werte eines Industriezeitalters, das der Kultur eine maschinenartige Seele verpasste. Er entstand in Barcelona und war die katalanische Version des Jugendstils. Modernistische Architektur zieht typischerweise Kurven geraden Linien vor und verwendet häufig Naturmotive (vor allem Pflanzen), lebendige Dekorationen sowie Unmengen von Details und asymmetrischen Formen, zudem sind eine verfeinerte Ästhetik und Dynamik charakteristisch. Sein berühmtester Vertreter war Antoni Gaudí, der Baumeister der berühmten Kathedrale Sagrada Família in Barcelona. In Melilla verbindet man den Modernismus allerdings eher mit Enrique Nieto.

Nieto war ein Schüler Gaudís und arbeitete an dessen Casa Milá in Barcelona. Er wollte aus dem Schatten seines Meisters treten und ging 1909 mit Ende 20 ins aufstrebende Melilla, wo er den Rest seines Lebens verbrachte. 1931 wurde er der Stadtarchitekt, 1949 setzte er sich zur Ruhe und starb vier Jahre später. Während seiner langen Karriere arbeitete Nieto an über 1000 Projekten mit und vollendete 457 davon. Damit veränderte er das Gesicht der Stadt für immer. Für seine Arbeiten schöpfte er aus vielen Stilrichtungen, u. a. dem Art déco, und begründete einen eigenen Stil mit: die Sgraffito-Architektur, eine Mischung aus Art déco und aerodynamischen Formen. Zu Nietos Werken gehören die Hauptsynagoge von Melilla, die Hauptmoschee und einige Gebäude für die Katholische Kirche, die die Vielfältigkeit der Stadtkultur darstellen. Außerhalb Melillas ist der großartige Künstler jedoch kaum bekannt, vielleicht wegen der Abgeschiedenheit seines Wirkungskreises.

NEUSTADT

Um die Wende des 20. Jhs. war Melilla das einzige Handelszentrum zwischen Tetouan und der algerischen Grenze. Während ihres Wachstums verpasste sich die Stadt mit dem Architekturstil des Modernismus (nicht zu verwechseln mit der kulturellen Bewegung des Modernismus), der damals ziemlich en vogue war, selbst ihren Charakter. Dieser Trend wurde vom katalanischen Architekten Enrique Nieto, einem Gaudí-Schüler, inspiriert, der sich in Melilla niederließ. Das Erscheinungsbild der Stadt überlebte auch dann, als der Baustil überall sonst längst aus der Mode war. Das Ergebnis ist ein lebendes Museum aus etwa 900 modernistischen und Art-déco-Bauten. Anders als in Ceuta müssen zwar noch viele Gebäude aufpoliert werden, aber insgesamt ist ihr architektonischer Wert größer.

Am besten erkundet man dieses Kulturerbe bei einem Spaziergang durch die Gegend nördlich des Parque Hernandez, die auch als „Goldenes Dreieck" bekannt ist.

Plaza de España WAHRZEICHEN

Einige schöne Bauten entdeckt man auf der **Plaza de España**, darunter Nietos **Palacio de Asamblea** im Art-déco-Stil, dessen Grundriss wie eine Herzogskrone geformt ist, sowie sein **Casino Militar**, dessen Fassade immer noch ein republikanisches Wappen darstellt, und die **Banco de España**. Interessierte Architekturfans wenden sich am besten an die Mitarbeiter der Touristeninformationen (S. 317).

Der Palacio wird zwar als Rathaus genutzt, aber das Personal führt Besucher auf Anfrage gern herum. Sehenswert sind zwei Räume im Obergeschoss: der Salon Dorado, in dem ein riesiges Gemälde über die Ankunft der Spanier in Melilla 1497 hängt, und die Sala de Plenos, in der sich der örtliche Kongress trifft.

Mit dem Brunnen in der Mitte eignet sich die Plaza perfekt für ein Päuschen. In der Mitte steht ein Art-déco-Militärdenkmal für die Schlachten in Marokko und ein ganzes Stück entfernt ist Melillas auffälligstes zeitgenössisches Gebäude zu erkennen: das neue Gerichtsgebäude, das wie eine auf dem Dach gelandete fliegende Untertasse aussieht und für Besucher leider geschlossen ist.

Parque Hernández PARK

Von der Plaza aus bietet sich ein schöner Spaziergang durch den langgezogenen, von Palmen gesäumten Parque Hernández an, der bei unserem Besuch wegen Renovierungsarbeiten gesperrt war. Am Ende geht's links die Calle Sotomayor hinunter.

Geradeaus erstreckt sich die **Plaza de Toros**, Afrikas einzige Stierkampfarena, die tatsächlich noch benutzt wird.

GRATIS **Gaselec-Museum** MUSEUM
(⌚Mo–Fr 18–21, Sa & So 11.30–13.30 & 18–21 Uhr) Auf der anderen Seite des Parks liegt diese verblüffende Kuriosität, die Leidenschaft des Präsidenten von Melillas Gas- und Stromunternehmen. Sie beherbergt ein Museum mit Reproduktionen aus dem Alten Ägypten, darunter auch Maske und Sarg von Tutenchamun. In Zukunft sollen weitere Ausstellungen mit Nachbildungen zu ganz verschiedene Themen hinzukommen. Obwohl viele der Artefakte nicht mal echt aussehen, funktioniert das ungewöhnliche Konzept auf seine Weise.

STRÄNDE

Das einzige Besorgniserregende in Melilla ist der Zustand der Küste: Überall liegen Plastikflaschen und -tüten herum. Es werden zwar immer mal wieder Versuche unternommen, bestimmte Strände zu säubern, aber besonders außerhalb der Saison wird man diesem Problem nur schwer Herr. Das gibt Anlass zur Sorge um die Zukunft des Mittelmeers.

Der große Strand südlich vom Hafen ist in vier Abschnitte aufgeteilt. Bei unserem Besuch tauchte durchschnittlich alle 10 m eine Plastiktüte im Wasser auf, den Rest erledigt der stinkende Rio de Oro, der in diesem Bereich ins Meer mündet. Es erübrigt sich zu erwähnen, dass man es beim Sonnenbaden belassen sollte.

Eine tolle Alternative ist die abgelegene **Playa de la Ensanada de los Galápagos**, zugänglich durch einen Tunnel unter der Festungsanlage. Der Strand ist von Mai bis September geöffnet.

Schlafen

In Melilla gibt's nur einige wenige Hotels, die deshalb auch außerhalb der Saison schnell voll sind.

Hotel Nacional HOTEL €€
(☎956 68 45 40; Fax 956 68 45 41; 10 Calle Primo de Rivera; EZ/DZ 35/55 €; ❄📶) Kompakte Zimmer mit Minibars, altmodischen Möbeln aus Eisen und modernen Bädern. Die Räume nach innen sind dunkel und deprimierend, besser sind die zur Straße. Das Management ist freundlich und es gibt einen Aufzug. Die 104, ein Eckzimmer, ist eine gute Wahl und Nummer 103 ist geradezu riesengroß.

Hotel Anfora HOTEL €€
(☎956 68 33 40; Fax 956 68 33 44; 8 Calle Pablo Vallescá; EZ/DZ mit Frühstück 46/73 €; ❄📶) Dieses Zwei-Sterne-Hotel mit eher industriellem Ambiente verfügt über eine hervorragende Lage und bietet Zimmer mit TV, Kühlschränken sowie Balkonen zu Standardpreisen. Sein Highlight ist die Dachterrasse mit einem Blick über Melilla La Vieja und das Meer.

Hotel Rusadir HOTEL €€€
(☎956 68 12 40; 5 Calle Pablo Vallescá; EZ/DZ mit Frühstück 91/102 €; ❄📶) Seit der umfassenden Renovierung des Vier-Sterne-Hotels wartet es mit einer eindrucksvollen Lobby und designbewussten Zimmern samt TV, Minibars und Balkonen auf. Im Restaurant gibt's ein beeindruckendes Frühstücksbüfett.

Hostal La Rosa Blanca HOTEL €
(☎952 68 27 38; 7 Calle Gran Capitán; Zi. 20–24 €, DZ 30–35 €, 3 BZ 45 €) Eine überaus einfache Unterkunft mit sauberen Zimmern, die von unterschiedlicher Qualität sind. Bevor man bucht und bezahlt, sollte man sich die Räume also ansehen. Jedes Zimmer hat ein Waschbecken, ansonsten stehen Gemeinschaftsbäder zur Verfügung.

Residencia de Estudiantes y Deportistas HOSTEL €
(Domizil für Studenten und Sportler; ☎952 67 00 08; Calle Alfonso X; Pro Person mit Frühstück 20 €, Halbpension 26 €, Vollpension 32 €; 📶) Wem es nichts ausmacht, nicht im Zentrum zu wohnen, für den ist dies genau die richtige Budgetunterkunft: ein gut geführtes Studentenwohnheim mit 87 blitzenden Zimmern, Internetzugang, Cafeteria, Bibliothek und TV-Zimmer. Die Räume oben haben Balkone. Bus 3 hält alle zehn Minuten in der Nähe der Plaza España an der Calle Marina und braucht zehn bis 15 Minuten hierher, am Wochenende gibt's allerdings weniger Verbindungen.

Hostal Residencia Cazaza HOTEL €
(☎956 68 46 48; 6 Calle Primo de Rivera; EZ/DZ 26/36 €) Obwohl die Zimmer völlig heruntergekommen sind, versprüht dieses alte Gebäude mit seinen hohen Wänden und kleinen Balkonen einen gewissen Charme. Es liegt zentral im Goldenen Dreieck, außerdem ist das Management freundlich.

Parador de Melilla HOTEL €€€
(☎956 68 49 40; www.parador.es; Av Cándido Lobera; EZ/DZ 99/121 €; ❄📶🏊) Man braucht

ein Auto, um zu diesem eleganten Haus zu kommen. Es bietet große, prächtige Zimmer, warm wirkendes Holz, eine hochwertige Einrichtung und Balkone mit toller Aussicht aufs Meer. Der runde Speisesaal mit Blick auf die Stadt ist ein elegantes Extra. Kinder werden den angrenzenden Parque Lobera mögen.

Essen

Viele Restaurants in Melilla gehören zu einem Hotel (z. B. zum Rusadir oder Parador), aber rund um die Avenida de Juan Carlos I Rey gibt's noch jede Menge andere Lokale.

La Pérgola FISCH & MEERESFRÜCHTE **€€**
(☎952 68 56 28; Calle General Marcías; Menü 10 €; ⏲Mittag- und Abendessen) Eine Terrasse am Wasser mit Tischdecken und Cafémusik machen das elegante Restaurant zu einem angenehmen Ort zum Essen oder für einen Drink am frühen Abend. Die Spezialität sind Meeresfrüchte und das Menü für 10 € ist unschlagbar.

La Vinacoteca CAFÉ, TAPAS-BAR **€**
(Plaza de la Culturas; Tapas ab 1,20 €, Raciones 5 €) Dieses lebhafte Lokal hat eine große Terrasse auf der Plaza de la Culturas und spricht jede Altersgruppe an. Es kann schon mal ein Fußball angeflogen kommen, der das Bier oder den Kaffee umstößt, denn auf dem Platz spielen viele Kinder.

Casa Marta TAPAS-BAR **€**
(Calle Justo Sancho Miñano; ⏲Mittag- und Abendessen) Eine wundervolle Bar, in der sich drinnen wie draußen Menschen aller Altersklassen tummeln. Die Plätze im Freien befinden sich in einem Zelt auf der Straße. Zu jedem Bier gibt's kostenlose Tapas – das macht bei drei Bier ein kostenloses Abendessen. Bloß nicht das *filetillo* verpassen (dünne Fleischstreifen mit Sauce)!

Los Salazones REGIONALE KÜCHE **€€**
(☎952 67 36 52; 15 Calle Conde de Alcaudete; Hauptgerichte ab 12 €; ⏲Mittag- und Abendessen) Dieses Fleisch- und Meeresfrüchterestaurant einen Block vom Strand entfernt ist auch bei den Einheimischen sehr beliebt. Hier klingt ein Tag in der Sonne perfekt aus. Die Gäste sitzen auf Fässern mit marmorverkleideten Oberseiten und genießen gegrillten Fisch.

Café Rossy CAFÉ **€**
(5 Calle General Prim; Sandwiches ab 2 €; ⏲Mittag- und Abendessen) Ein weiteres bewährtes Café für ein schnelles Essen oder um sich mit einem Buch und bei einer Tasse Kaffee die Zeit zu vertreiben. Die *bocadillos* sind ein perfekter Snack zur Mittagszeit.

La Cervecería TAPAS-BAR **€**
(23 Calle de General O'Donnell; Tapas ab 1,50 €; ⏲Mittag- und Abendessen) Diese Einraumbar legt besonderen Wert auf Deko: Jede Fläche ist mit grünen Schmuckfliesen bedeckt – auch die Möbel.

Antony Pizza Factory ITALIENISCH **€**
(Av de la Democracia; Pizzas ab 5 €, Pasta ab 6 €; ⏲Abendessen) Besonders bei einheimischen Jugendlichen beliebt. Das Personal in dieser gemütlichen Brasserie arbeitet hart, um üppig belegte Pizzas und sättigende Pastas an den Mann zu bringen. In dem gemütlichen unteren Bereich kann man in Ruhe essen.

Real Club Marítimo CAFÉ **€**
(Jachthafen) Traveller sind in dem privaten Jachtclub herzlich willkommen und können am Meer ein Croissant sowie einen Kaffee genießen.

SELBSTVERSORGER

In den Straßen rund um den Parque Hernández gibt's zahlreiche kleine Lebensmittelläden. Der Supermarkt **Supersol** (Calle General Polavieja; ⏲10–22 Uhr, So geschl.) liegt an der Straße zur Grenze.

Ausgehen

Puerto Deportivo Noray BAR
Dies ist Melillas Amüsiermeile mit zwölf Optionen, die nebeneinander am Ufer liegen. Hin kommt man über den Parkplatz neben dem Gerichtsgebäude.

Praktische Informationen

Um von außerhalb Spaniens in Melilla anzurufen, wählt man die Vorwahl ☎0034. In Melilla ist es eine Stunde früher als in Marokko und während der spanischen Sommerzeit zwei Stunden früher (s. S. 545). Viele Läden und Firmen haben sonntags geschlossen.

Geld

In Melilla bezahlt man in Euro. Rund um die Avenida de Juan Carlos I Rey reihen sich mehrere Banken mit Geldautomaten aneinander. Fast alle wechseln Dirham zu einem besseren Preis als die marokkanischen Händler am Fährhafen oder an der Grenze.

Auf der marokkanischen Seite der Grenze kann man beim Crédit du Maroc Geld wechseln. 200 m weiter im Inland von Marokko gibt's außerdem eine Banque Populaire mit einem Geldautomaten: Wenn man geradeaus auf die Kreuzung zuläuft, befindet sie sich auf der linken Seite an der Straße zum Hafen.

Internetzugang

In der Innenstadt herrscht kein Mangel an Internetcafés, darunter folgender Laden:

Locutoria Dosmil (14–25 Calle Ejercito España; 2 € pro Std.; ⌚9–14 & 16–21 Uhr)

Medizinische Versorgung

Hospital Comarcal (☎956 67 00 00) Am Südufer des Río de Oro.

Urgencias Sanitarias (☎956 67 44 00; 40 Alvaro de Bazan; ⌚Mo–Sa 17–9 Uhr, So & Feiertage 24 Std.) Nachtapotheke.

Post

Hauptpostamt (Correos y telégrafos; Calle Pablo Vallescá; ⌚Mo–Fr 8.30–20.30, Sa 9.30–13 Uhr)

Reisebüros

Viajes Melilla (☎952 679352; 1 Ave Duquesa de la Victoria)

Touristeninformation

Fundación Melilla Ciudad Monumental (☎952 97 62 01; www.melillamonumental.org, auf Englisch; C/Miguel Acosta, 13) Umfassende Informationen zur hiesigen Architektur.

Oficina del Turismo (Hauptfiliale) (☎952 97 61 89; www.melillaturismo.com; Plaza de la Culturas; ⌚Mo–Sa 10–14 & 16.30–20.30, So 10–14 Uhr) Viele Karten und Broschüren und freundliche, Englisch sprechende Mitarbeiter. Organisiert spezielle Touren zu religiösen Stätten. Auf der Website findet man eine umfassende Führung mit den Themen Geschichte und Architektur.

Oficina del Turismo (Infostand) (☎952 97 61 51; www.melillaturismo.com, auf Englisch; Plaza de España; ⌚Mo–Fr 10–14 & 16–20 Uhr) Gegenüber dem Palacio de Asamblea.

ℹ An- & Weiterreise

Auto

Melilla ist eine Duty-free-Zone. Wenn man mit dem Auto unterwegs ist, lohnt es sich deshalb hier zu tanken: Das Benzin kostet 10 Dh pro Liter und ist etwa ein Drittel billiger als in Marokko oder Spanien.

Flugzeug

Air Nostrum (Iberia) (www.airnostrum.com; Melilla Airport) Verbindet Melilla zwölfmal täglich mit Málaga sowie zweimal täglich mit Almeria, Valencia und Madrid; einmal am Tag geht's nach Granada. Der Flughafen ist in zehn Minuten mit dem Taxi (5 €) zu erreichen. Es gibt dort keinen Geldautomaten.

Grenzübergang

Zur Grenze fährt ein Taxi (6 Dh) oder Bus 2 (mit der Aufschrift „Aforos"). Letzterer startet an der Plaza de España zum Grenzübergang Beni Enzar (0,60 €, 7.30–23 Uhr, alle 30 Min.). Von der Bushaltestelle sind es 50 m zum spanischen und nochmal 200 m zum marokkanischen Zoll.

Vor der Einreise nach Marokko muss man ein weißes Formular ausfüllen und an einem Schalter seinen Pass abstempeln lassen. Achtung: Betrüger versuchen, Travellern für diese Formulare Geld abzuknöpfen oder ihre Hilfe beim Ausfüllen aufzudrängen. Wer mit dem Auto nach Marokko fährt, darf den grünen Zollabschnitt auf keinen Fall verlieren – dieser muss vorgezeigt werden, wenn man das Land wieder verlässt – und mit langen, zeitraubenden Warteschlangen in Richtung Marokko rechnen. Fußgänger haben es da einfacher und sind um einiges schneller.

Auf der marokkanischen Grenzseite fährt Bus 19 (meistens nicht angeschrieben) stündlich nach Nador (23 Dh, 25 Min.). Auch *grands taxis* pendeln oft dorthin (5 Dh, 15 Min.). Sie warten etwas versteckt auf einem Parkplatz, ein ganzes Stück rechts von der Kreuzung.

Wer Melilla von Marokko aus besucht, muss ein gelbes Formular ausfüllen und ebenfalls seinen Pass abstempeln lassen. Bus 43 fährt zur Plaza de España (0,60 €).

Schiff/Fähre

Melisur (☎956 68 66 13; 8 Calle de General Marina; ⌚Mo–Fr 9–13 & 17–19, Sa 9–12 Uhr) verkauft Tickets für Fähren von Acciona (Transmediterraneo) nach Málaga und Almeria. Fahrkarten bekommt man auch an der **Estación Marítima** (Fährhafen; ☎956 68 16 33). Verbindungen nach Malága:

Montag Abfahrt um 12 Uhr, Ankunft um 19.35 Uhr; Abfahrt um Mitternacht, Ankunft am Dienstag um 8 Uhr

Dienstag bis Samstag Abfahrt um Mitternacht

Fähren von Malága nach Melilla verkehren jeden **Montag** (Abfahrt um 23 Uhr, Ankunft um 8 Uhr am Dienstag) und **Dienstag bis Samstag** (Abfahrt um 14 Uhr, Ankunft um 21.30 Uhr). Tickets kosten mindestens 30,70 €.

Verbindungen nach Almeria bestehen jeden **Montag** (9 Uhr) und **Sonntag** (14.30 Uhr).

Von Almeria nach Melilla geht's jeden **Montag** (16.30 Uhr) und **Dienstag bis Samstag** (24 Uhr).

ℹ Unterwegs vor Ort

Da Melillas Zentrum kompakt ist, kann man es gut zu Fuß erkunden. Busse pendeln zwischen der Plaza de España und der Grenze. Taxis bestellt man über den lokalen **Taxiservice** (☎956 68 36 21).

Nador الناظور

180 000 EW.

Die neue Straße von Al-Hoceima nach Nador ist eine wahre Freude, selbst dann, wenn man in ein *grand taxi* gequetscht ist. Sie führt vorbei an roten Felsen, grünen Schluchten und einer gewaltigen Formation aus erodierten Hügeln auf halbem Weg. Bei unserem Besuch wurde gerade das neue Atalayoun-Golf-Resort errichtet.

Im Umkreis von 60 km stößt man auf mehrere Küstencafés, wo man gut einen Minzetee trinken und den Meerblick genießen kann. Die leeren Strände sollte man allerdings nicht zu genau ansehen, denn der Müll stapelt sich dort kniehoch.

Trotz seiner Größe hat Nador Travellern leider nicht viel zu bieten: Abgesehen von der hübschen Lagune Marchika gibt's in dieser endlosen Weite aus Betonblöcken keinerlei Sehenswürdigkeiten. Mit ihrem großen Flughafen, dem aktiven Fährhafen und einem schicken neuen Bahnhof, von dem Züge nach Fes fahren, dient die Stadt hauptsächlich als Verkehrsknotenpunkt. Wie in allen anderen Küstenorten findet auch hier ein Umbruch statt: Die unerlässliche Küstenstraße und von Palmen gesäumte Boulevards sind bereits fertig, während der Bau von Hotels, Restaurants und einem Jachthafen gestoppt wurde. Aufhalten braucht man sich in Nador wirklich nicht.

Schlafen

In Nador mangelt es nicht an Hotels aller Preisklassen, allerdings vergeben viele ihre Zimmer lieber stundenweise. Die günstigeren Optionen liegen nahe der Bus- und *grand-taxi*-Haltestellen.

Hotel Annakhil HOTEL €€
(☎0536 33 58 67; 185 Blvd de Tanger; EZ/DZ/Suiten 420/520/800 Dh; ❄) Mit seinen orangefarbenen Fluren, Plastikpflanzen und hellen blauen Schlafzimmern mag das Annakhil ziemlich überkandidelt eingerichtet sein, gilt aber als beste Wahl unter den Mittelklassehotels. Die Betten sind bequem, die Bettwäsche ist gut und es gibt einen Fernseher sowie Kühlschrank im Zimmer. Das Frühstück wird im Café nebenan angeboten. Nachts platzt die Bar aus allen Nähten, aber nur sehr mutige Frauen würden sich hierher wagen.

Hotel Mediterranée HOTEL €
(☎0536 60 64 95; hotel.mediterranee@gmail.com; 2–4 Ave Youssef ibn Tachfine; EZ/DZ 252/326 Dh; ❄📶) Den Blick aus dieser Bleibe verstellt das neue Hotel Rif, das bei unserem Besuch gerade gebaut wurde. Trotzdem überzeugt das Haus mit seiner Lage nur einen Häuserblock von Küstenstraße und Lagune entfernt. Die Eckzimmer sind schön hell und jedes Zimmer hat TV. Wer die Klimaanlage nutzen möchte, zahlt 50 Dh extra. Das einfache Restaurant im Erdgeschoss (Gerichte ab 60 Dh) serviert das Frühstück sowie Omelett und Fischgerichte.

Hotel Geranio HOTEL €
(☎0536 60 28 28; 16 Rue Nr. 20; EZ/DZ 160/188 Dh) Da das Haus in der Nähe des chaotischen Busbahnhofs liegt, sind die Zimmer zur Straße hin mitunter sehr laut, trotzdem machen es die guten Preise zu einer der besten Budgetunterkünfte. Die sauberen Zimmer verfügen über winzige Bäder und im Erdgeschoss gibt's eine Cafeteria.

Hotel Ryad HOTEL €€€
(☎0536 60 77 17; hotelryad@hotmail.com; Ave Mohammed V; EZ/DZ mit Frühstück 700/950 Dh; ❄) Inzwischen nagt am einst vornehmen Ryad der Zahn der Zeit, außerdem ist es überteuert. Das große Hotel beherbergt zwei Bars und eine Disko, deshalb sind die Zimmer im zweiten und vierten Stock bis Mitternacht unerträglich laut. Die Einrichtung der Zimmer, die alle einen Ausblick auf die Lagune bieten, ist standardgemäß.

Essen & Trinken

Rund um den CTM-Busbahnhof stößt man auf günstige Lokale, die Fleischspieße, Sandwiches und Tajines im Angebot haben. Darüber hinaus liegen an der Ave Mohammed V mehrere gemütliche Straßencafés unter schattigen Orangenbäumen.

Restaurant Marhaba FISCH & MEERESFRÜCHTE €€
(☎0536 60 33 11; Calle Ibn Rochd; Hauptgerichte 60 Dh; ⏲Mittag- und Abendessen) In dem elegantesten Restaurant der Stadt werden köstliche Fischgerichte zubereitet. Das Marhaba verfügt über einen großen Hauptspeisesaal und hat nach hinten raus eine gemütliche Terrasse mit Fischernetzen und Plastikhummern. Kein Alkohol.

Café Club CAFÉ, REGIONALE KÜCHE €
(Ave Mohammed Zerktouni) In dem Wald aus Beton ist das Inselcafé am Ende der Mohammed V ein überraschend hübsches Fleckchen. Es wartet mit einem Ausblick auf das Wasser, leckerem Kaffee und Tajine (ca. 40 Dh) auf.

Café Antalya CAFÉ €
(Blvd Prince Héritier Sidi Mohammed; Pizza ab 50 Dh) Dieses Café aus Glas und Chrom mit Terrasse auf dem Bürgersteig ist Teil des neuen Gesichts von Nador. Im Obergeschoss befindet sich eine Pizzeria, die vor allem hippe junge Leute anlockt.

ℹ Praktische Informationen

Al-Farabi-Apotheke (☎0536 60 60 11; Ave Mohammed V)

Credit Maroc (64 Ave Mohammed V) Eine von mehreren Banken auf der Ave Mohammed V. Hier kann man Geld wechseln, außerdem gibt's einen Geldautomaten.

Cyber Milano (Bld el Massira; 5 Dh pro Std.; ⏲8–20 Uhr) Internetcafé.

Ketama Voyages (☎0536 60 61 91; ketama voyage@hotmail.fr; 55 Ave Mohammed) Fährtickets nach Almería.

Postamt In der Nähe der Grande Mosquée.

Royal Air Maroc (Ave Mohammed V; ⏲Mo–Fr 8.30–12.15 & 14.30–19, Sa 9–12 & 15–18 Uhr)

ℹ An- & Weiterreise

Bus

Vor dem **CTM-Büro** (Rue Genéral Meziane) starten Busse nach Casablanca, Rabat, Meknès, Fes, Tanger, Larache, Sidi Kacem, Al-Hoceima und Chefchaouen. Abends gibt's zudem etwas günstigere Verbindungen anderer Unternehmen nach Casablanca. CTM betreibt auch ein kleines Büro im Hauptbusbahnhof, der südöstlich vom Zentrum liegt. Von hier werden folgende Ziele angesteuert:

Tetouan (110 Dh, 9 Std.), einige via Chefchaouen (100 Dh, 6 Std.)

Oujda (25 Dh, 2½ Std.) via Berkane (15 Dh, 1½ Std.)

Al-Hoceima (30 Dh, 3 Std.)

Fes (60 Dh, 5½ Std.)

Ras el-Maa (10 Dh, 1 Std.)

Beni Enzar (Grenzübergang bei Melilla; 3 Dh, 25 Min.)

Flugzeug

Der Flughafen liegt etwa 23 km südlich von Nador. Atlas Blue und Ryanair bieten von hier aus zahlreiche Flüge in europäische Städte an. Darüber hinaus fliegt z. B. Air Berlin von Köln/Bonn sowie München hierher und Iberia verkehrt nach Spanien.

Schiff/Fähre

Acciona bietet eine neue schnelle Verbindung nach Almeria an. Die Fähre legt von Sonntag bis Dienstag sowie Donnerstag und Freitag um 10 Uhr in Almeria ab und kommt um 15 Uhr in Nador an. Dort fährt sie um 22 Uhr wieder ab und erreicht Almeria am nächsten Tag um 6 Uhr. Eine Comanav-Fähre verkehrt montags nach Sète in Frankreich.

Der Hafen von Beni Enzar liegt 7 km von der Stadt entfernt, aber infolge des Verkehrs kommt es einem viel weiter vor. Am schnellsten ist ein *grand taxi* (8 Dh, 15 Min.).

Taxi

Vom riesigen *grand-taxi*-Stand neben dem Busbahnhof kommt man zu vielen Zielen.

ZIEL	PREIS (DH)	DAUER (STD.)
Al-Hoceima	56	3
Beni Enzar (Grenzübergang bei Melilla)	5	¼
Berkane	40	1
Fes	110	5
Oujda	50	3
Taza	60	3

Zug

Von Nadors neuem Bahnhof (Nador Ville) verkehren Züge zu folgenden Zielen:

Beni Enzar/Grenzübergang bei Melilla (10 Dh, 12 Min.)

Hafen Beni Enzar (10 Dh, 25 Min.)

Fes (98 Dh, 6 Std., 4-mal tgl.).

Zwei dieser Züge verkehren über Taourirt, von wo Anschluss nach Casablanca besteht.

Östlich von Nador

Östlich von Nador, auf der anderen Seite der Lagune, prägt eine Mischung aus Salzmarsch und Sanddünen die Küstenlandschaft, die eine Vielzahl von Vögeln wie Rosaflamingos anzieht. Die N16, eine neue Straße Richtung Osten nach Saídia, bietet einen guten Blick auf die Islas Chafarinas, das letzte Stück Spaniens an der Nordküste (s. Kasten S. 280). Sie führt an zwei heruntergekommenen Orten, **Kariat Arekmane** und **Ras el-Maa**, vorbei. In Arekmane wurde eine *corniche* (Küstenstraße) gebaut, außerdem sollen dort neue Apartments errichtet werden. Leider ist der hübsche Strand von Müll übersät, zudem drohen die Feuchtgebiete im Inland an der anderen Seite der Küstenstraße zu verschwinden.

In Ras el-Maa, auch als Cap de l'Eau bekannt, sieht die Lage hingegen etwas besser aus. Ein paar kleine Restaurants und ein schöner Strand säumen die Küstenpromenade. Die Feuchtgebiete rund um die Mündung des Moulouya westlich des Ortes stehen dank der Ramsar-Konvention unter Naturschutz und eignen sich wunderbar zum Beobachten von Vögeln wie dem Diademrotschwanz *(Phoenicurus moussieri)*, der Marmelente *(Marmaronetta angustirostris)* und der Korallenmöwe *(Larus audouinii)*. Außerdem leben dort einige seltene endemische Fischarten.

An der Ostseite der Moulouya-Mündung erstreckt sich über 5 km die Station Balnéaire (Küstenresort). Sie reicht bis Saídia und liegt an einem herrlichen Strand. Trotzdem wirkt alles sehr trist, da sich hier Hunderte von Apartmenthäusern aneinanderdrängen. Zum Teil sind die Bauten bereits fertig und verkauft. Richtung Binnenland stößt man auf zahlreiche weitere Klötze. Noch wohnt darin niemand oder die Gebäude sind unvollendet. Selbst die verkauften Apartments werden nur in der Saison (Juli & August) bewohnt, was dem Ort etwas Gespenstisches verleiht.

Marokko hat die Finanzkrise größtenteils überstanden, allerdings spürt man ihre Folgen in dieser und in ähnlichen Neubausiedlungen ganz deutlich. Es gibt bisher zwei Golfplätze, doch auch diesbezüglich will man weiter aufrüsten. Der beste Strandabschnitt der Ferienanlage liegt bei **Mediterreanéa Saídia**. Der Jachthafen ist zwar noch nicht fertig, dafür aber das Shoppingcenter. Bei unserem Besuch war lediglich ein Hotel in Betrieb, das **Barceló Mediterranéa Saídia** (☎ von Spanien 00 34 902101 10 01; www.barcelo.com; Zi. ab 160 €; ❄📶🏊). Es verfügt über ein Spa, einen Fitnessbereich sowie mehrere Restaurants und Bars.

Saídia السعيدية

18 000 EW.

Noch ist Saídia derselbe kleine verschlafene Küstenort wie immer, doch das wird sich mit der Errichtung mehrerer geplanter Ferienanlagen an der Küste ändern. Bisher verzögerte allerdings die Finanzkrise den erhofften Ausbau der Station Balnéaire.

Saídia hat einen schönen Strand sowie eine neue Küstenstraße mit Restaurants und Clubs, die außerhalb der Saison geschlossen sind. Einen Häuserblock vom Strand liegen am Blvd Hassan II einige Hotels, Banken, Cafés und Internetläden.

Die benachbarte Grenze zu Algerien ist nach wie vor geschlossen. Marokko würde sie zwar gern wieder öffnen lassen, aber Algerien weigert sich, obwohl kein akuter Konflikt besteht.

Berkane نبركا

80 000 EW.

Die staubige, moderne Stadt liegt 80 km südöstlich von Nador an der Straße nach Oujda. In der Berbersprache bedeutet der Name „schwarz", dabei ist Berkane eigentlich für seine Orangen bekannt, außerdem dominiert eindeutig diese sonnige Farbe, ob man nun die Taxis, die Gebäude oder die riesige Orangenskulptur am Ortseingang anschaut. Travellern dient Berkane in der Regel als Durchgangsort, ebenso wie Benzinschmugglern auf nächtlichen Streifzügen nach Algerien. Achtung: Das, was an den Straßenrändern in Plastikflaschen verkauft wird, ist kein Olivenöl, sondern ins Land geschmuggelter, mit großer Wahrscheinlichkeit gepantschter Treibstoff. Berkane ist auch ein guter Ausgangspunkt zur Erkundung des Beni-Snassen-Massivs.

Im Ort selbst findet man sich leicht zurecht: Er erstreckt sich entlang des Blvd Mohammed V, der von der orangefarbenen Grande Mosquée im Westen (in den Bäumen sieht man jede Menge Storchennester) zum großen Kreisverkehr am anderen Ende führt. Letzterer wird von einem großen, orangefarbenen Verwaltungsgebäude dominiert. Hier befinden sich die Post und mehrere Geldautomaten. Auf halbem Weg erreicht man den Hauptplatz mit dem CTM-Busbahnhof auf der Südseite und einer Tankstelle gegenüber.

Sehenswertes & Aktivitäten

Französische Kirche KIRCHE

(⏲Mo–Sa 8.30–12 & 14.30–18 Uhr, Mi nachmittags geschl.) Berkanes einzige Sehenswürdigkeit ist diese Kirche. Sie wurde 1909 errichtet und war das Lebenswerk eines einzigen Priesters mit einer überaus toleranten Auffassung von Religion. Innen findet sich eine seltsame Verschmelzung von Alchemie, Astrologie und biblischen Szenen, die nach Marokko verpflanzt und von dem Priester selbst gemalt wurden. Von der Grande Mosquée geht's den Blvd Mohammed V hinunter und dann bei Maroc Telecom nach links. Nun kommt man direkt auf die Kirche zu.

Inzwischen beherbergt sie die **Association Homme et Environment** (Vereinigung

GEHT'S NOCH WEITER?

Wer weiter ins Nachbarland reist, kann unter www.shop.lonelyplanet.com ein PDF des Kapitels „Algeria" aus dem englischsprachigen Lonely Planet *Africa* kaufen und herunterladen.

Mensch & Natur; www.hee.ouvaton.org), eine engagierte, außergewöhnliche einheimische Gruppe von Umweltschützern. Der Präsident der Vereinigung, Najib Bachiri (☎0661 10 53 73), spricht fließend Englisch und bietet Führungen an. Der Eintritt ist frei, aber Spenden für die Organisation sind mehr als willkommen.

Schlafen & Essen

Fast alle Hotels und Restaurants liegen am oder in der Nähe des Blvd Mohammed V.

Hotel Rosalina HOTEL €€

(☎0536 61 89 92; 82 Blvd Mohammed V; rosalina_hotel@hotmail.fr; EZ/DZ/Suite 400/460/1000 Dh; ❄📶) Neues, einladendes Hotel mit geschliffenen Holzböden sowie komfortablen, sauberen Zimmern samt TV-Geräten.

Hotel Zaki HOTEL €€

(☎0536 61 37 43; 27 Route d'Oujda; EZ/DZ mit Frühstück 360/420 Dh; ❄📶) Dieses Vier-Sterne-Hotel liegt 400 m östlich vom wichtigsten Kreisverkehr neben einem chinesischen Restaurant. Das obere Stockwerk sieht aus wie eine Designergalerie: Jedes Zimmer ist im individuellen Stil eingerichtet. Vorsicht mit den Teppichen, die in wildem Durcheinander auf den Treppen liegen.

Café du Jardin CAFÉ €

(Blvd Mohammed V) Hier trifft man überwiegend männliche Gäste, doch das Café in einem Garten gegenüber dem Hauptplatz ist das atmosphärischste im Ort.

Café Royal FAST FOOD €

(Blvd Mohammed V) In der Nähe des Hauptplatzes trifft man viele Einheimische, die hier leckere Pizzas verspeisen.

ℹ An- & Weiterreise

Berkanes Bushaltestellen und Taxistände verteilen sich über die ganze Stadt. Das **CTM-Büro** liegt neben dem Café Laetizia auf der Westseite des Hauptplatzes. Am frühen Abend gibt's nur je einen Bus nach Fes (110 Dh, 6 Std.), Meknès (125 Dh, 7½ Std.), Rabat (160 Dh, 10 Std.) und Casablanca (185 Dh, 11 Std.). Auch die Langstreckenbusse nach Spanien starten hier.

Die meisten anderen Langstreckenbusse sammeln sich in den Straßen hinter der CMH-Tankstelle und steuern ebenfalls die genannten Orte an. Busse nach Nador (20 Dh, 1 Std.) halten hinter der Tankstelle und verkehren bis nachmittags stündlich.

Regionalbusse nach Taforalt (9 Dh, 30 Min.) starten zweimal täglich am Blvd Mohammed V. *Grands taxis* nach Taforalt (10 Dh, 25 Min.) und Nador (25 Dh, 1 Std.) stehen auf dem Parkplatz auf der anderen Straßenseite zwischen der Shell-Tankstelle und der Brücke.

Grands taxis nach Oujda (18 Dh, 1 Std.) fahren in der Nähe des Busbahnhofs ab. Nach Saídia (8 Dh, 15 Min.) oder Ras el-Mar (8 Dh, 15 Min.) kommt man vom Platz vor dem städtischen Verwaltungsgebäude am Ende des Blvd Mohammed V und nach Nador vom Parkplatz gegenüber der Grande Mosquée.

Beni-Snassen-Massiv

جبال بني سناسن

Viel reizvoller als Berkane ist das wunderschöne Beni-Snassen-Massiv, das die Stadt im Süden begrenzt. Obwohl das Gebirge technisch als „Stätte von biologischem und ökologischem Interesse" bezeichnet wird, handelt es sich eigentlich um einen Nationalpark. Kaum jemand denkt beim Stichwort Marokko an eine derart grüne Gegend, sodass dementsprechend kaum Touristen herkommen.

Von Berkane geht's auf der Nationalstraße durch eine herrliche Berglandschaft nach **Taforalt**. Diese chaotische Siedlung entstand rund um eine ehemalige französische Militäreinrichtung. Man betritt den Ort von Norden her über eine bezaubernde Straße mit Cafés und Restaurants, darunter der **Rotana Club Touristique** (☎0648 91 92 22/0673 58 97 40; http://taforaltclub.com; ⏰April–Okt.; 🏊) mit einem einfachen Restaurant, einem hübschen Garten und einem Pool (Eintritt 50 Dh).

Kurz nachdem man Taforalt von Berkane kommend betreten hat, geht's an der Post links ab und dann gleich wieder links. Nun folgt man den Schildern zum Infostand. Hier erwartet einen eine kleine, aber gut gemachte Ausstellung über die Geschichte des Parks sowie eine Aussichtsplattform mit traumhaftem Blick auf einen Tafelberg. Vielleicht bekommt man sogar ein Mähnenschaf mit großen Hörnern im angrenzenden Reservat vor die Linse. Die

Tiere wagen sich meist gegen 16 Uhr heraus, wenn es kühler wird.

2 km die Nationalstraße wieder hinunter befindet sich rechts eine Abzweigung zu zwei *grottes* (Höhlen). Die **Grottes des Pigeons** (1 km) sind eine aktive Ausgrabungsstätte der Oxford University. Hier wurden menschliche Hinterlassenschaften aus dem Pleistozän entdeckt, u. a. einige der ältesten Schmuckstücke (80 000 Jahre alt). Nach weiteren 5 km gelangt man zu den **Grottes de Chameau**, einem Höhlenkomplex mit mehreren Ebenen und drei Eingängen, der wegen Überschwemmungsschäden mehrere Jahre geschlossen war. Noch einmal 3 km weiter stößt man auf die malerische **Zegzelschlucht** und eine Serpentinenstraße. Man sollte die Gelegenheit nutzen und Kumquats, eine einheimische Fruchtsorte, probieren, die schon von den Römern geschätzt wurde.

Darüber hinaus lohnt ein Abstecher zur Quelle des **Charaâ**. Dazu folgt man den Schildern zum kleinen Weiler Zegzel 2 km eine Seitenstraße hinauf. Am Ende der Straße erstreckt sich ein beliebter Picknickplatz unweit der Stelle, wo der Fluss aus den Felsen sprudelt. Ganz in der Nähe führt eine spektakuläre Straße über einen Grat gen Osten nach Oujda. Für sie braucht man ein Auto mit Allradantrieb sowie eine gute Karte, außerdem muss man früh losfahren.

Ein einladender Ort zum Verweilen ist die **Gîte Tagma** (☎0666 79 29 49; www.gitetagma.com; Zi. pro Pers. mit Vollpension 300 Dh; @) etwa eine halbe Stunde Fahrt hinter Taforalt. Authentischer oder ruhiger als in dieser abgeschiedenen, 300 Jahre alten ländlichen Lodge mit der kleinen, bewirtschafteten Farm auf halbem Weg in die Berge geht's nicht. Die fünf einfachen Schlafzimmer umgeben einen Gemeinschaftsbereich mit wunderschöner Aussicht auf die mit Pinien übersäten Canyons. Von hier kann man mühelos zur malerischen Sidi-Ali-Oussaidi-Moschee wandern, die wie eine bayerische Kapelle in den Bergen thront. Auch der romantische Ort Tagma ist gut zu erreichen; er liegt wie eine kleine Berberfestung im Tal darunter. Oder man lehnt sich einfach mit einem Buch zurück und träumt. Die *gîte* (französisch für Herberge) ist ein Gemeinschaftsprojekt des Besitzers und der Assocation Homme et Environment (S. 320) und ein Musterbeispiel für die positive Entwicklung des Agrotourismus in dieser Gegend. Sie ist nach etwa 15 km auf der Staatsstraße von Berkane nach Taforalt ausgeschildert. Nur Fahrzeuge mit Allradantrieb kommen bis zum Haus, aber wer sich telefonisch ankündigt, wird im Dorf abgeholt und in die Berglandschaft begleitet. Man sollte sich darauf einstellen, dass der Mobilfunkempfang in der Gegend nicht immer funktioniert.

Wer keinen eigenen Wagen hat, fährt am besten von Berkane aus mit einem Sammeltaxi (10 Dh) bis zum Park. Alternativ nimmt man ein eigenes Taxi: Für zwei Stunden zahlt man mindestens 200 Dh, allerdings sind nicht alle Fahrer bereit, ihren Autos die schlechten Straßen in der Nähe des Weilers Zegzel zuzumuten. Günstiger ist ein Bus oder ein *grand taxi* nach Taforalt, von wo aus man zu Fuß hinuntergeht. In Berkane fahren jeden Morgen (10 Dh, 30 Min.) zwei Busse hin und am Nachmittag wieder zurück. *Grands taxis* kosten 10 Dh und verkehren am häufigsten an Markttagen (Mi & So).

Königsstädte, Mittlerer Atlas & der Osten

الامبراطوري المدن و الأطلس المتوسط و الشرق

Inhalt »

Gut essen

» Fès et Gestes (S. 344)
» Tours Around Fez (S. 337)
» Marhaba Restaurant (S. 362)
» B'sara-Essensstände (S. 344)
» Bou-Jeloud-Restaurants (S. 344)
» Maison Blanche (S. 347)

Schön übernachten

» Ziyarates Fes (S. 338)
» Dar Bensouda (S. 340)
» Ryad Bahia (S. 358)
» Walila (S. 367)
» Dar Zerhoune (S. 369)
» Auberge Oasis (S. 388)

Auf in die Königsstädte

Wer nach einem Marokko en miniature sucht, hat es hier gefunden, denn diese Region ist ein wahrer Mikrokosmos voller historischer Städte und Ruinen sowie umwerfender Bergpanoramen und Wüstenoasen.

Seit Jahrhunderten dienen die fruchtbaren Ebenen des Nordens als Kornkammer des Landes. Während die Römer die Ruinen von Volubilis hinterließen, gründeten nachfolgende muslimische Dynastien Fes, Marokkos beeindruckendste Königsstadt mit einer Medina, die alle Sinne betört. Kleiner, aber ebenso großartig kommt die antike Königsstadt Meknès daher.

Im Süden erhebt sich der Mittlere Atlas, Heimat der Berberaffen und ein echtes Wanderparadies.

Jenseits der Berge liegen die für den Süden typischen Kasbahs. Nun ist die Wüste nicht mehr weit, und wenn man die Oasenstadt Figuig erreicht hat, sieht man statt Olivenbäumen schon lange nur noch Dattelpalmen.

Reisezeit

Fes

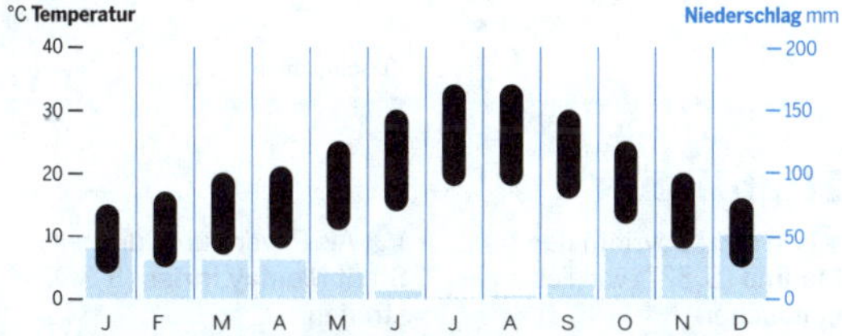

» Juni In Fes findet das Festival der geistlichen Musik statt.

» September Die Hitze lässt nach und der Ramadan ist vorbei: Eine tolle Zeit fürs Sightseeing.

» Dezember & Januar In Fes und Meknès zieht die Kälte ein – auf zu einer Wüstentour nach Figuig.

Highlights

❶ In das Labyrinth der **Medina** (S. 327) von Fes eintauchen

❷ Sich in den **römischen Ruinen** (S. 365) von Volubilis auf eine Reise in die Vergangenheit begeben

❸ Meknès' beeindruckende **königliche Architektur** (S. 355) erkunden

❹ Als Pilger durch die heilige Stadt **Moulay Idriss** (S. 368) streifen

❺ Über die bewaldeten Berghänge des **Mittleren Atlas** (S. 373) rund um Azrou wandern

❻ Sich vom **Festival der geistlichen Musik** (S. 338) in Fes verzaubern lassen

❼ In der herrlich ruhigen Oasenstadt **Figuig** (S. 388) inmitten von zahlreichen Palmen und Kasbahs der Welt entfliehen

❽ Das **Höhlensystem** (S. 381) des bizarren Gouffre du Friouato besuchen und sich dabei wie ein Urzeitmensch fühlen

An- & Weiterreise

Züge pendeln zwischen allen größeren Städten der Region und der Küste. Zudem gibt's Direktverbindungen von Tanger, Rabat und Casablanca. Aus Europa, insbesondere Frankreich, gehen Direktflüge nach Fes und nach Oujda. Beide Orte sind via Casablanca auch in das internationale Flugnetz von Royal Air Marocs eingebunden.

Unterwegs vor Ort

Von Marrakesch und Casablanca fahren Züge Richtung Osten durch Meknès, Fes und Taza bis nach Oujda. Im gebirgigen Mittleren Atlas verkehren nur Busse oder *grands taxis*.

KÖNIGSSTÄDTE

Fes فاس

1 MIO. EW.

In den vergangenen Jahren hat sich Fes zu einem überaus beliebten Reiseziel gemausert. Ausländische Investoren haben der Stadt zu Wohlstand verholfen, indem sie Riads in der Medina oder neue Parks und Springbrunnen in der *ville nouvelle* gekauft haben. Glaubt man den westlichen Reise- und Lifestyle-Magazinen, ist Fes das neue Marrakesch.

Konfrontiert man jedoch einen Fassi mit dieser Behauptung, wird man nichts als Gelächter ernten. Fes als neue In-Metropole? Völlig unvorstellbar. Dies ist eine alte und ausgesprochen selbstbewusste Stadt, die niemandem irgendetwas beweisen muss. In seiner 1200 Jahre alten Geschichte hat Fes Dynastien aufsteigen sowie untergehen sehen und viele Booms miterlebt – und es wird noch lange, nachdem die nächste Modeerscheinung wieder von der Bildfläche verschwunden ist, fortbestehen.

Allen Herrschern auf Marokkos Thron war daran gelegen, die einflussreiche Stadt auf ihre Seite zu bringen. In Fes wurde die marokkanische Unabhängigkeitsbewegung geboren und bei Streiks und Protesten geht's hier stets besonders hoch her.

Der wichtigste Touristenmagnet ist die Medina von Fès el-Bali (Altes Fes). Wer sie betritt, wird von Eindrücken überflutet: Das Labyrinth aus engen Gassen und überdachten Basaren ist vollgestopft mit aromatisch duftenden Essensständen, Handwerkerläden, Moscheen und schier endlosen Menschenmassen. Alt und Neu prallen unentwegt aufeinander: Da zückt ein Mann mit Eseln und Mulis – immer noch das wichtigste Transportmittel – ein Handy, außerdem ist die Skyline der Stadt gleichzeitig mit Satellitenschüssen und Minaretten gesprenkelt.

Die jahrelange Vernachlässigung hat der Medina jedoch sehr zugesetzt. Das wissen auch die Behörden, die inzwischen zahlreiche Gebäude restaurieren und Fassaden verputzen – überall stehen Baugerüste. Ungeachtet aller Medina-Romantik sind viele Bewohner heilfroh, wenn sie ihre mittelalterlich anmutenden Behausungen an Ausländer verkaufen und von dem Erlös ein modernes Apartment in der *ville nouvelle* erstehen können.

Besuchern sei empfohlen, sich einfach mitten ins Getümmel zu stürzen. Wenn man sich an den Rhythmus der Stadt gewöhnt hat, offenbart Fes all seine – teils überraschenden – Vorzüge. Was zunächst nach einer Sackgasse aussieht, führt vielleicht zu einem Platz mit bildschönem Brunnen oder Kupferwerkstätten, aus denen Hammerschläge klingen. Sich in Fes zu verlaufen ist der Auftakt zu einem ganz besonderen Abenteuer.

Geschichte

Idriss I., Begründer der ersten marokkanischen Königsdynastie, beschloss 789, eine großartige neue Hauptstadt zu bauen, da ihm Oualili (Volubilis) zu klein geworden war. Allerdings starb er, bevor er seinen Plan verwirklichen konnte. Als Gründer von Fes gilt deshalb sein Sohn Idriss II., der den Traum seines Vaters realisierte. Eine *zawiya* (Sitz einer religiösen Bruderschaft am Grab eines Heiligen) mitten in Fès el-Bali hält das Andenken an Idriss II. lebendig.

Anfangs war Fes eine kleine Berberstadt. Doch schon bald ließen sich 8000 Flüchtlingsfamilien aus Al-Andalus (Andalusien) am Ostufer des Oued Fes nieder. Später folgten arabische Familien aus Kairouan im heutigen Tunesien, die am Westufer siedelten und das Viertel Kairaouine schufen. Die Traditionen beider Bevölkerungsgruppen bildeten eine solide Basis für den späteren religiösen, kulturellen und architektonischen Reichtum der Stadt. Die Erben von Idriss II. teilten das Königreich unter sich auf, bis ins 10. Jh. aber herrschten in Fes weiterhin Frieden und Wohlstand.

In den folgenden Jahrhunderten ging es unter wechselnden Dynastien mit Fes auf und ab. Berberinvasionen brachten Bürger-

Fes

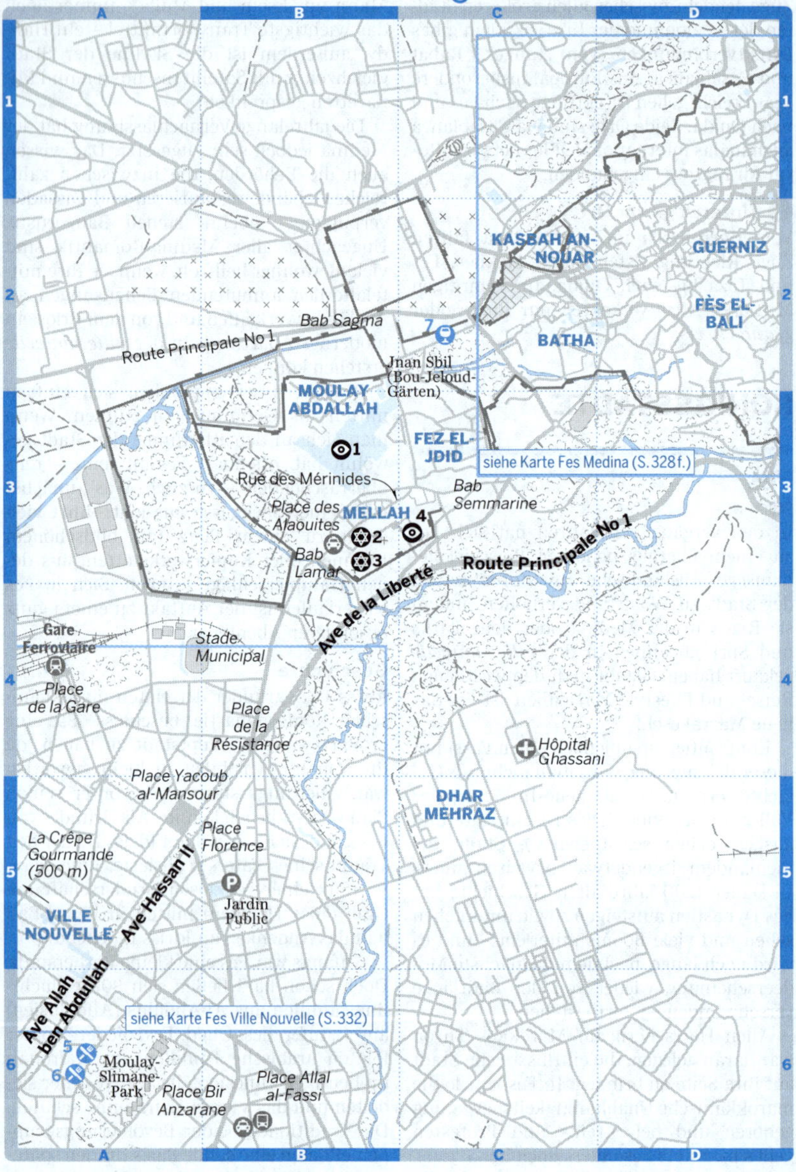

kriege und Hungersnöte. Mit dem Aufstieg der Almoravidendynastie trat eine gewisse Ruhe ein. Als diese aber 1154 ihre Macht wieder einbüßte, flüchteten ihre Anhänger aus Fes, nicht ohne zuvor die Stadtmauern zu zerstören. Erst als die nachfolgende Dynastie der Almohaden sich der Loyalität der Fassis sicher war, bauten sie die Stadtmauern wieder auf. Große Teilstücke aus dieser Zeit sind bis heute erhalten.

Fes blieb eine wichtige Metropole, wobei sein geistiger Einfluss größer war als der

Fes

Sehenswertes

1	Dar el-Makhzen	B3
2	Ibn-Danan-Synagoge	B3
3	Jüdischer Friedhof & Habarim-Synagoge	B3
4	Mellah	C3

Essen

5	Kaï Taï	A6
6	Maison Blanche	A6
7	Mezzanine	C2

Ausgehen

Maison Blanche	(siehe 6)
Mezzanine	(siehe 7)

politische. Mit der etablierten Kairaouine-Moschee und -Universität war sie *das* geistige und kulturelle Zentrum eines Reichs, das von Spanien bis in den Senegal reichte. Ihre politische Stellung erlangte die Stadt erst um 1250 unter den Meriniden wieder.

Als im 19. Jh. die Macht der Zentralregierung bröckelte und die Europäer immer mehr an Einfluss gewannen, wurden die Unterschiede zwischen Marrakesch und Fes mehr und mehr verwischt: Beide Orte fungierten praktisch als Hauptstädte eines gestückelten Landes. Fes konnte sich jedoch den Status als „moralische" Hauptstadt sichern. Am 30. März 1912 wurde hier der Vertrag unterzeichnet, der Marokko zum spanischen und französischen Protektorat machte. Kaum drei Wochen später brachen Aufstände und Revolten gegen die neuen Herrscher los – ganz, als wollte die Stadt an ihre Unbeständigkeit erinnern.

Die Franzosen erkoren Rabat zur politischen Hauptstadt, Fes aber blieb eine Größe, mit der man zu rechnen hatte.

Der Rest des Landes empfindet gegenüber Fes und dessen langer Tradition eine gewisse Ehrfurcht – und vielleicht auch etwas Neid. Ein beachtlicher Teil der geistigen und wirtschaftlichen Elite Marokkos stammt aus der Stadt. Immer wieder heißt es (vor allem bei den Fassis), wer in der Medina von Fes geboren wurde, sei ganz automatisch religiöser, kultivierter, kunstsinniger und gebildeter als Landsleute aus anderen Regionen. Die Stadtbewohner sind auch sehr stolz darauf, dass Prinzessin Lalla Salma, die Frau des Königs, aus Fes kommt, und dass die Königsfamilie viel Zeit in der Stadt verbringt.

Sehenswertes

MEDINA (FÈS EL-BALI)

Wer Fès el-Bali im Anschluss an die *ville nouvelle* besichtigt, wird sich wie ein Zeitreisender fühlen: Der Grundriss der Medina ist seit fast einem Jahrtausend praktisch unverändert – aufgrund der umliegenden Hügel konnte sich die Altstadt nicht weiter ausdehnen. Zuletzt wurde die traditionelle Medina im 13. Jh. erweitert; damals entstand Fes el-Jdid. Heute leben ca. 150 000 Fassi in dem Labyrinth aus schmalen Straßen, Sackgassen und versteckten Suks, das für Besucher einer der verwirrendsten und zugleich umwerfendsten Orte in ganz Marokko ist.

Das Bab Bou Jeloud im Westen dient als Haupttor zur Altstadt. Zwei Hauptstraßen führen in die Medina hinab: die Talaa Kebira (Große Steige) linker Hand und die Talaa Seghira (Kleine Steige) rechter Hand. Nahe der Place an-Nejjarine treffen sie wieder aufeinander. Von dort ist es nur noch ein Katzensprung zur Kairaouine-Moschee und zur Zawiya Moulay Idriss II., dem Herzen der Altstadt. Bergauf liegen die nördlichen Tore Bab Guissa und Bab Jamaï. Im Süden befindet sich das Bab R'cif, einer der wenigen Bereiche der Medina, in dem Autos fahren dürfen. Bei unserem letzten Besuch wurde das R'cif-Viertel gerade aufwendig saniert (das galt auch für den Hauptplatz) und wird wahrscheinlich bald eine attraktive Alternative zu den sonstigen Sehenswürdigkeiten der Medina sein.

In diesem Kapitel listen wir die wichtigsten Sehenswürdigkeiten auf, wobei diese nur einen Bruchteil des eigentlichen Charmes der Medina ausmachen. Deshalb lohnt es sich, einfach drauflos zu laufen und Gerüchen oder Geräuschen zu folgen. Sie führen zu Frauen mit Bündeln frischer Gewürze, Kindern, die Tabletts voller Brotlaibe in das Backhaus um die Ecke bringen, oder Cafés, in denen aromatischer Kaffee angeboten wird. Vielleicht stößt man unterwegs auf einen bildschönen Mosaikbrunnen, eine Werkstatt, in der hölzerne Hamam-Eimer hergestellt werden, einen Kamelkopf, der auf einen spezialisierten Metzger hinweist, oder eine Gruppe Jugendlicher, die in ihrer Gasse Fußball spielen. Allerorten weisen Mulitreiber mit einem lautstarken *balak* (Achtung) darauf hin, dass sich ein schwer beladenes Packtier nähert. Und regelmäßig wird man den Ruf des Muezzins vernehmen.

Fes Medina

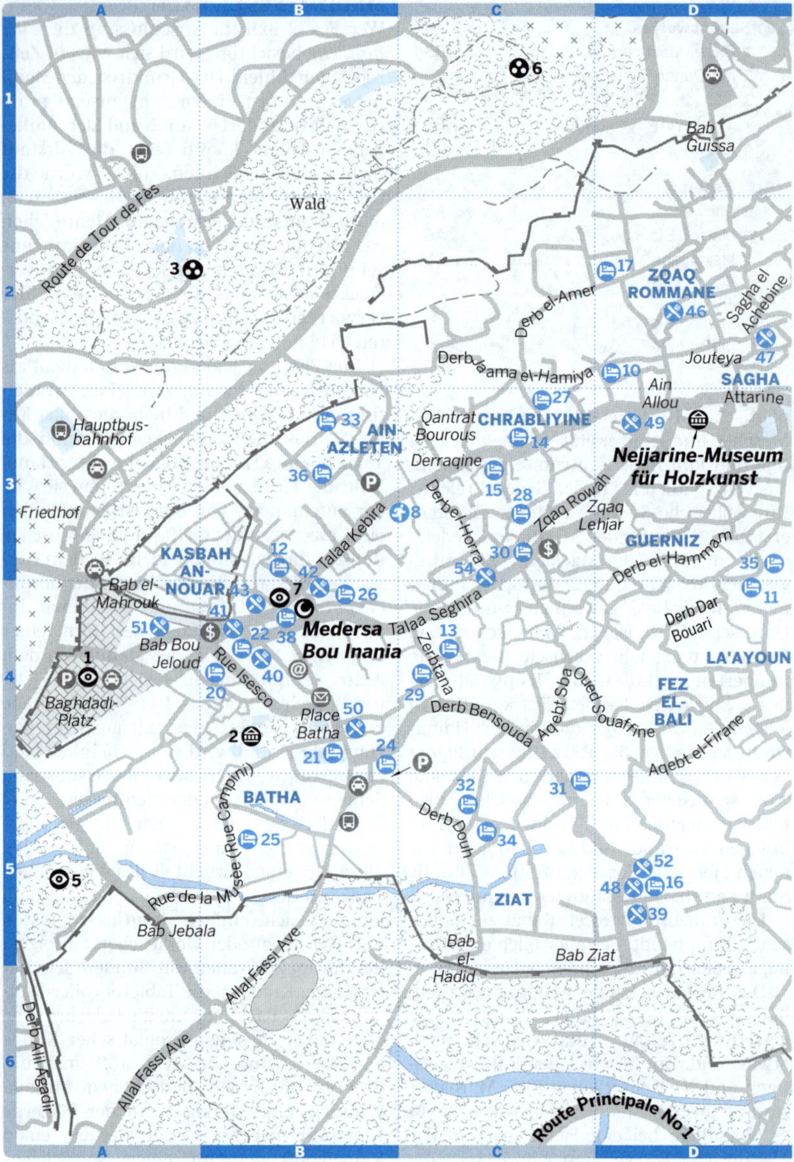

Es ist gar nicht so leicht, sich hier zurechtzufinden. Früher oder später wird man sich unter Garantie verlaufen, doch das gehört zur ultimativen Fes-Erfahrung einfach dazu. Am besten achtet man auf die „Hauptstraßen“, die entweder zu einem Tor oder zu einem Wahrzeichen führen, oder man lässt sich von der Masse mittragen. Wer mag, kann auch einen der Ladenbesitzer nach dem Weg fragen oder sich für ein paar Dirhams von eifrigen Kindern helfen lassen.

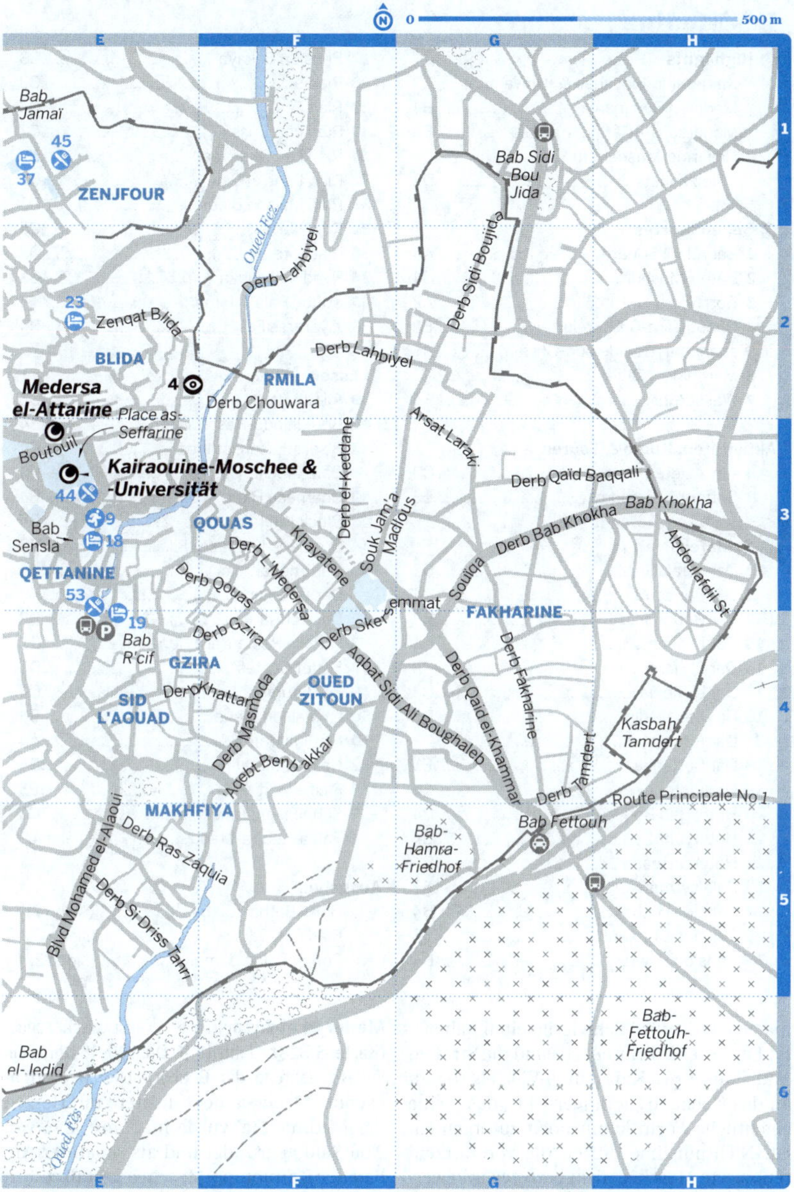

Kairaouine-Moschee & -Universität MOSCHEE

(Karte S. 328 f.) Der Moscheenkomplex ist einer der größten in Afrika und beherbergt die älteste Universität der Welt. Zudem ist er das spirituelle Zentrum von Fes bzw. von ganz Marokko. Tunesische Flüchtlinge errichteten das Bauwerk 859 und im 12. Jh. wurde es von den Almoraviden, einer Berberdynastie, erweitert. Es bietet Platz für bis zu 20 000 Gläubige. Wer sich einen Gesamteindruck von der riesigen Moschee

Fes Medina

Highlights

	Kairaouine-Moschee & -Universität	E3
	Medersa Bou Inania	B4
	Medersa el-Attarine	E3
	Nejjarine-Museum für Holzkunst	D3

Sehenswertes

1	Baghdadi Square	A4
2	Batha-Museum	B4
3	Borj Nord	A2
4	Chaouwara-Gerbereien	E2
5	Jnan Sbil (Bou-Jeloud-Gärten)	A5
6	Merenidengräber	C1
7	Wasseruhr	B4

Aktivitäten, Kurse & Touren

8	Ain-Azleten-Hamam	C3
9	Seffarine-Hamam	E3

Schlafen

10	Dar Attajalli	D2
11	Dar Bensouda	D4
12	Dar Bouânania	B3
13	Dar Dmana	C4
14	Dar El Hana	C3
15	Dar el Menia	C3
16	Dar Fes Medina	D5
17	Dar Roumana	D2
18	Dar Seffarine	E3
19	Dar Victoria	E4
20	Hotel Bab Boujloud	B4
21	Hôtel Batha	B4
22	Hôtel Cascade	B4
23	Palais Amani	E2
24	Pension Batha	B4
25	Pension Campini	B5
26	Pension Kawtar	B4
27	Pension Sekaya	C3
28	Riad 9	C3
29	Riad Fès	C4
30	Riad Laaroussa	C3
31	Riad Les Oudayas	C5
32	Riad Lune et Soleil	C5
33	Riad Maison Bleue	B3
34	Riad Verus	C5
35	Riad Zitouna	D3
36	Ryad Mabrouka	B3
37	Sofitel Palais Jamaï	E1
38	Ziyarates Fes	B4

Essen

39	Aji Chouf	D5
40	Bou-Jeloud-Restaurants	B4
41	B'sara-Essensstände	B4
	Café Clock	(siehe 43)
42	Chameau Bleu	B4
43	Clock Kitchen	B4
44	Crémerie La Place	E3
45	Dar Anebar	E1
	Dar Roumana	(siehe 17)
46	Dar Touria	D2
47	Famille Restaurant Berrada	D2
48	Fès et Gestes	D5
49	Fez Lounge	D3
50	La Maison Bleue	B4
51	Medina Café	A4
52	Najmat Souafine	D5
53	R'cif-Markt	E3
54	Schneckenstand	C3
	Talaa-Kebira-Markt	(siehe 41)

Ausgehen

	Hôtel Batha	(siehe 21)
	Riad Fès	(siehe 29)
	Sofitel Palais Jamaï	(siehe 37)

machen will, wird Schwierigkeiten haben – im Laufe der Jahrhunderte sind die Straßen und Häuser des Kairaouine-Viertels so nah an das Gebäude „herangerückt“, dass seine eigentliche Form kaum noch zu erkennen ist. Nichtmuslime dürfen die vor Kurzem renovierte Moschee nicht betreten und werden sich damit begnügen müssen, von den Toren an der Talaa Kebira und an der Place as-Seffarine einen Blick auf die schier unzähligen Säulen zu werfen. Außerdem lässt sich die Moschee mit ihrem grünen pyramidenförmigen Dach und dem weithin sichtbaren Minarett toll von einem Aussichtspunkt oberhalb der Medina betrachten.

Medersa el-Attarine ISLAMISCHE SCHULE

(Karte S. 328 f.; Eintritt 10 Dh; ⌚9–18 Uhr, kein Einlass während der Gebete) Die beeindruckende Medersa liegt mitten im Herzen der Medina. Sie wurde im Jahre 1325 von Abu Said gegründet und als separater Anbau der Kairaouine-Moschee gestaltet. Unterrichtssäle und eine maßvoll gestaltete *masjid* grenzen an den zentralen Innenhof. Das Bauwerk weist die traditionellen Muster der Meriniden auf (*zellij*-Kacheln im unteren sowie Stuck und Zedernholz im oberen Bereich der Wände und an den Decken) und ist genauso elegant wie die Medersa Bou Inania.

Medersa Bou Inania ISLAMISCHE SCHULE

(Karte S. 328 f.; Eintritt 10 Dh; ⏲9–18 Uhr, kein Einlass während der Gebete) Unweit des Bab Bou Jeloud an der Talaa Kebira liegt die prächtigste Koranschule von Fes, die Medersa Bou Inania. Der Meriniden-Sultan Bou Inan ließ sie zwischen 1350 und 1357 erbauen. Vor ein paar Jahren wurde sie umfassend restauriert. Das Ergebnis kann sich sehen lassen: Man beachte nur die kunstvollen *zellij,* die wunderschönen, aus Zedernholz gearbeiteten *mashrabiyyas* (Sichtschutz fürs Fenster) und die massiven Messingtüren.

Viele Medersas haben nur einen einfachen Gebetssaal, doch diese verfügt über eine vollständige Moschee samt grün gekacheltem Minarett. Besonders schön sind die Decke und die Säulen aus Onyxmarmor der Mihrab.

Nejjarine-Museum für Holzkunst MUSEUM

(Karte S. 328 f.; ☎0535 74 05 80; Place an-Nejjarine; Eintritt 20 Dh; ⏲10–19 Uhr) 1998 wurde das Holzkunstmuseum in einem wunderbar restaurierten *funduq* eröffnet, einer Karawanserei für reisende Kaufleute, in der unten Waren gelagert und verkauft wurden und es oben Übernachtungsmöglichkeiten gab. Rund um den Innenhof sind in mehreren Räumen traditionelle kunsthandwerkliche Erzeugnisse, Gebetsperlenketten, Berbertruhen, Möbel und Musikinstrumente zu sehen (herrlich der Vergleich zwischen den traditionellen Hochzeitsmöbeln drinnen und dem Glitzerschick der modernen Stühle draußen auf der Place an-Nejjarine). Obwohl toll präsentiert, werden die Ausstellungsstücke von dem faszinierenden Gebäude etwas in den Schatten gestellt. Das Dachcafé bietet einen herrlichen Blick über die Altstadt. Fotografieren ist leider verboten.

Batha-Museum MUSEUM

(Karte S. 328 f.; ☎0535 63 41 16; Rue de la Musée, Batha; Eintritt 10 Dh; ⏲Mi–Mo 8.30–12 & 14.30–18 Uhr) Bereits seit 1916 dient der wunderschöne Sommerpalast aus dem 19. Jh. als Museum. Hier werden traditionelle marokkanische Kunst und Kunsthandwerk ausgestellt, darunter feine Holzschnitzereien, *zellij* und Gipsskulpturen. Viele Exponate stammen aus den zerstörten bzw. maroden Medersas der Stadt. Darüber hinaus kann man typische Fassi-Stickarbeiten, bunte Berberteppiche und antike Instrumente bestaunen.

Das eigentliche Highlight ist aber die wunderbare Keramiksammlung mit Arbeiten vom 14. Jh. bis heute. Sie umfasst u. a. fantastische Beispiele für die berühmten blauen Tonwaren aus Fes. Die verwendete Kobaltglasur wird nach einem speziellen Verfahren hergestellt, das bereits im 10. Jh. entwickelt wurde.

DAS LEBEN IM LEDERVIERTEL

Die Gerbereien illustrieren vielleicht am besten, wie entschlossen man in manchen Teilen Marokkos an mittelalterlichen Handwerktechniken festhält. Seit Jahrhunderten zählen marokkanische Lederwaren, insbesondere die aus Fes, zu den besten der Welt. Feines Saffianleder, das vor allem von Buchbindern verwendet wird, heißt auch schlicht „Maroquin".

Angeblich wird in Marokko schon seit Jahrtausenden Leder gegerbt. Seit dem Mittelalter hat sich das Verfahren kaum verändert. Noch immer schleppen Esel die Tierhäute durch enge Gassen zu den nach alter Tradition gebauten Bottichen (ergänzt mit modernen Keramikfliesen). Die Gerber sind nach den alten Zunftregeln organisiert, fast alle werden in diesen Beruf hineingeboren. Leider sind die Gesundheits- und Sicherheitsbestimmungen ebenso von gestern: Gesundheitsschäden sind nichts Ungewöhnliches bei den Arbeitern, die den ganzen Tag knietief in Chemikalien waten.

Die Gerbereien stinken wie die Pest. Empfindliche Besucher bekommen oft ein paar Minzblätter in die Hand gedrückt: Wenn man sie sich unter die Nase hält, wird es etwas erträglicher (Regen hilft ebenfalls). Zur Verarbeitung der Tierhäute verwendet man vor allem Schweinedung und Rinderurin (wegen des Kaliums) mit Asche. Zum anschließenden Färben nimmt man Naturstoffe wie Indigo, Safran und Mohn.

Die modernen Fassi-Gerbereien – es gibt in Fes über 50 – arbeiten häufig mit synthetischen Chemikalien und leiten die Giftstoffe in den Fluss Oued Sebour. Das Chromentsorgungswerk der Stadt entfernt viele – wenn auch nicht alle – der gefährlichsten Schadstoffe.

Fes Ville Nouvelle

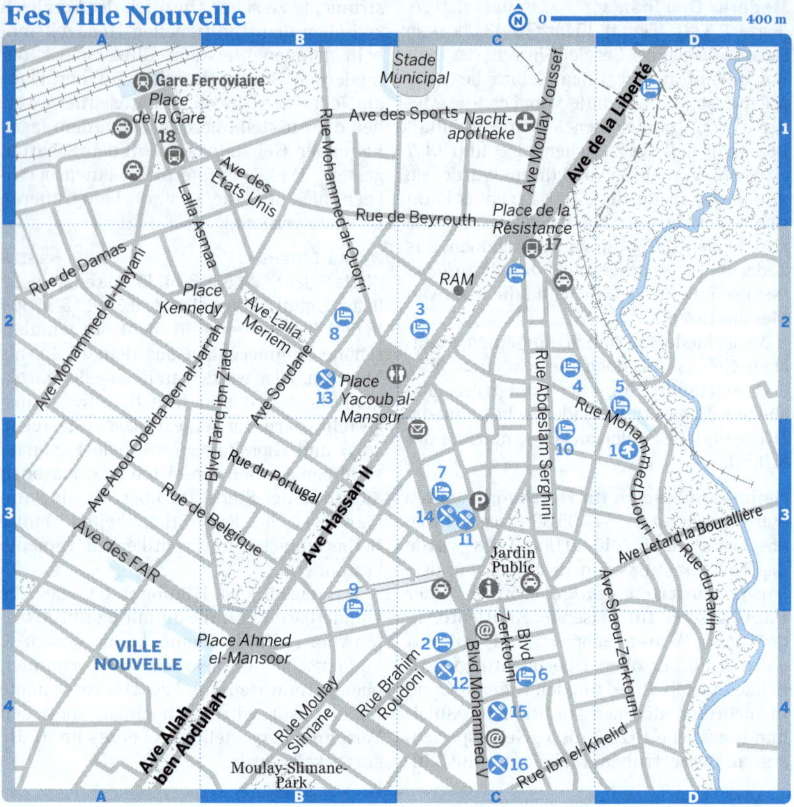

Im andalusischen Museumsgarten findet man Zuflucht vor dem bunten Treiben und dem Lärm der Medina. Steineichen liefern eine malerische Kulisse für Open-Air-Konzerte, die hier während des Festivals der geistlichen Musik und des Festivals der Sufi-Kultur stattfinden.

Chaouwara-Gerbereien HANDWERK
(Karte S. 328 f.; Derb Chouwara, Blida) Die Chouwara-Gerbereien liefern typische Bilder (und Gerüche) von Fes. Wer von der Place as-Seffarine nach Osten oder Nordosten spaziert und nach 50 m links abbiegt, hat schon bald den unverkennbaren Gestank von Fellen und Färbemitteln in der Nase, der mitten ins Gerberviertel führt (spätestens die Schlepper, die einem sehr gerne den Weg zeigen wollen, sorgen dafür, dass man es nicht verfehlt).

Die Gerbereien selbst sind nicht zugänglich, aber es gibt jede Menge Aussichtspunkte an den umliegenden Straßen, die alle fest in der Hand von Lederhändlern sind (was einmal mehr für die Findigkeit der Fassi spricht). Von ihren Terrassen lässt sich das Treiben gut verfolgen. Am besten kommt man morgens, wenn die Bottiche mit Farbbädern gefüllt sind. Gegen ein kleines Trinkgeld oder – noch besser – einen Handel erklären einem die Händler gern die Arbeitsschritte. Zwar wirkt alles ziemlich kommerziell, eine bessere Auswahl an marokkanischem Leder zu vernünftigen Preisen wird man allerdings kaum finden.

Seit einigen Jahren gibt's Pläne, die Gerbereien aus der Medina zu verbannen und das Gebiet in eine Grünfläche umzuwandeln. Doch weil die wirtschaftlichen und kulturellen Auswirkungen dieses Vorhabens auf die Medina unsicher sind, ist nicht klar, ob es jemals realisiert wird.

FES EL-JDID (NEUES FES)

Dass ein Viertel, das schon 700 Jahre auf dem Buckel hat, als „neu" bezeichnet wird,

Fes Ville Nouvelle

Aktivitäten, Kurse & Touren

1 Arabic Language Institute D3

Schlafen

2 Hôtel Central C4
3 Hôtel de la Paix C2
4 Hôtel Menzeh Fez C2
5 Hôtel Menzeh Zalagh D2
6 Hôtel Mounia C4
7 Hôtel Olympic C3
8 Hôtel Royal B2
9 Hôtel Splendid B3
10 Jugendherberge C3

Essen

11 Hauptmarkt C3
12 Chez Vittorio C4
13 Chicken Mac B2
14 Crémerie Skali C3
15 Restaurant Marrakech C4
16 Restaurant Zagora C4

Transport

17 Stadtbusse C2
18 Stadtbusse A1

kann es eigentlich nur in einer so alten Stadt wie Fes geben. Abu Yusuf Yacub (1258–86), ein paranoider Meriniden-Sultan, ließ den Bezirk bauen und von syrischen Söldnern bewachen, um sich von seinen Untergebenen abzugrenzen. Bis heute wird die Hälfte des Areals vom Königspalast eingenommen, der bei Mohammed VI. nach wie vor hoch im Kurs steht. Ein weiteres Charakteristikum von Fes el-Jdid ist das architektonische Erbe der frühen jüdischen Bewohner.

Dar el-Makhzen — PALAST

(Königspalast; Karte S. 326; Place des Alaouites) Der Eingang zum Dar el-Makhzen gilt als ein beeindruckendes Beispiel moderner Restaurationskunst, aber leider ist das 80 ha große Palastgelände der Öffentlichkeit nicht zugänglich. Besucher müssen sich daher mit dem Blick auf das imposante Messingportal begnügen, das von feinen *zellij* und geschnitztem Zedernholz umgeben ist. Man beachte auch die Zitronenbäume – Touristenguides pflücken die Früchte ganz gern, um an den Palastpforten zu demonstrieren, dass Zitronensaft das perfekte Putzmittel ist.

Mellah — JÜDISCHES VIERTEL

(Karte S. 326) Im 14. Jh. diente Fes el-Jdid als Zufluchtsort für Juden. So entstand die *mellah* (jüdisches Viertel). Aufzeichnungen zufolge sollte sie Juden, denen der Sultan wohlgesonnen war, mehr Schutz bieten; im Gegenzug konnte er sich in schwierigen Zeiten auf ihre Loyalität verlassen. Heute leben etwa 200 Juden in Fes. Sie sind mittlerweile in die *ville nouvelle* (Neustadt) umgezogen, ihre alten Häuser in der *mellah* stehen aber noch. Diese unterscheiden sich deutlich von den muslimischen Bauten; man erkennt sie an den offenen Balkonen zur Straße hin.

Jüdischer Friedhof & Habarim-Synagoge — FRIEDHOF

(Karte S. 326; Spenden willkommen; 7–19 Uhr) Im Südwesten der *mellah* befinden sich der faszinierende jüdische Friedhof und die Habarim-Synagoge. Ein Meer aus strahlend weißen Grabsteinen ergießt sich über den Hang; in separat eingefriedeten Gräbern wurden Rabbis bestattet. Hoch oben am Nordende des Friedhofs liegt eines der ältesten Gräber, die letzte Ruhestätte von Rabbi Vidal Hasserfaty (gest. 1600). In dem großen, grün eingefassten Grab am Hang unterhalb ist die Märtyrerin Solica beigesetzt. 1834 weigerte sich das damals 14-jährige Mädchen, zum Islam zu konvertieren, und sperrte sich gegen die Annäherungsversuche des Statthalters von Tanger. Daraufhin schnitt man ihr die Kehle durch.

In der Habarim-Synagoge am anderen Ende des Friedhofs ist heute ein Museum mit einem bunten Sammelsurium von Exponaten untergebracht. Man kann ein paar ergreifende Fotos und Postkarten betrachten, die nach dem jüdischen Exodus zurückgelassen wurden. Sollte das Museum geschlossen sein, kann man den Friedhofswärter bitten, einem aufzuschließen.

Ibn-Danan-Synagoge — SYNAGOGE

(Karte S. 326; Spenden willkommen) In der Nähe des Friedhofs stößt man auf die Ibn-Danan-Synagoge, die 1999 mit Unterstützung der Unesco restauriert wurde. Es gibt keine regulären Öffnungszeiten, normalerweise ist jedoch jemand vor Ort, um Besucher einzulassen und ihnen u. a. die Mikwe (Ritualbad) im Keller zu zeigen.

Jnan Sbil (Bou-Jeloud-Gärten) — GÄRTEN

(Karte S. 328 f.; Ave Moulay Hassan) Seit über 100 Jahren steht Besuchern diese üppig grüne Gartenanlage offen. Sie liegt auf halber Strecke zwischen der *mellah* und dem Bab Bou Jeloud und wurde kürzlich im großen Stil umgestaltet.

START **BAB BOU JELOUD**
ZIEL **SOFITEL PALAIS JAMAÏ**
LÄNGE **3 KM**
DAUER **ZWEI BIS DREI STUNDEN**

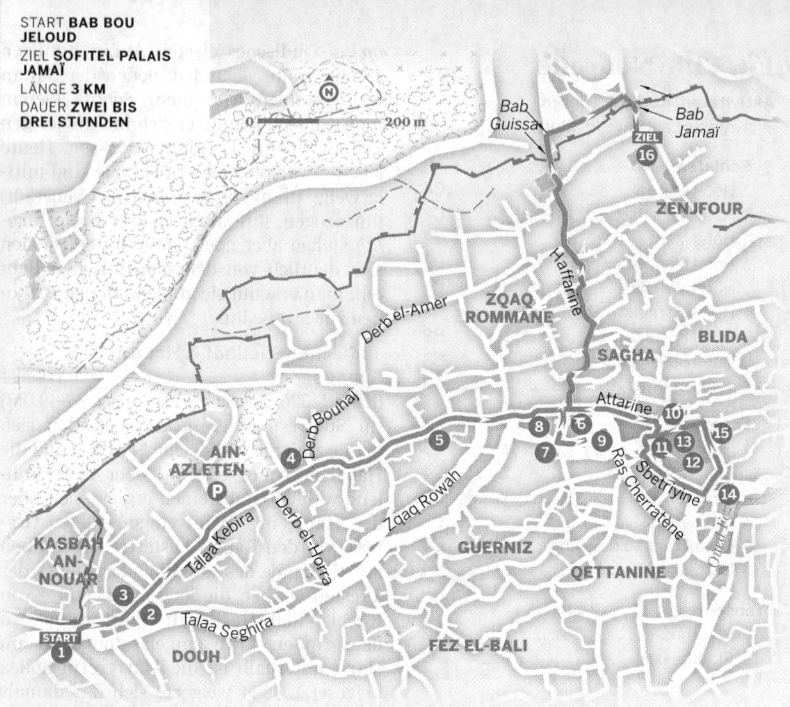

Stadtspaziergang

Magische Medina

Dieser Spaziergang führt vom Bab Bou Jeloud zur Kairaouine-Moschee und anschließend Richtung Norden zum Sofitel Palais Jamaï. Je nachdem, wie viel Zeit man sich unterwegs fürs Bummeln und Schauen nimmt, dauert er zwischen einigen Stunden und einem ganzen Tag.

Anders als die Stadtmauern und die übrigen Tore ist der Haupteingang zur Medina, das **1 Bab Bou Jeloud** von 1913, noch gar nicht so alt. Jenseits des Torbogens herrscht emsige Betriebsamkeit. Früher stürzten sich hier Horden von Schleppern und *faux guides* auf bemitleidenswerte Touristen, mittlerweile wird man aber weitgehend verschont. Die Cafés an der Abzweigung zur Talaa Seghira eignen sich wunderbar, um die Gepflogenheiten der Fassi zu studieren.

Die erste Straße links nehmen, dann rechts abbiegen. An diesem Abschnitt der Talaa Kebira werden Frischwaren verkauft (nach den Metzgern Ausschau halten, die mit Kamelköpfen auf ihr spezielles Angebot hinweisen!). Als Nächstes stößt man auf die **2 Medersa Bou Inania**, ein formvollendetes Beispiel für den Baustil der Meriniden.

Gegenüber dem Eingang zur Medersa befindet sich eine berühmte **3 Wasseruhr**, die im 14. Jh. von einem Uhrenmacher und Zauberer entworfen wurde: An geschnitzten Balken hatte er Messingschalen befestigt, die sich mit Wasser füllten und so Aufschluss über die Uhrzeit gaben – allerdings nahm er das Geheimnis des Mechanismus mit ins Grab.

Während man weiter den Berg hinabspaziert, lohnt ein Abstecher von der Hauptstraße zu den zahlreichen alten *funduqs* (Karawansereien) links der Talaa Kebira. Besonders interessant ist der **4 Funduq Kaat Smen**, in dem man sich auf den Verkauf von Honig und *smen* (ranzige Butter, die zum Kochen verwendet wird) spezialisiert hat. Unbedingt ein Brot mit beidem probieren: Es schmeckt zwar ziemlich gewöhnungsbedürftig, aber trotzdem sehr lecker!

400 m weiter macht die Straße einen Knick und führt zum hübschen, grün gekachelten Minarett der **5 Chrabliyine-Moschee**. Sie wurde nach den Schuhmachern benannt, die noch heute in der Umgebung ansässig sind.

Vorbei an Schuhverkäufern und einigen Lederarbeitern folgt man dem Weg weiter bergab. 230 m hinter der Gazleane-Moschee biegt man rechts in die Derb Fkahrine ab, wo ein Schild auf einen winzigen Platz mit Bäumen weist, den **6 Henna-Suk** (wer am Restaurant Dar Saada rauskommt, ist zu weit gelaufen). Heute verkaufen die Stände eher blaue Fes-Keramiken als Henna, das bei Festen wie Hochzeiten die Hände und Füße der Frauen schmückt.

Von hier geht's wieder ein Stück zurück zum Restaurant Dar Saada und dann Richtung Süden. Nach 50 m biegt der Weg rechts ab auf die **7 Place an-Nejjarine**. Der große Platz wird beherrscht vom schönsten Brunnen der Stadt und einem imposanten *funduq* (Karawanserei). Inzwischen beherbergt das wunderbar restaurierte Gebäude das Nejjarine-Museum für Holzkunst. Die Gassen unmittelbar nördlich davon gehören zum **8 Suk an-Nejjarine** (Tischler-Suk), wo Handwerker prachtvollen Hochzeitsthronen den letzten Schliff geben.

Am Südende der Place an-Nejjarine schlendert man links unter einer Schranke für Esel und Maultiere durch. Die Gasse voller Stände mit Kerzen und anderen Votivgaben führt zum Eingang der **9 Zawiya MoulayIdriss II**. Für Nichtmuslime ist jetzt Endstation, allerdings können sie einen Blick in den strahlend hell gefliesten Innenhof werfen. Die Verehrung für Moulay Idriss II. ist groß: Viele Fassis sehen sein Grabmal als das Herz ihrer Stadt an.

Die einfachste Route führt von dieser Stelle wieder zurück zum Restaurant Dar Saada in der Talaa Kebira. Richtung Osten geht's über einen Hügel vorbei an Kleiderständen bis zu einer 100 m entfernten Abzweigung mit der **10 Medersa el-Attarine.**

Nach dem Besuch der Medersa wendet man sich nach links (Süden). Hinter der herrlichen **11 Pâtisserie Kortouba** enden die Läden an den Mauern der großen **12 Kairaouine-Moschee & -Universität**. Die vielleicht älteste Hochschule der Welt rangiert als geistiges Zentrum des Islam gleich hinter der Al-Azhar-Universität in Kairo. Zu den zahlreichen Gelehrten, die dort eingeschrieben waren, gehört auch der herausragende Historiker Ibn Chaldun.

Gegen den Uhrzeigersinn an den Mauern der Universität entlanglaufend, erreicht man schon bald die hübsche **13 Place as-Seffarine** (Platz der Messingschmiede). Aus allen Ecken hallt das Hämmern der Messing- und Kupferschmiede wider. Die vor Ort hergestellten riesigen Töpfe und Platten werden für Hochzeiten verliehen. Im Norden begrenzen die Mauern der Universität (und der Eingang zur Bibliothek) den Platz. An der Ostseite führt eine eisenbeschlagene Zederntür in die **14 Medersa as-Seffarine** aus dem Jahr 1280; leider ist die älteste Koranschule der Stadt ziemlich renovierungsbedürftig.

Weiter geht's gegen den Uhrzeigersinn an den Mauern der Kairaouine-Universität entlang (nun Richtung Norden). Auf der rechten Seite taucht der **15 Funduq Tastawniyine** aus dem 14. Jh. auf, den man an seinen baufälligen Holzgalerien erkennt. Viele Jahrhunderte diente die ursprüngliche Karawanserei der Kaufleute aus Tetouan reisenden Händlern als Herberge und Lagerhaus.

Vorbei am reich verzierten Nordtor der Kairaouine schlendert man zurück zur Konditorei. Von dort kann man hügelaufwärts wieder zum Bab Bou Jeloud spazieren. Alternativ biegt man auf der Talaa Kebira bei Ain Allou südlich ab – diese Straße geht in die Talaa Seghira über, die zweite „Hauptstraße" durch die Medina.

Oder aber man biegt am Restaurant Dar Saada nach Norden zum Bab Guissa in der nördlichen Altstadt ab. Wer auf den breiteren Gassen bleibt, erreicht einen kleinen Platz mit einem ehemaligen Kino an der Nordseite, von wo aus eine Gasse bergauf nach Nordwesten führt. Auf dieser Strecke sind viele Packesel mit den Säcken eines Zementhändlers unterwegs.

Wenn man sich dem Bab Guissa nähert, entdeckt man in der Ferne schon das **16 Sofitel Palais Jamaï**. Sidi Mohammed ben Arib al-Jamaï, Großwesir von Moulay al-Hassan I., ließ diesen Palast, der heute ein Luxushotel beherbergt, Ende des 19. Jhs. errichten. In den gut bewässerten Gärten kann man wunderbar relaxen und die Aussicht genießen. Am Bab Guissa stehen Taxis bereit.

Rue des Mérinides BEDEUTENDE BAUWERKE
(Karte S. 326) Diese Straße ist von Häusern gesäumt, die sich durch ihre Holz- und schmiedeeisernen Balkone sowie durch aufwendige Stuckarbeiten hervortun.

Baghdadi Square MARKT
(Karte S. 328 f.) Open-Air-Markt am Rand der Medina.

NÖRDLICH DER MEDINA

Von den umliegenden Hügeln aus verschmilzt das Häusergewirr von Fes zu einer weiß gesprenkelten Sandsteinpalette. Nur hier und da setzen die grünen Ziegeldächer der Moscheen und Medersas Farbtupfer.

Borj Nord AUSSICHTSPUNKT
(Karte S. 328 f.) Einen herrlichen Panoramablick über die Stadt bietet diese Festung. Sultan Ahmed al-Mansur erbaute Borj Nord und ihr Pendant auf den südlichen Hügeln (Borj Sud) Ende des 16. Jhs., um die potenziell rebellische Bevölkerung von Fes in Schach zu halten.

Merinidengräber RUINEN
(Karte S. 328 f.) Ein Stück weiter oben liegen die Merinidengräber, die in ihrem fortgeschrittenen Verfall geradezu dramatisch wirken. Leider ist von ihrer prachtvollen Dekoration nur wenig übrig. Doch die spektakuläre Aussicht auf Fes lohnt trotzdem den Weg hinauf. Der schwarze Rauch, der am Südrand der Stadt aufsteigt, stammt von den Töpfereien. Besonders stimmungsvolle Momente verbringt man hier in der Abenddämmerung, wenn die Lichter erstrahlen und die Gebetsrufe der Muezzine durchs Tal hallen. Nach Einbruch der Dunkelheit sollte man sich hier allerdings nicht mehr aufhalten – mehrere Traveller haben uns berichtet, dass sie abends ausgeraubt wurden. Ein Taxi vom Bab Bou Jeloud kostet nicht mehr als 7 Dh; bis zur Medina sind es zehn Gehminuten bergab.

Aktivitäten

HAMAMS

Mehrere Gästehäuser verfügen über herrlich opulente und luxuriöse Hamams, darunter der Riad Laaroussa (S. 341), der Riad Maison Bleue (S. 341) und der Riad Zitouna (S. 340). Behandlungen sind ab etwa 300 Dh zu haben.

Ain-Azleten-Hamam HAMAM
(Karte S. 328 f.; Talaa Kebira, Ain Azleten; ⏲Männer 6–12 & 20.30–23 Uhr, Frauen 12–20.30 Uhr) Ein guter öffentlicher Hamam. Er ist komfortabel, ausländerfreundlich und wurde vor einigen Jahren renoviert. Eine Runde Schwitzen kostet ca. 40 Dh; Bademeister sind dabei behilflich, dem Schmutz zu Leibe zu rücken.

Seffarine-Hamam HAMAM
(Karte S. 328 f.; Place as-Seffarine; ⏲Männer 6–24 Uhr, Frauen 8–22 Uhr) Dieser Hamam ist ein gutes Beispiel für traditionelle Badehausarchitektur. Es wurde vor Kurzem vom Venice Institute for Urban Sustainability zum Restaurationsobjekt erkoren. Für eine Dampfbadsitzung zahlt man etwa 40 Dh.

Nausikaa SPA
(www.nausikaaspa.com; Ave Bahnini, Route Ain Smen; ⏲7–21 Uhr) In der Neustadt wartet das Nausikaa mit Rundumbehandlungen auf und verbindet die Hamam-Tradition mit einem modernen Spa-Erlebnis. Besucher haben die Auswahl zwischen opulenten Massagen und Therapien, außerdem gibt's einen Fitnessraum und einen Pool.

Kurse

Clock Kitchen KOCHEN
(Karte S. 328 f.; ☎0655 32 40 82; www.fez-food.com, Derb El Magana, Talaa Kebira; Tageskurs 600 Dh) Um seine Fähigkeiten in der Zubereitung von Tajine und Couscous zu perfektionieren, ist ein Kochkurs im Café Clock (s. S. 344) genau das Richtige. Nach der Menüplanung geht's in den Suk, um die Zutaten zu kaufen. Danach feilen die Kochschüler an ihren Techniken, und am Ende gibt's ein Festessen mit den zubereiteten Speisen. Auch Brotback- und Patisseriekurse sind im Angebot. In weiteren Kursen erlernt man die Kunst der Herstellung von *tanjia* (langsam gegarten Eintöpfen) und handgerolltem Couscous.

Subul Assalam SPRACHE
(☎0535 63 18 62; www.sacal-fez.com; 4-wöchiger Kurs 400 Dh, Stunde ab 180 Dh) Eine neue Sprachschule, die sich auf interkulturelle Kommunikation spezialisiert hat. Für Besucher längerer Kurse arrangiert das Subul Assalam („Wege zum Frieden") Gastfamilienaufenthalte. Es bietet Kurse in Darija (marokkanisches Arabisch), modernem Standard- und klassischem Arabisch, aber auch in der Berbersprache Tamazight.

DMG Arabophon SPRACHE
(☎0535 60 34 75; www.arabicstudy.com; Kurse ab 2500 Dh) Intensivkurse (Darija und modernes Standardarabisch) sowie kürzere Schulungen speziell für Touristen – halb-

tägige Schnupperkurse kosten 325 Dh, einwöchige Einsteigerkurse 750 Dh. Ebenfalls im Programm: Unterricht in der Berbersprache Tamazight. Die Kurse werden in deutscher, englischer, französischer oder spanischer Sprache abgehalten.

Arabic Language Institute SPRACHE
(Karte S. 332; ☎0535 62 48 50; www.alif-fes.com; 2 Rue Ahmed Hiba; 3-/6-wöchige Kurse 5600/9900 Dh) Hat längerfristige Sprachkurse für Ausländer und ist bei der Unterkunftssuche behilflich (Apartments oder Gastfamilien). Der Unterricht findet im American Language Center statt.

Geführte Touren

Um Touristen die Orientierung in der Medina von Fes zu erleichtern, haben die Behörden fünf Sightseeing-Routen mit unterschiedlichen thematischen Schwerpunkten festgelegt und gut sichtbare Schilder anbringen lassen:

Dunkelblau Denkmäler und Suks

Grün Andalusische Paläste und Gärten

Orange Fes el-Jdid

Hellblau Andalusisches Viertel

Lila Kunsthandwerk

Die in Kopfhöhe angebrachten Markierungen weisen in Richtung des nächsten größeren Monuments und sind leicht zu entdecken. In regelmäßigen Abständen gibt's Infotafeln mit englischsprachigen Erklärungen, die aber teilweise revonierungsbedürftig sind. Der *Fes Medina Tourist Circuits Guide* leitet Besucher auf den markierten Wegen durch die Altstadt. Hammad Berradas tolles Buch *Fez from Bab to Bab: Walks in the Medina* beschreibt elf Rundgänge und hilft Lesern, in diesem Labyrinth unbekannte Winkel und Höfe zu entdecken.

Alternativ kann man auch einen Fremdenführer engagieren. Diese machen Besucher auf architektonische Perlen und versteckte Winkel aufmerksam, beantworten Fragen zur Kultur, helfen Sprachbarrieren zu überwinden und – was vielleicht am wichtigsten ist – schrecken Möchtegern-Guides ab. Ein ganzer Tag mit einem offiziellen Fremdenführer kostet 250 Dh. Auf jeden Fall den Ausweis zeigen lassen.

Die Qualität der Guides variiert. Um eine Führung optimal zu nutzen, ist es wichtig, seine Vorstellungen klar zu äußern. Wer keine Lust auf Shopping hat, sollte das von Anfang an sagen. Ein Fremdenführer, der Besucher in Fes in keinen einzigen Laden schleppt, muss aber wohl erst noch geboren werden. Eventuell werden 50 oder 100 Dh extra verlangt, wenn man nichts kaufen will. Am besten lässt man sich von anderen Travellern jemanden empfehlen. Ansonsten wendet man sich an die Touristeninformation, das Syndicat d'Initiative oder ein großes Hotel. Bei **Fez Food** (www.fez-food.com) lernt man die Medina von einer ganz anderen Seite kennen – das Unternehmen bietet ausgezeichnete kulinarische Stadtspaziergänge an. **Tours Around Fez** (www.toursaroundfez.com) organisiert exzellente Ausflüge in und außerhalb der Stadt, darunter auch Wanderungen um den nahe gelegenen Berg Zalagh und Besuche von Berberhöfen und -dörfern, bei denen man die lokalen Produkte der Bauern probieren kann.

Für Besucher, die wenig Zeit haben, bietet die Touristeninformation Stadtrundfahrten zu den schönsten Aussichtspunkten von Fes an, u. a. zur Borj Nord, zur Borj Sud und zu den Töpfereien. Eine 45-minütige Rundfahrt kostet 200 Dh.

LP TIPP **Tours Around Fez** PICKNICKS €€
(☎0649 422951; www.toursaroundfez.com; Bergtour inkl. Abendessen 495 Dh, mind. 2 Pers.) Der richtige Ansprechpartner für ein Picknick mit Aussicht. Ein Auto bringt Besucher aus der Stadt zu den Hängen des Berges Zalagh, von dem man einen tollen Blick auf die Hügellandschaft, Olivenhaine und Fes genießt. Währenddessen breiten die Gastgeber Teppiche aus und bereiten ein dreigängiges Menü zu. Am besten ist der Ausflug bei Sonnenuntergang. An der Tour können maximal acht Personen teilnehmen (für 350 Dh pro Gast). Buchungen sind nur telefonisch oder online möglich.

Feste & Events

In Fes finden einige tolle Festivals statt, die man bei der Reiseplanung berücksichtigen sollte, darunter z. B. das international bekannte Festival der geistlichen Musik. Vor den Toren der Stadt findet zudem jeden Juli das wunderbare Kirschfest von Sefrou statt (s. S. 351).

Festival der Sufi-Kultur MUSIK
(www.par-chemins.org) 2007 ins Leben gerufen. Seither gibt's jedes Jahr im April Filme und Vorträge und im Garten des Batha-Museums treten Sufi-Musiker aus aller Welt auf.

FESTIVAL DER GEISTLICHEN MUSIK

Jedes Jahr im Juni zieht das **Festival der geistlichen Musik** (☎0535 74 06 91; www.fesfestival.com) Musiker und Künstler aus aller Welt an, darunter auch Ravi Shankar, Youssou N'Dour und Salif Keita. Es fußt auf dem Pluralismus des marokkanischen Sufismus und zählt mittlerweile zu den erfolgreichsten Weltmusikfestivals überhaupt. An verschiedenen Orten finden Konzerte statt, u. a. im Garten des Batha-Museums und auf dem Platz vor dem Bab Bou Jeloud. Mindestens genauso interessant wie die Headliner sind die kleineren Konzerte marokkanischer *tariqas* (Sufi-Bruderschaften). Neben Musikveranstaltungen werden auch Kunstausstellungen, Filmvorführungen und Diskussionen in Literaturcafés geboten. 2001 lobte die UN das Festival als eine wichtige Plattform zur Förderung des interkulturellen Dialogs. Die Tickets gehen weg wie heiße Semmeln und auch die Unterkünfte (oft zu einem Festival-Aufpreis) sind häufig schon weit im Voraus ausgebucht – wer dabei sein möchte, muss frühzeitig mit der Planung beginnen.

Nationales Festival der Berberkultur MUSIK

Im Juli wird in Kooperation mit dem Institut Royal de la Culture Amazigh ein Festival veranstaltet, das sich dem Schutz und der Förderung der Amazigh-Kultur widmet. Auf dem Programm stehen Musikdarbietungen, Vorträge und Workshops.

Moulay-Idriss-moussem RELIGIÖS

Das bedeutendste religiöse Fest von Fes zählt gleichzeitig zu den größten des Landes: Der *moussem* (Fest zu Ehren eines Heiligen) für den Stadtgründer Moulay Idriss ist ein echter Publikumsmagnet. Er findet derzeit im September statt, aber das Datum richtet sich nach dem islamischen Kalender. Kunsthandwerker präsentieren speziell zu diesem Anlass gefertigte Arbeiten, und eine lange Prozession zieht durch die Medina. Außerdem werden traditionelle Musik gespielt und Tänze aufgeführt, wobei Musiker (und Zuschauer) mit Orangen- oder Rosenwasser besprengt werden.

Schlafen

In Fes mangelt es definitiv nicht an Unterkünften – von einfachen Pensionen bis zu Boutique-Riads ist alles dabei. Die wichtigste Frage ist wohl, ob man sich mitten im Trubel der Medina oder lieber in der *ville nouvelle* einquartieren möchte (Letztere ist die günstigere Option). Insgesamt sind Übernachtungen hier im Vergleich mit anderen marokkanischen Städten teuer (s. S. 541). In der Hauptsaison und vor allem anlässlich des Festivals der geistlichen Musik im Juni ist es zudem ratsam, Zimmer im Voraus zu buchen (und mit höheren Preisen zu rechnen). Die Preise sind im Folgenden in Dirham angegeben, viele Riads listen jedoch Preise in Euro; bei der Buchung auf Wechselkurse achten.

Die Agentur **Fez Riads** (☎0572 51 33 57; www.fez-riads.com) hilft Touristen bei der Unterkunftssuche in der Medina und steckt einen Teil ihres Gewinns in Sanierungsprojekte vor Ort.

MEDINA

Viele Budgetoptionen sind nur einen Katzensprung vom Bab Bou Jeloud entfernt – man ist also „mittendrin". Normalerweise werden die Bäder gemeinschaftlich genutzt. Die günstigsten Pensionen haben kein warmes Wasser. In der Medina zählen viele Mittelklassehotels (insbesondere Riads und Dars) von ihren Preisen her schon fast zur Luxuskategorie. Es gibt aber auch ein paar erschwinglichere Optionen mit schlichteren Zimmern. Wenn nicht anders angegeben, enthalten die hier genannten Preise das Frühstück.

LP TIPP **Ziyarates Fes** PRIVATUNTERKUNFT €

(Karte S. 328 f.; ☎0535 63 46 67; www.ziyaratesfes.com, auf Französisch; 35 Sidi Kjih, Talaa Seghira; EZ/DZ ab 200/300 Dh) Wer die Medina wirklich kennenlernen will, sollte an diesem innovativen Programm teilnehmen, bei dem Fassi-Familien in ihren Häusern Zimmer an ausländische Gäste vermieten. Dank der Unterstützung durch regionale Tourismusbehörden können sich die Besucher über Qualitätsunterkünfte freuen, ihr Arabisch verbessern, Kochen lernen oder den Kindern bei den Hausaufgaben helfen. Die Preise für diesen einzigartigen Kulturaustausch variieren. Alle Gastfamilien sind (mit Fotos) auf der Website der Organisation aufgelistet.

Pension Sekaya GÄSTEHAUS €

(Karte S. 328 f.; ☎0535 63 73 03; psekaya@hotmail.fr; 16 Sekayit Dymnati, Zqaq Roumane; DZ/3BZ 300/400 Dh) Liegt recht tief in der Medina (am besten von Ain Azleten aus erreichbar), ist aber eine großartige Budgetoption für Leute, die in einem traditionellen Altstadthaus wohnen wollen. Die Besitzer des kompakten Gästehauses begrüßen jeden Gast sehr herzlich. Der Balkon im ersten Stock verläuft um den Innenhof und bietet jede Menge Freiraum, außerdem gibt's eine schöne Dachterrasse.

Riad Verus GÄSTEHAUS €€

(Karte S. 328 f.; ☎0535 57 49 41 www.riadverus.com; 1 Derb Arset Bennis, Batha; B/DZ/4BZ 280/890/1100 Dh; ❄📶) Ein Newcomer in der Budgetszene, dessen Zimmer maximale Flexibilität zum besten Preis bieten. Innen ist alles offen und luftig. Die jungen Besitzer bieten Backpackern regelmäßig Livemusik und warten mit iPod-Stationen in allen Zimmern auf.

Hôtel Cascade HOTEL €

(Karte S. 328 f.; ☎0535 63 84 42; 26 Rue Serrajine, Bab Bou Jeloud; B 80 Dh, Zi. 160 Dh, Frühstück 20 Dh) Trotz seines hohen Alters erfreut sich das marokkanische Budgethotel nach wie vor großer Beliebtheit, wobei man für den Preis nicht allzu viel erwarten sollte. Doch wer sparen und ein paar Leute treffen möchte, denen es genauso geht, ist hier genau richtig.

Pension Kawtar GÄSTEHAUS €

(Karte S. 328 f.; ☎0535 74 01 72; pension_kaw@yahoo.fr; Derb Taryana, Talaa Seghira; EZ/DZ 150/250 Dh, DZ mit Bad 300 Dh; 📶) Dieser marokkanische Familienbetrieb ist Wohnhaus und Hostel in einem – faszinierend, dass hier zehn Zimmer Platz haben! Die Räume im Erdgeschoss sind allerdings etwas düster (Faustregel: Je näher man der Dachterrasse kommt, desto schöner das Zimmer). Das Kawtar ist relativ neu und gut ausgeschildert; es befindet sich in einer Gasse unweit der Talaa Seghira. Überzeugendes Preis-Leistungs-Verhältnis.

Pension Batha GÄSTEHAUS €

(Karte S. 328 f.; ☎0535 74 11 50; 8 Sidi L'Khayat, Batha; Zi. 250 Dh) Eine sehr nette Unterkunft mit einfachen Zimmern und einer heimeligen Atmosphäre im Batha-Viertel (vom Haupttaxistand aus ein Stück bergab). Die zahlreichen Treppenstufen in dem hohen, schmalen Gebäude führen zu einer hübschen Terrasse. Nicht mit dem Hôtel Batha in der Nähe zu verwechseln.

Pension Campini HOTEL €

(Karte S. 328 f.; ☎0535 63 73 42; pensioncampini@gmail.com; Rue Campini, Batha; EZ/DZ 200/300 Dh) Das frisch gestrichene Campini liegt nicht weit vom Batha-Museum entfernt in einem ruhigeren Gebiet etwas außerhalb des eigentlichen Kerns der Medina. Wer sich hier einquartiert, schläft in Zimmern mit eigenen Bädern und kann von der kleinen Terrasse einen Blick auf die Bou-Jeloud-Gärten erhaschen.

Dar Bouânania GÄSTEHAUS €

(Karte S. 328 f.; ☎0535 63 72 82; darbouananaia@gmail.com; 21 Derb Bensalem, Talaa Kebira; EZ/DZ 200/300 Dh, mit Dusche 300/400 Dh, 4BZ 600 Dh, Frühstück 30 Dh) Sehr beliebt bei Backpackern. Das traditionelle Haus mit Innenhof und einem Dekor aus *zellij*-Kacheln sowie bunt bemalten Holzarbeiten bietet Riad-ähnlichen Komfort für Leute mit schmalem Geldbeutel. Auf mehreren Ebenen befinden sich angenehm große Zimmer, die allesamt zur Innenseite hinausgehen und entsprechend dunkel sein können. Die Gemeinschaftsbäder sind sauber und es gibt eine Dachterrasse. Insgesamt ein gutes Preis-Leistungs-Verhältnis.

Dar Victoria GÄSTEHAUS €€

(Karte S. 328 f.; ☎0535 63 00 03; www.darvictoria.com; 31 Rue Makhfia, R'cif; Zi. 890–1600 Dh; 📶) Ein liebevoll restauriertes, altes Haus in einer ruhigen Straße im aufstrebenden R'cif. Die sieben Zimmer sind nach wertvollen Steinen benannt und in schickem marokkanischem Stil mit sanften Farben eingerichtet. Darüber hinaus verfügen sie über ausgezeichnete Bäder. Im Haus selbst entdeckt man viel Gipsstuck mit reichem Sufi-Symbolismus. Von dem Moment an, wenn der Besitzer einen mit seinem Willkommenstrunk nach altem Familienrezept empfängt, fühlt man sich wie in einer echten Zuflucht.

Hôtel Batha HOTEL €€

(Karte S. 328 f.; ☎0535 74 10 77; hotelbatha@menara.ma; Place Batha; EZ/DZ 495/629 Dh; ❄🏊) Die tolle Lage, die vielen Zimmer und der Pool sind Gründe, warum sich Touristen hier die Klinke in die Hand geben. Das Hotel ist relativ modern und bietet anständige Zimmer und kühle, ruhige Rückzugsorte, an denen man sich vom hektischen Treiben in der Medina erholen kann. Eine gute Wahl.

Hôtel Bab Boujloud HOTEL €
(Karte S. 328 f.; ☎0535 63 31 18; www.hotelbab boujloud.com; 49 Place Isesco, Bab Bou Jeloud; EZ/DZ 200/350 Dh; ❄) Ein Hotel in fantastischer Lage direkt vor dem Bab Bou Jeloud; bereits nach wenigen Schritten ist man mitten im Trubel der Medina. Die Zimmer sind einfach, aber gemütlich.

Dar el Menia GÄSTEHAUS €€
(Karte S. 328 f.; ☎0535 63 31 64; www.me dinafes.com; 7 Derb el Menia, Talaa Kebira; Zi. ab 780 Dh, Haus ab 1600 Dh; 📶) Abseits der Hauptstraße lockt dieses kleine, liebevoll restaurierte Stadthaus mit vier Zimmern und einem zurückhaltenden Dekor, das einem ein Gefühl von Ruhe vermittelt. Einen Pluspunkt gibt's auch für die Gästeküche – sie ist einfach großartig, vor allem wenn man das ganze Haus mieten möchte.

Riad Zitouna GÄSTEHAUS €€
(Karte S. 328 f.; ☎0535 63 30 02; www.riadzitou nafes.com; 5 Derb Rami, Zqaq Labghal, Qettanine; Zi. 880–990 Dh; ❄📶🏊) In der Stadthausszene von Fes ist das „Haus der Oliven" ein erfrischender Neuzugänger. Es zeichnet sich durch zahlreiche *zellij*-Fliesen, leuchtende, nichtmarokkanische Farben und Zimmer im panafrikanischen Stil aus. Der Pool und der Hamam sind tolle Extras.

Dar Bensouda GÄSTEHAUS €€
(Karte S. 328 f.; ☎0535 63 89 39; www.riaddar bensouda.com; 14 Zqaq Labghal, Qettanine; Zi. 850–1700 Dh; 📶) Dieser umgebaute Palast ist das beeindruckendste Restaurationsprojekt der Medina, das wir seit Langem gesehen haben. Wer den großen Innenhof mit Säulen und die luxuriösen Zimmer betritt, sollte zuerst die Detailverliebtheit der Architektur bewundern. Die Einrichtung ist großartig, ohne überwältigend zu sein, und der Service exzellent. Man sollte sich unbedingt das Fotoalbum ansehen und über die Geschichte des Gebäudes informieren, um das Umbauprojekt nachvollziehen zu können.

Palais Amani PALASTHOTEL €€€
(Karte S. 328 f.; ☎0535 63 32 09; www.palaisa mani.com; 12 Derb el Miter, Oued Zerhoune; Zi. ab 2000 Dh, Suite ab 3000 Dh; ❄📶) Der wunderschöne, etwa 100 Jahre alte Palast liegt am Ostrand der Medina und wurde in ein superluxuriöses Hotel umgewandelt. Hier kann man die kostenlosen marokkanischen Hausschuhe und Bademäntel anziehen, durch die Zimmer schlendern, auf der Terrasse etwas trinken oder im Innenhof dinieren, der so groß ist, dass man einen kleinen Wald darin pflanzen könnte.

Dar Fes Medina GÄSTEHAUS €€
(Karte S. 328 f.; ☎0535 63 83 92; www.darfes medina.com; Derb Mokri, Ziat; EZ/DZ/3BZ 550/660/880 Dh; ❄) Wer durch die Tür tritt, meint in einem restaurierten Altstadthaus gelandet zu sein – dabei ist das Hotel brandneu. Mit seinen geräumigen, modernen Zimmer und einer angenehmen traditionellen Atmosphäre bietet es das Beste aus beiden Welten. Es befindet sich ganz in der Nähe des Bab Ziat und wartet mit einer weiteren Rarität auf, denn man kann mit dem Taxi direkt bis vor die Tür fahren.

Dar El Hana GÄSTEHAUS €€
(Karte S. 328 f.; ☎0535 63 58 54; www.mo roccangetaway.com; 22 Rue Ferrance Couicha, Chrabliyine; Zi. ab 800 Dh; 📶) Falls es ein noch gemütlicheres *dar* (Stadthaus) mit einer noch persönlicheren Atmosphäre in Fes geben sollte, wollen wir das unbedingt wissen! In den drei hübschen Zimmern können maximal acht Personen übernachten. Wir haben uns vor allem in die Freiluftdusche auf der Terrasse und die „versteckten" Fenster verliebt, durch die man die Straße unbemerkt beobachten kann. Wer sich wie ein echter Medina-Bewohner fühlen möchte, sollte das ganze Haus mieten.

Riad Lune et Soleil GÄSTEHAUS €€
(Karte S. 328 f.; ☎0535 63 45 23; www.riad luneetsoleil.com; 3 Derb Skalia, Batha; Zi. 800–1200 Dh; ❄📶) In diesem Riad wird Gastfreundschaft groß geschrieben: Das Besitzerpaar geleitet Neuankömmlinge an den Zitronenbäumen vorbei in den Hof und tut alles, damit sie sich wie zu Hause fühlen. Jedes einzelne Zimmer ist vollgestopft mit alten Postkarten, Stickarbeiten, Schnitzereien usw. Und hinter allen Gegenständen verbirgt sich eine Geschichte. Doch keine Bange: Dies ist kein Museum und der Komfort kommt nicht zu kurz; manche Zimmer verfügen sogar über einen Jacuzzi! Unten befindet sich eines der besten Restaurants in der Medina.

Dar Seffarine GÄSTEHAUS €€
(Karte S. 328 f.; ☎0671 11 35 28; www.darseffa rine.com; 14 Derb Sbaalouyat, R'cif; Zi. ab 780 Dh; ❄📶) Beim Einchecken sollte man sich das Album mit den Restaurierungsfotos ansehen – es ist schwer vorstellbar, dass dieses

wunderschöne Bauwerk einmal so heruntergekommen war! Der zentrale Innenhof ist geradezu überladen mit Säulen und bemaltem Stuck, die Zimmer mit dem schlichten Holzdekor wirken um einiges dezenter. Die einzige Ausnahme bildet die Suite mit der bemalten gewölbten Decke. Man kann auf der Terrasse oder in dem ruhigeren Hof neben der Küche entspannen. Das *dar* ist nicht weit vom Bab R'cif entfernt.

Dar Dmana GÄSTEHAUS €€

(Karte S. 328 f.; ☎0535 74 09 17; www.riaddardmana.net; 21 Rue Sournas; Zi./Suite 1200/1800 Dh; ❄) Diese Unterkunft hat 14 Zimmer und schafft den Spagat zwischen einem traditionellen marokkanischen Haus und einem Hotel. Das Dekor im Erdgeschoss erinnert an eines der sogenannten „Palastrestaurants", und der hohe, überdachte Innenhof mit der filigranen Balustrade aus geschnitztem Zedernholz verströmt eine gewisse Leichtigkeit. Die Zimmer sind moderner und dezent, verströmen aber trotzdem marokkanisches Flair.

Dar Attajali GÄSTEHAUS €€

(Karte S. 328 f.; ☎0535 63 77 28; www.attajalli.com; Derb Qettana, Zqaq Rommane; Zi. 990–1430 Dh; ❄📶) Eine relativ neue Bleibe und ein eindrucksvolles Beispiel für eine gelungene Restauration. Die Inhaber haben die ursprüngliche Struktur des Gebäudes weitestgehend erhalten und so wenig moderne Techniken und Chemikalien verwendet wie möglich. Das Ergebnis ist ein höchst komfortables Stadthaus mit einem Dekor aus verschiedenfarbigen Fassi-Stoffen. In der Bepflanzung des Terrassengartens auf dem Dach setzt sich die Farbgebung fort. Das gesamte Konzept zielt darauf ab, dass man sich von der ersten Minute an entspannen kann. Schon alleine das Frühstück mit Bioprodukten aus der Region garantiert einen wunderbaren Start in den Tag!

Dar Roumana GÄSTEHAUS €€

(Karte S. 328 f.; ☎0535 74 16 37; www.darroumana.com; 30 Derb el-Amer, Zqaq Roumane; Zi. 950–1620 Dh; ❄📶) Seine große Beliebtheit verdankt das Dar Roumana der wunderschön restaurierten und geschmackvoll dekorierten Innenausstattung sowie der tollen Dachterrasse mit Ausblick auf die Medina (ein herrlicher Ort für ein Frühstück oder ein sorgsam zusammengestelltes Abendmenü). Zudem sind die Zimmer romantische Refugien und in den Bädern liegen individuelle Hygieneartikel aus.

Riad 9 GÄSTEHAUS €€€

(Karte S. 328 f.; ☎0535 94 76 10; www.riad9.com; 9 Derb Lamsside, Zqaq el-Maa; Zi. 1100–2200 Dh; 📶) Was für ein Juwel! Der Besitzer ist Designer und Modehistoriker, was auch das sehr eigene, aber witzige Dekor erklärt. So gibt's hier z. B. ein Zimmer mit Zahnarztstühlen und eine Wand voller alter Gepäckstücke. Nachts werden die Fenster zum Hof von Kerzen erleuchtet, sodass die Unterkunft wie ein Schmuckkästchen funkelt. Wir freuen uns auf die Eröffnung des hauseigenen Restaurants, das um die Ecke liegt.

Riad Maison Bleue GÄSTEHAUS €€€

(Karte S. 328 f.; ☎0535 74 18 73; www.maisonbleue.com; 33 Derb el-Mitter, Ain-Azleten; EZ/DZ ab 1700/1900 Dh; P❄📶🏊) Wer nicht aufpasst, kann sich in diesem Komplex aus vier Häusern leicht verlaufen. Vom andalusisch gehaltenen Hof mit Orangenbäumen begibt man sich in eines der 13 Zimmer – sofern man nicht unterwegs im Spa, an der Bar, im Restaurant oder in der trendig dunklen und vornehmen „Blue Lounge" mit noch mehr Essen und Trinken hängen bleibt. Auf der Terrasse ist Relaxen mit Blick auf die Borj Nord angesagt.

Riad Fès GÄSTEHAUS €€€

(Karte S. 328 f.; ☎0535 94 76 10; www.riadfes.com; Derb ibn Slimane, Zerbtana; Zi./Suite ab 1700/3000 Dh; ❄📶🏊) In dem labyrinthartigen Riad verschmelzen Alt und Neu auf stilvolle Weise. Der ältere Bereich trumpft mit erstklassigem traditionellem Dekor auf, während die neueren Zimmer in ein Pariser Boutique-Hotel passen würden und dennoch ein typisch marokkanisches Flair pflegen. Zu den Einrichtungen gehören eine stylishe Hofbar, ein Restaurant, ein Hamam und jede Menge Terrassen.

Riad Laaroussa GÄSTEHAUS €€€

(Karte S. 328 f.; ☎0674 18 76 39; www.riadlaaroussa.com; 3 Derb Bechara, Talaa Seghira; Zi. 1400–2800 Dh; ❄📶) Wenn man den dunklen Eingangsbereich passiert hat, wird man überrascht sein angesichts des riesigen Gartens, der die Gäste mit Orangenbäumen und leise plätscherndem Brunnen betört – ein Anblick, der entspannt. Weiter geht's auf die eleganten Zimmer mit moderner Kunst und ungewöhnlichen Möbeln. Keine Frage, die Besitzer haben nicht einfach Ideen aus der aktuellen Ausgabe eines marokkanischen Lifestyle-Magazins geklaut. Der neue Haus-Hamam ist auch für Nichtgäste zugänglich.

DIE BRUNNEN VON FES

Seit jeher haben die Fassis eine besondere Vorliebe für *seqqâyas* – und so entdeckt man in der Medina von Fes an nahezu jeder Ecke einen öffentlichen Brunnen. Die bedeutendsten hydrotechnischen Arbeiten wurden größtenteils unter der Herrschaft der Almoraviden (1061–1147) und Almohaden (1147–1248) ausgeführt. In ganz Marokko lenkte man Flüsse um, legte Seen an und baute umfassende Kanalsysteme, um die Städte mit Wasser zu versorgen. Seine Blüte erreichte der Brunnenbau aber in der Königsstadt Fes.

Angeblich gibt's weit über 60 öffentliche Brunnen in der Medina, die von Prinzen oder wohlhabenden Händlern in Auftrag gegeben wurden. Wie die Hamams befinden sie sich üblicherweise in der Nähe der Moscheen. Einige sind sehr schlicht und bestehen aus einem einfachen Becken an einer Mauer, die meisten präsentieren sich jedoch als echte Schmuckstücke aus bunt dekorierten Kacheln, die häufig ein Dach aus kunstvoll geschnitztem Holz haben. Besonders schön ist der Nejjarine-Brunnen aus dem 18. Jh. mit *zellij*-Kacheln und filigranen Stuckmustern, die an komplizierte Stickereien erinnern.

Noch heute holen zahlreiche Einheimische Wasser am Brunnen um die Ecke. Viele werden aus Quellen gespeist, andere sind nicht mehr funktionstüchtig, eventuell wegen einem Rohrbruch irgendwo unterhalb der Stadt. Die Agentur **Fez Riads** (www.fez-riads.com) spendet einen Teil ihrer Einkünfte für die Restaurierung und Pflege der am meisten vernachlässigten Brunnen der Medina.

Die Leidenschaft für Brunnen ist übrigens nicht auf die Medina beschränkt: Erst kürzlich wurden entlang der Ave Hassan II in der *ville nouvelle* ultramoderne Exemplare errichtet.

Riad Les Oudayas GÄSTEHAUS €€€
(Karte S. 328 f.; ☎0535 63 63 03; www.lesoudayas.com; 4 Derb el Hamiya, Ziat; Zi. ab 1400 Dh; ❄📶🏊) Der Besitzer, ein Marokkaner, arbeitet als Designer in Paris, und das sieht man: In den Salons und schicken, komfortablen Zimmern wurden traditionelle Elemente und moderne Ästhetik mit Bedacht kombiniert. Ein paar Stufen führen in den Garten im Hof mit dem Pool hinab, daneben lockt der hauseigene Hamam. Oben befindet sich eine große Gemeinschaftsterrasse. Für all diejenigen, die mehr Privatsphäre wünschen: Zwei der fünf Zimmer haben separate Balkone.

Ryad Mabrouka GÄSTEHAUS €€
(Karte S. 328 f.; ☎0535 63 63 45; www.ryadmabrouka.com; 25 Derb el-Mitter, Ain-Azleten; Zi. 1150–1450 Dh, Suite 1600–2000 Dh; ❄📶🏊) Ein alteingesessener Favorit in der Riad-Szene von Fes. Bei der Restaurierung des arabisch-andalusischen Stadthauses wurde auf jedes Detail geachtet. Der Hof wartet mit Stuck, Mosaiken, prächtigen Zedernholztüren sowie einem fröhlich plätschernden Brunnen auf und geht auf einen hübschen Garten voller Blumen und Bäume hinaus. Man schläft in einem von sieben Räumen mit gefliesten Böden und Berberstoffen und kann ein einfaches Frühstück oder ein opulentes marokkanisches Festmahl auf der Veranda mit Blick auf die Medina einnehmen.

Sofitel Palais Jamaï GÄSTEHAUS €€€
(Karte S. 328 f.; ☎0535 63 43 31; www.sofitel.com; Bab Guissa; EZ/DZ ab 1950/2600 Dh; ❄@🏊) Ende des 19. Jhs. diente das prächtige Hotel einem Wesir des Sultans als „Vergnügungspalast". Rund um das Gebäude erstreckt sich ein andalusischer Garten mit Blick auf die Medina. Die Zimmer wurden kürzlich renoviert, um mit den schicken Pensionen in der Altstadt mithalten zu können. Mitunter dominiert allerdings nach wie vor nichtssagendes, internationales Dekor. Auch Nichtgäste sollten unbedingt einen Drink auf der Terrasse bei Sonnenuntergang genießen.

VILLE NOUVELLE

In der Neustadt kann man wesentlich günstiger übernachten als in der begehrten Medina – oftmals gibt's hier Mittelklasseservice zum Budgetpreis. Derzeit erlebt die Hotelszene einen kleinen Boom: Zwischen der Place de la Resistance (Fiat) und der Altstadt sollen mehrere neue Unterkünfte eröffnen, darunter das Fünf-Sterne-Haus Atlas Fes mit einem modernen Einkaufskomplex und die Vier-Sterne-Bleibe Barceló.

Hôtel Splendid HOTEL €
(Karte S. 332; ☎0535 62 21 48; splendid@iam.net.ma; 9 Rue Abdelkarim el-Khattabi; EZ/DZ 350/450 Dh; ❄≋) Obwohl das Splendid zu den Budgetunterkünften zählt, gilt es als heißer Anwärter auf drei Sterne. Es ist modern und ordentlich, die Bäder sind gut und die Betten bequem. Außerdem sorgt der Pool für Abkühlung an heißen Tagen und die Bar bietet Unterhaltung am Abend. Das Frühstück ist nicht im Preis inbegriffen. Eine sehr gute Wahl.

Hôtel Central HOTEL €
(Karte S. 332; ☎0535 62 23 33; 50 Rue Brahim Roudani; EZ/DZ 140/180 Dh) Sehr beliebt und häufig ausgebucht. Die helle, luftige Budgetoption liegt in unmittelbarer Nähe des belebten Blvd Mohammed V und verfügt über Zimmer mit Waschbecken, aber ohne direkten Zugang zu einer Toilette.

Hôtel Olympic HOTEL €
(Karte S. 332; ☎0535 93 26 82; Fax 055 932665; Ecke Blvd Mohammed V. & Rue 3; EZ/DZ inkl. Frühstück 275/350 Dh; ❄) Praktisch in der Nähe des Hauptmarkts gelegen und deshalb oft belegt (insbesondere von Reisegruppen). Man sollte also rechtzeitig reservieren. Die Zimmer sind eher nichtssagend, aber komfortabel und mit Bad, TV, Telefon sowie schicken Messingbettgestellen ausgestattet.

Hôtel de la Paix HOTEL €
(Karte S. 332; ☎0535 62 50 72; www.hotellapaixfes.com, auf Französisch; 44 Ave Hassan II.; EZ/DZ 320/425 Dh; ❄) Typisch Touristenklasse, aber das Preis-Leistungs-Verhältnis stimmt. Solide, gemütliche Zimmer mit TV. Darüber hinaus gibt's eine Bar und ein ganz anständiges Restaurant.

Hôtel Mounia HOTEL €
(Karte S. 332; ☎0535 62 48 38; www.hotelmouniafes.ma, auf Französisch; 60 Blvd Zerktouni; EZ/DZ inkl. Frühstück ab 351/462 Dh; ❄) Eine *zellij*-Lobby führt in das moderne und elegante Hotel, das vor allem Pauschalreisende anzieht und über helle, saubere Zimmer mit Satelliten-TV verfügt. Zu den weiteren Einrichtungen gehören ein gutes Lokal und eine verrauchte Bar mit vielen Wasserpfeifen. Achtung: In den Zimmern an den Fluren in Barnähe wird es manchmal laut. Die Angestellten sind sehr hilfsbereit und die Gäste können sich über häufige Rabatte freuen.

Hôtel Royal HOTEL €
(Karte S. 332; ☎0535 62 46 56; 36 Ave Soudan; EZ/DZ mit Bad 120/150 Dh, nur mit Dusche 100/140 Dh) In der Nähe der Place Florence stößt man auf diese verlässliche, etwas altmodische Budgetoption. Einige Bäder wirken unförmig, außerdem gibt's nur morgens warmes Wasser, doch die Zimmer sind groß und haben vielfach einen Balkon.

Jugendherberge HOSTEL €
(Karte S. 332; ☎0535 62 40 85; 18 Rue Abdeslam Serghini; B 50 Dh; ⏲Tor geöffnet 8–10, 12–15 & 18–22 Uhr) Die gepflegte Jugendherberge im Herzen der Neustadt zählt zu den besseren Bleiben in Marokko. Sie wartet mit ordentlichen, sauberen Zimmern und Einrichtungen wie Toiletten im westlichen Stil auf. Wer keinen internationalen Jugendherbergsausweis besitzt, muss 5 Dh extra zahlen. Weil man hier ausschließlich kalt duschen kann, empfiehlt sich ein Hamam-Besuch (besonders im Winter!).

Hôtel Menzeh Zalagh HOTEL €€€
(Karte S. 332; ☎0535 62 55 31; menzeh.zalagh@fesnet.net.ma; 10 Rue Mohammed Diouri; EZ/DZ inkl. Frühstück 950/1300 Dh; ❄≋) Vier-Sterne-Hotel in zentrumsnaher Lage auf einem niedrigen Grat mit toller Aussicht auf Fès el-Bali. Traditionelles Dekor zaubert in die modern eingerichteten Zimmer (oft mit einem Balkon) einen Hauch von Marokko.

Hôtel Menzeh Fes HOTEL €€€
(Karte S. 332; ☎0535 94 38 49; menzeh.zalagh@fesnet.net.ma; 28 Rue Abdeslam Serghini; EZ/DZ inkl. Frühstück 950/1300 Dh; ❄≋) Hat in etwa die gleichen Einrichtungen wie der Schwesterbetrieb Zalagh die Straße rauf, die Räumlichkeiten sind allerdings ein bisschen kleiner.

Essen

In Fes zu speisen ist schon etwas wirklich Besonderes, denn die Fassi-Küche wird in ganz Marokko gerühmt. In der Medina steht eine große Anzahl guter Restaurants zur Auswahl. Sehr beliebt bei Reiseleitern und ihren Gruppen sind die sogenannten „Palastrestaurants" mit ihrem überladen-verschwenderischem Ambiente. Meist werden hier einfache Menüs zu horrenden Preisen aufgetischt. Fans einer vertraulicheren Atmosphäre werden sich in den Riad-Restaurants wohlfühlen. Viele von ihnen stehen auch Nichtgästen offen und haben ausgezeichnete Küchen. Wenn es günstig sein soll, sind die Lokale rund ums Bab Bou Jeloud eine gute Anlaufstelle. Die *ville nouvelle* trumpft mit einem noch umfangreicheren (und zudem internationaleren) Essensangebot auf.

MEDINA

Wer nur einen Snack möchte, wird in der Medina schnell fündig. Hier locken winzige Imbissbuden mit gegrillten Fleischspießen oder Suppen aus Kesseln, und überall sieht man Sandwichläden bzw. Männer mit Handwagen, die Erdnusskekse anbieten. Oberhalb der Talaa Kebira liegen zahlreiche Lokale, ansonsten geht's einfach immer der Nase nach.

LP TIPP **Café Clock** CAFÉ €
(Karte S. 328 f.; ☎0535 63 78 55; www.cafeclock.com; Derb el-Mergana, Talaa Kebira; Hauptgerichte 55–80 Dh; ⌚9–22 Uhr; 📶) Liebe auf den ersten Blick: Das außergewöhnliche Café ist in einem restaurierten Stadthaus untergebracht und bietet ein erfrischend anderes Speisensortiment (gelegentlich muss auch mal was Nicht-Marokkanisches auf den Tisch!), darunter Falafel, Grillsandwiches, interessante vegetarische Optionen, gigantisch große Kamelburger, köstliche Kuchen und Törtchen. Extrapunkte gibt's für das Kulturprogramm mit Kalligrafie- und Konversationskursen, einer Vortragsreihe und sonntäglichen Sonnenuntergangskonzerten (Eintritt ca. 20 Dh), das einen interessanten Mix aus Einheimischen, in Fes ansässigen Ausländern und Touristen anzieht.

Dar Touria MAROKKANISCH €€€
(Karte S. 328 f.; ☎0663 03 71 02; Derb el Kateb, Zqaq Roumane; Menü 200 Dh) Dieses traditionelle Restaurant in der Medina ist die Suche wirklich wert. Am besten kommt man mit leerem Magen und entscheidet sich für das Menü: Der Begriff Festessen trifft es auf den Punkt, denn wir haben selten so großartige Gerichte zu einem derart günstigen Preis bekommen. Das *dar* befindet sich in der Nähe mehrerer Pensionen, deren Angestellte Gäste, die Angst haben, sich in den Gassen zu verlaufen, gern nach Hause bringen.

Chameau Bleu MAROKKANISCH €€
(Karte S. 328 f.; ☎0535 63 89 91; 1 Derb Tariana; Hauptgerichte 55–130 Dh; ⌚mittags & abends) Das gut ausgeschilderte Restaurant abseits der Talaa Kebira ist in einem umgebauten Altstadthaus untergebracht und erstreckt sich über mehrere Etagen bis zur Dachterrasse. Auf der Speisekarte stehen zahlreiche Tajines, aber es gibt auch hervorragende Grillfleisch- und Fischgerichte. Viele Leser schätzen auch das ausgezeichnete Pasta-Angebot.

Bou-Jeloud-Restaurants REGIONALE KÜCHE €
(Karte S. 328 f.; Rue Serrajine; Hauptgerichte 30–70 Dh; ⌚8–23 Uhr) Wenn man vom Bab Bou Jeloud zur Spitze der Talaa Seghira läuft, passiert man zahlreiche Restaurants, deren Personal lauthals auf Kundenfang geht. Die Läden ähneln sich sehr und bieten u. a. Tajines, Couscous und Grillfleisch an. Zudem kann man in ihnen wunderbar sitzen und bei einem Minztee Leute beobachten. Wer einen tollen Ausblick genießen möchte, besucht **Le Kasbah** mit einer schönen Dachterrasse – wer allerdings nichts isst, zahlt für die Getränke den doppelten Preis.

B'sara-Essensstände REGIONALE KÜCHE €
(Karte S. 328 f.; Talaa Kebira; Suppe 4 Dh) Die Fassi-Spezialität *b'sara* (Suppe mit Knoblauch und Limabohnen) sollte man unbedingt probieren. Sie wird in winzigen „Lokalen", die über die ganze Medina verteilt sind, aus riesigen Kesseln geschöpft und mit einem Stück Brot und einem Schuss Olivenöl gereicht – die perfekte Mahlzeit vor einer Sightseeingtour. Die *b'sara*-Stände in bzw. rund um die Talaa Kebira und die Rue Acherbine haben uns am besten gefallen.

Dar Anebar MAROKKANISCH €€€
(Karte S. 328 f.; ☎0535 63 57 87; 25 Derb el-Miter, Zqaq Roumane; Hauptgerichte ab 120 Dh; ⌚ab 19.30 Uhr) Ein wunderbares Riad-Restaurant mit traumhaftem Ambiente: Gegessen wird im Hof oder in einem der gemütlichen Salons. Die typisch marokkanischen Gerichte sind von allerbester Qualität und es gibt Wein.

Fès et Gestes CAFÉ €€
(Karte S. 328 f.; ☎0535 63 85 32; 39 Arsat el Hamoumi, Ziat; Gerichte ca. 90 Dh; ⌚12–21.30 Uhr, Mi geschl.) Eine wunderbare Oase: Durch das Tor des umgebauten französischen Kolonialhauses geht's in einen üppig bepflanzten Garten mit tollem Brunnen – und schon sind alle Sorgen vergessen. Ideal für leichte Mahlzeiten, Abendessen im Tajine-Stil, einen erfrischenden Tee oder Saft.

Dar Roumana MEDITERRAN €€€
(Karte S. 328 f.; ☎0535 74 16 37; 30 Derb el Amer, Zqaq Roumane; Menü 300 Dh; ⌚Di–Sa 19.30–21.30 Uhr) So exzellent, wie man es von einem Lokal erwartet, dessen Besitzer ein Meisterkoch ist. Der Name des Dar Roumana („Haus der Granatäpfel") ist Programm, denn es gibt Mediterranes mit marokkanischem Touch, darunter z. B. Meeresfrüchtekreationen wie Schwertfisch mit Granatäpfeln. Das Essen wird entweder im Hof oder

oben auf der Terrasse serviert. Unbedingt reservieren, wenn man in den Genuss alkoholischer Getränke kommen möchte!

La Maison Bleue MAROKKANISCH €€€
(Karte S. 328 f.; ☎0535 63 60 52; 2 Place de l'Istiqlal; Menü inkl. Wein 550 Dh; ⏲Abendessen ab 19.30 Uhr) Ohne Reservierung geht in dem eleganten Riad-Restaurant gar nichts. Die Stimmung ist romantisch-intim und für musikalische Untermalung sorgt ein Oud-Spieler (gegen Ende des Abends folgen dann lebendigere Gnaoua-Lieder und -Tänze). Gäste werden mit Salaten, Tajine-Gerichten, Couscous, *bastilla* (herzhafte Blätterteigpastete) und Desserts aus Filo-Teig verwöhnt. In puncto Atmosphäre und Aufmachung einfach top.

Aji Chouf PIZZA €
(Karte S. 328 f.; ☎0535 63 51 78; 17 Derb Mokri, Ziat; Pizza 35–65 Dh) Ein italienisches Lokal mit Gerichten zum Mitnehmen. Die Pizzas schmecken lecker, außerdem locken Salate und Terrinen.

Schneckenstand REGIONALE KÜCHE €
(Karte S. 328 f.; Ecke Talaa Seghira & Derb el-Horra; Schnecken 5 Dh) Die Nummer eins in Sachen Fast Food mit „organischer Verpackung". Einfach die Weichtiere mit der Zange aus ihrem Häuschen ziehen und genießen … Mmmh, köstlich!

Najmat Souafine MAROKKANISCH €€€
(Karte S. 328 f.; ☎0662 34 88 19; Oued Souafine, Ziat; Mittag-/Abendessen 120/150 Dh) Najmat Souafine bedeutet „Stern von Souafine" – ein selbstbewusster Titel, dem das stilvolle und moderne Altstadtrestaurant aber durchaus gerecht wird. Die marokkanischen Gerichte sind kreativ und vereinen traditionelle sowie moderne Einflüsse. Zudem verwendet der Chefkoch nur frische Zutaten vom Markt. Sehr empfehlenswert.

Famille Restaurant Berrada MAROKKANISCH €
(Karte S. 328 f.; ☎0662 34 88 19; 57 Sagha el Achebine; Hauptgerichte ca. 40 Dh; ⏲Sa–Do) Dieses kleine Altstadtlokal wird mit herzlicher Fröhlichkeit geführt. Die Küche ist sehr traditionell, aber die Inhaber sind an Touristen gewöhnt, bereiten die Speisen schnell zu und lassen ihre Gäste die Tagesgerichte vor dem Bestellen kosten.

Crémerie La Place CAFÉ €
(Karte S. 328 f.; Place as-Seffarine; ⏲7.30–20 Uhr) Befindet sich in einer der interessantesten Ecken der Medina. Bei Saft, Tee, Kaffee und Gebäck kann man den Blick über das bunte Treiben auf dem Platz schweifen lassen und dem Hämmern der Kupferschmiede lauschen.

Fez Lounge LOUNGE €€
(Karte S. 326; ☎0535 63 30 97; www.fezlounge.com; 95 Zqaq Rowah, Chrabliyine; Hauptgerichte 50–80 Dh; ⏲11–22 Uhr) Diese coole Lounge könnte auch nach London oder Barcelona passen. Ein Besuch lohnt sich aus zwei Gründen: Es gibt leichte Gerichte wie pikante Tartes, *pastilla* und *briouates* (gefüllte Blätterteigtaschen) sowie gemütliche, niedrige Sessel zum Abhängen und Wasserpfeifen.

Mezzanine TAPAS-BAR €€
(Karte S. 326; ☎0535 63 34 30; 17 Kasbah Chams; Tapas-Auswahl ab 100 Dh, pro Teller rund 30 Dh; ⏲12–1 Uhr) Gegenüber dem Eingang zum Jnan Sbil und etwas abseits vom Bou-Jeloud-Platz bringt die neue Tapas-Bar ein gewisses Stadtflair in die Medina. Das Dekor ist stilvoll mit modernen marokkanischen Möbeln und *tadelakt*-Wänden (glatter Kalkputz). Einfach auf der hübschen Dachterrasse marokkanische und mediterrane Tapas genießen und anschließend eine süße Nachspeise bestellen. Hier wird auch Alkohol ausgeschenkt.

Médina Café MAROKKANISCH €€
(Karte S. 328 f.; ☎0535 63 34 30; 6 Derb Mernissi, Bab Bou Jeloud; Hauptgerichte 70–100 Dh; ⏲8–22 Uhr) Eine kleine Oase der Gelassenheit mit *tadelakt*-Putz am Bab Bou Jeloud. Tagsüber bekommt man Snacks oder kann einen erfrischenden Saft trinken, abends wird gehobenere marokkanische Küche geboten: Es gibt eine große Auswahl an Tajines und Couscous, die besser sind als in den meisten Restaurants.

Talaa-Kebira-Markt SELBSTVERSORGER €
(Karte S. 328 f.) Eine gute Wahl in idealer Lage am Bab Bou Jeloud.

R'cif-Markt SELBSTVERSORGER €
(Karte S. 328 f.; im Bab R'cif; ⏲Sa–Do) Wer regelmäßig in der Medina einkauft, weiß, dass man diesen Markt ansteuern sollte: Hier gibt's das frischeste Obst, Gemüse und Fleisch.

VILLE NOUVELLE

Der Blvd Mohammed V (besonders die Gegend um den Hauptmarkt) ist eine gute Anlaufstelle für günstige Snacks. Wer Lust auf ein Sandwich hat, kann sich in der Nähe der Place Yacoub al-Mansour umschauen.

MAROKKANISCHE KOCHKUNST

Lust, wie ein marokkanischer Küchenchef zu kochen? Wir haben Souad Maidja von Clock Kitchen (S. 336) getroffen, die uns einen Einblick in ihre Kochkünste gab.

Welches Gericht haben Sie in Ihrem Leben zuerst gekocht? Gebratenen Fisch mit einem einfachen Salat. Ich stamme aus Nador an der Küste, wo viel Fisch gegessen wird: gebraten oder in einer Tajine.

Wer hat Sie das Kochen gelehrt? Meine Mutter. Nach meiner Hochzeit bin ich nach Fes gezogen und habe sechs Monate lang bei der Familie meines Ehemanns gelebt. Meine Schwiegermutter hat mich in die Fassi-Küche eingeführt – die beste marokkanische Küche, die es gibt.

Was hat sie Ihnen zuerst beigebracht? *Harira,* eine traditionelle Suppe. Das Gericht ist so grundlegend, und es war mir peinlich, dass ich nicht wusste, wie man es zubereitet! Danach *pastilla,* dünne Teigblätter, die um Tauben- oder Hühnchenfilets gewickelt werden, eine süß-pikante Mischung. Ich war so glücklich, die Zubereitung zu lernen, denn es ist ein sehr wichtiges Gericht.

Die Mischung von süß und pikant scheint ein wichtiges Element in der marokkanischen Küche zu sein. Ja. Wir servieren unseren Gästen zuerst etwas Süßes, damit sie wiederkommen! Das Hauptgericht ist dann herzhaft.

Welches Gericht kochen Sie am liebsten? Ich liebe Hühnchen-Tajine mit Oliven und eingelegten Zitronen.

Wenn Sie Touristen in die marokkanische Küche einführen, gehen Sie zuerst mit Ihnen auf den Markt. Ich möchte ihnen unsere traditionellen Produkte zeigen, denn es gibt viele Dinge, die sie nicht kennen. Also erkläre ich ihnen alle Zutaten. Produkte wie Orangenblütenwasser, das wir viel benutzen, und Kräuter, die wir sowohl in der Kosmetik als auch in der Küche verwenden. Ich lerne auch viel von den Markthändlern – durch den Suk zu laufen ist wie eine Reise durch ganz Marokko.

Was kochen die Leute besonders gern? Handgerollter Couscous ist sehr beliebt. Es ist ein langer Prozess, und man muss die Körner mehrmals dämpfen. Aber das Gericht schmeckt völlig anders als das, was sie zu Hause bekommen.

Was überrascht sie am meisten? Die Leute fragen immer, warum wir unsere Tajines nicht in einer Tajine [Schmorgefäß] kochen. Doch das dauert zu lange, und man muss über Holz oder Kohle kochen. Wir sind modern – ein Schnellkochtopf ist viel besser! Der Tajine-Topf wird oft nur zum Servieren benutzt.

Gibt's auch Probleme? Manchmal sind die Leute etwas genervt, weil ich Ihnen beibringe, alles auf marokkanische Art zu kochen. Sie müssen das Gemüse wie ich mit der Hand schälen und schneiden und dürfen kein Schneidebrett benutzen. Nur ein Messer! Aber meistens lachen sie darüber und erreichen am Ende alle das Ziel.

Was bereiten sie sich selbst am liebsten zu? Couscous, weil das zu einem großen Familienfest einfach dazugehört. Aber ich habe es lieber, wenn jemand anderes für mich kocht. Zu Hause mag ich leichte Gerichte – eine einfache Schale *harira* ist wunderbar.

Chicken Mac REGIONALE KÜCHE €

(Karte S. 332; Ave Lalla Meriem; Hauptgerichte ca. 30 Dh; ⏲9–23 Uhr) An diesem Teil der Straße gehen mehrere gut besuchte Lokale scheinbar nahtlos ineinander über. Das Letzte in der Reihe (von der Ave Hassan II. aus betrachtet) ist das Chicken Mac. Kaum hat man bestellt, werden schon großzügige Portionen Brathähnchen, *harira* (Suppe) und andere Sattmacher aufgetragen.

Restaurant Marrakech MAROKKANISCH €

(Karte S. 332; ☎0535 93 08 76; 11 Rue Omar el-Mokhtar; Hauptgerichte ab 55 Dh; ❄) Hinter einer dicken Holztür befindet sich dieses reizvolle Restaurant, das sich kontinuierlich verbessert. Rote *tadelakt*-Wände, dunkle Möbel und die Kissen im Salon hinten schaffen eine schöne Atmosphäre. Zur Auswahl stehen originelle Gerichte wie Hühnchen-Tajine mit Äpfeln und Oliven oder Lamm mit Aubergine. Außerdem wird ein dreigängiges Menü angeboten.

Maison Blanche FRANZÖSISCH €€€
(Karte S. 326; ☎0535 94 40 73; 12 Rue Ahmed Chaouki; Hauptgerichte 140–220 Dh) Eines der elegantesten Restaurants von Fes mit einem kühlen, minimalistischen Stil. Seine moderne Einrichtung und die steinernen Fliesen verleihen dem Lokal das Flair eines Bond-Films. Die Gerichte sind französisch beeinflusst und der Service ist exzellent (ebenso die Weinliste). Abends kann man sich in der Bar im Obergeschoss entspannen, mittags das Menü für 200 Dh genießen.

Fez Café FRANZÖSISCH €
(☎0664 64 76 79; 13 Akbat Sbaa, Douh; Hauptgerichte rund 80 Dh; ⏲Di–So) Das charmante neue Altstadtrestaurant wartet mit einem wundervollen Garten und einer Einrichtung im relaxten Bistro-Stil auf. Die Gerichte variieren je nach Saison und sind französisch, italienisch bzw. marokkanisch geprägt. Sonntagabends kommt man in den Genuss von Pizzas aus dem Holzofen.

Kaï Taï JAPANISCH, THAILÄNDISCH €€
(Karte S. 326; ☎0535 65 17 00; 12 Rue Ahmed Chaouki; Sushi 50–105 Dh, Maki-Rolle 20–25 Dh; ⏲mittags & abends; ❄) Sushi in Fes? Warum eigentlich nicht?! Das Kaï Taï kommt nüchtern-minimalistisch daher und bietet eine beachtliche Auswahl an Sushi, Tempura (im Teigmantel ausgebackene Meeresfrüchte oder Gemüsestückchen) und Menüs. Die lange Speisekarte mit thailändischen Chili-Gerichten lohnt sich für alle, die genug von Tajines haben.

Chez Vittorio ITALIENISCH €€
(Karte S. 332; ☎0535 62 47 30; 21 Rue Brahim Roudani; Hauptgerichte ab 80 Dh, Pizza oder Pasta ab 56 Dh) Rustikal-italienische Gerichte, die in mit Kerzen und karierten Tischdecken passend gestaltetem Ambiente serviert werden. Das Preis-Leistungs-Verhältnis überzeugt. Auch wenn es manchmal etwas länger dauert, bis man seine Bestellung aufgeben kann, sind die Angestellten in der Küche für gewöhnlich sehr fix. Wir empfehlen die Pizzen und Steaks, die Pasta ist eher enttäuschend. Dazu kann man ein Glas Wein genießen.

Restaurant Zagora MAROKKANISCH, INTERNATIONAL €€
(Karte S. 332; ☎0535 94 06 86; 5 Blvd Mohammed V; Hauptgerichte 80–100 Dh) Stilvolles Restaurant unweit des südlichen Endes des Blvd Mohammed V, gleichermaßen beliebt bei Reisegruppen und Einheimischen. Wahrscheinlich ist die Weinkarte die umfangreichste in der gesamten Neustadt, und auch das Essensangebot kann sich sehen lassen. Das nette Ambiente inklusive Oud-Untermalung wird allerdings zum Anlass genommen, um den Preis für Speis und Trank ordentlich in die Höhe zu treiben.

Crémerie Skali CAFÉ €
(Karte S. 332; Blvd Mohammed V; Frühstück ca. 20 Dh; ⏲6–22 Uhr) Dank seiner günstigen Lage bietet sich das Skali für ein Frühstück mit Gebäck, Säften und superleckerem Rührei an. Der Laden ist bei Büroangestellten und Familien gleichermaßen beliebt.

Hauptmarkt SELBSTVERSORGER €
(Karte S. 332; Blvd Mohammed V.; ⏲8.30–14.30 Uhr) Obst und Gemüse, Gewürze, Nüsse, Oliven oder köstliche Datteln bekommt man nirgendwo frischer als auf dem Hauptmarkt in der *ville nouvelle*. Hier befinden sich auch ein paar gute Käsestände. In der unmittelbaren Umgebung gibt's zudem einige Läden, die alkoholische Getränke verkaufen.

Ausgehen

Manchmal hat es den Anschein, als bestünde die Hauptbeschäftigung der Neustadtbewohner darin, Kaffee zu trinken und Croissants zu verzehren. Fast alle Cafés befinden sich auf dem Blvd Mohammed V und an der Ave Hassan II. Viele Restaurants am Bab Bou Jeloud in der Medina dienen gleichzeitig als Cafés. Darüber hinaus gibt's zahlreiche kleine Essensstände.

Hôtel Batha BAR
(Karte S. 328 f.; Place Batha) Günstig gelegene Unterkunft in der Medina mit einer Poolbar (im Winter mit wärmendem Holzfeuer), der Churchill Bar im Hotel sowie der Consul Bar an der Rückseite (Seiteneingang benutzen). Letztere verströmt eine entspanntere Atmosphäre. Bis Mitternacht ist Disko angesagt (Montags geschlossen).

Riad Fès BAR
(Karte S. 328 f.; 5 Derb ibn Slimane) Für einen Drink ist diese Hofbar die eleganteste Adresse in der ganzen Stadt. Das Licht, das vom zentralen Pool reflektiert wird, tanzt über stuckverzierte Säulen, während im Hintergrund leise Musik säuselt. Man kann an der Glastheke sitzen oder sich in die Kissen fallen lassen und verschiedene Biere, Weine oder Spirituosen bestellen. Da es

KERAMIKWAREN AUS FES

Fes quillt geradezu über vor Keramikarbeiten: Man muss bloß einen Blick auf die typisch blauen Tonwaren und die filigranen Mosaiken an den Brunnen und in den Riads werfen. **Art Naji** (☎0535 66 91 66; www.artnaji.net; Ain Nokbi; ⌚8–18 Uhr) ist eine gute Adresse für authentische Arbeiten. Dort kann der komplette Herstellungsprozess mitverfolgt werden, angefangen mit dem Formen von Gefäßen und anderen Keramikwaren auf der Drehscheibe bis zur akribischen Gestaltung der von Hand bemalten *zellij*-Kacheln. Die Töpferwerkstatt befindet sich 500 m östlich des Bab el Ftouh und die Strecke ist problemlos mit einem *petit taxi* zurückzulegen. Schwarze Rauchschwaden weisen den Besuchern den Weg. Olivenkerne sind für den Qualm verantwortlich: Mit ihnen befeuert man den Brennofen. Auf Anfrage werden auch Mosaiken nach Wunsch angefertigt und an die Heimatadresse verschickt.

sich um eine offene Bar handelt, wird es im Winter schon mal etwas frisch; im Sommer ist es dafür angenehm kühl.

Maison Blanche BAR
(Karte S. 326; 12 Rue Ahmed Chaouki) Dunkles Leder, Steinwände und eine gut ausgestattete Bar machen das Maison Blanche in der *ville nouvelle* zum perfekten Zufluchtsort für einen oder zwei erstklassige Drinks.

Mezzanine BAR
(Karte S. 326; 17 Kasbah Chams; ⌚12–1 Uhr) Was den „Fashion-Faktor" betrifft, ist dies ein echter Renner. Das Mezzanine zieht jede Menge hippe junge Fassis an und gilt als das Angesagteste, was die Medina zu bieten hat. Es gehört eher in die Kategorie Ibiza als Moulay Idriss. Auf der Terrasse mit Blick über den Jnan-Sbil-Park kann man wunderbar bei einem Bier oder Cocktail entspannen. Für den kleinen Hunger sind die Tapas genau das Richtige.

Sofitel Palais Jamaï BAR
(Karte S. 328 f.; Bab Guissa) Super für einen Umtrunk pünktlich zum Sonnenuntergang: Die Terrasse gewährt eine herrliche Aussicht auf die Altstadt. Besser kann man einen Tag in der Medina gar nicht ausklingen lassen. Vor dem Abendessen kosten die Getränke zwar etwas mehr, dafür stehen aber kostenlose Knabbereien bereit.

☆ Unterhaltung

Livemusikfans wissen es wahrscheinlich schon: Fes besucht man am besten anlässlich eines der zahlreichen Festivals. Im Café Clock (s. S. 344) finden Sonntagabend bei Sonnenuntergang gute Konzerte statt.

Das **Institut Français** (☎0535 62 39 21; www.institutfrancaisfes.com; 33 Rue Loukili) Veranstaltet Film- und Theatervorführungen sowie Konzerte und Ausstellungen.

Shoppen

Fes ist Marokkos Kunsthandwerkhauptstadt. Die Auswahl von Arbeiten ist riesig, die Qualität ausgezeichnet und die Konkurrenz groß – deshalb sollte man sich Zeit nehmen und Preise vergleichen. Zu den besten Adressen zählen die kleinen Geschäfte abseits der Touristenmeilen, darunter vor allem die Talaa Kebira und die Talaa Seghira in der Medina.

Gute Lederwaren gibt's erwartungsgemäß in der Nähe der Gerbereien.

Viele restaurierte Riads und *funduqs* in der Altstadt wurden zu Verkaufsräumen für Teppiche umfunktioniert. Hier bietet sich die Gelegenheit, ein Tässchen Minztee zu trinken, das atemberaubende Ambiente zu genießen und ein paar herrliche Knüpfarbeiten zu bestaunen. Doch Vorsicht: Nirgendwo in Marokko werden hemmungslosere Verkaufsstrategien angewandt. Oftmals sind echte Schmuckstücke dabei, es wird jedoch auch jede Menge Schrott aus der Fabrik zu horrenden Preisen angeboten.

ℹ Praktische Informationen

Gefahren & Ärgernisse

Verglichen mit ähnlich großen Städten in Industrienationen ist Fes sicher. Dennoch sollte man nicht spätabends allein durch die Medina laufen, das gilt besonders für Frauen. Es ist schon vorgekommen, dass Touristen mit Messern bedroht und beraubt wurden. Auf Anfrage werden viele Hotels und Restaurants Taxis oder andere Transportmittel für ihre Gäste organisieren.

Die *faux guides* (inoffizielle Führer) und Schlepper der Teppichhändler von Fes sind berüchtigt. Sie haben es auf die Dirhams ahnungsloser Touristen abgesehen. *Faux guides* lungern vor allem am Bab Bou Jeloud, dem westlichen Haupttor der Medina, herum. Ihre Zahl ist aber stark zurückgegangen, nachdem die Regierung diverse Razzien hat durchführen lassen.

Doch auch viele offizielle Fremdenführer werden Besucher dazu drängen, ihren Rundgang in eine Shoppingtour zu verwandeln. Dabei kann der Druck, etwas zu kaufen, richtig heftig werden. Die Teppichhändler von Fes sind nämlich echte Meister ihres Faches. Wer nichts kaufen will, sollte erst gar keinen Fuß in ihre Läden setzen: Die Fülle schöner Teppiche kann selbst den willensstärksten Traveller dazu verführen, etwas mitzunehmen, was er eigentlich gar nicht möchte (honigsüße Behauptungen, der Teppich ließe sich später mit großem Gewinn bei eBay weiterverkaufen, sind mit äußerster Vorsicht zu genießen). Wer in Begleitung eines Fremdenführers einen Laden betritt, sollte sich darüber im Klaren sein, dass dessen Provision immer auf den Preis draufgeschlagen wird. Shoppen in Fes muss aber nicht in einen Kampf ausarten: Am besten betrachtet man es als Spiel und stellt sich entsprechend darauf ein.

Die Schlepper, die früher am Bahnhof von Fes auf Kundenfang waren, steigen heute oft schon in Sidi Kacem in die Züge in die Stadt ein. Besonders gegenüber freundlichen jungen Männern, die sich als Studenten oder Lehrer auf der Heimreise ausgeben, sollte man misstrauisch sein: Nicht selten haben sie „Brüder", die ein Hotel, einen Teppichhandel oder Ähnliches betreiben.

Geld

Am Blvd Mohammed V in der *ville nouvelle* befinden sich viele Banken mit Geldautomaten; fast alle wechseln auch Geld. In der Medina sind Banken dünn gesät. Hier zwei Adressen:

Banque Populaire (Karte S. 328 f.; Bab Bou Jeloud; ⌚Mo–Do 8.45–12 & 14.45–18, Sa 8.45–12 Uhr) Geldautomat und Geldwechsel.

Société Générale (Karte S. 328 f.; Talaa Seghira; ⌚Mo–Do 8.45–12 & 14.45–18, Fr 8.45–11, Sa 8.45–12 Uhr) Geldautomat und Geldwechsel.

Infos im Internet

Culture Vultures (http://culturevulturesfez.wordpress.com) Programm für Kunst- und Musikevents.

The View From Fez (http://riadzany.blogspot.com) Ein ganz guter Blog für aktuelle Nachrichten in Fes.

Internetzugang

WLAN gibt's in fast allen Mittel- und Spitzenklassehotels.

Cyber Batha (Karte S. 328 f.; Derb Douh; 10 Dh pro Std.; ⌚9–22 Uhr) In diesem Laden gibt's sowohl englische als auch französische Tastaturen.

Cyber Club (Karte S. 332; Blvd Mohammed V; 6 Dh pro Std.; ⌚9–22 Uhr)

Teleboutique Cyber Club (Karte S. 332; Blvd Mohammed V.; 7 Dh pro Std.; ⌚9–23 Uhr) Über der Téléboutique an der Ecke.

Medien

L'Agenda Kostenloses, im Zwei-Monats-Takt erscheinendes, französischsprachiges Magazin, das man bei der Touristeninformation sowie in einigen Riads und Restaurants bekommt. Verantwortlich für die Herausgabe ist der regionale Tourismusverband.

Medizinische Versorgung

Hôpital Ghassani (Karte S. 326; ☎0535 62 27 77) Eines der größten Krankenhäuser der Stadt liegt östlich der *ville nouvelle* im Dhar-Mehraz-Bezirk.

Nachtapotheke (Karte S. 332; ☎0535 62 34 93; Ave Moulay Youssef; ⌚21–6 Uhr) Befindet sich im Norden der Neustadt und ist normalerweise sowohl mit einem Arzt als auch mit einem Apotheker besetzt.

Post

Hauptpostamt (Karte S. 332; Ecke Ave Hassan II & Blvd Mohammed V) Wer postlagernde Sendungen abholen möchte, muss sich ganz links halten. Der Paketschalter hat einen eigenen Eingang.

Postfiliale (Karte S. 328 f.; Place Batha) Befindet sich in der Medina und verfügt über einen Geldautomaten.

DIE VILLE NOUVELLE – EIN ÖDES PLFLASTER?

Im Vergleich zur Medina, die ein Fest für die Sinne bereithält, kommt die *ville nouvelle* eher langweilig daher. Sie gilt als hochmodern, aber richtig viel los ist hier nicht. Allerdings sehen das die meisten Fassis ganz anders: Für sie ist das Viertel um einiges interessanter und fortschrittlicher als das „marode" Fès el-Bali. In den letzten Jahren wurde jede Menge Geld in die Neustadt gepumpt. Das Resultat kann vor allem auf dem langen Boulevard Ave Hassan II mit seinen gepflegten Rasenflächen, Palmen, Blumenrabatten und Brunnen begutachtet werden. Abends wimmelt es von Spaziergängern, Familien mit Kindern, aufgestylten Teenies und flirtenden Pärchen. Am besten holt man sich ein Eis und setzt sich auf eine Bank, um Leute zu beobachten – die Atmosphäre hier ist mindestens genauso typisch für Marokko wie die Packesel in den Gassen der Altstadt.

Reisebüros

Carlson Wagonlit (Karte S. 332; ☎0535 62 29 58; Fax 035 624436) Hinter dem Hauptmarkt. Bucht Flüge und Fähren.

Touristeninformation

In der Medina gibt's keine Touristeninformation.
Syndicat d'Initiative (Touristeninformation; Karte S. 332; ☎0535 62 34 60; Place Mohammed V.) Nicht immer geöffnet und zudem nicht immer hilfreich.

An- & Weiterreise

Auto

Parkplätze in der Nähe der Medina findet man z. B. direkt südlich der Place l'Istiqal, auf der Ave des Français vor dem Bab Bou Jeloud und in Ain Azleten innerhalb der Altstadtmauern (nördlich der Talaa Kebira). In der *ville nouvelle* gibt's vor dem Hauptmarkt einen bewachten Parkplatz.
Transport Touristique (☎0615 450128; chrift rans@gmail.com) ist ein zuverlässiges Verkehrsunternehmen mit Autovermietung. Zu seinen Dienstleistungen zählen auch Flughafentransfers und Tagesausflüge. Autos können auch für längere Zeit gemietet werden.

Bus

Der wichtigste Bahnhof für **CTM-Busse** (☎0535 73 29 92) befindet sich nahe der Place Atlas im Süden der *ville nouvelle* (Karte S. 326). In der Hauptsaison sollte man sein Ticket unbedingt im Voraus besorgen, vor allem wenn man Tanger, Marrakesch oder Chefchaouen zum Ziel hat.

CTM fährt täglich zwischen 6.30 und 16.30 Uhr siebenmal via Rabat (70 Dh, 3½ Std.) nach Casablanca (105 Dh, 5 Std.). Von 8.30 bis 20.30 Uhr gibt's sechs Verbindungen nach Meknès (25 Dh, 1 Std.) und zwei Busse pro Tag steuern Marrakesch an (150 Dh, 9 Std.; morgens & abends).

Auch Ziele im Norden und Osten werden bedient: Drei Busse verkehren nach Tanger (115 Dh, 6 Std.), drei nach Chefchaouen (45 Dh, 4 Std.), zwei nach Tetouan (100 Dh, 5 Std.), einer nach Al-Hoceima (90 Dh, 6 Std.), zwei nach Nador (74 Dh, 7 Std.) und einer nach Oujda (110 Dh, 6 Std.).

Eurolines bietet internationale Verbindungen nach Spanien und Frankreich und startet ebenfalls am CTM-Busbahnhof.

Andere Unternehmen fahren am **Hauptbusbahnhof** (Karte S. 328 f.; ☎0535 63 60 32) in der Nähe des Bab el Mahrouk am Rand der Medina ab. Sie sind etwas günstiger als die CTM-Busse. Auf den beliebteren Routen können Sitzplätze reserviert werden. Praktischerweise gibt's hier eine **Gepäckaufbewahrung** (5 Dh pro Gepäckstück, ⊙6–24 Uhr).

Täglich bestehen mindestens sechs Verbindungen nach Casablanca, Chefchaouen, Er-Rachidia, Marrakesch, Meknès, Midelt, Oujda, Rabat, Tanger und Tetouan. Die Strecken nach Rissani (120 Dh, 10 Std.), Ouarzazate (142 Dh, 14 Std.) und Tinerhir (108 Dh, 10 Std.) werden weniger häufig bedient.

Darüber hinaus werden regelmäßig Ziele in der näheren Umgebung angesteuert, darunter Azrou (18 Dh, 2 Std.), Ifrane (16 Dh, 90 Min.), Moulay Yacoub (8 Dh, 30 Min.), Sefrou (8 Dh, 40 Min.), Taza (34 Dh, 3 Std., stündl.) und Ouezzane (34 Dh, 3 Std., 2-mal tgl.).

Flugzeug

Der **Flughafen von Fes** (☎0535 67 47 12) liegt 15 km südlich der Stadt in Saïss. **RAM** (Karte S. 332; ☎0535 62 55 16; 54 Ave Hassan II) verkehrt täglich nach Casablanca. Internationale Verbindungen (hauptsächlich nach Frankreich) findet man auf S. 546.

Taxi

Grand-taxi-Stände verteilen sich überall in der Stadt. Wer nach Meknès (18 Dh, 1 Std.) und Rabat (60 Dh) fahren möchte, schnappt sich eines der Taxis vor dem Hauptbusbahnhof (Karte S. 328 f.; beim Bab el Mahrouk) oder in der Nähe des Bahnhofs (Karte S. 332). Ist Taza das Ziel (50 Dh, 2½ Std.), muss man sich zum Bab Fettouh (Karte S. 328 f.), dem Südosttor der Medina, begeben. Auf dem offenen Gelände westlich des Bab Bou Jeloud (Karte S. 328 f.) stehen Taxis für Fahrten nach Moulay Yacoub (9 Dh, 20 Min.) bereit. Vom Stand unterhalb der Place de la Résistance in der *ville nouvelle* (Karte S. 332) gelangt man nach Sefrou (12 Dh, 30 Min.). Taxis nach Azrou (28 Dh, 1 Std.) und Ifrane (20 Dh, 45 Min.) warten auf dem Parkplatz westlich des CTM-Busbahnhofs im Süden der *ville nouvelle* (Karte S. 326).

Zug

Der prachtvolle neue **Bahnhof** (Karte S. 332; ☎0535 93 03 33; 📶) befindet sich in der Neustadt, 10 Gehminuten nordwestlich der Place Florence. Wer die **Gepäckaufbewahrung** (10 Dh pro Gepäckstück; ⊙6–20 Uhr) nutzen möchte, muss seine Taschen mit einem Schloss versehen.

Zwischen 7 und 17 Uhr fährt alle zwei Stunden ein Zug via Rabat (80 Dh, 3½ Std.) und Meknès (20 Dh, 45 Min.) nach Casablanca (110 Dh, 4¼ Std.). Zusätzlich verkehren zwei Nachtzüge. Die Strecke Fes–Marrakesch wird von acht Zügen bedient (195 Dh, 8 Std.). Es gibt eine Direktverbindung nach Tanger (105 Dh, 5 Std.), vier weitere Züge fahren über Sidi Kacem. Mit täglich drei Direktzügen geht's via Taza (40 Dh, 2 Std.) nach Oujda (108 Dh, 6 Std.).

Unterwegs vor Ort

Bus

Fes hat ein zuverlässiges Stadtbusnetz, allerdings ähneln die Busse zu bestimmten Zeiten

Sardinenbüchsen und sind zudem berüchtigt für Taschendiebe. Der Standardfahrpreis beträgt 2,50 Dh. Hier ein paar nützliche Verbindungen:

LINIE 9 Von der Place Atlas über den Blvd Abdallah Chefchaouni (beide in der *ville nouvelle)* bis in die Nähe des Batha-Museums (Fès el-Bali); zurück geht's über die Place de la Résistance, die Ave Hassan II und die Ave des FAR.

LINIE 10 Vom Bahnhof über das Bab Guissa (nördliches Fès el-Bali) bis zum Bab Sidi Bou Jida (nordöstliches Fès el-Bali).

LINIE 19 Vom Bahnhof über die Ave Hassan II (beide in der *ville nouvelle)* und das Bab el-Jdid (südliches Fès el-Bali) bis zur Place er-Rcif (Fès el-Bali Mitte).

LINIE 47 Vom Bahnhof zum Bab Bou Jeloud (Fès el-Bali).

Vom/zum Flughafen

Zwischen dem Flughafen und dem Bahnhof verkehren im Halbstundentakt Busse (Linie16; 3 Dh, 25 Min.). Alle *grands taxis* verlangen einen Festpreis von 120 Dh.

Taxi

Die Fahrer der roten *petits taxis* schalten meist ohne Murren ihre Taxameter ein. Vom Bahnhof oder CTM-Busbahnhof zum Bab Bou Jeloud kostet die Fahrt ca. 9 Dh. Nach 20 Uhr gilt der übliche Aufschlag von 50 %. Taxistände findet man vor allen Stadttoren der Medina. Zum Flughafen fahren nur *grands taxis*.

Rund um Fes

SEFROU صفرو

Sefrou liegt gerade mal 30 km südöstlich von Fes. Wer genug von der Großstadt hat, kann einen Tagesausflug in das Berberstädtchen machen. Es nimmt ein malerisches Fleckchen am Rande des Mittleren Atlas ein und verfügt über eine kleine, aber interessante Medina, in der einst eine der größten jüdischen Gemeinden Marokkos lebte (in manchen Berichten ist von 8000 Menschen die Rede). Außerdem überwachte Moulay Idriss II. von hier aus den Bau der Stadt Fes.

Sehenswertes & Aktivitäten

Medina UMMAUERTES STADTZENTRUM

Im Vergleich zu Fes ist Sefrous Medina relativ übersichtlich. Der Oued Aggaï fließt durch den Ortskern und lässt die Altstadt offener und luftiger wirken als viele ihrer Pendants. Am besten betritt man sie durch das nördliche Stadttor **Bab el-Maqam**. Von hier geht's nach Südosten bergab, immer der Menge nach, vorbei an zwei Moscheen, dann über den Fluss und die Haupteinkaufsstraße hinunter, bis diese sich gabelt: Der Weg geradeaus führt zum Bab Merba in der südlichen Stadtmauer in der Nähe einer weiteren Moschee; rechts kommt man in die *mellah*.

Mellah STADTVIERTEL

Das ehemalige jüdische Viertel erstreckt sich nordwestlich am Fluss. Die Juden haben den Ort zwar schon länger verlassen, aber es gibt hier immer noch ein paar Häuser mit typischen Holzgalerien und so enge Gassen, dass kaum zwei Leute aneinander vorbeikommen. In ihrer Blütezeit war dieser Teil der Stadt so finster und überfüllt, dass selbst am Tag Straßenlaternen brannten.

Synagoge SYNAGOGE

Direkt südlich des Bab Merba befindet sich eine Synagoge, die nun geschlossen ist. Kürzlich hatte der König Geld versprochen, um die Stadtmauern zu restaurieren, wobei der Plan, Teile des Flusses in der Medina zu überbauen, eher gemischte Reaktionen hervorrief.

Cascades WASSERFALL

Ein 1,5 km langer Spaziergang führt zu den Cascades, einem netten Wasserfall westlich der Stadt. Von der Ave Moulay Hassan weisen Schilder den Weg an Al-Qala' (einem teilweise befestigten Dorf) vorbei durch das üppig grüne Flusstal.

DAS KIRSCHFEST

Wenn Anfang Juni das jährliche **Kirschfest** (Festival des Cerises; www.festival-cerises-sefrou.com) steigt, erwacht Sefrou mit einem Mal aus seinem Dämmerschlaf. Nun sind die Straßen vier Tage lang voller Menschen, die hier die regionale Kirschernte feiern. Es gibt jede Menge Volksmusik, Ausstellungen lokaler Künstler, Paraden, *fantasias* (Reitershows) und Sportfeste, außerdem wird die Kirschkönigin gekürt. Sefrou erhebt den Anspruch, das älteste Stadtfest von Marokko zu haben, und feierte 2010 bereits dessen 90. Jahrestag.

Sefrou

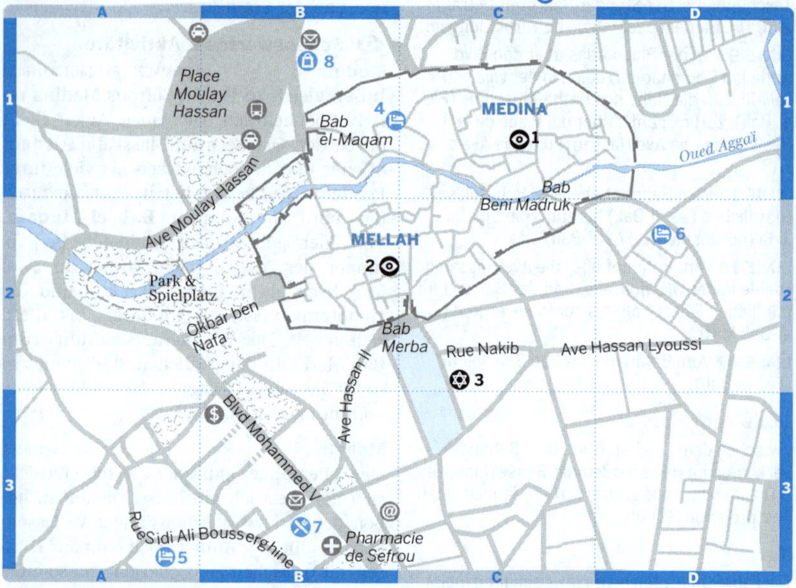

Sefrou

Sehenswertes
- 1 Medina C1
- 2 Mellah B2
- 3 Synagoge C2

Schlafen
- 4 Dar Attamani B1
- 5 Hôtel Sidi Lahcen el-Youssi A3
- 6 Riad Derb el Miter D2

Essen
- 7 Restaurant Café Oumnia B3

Shoppen
- 8 Ensemble Artisanal B1

Schlafen

Dar Attamani PENSION €
(☎0535 96 91 74; www.darattamani.com; 414 Bastna, Medina; EZ/DZ/3BZ ab 150/280/390 Dh; 📶) Eine sehr schöne Unterkunft im Herzen der Medina. Für den Preis haben die Betreiber auffällig viel Wert auf das Dekor gelegt: Jedes Zimmer (mit eigenem Bad oder Gemeinschaftsbädern) wurde individuell gestaltet. Leute mit knapperem Budget werden sich über die Betten auf der Dachterrasse freuen (100 Dh). Das Dar Attamani ist ein echtes Schmuckstück für so eine kleine Stadt – in Fes müsste man für ein gleichwertiges Hotel das Dreifache zahlen. Halbpension ist ebenfalls möglich.

Hôtel Sidi Lahcen el-Youssi HOTEL €
(☎0535 68 34 28; Rue Sidi Ali Bousserghine; EZ/DZ 170/220 Dh; ❄) Vernünftige Zimmer mit angeschlossenem Bad (einige inkl. Balkon) in einem sehr ruhigen Teil der Stadt. Das Hotel verfügt zudem über ein Restaurant, lässt allerdings insgesamt an Schwung und Elan vermissen. In der Nebensaison (Herbst und Winter) nach einem Preisnachlass fragen.

Essen

Den Blvd Mohammed V säumen eine Reihe von Cafés und eine Bar, die in erster Linie von Männern frequentiert werden. In der Medina gibt's günstige Suppen, Kebabs, Hühnchen und Ähnliches.

Restaurant Café Oumnia MAROKKANISCH €
(☎0535 66 06 79; Ave Massira al-Khadka; Menü 65 Dh; ⏲8–21 Uhr) Sefrous einziges „richtiges" Restaurant befindet sich in der Nähe der Post. Das saubere, helle Lokal nimmt zwei Etagen ein, verfügt über eine Ausschanklizenz und hat ein günstiges Drei-Gänge-Menü (65 Dh) im Angebot.

Shoppen

Donnerstags gibt's auf dem Wochenmarkt die Chance, ein Schnäppchen zu machen.

Ensemble Artisanal KUNSTHANDWERK
(Route de Fès) Die übliche Auswahl an Teppichen, Keramik, Kleidern und Lederwaren zu Festpreisen.

Praktische Informationen

BMCE (Blvd Mohammed V) Verfügt über einen Geldautomaten.

Club Internet Ibn Battouta (abseits des Blvd Mohammed V; 7 Dh pro Std.; ⌚9–24 Uhr)

Hauptpostamt (Blvd Mohammed V)

Pharmacie de Sefrou (Blvd Mohammed V)

Postfiliale (Route de Fès)

An- & Weiterreise

Linienbusse (8 Dh, 40 Min.) und *grands taxis* (12 Dh, 30 Min.) verkehren zwischen Sefrou und der Place de la Résistance in Fes. Nach Azrou nimmt man ein *grand taxi* bis Immouzzer (12 Dh) und steigt dort um.

BHALIL بهاليل

Wer mit einem eigenen fahrbaren Untersatz unterwegs ist, sollte diesem eigentümlichen Dorf 5 km nördlich von Sefrou einen Besuch abstatten. In den malerischen Berghängen gibt's diverse Höhlenwohnungen, die in zarten Rosa-, Gelb- und Blautönen angemalt wurden. Manche Leute nutzen die Höhlen sogar als kühle, geräumige Wohnzimmer. Schlafzimmer und andere Privaträume sind darübergebaut.

Meknès مكناس

700 000 EW.

Meknès hinkt den anderen drei Königsstädten etwas hinterher: Ihm fehlt Rabats Hauptstadtstatus, es ist kein angesagtes Touristenmekka wie Marrakesch und es verfügt auch nicht über eine solch berühmte Medina wie etwa Fes. Apropos Fes: Meknès steht immer ein wenig im Schatten der bedeutenden Nachbarstadt, ist ruhiger sowie kleiner und verzeichnet deshalb weniger Besucher, als es tatsächlich verdient hätte. Dafür geht's hier um einiges entspannter zu, ohne dass man auf verwinkelte Altstadtgässchen und prächtige Bauten verzichten muss. Unter Moulay Ismail erlebte Meknès seine Blütezeit; der Sultan wäre vielleicht etwas verärgert angesichts des gegenwärtigen Zustands der Stadt, dabei kann man bei Erkundungstouren nach wie vor auf jede Menge zauberhafte Orte stoßen.

Meknès liegt inmitten fruchtbarer Ebenen unterhalb des Mittleren Atlas. Dort werden Getreide, Oliven, Wein, Zitrusfrüchte und andere Kulturpflanzen angebaut. Die Landwirtschaft ist noch heute das wichtigste wirtschaftliche Standbein der Stadt. In der Region befinden sich auch zwei der bedeutendsten historischen Stätten des Landes: die Ruinen der römischen Stadt Volubilis und die Grabstätte von Moulay Idriss. Keine Frage, in Meknès kommt so schnell keine Langeweile auf.

Das (meist ausgetrocknete) Tal des Oued Bou Fekrane trennt die Medina am Westufer von der *ville nouvelle* am Ostufer. Moulay Ismails Grab und die Königsstadt liegen südlich der Medina.

Geschichte

Der Berberstamm der Meknessa (daher der Stadtname) ließ sich hier erstmals im 10. Jh. nieder. Die Almohaden und Meriniden vergrößerten die Altstadt von Meknès und errichteten einige der ältesten Bauwerke der Stadt, die bis heute erhalten sind.

Aber erst im 17. Jh. gewann Meknès an Einfluss. Der Begründer der Alawidendynastie, Moulay ar-Rashid, starb 1672. Sein Bruder und Nachfolger, Moulay Ismail, machte Meknès zur Hauptstadt und regierte von hier 55 Jahre lang sein Reich.

Ismail ließ eine imposante, 25 km lange Stadtmauer mit prachtvollen Stadttoren bauen; ein riesiger Palastkomplex wurde nie fertiggestellt. Dass er für die Bauprojekte Zeit und Geld aufbringen konnte, verdankte er auch seiner Politik: Ausgesprochen erfolgreich unterdrückte er jede Opposition in Marokko, selten akzeptierte er Einmischung von außen. Behilflich war ihm dabei seine berüchtigte Schwarze Garde (s. S. 357).

Mit Ismails Tod 1727 war auch Meknès' Blütezeit zu Ende. Die Stadt versank wieder in provinzieller Bedeutungslosigkeit, als Ismails Enkel Sidi Mohammed (1757–1790) seine Residenz nach Marrakesch verlegte. Das Erdbeben, das am 1. November 1755 Lissabon verwüstete, zog auch Meknès ziemlich in Mitleidenschaft. Wie so oft in Marokko dienten die Bauwerke der Stadt danach als Steinbrüche für Bauprojekte an anderen Orten. Erst als man in den letzten Jahrzehnten das touristische Potenzial erkannte, begannen ernsthafte Restaurierungsarbeiten.

Mit Beginn des französischen Protektorats 1912 lebte Meknès wieder auf: Die Franzosen errichteten hier ihr militärisches Hauptquartier, und mit der Armee kamen französische Bauern, die sich im

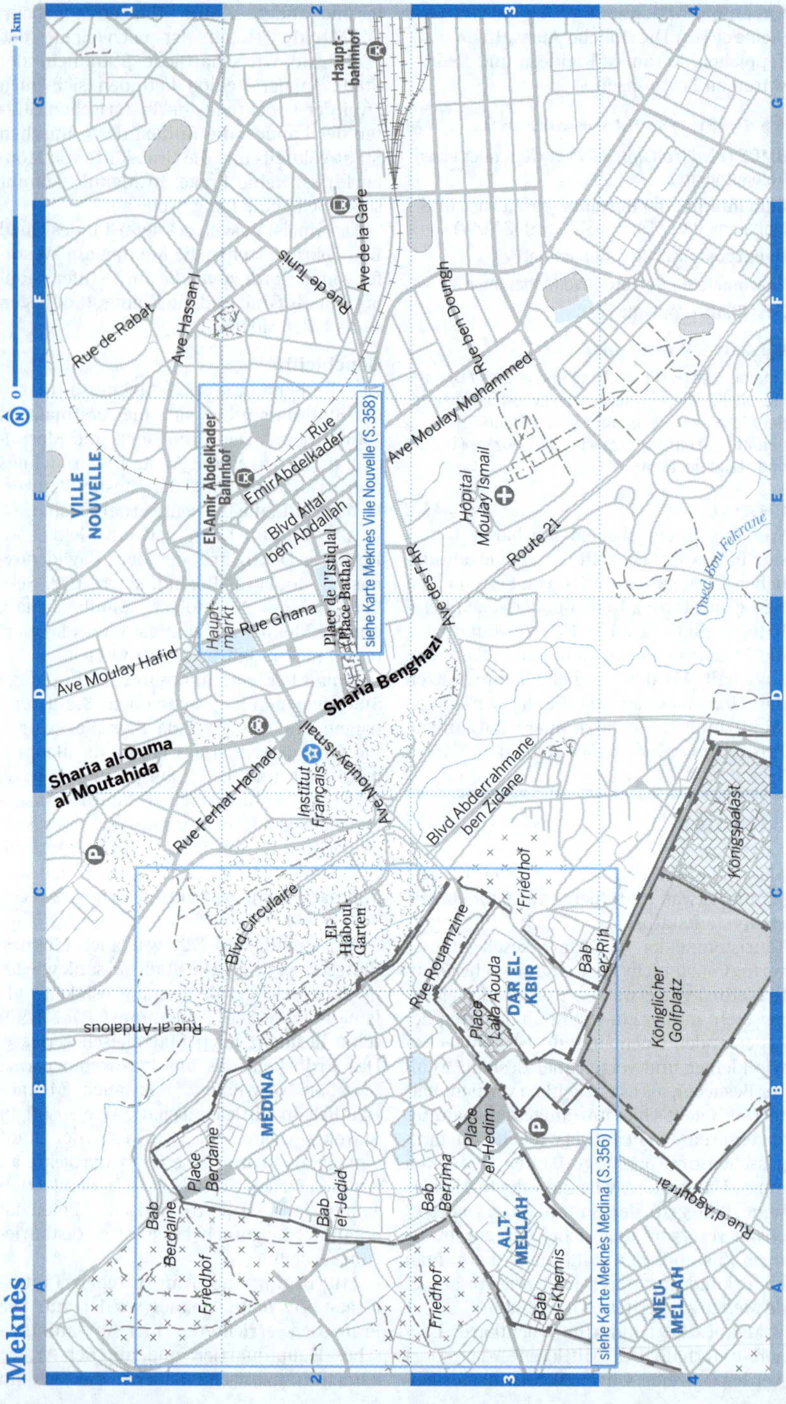
Meknès
0
1 km
VILLE NOUVELLE
MEDINA
DAR EL-KBIR
ALT-MELLAH
NEU-MELLAH
Hauptbahnhof
El-Amir Abdelkader Bahnhof
Rue de Rabat
Ave Hassan I
Rue de Tunis
Ave de la Gare
Rue ben Dough
Ave Moulay Mohammed
Rue Emir Abdelkader
Blvd Allal ben Abdallah
Hauptmarkt
Rue Ghana
Place de l'Istiqlal (Place Batha)
siehe Karte Meknès Ville Nouvelle (S. 358)
Hôpital Moulay Ismaïl
Route 21
Ave des FAR
Oued Bou Fekrane
Ave Moulay Hafid
Sharia Benghazi
Sharia al-Ouma al Moutahida
Institut Français
Ave Moulay Ismail
Rue Ferhat Hachad
Blvd Abderrahmane ben Zidane
Königspalast
Friedhof
Blvd Circulaire
El-Haboul-Garten
Rue Rouamzine
Bab er-Rih
Place Lalla Aouda
Königlicher Golfplatz
Rue al-Andalous
Place Berdaine
Bab Berdaine
Bab el-Jedid
Bab Berrima
Place el-Hedim
Rue d'Agouraï
Bab el-Khemis
siehe Karte Meknès Medina (S. 356)
A
B
C
D
E
F
G
1
2
3
4

fruchtbaren Umland ansiedelten. Nach der Unabhängigkeit verstaatlichte die marokkanische Regierung die meisten Ländereien und verpachtete sie an einheimische Bauern.

Sehenswertes

DIE MEDINA

Die Place el-Hedim ist das Zentrum der Medina und entstand in der Regierungszeit von Moulay Ismail. Der große Platz am Bab el-Mansour wurde ursprünglich für königliche Verlautbarungen und öffentliche Hinrichtungen genutzt, heutzutage lädt er dazu ein, Menschen zu beobachten und die quirlige Atmosphäre aufzusaugen. Hier sieht man Fußball spielende Kinder, Händler, die ihre Wunderheilmittel anpreisen, und Familien beim Nachmittagsspaziergang. Irgendwie wird man das Gefühl nicht los, dass die Behörden die Place el-Hedim am liebsten in einen zweiten Djemaa el-Fna (Platz in Marrakesch) verwandeln würden. Ein Bereich ist von Cafés und Restaurants gesäumt und gleich dahinter befindet sich ein toller überdachter Obst- und Gemüsemarkt.

Das monumentale Bab el-Mansour im Süden führt in die Königsstadt von Moulay Ismail. Im Westen der Medina verlaufen die schmalen Straßen der *mellah*. Dort stehen alte Häuser mit Balkonen, die typisch für den jüdischen Baustil sind.

In die Suks kommt man am einfachsten durch den Torbogen links vom Dar-Jamaï-Museum am Nordende der Place el-Hedim. Wer sich hier ins Getümmel stürzt und nach Norden geht, stößt nach kurzer Zeit auf Souvenirstände und Teppichläden.

Märkte MÄRKTE

(Karte S. 356) Unterwegs sollte man einen Blick in die diversen *qissarias* (Markthallen) rechts und links werfen. In zwei der Hallen gibt's ausschließlich Textilien und Teppiche, die sonntagmorgens lautstark versteigert werden. Der **Okchen-Markt** in der letzten *qissaria* links vor der Einmündung in die Rue Najjarine ist auf feine Stickereien spezialisiert. Auf der Rue Najjarine geht's vorbei an Ständen mit bunten Reihen von *babouches* (Lederpantoffeln). Kurz bevor man in die Rue Sekkakine kommt, entdeckt man links die **Qissariat ad-Dahab**, den Schmuck-Suk. Vor den Mauern der Stadt befinden sich ein farbenfroher Suk für Gewürze, Kräuter und Nüsse und ein quirliger **Flohmarkt**.

Dar-Jamaï-Museum MUSEUM

(Karte S. 356; ☎0555 53 08 63; Place el-Hedim; Eintritt 10 Dh; ⌚Mi–Mo 9–12 & 15–18.30 Uhr) Vom 1882 erbauten Dar Jamaï hat man die Place el-Hedim bestens im Blick. Der Palast wurde von der mächtigen Jamaï-Familie errichtet, der zwei Wesire des Sultans Moulay al-Hassan I. entstammten. Als dieser 1894 verstarb, fielen die Jamaï am Hof in Ungnade und verloren alles. Der Palast ging daraufhin in den Besitz der einflussreichen Al-Glaoui-Familie über, bis ihn 1912 die Franzosen in ein Militärkrankenhaus umfunktionierten.

Seit 1920 beherbergt das Dar Jamaï neben der Administration des Beaux Arts eines der besten Museen des Landes. Zu den Exponaten zählen traditionelle Keramikwaren, Schmuck, antike Teppiche aus verschiedenen Regionen Marokkos, einige fantastische Textilien und Stickereien. Nicht verpassen sollte man die Brokatsättel und Handarbeiten (beispielsweise die extravaganten Kaftane). Die *koubba* (Kuppelsaal) oben ist eingerichtet wie ein traditioneller Salon (inklusive luxuriöser Teppiche und Kissen).

Die Ausstellungen wurden durchdacht gestaltet. Erklärungen gibt's in französischer, arabischer und manchmal auch englischer Sprache. Im andalusischen Garten und im Hof ist es schattig und ruhig, und die Orangenbäume schaffen eine besondere Atmosphäre.

Medersa Bou Inania THEOLOGISCHE SCHULE

(Karte S. 356; Rue Najjarine; Eintritt 10 Dh; ⌚9–12 & 15–18 Uhr) Die Medersa gegenüber der Grande Mosquée wurde 1358 von Bou Inan errichtet, nach dem auch die noch prachtvollere Koranschule in Fes benannt ist. Ihre kunstvolle Innenausstattung ist typisch für Bauten aus der Merinidenzeit. Alle klassischen marokkanischen Stilelemente sind zu bewundern: hübsche *zellij*-Fliesen, filigrane Stuckdekorationen und geschnitzte Decken aus Olivenholz.

Schüler von acht bis zehn Jahren wohnten früher jeweils zu zweit in einer Kammer im Erdgeschoss, ältere Studenten und Lehrer im Obergeschoss. Die Dachterrasse bietet einen schönen Blick auf die grünen Dächer und das Minarett der benachbarten Grande Mosquée. Nichtmuslime dürfen die Medersa allerdings nicht betreten.

Sidi-ben-Aïssa-Mausoleum MAUSOLEUM

(Karte S. 356) Das Mausoleum ist frisch renoviert (für Nichtmuslime kein Zutritt).

Sidi ben Aïssa war der Gründer einer der ungewöhnlicheren Bruderschaften Marokkos. Diese erlangte Bekanntheit durch Selbstverstümmelung und Unempfindlichkeit gegenüber Schlangenbissen. Jedes Jahr im April und im Juli versammeln sich hier seine Anhänger aus ganz Marokko und anderen Ländern.

KÖNIGSSTADT

Bab el-Mansour — TOR

(Karte S. 356) Das riesige, gut erhaltene Bab el-Mansour, das vielleicht herrlichste aller marokkanischen Königstore, dominiert die Place el Hedim. Es ist mit üppigen (etwas verblassten) *zellij* und Inschriften am oberen Rand verziert. Der Sohn Moulay Ismails, Moulay Abdallah, ließ es 1732 bauen. Man kann das Bab selbst nicht durchqueren – es wird nur gelegentlich für Ausstellungen geöffnet. Normalerweise nimmt man stattdessen einen Durchgang an der linken Seite.

Moulay-Ismail-Mausoleum — MAUSOLEUM

(Karte S. 356; Spenden willkommen; ⏲Sa–Do 8.30–12 & 14–18 Uhr) Diagonal gegenüber dem Koubbat as-Sufara' befindet sich die letzte Ruhestätte von Moulay Ismail. Der Sultan, der Meknès im 17. Jh. zu seiner Hauptstadt ernannte, zählt zu den bedeutendsten Herrschern Marokkos. Zunächst passiert man eine Reihe von friedlichen Höfen, die Besucher in eine demütige Stimmung versetzen sollen – das klappt aber leider nicht immer (etwa wenn eine Busladung Touristen im Anmarsch ist). Die aufwendig gestaltete Grabhalle steht im Kontrast zur nüchternen Außenanlage und trumpft mit Meisterwerken marokkanischer Handwerkskunst auf (Fotografieren erlaubt!). Achtung: Nichtmuslime müssen dem eigentlichen Grab fernbleiben.

Koubbat as-Sufara' — DENKMAL

(Karte S. 356; Eintritt 10 Dh; ⏲9–12 & 15–18 Uhr) Südlich vom Bab el Mansour liegt der *me-*

Meknès Medina

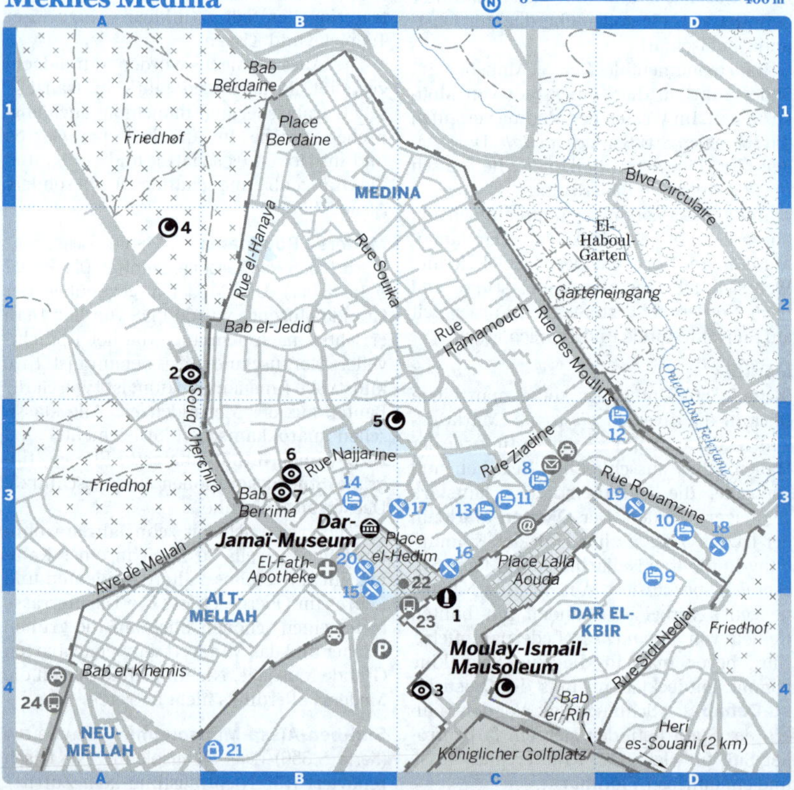

chouar (Paradeplatz), heute die Place Lalla Aouda, auf der Moulay Ismail seine berüchtigte Schwarze Garde zu inspizieren pflegte. Für diese Eliteeinheit holte er 16 000 Sklaven aus Schwarzafrika und sicherte den Fortbestand der Truppe, indem er die Soldaten heiraten und ihre Kinder für den Dienst in der Garde ausbilden ließ. Bis zu seinem Tod hatte sich die Truppenstärke der Schwarzen Garde verzehnfacht. Sie erstickte erfolgreich Rebellionen im Inland, fegte europäische Mächte aus dem Norden Marokkos und beseitigte die osmanische Bedrohung aus Algerien.

Meknès Medina

Highlights
- Dar-Jamaï-Museum B3
- Moulay-Ismail-Mausoleum C4

Sehenswertes
- 1 Bab el-Mansour C4
- 2 Flohmarkt A2
- 3 Koubbat as-Sufara' C4
- 4 Sidi-ben-Aïssa-Mausoleum A2
- 5 Medersa Bou Inania B3
- 6 Okchen-Markt B3
- 7 Qissariat ad-Dahab B3

Schlafen
- 8 Hôtel Regina C3
- 9 Maison d'Hôtes Riad D3
- 10 Maroc Hôtel D3
- 11 Riad d'Or C3
- 12 Riad Lahboul D3
- 13 Riad Safir C3
- 14 Ryad Bahia B3

Essen
- 15 Markthalle B3
- Dar Sultana .... (siehe 14)
- 16 Pavillon des Idrissides C3
- 17 Restaurant Mille et Une Nuits C3
- 18 Restaurant Oumnia D3
- Restaurant Riad .... (siehe 9)
- 19 Rue-Roumazine-Stände D3
- Ryad Bahia .... (siehe 14)
- 20 Sandwichstände B3

Shoppen
- 21 Centre Artisinale B4
- Pavillon des Idrissides .... (siehe 16)
- Töpferstände .... (siehe 15)

Transport
- 22 Calèches C3
- 23 Stadtbusse C4
- 24 Hauptbusbahnhof A4

Am rechten Platzende führt eine Straße zu einem Rasenplatz mit einem kleinen Gebäude: der Koubbat as-Sufara'. Es diente früher als Empfangshalle für ausländische Botschafter. Neben dem Eingang führen Schächte in riesige Kellergewölbe hinunter. In dieser finsteren, etwas gespenstischen Anlage wurden einst Lebensmittel aufbewahrt. Fremdenführer erzählen gern, sie sei ein Gefängnis für christliche Sklaven gewesen, die Moulay Ismail in seiner Bauwut als Arbeitskräfte genutzt habe. Nicht glauben! Und eine Taschenlampe mitbringen!

Heri es-Souani — RUINEN

(Eintritt 10 Dh; 9–12 & 15–18.30 Uhr) Etwa 2 km südöstlich des Mausoleums sind Moulay Ismails weitläufige Kornspeicher und Stallungen zu sehen: Heri es-Souani. Die geniale Bauweise des Gebäudes mit winzigen Fenstern, dicken Mauern und einem Netz unterirdischer Wasserläufe sorgte für gleichmäßig kühle Temperaturen und eine gute Luftzirkulation. Hier waren Ställe und Futter für die nahezu unglaubliche Zahl von 12 000 Pferden untergebracht. Moulay Ismail selbst hielt dies für eines seiner gelungensten Bauprojekte.

Das Dach stürzte schon vor langer Zeit ein, die ersten Joche des imposanten Gewölbes wurden allerdings restauriert. Leider macht die grelle Beleuchtung die Atmosphäre zunichte, stimmungsvoller sind die dunkleren Ecken. Dahinter verteilen sich auf einem riesigen Areal die halb verfallenen Gebäudeteile.

Im Sommer ist der Fußmarsch vom Moulay-Ismail-Mausoleum hierher lang und eine schweißtreibende Angelegenheit, deshalb nimmt man am besten ein Taxi oder eine *calèche* (Pferdekutsche). Wer trotzdem darauf verzichten möchte, folgt vom Mausoleum der Straße nach Süden, zwischen hohen Mauern hindurch und vorbei am Haupteingang des Königspalasts (keine Besichtigungsmöglichkeit) sowie einem Campingplatz bis zum Eingang.

Agdal-Becken — SEE

Unmittelbar nördlich der Kornspeicher und Stallungen erstreckt sich dieses gigantische Wasserbecken. Es wird von einem komplexen, 25 km langen Kanalsystem gespeist und diente als Reservoir für die Gärten des Sultans sowie als Vergnügungssee. Viele Bänke laden beim Spaziergang zum Verschnaufen ein. Die riesige Statue eines traditionellen Wasserverkäufers erinnert an Arbeiten Giacomettis.

Meknès Ville Nouvelle

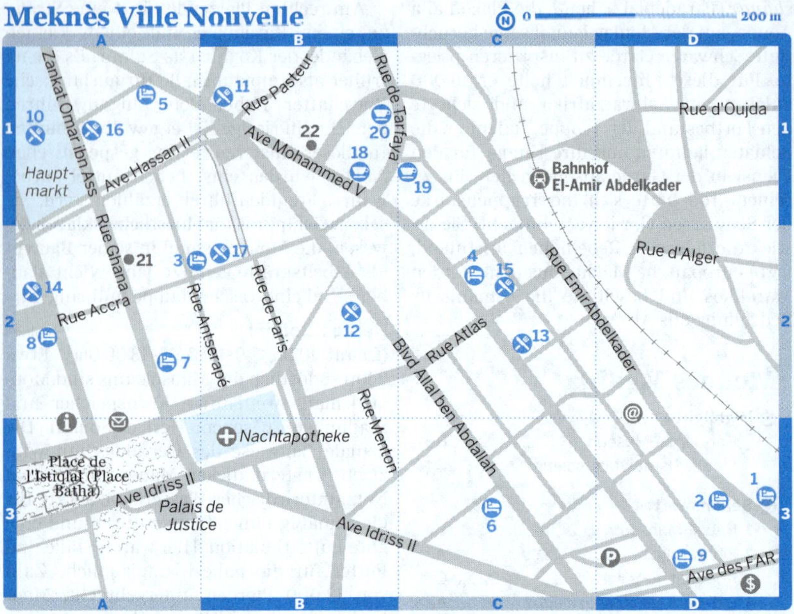

Geführte Touren

Im Vergleich zu Fes und Marrakesch ist die Orientierung in der Medina von Meknès relativ einfach. Wer wenig Zeit hat oder einen besseren Einblick in die örtlichen Gegebenheiten gewinnen will, kann über die Touristeninformation für 250 Dh pro Tag einen offiziellen Fremdenführer buchen. Kutschfahrten mit Führung durch Meknès gibt's rund um das Moulay-Ismail-Mausoleum. Sie kosten etwa 150 Dh für zwei Stunden.

Feste & Events

Einer der größten *moussems* von ganz Marokko findet am Abend des Moulid (zurzeit im Februar) auf dem Gelände des Sidi-ben-Aïssa-Mausoleums außerhalb der Medina-Mauern statt. Die Mitglieder der von Sidi ben Aïssa gegründeten Sufi-Bruderschaft sind dafür bekannt, sich in einen Trancezustand zu versetzen, in dem sie keinerlei Schmerz empfinden. Mittlerweile sind die öffentlichen Demonstrationen von Glasessen, Schlangenbissen und rituellem Piercing zwar untersagt, doch man wird überall in der Stadt zahlreiche Bilder davon zu sehen bekommen. Der Ben-Aïssa-*moussem* ist nach wie vor ein beliebtes, gut besuchtes Festival mit *fantasias* (Reiterspiele inklusive Musketenschüsse), Jahrmarktständen sowie den typischen Gesangs- und Tanzvorführungen.

Schlafen

Fast alle Unterkünfte befinden sich in der *ville nouvelle,* aber auch außerhalb der Neustadt gibt's ein paar sehr günstige Optionen und einige luxuriöse neue Riads.

MEDINA

Zahlreiche günstige Schlafgelegenheiten säumen die Rue Dar Smen und die Rue Rouamzine in der Altstadt. Da sie in der Hauptsaison und während des Festivals schnell ausgebucht sind, sollte man besser vorab reservieren oder möglichst früh am Tag einchecken.

LP TIPP **Ryad Bahia** RIAD **€€**
(Karte S. 356; ☎0535 55 45 41; www.ryad-bahia.com; Derb Sekkaya, Tiberbarine; Zi. inkl. Frühstück 670 Dh, Suite 950–1200 Dh; ❄📶) Der bildschöne kleine Riad ist nur einen Steinwurf von der Place el-Hedim entfernt und schon seit dem 17. Jh. in Familienbesitz (damals trat ein Vorfahre als Richter in den Dienst Moulay Ismails). Seit Neuestem gehört das Grundstück gegenüber auch noch dazu. Man kann in dem Raum übernachten, in dem der aktuelle Besitzer geboren wurde, oder sich im

Meknès Ville Nouvelle

Schlafen

1 Hôtel Akouas ... D3
2 Hôtel Bab Mansour ... D3
3 Hôtel de Nice ... A2
4 Hôtel Majestic ... C2
5 Hôtel Malta ... A1
6 Hôtel Ouislane ... C3
7 Hôtel Palace ... A2
8 Hôtel Rif ... A2
9 Hôtel Volubilis ... D3

Essen

10 Hauptmarkt ... A1
11 Le Dauphin ... B1
12 Le Pub ... B2
13 Marhaba Restaurant ... C2
14 Palais de Poulet ... A2
15 Pizzeria le Four ... C2
16 Restaurant Gambrinus ... A1
17 Restaurant Pizza Roma ... B2

Ausgehen

18 Café Opera ... B1
19 Café Tulipe ... C1
20 Les Palmiers d'Aziza ... B1

Praktisches

21 Carlson Wagonlit ... A2
22 RAM ... B1

neuen Dachterrassenzimmer à la Aladins Höhle einquartieren. Der Haupteingang geht auf einen Hof mit einem tollen Restaurant hinaus. Insgesamt wirkt das Bahia luftiger und offener als viele andere Riads, zudem wurden die hübschen Räumlichkeiten liebevoll restauriert. Die Besitzer, selbst leidenschaftliche Traveller, tauschen gern Reisegeschichten aus und führen ihre Gäste durch die Medina.

LP TIPP **Riad Safir** GÄSTEHAUS €€

(Karte S. 356; ☎0535 53 47 85; www.riadsafir.com; 1 Derb Lalla Alamia; Zi. 550–750 Dh, Suite 770–1430 Dh; ❄📶) Ein entzückendes, intimes Gästehaus, das zwei verschiedene Stilrichtungen aufweist. Das originale Safir ist eine anheimelnde Mischung aus traditionellen *zellij*-Kacheln und Stuckputz, eingerichtet mit weichen Stoffen und Teppichen in Creme- und warmen Orangetönen sowie viel Holz. Nebenan befindet sich der neue Hotelbereich, ein ultramoderner, schicker Trakt mit stilvollen Farben und kunstvoller Deko. Ein unerwarteter, aber bestechender Kontrast.

Maroc Hôtel HOTEL €

(Karte S. 356; ☎0535 53 00 75; 7 Rue Rouamzine; EZ/DZ/3BZ 100/200/270 Dh) Nach wie vor eine beliebte Anlaufstelle für Leute mit schmalem Geldbeutel. Wir haben in den letzten Jahren immer mal wieder vorbeigeschaut und das Maroc hat nie nachgelassen: hoher Standard, nett und ruhig, frisch gestrichene Zimmer (mit Waschbecken) und saubere Gemeinschaftsbäder. Extrapunkte gibt's für die tolle Terrasse und den Hof mit Orangenbäumen.

Riad Lahboul GÄSTEHAUS €€

(Karte S. 356; ☎0535 55 98 78; www.riadlahboul.com; 6 Derb Ain Sefli, Rouamzine; EZ/DZ ab 610/780 Dh; ❄📶) Das familienfreundliche Gästehaus wird von einem marokkanisch-englischen Paar betrieben. Es verfügt über einen Salon im urmarokkanischen Stil und sieben sehr gemütliche Zimmer (wobei ein Leserpaar sich etwas beengt fühlte). Im Hausrestaurant werden exzellente Gerichte aufgetischt und die Lage am Rand der Medina gegenüber vom Jardin el Haboul ist perfekt für Leute, die dem Lärm der Stadt entfliehen wollen.

Maison d'Hôtes Riad RIAD €€

(Karte S. 356; ☎0535 53 05 42; www.riadmeknes.com; 79 Ksar Chaacha, Dar el-Kabir; Zi. inkl. Frühstück 650–750 Dh; ❄📶🏊) Dieser Riad liegt inmitten der Ruinen des Palais Ksar Chaacha, wo im 17. Jh. Moulay Ismail residierte. Die sechs Zimmer wurden nach dem Motto „Tradition trifft auf Moderne" sehr geschmackvoll eingerichtet, aber die Gäste erwarten auch ein paar Überraschungen, etwa in Form einer Sammlung afrikanischer Masken und einer Wand voller alter Uhren und Radios. Das Essen hier genießt einen super Ruf; es kann in verschiedenen Salons genossen werden. Lust auf Faulenzen? Dann auf zum Pool oder in den Kakteengarten.

Riad d'Or GÄSTEHAUS €€

(Karte S. 356; ☎0641 07 86 25; www.riaddor.com; 17 Derb el Anboub; Zi. 550–900 Dh; ❄📶🏊) In dem umgebauten Stadthaus geht's zu wie in einem Labyrinth, denn die 14 Zimmer verteilen sich über unerwartete Innenhöfe und Treppenzüge. Der Riad d'Or wartet mit einem facettenreichen Angebot zu günstigen Preisen auf. In vielen Räumen können bis zu vier Personen schlafen. Am besten im Voraus buchen. Einfach toll: Auf der Dachterrasse lockt tatsächlich ein Swimmingpool!

DER ALLMÄCHTIGE MOULAY

Nur wenige Männer haben die Geschichte ihres Landes so stark beeinflusst wie die übermächtige Gestalt des Sultans Moulay Ismail (1672–1727). Er stammte aus den Ebenen der Tafilalet-Region, über die die Sandstürme nur so dahinbrausen. Seine Familie waren Scherifen, Nachfahren des Propheten Mohammed – bis heute ein Stützpfeiler der Monarchie.

Skrupellosigkeit und eine gute Abstammung waren die wesentlichen Eigenschaften, die ein zukünftiger Sultan mitbringen musste. Als Moulay Ismail den Thron von seinem Bruder Moulay ar-Rashid erbte, machte er mit seinen 83 sich um die Macht balgenden Brüdern und Halbbrüdern kurzen Prozess: Noch am Tag seines Amtsantritts ließ er alle ermorden, die sich weigerten, sich ihm zu unterwerfen. Auch in der Folge blieb seine Politik ausgesprochen blutig. Mit Feldzügen im Süden, im Rifgebirge und im algerischen Hinterland eroberte er den größten Teil des heutigen Marokkos. Er brachte sogar die Korsaren von Salé unter seine Fuchtel, erhob Steuern auf ihre Beute und besserte so die Staatskasse erheblich auf.

Nachdem Moulay Ismail den Frieden im Land hergestellt hatte, zog er sich in seine Hauptstadt Meknès zurück. Hier baute er seinen grandiosen Königspalast, für den er die besten Materialien aus dem ganzen Land zusammenplünderte. Außerdem ließ er Stadtmauern, Kasbahs und viele neue Städte errichten. Diese kulturelle Blütezeit war Marokkos letztes goldenes Zeitalter.

Neben Gewalt und Architektur galt Moulay Ismails Leidenschaft den Frauen. Zwar hielt er vergeblich um die Hand der Tochter Ludwigs XIV. von Frankreich an, doch das hinderte ihn natürlich nicht daran, Hunderte von Kindern zu zeugen. Dummerweise versäumte er es angesichts solch bewundernswerter Manneskraft, seine Nachfolge zu regeln. Nach seinem Tod erschütterten das Sultanat daher verheerende Machtkämpfe, von denen sich die Alawiden nie wieder erholten.

Trotzdem bildete sein Vermächtnis die Basis für das moderne Marokko. Er befreite Tanger von den Briten, unterwarf die Berberstämme und entriss den Spaniern große Teile ihrer marokkanischen Territorien. Moulay Ismail legte den Grundstein für die heutige Monarchie. Mit fester Hand band er das Land zu einer Einheit zusammen, die erstmals das moderne Staatsgebilde Marokko erahnen ließ.

Hôtel Regina HOTEL €
(Karte S. 356; ☎0535 53 02 80; 19 Rue Dar Smen; EZ/DZ/3BZ 70/100/130 Dh, Dusche 5 Dh) Supergünstig, wirkt aber ziemlich verbraucht. Die Zimmer sind schnörkellos, doch der zentrale Hof beugt klaustrophobischen Anfällen vor. Duschen kostet extra, was allerdings nicht automatisch bedeutet, dass man immer warmes Wasser hat!

VILLE NOUVELLE

Neben vernünftigen Budgetunterkünften gibt's auch ein paar teurere Adressen.

LP TIPP **Hôtel Majestic** HOTEL €
(Karte S. 358; ☎0535 52 20 35; 19 Ave Mohammed V; EZ/DZ 159/210 Dh, mit Dusche 231/322 Dh) Seit 1937 in Betrieb. Das Majestic ist in einem der schönsten Art-déco-Gebäude der Stadt untergebracht, bietet unterschiedliche Zimmer (alle mit Waschbecken) und hat jede Menge Flair (man beachte die Originallampen), einen ruhigen Hof, eine Dachterrasse sowie ein sehr nettes Management. Eine Budgetunterkunft, die schwer zu toppen ist.

Hôtel Palace HOTEL €
(Karte S. 358; ☎0535 40 04 68; Fax 055 40 14 31; 11 Rue Ghana; EZ/DZ 180/230 Dh) Sieht von draußen alles andere als ansprechend aus, doch der Schein trügt: Drinnen erwarten einen große, luftige Zimmer mit angrenzenden Bädern und oft auch einem Balkon, während in den Zwischengeschossen Sofas zum Chillen einladen. Das Palace ist häufig ausgebucht, deshalb ruft man am besten vorher an.

Hôtel Ouislane HOTEL €
(Karte S. 358; ☎0535 52 48 28; 54 Rue Allal ben Abdallah; EZ/DZ 205/242 Dh) Eine weitere gute und saubere Unterkunft im oberen Preissegment der Budgetkategorie. Hier kommt man in geräumigen Zimmern mit angrenzendem Bad unter. Das Ouislane reißt einen zwar nicht unbedingt vom Hocker, aber das Preis-Leistungs-Verhältnis stimmt.

Hôtel Volubilis HOTEL €
(Karte S. 358; ☎0535 52 50 82; Ave des FAR; EZ/DZ 228/270 Dh) Angemessene Zimmer mit bequemen Betten und eigenen Bädern. Manchmal ist es in den Räumen zur Hauptstraße hin die ganze Nacht hindurch unangenehm laut.

Hôtel Bab Mansour HOTEL €
(Karte S. 358; ☎0535 52 52 39; hotel_bab_mansour@menara.ma; 38 Rue Emir Abdelkader; EZ/DZ 397/521 Dh; ❄📶) Das Bab Mansour ist komfortabel und bietet alles, was man von einem Touristenklassehotel erwarten würde. Irgendwie mangelt es ihm aber an Persönlichkeit – die Badkacheln zeigen den Namensgeber, das berühmte Tor, sehen aber eher nach Baumarkt als nach traditionell marokkanischen *zellij* aus. Gutes Management.

Hôtel Akouas HOTEL €
(Karte S. 358; ☎0535 51 59 67; 27 Rue Emir Abdelkader; EZ/DZ 341/422 Dh; ❄🏊) Nettes, familienbetriebenes Drei-Sterne-Hotel. Wirkt etwas authentischer als seine Konkurrenz. Die Zimmer sind nicht riesig, aber modern, funktional und preislich absolut in Ordnung. Zur Anlage gehören ein anständiges Restaurant und ein Nachtclub.

Hôtel de Nice HOTEL €
(Karte S. 358; ☎0535 52 03 18; www.hoteldenice-meknes.com; Ecke Rue Accra & Rue Antserapé; EZ/DZ 405/505 Dh, Frühstück 48 Dh; ❄) Nach wie vor tonangebend in puncto Qualität und Service. Dieses Hotel ist modern, sein Management arbeitet effizient. Angesichts dessen ist es verwunderlich, dass die Zimmer nicht gute 100 Dh mehr kosten! Die Räumlichkeiten sind nett gestaltet und angenehm groß. Einladend sind auch die Bar und das Restaurant.

Hôtel Rif HOTEL €€
(Karte S. 358; ☎0535 52 25 91; hotel_rif@menara.ma; Rue Accra; EZ/DZ 650/750 Dh; ❄📶🏊) Seit Jahren verlässliches Mittelklassehotel. Das Dekor hat noch immer eine leicht unkonventionelle, moderne Note, außerdem lieben wir die eigenwillige Betonfassade. Es gibt einen Pool im Hof, wer dort allerdings „richtig" baden gehen will, wird sich extrem beobachtet fühlen (vor allem Frauen), denn die Barbesucher haben alles im Blick.

Hôtel Malta HOTEL €€
(Karte S. 358; ☎0535 51 50 20; www.hotel-malta.ma; 3 Rue Charif Idrissi; EZ/DZ 650/850 Dh; ❄📶) Das Malta setzt sich höhere Ziele als die meisten Mittelklassehotels in Meknès – mit tollen Ergebnissen. Obwohl die geräumigen Zimmer wohl keinen Preis für ihr Design gewinnen, sind sie äußerst komfortabel und haben Satelliten-TV. Ebenfalls toll: die plüschige Piano-Bar.

Essen

MEDINA

Dar Sultana MAROKKANISCH €€
(Karte S. 356; ☎0535 53 57 20; Derb Sekkaya, Tiberbarine; Hauptgerichte ab 70 Dh, 3-Gänge-Menü 150 Dh) Auch unter dem Namen Sweet Sultana bekannt. Das kleine, ansprechende Restaurant ist in einem umgebauten Medina-Haus untergebracht. Im Hof sorgt die Zeltüberdachung für eine vertrauliche, romantische Atmosphäre und die Wände schmücken Hennamotive sowie Textilien in kräftigen Farben. Was die Speisekarte betrifft, ist die Auswahl an marokkanischen Salaten ein ganz besonderes Highlight.

Sandwichstände FAST FOOD €
(Karte S. 356; Place el-Hedim; Sandwiches rund 30 Dh; ⏲7–22 Uhr) Einfach einen der Stände an der Place el Hedim aussuchen, an einem der überdachten Tische Platz nehmen und beim Essen das Treiben ringsum beobachten. Neben Gerichten für den größeren Hunger, z. B. Tajine-Variationen, werden exzellente Sandwiches blitzschnell zubereitet. Wer auf Sardinen steht, sollte den Buden nahe der Medina-Mauer einen Besuch abstatten.

Ryad Bahia MAROKKANISCH €€
(Karte S. 356; ☎0535 55 45 41; www.ryad-bahia.com; Derb Sekkaya, Tiberbarine; Hauptgerichte 80–100 Dh) Auch Nichtgäste dürfen im Restaurant dieses Riads speisen (vorher reservieren). An den Tischen im Hof sitzt man abends besonders gemütlich. Die typisch marokkanischen Gerichte schmecken sehr lecker und werden hübsch angerichtet.

Pavillon des Idrissides CAFÉ €
(Karte S. 356; 147 Dar Smen Lahdim; Hauptgerichte ab 50 Dh) Dieses neue Café-Restaurant gilt als idealer Ort für einen schnellen Kaffee oder ein ausführliches Menü und verfügt über eine hervorragende Lage mit Blick auf den Place Bab Mansour. Es lockt mit einer überraschenden, schmackhaften Mischung aus Grillgerichten, Tajines und Couscous – doch die Umgebung ist die wahre Hauptattraktion.

Restaurant Oumnia MAROKKANISCH €€
(Karte S. 356; ☎0535 53 39 38; 8 Ain Fouki Rouamzine; Menü 80 Dh) Zwangloses Restaurant,

das sich über mehrere zu Salons umgebaute Zimmer eines Familienhauses erstreckt. Warmherziger Service und herzhafte marokkanische Kost. Es gibt nur ein (hervorragendes) Drei-Gänge-Menü aus *harira,* Salaten und verschiedenen Tajines.

Restaurant Riad MAROKKANISCH **€€**
(Karte S. 356; ☎0535 53 05 42; 79 Ksar Chaacha; Menüs 110–160 Dh) Eigentlich haben alle Riads in der Medina sehr nette Restaurants, aber dies ist wahrscheinlich das beste (auch für Nichtgäste). Man sitzt in einem üppig grünen Hof, in dem man wunderbar entspannen kann, und genießt Menüs mit Salaten, Tajine-Gerichten und Couscous. Das Essen ist einfach, aber köstlich, und wird mit viel Liebe zubereitet.

Rue-Rouamzine-Stände FAST FOOD **€**
(Karte S. 356; Rue Rouamzine; Gerichte 30–50 Dh; ⌚11–22 Uhr) An der Rue Rouamzine gibt's tolle Essensstände, die auf Sandwiches, Kebabs, Tajines, gegrilltes Hühnchen, Fruchtsäfte und Eiscreme spezialisiert sind. Es handelt sich um eine besonders gute Anlaufstelle für Gäste der günstigen Hotels am Rande der eigentlichen Medina.

Restaurant Mille et Une Nuits MAROKKANISCH **€**
(Karte S. 356; ☎0535 55 90 02; unweit der Place el-Hedim; Hauptgerichte 45–85 Dh) Das preiswerte Mille et Une Nuits mit dem eher protzigen „Palastrestaurant"-Ambiente befindet sich in einem umgebauten Haus ganz in der Nähe der Place el-Hedim. Auf der Karte stehen typisch marokkanische Klassiker.

Markthalle SELBSTVERSORGER **€**
(Karte S. 356; Place el-Hedim) *Die* Adresse in Meknès für frische Lebensmittel ist schon an sich eine Attraktion: Sie lockt mit fantastisch arrangierten Pyramiden aus zuckersüßen Delikatessen, Datteln, Nüssen, Oliven und kandierten Limonen sowie mit Obst, Gemüse und Fleisch in guter Qualität. Zartbesaitete sollten allerdings um die automatischen Hühnerrupfanlagen im hinteren Teil der Halle einen Bogen machen.

VILLE NOUVELLE

LP TIPP **Marhaba Restaurant** MAROKKANISCH **€**
(Karte S. 358; 23 Ave Mohammed V; Tajines 25 Dh; ⌚12–22 Uhr) Wir lieben dieses kantinenartige Restaurant, weil es der Inbegriff von günstig und nett ist. Und mit dieser Meinung sind wir nicht allein – darauf lassen zumindest die allabendlich herbeiströmenden Menschenmassen schließen. Es gibt Tajine-Gerichte und Ähnliches, am besten tut man es aber den Einheimischen gleich und bestellt eine Schüssel *harira* sowie einen Teller *makoda* (Reibekuchen) mit Brot und hart gekochten Eiern für 15 Dh. Wir sind gespannt, ob irgendwer ein Lokal findet, in dem man für noch weniger Geld noch besser essen kann!

Restaurant Gambrinus MAROKKANISCH **€**
(Karte S. 358; ☎0535 52 02 58; Zankat Omar ibn Ass; Hauptgerichte rund 50 Dh, Menü 70 Dh) Lust auf marokkanisches Essen und ein farbenfrohes Ambiente? Dann ist dieses Restaurant in der *ville nouvelle* eine gute Anlaufstelle und eine kleine Überraschung: Der Namensgeber kam nämlich ursprünglich aus Tschechien und immigrierte 1914. Seit der Eröffnung erfreut sich das Gambrinus großer Beliebtheit bei den Einheimischen, vor allem wegen des guten Sortiments von Tajine-Gerichten.

Le Dauphin EUROPÄISCH **€€**
(Karte S. 358; ☎0535 52 34 23; 5 Ave Mohammed V; Hauptgerichte 75–120 Dh, Menü 150 Dh) Die Fassade ist zwar weniger ansprechend, doch das Dauphin bietet mit seinem französischen Speisesaal und dem hübschen Garten ein außergewöhnlich schönes Ambiente. Auf der Speisekarte stehen kontinentale Gerichte, u. a. einige leckere Fleisch- und Fischvariationen. Das Lokal besitzt eine Alkohollizenz.

Le Pub FUSIONSKÜCHE **€€**
(Karte S. 358; ☎0535 52 42 47; 20 Blvd Allal ben Abdallah; Hauptgerichte 75–150 Dh; ⌚11–24 Uhr) Angesichts der dunklen, verspiegelten Fenster und der Türsteher fragt man sich vielleicht, ob es wirklich eine so gute Idee ist, hier zu essen. Tatsächlich ist der Laden aber eine willkommene Abwechslung für alle, die vorerst genug von Tajine & Co. haben. Neben europäischen Gerichten werden auch chinesische und thailändische Klassiker auf marokkanische Art zubereitet. Uns haben die orientalischen Gerichte und Steaks besser geschmeckt als die Nudeln. Schenkt alkoholische Getränke aus – aber der Name lässt auch nichts anderes erwarten.

Palais de Poulet FAST FOOD **€**
(Karte S. 358; Rue Tetouan; Hauptgerichte ab 25 Dh, Salate 15 Dh) Den Straßenabschnitt zwischen dem Hôtel Rif und der Ave Hassan II säumen mehrere gute und günstige Grilllokale *(rotisserie)*. Der Palais de Poulet ist eines davon. Hühnchen, Fritten, Salat

und Brot werden im Handumdrehen serviert. Die Bestellung gibt man am Tisch auf, bezahlt wird am Schalter drinnen.

Restaurant Pizza Roma PIZZA €
(Karte S. 358; Rue Accra; Hauptgerichte ab 20 Dh) Dem Namen nach sind Pizzas die hiesige Spezialität, aber auch die großzügigen Portionen Grillhühnchen mit Reis und Pommes sind super. Das unauffällige Lokal zieht viele weibliche Gäste an.

Pizzeria le Four ITALIENISCH €
(Karte S. 358; ☎0535 52 08 57; 1 Rue Atlas; Pizza 40–60 Dh, Hauptgerichte 65–85 Dh) Eine tolle Pizzeria! Das Dekor aus dunklem Holz und Ziegelsteinen vermittelt ein Gefühl von Bella Italia. Da es alkoholische Getränke gibt, wird man spätabends manchmal den einen oder anderen betrunkenen Einheimischen erspähen. Achtung: Auf den eigentlichen Preis wird eine hohe Servicesteuer aufgeschlagen!

Hauptmarkt SELBSTVERSORGER €
(Karte S. 358; Ave Hassan II) Gute Einkaufsmöglichkeit: Lebensmittelstände, Alkoholläden und eine Auswahl an Importwaren.

Ausgehen

Ein bekanntes geflügeltes Wort besagt, dass es in Meknès mehr Bars gibt als in irgendeiner anderen marokkanischen Stadt. Zumindest in der *ville nouvelle* wird man keine Probleme haben, ein Lokal zu finden, in dem man auf die Schnelle eine Flasche Flag-Bier trinken kann. Viele Bars haben sich rund um den Blvd Allal ben Abdallah angesiedelt. Es handelt sich dabei jedoch im Allgemeinen um ziemlich zwielichtige Spelunken, in denen jede Menge gebechert und geraucht wird und Frauen überhaupt nicht willkommen sind.

In den Hotelbars, die unter der Rubrik „Schlafen“ aufgeführt sind, und in den erwähnten Restaurants mit Ausschanklizenz herrscht eine offenere Atmosphäre. Le Pub ist eine der netteren Adressen für einen Drink. Dort kann man auf einem gemütlichen Stuhl bzw. direkt an der Bar Platz nehmen oder unten eine Shisha rauchen. An Wochenenden wird Livemusik gespielt.

Wer klebrig-süßes Gebäck mag, muss unbedingt *marakchia* kosten, die lokale Éclair-Variante mit Cremefüllung und dickem Schokomantel. Freunde entspannter Cafékultur sollten die Neustadt ansteuern (besonders zu empfehlen sind die Ave Mohammed V und Umgebung sowie die Fußgängerzone rund um das Cinéma Caméra). In den folgenden Cafés dürften sich Frauen – gemessen an marokkanischen Standards – wohlfühlen.

Les Palmiers d'Aziza CAFÉ
(Karte S. 358; 9 Rue de Tarfaya) Hinter der Fassade in typischem Marrakesch-Pink befindet sich ein beliebtes Café mit einem sonnigen Garten, einem „Kekstresen“, bei dessen Anblick einem das Wasser im Munde zusammenläuft, und einer überdachten Terrasse, die nicht von außen einsehbar ist – ein lauschiges Plätzchen also, das gern von flirtenden Pärchen aufgesucht wird. Das Eis und die Smoothies sind hervorragend.

Café Tulipe CAFÉ
(Karte S. 358; Rue de Tarfaya) Auf der großen schattigen Terrasse oder im modernen Lokal nicht weit von der Hauptstraße kann man wunderbar eine oder zwei Stunden vertrödeln.

Café Opera CAFÉ
(Karte S. 358; 7 Ave Mohammed V) Ein Klassiker: luftig, altmodisch und sehr schick. Viele marokkanische Männer trinken hier ihren Minztee. Es ist ein toller morgendlicher Zeitvertreib, draußen zu sitzen und Leute zu beobachten.

Unterhaltung

Institut Français (Karte S. 354; ☎0535 51 58 51; inst.fr.mek@aim.net.ma; Rue Ferhat Hachad; ⏲Mo–Sa 8.30–12 & 14.30–18.30 Uhr) Mittelpunkt des kulturellen Lebens von Meknès. Film- und Theatervorführungen, Konzerte und Ausstellungen.

Shoppen

Die Suks von Meknès sind kleiner als jene in Fes oder Marrakesch. Dafür werden Besucher nicht so aufdringlich belagert und können wunderbar nach Souvenirs stöbern. Eine besondere Spezialität von Meknès sind silberne Damaszenerstücke: Dabei wird das Metall mit Einlegearbeiten aus Silberdraht kunstvoll verziert.

Centre Artisanale KUNSTHANDWERK
(Karte S. 356; Ave Zine el-Abidine Riad; ⏲Mo–Sa 9–13 & 15–19 Uhr) Wie üblich ist das staatliche Centre Artisanale die ideale Anlaufstelle, um sich einen Überblick über Angebot und Preise zu verschaffen. Es bietet gute Qualität zu Festpreisen.

Töpferstände KUNSTHANDWERK
(Karte S. 356) Auf der Westseite der Place el-Hedim.

Pavillon des Idrissides KUNSTHANDWERK
(Karte S. 356) Im Erdgeschoss gibt's nur Kunsthandwerk – gut zum Stöbern.

Praktische Informationen

Geld

Banken mit Geldautomaten findet man sowohl in der *ville nouvelle* (vor allem auf der Ave Hassan II und Ave Mohammed V) als auch in der Medina (Rue Sekkakine).

BMCE (Karte S. 358; 98 Ave des FAR; ⌚10–13 & 16–19 Uhr) Spätwechselstube auf der Südostseite der Neustadt.

Internetzugang

Cyber Bab Mansour (Karte S. 356; Zankat Accra; 6 Dh pro Std.; ⌚9–24 Uhr)

Quick Net (Karte S. 358; 28 Rue Emir Abdelkader; 6 Dh pro Std.; ⌚9–22 Uhr)

Medizinische Versorgung

El-Fath-Apotheke (Karte S. 356; Place el-Hedim)

Hôpital Moulay Ismail (Karte S. 354; ☎0535 52 28 05; in der Nähe der Ave des FAR)

Nachtapotheke (Karte S. 358; Rue de Paris)

Post

Hauptpostamt (Karte S. 358; Place de l'Istiqlal) Das Paketbüro befindet sich im selben Gebäude, gleich um die Ecke an der Rue Tetouan.

Postfiliale (Karte S. 356; Rue Dar Smen) In der Medina.

Reisebüros

Carlson Wagonlit (Karte S. 358; ☎0535 52 19 95; 1 Rue Ghana) Bucht Flüge, Fähren und Bustickets.

RAM (Karte S. 358; ☎0535 52 09 63; 7 Ave Mohammed V) Bucht Tickets für alle großen Fluglinien.

Touristeninformation

Délégation Régionale du Tourisme (Karte S. 358; ☎0535 52 44 26; Place de l'Istiqlal; ⌚Mo–Do 8.30–12 & 14.30–18.30, Fr 8–11.30 & 15–18.30 Uhr) Nur teilweise hilfreiche Touristeninformation mit Broschüren zum Mitnehmen.

An- & Weiterreise

Bus

Der **CTM-Busbahnhof** (Karte S. 354; ☎0535 52 25 85; Ave des FAR) liegt 500 m östlich der Kreuzung Ave des FAR/Ave Mohammed V. Der Hauptbusbahnhof für die übrigen Linien (Karte S. 356) befindet sich vor dem Bab el Khemis westlich der Medina. Hier gibt's eine Gepäckaufbewahrung und die üblichen Imbissbuden.

CTM-Fernbusse fahren u. a. via Rabat (55 Dh, 2½ Std.) nach Casablanca (90 Dh, 4 Std., 6-mal tgl.) sowie nach Fes und Marrakesch (160 Dh, 8 Std., 1-mal tgl.), Tanger (100 Dh, 5 Std., 3-mal tgl.), via Taza (70 Dh, 3 Std.) nach Oujda (130 Dh, 6 Std., 2-mal tgl.), nach Er-Rachidia (130 Dh, 6 Std., 1-mal tgl.) und nach Nador (125 Dh, 6 Std., 3-mal tgl.).

Etwas günstiger als CTM sind Fernbusse anderer Unternehmen, die in den nummerierten Haltebuchten des Hauptbusbahnhofs starten:

LINIE 5 Rabat und Casablanca (6–15 Uhr, stündl.)

LINIE 6 Tanger (5–16 Uhr, stündl.), Tetouan (4-mal tgl.), Chefchaouen (3-mal tgl.), Ouezzane (5-mal tgl.)

LINIE 7 Fes (5–18 Uhr, stündl.), Taza (4-mal tgl.), Oujda (4–23.30 Uhr, stündl.), Nador (5-mal tgl.)

LINIE 8 Moulay Idriss (8–18 Uhr, stündl.)

LINIE 9 Marrakesch (7-mal tgl., meist morgens)

Taxi

Fast alle *grands taxis* (Karte S. 356) warten auf einem Schotterplatz neben dem Busbahnhof am Bab el Khemis auf Fahrgäste. Von hier geht's regelmäßig nach Fes (18 Dh, 1 Std.), Ifrane (24 Dh, 1 Std.), Azrou (33 Dh, 1 Std.) sowie Rabat (45 Dh, 90 Min.) und – weniger häufig – nach Taza (70 Dh, 2½ Std.). Die Taxis nach Moulay Idriss (10 Dh, 20 Min.) starten gegenüber dem Institut Français (Karte S. 354), wo auch die Rundfahrten nach Volubilis beginnen.

Zug

Meknès hat zwei Bahnhöfe. Der praktischere, El-Amir Abdelkader (Karte S. 358), liegt zwei Blocks östlich der Ave Mohammed V. Von den zwölf Zügen, die von dort täglich nach Fes (20 Dh, 45 Min.) fahren, steuern drei auch Taza (56 Dh, 3½ Std.) und zwei Oujda (130 Dh, 6½ Std.) an. Zehn Züge verkehren via Rabat (65 Dh, 2¼ Std.) nach Casablanca (90 Dh, 3½ Std.). Nach Marrakesch (174 Dh, 7 Std.) gibt's sieben Direktverbindungen und nach Tanger zwei (80 Dh, 4 Std.). Wer Tanger zum Ziel hat, kann alternativ auch einen Zug Richtung Westen nehmen und in Sidi Kacem umsteigen.

Unterwegs vor Ort

Bus

Überfüllte Stadtbusse pendeln zwischen der Medina und der *ville nouvelle*. Am brauchbarsten sind die Linie 2 (vom Bab el Mansour zum Blvd Allal ben Abdallah und auf der Ave Mohammed V zurück in die Medina) und die Linie 7 (vom Bab el-Mansour zum CTM-Busbahnhof). Tickets kosten 2 Dh.

Taxi

Grands taxis (von Mercedes-Benz, silberne Wagen mit schwarzem Dach) verkehren zwischen der *ville nouvelle* und der Medina. Sie verlangen pro Platz 2,50 Dh bzw. 15 Dh für den ganzen Wagen. Die hellblauen *petits taxis* verfügen über Taxameter: Für die Fahrt vom Bahnhof El-Amir Abdelkader zum Bab el Mansour zahlt man etwa 8 Dh.

Wer will, kann die Medina auch in einer Pferdekutsche (*calèche*) erkunden, die an der Place el-Hedim und vor dem Moulay-Ismail-Mausoleum stehen und für ihre Dienste ca. 70 Dh pro Stunde verlangen.

Rund um Meknès

VOLUBILIS (OUALILI) وليلي

Die römischen Ruinen von Volubilis erstrecken sich auf einer fruchtbaren Ebene 33 km nördlich von Meknès. Seit 1997 gehört die besterhaltene Ausgrabungsstätte Marokkos zum Unesco-Welterbe. Faszinierend sind vor allem die vielen herrlichen Mosaiken, die man vor Ort entdeckt.

Ein Besuch in Volubilis lässt sich mit einem Abstecher ins nahe gelegene Moulay Idriss zu einem fantastischen Tagesausflug von Meknès verbinden. Die örtlichen Fremdenführer, die am Eingang der Stätte warten, bieten für ca. 140 Dh empfehlenswerte einstündige Führungen an und sprechen meist genug Englisch, um auch Details erklären zu können. Darüber hinaus wissen viele offizielle Fremdenführer aus Fes und Meknès sehr gut über die Ausgrabungsstätte Bescheid.

Im Sommer brennt die Sonne hier extrem, daher sollte man einen Sonnenhut und -creme sowie ausreichend Wasser mitbringen. Die ideale Zeit für einen Besuch ist das Frühjahr. Dann blühen Wildblumen zwischen den Steinen und die umliegenden Felder sind saftig grün. Am besten kommt man am frühen Morgen oder am späten Nachmittag, denn dann hat man das Gelände weitgehend für sich – nur der Esel des Wächters grast zwischen den Ruinen. Seine ganze Magie entfaltet Volubilis in der Dämmerung, wenn die letzten Sonnenstrahlen auf die antiken Säulen fallen.

GESCHICHTE

Wie Ausgrabungen gezeigt haben, siedelten hier erstmals karthagische Händler im 3. Jh. v. Chr. 42 n. Chr. erhielt Volubilis als einer der entlegensten Vorposten des römischen Reiches das Stadtrecht. Einigen Historikern zufolge machte Rom seinen nordafrikanischen Provinzen strenge Vorschriften, was sie produzieren durften bzw. mussten. Das führte u. a. zur umfangreichen Rodung von Wäldern und dem großflächigen Anbau von Weizen in der Umgebung. In ihrer Blütezeit lebten bis zu 20 000 Menschen in der Stadt. Die imposantesten Bauwerke entstanden im 2. und im 3. Jh. n. Chr.: Triumphbogen, Kapitol, Thermen und Basilika.

Angriffe von Berberstämmen aus der Umgebung veranlassten die Römer, Volubilis 280 n. Chr. aufzugeben. Die Einwohner der Stadt – Berber, Griechen, Juden und Syrer – sprachen bis zur Islamisierung jedoch weiterhin Latein. Moulay Idriss fand hier im 8. Jh. Zuflucht, bevor er Fes zu seiner Hauptstadt machte. Volubilis war bis ins 18. Jh. bewohnt. Moulay Ismail nutzte es bereits als Marmorsteinbruch für den Bau seiner Paläste in Meknès. Das große Erdbeben von Lissabon zerstörte die Stadt dann am 1. November 1755 endgültig.

Sehenswertes

Römische Ruinen RUINEN

(Eintritt 20 Dh, Parken 5 Dh; 8 Uhr bis Sonnenuntergang) Bis heute ist nicht mal die Hälfte der 40 ha großen Stätte ausgegraben. Seit einigen Jahren plant man hier ein Museum, in dem alle Funde gesammelt werden sollen. Trotz wiederholter Bauverzögerungen soll es kurz nach Erscheinen dieses Buches eröffnet werden. Bis dahin werden die faszinierenden Fundstücke im Archäologiemuseum in Rabat ausgestellt (s. S. 204).

Manche Ruinen sind abgesperrt, ansonsten können sich Besucher aber ungehindert auf dem Gelände bewegen. Abgesehen von einigen vagen Schildern gibt's kaum Hinweistafeln oder Informationen zu dem, was man gerade vor sich sieht. Es lohnt sich also, einen Führer zu engagieren, vor allem wenn man nicht viel Zeit hat. Wer die Ruinenstadt lieber auf eigene Faust erkunden will, sollte dafür mindestens zwei Stunden einplanen. Echte Enthusiasten brauchen locker einen ganzen Tag.

Die bekannteren Bauwerke befinden sich im Nordteil der Anlage; praktischer ist es jedoch, den Rundgang im Süden anzufangen. Hinter dem Oued Fertassa führt der Weg auf das Plateau und durch das Wohnviertel.

Das antike Volubilis

In diesem wenig bemerkenswerten Teil der Ausgrabungsstätte zeugen mehrere **Olivenölpressen** von den wirtschaftlichen Grundlagen in der Vergangenheit, wobei in der Umgebung auch heute noch ausgedehnte Olivenhaine zu sehen sind. Unweit der Öl-

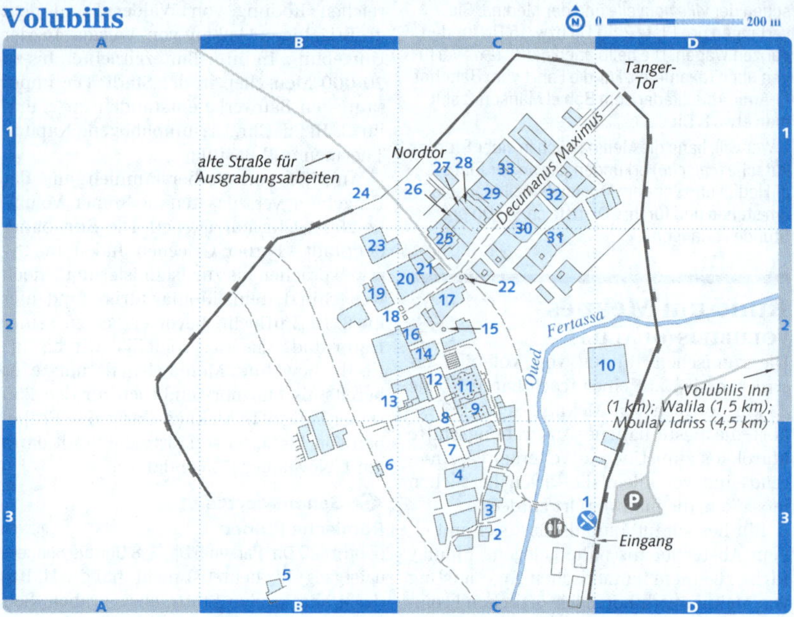

pressen wurde ein **weibliches Skelett** in einer der Mauern gefunden – vermutlich von einer Muslima, denn sie war mit dem Gesicht Richtung Mekka beigesetzt. Mittlerweile schützt eine Eisentafel die Gruft.

Bauwerke

Neben dem Haus des Orpheus liegen die Reste der **Gallienus-Thermen.** Obwohl sie ziemlich zerfallen sind, erkennt man noch gut die ausgeklügelte Fußbodenheizung dieser römischen Bäderanlage. Gegenüber dem Dampfbad befanden sich einst die Gemeinschaftslatrinen. Hier konnten die Bürger ihr Geschäft verrichten und dabei Handel abschließen oder auch einfach nur ein wenig schwatzen.

Kapitol, Basilika und das 1300 m² große Forum lagen wie üblich etwas erhöht. Das **Kapitol**, Jupiter, Juno und Minerva geweiht, stammt aus dem Jahr 218 n. Chr.; nördlich schließen sich **Basilika** und **Forum** an. Auf den rekonstruierten Säulen der Basilika nisten oft Störche: Sie gelten als Wahrzeichen von Volubilis. Im Forum stößt man auf Sockel mit lateinischen Inschriften, die früher Statuen bedeutender Männer getragen haben dürften. Leicht zu übersehen ist die steinerne Abdeckung eines Kanalschachts, ein bescheidenes Beispiel für die Ingenieurskunst der Römer.

Der marmorne **Triumphbogen** wurde 217 n. Chr. zu Ehren von Kaiser Caracalla und seiner Mutter Julia Domina erbaut. Ursprünglich stand ein Bronzewagen darauf. Fehler bei der Rekonstruktion des Bogens in den 1930er-Jahren wurden in den 1960ern korrigiert. Der kleine Hügel östlich des Bogens bietet einen guten Überblick über die Ausgrabungsstätte.

Häuser mit Mosaiken

Nördlich des Forums sind links vor dem Triumphbogen zwei Mosaiken mit Seilen abgesperrt. Eines im **Haus des Akrobaten** zeigt einen Schausportler mit Siegestrophäe. Bei Wettbewerben mussten diese Kunstreiter in vollem Galopp vom Pferd springen und sich wieder hinaufschwingen.

Vom Triumphbogen führt der **Decumanus Maximus**, eine Prachtstraße, nordöstlich den Hang hinauf. In den Häusern zu beiden Seiten befinden sich die schönsten Mosaiken der Ausgrabungsstätte. Das erste, das **Haus des Epheben**, noch vor dem Triumphbogen, verfügt über ein prachtvolles Mosaik, das Bacchus in einem von Panthern gezogenen Wagen darstellt.

Als Nächstes folgt das **Haus der Säulen**, benannt nach den Pfeilern um den Innenhof. Diese gehören verschiedenen Ordnungen an und haben teilweise spiralförmige

Volubilis

Sehenswertes

1	Bäckerei	C3
2	Basilika	C3
3	Café	C3
4	Kapitol	C3
5	Extra-Muros-Thermen	B3
6	Weibliches Skelett	B3
7	Forum	C3
8	Brunnen	C2
9	Brunnen	C2
10	Gallienus-Thermen	D2
11	Gordien-Palast	C2
12	Haus des Dionysos & der vier Jahreszeiten	C2
13	Haus der Flavius Germanus	C2
14	Haus der Orpheus	C2
15	Haus der Akrobaten	C2
16	Haus der Säulen	C2
17	Haus des Hundes	C2
18	Haus des Epheben	C2
19	Haus des Reiters	B2
20	Haus der Arbeiten des Herkules	C2
21	Haus der Marmornen Bacchus	C2
22	Haus der Nereiden	C2
23	Haus der badenden Nymphen	B2
24	Haus des Mosaiks der wilden Tiere	B1
25	Haus der Venus	C2
26	Mark-Aurel-Mauer	C1
27	Nordtermen	C1
28	Olivenpressen	C1
29	Restaurierte Olivenpresse	C1
30	Saturntempel	C1
31	Triumphbogen	C2
32	Doppeltempel	C1
33	Wasserspeicherhaus	C1

Kanneluren. Gleich daneben wartet das **Haus des Reiters** mit einem Mosaikfragment von Dionysos und Ariadne auf. Die nackte Ariadne hat etwas unter den Aufmerksamkeiten ihrer Bewunderer gelitten – oder unter muslimischen Bildzerstörern.

Auch in den beiden Nachbarhäusern sind tolle Mosaiken zu sehen: Sie zeigen die **Aufgaben des Herkules** und die **Badenden Nymphen**. Ein fast kreisrunder Bildstreifen schildert die zwölf Heldentaten des Herkules, die er teilweise in Marokko vollbrachte. Damals machte ihn das hierzulande sehr populär.

Die besten Mosaiken kommen am Schluss des Rundgangs. Über den Decumanus Maximus geht's zu der einsamen Zypresse vor dem **Haus der Venus**. Passenderweise haben die beiden Mosaiken dort romantische Themen: Die **Entführung des Hylas durch die Nymphen** ist eine erotische Komposition mit zwei schönen Nymphen, die Hylas, den Liebhaber des Herkules, von seiner Arbeit fortlocken. Das zweite trägt den nebulösen Namen **Überraschung beim Bade**. Nachdem der Jäger Actaeon Diana, die Göttin der Jagd, im Bad beobachtet hatte, verwandelte sie ihn zur Strafe in einen Hirsch. Die Szene zeigt, wie Actaeon Hörner wachsen und seine eigene Jagdhundmeute sich anschickt, über ihn herzufallen – ein Schicksal, das mythischen Spannern überall drohte. Ein drittes Mosaik aus diesem Haus stellt **Venus auf einem Schiff** dar und kann in Tangers Kasbah-Museum bewundert werden (S. 260).

Schlafen & Essen

LP TIPP **Walila** BAUERNHOF €

(☎0662 52 81 05; www.walila.com; Oualili; Halbpension 450 Dh; P ☒) Diese innovative, komfortable Unterkunft verfügt über ein paar hübsche, einfache Zimmer, aber die wahre Attraktion ist der Biohof mit eigenem Obst- und Gemüsegarten und Tieren. Gäste können bei der Arbeit helfen, über die Hügel reiten und abends Mahlzeiten aus dem hauseigenen Anbau genießen. Darüber hinaus gibt's Kochkurse.

Volubilis Inn HOTEL €€€

(☎0535 54 44 05; hotelvolubilisinn@gmail.com; Route de Meknès; EZ/DZ ab 856/996 Dh; P ❄ ☒) Das Vier-Sterne-Hotel liegt oberhalb der römischen Ruinen und bietet von allen Zimmern tolle Ausblicke über die Stätte. Zu seinen Einrichtungen gehören Terrassen, Restaurants (Hauptgerichte ab 70 Dh) und eine ausgefallene Bar. Die gemeinschaftlich genutzten Bereiche wirken vornehm, wohingegen die Zimmer mitunter an ein Flughafenhotel erinnern – alles in allem fehlt dieser Bleibe ein wenig Atmosphäre.

An- & Weiterreise

Am einfachsten und schnellsten gelangt man von Meknès nach Volubilis, indem man sich für Hin- und Rückfahrt ein *grand taxi* mietet. Ein Halbtagesausflug mit zweistündigem Aufenthalt an der Ausgrabungsstätte und Abstecher nach Moulay Idriss dürfte um die 350 Dh kosten. Es lohnt sich aber auch, über Nacht in Moulay Idriss zu bleiben.

Billiger ist es, mit einem Sammeltaxi vom Institut Français in Meknès nach Moulay Idriss

(10 Dh) zu fahren und dort ein *grand taxi* nach Volubilis (komplett 40 Dh) zu nehmen. Wenn es nicht allzu heiß ist, kann auch ein Spaziergang von Moulay Idriss zur Ausgrabungsstätte schön sein (45 Min.).

Nach Volubilis fahren keine Busse.

MOULAY IDRISS مولاي إدريس

Etwa 5 km von Volubilis erstreckt sich Moulay Idriss auf zwei von Bergen umgebenen grünen Hügeln. Die malerische Stadt mit den weiß getünchten Häuschen gilt als eine der bedeutendsten Pilgerstätten des Landes. Ihr Namensgeber war ein Urenkel des Propheten Mohammed und der Begründer der ersten Dynastie des Landes. Er ist der am meisten verehrte Heilige in Marokko. Sein Grab im Herzen der Stadt steht im Mittelpunkt des landesweit größten *moussem* im August.

Ende des 8. Jhs. musste Moulay Idriss aus Mekka fliehen, um der Verfolgung durch das in Bagdad residierende Abbasiden-Kalifat zu entgehen. Er ließ sich in Volubilis nieder, sorgte dafür, dass die Einheimischen zum Islam konvertierten, und wurde ihr Anführer – die Idrissidendynastie war geboren.

Schon seit einiger Zeit dürfen auch Nichtmuslime in Moulay Idriss übernachten und inzwischen haben zahlreiche familienbetriebenen Pensionen ihre Pforten für Touristen geöffnet – bis Mitte des 20. Jhs. wurde diesen der Zutritt in die „heilige Stadt" verwehrt und noch heute lassen sich manche Traveller von der äußerst frommen Bevölkerung abschrecken. Wer sich aber auf den ungewöhnlichen Ort einlässt, wird seinem Charme garantiert erliegen: Moulay Idriss ist sehr hübsch, hat eine entspannte Atmosphäre und ein Zentrum ohne Teppichhändler und Autoverkehr. Damit bietet es die perfekte Gelegenheit, das wahre Marokko kennenzulernen.

An der Hauptstraße, die von der Bushaltestelle bzw. dem *grands-taxis*-Stand zur Place Mohammed VI führt, befinden sich ein Banque-Populaire-Geldautomat und ein paar Internetcafés.

Sehenswertes

Moulay-Idriss-Mausoleum MAUSOLEUM

Obwohl die Stadt auf den beiden Hügeln aus einem wahren Labyrinth aus schmalen Straßen und Sackgassen besteht, sind die wenigen Sehenswürdigkeiten leicht zu finden. Das Moulay-Idriss-Mausoleum ist Gegenstand höchster Verehrung und steht im Mittelpunkt des bedeutendsten *moussem* des Landes, der mit *fantasias*, Märkten und Musik einhergeht. Da fünf Teilnahmen an diesem Fest einer Hadsch nach Mekka entsprechen, unternehmen jedes Jahr Ende August unzählige Menschen – darunter auch Mitglieder des Königshauses – die Pilgerfahrt nach Moulay Idriss.

Von der Hauptstraße (dort halten Busse und *grands taxis*) geht's bergauf und an der Weggabelung nach rechts. Schnell erreicht man die weitläufige Place Mohammed VI, die von zahlreichen Cafés und günstigen Lokalen gesäumt wird. Am besten sucht man sich ein Plätzchen und beobachtet das Treiben, um ein Gespür für die Stadt zu bekommen. Am oberen Ende befindet sich der Eingang zum Mausoleum (ein paar Stufen führen zu einem Tor mit drei Bogen). In den Läden ringsum werden religiöse Utensilien an die Pilger verkauft. Die Absperrung kurz hinter dem Tor dürfen nur Muslime passieren. Moulay Ismail schuf diese Pilgerstätte, indem er das Mausoleum errichten und die sterblichen Überreste von Moulay Idriss herbringen ließ. Auf diese Weise wollte er sich die Unterstützung der Gläubigen sichern.

Vor dem Mausoleum hält man sich links und schlendert bergauf in das Gewirr aus verwinkelten Straßen bis zu ein paar Aussichtspunkten, von denen man das Bauwerk wenigstens aus der Ferne betrachten kann sowie einen herrlichen Panoramablick genießt. Überall bieten Guides ihre Dienste an. Eine informative, unterhaltsame Führung kostet mitunter nur 30 Dh.

Wer die Gegend lieber auf eigene Faust erkunden möchte, geht bis zur Weggabelung zurück und folgt der Straße bergan (nach dem Schild „Municipalité" Ausschau halten). Fast ganz oben, kurz vor dem Agfa-Laden, biegt man in die kopfsteingepflasterte Straße zur Rechten ein und spaziert bergauf. Dabei entdeckt man das einzige **zylinderförmige Minarett** des Landes (erbaut 1939). Hat man den höchsten Punkt des Gipfels erreicht, sollte man sich von einem Einheimischen den Weg zur **grande terrasse** oder zur **petite terrasse** weisen lassen, zwei tollen Aussichtspunkten hoch über dem Mausoleum und der Stadt.

Schlafen & Essen

Während des *moussem* schießen die Zimmerpreise in die Höhe, außerdem sollte man zu dieser Zeit so früh wie möglich buchen. Lust auf einen schnellen Imbiss?

Rund um den Hauptplatz gibt's einige gute und günstige Stände. Gegrilltes Hühnchen mit Salat ist so etwas wie die Spezialität der Stadt.

LP TIPP **Dar Zerhoune** GÄSTEHAUS €
(☎0535 54 43 71; www.buttonsinn.com; 42 Derb Zouak Tazgha; B/EZ/DZ inkl. Frühstück 200/300/500 Dh;) Rechts oberhalb des Mausoleums wartet dieses wunderbare Gästehaus mit einer herzlichen Familienatmosphäre und zahlreichen Zimmern auf. Von den Terrassen hat man einen guten Blick auf Volubilis, außerdem kann man dort wunderbar frühstücken und das leckere hausgemachte Abendessen genießen. Zum Angebot gehören auch geführte Touren, Kochkurse und ein Fahrradverleih.

Maison d'Hôte Slimani MAISON D'HÔTE €
(☎0535 54 47 93; www.maisondhote-slimani.tk; 39 Rue Drazat; EZ/DZ 150/250 Dh, Frühstück 30 Dh) Um zu dieser günstigen, netten Unterkunft im Backpackerstil zu gelangen, muss man vom Hauptheiligtum aus den Schildern mit der Aufschrift „View Panoramique" folgen. Um den Hof reihen sich auf mehreren Etagen ein paar einfache Zimmer mit eigenen Bädern. Der Preis geht in Ordnung.

La Colombe Blanche MAISON D'HÔTE €
(☎0535 54 45 96; www.maisondhote-zerhoune.ma; 21 Derb Zouak Tazgha; EZ/DZ inkl. Frühstück 220/330 Dh) Im Prinzip ist das Colombe Blanche ein umfunktioniertes Wohnhaus: Unten lebt eine sympathische Familie, oben übernachten die Gäste. Hausgemachtes Essen gibt's auf Anfrage; es kann bei gutem Wetter auf der Terrasse mit Blick über Volubilis eingenommen werden. Am Mausoleum rechts den Hügel hinaufgehen und der Beschilderung folgen.

Hotel Diyar Timnay HOTEL €
(☎0535 54 44 00; amzday@menara.ma; 7 Aïn Rjal; EZ/DZ/3BZ inkl. Frühstück 160/240/300 Dh;) Das einzige „formelle" Hotel der Stadt befindet sich in der Nähe der *grands-taxis*-Stände und bietet einen tollen Blick auf die Ausgrabungsstätte. Von außen betrachtet würde man gar nicht denken, dass es so groß ist! Die hellen Zimmer sind okay, aber eher unspektakulär. Fast alle haben ein eigenes Bad, einige wenige ein separates, das aber mit niemandem geteilt werden muss. Im hauseigenen Restaurant ist mittags der Teufel los (Hauptgerichte 50–60 Dh): Dann werden Reisegruppen vor oder nach ihrer Volubilis-Tour herangekarrt.

Dar Al Andaloussiya Diyafa GÄSTEHAUS €€
(☎0535 54 47 49; www.maisondhote-volubilis.com; Derb Zouak Tazgha; EZ/DZ inkl. Frühstück 450/900 Dh;) In der Nähe des Colombe Blanche, einem großen weißen Eckgebäude, legt man Wert auf traditionelles Flair. Das Gästehaus verfügt über tolle Zimmer und Einrichtungen, außerdem wurden zur Dekoration jede Menge marokkanische Stoffe verwendet.

ℹ An- & Weiterreise

Grands taxis (12 Dh, 20 Min.) nach Moulay Idriss starten vor dem Institut Français, während die Busse am Busbahnhof von Meknès abfahren (6 Dh; 8–18 Uhr, stündl.). Der Taxistand von Moulay Idriss befindet sich am Fuß der Stadt an der Hauptstraße.

Traveller mit einem Allradwagen können via Nzala-des-Béni-Ammar nach Fes oder durch das Dorf El-Merhasiyne nach Meknès fahren. Beide Strecken führen durch eine landschaftlich reizvolle Gegend, allerdings sind die Straßen schlecht ausgebaut und eigentlich nur im Sommer passierbar.

MITTLERER ATLAS

Ifrane

Während sich ausländische Besucher auf die Medinas stürzen, um das „wahre Marokko" kennenzulernen, zieht es marokkanische Urlauber eher in Städte wie Ifrane. Der Ort ist ordentlich und modern und erinnert mehr an die Schweiz als an Nordafrika. Er wurde in den 1930er-Jahren von den Franzosen erbaut, denen dabei wohl eine Art Alpinresort vorschwebte. Und so entdecken Besucher Häuser mit schmucken roten Dächern, Blumenbeete und Parkanlagen mit Seen. Alles wirkt wie aus dem Ei gepellt. Zahlreiche große Arbeitgeber (u a. auch die Regierung) unterhalten hier Ferienapartments für ihre Angestellten. Im Sommer ist Ifrane ein beliebtes Ziel für Tagesausflügler, während in der Skisaison die Reichen und Schönen in Scharen herbeiströmen; das „gemeine Volk" gibt sich indessen übermütigen Schneeballschlachten hin. Außerhalb der Ferien trifft man in der Stadt vor allem auf die wohlhabenden, trendbewussten Studenten der angesehenen Al-Akhawayn-Universität.

Die Hauptstraße aus Meknès verläuft als Blvd Mohammed V in West-Ost-Richtung durch Ifrane. An ihr befinden sich westlich des Stadtzentrums der Busbahnhof und an der Kreuzung mit der Ave des Tilleuls die Touristeninformation. Viele Cafés und Hotels liegen zehn Gehminuten in südlicher Richtung an zwei Parallelstraßen im Zentrum, der Rue de la Cascade und der Ave de la Poste.

Sehenswürdigkeiten

Al-Akhawayn-Universität UNIVERSITÄT

Am Nordrand der Stadt stößt man auf das geschniegelte Musterbeispiel des modernen marokkanischen Bildungswesens. Die Universität wurde 1995 von König Hassan II. von Marokko und König Fahd von Saudi-Arabien gegründet. Eines ihrer hoch gesteckten Ziele lautet, die Toleranz zwischen den Religionen zu fördern. Vorerst brauchen sich hier allerdings nur die Reichen und Schönen zu bewerben: Der Parkplatz ist gerammelt voll mit schicken Autos und überall dudeln die angesagtesten Handy-Klingeltöne. Der englischsprachige Unterricht basiert auf dem amerikanischen Lehrsystem und es gibt amerikanische Dozenten und Austauschstudenten. Wer will, kann ein bisschen über den gepflegten Campus schlendern. An Nachmittagen unter der Woche gibt's immer mehr Studenten, die Besucher herumführen.

Steinlöwe DENKMAL

Ifranes zweite Sehenswürdigkeit ist der Steinlöwe auf einer Rasenfläche am Hôtel Chamonix. Sein Schöpfer, ein deutscher Soldat, errichte ihn während des Zweiten Weltkrieges, als es in Ifrane für kurze Zeit ein Kriegsgefangenenlager gab. Die Statue erinnert an den letzten wild lebenden Berberlöwen, der hier in den frühen 1920er-Jahren erlegt wurde. Viele Tagesausflügler lassen sich gern davor knipsen.

Schlafen

In den Übernachtungspreisen spiegelt sich der Wohlstand der Gemeinde wider. Da Ifrane das ganze Jahr über Touristen anzieht, sind Hotelzimmer stets heiß begehrt.

LP TIPP Hôtel Mischliffen LUXUSHOTEL €€€

(☎0535 56 66 07; Zi. ab 2500 Dh; P ❄ 📶 🏊) Nach einer langen Renovierungsphase wurde dieses nördlich von Ifrane gelegene überdimensionale Skiresort endlich wieder eröffnet und gilt nun als eines der luxuriösesten Hotels in ganz Marokko. Die gesamte Anlage ist mit lokalem Zedernholz ausgestattet und die Zimmer gleichen edlen Chalets. Hier wurde auf jedes Detail geachtet, selbst die Kunstwerke an den Wänden sind sorgsam ausgewählt. Es gibt zwei Pools: Einen Sommerpool auf der Terrasse und ein Innenbad für den Winter. Nichtgäste müssen für die Benutzung der Bäder 450 Dh zahlen (inklusive Mittagsbüfett).

Hotel les Tilleuls HOTEL €

(☎0535 56 66 58; Fax 0535 56 60 79; Ecke Ave des Tilleuls & Rue de la Cascade; EZ/DZ ab 260/320 Dh) Das komfortable, alte Hotel am Hauptplatz ist die günstigste Unterkunft in Ifrane.

Hôtel Chamonix HOTEL €€

(☎0535 56 60 28; Ave de la Marche Verte; EZ/DZ 360/410 Dh; ❄) Gepflegte Drei-Sterne-Anlage im Zentrum. Die Zimmer mit separaten Bädern wirken etwas nichtssagend, sind aber hell und sauber. Auch das Restaurant und die Bar sind in Ordnung. Praktischerweise werden im Hotel Skiausrüstungen verliehen.

Hôtel Perce-Neige HOTEL €€

(☎0535 56 64 04; Fax 035 567116; Rue des Asphodelles; EZ/DZ 400/490 Dh) Eine hübsche Unterkunft 200 m südöstlich des Zentrums. Die gemütlichen Zimmer verfügen über Satelliten-TV und Bäder und könnten etwas größer sein. Pluspunkte gibt's auch für das gute Restaurant mit Ausschanklizenz (Menü 120 Dh) und den Laden in der Lobby, in dem Bilder lokaler Künstler verkauft werden.

Campingplatz CAMPINGPLATZ

(Blvd Mohammed V; Campen 7 Dh pro Pers., plus 8/15/30 Dh pro Auto/Zelt/Wohnwagen; ⏲im Winter geschl.) Begrünter Campingplatz gleich westlich der Bushaltestelle.

Essen

Rund um die Bushaltestelle gibt's mehrere Cafés, günstige Imbisse und einen Frischwarenmarkt.

Café Restaurant la Rose MAROKKANISCH €

(☎0555 56 62 15; 7 Rue de la Cascade; Hauptgerichte rund 45 Dh, Menü 70 Dh) Seit Langem sehr beliebt für landestypische, traditionell marokkanische Gerichte. Das kleine Restaurant wurde kürzlich renoviert und erstrahlt jetzt in neuem Glanz.

Le Pain MAROKKANISCH €

(Ave de la Marche Verte; Hauptgerichte rund 60 Dh; ⏲9–22 Uhr) Oberhalb des Hôtel Chamonix. Dieses Lokal verfügt über eine große Glasfront, verschiedene Sitzbereiche – in manchen werden nur Getränke, in anderen auch Snacks serviert – sowie einen separaten Raum für vollständige Mahlzeiten, darunter ganz passable Pizzen.

Complexe Touristique Aguelman CAFÉ, MAROKKANISCH €
(Ave Hassan II; Gerichte 30–50 Dh; ⌚9–22 Uhr) Ein Wirrwarr verschiedener Optionen unter einem Dach, die – wie der Name schon sagt – voll und ganz auf Touristen abzielen. Man kann in dem einfachen Imbiss Pizzen, Nudelgerichte, Omeletts oder Sandwiches bestellen oder die Bar aufsuchen. Das Restaurant ist auf marokkanische Speisen spezialisiert und bietet ein gediegeneres Ambiente für ein Abendessen. Bei gutem Wetter sind die Tische draußen mit Blick auf den künstlich angelegten See an der Hauptstraße zu empfehlen.

Le Crouistillant CAFÉ €
(Rue de la Cascade; ⌚7–22 Uhr) Nettes Eckcafé mit Blick auf den Platz. Hier gibt's Getränke und süßes Gebäck.

Praktische Informationen

BMCE (Ave de la Marche Verte) Eine von mehreren Banken mit Geldautomaten in dieser Straße.

Pharmacie Mischliffen (Rue de la Cascade)

Postfiliale (Ave de la Poste)

Touristeninformation (☎0535 56 68 21; Ave Prince Moulay Abdallah; ⌚Mo–Fr 8.30–12 & 14.30–18.30 Uhr)

An- & Weiterreise

Der Busbahnhof und der *grands-taxis*-Stand befinden sich westlich vom Stadtzentrum neben dem Markt.

Jeden Morgen fahren CTM-Fernbusse via Beni Mellal nach Marrakesch (140 Dh, 8 Std.) sowie via Meknès (28 Dh, 1 Std.) und Rabat (70 Dh, 3½ Std.) nach Casablanca (110 Dh, 4½ Std.).

Busse anderer Gesellschaften verkehren häufiger: Sie fahren stündlich nach Fes (16 Dh, 1 Std.) und Azrou (7 Dh, 25 Min.) und seltener nach Beni Mellal (55 Dh, 4 Std.), Marrakesch (110 Dh, 8 Std.) sowie Midelt (42 Dh, 3½ Std.).

Zudem werden Fes (20 Dh), Meknès (24 Dh), Midelt (55 Dh) und Azrou (7 Dh) von zahlreichen *grands taxis* angesteuert.

Rund um die Seen (Route des Lacs)

Ein reizvoller Abstecher führt nördlich von Ifrane um den **Dayet Aoua**. Die Route ist 17 km nördlich von Ifrane an der Hauptstraße nach Fes ausgeschildert und schlängelt sich 60 km lang durch das Seengebiet. Wer kein eigenes Fahrzeug hat, kann in Ifrane ein *grand taxi* mieten; eine zweistündige Tour sollte um die 250 Dh kosten. Einen richtigen Eindruck bekommt man aber erst, wenn man am Seeufer spazieren geht und die friedliche Landschaft genießt. Trekkingfans und Mountainbiker kommen ebenfalls voll auf ihre Kosten. Wer längere Wanderungen unternehmen und zelten will, sollte den Kastentext auf S. 373 lesen.

Der Dayet Aoua erstreckt sich inmitten von Wäldern in einer vogelreichen Gegend. Mit etwas Glück bekommt man Raubvögel wie Zwergadler, Schwarze und Rote Milane sowie Weihen zu Gesicht. Darüber hinaus sieht man hier jede Menge Enten, Watvögel, Kammblesshühner, Spechte, Waldbaumläufer und Kleiber, die zwischen den Bäumen am Südostende des Sees herumfliegen.

An Wochenenden strömen Familien zum Picknicken an das Ufer, an Werktagen hat man diesen Bereich aber ziemlich für sich. Hinter dem Dayet Aoua schlängelt sich die Straße erst nach Osten und dann nach Süden, vorbei am Dayet Ifrah und dem noch kleineren Dayet Hachlat. Sie ist gut befahrbar, im Winter allerdings wegen Schnee öfters gesperrt. Wer hier länger Station machen will, findet am Dayet Aoua zwei gute Übernachtungsmöglichkeiten.

Azrou

Tief im Mittleren Atlas liegt das bedeutende Handelszentrum Azrou, wo die Straßen nach Fes, Meknès, Midelt und Khenifra aufeinandertreffen. Ringsum erstreckt sich eine atemberaubend schöne Landschaft aus Zedern- und Kiefernwäldern sowie hoch gelegenen Bergwiesen, die im Frühling in voller Blüte stehen. Die Berberstadt zeichnet sich durch eine gelassene Stimmung aus und ist der passende Zufluchtsort für all diejenigen, die erst einmal genug vom Großstadttrubel haben.

Azrou (Großer Fels) wurde nach der Felsnase benannt, die den Ort im Westen begrenzt. Davor erhebt sich die große, wunderschön mit lokalem Zedernholz geschmückte Ennour-Moschee – ein guter Orientierungspunkt.

Die Stadt ist Schauplatz eines der größten Suks in der Region (immer dienstags), der vor allem für das Angebot an Berberteppichen bekannt ist. Es lohnt sich, seinen

Besuch auf den Markttag zu legen. Schon seit einigen Jahren wird an einem Museum des Mittleren Atlas gebaut, ein Eröffnungstermin steht allerdings noch nicht fest. Um das Gebirge auch so besser kennenzulernen, lässt man Azrou hinter sich und unternimmt eine Tageswanderung. Die Natur und die frische Bergluft wird man ohnehin in keinem Museum so authentisch erleben. Manchmal entdeckt man sogar ein paar einheimische Berberaffen!

Schlafen

Gemessen an seiner Größe verfügt Azrou über eine überraschend umfangreiche Auswahl an Unterkünften. Vor den Toren der Stadt entstehen an der Straße nach Fes derzeit sogar noch mehr: Das „Schloss" im Disneylandstil soll vor allem Touristen aus den Golfstaaten anlocken.

Hôtel Salame

HOTEL €

(☎0535 56 25 62; salame_hotel@yahoo.fr; Place Moulay Hachem ben Salah; EZ/DZ 70/140 Dh) Kleines, sehr angenehmes Hotel. Die schnuckeligen Zimmer mit einem Hauch traditionellem Berberdekor sind sehr ansprechend und das nette Personal bereitet den Gästen einen herzlichen Empfang. Saubere Gemeinschaftsbäder und Warmwasserduschen (24 Std.; 10 Dh).

Auberge du Dernier Lion de l'Atlas

GÄSTEHAUS €

(☎0535 56 18 68; www.dernierlionatlas.ma; 16 Route de Meknès; EZ/DZ 225/300 Dh, Frühstück 25 Dh; 📶) Eine großartige Option, die allerdings ein Stück außerhalb des Zentrums liegt. Im Angebot sind hübsche Zimmer mit freundlicher Atmosphäre. Wer den Mittleren Atlas erkunden will, findet im Besitzer des Gästehauses eine hilfreiche Informationsquelle. Hier wird auch Abendessen serviert.

Hôtel le Panorama

HOTEL €

(☎0535 56 20 10; www.hotelpanorama.ma; Hay Ajelabe; EZ/DZ/3BZ 274/330/435 Dh) Spaziert man vom Zentrum aus Richtung Nordosten, gelangt man bald zum komfortabelsten Hotel der Stadt. Dieses erinnert an ein stattliches Alpenchalet, thront auf einem

Azrou

Schlafen

1 Hôtel Beau-Sejour C3
2 Hôtel des Cèdres C2
3 Hôtel Salame D3

Essen

4 Café-Boulangerie Bilal C3
Hôtel des Cèdres .... (siehe 2)

Azrou

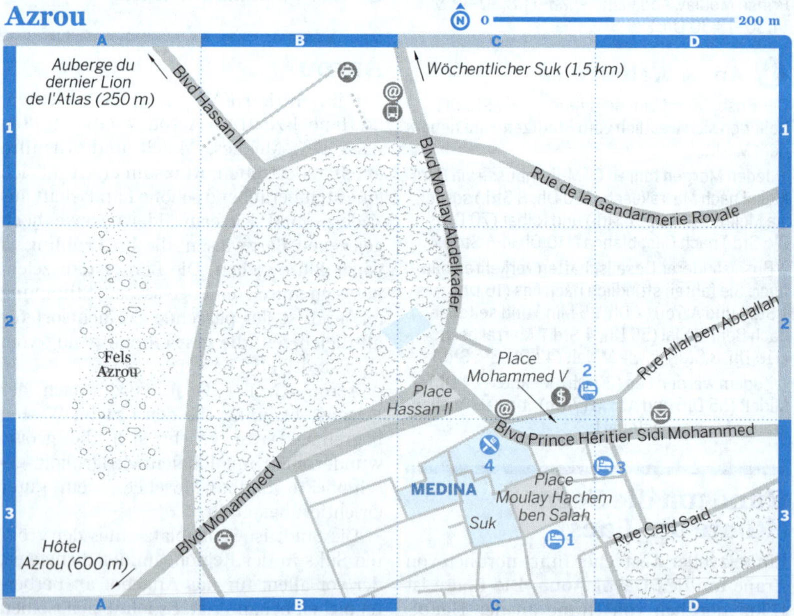

WANDERTOUREN RUND UM AZROU

Azrou ist der ideale Ausgangspunkt für Tageswanderungen zu ein paar der schönsten Ecken des Mittleren Atlas – einfach ein bisschen Proviant einpacken, und schon geht's los. In der Gegend hausen viele Berberaffen, sodass man unterwegs vielleicht welche in den Wäldern sichtet. Es ist möglich, direkt von Azrou aus loszumarschieren, allerdings erreicht man einige der besten Wanderpfade nur mit einem fahrbaren Untersatz.

'Ain Leuh, ein hübsches Dorf, liegt 25 km südwestlich von Azrou. Der Weg dorthin führt durch dichten Zedernwald; wer Lust hat, kann das Auto irgendwo unterwegs abstellen und loslaufen. Jeden Dienstag findet in 'Ain Leuh ein großer Wochenmarkt statt (an diesem Tag ist die Anbindung mit öffentlichen Verkehrsmitteln am besten). Er zieht zahllose Besucher aus der gesamten Region an, besonders Berber vom Stamm der Beni M'Guild. Von der Ortschaft kann man über einfache Wege und vorbei an Häusern mit Flachdächern zu einem Wasserfall in den Hügeln wandern.

20 km weiter südlich führt eine noch malerischere Route zu den Wasserfällen an den **Sources de l'Oum-er-Rbia**. Am Lac Ouiouane verlässt man die Straße und folgt einem Pfad an ein paar Bauernhäusern vorbei in ein kleines Tal. Dort überspannt eine Brücke den Fluss Rbia. Nun sind es noch 15 Minuten bis zu einer Schlucht, in der mehrere Dutzend Quellen aus dem Fels hervorsprudeln und ein paar Kaskaden speisen. Cafés laden zu einer Verschnaufpause ein.

Ambitionierte Wanderfreunde können diese kürzeren Strecken im Rahmen eines sehr viel längeren Rundwegs ablaufen (dauert bis zu sechs Tage). Ausgangspunkt ist 'Ain Leuh. Detaillierte Informationen erhält man beim offiziellen Trekkingführer **Moulay Abdellah Lahrizi** (☎0663 77 26 87; www.tourisme-vert-ifrane.com) von der Association des Guides de Montagnes du Moyen Atlas.

ruhigen, bewaldeten Grundstück und verfügt über einen hübschen Garten, moderne Zimmer mit Balkonen und ein gutes Restaurant. Der Service ist freundlich und effizient.

Hôtel Azrou HOTEL €
(☎0535 56 21 16; Route de Khenifra; EZ/DZ mit Dusche 109/142 Dh, mit Dusche & WC 138/163 Dh) Gute Mittelklasseunterkunft im Süden der Stadt. Das Azrou hat gemütliche Zimmer, eine Bar, ein Restaurant und eine mit Efeu bewachsene Terrasse. Leider wirkt das Ganze nachts mitunter etwas zwielichtig. Spielernaturen aufgepasst: Die Angestellten sind die lokalen *pétanque*-Meister (eine Boule-Art).

Hôtel des Cèdres HOTEL €
(☎0535 56 23 26; Place Mohammed V; EZ/DZ/3BZ 75/105/160 Dh) Das 1925 erbaute Hotel besticht durch eine Reihe von interessanten antiken Einrichtungen und einige Art-déco-Elemente. Die Zimmer sind ihr Geld wert – alle haben Waschbecken sowie separate Duschen und WCs.

Hôtel Beau-Séjour HOTEL €
(☎0535 56 06 92; beau-sejour-hotel@yahoo.fr; 45 Place Moulay Hachem ben Salah; EZ/DZ/3BZ 70/100/180 Dh, kalte/heiße Dusche 5/10 Dh) Vernünftige Budgetoption mit schlichten Zimmern. Von der Dachterrasse genießt man einen netten Blick auf Azrou.

Essen

Gutes günstiges Essen findet man am Blvd Moulay Abdelkader südlich des Busbahnhofs sowie rund um die Place Hassan II und die Place Moulay Hachem ben Salah. Zu den gängigen Speisen gehören Klassiker wie gegrilltes Hühnchen, *brochettes* (Fleischspieße) und *harira* (Suppe).

Café Boulangerie Bilal CAFÉ €
(Place Mohammed V; Sandwiches 20 Dh) Dank des tollen Angebots an Sandwiches und Gebäck platzt das Café stets aus allen Nähten. Außerdem gibt's Fruchtsäfte und bei gutem Wetter auch Eiscreme. Sitzgelegenheiten befinden sich oben.

Hôtel des Cèdres MAROKKANISCH €
(☎0535 56 23 26; Place Mohammed V; Hauptgerichte rund 50 Dh) Unser Favorit in Azrou ist dieses Hotelrestaurant mit einem Speisesaal aus den 1920er-Jahren und einem gemütlichen Holzfeuer. Die Forelle (aus Fischgründen in der Umgebung) schmeckt immer hervorragend. Daneben

werden in der Küche ein paar ausgefallenere Gerichte wie Tajine mit Kaninchenfleisch zubereitet.

Hôtel le Panorama

MAROKKANISCH, EUROPÄISCH €

(☎0535 56 20 10; Menü 130 Dh) Ein weiteres empfehlenswertes Hotelrestaurant. Am besten kommt man abends, wenn zum Essen Wein oder Bier gereicht wird. Auf der Karte stehen leckere Tajines und ein paar europäische Speisen.

Shoppen

Der Wochenmarkt (dienstags) findet 1,5 km nordöstlich vom Stadtzentrum statt. Berberfrauen aus den Nachbardörfern feilschen hier mit Händlern von Webteppichen, Obst, Gemüse und allen möglichen anderen Waren. Sollte mal ein Regenschauer niedergehen, versinkt der Suk allerdings schnell im Morast. Teppiche und Handwerksprodukte in Hülle und Fülle gibt's auch in den Läden an der Place Hassan II und in der Medina.

Praktische Informationen

BMCE (Place Mohammed V) Hat eine *Wechselstube* und einen von mehreren Geldautomaten am Platz.

Cyber Abridnet (Place Mohammed V; 6 Dh pro Std.; ⏲9–24 Uhr) Internetzugang.

Cyber Kawtar (Busbahnhof; 6 Dh pro Std.; ⏲9–24 Uhr) Internetzugang.

Postfiliale (Blvd Prince Héritier Sidi Mohammed)

An- & Weiterreise

In Azrou kreuzen sich die Hauptstraßen von Meknès nach Er-Rachidia in Nordwest-Südost-Richtung und von Fes nach Marrakesch in Nordost-Südwest-Richtung.

Bus

CTM-Fernbusse fahren täglich vom Busbahnhof am Blvd Moulay Abdelkader nach Beni Mellal (55 Dh, 3 Std.), Casablanca (110 Dh, 6 Std.), Fes (30 Dh, 2 Std.), Marrakesch (145 Dh, 7 Std.) und Meknès (30 Dh, 1½ Std.).

Preiswerter sind andere Unternehmen, die mehrmals täglich Fes (18 Dh), Meknès (16 Dh), Ifrane (7 Dh), Midelt (30 Dh) und Er-Rachidia (70 Dh) ansteuern.

Taxi

Vom Busbahnhof führt eine Treppe hinunter zum Stand der *grands taxis*. Diese fahren regelmäßig nach Fes (28 Dh, 1 Std.), Meknès (30 Dh, 1 Std.), Khenifra (25 Dh, 1 Std.) sowie Ifrane (7 Dh, 10 Min.) und weniger häufig nach Midelt (50 Dh, 90 Min.). Sammeltaxis nach 'Ain Leuh (14 Dh, 20 Min.) warten an der Shell-Tankstelle an der Hauptstraße nach Südwesten.

Midelt ميدلت

35 000 EW.

Midelt liegt mitten im Niemandsland zwischen dem Mittleren und dem Hohen Atlas. Die Landschaft nördlich der Stadt ist trocken und unwirtlich, wer dieses Ödland jedoch durchquert, wird mit spektakulären An- und Ausblicken belohnt: Abrupt und wie aus dem Nichts scheint der östliche Hohe Atlas aufzutauchen.

Eigentlich gehört Midelt zu den Orten, die man nur von der Durchreise kennt. Es bietet sich aber als Stopp auf dem Weg von Fes in die Wüste an und ist vielleicht auch für all jene interessant, die einen Teppich kaufen wollen. Hinzu kommt, dass es in der

BESTEIGUNG DES JEBEL AYACHI

Der höchste Berg im östlichen Hohen Atlas, der Jebel Ayachi (3737 m), ist kein einzelner Gipfel, sondern eher ein Bergmassiv, das sich südwestlich von Midelt über eine Länge von 45 km erstreckt. Man kann ihn auf unzähligen Wanderrouten erkunden – eine davon ist die Besteigung des höchsten Gipfels, des Ichichi n'Boukhlib.

Die beste Zeit für Wanderungen am Jebel Ayachi sind die Monate April bis Mai bzw. September bis November. Oberhalb von 3400 m kann sich der Schnee allerdings noch bis in den Juli halten. Von Midelt geht's mit einem *grand taxi* in das Dorf Tattiouine, wo der Aufstieg beginnt. Er ist zwar anstrengend, birgt aber keine sonderlichen Schwierigkeitsgrade und ist in einem Tag zu schaffen. Oben gibt's ein einfaches Biwak. Proviant muss man selbst mitbringen.

Ein Bergführer ist eine gute Idee. Am besten organisiert man die Wanderung über den Complexe Touristique Timnay Inter-Cultures (S. 376) nördlich von Midelt; der Tagessatz liegt bei 300 Dh. Oder man bucht in Tattiouine einen Maulesel mit Treiber – sofern man sich das alleine zutraut.

Umgebung einiges zu entdecken gibt. So kann man z. B. den Jebel Ayachi erklimmen (s. Kasten S. 374).

Die Stadt besteht aus nicht viel mehr als einer Hauptstraße, die im Norden Ave Mohammed V und im Süden Ave Hassan II heißt, einem passablen Suk (Markttage sind Mittwoch und Sonntag) und ein paar riesigen Restaurants, in denen Reisebusgruppen auf dem Weg gen Süden einkehren.

Sehenswertes

Kasbah Myriem WERKSTATT
(Atelier de Tissages et Borderie; ☎0535 58 24 43; ⌚Mo–Do & Sa 8–12 & 14–17.30 Uhr) Der Abstecher in diese Werkstatt 1,5 km außerhalb der Stadt lohnt sich für alle Teppichjäger. Geleitet wird das Ganze von Franziskanerinnen, die Berberfrauen beim Erlernen der Stick- und Webkunst helfen. Hier werden Webstühle, Material und ein einfacher Arbeitsraum zur Verfügung gestellt, in dem sachkundige Frauen jungen einheimischen Mädchen ab ca. 15 Jahren neben dem Weben auch Lesen und Schreiben beibringen. Der Weg ist von der Hauptstraße ausgeschildert (Eingang hinter der Klinik).

Wer schon einmal hier ist, kann auch einen Blick ins **Kloster** (⌚Messen tgl. 7.15 & So 10 Uhr) werfen. Hier wohnen fünf Franziskanerinnen. Kapelle und Klostergarten sind wunderbar friedliche Fleckchen, um seine Gedanken zu ordnen. Die Klingel befindet sich am Tor neben der Werkstatt.

Kasbah des Noyers KASBAH
6 km westlich von Midelt wird das Dorf Berrem nach uralten Walnussbäumen, die hier für Schatten sorgen, auch Kasbah des Noyers genannt. Viel los ist nicht, doch das urige Dorf mit seiner farbenfrohen Moschee und den alten Lehmmauern dient als guter Ausgangspunkt für eine Tageswanderung ab Midelt. Der Hauptweg führt durch die Kasbah zu einem Aussichtspunkt über die imposanten **Gorges des Berrem**. Ein *grand taxi* von Midelt kostet etwa 40 Dh.

Schlafen

Hôtel Taddart HOTEL €€
(☎0535 58 02 28; www.hotel-taddart.com; Route de Meknès; EZ/DZ inkl. HP ab 450/600 Dh; ❄📶🏊) Außerhalb der Stadt hebt dieses brandneue Haus das Niveau der Hotelszene in Midelt beträchtlich an. Die Zimmer haben Balkone mit Blick auf den Jebel Ayachi und verfügen teilweise sogar über Kamine (für den Winter). Die Besitzer organisieren Ausflüge, außerdem kann man sich im kleinen Hotelmuseum (lokales Kunsthandwerk und Fossilien) umsehen oder im Hamam entspannen.

Complexe Touristique Timnay Inter-Cultures CAMPINGPLATZ €
(☎0535 36 01 88; http://timnay-tourisme.com; Route de Zaïda; Camping 20 Dh pro Pers., plus 15/15/25 Dh pro Zelt/Auto/Wohnwagen, Bungalows ab 200 Dh, Berberzelte 25 Dh pro Pers.; 🏊) Ein marokkanisch-belgisches Gemeinschaftsprojekt zur Förderung des Tourismus in der Region. Der Campingplatz liegt

Midelt

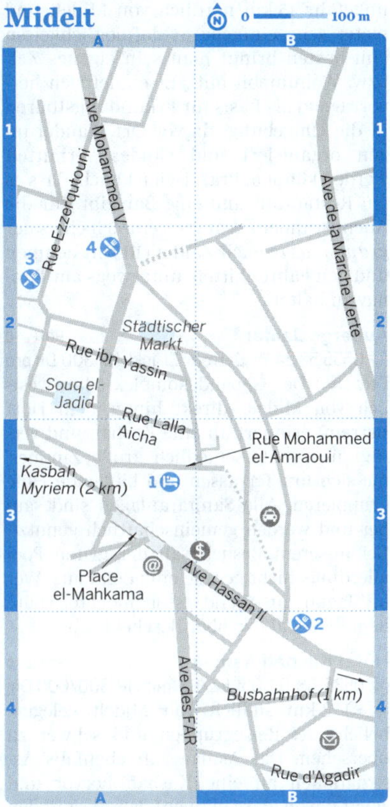

Midelt

Schlafen
1 Hôtel Atlas A3

Essen
2 Complexe Touristique Le Pin B4
3 Fast Food A2
4 Sandwich Atlas A2

ungefähr 15 km nördlich von Midelt und bietet sehr einfache Schlafmöglichkeiten (am besten bringt man sein eigenes Zelt bzw. Wohnmobil mit). Er eignet sich hervorragend als Basis für Erkundungstouren in die Umgebung, da vor Ort Wanderungen organisiert und Guides vermittelt werden können. Praktisch ist auch, dass es ein Restaurant und eine Bar gibt (für die Abendstunden). Anfahrt: einfach eines der *grands taxis* nach Zaïdia (10 Dh) nehmen und den Fahrer bitten, unterwegs am Timnay zu halten.

Auberge Jaafar HOTEL €

(☎0535 58 34 15; Berrem; Zi. inkl. HP 300 Dh pro Pers.;) Der Gebäudekomplex 6 km westlich von Midelt (direkt hinter dem Dorf Berrem) erinnert an eine Kasbah und verfügt über unterschiedlich große Zimmer, die sich um Terrassen und blühende Höfe gruppieren. Alle Sanitäranlagen sind sauber und werden gemeinschaftlich genutzt. Bei unserem Besuch sah der grüne Pool allerdings nicht gerade einladend aus. Wer im Jaafar zu Abend essen möchte, sollte dem Personal tagsüber Bescheid geben.

Hôtel Kasbah Asmaa HOTEL €

(☎0535 58 04 05; EZ/DZ mit HP 300/600 Dh;) 3 km südlich von Midelt gelegen, beliebt bei Reisegruppen und schwer zu übersehen. Das Asmaa ruft ebenfalls Assoziationen an eine Kasbah hervor und zeugt davon, dass man auf dem Weg in den Süden ist. Der Pool am unteren Ende des Grundstücks ist so weit von den Zimmern (vernünftiger Standard) entfernt, dass man unbeobachtet schwimmen und ein Sonnenbad genießen kann. Darüber hinaus gibt's ein Restaurant mit Ausschanklizenz, das sich über einige traditionell gestaltete Salons verteilt und auch eine gute Anlaufstelle für Nichtgäste ist. Hier treten oftmals Gnaoua-Musiker auf.

Hôtel Atlas HOTEL €

(☎0535 58 29 38; 3 Rue Mohammed el-Amraoui; EZ/DZ 70/100 Dh) Eine gute Budgetoption. Auf Anfrage wird hausgemachtes Essen für die Gäste zubereitet. Die Zimmer der winzigen Pension sind erwartungsgemäß einfach, aber sauber. Gleiches gilt für die Gemeinschaftsbäder mit den Hockklosetts (heiße Dusche 10 Dh). Man sollte sich allerdings auf aggressive Verkaufsmethoden von Teppichhändlern gefasst machen – ein paar Traveller haben uns entsprechende Leserbriefe geschrieben.

Essen

Rund um den Busbahnhof gibt's jede Menge günstige Lokale und Imbissbuden. Hier befindet sich auch der Bauernmarkt.

Complexe Touristique Le Pin MAROKKANISCH €€

(☎0535 58 35 50; Ave Hassan II; Hauptgerichte 50–60 Dh, Büfett 70 Dh; ⏲ganzjährig 12–17 Uhr, sowie April–Aug. zusätzlich 19–22 Uhr) Dieses große Restaurant lockt Reisegruppen an (das Gedränge zur Mittagszeit sollte man unbedingt meiden!), denen man im Garten aber leicht ausweichen kann. Es wartet mit frisch zubereitetem Essen auf, das in großzügigen Portionen serviert wird. Außerdem bekommt man hier alkoholische Getränke.

Fast Food FAST FOOD €

(Rue Ezzerqutouni) Der Name trügt, denn das Fast Food wartet mit dem besten Geflügel in der Stadt auf: Für 25 Dh bekommt man ein Viertel Hühnchen mit Salat.

Sandwich Atlas FAST FOOD €

(Ave Mohammed V; Sandwich 10 Dh, Viertelhühnchen & Pommes 20 Dh) Ein tolles Lokal in der Nähe des alten Busbahnhofs.

Praktische Informationen

BMCI (Ave Hassan II) Eine von mehreren Banken mit Geldautomaten auf dieser Straße.

Complexe Touristique Timnay Inter-Cultures (☎0535 36 01 88; http://timnay-tourisme.com; Route de Zaidia) 15 km nördlich von Midelt befindet sich das beste Infozentrum im Ostteil des Hohen Atlas. Hier werden auch Trekkingführer vermittelt und Wagen mit Allradantrieb vermietet.

Cybernet (Ave Hassan II.; 6 Dh pro Std.; ⏲8–24 Uhr) Internetzugang.

Postfiliale (unweit der Ave Hassan II) Südlich des Zentrums.

An- & Weiterreise

Midelts Busbahnhof liegt an der Ave Mohammed V. CTM-Fernbusse verkehren überwiegend nachts. Ein Bus fährt über Rabat (110 Dh, 6½ Std.) nach Casablanca (145 Dh, 7 Std.) und einer über Er-Rachidia (45 Dh, 2½ Std.) und Erfoud (70 Dh, 4½ Std.) nach Rissani (80 Dh, 5 Std.). Außerdem gibt's Verbindungen nach Azrou (55 Dh, 90 Min.), Meknès (60 Dh, 4 Std.) und Fes (70 Dh, 5 Std.).

Andere Unternehmen bedienen dieselben Strecken. Sie sind etwas preiswerter und verkehren zu angenehmeren Zeiten. Fes (50 Dh, 5 Std.) wird täglich von sechs Bussen angesteuert.

Grands taxis fahren nach Azrou (40 Dh, 2 Std.) und Er-Rachidia (55 Dh, 2 Std.).

Rund um Midelt

Seine Lage an den Ausläufern des östlichen Hohen Atlas macht Midelt zum idealen Ausgangspunkt für Exkursionen. Abseits der Hauptrouten sind die Pisten ziemlich holperig und selbst mit Geländewagen oft nur von Mai bis Oktober befahrbar. Für Mountainbiker ist die Gegend das reinste Paradies, aber auch Wanderer kommen voll auf ihre Kosten. Der Complexe Touristique Timnay Inter-Cultures und Safari Atlas in Midelt vermieten Allradwagen mit Fahrer für ca. 1000 Dh (für kleine Gruppen ein günstiger Preis).

CIRQUE JAFFAR

Der Cirque Jaffar schlängelt sich etwa 25 km südöstlich von Midelt durch die Ausläufer des Jebel Ayachi. Außerhalb des Hochsommers dürfte die raue Piste normalen Autos schwer zu schaffen machen, doch die Landschaft ist absolut traumhaft: dramatische Berge des Hohen Atlas, Zedernwälder an den Hängen und winzige Bergdörfer der Berber.

10 km hinter Midelt zweigt der Weg von der Straße nach Zaïdia ab in das Dorf Aït Oum Gam. Von dort folgt er den Hinweisschildern nach Matkan Tounfit und windet sich über Tattiouine sowie die S3424 zurück nach Midelt. Für die 80 km lange Rundtour braucht man einen ganzen Tag. Der Complexe Touristique Timnay Inter-Cultures bietet einen Tagesausflug für 350 Dh pro Person inklusive Verpflegung an.

Wer lieber wandert und ein eigenes Zelt hat, kann den Cirque Jaffar von Timnay auch zu Fuß absolvieren. Eine zweitägige Rundwanderung vermittelt einen guten Eindruck von der Gegend. Von Timnay geht's in das inmitten von Apfelplantagen gelegene Dorf Sidi Amar, wo mittwochs ein herrlich bunter Suk abgehalten wird. Einen Campingplatz findet man ein Stück weiter im Dorf Jaffar. Am zweiten Tag führt der Weg durch imposante Schluchten zurück zum Timnay-Komplex. Ein Guide ist kein Muss, lässt sich aber über den Complexe Touristique Timnay Inter-Cultures organisieren. Wir empfehlen den hilfreichen Wanderführer *Grand Atlas Traverse* von Michael Peyron.

GORGES D'AOULI

Ein interessanter Abstecher führt 15 km nordöstlich von Midelt über die S317 zu den Gorges d'Aouli. In den Felsen der Schlucht, die der Moulaya ausgewaschen hat, wurden bis vor Kurzem Blei, Kupfer und Silber abgebaut. Reste der stillgelegten Minen sind noch gut zu erkennen, teilweise in halber Höhe der Felswände. Aus Sicherheitsgründen wurden die Zugänge zu den Stollen verbarrikadiert. Trotzdem hat der Ort einen gespenstischen Touch, vor allem bei Sonnenuntergang. Ein Stück weiter an der Straße liegt das Dörfchen **Aouli** vor der spektakulären Kulisse der Schlucht. Diese Gegend ist ideal für Mountainbiker (von Midelt fährt man etwa zwei Stunden, die Piste fordert allerdings Material und Mensch stellenweise besonders heraus). Eine Rundfahrt mit einem *grand taxi* von Midelt sollte nicht mehr als 250 Dh kosten.

DER OSTEN

Taza

Auf den ersten Blick scheint Taza alle typischen Merkmale einer verschlafenen Provinzhauptstadt aufzuweisen. Während in anderen ähnlich großen marokkanischen Städten geschäftiges Treiben herrscht, geht's hier beschaulich zu. Darüber hinaus dehnt sich die Stadt so sehr aus, dass sie manchmal geradezu verlassen wirkt.

Taza

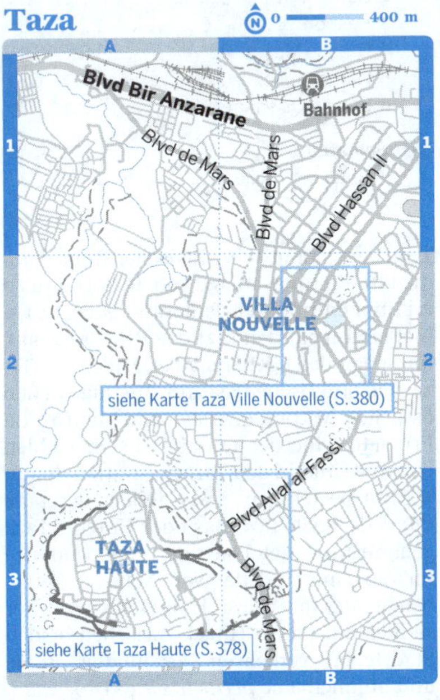

Taza Haute

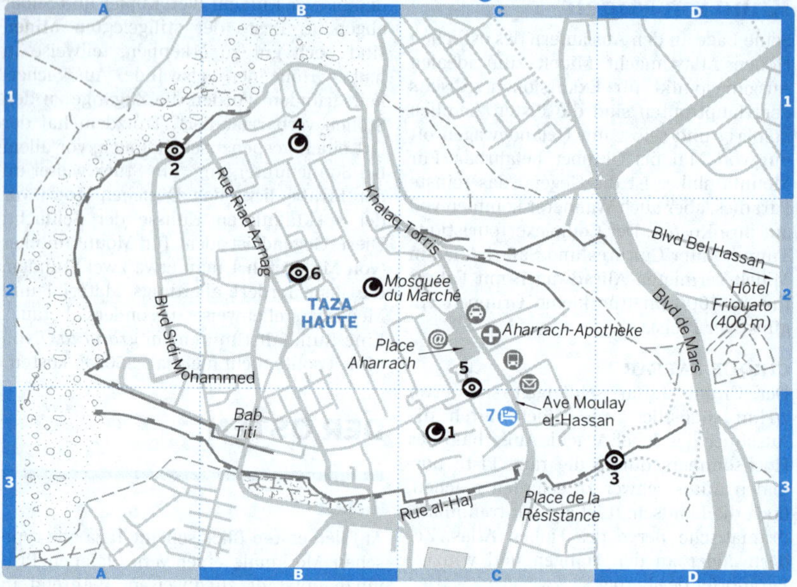

Taza Haute

Sehenswertes

1 Andalusische Moschee C3
2 Bab er-Rih A1
3 Bastion D3
4 Grande Mosquée B1
5 Hamam C2
6 Suks & Qissariat B2

Schlafen

7 Hôtel de l'Étoile C3

Trotzdem lohnt ein Zwischenstopp, um die alte Festungsanlage von Taza Haute zu erklimmen und den Panoramablick zu genießen: Im Norden ragt das Rifgebirge auf, im Süden der Mittlere Atlas. Zudem ist Taza eine praktische Basis für Ausflüge in den östlichen Mittleren Atlas, zum Gouffre du Friouato (eine der fantastischsten Höhlen der Welt) und in den Tazzeka-Nationalpark.

Taza besteht aus zwei Teilen: der *ville nouvelle* (auch Taza Bas oder Unteres Taza genannt) mit der Place de l'Indépendance im Zentrum und der von Mauern umgebenen Medina (Taza Haute) 2 km weiter südlich auf einem Hügel. Zwischen beiden Stadtteilen verkehren regelmäßig Busse und himmelblaue *petits taxis* (6 Dh).

Geschichte

Tazas Festung schmiegt sich an eine Steilklippe über dem einzigen natürlichen Pass zwischen dem Rifgebirge und dem Mittleren Atlas. Die ganze marokkanische Geschichte hindurch spielte die Garnisonsstadt eine bedeutende Rolle bei der Kontrolle der östlichen Landesteile.

Von alters her war der Tizi n'Touahar, wie der Pass heißt, die Einfallsroute für die Armeen, die von Tunesien und Algerien nach Westen vorrückten. Über ihn kamen auch die Römer und Araber nach Marokko. Almohaden, Meriniden und Alawiden nutzten die Stadt als Stützpunkt, um von hier aus das marokkanische Unterland zu erobern und ihre Dynastien zu etablieren.

Alle marokkanischen Sultane sorgten für die Befestigung von Taza. Ihre Kontrolle über die Region blieb trotzdem immer heikel, denn die stolzen, unabhängigen und rebellischen Berberstämme der Umgebung nutzten jede Schwäche der Zentralmacht aus, um die Stadt zu stürmen. Anfang des 20. Jhs. ließ sich „El Rogui" Bou Hamra, der große Teile Nordostmarokkos beherrschte, in Taza zum Gegensultan ausrufen.

Die Franzosen besetzten den Ort 1914 und bekämpften von hier aus den ungebremsten Widerstand der Berberstämme im Rifgebirge und im Mittleren Atlas.

Sehenswertes & Aktivitäten

Stadtmauern der Medina FESTUNGSMAUERN
(Karte S. 378) Die 3 km langen Stadtmauern der Medina sind teilweise verfallen. Sie stammen aus dem 12. Jh., als Taza kurze Zeit Hauptstadt der Almohaden war. 400 Jahre später entstand unter den Saaditen die **Bastion** mit ihren hohen Mauern am Ostrand der Altstadt. Den spannendsten Teil der Stadtbefestigung findet man rund um das **Bab er-Rih** (Tor des Windes); von hier hat man einen herrlichen Blick über die gesamte Umgebung. Die strategisch günstige Lage Tazas ist sofort erkennbar: im Südwesten die bewaldeten Hänge des Jebel Tazzeka im Mittleren Atlas, im Norden das Rif.

Grande Mosquée MOSCHEE
(Karte S. 378) Nicht weit vom Bab er-Rih stößt man auf die Grande Mosquée. Die Almohaden begannen 1135 mit dem Bau, die Meriniden vollendeten ihn dann im 13. Jh. Für Nichtmuslime ist er tabu. Leider gewinnen viele Besucher deshalb nur einen flüchtigen Eindruck. Von der Moschee schlängelt sich die Hauptstraße Richtung Südwesten bis ans andere Ende der Medina. Genau hinschauen lohnt sich – man entdeckt immer wieder wunderschöne, aufwendig dekorierte Haustüren und alte geschnitzte Fensterläden aus Zedernholz.

Suks MÄRKTE
(Karte S. 378) Die **Suks** und **qissarias** beginnen an der Mosquée du Marché. Auf dem Berbermarkt gibt's Matten und Teppiche des Berberstamms Beni Ouarain aus den umliegenden Bergen.

Andalusische Moschee MOSCHEE
(Karte S. 378) Am Ende der Hauptstraße, nicht weit vom *mechouar*, befindet sich die Andalusische Moschee aus dem 12. Jh.

Hamam HAMAM
(Karte S. 377; Place Aharrach; 10 Dh; ⌚Männer 5–12 & 19–24 Uhr, Frauen 12–19 Uhr) Ein empfehlenswertes Badehaus.

Schlafen

In Taza gibt's nur ein paar wenige Hotels. Dass sich die Touristen nicht gerade die Klinke in die Hand geben, merkt man an der generellen Bereitschaft, Gästen bei mehr als einer Übernachtung Rabatte von bis zu 25 % zu gewähren.

Hôtel de l'Étoile HOTEL €
(Karte S. 378; ☎0535 27 01 79; 39 Ave Moulay el-Hassan; EZ/DZ 40/50 Dh) Das Budgethotel in der Nähe der Place Aharrach ist in spanischem Besitz und kann leicht übersehen werden (das Schild versteckt sich unter der Arkade). Drinnen erwartet die Gäste eine Farbexplosion in Erdbeerrosa. Das Étoile ist ganz nett und so schlicht wie angesichts des Preises zu erwarten. Die Zimmer sind in Ordnung (mit Hockklosetts und Waschbecken), allerdings gibt's keine Duschen. Wer mehr als eine Katzenwäsche braucht, kann den nahe gelegenen Hamam aufsuchen.

Hôtel Dauphiné HOTEL €
(Karte S. 380; ☎0535 67 35 67; Place de l'Indépendance; EZ/DZ 130/165 Dh) Super Lage am Hauptplatz und eine sehr gute Option im Budgetsegment. Die Zimmer sind zwar nicht gerade umwerfend, aber meist recht geräumig; die an der Vorderseite haben sogar kleine Balkone. Im Erdgeschoss des Dauphiné befinden sich eine Bar und ein Restaurant.

Hôtel Friouato HOTEL €
(Karte S. 377; ☎0535 67 25 93; Blvd Bel Hassan; EZ/DZ 275/315 Dh; P ❄) Ziemlich genau zwischen Taza Haute und Taza Bas stößt man auf das Friouato, eine gute Adresse, wenn man sich nach Drei-Sterne-Komfort inklusive Bar und Restaurant und einem Pool sehnt und idealerweise mit einem eigenen fahrbaren Untersatz unterwegs ist. Das Dekor wirkt teilweise etwas veraltet.

Hôtel Tour Eiffel HOTEL €€
(Karte S. 377; ☎0535 67 15 62; tourazhar@hotmail.com; Blvd Bir Anzarane; EZ/DZ 320/410 Dh; ❄) An der Straße, die aus Taza rausführt. Hinter der beengten Lobby fährt man mit dem Aufzug zu angemessen großen, recht komfortablen Zimmern, von denen viele tolle Ausblicke auf die Berge gewähren. Im Restaurant gibt's leckere Säfte und Meeresfrüchtegerichte.

Essen

„Richtige" Restaurants sucht man in der Medina vergeblich, stattdessen muss man sich an Imbissständen verpflegen, die Kebabs und Ähnliches verkaufen. Eine Alternative sind Suks, in denen man Obst, Gemüse und andere Lebensmittel bekommt. Auch der Straßenmarkt unweit der Place de l'Indépendance in der *ville nouvelle* bietet Frischwaren und jede Menge Essensstände, wo vor allem abends etwas los ist. Weitere Lebensmittelhändler findet man entlang der Ave Mohammed V. An der Bushaltestelle auf dem Blvd Bir Anzarane (der Straße

Taza Ville Nouvelle

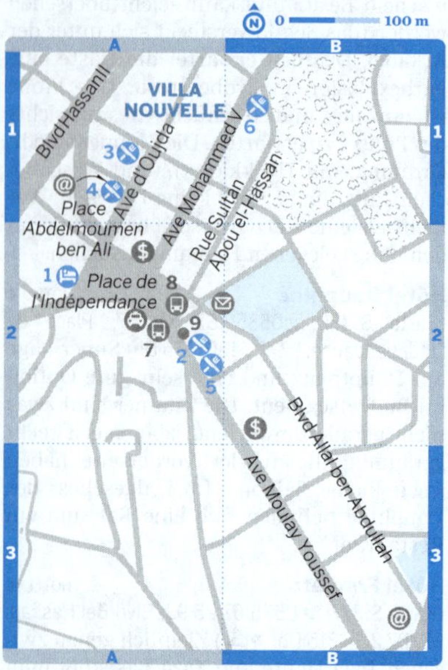

Taza Ville Nouvelle

Schlafen
1 Hôtel Dauphiné A2

Essen
2 Café Amsterdam A2
3 Café La Joconda A1
Hôtel Dauphiné .... (siehe 1)
4 Les Deux Rives A1
5 Mou Mou A2
6 Pizzeria du Jardin B1

Transport
7 Busse & Petits Taxis zur Medina A2
8 Busse zur Medina A2
9 CTM-Büro A2

von Fes nach Oujda) können sich Traveller vor der Weiterfahrt an einem der Fast-Food-Stände stärken.

Les Deux Rives MAROKKANISCH, EUROPÄISCH €
(Karte S. 380; ☎0535 67 12 27; 20 Ave d'Oujda; Hauptgerichte 30–60 Dh) Ein gemütliches, kleines Restaurant. Auf der Karte stehen marokkanische und europäische Gerichte: Man hat die Wahl zwischen Tajine-Variationen, Couscous, leckerer *bastilla* (Blätterteigpastete), Pizzas und Grillfleisch.

Pizzeria du Jardin PIZZA €
(Karte S. 380; 44 Rue Sultan Abou el-Hassan; Hauptgerichte 35–40 Dh) Ein nettes Lokal, in dem Tajine-Gerichte, Pizza, Fast Food und große Salate zubereitet werden. Gäste speisen unter den wachsamen Blicken von Humphrey Bogart und Greta Garbo – Hochglanzfotos zieren die Wände. Abends brummt der Laden, tagsüber wirkt er hingegen wie ausgestorben.

Hôtel Dauphiné MAROKKANISCH €€
(Karte S. 380; ☎0535 67 35 67; Place de l'Indépendance; Gerichte 80 Dh) In dem Hotelrestaurant wird neben der typischen Palette marokkanischer Klassiker – wir empfehlen vor allem den Fisch – auch das eine oder andere europäische Gericht serviert. Es schmeckt und der Service ist effizient, allerdings fehlt dem Lokal eine stimmige Atmosphäre.

Mou Mou FAST FOOD €
(Karte S. 380; Ave Moulay Youssef; Pizzas ab 30 Dh, shwarma ab 30 Dh) Wer geglaubt hat, Taza wäre ein verschlafenes Nest, wird in diesem chronisch überfüllten Laden sein blaues Wunder und jede Menge glückliche Kunden erleben. Also ran an die *shwarma* (Kebabs), Paninis, Pizzas und Säfte.

Café Amsterdam FRÜHSTÜCK €
(Karte S. 380; Ave Moulay Youssef; Gebäck ab 8 Dh) Eine tolle Frühstücksadresse inklusive eigener Konditorei. Schade eigentlich, dass man nicht im Freien sitzen kann. Dafür ist der Innenraum nett gestaltet.

Café la Joconda CAFÉ €
(Karte S. 380; Ave d'Oujda) In dem modernen Straßencafé sind weibliche Gäste sehr gern gesehen.

Praktische Informationen

Aharrach-Apotheke (Karte S. 378; Place Aharrach)

Attajariwafa Bank (Karte S. 380; Ave Moulay Youseff) Hat einen Geldautomaten.

BMCI (Karte S. 380; Place de l'Indépendance) Hat einen Geldautomaten.

Cyber Attoraya (Karte S. 380; Rue Allal ben Abdallah; 5 Dh pro Std.; ⌚24 Std.) Internetzugang.

Cyber Friwato (Karte S. 380; Ecke Ave d'Oujda; 4 Dh pro Std.; ⌚8–24 Uhr) Internetzugang.

Cyber Taza Net (Karte S. 378; Place Aharrach, Taza Haute; 4 Dh pro Std.; ⌚8–23 Uhr) Internetzugang.

Hauptpostamt (Karte S. 380; unweit der Rue de Marché)

Postfiliale (Karte S. 378; Ave Moulay el-Hassan) Gegenüber dem Hauptplatz.

An- & Weiterreise

Bus

Es gibt nur wenige Busse, die in Taza starten. Viele passieren die Stadt jedoch auf dem Weg von Oujda Richtung Westen (z. B. nach Fes, Tanger und Casablanca) bzw. zur Küste.

Das **CTM-Büro** (Karte S. 380; Place de l'Indépendance) befindet sich in der *ville nouvelle*. Morgens geht's nach Oujda (60 Dh, 3½ Std.) und Nador (55 Dh, 2½ Std.) im (Nord-)Osten sowie nach Casablanca (150 Dh, 8 Std.) im Westen mit Stopps in Fes (55 Dh, 2 Std.), Meknès (75 Dh, 2½ Std.) und Rabat (120 Dh, 6½ Std.). Zwei Busse fahren nachts nach Tanger (170 Dh, 8 Std.).

Andere Unternehmen bedienen dieselben Routen; ihre Busse halten an der Straße zwischen Fes und Oujda neben dem *grand-taxi*-Gelände. Die Fahrpläne sind ziemlich unübersichtlich und willkürlich gestaltet, deshalb ist es ratsam, sich einen Tag vor der Abreise nach den Abfahrtszeiten zu erkundigen – und ein *grand taxi* zu nehmen, wenn alle Stricke reißen.

Taxi

Die meisten *grands taxis* starten auf der Hauptstraße (Fes–Oujda) in der Nähe des Bahnhofs. Die Strecke Taza–Fes wird recht häufig bedient (50 Dh, 2½ Std.); Fahrten nach Oujda (70 Dh, 3½ Std.) und Al-Hoceima (65 Dh, 2½ Std.) sind seltener. Wer ein *grand taxi* zum Gouffre du Friouato nehmen möchte (14 Dh), muss sich zu dem Platz südlich der Medina begeben.

Zug

Das praktischste Verkehrsmittel für die Reise nach Taza ist der Zug. Es gibt täglich drei Verbindungen nach Fes (40 Dh, 2 Std.), von wo aus Meknès (56 Dh, 3 Std.), Rabat (111 Dh, 6 Std.) und Casablanca (136 Dh, 7 Std.) angesteuert werden. Auch die Strecke Taza–Tanger wird zweimal täglich bedient (140 Dh, 8 Std., mit Umstieg in Sidi Kacem), ebenso wie Oujda (74 Dh, 3 Std.) im Osten.

Rundum Taza

JEBEL-TAZZEKA-RUNDWEG

Wenn man Lust auf einen interessanten Tagesauflug hat, ist der Rundweg um den Jebel Tazzeka südwestlich von Taza eine gute Option. Auf diese Weise erlebt man gleich mehrere Highlights auf einen Schlag: die Cascades de Ras el-Oued am Rande des Tazzeka-Nationalparks, das Höhlensystem des Gouffre du Friouato und die Schluchten des Oued Zireg.

Leider ist die schmale Straße streckenweise sehr kurvenreich und unübersichtlich (manchmal schießen völlig unerwartet *grands taxis* um die Ecke). Außerdem sind kaum Fahrzeuge unterwegs, sodass Trampen eigentlich keine Option ist. Wer keinen eigenen fahrbaren Untersatz hat, kann in Taza für einen Tag ein *grand taxi* chartern (etwa 500 Dh). Vielleicht erwischt man aber auch eines der *grands taxis* in der Nähe der Medina, die direkt zum Gouffre du Friouato fahren.

Erste Etappe

Als Erstes stehen die **Cascades de Ras el-Oued** 10 km hinter Taza auf dem Programm, wo man auch gut ein zweites Frühstück in Form eines Picknicks einnehmen kann. Am eindrucksvollsten sind die Wasserfälle zu Beginn des Frühlings, wenn sie dank Regen und Schmelzwasser stark anschwellen. Gegen Ende des Sommers ist von dieser Pracht nur noch ein dünnes Rinnsal übrig. In dem Dorf **Ras el-Mar** oberhalb der Cascades de Ras el-Oued gibt's ein kleines Café mit einem grandiosen Ausblick auf die Berge. Ganz in der Nähe befindet sich der Eingang zum **Tazzeka-Nationalpark**. Die hiesigen Korkeichenwälder laden zum Wandern ein.

Hat man die Kaskaden hinter sich gelassen, geht's an der Weggabelung rechts weiter auf das Plateau und einen kleinen Pass hinauf. Linker Hand erstreckt sich eine eigenartige Senke: die **Daïa Chiker**, das Bett eines meist ausgetrockneten Sees, in dem sich lediglich im Frühling oft ein wenig Wasser sammelt. Der saisonale See ist eine Laune der Natur; er entsteht aufgrund von Verwerfungen in dem kalkhaltigen Gestein.

Gouffre du Friouato

Eine sehr steile Straße führt zum 25 km von Taza entfernten und gut ausgeschilderten **Gouffre du Friouato** (☎0567 64 06 26; Eintritt 3 Dh, Führer 100 Dh, Taschenlampe 100 Dh; ⏰8–18 Uhr). Die Höhle ist das Highlight der Jebel-Tazzeka-Tour. Sie ist mehr als 20 m breit und 230 m tief und gilt als tiefster Höhlentrichter Nordafrikas. Wahrscheinlich gibt's in diesem Teil der Welt auch kein ausgedehnteres Höhlensystem. 1935 wurde es erstmalig erkundet, bislang ist es aber nur bis zu einer Tiefe von 300 m erforscht (Speläologen vermuten, dass 500 m tiefer noch mehr Kammern liegen). 520 steile Stufen mit Geländer führen bis zum Grund der Höhle (der Rückweg ist ziemlich anstrengend). Unten angekommen, kann man sich durch ein Loch zwängen und die eigentliche Expedition starten: Nach weiteren 200 Stufen stößt man man auf faszinierende Kammern. Sie sind dunkel, schmutzig, unheimlich und wunderschön zugleich. Noch mehr beeindrucken die Tropfsteingebilde in der **Salle de Lixus** und der **Salle de Draperies**; der Name Draperie – Faltenwurf – wurde passend gewählt angesichts der Formationen, die tatsächlich an dünne, versteinerte Vorhänge erinnern. Für den Hin- und Rückweg sollten insgesamt mindestens drei Stunden eingeplant werden.

Wer das Eintrittsgeld bezahlt hat, kann sich den Höhleneingang ansehen, allerdings dürfen die größten unterirdischen Kammern dahinter nur mit einem Führer erkundet werden. Achtung: Gelegentlich ist bei engen Abschnitten Bauch einziehen angesagt – nichts für Leute mit Platzangst. Wir empfehlen, eine Taschenlampe mitzunehmen (bekommt man am Eingang) und robustes Schuhwerk sowie warme Kleidung zu tragen.

Zurück nach Taza

Hinter dem Gouffre du Friouato geht's hinauf in die Nadelwälder nach **Bab Bou-Idir**. Die meiste Zeit lebt hier niemand, doch im Sommer erwacht das Dorf zum Leben, wenn sich Urlauber auf dem Campingplatz und in den Ferienhäusern mit alpinem Touch einnisten. Es gilt als idealer Startpunkt für Tageswanderungen, denn hier beginnen einige markierte Wanderwege. Das Informationsbüro des Nationalparks ist im Sommer offen.

8 km hinter Bab Bou-Idir zweigt ein holperiger Weg rechts zum Gipfel des **Jebel Tazzeka** (1980 m) ab. Der 9 km lange steile Pfad führt zu einer Fernsehsendeanlage. Von dort bietet sich ein atemberaubender Panoramablick auf das Rifgebirge und den Mittleren Atlas.

Nach weiteren 38 km mündet die Hauptstrecke bei Sidi Abdallah de Rhiata wieder in die Straße von Fes nach Taza. Unterwegs schlängelt sie sich in Haarnadelkurven durch dichte Wälder und die imposante Schlucht des **Oued Zireg**. Von der Kreuzung in Sidi Abdallah de Rhiata führt die Landstraße östlich zurück nach Taza. Bei einer Rast in **Tizi n'Touahar** kann man noch mehr herrliche Ausblicke genießen.

Oujda

880 000EW.

Oujda, die größte Stadt im Osten Marokkos, hat ein modernes Aussehen, das nicht auf eine 1000-jährige Geschichte schließen lässt. Manchmal gewinnt man den Eindruck, ausländische Touristen seien für die Einheimischen ein eher seltener Anblick. Doch das war nicht immer so: Ein Blick auf die Karte zeigt, dass Oujda ans Schienennetz angeschlossen (hier befindet sich der Endbahnhof) und entsprechend gut zu erreichen ist. Außerdem liegt der Ort unweit des einst meistgenutzten Grenzübergangs nach Algerien und war deshalb früher ein bedeutendes Zentrum für Handel und Tourismus. Und das ist der Knackpunkt: Die Schließung der Grenze 1995 war ein schwerer Schlag für Oujdas Wirtschaft, den die Stadt wohl noch immer nicht ganz verwunden hat. Die Einheimischen hoffen, dass die Entwicklung der touristischen Infrastruktur entlang der nahe gelegenen Mittelmeerküste sich auch positiv auf Oujda auswirken wird. Derzeit ist die angesehene Universität das wichtigste Standbein und der Fokus des akademischen Lebens der Stadt.

Zwar mangelt es dem Ort an „richtigen" Sehenswürdigkeiten, dafür kann er aber mit einer entspannten Atmosphäre aufwarten: Wer gerade das Rifgebirge erkundet oder den langen Weg aus Figuig und der Sahara hinter sich gebracht hat, findet hier einen Ort zum Durchatmen.

Geschichte

Oujda liegt an der Hauptachse, die Marokko mit dem übrigen Nordafrika verbindet (bereits die Römer bauten hier eine Straße). Wie Taza hatte die Stadt einst eine Schlüsselposition für die Kontrolle über den Ostteil des Landes inne, zudem war sie oft ein strategisch wichtiger Brückenkopf für Armeen, die das Kernland um Fes erobern wollten.

Der Berberstamm der Meghraoua gründete Oujda im 10. Jh. Der Ort bewahrte sich seine Unabhängigkeit, bis die Almohaden ihn im 11. Jh. stürmten. Unter den Meriniden wurde er mehrfach von algerischen Herrschern aus Tlemcen erobert und im 17. Jh. fiel er an die Osmanen, die ihrem Herrschaftsbereich inzwischen Algerien einverleibt hatten.

Dem setzte Moulay Ismail 1687 ein Ende. Ab da blieb Oujda marokkanisch, bis französische Truppen 1907 über die algerische

Grenze vorstießen und die Stadt besetzten. Solche „Zwischenfälle“ kamen damals häufiger vor, auch wenn das Protektorat noch weitere fünf Jahre auf sich warten ließ. Doch der Sultan war außer Stande, es zu verhindern.

Unter den Franzosen wuchs Oujda beträchtlich. Es entwickelte sich zur Provinzhauptstadt und zum bedeutendsten Zentrum für den Handel mit Algerien.

Sehenswertes

Medina MEDINA

Die Mauern und einige Plätze der kleinen **Medina** wurden kürzlich umfassend saniert. Man betritt die Altstadt durch das Osttor **Bab el-Ouahab**, dessen Name an eine grausame Tradition erinnert: Bis Marokko französisches Protektorat wurde, befestigte man die Köpfe von Verbrechern an diesem Tor. In der Medina wimmelt es nur so von Straßencafés und Essensständen (die Oliven aus Oujda genießen einen ausgezeichneten Ruf) und es herrscht ein angenehm lebendiges Treiben. Hier können Traveller eine wunderbare Mischung aus Althergebrachtem und Modernem erleben. Von der Place al-Attarine geht's nach Norden durch die Suks und an der im 14. Jh. von den Meriniden erbauten **Grande Mosquée** vorbei. Schließlich wird man in der Nähe der Place du 16 Août ankommen, dem Mittelpunkt der *ville nouvelle*. Der Platz zeichnet sich durch einen Uhrenturm aus den 1930er-Jahren und eine schöne **Moschee** aus Sandstein aus.

Stadtzentrum SEHENSWERTE GEBÄUDE

Auch wenn in Oujda eine Unmenge neuer Gebäude errichtet wurde, verstecken sich in den Seitenstraßen im Zentrum einige Art-déco-Bauwerke und Überbleibsel aus der Zeit des französischen Protektorats, die allerdings häufig in einem sanierungsbedürftigen Zustand sind. Folgt man dem Blvd Mohammed V in südlicher Richtung, sollte man nach der eleganten französisch-neumaurischen **Banque al-Maghrib** Ausschau halten, bevor man die **St.-Louis-Kathedrale** unter die Lupe nimmt (Störche nutzen die Türme als Nistplatz.

Schlafen

Oujdas Hotels sind meist überfüllt. Auf Anfrage gibt's eigentlich immer Rabatte.

Hôtel Angad HOTEL €

(☎0536 69 14 51; hotelangad@hotmail.fr; Rue Ramdane el-Gadhi; EZ/DZ 180/224 Dh, mit Klimaanlage 232/274 Dh) Das günstige Zwei-Sterne-Hotel ist die beste Budgetunterkunft der Stadt und verfügt über einfache Zimmer mit großen Bädern und TV; am besten lässt man sich eines auf der Rückseite geben (in den anderes ist es oft laut). Im hauseigenen Café kommt man in den Genuss von Frühstück und Pizzas.

Hôtel Tlemcen HOTEL €

(☎0536 70 03 84; 26 Rue Ramdane el-Gadhi; Zi. 60 Dh pro Pers.) Eine nette, kleine Unterkunft mit tollem Preis-Leistungs-Verhältnis. Die Lobby sieht ausgesprochen edel aus und die Zimmer sind klein, aber hell (mit Bad und Fernseher).

Hôtel Atrah HOTEL €

(☎0536 68 65 33; unweit der Rue Ramdane el-Gadhi; EZ/DZ 113/178 Dh) Kacheln und Stuck verleihen der Lobby ein traditionell marokkanisches Flair. Die voll ausgestatteten Zimmer wirken etwas gedrungen. Dennoch handelt es sich um eine gute Budgetoption.

Hôtel la Concorde HOTEL €

(☎0536 68 23 28; 57 Blvd Mohammed V; EZ/DZ 177/206 Dh) Der Rezeptionsbereich mit Bar und niedriger Decke ist recht eng, aber die Zimmer sind netter, als man vermuten würde. Das Concorde vermittelt ein bisschen den Eindruck, als würde es gerade schlechte Zeiten durchmachen, am Preis und an der Lage kann man allerdings nichts aussetzen.

Hôtel Oujda HOTEL €

(☎0536 68 40 93; Fax 036 685064; Blvd Mohammed V; EZ/DZ 278/352 Dh; ❄≋) Gemessen am Dekor scheint die Zeit in diesem Hotel irgendwann in den frühen 1970er-Jahren stehen geblieben zu sein – man beachte die Lobby im „Weltraumzeitalter“-Stil und die abgefahrenen Badezimmerfliesen. Das Gesamtbild ist jedoch absolut stimmig, dafür sorgen behagliche Räumlichkeiten und das zuvorkommende Personal. Das Restaurant bietet einen hübschen Blick auf den nahe gelegenen Platz und die St.-Louis-Kathedrale.

Hotel Al Manar HOTEL €€

(☎0536 68 88 55; hotelalmanara@menara.ma; 50 Blvd Zerktouni; EZ/DZ 360/420 Dh; ❄) Das Al Manar ist zentral gelegen und macht seinem Namen (Leuchtturm) alle Ehre. Sein Dekor ist funktional und praktisch. Die Zimmer sind ihren Preis wert, in die an der Innenseite dringt jedoch durch kleine Fenster nur wenig Tageslicht.

Oujda

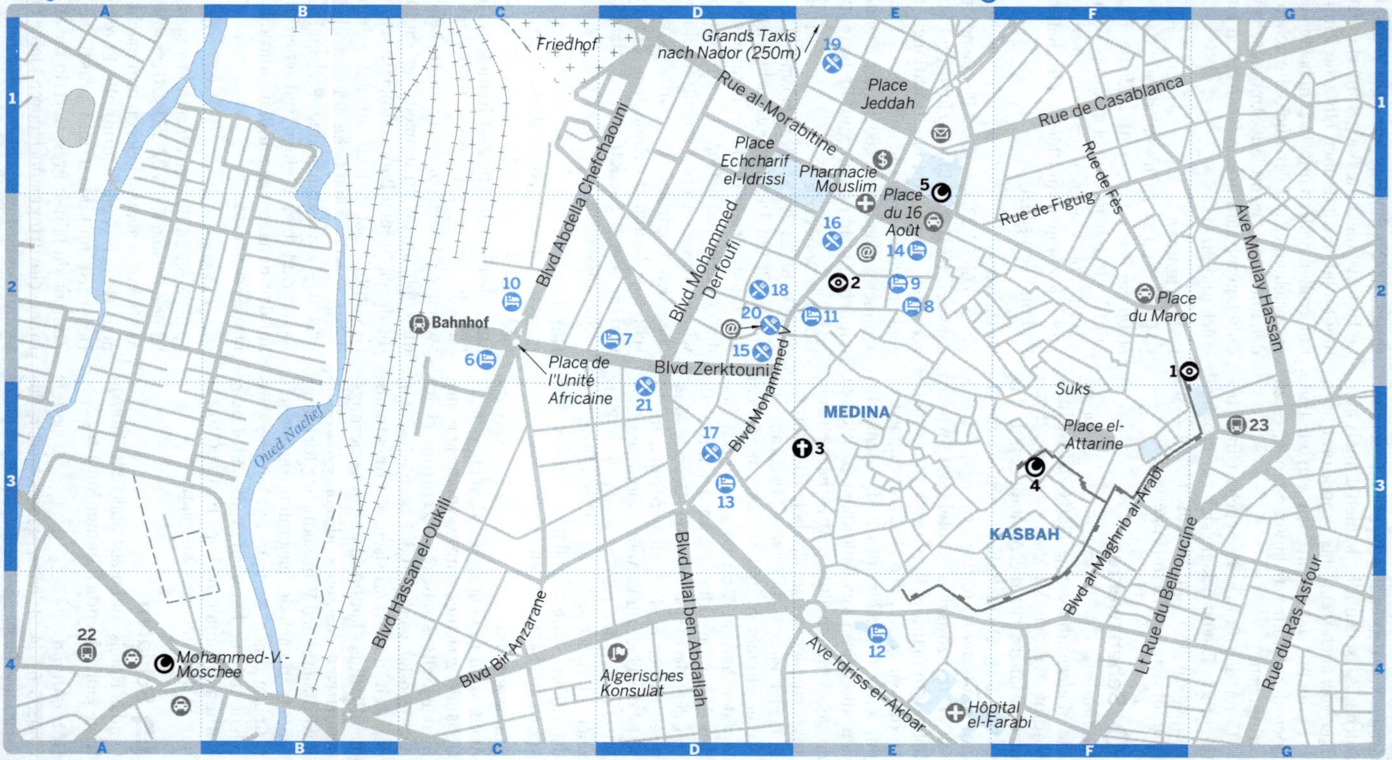
0
500 m
Friedhof
Grands Taxis nach Nador (250m)
Place Jeddah
Rue al-Morabitine
Place Echcharif el-Idrissi
Pharmacie Mouslim
Place du 16 Août
Rue de Casablanca
Rue de Fès
Rue de Figuig
Ave Moulay Hassan
Place du Maroc
Blvd Abdella Chefchaouni
Blvd Mohammed Derfoufi
Bahnhof
Place de l'Unité Africaine
Blvd Zerktouni
Blvd Mohammed V
MEDINA
Suks
Place el-Attarine
KASBAH
Oued Nachef
Blvd Hassan el-Oukili
Blvd Bir Anzarane
Blvd Allal ben Abdallah
Algerisches Konsulat
Ave Idriss el-Akbar
Hôpital el-Farabi
Blvd al-Maghrib al-Arabi
Lt Rue du Belhoucine
Rue du Ras Asfour
Mohammed-V.-Moschee

Oujda

Sehenswertes

1	Bab el-Ouahab	F2
2	Banque al-Maghrib	E2
3	St.-Ludwig-Kathedrale	E3
4	Grande Mosquée	F3
5	Moschee	E1

Schlafen

6	Atlas Terminus	C2
7	Hôtel Al Manar	D2
8	Hôtel Angad	E2
9	Hôtel Atrah	E2
10	Hôtel Ibis Moussafir	C2
11	Hôtel la Concorde	E2
12	Hotel Orient Oujda	E4
13	Hôtel Oujda	D3
14	Hôtel Tlemcen	E2

Essen

15	Café La Défense	D2
16	Café Pâtisserie Colombo	E2
17	Pizza Providence	D3
18	Restaurant Le Comme Chez Soi	D2
19	Restaurant Le Dauphin	E1
20	Restaurant Miami Inn	D2
21	Restaurant Nacional	D3

Transport

22	Gare Routière	A4
23	Stadtbusse	G3

Hotel Orient Oujda HOTEL €€
(☎0536 70 06 06; www.hotelsatlas.com; Place Syrte, Ave Idriss el-Akbar; EZ/DZ 512/624 Dh, Suite ab 1200 Dh; P ❄ ≋) Eines von zwei Atlas-Hotels in Oujda. Das Orient ist eine neue, professionell geführte Anlage für gehobene Ansprüche. Die eleganten Zimmer gewähren einen Blick auf die Medina bzw. den hübschen Garten und es gibt zwei Restaurants, einen Club sowie einen Pool.

Hôtel Ibis Moussafir HOTEL €€
(☎0536 68 82 02; www.ibishotel.com; Blvd Abdella Chefchaouni; Zi. inkl. Frühstück 555 Dh; ❄ ≋) Direkt am Bahnhof. Das Ibis hat eine topmoderne Ausstattung und bietet all den Komfort, den man von einer internationalen Hotelkette erwartet. Allerdings kommt es im 08/15-Look daher – nichts deutet konkret darauf hin, in welchem Teil der Welt man sich gerade befindet.

Atlas Terminus HOTEL €€€
(☎0536 71 10 10; www.hotelsatlas.com; Place de la Gare; EZ/DZ ab 800/1100 Dh; ❄ ≋) Vermutlich ist das großartig gelegene Atlas Terminus die luxuriöseste Unterkunft, die seit Jahren in diesem Teil Marokkos erbaut wurde. Sie bietet einen erstklassigen Service und beherbergt exzellente Zimmer, ein tolles Restaurant, eine Bar, einen Pool sowie einen Fitnessraum.

Essen

Als wir einen Einheimischen fragten, was er an seiner Stadt am schönsten findet, sagte er: „Es gibt sehr viele Cafés." Er hat nicht gelogen: Insbesondere die Männer scheinen einen Großteil des Tages damit zuzubringen, Kaffee oder Minztee zu trinken und dabei Leute zu beobachten. Die am besten besuchten Läden säumen den Blvd Mohammed V südlich der Place du 16 Août. Aber wahrscheinlich ist man besser beraten, wenn man sich einfach treiben und von seinen Sinnen leiten lässt.

Gute Anlaufstellen für Kebabs, Sandwiches, Säfte und andere Snacks in der *ville nouvelle* sind die Rue de Marrakech und die Fußgängerzone südlich der Place du 16 Août. An den Ständen rund um das Bab el-Ouahab in der Medina werden traditionellere Speisen wie *kefta* (gewürzte Fleischbällchen), *harira* und Schnecken angeboten.

LP TIPP **Restaurant Nacional** MAROKKANISCH €
(☎0536 70 32 57; 107 Blvd Allal ben Abdallah; Gerichte ab 25 Dh) Eine Institution in Oujda: Mittags stehen die Leute hier Schlange (im Obergeschoss befindet sich ein großer, brechend voller Salon). Die Salate sind großartig, und die Kellner eilen mit Tellern voller Grillfleisch, Fisch und Tajines durchs Lokal.

Restaurant Le Comme Chez Soi FRANZÖSISCH €€
(☎0536 68 60 79; 8 Rue Sijilmassa; Hauptgerichte ab 85 Dh) Oujdas gediegenstes Restaurant ist jeden Dirham wert. Auf der Speisekarte stehen leckere Fleisch- und Fischgerichte sowie ein paar Pizzas. Die Küche weist insgesamt starke französische Einflüsse auf. Mit Alkohollizenz.

Restaurant Le Dauphin EUROPÄISCH €€
(☎0535 68 61 45; 38 Rue de Berkane; Hauptgerichte 75–100 Dh) Die Fischvariationen genießen einen ausgezeichneten Ruf und erinnern daran, dass das Mittelmeer gar nicht weit weg ist. Während man noch grübelt, welcher frisch gefangene Meeresbewohner auf dem Teller landen soll, schenken die Kellner bereits ein Gläschen Wein ein.

Restaurant Miami Inn FAST FOOD €
(67 Blvd Mohammed V; Gerichte rund 30 Dh) Günstig, schnell und beliebt. Im Miami Inn kommen die Gäste in den Genuss von gegrilltem Hühnchen, Pommes frites und großzügigen Salatportionen.

Pizza Providence PIZZA €
(Blvd Mohammed V.; Pizzas 30–60 Dh) In der Nähe der Kathedrale serviert das Providence gute Pizzas, Paninis, Burger, Salate und mehr.

Café Pâtisserie Colombe CAFÉ €
(Blvd Mohammed V) Ein sehr beliebtes und quirliges Café, gut zum Frühstücken und Leute-Beobachten.

Café la Défense CAFÉ €
(Blvd Mohammed V) Hier kann man stundenlang Kaffee trinken.

Praktische Informationen

Geld

Die meisten Banken mit Geldautomaten und *bureaux de change* befinden sich am Blvd Mohammed V in der Medina und rund um die Place du 16 Août unweit des Rathauses.

Western Union (Blvd Mohammed V; Mo–Do 8–12 & 14–18, Fr 8–11.30 & 14.30–18.30, Sa 9–12.30 Uhr) Hat ein *bureau de change*, in dem man außerhalb der Banköffnungszeiten Geld tauschen kann.

Internetzugang

K@ramoss Internet (Blvd Mohammed V; 5 Dh pro Std.; 24 Std.) Über einem Café.

Internet (Blvd Mohammed V; 5 Dh pro Std.; 9–24 Uhr) Über der Téléboutique.

Medizinische Versorgung

Hôpital el-Farabi (0536 68 27 05; Ave Idriss el-Akbar)

Pharmacie Mouslime (Blvd Mohammed V)

Post

Hauptpostamt (Blvd Mohammed V)

Reisebüros

Maroc Voyages (0536 68 39 93; 110 Blvd Allal ben Abdallah) Bucht Fähren und Flugtickets.

An- & Weiterreise

Bus

Der zentrale Busbahnhof liegt im Schatten der riesigen neuen Mohammed-VI.-Moschee. Das **CTM-Büro** (0536 68 20 47; Rue Sidi Brahim) unterhält eine Filiale unweit der Place du 16 Août, wo man Tickets nach Casablanca (190 Dh, 11 Std.) via Taza (55 Dh, 3½ Std.), Fes (110 Dh, 4½ Std.), Meknès (120 Dh, 5 Std.) und Rabat (170 Dh, 9½ Std.) bekommt. Außerdem werden Fahrkarten nach Tanger (165 Dh, 12½ Std.) via Taza, Fes und Meknès verkauft. Alle zwei Tage verkehrt ein Bus nach Figuig (95 Dh, 7 Std.).

Trans Ghazala hat täglich mehrere Verbindungen nach Casablanca via Fes, Meknès und Rabat im Programm. Fahrkarten erhält man im **Trans-Ghazala-Ticketbüro** (0536 68 53 87; Rue Sidi Brahim).

Viele weitere Unternehmen mit Schaltern am Busbahnhof verkehren häufig nach Taza, Fes und Meknès sowie nach Berkane (12 Dh, 1 Std.) und Nador (30 Dh, 3 Std.). Champion Bus schickt jeden Morgen zwei Busse nach Bouarfa (55 Dh, 5 Std.) und Figuig (70 Dh, 7 Std.). Auch die Strecken nach Saïdia (15 Dh, 1½ Std.) und Al-Hoceima (58 Dh, 5 Std.) werden mehrmals täglich bedient. Zwei Busse pro Tag fahren via Chefchaouen und Tetouan nach Tanger (140 Dh, 14 Std.).

Flugzeug

Der **Flughafen Angad** (0536 68 32 61) liegt 15 km nördlich von Oujda abseits der Straße nach Saïdia (Festpreis für eine Fahrt mit dem *grand taxi* 120 Dh). Wer Geld sparen möchte, nimmt einen der Busse nach Nador, Berkane, Saïdia usw. und lässt sich vom Fahrer an der Hauptstraße unweit des Flughafens absetzen; das kostet nur ein paar Dirhams.

RAM (0536 68 39 09; 45 Blvd Mohammed V) bietet täglich zwei oder drei Flüge nach Casablanca.

Grenzübergang

Kaum jemand geht davon aus, dass die algerische Grenze in naher Zukunft wieder passiert werden kann. Früher herrschte hier reger Verkehr: Busse und *grands taxis* überquerten die Grenze, um weiter nach Tlemcen zu fahren.

Taxi

Vor dem zentralen Busbahnhof starten regelmäßig *grands taxis* nach Taza (70 Dh, 3½ Std.). Taxis in Richtung Norden, beispielsweise nach Nador (55 Dh, 3 Std.), Saïdia (25 Dh, 1 Std.) und nach Berkane (18 Dh, 1 Std.), warten in der Nähe der Kreuzung zwischen der Rue ibn Abdelmalek und dem Blvd Mohammed Derfoufi im Norden der Stadt.

Zug

Oujda wartet mit einem eleganten französisch-neumaurischen Bahnhof auf, der am westlichen Ende des Blvd Zerktouni liegt. Täglich gibt's zwei direkte Verbindungen nach Casablanca (205 Dh, 10 Std.) und eine nach Tanger (via Sidi Kacem, 210 Dh, 11 Std.). Alle Züge halten unterwegs in Taza (74 Dh, 3 Std.), Fes (108 Dh, 6 Std.) und Meknès (130 Dh, 6½ Std.).

Rund um Oujda

SIDI-YAHIA-OASE سيدي يحيى واحة

Sowohl marokkanische Muslime als auch Juden und Christen verehren diese Oase 6 km südlich von Oujda als letzte Ruhestätte von Sidi Yahya Ben Younes. Nach christlicher Überlieferung handelt es sich dabei um niemand anderen als Johannes den Täufer.

Im Grunde ist Sidi Yahia ein ziemlich enttäuschend hässlicher Vorort von Oujda, doch jedes Jahr im September (das genaue Datum verschiebt sich nach dem Mondkalender) strömen Tausende Pilger für den einwöchigen *moussem* herbei. Das große religiöse Fest hat auch eine *fantasia* im Programm und lohnt durchaus einen Abstecher. Alle Bäume rund um das (für Nichtmuslime geschlossene) Grabmal hängen voller Tücher, die Segen bringen sollen – ein Rückfall in vorislamische Fruchtbarkeitszauber.

Vom Bab el-Ouahab in Oujda gelangt man mit mit der Buslinie 1 (4 Dh) hierher. Ein *petit taxi* kostet rund 20 Dh.

Bouarfa

Die lange Fahrt nach Bouarfa und weiter nach Figuig im Süden kann einem wie eine Reise ins Niemandsland vorkommen. Schon sehr bald wird man den Anblick der spärlich bewachsenen Wüstenlandschaft eintönig finden. Nur hier und da sorgen ein Kamel und gelangweilte Wachmänner an den Kontrollpunkten (Figuig liegt direkt an der algerischen Grenze) für etwas Abwechslung.

Bouarfa ist eine Verwaltungs- und Garnisonsstadt, aber auch ein regionaler Verkehrsknotenpunkt. Es erstreckt sich an der Kreuzung der Straßen nach Figuig und Er-Rachidia.

Als beste Übernachtungsmöglichkeit gilt das **Hôtel Climat du Maroc** (☎0536 79 63 82; Blvd Hassan II; DZ/Suite 380/500 Dh; ❄✱). Sein auffälliger Eingangsbereich unweit der Kreuzung nach Figuig ist kaum zu übersehen und die Zimmer sind für diese abgeschiedene Lage sehr gut. Achtung: Das Abendessen muss weit im Voraus bestellt werden! Südlich der Bushaltestelle stößt man auf eine weitere Unterkunft, das **Hôtel Tamlalt** (☎0536 79 87 99; Blvd Massira; DZ 60 Dh). Es ist spartanisch eingerichtet, aber angesichts des Preises durchaus passabel.

Wenn der Magen knurrt, kann man ihn mit dem üblichen Sortiment an *brochettes*, gegrilltem Hühnchen & Co. rund um die Bushaltestelle besänftigen. Für alle, die lieber sitzen möchten, ist das **Restaurant Elwafa** (Blvd Hassan II; Gerichte 30 Dh) beim Hôtel Climat du Maroc die richtige Anlaufstelle. Dort gibt's Tajine-Gerichte und Couscous. Das **Café Amsterdam** (Ecke Blvd Mohammed V & Blvd Hassan II) serviert Gebäck zum Frühstück.

SOLARENERGIE AUS DER SAHARA

Was besitzt die Wüste – abgesehen von Sand – in riesigen Mengen? Sonne! Im November 2009 enthüllte Marokko einen 9 Mrd. US-Dollar teuren Investmentplan, nach dem das Land bis zum Jahr 2020 über 20 % seiner Energie aus Solarkraft erzeugen will. Der größte Teil dieser Energie soll im marokkanischen Orient produziert werden, der Region, die entlang der algerischen Grenze vom Mittelmeer bis nach Figuig verläuft. Die Aufrüstung der Infrastruktur an der Autobahn südlich von Oujda (proklamiert von Dutzenden Werbeschildern) deutet darauf hin, das viel Geld in die Region fließt.

Gleichzeitig hat die deutsch geführte Unternehmensgruppe Desertec Industrial Initiative ein riesiges Solar- und Windenergieprojekt vorgestellt, das sowohl die marokkanische als auch die ägyptische Sahara umfasst und Elektrizität nach Europa exportieren soll. Geplant ist, bis 2050 400 Mrd. Euro zu investieren. Die ersten Pilotprojekte sollen in Marokko durchgeführt werden, das zurzeit Afrikas einzige Stromkabelverbindung nach Europa besitzt (nach Spanien). Während die Entwickler hoffen, mit dem Projekt in Zukunft 15 % des europäischen Strombedarfs decken zu können, halten einige Kritiker die Pläne für überambitioniert – ein großes Hindernis wird wohl die fehlende Kooperation zwischen Marokko und Algerien sein: Ein Grund für die ökonomische Stagnation des marokkanischen Orients ist die Tatsache, dass die Grenze vor über 15 Jahren geschlossen wurde.

Täglich fährt eine Handvoll Busse nach Oujda (55 Dh, 5 Std.; Abfahrt meistens vormittags) und Figuig (25 Dh, 2 Std.). Außerdem gibt's zwei Verbindungen nach Er-Rachidia (58 Dh, 5 Std., morgens und nachmittags). Ein *grand taxi* nach Figuig kostet etwa 300 Dh.

Figuig فجيج

15 000EW.

Als der Grenztourismus noch florierte, war Figuig (*fig-iig*) ein beliebtes Reiseziel; heutzutage verirren sich aber nur noch wenige Urlauber hierhin. Wirklich schade, denn die Stadt zählt zu den schönsten Oasen Marokkos: Sie ist von 200 000 Dattelpalmen umgeben, die von artesischen Brunnen bewässert werden, und war einst eine bedeutende Station für Pilger auf dem Weg nach Mekka. Inzwischen erwacht sie aber nur noch anlässlich der Dattelernte im Herbst aus dem Dornröschenschlaf.

Der Ort hat eine Ober- und Unterstadt. Die Hauptstraße, der Blvd Hassan II, verläuft durch den oberen Teil (die Neustadt). Hier stößt man auf Geldautomaten, eine Postfiliale und hübsche Stadtgärten.

Hinter dem Figuig Hotel führt die Hauptstraße hinab in die Unterstadt: Diese Senke voller Palmen und *ksour* (Burgen aus Lehmziegeln) ist Figuigs ältester Teil. Der Steilhang dient als praktische Orientierungshilfe und bietet eine tolle Aussicht über die oasenartige *palmeraie* (Palmenplantage) sowie nach Algerien: Den besten Blick genießt man von Azrou, wo ein Pfad nach Ksar Zenaga beginnt, oder von der Terrasse des Figuig Hotel.

Sehenswertes

Sieben Ksour ALTSTADT

Figuig besteht aus sieben *ksour*, die sich in der dürren Landschaft verteilen. Die Häuser haben denselben Ockerton wie die Erde, aus der sie gebaut sind. Jedes Dorf verwaltet ein Gebiet der *palmeraie* und deren lebenswichtige Wasserversorgung. Früher leiteten sich befehdende Familien ihre Wasserkanäle um die Fundamente der feindlichen Kasbah um – in der Hoffnung, dass sie die Mauern zum Einsturz bringen würden.

Am größten und interessantesten ist **Ksar Zenaga** südlich des Hangs, der die Oase teilt. Mehrere Wege führen an den Bewässerungskanälen entlang durch Palmenhaine und Gemüsegärten. Unvermittelt erreicht man ein Gewirr überdachter Gassen. In diesen tunnelartigen Wegen entdeckt man immer wieder wunderbare alte Holztüren. Manchmal gerät man allerdings auch plötzlich in einen Hinterhof.

Viele *ksour* sind so baufällig, dass ihre raffinierte Konstruktion gut zu erkennen ist: Sie bestehen aus Palmenstämmen und Stampflehm und wurden mit Palmwedeln gedeckt, außerdem sind sie kühl, dunkel und oft gespenstisch still. Gelegentlich trifft man verheiratete Frauen, die in weiße Schleier gehüllt sind. In den Gassen kann man sich leicht verirren. Kinder aus dem Dorf führen Besucher für ein paar Dirhams gern herum. Eine halbtägige Führung lässt sich über das Figuig Hotel organisieren.

In der Oberstadt westlich der Hauptstraße erhebt sich im **Ksar el Oudahir** ein hübsches Minarett mit achteckigem Grundriss aus dem 11. Jh. Es ist unter den Namen *sawmann al-hajaria* (steinerner Turm) bekannt. Seine Architektur unterscheidet sich stark von der typischen marokkanischen Bauweise.

In der Nähe des Minaretts befinden sich zwei antike Zisternen. Heute sind die einst verschlossenen Wasserbecken für Kinder zum Schwimmen geöffnet.

Ensemble Artisanal KUNSTHANDWERK

(Blvd Hassan II; ⌚16–20 Uhr) Verkauft erstklassige lokale Teppiche und Korbwaren aus Palmwedeln.

Schlafen & Essen

Caid's House (Blvd Hassan II), die ehemalige Residenz des französischen Gouverneurs, wurde zu einem hübschen Mittelklassehotel umgebaut.

Auberge Oasis GÄSTEHAUS €

(☎0536 89 92 20; www.auberge-oasis.com; Rue Jamaa, Ksar Zenaga; EZ/DZ 100/170 Dh, inkl. VP 300/600 Dh; @) Das Familienhaus aus Lehmziegeln ist der beste Ort, um Figuigs Alltagsleben kennenzulernen. Alle Zimmer sind im traditionellen Stil eingerichtet und

GEHT'S NOCH WEITER?

Wer weiter ins Nachbarland reist, kann unter www.shop.lonelyplanet.com ein PDF des Kapitels „Algeria" aus dem englischsprachigen Lonely Planet *Africa* kaufen und herunterladen.

haben eigene Bäder. Im Berberzelt auf dem Dach kann man wunderbar relaxen. Die hausgemachten Mahlzeiten sind schlichtweg großartig.

Figuig Hotel HOTEL €

(☎0536 89 93 09; Blvd Mohammed V; EZ 140–230 Dh, DZ 230–340 Dh, Camping 15 Dh pro Person, Zelt 40 Dh, Auto 40 Dh; P❄≋) Figuigs größtes Hotel hat standardgemäße, gemütliche Zimmer. Von den Unterkünften in der *palmeraie* (Palmenhain) blickt man Richtung Algerien. Es gibt ein Restaurant vor Ort – das Essen muss allerdings im Voraus bestellt werden, damit die Angestellten Zeit haben, die Zutaten auf dem Markt zu kaufen. Nichtgäste sollten das Terrassencafé besuchen, das den besten Ausblick der Stadt bietet, insbesondere bei Sonnenuntergang.

Café des Palmeraie CAFÉ €

(Blvd Hassan II) Gegenüber dem Busbahnhof bieten die Angestellten des Cafés einfache Omeletts, Fleischspieße und Chips an.

Tachraft-Cafés CAFÉ €

(Tachraft-Platz, Zenaga) An dem Platz gibt's mehrere Cafés, in denen man gut Kaffee trinken, Kuchen essen und Leute beobachten kann.

ℹ Praktische Informationen

Die **Banque Populaire** (Blvd Hassan II) hat einen Geldautomaten und eine Wechselstube und bei **Figuig Net** (10 Dh pro Std.) kann man seine Mails checken. Die Post liegt gegenüber dem Ensemble Artisanal.

ℹ An- & Weiterreise

Bus

Ankommende Busse halten in Figuig beim „Busbahnhof" (drei Fahrkartenschalter an einer Kreuzung) am Nordende des Ortes. Sie fahren weiter in die Unterstadt und enden am Tachraft-Platz in Zenaga. Wer zum Figuig Hotel möchte, muss den Fahrer bitten, dort zu halten.

Über die Verbindungen sollte man sich immer einen Tag vor der Abreise informieren. Champion Buses verkehrt frühmorgens zweimal nach Oujda (70 Dh, 7 Std.), während CTM den Ort alle zwei Tage ansteuert (95 Dh). Alle Busse halten in Bouarfa, wo man umsteigen und weiter nach Er-Rachidia fahren kann.

Grenzübergang

Nach wie vor ist die Grenze zu Algerien geschlossen. Falls sie jedoch gegen alle Wahrscheinlichkeit wieder geöffnet werden sollte, sollte man wissen, dass die marokkanische Grenzstation 3 km von Figuig entfernt liegt. Beni Ounif, die erste algerische Stadt, befindet sich 4 km hinter der Grenze.

Südmarokko & Westsahara

جنوب المغرب والصحراء الغربية

Inhalt »

Gut essen

» Café-Restaurant Nomad (S. 427)

» L'Agence (S. 406)

» L'Arganier d'Ammelne (S. 415)

» Mezzo Mezzo (S. 396)

Schön übernachten

» Dar Najmat (S. 424)

» Les 3 Chameaux (S. 424)

» Naturally Morocco Guest House (S. 405)

» Hôtel Salama (S. 410)

» Auberge Sahnoun (S. 414)

» Xanadu (S. 424)

Auf in den Süden

Die Sousebene, in der Ziegen vor der Kulisse des ausgedörrten Antiatlas Arganbäume erklimmen, zieht sich linienförmig durch Marokko. Südlich dieses fruchtbaren Tals verläuft das Leben in den Bergdörfern und Grenzorten der Sahara in ruhigen Bahnen, fernab des Trubels von Massentourismus und modernem Lebensstil.

Durch die Region weht neben Frühlingswinden eine Brise frischer Ursprünglichkeit und die Küste lädt mit ihrem maroden Charme zu einem Minztee mit Blick auf die wilde Atlantikkulisse ein. Bei Trekking-, Mountainbike- oder Autotouren durch die faltigen Ausläufer des Antiatlas lohnt ein Stopp in einem der oasengleichen Dörfer.

Die Einheimischen scheinen der Landschaft perfekt angepasst. Ihre leichten Gewänder flattern unter dem Wüstenhimmel und ihre dunklen Herden sprenkeln die felsigen Berghänge. Der Süden wartet wirklich mit so einigen Überraschungen auf!

Reisezeit

Agadir

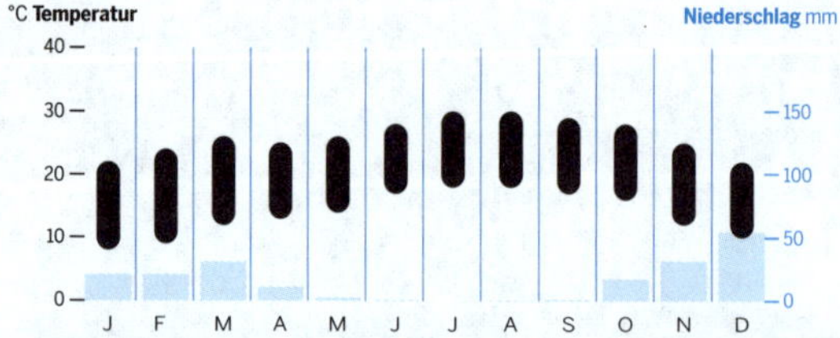

Februar Toll für Wanderungen im Antiatlas und zum Relaxen an der Atlantikküste.

März Zeit der Mandelblüte und des entsprechenden Erntefests in Tafraoute.

November Safranfest in Taliouine, Olivenernte in Immouzzer des Ida Outanane.

Highlights

1. Vor der Kulisse der im Meer versinkenden Sonne an **Sidi Ifnis** (S. 424) Art-déco-Relikten vorbeispazieren
2. Die faltigen Granitausläufer des **Antiatlas** (S. 410) erkunden
3. Grüne *palmeraies* in der **Afella-Ighir-Oase** (S. 412) bewundern
4. Eine Nacht in einem traditionellen Berberhaus im **Tal der Ammeln** (S. 414) verbringen
5. In **Tarfaya** (S. 433) mit Antoine de Saint-Exuperys *Kleinem Prinzen* auf Tuchfühlung gehen
6. Safran- und Arganöl in **Taliouine** (S. 408) probieren
7. Im wunderbaren **Mirleft** (S. 423) relaxen
8. Rund um **Tata** (S. 415) prähistorische Felszeichnungen entdecken
9. Durch das **Vallée du Paradis** (S. 402) wandern
10. Sich in **Taghazout** (S. 402) unter die Einheimischen und Surfer mischen

Klima

Geografisch gliedert sich der Süden in drei verschiedene Zonen mit jeweils eigenem Mikroklima. Die halbtropische grüne Sousebene ist heiß und feucht: Temperaturen liegen zwischen 22 °C und dunstigen 38 °C, wenn Wasserdampf wie Nebel aus den riesigen Zitrushainen der Talebene aufsteigt. Im Frühling ist die Ebene starken Winden ausgesetzt. Das Klima des kargen Antiatlas schwankt zwischen eisigen Wintern und heißen, trockenen Sommern. Die Küste im tiefen Süden bietet hingegen ganzjährig ein stabiles, sonniges Klima.

Sprache

Arabisch ist immer noch die Verkehrssprache in größeren Städten des Südens. In der Sousebene sprechen die Stämme der Chleuh Tachelait – einen Berberdialekt, der sonst vor allem im Antiatlas vorkommt. Vielerorts wird Französisch gesprochen und in einigen einstmals spanischen Gebieten hört man noch Spanisch.

SOUSEBENE

Agadir اكادير

679 000 EW.

Diese Stadt ist mit keiner anderen in Marokko zu vergleichen. Nach einem verheerenden Erdbeben 1960 wurde sie komplett neu erbaut und nun erstrecken sich hinter der Kasbah ein geschäftiger Hafen sowie ein Badeort. Agadir wird mit Sonne, Sand, Fußballübertragungen, Kneipen und Pizza assoziiert. Ein groß angelegtes Straßennetz im Zentrum ist von weitläufigen Wohngegenden umgeben, die betonierten Viertel abseits der Küste wirken hässlich und steril. Dies macht die Stadt allerdings mit der Strandpromenade wieder wett, wo marokkanischer Lebensstil auf angenehme Weitläufigkeit trifft. Südlich des strahlend weißen Jachthafens befindet sich der Sandstrand; besser geschützt als viele Atlantikstrände, bietet er sauberes Wasser, sicheres

Agadir

Badevergnügen und grandiose 300 Sonnentage im Jahr!

Agadir richtet sich an Pauschaltouristen und ist deshalb wenig anziehend für Individualreisende, die an marokkanischer Kultur interessiert sind. Dennoch kann man hier ein bis zwei schöne Tage mit der Besichtigung einiger Sehenswürdigkeiten und entspannte Stunden am Strand füllen.

Die Stadt erstreckt sich über ein großes Gebiet entlang der Küste bis ins Landesinnere. Ab dem nördlichen Ende des Strandes in der Nähe von Hafen und Marina verlaufen drei Boulevards parallel zueinander durch das Touristenzentrum, 20 Août, dem Meer am nächsten, Ave Mohammed V und Hassan II. Viele der besten Hotels und Resorts liegen südlich des Zentrums am Strand. Landeinwärts im nordöstlichen Teil der Stadt befindet sich das Viertel Nouveau Talborjt (Neues Talborjt) mit vielen Budgethotels und Restaurants.

Geschichte

Die Stadt, die nach dem *agadir* (befestigter Kornspeicher) des Irir-Stammes benannt wurde, hat viele Höhen und Tiefen erlebt. Sie wurde im 15. Jh. von portugiesischen Kaufleuten gegründet, die Handelsverbindungen mit den Karawanen der Sahara aufbauen wollten. Seit Mitte des 16. Jhs., als sich das Reich der Saaditen ausdehnte, wurde der Hafen reich durch den Export von Zucker, Baumwolle und Salpeter. Dazu kamen Waren des Saharahandels, den die Marokkaner kontrollierten. Mit diesem Wohlstand war es dann aber in den 1760er-Jahren vorbei, als der alawidische Sultan Sidi Mohammed ben Abdallah den Handel ins nördliche Essaouira verlegte.

Französische Siedler unternahmen einiges, um Agadir im 20. Jh. zu sanieren, aber das Erdbeben vom 29. Februar 1960 zerstörte die gesamte Stadt. Dabei starben 18 000 Menschen, etwa die Hälfte der damaligen Bevölkerung. Die Behörden waren unfähig, die apokalyptischen Folgen – Tod und Seuchen – zu bewältigen und ließen die Stadt unter Kalk und DDT verschwinden: Große Teile Agadirs und seine toten Bewohner wurden unter einem Hügel begraben, der als Ancien Talborjt bekannt ist.

Agadir

Highlights

Musée du Patrimoine Amazigh C3

Sehenswertes

1 Jardin de Olhão C1
2 Mémoire d'Agadir C1
3 Vallée des Oiseaux B2

Aktivitäten, Kurse & Touren

4 Club Med B4
5 Palm Beach A4
6 Petit Train d'Agadir A3
Royal Atlas .... (siehe 13)
7 Sunset Beach A3

Schlafen

8 Hotel Atlantic C2
9 Hôtel Kamal B2
10 Hôtel La Petite Suède A1
11 Hôtel Sindibad D1
12 Hotel Tamri C1
13 Royal Atlas A3

Essen

14 1001 Nights D1
15 Hauptmarkt B1
16 La Scala B4
17 La Tour de Paris B1
18 Little Italy B2
19 Mezzo Mezzo C3
20 SOS Poulet & Pizza C2
21 Uniprix B2

Ausgehen

22 La Truite Irish Bar C3
23 La Verandah C2
24 Patisserie Hassan B2
25 Uniprix Cafe B2
26 Yacout C2

Unterhaltung

Club Med .... (siehe 4)

Shoppen

Hauptmarkt .... (siehe 15)
27 Ensemble Artisanal D1
28 Librairie Papetrie C3
Uniprix .... (siehe 21)

Transport

29 Boutique Hotel Kenzi A3
30 Budget A1
31 Royal Air Maroc A1

NICHT VERSÄUMEN

SOUQ AL-HAD

Im **Souq al-Had** (Blvd Abderrahim Bouabid; ⌚Di–Sa) abseits der Küste, der dem zubetonierten Agadir ein Stück chaotisches, typisch marokkanisches Flair verleiht, erledigen Einheimische ihre Einkäufe. Auf der linken Seite hinter dem Eingang verkaufen Berberapotheker zwischen Obst- und Gemüseständen Weihrauch, Lippenstift und pflanzliche Getränke gegen Magenbeschwerden. Auf der rechten Seite reicht das Angebot von Dschellabas (traditionelle wallende Gewänder) über Fisch bis hin zu hochwertigem Kunsthandwerk wie Lederarbeiten und Laternen.

Seit dem Wiederaufbau ist Agadir zu einer wichtigen Hafenstadt mit einer großen Fischfangflotte geworden, die Marokko zum weltgrößten Exporteur von Ölsardinen machte. Außerdem wurde die Stadt zu Marokkos angesagtestem Badeort, und der neue Luxusjachthafen deutet auf Pläne hin, die Entwicklung der Gegend noch weiter zu fördern.

Sehenswertes

Musée du Patrimoine Amazigh MUSEUM

(☎0528 82 16 32; Passage Aït Souss; Erw./Kind 20/10 Dh; ⌚Mo–Sa 9.30–12.30 & 14–17.30 Uhr) Ein Museum mit einer außergewöhnlichen Sammlung von Kunsthandwerksobjekten der Berber, vor allem Schmuck. Es ist von Marrakeschs Maison Tiskiwin (S. 68) inspiriert und toll für alle, die mehr über die Kultur der Berber erfahren möchten.

Marina JACHTHAFEN

(☎0661 21 57 46; abseits der Ave Mohammed V) Agadirs neueste Attraktion ist die milliardenschwere Marina zwischen Strand und Handelshafen. Der Komplex aus künstlichen weißen Kasbahs dient nicht nur als Anlegestelle für schwimmende Paläste, sondern beherbergt auch Apartments, zahlreiche internationale Geschäfte, Cafés und Restaurants. Außerdem werden Bootsausflüge für Gruppen angeboten.

Mémoire d'Agadir MUSEUM

(☎0528 82 16 32; Ecke Ave du Président Kennedy & Ave des FAR; Erw./Kind 20/10 Dh; ⌚Di–Sa 9.30–12.30 & 15–18 Uhr) Der Eingang des kleinen Gebäudes in der südwestlichen Ecke des Jardin de Olhão befindet sich außerhalb des Parks. Das Museum ist dem Erdbeben von 1960 gewidmet und präsentiert interessante Fotos von Agadir seit den 1920er-Jahren sowie Bilder, die einen Eindruck von den Folgen des Bebens vermitteln.

Jardin de Olhão PARK

(Ave du Président Kennedy; ⌚Di–So 14.30–18.30 Uhr) 1992 wurde dieser kühle, erholsame Park anlässlich der Städtepartnerschaft mit Olhão in Portugal angelegt.

Vallée des Oiseaux PARK

(Tal der Vögel; ⌚11–18 Uhr) Dieser grüne, zentral gelegene Park erstreckt sich in dem trockenen Flussbett zwischen dem Blvd Hassan II und dem Blvd du 20 Août. Er bietet Erholung und verfügt über einen schattigen Spielplatz, eine Voliere sowie einen kleinen Zoo.

Kasbah KASBAH

(abseits der Ave al-Moun) Die Kasbah, ein seltenes Überbleibsel des Erdbebens, thront auf einem Hügel 7 km nordwestlich des Zentrums und ist von fast jedem Punkt in der Stadt zu sehen. Hier oben genießt man einen fantastischen Ausblick auf den Hafen und die Marina.

1541 wurde die Festung unter dem Saaditensultan Mohammed esch-Scheikh erbaut und in den 1740er-Jahren restauriert. Holländische und arabische Inschriften über dem Eingangsbogen („Glaube an Gott und achte den König") erinnern an die Anfänge des Handels mit den Niederlanden. Allerdings verschlechterte sich die Lage in den 1750er-Jahren, als Agadir sich dem lokalen Widerstand gegen den alawidischen Sultan Moulay Abdallah anschloss. Dieser rächte sich, indem er die Kasbah besetzte, die jüdische Gemeinde nach Essaouira verlegte und den Handel verbot. Er überließ die Festung den Bewohnern Agadirs, die sich hier häuslich einrichteten. Heute stehen nur noch die Außenmauern und einige Reste früherer Wohnstätten.

Der Aufstieg zur Kasbah ist lang, heiß und anstrengend. Am besten nimmt man ein Taxi (ca. 25 Dh) und legt nur den Rückweg zu Fuß zurück.

Ancien Talborjt HISTORISCHE STÄTTE

(abseits der Ave al-Moun) Die mit Gras bewachsene Gegend unterhalb der Kasbah bedeckt die Überreste der alten Stadt. Hier wurden auch die Toten des Erdbebens von 1960 begraben.

Hafen HAFEN
(abseits der Ave Mohammed V) Hier dreht sich alles um Schiffsbau und Fischhandel. Der Hafen eignet sich wunderbar, um dem Touristentrubel zu entkommen und Einblicke in den marokkanischen Alltag zu bekommen. Ein Taxi ist einem Spaziergang vorzuziehen. Am besten bittet man den Fahrer, auf dem Weg von der Kasbah zum Zentrum einen Umweg durch die Hafenanlage zu machen. Am Eingang kontrollieren Polizisten manchmal die Reisepässe der Besucher.

Aktivitäten

STRÄNDE

Agadirs Highlight ist der sichelförmige Strand, der meistens verschont bleibt, wenn anderswo der Wind vom Atlantik pustet. Er ist sauber und gepflegt, nachts beleuchtet und wird in der Hauptsaison (Mitte Juni–Mitte Sept.) von Rettungsschwimmern (starke Unterströmung!) und der Polizei überwacht.

Am Strand hat man meist seine Ruhe, aber alleinreisende Frauen und Familien relaxen besser an einem der privaten Strände in der Nähe des Jachthafens oder am **Sunset Beach** bzw. **Palm Beach** bei den großen Hotels. Diese verfügen über Duschen, Toiletten, Spielplätze sowie einen Verleih von Liegestühlen und Sonnenschirmen.

Die Läden an der Promenade südlich der Marina haben Bodyboards für 130 Dh im Angebot. Größere Hotels und Surfclubs am Strand vermieten Equipment zum Windsurfen, Jetskis, Bodyboards und Surfboards.

Für alle, die lieber bummeln gehen: Die **Promenade** erstreckt sich vom Jachthafen bis zum königlichen Palast.

WEITERE AKTIVITÄTEN

Petit Train d'Agadir STADTTOUR
(Blvd du 20 Août; Erw./Kind 18/12 Dh; ab 9.15 Uhr alle 40 Min.) Die Fahrt mit der kleinen Bahn durchs Zentrum dauert 35 Minuten.

Club Med RESORT
(0528 82 95 00; Rue Oued Souss) Tagespässe für das All-inclusive-Resort mit Mittag- und Abendessen sowie Getränken und einer Bühnenshow kosten mindestens 900 Dh pro Person.

Tiznine Argan HAMAM, SPA
(0528 23 27 23; Lot 14, Immeuble 10, Amsernat) In der Nähe des Souq al-Had kann man Arganöl und Kosmetikprodukte kaufen oder sich in einem Hamam (150 Dh), mit Massagen (300 Dh), Maniküre, Pediküre und Gesichtsbehandlungen verwöhnen lassen.

Mehrere große Hotels verfügen über Spas inklusive Hamam. Zu den besten gehören das Royal Atlas und das **Sofitel Agadir** (0528 82 00 88; Baie des Palmiers, Ben Sergao).

Schlafen

In Agadir gibt's überwiegend Hotels in der mittleren und oberen Preiskategorie, aber abseits des Strandes verteilen sich zahlreiche Budgetunterkünfte (unter 600 Dh pro Nacht). In der Hochsaison um Ostern, im Sommer und zur Weihnachtszeit kommen überwiegend europäische Pauschalurlauber in die Stadt. Wer sich dann ein Zimmer sichern will, sollte möglichst früh buchen.

Mittel- (600–1200 Dh pro Nacht) und Spitzenklassehotels (über 1200 Dh pro Nacht) bieten in der Nebensaison oft Preisnachlässe, während die Preise in der unteren Kategorie konstanter sind; online gibt's jedoch Angebote. Viele Luxusbleiben in Strandlage sind auf Pauschaltouristen ausgerichtet, manchmal erhalten aber auch Individualreisende Rabatte.

Vor den Toren Agadirs, in den Hügeln landeinwärts oder in Richtung Süden nach Inezgane, stößt man auf komfortable Riads und Kasbahs.

ZENTRUM & KÜSTE

LP TIPP **Hotel Atlantic** HOTEL €
(0528 84 36 61; www.atlantichotelagadir.com, auf Französisch; abseits des Blvd Hassan II; EZ/DZ inkl. Frühstück 298/393 Dh) Mit seinen komfortablen Zimmern, der herzlichen Rezeption, dem professionellem Service, einem Spa, einem bezaubernden kleinen Pool sowie dem guten Ausflugsangebot gehört das Drei-Sterne-Hotel zu den besten Unterkünften der Stadt.

Royal Atlas HOTEL €€€
(0528 29 40 40; www.hotelsatlas.com; Blvd du 20 Août; EZ/DZ 1429/1658 Dh) Die Zimmer des Fünf-Sterne-Riesen in Strandlage strahlen marokkanisches Flair aus. Geflieste Gänge, dekoriert mit Teppichen und Antiquitäten, führen zu dem von Palmen gesäumten Bar- und Poolbereich sowie den 338 Zimmern und Suiten. Darüber hinaus beherbergt das Royal Atlas einen Nachtclub, ein Fitnessstudio, ein Daniel-Jouvance-Spa sowie italienische und marokkanische Restaurants und bietet alle zu erwartenden Extras.

JEDE MENGE LECKEREIEN

» **Passage Aït Souss** Die Cafés in der Fußgängerzone gegenüber dem Museum servieren marokkanische Speisen und Pizzas.

» **Souq al-Had** Um die Mittagszeit dampfen in vielen günstigen Straßencafés Tajines vor sich hin.

» **Nouveau Talborjt** Die billigen Snackbars in dieser Gegend sind bis spätnachts geöffnet.

» **Hafen** Am Hafeneingang in der Nähe der Ave Mohammed V gibt's superfrische Fischgerichte für etwa 50 Dh. Vor dem Bestellen sollte man nach dem Preis fragen, der je nach Wahl stark variiert. Im Winter schließen die Stände am frühen Abend.

Hotel Riu Tikida Beach RESORT €€€
(☎0528 84 54 00; www.agadirtikida.com; Chemin des Dunes; EZ/DZ 1266/1832 Dh; ❄☒) Gegenüber dem Atlantic Palace in direkter Nachbarschaft zu anderen Spitzenklassehotels. Das Riu Tikida Beach wartet mit einem Strandpool, einem Golfplatz, einem Restaurant und einem Spa auf. Alle Zimmer sind mit zwei Toiletten, Kleiderschränken, Satelliten-TV und einem Tresor ausgestattet. Wer länger bleibt, bucht am besten über eine Agentur wie TUI, das ist billiger.

Hôtel Kamal HOTEL €
(☎0528 84 28 17; www.hotel-kamal.com; Blvd Hassan II; EZ/DZ/3BZ 404/465/569 Dh; ☒) Dieses professionell geführte Hotel in der Innenstadt ist in einem weißen kastenförmigen Gebäude mit Blick auf die Place de L'Esperance untergebracht und ebenso bei Pauschaltouristen wie bei marokkanischen Urlaubern beliebt. Pluspunkte gibt's für das hilfsbereite Personal, den riesigen Pool und die hellen, sauberen Zimmer. Allerdings können die Räume auf der Straßenseite laut sein. Das Frühstück (36 Dh) ist langweilig und überteuert. Online locken Rabatte.

Hôtel La Petite Suède HOTEL €
(☎0528 84 07 79; www.petitesuede.com; Ecke Blvd Hassan II & Ave du Général Kettani; EZ/DZ/3BZ inkl. Frühstück 215/350/465 Dh) Ein schlichtes Hotel, das mit seiner tollen Lage nur fünf Gehminuten vom Strand sowie dem guten Service überzeugt. Zudem versprüht es mehr marokkanisches Flair als ein Großteil der Konkurrenz. Die Zimmer auf der Straßenseite verfügen über große Balkone, die anderen Räume sind dafür ruhiger.

NOUVEAU TALBORJT

Fast alle Budgetunterkünfte liegen abseits des Strandes in Nouveau Talborjt, drei sind an der Place Lahcen Tamri zu finden. Der nächtliche Busverkehr und Prostitutierte sorgen dafür, dass die meisten Rezeptionen rund um die Uhr besetzt sind.

Hotel Sindibad HOTEL €
(☎0528 82 34 77; sinhot@menara.ma; Place Lahcen Tamri; EZ/DZ 257/315 Dh; ❄☒) Das blauweiße Gebäude mit Blick auf die Cafés auf dem Platz beherbergt kleine Zimmer mit Bad. Als Highlight gilt der winzige Pool auf dem Dach.

Hotel Tamri HOTEL €
(☎0528 82 18 80; Ave du Président Kennedy; EZ/DZ 70/100 Dh) Eine Empfehlung unserer Leser. Der moderne Riad verfügt über türkisfarbene Balkone mit Blick auf die Palmen im gefliesten Innenhof, vergilbte Karten zum Pläneschmieden, Zimmer mit Waschbecken sowie Gemeinschaftsbäder mit Hocktoiletten.

Essen

STADTZENTRUM & NOUVEAU TALBORJT

LP TIPP **Mezzo Mezzo** ITALIENISCH €€
(☎0528 84 88 19; Blvd Hassan II; Gerichte 200 Dh) Das Mezzo Mezzo hebt sich angenehm von den vielen langweiligen Pizzerias in Agadir ab und serviert kreative Pizzas wie die scharfe „Bollywood". Zudem bereitet der italienische Küchenchef Pasta- und Fischgerichte zu. Dekor und Service strahlen eine gewisse europäische Raffinesse aus.

La Scala FISCH & MEERESFRÜCHTE €€
(☎0528 84 67 73; Rue Oued Souss; Gerichte 150–250 Dh) Hinter einer unscheinbaren Backsteinfassade versteckt sich eines der besten Fischrestaurants Agadirs. Zwei Seiten der Speisekarte sind Köstlichkeiten aus dem Meer gewidmet, daneben werden Pasta- und Fleischgerichte serviert. Die Speisen sind raffiniert, frisch und hübsch angerichtet. Wer telefonisch reserviert, kann sich kostenlos abholen lassen.

La Tour de Paris REGIONALE KÜCHE, FISCH & MEERESFRÜCHTE €
(☎0528 84 09 06; Blvd Hassan II; Gerichte 110 Dh) Ein Lokal, das weniger auf Pizza fixiert ist als die einschlägige Konkurrenz. Es punk-

tet vor allem mit einer hübschen Terrasse und seinem Jugendstildekor. Der Fernseher mit Fußballprogramm und der Keyboardspieler sind zwar weniger eindrucksvoll, aber dafür stehen Couscous, *pastilla* (Pasteten), Tajines, Fisch und Meeresfrüchte, Steaks sowie Pasta zur Auswahl.

1001 Nights REGIONALE KÜCHE, FAST FOOD €
(Place Lahcen Tamri; Menü 45 Dh) Einige Leser empfehlen diese Institution in Nouveau Talborjt. Mit ihren Terrassen, Tajines (35 Dh) und westlichen Gerichten gehört sie zu den besten Budgetoptionen der Stadt.

Little Italy ITALIENISCH €
(☎0528 82 00 39; Blvd Hassan II; Hauptgerichte 50–75 Dh) In dem urigen Restaurant hängen jede Menge Mafia- und Filmplakate. Das Little Italy zählt zu den attraktiveren Optionen unter den Pizzerias zwischen dem Uniprix-Supermarkt und dem Hauptmarkt. Gewöhnungsbedürftig ist die Pizza „Bingo" mit Garnelen und Putenschinken, es gibt jedoch viele gute vegetarische Varianten und Pastas.

SOS Poulet & Pizza FAST FOOD €
(☎0528 84 30 47; Ave du Prince Moulay Abdallah; halbes Hühnchen 54 Dh, Pizza 40–60 Dh) Die beiden benachbarten Snackbars sind beliebte und verlässliche Adressen für Grillhühnchen und Pizza.

MARINA

Der luxuriöse Jachthafen am nördlichen Ende der Strandpromenade beherbergt zahlreiche Restaurants der mittleren und oberen Preisklasse, die in stilvollem Ambiente internationale Gerichte servieren.

Les Blancs FISCH & MEERESFRÜCHTE, SPANISCH €€
(☎0528 82 83 68; Gerichte 200–300 Dh) Am Eingang des Jachthafens. Das herrlich gelegene Lokal ist in mehreren eleganten kastenförmigen Gebäuden untergebracht und blickt direkt auf den Strand. Unser gegrillter Fisch war recht zäh, zum Angebot gehören jedoch auch andalusische und marokkanische Gerichte. Paella, die Spezialität des Hauses, gibt's ab zwei Personen. In der Hauptsaison muss man für einen Tisch im Freien vorher reservieren.

La Madrague FISCH & MEERESFRÜCHTE, MEDITERRAN €€€
(☎0528 84 24 24; Hauptgerichte 120–250 Dh) Das stilvolle Restaurant befindet sich in einer ruhigen Ecke der Marina und bietet eine Aussicht über die Boote auf die Kasbah. Spezialität des Hauses sind mediterrane Gerichte wie Tapas und Risotto sowie Fisch und Meeresfrüchte.

Captain Tapas Bar DEUTSCH, FISCH & MEERESFRÜCHTE €€
(☎0528 84 17 06; Gerichte 175 Dh; ⏲morgens, mittags & abends) Das deutsche Restaurant mit dem für Agadir typischen Stilmix und maritimer Einrichtung serviert Wiener Schnitzel, marokkanisches Frühstück, Fisch und Pizza – also alles bis auf Tapas.

Sud Ice FRÜHSTÜCK, EISCREME €
(☎0528 84 07 75; Sandwiches 45 Dh; ⏲morgens, mittags & abends; WLAN) Ein Ableger der Kette Venezia Ice. Dieser Laden sorgt für einen guten Start in den Tag.

SELBSTVERSORGER

Souq al-Had MARKT
(Blvd Abderrahim Bouabid; ⏲Di–Sa) Hier gibt's Leckereien wie Datteln, Oliven, Schnecken, Kichererbsen, Chilis, frisches Obst und Gemüse sowie Eier aus der Sousebene.

Uniprix SUPERMARKT
(Blvd Hassan II) Hat von Käse und Keksen bis zu Bier, Wein und Spirituosen einfach alles im Angebot.

Hauptmarkt MARKT
(abseits des Blvd Hassan II) Touristischer Ramsch und frische Lebensmittel.

Ausgehen

In den vielen Cafés kann man mit Kaffee und Gebäck in den Tag starten oder nach dem Strandgang Energie tanken. Meistens öffnen sie vormittags, wobei die beste Zeit für einen Koffeinschub der späte Nachmittag ist, wenn sich Einheimische in der nachlassenden Hitze mit Freunden treffen.

Der Blvd du 20 Août, vom Sunset Beach aus landeinwärts, gilt als gute Adresse für Bars und Nachtclubs, insbesondere am oberen Ende der Rue Oued Souss. Auch an der Marina und am Promenadenabschnitt, der dorthin führt, finden sich zahlreiche Cafés und Bars. Fast alle Bars haben täglich zwischen 17 und 20 Uhr Happy Hour. In manchen dieser Läden kommen Gäste zudem in den zweifelhaften Genuss von Karaoke oder schnulzigen Alleinunterhaltern.

Normalerweise besitzen die Restaurants in Agadir eine Schankkonzession.

Uniprix Cafe BAR, CAFÉ
(Blvd Hassan II) An den Tischen im Freien hat man einen guten Blick über das bunte Treiben.

Jour et Nuit CAFÉ
(Promenade; ⌚24 Std.) Beliebte Adresse für einen abendlichen Drink vor der Strandkulisse. Die neuere zweier benachbarter Bars zieht weniger Männer an und verfügt über eine Panoramaterrasse.

Pâtisserie Hassan PÂTISSERIE, CAFÉ
(Blvd Hassan II) Schräg gegenüber dem Vallée des Oiseaux gibt's leckeren Kaffee und eine ziemlich gute Auswahl an süßen Leckereien.

Yacout PÂTISSERIE, CAFÉ
(Ave du 29 Février) Mit seinem schattigen Garten, den krächzenden Papageien und köstlichem marokkanisch-europäischem Gebäck lädt das Yacout zu wunderbar erholsamen Stunden abseits des Asphaltdschungels ein.

La Verandah CAFÉ
(Immeuble Oumlil, Blvd Hassan II) Gegenüber dem Royal Tennis Club serviert das Café auf seiner verglasten Terrasse starken Kaffee und Snacks wie Sandwiches und Omeletts.

La Truite Irish Bar PUB, CAFÉ
(Passage Aït Souss; 📶) Wie es der Name vermuten lässt, erwartet Gäste ein wilder Stilmix, wobei es mehr Bilder von König Mohammed VI. als Kleeblätter gibt. Das Pub wartet mit Tischen im Freien, Bier vom Fass, englischem Frühstück und Fußballübertragungen auf.

☆ Unterhaltung

Es gibt eine bescheidene Auswahl an Clubs, z. B. am Blvd du 20 Août oder in den großen Hotels. Der Eintritt kostet zwischen 50 und 250 Dh (inklusive eines Drinks). In der Nebensaison kommen Touristen manchmal umsonst hinein, dann schließen die Clubs schon gegen 2 Uhr.

So NACHTCLUB
(☎0528 82 00 88; Sofitel Agadir, Baie des Palmiers, Ben Sergao) Agadirs coolster Club ist auch einer der teuersten und bietet auf mehreren Ebenen Extras wie Champagner- und Wodkabars, eine Bühne für Livemusik und ein Restaurant. Für Einheimische *das* Highlight einer jeden Partynacht.

Papa Gayo NACHTCLUB
(☎0661 99 97 68; Hotel Riu Tikida Beach, Chemins des Dunes) In diesem äußerst beliebten Laden legen internationale DJs auf. Zum Programm gehören durchtanzte Nächte und entspanntes Chillen am Strand.

Festival Timatar FESTIVAL
(http://festival-timitar-agadir.blogspot.com) Auf dem Festival im Juli treten marokkanische und afrikanische Musiker auf.

Club Med ERLEBNISGASTRONOMIE
(☎0528 82 95 00; Rue Oued Souss) Abendtickets (21–2 Uhr) für das All-inclusive-Resort mit Abendessen, Getränken und Bühnenshow kosten 330 Dh pro Person.

Shoppen

Viele Souvenirs werden aus anderen Teilen Marokkos nach Agadir gekarrt und sind oft von minderwertiger Qualität, auch wenn hier mittlerweile zahlreiche Händler aus Marrakesch produzieren. Im Zentrum ist das Einkaufserlebnis zwar wenig atmosphärisch, dafür aber recht ruhig und entspannt.

LP TIPP **Souq al-Had**
KUNSTHANDWERK, ESSEN & TRINKEN
(Blvd Abderrahim Bouabid; ⌚Di–Sa) Der stimmungsvollste und unterhaltsamste Ort, um nach Kunsthandwerk zu stöbern.

Ensemble Artisanal KUNSTHANDWERK
(Ave du 29 Février) Verfügt über eines der besten Angebote der Stadt.

Hauptmarkt KUNSTHANDWERK
(abseits des Blvd Hassan II) Im bzw. rund um das Betongebäude gibt's Souvenirs von Schachbrettern bis zu Lederwaren.

Uniprix SUPERMARKT
(Blvd Hassan II) Schwimmkleidung, Nützliches für Urlauber und eine kleine Auswahl an Kunsthandwerk.

Librairie Papetrie BUCHLADEN
(Passage Aït Souss) Hat englische und französische Taschenbücher sowie Reiseführer auf Lager.

Al Mouggar Bookshop BUCHLADEN
(Ecke Ave du Prince Moulay Abdallah & Ave du 29 Février) Große Auswahl an französischen Büchern und eine kleinere an englischen Romanen.

Praktische Informationen

Geld

Viele Banken reihen sich am Blvd Hassan II aneinander und haben in der Regel Geldautomaten. Am Flughafen gibt's Wechselschalter und weitere Geldautomaten. Große Hotels tauschen ebenfalls Bargeld und Reiseschecks.

Banque Populaire (Blvd Hassan II) Verfügt über einen Wechselschalter. Dies ist eine von zwei Filialen neben dem Hôtel Kamal.

Internetzugang

Es gibt in Agadir jede Menge Internetcafés, die zwischen 5 und 10 Dh pro Stunde verlangen.

Adrar Net (Ave du Prince Moulay Abdallah; 5 Dh pro Std.; ⊙9–22 Uhr)

Medizinische Versorgung

Clinique al-Massira (☎0528 84 32 38; Ave du 29 Février; ⊙24 Std.) Klinik.

Pharmacie du Founty (☎0528 84 40 23; Immeuble Tigoremine, Blvd Hassan II) Apotheke.

Notfall

Fast alle großen Hotels in Agadir können vertrauenswürdige Englisch sprechende Ärzte empfehlen.

Krankenwagen (☎15)

Polizei (☎19; Rue du 18 Novembre) Eine weitere Polizeistation befindet sich in Nouveau Talborjt an der Place Lahcen Tamri, außerdem gibt's an der Promenade einen Stand der Touristenpolizei.

Post

Hauptpostamt (Ave Sidi Mohammed)

Postfiliale (Ave du 29 Février, Nouveau Talborjt)

Postfiliale (Souq al-Had, Blvd Abderrahim Bouabid)

Reisebüros

Rund um die Kreuzung Blvd Hassan II und Ave des FAR stößt man auf viele Reisebüros.

Carlson Wagonlit (☎0528 84 15 28; 26 Ave des FAR) Vertritt große Fluggesellschaften.

Complete Tours (☎0528 82 34 01; Immeuble Oumlil 26, Blvd Hassan II; www.complete-tours.com) Bietet Touren nach Taroudannt und Tafraoute sowie in andere Orte der Region an.

Touristeninformation

Bureau du Port de Plaisance (☎0661 21 57 46; Marina) Vor dem Büro gibt's einen Infostand.

Infoschalter (Flughafen Al-Massira)

ONMT (Délégation Régionale du Tourisme; ☎0528 84 63 77; Immeuble Ignouan, Ave Mohammed V; ⊙Mo–Fr 8.30–16.30 Uhr) In dem blauen Gebäude neben DHL. Die Angestellten bieten nur wenig brauchbare Infos.

ℹ An- & Weiterreise

Auto & Motorrad

Ein Auto zu mieten ist in Marokko selten billig, wobei sich in Agadir noch am ehesten Schnäppchen machen lassen. Aufgrund der großen Entfernungen lohnt sich die Investition aber bei Touren durch die Region, insbesondere weiter in Richtung Süden.

Die Autovermietungen befinden sich rund um die Ecke Blvd Hassan II und Ave des FAR; Preise starten bei ca. 300 Dh pro Tag für den kleinsten Wagen, allerdings sollte man immer feilschen. Büros der großen Anbieter wie Avis, Europcar und Hertz und einiger kleinerer Firmen liegen an der Ave Mohammed V, nahe dem Ende der Ave du Général Kettani. Roller und Motorräder sind ebenfalls verfügbar, deren Zustand man jedoch sorgfältig prüfen sollte.

Boutique Hotel Kenzi (☎0528 47 33 05; Blvd du 20 Août) Hier gibt's Motorroller ab 150 Dh für einen halben Tag; ein Führerschein ist dafür nicht nötig.

Budget (☎Flughafen 0528 83 91 01, Büro 0528 84 82 22; www.budget.ma; Immeuble Marhaba, Ave Mohammed V) Mit 255 bis 436 Dh pro Tag für einen Kleinwagen ist Budget der günstigste große Anbieter vor Ort.

Laargoub Car (☎0661 57 59 72; www.laargoubcar.com; Ave des FAR) Das renommierte Unternehmen hat Einwegtarife im Angebot und verlangt für Kleinwagen je nach Ausleihdauer zwischen 250 und 350 Dh pro Tag.

Bus

Auch wenn viele Busse in Agadir halten, passiert es leicht, dass man im 13 km südlich gelegenen regionalen Verkehrsknotenpunkt Inezgane landet – am besten fragt man nach, bevor man sein Ticket kauft! Praktischerweise penden zwischen Inezgane und Agadir aber viele *grands taxis* (10 Dh) und Busse (8 Dh).

Alle großen Busunternehmen sowie viele kleinere fahren die riesige kreisförmige **gare routière** (Busbahnhof; Blvd Abderrahim Bouabid) hinter dem Souq al-Had an. Wer mit einem bestimmten Bus reisen möchte, sollte im Voraus reservieren.

CTM (☎0528 22 55 96; www.ctm.ma) unterhält ein zusätzliches Büro in Nouveau Talborjt (auf der Rue Yacoub el-Mansour bei der Place Lahcen Tamri) und steuert regelmäßig folgende Ziele an:

ZIEL	PREIS (DH)	DAUER (STD.)
Casablanca	200	6½
Dakhla	340	21
Essaouira	60	3
Laâyoune	220	10
Marrakesch	95	4
Rabat	220	10
Tanger	320	13
Taroudannt	28	1½
Tiznit	40	2

Supratours (☎0528 22 40 10; www.supratours.ma) verfügt über eine weitere Filiale im

TAXIS

Vom Flughafen Al-Massira steuern Taxis verschiedene Orte an. Hier hängen folgende Tarife für Privattaxis aus:

Essaouira oder Goulimime 800 Dh

Mirleft 600 Dh

Taghazout 300 Dh

Taroudannt oder Tiznit 350/450 Dh tagsüber/nachts

Zentrum an der Ecke Blvd Hassan II sowie Ave des FAR und bietet ähnliche, etwas teurere Verbindungen.

Flugzeug

Der **Flughafen Al-Massira** (☎0528 83 91 12; www.onda.ma; N10) liegt 28 km südöstlich von Agadir auf dem Weg nach Taroudannt und wird hauptsächlich von europäischen Charter- sowie Billiglinien angeflogen. Hier gibt's Wechselschalter, Bankautomaten, Autovermietungen, eine Postfiliale und ein paar Cafés.

Royal Air Maroc (RAM; ☎0528 82 91 20; www.royalairmaroc.com; Ave du Général Kettani) fliegt täglich von/nach Casablanca und Paris sowie mittwochs von/nach Dakhla.

Taxi

Am südlichen Ende der Rue de Fès befindet sich der Hauptstand für *grands taxis*. Zu den Zielen gehören Essaouira (75 Dh), Inezgane (5 Dh) und Taroudannt (27 Dh).

Unterwegs vor Ort

Bus

Der Hauptbusbahnhof für lokale Verbindungen liegt neben dem *grands-taxis*-Stand am südlichen Stadtrand. Fahrten innerhalb von Agadir kosten 4 Dh, Tickets sind im Bus erhältlich.

LINIEN 6, 21 & 23 Diese Busse fahren etwa alle zehn Minuten an der Ave Mohammed entlang nach Inezgane (8 Dh). Die Linien 21 und 23 starten am Hafen von Agadir.

Vom/zum Flughafen

Zwischen dem Flughafen und Agadir gibt's keine direkte Busverbindung.

BUSLINIE 37 Fährt etwa alle 40 Minuten bis 20.30 Uhr vor dem Flughafen (an der Straße ca. 500 m geradeaus) ab und steuert Inezgane (5 Dh) an.

GRAND TAXI Kostet zwischen dem Flughafen und Agadir tagsüber/nachts 150/200 Dh für bis zu sechs Personen. Das Gepäck wird meistens extra berechnet.

Taxi

Mit den orangefarbenen *petits taxis* kann man Fahrten innerhalb des Stadtgebiets unternehmen. Der Fahrpreis wird per Taxameter berechnet, deshalb sollte man darum bitten, dass es auch eingeschaltet wird.

Rund um Agadir

INEZGANE انزكان

13 km südlich von Agadir liegt einer der Verkehrsknotenpunkte der Region. Inezgane ist kein Touristenziel, aber gerade deshalb machen hier einige Traveller gerne Station. Gegenüber dem Busbahnhof, quer über die Hauptstraße Ave Mokhtar Soussi, wo sich auch der Taxistand befindet, gibt's einen großen Lebensmittelmarkt. Dienstag ist der wichtigste Suk-Tag.

Das **Hôtel-Restaurant La Pergola** (☎0528 27 18 01; www.lapergola.ma; km 8, Route d'Agadir; EZ/DZ 223/264 Dh), ein Relikt aus Agadirs vergangenen ruhigeren Zeiten, verfügt über Bungalows und einen Garten voller Blumen. Zwar ist der Verkehrslärm der N1 vor der Tür allgegenwärtig und die komfortabel-sterilen Zimmer könnten einen neuen Anstrich brauchen, dafür lockt die einladende Restaurant-Bar (Frühstück 24 Dh, Menü 106 Dh) mit klassischer französischer Küche und einigen marokkanischen Spezialitäten. Was will man mehr nach einer langen Busreise?

Als bestes Billighotel am Busbahnhof gilt das gemütliche, wenn auch etwas muffige **Hôtel Hagounia** (☎0528 83 27 83; 9 Ave Mokhtar Soussi; EZ/DZ 143/190 Dh). Die Zimmer zur Straße haben Balkone, die auf der Rückseite sind dafür ruhiger.

Rund um den Hauptplatz sowie am Markt gibt's zudem etliche günstige Cafés und Restaurants.

Von Inezgane fahren Busse in alle Richtungen. Sie starten am Busbahnhof gleich abseits der Straße von Agadir nach Tiznit. Ganz in der Nähe, an der Ave Mokhtar Soussi, liegen die Büros von CTM und Supratours einander gegenüber.

Von hier verkehren auch jede Menge *grands taxis* nach Essaouira (80 Dh, 3 Std.), Tiznit (23 Dh, 2 Std.) und Taroudannt (23 Dh, 2½ Std.). Reguläre Taxis nach Goulimime (60 Dh, 4½ Std.) und Tan Tan (80 Dh, 6 Std.) fahren weniger häufig.

Ihren Teil zum organisierten Chaos tragen auch die Nahverkehrsbusse (8 Dh) und *grands taxis* (5 Dh) nach Agadir bzw. zum Flughafen Al-Massira (Linie 37) bei.

Sous-Massa-Nationalpark

منتزه سو ماسه الوطني

Orte wie der Sous-Massa-Nationalpark werden immer wichtiger für die Zukunft Marokkos. Das bedeutendste Naturschutzgebiet des Landes erstreckt sich über 70 km von Agadir gen Süden, zwischen dem Strand und der Nord-Süd-Hauptstraße. Auf über 330 km^2 beherbergt es eine großartige wilde Landschaft aus Felsen, Sanddünen, Ackerland, Küstensteppe und Wäldern.

1991 wurde der Nationalpark gegründet, hauptsächlich wegen seiner Bedeutung als Brutplatz für Vögel. Ebenso wie die Sous-Mündung bei Inezgane erfreut er sich bei Vogelbeobachtern großer Beliebtheit, aber auch Trekkingfans werden begeistert sein. Ideal für einen Besuch ist die Zeit von März bis April oder von Oktober bis November.

Im Winter bekommt man oft Fischadler, große Schwärme von Tafel- und anderen Enten sowie Flamingos zu Gesicht. Als größte Attraktion gilt die Waldrapp-Kolonie (eine Ibisart). Diese Vögel wurden im alten Ägypten verehrt und waren einst in Mitteleuropa, Nordafrika und dem Mittleren Osten weit verbreitet, gehören nun jedoch zu den bedrohten Arten. Ein paar kleinere Kolonien und einzelne Brutpaare wurden im östlichen Mittelmeerraum gesichtet, über die Hälfte der weltweiten Population lebt jedoch im Sous-Massa-Park. Inzwischen geht die größte Gefahr vom Tourismus aus. Besucher dürfen derzeit nicht zu den Brutplätzen, aber rund um den Oued Massa oder an der Mündung des Flusses Tamri kann man nach den Vögeln Ausschau halten.

Außerdem tummeln sich im Schutzgebiet Schakale, Rotfüchse, Wildkatzen, Ginsterkatzen und eurasische Wildschweine. In einem großen umzäunten Gebiet im Norden entdeckt man Arten, die aus dem Süden verschwunden sind, darunter Dorkasgazellen, Mendesantilopen, Rothalsstrauße und Säbelantilopen. Das neue Besucherzentrum, das am Haupteingang des Parks in der Nähe des Dorfes Massa entsteht, soll künftig die **Zentrale des Sous-Massa-Nationalparks** (☎0528 33 38 80) beherbergen. Es ist 58 km südlich von Agadir ab der N1 ausgeschildert.

In Massa können Guides (100–150 Dh) an der Stelle gebucht werden, wo ein Weg am Fluss entlang zur Meeresmündung (3 km) und nach **Sidi R'bat** führt. Das winzige Dorf erhebt Anspruch auf doppelten Ruhm: Hier soll der Wal den biblischen Jonas ausgespuckt haben und Uqba bin Nafi, der arabische Eroberer Marokkos im 7. Jh., triumphierend mit seinem Pferd ins Meer geritten sein – als Beweis dafür, dass es kein Land mehr zu erobern gab.

Das **Ksar Massa** (☎0661 28 03 19; www.ksarmassa.com; Sidi R'bat, Oued Massa; EZ/DZ/3BZ inkl. Frühstück 1380/1900/2600 Dh, Zelt EZ/DZ 700/1100 Dh, Mittag-/Abendessen 170/300 Dh; ❄≋) mitten im Park lohnt schon alleine für sich die Anreise. Diese moderne terrakottafarben-blaue Bleibe am Strand wartet mit geräumigen Luxuszimmern und Suiten in hellen Farben und einem Pool am Meer auf. Bei Interesse arrangiert das Management geführte Touren in das Schutzgebiet und die gesamte Region. Die Unterkunft ist ab Massa ausgeschildert.

ℹ An- & Weiterreise

Die Regionalbusse und *grands taxis* von Agadir und Inezgane nach Tiznit legen bei Bedarf einen Stopp in Massa (ca. 20 Dh) ein. Von dort braucht man noch etwa eine Stunde zu Fuß bis zur Mündung des Oued Massa. Alternativ fahren Geländewagen in den Park, wobei der Oued Massa und der Oued Sous auch mit einem normalen Auto (oder *grand taxi*) zu erreichen sind.

Nördlich von Agadir

An der Küste rund um Agadir reihen sich Villen, Vergnügungsparks, Golfplätze und andere Bauprojekte aneinander. Wer auf der Suche nach guten Surfspots und weniger überlaufenen Stränden ist, sollte weiter nach Norden fahren, wo es alle paar Kilometer wunderbare Buchten mit Sandstränden zu entdecken gibt.

ℹ An- & Weiterreise

Bus 32 verkehrt für 8 Dh zwischen dem Hafen von Agadir via Aourir und Tamraght nach Taghazout; ein *grand taxi* ab dem Zentrum kostet dasselbe.

TAMRAGHT & AOURIR طمر ات و اوريد

Aourir und Tamraght sind zusammen als Banana Village bekannt. Grund sind die Bananenhaine entlang des Oued Tamraght, der die beiden Dörfer teilt. Die beiden Orte liegen etwa 12 bzw. 15 km nördlich von Agadir und grenzen an den Banana Beach, der vor allem Surfanfänger anzieht. In Aourir findet mittwochs auf der Meerseite der N1 ein betriebsamer Suk statt.

Beim Rocher du Diable, um die Landspitze nördlich des Banana Beach herum, verleihen **Surf Tours Maroc** (☎0661 51 89 33; www.surftoursmaroc.co.uk) und der **Imourane Surf Shop** (☎0676 03 69 18) Surfbretter und Bodyboards (ab 100 Dh pro Tag).

Die **Villa Mandala** (☎0528 20 03 68; www.surfmaroc.co.uk; Aourir; Zi. inkl. Frühstück 400–500 Dh pro Pers.; ❄) neben dem Strand wird von Surf Maroc betrieben und richtet sich – Überraschung – in erster Linie an Surfer. Ihre Einrichtung ist eine Mischung aus Tradition und Moderne: Draußen begrüßen einen wirbelförmig angeordnete Kieselsteine, bevor es hoch zum kurvigen Pool und ins weiße teppichbedeckte Innere geht.

Ein besseres Preis-Leistungs-Verhältnis als Unterkünfte in Agadir bietet das einfache, aber gemütliche **Hotel Littoral** (☎0528 31 47 26; www.hotellittoral.com; Aourir; EZ/DZ inkl. Frühstück 200/300 Dh; ❄) mit einem Bar-Restaurant.

Das Restaurant **Tanit** (☎0528 31 48 75; Aourir; Gerichte 50 Dh) ist in einer modernen Kasbah mit kühlem, schattigem Inneren und einem Turm untergebracht. Hier werden Gerichte wie *pastilla* und andere Klassiker mit Blick auf die Berge verspeist, außerdem gibt's freitag- und samstagabends ein Unterhaltungsprogramm.

Am nördlichen Ende vom Banana Beach stößt man auf ein schlichtes Café, allerdings sollte man eher das **Chez Brahim** (☎0673 21 02 93; Rocher du Diable; Gerichte 115 Dh) ansteuern, auf dessen Strandterrasse herzhafte Fisch- und Fleischgerichte kredenzt werden.

TAGHAZOUT تاغزوت

6 km von Tamraght entfernt erstreckt sich das relaxte Fischerdorf Taghazout, das einst für Calamari und Hippies berühmt war. Heute gilt es als Marokkos Surferparadies. Spots wie Killer Point, La Source und Anka Point locken vor allem die Cracks an; Anfänger versuchen ihr Glück am Hash Point (ein passender Name übrigens, denn *hash* steht sowohl für „Durcheinander" als auch für „Haschisch"). Am verlässlichsten sind die Surfbedingungen von September bis Mai.

Surf Maroc (☎0528 20 03 68; 📶) wird von einer Gruppe britischer Surfer betrieben und bietet Zimmer, Ratschläge, Kurse, Ausrüstungsverleih sowie Yogastunden. Zur Klientel der Agentur gehören Anfänger, Profis sowie überzeugte Landratten, die die entspannte Stimmung schätzen. Unterschlupf findet man aber auch in der **L'Auberge** (Zi. inkl. Frühstück 250 Dh pro Pers.), der wunderbaren **Taghazout Villa** (Zi. 350 Dh) am Hash Point und der Villa Mandala, wo überall Wochen-, Tages- und Halbtagspakete angeboten werden.

Im Dorf kann man Apartments und Zimmer mieten (150–1000 Dh), z. B. im **Riad Taghazout** (☎0650 69 18 85; EZ/DZ 300/400 Dh; 📶) beim Surf Maroc. Während der Nebensaison reicht es, sich vor Ort nach der passenden Bleibe umzuschauen.

Am Fuß der Wege, die vom Hauptplatz zum Strand führen, serviert das Café der **L'Auberge** (☎0528 20 03 68; Gerichte 50 Dh) marokkanische und internationale Küche.

Seine E-Mails kann man im **Internet Cafe Amouage** (8 Dh pro Std.; ⏲8.30–21 Uhr) checken.

Immouzzer des Ida Outanane ايموزار ادو اوتنان

Ein herrlicher Abstecher führt 60 km (eine zweistündige Fahrt) nordöstlich von Agadir in das Vorland des Hohen Atlas. Auf dem Weg kommt man durch das **Vallée du Paradis**, das seinen Namen zu Recht trägt, denn die von Oleander und Palmen gesäumte Schlucht ist ideal für ein Picknick und zum Schwimmen. Die **route du miel** (Honigroute) war eine Idee lokaler Erzeuger; neben Arganöl wird die süße Leckerei an Ständen verkauft. Schilder an der Straße führen zu einem 3 km langen Wanderweg.

30 km hinter den Hotels im Vallée du Paradis sprudeln die Kaskaden von Immouzzer, die zu den schönsten Nordafrikas zählen. Zwischen Februar und August führen sie das meiste Wasser, in der letzten Zeit verwandelten Trockenperioden sie jedoch in regelrechte Rinnsale. In Anbetracht der vielen Touristenstände und *faux guides* (inoffiziellen Guides), die Führungen zu den Fällen anbieten, ist das Vallée du Paradis vorzuziehen.

Führen die Kaskaden genug Wasser, fällt dieses in mehreren Stufen vom Rand des Plateaus eine Klippenwand namens Voile de la Mariée hinab. Der Weg zum Fuß der Wasserfälle endet an einem blau schimmernden Becken mit vorspringenden Felsen und Blattwerk. Ist der Fluss passierbar, kann man auf ein Plateau steigen, das den Blick auf das Tosbecken ganz oben und Höhlen, die einst von Hippies bewohnt wurden, freigibt. Zu den vielen Wanderrouten in der Region gehört die steile 4 km lange Straße vom Dorf Immouzzer hinunter zu dem Weg.

Im Frühjahr stehen die Mandelbäume in voller Blüte und im Juli/August stehen die Honigernte sowie ein Fest zu Ehren dieser klebrigen Süßigkeit an. Mit etwas Glück erlebt man zudem gegen Ende November die Olivenernte mit. Dann klettern die Dorfbewohner in die Bäume und schütteln die Früchte von den Ästen. Jeden Donnerstag wird ein Markt abgehalten.

Schlafen & Essen

Am Fuß des Pfades zu den Wasserfällen stößt man auf zwei Cafés, ein weiteres befindet sich ein Stück weiter oben.

Hôtel des Cascades HOTEL €€

(☎0528 21 88 08; www.cascades-hotel.net, auf Französisch; EZ/DZ 462/572 Dh; ☒) Diese wunderschön gelegene Bleibe thront über dem Tal vor den Toren Immouzzers inmitten eines grünen Gartens mit Tennisplätzen. Blumentöpfe und Kunst schmücken ihre Terrasse und Korridore und die 27 weitläufigen Zimmer verfügen über kleine Balkone. Außerdem gibt's ein Restaurant (Menü 180 Dh). Vom Garten führt ein 4 km langer Weg zu den Wasserfällen.

Auberge Bab Immouzer HOTEL €

(☎0670 13 10 06; Vallée du Paradis; Zi. inkl. Frühstück 300 Dh; ☒) Ein neu eröffnetes Hotel mit neun Zimmern inklusive Bädern und gefliesten Böden sowie mehreren Terrassen mit Blick auf die angrenzende *palmeraie* (Palmenhain) und das Tal. Dank der getönten Scheiben des Restaurants können die Gäste auch an sonnigen Tagen die Aussicht genießen.

Auberge le Panoramic HOTEL €

(☎0528 21 67 09; Vallée du Paradis; EZ/DZ inkl. HP 250/450 Dh; ☒) Auf der *route du miel* stößt man auf diese Unterkunft, die über eine Terrasse mit eindrucksvoller Aussicht auf das Tal verfügt. Dort nehmen die Gäste das einfache marokkanische Abendessen in Form von Salat und Tajine sowie das Frühstück mit zwei hausgemachten Honigsorten ein. Die einfachen Zimmer teilen sich ein Gemeinschaftsbad mit Sitztoiletten und Kaltwasserduschen. Das nahe gelegene Hôtel Tifrit (EZ/DZ ab 250/500 Dh) wird von derselben Familie geführt.

An- & Weiterreise

Ein unzuverlässiger Bus fährt vom Busbahnhof in Agadir nach Immouzzer (30 Dh, 3 Std.), allerdings nur, wenn sich genügend Passagiere einfinden. Außerdem muss man bis zum nächsten Morgen auf den genauso unzuverlässigen Bus zurück warten. Deshalb teilt man sich wohl besser ein *grand taxi* (35 Dh), was an einem Donnerstag am einfachsten ist, denn dann wird der Markt abgehalten. Hotels und Reisebüros in Agadir bieten Ausflüge nach Immouzzer an.

Taroudannt تارودانت

70 000 EW.

Taroudannt (oder Taroudant) wird auch gerne als „Klein-Marrakesch" bezeichnet, wobei dies kein guter Vergleich ist. Vor dem Hintergrund der schneebedeckten Gipfel des Hohen Atlas versteckt sich der Ort hinter prächtigen roten Lehmmauern. Seine Suks und Plätze umgibt ein Hauch von Maghreb-Mystik, außerdem wird eifrig Handel getrieben, da hier viele Berber ihre Produkte verkaufen.

Es gibt zwar nichts, was man unbedingt gesehen haben muss, aber Taroudannt ist eine Stadt zum Bummeln und Verweilen. Es lohnt sich, über die Märkte zu schlendern: Auf ihnen geht's entspannter zu als in Marrakesch, aber zugleich viel lebendiger als im 80 km entfernten Agadir. Darüber hinaus bietet sich der Ort als Ausgangsbasis für Trekkingtouren in den fast unberührten Westen des Hohen Atlas an.

Geschichte

Taroudannt war einer der frühen Stützpunkte der Almoraviden, die sich hier 1056 zu Beginn ihrer Eroberung Marokkos niederließen. Im 16. Jh. ernannten es die aufstrebenden Saaditen zu ihrer Hauptstadt. 20 Jahren später zogen sie weiter nach Marrakesch, hatten die Sousebene, in der Taroudannt liegt, bis dahin aber bereits zum landesweit wichtigsten Anbaugebiet von Zuckerrohr, Baumwolle, Reis und Indigo gemacht – wertvolle Waren für den Trans-Sahara-Handel, den die Dynastie unbedingt unter Kontrolle bringen wollte. Die Saaditen errichteten den alten Teil der Stadt und die Kasbah, von der 1687 leider große Teile zerstört wurden, als die Bewohner Widerstand gegen Moulay Ismail leisteten und dafür massakriert wurden. Nur die Festungsmauern blieben erhalten, fast alles andere stammt aus dem 18. Jh.

Bis weit ins 20. Jh. hinein blieb Taroudannt stur und rebellisch gegenüber der Zentralregierung. Auch Idrissid El-Hiba fand hier Zuflucht: Der Clanführer aus dem Süden widersetzte sich dem Vertrag von Fes

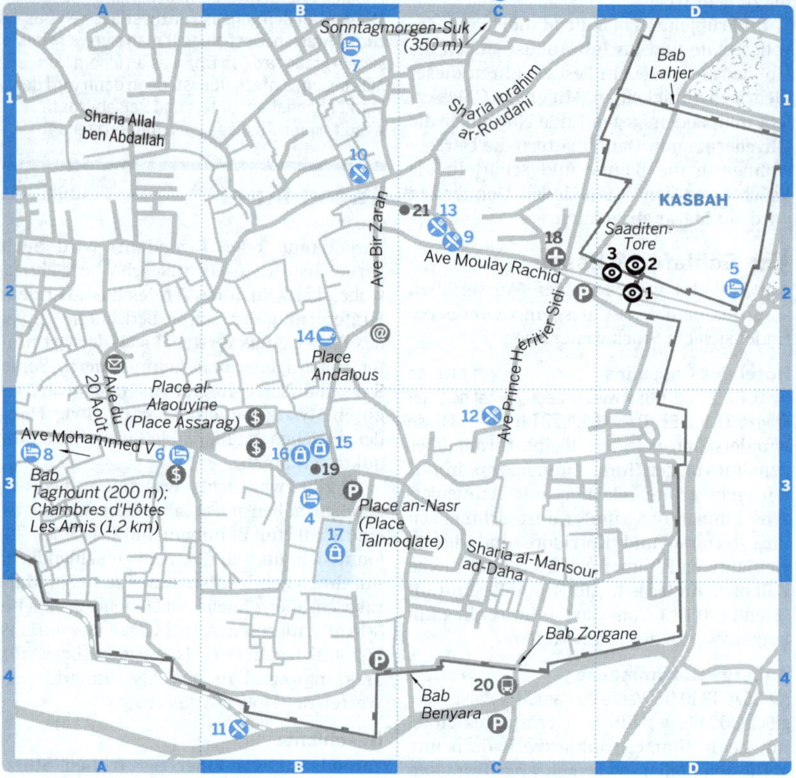

(1912), der die Grundlage für das französische Protektorat darstellte.

Sehenswertes

Festungsmauern HISTORISCHE STÄTTE

Die etwa 7,5 km lange Festungsmauer gehört zu den besterhaltenen *pisé*-Mauern (Stampflehm) in Marokko. Je nach Tageszeit wechselt ihre Farbe von goldbraun zu tiefrot. Sie ist leicht zu Fuß zu erkunden (2 Std.), am besten am späten Nachmittag oder bei Mondschein mit dem Fahrrad oder einer *calèche*.

Stadttore HISTORISCHE STÄTTE

Die Stadttore befinden sich in einer Reihe mächtiger im 16. und 17. Jh. gebauter Wehrtürme. Das **Bab el-Kasbah** mit den drei Bogen wird auch Bab Essalsla genannt und ist das Haupttor. Hierher gelangt man durch eine Allee von Orangenbäumen. Stufen führen hoch auf den Turm, von dem aus man die Festungsmauern entlangspazieren kann. Ganz in der Nähe des Bab el-Kasbah liegt das **Bab Sedra** (nur für Fahrradfahrer und Fußgänger), der Eingang zum alten Kasbah-Viertel.

Kasbah KASBAH

Das alte Kasbah-Viertel, einst eine Festung, wurde von Moulay Ismail erbaut. Heute ist es ein armer, aber sicherer Wohnbezirk mit verschlungenen Gassen, niedrigen Bogengängen, winzigen Plätzen und vielen Sackgassen. Der Gouverneurspalast im Osten der Kasbah gehört inzwischen zum Hôtel Palais Salam (S. 405).

Aktivitäten

Calèche KUTSCHFAHRT

Die Festungsmauern können per *calèche* besichtigt werden. Man findet die Pferdekutschen im Bab el-Kasbah, auf der Place al-Alaouyine sowie an anderen bekannten Plätzen. Eine einfache Fahrt durch die Stadt kostet eigentlich 7 Dh, also genauso

Taroudannt

viel wie die Tour mit einem *petit taxi*. Allerdings ist es nicht einfach, mit dem Fahrer einen Preis von unter 15 Dh auszuhandeln. Ein einstündiger Ausflug innerhalb der Medina und entlang der Mauern, sollte mit 40 Dh zu Buche schlagen, realistischer ist ein Ausgangstarif von etwa 80 Dh.

Trekking TREKKING
Taroudannt ist eine tolle Basis für Trekkingausflüge in den westlichen Hohen Atlas und zum abgelegenen **Tichka-Plateau**, ein wunderschönes Gebiet mit Bergwiesen und versteckten Schluchten. Veranstalter vor Ort bieten entsprechende Touren an, wobei man auf einen ausgebildeten Guide bestehen sollte. Der renommierte Tourenführer **Said Dayfollah** (☎0667 60 16 86; http://chambreslesamis.eu5.org; Sidi Belkas) ist im Chambres d'Hotes Les Amis anzutreffen und organisiert Aufenthalte bei Gastfamilien, Ausflüge zu Oasen sowie Wanderungen. Dafür zahlt man etwa 350 Dh pro Person und Tag; Transport und Picknick sind inklusive. Wenn man mit dem eigenen Fahrzeug kommt, werden nur 250 Dh berechnet.

Schlafen

Die Budgethotels auf sowie in der Nähe von zwei zentralen Plätzen verfügen über einfache Zimmer und Dachterrassen.

LP TIPP **Naturally Morocco Guest House** GÄSTEHAUS €
(☎Reservierungen 0044 1239 710814, 0528 55 16 28, 0661 23 66 27; www.naturallymorocco.co.uk; 422 Derb Afferdou; EZ/DZ inkl. Frühstück 350/550 Dh; 📶@) Gäbe es doch nur mehr Unterkünfte im Stile dieses Medina-Hauses, das seltene Einblicke in das marokkanische Leben bietet und mit einem Preis für verantwortungsvollen Tourismus ausgezeichnet wurde! Das Gästehaus wird gemeinsam von Einheimischen und der Organisation Naturally Morocco mit Sitz in Großbritannien betrieben und wartet mit köstlichen marokkanischen Gerichten sowie fachkundigen Guides auf. Zum Angebot gehören Trekkingtouren, das Beobachten von Tieren, Ausflüge an die Küste und Kunsthandwerk-Workshops. Bei allen Aktivitäten steht der kulturelle Kontakt im Vordergrund. Es gibt acht Zimmer, eine Küche für Selbstversorger, eine Dachterrasse mit Blick auf Hohen Atlas und Antiatlas, Infokästen in den gefliesten Fluren sowie eine kleine Bibliothek. Gäste können Pakete buchen und Räder ausleihen.

Hôtel Palais Salam KASBAH €€
(☎0528 85 25 01; palsalam@menara.ma; Kasbah; EZ/DZ/Apt. ab 562/674/2412 Dh; 📶≋) Die ehemalige Pascha-Residenz, deren Eingang an der Ostmauer der Kasbah zu finden ist, macht ihrem glanzvollen Namen mit auf mehreren Ebenen verteilten Parks, Pools und Springbrunnen (einer wird von Schildkröten bewohnt) alle Ehre. Leser empfehlen die älteren Zimmer im Erdgeschoss aufgrund ihres authentischen Flairs, aber auch die neueren Räumlichkeiten überzeugen mit ihren rosafarbenen Wänden, blauen Jalousien und ihrer Größe. Darüber hinaus beherbergt das Hotel eine Bar sowie marokkanische und internationale Restaurants.

ARGAN-LAND

Wer über die N10 östlich von Taroudannt reist, entdeckt am Straßenrand viele fusselige Arganbäume, die von Ziegen und internationalen Köchen (s. S. 252) gleichermaßen geschätzt werden.

Eine restaurierte Villa aus dem 19. Jh. beim Berberdorf Ouled Berhil, etwa 45 km nordöstlich von Taroudannt, beherbergt das **Hôtel Palais Riad Hida** (☎0528 53 10 44; www.riadhida.com; EZ/DZ inkl. HP 566/932 Dh;). Gäste übernachten in unscheinbaren Bungalows, aber dafür erwartet sie hinter dem gefliesten Eingangsbereich ein eindrucksvoller Park mit riesigen Palmen und langgezogenen Wasserbecken.

10 km hinter Ouled Berhil weist ein Schild den Weg zur Tizi-n'Test-Route (s. S. 127). Die spektakulärste und gefährlichste Passstraße des Landes verläuft in nordöstlicher Richtung über den Hohen Atlas nach Marrakesch.

Auf dem Weg ins Hochland führt der Weg durch ein üppiges, staatlich betriebenes **Arganreservat**, ein echtes Paradies für Bergziegen, die an die eher karge Ausbeute im Hohen Atlas gewöhnt sind. Schattige Bäume laden zu einem Picknick unter neugierigen Kinderblicken ein, zudem bietet sich hier die Chance auf den ultimativen Antiatlas-Schnappschuss in Form von lässig in einer Baumkrone balancierenden Ziegen, die sonnengereifte Argannüsse kauen.

Riad Maryam Résidence RIAD €€
(☎0666 12 72 85; Derb Maalem Mohammed 141; EZ/DZ inkl. Frühstück 500/700 Dh;) Ebenfalls eine Leserempfehlung. Der wunderschön restaurierte Riad ist eine echte Ruheoase mitten in der Medina und verfügt über vier Zimmer, einen grünen Garten, der glatt als *palmeraie* durchgehen könnte, leuchtend gestrichene Türen, freigelegte Holzbalken sowie Teppichböden. Ab der Ave Mohammed V weisen Schilder den Weg.

Chambres d'Hôtes Les Amis GÄSTEHAUS €
(☎0667 60 16 86; http://chambreslesamis.eu5.org; Sidi Belkas; EZ/DZ inkl. Frühstück 90/160 Dh) Gutes Preis-Leistungs-Verhältnis, schlichte, aber geräumige Zimmer, einfache Bäder mit nicht ganz verlässlichem Warmwasser, mehrere Aufenthaltsräume und eine Dachterrasse zum Frühstücken. Ab dem Bab Taghount an der Westseite der Befestigungsmauern, wo offenes Land beginnt, führt ein zehnminütiger Fußweg in westliche Richtung zu dem friedlichen Fleckchen abseits der Medina. Der enthusiastische, hilfsbereite Besitzer Said Dayfollah betreibt einen Fahrradverleih sowie einen Abholservice vom Flughafen Al-Massira in Agadir (300 Dh) und bereitet auf Anfrage Mahlzeiten zu (70 Dh).

Hôtel Taroudannt HOTEL €
(☎0528 85 24 16; Ave Mohammed V & Place al-Alaouyine; EZ/DZ 160/200 Dh) Das zentral gelegene Hotel hat das Zeug zur besten Budgetunterkunft der Stadt. Geflieste Gänge führen vorbei an einem einladenden Restaurant und dem dschungelähnlichen Innenhof zu Zimmern mit einfachen Bädern. Negativ ins Gewicht fallen die zwielichtigen Gestalten in der Bar und vor der Tür.

Hôtel el-Warda HOTEL €
(☎0528 85 27 63; Place an-Nasr; EZ/DZ/3BZ 50/70/90 Dh) Unter den Billigquartieren ist dieses Hotel eindeutig das beste. Von der abgefahrenen *zellij*-(Fliesen-)Terrasse blickt man direkt auf die Place an-Nasr. Die einfachen Zimmer im zweiten Stock verfügen über Gemeinschaftsduschen und -toiletten. Das Hotel wird zwar von Frauen geleitet, aber alleinreisende weibliche Traveller lassen sich vielleicht vom Eingang und dem nur von Männern besuchten Café abschrecken.

Essen

Hotelcafés und Touristenlokale an der Place al-Alaouyine laden zum Frühstücken ein und servieren zudem Tajines sowie einfache Grillgerichte (Menü 80 Dh). Die günstigsten Optionen in Form der üblichen Tajines, *harira* (Linsensuppe) und Salate verteilen sich rund um die Place an-Nasr und in nördlicher Richtung entlang der Ave Bir Zaran.

LP TIPP **L'Agence** REGIONALE KÜCHE, FRANZÖSISCH €
(☎0528 55 02 70; Ave Sidi Mohammed; Menü 95 Dh) Hinter der Grande Mosquée bietet das charmante kleine Restaurant Gerichte aus den Heimatländern der französisch-marokkanischen Besitzer wie Hühn-

chen-*pastilla* und Sardinen-Tajine sowie leckere Vorspeisenteller. All diese Köstlichkeiten genießt man unter Laternen, die von Holzbalken hängen, und Kunstwerken in kleinen Nischen.

Chez Nada REGIONALE KÜCHE €
(☎0528 85 17 26; Ave Moulay Rachid; Menü 80 Dh; ❄) Das westlich des Bab el-Kasbah gelegene Lokal hat bereits 55 Jahre auf dem Buckel und ist berühmt für seine Tajines-Variationen, darunter eine mit Taubenfleisch sowie eine mit Hühnchen, Eiern und Backpflaumen. Über dem Café im Erdgeschoss, das überwiegend von männlichen Gästen aufgesucht wird, und dem eleganten weißen Speisesaal im ersten Stock lockt die Dachterrasse mit einer tollen Aussicht über die öffentlichen Grünanlagen. Das hausgemachte Essen ist ausgezeichnet. Wer *pastilla* und Couscous Royal (60–95 Dh) essen möchte, sollte ein paar Stunden vorher bestellen.

Jnane Soussia REGIONALE KÜCHE €€
(☎0528 85 49 80; Hauptgerichte 80 Dh; ❄≋) Ein reizendes Restaurant nur ein paar Schritte vom *grand-taxi*-Stand entfernt. Hier isst man in einem Garten direkt an der Festungsmauer unter Zelten, die sich rund um einen großen Pool verteilen. Zu den Spezialitäten des Hauses gehören *mechoui* (ganzes gebratenes Lamm) und Tauben-*pastilla*, die vorab bestellt werden müssen. Alles andere schmeckt aber ebenfalls gut.

Mehdi Snack FAST FOOD €
(abseits der Ave Moulay Rachid; Menü & Pizzas 30–60 Dh; ⏲mittags & 12–18 Uhr) Hinter dem Chez Nada lockt diese gute Snackbar, die von derselben Familie geführt wird, mit günstigen Burgern, Salaten und Pizzas.

SELBSTVERSORGER

In Taroudannt bekommt man alles für ein Picknick: Neben den Suk-Ständen – auf dem Souq Berbère erhält man übrigens praktischerweise sowohl frisches Obst als auch Körbe – gibt's auch noch einen **Obst- und Gemüsemarkt** am nördlichen Ende der Ave Bir Zaran.

Ausgehen

Café Andalous SAFTBAR
(Place Andalous; Smoothie 10 Dh; ⏲8–13 & 14–22 Uhr) Die einladende Saftbar liegt nördlich des Souq Arabe an einem kleinen Platz bei der Ave Bir Zaran und hat fruchtige Smoothies im Angebot.

Shoppen

Taroudannt ist das Chleuh-Zentrum in der Sousebene und damit ein guter Ort, um sich nach hochwertigem Silberschmuck umzusehen, für den der Stamm berühmt ist. Die Stücke sind sowohl von den Sahara-Stämmen als auch von jüdischen Silberschmieden beeinflusst. Juden machten bis in die 1960er-Jahre hinein einen bedeutenden Teil der Stadtbevölkerung aus.

LP TIPP **Souq Arabe** KUNSTHANDWERK
Auf dem Hauptmarkt, dem sogenannten *grand souk* östlich der Place al-Alaouyine, verstecken sich in ruhigen Gassen Antiquitäten- und Souvenirläden. Wer Geschenke für die Daheimgebliebenen sucht, ist auf dem kleinen Platz mit Schmuckgeschäften südwestlich der Moschee richtig.

Souq Berbère KUNSTHANDWERK, TEPPICHE
Der Suk südlich der Place an-Nasr, vorbei an den vielen Turnschuh- und Handyständen in der Hauptdurchgangsstraße, wird auch *marché municipal* genannt und verkauft Teppiche, Schmuck, Arganöl, Musikinstrumente, Lampen, Lederarbeiten sowie Keramik.

Argent du Sud SCHMUCK
(☎0548 55 03 32; 60 Joutia, Souq Arabe) In seinem Geschäft bietet der angenehm unaufdringliche Abdul sehr hübsche Stücke (50–400 Dh) mit westlichen und berberischen Elementen an.

Suk am Sonntagmorgen LEBENSMITTEL & GETRÄNKE
Der große Markt findet direkt vor dem Bab al-Khemis nördlich der Kasbah statt und zieht Besucher aus der gesamten Region an.

ABSTECHER

TIOUTE-KASBAH

Die **Kasbah** südwestlich von Taroudannt ist so malerisch, dass sie 1954 als Kulisse für den französischen Film *Ali Baba und die 40 Räuber* diente. Sie thront über einer *palmeraie* und mehreren Restaurants und blickt sowohl auf den Hohen Atlas als auch auf den Antiatlas. Für einen Besuch bietet sich der frühe Morgen an. Zu dieser Zeit bekommt man problemlos ein *grand taxi* (10 Dh, 30 Min.) für den Hin- und Rückweg und entkommt außerdem dem Besucheransturm.

Praktische Informationen

In Taroudannt gibt's weder ein europäisches Viertel noch eine *ville nouvelle* (Neustadt). Alles Nötige findet man auf sowie rund um zwei zentrale Plätze: die Place al-Alaouyine (ehemals Place Assarag) und die Place an-Nasr (ehemals Place Talmoqlate).

Die Banken an der Place al-Alaouyine verfügen über Geldautomaten, erledigen Visa-Transaktionen und wechseln Geld. Crédit du Maroc und BMCI bieten den besten Service.

Inezgane Voyages (☎0528 55 06 46; Place an-Nasr) Vertritt verschiedene Fluglinien wie Royal Air Maroc.

Krankenhaus (Ave Moulay Rachid) Bei der Kasbah.

Pharmacie du Sud (☎0528 85 22 59; Place an-Nasr)

Postfiliale (Ave du 20 Août) Unmittelbar nordwestlich der Place al-Alaouyine.

Roudana Cyber Cafe (1. OG, Ave Bir Zaran; 3 Dh pro Std.; ⌚8.30–24 Uhr) Die Verbindung ist langsam (ebenso wie in den zwei Internetcafés an der Ave Mohammed V sowie westlich der Place al-Alaouyine), aber dafür wird einem die Wartezeit mit Rockmusik versüßt.

An- & Weiterreise

Bei Bedarf bieten die Unterkünfte einen Abholservice ab dem Flughafen Al-Massira bei Agadir.

Auto

Tinghir Cars (☎0528 85 08 10; Ave Moulay Rachid Ferk Lahbab) Ein lokaler Anbieter, der Kleinwagen für 500/400 Dh pro Tag für einen/sieben Tage anbietet.

Bus

Alle Busse fahren am Hauptbusbahnhof vor dem Bab Zorgane ab.

CTM (Bab Zorgane) bietet die verlässlichsten Verbindungen und steuert mindestens einmal täglich folgende Ziele an:

ZIEL	PREIS (DH)	DAUER (STD.)
Agadir	28	1½
Casablanca	160	8
Marrakesch	80	6
Ouarzazate	70	5

Andere Anbieter verkehren außerdem nach Inezgane (15 Dh, 1½ Std.), Taliouine (45 Dh, 1½ Std., drei Salamaa-Busse pro Tag) und Tata (45 Dh, 5 Std., zwei Aoulouz-Busse pro Tag).

Taxi

Grands taxis warten an der Bushaltestelle vor dem Bab Zorgane.

Agad (27 Dh) Unregelmäßig.

Inezgane (23 Dh) Hier kann man umsteigen und eines der Taxis nach Agadir nutzen.

Marrakesch (100 Dh) Wer über die Tizi-n'Test-Straße fahren möchte, muss ein komplettes Taxi mieten (700 Dh).

Unterwegs vor Ort

Taroudannt eignet sich gut zum Radfahren. Fahrräder bekommt man bei **Brahim Bikes** (Place al-Alaouyine; 10/50 Dh pro Std./Tag) neben dem Hôtel Taroudannt. Mit dem *petit taxi* kostet eine einfache Fahrt 7 Dh (nachts 10 Dh).

Taliouine تالوين

Auf halber Strecke zwischen Taroudannt und Ouarzazate thront über den verstreut liegenden Häusern des Dorfes Taliouine die beeindruckende Glaoui-Kasbah.

Taliouine ist das afrikanische Zentrum für *l'or rouge* (rotes Gold). Dabei handelt es sich um nichts Geringeres als Safran, das teuerste Gewürz der Welt. Vor Ort bekommt man es für etwa 40 Dh pro Gramm. Die Pflanze mit der violetten Blüte *(crocus sativus)*, aus der Safran gewonnen wird, wächst erst ab einer Höhe von 1200 m und blüht zwischen Mitte Oktober und Mitte November. Während dieser Zeit kann man in den 12 km östlich von Taliouine gelegenen Dörfern Einheimische beim Pflücken beobachten. Anlässlich der Ernte wird ein Fest gefeiert.

Momentan ist eine *maison safran* (Safranzentrum) mit einem Markt und einem Labor, wo die Echtheit des Gewürzes überprüft werden kann, in Planung.

Sehenswertes & Aktivitäten

Aktivitäten werden von **Yallahtrek** (☎0667 39 80 78; www.yallah.ch) in der Nähe der Coopérative Souktana du Safran und von den Hotels organisiert. Das Schweizer-marokkanische Unternehmen hat sich auf Trekking spezialisiert, aber auch Safrantouren, Familienprogramme, Klettern, Mountainbiking, Skifahren, Jeepfahrten sowie Tanz- und Trommelworkshops sind im Angebot. Außerdem gibt's Pakete für mehr als einen Tag.

Coopérative Souktana du Safran
MUSEUM

(☎0528 53 44 52; ⌚8.30–18 Uhr) Die älteste der 14 Safrankooperativen in Taliouine wurde 1979 gegründet und hat 154 Mitglieder (davon 153 Männer). Ein Besuch des Zentrums lohnt sich, da es ein kleines, aber recht gutes Museum beherbergt. Sachkun-

WISSENSWERTES ZU SAFRAN

» Safranblüten werden vor Sonnenaufgang geerntet, da Sonnenlicht den Geschmack und den Vitamingehalt des Gewürzes verringert.

» Nur die drei trompetenförmigen Stempelfäden finden Verwendung; diese werden herausgezogen und im Dunkeln getrocknet.

» Während des Trocknens verlieren die Stempelfäden 80 % ihres Gewichts: 1 kg schrumpft also auf 200 g zusammen.

» Aus 140 Blüten wird 1 g Safran gewonnen.

» Mit seinem hohen Gehalt an Vitamin B (insbesondere B12) und Provitamin E wirkt Safran antiseptisch, krampflösend und antioxidativ.

» Safran wird zum Kochen, in der Medizin (besonders bei Zahnfleischproblemen), zum Färben von Teppichen sowie für Tinte, Seife und Kosmetikprodukte benutzt.

» Vorsicht vor gefälschtem Safran; das echte Gewürz verfärbt die Finger gelb (nicht rot), schmeckt bitter (nicht süß) und ist sehr teuer.

dige Angestellte erläutern die Safrangewinnung, lassen Besucher das Gewürz probieren und verkaufen es pur sowie in damit angereicherten Produkten wie Schokolade, Bonbons und Tinte.

LP TIPP **Trekking** TREKKING
Taliouine ist eine beliebte Ausgangsbasis für Trekkingtouren auf den nahe gelegenen **Jebel Siroua** (siehe S. 418), der mit hervorragenden Wanderbedingungen aufwartet. Das Dorf gilt als eine der besten Anlaufstellen für Trekkingführer.

Kasbah KASBAH
Die Kasbah mit Blick auf die braunen Hügel ist größtenteils verfallen, eignet sich jedoch für einen schönen Spaziergang bei Sonnenuntergang.

Suk SUK
Wenn montags hinter der Kasbah der Suk stattfindet, erwacht das Dorf zum Leben.

Schlafen & Essen

Das leckerste Essen (75–100 Dh) gibt's in der Auberge le Safran und der Auberge Souktana. Am anderen Ende der Hauptstraße nahe der Bushaltestelle serviert die Auberge Siroua dampfende Grillgerichte und mit Safran verfeinerte Thunfisch-Tajine (50 Dh). Im Hotel Ibn Toumerte, dem monströsen Kasten aus den 1970er-Jahren neben der Kasbah, ist Taliounines einzige Bar untergebracht.

Auberge le Safran HOTEL €
(☎0528 53 40 46, 0668 39 42 23; www.aubergesafran.com, auf Französisch; Zi. 150–220 Dh, Suite 300 Dh; WLAN) Die vom sympathischen Touristenführer Mahfoud geleitete Unterkunft verfügt über hübsche, hell gestrichene Zimmer mit Bädern sowie zwei einfache Quartiere auf der Dachterrasse und eine geräumige Suite. Der Aufenthaltsraum bietet Ausblicke auf die Felder rund um die Kasbah und den Innenhof schmückt ein Berberzelt. Vor Ort wird Safran angebaut, im hauseigenen Geschäft mit Museum verkauft und für die leckeren Gerichte verwendet. Außerdem hat Mahfoud Aktivitäten wie Trekking, Hamam-Besuche, Kochkurse sowie eine Tour zu Safran- und Arganerzeugern im Angebot.

Auberge Souktana HOTEL €
(☎0528 53 40 75; souktana@menara.ma; EZ/DZ/3BZ/4BZ 180/220/300/360 Dh, Bungalow EZ/DZ 100/160 Dh, Zelt 1/2 Pers. 50/80 Dh; WLAN) Taliouines inoffizielles Trekkingzentrum wird von einer Familie geführt und dient als Ausgangspunkt für Wanderungen zum Jebel Siroua. Im gemütlichen Gemeinschaftsbereich hängen Wanderkarten und die franko-marokkanischen Inhaber, deren Sohn Hassan das Yallahtrek (s. S. 408) betreibt, stehen einem gern mit Rat und Tat zur Seite. Die *auberge* liegt östlich des Dorfs; von der Kasbah mit ihrer tollen Aussicht auf die Festungsruinen aus geht's quer über die N10. Während der Trekkingsaison muss man vorab reservieren. Halbpension ist ebenfalls möglich.

Auberge Toubkal CAMPINGPLATZ €
(☎0528 53 43 43; www.maghrebtourism.com/aubergetoubkal, auf Französisch; Bungalow inkl. HP 200 Dh pro Pers., Campen 40 Dh; WLAN, Pool) 500 m östlich der Abzweigung zur Kasbah bietet der gepflegte Zeltplatz an der Hauptstraße gemütliche Bungalows mit Bad.

Praktische Informationen

Im Dorfzentrum an der Hauptstraße gibt's eine Postfiliale und ein Internetcafé.

An- & Weiterreise

Die östlich von Taliouine verlaufende N10 führt durch eine weite wunderschöne Landschaft, bevor sie in der Nähe der Abzweigung nach Aït Benhaddou auf die N9, die Hauptroute zwischen Marrakesch und Ouarzazate, trifft.

Bus

Es gibt in Taliouine einen Busbahnhof und eine Sammelstelle für *grands taxis*. Die Busse fahren nach Ouarzazate (50 Dh) und nach Taroudannt (30 Dh), allerdings sind manchmal sämtliche Plätze belegt.

Taxi

Ouarzazate (30 Dh) Wenn keine direkten *grands taxis* verkehren, muss man in Tazenakht umsteigen.

Taroudannt (30 Dh) Wenn keine direkten *grands taxis* verkehren, muss man in Ouled Berhil umsteigen.

ANTIATLAS

الأطلس الصغير

Nach wie vor gehört der Antiatlas zu den selten besuchten Bergregionen Marokkos – erstaunlich, denn die Gegend ist wunderschön und liegt außerdem in der Nähe von Agadir. Das Gebirge dient als Hochburg der Chleuh-Stämme, die hier in einem losen Zusammenschluss von Dörfern über die kargen Berge verteilt leben, einige noch immer jenseits der staatlichen Kontrolle. Die Region wurde erst in den 1930er-Jahren durch die Franzosen befriedet.

Umgeben von einer anspruchsvollen Landschaft aus Granitfelsen und roten Lavaströmen, haben sich die Chleuh seit jeher der Landwirtschaft in üppigen Oasentälern gewidmet, die heute zu den malerischsten *palmeraies* des Landes gehören.

Tafraoute

تافراوت

5000 EW.

Inmitten von roten Granitbergen und dem großartigen Tal der Ammeln erstreckt sich das Dorf Tafraoute. Trotz ihres bescheidenen Erscheinungsbildes ist die Region ziemlich wohlhabend – dank der Zuwendungen von Verwandten, die in den großen Städten oder im Ausland arbeiten. Tafraoute ist eine nette und entspannte Ausgangsstation, um die Region zu erkunden.

Aktivitäten

Am besten lässt sich das wunderschöne Umland zu Fuß oder per Fahrrad erkunden. Einige Veranstalter, deren Infostände westlich des Hôtel Salama zu finden sind, und Guides bieten Mountainbike- und Trekkingtouren an. Tafraoute Aventure verkauft eine einfache farbige Karte (5 Dh) der Region, von der man andernorts aber auch kostenlose Schwarz-Weiß-Kopien bekommen kann.

Radfahren MOUNTAINBIKEN

Die palmenbewachsenen Schluchten von Aït-Mansour (s. S. 414), die zu den kargen Weiten des südlichen Antiatlas führen, eignen sich wunderbar zum Radfahren. Bei **Au Coin des Nomades** (☎0661 62 79 21) und **Tafraoute Aventure** (☎0661 38 71 73; 100 Dh pro Tag) gibt's Karten und Informationen, zudem kann man Touren buchen. Ebenso wie **Tafraoute Quadbikes** (☎0670 40 93 84; 50–80 Dh pro Tag) verleihen sie auch Mountainbikes und Helme.

Trekking TREKKING

Tafraoute und der Antiatlas haben Trekkingfans einiges zu bieten, wobei die meisten Routen ziemlich anspruchsvoll sind. Wie bei Radtouren gelten auch hier Tafraoute Aventure und Au Coin des Nomades, das von dem anerkannten Kletterer Houssine Laroussi geleitet wird, als die besten Ansprechpartner. Weitere Informationen zu Trekkingmöglichkeiten in der Region siehe S. 417.

Alter Hamam HAMAM

Tafraoute bietet authentische Einblicke in die Hamam-Kultur, da viele Häuser noch nicht an die Wasserversorgung angeschlossen sind. Vor Ort gibt's drei Badehäuser; die Einheimischen bevorzugen den alten Hamam direkt hinter dem Markt (10 Dh).

Mandelblütenfest FEST

Im Februar oder März feiert die Tafraoute-Region die Mandelernte (s. S. 22).

Suk SUK

Von Montagabend bis Mittwoch findet in der Nähe des Hôtel Salama ein quirliger Markt statt.

Schlafen

LP TIPP **Hôtel Salama** HOTEL €

(☎0528 80 00 26; www.hotelsalama.com; EZ/DZ/3BZ 178/256/314 Dh; ❄📶) Ein altein-

Tafraoute

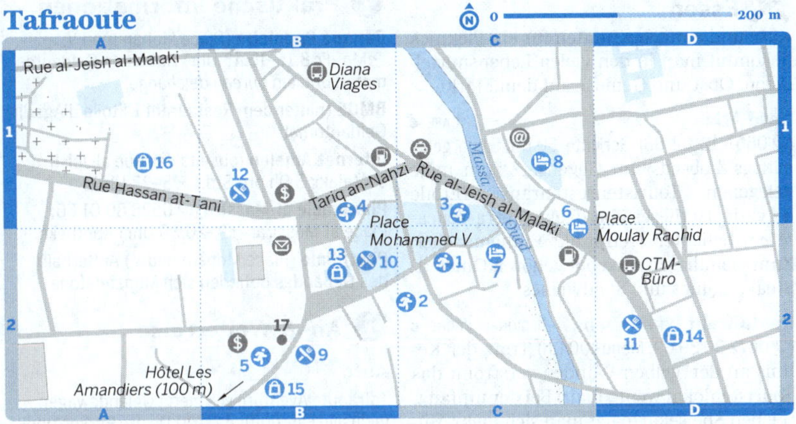

gesessenes Hotel, das Tradition mit modernen Standards verbindet. Die Lobby wartet mit einem Kamin auf und die Fluren sind mit Berber-Artefakten geschmückt. Das Personal spricht ein wenig Englisch und kennt sich in der Gegend gut aus, außerdem gehört das WLAN-Netz zu den besten in Südmarokko. Von der Dachterrasse genießt man eine schöne Aussicht auf die Berge und ein Café-Restaurant mit Blick auf den Marktplatz serviert Frühstück (23 Dh) und Menüs (65 Dh).

Hôtel Les Amandiers HOTEL €€
(☎0528 80 00 88; www.hotel-lesamandiers.com; EZ/DZ inkl. Frühstück ab 400/546 Dh; ❄📶🏊) Das Hotel im Kasbah-Stil thront auf einem Berggipfel und verfügt über 60 anständige Zimmer mit kleinen Balkonen, die einen Blick auf die eindrucksvollen Felsformationen rund um Tafraoute eröffnen. Auch der Pool und das Restaurant warten mit einer grandiosen Aussicht auf – ganz im Gegensatz zu der versteckten Eckbar. Die Möbel wirken verwohnt und die Anlage müsste dringend renoviert werden, aber dafür hat man sie oft für sich allein. Um hierherzugelangen, folgt man der Route de Tazekka in südwestlicher Richtung bis hinter die Maison Tuareg und biegt links in die bergaufwärts führende Straße ein.

Auberge Les Amis HOTEL €
(☎0527 54 30 93; dedroliko_24@hotmail.fr; EZ/DZ 100/150 Dh) Eine neue Bleibe mit einer Dachterrasse, zehn einfachen Zimmern, die sich auf drei Stockwerke verteilen, und Bädern auf dem Gang. Für Berberflair sorgen die mit Teppich überzogenen Kopfenden der Betten.

Tafraoute

Aktivitäten, Kurse & Touren

1 Au Coin des Nomades C2
2 Alter Hamam C2
3 Suk C1
4 Tafraoute Adventure B1
5 Tafraoute Quadbikes B2

Schlafen

6 Auberge Les Amis C2
7 Hôtel Salama C2
8 Hôtel Tanger C1

Essen

9 Café Atlas B2
10 Obst- & Gemüsemarkt B2
11 Restaurant La Kasbah D2
12 Restaurant L'Étoile du Sud B1

Shoppen

13 Artisanat du Coin B2
14 Maison du Troc D2
15 Maison Tuareg B2
16 Wochen-Suk A1

Praktisches

17 Pharmacie al-Massira B2

Hôtel Tanger HOTEL €
(☎0528 80 01 90; EZ/DZ 40/80 Dh) Kleines, freundliches Hotel mit schlichten Zimmern, akzeptablen Gemeinschaftsbädern und einer Dachterrasse. Hier wird ein wenig Englisch gesprochen. Das Café im Erdgeschoss serviert Frühstück (25 Dh), Tajines (35 Dh) und andere Klassiker. Die Inhaber, eine Familie, betreiben außerdem eine Pension in Oumesnate.

Essen

Käse und einfache Zutaten für ein Picknick bekommt man in den vielen Lebensmittelläden, Obst und Gemüse auf dem Markt.

Café Atlas CAFÉ €
(☎0667 12 02 93; Gerichte 60 Dh; ⌚morgens, mittags & abends) Im Gegensatz zum nahe gelegenen Touristenrestaurant L'Étoile d'Agadir ist dieses überdachte Terrassencafé ein beliebter Treffpunkt Einheimischer. Zum vielfältigen Angebot gehören Omelett, Steak, Tajines und Sandwiches.

Restaurant La Kasbah REGIONALE KÜCHE €
(☎0672 30 39 09; Menü 100 Dh) Trotz der Kelims an den gelben Wänden verströmt das Touristenlokal wenig Flair. Bei der umfangreichen Speisekarte hat man sich mehr Mühe gegeben, so kommt man z. B. in den Genuss von *harira* oder *kalia* (Hammelhack mit Tomate, Paprika, Ei, Zwiebel und 44 Gewürzen, serviert in einer Tajine), der Spezialität des Hauses. Es gibt Alkohol.

Restaurant L'Étoile du Sud REGIONALE KÜCHE €
(☎0528 80 00 38; Menü 90 Dh) In einem kitschigen Beduinenzelt wird ein leckeres Menü serviert. Leider nehmen Reisegruppen das Restaurant oft in Beschlag, vor allem zur Mittagszeit. Die Lamm-Tajine ist exzellent, der Service professionell und die Kulisse in warmen Nächten stimmungsvoll.

Shoppen

Wer sich für die traditionellen Lederpantoffeln (gelb für Männer, rot für Frauen; ab 70 Dh, echte Qualitätsprodukte sind aber teurer) interessiert, wird rund um den Markt gleich in mehreren Läden fündig. Es lohnt sich auch immer, nach Händlern Ausschau zu halten, die Argan- und Olivenöl aus der Region anbieten.

Die Teppichhändler sind hier weniger aufdringlich als in Marrakesch:

LP TIPP **Maison du Troc** TEPPICHE
Bietet eine gute Auswahl an Berber- und Tuaregteppichen sowie Kelims.

Maison Tuareg TEPPICHE
Berber- und Tuaregteppiche sowie Souvenirs aus dem Atlas und aus der Sahara.

Suk TEPPICHE
Auf dem Wochenmarkt kann man Berberteppiche kaufen.

Artisanat du Coin SCHMUCK
Ist auf Berberschmuck und anderen tragbaren Nippes spezialisiert.

Praktische Informationen

Banque Populaire (Place Mohammed V; ⌚Mo–Fr 8.15–15.45 Uhr) Hat einen Geldautomaten und ein *bureau de change.*

BMCE (hinter dem Restaurant L'Étoile d'Agadir) Geldautomat.

Internet Amelen (abseits der Rue al-Jeish al-Malaki; 5 Dh pro Std.; ⌚8–23 Uhr)

Pharmacie al-Massira (☎0528 80 01 60; Place al-Massira; ⌚8–20.30 Uhr) Apotheke.

Postfiliale (Place Mohammed V) Außerhalb des Gebäudes befinden sich Münztelefone.

An- & Weiterreise

Auto

Tafraoute Aventure vermietet Geländewagen inklusive Fahrer für ca. 700 Dh pro Person und Tag. Auf Wunsch kann man bei der Afella-Ighir-Oase aussteigen und wird am anderen Ende wieder abgeholt.

Bus

Die Busse starten vor den Büros der verschiedenen Anbieter, die sich überwiegend in der Rue al-Jeish al-Malaki befinden.

CTM (Route Aguerd-Oudad) und **Diana Viages** (☎0671 74 99 19; Rue al-Jeish al-Malaki) bieten mindestens eine tägliche Verbindung zu folgenden Zielen an:

ZIEL	PREIS (DH)	DAUER (STD.)
Agadir (via Aït Baha oder Tiznit)	40	6
Casablanca	140	14
Inezgane	40	6
Marrakesch	100	7
Tanger	250	18
Tiznit	25	4

Taxi

Kombis und Landrover steuern die vielen Dörfer in der Region an, meist an Markttagen. Sie warten am Platz bei der Postfilale und an der Rue al-Jeish al-Malaki unweit der Afriquia-Tankstelle am unteren Ende des Tariq an-Nahzi. Außerdem starten morgens vor der Tankstelle *grands taxis* nach Tiznit (37,50 Dh).

Rund um Tafraoute

Mit einem Leih-Mountainbike kann man einen Großteil der Sehenswürdigkeiten in Tafraoutes Umland erkunden. Informationen zu Karten sowie zum Verleih von Fahrrädern und Geländewagen findet man auf der S. 410.

Rund um Tafraoute

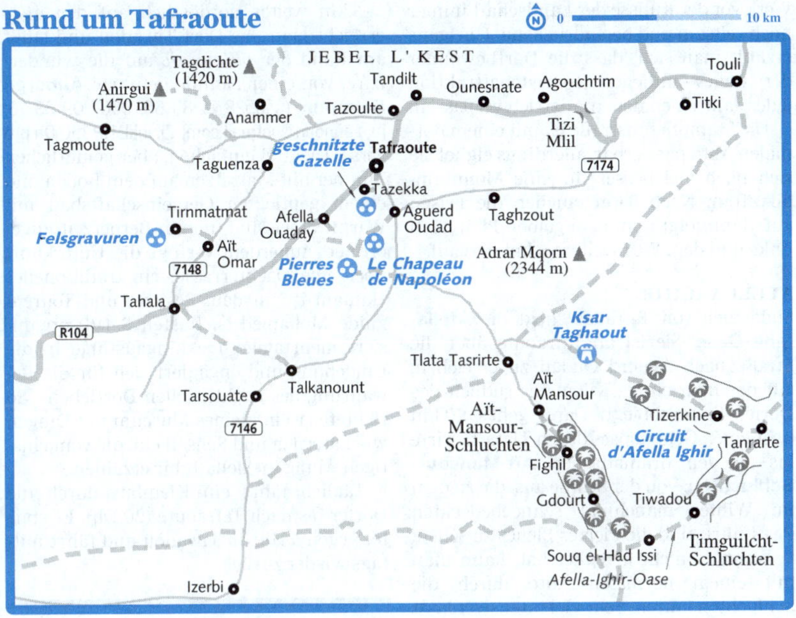

TAZEKKA

Rund um Tafraoute entdeckt man mehrere leicht zugängliche prähistorische Felszeichnungen. Am schnellsten gelangt man zur **Gazelle**, einer Schnitzarbeit auf der Oberseite eines umgestürzten Felsblocks beim Dorf Tazekka. Der einfachste Weg dorthin führt entlang der Route de Tazekka; im Ort angelangt, fragt man am besten einen der Bewohner. Der Fels ist nicht weit entfernt vom Camping Tazka an der Route 104 Richtung Tiznit, alternativ kann man sich auch dort nach dem Weg erkundigen.

Am besten besichtigt man die Felszeichnung im Rahmen einer Tour zu Tazekkas **Maison Berbère Traditionnelle** (☎0673 82 90 54; Maisonberbere30@yahoo.fr; Erw. 15 Dh; ⏲8–18 Uhr) in dem größtenteils unbewohnten Bergdorf. Hier verschmelzen die Stampflehmwände der jahrhundertealten Häuser mit hervortretenden Felsblöcken. In dem vierstöckigen Gebäude, wo noch bis vor fünf Jahren der sachkundige Touristenführer Mahfoud mit seiner Familie lebte, kann man auch übernachten (150 Dh pro Pers. inkl. Frühstück).

TIRNMATMAT

Zu den **Felsgravuren** in Tirnmatmat führt die Route 104 in Richtung Tiznit. Nach 14 km geht's dann über die Route 7148 nördlich von Tahala nach Aït Omar. Kurz vor dem Dorf verläuft eine nicht ausgeschilderte *piste* gegenüber von einem Brunnen nach Tirnmatmat, wo sich die *gravures* an einem Flussbett befinden. Entweder bringen einen Kinder aus dem Ort hin oder man engagiert einen Führer aus Tafraoute. Das Dorf ist ganz zauberhaft gelegen und überall erstrecken sich ausgezeichnete **Wanderwege**.

LE CHAPEAU DE NAPOLÉON & DIE BEMALTEN FELSEN

Das Dorf Aguerd-Oudad 3 km südlich von Tafraoute ist perfekt für einen netten Spaziergang oder eine Fahrradtour. Ab dem Kreisverkehr bei der Afriquia-Tankstelle in Tafraoute nimmt man die Straße über Izerbi nach Tiznit. Auf dem Weg kommt man an den unverwechselbaren Felsformationen vorbei, die als **Le Chapeau de Napoléon** (Napoleons Hut) bekannt sind.

8 km südlich von Tafraoute, direkt am Fuß der Straße zur Oase Afella-Ighir, führt eine *piste touristique* bergaufwärts nach rechts zu den **Pierres Bleues** (Blauen Steinen), einem Werk des belgischen Künstlers Jean Verame. Dieser besprühte die glatten, abgerundeten Felsen 1984 in blauen, roten, lila und schwarzen Farbtönen. Und obwohl sie inzwischen verblasst sind, wirkt sein

Werk vor der Kulisse der Landschaft immer noch seltsam und beeindruckend. Übrigens erzählt man sich, dass die Dorfbewohner der ungewöhnlichen Touristenattraktion jedes Jahr einen neuen Anstrich verpassen.

Die Stampflehmstraße ist mit einem normalen Auto passierbar, allerdings eignet sie sich noch viel besser für eine Mountainbike-Tour. Nach 3 km tauchen die Felsen auf, dann folgt man dem gelben Pfeil nach links und dem Weg weitere 5 km bergauf.

AFELLA-IGHIR

Südöstlich von Tafraoute liegt die **Afella-Ighir-Oase**. Sie ist ab Tafraoute über die Straße nach Aguerd Oudad zu erreichen, auf der man einige Kilometer südlich des Dorfes links abbiegt. Dann geht's 20 km über einen Gebirgspass durch Tlata Tasrirte bis zu den dramatischen **Aït-Mansour-Schluchten**. Von der Straße aus, die zu dem im Winter manchmal schneebedeckten Pass führt, sind die Pierres Bleues zu sehen.

Wenn es nicht geregnet hat, kann man mit einem normalen Auto durch die Schluchten fahren. Sehr viel intensiver lässt sich die atmosphärische Landschaft mit hohen roten Klippenwänden über Palmen jedoch zu Fuß oder auf dem Mountainbike erleben. Im Dorf Aït Mansour am Zugang zur Schlucht markiert eine Stelle, an der Wasser über die Straße fließt, den Beginn der Oase. Ein Stück weiter bekommt man in der *gîte* (Trekkerherberge) **Chez Messaoud** (☎0528 21 83 38, 0670 79 35 67; Zi. 60 Dh pro Pers.) Tee, Wasser sowie Proviant. Auf Vorbestellung gibt's Frühstück (45 Dh) und verschiedene Gerichte (50 Dh).

Im Dorf löst sich die Straße in asphaltierte Abschnitte und *pistes* auf. Hier hält man sich rechts und folgt dem Weg 8 km durch mehrere Ortschaften, die sich oberhalb der Oase aneinanderreihen, bis zu der T-Kreuzung in Gdourt. Rechts geht's nach Izerbi, links nach Souq el-Had Issi; dieser recht triste Ort beherbergt in erster Linie Arbeiter der nahe gelegenen Goldmine Mine de Akka. Ab der Abzweigung 1 km hinter Souq el-Had Issi kann man über eine größtenteils recht holprige *piste*, die für normale Autos nicht passierbar ist, eine 25 km lange Schleife durch die **Schluchten von Timguilcht** und zurück hinauf nach Tlata Tasrite fahren. Alternativ folgt man der besseren Straße und den Schildern bis zur Mine. 12 km weiter südlich in **Ukas** kann man sich von Guides zu eindrucksvollen Felsgravuren führen lassen.

5 km weiter nordöstlich auf der *piste* erreicht man das Dorf Tiwadou und stößt am Rand der *palmeraie* auf die wunderbare, von einer Familie geführte **Auberge Sahnoun** (☎0528 21 83 65, 0667 09 53 76; m_sahnoun@hotmail.com; Zi. inkl. HP 150 Dh pro Pers.). Die drei einfachen, aber gemütlichen Zimmer mit Matratzen auf dem Boden und einem gepflegten Gemeinschaftsbad mit Warmwasser sind um ein Berberzelt angeordnet. Außerdem verfügt die Unterkunft über eine Dachterrasse; ein traditioneller Hamam ist im Bau. Besitzer und Tourenguide Mohamed (s. Kasten S. 416) organisiert mehrtägige Trekkingausflüge in die Umgebung und engagiert sich für die Bewahrung des traditionellen Dorflebens. So richtete er ein kleines Museum mit Dingen wie Laternen und Sensen ein, die vom einstigen Alltag in Afella-Ighir erzählen.

Täglich fährt ein Kleinbus durch die Dörfer bis nach Tafraoute (20 Dh). Er startet gegen 5 Uhr in Tiwadou und fährt mittags wieder zurück.

Tal der Ammeln & Jebel L'Kest جبل لكست و اميلن وادي

Tafraoute liegt in einem Talkessel und ist fast gänzlich von zerklüfteten braunen Felsen umgeben. Im Nordwesten gibt's einen Felsgrat, auf dessen Rückseite sich das Tal der Ammeln erstreckt. An der Nordseite des Tals ragt der **Jebel L'Kest** (2359 m) auf. Wer von Tafraoute aus schaut, kann hier einen Felsen erkennen, der an das Gesicht eines Löwen erinnert. Die Leute aus den Dörfern ulken, dass er auf die Frauen aufpasst, während die Männer bei der Arbeit sind.

Infos zu Trekkingtouren im Tal der Ammeln und zum Jebel L'Kest siehe S. 418.

Ab Tafraoute gelangt man über die Straße nach Agadir in das Tal mit seinen malerischen Berberdörfern. 4 km hinter Tafraoute gabelt sich die Straße; die rechte Abzweigung führt ostwärts das Tal hinauf Richtung Agadir.

TANDILT

Das Dorf erstreckt sich kurz nach der Weggabelung auf der linken Straßenseite hinter L'Arganier d'Ammelne.

Schlafen & Essen

Yamina GÄSTEHAUS €
(☎0528 21 66 21, 0670 52 38 83; www.yamina-tafraout.com; Zi. inkl. HP 220 Dh pro Pers.; ❄)

Das Yamina am oberen Ende des Dorfes wird von einer Berberin und ihrem französischen Mann betrieben. Die beiden haben eine einzigartige Mischung aus komfortabler Pension und *maison traditionnelle* (traditionellem Haus) geschaffen. Eines der einfachen, wunderschön eingerichteten Zimmer verfügt über einen eigenen winzigen Garten; besonders schön ist das so genannte Safranzimmer mit gelben Wänden, rosafarbenen Balken und Zugang zur Terrasse.

L'Arganier d'Ammelne HOTEL €
(☎0528 80 00 69; argahotel@yahoo.fr; EZ/DZ inkl. Frühstück 200/250 Dh; ❄) Dank der hübschen rosafarbenen Zimmer mit Blick auf einen Blumengarten versprüht die Hotel- und Campinganlage jede Menge Berberflair. In dem grandiosen Terrassenrestaurant (Gerichte 50 Dh) werden köstliche Speisen zubereitet, darunter Rinder-Tajine mit Aprikosen, Mandeln und Backpflaumen sowie viele lokale Spezialitäten.

OUMESNATE

Nach ein paar Kilometern erreicht man Oumesnate. Hier geht's den Schildern nach durchs Dorf und über einen Fußweg zur **Maison Traditionnelle** (☎0666 91 77 68, 0668 32 28 66; Eintritt 10 Dh; ⌚8–18 Uhr). Das dreistöckige Granithaus mit Palmen und Arganbäumen ist etwa 400 Jahre alt und wurde bis 1982 von insgesamt 20 Familienmitgliedern aus drei Generationen bewohnt. Der Besitzer Abdesslam oder einer seiner Söhne, die etwas Englisch sprechen, führen Besucher herum und erzählen Geschichten über das traditionelle Leben in der Region. Die benachbarte **Maison d'Hôte** (www.maisontraditionnelle.com; EZ/DZ inkl. HP 250/400 Dh) wird von derselben Familie betrieben und bietet tolle Einblicke in das Dorfleben der Berber. Wer aufs Internet verzichten kann und idealerweise ein Auto dabeihat, wird hier eine sehr viel interessantere Nacht verbringen als in Tafraoute. Die sechs Zimmer verfügen über eigene Bäder und auf Vorbestellung gibt's warme Gerichte (70 Dh).

Tata طاطا

40 000 EW.

Tata liegt in der Sahara-Ebene am Fuß des Jebel Bani. Früher war die kleine, aber moderne Stadt eine Oasensiedlung an der Handelsroute zwischen Zagora und Tan Tan. Unweit der algerischen Grenze gelegen, hat sie mit ihren vielen Polizei- und Militärposten etwas von einer Garnisonsstadt; Traveller sollten sich auf Kontrollen einstellen. Mit seiner neuen Infrastruktur und der im Vergleich zu anderen Ortschaften der Sahara recht entspannten Atmosphäre wird Tata sicherlich bald mehr Besucher anziehen.

Es lohnt sich, die **palmeraie** zu besichtigen. Dafür folgt man entweder dem 7 km langen Rundweg oder nimmt einen der Busse (5 Dh). Über dem Dorf ganz am Ende des Palmenhains thront auf einem Hügel ein weißes *marabout* (Heiligengrab), das von Tata aus zu sehen ist.

In erster Linie ist die Stadt die beste Ausgangsbasis für Touren jenseits der ausgetretenen Pfade: Wie wär's mit Zelten in der Wüste, einem Trip zur Akka-Oase, einer Kasbah- oder *agadir*-Besichtigung oder einem Ausflug zu den Felsgravuren bei Oum el-Alek, Tircht und Aït Herbil, die zu den schönsten in Marokko zählen? Der mehrsprachige Berberguide Isam, den man in dem wenig eindrucksvollen Souvenirladen **Maison du Patrimoine** (☎0613 24 13 12; issam3599@hotmail.com; Ave Mohammed V) antrifft, verlangt etwa 350 Dh für Eintagestouren (1–2 Pers.) inklusive Mittagessen und Geländewagen.

Die Zimmer der einfachen Hotels über den Cafés an der Ave Mohammed V kosten zwischen 30 und 100 Dh. Bei unserem Besuch wurde der städtische Campingplatz unweit der Maison du Patrimoine gerade renoviert. Hier zahlt man 40 Dh pro Person. Tatas alte Kasbah, **Dar Infiane** (☎0528 80 24 08, 0661 61 01 70; www.darinfiane.com, auf Französisch; Zi. inkl. Frühstück 63–103 €; ❄), thront über der *palmeraie* und wurde in eine Clef-Verte-Pension verwandelt. Um den mit Teppichen ausgelegten Innenhof reihen sich neun Zimmer mit Originaldetails wie niedrigen Deckenbalken, außerdem gibt's draußen einen Whirlpool mit Blick auf die Berge. Die französischen Besitzer veranstalten Touren mit dem Anspruch, den Kontakt zwischen Besuchern und Einheimischen zu fördern; zum Angebot gehören Trekking in der *palmeraie* und *agadir*-Besuche. Das Abendessen (19 €) ist köstlich und die stillen Nächte auf der Dachterrasse kommen einem geradezu magisch vor. Während unserer Recherche wurde das zentrale alteingesessene **Hôtel La Renaissance** (☎0528 80 22 25; larenaissance.tata@gmail.com; Ave des FAR; EZ/DZ 170/210 Dh; 📶) umgebaut. Es verfügt über gemütliche Zimmer mit blauen und

LOKALKOLORIT

MOHAMED SAHNOUN OUHAMOU

Mohamed Sahnoun Ouhamou ist Maler, Lehrer, Pensionsinhaber und Fremdenführer.

Seit wann leben Sie in Tiwadou? Ich wurde hier geboren, ging dann jedoch auf die Universität in Agadir und arbeitete in der Nähe von Beni Mellal als Assistent bei einem Fotografen. 1987 kehrte ich zurück, nachdem ich gehört hatte, dass hier Lehrer gesucht werden.

Sind noch mehr Leute weggezogen? In den 1950er-Jahren sind viele hier aus dem Tal nach Casablanca gegangen. Sie haben Läden und Betriebe von Juden übernommen, die nach Israel gezogen sind. Viele dieser Familien haben inzwischen große Unternehmen in Casa, und fast alle kleinen Eckläden dort sowie in Fes, Rabat und sogar Paris gehören Berbern aus der hiesigen Gegend.

Üblicherweise lassen die Männer ihre Familien zurück und kommen in den Ferien nach Hause, um große Häuser zu bauen. Die Gegend ist voller Villen. Allerdings gibt's ein Problem: Viele Männer nehmen sich nach einiger Zeit eine andere Frau und gründen eine neue Familie. Und dann kommen sie nicht mehr wieder. Die Landwirtschaft bricht zusammen, weil keiner mehr die Arbeit machen will. Die Leute verlassen die alten Dörfer und die Lehmziegelhäuser verfallen. Wir verlieren unsere Traditionen. Das ist ein großes Problem.

Warum bleiben Sie hier? Ich liebe diesen Ort. Ich möchte nirgendwo anders leben. Hier gibt's noch immer zwischenmenschliche Beziehungen und etwas, was ich sehr hoch schätze: Solidarität. Wenn jemand irgendetwas braucht, hilft einem jeder. Die Leute haben mich dabei unterstützt, hier ein Haus zu bauen und ein kleines Museum mit traditionellen Alltagsgegenständen einzurichten, die in Vergessenheit zu geraten drohen.

Kann Tourismus eine Chance sein? Tourismus und Bildung sind die einzige Lösung. Deshalb habe ich eine Pension eröffnet, und deshalb arbeite ich mit Frauen aus der Gegend zusammen, die zurückgelassen wurden: In manchen Dörfern gibt's 90 % Frauen und ansonsten nur Kinder und alte Männer. An dem Tag, an dem der Ehemann aufhört, Geld zu schicken, beginnt die Armut. Also gründeten wir eine Frauenkooperative. Dort lernen inzwischen 86 Frauen Weben, Sticken, Lesen und Schreiben. Früher wurden die Frauen nicht gerade geachtet, heute haben sie ein eigenes Einkommen aus ihren Arbeiten, die sie an Touristen verkaufen. Ich bin der einzige Mann, der dort Zutritt hat, weil ich sie unterrichte. Wir unterrichten auch ihre Kinder, sodass jetzt alle mindestens drei Jahre lang die Grundschule besuchen können. Jungs starten oft schon mit 14 ins Berufsleben, weil Handel und Arbeit einen hohen Stellenwert haben. Ist nicht genug Geld vorhanden, müssen immer zuerst die Mädchen zurückstecken.

Was haben Sie im Dorf noch auf die Beine gestellt? Wir veranstalten nun jedes Jahr ein Fest, bei dem die Kinder Müll einsammeln. Dass überall Plastiktüten herumliegen, ist nämlich ein großes Problem. Im ersten Jahr ging der Preis für denjenigen, der am meisten Abfall eingesammelt hat, an Abdullah, einen Jungen im Vorschulalter. Zuerst haben ihn weder Schüler noch Lehrer beachtet, dementsprechend nervös war er bei der Preisübergabe auf der Bühne. Nun hat er mir erzählt, dass er auch weiterhin Plastiktüten einsammeln will, was zeigt, dass Botschaften leicht kommuniziert werden können.

Welche Gegend mögen Sie am liebsten? Mich faszinieren vor allem Felsgravuren. Ich habe mir das Malen selbst beigebracht und ich liebe das, was meine Vorfahren geschaffen haben. Leider schützt niemand diese Kunstwerke und so wurden einige davon schon mutwillig beschädigt. Am bekanntesten sind die Gravuren in Ukas, es gibt jedoch auch andere. Ich veranstalte drei- bis fünftägige Touren zu den verschiedenen Stätten und genieße es, Fremden diese Gegend vorzustellen, sie in die Berge zu entführen und die vollkommene Ruhe zu erleben.

braunen Fliesen sowie eine Terrasse, von der man auf den Palmenhain schaut. Das Personal ist hilfsbereit und spricht etwas Englisch. Minuspunkte gibt's allerdings für die winzigen Bäder, in denen jedoch immerhin genügend Warmwasser vorhanden ist, und die zwielichtigen Gestalten in der Bar. Das **Hôtel Les Relais des Sables** (☎0528 80 23 01; Ave des FAR; EZ/DZ/3BZ 219/268/389 Dh; ❄📶🏊) zählt zu den komfortabelsten Unterkünften der Stadt und erfreut sich deswegen bei Touristengruppen und Durchreisenden großer Beliebtheit. Es beherbergt eine große Bar und ein Restaurant, und hat Zimmer, die um blumenbewachsene Innenhöfe angeordnet sind.

An der Hauptstraße in der Nähe der Maison du Patrimoine reihen sich Cafés aneinander und in der Ave Mohammed V findet man eine Postfiliale, ein Internetcafé, die Banque Populaire und die Attijariwafa Bank (wechseln Geld und haben Geldautomaten) sowie die **Délégation de Tourisme** (Touristeninformation; ☎0528 80 20 76, 0676 00 26 99; http://crt-guelmim.com/province-tata-en.html; ⏲Mo–Fr 9–16.30 Uhr).

ℹ An- & Weiterreise

Bus

Tatas neuer Busbahnhof liegt im Zentrum nahe dem Hôtel Les Relais des Sables.

Agadir (80 Dh, 8 Std., 3-mal tgl.)

Goulimime (60 Dh, 6 Std., 2-mal tgl.)

Marrakesch (140 Dh, 11 Std., 1-mal tgl.)

Ouarzazate (80 Dh, 5 Std., 1-mal tgl.)

Taroudannt (60 Dh, 5 Std., 5-mal tgl.)

Tiznit (60 Dh, 6½ Std., 3-mal tgl.)

Taxi

Grand-taxi-Tarife ab Tata:

Agadir (100 Dh)

Goulimime (100 Dh)

Igherm (40 Dh) Umsteigemöglichkeiten nach Tafraoute oder Taliouine

Taroudannt (70 Dh)

Tiznit (100 Dh)

TREKKING IM ANTIATLAS

Der karge, rosa- und ockerfarbene Antiatlas ist das letzte große Gebirge vor der Sahara. Nur wenige Trekkingfans verirren sich hierher, und das, obwohl sich ihnen tolle Bedingungen bieten. Taliouine (S. 408) ist bestens für Wandertouristen gerüstet und Tafraoute (S. 410) gilt als Herz der Region. Das Quarzitmassiv Jebel L'Kest (2359 m, s. S. 414), der sogenannte Amethystberg, erhebt sich etwa 10 km nördlich von Tafraoute. Weitere 10 km in südöstlicher Richtung liegt der Zwillingsberg Adrar Mqorn (2344 m). Unter den zerklüfteten Gipfeln erstrecken sich grüne wasserreiche Täler und mehrere Oasen.

Am östlichen Ende des Antiatlas ragt ganz in der Nähe von Taliouine südlich des Jebel Toubkal der Jebel Siroua (3305 m) über der Landschaft auf. Der dramatische Vulkan ist *das* Highlight für mehrtägige Trekkingtouren.

Rund um Tafraoute

Bei der Unmenge an Trekkingmöglichkeiten in Marokko verwundert es nicht, dass eine Gegend wie Tafraoute noch nicht voll erschlossen ist. Wie überall im Süden locken auch hier herausfordernde und lohnenswerte Routen für Abenteurer.

Das Terrain ist anspruchsvoller als das M'Goun-Massiv oder Tichka-Plateau, und Wanderer sehen sich mit fehlender Infrastruktur und einem rauen Klima konfrontiert. Wegen der Nähe zur Sahara sind die Sommer glühend heiß, während im Winter auf den hohen Gebirgspässen und Gipfeln gelegentlich Schnee fällt. Als beste Zeit für eine Tour gilt der ausklingende Winter, idealerweise Ende Februar. Tagsüber betragen die Temperaturen dann etwa 20 °C, nachts kann es Minusgrade geben.

Bis auf ein paar kleine Läden hat man in der Region nur wenige Verpflegungsmöglichkeiten, deshalb stellt die Mitnahme von genügend Essen und Wasser die größte Herausforderung dar. Wie in anderen abgelegenen Gegenden Marokkos besteht auch hier oft die Möglichkeit, in Häusern von Dorfbewohnern zu übernachten. Dennoch gehören Campingausrüstung und Verpflegung zwingend ins Gepäck.

Am besten organisiert man zunächst einen Trekkingführer und Maultiere. Dafür bietet sich Yallahtrek (S. 408) in Taliouine an. Ein guter Kontakt in Taroudannt ist der Guide Said Dayfollah (S. 405). Tafraoute richtet sich eher an Mountainbiker, es gibt aber auch Trekkingführer (und *faux guides!*). Einen Guide immer zuerst nach seinem Ausweis fragen! Zudem gilt als Faustregel: Ausgebildete Bergführer werben nicht auf der Straße um Kunden. Rund um Tafraoute kommen Maultiere weniger zum Einsatz als auf dem Jebel Siroua, der jeweilige Guide kann jedoch oft welche organisieren.

Der Jebel L'Kest sowie Tafraoute und das Umland sind auf den Karten *Had Tahala* und *Tanalt* (Maßstab 1:50 000) aufgeführt, die gesamte Region wiederum decken die Karten *Annzi, Tafrawt, Foum al-Hisn* und *Taghjijt* (Maßstab 1:100 000) ab.

Dieser Teil des Atlas ist touristisch wenig erschlossen und es gibt nur begrenzte Transportmöglichkeiten. *Camionettes* (Pickups) sind eine recht verlässliche Option; sie fahren in unregelmäßigen Abständen manche Dörfer an. *Grands taxis* verkehren an Markttagen, ansonsten kann man sich per Miettaxi zum Ausgangspunkt der jeweiligen Trekkingroute bringen lassen.

JEBEL L'KEST

Das Bergmassiv erstreckt sich nordwestlich von Tafraoute und ist die Hauptattraktion der Region. Trotz der rauen Landschaft bauen die Berber, die in verschiedenen Dörfern wie Tagoudiche leben, Weizen, Gerste, Oliven, Feigen und Mandeln an. Der Ort Tagdichte dient als Ausgangpunkt für Tagesausflüge auf den Jebel L'Kest.

TAL DER AMMELN

Rund 26 Dörfer liegen im Tal der Ammeln, das an der Südseite des Jebel L'Kest verläuft. Sie eignen sich bestens für eine Wandertour, für die komplette Route bräuchte man allerdings Wochen. Alternativ bietet sich eine traumhafte Fünftageswanderung an, die in Oumesnate beginnt, mehrere Dörfer und eine Tour zum Jebel L'Kest ab Tagdichte umfasst. Der Aufstieg kann auch in eine einfachere Wanderroute eingebaut werden, die beispielsweise von Tirnmatmat nach Oumesnate, beide in Straßennähe, östlich durch das Tal führt. In jedem Fall wartet die Gegend mit tollen Trekkingmöglichkeiten auf.

ADRAR MQORN & UMGEBUNG

Auch südöstlich von Tafraoute kann man sich über herrliche Bedingungen freuen. Eine Klettertour auf den Adrar Mqorn ist zwar schweißtreibend, aber lohnenswert. Direkt südlich der Zwillingsberge erstrecken sich die palmenbewachsenen Schluchten von **Aït Mansour** und **Timguilcht** und bilden gemeinsam die Afella-Ighir-Oase. Hier gibt's jede Menge zu entdecken!

JEBEL AKLIM

Der Jebel Aklim (2531 m) ist noch abgeschiedener als der Jebel L'Kest. In den Tälern ringsum liegen von alten Kasbahs bewachte Berberdörfer. Vom Gipfel bietet sich ein toller Ausblick auf den Hohen Atlas und den Jebel Siroua. Der Berg eignet sich als Ziel für eine vier- bis fünftägige Tour ab Igherm, das von Tafraoute (in südwestlicher Richtung), Taroudannt, Taliouine und Tata jeweils etwa gleich weit entfernt liegt.

Jebel Siroua

Südlich des Hohen Atlas am östlichen Rand des Antiatlas lockt der abgeschiedene Vulkangipfel Jebel Siroua mit einzigartigen Möglichkeiten für Trekkingfans. Abgelegene Dörfer, eindrucksvolle Schluchten, ein anspruchsvoller Schlussaufstieg und eine dramatische Kulisse sorgen dafür, dass dieser Berg als ideales Terrain für Leute gilt, die Einsamkeit, beeindruckende Schönheit und eine sportliche Herausforderung suchen.

Der Aufstieg auf den Jebel Siroua ist sicherlich der Höhepunkt jeder Tour, wobei die Schönheit der grünen Täler, die Gastfreundlichkeit der Berber, das Lichtspiel vor der Bergkulisse und die Nähe zur Sahara wahrscheinlich sogar noch länger in Erinnerung bleiben. Wem der Aufstieg zum Gipfel also zu viel ist, der wird auch von einer Rundwanderung begeistert sein.

Um sich zu informieren sowie Bergführer, Maultiere und Ausrüstung zu organisieren, steuert man am besten die Trekkingagentur Yallahtrek (S. 408) in Taliouine und die zugehörige Auberge Souktana ein paar Kilometer östlich der Stadt an der Hauptstraße an. Die *auberge* hat sich zum Ausgangspunkt für Trekkingtouren entwickelt.

Wie immer können mit kurzer Vorlaufzeit von etwa einen Tag Maultiere auch in den Dörfern rund um den Berg gemietet werden.

Die Karten *Taliwine* (Maßstab 1:100 000) und *Sirwa* (Maßstab 1:50 000) decken die Route ab. Im Winter kann es sehr kalt werden, stattdessen sollte man Ausflüge eher im Herbst, zur Zeit der Safranernte oder im Frühling unternehmen.

Wer seine Vorräte auffrischen möchte, wird auf den Märkten montags in Taliouine, mittwochs und samstags in Aoulouz, donnerstags in Askaoun, freitags in Tazenakht sowie sonntags in Igli fündig.

ROUTEN
Entlang eines sanft ansteigenden Wegs führt eine herausfordernde einwöchige Trekkingtour hinaus aus Taliouine und ostwärts über das **Zagmouzental** nach **Tagmout**. Danach geht's weiter in nordöstlicher Richtung durch **Atougha** und in sechs Stunden hinauf zum Gipfel des Jebel Siroua. Bei normaler Geschwindigkeit steht der Anstieg am Morgen des vierten Tages an.

Nach dem Abstieg in die Schluchten mit anschließender Übernachtung wandert man am fünften Tag vorbei an dem eindrucksvollen, in den Felsen liegenden Dorf **Tizgui** und schließlich nach **Tagouyamt**, wo es nur wenige Verpflegungsmöglichkeiten gibt. Falls kein Zimmer frei ist, kann man in der großartigen **Tislitschlucht** zelten. Ab Tagouyamt erstreckt sich das Tal bis nach Ihoukarn; von dort geht's entweder südwärts zur Straße bei Tizi n'Taghatine, die von Taliouine nach Ouarzazate verläuft (hier findet man Transportmöglichkeiten), oder in westliche Richtung zurück nach Taliouine.

Alternativ nimmt man eine noch weniger frequentierte Route. Sie beginnt im Dorf Tamlakout mit einer lizenzierten *gîte* und führt nach Aït Tigga, Assif Mdist sowie an den Fuß des Jebel Siroua. Hier angekommen, kraxelt man den Berg hoch und wandert weiter nach Aziouane sowie über Amassine zurück zum Ausgangspunkt. Teile der Route sind anspruchsvoll, pro Tag ist man jedoch nicht mehr als sechs Stunden unterwegs.

Taliouine und Anezale (nach Tamlakout) liegen an der Hauptverbindungsstraße zwischen Taroudannt und Ouarzazate. Beide werden regelmäßig von *grands taxis* und Bussen angesteuert.

SÜDLICHE ATLANTIKKÜSTE

Tiznit تزنيت

53 600 EW.

Rund um Tiznits Medina erstrecken sich die alten Stadtmauern sowie moderne Bauten. Der Ort liegt südlich der Sousebene am westlichen Ende des Antiatlas. Hier gab es zunächst eine Ansammlung von Festungen, die im 19. Jh. von einer soliden, 5 km langen Mauer eingefasst wurden. Tiznit avancierte schnell zu einem Handelszentrum und ist bis heute Provinzhauptstadt sowie wichtiger Umschlagplatz für Berberschmuck. Wahrscheinlich kommt man an dem Ort auf dem Weg vom Antiatlas zur Atlantikküste vorbei: Für einen Abstecher inklusive Besichtigung der Medina und Besuch der Silberschmuckgeschäfte reichen ein paar Stunden.

Geschichte

1881 erkor Sultan Moulay al-Hassan (1873–1894) Tiznit zu seiner Basis, um von hier aus seinen Machtanspruch über die rebellischen Berberstämme des Südens geltend zu machen. Er ließ die Mauern um die Stadt errichten. Jüdische Silberschmiede wurden in die Stadt geholt, die dadurch zu einem Zentrum für Silberschmuck wurde.

Doch Tiznit blieb in Aufstände verwickelt und war Zentrum des Widerstands gegen den Vertrag von 1912, der Marokko zu einem französischen und spanischen Protektorat machte. Anführer dieser Widerstandsbewegung war El-Hiba aus der Westsahara, „Blauer Sultan" genannt. Zu seinem Spitznamen kam er, weil er sein Sahraui-Gewand niemals ablegte.

Nachdem sich Sultan Moulay Hafi den Franzosen im Vertrag von Fes unterworfen hatte, rief sich El-Hiba hier 1912 selbst zum Sultan aus. Die Südstämme erhoben sich, um ihn zu unterstützen, und El-Hiba marschierte nach Norden an der Spitze einer Armee aus Männern der Tuareg und Stämmen des Antiatlas. In Marrakesch wurden sie als Befreier bejubelt, aber als die Armee nach Fes weiterzog, wurden die meisten Kämpfer von den Franzosen niedergemetzelt. El-Hiba zog sich zurück: erst nach Taroudannt, dann nach Tiznit und schließlich hoch in den Antiatlas. Von dort führte er seinen Kampf gegen die Franzosen weiter, bis er 1919 starb.

Sehenswertes & Aktivitäten

Tiznit ist ein verschlafener Ort mit einer Medina, die mit dem Schmuckmarkt und der Rue Imzilne, einer Straße voller Geschäfte für Ledersandalen, zum Schlendern einlädt. Obwohl die Berber gerissene Händler sind, kann sich das Feilschen durchaus lohnen. Deutlich mehr los ist am Donnerstag, dem Markttag.

Stadtmauer HISTORISCHE STÄTTE
Wer will, kann Teile der 5 km langen Stadtmauer besteigen, die etwa 30 Türme und neun Tore hat. Vom **Bab Targua** aus ge-

Tiznit

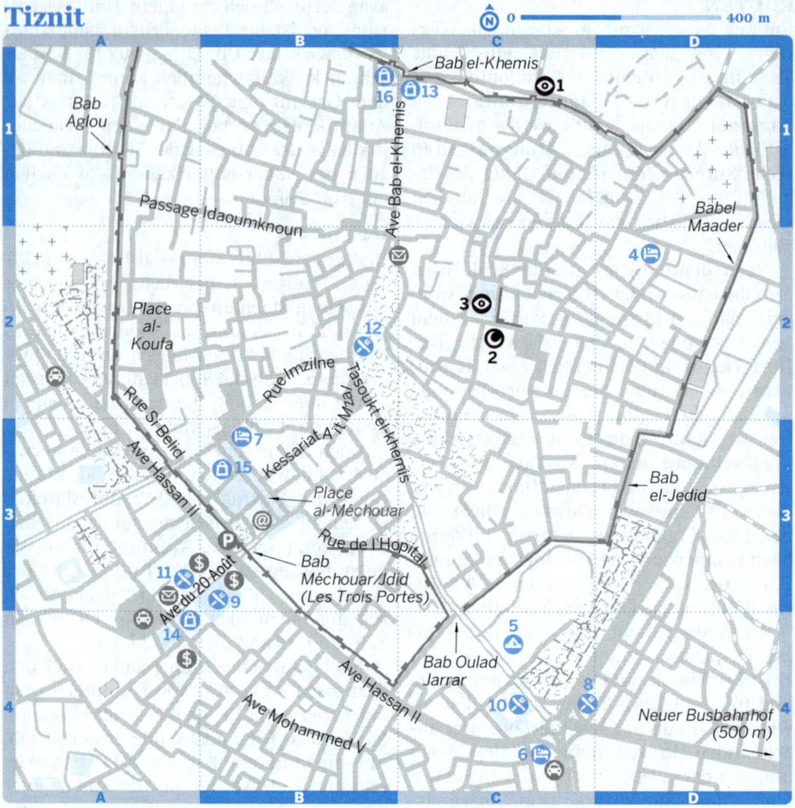

nießt man einen fantastischen Blick über die üppige *palmeraie*. Dort gibt's eine natürliche Quelle, in der die Frauen aus dem Ort früher ihre Wäsche wuschen.

Grande Mosquée MOSCHEE

Aus dem Minarett der Grande Mosquée (kein Zutritt für Nichtmuslime) ragen Holzstangen. Angeblich versammeln sich darauf die Seelen der Toten. Wahrscheinlicher ist, dass die Maurer, die den Turm bauten, sie stehen ließen, um besser hochklettern und den Verputz erneuern zu können. Ein ähnliches System findet sich auch an Minaretten der Sahara in Mali und Niger.

Source Bleue HISTORISCHE STÄTTE

In der Nähe der Grande Mosquée stößt man auf die einstige Hauptquelle der Stadt, heute ein seichter, schaler Tümpel, der eher grün als blau aussieht. Hier soll einst, als sich ringsum nur öde Wüste erstreckte, eine Dame von recht zweifelhaftem Ruf, Lalla Zninia, ein Päuschen gemacht haben, um über ihre Sünden nachzudenken. Das dauerte ganze drei Tage. Und weil sie ihr lasterhaftes Leben so intensiv bereute, ließ Gott sich rühren und zum Zeichen seiner Vergebung eine Quelle zu ihren Füßen sprudeln. Der Name der Büßerin ging auf das Dorf über, an dessen Stelle im 19. Jh. Moulay al-Hassans Festungsstadt erbaut wurde.

Schlafen

Mittelklasseunterkünfte findet man rund um den großen Kreisverkehr südöstlich des Bab Oulad Jarrar. An der Place al-Méchouar gibt's Budgetoptionen, wobei die Gegend auf alleinreisende Frauen abends recht abschreckend wirkt.

Bab el Maader GÄSTEHAUS €

(☎0528 86 42 52; www.bab-el-maader.com; 132 Rue El Haj Ali; Zi. 265–315 Dh) Obwohl das Hotel Idou Tiznit mit Pool und Marmorlobby

Tiznit

Sehenswertes

das teuerste Hotel der Stadt ist, bleibt das Bab el Maader die beste Adresse im Ort. Das Gästehaus verfügt über fünf Zimmer, einen schönen Innenhof, reiches Dekor sowie wunderschön eingearbeitete marokkanische Stoffe und Materialien. Die Inhaber arrangieren gern Touren in die Umgebung und bereiten auf Anfrage warme Mahlzeiten (100 Dh) zu.

Hôtel des Touristes HOTEL €

(☎0528 86 20 18; http://hoteltouristetiznit.voila.net; Place al-Méchouar; EZ/DZ 50/100 Dh; WLAN) In der Nähe des Schmuckmarkts ist dieses makellose, einladende Hotel einer der besten Gründe für Budgetreisende, in Tiznit eine Pause einzulegen. Die hübschen Zimmer führen zu einem ruhigen, freundlichen Gemeinschaftsbereich mit einer Buchbörse; die Räume mit Blick auf den Platz haben kleine Balkone.

Hôtel de Paris HOTEL €

(☎0528 86 28 65; www.hoteldeparis.ma; Ave Hassan II; EZ/DZ 138/164 Dh; Klimaanlage) Dieses Hotel liegt an einem viel befahrenen Kreisel nicht weit von den Mauern der Altstadt entfernt. Farbgestaltung und verblasste Touristenplakate zeugen nicht gerade von gutem Geschmack und auch das fade Interieur der 19 Zimmer kann nicht überzeugen. Im Erdgeschoss gibt's ein Café mit Restaurant.

Camping Municipal CAMPING €

(☎0528 60 13 54; Bab Oulad Jarrar; 36 Dh pro Pers.) Der sichere Zeltplatz liegt gleich neben den alten Stadtmauern.

Essen

La Ville Nouvelle CAFÉ, REGIONALE KÜCHE €

(☎0548 60 09 63; 1. OG, 17 Ave du 20 Août; Hauptgerichte 35–55 Dh; ⊙Frühstück & Mittagessen) Das beliebte Café in der *ville nouvelle* mit effizientem Service eignet sich wunderbar für eine Mittagspause und serviert klassische Salatteller, Brochettes sowie leckere *kefta* (würzige Lamm- oder Rinderbällchen).

Complex Tiznit Essaada FAST FOOD, FISCH & MEERESFRÜCHTE €

(☎0667 67 99 59; Rte d'Agadir; Hauptgerichte 35–55 Dh) Die Imbissstube mit angeschlossener Saftbar und überdachter Terrasse bringt *shwarma*, Paninis, Pizzas, Spaghetti und Fischgerichte auf den Tisch.

Imbissstände FAST FOOD €

An der Ave Bab el-Khemis, der Hauptstraße der Medina.

Lebensmittelmarkt MARKT

(Ave du 20 Août) Eine gute Adresse, um sich mit Proviant einzudecken.

Idou-Tiznit-Supermarkt SUPERMARKT

(Bab Oulad Jarrar) Hinter dem gleichnamigen Hotel wird eine Auswahl an regionalen und importierten Lebensmitteln verkauft.

Shoppen

LP TIPP **Schmuck-Suk** SCHMUCK

Auf diesem Markt mit einer langen Tradition von Silberschmieden bekommt man einige der besten Schmuckstücke in Südmarokko. Hier reihen sich viele hübsche Läden mit blauen Türen und Schaufenstern voller Silberwaren aneinander und laden zu einem Bummel ein. Der Schmuck wird zum Teil in Tiznit gefertigt, stammt aber auch von den Stämmen der südlichen Sahara. Man braucht etwas Zeit, um sich einen Überblick zu verschaffen und die besten Preise auszuhandeln.

Trésor du Sud SCHMUCK

(27 Ave Bab el-Khemis) Abseits des Suks verkauft dieser Laden zwar nicht die billigste, aber gute Ware aus reinem Silber mit Prägung.

Bijouterie Bab el-Khemis SCHMUCK

(Ave Bab el-Khemis) In der Boutique kann man sich in Ruhe eines der Berber- und

HINTER DEM FUNKELN UND GLITZERN

Berberschmuck ist traditionell weit mehr als ein dekoratives Accessoire. Die Stücke, die eine Frau trägt, kennzeichnen sie als Mitglied einer bestimmten Familie oder eines Stammes. Sie sind ein Zeichen von Wohlstand und stehen für kulturelle Traditionen. Außerdem soll der Schmuck magische Kräfte besitzen und seine Trägerin vor dem bösen Blick schützen.

Bis zur Hochzeit bekommt eine Frau Schmuck von ihrer Mutter. Von ihrem zukünftigen Mann erhält sie als Aussteuer Stücke, die seine Mutter oder seine Schwester beigesteuert haben. Im Laufe der Ehe kommen neue Kostbarkeiten hinzu; sie werden immer aus Silber gefertigt, nie aus Gold, da dieses Unglück bringen soll.

Halsketten sind besonders wichtig. In den südlichen Oasentälern werden neben Silber traditionell auch rote Korallen, Amazonit, Bernstein, Glas und Perlen aus westafrikanischem Elfenbein verarbeitet. Zu den Schätzen einer Frau gehören auch Armbänder, *fibulas* (kunstvolle, meist dreieckige Spangen, mit denen Kleider zusammengehalten werden), Fußkettchen, Ohrringe und Kopfschmuck. Manche Stücke werden täglich getragen, aber die wertvollsten sind besonderen Gelegenheiten wie Festen, Wallfahrten oder Beerdigungen vorbehalten.

Dass der Schmuck beschützt, heilt und magische Kräfte hat, ist besonders wichtig. In die Halsketten ist ein Zauber eingewirkt, der bei heiligen Männern oder Zauberern gekauft wird. Er schützt gegen den bösen Blick, Krankheiten, Unfälle und Komplikationen bei der Geburt. Silber soll gegen Rheuma helfen, Korallen symbolisieren Fruchtbarkeit und haben Heilkräfte; Bernstein wird als Zeichen des Wohlstands und zum Schutz vor Hexerei getragen. Er gilt auch als Aphrodisiakum und Mittel gegen Erkältung. Amazonit und Karneol sind nützlich für Weissagungen, und Muscheln aus Ostafrika stehen ebenfalls für Fruchtbarkeit.

Als Motive werden bei den Talismanen stilisierte Tiere, Sonne, Mond und Sterne eingesetzt. Ihnen allen werden übernatürliche Kräfte nachgesagt. Ein verbreitetes Symbol zur Abwehr des bösen Blicks ist die Hand Fatimas, die Tochter des Propheten Mohammed. Jede Darstellung ihrer Hand (die für die kreative Kraft und menschliche Herrschaft steht) oder auch der Zahl Fünf hat den gleichen Effekt – mit den Fingern und den Worten *khamsa fi ainek* (fünf in dein Auge) wird nämlich quasi der böse Blick gebrochen.

Tuaregschmuckstücke, die an gegenüberliegenden Wänden ausgestellt sind, aussuchen.

Ensemble Artisanal SCHMUCK
(Ave du 20 Août) Hier bieten Kunsthandwerker ohne viel Hektik ihre schönen Stücke an.

Praktische Informationen

Banque Populaire (Ave du 20 Août) Verfügt über einen Geldautomaten und wechselt darüber hinaus Bares.

BMCE (Ave Mohammed V) Geldautomat und Devisentausch.

BMCI (Ave du 20 Août) Geldautomat und Devisentausch.

Cyber al-Méchouar (2. OG, Place al-Méchouar; 5 Dh pro Std.; ⌚8.30–23 Uhr) Internetcafé in der Medina.

Hauptpostamt (Ave du 20 Août) In der *ville nouvelle.*

Postfiliale (Ave Bab el-Khemis) Liegt in der Medina.

An- & Weiterreise

Bus

Busse fahren vom neuen Busbahnhof bei der Straße nach Tafraoute (gleich hinter dem Donnerstagsmarkt) ab. Das Unternehmen CTM unterhält zwei Büros: Eine Filiale liegt näher am Zentrum auf der gleichen Straße, die andere an der Place al-Méchouar. CTM, Supratours und weitere Anbieter steuern folgende Ziele an:

ZIEL	PREIS (DH)	DAUER (STD.)
Agadir	40	2
Dakhla	300	19
Goulimime	40	2
Laâyoune	190	9
Tafraoute	35	4
Tata	80	6½
Tan Tan	75	3½

Taxi

Wenn nicht anders angegeben, starten die Taxis am Hauptstand gegenüber der Post im Westen der Stadt. Sie fahren in folgende Orte:

Agadir (27 Dh)

Aglou Plage (5 Dh) Ab einem Taxistand an der Ave Hassan II.

Goulimime (32 Dh) Ab einem Taxistand südlich des Kreisverkehrs beim Hotel Idou Tiznit quer über die Route de Goulimime.

Mirleft (13 Dh)

Sidi Ifni (23 Dh)

Tafraoute (37,50 Dh)

Rund um Tiznit

AGLOU PLAGE اكلو بلاج

Etwa 15 km nordwestlich von Tiznit erstreckt sich die Aglou Plage, ein langer Strand mit einer geradezu wahnsinnigen Brandung. Wegen der starken Unterströmung ist Schwimmen aber meistens gefährlich. Wenn es vom Atlantik her stürmt, wirkt der Ort wild und fast unheimlich, die Zeichen stehen jedoch auch hier auf Fortschritt. Trotzdem bewahrt sich der Strand mit seiner erhöhten, von Strandcafés gesäumten Promenade einen gewissen ursprünglichen Charme, ähnlich dem von Mirleft oder Sidi Ifni.

An seinem südlichen Ende bietet das französisch-marokkanische Gästehaus **Le Chant du Chameau** (☎0667 90 49 91; www.chantduchameau.com, auf Französisch; Zelt/Zi. inkl. Frühstück 200/250 Dh pro Pers.) Quartiere in einem rostroten Gebäude oder in Nomadenzelten, allesamt mit dramatischen Ausblicken auf Strand und Meer. Zum Angebot gehören Ausflüge in die Umgebung und ein einwöchiger Kurs in *tadelakt*, der einheimischen Verputztechnik.

Von Tiznit aus fahren *grands taxis* zur Aglou Plage (5 Dh). Wer mit dem eigenen Wagen unterwegs ist, sollte sich die Strecke zwischen Tiznit und Mirleft nicht entgehen lassen. Nachdem man die Neubauten rund um Aglou Plage hinter sich gelassen hat, geht's an einem wunderschönen Küstenabschnitt entlang.

Mirleft ميرلفت

6500 EW.

Eine der schönsten Straßen in der Region verläuft von der Aglou Plage nach Süden und bietet wunderbare Aussichten auf das Meer, zerklüftete Hügel sowie gelegentlich eine einsame Bucht. Und dann: Mirleft mit seinen einladenden Cafés unter rosafarbenen und blauen Bogen auf der Hauptstraße. Traditionell zieht die Stadt Künstler, Musiker und Durchreisende an, die sich von der Durchquerung der Sahara erholen. Heute entdecken die Gegend zunehmend Anhänger von Wasser- und Windsportarten für sich. Außerdem wartet Mirleft mit einigen der besten Unterkünfte an der Küste südlich von Essaouira auf. Das Klima ist angenehm, die Luft rein, die Aussicht traumhaft und der frisch erwachte Tourismus liegt größtenteils in den Händen von Einzelpersonen, nicht von großen Unternehmen oder Ketten.

Sehenswertes & Aktivitäten

Entlang der kurzen Hauptstraße findet man Kunst und Kunsthandwerk, ein Geschäft mit Arganprodukten, mehrere Internetcafés, Restaurants sowie einen kleinen Gemüsemarkt.

Strände STRÄNDE

Am Anfang mag die etwas verwahrloste Stadt langweilig wirken, aber keine Sorge: Ihre sanfte Geschäftigkeit steckt fast jeden an. Nach einem geselligen Morgenkaffee geht's zum Strand – entweder zum Imin Tourga, Fish Beach, Camping Beach, Coquillage Beach, Aftas Beach, zur Plage Sauvage oder zum Marabout's Beach. Letzterer ist wegen des Grabs eines *marabout* (Heiligen) und der wilden Felsformationen am romantischsten.

Andere Aktivitäten GEFÜHRTE TOUREN, PARAGLIDING

Auch außerhalb des Dorfes wird einem bestimmt nicht langweilig: Am Strand kann man in der Brandung wunderbar angeln, und die Hotels und Guides helfen gerne bei der Organisation von Touren – aufs Meer zum Fischen, in die Wüste oder wohin auch immer. Empfehlenswerte Anbieter:

Mirleft Ride (☎0661 44 19 33; www.mirleftride.com) Betreibt Surfschulen und organisiert sowohl Angeltouren als auch Bergwanderungen.

Paraglide Morocco (☎0676 31 86 55; www.paraglidemorocco.com) Der britische Anbieter ist auf erfahrene Gleitschirmflieger spezialisiert, bietet jedoch auch Tandemsprünge (400 Dh) an.

Le Nid d'Aigle (☎0671 66 85 05; www.nidaigle.com) Hat ebenfalls Gleitschirmflüge im Programm.

Schlafen

Vor Ort gibt's eine große Auswahl an Apartments für etwa 200 Dh pro Nacht. Sie werden im Hôtel Abertih oder am Ortseingang vermittelt.

LP TIPP **Dar Najmat** BOUTIQUE-HOTEL €€€
(☎0528 71 90 56; www.darnajmat.com; EZ/DZ inkl. HP 1030/1390 Dh; ❄≋) Der Infinitypool dieses Hotels scheint mit dem Strand von Marabout zu verschmelzen und sorgt dadurch für eine traumhafte Kulisse. Man möchte sofort losfotografieren, sobald man das Haus 2 km südlich von Mirleft erreicht hat. Die Einrichtung der fünf Zimmer ist äußerst geschmackvoll, marokkanische Materialien sorgen für ein modernes harmonisches Flair.

LP TIPP **Les 3 Chameaux** MAISON D'HÔTE €€€
(☎0528 71 91 87; www.3chameaux.com; EZ/DZ/Suite inkl. HP 1005/1260/1410 Dh; ≋) Mirlefts beste Adresse thront hoch oben auf dem Berg. Die renovierte Festung aus den 1930er-Jahren bietet einen wunderbaren Blick über das Dorf und das Meer dahinter und verfügt über Suiten mit Balkonen und großen Badezimmerfenstern samt Blick auf das Tal hinter der Anlage, die den Aufpreis lohnen. Berberzelte säumen die Wege zwischen dem im Winter beheizten Pool, dem Hamam, dem Restaurant und der Boutique. Nur das Rauschen der Brandung unterbricht die Stille – Entspannung pur!

Sally's Bed & Breakfast GÄSTEHAUS €€
(☎0528 71 94 02, 0661 46 98 88; www.sallymirleft.com; Les Amicales; Zi. inkl. Frühstück 600–800 Dh) Eine wunderbare Villa auf einer Klippe oberhalb vom Imin Tourga, einem der längsten und saubersten Strände Mirlefts. Von hier oben genießt man eine herrliche Aussicht auf die Küste. Sally, die Besitzerin, ist eine englische Pferdeliebhaberin und hat einen stilvollen und gemütlichen Rückzugsort geschaffen. Zur Auswahl stehen sechs Zimmer mit Bad. Den Aufenthaltsraum schmücken Antiquitäten.

Hôtel Abertih HOTEL €
(☎0528 71 93 04, 0672 22 58 72; www.abertih.com; Zi. inkl. Frühstück ohne/mit Bad 120/150 Dh pro Pers.;) Mit seinem farbenfrohen Inneren scheint das blau-gelbe Hotel einem kubistischen Gemälde entsprungen zu sein. Die fünf Zimmer verteilen sich auf zwei Ebenen und sind um offene Patios angeordnet. Nach einem Besitzerwechsel geht's in der Bar mit Restaurant (Gerichte 100 Dh) im Erdgeschoss zwar nicht mehr ganz so lustig zu, dennoch bleibt das Hotel eine gute Option und erfreut sich bei Gleitschirmgruppen großer Beliebtheit.

Hôtel Atlas HOTEL €
(☎0528 71 93 09; www.atlas-mirleft.com, auf Französisch; Zi. inkl. Frühstück ohne/mit Dusche 120/150 Dh pro Pers.;) Das von Lesern empfohlene Atlas verfügt über einen Balkon im ersten Stock, eine luxuriöse Dachterrasse und offene Korridore, die zu schlichten, rustikalen Zimmern mit blauen Fensterläden führen. Es gibt zwar keine Seife in den Bädern, dafür kann man sich herrlich entspannen. Das Restaurant gehört zu den besten Lokalen der Stadt.

Essen

Abgesehen von den hervorragenden Restaurants der links genannten Hotels haben auch Cafés in der Hauptstraße superfrischen Fisch im Angebot.

Restaurant Ayour BERBERKÜCHE €
(☎0528 71 91 71; Gerichte 85 Dh) Neben den Hotelrestaurants gehört das gemütliche Ayour zwischen dem Suk und dem Hôtel Atlas zu den besten Optionen in Mirleft, auch wenn die Preise etwas überteuert sind. Hier gibt's z. B. *pastilla*.

Restaurant Tigmi REGIONALE KÜCHE €
(☎0670 70 60 43; Gerichte 70 Dh) Eine Leserempfehlung. Der herzliche Familienbetrieb mit kleiner Terrasse in der Nähe des Hôtel Abertih serviert u. a. Dromedarsteak.

An- & Weiterreise

Grands taxis fahren nach Sidi Ifni (10 Dh) und Tiznit (13 Dh). Um nach Goulimime und in andere Städte zu gelangen, fährt man am besten nach Tiznit und steigt dort um. Morgens verkehrt ein Bus nach Agadir (30 Dh).

Sidi Ifni سيدي إفني

20 600 EW.

Sidi Ifni wurde erst 1969 von Spanien an Marokko zurückgegeben, deshalb ist das iberische Erbe noch überall spürbar. Die allmählich verfallenden Art-déco-Gebäude an den hügeligen Straßen erinnern stark an imperialistische Ambitionen: Die Stadt lag mitten in der ehemaligen Kolonie Spanisch-Sahara und war ein Zentrum des Sklavenhandels. Später wurde von hier tonnenweise Fisch ins spanische Mutterland exportiert. Wenn die Sonne hinter der Promenade und den baufälligen *calles* (Straßen) versinkt und der Nebel des Atlantiks sich wie ein Schleier über alles legt, wirkt der Ort wie ein gespenstischer Außenposten.

Farblich dominieren Blau und Weiß, sowohl an den Gebäuden als auch bei Turbanen und Gewändern der Bewohner. Diese unterstützen spanische Fußballteams, halten Siestas und grüßen Besucher eher mit einem *hola* als einem *bonjour*. Die Stadt verströmt intellektuelles Flair; aus dem ein oder anderen Café tönen Bob Dylans Lieder und Einheimische sowie Zugezogene führen in selbst für marokkanische Verhältnisse äußerst entspannter Atmosphäre philosophische Gespräche.

Ifni ist ein einzigartiger Ort, der – so einer der europäischen Einwohner – den Geist jung hält.

Geschichte

Nachdem die Spanier die marokkanische Armee im Krieg von 1859 besiegt hatten, fiel Sidi Ifni in ihre Hand. Sie nannten ihre neue Eroberung Santa Cruz del Mar Pequeña, wussten aber offenbar nicht recht, was sie damit anfangen sollten: So richtig nahmen sie die Stadt erst 1934 in Besitz. Daher stammt auch der größte Teil Sidi Ifnis aus den 1930er-Jahren. Die Architektur ist ein wilder Mix aus Art déco und traditionellen marokkanischen Baustilen.

Als Marokko Ende der 1950er-Jahre unabhängig wurde, verweigerte Spanien den Rückzug mit dem Argument, dass etwa 60 % der Bevölkerung spanisch waren. Der Ifni-Krieg, während dessen die Stadt belagert wurde, war Folge des zähen Streits über Territorialrechte. Dieser endete schließlich 1969 mit einem Abkommen unter UN-Schirmherrschaft, in dem sich Spanien verpflichtete, die Enklave an Marokko zurückzugeben. Santa Cruz wurde wieder in Sidi Ifni zurückbenannt, Namenspatron ist ein Heiliger, der hier Anfang des 20. Jhs. bestattet wurde. Der Unabhängigkeitstag am 30. Juni wird immer noch jedes Jahr mit einer großen Party auf dem stillgelegten Flughafen gefeiert.

Die Stadt scheint friedlich, doch in den letzten Jahren kam es zu Zusammenstößen zwischen Polizei und Bewohnern. Gründe dafür sind eine hohe Arbeitslosenquote und die Marginalisierung des nach Unabhängigkeit strebenden Ifni.

Sehenswertes & Aktivitäten

LP TIPP **Spanisches Sidi Ifni**

HISTORISCHE GEBÄUDE

Das große Plus von Sidi Ifni ist die einzigartige Atmosphäre: Der Ort hat schon so manchen Ausländer auf der Durchreise verlockt, sich hier niederzulassen. Als eine der Hauptattraktionen gilt die kleine spanische Altstadt. Ihr Herz ist die Place Hassan II (wird oft noch Plaza de España genannt), eine koloniale Anlage aus einem großen quadratischen Platz mit einem kleinen Park in der Mitte. Ringsum liegen die wichtigsten Verwaltungsgebäude: **Gerichtshof** (früher eine Kirche), **Königspalast**, **ehemaliges**

GEHEIMTIPP

LIVIN' LA SIDI LOCA

Jean-Pierre Esatoglu ist gebürtiger Schweizer und restaurierte die Auberge Figue de Barbarie (s. S. 429) sowie sein eigenes Haus in Sidi Ifni.

Was gefällt Ihnen an diesem Teil Marokkos? Die wunderschöne Landschaft und die warme, freundliche Art der Bewohner. Dieser Ort hat eine ganz besondere, einzigartige Atmosphäre.

Was waren die größten Herausforderungen bei der Restaurierung der Auberge? Der Zustand des Hauses, die Komplexität des Projektes, die abgeschiedene Lage des Hotels mitten auf dem Land und in der neuen kulturellen und sozialen Umgebung von Sidi Ouarsik akzeptiert und respektiert zu werden.

Die besten Aktivitäten? Diesbezüglich hat die Region viel zu bieten: Wander- oder Fahrradtouren, Autofahrten oder Eselritte, und das alles am Meer, auf dem Land oder in der Wüste. Außerdem kann man wunderbar eine Auszeit vom stressigen Alltag nehmen und surfen oder angeln gehen.

Lieblingsspaziergang? Am Strand von Sidi Ouarsik entlangschlendern oder ein Ausflug aufs Land – mit Guide versteht sich.

Lieblingsrestaurant? Das Café-Restaurant Nomad (s. S. 427).

Sidi Ifni

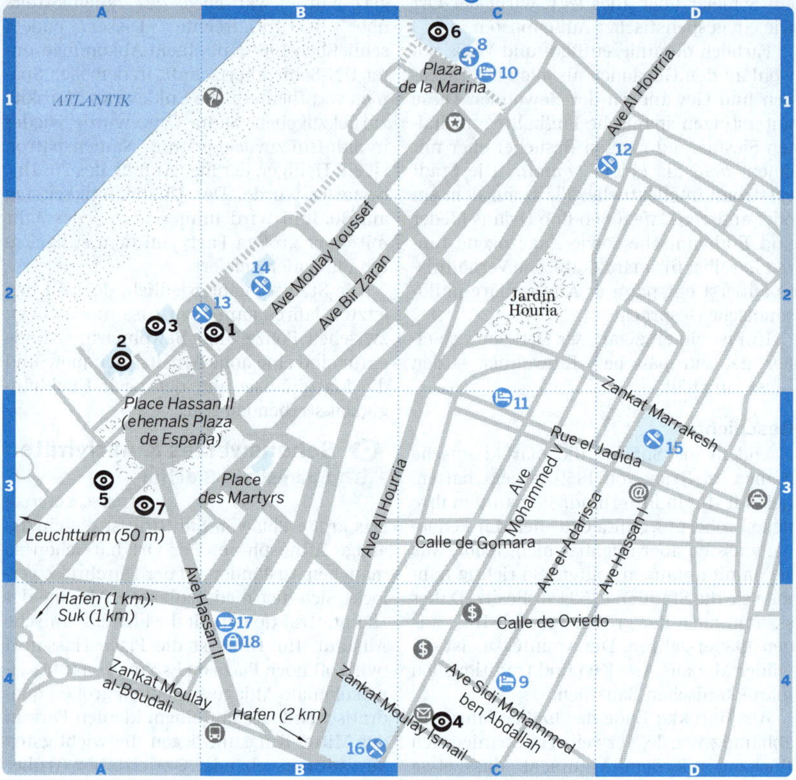

Spanisches Konsulat und **Rathaus**, überwiegend im Art-déco-Stil.

Andere interessante Zeugen der Kolonialzeit sind das **Hôtel Bellevue**, ebenfalls an der Place Hassan II, ein **Leuchtturm** in der Nähe und, gleich beim Hôtel Suerte Loca, das auf einem Felsen thronende **Haus in Schiffsform**, in dem die spanische Marineverwaltung untergebracht war.

Auch in den Straßen östlich der Place Hassan II kann man interessante Art-déco-Bauten bestaunen. Vor der Post in der Ave Mohammed V steht ein altmodischer **Briefkasten** mit der Aufschrift „Correos – Avion/Ordinario" (Post – Flugpost/Herkömmliche Post).

Strand
STRAND

Der Strand ist groß und wenig belebt, aber trotzdem nicht immer sauber. Am südlichen Ende liegt der Hafen. Ifni lebt von Fischerei im kleinen Stil; der größte Teil des Fangs wird in Agadir verkauft. Die seltsame Konstruktion ein kleines Stück vor der Küste ist die Ruine einer Transportanlage, mit der früher Schiffsladungen in den alten spanischen Hafen geschafft wurden.

Surfen
WASSERSPORT

Man kann hier wunderbar **surfen**; die nötige Ausrüstung verleihen drei Läden, darunter der **Sahara Surf Shop** (☎0667 48 95 11) in der Nähe des Hôtel Suerte Loca, in dem Besucher mit Infos über die Region versorgt werden.

Schlafen

Wie Ifni selbst haben auch viele Hotels ihre besten Tage schon hinter sich. Es gibt zwei Zeltplätze am Nordende des Strandes; am Haus in Bootsform führen Treppen zu der Anlage.

LP TIPP **Xanadu** MAISON D'HÔTES €€
(☎0528 87 67 18; www.maisonxanadu.com, auf Französisch; 5 Rue el Jadida; EZ/DZ inkl. Frühstück 360/550 Dh; @) Die mit Abstand

Sidi Ifni

Sehenswertes

1 Ehemaliges Spanisches Konsulat B2
2 Hôtel Bellevue A2
3 Gerichtshof (ehemalige Kirche) A2
4 Briefkasten C4
5 Königspalast A3
6 Haus in Bootsform C1
7 Rathaus A3

Aktivitäten, Kurse & Touren

8 Sahara Surf Shop C1

Schlafen

Hôtel Bellevue ...... (siehe 2)
9 Hôtel Ère Nouvelle C4
10 Hôtel Suerte Loca C1
11 Xanadu C3

Essen

12 Café-Restaurant el-Hourria D1
13 Café-Restaurant Mar Pequeña B2
14 Café-Restaurant Nomad B2
Fischmarkt ...... (siehe 16)
15 Obst- & Gemüsemarkt D3
16 Imbissstände & Cafés B4

Ausgehen

17 Cafés B4
Hôtel Bellevue ...... (siehe 2)

Shoppen

18 Ensemble Artisanal B4

beste Unterkunft der Stadt ist in einem restaurierten Haus untergebracht und versteckt sich in einer Seitenstraße der Ave Mohammed V. Alle fünf Zimmer überzeugen mit gedämpften Farben, Eleganz, Raffinesse und moderner Ifni-Ästhetik. Der charmante französische Gastgeber Patrick spricht etwas Englisch. Auf Anfrage gibt's Abendessen (165 Dh).

Hôtel Suerte Loca HOTEL €

(☎0528 87 53 50; suerteloca36@yahoo.com; Ave Moulay Youssef; EZ/DZ/3BZ ohne Dusche 80/125/170 Dh, mit Dusche 150/200/250 Dh) Die blau-weiße *auberge* in erstklassiger Lage neben dem Haus in Bootsform ist Ifnis Backpackerunterkunft schlechthin. Neben der Dachterrasse mit Strandblick und Tischfußball gibt's ein Restaurant mit Billardtisch, das zum Frühstück Milchshakes und Crêpes serviert. Das Hotel ist renovierungsbedürftig, aber die einfachen Zimmer haben sehr hübsche Bettdecken und Balkone.

Hôtel Bellevue HOTEL €

(☎0528 87 50 72; Place Hassan II; EZ 89–170 Dh, DZ 110–200 Dh) Versprüht von außen historisches Art-déco-Flair, was sich jedoch im Inneren mit den vereinzelten Lampenschirmen und Buntglasfenstern nicht fortsetzt. Die Zimmer wirken uninspiriert, trotzdem ist das Hotel mit Bar und Lokal eine akzeptable Budgetoption.

Hôtel Ère Nouvelle HOTEL €

(☎0528 87 52 98; 5 Ave Sidi Mohammed ben Abdallah; EZ/DZ 30/50 Dh) Ein zentral gelegenes Schnäppchen über einem beliebten Restaurant mit einfachen Zimmern und kleinen Betten. Die Gemeinschaftsbäder verfügen über Duschen und Hocktoiletten. Das Haus ist einladend und verlässlich, zudem kommt man hier in den Genuss eines köstlichen Frühstücks (15 Dh) mit Brot, Honig und Butter.

Essen & Ausgehen

LP TIPP **Café-Restaurant Nomad**

FISCH & MEERESFRÜCHTE, REGIONALE KÜCHE €

(☎0662 17 33 08; 5 Ave Moulay Youssef; Gerichte 100 Dh) In Ifnis bestem Restaurant stehen regionale Fischsorten auf der Karte, darunter ein gewaltiger Sardinen-Avocado-Salat und der Fisch des Tages, der auf der Außenterrasse gegrillt und mit frischem Gemüse serviert wird. Den gemütlichen Speisesaal schmücken eine offene Küche sowie maritime Bilder, und der mehrsprachige Besitzer kennt sich bestens in der Region aus. Gäste dürfen Wein mitbringen. Um die lokalen Spezialitäten zu probieren, muss man drei Stunden im Voraus bestellen.

Café-Restaurant Mar Pequeña

FISCH & MEERESFRÜCHTE, REGIONALE KÜCHE €

(☎0670 38 42 68; 2 Ave El Mowahidine; Menü 50–60 Dh; ⏲morgens, mittags & abends) Das von Frauen betriebene Restaurant liegt oben bei den Stufen, die zum Meer führen, in der Nähe des Hôtel Bellevue. Die Klientel ist weniger männerlastig als in den benachbarten Cafés. Es stehen Menüs mit Hühnchen-, Rinder-, und Fisch-Tajine zur Auswahl; bei Letzterer ist eine Portion Garnelen dabei.

Café-Restaurant el-Hourria

REGIONALE KÜCHE, FISCH & MEERESFRÜCHTE €

(☎0668 16 45 06; Ave Al Hourria; Hauptgerichte 35–50 Dh; ⏲Frühstück, Mittag- & Abendessen) Das Hourria serviert in einem ruhigen Speisesaal oder auf der an einen öffentlichen Park angrenzenden Terrasse eine gute

EINE WÜSTE DER TRÄUME UND ALBTRÄUME

Allein der Name lässt die meisten von uns träumen. „Sahara“ kommt vom arabischen Wort *sahra* und bedeutet Wüste. Die Sahara ist das weltweit größte Trockengebiet, aber auch der Schauplatz von grässlichen Albträumen – nur wer gut angepasst und vorbereitet ist, kann in diesen 5 Mio. km² Sanddünen, kahlen Bergen und Geröllwüsten überleben.

Die Römer haben es nie geschafft, die Wüste zu durchqueren, und sich damit begnügt, ihre Nordgrenze zu bewachen. Sie hatten gute Gründe, sich fernzuhalten: Traveller, die die Tour durch die Sahara mit viel Glück überlebt hatten, berichteten, dass die Wüstenwege gesäumt waren von menschlichen und tierischen Skeletten.

Ende des 18. und Anfang des 19. Jhs. kämpften sich europäische Entdecker durch die kargen Weiten, um die Rätsel des Schwarzen Flusses, der sagenumwobenen Stadt Timbuktu und der Goldfelder Westafrikas zu lösen. Dabei wurden sie ebenso oft von der Landschaft wie von Räubern überwältigt. Der britische Geograf James Rennell fasste im 18. Jh. die Herausforderungen der Sahara in seinen *Geographical Elucidations* (erschienen 1790) so zusammen: „Afrika ist aus geografischer Sicht einmalig ... Seine Regionen werden von der am schwersten zu überwindenden Grenze voneinander getrennt, einer öden Wüste von einem solchen Ausmaß, als sei sie dazu geschaffen, Grenzverletzer zu bedrohen mit dem grausamsten aller Tode, dem durch Verdursten.“

Und auch im 20. Jh. machte die Wüste Siedlern und Luxusreisenden einen Strich durch die Rechnung. Paul Bowles hat dies in seinem Roman *Himmel über der Wüste* elegant eingefangen: Eine Gruppe reicher Amerikaner kommt immer mehr in die Bredouille, je weiter sie in die Sahara vordringt.

Die Gefahren, die das Reisen durch die Sahara mit sich bringt, geben den Menschen, die in dieser Wildnis leben, eine ganz eigene Stellung in der Gesellschaft. Wenn man durch die Städte im Süden kommt, Essaouira und Goulimime beispielsweise, die beide von den Handelswegen durch die Wüste leben, kann man einigen von ihnen

Auswahl an marokkanischen Klassikern und westlichen Snacks. Es gibt jede Menge frischen Fisch, beispielsweise in Form von einer Tajine.

Fischmarkt SELBSTVERSORGER
Bestandteil des Stadtmarkts.

Obst- & Gemüsemarkt SELBSTVERSORGER
Ein überdachter Markt bei der Zankat Marrakech.

Suk SELBSTVERSORGER
Findet sonntags 1 km vor der Stadt an der Straße zum Hafen statt.

Imbissstände & Cafés FAST FOOD
Bei Abenddämmerung rund um den Stadtmarkt am südlichen Ende der Ave Mohammed V.

Cafés CAFÉS
Entlang der Ave Hassan II mit Blick auf die Place Hassan II und den Flugplatz.

Hôtel Bellevue BAR
Die auf einer Terrasse über dem Strand gelegene Bar im Hôtel Bellevue eignet sich wunderbar für ein entspanntes Bierchen.

Shoppen

Man sollte sich nach *melhaf* umsehen, sehr feine und bunte Stoffe, in die sich die Frauen der Sahara hüllen. Bei unserem Besuch wurde das **Ensemble-Artisanal** (Ave Hassan II) gerade renoviert.

Praktische Informationen

Gute Infos gibt's unter www.ifniville.com und www.visit-sidiifni.blogspot.com.

Banque Populaire (Ave Mohammed V) Geldwechsel und Bankautomaten.

BMCE (Ave Mohammed V) Geldwechsel und Bankautomaten.

Hassan Cyber (Ave Hassan I; 4 Dh pro Std.; ⌚10–13 & 15–24 Uhr) Internetzugang.

Postfiliale (Ave Mohammed V)

An- & Weiterreise

Der Regionalbus über die Legzira Plage nach Tiznit (5 Dh) fährt von der Haltestelle gleich gegenüber der Tankstelle an der Zankat Moulay al-Boudali ab.

Der *grand-taxi*-Stand liegt im Osten der Stadt. Von hier aus geht's nach Goulimime (20 Dh), zur

begegnen. Essaouira ist musikalisch mit der Sahara verbunden, und zwar durch Gnaoua, das von befreiten Sklaven aus der Wüste entwickelt wurde (s. S. 484).

Keine Gruppe verbindet man enger mit der Wüste als die Tuareg, zu denen der sogenannte „blaue Mann" gehörte, der an Orten wie Goulimime gesehen wurde. Fast völlig verhüllt, sodass nur die Augen dem versengenden Klima der Wüste ausgesetzt sind, und an feste Stammesregeln gebunden, hatten die Tuareg lange den Ruf von Zähigkeit und Unabhängigkeit. Im 14. Jh. schrieb der arabische Reisende Ibn Battuta über sie: „Sie tragen Schleier vor dem Gesicht und man kann wenig Gutes über sie sagen. Sie sind Schurken." Diese Meinung wurde jahrhundertelang von Berufspendlern durch die Sahara bestärkt, die oft ihr Hab und Gut oder ihr Leben durch die Tuareg verloren. Heute kämpft dieses Volk in Ländern wie Mali und Niger für eine unabhängige Heimat.

Wenn es der Gedanke an ein Überleben in einer so unwirtlichen Gegend ist, der den Traum von der Sahara so faszinierend macht, so auch das Mystische, das mit ihrer immensen Ödnis verbunden ist. Es ist kein Zufall, dass Moses die göttliche Führung in einer Wüste fand; Jesus wanderte vierzig Tage allein durch die Wüste (wenn auch nicht durch die Sahara), um sich zu prüfen; die frühchristlichen Wüstenväter verbargen sich dort, um dem Göttlichen näherzukommen; der Prophet Mohammed brachte seine Lehre über eine neue Religion aus der Wüste. Und in Marokko kamen viele Reformbewegungen aus den Randgebieten der Sahara; insbesondere der Reformeifer Almoravids und Almohads entstand in der Sahara.

Die Faszination liegt für viele Besucher jedoch einfach in der reinen Schönheit der Landschaft. In Marokko gibt's wenige richtige Sanddünen (Algerien und Libyen haben einige der schönsten Dünen der Sahara), aber was es besitzt, sind Tausende Kilometer unwirtliches Land. Man muss nur von Goulimime aus Richtung Süden fahren oder in den sandigen Südosten des Landes, um einen Eindruck von der Sahara zu bekommen: von ihrer kühlen Schönheit bei Sonnenaufgang, der furchteinflößend grellen Mittagssonne und der unvorstellbaren Ruhe, wenn sich der Abend über ein Land senkt, das leer zu sein scheint, es aber nicht ist; das weiter ist, als das Auge reicht, und größer, als die meisten Besucher es sich vorstellen können.

Legzira Plage (10 Dh) sowie nach Mirleft (10 Dh) und Tiznit (23 Dh).

Rund um Sidi Ifni

Hotelangestellte geben Tipps zu den vielen Ausflügen, die man im Umland von Sidi Ifni unternehmen kann.

LEGZIRA PLAGE

El Gzira, auch Legzira Plage genannt, liegt 10 km nördlich von Ifni. Hier gibt's eine herrliche abgeschiedene Bucht mit feinstem Sand und zwei spektakulären **Felsbogen**, die aus dem Meer ragen. Zu dem Strand gelangt man über die Route 104, der Fußweg an Stränden und Klippen vorbei ist jedoch schöner. In der Nähe der Route 104 wurde auf einem Felsen eine neue Siedlung errichtet, doch ab der Zufahrtsstraße ist die Landschaft dann größtenteils unberührt.

Über eine steile Treppe erreicht man die beiden besseren der drei Hotels am Fuß der Zugangsstraße. Der **Beach Club** (☎0670 52 28 00; www.legzirabeachclub.com; EZ/DZ inkl. Frühstück 150/300 Dh) bietet die komfortabelsten Zimmer sowie Gemeinschaftsbalkone. Aufgrund der abgeschiedenen Lage gibt's hier – wie auch bei den Nachbarn – tagsüber keinen Strom.

Die **Auberge Sables d'Or** (☎0661 30 24 95; Zi. 150–300 Dh) verfügt über kleine, aber gemütliche Zimmer mit Zugang zu Terrassen mit grandiosem Meerblick. Während unseres Besuchs wurden die Gemeinschaftsbereiche gerade renoviert.

Man kann in allen Unterkünften Halbpension buchen. Drei Strandcafés in der Nähe servieren einfache Mittagsmenüs mit gegrilltem Fisch für etwa 50 Dh.

Der Regionalbus zwischen Tiznit und Sidi Ifni hält an der Legzira Plage.

SIDI OUARSIK

Im Fischerdorf Sidi Ouarsik 18 km südlich von Ifni an der Küste erstreckt sich ein toller Strand. Darüber thront an einem kargen Abhang die **Auberge Figue de Barbarie** (☎0619 38 59 95; www.aubergefiguedebarbarie.com; EZ/DZ 150/200 Dh). Sie ist nach den vielen Feigenkakteen in der Umgebung benannt und befindet sich in einem wunderschön restaurierten Bauernhaus, dessen Wände mit grünen Eidechsen bemalt sind. Die vier einfachen traditionellen Zimmer mit kleinen Salons und Gemeinschaftsbädern zeugen von Geschmack. Manager Daniel veranstaltet Aktivitäten und verleiht Fahrräder, Surfbretter sowie Angeln. Einst war die *auberge* eine Ruine und das macht sich manchmal noch bemerkbar (bei starkem Wind fällt gelegentlich der Strom aus), dennoch kann man hier wunderbar das beschauliche Landleben genießen. Halb-/Vollpension kostet pro Person 100/150 Dh extra.

MESTI

Das Berberdorf liegt 25 km südöstlich von Ifni an der hügeligen Straße nach Goulimime. Bei der Abzweigung nach Mesti lohnt sich ein Zwischenstopp bei dem Laden der Imkerkooperative **Miel Afoulki** (☎0661 47 24 33). Dort werden Honigsorten mit außergewöhnlichen regionalen Geschmacksrichtungen wie Orange und Euphorbia (Wolfsmilch) verkauft. Im Dorf stellt die von Frauen betriebene **Tafyoucht-Kooperative** (☎0528 21 84 16; ⌚Mo–Fr 8–12 & 14–18 Uhr) Öl und Kosmetikprodukte (40–150 Dh) aus den vielseitigen Früchten des Arganbaums her.

Goulimime كلميم

96 000 EW.

Einst war das staubige Goulimime das „Tor zur Sahara“. In der Grenzstadt trieben Bauern aus der fruchtbaren Sousebene Handel mit Nomaden aus dem Süden.

Zu Goulimimes Blütezeiten kamen die Tuareg, die „blauen Männer“, aus der Wüste, um im wöchentlichen Suk mit Kamelen zu handeln. Abends tanzten die Frauen den hypnotischen *guedra*-Tanz zu Trommelrhythmen. Heute bekommt man davon nur noch eine vage Vorstellung, wenn im Juli oder August (der Termin variiert) der einwöchige *moussem* (Fest) und der Kamelmarkt stattfinden.

Wer von Norden kommt, wird Goulimime als Grenzstadt wahrnehmen, in der die Mehrheit der Bewohner Sahrauis sind. Es gibt kaum einen Grund anzuhalten. Die einzige Attraktion sind die unspektakulären Ruinen des Palastes von Caid Dahman aus dem frühen 20. Jh. (Eintritt frei). Sie liegen in der Straße hinter der Jugendherberge am Blvd Mohammed V. Dubiose Gestalten mit Turban bieten Wüstenexkursionen an, die nicht zu empfehlen sind.

Einmal pro Woche erwacht die Stadt zum Leben, wenn Tagesausflügler aus Agadir samstagmorgens im Suk samt seinem Kamelmarkt einfallen. Der Markt wird ein paar Kilometer von der Stadt entfernt an der Straße nach Tan Tan abgehalten.

Schlafen

In Goulimime übernachtet man nur, wenn es sein muss. Viele Hotels sind einfach und einige für Frauen heikel, weil dort vor allem Kaufleute absteigen, die im Trans-Sahara-Handel tätig sind. Wenn man mobil ist, findet man außerhalb der Stadt eine bessere Unterkunft.

Hôtel Adil Moussafir HOTEL €
(☎0528 77 29 30; HAM@menara.ma; abseits der Route d'Agadir; EZ/DZ 310/370 Dh) Gilt vor Ort als beste Option, hat ein großartiges Restaurant und verfügt über große Zimmer mit hellen Decken. Freundliche Angestellte und ein gutes Preis-Leistungs-Verhältnis sorgen für weitere Pluspunkte.

Hôtel Hamza HOTEL €€
(☎0528 87 39 75; abseits der Route d'Agadir; EZ/DZ 400/460 Dh; @) Die ruhige Karawanserei hinter der Touristeninformation mit effizientem Personal und weitläufigen Korridoren ist hübsch, aber überteuert.

Hôtel Ijdiguen HOTEL €
(☎0528 77 14 53; Blvd Ibnou Battouta; EZ/DZ 75/150 Dh) Das saubere und einladende Hôtel Ijdiguen („Itschdeigen”) gegenüber dem Busbahnhof besitzt anständige Zimmer mit Gemeinschaftsbädern.

Essen

Rund um den Busbahnhof und nördlich der Place Bir Anzarane stößt man auf gute Essensstände.

La Plage Blanche REGIONALE KÜCHE €
(☎0528 87 10 20; Ziz-Werkstatt, Route d'Agadir; Gerichte 70 Dh; ⌚Frühstück, Mittag- & Abendessen) Eines der besten Restaurants der Stadt liegt in der Nähe der Place Bir Anzarane und des Busbahnhofs. Es wartet mit Fischgerichten und Patisserie-Leckereien auf. Freitags wird Couscous mit sieben Gemüsesorten serviert, während draußen vor der Moschee auf der anderen Straßenseite zahlreiche Gläubige beten.

Praktische Informationen

Rund um die Place Bir Anazarane im Stadtzentrum entdeckt man Banken, Internetcafés und eine Postfiliale.

Cyber Negorich (Ave Hassan II; 4 Dh pro Std.; ⌚9–24 Uhr) Internetcafé nordwestlich der Place Bir Anzarane und des Hôtel Salam.

Touristeninformation (☎0528 87 29 11; 3 Résidence Sahara, Route d'Agadir; ⌚Mo–Fr 8.30–16.30 Uhr) Der hilfsbereite Hassan informiert über Goulimime und die Region. Einfach dem Schild zum Hôtel Hamza folgen und dann links abbiegen.

An- & Weiterreise

Bus

Der Busbahnhof liegt abseits der Ave Abaynou, einen zehnminütigen Fußmarsch nordöstlich von der Place Bir Anazarane.

CTM (abseits der Ave Abaynou) und Supratours bieten mindestens eine tägliche Verbindung zu folgenden Zielen:

ZIEL	PREIS (DH)	DAUER (STD.)
Agadir	85	4
Casablanca	260	12
Dakhla	305	15
Laâyoune	155	7
Marrakesch	165	7
Rabat	295	13½
Tan Tan	45	1½
Tiznit	40	2

Satas' tägliche Busse sind die günstigere Option:

ZIEL	PREIS (DH)
Agadir	50
Inezgane	50
Laâyoune	135
Tan Tan	35
Tiznit	35

Taxi

Hinter dem Busbahnhof fahren *grands taxis* nach Inezgane (55 Dh), Laâyoune (150 Dh), Sidi Ifni (20 Dh), Tan Tan (35 Dh) und Tiznit (32 Dh).

Um mit dem *grand taxi* nach Tighmert (8 Dh) zu gelangen, nimmt man zunächst ein *petit taxi* (7 Dh) zum Hauptmarkt, 300 m südlich der Place Bir Anzarane auf dem Blvd Mohammed V, und wartet dann am Beginn der Route d'Asrir.

Rund um Goulimime

TIGHMERT

Rund um die Oase gibt's ein paar einfache Gästehäuser. Ein Großteil befindet sich 20 km südöstlich von Goulimime abseits der Route d'Asrir.

> **DURCH DIE SAHARA REISEN**
>
> Südlich von Goulimime bestimmt bald die Wüste die Landschaft. Wegen der großen Distanz zwischen Goulimime sowie den Nachbarorten und der westlichen Sahara sowie Zentralmarokko sind Nachtbusse die Norm. Auf der Fahrt gibt's viele Polizeiposten und man sollte sich auf Befragungen einstellen (s. Kasten S. 441).

Maison d'Hôtes Nomades GÄSTEHAUS €
(☎0667 90 96 42; www.darnomade.com, auf Französisch; abseits der Route d'Asrir; EZ/DZ/3BZ 150/200/250 Dh) In dem Stampflehmhaus mit Kamelställen werden Argan- und Kaktusprodukte verkauft. Die Zimmer haben eigene Bäder und der Blick von der Dachterrasse ist traumhaft. Die Besitzer veranstalten Oasen- und Wüstentouren. Mahlzeiten werden auf Anfrage zubereitet (80 Dh).

Domaine Khattab CAMPINGPLATZ, PRIVATUNTERKUNFT €
(☎0661 17 64 11; khattab2@menara.ma; km 12, Route d'Assa; Wohnmobil & Stellplatz 50 Dh, EZ/DZ 100/150 Dh, Bungalow inkl. Frühstück 150/200 Dh) Der einladende Bauernhof mit Minizoo samt Pferden, Hasen und anderen Tieren ist ein wunderbarer Ort für Familien. Es gibt große Bungalows, kleinere Zimmer in der *maison d'hôtel* (kleines Hotel), einen Zeltplatz und ein Restaurant, in dem einfache Menüs kredenzt werden (60 Dh).

FORT BOU-JERIF

Dieses französische **Resort** (☎0672 13 00 17; www.fortboujerif.com; Stellplatz ab 60 Dh, EZ inkl. HP 470–580 Dh, DZ inkl. HP 760–960 Dh; Khaïma inkl. HP 300 Dh pro Pers.; ▣) versprüht Wüstenflair und liegt 40 km nordwestlich von Goulimime; einfach den Schildern auf der Straße nach Sidi Ifni und zur Plage Blanche folgen, die letzten 9 km raue *piste* sind bei angepasster Geschwindigkeit mit einem normalen Auto zu bewältigen. Die Anlage wurde in der Nähe einer verfallenen Festung der französischen Fremdenlegion errichtet und bietet verschiedene Spezialität des Bar-Restaurants (Menü 180 Dh) ist Kamel-Tajine. Pierre, der Besitzer Pierre, veranstaltet verschiedene Aktivitäten wie Touren im Geländewagen zur Plage Blanche, einem einsamen, unberührten Strandabschnitt 40 km südwestlich von Bou-Jerif.

Tan Tan & Tan Tan Plage طانطان

50 000 EW.

Wer südlich von Goulmime das trockene Tal Oued Drâa durchquert, gelangt in die echte Sahara. Die 125 km lange Strecke über die Wüstenstraße nach Tan Tan ist beeindruckend: nichts als Einöde und raue *hammada* (flache Steinwüste).

Wenn man nicht unterwegs von Sicherheitskräften angehalten würde, könnte man wahrscheinlich die N1, die in Tan Tan zur Ave Hassan II wird, entlangfahren, ohne zu bemerken, dass man sich bereits mitten in der Stadt befindet – die liegt nämlich südlich der Schnellstraße. Fast alle Einwohner sind Nomaden, ihre blauen Gewänder springen überall ins Auge. Auffällig ist auch die starke Militär- und Polizeipräsenz wegen des umstrittenen Status der Westsahara. Vorsicht: Mitten auf dem Kreisverkehr im Westen der Stadt steht ein Stoppschild; wer dieses übersieht, bekommt von der Polizei eventuell einen Strafzettel verpasst oder wird alternativ um ein *petit cadeau* (kleines Geschenk) gebeten.

Tan Tan wurde in den 1940ern während des spanischen Protektorats gegründet. Es schrieb jedoch Geschichte, als hier 1975 der „Grüne Marsch" (s. Kasten S. 464) begann. Der Ort ist recht verwahrlost und wenig einladend. Als Hauptattraktion gilt der *moussem* im Dezember mit Kamelrennen und Musik. Der Suk wird sonntags 1,5 km südlich der Stadt aufgebaut.

Die Tan Tan Plage, auch Al-Ouatia genannt, erstreckt sich 28 km westlich von Tan Tan. Im 19. Jh. gründete der schottische Kaufmann Donald Mackenzie an dem schönen, windumtosten Strand einen Handelsposten. Der Küstenort ist baufällig und auch in der Hochsaison verlassen, dennoch übernachtet man besser hier als in Tan Tan.

Schlafen & Essen

TAN TAN

An der Ave Hassan II, der Ave Mohammed V und rund um die Place de la Marche Verte reihen sich günstige Restaurants aneinander, allerdings schließen viele über Mittag. Im Hôtel Sable d'Or kommt man in den Genuss von Pfefferminztee und Frühstück (30 Dh).

Hôtel Sable d'Or HOTEL €

(☎0528 87 90 80; sablesorville@gmail.com; Ave Hassan II; EZ/DZ ab 150/200 Dh) Eine einfache Bleibe neben den Banken an der Hauptstraße, die vor Ort als beste Unterkunft gilt. Die Zimmer verfügen über Bäder und sind gemütlich, das Personal ist freundlicher als bei der Konkurrenz und es gibt ein Café-Restaurant.

Tan Tan

Hôtel Bir Azzarane HOTEL €

(☎0528 87 78 34; Ave Hassan II; EZ/DZ 50/80 Dh) Das recht abgenutzte, aber sympathische Hotel befindet sich auf der Westseite des Flusses neben dem königlichen Palast (das Café wird von vielen Soldaten frequentiert). Der Flur im Obergeschoss mit braunem Teppich führt an einer schier endlosen Zahl kastenförmiger Zimmer vorbei.

TAN TAN PLAGE

Ein paar hundert Meter südwestlich des Zentrums an der Hafenstraße liegen zwei Zeltplätze gegenüber dem Hotel Hagounia. Am Hauptplatz gibt's verschiedene Cafés und Snackbars.

Hotel Hagounia HOTEL €

(☎0528 87 90 20; hotel-hagounia@menara.ma; EZ/DZ 150/250 Dh; 📶) Dank seiner Extras ist dies die beste Option vor Ort. Die Unterkunft wird von dem freundlichen, Englisch sprechenden Abdul betrieben und hat Zimmer mit kleinen Balkonen, von denen man auf den Strand blickt, sowie ein kleines Restaurant (Gerichte 85 Dh).

Hotel Belle Vue HOTEL €

(☎0528 87 91 33; EZ/DZ ab 100/150 Dh) Das Strandhotel wird seinem Namen wirklich gerecht und verfügt über helle Zimmer. Sämtliche Flure wurden von engagierten lokalen Künstlern verziert und das bei Einheimischen und Durchreisenden gleichermaßen beliebte Café-Restaurant (Gerichte 110 Dh) gehört zu den besten Lokalen an der Tan Tan Plage. Hier kommen beispielsweise gegrillte Seezunge und Tintenfisch auf den Tisch.

Praktische Informationen

Tan Tan

Banken und Internetcafés findet man rund um die Kreuzung der Ave Hassan II und Ave Mohammed V.

Banque Populaire (Ave Mohammed V)

BMCE (Ave Hassan II) Geldautomat und Devisentausch neben der Shell-Tankstelle.

Club Internet (abseits der Ave Hassan II; 4 Dh pro Std.; ⌚9–24 Uhr) Neben der Samir-Oil-Tankstelle. Bietet eine relativ schnelle Verbindung.

Hauptpostamt (Ave Hassan II) Im Osten der Stadt.

Tan Tan Plage

Gegenüber der Post stößt man auf eine Filiale der Banque Populaire mit einem Geldautomaten. Zudem gibt's einen Block landeinwärts eine BMCE-Filiale mit einem Geldautomaten sowie ein *bureau de change*. Das Internetcafé bietet eine weniger gute Verbindung als das in Tan Tan.

An- & Weiterreise

Bus

CTM (Ave Hassan II) in Tan Tan fährt täglich folgende Ziele an:

ZIEL	PREIS (DH)	DAUER (STD.)
Agadir	100	4½
Dakhla	260	14
Goulimime	45	1½
Laâyoune	120	4½
Tiznit	75	3½

Supratours (☎0528 87 96 65; Ave Hassan II) bietet ähnliche Verbindungen zu etwas höheren Preisen und hält auch vor dem eigenen Büro an der Tan Tan Plage gegenüber dem Dubai Hotel.

Billigere Anbieter steuern vom **Busbahnhof** (Place de la Marche Verte) in Tan Tan 500 m südlich des Zentrums dieselben Orte an.

Taxi

Vom Busbahnhof in Tan Tan fahren *grands taxis* nach Agadir (120 Dh), Goulimime (50 Dh), Inezgane (120 Dh), Laâyoune (120 Dh), Tarfaya (90 Dh) und Tiznit (80 Dh).

Grands taxis zur Tan Tan Plage (10 Dh) starten vom oberen Ende des Blvd el-Amir Moulay Abdallah weiter nördlich.

Von der Tan Tan Plage nach Tarfaya

Die 200 km lange Fahrt von der Tan Tan Plage nach Tarfaya verläuft zunächst entlang einer eintönigen, jedoch gut ausgebauten und wenig befahrenen Wüstenstraße.

Die Route führt vorbei an auf Klippen gebauten Anglerhütten – viele Fischer verkaufen ihren Fang am Straßenrand – und an gemächlich durch die *hammada* wandernden Kamelherden. Sidi Akhfennir, 95 km südwestlich der Tan Tan Plage, bietet sich für einen Zwischenstopp an; hier gibt's Werkstätten und ein Café, das frischen gegrillten Fisch serviert.

Zu den Übernachtungsmöglichkeiten vor Ort gehört die familiengeführte **Auberge Pêche et Loisirs** (☎0661 21 19 83; http://peche.sudmaroc.free.fr, auf Französisch; inkl. HP 350 Dh pro Pers.), die über saubere, gemütliche Zimmer mit Bädern verfügt. Der Besitzer ist passionierter Angler und veranstaltet Touren zur nahe gelegenen Naïla-Lagune sowie zum Meer.

Südlich von Sidi Akhfennir entfaltet sich eine eindrucksvolle Landschaft mit wilden unberührten Atlantikstränden und ockerfarbenen Dünen, die sich bis zum Horizont erstrecken oder die Straße säumen. Zum Schluss geht's durch den **Khenifiss-Nationalpark**, wo sich Flamingos an der Naïla-Lagune tummeln.

Tarfaya طرفاية

6000 EW.

Dieser winzige Fischerhafen war das Zentrum des unter dem spanischen Protektorat stehenden Cap Juby, auch Tarfaya-Streifen genannt. Wahrscheinlich wurde die erste Kolonie im späten 19. Jh. von Donald Mackenzie, einem schottischen Kaufmann, gegründet, der auf einem Felsen vor der Küste einen kleinen Handelsposten errichtete. Er nannte ihn Port Victoria. Als die Spanier die Macht übernahmen, eigneten sie sich auch Mackenzies Gebäude an und nannten den Komplex Casa Mar (Haus im Meer; s. S. 434). 1958 wurde das Gebiet von Spanien unabhängig.

Kürzlich wertete die marokkanische Regierung den Status Tarfayas in der Region auf, außerdem sind viele neue Projekte in Planung. So soll z. B. ein neuer Hafen die Fährverbindung zu den Kanarischen Inseln wiederbeleben und mehr Touristen

MANGROVEN IN DER SAHARA

Wenn man sich Tarfaya aus nördlicher Richtung nähert, bietet sich einem mitten in der Sahara ein ungewöhnlicher Anblick: eine Mangrovenplantage. Unweit des Strandes, am Nordende der 900 m langen, von Sand bedeckten Landepiste, wurden 2000 dieser Bäume gepflanzt, um dem Problem der fortschreitenden Wüstenbildung entgegenzuwirken. Manchmal türmen sich in der Gegend solche Sandberge auf den Straßen, dass sie für Autos nicht mehr passierbar sind und Tarfaya für Stunden von der Außenwelt abgeschnitten wird.

Eine naheliegende Lösung war die weitflächige Bepflanzung des Gebietes. Dabei stellte sich die Frage, welche Pflanze den atlantischen Winden trotzen, im Sand wachsen und Salzwasser vertragen würde. Marokkanische und internationale Experten entschieden sich für die Mangrove und so hielt der Baum Einzug in die Flora Marokkos.

Es gab jedoch ein Problem, da dem Meerwasser drei für Pflanzen überlebenswichtige Elemente fehlen: Nitrogen, Phosphat und Eisen. Ein Lösungsansatz bestand darin, die jungen Bäume mit behandeltem Wasser zu gießen, andere wiederum mit Wasser aus dem Atlantik. Die kreativste und tatsächlich erfolgreiche Idee war jedoch, die Samen neben toten Sardinen auszusäen. Der Fisch enthält alle drei Elemente und ist in der Region im Überfluss vorhanden.

Wird das Projekt ein Erfolg, könnte das weitreichende Folgen haben. Gelingt es, Meerwasser entsprechend aufzubereiten, besteht die Möglichkeit, dieses für den Anbau zu nutzen – und so würden sich Wüstengebiete vielleicht schon bald in grüne Landschaften verwandeln.

anziehen. Trotzdem wird sich Tarfaya wohl seinen besonderen Charme bewahren und als sympathischer Außenposten mit gewissem Einsiedlerflair und verfallenen, von Sand umwehten Relikten aus der Kolonialzeit behaupten.

In erster Linie wird die Stadt aber mit dem französischen Piloten und Schriftsteller Antoine de Saint-Exupéry in Verbindung gebracht. Ab 1926 flog er als Kurier von Frankreich in den Senegal und machte stets in Cap Juby halt. 1927 wurde er zum Standortvorsteher des Städtchens ernannt und blieb einige Jahre. Hier verfasste er den Roman *Südkurier*, in dem ein Postflieger in der Wüste von Rio de Oro südlich von Boujdour umkommt. Darüber hinaus inspirierte ihn die Gegend zu seiner bekanntesten Erzählung, *Der kleine Prinz*, die von einem in der Wüste notgelandeten Piloten erzählt. Um es in den Worten eines Einheimischen auszudrücken: „Der Mann wurde in Frankreich geboren, der Schriftsteller jedoch in Tarfaya."

Sehenswertes & Aktivitäten

Historische Stätten HISTORISCHE STÄTTEN

In Tarfaya gibt's 22 historische Stätten. Meist handelt es sich dabei um verfallene Gebäude, die an die Zeiten Saint-Exupérys erinnern. Die **Casa Mar** steht leer, ist aber bei Ebbe leicht zu erreichen. Am nördlichen Ende des Strandes wurde Saint-Exupéry zu Ehren ein **Denkmal** errichtet: eine winzige grüne Bréguet 14. Mit diesem Typ Doppeldecker flog er gewöhnlich. Ganz in der Nähe befinden sich ein Museum, dahinter ein **Kino** aus den 1930er-Jahren und daneben ein von Mackenzie errichteter **Turm**. In der **Bar des Pilotes** erzählten sich einst verwegene Abenteurer ihre Geschichten und im **Haus der 100 Soldaten** bei der Landepiste am nördlichen Stadtrand stationierten die Spanier früher ihre marokkanischen Rekruten. 2 km weiter südlich liegt das Wrack der Armas-Fähre **Assalama**. Als diese 2008 sank, wurde die erst kurz zuvor eingerichtete Fährverbindung zwischen Tarfaya und Fuerteventura wieder eingestellt.

Musée Saint-Exupéry MUSEUM

(☎0661 07 94 88; Eintritt 10 Dh; ⏲Mo–Fr 8.30–16.30 Uhr, Sa & So nach Voranmeldung) Das Museum erzählt von Saint-Exupéry, dem Gründer des Kurierdienstes Pierre-Georges Latécoère und dem Kurierdienst selbst, der später Teil von Air France wurde. Alle Beschreibungen sind auf Französisch.

Rallye Saint-Exupéry FEST

(www.rallyetoulousesaintlouis.com) Ende September bzw. Anfang Oktober wird mit der Rallye Saint-Exupéry an den Kurierdienst erinnert, bei der Flugzeuge von Toulouse nach Saint-Louis und wieder zurück fliegen. Im Oktober 2007 landeten sie in Tarfaya, um daran zu erinnern, dass der Schriftsteller hier vor 80 Jahren seinen Job angetreten hat, und um das 25-jährige Bestehen der Rallye zu feiern. 2010 landete hier die letzte einsatzfähige Bréguet 14.

Schlafen & Essen

In Tarfaya gibt's einige Ferienwohnungen, die durchschnittlich 200 Dh pro Nacht kosten. Hierbei handelt es sich um die besten Unterkünfte vor Ort; Les Amis de Tarfaya hilft bei der Vermittlung.

An der Hafenseite des öffentlichen Telefons gegenüber dem Büro von Supratours bieten zwei namenlose Lokale leckere günstige Speisen wie Bratfisch, Bohnen, Hühnchen und Tajines (Gerichte 30 Dh) an.

Résidence Touristique Addayouf APARTMENT €

(☎0665 43 58 92; alisalemtarfaya@gmail.com; Apt. 200 Dh) Das blaugelbe Gebäude am Nordeingang der Stadt wird auch Hotel Cap Juby genannt und verfügt über zwei Einzimmer-Apartments für Selbstversorger. Im Erdgeschoss steht eine einfachere Variante mit Hocktoilette zur Auswahl. Es gibt warme Mahlzeiten, zudem werden an einem Stand ganz in der Nähe ein paar Lebensmittel verkauft.

Casa Mar HOTEL €

(☎0528 89 59 00; casamarhotel@gmail.com; EZ/DZ inkl. Frühstück 120/150 Dh; 📶) Der Zeltpool von Casa Mar in der Nähe des Hafeneingangs ist ein beliebter Treffpunkt Einheimischer. Bei unserem Besuch war die Anlage etwas schmutzig, die Gemeinschaftsdusche reparaturbedürftig und das Restaurant mit seiner marokkanischen Variante von Spaghetti Bolognese wenig beeindruckend. Bricht jedoch die Nacht in der Sahara an, füllt sich das Hotel mit Durchreisenden und verströmt das Flair eines Wild-West-Salons mit steifer Wüstenbrise.

Praktische Informationen

In Tarfaya gibt's ein Krankenhaus, ein Internetcafé, einen Waschsalon und eine Banque Populaire mit einem Geldautomaten. Bald soll hier auch eine Filiale der Attijariwafa Bank eröffnen.

Les Amis de Tarfaya (☎0661 07 94 88; sadat@yours.com) In dem Ortsverein beim Musée Saint-Exupéry versorgt der hilfsbereite, Englisch sprechende Sadat Touristen mit den nötigen Infos.

An- & Weiterreise

Busunternehmen wie CTM halten in Tarfaya, allerdings ist nur **Supratours** (☎0528 89 50 56; Route du Port) mit einem verlässlichen Büro vor Ort vertreten. Angesichts der enormen Distanzen in der Westsahara sind Busse das beste Transportmittel. Supratours bietet tägliche Verbindungen zu folgenden Zielen:

Grands taxis fahren nach Laâyoune (35 Dh) und Tan Tan (70 Dh). In Tarfaya gibt's Tankstellen und Autowaschanlagen.

ZIEL	PREIS (DH)	DAUER (STD.)
Agadir (via Inezgane)	180	8
Dakhla	220	11
Essaouira	245	11
Goulimime	130	3½
Laâyoune	40	2
Marrakesch	250	12
Tan Tan	80	3
Tiznit	150	5½

WESTSAHARA

الصحراء الغربية

Jeder Marokkaner, den man nach dem Status der Westsahara fragt, antwortet sofort: „Die gehört zu uns." Lokale Landkarten zeigen das Gebiet als nahtlose Weiterführung der *hammada* rund um Tarfaya, wobei nur wenige Menschen außerhalb Marokkos diese Ansicht teilen.

Das Gebiet umfasst die ehemaligen Kolonien Spanisch-Sahara und einen Teil von Tarfaya. Wer durch die weiten Wüstenlandschaften reist, wird über den ganzen Streit wohl nur den Kopf schütteln: Die Städte sind langweilige Verwaltungszentren und das Gebiet um die N1 ist öde, trocken, einsam und unwirtlich. Die Region taugt also nicht als charmante Postkartenkulisse, verfügt allerdings über Phosphat, Öl und Fischbestände. All das spielt in dem Konflikt eine wichtige Rolle.

Die Gegend gehört zu den am dünnsten besiedelten Regionen weltweit, und obwohl der Krieg zwischen Zentralregierung und Polisario 1991 mit einem Waffenstillstand beendet wurde, scheint das marokkanische Militär Zivilisten zahlenmäßig oft überlegen. Wer Lust auf eine Wüstentour mit Oasen und Dünen hat, sollte besser Merzouga, Figuig oder Tata ansteuern. Diese Orte sind schöner und sicherer, zudem ist die Anfahrt (ab Zentralmarokko) weniger anstrengend. Wenn man nach Mauretanien reist und die Westsahara durchqueren muss, sollte man sich darüber im Klaren sein, dass es sich um ein umstrittenes Gebiet handelt, und die in diesem Buch aufgeführten Sicherheitshinweise beachten.

Geschichte

In der Westsahara gibt's nichts als windgepeitschte Trostlosigkeit. Trotzdem hat die Region eine lange und blutige Geschichte hinter sich. Islamische Missionare fingen im 7. Jh. an, die Stämme der Zenata- und der Sanhadscha-Berber zu bekehren. Im 13. Jh. folgte eine zweite Welle von arabischen Siedlern in die Wüste, die Maqil aus dem Jemen, und das Gebiet wurde zu großen Teilen arabisch.

Im 19. Jh. bekam die Wüste wieder neue Herrscher: Die Spanier rissen sich die Westsahara unter den Nagel und nannten das Gebiet Río de Oro – obwohl von Wasser und Gold jede Spur fehlte. In Wirklichkeit kontrollierten bis 1934 Sheikh Ma El-Ainin und sein Sohn El-Hiba die Wüste und ihre Nomadenstämme. Danach herrschte ein wackeliger kolonialer Frieden, bis Marokko 1956 unabhängig wurde und eine neue Nationalbewegung entflammte, aus der die Polisario-Front und der Guerillakrieg gegen die Spanier entstanden.

Als Spanien die Wüstenregion 1975 aufgab, erhoben sowohl Marokko als auch Mauretanien Anspruch darauf. Allerdings stieg Mauretanien schon bald wieder aus dem Machtpoker aus. Im November 1975 stellte König Hassan II. den Grünen Marsch auf die Beine: 350 000 Marokkaner zogen nach Süden, um Marokkos historische Ansprüche auf die Westsahara klarzumachen (s. Kasten S. 464).

In den nächsten Jahren schickte man 100 000 marokkanische Soldaten zur Bekämpfung der Aufständischen und Rabat gewann schnell die Oberhand. 1991 handelten die UN einen Waffenstillstand aus, außerdem wurde ein Referendum versprochen, bei dem die indigenen Sahrauis die Wahl haben sollten zwischen Unabhängigkeit und Anschluss an Marokko. Letzteres lässt bis heute auf sich warten.

Seitdem hat Marokko seine Macht in der Region gefestigt. Es ist ordentlich Geld geflossen: in Infrastrukturprojekte und vor allem in die Offshore-Ölförderung. Außerdem werden Marokkaner aus dem Norden ins steuerfreie Paradies gelockt. Bis Ende 2010 schien die Lage in der umkämpften Region beruhigt und große Teile der Welt vergaßen den Konflikt in dem so fernen Gebiet. Doch am 8. November 2010 stürmten marokkanische Sicherheitskräfte das Lager Gadaym Izik in der Nähe von Laâyoune mit dem Ziel, das von 15 000 Menschen bewohnte Camp aufzulösen. Die darauf folgenden Zusammenstöße kosteten auf beiden Seiten Leben, was wiederum Krawalle in der Stadt auslöste, bei denen über 700 Sahrauis verletzt wurden. Szenen von Gewalt und Zerstörung gingen um die Welt. Die Kämpfe gefährdeten Verhandlungen unter UN-Leitung, die am nächsten Tag in New York beginnen sollten. Im Dezember 2010 wurden diese schließlich wieder aufgenommen. Als Reaktion auf den Bruch des Waffenstillstands von marokkanischer Seite rechnen viele nun mit einem Vergeltungsschlag der Frente Polisario, und so geht der längste Territorialkonflikt Afrikas wohl in die nächste Runde.

Aktuelle Informationen über die Westsahara bzw. die Demokratische Arabische Republik Sahara (so bezeichnet die separatistische Regierung das besetzte Gebiet) gibt's auf folgenden Websites:

ARSO (www.arso.org)

BBC (http://tinyurl.com/37j6p8n)

CIA World Factbook (http://tinyurl.com/38nkck)

Global Voices (http://tinyurl.com/3a7hgqc)

UN (www.un.org)

Klima

An die Ausläufer des Antiatlas schließt sich ein ausgedörrtes Hinterland an. Am Tag klettern die Temperaturen hier teilweise auf über 45 °C, während man nachts bei unter 0 °C friert. Gleichzeitig regnet es im gesamten Jahr (!) weniger als 125 mm. Das sorgt für eine extrem niedrige Luftfeuchtigkeit von 5 bis 30 % – trocken genug, um Leichen zu mumifizieren. Der Wüstenwind wird von den Einheimischen auch *chergui, irifi* oder *sirocco* genannt und macht die Gegend noch unwirtlicher. Im März und April, wenn Sandstürme über die Wüste fegen, ist von Autofahrten durch das Gebiet abzuraten.

Wüstentraveller sollten immer genug Wasser dabeihaben und im Winter einen dicken Schlafsack sowie warme Kleidung mitnehmen.

Sprache

Fast überall in der Westsahara wird Arabisch und Französisch gesprochen. Da die Gegend früher spanisches Protektorat war, hörte man hier bis vor Kurzem noch viele Menschen Spanisch sprechen, und vor allem die ältere Generation pflegt diese Tradition weiterhin. Wegen der in der Gegend stationierten UN-Blauhelme ist aber auch Englisch zu hören.

An- & Weiterreise

Es gibt keine offizielle Grenze zwischen Marokko und der Westsahara: Marokko behandelt die Region als Teil des Landes.

Laâyoune und Dakhla werden täglich ab Casablanca angeflogen sowie wöchentlich ab Gran Canaria. Zudem gibt's einen wöchentlichen Flug von Agadir nach Dakhla sowie eine neue Fährverbindung von Gran Canaria nach Laâyoune.

Supratours und CTM fahren beide nach Laâyoune und Dakhla, wobei Supratours schneller und zuverlässiger ist.

Weil die Atlas-Sahara-Region eine steuerfreie Zone ist, kostet Benzin etwas weniger als im Rest des Landes. Die erste günstige Tankstelle liegt ein kurzes Stück südlich von Tarfaya.

Tipps zu Reisen von bzw. nach Mauretanien siehe S. 549.

Laâyoune (Al-'uyun) عيون ال

200 000 EW.

Die Spanier gründeten Laâyoune als Außenposten, von dem aus sie die nahe gelegenen Phosphatminen bei Bou Crea verwalteten. Die Marokkaner hatten ehrgeizige Pläne und investierten über 1 Mrd. US$, um Laâyoune in die wichtigste Stadt der Westsahara zu verwandeln. Die Bevölkerung besteht nun überwiegend weder aus Sahrauis noch aus Spaniern, sondern aus Marokkanern, aus dem Norden hergelockt durch die Aussicht auf gute Löhne und zollfreie Waren.

Laâyoune dient in erster Linie als Regierungszentrum und Militärstützpunkt und ist mit seinen trostlosen Straßen, über die meist nur UN-Schlitten brettern, kein lohnenswertes Ziel. Wegen der Eskalation des Konfliktes in der Westsahara ist von einem Zwischenstopp sogar dringend abzuraten, schließlich gibt es nichts, was das Risiko wert wäre, Probleme mit der Polizei zu bekommen oder bei Krawallen zwischen die Fronten zu geraten. Allerdings sind die Entfernungen sowohl bei Reisen in den Norden als auch in den Süden so groß, dass man um einen Stopp eventuell nicht herumkommt. Übernachtungen sollten allerdings besser in Tarfaya oder Dakhla eingeplant werden, da beide Städte attraktiver und sicherer sind.

Wegen der angespannten Lage in Laâyoune während unserer Recherche haben wir die aktuellen Informationen über Telefon und Internet eingeholt.

GEHT'S NOCH WEITER?

Wer weiter ins Nachbarland reist, kann unter www.shop.lonelyplanet.com ein PDF des Kapitels „Mauritania" aus dem englischsprachigen Lonely Planet *West Africa* kaufen und herunterladen.

Gefahren & Ärgernisse

Im Kastentext auf S. 441 findet man einige wichtige Sicherheitshinweise, wenn man einen Aufenthalt in Laâyoune plant. An der Place du Méchouar hängen abends gelangweilte Jugendliche herum.

Sehenswertes & Aktivitäten

Place du Méchouar BEMERKENSWERTE GEBÄUDE
Die marokkanische Regierung möchte die Aufmerksamkeit der Besucher auf die pompöse Place du Méchouar lenken, aber das **Palais de Congrès** (Blvd de Mekka) und die neue **Grande Mosquée** (Moulay Abdel Aziz Mosque; Blvd Moulay Youssef) sind nicht besonders fotogen.

Spanische Kathedrale KATHEDRALE
(abseits der Ave Hassan II; ⏲geschl.) Die ursprüngliche spanische Stadt liegt am Flussbett des Saquia el-Hamra, darüber thront die Kathedrale. Ihre weiße Kuppel passt gut zur Architektur der Gegend.

Souq Djemal SUK
(Ave Salem Bila) Der Suk südwestlich der Kathedrale gehört vor Ort zu den belebtesten Gegenden.

Dünen DÜNEN
Nördlich und westlich der Stadt erstrecken sich kilometerweite Sanddünen. Für eine Erkundungstour fährt man am besten mit einem Geländewagen nördlich der Stadt von der N1 ab.

Lagunen VOGELBEOBACHTUNG
Anbieter vor Ort veranstalten Touren in die Lagunen und Dünen.

Laâyoune

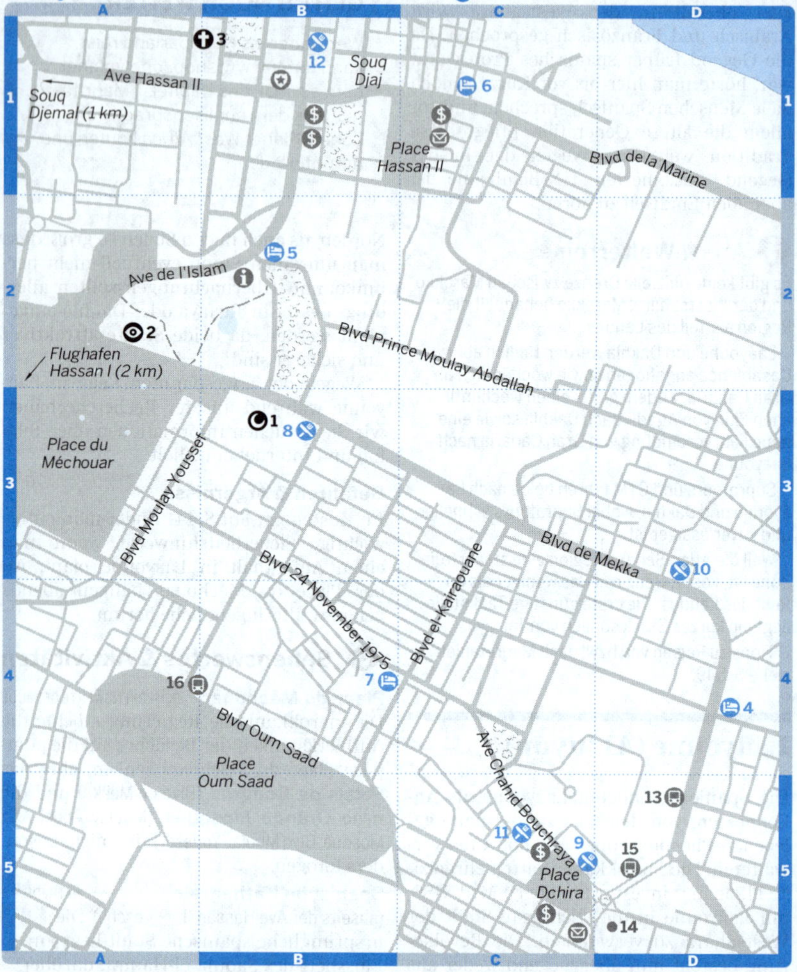

Schlafen

In Laâyoune ist die UN sehr präsent. Ihre Mitarbeiter belegen natürlich mit Vorliebe die besseren Hotels des Ortes, deshalb sollte man möglichst vorab reservieren. Wie zu erwarten, sind gute Unterkünfte in diesem öden Vorposten für marokkanische Verhältnisse teuer.

Sahara Line Hotel HOTEL €€

(☎0528 99 54 54; Blvd el-Kairaouane; EZ/DZ/3BZ 430/537/644 Dh; ❄@) Im verlässliche Sahara Line Hotel wird man normalerweise auf zahlreiche UN-Mitarbeiter treffen. Es verfügt über schicke klimatisierte Zimmer mit Teppichböden, Kühlschränken, Bädern und Fernsehern. Im oberen Stockwerk gibt's ein Restaurant (Frühstück 50 Dh), aber keine Bar.

Hôtel Parador HOTEL €€€

(☎0528 89 28 14; Ave de l'Islam; EZ/DZ 1100/1400 Dh; ❄≋) Erinnert an vergangene spanische Zeiten und liegt inmitten von hübschen Gärten. Zu dem Hotel im Hazienda-Stil gehören eine Bar mit Kolonialflair und ein Restaurant, in dem gutes Essen zubereitet wird. Die Zimmer mit kleiner Terrasse sind so luxuriös, wie man es von den Preisen her erwarten darf.

Laâyoune

Sehenswertes
1 Grande Mosquée B3
2 Palais de Congrès A2
3 Spanische Kathedrale B1

Schlafen
4 Hôtel Jodesa D4
5 Hôtel Parador B2
6 Hôtel Sidi Ifni C1
7 Sahara Line Hotel B4

Essen
8 Au Palais des Glaces B3
9 Cafés & günstige Restaurants C5
10 Le Poissonier D3
11 Pizzeria la Madone C5
12 Restaurant el-Bahja B1

Transport
13 CTM D5
14 Royal Air Maroc D5
15 SATAS D5
16 Supratours A4

Hôtel Jodesa HOTEL €
(☎0528 99 20 64; 223 Blvd de Mekka; EZ/DZ ohne Dusche 100/155 Dh, mit Dusche 144/215 Dh) Dieses moderne Hotel ist eine günstige und gute Alternative: Die Zimmer sind einfach, aber die Größe geht in Ordnung. Zentrale Lage nördlich der Place Dchira.

Hôtel Sidi Ifni HOTEL €
(☎0528 89 34 88; 12 Rue Sanhaja, Souq Djaj; EZ/DZ 40/60 Dh) Mit Abstand Laâyounes bestes Schnäppchen, Lokalkolorit inklusive. Aus den Duschen des in der Altstadt gelegenen Hotels kommt kaltes, salziges Bohrwasser, aber glücklicherweise gibt's ganz in der Nähe einen Hamam.

Essen
Rund um die Place Dchira locken eine Menge Cafés und einfache Restaurants, in denen man für 20 Dh gut satt wird. Imbissbuden, an denen ein bisschen mehr Andrang herrscht, findet man im Souq Djemal.

Wer es etwas exklusiver mag, steuert die Restaurants im Sahara Line Hotel oder im Parador an.

Le Poissonier FISCH & MEERESFRÜCHTE €
(☎0528 99 32 62; 183 Blvd de Mekka; Gerichte 60–90 Dh) Abgesehen von den Hotelrestaurants ist dies das beste Lokal der Stadt. Zum Angebot gehören Fischsuppe und Hummer.

Pizzeria la Madone ITALIENISCH €
(☎0528 99 32 52; 141 Ave Chahid Bouchraya; Pizza 40–60 Dh) Gemütliche Pizzeria mit Mitnehmservice. Krosse Pizzas, *harira*, Salate, Omeletts und Pasta Marinara.

Au Palais des Glaces PÂTISSERIE €
(☎0528 98 04 76; Blvd de Mekka; Frühstück 13–20 Dh) Stilvoller europäischer Laden mit Teestube, Konditorei und Eisdiele. Hier gibt's das beste Eis der Stadt. Auch ein guter Ort, um in den Tag zu starten.

Restaurant el-Bahja FAST FOOD €
(Blvd Mohammed V; Menü 25 Dh) Einfaches gegrilltes Fleisch – Lamm, vielleicht auch Kamel – wird hier ohne viel Tamtam, dafür mit massig Fett und Pommes frites serviert. Ideal, wenn man von Fisch genug hat.

Praktische Informationen
Als Vorzeigeobjekt der Stadt gilt die riesige Place du Méchouar, auf der abends gelangweilte Jugendliche rumhängen. Es gibt hier jedoch kein wirkliches Zentrum. Post, Banken und die meisten Hotels befinden sich in der Ave Hassan II bzw. am Blvd de Mekka. Mehrere Banken mit Geldautomaten und Wechselschaltern liegen auch in der Nähe der Kreuzung Blvd Hassan II und Blvd Mohammed V. Internetcafés entdeckt man am Blvd de Mekka.

Attijariwafa Bank (Ecke Ave Hassan II & Blvd Mohammed V)

Banque Populaire (Place Dchira) Es gibt eine weitere Filiale am Blvd Mohammed V.

BMCE (Place Hassan II) Es gibt eine weitere Filiale an der Place Dchira.

Délégation Régionale du Tourisme (☎0528 99 52 83; Ave de l'Islam; ⏲Mo–Fr 9–12 & 14.30–18.30 Uhr)

Postfiliale (Place Hassan II) Es gibt eine weitere (kleinere) Filiale an der Place Dchira.

An- & Weiterreise
Bus
Ein Großteil der Busse fährt von den Büros am südlichen Ende des Blvd de Mekka ab. **CTM** (Blvd de Mekka) steuert täglich folgende Ziele an:

ZIEL	PREIS (DH)	DAUER (STD.)
Agadir	220	10
Dakhla	175	8
Goulimime	155	7
Marrakesch	270	14
Tan Tan	120	4½
Tiznit	190	9

Ähnliche tägliche Verbindungen bieten **Supratours** (Place Oum Essad) zu etwas höheren oder gleichen Preisen sowie **SATAS** (Blvd de Mekka) zu geringfügig niedrigeren Preisen an.

Flugzeug

Flughafen Hassan I (☎0528 89 37 91; www.onda.ma) 2 km südlich von Laâyoune.

BinterCanarias (www.bintercanarias.com) Wöchentliche Flüge von/nach Gran Canaria.

Royal Air Maroc (RAM; 0528 99 58 00; Immeuble Nagjir, Place Dchira) Tägliche Nachmittags- oder Abendflüge von/nach Casablanca.

Schiff/Fähre

Armas (www.navieraarmas.com) richtete während der Recherchen eine wöchentliche Fährverbindung (7 Std.) von/nach Gran Canaria ein.

Taxi

Die rotweißen *petits taxis* verlangen für Fahrten durch die Stadt etwa 5 Dh, ebenso wie zu den folgenden *grand-taxi*-Ständen:

Norden *Grands taxis* fahren ab der Place Tan Tan, etwa 1,5 km östlich der Place Hassan II an der Ave Hassan II, nach Tan Tan (120 Dh), Goulimime (150 Dh) und Inezgane (für die Weiterreise nach Agadir; 200 Dh).

Süden *Grands taxis* verkehren ab der Place Boujdour in den südlichen Vorstädten nach Boujdour (75 Dh) und Dakhla (175 Dh).

Dakhla (ad-Dakhla) الداخلة

40 000 EW.

Dakhla wurde 1844 von den Spaniern gegründet und damals Villa Cisneros genannt. Es liegt etwas nördlich vom nördlichen Wendekreis auf einer sandigen, 40 km langen Halbinsel, die parallel zur Küste verläuft. Die 500 km von Laâyoune aus sind eine ziemlich einsame Fahrerei (über 1000 km von Agadir) durch die endlose *hammada*. Während der Reise kann man sich leicht vorstellen, demnächst am Ende der Welt anzukommen. Tatsächlich ist die Stadt das Ende Marokkos bzw. die letzte größere Siedlung und liegt näher an Nouâdhibou (Mauretanien) als an Laâyoune.

Dennoch wirkt Dakhla weniger abgeschieden als viele Städte im Süden und ist mit seinen guten Hotels und Restaurants definitiv wohlhabender. Die weiß getünchten Arkadenstraßen wirken charakterlos, heben sich jedoch von den vielen tristen Gassen im Norden ab. Auch wenn sich hinter der scheinbar sorglosen Fassade des Küstenorts Spannungen verstecken – z. B. sind die Fischereirechte zwischen Sahrauis und marokkanischen Siedlern ein umstrittenes Thema – wirken die Bewohner recht modern und fortschrittlich. Zum Stadtbild gehören sowohl elegant gekleidete Geschäftsleute und Polizisten mit weißen Handschuhen als auch traditionelle Gewänder und *melhaf*.

Schon seit Längerem fließt viel Geld von Seiten der marokkanischen Regierung und anderen Investoren in die Halbinsel, was Arbeiter aus dem Norden in die Region lockt. Den Stadtrand säumen neue Wohnblöcke, im riesigen Hafen liegt Marokkos größte Fischereiflotte vor Anker und französische Urlauber überwintern hier gern in ihren Wohnmobilen.

Die Orientierung fällt nicht schwer; Hotels, Cafés, Büros der Busunternehmen und ein Großteil der wichtigen Einrichtungen sind nicht weit voneinander entfernt und gut zu Fuß zu erreichen.

Sehenswertes & Aktivitäten

Neben dem schwarzweißen Leuchtturm östlich des Flughafens liegt die Ruine einer **spanischen Festung** aus dem 19. Jh. Außerdem kann man auf vier Rädern in die Wüste brettern oder am Strand windsurfen, kitesurfen, paragliden und fischen. Hotels und folgender Anbieter helfen bei der Organisation dieser Aktivitäten:

Kite Xperience (☎0642 52 82 79; www.kitexperience.com, auf Französisch; Bab al-Bahar, Ave Mohammed V) Eintägige Kitesurfkurse für 900 Dh.

Schlafen

LP TIPP **Bab al-Bahar** BOUTIQUE-HOTEL €€€
(☎0528 93 14 40; www.bab-al-bahar.com, auf Französisch; Ave Mohammed V; Zi./Suite ab 1013/2013 Dh;) Mit seinem kleinen Zen-Garten und 35 hübschen Zimmern inklusive Fenstersitznischen bietet das Best-Western-Hotel Entspannung pur. Zum Angebot gehören Aktivitäten wie Kitesurfen und Geländewagentouren in die Dünen. Das am Meer gelegene stilvolle französische Restaurant (Menü 120 Dh, Snacks 70 Dh) zählt zu den besten Lokalen der Stadt und wartet mit Langusten, Riesengarnelen, Steaks und Brochettes auf.

Sahara Regency RESORT €€
(☎0528 93 15 55; www.hsahararegency.com, auf Französisch; Ave al-Walae; EZ/DZ inkl. Frühstück 600/800 Dh, Suite 1000–2400 Dh;) Bogengänge führen zum Eingang des Vier-Sterne-Hotels. Die Zimmer ähneln Minia-

SICHERES REISEN IN DER WESTSAHARA

Im November 2010 kam es in der Westsahara zu erheblichen Unruhen (s. S. 435), weshalb man von Reisen in die Region abraten muss. Vor allem Laâyoune, das Zentrum der gewalttätigen Zusammenstöße, sollte gemieden werden, denn die Lage ist immer noch angespannt. Natürlich besteht die Gefahr, bei Krawallen oder Konfrontationen zwischen Marokkanern und Sahrauis zwischen die Fronten zu geraten, wobei das Risiko, sich bei einer der vielen Straßensperren mit der marokkanischen Obrigkeit auseinandersetzen zu müssen, größer ist.

Marokko will Journalisten von der Region fernhalten und hat deswegen eine Mediensperre verhängt. Nach den Zusammenstößen im Lager Gadaym Izik wurden Reporter davon abgehalten, nach Laâyoune zu fliegen; spanische Presseleute, die dennoch ins Krisengebiet gelangten, wurden festgenommen und aus der Stadt gebracht. Spanien nahm die kritischste Haltung gegenüber der marokkanischen Besetzung und den Vorkommnissen der letzten Zeit ein, weswegen spanische Touristen meist besonders intensiv von marokkanischen Beamten befragt werden.

Die vielen Kontrollpunkte sind nervtötend, sollten jedoch ernst genommen werden, denn immerhin besteht ein kleines Risiko, dass Touristen für Journalisten oder Polisario-Sympathisanten gehalten werden. Selbst im Umland der Westsahara bei Reisen zwischen Städten wie Tarfaya, Tan Tan, Goulimime und Tata werden Ausländer ständig nach Beruf, Ziel und Grund der Reise gefragt. Manchmal gehen diese Befragungen fließend in Gespräche über den Lieblingsfußballverein über und man wird einfach durchgewinkt. In der Westsahara werden Reisepass- und Visumsdaten erfasst, bei Reisen mit dem Auto auch die Fahrzeugpapiere. Bei Busreisen kann man meist einfach sitzen bleiben, während die Polizei die Daten überprüft und notiert; manchmal muss man auch aussteigen und mit einem der Vorgesetzten sprechen.

Berufsgruppen, bei denen bei der Polizei die Alarmglocken läuten, sind Journalisten oder Angehörige von Hilfsorganisationen. Sollte man in diesen Feldern tätig sein, wird man eventuell observiert, festgenommen und nach Marokko oder sogar in ein nahe gelegenes Ziel wie die Kanarischen Inseln ausgewiesen. Grundsätzlich sind die Behörden bei Travellern nach Laâyoune wachsamer als nach Dakhla oder Tarfaya.

In Laâyoune und Dakhla fallen einem sofort die vielen Streitkräfte und Polizisten ins Auge. Diese reagieren superempfindlich auf Fotografen in der Nähe von militärischen Einrichtungen. Es wird auch gar nicht gern gesehen, wenn die trostlosen Flüchtlingslager fotografiert werden, in denen immer noch viele Sahrauis leben. Das geschäftige Rotlichtviertel in Dakhla gegenüber dem Armeehauptquartier und der Kaserne ist für Besucher ebenfalls tabu.

partments, Mobiliar und Dekor wirken allerdings verwohnt. Trotzdem kann sich das Gesamtpaket mit Dachpool sowie Teestube und Restaurant (Menü 120 Dh) im Erdgeschoss durchaus sehen lassen. Darüber hinaus werden hier verschiedene Touren (350 Dh) wie z. B. Muschel- und Austersammelausflüge sowie Trips in die weißen Dünen angeboten.

Hôtel Erraha HOTEL €

(☎/Fax 0528 89 88 11; Ave Beuchekroune; EZ/DZ/3BZ 250/300/500 Dh; 📶) Die recht großen Zimmer verfügen über Warmwasser (den Boiler muss man selbst anschalten) und Balkone, von denen man auf die neue Edderhem-Moschee und den zugehörigen grünen Platz blickt. Das Personal ist freundlich und es gibt ein Café, allerdings liegt das Hotel 1 km südwestlich des Zentrums – ungünstig für einen Stadtbummel, aber dafür praktisch für die *grands taxis* bzw. die Büros von SAT und Supratours.

Hôtel Sahara HOTEL €

(☎0528 89 77 73; Ave Sidi Ahmed Laaroussi; Zi. 80–200 Dh) Dieses ist das beste der drei günstigen Hotels, die man bei den verkehrsberuhigten Einkaufsstraßen südwestlich des Supratours-Büros findet. Alle Zimmer haben kleine Balkone, allerdings müssen sich die Gäste der einfachen Varianten Duschen und Hocktoiletten teilen, während die gehobeneren mit eigenen Bädern, normalen Toiletten und Fernsehern aufwarten.

Hotel Tafoudart HOTEL €

(☎0668 72 27 39; Ave Beuchekroune; EZ ohne/mit Dusche & TV 60/120, DZ 80/170 Dh) Gemütlich, sicher und einfach. Das einladende Hotel neben dem Hôtel Erraha liegt einen etwa zehnminütigen Fußmarsch östlich des *grand-taxi*-Standes.

Hôtel Aigue HOTEL €
(☎0528 89 73 95; Ave Sidi Ahmed Laaroussi; EZ/DZ 80/120 Dh) Eine saubere, sichere, zentral gelegene Unterkunft in einem großen schmalen Gebäude neben dem Hôtel Sahara. Hier gibt's einfache kleine Zimmer sowie Gemeinschaftsbäder und Hocktoiletten.

Essen & Ausgehen

Die Restaurants im Bab al-Bahar und im Sahara Regency servieren zu den Gerichten auch alkoholische Getränke, während man dann in Mauretanien diesbezüglich auf dem Trockenen sitzt.

LP TIPP **Café Restaurant Samarkand** FISCH & MEERESFRÜCHTE, REGIONALE KÜCHE €
(☎0528 89 83 16; Ave Mohammed V; Menü 120 Dh) Von dem besten Lokal der Stadt genießt man Ausblicke auf die weißen Klippen Afrikas. Im Samarkand wird eine große Auswahl an Fischgerichten und anderen Speisen serviert, wobei Couscous und Fisch-*pastilla* im Voraus bestellt werden müssen. Das Drei-Gänge-Menü ist ein echtes Schnäppchen.

Café-Restaurant Bahia FISCH & MEERESFRÜCHTE €€
(☎0528 93 00 62; 16 Ave Mohammed V; Gericht 90 Dh) Hat zwar keine Schanklizenz, kredenzt dafür aber leckere Fischgerichte wie Tintenfisch. Bei der Variante *pulpo alla gallega* wird dieser gekocht und mit Olivenöl sowie Paprika serviert.

Hassan Fruits SAFTBAR
(Ave al-Walae) Über den Fußgängerweg vom Denkmal der Dahkla-Halbinsel erreicht man diese beliebte Saftbar, in der es üppige Torten und leckere Fruchtcocktails (15 Dh) gibt.

Shoppen

Nördlich der Ave Sidi Ahmed Laaroussi zwischen den Hotels Sahara und Aigue verläuft eine verkehrsberuhigte Einkaufsstraße. Hier verkaufen Händler alles Mögliche von Arganöl bis zu leuchtenden *melhaf*.

Ensemble Artisanal SCHMUCK, SOUVENIRS
(Ave el-Moukouama) Nicht gerade die Medina von Marrakesch, eignet sich aber trotzdem für Last-Minute-Geschenke, insbesondere für Schmuck aus der Sahara.

Praktische Informationen

Im Zentrum sowie neben dem Hôtel Erraha gibt's einige Banken mit Geldautomaten und Internetcafés (10 Dh pro Std.)

Pharmacie Oued Dahab (☎0528 89 81 25; Ave Mohammed V) Apotheke.

Postfiliale (Ave el-Moukouama)

Anreise & Unterwegs vor Ort

Informationen über Reisen von/nach Mauretanien siehe S. 549.

Auto

Vor allem in der Neustadt im Südwesten findet man viele Werkstätten. Vor einer Tour in den Süden kann man hier seinen Wagen durchchecken lassen.

Laargoub Car (☎0528 93 04 47; www.laargoubcar.com; Ave Ahmed Bahnini) Die renommierte Autovermietung bietet ihre Fahrzeuge innerhalb Marokkos auch zur Einwegmiete an.

Bus

CTM (☎0528 89 81 66; Blvd 4 Mars) und **Supratours** (Ave Mohammed V) sind beide in der Innenstadt vertreten.

Die Büros von Unternehmen wie SAT und eine weitere Filiale von Supratours befinden sich auf bzw. rund um die Ave Beuchekroune zwischen *grand-taxi*-Stand und Edderhem-Moschee.

Täglich werden folgende Ziele angesteuert (im Voraus reservieren!):

ZIEL	PREIS (DH)	DAUER (STD.)
Agadir	340	21
Laâyoune	175	8
Tan Tan	260	14
Tarfaya	220	11

Flugzeug

Aéroport Dakhla (☎0528 89 72 56; www.onda.ma) Der Flughafen liegt etwa 200 m westlich des Sahara Regency.

Canary Fly (www.canaryfly.es) Wöchentliche Flüge nach Gran Canaria.

Royal Air Maroc (RAM; ☎0528 89 70 49; www.royalairmaroc.com; Ave des PTT) Fliegt außer dienstags und samstags jeden Nachmittag/Abend von/nach Casablanca und mittwochnachmittags/-abends von/nach Agadir.

Taxi

Innerhalb der Stadt kann man sich von einem der weiß-türkisfarbenen *petits taxis* (tagsüber/nachts 5/6 Dh) durch die Gegend kutschieren lassen. *Grands taxis* verkehren ab al-Messira südwestlich des Zentrums u. a. nach Agadir (350 Dh) und Laâyoune (175 Dh).

Marokko verstehen

Bevölkerung pro km²

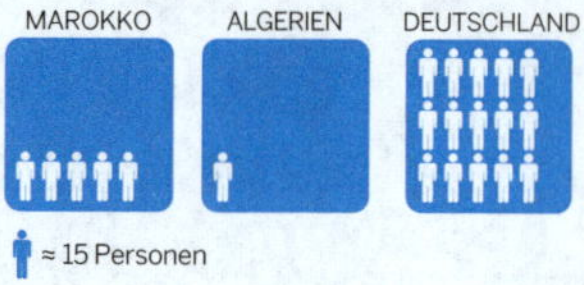

Marokko aktuell

Ein Land im Umbruch

Überall in Marokko tut sich etwas. Neue Straßen werden über alte Karawanenrouten durch entlegene Wüstenabschnitte gebaut, in Bergdörfern gründen Künstlerinnen neue Vereinigungen, und Entwicklungspläne, Selbsthilfeorganisationen sowie ein cleverer junger König helfen, die Schäden zu reparieren, die durch Kolonialzeit, Armut und die Unterdrückung der Meinungsfreiheit verursacht wurden.

Soziale Konflikte sind ein schwieriges Thema. Während das Wirtschaftswachstum bei etwa 3 bis 4 % liegt, sind rund 44 % der jungen Leute arbeitslos. Ein Ende April 2011 verübtes Bombenattentat in einem Café am weltoffenen Djemaa el-Fna in Marrakesch verdeutlichte die wirtschaftlichen und kulturellen Spannungen. Zwar sind die Aussichten und die Stimmung besser, seit Mohammed VI. das Land regiert, dennoch wurden 2010 zwei beliebte Zeitschriften verboten: *Nichane* wegen eines leicht respektlosen Artikels über marokkanischen Humor und *Le Journal Hebdomadaire* wegen einer Umfrage, in der Mohammeds Beliebtheitsgrad nur bei 91 % lag.

Wie man allerdings an den jahrhundertealten Steinminaretten und bemerkenswert intakten Lehmziegelburgtürmen im Land sieht, hat Marokko in den letzten tausend Jahren schon einiges mehr ausgehalten. Mit lebendigen lokalen Organisationen, beherzten Medien, viel Humor und wenn nötig auch ein bisschen Schummelei bauen die Marokkaner auf der Grundlage einer alten Gesellschaft eine moderne auf.

» **Höchster Gipfel:** Jebel Toubkal (4167 m)

» **Internet-Domain:** .ma

» **Beliebteste Getränke:** Casa Flag Special (Bier; Konsum: 235 Mio. Flaschen pro Jahr); Sidi Ali (Mineralwasser; 200 Mio. Flaschen)

Tourismusboom

Traveller werden in Marokko sehnsüchtig erwartet. Das Vorhaben, 2010 insgesamt 10 Millionen Touristen zu empfangen, ist zwar aufgrund der Rezession in Europa gescheitert, doch dafür hat sich die Besucherzahl

Top-Bücher

» *Die Nacht der Unschuld* von Tahar Ben Jelloun über ein Mädchen aus Marrakesch gewann den Französischen Prix Goncourt.

» *Der Harem in uns* von Fatima Mernissi spielt im Fes der 1940er-Jahre.

Begrüßung

» **Männer** Handschlag mit rechts, dann das Herz berühren.

» **Frauen** Handschlag und je nach Vertrautheit ein bis vier Luftküsse.

» **Männer und Frauen** Herz mit rechter Hand berühren, optional Handschlag und Luftküsse.

Kleidung

» **Dschellaba** Knöchellanges Unisex-Gewand mit spitzer Kappe und Seidenknöpfen.

» **Tunika** Mittellanges Oberteil mit Ausschnitt für Männer und Frauen.

Ethnische Zugehörigkeit
(% der Bevölkerung)

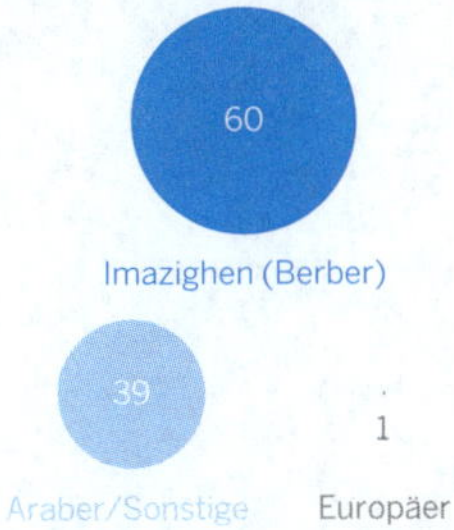

Gäbe es nur 100 Marokkaner, wären ...

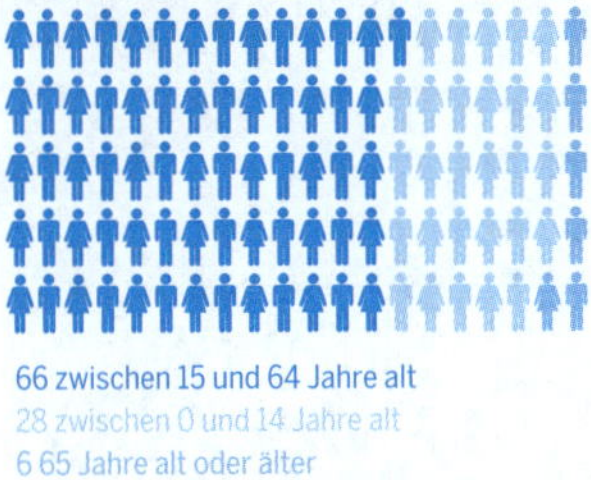

seit 2002 mehr als verdoppelt. Zudem steuern immer mehr europäische Billigflieger marokkanische Flughäfen an und der „Plan Azur“ zur Schaffung sechs neuer Ferienorte an der Küste wird in die Tat umgesetzt. In den letzten zehn Jahren hat der Tourismus die Landwirtschaft und die Fischerei als Hauptarbeitgeber abgelöst. Dienstleistungen machen noch vor der Industrie (vorwiegend Textilproduktion) und dem Phosphatabbau (vor allem in der Westsahara) die Hälfte des marokkanischen Bruttoinlandsprodukts aus.

Marokko ist seit 1000 Jahren ein buntes Völkergemisch und so preisen z. B. Teppichhändler ihre Ware auf Berber, Arabisch, Französisch, Spanisch, Englisch, Italienisch, Portugiesisch, Deutsch und Russisch an. Viele historische Wohnhäuser der Medinas dienen heute als Gästehäuser, in denen auf althergebrachte Weise Pfefferminztee ausgeschenkt wird.

Jetzt ist der richtige Zeitpunkt, um in das Land zu kommen, da sich der Tourismus mitten in der Entwicklung befindet und Besucherwünsche richtungsweisend sind. Derzeit findet man hier sowohl umweltbelastende Golfplätze als auch tolle Kulturtourismusprojekte zur Pflege der Traditionen, von denen die Gemeinden profitieren, wo diese durchgeführt werden. Noch hilfreicher für die Einwohner ist es, einen Tag in Marokkos unberührter Landschaft zu verbringen. UN-Berichten zufolge schaffen acht bis zehn Besucher eines Stadtgebiets einen Arbeitsplatz und eines ländlichen Gebiets sogar ganze sechs bis sieben neue Jobs. Sogar Kurzurlaube haben eine große Wirkung, weil der durchschnittliche Traveller etwa 900 € für ein Wochenende in Marrakesch ausgibt – so viel verdienen die meisten Marokkaner in drei bis vier Monaten. Für die 50 % der marokkanischen Bevölkerung unter 25 Jahren ist der Austausch mit ausländischen Besuchern zudem wichtig für den Fremdspracheneerwerb in einer immer stärker konkurrierenden Arbeitswelt.

Mythen

» **Kaftan** Langer, fließender Umhang ohne Kapuze für Frauen, auch mit Gürtel.

» **Balgha** Spitze Lederschlappen für drinnen und draußen.

» **Bauchtanz** Osmanischer Import, kein marokkanischer Brauch.

» **Marokkanische Familien** Wirken groß, liegen aber mit 2,4 Kindern pro Familie unter dem weltweiten Durchschnitt.

» **Kopfbedeckungen und Bärte** Sind in Marokko alles andere als allgegenwärtig und zeugen oft eher von kultureller Zugehörigkeit oder Modebewusstsein als von religiösem Glauben.

Marokko und das Internet

Internetcafés säumen königliche Rosengärten, Pärchen flirten über Skype, Kommentatoren diskutieren die aktuelle Situation in Libyen über Twitter: Willkommen in Marokko, dem Land der Technik-Trendsetter.

Trotz politischer Kontrollen haben die sozialen Medien eine große Akzeptanz in Marokko. Nachdem der Zugriff auf YouTube, Google Earth usw. eingeschränkt wurde, sank Marokko im Index zur Pressefreiheit der Reporter ohne Grenzen 2010 jedoch auf Platz 135 von 178 Ländern.

Im gleichen Jahr ließ Marokkos neue Pressegewerkschaft verlauten, dass das Internet die beliebteste Infoquelle der Landesbewohner ist. 2009 gab es offiziell rund 8950 Internetcafés. Aktuelle Themen aus der marrokanischen Bloggerwelt findet man unter http://maroc-blogs.com.

Die Marokkaner sind eifrige Facebook-Nutzer. Pro Besuch verbringen sie mehr Zeit auf der Seite (30 Min.) als Amerikaner (23 Min.) und Japaner (16 Min.).

Demokratische Reformen

Auf Verlangen von Menschenrechtlern zügelte Mohammed VI. die extremen Maßnahmen der Regierungszeit Hassans II. Heute ist Marokko in puncto Menschenrechte eines der führenden Länder des Nahen Ostens und Afrikas, trotzdem fordert die Bevölkerung mehr demokratische Teilhabe, Armutsminderung und Pressefreiheit. 2011 führte dies zu landesweiten Demonstrationen.

Während in vorsichtigen offiziellen Reden Reformen versprochen werden, berichtet Amnesty International, dass gegen Protestanten Geld- und Haftstrafen verhängt werden und die Polizei teilweise mit Gewalt gegen die Leute vorgeht. Doch die Marokkaner wollen nicht mehr auf die Erlaubnis für die Einmischung der Zivilbevölkerung warten. In neuen dörflichen Selbsthilfeinitiativen, boomenden Blogs und der lebendigen örtlichen Kunstszene verschaffen sie sich Gehör und bleiben ihren Berberwurzeln als „die freien Menschen" treu.

Was man tun sollte …

» **Wasser sparen** Wasser ist in einem wüstennahen Land ein kostbares Gut.

» **Knie und Schultern bedecken** Gilt sowohl für Männer als auch für Frauen und zeugt von Respekt gegenüber den marokkanischen Gastgebern.

» **Grußformeln lernen** Ein paar Darija- oder Berberworte lernen, um den Gastgeber zu erfreuen, der sich höchstwahrscheinlich ebenso viel Mühe gibt.

… und was nicht

» **Kindern Geld, Süßigkeiten oder Stifte geben** Fördert das Betteln und beschämt Familien.

» **Im Ramadan vor anderen essen** Oder Alkohol in Sichtweite einer Moschee trinken.

» **Nicht grüßen** Hallo sagen, bevor man etwas fragt.

Geschichte

Bevor es in Marokko Dünen, Moscheen und Teppichhändler gab, lag die Region unter Wasser. Freiliegende Fossilschichten lassen die prähistorische Vergangenheit des Landes im Antiatlas quicklebendig werden, Felsbilder im Hohen Atlas übermitteln ihre geheimnisvollen Botschaften seit Jahrtausenden. Archäologischen Befunden zufolge besiedelten die ersten Menschen zwischen 125 000 und 75 000 v. Chr. das heutige Gebiet Marokkos. Zu dieser Zeit bedeckten noch üppige halbtropische Wälder den Großteil Nordafrikas. Steinwerkzeuge markierten den damaligen Höhepunkt der technischen Entwicklung. Allerdings hätten sich die marokkanischen „Feuersteins" wohl am meisten über eine Heizung gefreut – die Eiszeit war nämlich nicht sonderlich gemütlich: Bis das Wetter um 5000 v. Chr. besser wurde, blieb das Land deshalb weitflächig unbesiedelt.

Freiheit oder Tod: Die Berber

Das große Eisschmelzen legte fruchtbares Land frei, das Nomaden wie ein Magnet anzog. Hierbei handelte es sich um frühe Vorfahren der marokkanischen Imazighen (Singular „Amazigh"), deren Name grob mit „freies Volk" übersetzt werden kann und die vielleicht entfernte Verwandte der alten Ägypter waren. Später gesellten sich Fischer aus dem Mittelmeerraum und Pferdezüchter aus der Sahara hinzu (um 2500 v. Chr.), gefolgt von Phöniziern (Karthager; um 800 v. Chr.) und Ostafrikanern (um 500 v. Chr.).

Als Nordafrika dann Ende des 4. Jhs. v. Chr. allmählich ins Interesse der Römer rückte, konnten diese den Multikultimix nicht richtig einordnen. Die Region – bestehend aus Marokko und dem heutigen Westalgerien – bekam den Namen „Mauretanien", die indigene Bevölkerung wurde zu „Berbern". Ob sich der Begriff tatsächlich vom griechisch-lateinischen Wort für Barbar ableitet, ist umstritten; vor Kurzem jedenfalls adaptierte die Berber-Pride-Bewegung (s. S. 456) diesen Begriff wieder offiziell, nachdem er lange Zeit als Schimpfwort gegolten hatte.

Präislamische Stätten

- » Geschnitze Gazelle, Tafraoute
- » Römische Diana-Mosaiken in Volubilis
- » Phönizische/Römische Ruinen von Lixus
- » Prähistorische Felszeichnungen, Oukaïmeden
- » Römische Sala Colonia, Chellah

ZEITACHSE

Wie alles begann …

Nach einer Imazighen-Legende setzt das allererste Paar 100 Kinder in die Welt, die diese anschließend bevölkern sollten. Wer wohl all die Windeln wechselte?

Vor 1–1½ Mio. Jahren

Als die Steve Jobs und Bill Gates ihrer Zeit benutzen clevere Steinzeitler erstmals Steinwerkzeuge – und sind den Europäern damit um 250 000 bis 700 000 Jahre voraus.

5000–2500 v. Chr.

Nach der großen Eisschmelze treffen Menschen aus der Sahara und dem Mittelmeerraum auf die indigenen Einwohner des heutigen Maghreb. Aus dem Multikulti-Mix entsteht das facettenreiche Imazighen-Volk.

In den folgenden Jahrhunderten wurde den Römern eine ausführliche Lektion erteilt. Während der Punischen Kriege (264–202 v. Chr.) unterstützten die Berber Hannibal und die Karthager gegen Rom, doch 40 n. Chr. erklärte der neue römische Kaiser Caligula ihre Autonomie im Maghreb (Nordafrika) schließlich als beendet.

Widerstand gegen Roms Befehle

Ganz im Stil seines brutalen Rufs unterteilte Caligula relativ gleichberechtigte Berberclans in untergeordnete Klassen von Sklaven, Bauern, Soldaten und romanisierten Aristokraten. Diese Strategie ging bei den Vandalen und den Byzantinern auf, doch die Berber im Rif- und Atlasgebirge lancierten immer wieder Angriffe gegen die Römer und ignorierten unverhohlen deren Gesetze. Viele Berber weigerten sich, römische Götter anzubeten. Manche praktizierten sogar das neue Christentum als „Rebellen-Religion" direkt vor den Augen der Besatzer; schließlich etablierte sich der christliche Glaube in Nordafrika. Augustinus von Hippo war selbst ein konvertierter Berber.

Letztendlich konnten die Römer nur durch die Ernennung des beliebten berberstämmigen Fürsten Juba II. zum König von Mauretanien wieder Fuß in der Region fassen. Der unternehmungslustige junge Herrscher heiratete die Tochter von Marcus Antonius und Kleopatra, förderte die Wissenschaften und Künste und half beim Aufbau jener marokkanischen Industrien, die noch heute wichtig für das Land sind: die Olivenölproduktion aus der Gegend rund um Volubilis (nahe Meknès), die Fischerei entlang der Küste und der Weinbau in den atlantischen Ebenen.

In den Jahrhunderten nach dem Tod Jubas II. entglitt den Römern Mauretanien nach und nach. Schuld daran waren die immer besser organisierten Berberaufstände sowie Angriffe der Vandalen, Byzantiner und Westgoten an der Atlantik- und der Mittelmeerküste. Doch die marodierenden Europäer konnten Mauretanien ebenso wenig bezwingen wie der byzantinische Kaiser Justinian. Dessen Versuch, sein Herrschaftsgebiet über Verträge mit verschiedenen Berber-Königreichen zu erweitern, scheiterte kläglich. Letztere spielten ihre Verbindungen zum byzantinischen Hof wie Trümpfe in einer Partie Poker mit hohem Einsatz aus. Marokkos gesamte Geschichte sollte von solch strategischen Schachzügen der Berber geprägt sein. Deren kluge und konkurrierende Allianzen machten eine feste Fremdherrschaft über das Land mehr als 1000 Jahre lang nahezu unmöglich.

BERBER

The Berbers (1997) von Michael Brett und Elizabeth Fentress ist das umfangreichste englischsprachige Werk zur Geschichte der Berber. Die Autoren haben jeden einzelnen Stein mehrmals umgedreht und stützen ihre historischen Erkenntnisse auf archäologische Beweise.

Der Islam erreicht Marokko

Im frühen 7. Jh. verehrten die meisten marokkanischen Berber lokale Gottheiten. Daneben gab es noch jüdische Berber und ein paar vereinzelte Christen. Und so hätte es bleiben können, wenn es da nicht Tausende

1600 v. Chr.

Bronzezeitliche Felsbilder im Hohen Atlas zeigen Fischer, Jäger und Reiter. Diese vielfältige Kombination von Fähigkeiten und Kulturen wird die Geschichte der anpassungsfähigen, zähen Imazighen bestimmen.

950 v. Chr.

Die Imazighen zeichnen in einem Kalender ihre Geschichte auf. Selbst nach Einführung des islamischen Kalenders ein paar Jahrhunderte später wird er weiterhin benutzt.

800–500 v. Chr.

Der Völkermix im Maghreb wird noch bunter, als sich Phönizier und Ostafrikaner zu den Berbern gesellen. Damit ist die Bevölkerungsstruktur fast so komplex wie eine *ras-al-hanout*-Gewürzmischung.

3.–2. Jh. v. Chr.

Die Römer balgen sich mit den Karthagern um die Vorherrschaft in Nordafrika. Die Bevölkerung Mauretaniens wechselt in dem Konflikt die Seiten und wird schließlich ein Vasallenkönigreich der siegreichen Römer.

von Kilometern entfernt einen Mann mittleren Alters mit großen Visionen gegeben hätte. Dieser arabische Kaufmann, glücklich verheiratet mit einer reichen Witwe, kriegte sich mit einem Mal heftig in die Haare mit den Mächtigen seiner Heimatstadt Mekka. Abu al-Kasim, später besser bekannt als Prophet Mohammed, war nämlich zu der Überzeugung gekommen, dass es nur einen einzigen Gott gebe und es die Pflicht aller Gläubigen sei, sich dem Willen dieses Gottes zu unterwerfen. Die vermögenden Mekkaner aber hielten an ihrem Glauben an viele verschiedene Götter fest und stellten sich gegen die neue Religion, da diese den Handel behinderte, der sie reich machte, und so ihre Machtposition in Gefahr brachte. Schließlich verließ der Prophet samt seinen Anhängern am 16. Juli 622 die Stadt.

Die Hidschra (Auswanderung) im Nachbarort Medina führte allerdings dazu, dass sich die Botschaft des Propheten Mohammed weiter verbreitete. Nachdem er 632 gestorben war, brachten seine Nachfolger, die Kalifen, den Islam bis nach Zentralasien im Osten und bis Nordafrika im Westen, wo jedoch Uqba bin Nafi aus der Dynastie der Omaijaden bis 682 brauchte, um das Atlantikufer Marokkos zu erreichen. Der Legende nach behauptete Uqba, er stürze sich ins Meer, wenn Gott ihm ein entsprechendes Zeichen gäbe. Aber die legendäre algerische Berberkönigin Al-Kahina ließ sich von diesen großen Worten nicht beeindrucken und zwang ihn mit seinen Kriegern zum Rückzug nach Tunesien.

Auch wenn es mit Waffengewalt nicht gelang, den Berbern den Islam aufzuzwingen, hatte dessen Überzeugungskraft doch nach und nach Erfolg. Das Gebot der Gleichheit im Islam und seine Betonung von Pflichtbewusstsein, Mut und Gemeinschaftssinn waren mit vielen Überzeugungen der Berber kompatibel. Viele traten daher freiwillig zum Islam über und profitierten nebenbei von den Handelsstraßen der Omaijaden, auf denen Händler in die Region kamen. Uqba wurde zwar von berberischen Feinden getötet, bevor er in Marokko eine solide Basis schaffen konnte, aber seinen Nachfolgern gelang es, bis zum 8. Jh. sein Werk mit Diplomatie zu vollenden.

Der Islam bleibt, aber die Omaijaden müssen gehen

Es herrschte jedoch nicht immer eitel Sonnenschein zwischen den Berbern und den arabischen Omaijaden. Während Letztere die Juden und Christen relativ unbehelligt ließen, da diese ebenfalls an einen einzigen Gott glaubten, forderten sie von den polytheistischen Berbern spezielle Steuern. Überdies setzten sie die Berber bei ihren Eroberungszügen als Infanteristen ein, also quasi als Kanonenfutter. Zudem verehrten die Omaijaden die Berberfrauen wegen ihrer Schönheit, was diesen nicht unbedingt zum Vorteil gereichte, da viele der Damen in Harems landeten.

Berbersprachen in Marokko

» **Taschelhit** Zentralmarokko

» **Tamazight** Mittlerer Atlas

» **Tarifit** Rif

» **Tuareg (Tamaschek)** Sahara

Königin Al-Kahina hatte gegenüber den Omaijaden einen klaren Vorteil: Sie konnte hellsehen. Die Kehrseite der Medaille? Sie sah auch ihren eigenen Tod durch Feindeshand voraus.

49 v. Chr.

Der nordafrikanische König Juba I. unterstützt den später unterlegenen Feldherrn Pompejus bei seinem Kräftemessen mit Julius Cäsar. Drei Jahre später bringt er sich in aussichtsloser Lage um.

25 v. Chr.–23 n. Chr.

Unter Juba II. etablieren sich in Mauretanien Landwirtschaft, Städtebau und Kunst nach römischem Vorbild. Der nordafrikanische König erweitert Volubilis zu einer Metropole mit 20 000 Einwohnern.

JOHN ELK III / LONELY PLANET IMAGES ©

» Ruinen in Volubilis (S. 365)

Selbst Berber, die zum Islam konvertierten, mussten an die arabischen Herren Steuern zahlen. Die Kharijiten, Anhänger einer Gruppe andersdenkender Muslime, kritisierten den Machtmissbrauch der Omaijaden als Verfälschung des Glaubens und verlangten nach einer neuen moralischen Führung. Mitte des 8. Jhs. brachen überall in Nordafrika Aufstände aus. Nur mit Schleudern bewaffnet schlug eine Spezialeinheit der Berber die Elitetruppe der Omaijaden, die von den Abbasiden verdrängt wurden. Die neuen Herrscher rissen auch den immer lukrativer werdenden Handel mit Silber aus der Westsahara, Gold aus Ghana und Sklaven aus Westafrika an sich.

Eine todesverachtende Dynasie: Die Idrissiden

Als der Historiker Ibn Chaldun sich rückblickend mit den frühen Berberkönigreichen beschäftigte, entdeckte er ein Muster, das sich in der Geschichte der marokkanischen Dynastien stets wiederholte. Kam ein neuer Führer an die Macht, war er entschlossen, keine Fehler zu machen, sich um die Gesellschaft zu kümmern und derweil die königlichen Schatzkammern zu füllen. Wenn das Machtstreben dann nachließ und die königliche Bequemlichkeit die erhabenen Pläne in den Hintergrund drängte, ließ auch der Anspruch auf Moral nach. Dann kam wieder ein neuer Herrscher an die Macht, entschlossen, das Richtige zu tun – und der Kreislauf fing von vorne an.

Marokkos erste große lokale arabische Dynastie waren die Idrissiden. Idris I. war ein Nachkomme von Fatima, der Tochter des Propheten Mohammed. Er floh 786 n.Chr. von Arabien nach Marokko, nachdem er erfahren hatte, dass der ehrgeizige Kalif Harun ar-Raschid seine gesamte Familie umbringen lassen wollte. Doch Idris tauchte nicht unter. Stattdessen erhoben ihn die marokkanischen Berber zum Imam (religiösen Führer) und er vereinte große Teile Nordmarokkos im Namen des Islam. Aber nur wenige Tage nachdem er 792 in Fes ein Heereslager errichtet hatte, erreichten Harun ar-Raschids Gefolgsleute ihr Ziel: Sie vergifteten Idris, was den Einfluss der Idrissiden jedoch nur mehrte. Noch fünf Jahrhunderte später war der Leichnam wunderbarerweise unversehrt. Idris' Grab in der Hügelstadt Moulay Idriss ist heute eine der wichtigsten Pilgerstätten Marokkos.

Sein Sohn Idris II. entkam dagegen den Mördern. Er dehnte die Herrschaft der Idrissiden über Nordmarokko hinaus bis nach Europa aus. Nach seinem Tod erlebte Marokko die vielleicht erste (aber natürlich nicht letzte) „Annäherung" an die Demokratie: Die 13 Söhne Idris' II. teilten die Macht unter sich auf. Gemeinsam vergrößerten sie die Fürstentümer der Idrissiden in Spanien und errichteten die prächtigen Moscheen in Fes: Kairouine und El Andalous.

200–429
Erst machen die Berber den Römern das Leben schwer, dann folgen die Vandalen und Westgoten. Am Ende geben die Römer ihre Provinzen auf – 50 Jahre bevor auch das Weströmische Reich untergeht.

533
Justinian verjagt die letzten Vandalen. Seine ehrgeizigen Pläne zur Erweiterung des Reichs beschränken sich jedoch schon bald auf eine mickrige Präsenz in Essaouira, Tanger und Salé.

662–682
Unter dem Omaijaden Uqba bin Nafi fallen die Araber im Maghreb ein. Im Gepäck haben sie einen neuen Glauben: den Islam. Die Berber verscheuchen die Omaijaden, behalten aber den Koran.

711
Nordmarokko und ein Großteil Spaniens sind unter der Kontrolle der Omaijaden und die Berber werden strategisch klug überall in Andalusien angesiedelt.

ALS PURPUR NOCH WIE REINES GOLD WAR

Der heutige Hafen Essaouira war im Altertum ein heißes Pflaster, denn mit dem Purpurfarbstoff gab es dort etwas, was jedermann haben wollte. Die „Kaiserfarbe" konnte nicht künstlich hergestellt werden und war ausschließlich der römischen Aristokratie vorbehalten. So erklärt sich der extrem hohe Verkaufspreis: Laut Aristoteles wurde Purpur zehn- bis 20-mal in Gold aufgewogen. Er stammte von den stacheligen Purpurschnecken, die sich u.a. bei den abgelegenen „Purpur-Inseln" (gemeint sind die Kanaren bzw. die Madeira-Gruppe) im Meer versteckten. Doch auch dies konnte sie nicht vor den Klauen römischer Modefans bewahren.

Streng genommen entdeckten die Phönizier den Farbstoff, der sich im Folgenden einer ungemeinen Popularität erfreute. Im 1. Jh. v. Chr. errichtete der weitsichtige König Juba II. eine Färberei an der Küste. Dort wurden die Weichtiere nach streng geheimer Methode zur Ader gelassen. Beim damaligen Hochadel war Purpur heiß begehrt. Kleopatra soll so sehr davon begeistert gewesen sein, dass sie die Segel ihrer Barke zum Empfang Marcus Antonius damit einfärben ließ.

Doch schon bald vermischte sich Blutrot mit dem edlen Violett. Jubas Sohn Ptolemäus soll von Kaiser Caligula ermordet worden sein, weil er sich erdreistete, ein purpurfarbenes Gewand zu tragen. So wurde der fesche Ptolemäus wohl zum ersten „Fashion Victim" der Welt. Die leuchtende und nicht ausbleichende Farbe konnte niemals erfolgreich im großen Stil hergestellt werden. Vermutlich gingen die geheimen Methoden zur Gewinnung des Farbstoffs 1453 während der Belagerung von Konstantinopel verloren. Für ein entsprechendes Sümmchen ist Purpur in Essaouira seltsamerweise immer noch zu haben. Die damit verbundenen Geheimnisse werden bis heute von einer Schneckensammlergeneration zur nächsten vererbt und strengstens bewahrt.

Verschleierte Krieger: Die Almoraviden

Religiöse Führer und Gelehrte halfen bei der Regulierung des Handels, sodass Nordmarokko unter den Idrissiden allmählich zu einer wirtschaftlichen Einheit zusammenwuchs. Im Süden sah es dagegen ganz anders aus. Ein selbst ernannter Prophet tauchte in der Nähe von Salé auf und predigte seine eigene Version des Korans. Er etablierte einen apokryphen Islam, Barghawata genannt, der in dieser Region noch Jahrhunderte später praktiziert wurde. Ärger gab es auch mit Militäreinheiten, die im Atlas und in der Sahara stationiert waren, um die Handelsaußenposten zu kontrollieren. Sie verlangten dafür „Almosen" – eine religiös verbrämte Bezeichnung, die jeder durchschaute.

Aus diesem Unmut heraus entstanden die Sanhadscha, ein frommer Stamm von Sahara-Berbern. Sie begründeten die Dynastie der Almoraviden. Während sich die Idrissiden-Prinzen um Spanien und die marokkanische Mittelmeerküste balgten, rückten die Sanhadscha aus dem heuti-

788–829
Idris I. und Idris II. gründen eine neue Herrscherdynastie, etablieren den Islam in Marokko und machen Fes zu ihrer Reichshauptstadt. Dort fördern sie muslimische Kunst, Architektur und Wissenschaft.

8. Jh.
Dank gemeinsamer Weltanschauung und kluger Allianzen kontrollieren arabische Kalifate ein Gebiet, das sich vom Mittelmeerraum bis ins Herz Europas erstreckt – es endet gerade mal 320 km vor Paris.

1062
Die kluge Zeinab steht Yusuf ibn Taschfin als Ehefrau und oberste Beraterin zur Seite. Der Berberfürst gründet Marrakesch als Basis für den almoravidischen Eroberungsfeldzug durch Nordafrika und Europa.

1069
Die Almoraviden nehmen Fes gewaltsam ein und beginnen sogleich mit dem Umbau der Stadt. Mühlen und Gärten entstehen, während fließendes Wasser und Hamams für öffentliche Sauberkeit sorgen.

gen Senegal und Mauretanien nach Südmarokko vor. Sie als zähe Jungs zu bezeichnen wäre noch untertrieben. Statt Brot kamen nur Kamelfleisch und -milch auf den Tisch, in der brütenden Wüstenhitze trugen sie Wolle, tranken keinen Wein, begnügten sich mit einer einzigen Frau und Musik gab's gar nicht. Die Sitte, dass die Männer dunkle Schleier trugen, ist noch heute bei den wenigen verbliebenen Tuareg üblich, den legendären „blauen Männern" der Wüste. Diese einschüchternden, verschleierten Kerle unternahmen nun unter Führung von Yahya ibn Umar und seinem Bruder Abu Bakr immer wieder Ausritte zu den Außenposten der Schiiten und Barghawata, zerstörten deren Bordelle und Musikinstrumente und metzelten die Bewohner nieder.

Symbol des Berberstolzes

Das Symbol auf der Berberflagge ist der Tifinagh-Buchstabe „yaz". Er steht für eine freie Person *(amazigh)*, wie die Berber sich selbst bezeichnen.

Wichtige, für Nichtmuslime geöffnete islamische Stätten

» Tin-Mal-Moschee, Hoher Atlas

» Medersa Bou Inania, Fes

» Zawiya Nassiriyya, Tamegroute

» Hassan-II.-Moschee, Casablanca

» Ali-ben-Youssef-Medersa, Marrakesch

Von Marrakesch nach Barcelona: Das ultimative Machtduo

Nachdem Yahya getötet und Abu Bakr 1061 in die Sahara zurückgerufen worden war, um die Konflikte zwischen den Sanhadscha zu schlichten, blieb ihr Cousin Yusuf ibn Taschfin zurück. Er sollte die Militäroperationen von einem Feldlager aus weiterführen, das sich später zur „Perle des Südens" (Marrakesch) mauserte. Um seiner Frau ein hartes Leben in der Wüste zu ersparen, ließ sich Abu Bakr von der hochintelligenten Berberschönheit Zeinab en Nafzawyyat scheiden und verheiratete sie mit seinem Cousin. Obwohl nach heutigen Maßstäben vielleicht eine seltsam romantische Geste, entpuppte sich dies als wahrer Volltreffer. Es war Zeinabs dritte Ehe, denn vor der Heirat mit Abu Bakr war sie bereits mit einem der führenden Bewohner von Aghmat verheiratet und besaß nach dessen Tod ein beachtliches Vermögen sowie politische Erfahrung. Dank ibn Taschfins Tatendrang und Zeinabs strategischem Beratungstalent waren die Almoraviden nicht mehr aufzuhalten.

Die Almoraviden brauchten eine Weile, um sich an ihre neue Hauptstadt Marrakesch zu gewöhnen. Es gab zu viele Berge und rivalisierende Berber und zu wenige Palmen. Deshalb errichteten sie eine riesige Lehmmauer rund um Marrakesch, 8 m hoch, 19 km lang, und mit einem genialen System zur unterirdischen Bewässerung ausgestattet *(khettara)*. Noch heute versorgt es einen großen Palmenhain außerhalb von Marrakesch, wo zahlreiche Luxusvillen stehen. Die jüdischen und andalusischen Gemeinden in Fes blühten unter ibn Taschfin auf. Er war ein genialer Diplomat und ein brillanter Militärstratege. Die mit ihm verbündeten spanischen Muslime drängten ihn, gegen die christlichen und muslimischen Herrscher in Spanien vorzugehen, und beklagten sich bitter über Repressalien, Übergriffe und Ausschweifungen. Im Alter von beinahe 80 Jahren sicherte ibn Taschfin tatsächlich noch erfolgreich die almoravidische Herrschaft über Andalusien und weiter Richtung Norden bis zum Stadtrand von Barcelona.

1082

Die Almoraviden kontrollieren Gebiete südlich von Ghana und Timbuktu, östlich von Algier und nördlich von Lissabon bis zum Ebro-Fluss in Spanien (nahe Barcelona).

1121–30

Der geistige Führer der Almohaden, Ibn Tumart, verurteilt den Lebenswandel der Almoraviden und tritt für die Wissenschaft sowie eine politische Organisation auf Grundlage einer schriftlichen Verfassung ein.

» Ein Berbernomade bei der Herstellung eines Lehmofens

Stöcke & Steine: Die Almohaden

In Yusef ibn Taschfins Fußstapfen zu treten war nicht leicht. Ali, Sohn Taschfins und einer Christin, war genauso fromm und ein begeisterter Städteplaner wie sein Vater. Doch während er zurückgezogen an der Errichtung architektonischer Meisterwerke und dem Aufbau des Bewässerungssystems von Marrakesch arbeitete, erstarkte außerhalb der Stadtmauern eine neue Macht mit der Gewalt eines Atlas-Sturms: die Almohaden.

Almohadischen Historikern waren später zwei ihrer Meinung höchst riskante Taten Alis ein Dorn im Auge: Er hatte Frauen Verantwortung übertragen und Christen das Trinken erlaubt. Ersteres kann aus aufgeklärter Sicht wohl kaum als Fehler bezeichnet werden – außerdem hatten sich die Ratschläge von Alis Stiefmutter für die Almoraviden als vorteilhaft herausgestellt –, während sich Letzteres fatal auswirkte. Als Ali sich zum Beten und Fasten zurückzog, waren Hof und Militärbeamte sich selbst überlassen. Und anscheinend waren die christlichen Truppen der Almoraviden zu nahe bei den Weinhändlern von Marrakesch stationiert.

In *Religiöse Entwicklungen im Islam: Beobachtet in Marokko und Indonesien* (2001) beleuchtet der Anthropologe Clifford Geertz intensiv das religiöse Leben an entgegengesetzten Enden der muslimischen Welt. Sein bahnbrechendes Buch enthüllt den gigantischen Facettenreichtum des Islam.

Die harten Schläge des Ibn Tumart

Dies gefiel dem almohadischen Führer Mohammed ibn Tumart überhaupt nicht. Als selbsternannter Welterneuerer aus dem Atlas sah er sich dazu berufen, die wahre islamische Lehre wieder aufzurichten. In Meknès und Salé hatte er einen Ruf als hasardierender religiöser Ordnungshüter, der seinen Gehstock dazu benutzte, Weinkrüge zu zerschmettern, Musikinstrumente zu zerstören und auf Paare einzuschlagen, die es wagten, nebeneinander die Straße entlangzulaufen. Ibn Turmart wurde schließlich in den 1120er-Jahren aus Marrakesch vertrieben, nachdem er Alis königliche Schwester einfach vom Pferd gestoßen hatte. Er starb kurze Zeit später, aber die Almohaden waren nun nicht mehr zu stoppen. Nach einer neunmonatigen Belagerung eroberten sie 1145 Fes und fielen zwei Jahre später auch über Marrakesch her. Sie machten die Stadt dem Erdboden gleich und töteten alle, die von Alis Hofstaat noch übrig geblieben waren. (Ali war 1144 genau so gestorben, wie er gelebt hatte: friedlich.) Zu ihren ersten Projekten gehörte der Neubau der Koutoubia-Moschee. Die almoravidischen Architekten, die offensichtlich keine wirklichen Mathegenies waren, hatten sie nicht korrekt in Richtung Mekka ausgerichtet. Außerdem fügten die Almohaden das schöne, hohe Steinminarett hinzu, das Vorbild für die andalusische, islamische Architektur. Zu Ehren Ibn Tumarts wurde 1146 im Hohen Atlas die Tin-Mal-Moschee errichtet, die bis heute mit ihrer schlichten Grazie und scheinbar unerschütterlichen Fundamenten besticht.

1147

Die Almohaden besiegen die Almoraviden und zerstören Marrakesch. Yacub al-Mansurs Architekten bauen die Stadt komplett neu auf und schlagen die Almoraviden auch hierbei um Längen.

1199

Unter der Kontrolle der Almohaden entsteht im Mittelmeerraum von Tripolis bis nach Spanien eine gewaltige Handelsroute.

1276

Die Zanata-Berber aus dem Atlasgebirge kommen an die Macht. Mit strategischen Militäroperationen und klug gewählten Ehen entthronen sie die Almohaden und läuten den Aufstieg der Meriniden ein.

1324–52

Der in Tanger geborene Abenteurer Ibn Battuta reist von Mali nach Sumatra und in die Mongolei und veröffentlicht den wunderbaren, aber nicht ganz zuverlässigen Reiseführer *Rihla*.

Dank der Website www.magharebia.com (auf Englisch oder Französisch) kann man seine Gastgeber mit Wissen über die aktuellsten Entwicklungen in der marokkanischen Gesellschaft, Imazighen-Kultur und nordafrikanischen Politik beeindrucken.

A Travellers History of North Africa (2008) von Barnaby Rogerson ist ein praktischer und übersichtlicher Führer, der Marokko in den größeren Kontext der Regionalgeschichte einbettet.

Almohaden: Abriss & Bauarbeiter

Wenig später flammte zwischen den Söhnen Ibn Tumarts und den Söhnen seiner Generäle ein blutiger Machtkampf auf, der letztlich bis 1185 anhalten sollte. Abu Yusuf Yacub, dem jungen Sohn des muslimischen Statthalters von Sevilla und Valencia, gelang es, seine Feinde in die Wüste zurückzudrängen. Zudem hielt er sich auch in Spanien an der Macht und weitete sie sogar noch aus. Er bezwang die christlichen Herrscher dabei so oft, dass man ihn Al-Mansur (den Siegreichen) nannte. Nach dem Vorbild von Marrakeschs Koutoubia-Minarett ließ er Sevillas berühmte La Giralda errichten. Außerdem machte er Marrakesch in Konkurrenz zu Fes wieder zur almohadischen Hauptstadt und zum Zentrum der Wissenschaft. Ihm war es zu verdanken, dass Fes zur wohl saubersten Stadt des Mittelalters wurde – mit 93 Hamams, 47 Seifensiedereien und 785 Moscheen samt den üblichen Waschgelegenheiten. Al-Mansur betätigte sich auch als Mäzen großer Denker, z. B. des Sufi-Meisters Sidi Bel-Abbes und des Aristoteles-Schülers Ibn Rushd, im Abendland besser bekannt als Averroes, dessen Kommentar Italiens Denker zur Renaissance inspirierte. Doch Al-Mansurs aufgeklärtes Weltbild und seine Bewunderung für die Architektur waren offensichtlich nicht allumfassend, denn während seiner Regierungszeit wurden mehrere Synagogen zerstört.

Geschlagen durch Stiere & Verrat

Ein ähnliches Gedankengut herrschte im 12. Jh. auch in Europa. Unter Papst Innozenz IV. wurde die Folter bei der Verfolgung von Ketzern gang und gäbe. Vom religiösen Eifer der Kreuzzüge vorangetrieben, drängten Spaniens Christen die Muslime in Spanien zurück.

Die Almohaden waren dagegen chancenlos. Als Al-Mansurs sechzehnjähriger Sohn zum Kalifen ernannt wurde, war er seinem Amt und vor allem den religiösen Pflichten nicht gewachsen und interessierte sich mehr für Stierkämpfe, was ihn bald darauf das Leben kostete.

Um 1230 muss sich Al-Mansur im Grab umgedreht haben, als sich sein nächster Sohn, Kalif Idris al-Mamun, mit den christlichen Feinden verbündete und seine eigenen Leute verprellte – alles in dem verzweifelten Versuch, das Reich zu retten. Er ging sogar so weit, auf die Koutoubia-Moschee zu klettern und zu verkünden, Ibn Tumart sei kein echter Mahdi (Führer) gewesen, denn dieser Titel gebühre einzig und allein Jesus.

Durch Hochzeit oder Mord: Die Meriniden

1269 fielen die Zanata-Berber aus dem Antiatlas in die almohadische Hauptstadt Marrakesch ein und rangen die Almohaden endgültig nieder. Zuvor waren diese von den Zanata bereits aus Meknès, Salé, Fes und dem Großteil der atlantischen Küstenregion vertrieben worden. Um religiöse

1348
Die Beulenpest wütet im mediterranen Nordafrika, während merinidische Allianzen und Königreiche zerfallen. Überlebende und Opportunisten pflegen das Faustrecht – mit katastrophalen Konsequenzen.

1377
Ibn Chaldun untersucht die Geschichte des Nahen Ostens. Er erklärt den Aufstieg und Fall von Staaten durch religiöse Propaganda, Steuerpolitik und Geschichtsklitterung.

1415
Heinrich der Seefahrer sucht nach Gold und dem legendären Reich des Priesterkönigs Johannes. Er beginnt mit der Eroberung marokkanischer Häfen.

1480–92
Ferdinand und Isabella regieren Spanien. Die Verfolgung der Muslime und Juden steigt sprunghaft an.

Führer ruhigzustellen, versprach die neue Meriniden-Dynastie eine sittenstrenge Herrschaft. Zur Unterstützung ihrer Sache errichtete sie in jeder eroberten Großstadt eine Medersa (Religionsschule). Zu diesem Zweck wurden christliche und jüdische Gemeinden mit speziellen Steuern belegt, erhielten im Gegenzug aber wichtige Handelsrechte. Zusätzlich heuerten die Meriniden christliche Söldner und jüdische Ratgeber an, um ihre Staatsangelegenheiten zu regeln.

Allerdings hatten es die neuen Machthaber mit zähen Untertanen zu tun, die sich nicht so leicht durch fromme Versprechungen überzeugen ließen. Während ganz Fes auf die Barrikaden ging, hielten kastilische Christen die Stellung in Salé. Um ihre Interessen in Spanien zu untermauern, verbündeten sich die Meriniden mit kastilischen Fürsten gegen die muslimischen Herrscher von Granada. Doch abermals führte diese Strategie in die Sackgasse. Im 14. Jh. schließlich war die christliche Reconquista fast am Ziel: Mit Ausnahme des Sultanats von Granada war die iberische Halbinsel komplett in christlicher Hand, auch die Straße von Gibraltar. Und im Zuge der Inquisition wurden mehr als eine Million Muslime und Juden gewaltsam aus Spanien vertrieben.

Um ihre imperialen Ansprüche auch ohne militärische Macht und religiöse Legitimation zu sichern, wählten die Meriniden mit der Heiratspolitik eine andere bewährte Methode. Im 14. Jh. legten sie ihre Feinde geschickt durch Hochzeiten mit Prinzessinnen aus Granada und Tunis lahm. Auf diese Weise beanspruchten sie Algier, Tripolis und den strategisch wichtigen Mittelmeerhafen Ceuta für sich.

Wichtige marokkanische Dynastien

» **Idrissiden** 8.–10. Jh.

» **Almoraviden** 11.–12. Jh.

» **Almohaden** 12.–13. Jh.

» **Meriniden** 13.–15. Jh.

» **Saaditen** 16.–17. Jh.

» **Alawiden** 17. Jh.–heute

Tod durch Pest & Verrat

Doch auch die Bande der königlichen Ehen konnten gegen Ratten bzw. ihre blinden Passagiere – Flöhe – nichts ausrichten: Bald darauf wütete die Pest im Merinidenreich. Abu Inan, Sohn des Merinidenfürsten Abu Hassan, sah im Schwarzen Tod seine Chance und ernannte sich selbst zum neuen Herrscher. Die Sache hatte jedoch einen kleinen Schönheitsfehler, denn sein Vater war noch am Leben. Und so stürmte Abu Hassan von Tripolis zurück nach Fes, um seinem verräterischen Spross die Macht zu entreißen. Ohne Erfolg: Abu Inan begrub seinen Vater 1351 in der merinidischen Totenstadt außerhalb von Rabat. Sieben Jahre später wurde er jedoch von einem seiner eigenen Berater erdrosselt und fand ganz in der Nähe seine letzte Ruhe.

Die Meriniden hatten offenbar ein unglückliches Talent dafür, gefährliche Gefolgsmänner zu berufen. Um seine Spuren zu verwischen, lief Abu Inans Mörder geradezu Amok. Damit war erst Schluss, als der Meriniden Abu Salim Ibrahim aus Spanien zurückkehrte und dem blutgierigen Bürokraten den Garaus machte. Daraufhin schmeichelte sich Abu Salims Ratgeber bei seinem Herrn ein, indem er ihm seine Schwester als

1497–1505
Die marokkanischen Häfen vom mediterranen Melilla bis nach Agadir an der Atlantikküste werden von englischen, portugiesischen und spanischen Streitkräften sowie Piraten besetzt.

1498
Die Inquisition stellt europäische Juden und Muslime vor die Wahl: a) Konvertierung zum Christentum oder b) Folter und Tod. Viele wählen Alternative c) und fliehen stattdessen nach Marokko.

1525
Die Beni-Saad-Berber drängen Europäer und Osmanen wie ein glühend heißer Wüstensturm zurück. Anschließend gründen sie in Marrakesch die neue mächtige Dynastie der Saaditen.

1578
In der Dreikönigsschlacht kämpfen die Saaditen zuerst für und dann gegen die Portugiesen. Ergebnis: 8000 Gefallene, mickrige 100 Überlebende und eine Dezimierung des portugiesischen Adels.

Ehefrau anbot – jedoch nur, um ihn nach der Hochzeit zu enthaupten. Er ersetzte Abu Salim durch einen merinidischen Einfaltspinsel, besann sich dann aber eines Besseren und erdrosselte auch den neuen Sultan. Der gerissene Ratgeber wiederum wurde selbst von einem anderen Meriniden um die Ecke gebracht, welcher ein paar Jahre später von einem anderen Angehörigen der Dynastie entmachtet wurde. Während der nächsten vier Jahrzehnte sollten neue Herrscher und Ratgeber weiterhin

BERBERSTOLZ & -VORURTEILE

Dichtung, Felsmalereien, Kunst und Musik der facettenreichen Imazighen-Tradition reichen bis 5000 v. Chr. zurück. Dennoch wurde dieses Volk von Außenstehenden häufig für ungebildet gehalten, u. a. da kein einheitliches Schriftsystem für seine vielen charakteristischen Sprachen existierte. 250 Jahre lang versuchten die Römer, das Territorium der Imazighen einzunehmen und dort ihren Lebensstil zu etablieren. Nicht zuletzt da dies scheiterte, beschimpften sie die indigene Bevölkerung als „Berber" (Barbaren). Diese Bezeichnung hält sich übrigens genauso hartnäckig wie die Vorurteile.

Während der Protektoratszeit wurde Französisch zu Marokkos offizieller Landessprache, um Handels- und Staatsgeschäfte leichter abwickeln bzw. kontrollieren zu können. Die komplexe Symbolkunst und traditionelle Medizin der Imazighen war seit Urzeiten mit mündlicher Überlieferung einhergegangen. Immer mehr Uneingeweihte belächelten das Ganze daher lediglich als charmanten, aber bedeutungslosen Aberglauben. Parallel ermutigte man die gebildete Bevölkerungsschicht, sich von ihren Berberwurzeln zu distanzieren.

Nach der Unabhängigkeit (1955–56) wurde Arabisch zur offiziellen Amtssprache erklärt. Dennoch kommunizieren große Teile der marokkanischen Oberschicht bis heute auf Französisch. Darija, der marokkanisch-arbabische Dialekt, wird überall verstanden. Noch bis in die 1980er-Jahre hinein war der Gebrauch der Berberschrift in Marokko verboten, doch mit der Unterstützung Mohammeds VI., der selbst Berberwurzeln hat, wurde 2003 die standardisierte Form des Tifinagh-Alphabets (es stammt aus der Zeit der ägyptischen Hieroglyphen) wiederbelebt und mancherorts bereits als Berber-Schriftsprache vermittelt.

Über 60 % der Bevölkerung bezeichnen sich heute als Imazighen oder Berber und Berbersprachen werden gegenwärtig von 8,5 bis 10 Millionen Marokkanern gesprochen. Mittlerweile ist die Berber-Pride-Bewegung in ganz Marokko auf dem Vormarsch. Dazu beigetragen hat auch der offizielle Sender Moroccan Chaîne Amazigh, der TV- und Radiosendungen in drei Amazigh-Sprachen bringt. Allerdings berichtete Human Rights Watch 2010 Folgendes: Wenn Eltern ihren Kindern Amazigh-Namen gaben, lehnten Staatsbeamte das mit der Begründung ab, die Namen seien „nicht erkennbar marokkanisch". Nach einem öffentlichen Aufschrei ist damit nun Schluss, und so können heute auch schon die ganz kleinen Marokkaner den Stolz auf ihre Herkunft zeigen.

1591

Mit 4000 europäischen Söldnern durchquert Ahmed al-Mansur ed-Dahbi die Sahara und besiegt eine 40 000 Mann starke Armee, die den sagenhaften Wüstenkarawanenort Timbuktu kontrollieren soll.

1610–14

Oxford-Absolvent und Ex-Anwalt Henry Mainwaring gründet die Piratenrepublik Masmouda nahe Rabat und geht auf Beutezug. Später wird er in das britische Parlament gewählt.

1659–66

Die Alawiden besiegen die verschwendungssüchtigen Saaditen und schließen einen Kompromissfrieden mit den Berberpiraten, die Rabats Häfen kontrollieren.

1684

Während Berberpiraten englische Gefangene nehmen, erobern die Engländer Tanger. Nach zähen Verhandlungen werden die Gefangenen freigelassen, als England auf Tanger verzichtet.

für ständige Thronwechsel sorgen. Doch während die Meriniden in Meknès und Fes mit ihrer mörderischen Nachfolgepolitik beschäftigt waren, eroberte Portugal die marokkanischen Küsten.

Der Sieg schmeckt süß: Die Saaditen

Noch im 12. Jh. hatten große Teile Portugals und auch Lissabon unter muslimischer Herrschaft gestanden. Nun machten sich die Portugiesen daran, die offene Rechnung zu begleichen: Das kleine Königreich benötigte ständig Nachschub an Lebensmitteln und Gold, um seine wachsenden Einflusssphäre zu festigen. Marokko stand dabei im Weg. Doch kein Land der Welt konnte sich auf festem Boden der Handelsrouten durch die Sahara bemächtigen – alle wichtigen Oasen und Gebirgspässe wurden seit Jahrhunderten von den gewieften Berberkriegern kontrolliert. Stattdessen wählten die Portugiesen eine alternative Taktik: Mit Marineeinheiten und hoch entwickelten Feuerwaffen spielten sie ihre deutliche technische Überlegenheit erfolgreich auf anderem Gebiet aus. Durch die systematische Eroberung marokkanischer Mittelmeer- und Atlantikhäfen konnte auf Berber-Mittelsmänner im Landesinneren verzichtet werden. Infolgedessen segelten portugiesische Kriegsschiffe direkt nach Westafrika, um dort Gold und Sklaven in ihren Besitz zu bringen.

Moulay Ismail unterhielt Brieffreundschaften mit Jakob II. von England und Ludwig XIV. von Frankreich. Er versuchte sogar, den Sonnenkönig per Post zum Muslim zu machen.

Zuckerkarawanen

Als der Handel in der Sahara einzuschlafen begann, musste etwas geschehen. Im Landesinneren waren ganze Gemeinden dezimiert, während das einst blühende Marrakesch schwer unter einer Hungersnot litt. So nahmen die Beni-Saad-Berber aus dem Drâatal – heute als Saaditen bekannt – den Kampf gegen Portugal auf. Mit ihrem Siegeszug gegen Europäer, Berber und Osmanen schafften sie es, den Handel auf dem Landweg wieder in Gang zu bringen. Schon bald kontrollierten sie den Umschlag von gefragten Waren wie Gold, Sklaven, Elfenbein und Straußenfedern. Zudem lieferten sie mit Zucker einen Luxusartikel, auf den Blaublüter in Europa besonders scharf waren.

Die Saaditen befriedigten die Gier nach Zucker zu Preisen, die heutige Ölmagnaten und Kokaindealer wie Waisenknaben wirken lassen. Bei Bedarf wurden Kunden und Lieferanten mit Invasionsdrohungen eingeschüchtert. Gefährlichster Zuckerhändler aller Zeiten war der saaditische Sultan Ahmed al-Mansur ed-Dahbi. Den Beinamen „Al-Mansur" (der Siegreiche) erhielt er für seine Siege über Feinde von Portugal bis zum Sudan, „Ed-Dahbi" (der Goldene) zeugt von seinem betrügerischen Verhandlungsgeschick. Dank gewaltiger Einnahmen konnte dieser Midas aus Marrakesch den dortigen Badi-Palast vom Boden bis zur Decke mit Gold und Edelsteinen auskleiden lassen. Nach dem Tod des Sultans riss sein Nachfolger das Gebäude jedoch bis auf die heutigen Lehmfunda-

18. Jh.

Die Alawiden bauen den alten Wüstenhandels-Außenposten Sijilmassa wieder auf, verlieren aber die Kontrolle an Aït-Atta-Berberkrieger, welche die Stadt zerstören. Nur zwei Triumphbogen bleiben erhalten.

1757–90

Sidi Mohammed III. unternimmt einen Feldzug an die Küste, um Essaouira wiederaufzubauen und die Kontrolle über die Häfen am Atlantik zurückzugewinnen. Die Königsstädte im Inland verfallen.

» Saaditengräber (S. 64), Marrakesch

mente nieder. Das großartigste Vermächtnis der Saaditen sind ihre Grabmale in Marrakesch. Darin sorgen Carrara-Marmor und Blattgold für ein komfortables Leben nach dem Tod. Die Saaditen starben, wie sie lebten: unglaublich prunkvoll und nach vorherrschender Ansicht zu reich.

Marokkanische Mellahs

» Tamnougalt
» Demnate
» Fes
» Zagora/Amezrou
» Essaouira
» Marrakesch

Der Aufstieg der Mellahs

Unter den Saaditen bekleideten jüdische Gemeinden Schlüsselrollen beim Handel mit den begehrtesten marokkanischen Luxusgütern jener Zeit: Zucker und Salz. Als sich die europäischen jüdischen Gemeinden mit der Inquisition, Zwangsbekehrungen und Hinrichtungen konfrontiert sahen, gewährte ihnen die vergleichsweise tolerante Saaditen-Dynastie einen gewissen Schutz. So wurde z. B. neben der königlichen Kasbah in Marrakesch ein jüdisches Viertel oder Mellah – ein Begriff, der sich vom arabischen Wort für Salz ableitet – eingerichtet. Jüdische und christliche Geschäftsleute mussten diesen Schutz vielfach in Form von Steuern zurückzahlen. Der Löwenanteil ihrer Profite ging zweifellos an die herrschenden Saaditen. Dennoch stiegen diverse jüdische Marokkaner zu königlichen Ratgebern auf. In der Saaditen-Nekropole von Marrakesch liegen treue jüdische Gefolgsleute näher bei ihren Herrn begraben als deren jeweilige Ehefrauen.

Tagsüber gingen jüdische Händler zusammen mit Christen und Muslimen ihren Geschäften nach. Ihnen vertraute man kostbare Salz-, Zucker- und Goldlieferungen aus der Sahara an. Nachts standen ihre Viertel unter offizieller Bewachung. Als die Mellahs von Fes und Marrakesch durch europäische Neuankömmlinge zunehmend aus allen Nähten platzten, entstanden weitere bedeutende jüdische Viertel in Essaouira, Safi, Rabat und Meknès. Seit damals floriert dort eine meisterhafte Kunsthandwerkstradition. Der Einfluss der Mellahs dehnte sich auf ganz Marokko aus, bis heute ist er besonders an den pikanten Gerichten mit eingelegten und gepökelten Zutaten zu erkennen, die typisch für die marokkanisch-jüdische Küche sind.

In *The Conquest of Morocco* (2005) beschreibt Douglas Porch einen kontroversen Kolonialkrieg, der als angebliche „Zivilisierungsmission" von Geschäftsinteressen vorangetrieben wird – eine schaurige Bestätigung heutiger Schlagzeilen, wie Porch in der letzten Ausgabe feststellt.

Piraten & Politik: Die frühen Alawiden

Während des 17. Jhs. zerfiel das Saaditenreich wie ein Zuckerwürfel in marokkanischem Minztee. Bis zur Machtübernahme durch die Alawiden wütete ein Bürgerkrieg. Die neue Dynastie reicht von illustren Vorfahren aus der Familie des Propheten bis zum amtierenden König Mohammed VI. Ihre Machtübernahme signalisierte eine Abkehr vom anarchischen Erbe der dekadenten Saaditen. Doch wahrscheinlich hätten die meisten Marokkaner damals lieber in Anarchie gelebt als unter dem zweiten Alawidenherrscher Moulay Ismail (1672–1727).

Zu den beliebtesten Zeitvertreiben des gefürchteten Despoten gehörten öffentliche Verstümmelungen und amateurhafte Zahnoperationen

1767–1836

Marokko macht seinen Handelspartnern außergewöhnliche Zugeständnisse. Dänemark wird das Handelsmonopol für Agadir und Safi garantiert, Frankreich und die USA dürfen gegen eine Schutzgebühr handeln.

1777

Etwa ein Jahrhundert nach der Zerstörung Tangers durch das Empire rächt sich Marokko, indem es als allererste Nation eine abtrünnige britische Kolonie offiziell anerkennt: die USA.

1830

Frankreich erobert die algerische Küste und erpresst Marokkos Sultan mit mafiösen Methoden: Nur wenn dieser seine Macht abgibt, werden die Küsten vor den anrückenden Osmanen beschützt.

1860

Wenn's beim ersten Mal nicht gleich klappt, einfach hartnäckig bleiben und es zur Not 700 Jahre lang versuchen: Spanien reißt sich ein Stück von Nordmarokko unter den Nagel.

an Höflingen, die in Ungnade gefallen waren. Gleichzeitig war Moulay Ismail aber auch Gelehrter, Vater einer riesigen Kinderschar und gern gesehener Gast an Europas Königshöfen. Europäische Adlige schwärmten von verschwenderischen Festessen in seinem Palast in Meknès, der von christlichen Zwangsarbeitern errichtet worden war. Gerüchten zufolge wurden einige davon nach Vollendung des Baus lebendig eingemauert. Die Feiern mit europäischen Adligen waren sicher kein Schnäppchen, doch Moulay Ismail musste sich deswegen keine Sorgen machen: Schließlich gab es ja die Piraterie.

Im nicht ganz geheimen Auftrag Ihrer Majestät: Berberpiraten

Elisabeth I. von England legte den Grundstein für das Freibeutertum im Atlantik, als sie sich mit den Saaditen gegen ihren Erzfeind Philipp II. von Spanien verbündete. Zu diesem Zweck engagierte sie sogenannte *privateers* (lizenzierte Kaperkapitäne). Als besonders effektiv erwiesen sich angeheuerte Berberpiraten, die als Morisken (spanische Muslime) in Spanien verfolgt und zwangsbekehrt worden waren. Dementsprechend groß war ihre Motivation, es den Spaniern kräftig heimzuzahlen. Jakob I. von England schaffte die staatliche Freibeuterei 1603 offiziell ab. Dennoch störte er sich scheinbar nicht daran, dass sein hilfsbereiter Kumpel Moulay Ismail viele britische und berberische Piraten in den königlichen Häfen von Rabat und Salé ankern ließ – selbstverständlich gegen Bares.

Doch da die Loyalität dieser Herren bekanntlich sehr unbeständig ist, griffen Berberpiraten im 17. Jh. u. a. Irland, Wales, Island und sogar Neufundland an. Zudem nahmen sie Gefangene, die sie für sich arbeiten ließen und nach einiger Zeit gegen eine Lösegeldzahlung wieder freiließen, unter ihnen auch frühere englische Verbündete. Ihre Gefangenen behandelten die Berber übrigens besser als französische Geschäftemacher. Letztere zwangen die armen Teufel nämlich in der Regel dazu, bis an ihr Lebensende auf Sklavengaleeren zu rudern. Als die Geiseln schließlich 1684 auf britischen Druck hin freikamen, waren einige Engländer so aufgebracht über die Zeit in der Gefangenschaft, dass sie den Hafen von Tanger in Brand steckten. Andere wiederum wurden selbst zu Piraten und Kidnappern: Nachdem die Portugiesen im 17. Jh. aus Essaouira vertrieben worden waren, schloss sich ein britischer, zum Islam konvertierter Freigelassener einem französischen *privateer* an, um die Stadt des Sultans mit der Hilfe von europäischen Gefangenen wiederaufzubauen.

MAGHREB

Was wurde aus den Berberpiraten? Wie vermischte sich der Islam mit der Berberreligion? Und warum gehörte Marokko nie zum Osmanenreich? In *A History of the Maghrib in the Islamic Period* (1987) lüftet Jamil Abun-Nasr diese und andere Geschichtsgeheimnisse.

Unruhige Zeiten für die Alawiden

Nach Moulay Ismails Tod drehte seine 50 000 bis 70 000 Mann starke *abid* („Schwarze Garde“) durch – keines seiner vielen Kinder konnte

1880

Frankreich, Großbritannien, Spanien und die USA gestehen Marokko eine nominelle Kontrolle über sein Territorium zu – jedoch nicht, ohne sich zuvor selbst steuer- und zollfreien Handel zu genehmigen.

1906

Der Vertrag von Algeciras teilt Nordafrika wie eine *bastilla*-Taubenpastete unter den europäischen Großmächten auf. Deutschland bleibt außen vor – ein Mosaiksteinchen auf dem Weg zum Ersten Weltkrieg.

1912

Der Vertrag von Fes macht Marokko zum französischen Protektorat. Geschützt werden aber vor allem französische Geschäftsinteressen – und zwar auf Kosten marokkanischer Steuerzahler.

1921–26

Unter dem Kommando Abd el-Krims rebellieren Berberführer gegen die spanische Herrschaft im Rifgebirge. Infolgedessen verliert Spanien seinen Stützpunkt in den Bergen.

seine Nachfolge antreten. So sehr sich die Alawiden auch mühten: Bis ins 20. Jh. hinein stürzte das Land immer wieder ins Chaos, wenn die Machthaber über die Stränge schlugen. Piraterie und Politik waren im 18. und 19. Jh. die gängigsten Mittel, um Karriere zu machen – und sie schlossen sich keineswegs gegenseitig aus. Indem sie die wichtigsten marokkanischen Seehäfen kontrollierten und die europäischen Mächte gegeneinander ausspielten, hatten Regierungsbeamte ebenso wie Gesetzlose Möglichkeiten, sich ihren Anteil der Waren zu sichern, die durch die Straße von Gibraltar und entlang der Atlantikküste befördert wurden.

Als im späten 18. Jh. Sidi Mohammed ben Abdullah der offiziell geduldeten Piraterie seiner Vorgänger ein Ende setzte und undurchsichtige Geschäfte mit ausländischen Mächten ablehnte, war das finanzielle Resultat niederschmetternd. Dazu kamen Seuchen und Trockenheit – Marokkos Lage war katastrophal.

Historische Schlachtfelder

» **Aghmat**
Idrissiden gegen Almoraviden; Unabhängigkeitsbewegung gegen das französische Protektorat

» **Sijilmassa**
Almoraviden gegen Almohaden; Alawiden gegen Aït-Atta-Imazighen

» **Chefchaouen**
Rifkabylen gegen Portugiesen; Rifkabylen gegen Spanier

» **Westsahara**
Spanier gegen Polisario; Polisario gegen Marokkaner

Freunde wie diese: Das Eingreifen der Europäer

Bei all ihren erfolgreichen politischen Aktivitäten in Europa hatten die frühen Alawiden anscheinend eine wichtige Regel marokkanischer Diplomatie vergessen – niemals die Berber zu vernachlässigen. Sultan Moulay Hassan versuchte noch, sich die Unterstützung zu sichern, doch es war bereits zu spät. Frankreich fand ab 1830 Marokko immer interessanter und verbündete sich mit den Berbern in ganz Nordafrika, um die Osmanen zu vertreiben. Spanien, das jahrhundertelange Erfahrungen im Kampf gegen die Marokkaner hatte, schaffte es 1860, einige Regionen Nordmarokkos zu besetzen. Dabei legten sie den Grundstein für eine lang anhaltende Feindschaft, indem sie Friedhöfe, Moscheen und andere heilige Stätten in Melilla und Tetouan schändeten. Und während die clevere englische Königin Viktoria marokkanische Würdenträger einlud und auf Einführung von Gesetzesreformen in Marokko drängte, waren ihre Gesandten damit beschäftigt, Abkommen mit Frankreich und Spanien auszuhandeln.

Frei & steuerfrei in Tanger

In den marokkanischen Städten und den Hochburgen der Berber in den Bergen wurde es immer schwieriger, die Ordnung aufrechtzuerhalten. Moulay Hassan engagierte mächtige Berberführer, um die Kontrolle wiederzuerlangen. Aber der eine oder andere Berber, der den Untergang des Sultans voraussah, machte lieber selbst Geschäfte mit den Europäern. Moulay Hassans Nachfolger, der Teenager Moulay Abdelaziz, drückte Antidiskriminierungsgesetze von historischer Bedeutung durch, um Marokkos ehemalige Alliierte zu beeindrucken. Zur selben Zeit fassten die Europäer einen Entschluss. Die Reformen waren schön und gut,

1942

Dem Vichy-Regime zum Trotz beherbergt Casablanca amerikanische Truppen vor der alliierten Gegenoffensive in Nordafrika. Im Gegenzug befürworteten die USA Marokkos Unabhängigkeit.

1943–45

Als die Alliierten in Italien gegen die Achsenmächte kämpfen, ruft US-General Patton die Goum zu Hilfe. Die marokkanischen Elite-Gebirgsjäger attackieren die Faschisten nachts mit Dolchen.

» Essaouiras ummauerte Medina (S. 243)

2000 JAHRE MAROKKANISCH-JÜDISCHE GESCHICHTE

Im 1. Jh. n. Chr. hatten sich Marokkos jüdische Berbergemeinden bereits fest etabliert. Ihre Angehörigen arbeiteten u. a. als Bauern, Metallschmiede, Färber, Glasbläser, Buchbinder und Viehhirten. Die Meriniden gründeten ihr erstes offizielles Judenviertel in Fes. Hier konnten die Einwohner, denen im mittelalterlichen Europa der Zugang zu wichtigen Handels- und Handwerkszweigen verwehrt blieb, Handel treiben. Wenn die Staatsgeschäfte gut liefen, mussten jüdische Marokkaner Steuern an die jeweils herrschende Dynastie entrichten, während sie zu schlechteren Zeiten oft als Sündenböcke abgestempelt wurden. Dennoch blühten die Gemeinden der Meriniden und Saaditen selbst dann, als ihre europäischen Glaubensbrüder schon gewaltsam verfolgt wurden.

Vom 17. bis 19. Jh. praktizierten die Alawiden gegenüber jüdischen Marokkanern eine Politik des gegenseitigen Gebens und Nehmens: Im 19. Jh. bestanden für Juden Karrierechancen als Händler, Geschäftsführer und Diplomaten in England, Dänemark oder den Niederlanden. Andererseits wurden sie überwacht, mussten Steuern entrichten und gelegentlich als Sündenböcke herhalten. Doch in guten wie in schlechten Zeiten waren jüdische Marokkaner stets präsent.

1948 zählte die jüdische Gemeinde Marokkos rund 300 000 Mitglieder, von denen viele nach der Gründung Israels und der marokkanischen Unabhängigkeit emigrierten. Heute sind noch schätzungsweise 3000 bis 8000 Juden vor allem in Casablanca zu Hause. Dort wurde ein jüdisches Gemeindezentrum 2003 zum Ziel eines Bombenanschlags, bei dem glücklicherweise niemand zu Schaden kam. Eine zweite Explosion in einem Einkaufszentrum forderte allerdings 33 Tote und 100 Verletzte. Trotzdem ist die Gemeinde in Casablanca nach wie vor intakt. Erst kürzlich wurde in der Stadt das Museum of Moroccan Judaism erweitert.

Unter dem amtierenden König erlebt die jüdische Gemeinde eine kleine Renaissance: Ihre Schulen werden mittlerweile staatlich gefördert, während ein paar jüdische Auswanderer einer königlichen Einladung zur Rückkehr in die Heimat gefolgt sind. Die Alltagshelden des jüdischen Erbes sind allerdings ganz gewöhnliche Marokkaner – die in der ganzen Welt verteilten eine Million Nachkommen marokkanisch-jüdischer Herkunft – sowie kulturinteressierte Traveller, die ebenfalls dazu beitragen, dass die jüdischen Bräuche, Festivals und Sehenswürdigkeiten des Landes die gebührende Aufmerksamkeit erhalten.

aber was sie wirklich wollten, waren preiswerte Handelsgüter. So machten die Europäer und Amerikaner in Tanger 1880 ihren eigenen Duty-free-Shop auf und ernannten die Stadt zur „internationalen Zone“, in der sie keinem Gesetz unterstanden und sich außerhalb der Reichweite der Steuereintreiber befanden.

Aber die Verlockung, eigenen Grundbesitz in Nordafrika zu haben, erwies sich als unwiderstehlich. 1906 kauften die Briten in Ägypten und

1944–53
Marokkos Nationalisten fordern immer ungeduldiger die Unabhängigkeit von Frankreich. Mohammed V. stimmt schließlich zu – und wird nach Madagaskar ins Exil geschickt.

1955–56
Das Land erringt die Unabhängigkeit von Frankreich, während Spanien einen Großteil seiner örtlichen Kolonialgebiete aufgibt. Mohammed V. kehrt als König aus dem Exil zurück.

1961
Nach dem plötzlichen Tod Mohammeds V. besteigt Hassan II. den Thron. Er verwandelt Marokko 1962 offiziell in eine konstitutionelle Monarchie, die aber in Wahrheit ein autoritäres Regime ist.

1975
Die Uno erklärt Westsahara für unabhängig. Hassan II. ist anderer Meinung und organisiert den Grünen Marsch, um Marokkos Ansprüche auf die Region und deren Phosphatvorkommen zu unterstreichen.

am Suezkanal strategisch günstige Grundstücke an der Küste auf, Frankreich erwarb Ackerland von Algerien bis Westafrika, die Italiener landeten in Libyen, und Spanien zog den Kürzeren mit dem wilden Rif und jeder Menge Wüste. Die Deutschen waren sauer, dass sie nichts vom Kuchen abgekriegt hatten, und kündigten Unterstützung für Marokkos Unabhängigkeit an. Als ob es Anfang des 20. Jhs. nicht schon genug Disharmonien im europäischen Mächtekonzert gegeben hätte.

Anhand von Augenzeugenberichten erzählt Alison Bakers Buch *Voice of Resistance: Oral Histories of Moroccan Women* (1998) von Frauen der marokkanischen Unabhängigkeitsbewegung, die Seite an Seite mit Männern gegen die Kolonialherrschaft rebellierten, protestierten und kämpften.

Frankreichs neue Außenfiliale: Das Protektorat

Welchen Illusionen sich die marokkanischen Sultane auch immer hingegeben haben mochten, was die Kontrolle über ihr Land anging – mit der Konferenz von Algeciras 1906 zerplatzten sie jäh: Die Kontrolle über Marokkos Banken, Zoll und Polizei ging aus „Schutzgründen" an Frankreich über. 1912 machte der Vertrag von Fes Marokko schließlich zum französischen Protektorat und die Kolonisierung offiziell. Die Franzosen bestimmten einen Marionettensultan und mehr als 100 000 französische Verwalter; Verbannte und Opportunisten kamen in Marokkos Städten an, um sich in den *villes nouvelles* (neuen Städten) niederzulassen.

General Louis Lyautey sorgte dafür, dass die französischen Vororte mit modernen Bahnstrecken, Straßen, Stromversorgung und fließendem Wasser so komfortabel wie möglich ausgestattet wurden. Durch Schulen, Kirchen, Villen und Prachtstraßen mit den Namen französischer Generäle unterschieden sich die *villes nouvelles* grundlegend von den marokkanischen Medinas, den historischen Stadtzentren in der Nachbarschaft. Keine Kosten und Mühen wurden gescheut, damit sich die Neuankömmlinge gleich zu Hause fühlten. Das steigerte jedoch den Zorn der Marokkaner – sie hatten die Rechnung in Form von Steuern zu zahlen und mussten zudem einen Großteil der Arbeit leisten. Parallel litten sie in den Medinas weiterhin unter Platzmangel und einer schlechten Infrastruktur. Lyautey hatte bereits französische Handelskolonien in Vietnam, Madagaskar und Algerien aufgebaut. So kam er mit dem Selbstvertrauen eines großen Machers und einem klaren Aktionsplan nach Marokko: Den Widerstand der Berber brechen, falls nötig Allianzen mit Spanien eingehen und die Geschäfte mit allen erforderlichen Mitteln in Gang halten.

Bei den zweiten marokkanischen Parlamentswahlen 2007 errangen 34 Frauen ein Mandat, was einer Quote von 10,4 % entspricht. Dieses Ergebnis liegt knapp hinter der US-Quote von 12,5 % – die nach 110 Wahlen zustande kam.

Nationalistischer Widerstand

Als der von den Franzosen eingesetzte Sultan Yusuf starb und sein französisch erzogener 18-jähriger Sohn Mohammed V. Sultan wurde, erwartete Lyautey, dass die Geschäfte für Frankreich wie gewohnt weiterlaufen würden. Er hatte nicht damit gerechnet, dass der junge Sultan Nationalist sein könnte und sich die Bevölkerung vehement für die

1981
Nach Unruhen in Casablanca verhaftet das Militär Oppositionelle und Gewerkschafter. Dennoch nehmen die Forderungen nach Reformen zu. Viele politische Gefangene werden später freigesprochen.

1999
Nach dem Tod Hassans II. wird sein Sohn Mohammed VI. gekrönt. Der neue Monarch verspricht in seiner Antrittsrede einen Wandel und haucht der konstitutionellen Monarchie neues Leben ein.

2002–07
Mohammed VI. verabschiedet einen historischen Reformkatalog, der reguläre Parlamentswahlen sowie landesweite Gemeindewahlen vorsieht und Frauen noch nie dagewesene Schutzrechte zuweist.

2004–05
Die Opferaussagen zu Menschenrechtsverletzungen während der „bleiernen Jahre" werden öffentlich übertragen. Ergebnis sind die höchsten Einschaltquoten der marokkanischen TV-Geschichte.

Unabhängigkeit engagieren würde. Streiks im Bergbau und die Bildung von Gewerkschaften schadeten Frankreichs profitabelster kolonialer Einnahmequelle. Also wurde Militär eingesetzt, um die Marokkaner zurück in die Minen zu zwingen.

Die Berber hatten Fremdherrschaft nie kampflos hingenommen und waren nicht gewillt, bei den Franzosen eine Ausnahme zu machen. 1921 griff die Bevölkerung im Rifgebirge unter Führung von Ibn Abd al-Krim al-Khattabi wieder einmal zu den Waffen und richtete sie gegen Spanier und Franzosen. Fünf Jahre, 300 000 spanische und französische Soldaten sowie zwei aufstrebende Faschisten (Francisco Franco und Marschall Pétain) waren nötig, um Ibn Abd al-Krim zu fassen und ins Exil zu zwingen.

Die Franzosen gewannen einen mächtigen Verbündeten, als sie den berberischen Kriegsherrn Thami el-Glaoui zum Pascha von Marrakesch ernannten, machten sich damit allerdings auch eine Menge Feinde. Mit dem Titel bekam der Pascha auch das Recht, sich zu benehmen, wie er wollte. Das umfasste mafiaartige Hinrichtungen und Erpressungen, die Entführung von Frauen und Kindern, aber auch freundschaftliche Golfspiele in seinem Royal Golf Club mit Ike Eisenhower und Winston Churchill. Unter Androhung der Todesstrafe war es verboten, von der Unabhängigkeit zu sprechen. 1953 konspirierte der Pascha gegen König Mohammed V. von Marokko, der abgesetzt und ins Exil geschickt wurde. Aber Pascha el-Glaoui beendete seine Tage machtlos und krank – auf Knien bat er König Mohammed V. um Verzeihung.

Obwohl das französische Protektorat Marokko im Zweiten Weltkrieg nominell mit dem französischen Vichy-Regime und Deutschland verbündet war, bot sich das unabhängige Casablanca als Basis an, von der aus der Zwei-Fronten-Krieg in Nordafrika eingeleitet wurde. Als Marokkos nationalistische Partei Istiqlal (Unabhängigkeit) 1944 die Unabhängigkeit Marokkos forderte, waren Amerikaner und Briten gewillt zuzustimmen. Unter dem zunehmenden Druck der Marokkaner und Alliierten erlaubten die Franzosen Mohammed V. 1955 die Rückkehr aus dem Exil. Zwischen 1956 und 1958 handelte Marokko dann erfolgreich seine Unabhängigkeit von Frankreich und Spanien aus.

Global Voices Morocco fasst marokkanische Nachrichten und Meinungen unter www.globalvoicesonline.org/-/world/middle-east-north-africa/morocco auf Englisch zusammen, ebenso das Blogger-Echo auf marokkanische Pressemeldungen.

Ein schwieriger Start: Nach der Unabhängigkeit

Als Mohammed V. 1961 ganz plötzlich an Herzversagen starb, wurde König Hassan II. Führer der neuen Nation. Konfrontiert mit einer unsicheren Machtbasis, einer labilen Wirtschaft und Wahlen, die selbst die Nationalisten spalteten, festigte Hassan seine Macht durch Razzien bei der Opposition und die Auflösung des Parlaments, die erst nach zehn Jahren wieder aufgehoben wurde. Durch hohe Kreditaufnahmen zur Finanzierung des Dammbaus, der Stadtentwicklung und des immer weiter

Laut dem Human Development Index 2010 sind 28,5 % der marokkanischen Haushalte arm und weitere 11,4 % am Rande der Armut. Die marokkanischen Behörden bestreiten das und sprechen von 9 %.

2004

Marokko unterzeichnet ein Freihandelsabkommen mit der EU und den USA.

2006

Marokko schlägt eine „Spezialautonomie" für die Westsahara vor. Nach sieben Jahren finden erstmals wieder Gespräche mit der Polisario statt. Es bleibt jedoch beim Status quo: einem ungelösten Konflikt.

2010

Die Regierung verbietet das Magazin *Nichane* aufgrund des Artikels *Witze: Wie Marokko über Religion, Sex und Politik lacht*. *Nichane* stellt die Publikation ein.

2011

Prodemokratische Revolutionen in Tunesien und Ägypten inspirieren Marokkos Einwohner. Sie verlangen nach weniger Korruption, Geld für das öffentliche Wohl und ein Ende der Verfolgung von Dissidenten.

MARSCHIEREN IM KÖNIGLICHEN TAKT

In den 1950er-Jahren war erstmals von „Groß-Marokko" die Rede und in den 1970er-Jahren wurde der Ausdruck offizieller Deckmantel für die Annektierung der an Phosphatvorkommen reichen Westsahara. Allerdings hatte das Ganze einen Haken: Die Volksfront zur Befreiung von Saguia el Hamra und Río de Oro (kurz Polisario) erklärte die Region für unabhängig. Hassan II. besann sich seiner französischen Rechtskenntnisse und brachte die Angelegenheit 1975 vor den Internationalen Gerichtshof in Den Haag – in der Hoffnung, dass er Marokkos Ansprüche als neutrale Institution eindeutig bestätigen würde. Doch stattdessen ging das Gericht auf die Gegenforderung der Polisario nach Unabhängigkeit ein und schickte eine Untersuchungskommission in die Westsahara. Schließlich entschied Den Haag, dass die regionalen Verbindungen des Gebiets zu Marokko nicht stark genug seien, um dessen Ansprüche zu rechtfertigen. Somit wurde der Westsahara das Recht auf Selbstbestimmung zuerkannt. In einer äußerst kreativen Auslegung dieses Urteils erklärte Hassan II. trotzdem den Sieg Marokkos und ordnete 1975 einen feierlichen „Friedensmarsch" an. Dabei zogen 350 000 Marokkaner von Marrakesch in die Westsahara – und manche kehrten nie zurück. Auf diesen unbewaffneten „Grünen Marsch" folgten bald darauf Soldaten und Landminen, gegen die Polisario-Kämpfer erbitterten Widerstand leisteten.

Inzwischen hat der Grüne Marsch seine Symbolkraft für den marokkanischen Nationalstolz eingebüßt. Zierten früher noch entsprechende Wandbilder standardmäßig die Wüstencafés, wurden sie mittlerweile durch unpolitische Dünenlandschaften übermalt. Gleichzeitig sanken die Profite im Phosphatabbau, bedingt durch fallende Preise, Sabotageakte in den Minen und explodierende Kosten für marokkanische Militäreinsätze (bis 1981 über 300 Mio. US$ pro Jahr).

Marokko einigte sich 1991 auf eine Waffenruhe mit der Polisario, doch 2010 führte die Räumung des Gadaym-Izik-Protestcamps mit 12 000 vertriebenen Sahrauis nach Angaben der BBC zu mindestens einem Dutzend Toten und Hunderten Verletzten. Human Rights Watch berichtete zudem über die Festnahme von über 100 Aktivisten. Derartige Aktionen haben die Forderung der Polisario nach einer Volksabstimmung nur noch verstärkt. Rabat möchte jedoch lediglich den Autonomiestatus der Westsahara bewilligen und lehnt eine Volksabstimmung ab. Dadurch bleibt allerdings der Status der Westsahara weiter ungelöst, was nach wie vor den Zorn der Sahrauis schürt und unter vielen kritischen Steuerzahlern Marokkos als heikles Thema gilt.

wachsenden Beamtenapparats war Marokko in den 1970er-Jahren hoch verschuldet. Attentatsversuche auf den König signalisierten die Notwendigkeit eines Umbruchs, bis dann 1973 die Phosphatindustrie in der spanischen Kolonie Westsahara zu boomen begann. Marokko meldete 1975 mit dem friedlichen „Grünen Marsch" (s. Kasten oben) von 350 000 Marokkanern in die Westsahara seinen Anspruch auf das Gebiet und seine lukrativen Phosphatvorkommen an. Nach dem Abzug der Spanier besetzte es schließlich das Land. Seither kämpfen die einheimischen Sahrauis um Selbstbestimmung.

Bleierne Jahre

Die wachsende Kluft zwischen Arm und Reich und hohe Steuern, mit denen Marokkos Militäreinsatz in der Westsahara gezahlt werden sollte, brachten Hassan II. in die Kritik. Durch die Maßnahmen des Königs gegen Oppositionelle nahmen die Anfeindungen noch zu. In den 1980er-Jahren zählten schließlich Journalisten, Gewerkschaftler, Frauenrechtlerinnen, Marxisten, Berber, die um Anerkennung ihrer Kultur und Sprache kämpften, und arme Arbeiter – also ein breiter Querschnitt durch die marokkanische Gesellschaft – zu Hassans Kritikern.

Der Tropfen, der für viele das Fass endgültig zum Überlaufen brachte, war 1981 eine beiläufige Meldung der staatlichen marokkanischen Zeitungen über die Anhebung der Preise für Grundnahrungsmittel. Für die vielen Marokkaner, die mit dem Mindestlohn auskommen mussten, bedeutete das, dass zwei Drittel ihres Einkommens für eine knappe Versorgung mit Sardinen, Brot und Tee draufging. Als die Gewerkschaften Proteste in großem Stil organisierten, antwortete die Regierung prompt auf brutale Weise. Panzer rollten durch Casablancas Straßen, Hunderte von Menschen wurden getötet, mindestens 1000 verletzt und landesweit etwa 5000 Demonstranten inhaftiert.

Doch weit davon entfernt, sich einschüchtern zu lassen, forderten die Marokkaner während der Unruhen in Casablanca weiter Regierungsreformen. Tatsächlich führte der permanente Druck von Menschenrechtsaktivisten zu einem beispiellosen Ergebnis, denn Hassan II. gründete 1991 die Kommission für Gerechtigkeit und Versöhnung. Diese sollte Verletzungen der Menschenrechte untersuchen, die während Hassans Regierungszeit vorgekommen waren.

Als Hassan II. 1999 starb, deutete sein Nachfolger Mohammed VI. schon bei der allerersten öffentlichen Erklärung als König einen Kurswechsel an und gelobte Fehler jener „bleiernen Jahre" wieder gutzumachen. Seither hat die Kommission eine weitere Sicherung der Menschenrechte in Marokko gefördert, indem sie 2006 insgesamt 9280 Opfern zu Entschädigungen verhalf.

Neues Regime, neue Hoffnung

Wer sich in der Bevölkerung umhört, wird erfahren, dass noch eine Menge zu tun bleibt. 2002 reservierte das frisch gewählte Parlament 30 Frauensitze im Abgeordnetenhaus und brachte zudem ein paar vielversprechende Reformen auf den Weg: Marokkos allererste Gemeindewahlen, das Anti-Diskriminierungsgesetz am Arbeitsplatz, die Einführung von Berbersprachen an einigen staatlichen Schulen, und nicht zuletzt die Mudawanna, ein Gesetz, das Marokkanerinnen das Recht auf Scheidung und Sorgerecht zusichert. Gleichzeitig wurden aber auch wieder Praktiken aus den „bleiernen Jahren" angewendet: Nach den Bombardierungen eines Handelszentrums in Casablanca 2003 und der militärischen Razzia eines Protestcamps in der Westsahara 2010 inhaftierte man Verdächtige, die laut Human Rights Watch teilweise misshandelt und ohne rechtlichen Beistand eingesperrt wurden. Die Zivilgesellschaft ist dagegen schon viel weiter. Heute nehmen Marokkaner ihr Leben selbst in die Hand und bekämpfen Armut sowie mangelnde Bildung mit geschäftstüchtigen Dorfgemeinschaften und nichtstaatlichen Organisationen.

Talk Morocco bietet auf www.talkmorocco.net offene und mutige Kommentare über die marokkanische Identität, Demokratie, Geschlechterbeziehungen, Bürokratie und mehr.

Ein ganz normaler Tag in Marokko

Vergessen wir mal für einen Augenblick die Hochglanzreisebroschüren über Marrakesch, die Filme, die in der Sahara gedreht wurden, und die Großstadtlegenden über das dekadente Tanger, denn Marokko lernt man zweifellos am besten durch die Einheimischen kennen. Aus diesem Grund haben uns Driss, Fatima, Rashid und Amina, vier typische Marokkanerinnen und Marokkaner, einen typischen Tagesabschnitt in ihrem Leben beschrieben. Unterwegs wird man selbst vielleicht Menschen kennenlernen, die ihnen ähnlich sind. Ihr Alltag zeigt, wie unterschiedlich die Menschen hier leben, dass es gleichzeitig aber auch einige Dinge gibt, die sie miteinander verbinden.

Mehr als 10 % der Sieger der zweiten Parlamentswahl in Marokko 2007 waren weiblich. Im gesamten Land bekleiden Frauen öffentliche Ämter, darunter z. B. die Rechtsanwältin Fatima Zahra Mansouri. Sie wurde 2009 im Alter von 33 Jahren zur Bürgermeisterin von Marrakesch ernannt.

Morgens: Unterwegs mit Driss

Sechs Tage die Woche steht Driss um 6 Uhr auf und fährt mit dem Roller von seinem Apartment in einem Marrakescher Vorort zu dem Riad (Haus mit einem Innenhof, das als Pension dient), in dem er als stellvertretender Geschäftsführer arbeitet. Unterwegs setzt er seine kleine Schwester an der Schule ab. Er spricht genug Spanisch und Englisch, um den Gästen die Frühstückskarte zu erklären, und Französisch, Marokkanisches bzw. Hocharabisch kann er sogar fließend (Letzteres, weil er die Nachrichten von Al-Jazeera mitverfolgt). Seine berberische Muttersprache Taschelhit ist allerdings ein wenig „eingerostet". An seinem freien Vormittag belegt Driss Computerkurse. Außerdem möchte er Spanischunterricht nehmen. Sein Vater, Besitzer eines kleinen *hanout* (Eckladen), befürwortet das. Obwohl er selbst nicht gut lesen und schreiben kann, hat er darauf bestanden, dass Driss und seine vier Geschwister zur Schule gehen.

Driss weiß, dass ihm seine Eltern jetzt, da er auf die 30 zugeht, immer häufiger mit dem Thema Heirat in den Ohren liegen werden, doch er hat keine Eile und ist auch nicht sonderlich an den Mädchen aus dem Dorf interessiert, die seinen Eltern vorschweben. Stattdessen hätte er lieber eine Freundin in der Stadt, mit der er sein Leben planen kann. Es gibt da übrigens auch schon jemand Bestimmtes: Sie arbeitet in einem Internetcafé in der Nähe seines Riads.

Etwa 500 000 marokkanische Kinder unter 15 Jahren arbeiten, statt zur Schule zu gehen, darunter fast zwei Drittel Mädchen.

Mittags: Gestatten, Fatima

Endlich Mittagspause! Fatima hat schon den ganzen Vormittag lang in glühender Hitze Argannüsse geknackt. Seitdem sie für eine Fair-Trade-Frauenkooperative in der Nähe von Agadir arbeitet und hier einen regulären Stundenlohn bekommt, leidet sie keinen Hunger mehr. Eine Verschnaufpause und ein Plausch sind ihr sehr willkommen. Zu Hause

DIE AUSLÄNDER VON NEBENAN

Das angenehme Klima und der günstige Wechselkurs haben bisher bereits 100 000 Ausländer – Tendenz steigend – dazu bewogen, ihren Wohnsitz nach Marokko zu verlegen. Immer mehr marokkanische Emigranten aus Europa und den USA kehren in ihr Heimatland zurück, um dort zu leben, ihren Ruhestand zu genießen oder ein Geschäft aufzuziehen. So entsteht eine neue gehobene Mittelschicht. Die „Heimkehrer" geben jede Menge Geld aus und sind eine wichtige Einnahmequelle, sorgen aber gleichzeitig für Verdruss bei den „Dagebliebenen", weil sie die Preise in die Höhe treiben und einen oberflächlichen Prestigekonsum kultivieren.

Weltweit wird ein riesiger Hype um die Riads (traditionelle Häuser mit hübschen Innenhöfen) in Marrakesch und Marokkos Medinas (Altstädte) gemacht. Viele Europäer kaufen und restaurieren historische Bauten und verdrängen die Einheimischen nach und nach von den Immobilienmärkten. Weil die Marokkaner in die Peripherie ziehen, wachsen die Vororte und der Verkehr nimmt zu, während die Medinas in der Nebensaison geradezu menschenleer und leblos wirken können. Zahlreiche ältere Marokkaner werden angesichts der europäischen Enklaven an die *villes nouvelles* aus der Kolonialzeit (s. S. 462) erinnert, in denen ausschließlich Franzosen lebten. Auf die Vorwürfe, die Lokalkultur zu verändern, reagieren einige Wahlmarokkaner, indem sie auf die Satellitenschüsseln auf den Dächern deuten und sagen, dass die Globalisierung längst nicht mehr aufzuhalten ist.

Traveller können auf jeden Fall für mehr Gerechtigkeit sorgen, indem sie die marokkanische Kultur jenseits der Riadmauern erkunden sowie „echte" Einheimische in einem authentischen Umfeld treffen und dafür sorgen, dass diese vom Tourismus profitieren. Lonely Planet empfiehlt offizielle Gästehäuser, in denen Angestellten ein fairer Lohn bei guten Arbeitsbedingungen gezahlt und ein positiver Kulturaustausch vorangetrieben wird. Wer will, kann uns an talk2us@lonelyplanet.com schreiben und über seine eigenen Erfahrungen berichten.

spricht sie Taschelhit und kann sich in Marokkanisch-Arabisch verständigen. Wegen der Ausländer, die der Kooperative gelegentlich einen Besuch abstatten, weiß sie darüber hinaus, wie man „Hallo" und „Willkommen" auf Französisch und Englisch sagt. Lesen und schreiben kann sie zwar nicht, wohl aber ihre fünf Enkel. Das erfüllt Fatima mit Stolz. Sie lebt bescheiden und spart ihren Lohn, um die Schulgebühren zu bezahlen. Wenn die Enkel sie besuchen, erzählt sie ihnen Geschichten und verwöhnt sie mit Süßigkeiten. Fatimas vier Kinder sind verheiratet. Wenn sie zu ihrer Tochter in die Stadt fährt, ist sie immer überrascht, wie locker junge Menschen mit ihren Eltern umgehen, aber sie findet es gut, wenn die Jugendlichen eigene Entscheidungen treffen. Was sie dagegen immer wieder aufs Neue schockiert, sind die hohen Preise.

Als Fatima aufsteht, lässt die Arthritis sie zusammenzucken. Die Krankheit erschwert ihr die Arbeit zunehmend, was ihr große Sorgen bereitet: Seit ihr Mann vor ein paar Jahren gestorben ist, hängt die Familie nämlich finanziell stark von ihr ab. Sie dankt Gott dafür, dass sie arbeiten kann, und will in zwei Jahren unbedingt nach Mekka pilgern – *inschallah* (so Gott will).

Die Schweizer Abenteurerin Isabelle Eberhardt kleidete sich im 19. Jh. wie ein Berber, wurde ein Sufi, rauchte *kif* (Haschisch), war als Dreifachagentin tätig, heiratete einen algerischen Dissidenten und schrieb ihre Memoiren – und das alles noch vor ihrem 30. Lebensjahr!

Nachmittags: Ein Treffen mit Rashid

Bei seiner Suche nach Eidechsen stößt Rashid auf dem 4 km langen Weg durch die Berge nach Hause beinahe mit einem Wanderer zusammen. Seine Schwestern ziehen ihn oftmals auf, weil er so ein Träumer ist, dass ihm andauernd die Ziegen davonrennen! Früher sind die Geschwister gemeinsam zur Schule gegangen, doch die Dürre im letzten Jahr hatte katastrophale Auswirkungen auf ihr Dorf im Mittleren Atlas. Daraufhin musste die Familie den Esel verkaufen und entscheiden, wer in der Erntezeit dieses Jahr entbehrt werden konnte. Da der elfjährige Rashid ein besserer Schüler, aber schlechterer Ziegenhirte ist als seine Schwestern, darf er weiterhin die Schule besuchen – zumindest vorerst.

Er bringt seinen Schwestern gern etwas mit, beispielsweise eine träge Eidechse oder auch Bohnen aus dem Schulgarten. Einmal hat er sogar einen ausländischen Wanderer eingeladen, den die Familie mit ihren besten Butterbroten bewirtete. Zwar verstand niemand auch nur ein Wort von dem, was der Mann sagte, aber immerhin konnte er ganz gut *koura* (Fußball) spielen. Nach der Rückkehr in seine Heimat schickte er der Familie eine Postkarte, die im Wohnzimmer einen Ehrenplatz gefunden hat. Rashid glaubt fest daran, dass er dem Mann irgendwann in perfektem Englisch antworten wird, wenn er die Mittelschule besuchen darf.

Abends: Begegnung mit Amina

Es ist 18.30 Uhr. Amina ist gerade von ihrem Unikurs (Französische Literatur) zurückgekommen und schon wieder auf dem Sprung. Es steht nichts Wichtiges an, nur ein Bummel, vielleicht ein Gang in die Bücherei oder ins Internetcafé, damit sie ein wenig Ruhe vor ihrem nervigen kleinen Bruder hat, der immer versucht, ihre Chat-Nachrichten zu lesen.

Um diese Zeit sollten ihre Cousins in Frankreich schon auf ihre Facebook-Nachrichten geantwortet haben. Aminas Onkel in Frankreich finanziert ihre Ausbildung. Sie lernt sehr viel und hofft, später ebenso wie ihr Vater für die marokkanische Regierung zu arbeiten, vielleicht sogar im diplomatischen Dienst. Sie war zwar noch nie im Ausland und hat nur selten Gelegenheit, den heimatlichen Vorort von Rabat zu verlassen, aber sie sieht sich die Nachrichten an und übt beim Surfen im Internet sowie beim Fernsehen über Satellit gemeinsam mit den Cousins in Rabat Französisch, Arabisch und Englisch.

Heute schmiedet sie Pläne fürs Wochenende. Vielleicht wird sie mit einigen Freunden essen gehen. Amina trinkt selbst keinen Alkohol, hat jedoch mehrere Bekannte, die Hochprozentiges konsumieren. Deshalb verurteilt sie sie aber nicht.

UMGANGSFORMEN

Viele Besucher sind überrascht, wie schnell man in Marokko neue Freunde findet – und auch ein wenig skeptisch. Na ja, wenn man Tee von einem Teppichverkäufer angeboten bekommt, geht's dabei wahrscheinlich nicht um Freundschaft, und wenn der neue marokkanische Kumpel einen Cousin anschleppt, der zufällig gerade Single ist, kann es natürlich auch ziemlich peinlich werden. Wer in eine derartige Situation gerät, sollte einfach sagen, er hätte jetzt leider eine Verabredung, lächeln, gehen – und sich vor allem nicht ärgern!

Beobachtet man Marokkaner im Umgang miteinander, wird man feststellen, dass die Freundlichkeit nicht aufgesetzt ist. Hier merken sich die Menschen neue Gesichter auch nach kurzen Begegnungen im Vorbeilaufen. Schon beim nächsten Zusammentreffen werden sie einen grüßen und nach dem Befinden fragen. Das Begrüßungsritual kann in Marokko schon mal zehn Minuten dauern, da man sich gegenseitig nach der Gemütslage, Gesundheit und Familie erkundigt.

Marokkaner gehen großzügig mit ihrer Zeit um, und ihre Höflichkeit kann mitunter etwas anstrengend sein, wenn sie einen beispielsweise unbedingt ein Stück begleiten oder zum Mittagessen nach Hause einladen wollen. Es versteht sich von selbst, dass jemand, der plötzlich Geld für sein zuvorkommendes Verhalten verlangt, nicht der Kategorie Freund zuzuordnen ist! Um seine Dankbarkeit für eine Einladung zum Ausdruck zu bringen, sollte man am Folgetag beim Gastgeber vorbeischauen und unbedingt den Koch loben.

Und was macht die Liebe? Amina berichtet uns von einem Typen, den sie vor einer Weile im Internet kennengelernt hat. Allerdings war das nichts Ernstes. Sie ist noch nicht bereit für eine Familie, denn es gibt einfach noch so viel zu erleben!

Soziale Normen

Familie

So unterschiedlich Driss, Fatima, Rashid und Amina auch sein mögen, ist ihnen allen doch die starke Bindung zu ihren Familien gemein. Und obwohl sie eigene Pläne und Vorstellungen haben, sind ihre Bestrebungen immer irgendwie auf die nächsten Verwandten ausgerichtet – ein viel bewundertes Charakteristikum der marokkanischen Gesellschaft.

Statussymbole wie der Roller von Driss oder der Satellitenfernseher in Aminas Haus werden vor allem deshalb geschätzt, weil sie der gesamten Familie zugute kommen, und nicht deshalb, weil sie teuer sind. Allerdings ändert sich dieses Empfinden langsam, denn die aufkeimende Mittelschicht, für die Driss steht, zieht es aus den großen Wohnhäusern in die kleineren Apartments der Vororte. Nach wie vor bedeutet die Familie den Marokkanern aber alles und so machen Überweisungen von Familienmitgliedern mit Wohnsitz im Ausland an die „Daheimgebliebenen" stolze 20 % des Bruttoinlandsproduktes aus.

Und weil die Eltern und Geschwister so wichtig sind, sollte man bei Unterhaltungen auch mit dementsprechenden Fragen à la „Wo ist deine Familie?", „Wie geht es ihr?", „Bist du verheiratet?" und „Hast du Kinder?" rechnen. Mit dieser leicht vorwitzigen Art versucht das Gegenüber herauszufinden, wer und wie man so ist. Fragen zur Arbeit oder zu Hobbys empfinden Marokkaner allerdings als seltsam, denn wie man den Lebensunterhalt bestreitet oder die Freizeit verbringt sagt weniger über eine Person aus als das, was sie für ihre Familie tut.

HUMOR

Witze verstehen mit *Humour and Moroccan Culture*, ein kleines Meisterwerk marokkanischen Geistreichtums in englischer Übersetzung von Mathew Helmke, einem amerikanischen Wahlmarokkaner.

Bildung

Abgesehen von der Familie ist Bildung in Marokko der wichtigste Indikator für den sozialen Status. Driss und Amina zählen zu den 52,3 % der Bevölkerung, die lesen und schreiben können. Doch selbst mit ihrem Universitätsabschluss wird Amina vermutlich Schwierigkeiten haben, eine Stelle zu finden: 2008 waren nämlich ganze 40 % der Absolventen geisteswissenschaftlicher Studiengänge ohne Job.

Dass Rashid lesen kann, gilt im ländlichen Marokko als echte Ausnahme. Gerade mal 12 % der Jungen auf dem Lande haben die Chance, eine weiterführende Schule zu besuchen. Die Schulpflicht bis 14 ist jetzt offizieller Regierungsauftrag, darüber hinaus haben lokale Einrichtungen die Ausbildungsmöglichkeiten erheblich verbessert. Arme Familien wie die von Rashid müssen allerdings schon allein dafür hart kämpfen, alle Kinder satt zu bekommen, da ist es natürlich sehr schwierig, sie auch noch zur Schule zu schicken. Die Ernährungs- und Landwirtschaftsorganisation der Vereinten Nationen hat festgestellt, dass immer mehr Kinder in Marokko unterernährt sind. Mitte der 1990er-Jahre waren es 4 %, 2006 schon 8 %. Innovative Programme wie an Rashids Schule, die Unterricht und Essen bietet, werden also dringend benötigt.

Die marokkanische Zivilisation existiert seit Jahrtausenden, aber die Bevölkerung ist sehr jung – und das hat andere Ursachen als belebende Hamam-Besuche. Etwa die Hälfte der Bevölkerung ist unter 25, fast ein Drittel unter 15 und weniger als 5 % sind über 65.

Geschlechterrollen im Wandel

Früher wäre man Frauen wie Fatima oder Amina vielleicht gar nicht begegnet. Vor zehn oder zwanzig Jahren waren die meisten „aktiven" Menschen in Marokko wie Schüler und Geschäftsleute Männer. Frauen übernahmen derweil weniger angesehene Aufgaben wie Viehhaltung, Landwirtschaft, Kindererziehung und das Besorgen von Wasser sowie Feuerholz.

KLEIDER MACHEN LEUTE

Da die Marokkaner schon ein paar Jahrtausende Kontakte nach Europa pflegen und seit etwa zehn Jahren Satelliten-TV empfangen, werden sie beim Anblick westlicher Kleidung nicht gleich zusammenzucken. Tatsächlich sind Marken-T-Shirts und Sneakers vor allem bei jungen Städtern die Norm. Würde man hier allerdings den Copyrightbetrug strafrechtlich verfolgen, liefen die unter 25-Jährigen in den Großstädten wohl halbnackt herum.

Ausländerinnen müssen ihr Haar in Marokko nicht bedecken. Manche Marokkanerinnen tragen das Hidschab (Kopftuch), andere nicht. Dabei spielen religiöse, kulturelle, praktische oder persönliche Gründe eine Rolle, manchmal tragen sie das Tuch aber auch nur für eine Weile zum Ausprobieren oder je nach Umfeld auf der Arbeit, zu Hause oder auf der Straße. In den Städten ist die Burka eher ungewöhnlich. Noch seltener wird man sie an den Frauen auf dem Lande sehen, die auf den Feldern arbeiten.

Nach wie vor ist die Kleidung ein Indikator dafür, wie viel Respekt man sich selbst, seiner Familie und seinen Gastgebern entgegenbringt. Für jemanden, der kurze Hosen, ärmellose Oberteile oder eng anliegende Kleidung trägt, werden sich die Marokkaner schämen und den Blickkontakt vermeiden. Wer also mit Einheimischen ins Gespräch kommen möchte, insbesondere mit der älteren Generation, sollte freizügige Klamotten tunlichst vermeiden.

Die Bestsellerautorin und Akademikerin Fatima Mernissi schreibt in *Harem. Westliche Phantasien – östliche Wirklichkeit* über die Unterschiede und Verbindungspunkte zwischen den Idealen von Frauen in Europa und dem Mittleren Osten.

Seit 2004 garantiert der Moudawana-Kodex Frauen jedoch wichtige Rechte bei Sorgerechts- und Eigentumsfragen, Scheidungen und Unterhaltszahlungen. Auf gesellschaftlichen Druck hin werden inzwischen weniger Mädchen unter 14 als Haushaltshilfen verpflichtet, was früher Usus war. Außerdem wurden einige Initiativen gegen Analphabetismus unter Frauen gestartet. Mittlerweile sind fast ein Drittel aller berufstätigen Marokkaner Frauen. Nun bilden sie eigene Gewerkschaften, landwirtschaftliche Kooperativen und Künstlergenossenschaften.

Der Horizont der modernen marokkanischen Frau reicht weiter als bis zur Wohnungstür und so unterhalten sie sich mit Touristinnen gern über das Leben und das Weltgeschehen. Männliche Urlauber haben dagegen seltener die Chance, sich mit marokkanischen Frauen anzufreunden, denn Interaktionen zwischen Männlein und Weiblein laufen immer noch etwas steif ab. Das heißt allerdings nicht, dass sich in Parks, Cafés und Online-Chats keine Pärchen treffen würden. Junge Marokkanerinnen sind auf dem Vormarsch, fahren auf Rollern zur Arbeit, schlendern untergehakt über Bürgersteige und bewerben sich um Führungsposten innerhalb der Regierung.

Sozialverhalten

Unterwegs stellt man fest, dass manche Verhaltensformen wie Alkoholkonsum oder Küsse auf der Straße nicht toleriert werde, in der relativ privaten Atmosphäre eines Restaurants, Riads oder Internetcafés aber in Ordnung sind. Vor diesem Hintergrund wirken Aminas Einstellungen zum Thema Trinken und Internetdating ziemlich fortschrittlich und Driss und sein Internetcaféflirt haben vielleicht eine Chance. Es gibt zwar noch Gesetze, die Alkoholkonsum in Moscheenähe, außerehelichen Sex und Homosexualität verbieten, Überschreitungen werden jedoch kaum geahndet. Wenn man mit der nötigen Diskretion vorgeht, ist der Begriff „sozial vertretbares Verhalten" ziemlich dehnbar.

Wer Straßenkindern in Marokko helfen möchte, wirft am besten einen Blick auf http://gvnet.com/streetchildren/Morocco.htm.

Religion

Wie fast 99 % aller Marokkaner sind auch Driss, Fatima, Amina und Rashid Moslems. Christliche und jüdische Gemeinden gibt's in Marokko bereits seit 1700 Jahren, doch in den letzten Jahren sind sie kontinuierlich geschrumpft (s. S. 461).

Die fünf Säulen des Islam

Hohe Minarette, schimmernde Mosaiken, filigrane Kalligrafie, der Ruf des Muezzins zum Gebet: Viele Dinge, die Marokkoreisende bezaubern, wurzeln in dem tiefen, unerschütterlichen Glauben an den Islam. Gemäß den Lehren aus dem Alten und Neuen Testament wird der Islam von fünf Säulen getragen: die *shahada,* das Glaubensbekenntnis an Gott und Gottes Wort an den Propheten Mohammed; das *salat* oder Gebet, idealerweise fünfmal täglich; die *zakat* oder Mildtätigkeit, die moralische Verpflichtung, den Bedürftigen zu helfen; das *sawm,* das Fasten, das tagsüber während des Monats Ramadan praktiziert wird; und der Hadsch, die Pilgerfahrt nach Mekka und *das* krönende Erlebnis im Leben eines jeden gläubigen Muslims.

Um Konflikte zu vermeiden, verbot der französische General Lyautey Nichtmuslimen den Zutritt zu den Moscheen in Marokko. Doch die Marokkaner schätzten ihre „Privatsphäre" so sehr, dass sie die Franzosen aus Marokko vertrieben und das verhängte Verbot aufrechterhielten.

Schiiten & Sunniten

Alle Muslime halten an den grundlegenden Lehren fest, die Mohammed verkündete. Nach dem Tod des Propheten ergaben sich jedoch ein paar Streitpunkte. Die Omaijaden stellten in Frage, ob Mohammeds Schwiegersohn Ali ein Anrecht auf den Titel des Kalifen oder Führers der Gläubigen hatte. Ein paar Muslime erkannten fortan nur die Nachfahren Alis an. Sie werden heute als Schiiten bezeichnet. Was allerdings die Zahl der Gläubigen betrifft, bildet der Sunnismus des Omaijaden-Kalifats die größte Glaubensrichtung im Islam.

Die Maliki-Schule

Ebenso wie viele andere muslimische Staaten ist auch Marokko größtenteils sunnitisch. Im Sunnismus gibt's vier Schulen, die verschiedene Aspekte der Lehre betonen. Mittlerweile hat in Marokko die Maliki-Schule die meisten Anhänger. Historisch betrachtet war diese Schule immer weniger strikt. Maliki-*qaids* (Richter) wenden die Scharia, das religiöse Gesetz, gemäß lokalen Traditionen statt als absolutistisches Rechtsstaatsprinzip an.

Farida ben Lyzaids Film *A Door to the Sky* erzählt die Geschichte einer Emigrantin, die nach Marokko zurückkehrt, und thematisiert ihren Balanceakt zwischen Aktivismus und Tradition.

Marabouts & Zawiyas

Eine lokale Tradition in Marokko, die sich in Jahrhunderten islamischer Glaubensausübung herausgebildet hat, ist die Verehrung von *marabouts* (Heiligen). Dabei handelt es sich um strenggläubige Muslime, deren Akte der Hingabe und Glaubensbekenntnisse so tiefgreifend waren, dass ihre reine Gegenwart *baraka* (Segenskraft) verleihen soll – selbst nach ihrem Tode. Marokkaner tun alles, um *marabout*-Mausoleen und *zawiyas* (Schreine) besuchen zu können. Viele behaupten, dass der richtige *zawiya* Wunder gegen sämtliche Wehwehchen vom gebrochenen Herzen bis zur Arthritis wirken kann.

Die *marabout*-Verehrung ist eher mit alten Berbertraditionen und Sufi-Mystizismus zu vereinen als mit dem orthodoxen Islam, der jegliche Form von Götzenverehrung generell ablehnt. *Zawiya*-Besuche sind nur kleine Abstecher für die zahlreichen gläubigen Marokkaner, die sich wie Fatima ein Leben lang auf den Hadsch vorbereiten. Sie sehen nicht notwendigerweise einen Konflikt zwischen *baraka* und Glauben oder lokalen Bräuchen und einem Universalverständnis.

Marokko, 1980–2010

» Die Lebenserwartung ist um ganze 14 Jahre gestiegen.

» Kinder gehen fünf Jahre länger zur Schule.

» Das Bruttonationaleinkommen pro Kopf hat um 86 % zugenommen (UNDP).

Zukunftsaussichten

Wirtschaftliche Mobilität

Ein regelmäßiges Einkommen ist in Marokko noch immer die Ausnahme, deshalb können sich Fatima, Driss und Amina glücklich schätzen. 35 % des Durchschnittseinkommens gehen für Grundnahrungsmittel drauf. Nur 10 % der Marokkaner können überhaupt importierte Lebensmittel im Supermarkt kaufen oder wie Amina gelegentlich auswärts essen. Und so wird Kluft zwischen Arm und Reich immer größer. Driss und Fatima repräsentieren eine neue Mittelschicht, im Allgemeinen verdienen Marokkaner aber an einem Tag deutlich weniger als Europäer innerhalb einer Stunde.

Die Médecins Sans Frontières (www.doctorswithoutborders.org) und Amnesty International (www.amnesty.org) helfen marokkanischen Migranten, die ohne Familie, Geld und Rechtsschutz zwischen den Grenzen „gestrandet" sind.

Karrierechancen

Das Geld, das Driss, Amina und Fatima verdienen, stammt aus dem Außenhandel, dem Tourismus, der Landwirtschaft und aus Überweisungen von Verwandten, die im Ausland leben. Diese Einkommensquellen sind typisch für das gesamte Land. Für die soziale Sicherung sorgt die Familie, nicht der Staat. Deshalb können sich die meisten Marokkaner, ähnlich wie Fatima, ihren Ruhestand nicht leisten. Die wenigen Arbeitsstellen und Plätze an staatlichen Universitäten sind hart umkämpft und selbst erstklassige Studenten wie Amina benötigen die Unterstützung der Familie. Manche nehmen deshalb enorme Risiken auf sich, um im Ausland ihr Glück zu versuchen.

Wie viele Marokkaner, die auf dem Lande geboren und aufgewachsen sind, wird auch der elfjährige Rashid wahrscheinlich nicht mehr lange in seinem Heimatort bleiben. Da 55 % der Familien aus ländlichen Regionen kaum an das Existenzminimum heranreichen, müssen die Sprösslinge oft schon im Teenageralter in größere Städte ziehen, um dort zu arbeiten bzw. eine Ausbildung aufzunehmen.

Traveller können Marokkos Zukunft positiv beeinflussen und Driss, Amina, Fatima, aber vor allem Rashid helfen. Wenn der Tourismus auf dem Lande ausgebaut wird, können Jugendliche bei ihren Familien bleiben. Die Einheimischen bemühen sich sehr, es ausländischen Gästen so angenehm wie möglich zu machen, doch der Tourismus verschlingt die Ressourcen. Aus diesem Grund sollte man nachhaltige Alternativen suchen, damit Marokko von den Reisenden profitiert.

Die marokkanische Küche

Um die marokkanische Küche ranken sich zahlreiche Mythen und Legenden. Einem Fremden kommt sie manchmal wie ein Dschungel vor, denn viele Speisekarten sind einfach nicht zu entschlüsseln: Die Gerichte werden in so grauenhaftem Englisch oder Französisch beschrieben, dass eigentlich ein Dechiffrierprogramm mitgeliefert werden müsste. Die meisten Gäste lösen dieses Problem, indem sie das bestellen, was sie kennen: Couscous und Tajine. Dieses Kapitel bricht eine Lanze für unzählige köstliche Alternativen zum Frühstück, Mittag- oder Abendessen, lüftet die Geheimnisse der Speisekarten und zeigt, was einem in Marokko so alles aufgetischt werden kann.

Salate bestehen in der Regel aus Gekochtem oder Geschältem und gehören zu den Highlights der Landesküche. Der Zusatz *spicy* auf einer marokkanischen Speisekarte kündet selten von einem übermäßig scharfen Gericht, sondern steht für leckere Gewürze wie Safran oder Zimt. Und Desserts wie Blätterteig mit Nüssen sowie etwas Orangenblütenwasser sind die süßeste Versuchung überhaupt. *B'saha* – wohl bekommt's!

In diesem Buch sind die Restaurants nach den Vorlieben der Autoren geordnet. Die Preiskategorien orientieren sich an den Kosten für einen Hauptgang, Getränke und Trinkgeld ausgenommen:

€ Bis 70 Dh
€€ 70–150 Dh; ein Tagesmenü mit Wein kostet 250 bis 400 Dh
€€€ Über 150 Dh; ein Tagesmenü mit Wein kostet mehr als 400 Dh

Mittel- und Spitzenklasserestaurants findet man zumeist in der jeweiligen *ville nouvelle* der Großstädte, wobei es in Fes und Marrakesch ein paar lohnenswerte Ausnahmen gibt.

Manchmal wird in besseren Restaurants eine Servicegebühr auf die Rechnung aufgeschlagen. Dasselbe gilt für die marokkanische Mehrwertsteuer, die etwa 10 % beträgt; im Allgemeinen ist diese jedoch im Menüpreis enthalten.

Auf www.epicurious.com findet man mehr als 186 marokkanische Rezepte, die Leser der Feinschmeckerzeitschriften *Gourmet* und *Bon Appétit* bewertet haben, darunter auch schnelle und gesunde Mahlzeiten, sowie dazu passende Weine.

Essen

Marokkanisches Essen ist meistens frisch, aus heimischen Zutaten und hausgemacht. Normalerweise werden Landwirtschaftsprodukte noch ganz altertümlich und in kleinen Mengen angebaut. Von Genmanipulation, Chemiekeulen und Mechanisierung kann keine Rede sein, denn fast alle Bauern haben kleine Betriebe und können sich solche Technologien gar nicht leisten. Für Bio-Zertifizierungen reicht es allerdings auch nicht. Doch auch ohne ein solches Label sind die Erzeugnisse auf den Lebensmittelmärkten mit Sicherheit frei von Chemie und Genmanipulation.

Marokkanische Rezepte, ein Glossar arabischer Zutaten sowie marokkanische Kochtipps und Anekdoten gibt's unter den Moroccan-Gateway-Feinschmeckerlinks auf www.al-bab.com/maroc/food.htm.

ESSEN IM RAMADAN

Im Fastenmonat Ramadan essen die Marokkaner nur vor Sonnenaufgang und nach Sonnenuntergang. Das Abendessen gibt's in dieser Zeit noch später als sonst, nämlich gegen 23 Uhr, und für das üppige Frühstück kriechen die Marokkaner superfrüh aus den Federn. Eine beliebte Taktik ist es, die Nacht so lange wie möglich durchzumachen, dann so lange wie möglich zu schlafen und das Nachmittagsnickerchen bis in den frühen Abend auszudehnen. Wer sich diesem Tagesablauf anpasst, kann richtig viel Spaß haben: Tagsüber geht's herrlich entspannt zu und nachts macht man einen drauf.

Von Travellern wird zwar nicht erwartet, dass sie auch fasten, aber wenn man in der Öffentlichkeit isst, kommt das nicht gut an. Deshalb sind die meisten Restaurants tagsüber bzw. rund um *iftar* (das Abendessen, das das Fasten bricht) geschlossen, auch wenn man in touristischen Gegenden bei telefonischer Vorreservierung Glück haben kann. Wer ein bisschen plant, kommt jedoch auch anders an sein Essen: Man kann sich z. B. Snacks vom Markt holen und diese dann in der Unterkunft verspeisen, und sicher wird einem das Frühstück oder das Mittagessen auch auf dem Zimmer serviert.

Fürs *iftar* haben die Einheimischen gute Tipps parat. Dazu gehören alle traditionellen Ramadan-Spezialitäten: *harira* (eine gehaltvolle Suppe), Datteln, Milch, *shebbakia* (süßes Gebäck in Schneckenform, das den Blutzuckerspiegel in die Höhe treibt) und *harsha* (buttriges Hartweizengrießbrot, das frittiert wird, damit es noch fester ist). *Harira* gibt's meistens gratis, selbst bei McDonald's gehört es zum „Ramadan Happy Meal"!

Auf scharfe Sauce sollte man verzichten! Tajine mit *harissa* (Paprika-Pfeffer-Sauce) ist die tunesische Variante, und dieses Land gilt als Marokkos Rivale – sowohl in der Küche als auch auf dem Fußballfeld.

Obst & Gemüse

Knackig, herrlich duftend, intensiv im Geschmack – wer das Obst und Gemüse auf einem marokkanischen Markt gesehen hat, wird auf das fade Grünzeug im Supermarkt daheim lieber erst mal verzichten. Diese Frische ist den Bauern zu verdanken, die warten, bis das Obst und Gemüse ideal reif ist, es von Hand ernten und direkt auf den Suks verkaufen. Traveller heften sich am besten an die Fersen der Scharen von marokkanischen Omis und Restaurantköchen, die die Stände und Obstkarren mit der frischesten Ware kennen. Die Lebensmittel sollten vor dem Essen dennoch immer geschält, gegart oder sorgfältig gewaschen werden, denn europäische Mägen sind den hiesigen Bakterien nicht unbedingt gewachsen.

Fleisch

Fleischliebhaber und umweltbewusste Esser werden in Marokko ihre Streitigkeiten beilegen und gemeinsam ein Abendessen genießen können. Wenn man die Schafe und Ziegen beobachtet, die über Berg und Tal flitzen, wird klar, dass die Tiere hier wie im Paradies leben – zumindest bis sie auf dem Teller landen. Und das meiste Fleisch, das man in diesem Land serviert bekommt, stammt von solchen Tieren, die in Freilandhaltung, ohne Antibiotika sowie fortwährend von Gras und wilden Kräutern ernährt aufgezogen wurden. Warum das Lamm- und Hammelfleisch in Marokko so viel besser schmeckt als das Zeug zu Hause, wird einem in den Ausläufern des Hohen Atlas vor Augen geführt.

Die Küche Marokkos von Tess Mallos umfasst rund 120 Rezepte aus dem ganzen Land mit Hintergrundinformationen zu den Zutaten und vielen schönen Fotos.

Saisonales Angebot

Wer bestimmte Sachen besonders gern oder gar nicht mag, kann seine Reise entsprechend planen. Das Angebot an Obst, Gemüse, Fleisch und Fisch ist riesig, aber je nach Jahreszeit unterschiedlich. Eine nahezu fehlende Infrastruktur und eine ebenso fehlende harte Währung haben für Traveller zwar einige Vorteile – z. B. die verschlafenen, malerischen Bergdörfer oder die Eimer von Dirhams, die man für eine Handvoll Euro bekommt –, doch der Warenimport leidet darunter: Wer etwa im Herbst Kiwis möchte, bekommt „bloß" frische Feigen.

Bei der Zusammenstellung seines Speiseplans sollte man auch ein paar geografische Gegebenheiten im Auge haben: Austern aus Qualidia sind in Ouarzazate nicht mehr ganz so frisch, denn sie mussten schon die Bergpässe bezwingen, und Kirschen aus Sefrou dürfte es in Tiznit eigentlich gar nicht geben. Wenn man im Urlaub in Meeresfrüchten schwelgen möchte, ist man an der Küste gut aufgehoben, und Vegetarier, die es im Herbst in die Wüste zieht, sollten auf Datteln stehen. Im Kastentext auf S. 476 verraten wir, wo welche Leibspeisen zu finden sind.

Rechtzeitig aufhören

Hier noch ein wichtiger Tipp: Immer mit der Ruhe! Essen ist in Marokko eine langwierigere und für einen Hosenbund ohne Gummizug vielleicht sogar etwas zu üppige Angelegenheit. Deshalb sollte man sich Zeit lassen und viel Wasser zum Essen trinken, besonders in Kombination mit Wein. Im Wüstenklima ist das allemal besser, als die Getränke runterzustürzen. Und ein Essen lässt sich in jedem Fall schöner beenden als mit Dehydrierung und Völlegefühl, z. B. mit einer *bastilla* (Blätterteigpastete mit gerösteten Mandeln, Zimt und Sahne). Marokkaner feuern ihre Gäste beim Essen zwar an, als ginge es um einen offiziellen Wettbewerb, trotzdem sollte man seinem Instinkt folgen und mit einem *alhamdulallah*! (Gott sei's gepriesen!) aus tiefstem Herzen aufhören, sobald man satt ist.

Al-ftour (Frühstück)

Wer morgens nur schnell eine Tasse Kaffee runterstürzt, begeht damit in Marokko ein schweres kulinarisches Verbrechen. Ob auf die Schnelle im Suk oder irgendwo in Ruhe in einem Café – ein Frühstück ist hier immer etwas Wunderbares. Vor 9 Uhr morgens gibt's in Pensionen und Hotels allerdings selten etwas zu beißen. Frühaufsteher, die als Erstes einen Koffeeinschub brauchen, bekommen ihn im Café oder im Suk.

Auf der Straße

In Straßencafés und an Essensständen bekommt das kontinentale Frühstück dank der marokkanischen Varianten von Pfannkuchen, Donuts, französischem Gebäck, Kaffee und Minztee einen lokalen Touch. Geleitet

Marokkos Landwirtschaft

» 47 % der Marokkaner leben in ländlichen Gebieten

» 40 % der Einwohner sind im Landwirtschaftssektor tätig, ein Großteil davon arbeitet in kleinen Betrieben

» 19 % des marokkanischen Bodens können landwirtschaftlich genutzt werden

EIN BLICK IN REGIONALE KOCHTÖPFE

Diese tollen regionalen Spezialitäten weisen den Weg quer durch Marokko:

» **Casablanca** *Seksu bedawi* (Couscous mit sieben Gemüsesorten)

» **Chefchaouen** *Djaj bil berquq* (Hühnchen mit Backpflaumen)

» **Demnate** *Seksu Demnati* (Couscous aus Mais oder Gerste statt Grieß)

» **Essaouira** *Hut Mqalli* (Fisch-Tajine mit Safran, Ingwer und eingelegten Zitronen), *djej kadra toumiya* (Hühnchen mit Mandeln, Zwiebeln und Kichererbsen in buttriger Safransauce)

» **Fes** *Kennaria* (Eintopf mit Wilddisteln oder Artischocken, mit oder ohne Fleisch), *hut bu'etob* (gebackener Maifisch gefüllt mit Mandeln und Datteln)

» **Hoher Atlas** *Mechoui* (gefülltes Lamm oder Rind, langsam gegrillt)

» **Marrakesch** *Bessara* (dicke Bohnen mit Kreuzkümmel, Paprika, Olivenöl und Salz), *tangia* (im Tontopf zubereiteter Eintopf mit gewürztem Lammfleisch, Gemüse und Zwiebeln, im Hamam oder in der Sauna 8 bis 12 Stunden gegart)

» **Meknès** *Kamama* (Lammeintopf mit Ingwer, *smen*, Safran, Zimt und süßen Zwiebeln)

» **Südküste** *Amelou* (Argannusspaste mit Honig und Arganöl)

» **Tanger** Einheimische Tapas-Variationen und Paella (spanisches Gericht aus Reis, Meeresfrüchten, Hühnchen und Gemüse)

REGIONALE GENÜSSE

Agadir Orangen, Zitronen, Arganöl
Casablanca Kaktusfrüchte
Doukkala Melonen
Erfoud Datteln
Essaouira Fisch, Arganöl
Fes Artischocken, Olivenöl, Orangen, Orangenblütenwasser, Zitronen
Kelaâ M'Gouna Essbare Rosenblätter, Rosenwasser
Marrakesch Granatäpfel
Meknès Minze, Oliven, Olivenöl
Oualidia Austern, Hummer
Rifgebirge Walnüsse, Kastanien, Zitrusfrüchte, Ziegenkäse
Safi Muscheln
Sebou Maifisch und sein Rogen
Sefrou Kirschen
Sousebene Mandeln, Lamm, Datteln

Saisonale Produkte

» **Frühling** Aprikosen, Erdbeeren, Kirschen, Pfirsiche.

» **Sommer** Wassermelonen, Artischocken, Tomaten.

» **Herbst** Feigen, Granatäpfel, Weintrauben.

» **Winter** Orangen, Mandarinen, Zwiebeln, Rüben, Möhren, Kartoffeln und anderes Wurzelgemüse.

» **Ganzjährig** Mandeln, Walnüsse, Bananen, Kürbisse, Kichererbsen, grüne Bohnen, Linsen, Auberginen, Paprika, Zitronen (frisch und eingelegt).

von der Nase und dem knurrendem Magen findet man in den Suks z.B. Oliven und *jiben* (Ziegen- oder Kuhmilchfrischkäse). Beides schmeckt köstlich zu frischem *khuubz:* Diese marokkanische Variante von Pitabrot wird im Holzofen gebacken, bis sie außen knusprig und innen noch luftig-locker ist; in Papier eingewickelt bekommt man sie in jedem der vielen *hanout* (winzige Läden).

Die Karren der allgegenwärtigen Straßenverkäufer in den Suks sind schwindelerregend hoch mit frischem Obst beladen, dessen Qualität stets in den höchsten Tönen gelobt wird. Und die Verkäufer haben tatsächlich Recht: Wer noch keinen Saftstand aufgesucht hat, glaubt nicht, wie herrlich der frisch gepresste *asiir limuun* (Orangensaft) schmeckt. Aber lieber einen Einwegbecher oder die eigene Wasserflasche nehmen, denn die Gläser der Verkäufer werden nur kurz ausgespült und am Tag zigmal neu gefüllt.

Im Süden ist *bessara* ein pikantes Frühstück, genau das Richtige für kühle Morgen: ein dampfend heißer Brei aus dicken Bohnen, gewürzt mit Kreuzkümmel, Olivenöl und einer Prise Paprika. Am leckersten schmeckt er mit *khuubz*, das gerade aus dem Gemeinschaftsofen ein paar Häuser weiter geholt wurde. Die *rghaif* aus luftig-dichtem Blätterteig ähneln plattgedrückten Croissants und werden mit warmem Honig, Aprikosenmarmelade oder köstlichem *tahalout* (Dattelsirup) serviert. Mutige beginnen den Tag mit einem deftigen Eintopf aus Lammkopf oder Kalbsfuß. Davon werden üppige Portionen direkt aus einem riesigen Kessel, der auf einem improvisierten Gasbrenner bedenklich wackelt, in eine Emailleschüssel gefüllt.

Ein Frühstück für Champions

Gästen pflegen die Marokkaner von allem das Beste aufzutischen. Die besseren Unterkünfte halten sich an diese Tradition, und zwar ohne Ausnahme jeden Morgen. Wer sich morgens eine Kombination der folgenden Köstlichkeiten mit Kohlehydraten gönnt, ist zumindest kalorienmäßig reif für einen Marathon:

Ahwa (Kaffee) ist eine Möglichkeit, nicht zu verachten sind aber auch Café au Lait, *thé b'na na* (Minztee) und *thé wa hleb* (Tee mit Milch), *wa* (mit) oder *bla* (ohne) *sukur* (Zucker).
Asiir limuun (Orangensaft)
Bayd (Eier) Omelett mit einem Hauch *kamun* (frisch zerstoßener Kreuzkümmel) oder *zataar* (Kreuzkümmel mit geröstetem Sesam).

Beghrir Die lockeren marokkanischen Pfannkuchen saugen sich mit Honig oder Marmelade voll.
Französisches Gebäck Croissants, *pain au chocolat* usw.
Khuubz Mit Butter und Marmelade oder Olivenöl und *zataar*.
Rghaif Flaches, buttriges marokkanisches Gebäck.
Sfenj Marokkanische Donuts.

El-Ghda (Mittagessen)

Die üppigste Mahlzeit des Tages ist traditionell das Mittagessen, dem ein ausgedehntes Nickerchen während der heißesten Stunden folgt. Eine solche Pause dauert drei bis vier Stunden, von 12 bis 15 oder 16 Uhr. Bis auf ein paar Touristenläden machen nun fast alle Geschäfte, Ämter etc. dicht.

Für schnelle Esser ist diese marokkanische Gewohnheit vielleicht etwas unpraktisch, doch besonders im Sommer sollten man es wie die Einheimischen halten und die Mittagszeit als kleine Erholungspause nutzen. Dann kann man auch bei der Tajine richtig zugreifen, entweder schlicht mit knusprigem Brot oder aufgestockt zu einem Drei-Gänge-Menü in einem Restaurant – erst danach weiß man nämlich eine Tasse Minztee und ein Nachmittagsschläfchen richtig zu schätzen.

Für das leibliche Wohl in Gästehäusern sorgen meist *dadas* (Meisterköche), denen auf dem Gebiet der traditionellen Küche niemand etwas vormachen kann. Sie zaubern ihre Kreationen aus frischen saisonalen Zutaten – und das oft ohne Rezept oder Messbecher. Wenn es geschmeckt hat, sollte man dem Koch persönlich danken, denn das gehört zur guten Form und verheißt positive *baraka* (Segenskraft).

Snaks

Wer mittags noch immer satt ist vom üppigen Frühstück in der Unterkunft, kann eine der zahlreichen *snaks* (Imbissbuden) oder eines der Lokale ansteuern, die kleinere Gerichte anbieten. Am besten hält man nach einem Essensstand Ausschau, um den sich die Einheimischen scharen, oder sucht nach einer Markise mit der Aufschrift *snak*. Viele hart arbeitende Einheimische können sich keine lange Siesta leisten und kaufen nur schnell ein Sandwich. Die Marokkaner lieben ihre *snaks*, und wer clever ist, besucht die gleichen Läden wie sie, denn die sind am saubersten und verwenden die frischesten Zutaten.

STRASSENESSEN GENIESSEN & DABEI GESUND BLEIBEN

» **Gut besuchte Stände ansteuern** Marokkaner bestehen auf frischen Zutaten und wissen, wo diese zum Einsatz kommen. *Snak*-Stände haben diesbezüglich sogar eine bessere Bilanz als die meisten Nobelrestaurants, wo man Fleisch- und Ölqualität vor dem Essen nicht überprüfen kann.

» **Einen Blick auf das Öl werfen** Wirkt es verbrannt und trüb, hat es einen ranzigen Geruch? Dann besser nach einem Stand mit frischerem Öl Ausschau halten.

» **Zutaten überprüfen** Dazu ohne Scheu einen Blick auf die ausgestellten Lebensmittel werfen, besonders wenn's um Fleisch oder Fisch geht. Experimentierfreudige, die sich an Bratfisch, gegrillte Lammherzspieße und dampfende Schneckensuppen wagen, sollten darauf achten, ob die Fischaugen glänzen, die Herzen blutig aussehen und die Schnecken lebendig sind.

» **Direkt vor dem Essen die Hände waschen** Viele Lebensmittelvergiftungen werden von Bakterien ausgelöst, die während des Essens von der Hand in den Mund wandern.

» **Brot als Besteckersatz verwenden** Eine sinnvolle, von den Marokkanern abgeschaute Strategie. Wer das nur kurz mit kaltem Wasser abgespülte Besteck benutzt, teilt mit seinem Vorgänger hygienisch gesehen einen recht intimen Moment.

» **Gereinigtes oder in Flaschen abgefülltes Wasser trinken** Es dauert etwas, sich an das Wasser vor Ort zu gewöhnen, deswegen sollte man sich an gereinigtes oder in Flaschen abgefülltes Wasser halten und von den nur kurz ausgespülten Gläsern an Ständen die Finger lassen.

» **Bis zum vorletzten oder letzten Abend warten** Wer einen empfindlichen Magen hat, geht das Abenteuer Straßenessen besser erst gegen Ende des Urlaubs an. Schließlich sollte es nicht die ganze Reiseplanung auf den Kopf stellen.

GÖTTLICHES SEKSU

Die Berber nennen es *seksu*, für Craig Claiborne, den berühmten Gastronomiepapst der *New York Times*, ist es eines der zwölf besten Gerichte der Welt, und in Marokko bedeutet Couscous quasi Mittagessen. Die Rede ist aber nicht von dem gelblichen Zeug in Kartons, das mit kochendem Wasser übergossen wird und drei Minuten ziehen muss. Marokkaner meinen vielmehr eine feine, helle, von Hand gerollte, körnige Pasta, die vorsichtig über einer aromatischen Brühe gedämpft wird, bis sie weich und locker ist. Dazu gibt's Gemüse und/oder Fleisch oder Fisch in einer vorzüglich abgeschmeckten Reduktion aus Fond und Gewürzen.

Da Zubereitung und Verzehr eines richtigen Couscous dauern, widmen sich Marokkaner dem Ritual meist nach dem Freitagsgebet, wenn viele den restlichen Tag oder Nachmittag frei haben. Couscous ist keine Beilage, sondern ein Hauptgericht eines typischen Mittagessens am Freitag. In Casablanca werden dazu sieben Gemüsesorten serviert, in Fes Berge von Lammfleisch und Gemüse, und in Essaouira Tomaten, Fisch und frische Kräuter. Viele superleckere Varianten sind fleischlos, z. B. Kürbis-Couscous aus Marrakesch oder das einfache, aber köstliche Eintopfgericht mit Zwiebelmus aus dem Hohen Atlas. Strenge Vegetarier sollten sich aber vorher erkundigen, ob der herzhafte Garsud ebenfalls rein pflanzlich ist. Hin und wieder bekommt man Couscous auch als Einzelgericht à la carte, aber meistens bildet es einen der Höhepunkte eines mehrgängigen Mittagsmenüs oder einer *diffa*. Wer's probiert hat, weiß, warum.

Marokkanische Snacks

- frische oder getrocknete Früchte
- geröstete Mandeln, Kichererbsen sowie Kürbis- und Sonnenblumenkerne
- hart gekochte Eier mit frischem Kreuzkümmel
- Maiskolben vom Kohlegrill
- Sandwiches mit *brochettes/merguez*, Kreuzkümmel, Salz und *harissa*
- *escargots* (Schnecken) in herzhafter Brühe, im Blechnapf oder Becher
- Eiscreme
- Gebäck (marokkanisches oder französisches)

Das typische Angebot sieht so aus:

Brochettes Kebab, eingerieben mit Salz und Gewürzen und am Spieß gegrillt. Dazu gibt's *khuubz* und *harissa* (Paprikapaste), Kreuzkümmel und Salz. Die Renner sind Lamm, Huhn, *kefta* (pikante Fleischbällchen aus Lamm- und/oder Rinderhack) und „gemischtes Fleisch" (meistens Lamm oder Rind mit Herz, Nieren und Leber) mit sehr ausgeprägtem Geschmack.

Merguez Selbstgemachte, scharfe, würzige Lammfleischwurst – einfach superlecker. Nicht zu verwechseln mit *teyhan* (gefüllte Milz; leberähnlich, nur weniger bitter und zarter): *Merguez* ist rötlich, *teyhan* eher blass.

Pizza Gibt's mittlerweile in den schickeren *snaks* für die kosmopolitische Mittelklasse, zu erkennen an der Werbung für ihre Holzöfen. Besonders lecker ist die einheimische Variante mit Oliven, Zwiebeln, Tomaten, Sardellen aus dem Atlantik und wildem Thymian.

Shwarma Gewürztes Lamm oder Huhn, am Spieß gegrillt. Als Beilage gibt's *tahina* (Sesamsauce) oder Joghurt, wahlweise Zwiebeln, Salat, *harissa* und etwas *sumac* (säuerliches, violettes Gewürz – sehr zu empfehlen!).

Tajines Phänomenale marokkanische Eintöpfe, zubereitet in Tontöpfen mit kegelförmigen Deckeln, was das Fleisch supersaftig und weich macht. Die *snaks* auf der Straße bieten eine Basic-Version mit wenigen Zutaten an. Der Eintopf brodelt über einem Campingkocher oder *kanun* (befeuerter Tontopf) und wird auf einem wackeligen Klapptisch serviert. Oft kann man seine Tajine selbst auswählen; Qualitätsmerkmale sind eine Garzeit von ein bis zwei Stunden, karamellisierte Zwiebeln und eine gut eingekochte Sauce. Normalerweise wirkt das Ganze etwas primitiv, doch davon sollte man sich nicht abschrecken lassen. Also einen Stuhl schnappen und reinhauen – *khuubz* ist dabei ein besseres Hilfsmittel als gespültes und wiederbenutztes Besteck.

Marokkanischer Energieschub

Einige marokkanische Nobelrestaurants, die abends ein *diffa* (Festmahl) auftischen, servieren mittags ein einfacheres Menü. Dann ist die Bedienung relaxter und das Essen um einiges günstiger. Gespart wird an der Livemusik und am (sonst obligatorischen) Bauchtanz – das gibt's dann ja abends wieder. Ein Drei-Gänge-Mittagessen klingt üppig, aber meist verbirgt sich dahinter lediglich eine übersichtliche Auswahl an köstlichen

Gemüsegerichten, gefolgt von lockerem Couscous und/oder einer kleinen Tajine mit Huhn oder anderem Fleisch, alles gekrönt von Minztee, Gebäck und Obst.

Mezze (Salate) Fast schon ein Gericht für sich. Frisches Brot und drei bis fünf Teller mit gekochten Gemüsesorten, z. B. Rote-Bete-Salat plus Zitrone und Schnittlauch, Kräuterkartoffeln, Kichererbsen mit Kreuzkümmel, eine Sauce aus getrockneten Tomaten und karamellisierten Zwiebeln, Kürbismus mit Zimt und Honig oder himmlisches Püree aus gebratenen, gewürzten Auberginen (auch „Auberginenkaviar" genannt).

Hauptgang Meistens besteht der Hauptgang aus einer Tajine und/oder Couscous und ist eine Erfahrung, die man sich nicht entgehen lassen sollte, besonders freitags. Die Stars unter den Tajines sind *dujaj mqalli bil hamd markd wa ziitoun* (Hühnchen mit eingelegten Zitronen und Oliven – göttlicher Geschmack, samtige Konsistenz), *kefta bil matisha wa bayd* (Fleischbällchen in gehaltvoller Tomatensauce mit einer Prise scharfer Gewürze und einem Spiegelei obendrauf) und *lehem bil berquq wa luz* (zartes, vom Knochen fallendes Lammfleisch mit Pflaumen, Mandeln und Zwiebeln in Safransauce). Wer länger in Marokko bleibt, ist der Standard-Tajine mit Huhn und Oliven sicher irgendwann überdrüssig. Hier bietet eine besondere regionale Variante Abhilfe und macht aus einem Tajine-Fan einen echten Kenner, der die leidenschaftlichen Debatten der Marokkaner über so wichtige Dinge wie die Dicke der Zitronenschale oder den Salzgehalt der Oliven nachvollziehen kann. Varianten neben den Klassikern sind also üblich, aber kein Restaurant, das etwas auf sich hält, wird jemals eine geschmacklose, zähe, wässrige oder verkochte Pampe auftischen.

MAROKKANISCHE KÜCHE FÜR VEGETARIER

» **Frühstück** Marokkanisches Gebäck, Pfannkuchen, frisches Obst und köstlicher Orangensaft bilden die Grundlage. Wer es lieber herzhaft mag: Ziegenkäse und Oliven frisch vom Suk sind wie geschaffen für das frisch gebackene *khuubz (*Brot). *Bessara* wiederum ist eine leckere, meist fleischlose Bohnensuppe. Um die Kessel an der Straße sollten Zartbesaitete allerdings besser einen Bogen machen, denn darin brodelt meist Schnecken- oder Schlangenkopfsuppe.

» **Mittagessen** Empfehlenswert ist *mezze,* eine Salat- und Gemüseauswahl, zu der frisch gebackenes Brot gereicht wird. Von Gurken in Orangenblütenwasser bis zu gehaltvoller roter Bete mit Kräutern und Kaffernlimette ist hier alles dabei. Manchmal können Vegetarier eine Berber-Tajine aus Gemüse bestellen oder Couscous mit sieben Gemüsesorten nach Casablanca-Art. Die Zutaten werden täglich frisch in kleinen Mengen besorgt, wobei der Küchenchef vegetarische Gäste eventuell nicht in seine Planung mit einbezieht; wer die Gelegenheit hat, ruft am besten vorher an. Günstige Pizza gibt's auch fast überall; wir empfehlen die Variante mit regionalen Kräutern und Oliven!

» **Snacks** An den Marktständen warten Berge von Feigen, Datteln und Aprikosen neben gewaltigen Pyramiden aus gerösteten Nüssen mit Salz, Honig, Zimt, Rohrzucker oder scharfem Pfeffer auf Käufer; Kichererbsen und andere Hülsenfrüchte werden gegrillt und in einem Papiertütchen mit Kreuzkümmel und Salz serviert. Das sollte man sich nicht entgehen lassen! Zur Teezeit bieten schicke Restaurants *broiuats* (zigarrenförmiges Gebäck gefüllt mit Ziegenkäse oder mit Eiern und Kräutern), Häppchen, Backwerk und Kuchen an. Wenn das alles nicht reicht, ist da immer noch Eiscreme als letzte Rettung vor dem Hungertod, außerdem bekommt man spätestens im nächsten Teppichladen Minztee mit Keksen oder Nüssen.

» **Abendessen** Eine herzhafte Abwechslung von Salaten und Couscous sind vegetarische Pastagerichte (alles mit Aubergine schmeckt besonders gut) oder Omeletts (meist in Begleitung von Pommes frites). In vielen marokkanischen Gästehäusern kann man morgens vor Verlassen des Hauses eine vegetarische Tajine aus marktfrischen Zutaten bestellen. Nur schade, dass das zu Hause nicht auch so funktioniert ...

Dessert Mittags ist der übliche Nachtisch süßer Minztee mit Mandelkeksen. Auch wer jetzt eigentlich schon fast platzt, findet nach einem Bissen *kaab al-ghazal* (sichelförmige „Gazellenfüßchen", gefüllt mit Mandelmus und aromatisiert mit Orangenblütenwasser) plötzlich doch noch etwas Platz im Magen. Mit Leichtigkeit und Frische besticht die tortenartig süße *orange á canelle* (Orangenschnitze mit Zimt und Orangenblütenwasser).

Marokkanische Saucen

» **Mhammar** Paprika, Kumin und Butter

» **Mqalli** Safran, Öl und Ingwer

» **Msharmal** Safran, Ingwer und etwas Pfeffer

» **Qadra** *Smen* (Gewürzbutter) mit Gemüsebrühe, Kichererbsen und/oder Mandeln.

L'Asha (Abendessen)

Abends wird in Marokko selten vor 20 oder 21 Uhr gegessen, also immer erst nach der Arbeit und eventuell nach einem Spaziergang in den Sonnenuntergang. Viele Marokkaner essen daheim, aber junge Berufstätige, Studenten und Junggesellen steuern auch gern einen *snak* oder die Pizzeria um die Ecke an. Im Winter bieten Straßenverkäufer aus dampfenden Kesseln *harira* feil, eine Tomatensuppe mit Zwiebeln, Safran, Koriandergrün und oft Linsen, Kichererbsen oder Lamm. Sie wird, zusammen mit den Resten vom Mittagessen, oft auch zu Hause gegessen.

Diffa

Ein dickerer Geldbeutel und großer Hunger führen abends vielleicht eher in ein Restaurant als in einen *snak*. Fast alle gehobenen Restaurants tischen Travellern in Palastambiente ein opulentes *diffa* (Festessen) zum Festpreis auf. Eine solche abendfüllende Veranstaltung umfasst meist auch Bauchtanz, Livemusik, Wein und Bier.

In den Palastrestaurants gibt's allerdings eine ordentliche Portion Kitsch als Beilage, denn bei der Deko scheint Ali Babas Wunderlampe mit im Spiel gewesen zu sein: Überall sieht man blinkende Messingleuchten, Spiegel, wogende Zeltdächer und Kissen mit Fransen. In der Regel zahlt man auch eher fürs Ambiente als fürs Essen. Letzteres variiert von leckeren lokalen Spezialitäten bis zu Massenfutter. Als Faustregel gilt: Wenn der Laden so riesig ist, dass die Unterhaltung ein Echo erzeugt, und auf der Bühne eine Lasershow zuckt, sollte man weder eine persönliche Bedienung noch authentische marokkanische Speisen erwarten.

Ob man nun bei privaten Gastgebern (wer in diesen Genuss kommt, darf sich freuen, denn das ist ein echter Volltreffer) oder im Restaurant isst – das üppige *diffa* enthält immer eine Kombination aus den folgenden Leckereien:

Mezze Normalerweise gibt's bis zu fünf kleine Vorspeisen; in den nobelsten Palastrestaurants von Marrakesch und Fes bekommt man sogar sieben bis neun davon.

MECHOUI – MAROKKANISCHER FESTTAGSBRATEN

Besondere Gelegenheiten verlangen nach *mechoui*, Marokkos Festtagsbraten. Dafür wird ein ganzes Lamm mit Butter, Knoblauch, Kreuzkümmel und Paprika bestrichen und langsam über einem speziellen Grill gegart. Irgendwann ist das Fleisch so butterweich, dass es fast vom Knochen ins Feuer fällt – oder in den Mund, je nachdem, was sich gerade darunter befindet. In manchen Regionen ersetzt ein Kalb das Lamm, oder die Füllung besteht aus einer Mischung aus Mandeln (oder anderen Nüssen) und Backpflaumen (oder anderen Trockenfrüchten) oder Couscous. Manchmal gibt's dazu Kebab oder *kwa* (gegrillter Leberkebab, gewürzt mit Kreuzkümmel, Salz und Paprika). In den Genuss von *mechoui* kommt man auf marokkanischen Hochzeiten oder in der Mechoui-Gasse (S. 83) auf Marrakeschs Djemaa el-Fna, wo es um die Mittagszeit mit Oliven und Brot serviert wird. Nach diesem Mahl sollte man keine schweren Maschinen mehr bedienen und keine langen Museumstouren unternehmen: Nun kann nämlich auch noch so viel Minztee das Nickerchen nicht mehr ersetzen.

MINZTEEZEREMONIE

Angebotenen Minztee darf man nicht einfach runterstürzen und wieder gehen. Dieses Getränk ist der Inbegriff marokkanischer Gastfreundschaft, und üblicherweise dauert das Trinken mit allem Drumherum eine gute halbe Stunde. Wer die Ehre hat, ausschenken zu dürfen, gießt das erste Glas wieder zurück in die Kanne, damit der Tee etwas abkühlt und sich der Zucker auflöst. Dann wird von rechts mit dem Einschenken angefangen; dabei die Kanne so hoch wie möglich über dem Glas halten, ohne etwas daneben zu schütten – die Gastgeber werden mächtig beeindruckt sein.

Briouat oder brik Buttriges, gebackenes oder frittiertes Gebäck in Dreiecks- oder Zigarrenform, gefüllt mit Kräutern und Ziegenkäse, pikantem Fleisch oder Eiern.
Pastilla Die pikant-süße Tarte ist zu Recht berühmt. Sie besteht aus geschichtetem *warqa*-Teig (noch dünner als der für Yufka), gefüllt mit Taube oder Huhn, karamellisierten Zwiebeln, Zitronen, Eiern und gerösteten Zuckermandeln. Obendrauf kommt ein Hauch Zimt und Puderzucker.
Couscous Nach lokaler Tradition unterschiedlich zubereitet; Couscous-Varianten können aus Gerste, Weizen oder Mais gemacht sein.
Tajine Oft hat man die Wahl zwischen mehreren Varianten.
Mechoui Oder ein paar regionale Spezialitäten.
Dessert *Orange á canelle, bastilla* (mit Sahne und gerösteten Nüssen), *briouat bil luz* (*briouat* mit Mandelpaste), *sfaa* (süßer Zimtcouscous mit Trockenobst, Nüssen und Sahne) oder *kaab al-ghazal*.

Sogar Starköche werfen gern mal einen Blick hinein: Paula Wolferts *Couscous and Other Good Food from Morocco* enthält 20 betörende Rezepte des Titelgerichts und gewann 2008 den James Beard Cookbook Hall of Fame Award.

Getränke

Um das *diffa* runterzuspülen und nicht auszutrocknen, ist reichlich Flüssigkeit nötig. Tags wie nachts sollte man sich regelmäßig eine Menge gereinigtes oder in Flaschen abgefülltes Wasser gönnen. Abhilfe schaffen z. B. Orangensaftverkäufer, die sich selbst lautstark über den grünen Klee loben, oder Wasserverkäufer, die Tajine-förmige Fransenhüte tragen und Kupferschalen aneinanderschlagen. Wenn man hier seinen Durst löschen will, sollte man sich Wasser oder Saft direkt in die eigene Flasche abfüllen lassen oder einen Einwegbecher parat haben, denn die Gläser und Kupferschalen werden vor ihrer nächsten Verwendung nur oberflächlich gereinigt. Nach jedem Mahl bekommt man allerorts den typischen Minztee, aber es gibt auch Kaffee. Meist wird er auf französische Art gekocht (in einer Kanne zum Runterdrücken) und ist so stark, dass er einen direkt in die Stratosphäre katapultiert.

Bier, Wein & Spirituosen

Ja, man kann in Marokko Alkohol trinken, ohne die örtlichen Empfindlichkeiten zu verletzen. In den Medinas und im Umkreis einer Moschee wird Alkoholkonsum nicht gerade gern gesehen und deshalb kann eine Lizenz für den Ausschank auch bis zu 20 000 Dh kosten. Doch viele Pensionen und Restaurants umschiffen diese Klippe, indem sie Alkohol im Flüsterton und außerhalb der Sichtweite von strengen Sittenwächtern anbieten. Wer also Lust auf ein Bier hat und auf der Karte keines findet, fragt einfach den Kellner – aber bitte leise.

In einem muslimischen Land, in dem es verständlicherweise kaum Barkeeper, Mikrobrauer und lizenzierte Sommeliers gibt, darf man keine Qualitätsgarantie erwarten, außerdem kennt sich der Kellner mit den angebotenen Weinen oftmals nicht aus. Da die guten Tropfen beim Transport und während der Lagerung häufig hohen Temperaturen ausgesetzt sind, sollte man in der Anwesenheit des Kellners einen Schluck probieren, das gilt besonders für Rotwein. Wenn das Getränk nicht ganz lupenrein scheint, sollte man es zurückgehen lassen; der Kellner wird es einem glauben.

Regionale marokkanische Küche mit internationalen Wurzeln

» **Essaouira** Portugiesische und jüdische Quellen

» **Fes** Andalusien (Spanien) und Persien

» **Marrakesch** Senegal, Frankreich, die Berber Nordafrikas und Italien

» **Tetouan** Andalusien und Türkei

Vor dem Essen erscheint der Gastgeber meist mit einem Krug und einer Schüssel. Einfach die Hände ausstrecken, dann gießt er Rosenwasser darüber.

Das vitaminreiche marokkanische Arganöl ist sowohl ein beliebtes Kosmetikprodukt als auch ein Vergnügen für Feinschmecker: Dank des Geschmacks nach gerösteten Haselnüssen wird daraus ein hervorragender Dip und ein exotisches Salatdressing.

Bier

Casa Leckeres einheimisches Pils

Flag Leicht würziger Zweitplatzierter

Flag Special Mit 25 Mio. verkauften Einheiten pro Jahr ist das günstige Getränk Marokkos beliebtestes Bier

Wein

Weiß Marokkanischer Weißwein gilt als verlässliche Wahl. Zum Angebot gehören der frische Essensbegleiter Larroque, der ausgewogene fruchtige Terre Blanche (eine Chardonnay-Viognier-Sauvignon-Blanc-Mischung), die zitronige halbtrockene Cuveé de Président Sémillant sowie Siroua S, ein erfrischender Chardonnay von der Küste.

Grauburgunder und Rosé Beides erfrischende Alternativen, besonders der nicht zu fruchtige Medaillon Rosé aus der Syrahrebe, die nach Pfirsich schmeckende Cuvée aus Eclipse Grenache und Cinsault, der frische Domaine Rimal Vin Gris und der fruchtige Rosé d'un Nuit d'Eté (Sommernachtsrose) aus den Rebsorten Grenache und Syrah.

Rot Zu den verlässlichen Rotweinen zählen der ausgezeichnete, Burgunder-ähnliche Terre Rouge aus den Weinbergen der Küste Rabats, der ausgewogene Volubilia aus Marokkos altem römischen Weinanbaugebiet sowie die würzigere Merlot-Syrah-Cabernet-Mischung Sauvignon Coteaux Atlas.

Spirituosen

Weil das marokkanische Leitungswasser nicht immer genießbar ist, sollte man sich lieber an behandeltes Wasser oder einheimisches Mineralwasser halten. Die besten Sorten sind Sidi Ali und das sprudelnde Oulmes; alle anderen haben einen kalkigen Nachgeschmack.

Kreative Cocktails Importierte Cocktails wie **Mojito, Caipirinha** und **Negroni** werden zu einheimischen Nachtclub-Lieblingen, sobald sie mit marokkanischer Minze, einheimischer Kaffernlimette und Orangenblütenwasser gemixt werden. Dieser marokkanische Touch veredelt sogar billigen Alkohol … zumindest bis zum nächsten Morgen.

Marokkanischer Schnaps Mahia ist ein aus Feigen hergestellter Branntwein mit einem Alkoholgehalt von etwa 80 %. Geschmacklich kann man ihn zwischen einem italienischen Grappa und einem hochprozentigen Korn ansiedeln. Auf Getränkekarten findet man Mahia eher nicht, denn er wird meist in Eigenregie für den privaten Gebrauch gebrannt. In kleineren Unterkünften wissen manche Gastgeber, wo es welchen gibt, warnen aber gleichzeitig vor dessen Konsum – der anschließende Kater ist nämlich legendär.

Musik

Jeder Marokkotrip wird von einem ureigenen, synkopischen Soundtrack begleitet: Frauen klopfen mit Teegläsern einen Rhythmus auf Serviertabletts aus Messing, Straßenhändler stimmen zum frühabendlichen *adhan* (Gebetsruf) ein Loblied auf ihre Armani-Imitate an, und parallel erschallt das *„Balek!"* der allgegenwärtigen Eselskarrenfahrer – eine angemessene Warnung, die unbedingt und möglichst schnell befolgt werden sollte! Zu diesem musikalischen Chaos kommen noch die lauten Klänge aus Taxis, Kofferradios und Straßenständen sowie Livebands in Restaurants, auf Hochzeiten, an der nächsten Straßenecke und auf den vielen Festivals.

Beim *haidous* handelt es sich keineswegs um eine Rauferei im Rugbystil zu Musik. Dieser komplizierte Kreistanz mit einer Band in der Mitte wird oft im Rahmen von Erntefesten aufgeführt.

Arabisch-andalusische Musik

Woher genau stammt diese Musik eigentlich? Von einer Antwort auf diese heikle Frage sieht man besser ab, wenn man nicht den nächsten jahrhundertelangen Konflikt zwischen Spanien und Marokko heraufbeschwören möchte. Unumstritten aber kombiniert dieser Stil Flamenco-Gitarren und große Emotionen der spanischen Folklore mit fein gestimmten Saiteninstrumenten, Trommelorgien und eindringlichen Halbtonfolgen der arabischen Klassik. Gepaart mit poetischen Texten und dem richtigen Sänger lässt die Musik einen Kloß im Hals entstehen, der das Herunterschlucken der *bastilla* (Taubenpastete) beim Abendessen ernorm erschwert.

In Marokko gibt's zwei Hauptrichtungen des Stils: Al-Aala, vor allem in Fes, Tetouan und Salé, sowie Gharnati in Oujda. In Rabat kann man beides hören. Wer die Gelegenheit hat, sollte ein Konzert, einen Musikabend in einem gehobenen Restaurant oder ein Klassikfestival in Casablanca bzw. Fes besuchen. Besonders sehenswert sind die Gharnati-Sän-

MAROKKANISCHE MUSIKFESTIVALS

Die Veranstaltungsorte und -termine können sich jederzeit ändern: Aktuelle Infos gibt's unter www.maghrebarts.ma/musique.html.

März Rencontres Musicales de Marrakech (Klassik), Tremplin (Urban Music)

April Festival der Sufi-Kultur (Fes; www.par-chemins.org), Jazzablanca (Casablanca)

Mai Jazz aux Oudayas (Rabat), L'Boulevard (www.boulevard.ma), Mawazine-Weltmusikfestival (Rabat; www.festivalmawazine.ma)

Juni Festival der geistlichen Musik (Fes; www.fesfestival.com), Gnaoua- und Weltmusikfestival (Essaouira; www.festival-gnaoua.net), Jazz au Chellah (Rabat)

Juli Volkskunstfestival in Marrakesch (www.marrakechfestival.com), Voix des Femmes (Frauenstimmen; Tetouan), Festival Timitar (Imazighen-Musik; Agadir); Festival du Desert (www.festivaldudesert.ma)

September Heiratsmarkt (Imilchil), TANJAzz (Tangier; www.tanjazz.org)

Oktober Andalusisches Musikfest am Antlantik (Essaouira), Jazz-in-Riad-Festival (Fes)

MA'ROCK ROCKT!

Seit dem Tag, an dem Ozzy Osbourne einer lebendigen Fledermaus live den Kopf abbiss, haben Heavy-Metal-Klänge wohl kein solches Aufsehen mehr erregt, aber marokkanische Polizisten mögen offenbar keine lärmende Musik: 2003 verhafteten sie elf einheimische Metaller, da sie ihr Publikum „vorsätzlich" dazu gebracht hatten, „sich Lieder anzuhören, die den guten Sitten widersprechen oder zu deren Missachtung aufrufen". Trotz zahlreicher Protestrufe wurden die Rocker zu jeweils einjährigen Haftstrafen verurteilt – wegen „der Ausübung verführerischer Praktiken mit der Zielsetzung, den muslimischen Glauben zu unterwandern".

Doch Marokkos knüppelharte Metaller verbündeten sich und trommelten alle Gesinnungsgenossen zum Headbangen in Sidi Kacem zusammen. In diesem Landwirtschaftszentrum von Meknès aus landeinwärts hört man ansonsten eigentlich nur Esel brüllen. Beim zweiten SidiRock-Festival im Februar 2008 traten regionale Bands auf, deren Namen echte Metalfans und Mullahs gleichermaßen in Erregung versetzen dürften, darunter Despotism aus Casablanca, Krematorium aus Kenitra und Damned Kreation (jetzt Putrid Cadavers) aus Sidi Kacem. Mit dem nieten- und lederbewehrten Haarsprayrock der 1980er-Jahre haben die marokkanischen Gruppen nichts gemeinsam. Stattdessen verfassen sie eigene rebellische Texte auf Englisch, die in schwarzen Jeans und zerrissenen T-Shirts wütend hinausgebrüllt werden.

Inzwischen ist die Metalszene dem Veranstaltungsort entwachsen und tobt sich stattdessen beim L'Boulevard (www.boulevard.ma) aus, Casablancas kostenlosem Urban-Music-Festival, das im Mai im Casa-Stadion stattfindet, sowie im März beim Tremplin (Trampoline), einem Event für aufstrebende Künstler, das in den abgefahrenen *anciens abbatoirs* (alten Schlachthöfen) veranstaltet wird. Zuletzt lag der Schwerpunkt der Festivals zwar auf Hip-Hop und Electronica, doch man spürt die Aufregung, wenn die Metalbands auf die Bühne kommen. Dann treten die Polizisten verstärkt in Erscheinung und beobachten die Moshpits deutlich nervös.

2010 zogen L'Boulevard und Tremplin 30 000 Zuschauer ganze vier Tage in ihren Bann, also trifft Ma'Rock anscheinend immer mehr den Mainstream-Geschmack. Doch was bleibt einem einheimischen Rebell noch, wenn Metal auf einmal cool wird? Die Antwort liegt auf der Hand: Emo'Rock.

gerin Amina Alaoui, Fatiha El Hadri Bardaï und ihr traditionelles, rein weibliches Orchester aus Tetouan sowie Mohamed Amin el-Akrami, der Star des Festivals der geistlichen Musik in Fes.

Unter www.azawan.com kann man die Musikwelt der Imazighen ausführlich erkunden – geordnet nach Stilrichtungen, Sprachen und Regionen. Darüber hinaus gibt's hier Audiobeispiele und Musikerbiografien. Die Diskografie reicht vom einfachen Tartit-Blues bis zu Tinariwen im 1970er-Funk-Stil.

Gnaoua

Mit beschwingten, bluesartigen und unwiderstehlichen Tanzrhythmen versetzt Gnaoua (oder Gnawa) Zuhörer in Verzückung. Der Stil entstand unter befreiten Sklaven in Marrakesch und Essaouira, die ihn als Erlösungsritual und Dank an Gott empfanden. Eine echte Gnaoua-*lila* (spirituelle Jamsession) kann die ganze Nacht dauern. Dabei geraten die Musiker mit ihren herumwirbelnden Fesen und plötzlichen Rückwärtssalti in echte Extase.

Sehen und hören kann man das Ganze u. a. beim Djemaa-el-Fna-Festival in Marrakesch oder bei Essaouiras alljährlichem Gnaoua- und Weltmusikfestival. Peter Gabriels Musiklabel Real World hat ebenfalls Gnaoua-Künstler unter Vertrag. Zu den *mâalems* (Meistern) dieses Stils gehören Abdeslam Alikkane und seine Tyour Gnaoua, die Fusion-Ikone Hassan Hakmoun, der aufstrebende Saïd Boulhimas und seine Band, Nass Marrakech mit indischen Anleihen sowie der vom Reggae inspirierte Omar Hayat. Da die Gnaoua-Gemeinde aus historischer Sicht als Bruderschaft gilt, sind ihre berühmtesten Vertreter männlich, trotzdem gibt's auch eine rein weibliche Gruppe namens Haddarat sowie Familienbands wie Brahim Elbelkani und La Famille Backbou.

Berberfolklore

Neben Gnaoua hört man in Marokko noch jede Menge andere Folkloremusik. Diese basiert auf der uralten Berbertradition, Lieder und Gedichte von einer Generation zur nächsten weiterzugeben. Dörfliche *moussems* (Feste zu Ehren eines örtlichen Heiligen) stehen stets im Zeichen der Musik, etwa das Festival Timitar in Agadir, das Volkskunstfestival in Marrakesch, der Heiratsmarkt in Imilchil, und natürlich Hochzeiten sowie andere Familienfeste.

Als bekannteste Berberfolkloregruppe gelten die Master Musicians of Joujouka. Von ihnen ließen sich Größen wie die Rolling Stones, Led Zeppelin und William S. Burroughs inspirieren und arbeiteten bei experimentellen Fusion-Projekten, die stark von traditionellem Getrommel und Geklirre geprägt waren, sogar mit den Bands zusammen. In jüngster Zeit haben besonders Frauen von sich reden gemacht, darunter auch die rein weiblichen Gruppen B'net Marrakech und Najat Aatabou, deren freche Protestlieder gegen die strengen traditionellen Rollenverhältnisse gerichtet sind. Weitere weibliche Interpreten stehen beim Festival Voix des Femmes (Frauenstimmen) in Tetouan auf der Bühne.

Auf www.maroc.net/newrc überträgt Radio Casablanca im RealPlayer-Audioformat u. a. die marokkanischen Top Ten und DJ Darijas Kunstfertigkeit.

Von Ma'Rock bis zu Hibhub

Ebenso wie die restliche arabische Welt hören Marokkaner jede Menge ägyptische Musik. Gleichzeitig gewinnt auch der „Marokko-Pop" immer mehr an Boden. Eine ganze Generation von DJs mit Namen wie Ramadan Special oder DJ Al Intifada hat die Kunst des ungewöhnlichen Remixens meisterhaft erlernt. Dasselbe gilt für zahlreiche junge Talente, darunter die Band Hoba Hoba Spirit, deren kontrovers diskutierter Pop-Punk-Song *Blad Skizo* (Schizophrenes Land) die Widersprüche des modernen Marokko aufzeigt; die einheimische Liedermacherin Hindi Zahra, Marokkos Antwort auf Tori Amos, mit ihren bluesartigen Songs auf der Akustikgitarre; Darga, die Ska und Darija-Rap mit ein paar Bläsern zu marokkanischen Surferhymnen kombinieren; sowie Ganga Fusion und Kif Samba, die ihrem Namen alle Ehre machen und eine tanzbare Mischung aus Funk, Berber-Musik, Reggae und Jazz produzieren. Ein Sound der ganz anderen Art lässt sich beim L'Boulevard-Festival genießen (s. S. 484), wo Marokkos wachsende Metalszene im Megadeth-Stil abrockt.

Auf der Straße sieht man außerdem zahlreiche Jungs in Baggy-Pants und T-Shirts mit der Aufschrift MJM (*Maroc Jusqu'al Mort,* Marokko bis zum Tod). Wenn man sie nach Marokko-Pop fragt, erhält man einen Crashkurs in *hibhub* (Darija für Hip-Hop). H-Kayne aus Meknès bevorzugen den gangstermäßigen Style und MC Muslim aus Tanger überzeugt mit seinem Death-Metal-Sound. Fez City Clan wartet mit einem talentierten, aber ziemlich nervigen Nachwuchsrapper sowie einem arabischen Streicherensemble auf. Zu den beliebtesten Festival-Acts gehören DJ Key aus Agadir, der mit seinen remixten Hip-Hop-Standards, abgedrehtem Scratching und Beatboxen begeistert, und Fnaire aus Marrakesch, der marokkanische Traditionsklänge mit abgehacktem Sprechgesang unterlegt. Im Konkurrenzkampf mit *Blad Skizo* um den Titel als Jugendhymne des Jahrzehnts ist Fnaires *Ma Ktich Bladi* (Fass mein Land nicht an), ein echter Ohrwurm gegen den Neokolonialismus.

Ma'Rock-Dokus

» *This Is Maroc* (2010) Der Road Trip der Hat Trick Brothers.

» *I Love HipHop in Morocco* (www.ilovehiphopinmorocco.com) H-Kayne, DJ Key, Bigg und andere Hip-Hop-Gruppen kämpfen um Auftritte.

Literatur & Kino

Marokkos uralte Literaturtradition wurde erst kürzlich als solche erkannt. Gedichte und Geschichten verbreiteten sich traditionell über Sänger und Geschichtenerzähler oder gingen per Manuskript von Hand zu Hand. Da ein Großteil der Bevölkerung weder lesen noch sich Bücher leisten konnte, blieben Legenden und Geschichten hauptsächlich dank mündlicher Überlieferung erhalten. Auf Marrakeschs Djemaa el-Fna sieht man Marokkos Geschichtenerzähler, Sänger und Schreiber in Aktion und wird verstehen, warum Marokkos literarisches Erbe trotz anhaltender Pressezensur bis heute unbezähmbar und lebendig ist.

In *Moroccan Folk Tales* (2003) präsentiert Jilali El Koudia insgesamt 31 klassische Volksmärchen. Das Figurenspektrum reicht vom Berberschneewittchen bis zu einer Frau, die sich als Koranschüler verkleidet.

Literatur

Eine neue Art von „Beat"

In den 1950er- und 1960er-Jahren erregte Marokkos Literaturszene erstmals internationales Interesse, als sich Paul und Jane Bowles, Autoren der Beat Generation, in Tanger niederließen und dort Geschichten ihrer marokkanischen Bekannten aufschrieben. In der Folge entstanden u. a. *Ein Leben voller Fallgruben* von Larb Layachi, das unter dem Pseudonym Driss ben Hamed Charhadi veröffentlicht wurde, *Haarige Liebe* von Mohammed Mrabet und *Das nackte Brot* von Mohammed Choukri. Wie viele Werke der Beat-Literatur strotzen diese Bücher nur so vor Sex, Drogen und unerwarteter Poesie, wirken jedoch vergleichsweise pfiffiger, humorvoller und herzzerreißender.

Gegen die Atemnot

Der Autor Tahir Shah siedelte mit seiner Familie von London nach Casablanca über, weil er die Gesellschaft marokkanischer Geschichtenerzähler suchte. Hier sammelte er Inhalte für sein Buch *Arabian Nights: In Search of Morocco Through its Stories and Storytellers* (2008). Mehr über Shah siehe S. 191

Ermutigt durch seine freimütigen Kollegen aus Tanger gründete der marokkanische Dichter Abdellatif Laâbi 1966 sein Freigeist-Literaturmagazin *Anfas/Souffles* (Atem) – allerdings nicht in der Internationalen Zone von Tanger (wo alles möglich war), sondern in Rabat. Was als Zeitschrift begonnen hatte, wurde bald zu einer Bewegung von Schriftstellern, Malern und Filmemachern, die Laâbis Protest gegen die Zensur unterstützten: *„A la poubelle poème/A la poubelle rythme/A la poubelle silence"* („In den Müll, Dichtung/In den Müll, Rhythmus/In den Müll, Schweigen"). *Anfas/Souffles* erschien in 21 weiteren gewagten Ausgaben, bis die Zensoren das Magazin 1972 einstampften und Laâbi wegen „Meinungsverbrechen" zu acht Jahren Haft verurteilten. Ungeachtet der staatlichen Zensur steht der komplette französische Textkorpus von *Anfas/Souffles* mittlerweile auf http://clic net.swarthmore.edu/souffles/sommaire.html.

Doch die literarische Bewegung, die Laâbi mit freiem Atmen gleichsetzte, existierte unvermindert weiter. Der *Anfas/Souffles*-Mitbegründer und selbsternannte „linguistische Guerillero"Mohammed Khaïr-Eddine veröffentlichte 1975 mit seinem streitlustigen *Ce Maroc!* eine Anthologie revolutionärer Schriften. Als Sous-Berber forderte Khaïr-Eddine mit dem Roman *Sein letzter Kampf* (1984) zudem die Anerkennung der Berberkultur und -identität – ein wichtiges Werk der Berber-Pride-Bewegung (s. Kasten S. 456).

Leben, um zu erzählen

Während der letzten zwei Jahrzehnte wurden weitere mutige Meinungen gedruckt, und zwar sowohl in Marokko als auch im Ausland. Zu den berühmtesten Werken einheimischer Autoren zählen *Der Harem in uns. Die Furcht vor dem Anderen und die Sehnsucht der Frauen* und *Geschlecht, Ideologie, Islam* von Fatima Mernissi, einer Feministin und Professorin an der Universität von Rabat. In *Eine Verstoßene geht ihren Weg* und *The Director and Other Stories from Morocco* erzählt Leila Abouzeid aus Rabat von Marokkanerinnen, die versuchen, ihr neues Leben selbstbestimmt in die Hand zu nehmen. Dies wird zum Symbol für Marokkos Suche nach wahrer Unabhängigkeit in postkolonialer Zeit.

In den letzten Jahren gab es immer mehr Zuspruch für marokkanische Schriftsteller, die sich trotz der anhaltenden Pressezensur weiterhin konfliktträchtigen Themen widmen. Tahar ben Jelloun aus Fes lebt mittlerweile im Ausland. Inspiriert durch *Anfas/Souffles* kombinierte er in *Sohn ihres Vaters* seine dichterischen und psychologischen Kenntnisse; der berühmte Roman handelt von einem Mädchen in Marrakesch, das von seinem Vater als Junge erzogen wird. Die Fortsetzung *Die Nacht der Unschuld* brachte dem Schriftsteller den französischen Prix Goncourt ein. In *Le Savant* liest Bensalem Himmich, Nagib-Mahfuz-Preisträger 2009, zwischen den Zeilen des Gelehrten und politischen Exilanten Ibn Chaldun (1332–1406). Ein paar neuere marokkanische Romane widmen sich Hoffnung und Trauma der Emigration, darunter das erschütternde *Kannibalen* von Mahi Binebine, Tahar ben Jellouns *Verlassen* und Laila Lalamis gefeiertes *De l'espoir et autres quêtes dangereuses* hervor.

In *Die Gefangene: Ein Leben in Marokko* beschreibt Malika Oufkir ihre Degradierung von einem Günstling am Hofe zu einer Gefangenen, nachdem ihr Vater ein Attentat auf Hassan II. verübte. Demnächst soll das Buch verfilmt werden.

Kino

Drehort Marokko

Bis vor Kurzem war Marokko im Kino hauptsächlich als atemberaubende Kulisse vertreten. Letztere stahl den Darstellern in solch zweifelhaften Streifen wie *Sex and the City II, Prince of Persia: Der Sand der Zeit, Alexander, Ishtar, Troja* und *Sahara* problemlos die Show. Doch trotz dunkler Flecken in Marokkos IMDb-Filmografie hatte das Land auch seine goldenen Momente auf der Leinwand, etwa in Hitchcocks *Der Mann, der zuviel wusste,* Orson Welles' *Othello* und David Leans *Lawrence von Arabien.*

Zudem stellte Marokko seine Vielseitigkeit unter Beweis und diente z. B. als somalische Stuntkulisse für Ridley Scotts *Black Hawk Down*, als Tibet in *Kundun* von Martin Scorsese sowie als Libanon in Stephen Gaghans *Syriana*. Und die kenianische Traumlandschaft in *Inception* war in Wirklichkeit Tanger. In *Himmel über der Wüste* (Bernardo Bertolucci) ließ das Land John Malkovich durch seine grandiose Selbstdarstellung alt aussehen und in dem für den Oscar nominierten Streifen *Babel* (2006) hielten die einheimischen Laiendarsteller Mohamed Akhzam und Boubker Ait El Caid locker mit Cate Blanchett und Brad Pitt mit.

Keine einzige Szene des Kinoklassikers *Casablanca* (1942) wurde tatsächlich dort gedreht: Stattdessen entstand der Film auf einem Studiogelände in Hollywood. Vorbild für Rick's Café Américain war das historische Hotel El-Minzah in Tanger.

Der Durchbruch

In der Vergangenheit stammten die Blockbuster in Marokko meist aus Bollywood, Hollywood und Ägypten, doch inzwischen haben die Einwohner vermehrt Gelegenheit, Produktionen ihrer Landsleute zu sehen. 2010 produzierte die heimische Filmindustrie insgesamt 18 Spiel- und 80 Kurzfilme – 2004 waren es noch vier Spiel- und sechs Kurzfilme.

Die Regisseure verbinden das Handwerk der Ouallywood-Filmemacher mit der jahrhundertealten Erzähltradition des Landes und oft auch mit *Cinéma-vérité*-Anleihen, um epische moderne Märchen zu erschaffen. 2010 war Nour-Eddine Lakhmaris *Casanegra* Anwärter auf den Oscar für den besten ausländischen Film. In seinem Werk geht's um Ju-

KINOREVIVAL

Trotz Marokkos Kreativitätsflut fürchten Filmfans um die Zukunft der marokkanischen Kinos, da die Tickets weitaus teurer sind als DVD-Raubkopien. Während 2007 nur 5 % der Gesamtbevölkerung ein Kino besuchten, wurden in den Suks von Rabat und Casablanca über 400 000 kopierte Filme beschlagnahmt. 30 Jahre zuvor gab es im Land 250 Kinos, 2010 waren es nur noch 30.

Inzwischen setzt sich die Initiative Save Cinemas in Morocco (www.savecinemasinmorocco.com) für die Erhaltung und Förderung der alten Filmpaläste als architektonische Wunder und Wahrzeichen der hiesigen Erzähltradition ein. Tangers historisches Cinéma Rif aus den 1930er-Jahren, das Independent-Produktionen und Dokumentationen aus aller Welt zeigt, wurde 2006 als Cinémathèque de Tanger neu eröffnet. Darüber hinaus wird derzeit das Cinéma Eden in Marrakesch, ein Lehmziegelgebäude rechts vom Djemaa el-Fna, restauriert.

Auch die marokkanische Regierung zeigt Initiative: Seit 2008 gibt's einen neuen staatlichen Fernsehsender namens Aflam, der kostenlos im ganzen Land ausgestrahlt wird. Neben marokkanischen Eigenproduktionen umfasst das Programm Filme auf Französisch, Darija und Tamazight. Dank des erfolgreichen Internationalen Filmfestivals in Marrakesch werden nun überall im Land staatlich geförderte Filmfeste veranstaltet; Termine und Programmpläne findet man unter www.maghrebarts.ma/cinema.html.

2005 machten Bollywoodfilme ein Drittel des Kinoprogramms aus. Als in Casablanca 2008 *Wohin das Schicksal uns führt (Chalte Chalte,* 2003) mit Shahrukh Kahn gezeigt wurde und Rani Mukherji (weibliche Hauptrolle) zur Premiere kam, wollten sie 50 000 begeisterte Fans sehen.

gendliche, die in Casablanca, der „Weißen Stadt", aufwachsen und hier mit den dunklen Aspekten des Lebens konfrontiert werden. Zu weiteren aktuellen Highlights zählt Latif Lahlous 2010 erschienener Film *La Grande Villa,* in dem die kulturelle und persönliche Anpassung eines Pärchens beleuchtet wird, das von Paris nach Casablanca zieht.

Mittlerweile gelten europäisch-marokkanische Produktionen als wichtiger Bestandteil internationaler Filmfestivals. Besonders sehenswert sind Faouzi Bensaïdis epische Familiengeschichte *Mille mois* (Tausend Monate), Gewinner des Filmfestivals in Cannes 2003, und Leila Marrakchis *Marock* über ein muslimisches Mädchen und einen jüdischen Jungen, die sich ineinander verlieben – 2005 in Cannes mit dem „Un Certain Regard" ausgezeichnet. Die beiden jungen spanisch-marokkanischen Regisseure Swel und Imad Noury machten sich mit *Heaven's Doors* (2007) und *The Man Who Sold the World* (2009) einen Namen.

Der Zuspruch der Kritiker und die Unterstützung der Regierung förderten neue Einflüsse und Formate. Ein Favorit der Filmfestivals 2009, Hakim Belabbes abendfüllende Dokumentation *Ashlaa* (In Stücken), ist ein fesselndes Porträt der großen Familie des Regisseurs. Außerdem treten immer mehr Frauen ins Rampenlicht, darunter Farida Benlyazid mit ihrem 2005 erschienenen *A Dog's Life of Juanita Narboni,* der Geschichte eines spanischen Einwanderers in Tanger, oder die talentierte Mahassine El Hachadi, die 2010 den Kurzfilmpreis des Internationalen Filmfestivals in Marrakesch gewann. Junge Regisseure können eine neue Filmschule in Marrakesch besuchen und ihre Werke auf Kurzfilmfestivals zeigen, etwa in Rabat oder in Tanger.

In der Medina

Gewundene Gassen »
Shoppingtour »
Menschen »
Schlemmertour »

Schachspieler in der Medina von Tetouan

Gewundene Gassen

In den schönsten Medinas von Marokko kann man ganze Tage verbringen: Hier verläuft man sich, trinkt Tee und verläuft sich noch einmal. Faszinierende Altstädte findet man in vielen Orten zwischen Taroudannt und Asilah. Unsere Highlights:

Medina von Marrakesch

1 Der Djemaa el-Fna (S. 59) liegt innerhalb des 19 km langen Festungswalls und gilt als pulsierendes Herz der Stadt. Chaotische Gassen und Durchfahrtsstraßen führen zu Sehenswürdigkeiten wie dem Bahia-Palast.

Medina von Chefchaouen

2 Hoch oben im Rifgebirge wartet Chefchaouen mit einer recht übersichtlichen Medina (S. 292) voller blau gestrichener Häuser und Terrakottafliesen auf.

Fès el-Bali

3 Fes blickt auf eine jahrtausendealte Geschichte zurück. Selbst Kenner der Stadt verirren sich in dem Wirrwarr aus Suks und Gerbereien (S. 327). Beim Herumschlendern stößt man vielleicht zufällig auf ein Kunsthandwerksmuseum oder eine Medersa (Koranschule) aus dem 14. Jh.

Medina von Tanger

4 Europa liegt greifbar nah, scheint aber trotzdem Welten von Tangers (S. 259) Kasbah und den Suks entfernt zu sein. Die Stadt wird derzeit saniert – so hat z. B. der Petit Socco einen frischen Anstrich bekommen.

Medina von Meknès

5 Ein Nachfahre des Propheten Mohammed erbaute die Medina (S. 355) des vielfach unterschätzten Nachbarortes von Fes. In der *mellah* (jüdisches Viertel) sieht man jede Menge Häuser mit Balkonen, außerdem lockt eine lokale Version des Djemaa el-Fna.

1

4

Abbildungen

1. Gasse in der Medina von Marrakesch **2.** Straßenfußball, Medina von Chefchaouen **3.** Durchgang in der Medina von Fes **4.** Pastelltöne in Tangers Medina

2

KIMBERLEY COOLE / LONELY PLANET IMAGES ©

3

Shoppingtour

Drei Wochen

Seit Jahrzehnten sind die Medinas die besten Anlaufstellen für Einkäufer, egal, ob man Kunsthandwerk oder Karotten sucht. Diese ausgedehnte Shoppingtour führt durch die Gassen verschiedener Altstädte.

HUW JONES / LONELY PLANET IMAGES ©

DOUG MCKINLAY / LONELY PLANET IMAGES ©

» Gewebte Teppiche und Decken aus dem Rif-Gebirge findet man in **Chefchaouen** (S. 297).

» Die Medina von **Tanger** (S. 271) beherbergt einen Basar mit Silberschmuck und exotische Antiquitätenläden.

» In den mit Wandmalereien verzierten Häusern der Altstadt von **Asilah** (S. 225) wird zeitgenössische Kunst feilgeboten.

» Die entspannten Verkäufer in **Rabat** (S. 213) warten u. a. mit Seidenstoffen, Porzellan und Holzmöbeln auf.

» In **Meknès** (S. 363) geht's ebenfalls relaxt zu. Die hiesigen Damaszierungen (dabei werden Silberfäden in Metallarbeiten eingehämmert) sind weithin bekannt.

» **Fès el-Bali** (Altes Fes; S. 348) ist die Hauptstadt des Kunsthandwerks. In den Gerbereien werden Lederwaren verkauft und in ehemaligen Riads sowie *funduqs* (Karawansereien) bekommt man Teppiche. Tonwaren gibt's an jeder Ecke.

» Berbermotive und westlicher Stil treffen in **Marrakesch** (S. 90) aufeinander. Hier lockt sogar Ökomode wie *babouches* (Slipper) aus Mehlsäcken.

» **Essaouira** (S. 249) ist bekannt für Holzarbeiten und Raffia-Artikel aus dem Bast der gleichnamigen Palme.

» Die Chleuh aus dem Souss-Tal stellen fantastischen Silberschmuck her und bieten ihn auf dem Souq Arabe in der Medina von **Taroudannt** (S. 407) an.

» Wer dort nicht fündig wird, kann sein Glück in **Tiznit** (S. 421) versuchen.

Abbildungen

1. Schals und Kunsthandwerk in Marrakesch
2. Gewürze 3. Traditionelle Pantoffeln 4. Tajines im Keramik-Suk

Menschen

Die marokkanische Bevölkerung besteht nicht einfach nur aus Berbern, Arabern und ein paar Exilfranzosen. So leben in der Westsahara Sahrauis, außerdem setzt sich die Gesamtheit der Berber aus zig Stämmen zusammen. Ihre Sprachen beginnen zumeist mit dem „Lieblingsbuchstaben" der Berber, dem T. Beispielsweise verständigen sich die Chleuh-Berber, die in Taroudannt Waren aus der Sousebene verkaufen, auf Taschelhit.

In den Medinas kommen Einheimische aus allen Teilen des Landes zusammen. Hier erlebt man sie hautnah. Zwischen bummelnden Touristen, die staunend Formen der menschlichen Interaktion aus dem Prä-Facebook-Zeitalter beobachten, spielt sich der marokkanische Alltag ab. Die Einheimischen gehen den unterschiedlichsten Beschäftigungen nach und tragen so zu einer schwindelig machenden Reizüberflutung bei: Sie bieten Obst und Gemüse an, suchen nach Moschee-Weckern, befüllen Matratzen, eilen zur Medersa, drehen Bratspieße, zücken Handys und verkaufen dabei Datteln oder wählen Gewürze für eine *tanjia* (langsam gegarter Eintopf) aus. Vieles hier hat in irgendeiner Form mit Essen zu tun, denn es ist wirklich anstrengend und macht hungrig, durch die Gassen einer Altstadt wie der von Fes mit seinen 150 000 Bewohnern und unzähligen Eseln zu wandeln.

Sollte das Magenknurren irgendwann lauter sein als der Ruf des Muezzins, bietet sich ein Boxenstopp in einem Café an, wo man dem liebsten Zeitvertreib der Marokkaner nachgehen kann: Minztee trinken und das Treiben in den Medinagassen beobachten.

BRIAN CRUICKSHANK / LONELY PLANET IMAGES ©

1

3

KIMBERLEY COOLE / LONELY PLANET IMAGES ©

Abbildungen

1. Kameltreiber in der Sahara, Er-Rachidia **2.** Vor einer Moschee in Fes **3.** Standbesitzer in Marrakesh

2

Schlemmertour

Zwei Wochen

An der Küste sind Tajines leicht und in Bergregionen herzhaft. In der Zubereitungsart spiegelt sich Marokkos landschaftliche Vielfalt wider. Bei dieser Schlemmertour kann man sich das abwechslungsreiche Land auf der Zunge zergehen lassen.

» Auf dem Petit Socco in der Medina von **Tanger** (S. 267) gibt's Brochettes sowie Tapas und Paella nach marokkanischer Art.

» Auf der Plaza Uta el-Hammam in **Chefchaouen** (S. 296) tragen Straßenhändler Tabletts voll klebrig-süßem Gebäck von Café zu Café.

» Eine Spezialität aus **Fes** (S. 344) ist *b'sara* (Suppe mit Knoblauch und Butterbohnen). Sie wird in Porzellanschüsseln mit einem Spritzer Olivenöl serviert und ist überall in der Medina erhältlich.

» Auf der Place el-Hedim in **Meknès** (S. 361) kann man wunderbar einen Minztee trinken, Sardinen oder Sandwiches essen.

» In **Rabat** (S. 210) sollte man den Politikern die Restaurants überlassen und stattdessen an den Straßenbuden in der Medina Snacks oder Couscous schlemmen.

» Grill- und Saftstände locken auf dem Djemaa el-Fna in **Marrakesch** (S. 83).

» Zwischen der Altstadt und dem Hafen von **Essaouira** (S. 248) wird frischer Fisch gegrillt und unter freiem Himmel verspeist.

» Authentisches Essen gibt's auch auf dem Souq al-Had in **Agadir** (S. 394), wo man Tajines sowie Obst und Gemüse bekommt.

» In den Suks von **Taroudannt** (S. 407) kann man sich ein Picknick mit Waren aus der Sousebene zusammenstellen.

Abbildungen

1. Süßigkeitenmarkt, Marrakesch **2.** Frische Tajines

Kunst & Kunsthandwerk

In Marokko steht die übliche Hierarchie von Kunst und Handwerk auf dem Kopf: Das traditionelle Kunsthandwerk (s. S. 498) wird als alt und ehrwürdig angesehen, während die Bildenden Künste als neuere Strömung gelten. Nach hiesiger Auffassung beleben ornamentale Verzierungen den Geist. Gegenstände ohne Gebrauchswert und rein repräsentative Bilder werden dagegen für sinnlos oder sogar für den Ausdruck reiner Eitelkeit an der Grenze zur Abgötterei gehalten. Letzteres ist z. B. im orthodoxen Judentum und manchen muslimischen Kulturen der Fall.

Bildende Kunst

Vielleicht ist die zeitgenössische marokkanische Kunst so schmerzhaft und eindringlich, weil sie ins Abseits gedrängt wurde. Sie drückt Hoffnung und Frustration aus, die man instinktiv versteht, während sie sich der Medienzensur entzieht.

Heutige Kunstwerke aus Marokko sind keine kitschigen Gemälde mit augenklimpernden verschleierten Damen und finsteren, turbantragenden Kriegern, obwohl man immer noch viele dieser Arbeiten in Verkaufsräumen für Touristen findet. Besagte Bilder basieren auf der französischen Orientalismus-Tradition des 19. Jhs. und sind größtenteils für den Export bestimmt, was sich zeitgenössische marokkanische Künstler wie Hassan Hajjaj clever zu Nutze machen. Hajjajs provokative Fotos verschleierter Frauen entsprechen nicht den Erwartungen: Eine taffe Lady mit einem Schleier mit Nike-Logo im Rapperstil hält ein Friedenszeichen hoch, über ihrem Mund prangt der Schriftzug „Just Do It".

Die Wurzeln der marokkanischen Kunstszene liegen in den 1950er- und 1960er-Jahren, als Folklorekünstler in Essaouira und Tanger charakteristische Gemälde bzw. Skulpturen schufen, indem sie auf Berbersymbole und einheimische Materialien zurückgriffen. Darüber hinaus entwickelte sich die Landschaftsmalerei zu einer beliebten Methode, um den Heimatstolz auf Essaouira und Asilah auszudrücken. In Rabat und Casablanca wurde abstrakte Malerei zu einem wichtigen Werkzeug des poetischen Ausdrucks.

Marrakeschs aufstrebende Kunstszene kombiniert elementare Formen mit traditionellen Naturmaterialien (Lehm, Henna, Wachs, Ziegenhaut) und manifestiert damit abstrakte Kunst in Marokko als indigene Kunstform. Die Kunstszene ist in den letzten zehn Jahren richtig durchgestartet: 2005 war Marokko erstmalig auf der Biennale vertreten, seit 2007 gibt's das erste Master-Programm an einer Hochschule für Bildende Künste und 2009 fand Marokkos erste internationale Kunstmesse statt. Auf der Biennale in Venedig wurde Marokko 2010 von Mahi BineBine aus Marrakesch vertreten, deren geisterhafte Figuren aus Wachs und rohe Pigmente miteinander in Kontakt treten und ihn wieder verlieren –

Starkünstler

» **Mahi Binebine** Figuren aus Bienenwachs, die aufeinanderprallen und auseinandergerissen werden, wobei sie sich nicht gegenseitig sehen

» **Hassan Echair** Hängende Objekte: weiße Zaunpfähle, Kohle, in Fäden eingewickelte Zweige

» **Larbi Cherkaoui** Eindringliche Kalligrafie auf Ziegenhaut

tragisch-komische Gesten, die an William Kentridges Trickfilme zur Apartheid in Südafrika erinnern.

Kalligrafie

Die Kalligrafie ist Marokkos am meisten geschätzte Form der Bildenden Künste. Während der letzten 1000 Jahre wurde sie in den Medersas (Koranschulen) gepflegt und perfektioniert. Doch die Kalligrafie beschränkt sich nicht nur auf geschriebene Koranverse, sondern ziert neben gefliesten Wänden auch die Innenseiten von Stuckbogen und ragt anderswo buchstäblich aus dem Holz. Aufmerksame Betrachter werden feststellen, dass verschiedene kalligrafische Stile ein und denselben Text manchmal ganz anders wirken lassen. Mal bedeckt ein Wort eine ganze Seite, dann wieder wird es in Blumen verwandelt oder die Buchstaben werden zu grafischen Mustern verschlungen, die an Origami erinnern.

„Orientalistische" Kunst scheint sich mit aller Macht ins „exotisch-marokkanische" Schema zwängen zu wollen – nicht gerade ein Kompliment, wie Edward Said in *Orientalismus* (1979) ausführt. Sein bahnbrechendes Buch kritisiert die verzerrte Darstellung nahöstlicher Kultur in der westlichen Welt.

Gedruckte Korane sind meist im Naskhi-Stil verfasst, einer geneigten Kursivschrift, die einst von den Omaijaden eingeführt wurde. Als Markenzeichen des Thuluth-Stils gelten meisterhaft verschlungene Kursivbuchstaben, die bestimmte Muster oder dichte Geflechte bilden. Besonders eindrucksvolle Schriftzeichen prägen den irakischen Kufi-Stil, der in Marokko in drei Hauptvarianten vertreten ist: Eckige, geometrische Buchstaben kennzeichnen das Quadrat-Kufi, die Buchstaben des Blühenden Kufi enden in floralen Elementen, und die Variante des Flecht-Kufi ähnelt komplizierten Seemannsknoten.

In jüngster Vergangenheit haben zeitgenössische Künstler die Kalligrafie als Ausdrucksform wiederentdeckt, wobei sie die eleganten Schwünge alter Schriften mit urbanen Graffiti kombinieren. Farid Belkahias rätselhafte Henna-Symbole und Larbi Cherkaouis eindrucksvolle Werke zeigen, dass Kalligrafie auch ohne eine literarische Bedeutung poetisch sein kann.

Kunsthandwerk

Wer genug von steriler, vorhersehbarer Moderne hat, sollte sich in den Suks die genialen Arbeiten ortsansässiger *mâalems* (Handwerksmeister) ansehen. Wahre Meister erkennt man an ihren Händen. Die sorgfältigsten Künstler arbeiten sauber, um ihre Werke nicht zu beschmutzen. Dafür haben viele von ihnen Schwielen an den Händen von bestimmten Handwerkstätigkeiten, die nichts mit dem Klicken einer Maustaste zu tun haben, da fast alle Wunderwerke ohne Computer und sogar ohne Strom geschaffen werden. Als Hilfsmittel dienen lediglich Einfallsreichtum, ein Auge für Farben und Formen und ruhige Hände, denen man sein Leben anvertrauen würde.

Aufstrebende Künstler

» **Khadija Kabbaj** Korbtische, mumifizierte Barbies und andere subversiv angewendete Traditionen

» **Hicham Benohoud** Selbstporträts mit Gesichtern, die von Papierfetzen, Notizzetteln und Korken verdeckt sind

» **Hassan Hajjaj** Pseudo-Modefotos von Frauen mit Louis-Vuitton-Schleiern und Dschellabas mit der marokkanischen Flagge

Natürlich erfordert das Erfahrung, nicht bloß Intuition. In Fes dauert es mindestens zehn Jahre, bis man sich als Keramik-*mâalem* bezeichnen darf. Allein um ein einziges *zellij*- Mosaik herzustellen, benötigt man drei bis vier Monate – und dabei handelt es sich um nur eine von 360 Grundformen! Wer einem *maâlem* bei der Arbeit zuschaut, dem signalisiert die Sicherheit der Handbewegungen (und nicht etwa die Geschwindigkeit), dass hier etwas Großes entsteht. Techniken und Werkzeuge werden traditionell von einer Generation an die nächste weitergegeben und der freundschaftliche Wettstreit zwischen Nachbarn fördert die Kreativität.

Mâalems brauchen keine riesigen Verkaufsräume. Stattdessen erschaffen sie wahre Wunder in winzigen Kämmerchen rund um Suks für traditionelle Güter wie Korbwaren, Pantoffeln und Banjos. Als nicht zu überbieten gelten jedoch Künstler in ländlichen Gegenden: Oft sind ganze marokkanische Dörfer bekannt für einen bestimmten Stickereistil oder besondere Teppiche. Viele Kunsthandwerker in den Suks sind zwar Männer, aber manchmal entdeckt man auch ein paar weibliche *maâ-*

lems, etwa in den Dörfern des Antiatlas und des Mittleren Atlas beim Teppichknüpfen, entlang der Südküste beim Weben oder in Fes, Salé und Safi beim Bemalen von Keramik.

Teppiche

Wer es schafft, ohne Teppich aus Marokko zurückzukehren, kann stolz auf sich sein, denn er ist einer der wenigen, die die gerissensten Händler auf diesem Planeten ausgetrickst haben. Dann aber nagt es an einem – dort lagen stapelweise bunte, einzigartige Teppiche herum und man selbst hat noch immer seinen verblichenen Acryl-Fußabtreter. Hmm…

Marokkanische Teppiche sind die Lieblinge aller Traveller. Es gibt nunmal auch für jeden da draußen den perfekten Teppich – und auch wenn es wie altkluges Gewäsch über Seelenverwandtschaften klingt: Das ist kein Zufall. Im ländlichen Marokko fertigten Frauen traditionell Teppiche als Teil ihrer Aussteuer an. Dabei stellten sie die eigene Persönlichkeit in überschwänglichen Farben und Mustern dar und webten Symbole der Hoffnung auf Gesundheit und Ehe ein. Heute werden Teppiche hauptsächlich deshalb geknüpft, um durch den Verkauf das Haushaltseinkommen zu ergänzen, wobei das Werk eines echten *mâalem* jede Menge Persönlichkeit verströmt und *baraka* (Segen) bringt.

Teilweise sind die Teppiche in den Suks schon drei- oder viermal gekauft und wieder verkauft worden, zudem kosten sie um ein Vielfaches mehr, als der Weber dafür bekommen hat. Deshalb sollte man sich lieber an eine Kooperative oder eine staatlich geführte Galerie wenden, wo der Knüpfer einen fairen Teil vom Erlös erhält. Zudem ist der Preis niedriger und man lernt vielleicht sogar die Person kennen, die das gute Stück hergestellt hat.

Textilien

Alles, was in Marokko nicht niet- und nagelfest ist, wurde mit größter Wahrscheinlichkeit gewebt, genäht oder gestickt. Frauen sind die unterschätzten *maâlems* der marokkanischen Textilien. Die Tradition, die sie

Mehr über die Entstehung dieser fantastischen traditionellen Kunstform und wo man sie findet erfährt man im Buch *Die Kunst der islamischen Kalligrafie* von Mohammed Sijelmassi und Khatibi Abdelkebir.

Senkrechte Linien repräsentieren in der islamischen Kalligrafie normalerweise die Konsonanten, kleinere Zeichen darüber und darunter die Vokale. Der große Buchstabe in Form eines „I" heißt *alif* und steht z. B. am Anfang von „Allah".

KLEINE TEPPICHKUNDE

Teppiche aus Rabat Plüschige Florteppiche in edlen Farben mit einem kunstvollen Motiv in der Mitte und feinen Details entlang der Ränder. Viele Muster erinnern an einen geometrischen Garten, aber es gibt auch neuere Tiermotive und moderne, abstrakte Designs. Teppiche aus Rabat sind teuer: Sie können bis zu 2000 Dh pro Quadratmeter kosten.

Chichaoua-Teppiche Einfach und auffallend zugleich, mit Zickzacklinien, Sternen und rätselhaften Symbolen auf einem roten oder lilafarbenem Hintergrund (700–1000 Dh pro Quadratmeter).

Hanbels oder Kelims Dünne Teppiche ohne Flor, die mangelnde Weichheit mit Stil ausgleichen. In manche *hanbels* sind berberische Schriftzeichen und glückverheißende Symbole eingewebt, z. B. das Auge gegen den bösen Blick, das Kreuz des Südens und Berber-*fibule* (Broschen). Man sollte den Verkäufer bitten, einem mehr darüber zu erzählen – seine Interpretation wird stets faszinierend sein. Meist kosten die Teppiche 700 bis 900 Dh pro Quadratmeter.

Zanafi oder glaoua Eine Kombination aus Kelims und Plüsch. . Hier sind die Gegensätze anziehend: Bereichen mit flauschigem Flor folgen dünn gewebte Streifen oder Ränder. In der Regel kosten diese Teppiche 1000 bis 1750 Dh pro Quadratmeter.

Shedwi Dünn gewebte Teppiche oder Decken mit schwarzen Mustern auf cremefarbener Wolle; man kann noch immer das Lanolin zwischen den Fingern spüren, wenn man daran reibt. Ein kleineres Exemplar kostet nur 400 Dh – das ideale Mitbringsel, eindrucksvoll, aber preiswert.

aufgebaut haben, hat in jüngster Zeit aufstrebende Modeunternehmen und weltweite Marken angezogen; heute arbeiten ein Drittel aller Frauen in der hiesigen Bekleidungsindustrie. Aber nur die traditionellen Textilhandwerkstechniken bringen Klamotten voller individuellem Charme und praktischer Kunstfertigkeit hervor.

Fair-Trade-Teppichkooperativen

» Jemaite Tifawin Carpet Cooperative, Anzal

» Coopérative Feminine de Tissage Aït Bououli, Aït Bououli

» Kasbah Myriem, Midelt

» Coopérative de Tissage, Ouarzazate

» Ensembles Artisanales, in vielen Orten

Stickerei

Von einfachen Berberdesigns bis zu feinsten *terz Fezzi* ist hier alles dabei. Die Frauen in Fes sticken letztere komplizierte Muster traditionell in Blau auf weißes Leinen und verbringen Jahre damit, so ihre Aussteuer herzustellen. Die Stickerei aus Rabat ist ein wahres Farbenfeuerwerk mit auffälligen ein- oder zweifarbigen grafischen Blumen, die den einfarbigen Baumwollgrund fast komplett bedecken. Auch den Frauen in Salé gebührt Achtung für ihre eindrucksvollen Stickereien in einer oder zwei kräftigen Farben auf festem, weißem Leinen. Etwas so Tolles ist nicht zum Mundabwischen oder Naseputzen, sondern als Kopfkissenbezug oder Tischläufer gedacht. Tollpatschigen Gästen wird von nun an zum Steak einfach nur noch Weißwein serviert…

Passementerie

Was macht der Typ da mit einem Föhn und einem Seidenfaden vor der Moschee? Vermutlich handelt es sich um einen Passementerie-(Bordüren-)*mâalem* bei der Arbeit. Mit seinem umfunktionierten Föhn spinnt er mithilfe eines Nagels in der Wand Garn, bis dieses die perfekte Breite und Länge hat, um es zu geknoteten Knöpfen, Seidenquasten und eleganten Bordüren für Dschellabas zu verarbeiten. In einem winzigen marokkanischen Passementerie-Geschäft findet man genug Goldborte, um eine ganze Armee von Generälen auszustaffieren, und mehr Quasten als ein Burlesque-Ensemble im Leben spinnen könnte. Darüber hinaus gibt's hier unzählige kleine Mitbringsel. Marokkanische *maâ-*

TIPPS ZUM TEPPICHKAUF

Folgende Tipps sollte man beachten, um sich nicht im Nachhinein über den Kauf oder Nichtkauf eines Teppichs zu ärgern:

» Es ist ein großer Vorteil, wenn man die eigenen Grenzen kennt. Deshalb sollte man sich im Vorfeld ein paar Fragen stellen: Wie viel Platz hat man eigentlich an den Wänden und am Boden, wie viel Gepäck darf mit in den Flieger, fallen Transport- und Zollgebühren an (Details siehe unter dem Abschnitt „Pakete verschicken" auf S. 534), und wie viel Geld will man höchstens ausgeben?

» Vorsicht bei antiken Teppichen, die sehr viel kosten. Echte Antikware ist schwer von Ramschware zu unterscheiden.

» Knoten unter die Lupe nehmen. Je mehr Knoten pro Quadratzentimeter, desto höher der verlangte Preis. Ein Blick auf die Rückseite des Teppichs zeigt einem, ob zwischen den Knoten Lücken klaffen. Manche Teppiche wurden heiß gewaschen, damit die Wolle dichter wirkt. Diese Schrumpfteppiche erkennt man jedoch an ihren unförmigen, unregelmäßigen Rändern.

» Teppiche, die nicht mit synthetischen, sondern mit pflanzlichen Farben gefärbt wurden (verblassen schneller), sind häufig teurer; man erkennt sie meist an den gedeckteren Farbtönen. Eventuell weiß der Verkäufer, aus welchen Pflanzen das Färbemittel hergestellt wurde.

» Die Kaufabwicklung genießen. Vor dem Handeln wird oft gescherzt. Dabei darf man sich nicht die Laune verderben lassen und sollte am Folgetag noch einmal vorbeischauen, um wieder viel zu viel zuckersüßen Pfefferminztee zu trinken. Am Schluss sollte man neben schönen Erinnerungen auch einen Teppich haben, der zu einem passt.

lems haben eine einzigartige Bordürenkunst entwickelt: Sie verarbeiten Geschenkbänder und Waschlappen mit Seidenfäden zu modischen Halsketten, Serviettenringhaltern, geknoteten Schlüsselanhängern und Gardinenzügen.

Filz

Für Hüte, Hausschuhe, Mäntel und Vorleger aus Filz wird Wolle gefärbt, gekocht und buchstäblich zu Brei geschlagen. Dann modelliert man den Filz mithilfe von *savon noir* (natürliche Palmseife) in der gewünschten Weise und lässt ihn langsam trocknen, um die Form zu erhalten. Filz-*maâlems* sind im Woll-Suk zu finden, wo man auch tolle Fes, hübsche Mützen und Einkaufstaschen entdeckt.

Mithilfe der Fotos in Brooke Pickerings, W. Russell Pickerings und Ralph Yohes informativem Buch *Moroccan Carpets* kann man Herkunft und Art jedes Teppichs bestimmen, der einem auf mysteriöse Weise nach Hause gefolgt ist.

Webkunst

Jenseits des Meeres aus synthetischen Dschellabas (beliebten wallenden Gewändern) und importierten Baumwolltuniken in den Suks sind Stoffe mit außergewöhnlichem Glanz und ebensolcher Struktur die Stars: organische Baumwolle mit kleinen Knötchen aus dem Rif, „Kaktusseide" (*soie végétale;* Kaktusfasern, verwebt mit Baumwolle und synthetischen Materialien) aus dem Süden, glatte Tischwäsche aus Marrakesch und weiche Wolldecken aus dem Hohen Atlas. Fast alles wird industriell hergestellt, manches sogar richtig gut, aber Experten erkennen echt Handgewebtes am samtigeren Flor, dem dichteren Gewebe und dem eleganten Fall.

In einer Dorfkooperative oder einem Ensemble Artisanal sieht man manchmal, wie zwei Frauen gleichzeitig den Webstuhl bedienen und gemeinsam an einem Stück werkeln. Männer arbeiten an größeren Stühlen. Sie bedienen das Weberschiffchen per Hand und treten währenddessen auch noch in die Pedale – auf diese Weise knapp einen Meter Stoff zu produzieren ist so ähnlich, als ob man einen Basketball dribbelt und dabei mehrere Kilometer läuft. Man kann die handgewebten Stoffe ballen- oder meterweise kaufen und sich marokkanische Mode oder Haushaltswäsche maßanfertigen lassen. Schneider findet man in jeder Stadt. Für die Beratung sowie eine bis zwei Anproben sollte man etwas Zeit einplanen.

Lederwaren

Heute werden mit Werkzeugen, die mittelalterlichen Zahnarztinstrumenten ähneln, statt Kamelsätteln Handtaschen hergestellt, die frau einfach haben muss. Beim Bummeln durch die ungepflasterten mittelalterlichen *derbs* (Gassen) begegnen einem rechteckige Polsterhocker (Ottomanen) aus lindgrünem Leder, schicke Ziegenlederhandschuhe in Pink mit gelben Bommeln und Glam-Rock-Puschen aus silbernem Leder. Daneben malen Kunsthandwerker sorgfältig Hennamuster auf Ziegenhaut, um daraus „tätowierte" Kerzenhalter, Lampenschirme oder gar abstrakte Avantgarde-Kunst zu schaffen. Wenn man ein paar Tage in der Stadt ist, kann man auch eine maßgeschneiderte Jacke aus Lammleder, Reithosen oder andere Lederwünsche (ähm …) in Auftrag geben.

MÂALEMS

In den staatlichen Ensembles Artisanals kann man *mâalems* bei der Arbeit zuschauen und Kunsthandwerk zu (hohen) Fixpreisen kaufen.

Männer, die Wert auf Authentizität legen, können ein Paar der traditionellen gelben *babouches* (Hausschuhe) oder sogenannte „Berber-Adidas", Pantoffeln mit Sohlen aus recycelten Gummireifen, erstehen. Frauen haben eine größere Auswahl und dürfen sich über eine breite Palette an Farben und Designs freuen. In den Gerbereien von Fes sieht man Bottiche mit unterschiedlichen Farben. Von der Ferne mag das zwar schön bunt aussehen, allerdings stinkt es hier ganz schön. Aufgrund der Sorge über die Giftigkeit der chemischen Färbestoffe wird darüber nachgedacht, die Gerbereien in öffentliche Gärten umzugestalten.

EINFACH AUSPROBIEREN

Ein *mâalem* mit Engelsgeduld (oder schwarzem Humor) lädt Besucher manchmal ein, ihm nachzueifern. Man weiß erst, wie viele Daumen man hat, wenn man versucht, die komplizierte Hand-Augen-Koordination nachzuahmen, die man für den Webstuhl oder die Lederahle braucht. Wer diese Technik lernen möchte, kann an einem der Workshops der Handwerkerverbände teilnehmen. Darüber hinaus arrangieren zahlreiche Pensionen Treffen mit lokalen *mâalems*.

Moderne Textilien

» Coopérative Tigmi, Aït Oudinar

» Al-Kawtar, Marrakesch

» Coopérative Artisanale des Femmes de Marrakech

» Coopérative Ahilal des Tapis, Foum Zguid

» Sidi Ghanem, Marrakesch

Einfache Tajines aus Terrakotta sind ofenfest, können auch zum Kochen auf Herdplatten verwendet werden und sind für weniger als 80 Dh zu haben. Laut einem aktuellen Beitrag in der *New York Times* kosten die neumodischen Tajines großer europäischer Marken zehnmal so viel, außerdem kann man damit weniger gut kochen.

Keramik

Wer sein Tupperzeug nicht einmal durch marokkanische Keramik ersetzen würde, schafft den Absprung nie. Die blau-weißen Töpferwaren aus Fes toppen als neues Erbstück der Familie sogar Großmutters Porzellan – sie sind nur nicht so teuer: Eine dekorative Tajine kostet je nach Größe und Verzierung etwa 150 bis 400 Dh. Selbstverständlich werden für Antiquitäten andere Preise verlangt, wobei man die echten Stücke oft nicht von Fälschungen unterscheiden kann.

Die Regionen verwenden unterschiedliche Farben als Erkennungsmerkmal: Keramik aus Meknès ist meist grün und schwarz, Safi wartet mit schwarz-weißen Berber-Mustern auf und Tamegroute verfügt über eine unverwechselbare grüne Glasur aus oxidiertem Kupfer. In Salé gibt's vor allem gelbe und türkisfarbene Stücke, geometrische Muster und gepunktetes Geschirr. Marrakesch hat sich auf monochrome Arbeiten in Rot, Grafitgrau oder Orange spezialisiert, die eher geometrische und skurrile Formen als aufwendige Verzierungen aufweisen. In vielen ländlichen Gebieten liegt der Schwerpunkt auf Terrakotta-Geschirr mit einfachen, markanten Formen und mit Henna gemalten, glückbringenden Berbersymbolen.

Zellij

Man nehme einen Hammer und einen Meißel in Größe eines Schraubendrehers und fertige eine *zellij*-Fliese in exakter geometrischer Form. Sehr gut – jetzt nochmal 6000 davon, und fertig ist der Brunnen! Oder man überlässt das vielleicht doch lieber den marokkanischen Meistern. Ein Brunnen passt sowieso schlecht ins Handgepäck, daher sind *zellij*-Spiegel, -Bilderrahmen oder -Tabletts die bessere Wahl. Viele halten die *zellij* aus Fes für die Meisterwerke der marokkanischen Kunsthandwerker; das gilt vor allem für die alten Brunnen rund um die Stadt. Aber im Vergleich mit den *mâalems* aus Meknès sind die Künstler aus Fes echte Anfänger – die *zellij*-Tradition entstand nämlich im nahe Meknès gelegenen berberisch-römischen Volubilis.

Messing, Kupfer & Silber

In Marokko Tee zu servieren erfordert die richtigen Requisiten. Als ob es noch nicht dramatisch genug wäre, den Tee aus Überkopfhöhe einzuschenken, werden von Hand hergestellte Teekannen aus Messing und Kupfertabletts verwendet. Diese fangen das Licht ein und sind mit Kalligrafie versehen, die *baraka* (Segen) bringen soll. Für noch mehr Atmosphäre sorgen Messinglampen und recycelte Zinnlaternen, und wer ganz dick auftragen will, schneidet vor den Augen seiner Gäste mit einem verzierten Messer aus Marokkos Dolchhauptstadt Kelaâ M'Gouna den Kuchen an.

Fast alle „Silber"-Teeservices sind aus Neusilber und sollten dementsprechend günstig sein. Eine Kanne kostet etwa 50 bis 250 Dh, ein Tablett ist teurer (abhängig von Größe und Design). Wer eine Motorradgang zum Tee erwartet, sollte statt des silbernen ein mit Nieten besetztes Teetablett aus recycelten Reifen (100–200 Dh) benutzen.

Schmuck

Auch in Marokko ist nicht alles Gold, was glänzt. Berber betrachten es sogar traditionell als Übel. Manchmal kann man Juweliere an einem komplizierten, filigranen Etwas aus Gold arbeiten sehen, aber das meiste Gold in den Suks stammt aus Indien oder Bali. Sterlingsilber hat den Stempel 925 und wird eher nach Gewicht als nach dem Design bezahlt. Im Bergbau liegt der Fokus vor allem auf Phosphaten und Fossilien, nicht auf Edelsteinen, aber Traveller werden trotzdem Ketten, Armreifen und Kopfschmuck mit Korallen, Achat, Karneol und Bernstein zu Gesicht bekommen, die zur Aussteuer von Bräuten gehören.

Marokkanische *mâalems* brauchen keine wertvollen Materialien, um etwas Schönes zu erschaffen. Bei Rissani werden antike Fossilien zu innovativen Anhängern verarbeitet, während in Tiznit auffallende Berber-*fibule*s mit modernem, minimalistischem Touch hergestellt werden. Aus Sperrholz, Neusilber und bunter Emaille entstehen in Marrakesch tolle Cocktail-Ringe. Tuareg-Talismane aus Leder und Silber sind gute Geschenke für Männer.

In ihrem Buch *The Art of the Islamic Tile* stellen Gerard Degeorge und Yves Porter prächtige Tonwaren im Nahen Osten von Istanbul bis Fes vor.

Oft ist der Bernstein, der in den Suks angeboten wird, aus Plastik: Er fühlt sich nicht wie Wachs an und riecht auch nicht nach Weihrauch wie echter Bernstein.

Holzarbeiten

In dem Teil des Suks, wo man die Holzarbeiter findet, riecht es am besten, nämlich nach den Orangen- und Zitronenbäumen, Zedern und Kiefern, deren Späne hier fallen. Die *maâlems* stellen die messingbeschlagenen Türen aus Zedernholz her, die alle Touristen so gern fotografieren, ebenso wie die geschnitzten Zedernholzdecken in den Palästen, die Nackenkrämpfe hervorrufen. Tetouan, Meknès und Fes gelten als Hochburgen der geschnitzten Holzornamente, aber in den meisten marrokanischen Medinas sind ebenfalls eindrucksvolle Holzarbeiten zu sehen.

Rund um das Bab el-Khemis in Marrakesch werden ein paar schöne Stücke verkauft. Für die Gourmets zu Hause sind die handgeschnitzten *harira*-Löffel aus Orangenholz (6–12 Dh) toll. Die geschnitzten Schmuckkästchen und die massiven geschnitzten Truhen aus Zedernholz halten Motten fern. Am teuersten ist Thujaholz, das von einem vom Aussterben bedrohten Baum aus der Gegend von Essaouira stammt (Künstlerkollektive sorgen für nachhaltiges Schlagen und Wiederaufforstung). Lauten, Banjos und Gitarren werden aus mehreren Holzsorten gefertigt, die nach Beweglichkeit, Resonanz und Lebensdauer ausgesucht werden, denn sie sollen ja nächtelange Gnaoua-*lilas* (Jamsessions) überstehen.

Architektur

In Marokko stößt man sich schon mal gerne die Zehen an: Abgelenkt von den Unmengen großartiger Architektur, kann man nämlich nicht immer so genau darauf achten, wohin man läuft. Manche Gebäude sind beeindruckender als andere, doch gerade die unglaubliche Vielfalt der Architektur weckt eine permanente Neugier darauf, was sich wohl hinter der nächsten Straßenecke oder Bergkette versteckt. Hier folgt ein Überblick über landestypische Bauwerke, die einem den Mund offenstehen lassen – ständige Gefahren für die Zehen also!

Art-déco-Villen

Als Marokko in die Fänge der Kolonialmächte geriet, entstanden überall außerhalb der Medinas *villes nouvelles* (Neustädte). Ihre moderne Architektur mit regelmäßigem Straßenraster sollte zur Etablierung der neuen Ordnung beitragen. Als die Spanier bzw. Franzosen neoklassizistische Fassaden, Mansardendächer und Hochhäuser einführten, muss dies geradezu ein Schock gewesen sein für das Land.

Dennoch schlug der Art-déco-Stil scheinbar eine Brücke zwischen der islamischen Geometrie Marokkos und dem eleganten Modernismus Europas. 1924 kombinierte der Maler Jacques Majorelle marokkanische Farbkonzepte damit und verpasste den freien Flächen an seiner Villa bzw. im Garten blaue, grüne sowie zitronengelbe Farbtupfer.

Während Casablancas Blütezeit in den 1930er-Jahren wurden die weiß getünchten Fassaden der europäischen Gebäude mit maurischen Geometriemustern aufgepeppt. Besonders sehenswert sind Marius Boyers Rialto Cinéma (1930) und das Hotel Transatlantique (1922). Tanger wetteiferte mit Casablanca um den Titel als dekadenteste Art-déco-Stadt, vor allem mit der in den 1940ern erbauten Cinémathèque und dem El-Minzah-Hotel (1930er). Heute ist im ganzen Land „Casablanca-déco“ zu finden und Marokko gibt sich bemerkenswerte Mühe, den Spagat zwischen indigener Tradition und Einflüssen aus aller Welt zu meistern.

Die schönsten Art-déco-Villen

- » Villa des Arts, Casablanca
- » Jardin Majorelle, Marrakesch
- » Cinémathèque, Tanger
- » Plaza de España, Melilla
- » El-Minzah-Hotel, Tanger

Festungsmauern

Viele marokkanische Handelsposten und Häfen verfügen über beeindruckende Festungsanlagen. Die Almoraviden gingen bei ihrer Handelshauptstadt keinerlei Risiken ein und umgaben Marrakesch mit 16 km langen sowie 2 m dicken Mauern aus rosa *pisé* (gehärtete Lehmziegel mit Ton- und Kalksteinzusatz). Weil sich Küstenstädte wie Essaouira und Asilah mit Piratenangriffen und marokkanisch-portugiesischen Handelskriegen herumschlagen mussten, wurden ihre dicken Steinmauern mit zahlreichen Kanonen und Zinnen ausgestattet.

Funduqs

Seit dem Mittelalter belegen Kunsthandwerkstätten die Untergeschosse dieser Hofanwesen, darüber befinden sich stets ein paar Gästezimmer. Der Mix aus Kunsthandwerkern und Abenteurern brachte Erfindergeist und weltbürgerliche Ideen hervor. Ursprünglich säumten *funduqs* die Karawanenrouten. Als die Handelsposten jedoch immer bedeutender und wohlhabender wurden, traten Wohn- und Lagerhäuser an ihre Stelle. In Marrakesch haben dennoch 140 dieser Reiseherbergen überlebt, darunter die beeindruckenden Bauten an der Place Bab Ftueh und der Rue Dar al-Bacha sowie jenes Gebäude an der Rue Mouassine, das im Film *Marrakesch* (1998) zu sehen ist. In Fes befindet sich ein exemplarisches Anwesen von 1711, das sechs Jahre lang renoviert und dann als Holzkunstmuseum wiedereröffnet wurde. Da Marokkos König angekündigt hat, 98 *funduqs* für insgesamt 40 Mio. Dirham zu sanieren, sollte man sich sputen, wenn man die leicht abgenutzte Pracht der Herbergen noch im Originalzustand sehen möchte.

Hamams

Nachdem die Almohaden die Macht ergriffen hatten, beglückten sie Fes mit 83 neuen Hamams (Badehäusern). Seitdem sind die Kuppelbauten ein fester Bestandteil der marokkanischen Stadtlandschaft, und auch die einzelnen Dörfer streben nach einem eigenen. Hamams werden aus Lehmziegeln gebaut, deren *tadelakt*-(Kalksteingips-)Verkleidung das Entweichen der Feuchtigkeit verhindert. Auf dem Dach befindet sich eine Kuppel mit Lüftungsöffnungen in Sternform, durch die Dampf ins Freie gelangt. Am kühlsten ist der Hauptraum unter der Kuppel. Die Seitenräume sind unterschiedlich stark beheizt, sodass sowohl eine Arthritis als auch ein ordentlicher Kater angemessen kuriert werden kann.

Die kühn-elementare Formgebung traditioneller Hamams wirkt sehr modern, doch tatsächlich ist das Gegenteil der Fall: Badehäuser tauchen schon in Landschaftsgemälden modernistischer Meister wie Henri Matisse oder Paul Klee auf, und auch Le Corbusiers Internationaler Stil adaptierte teilweise die Innenarchitektur sowie die gedämpften Lichtverhältnisse der Kuppelbauten. *Tadelakt* ist mittlerweile heiß begehrt, um Wände und Pools in teuren Wohnhäusern zu verkleiden. Zudem zeugen unzählige Bildbände von der Integration geschlitzter Kuppeln in die marokkanische Moderne. Wer die Urform dieser Architektur bewundern möchte, begebe sich einfach zu einem Hamam in der Nachbarschaft. Meist befindet sich das Badehaus nahe einer örtlichen Moschee, deren Waschungsbrunnen von derselben Wasserquelle gespeist werden.

Kasbahs

Wo auch immer in Marokko einst der Handel mit Salz, Zucker, Gold und Sklaven geschützt werden musste, findet man eine Kasbah. Diese befestigten Wohnhäuser beherbergten früher die Herrscherfamilie, deren königliche Wache sowie alles Nötige, um potenzielle Belagerungen zu überstehen. *Mellahs* (jüdische Viertel; siehe S. 461) lagen in Reichweite der Kasbah-Wachposten und im Blick des aufmerksamen Herrscherauges.

Historische Hamams

- » Seffarine-Hamam, Fes
- » Hammam el-Bacha, Marrakesch
- » Hammam Lalla Mira, Essaouira
- » Douches Barakat, Chefchaouen
- » Hammam Bab Doukkala, Marrakesch
- » Archäologische Ausgrabungen, Aghmat

Warum gerade eine solche Architektur? Diese Frage beantworten acht der weltweit führenden Experten für islamische Architektur in *Architecture of the Islamic World: Its History and Social Meaning* (1995), herausgegeben von Oleg Grabar et al.

GEFÄHRDETE BAUDENKMÄLER: DIE GLAOUI-KASBAHS

Die einst so spektakulären Glaoui-Kasbahs von Talouine, Tamdaght, Agdz und Telouet wurden den Elementen fast schutzlos überlassen, deshalb sollte man sie möglichst schnell besichtigen, ehe sie komplett verfallen. Sie symbolisieren einen tiefen Zwiespalt: Einerseits repräsentieren sie Marokkos edelstes Kunsthandwerk, andererseits entstanden sie unter Pascha Glaoui, der die Alawiden zugunsten einer Kollaboration mit französischen Kolonialisten verriet, um seine marokkanischen Landsleute unterdrücken zu können. Dennoch sprechen sich verschiedene Einheimische für einen Erhalt der Kasbahs aus, weil sie daran erinnern, dass selbst die mächtigsten Bollwerke nichts gegen den marokkanischen Unabhängigkeitswillen ausrichten konnten.

Eine der größten erhaltenen Kasbahs in Marokko steht in Marrakesch. Zu den malerischsten Bauwerken dieser Art zählen die rote Festung über dem ansonsten komplett in Blau gehaltenen Chefchaouen sowie Rabats weiß getünchte Kasbah am Meer.

Die Ernennung zu Unesco-Welterbestätten rettete die Taourirt-Festung in Ouarzazate und die roséfarbene Lehmziegel-Kasbah Aït Benhaddou vor dem Verfall. Beide wurden restauriert und dienen heute regelmäßig als Filmkulissen. Um bewohnte Festungen zu sehen, sollte man zu den Kasbahs Anmiter und Amridil in der Skoura-Oase fahren.

Ksour

Ksour (Plural von *ksar*) erheben sich stets in spektakulärer Lage: Die Burgen aus Lehmziegeln stehen auf Felsspitzen, kleben an Steilwänden oder überragen Oasen. Eingearbeitetes Stroh verstärkt die meterdicken Lehmziegelmauern ihrer Türme, die zur Verbesserung der Statik in eleganten Kegeln enden. Das Ganze wird von zickzackförmigen Zinnen *(merlon)* gekrönt. Wie eine Fata Morgana verwirren *ksour* den Sinn für Größe und Entfernung, was einer seltsamen Kombination aus Erhabenheit und Vertrautheit geschuldet ist. Von der Spitze dieser Wachttürme aus erscheint Timbuktu wesentlich näher als 52 Tage im Kamelsattel entfernt – und tatsächlich ist die elegante Lehmziegelarchitektur von Mali und dem Senegal eng mit Marokkos *ksour* verwandt.

2009 wurden 230 Mio. Dirhams für die Restaurierung von *ksour* und Kasbahs zu Verfügung gestellt, insbesondere für Er-Rachidia, Erfoud und Rissani.

Um die Bauten optimal auf sich wirken zu lassen, besucht man am besten das Drâa- und das Dadèstal. Besonders bemerkenswert sind das uralte jüdische *ksar* von Tamnougalt und das dreifarbige *ksar* von Aït Arbi, das in Rosa, Gold und Weiß am Rand einer Schlucht erstrahlt. Zwischen den beiden Tälern kann man in den uralten *ksour* der Oasen von Skoura und N'Kob übernachten, im Ksar el-Khorbat zu Mittag essen und sich die 1000 Jahre alte Ksar Asir in Tinejdad ansehen.

In den Karawanenstädten stehen unzählige gut befestigte *ksour*. Hierher brachten die Kaufleute ihr Vermögen (Gold, Zucker und Gewürze), mit dem sie 52 Tage lang durch die Sahara gereist waren. In Rissani führt ein halbstündiger Rundweg an sechs schönen Burgen vorbei. An der Karawanenroute, die durch den Mittleren Atlas nach Norden bis Fes verläuft, ragen zwischen schneebedeckten Gipfeln weitere *ksour* in den Himmel. Hier thront auch ein toller Turm auf einem Hügel, der einst die 300-köpfige Gemeinde von Zaouiat Ahansal beherbergte.

Medersas

Marokkos Medersas sind weitaus mehr als Koranschulen und fungieren vielmehr als lebendige Studienzentren für Jura, Philosophie und Astrologie. Die Medersa el-Attarine in Fes stammt aus dem 14. Jh. und wartet mit einer geradezu berauschenden *zellji*-Mosaikenpracht auf. Ihre Konkurrentin um die besten Studenten war stets die Ali-ben-Youssef-Medersa in Marrakesch, die mit aufwendigen Reliefs und Stuckarbeiten begeistert. Beide Gebäude beherbergen mittlerweile Museen und vermitteln einen Eindruck vom kargen Studentenleben in erhabener Umgebung. Das Abendessen wurde auf Kochern zubereitet, nur schlichte Matten sorgten für einen Hauch Komfort. Und bis zu 900 Schüler mussten sich ein Badezimmer teilen … Fast alle Medersas sind zwar für Nichtmuslime tabu, muslimische Besucher dürfen hier jedoch übernachten – nach rechtzeitiger Voranmeldung und gegen eine kleine Spende.

Casablancas bis heute genutzte Hassan-II.-Moschee darf als einzige islamische Andachtsstätte Marokkos auch von Nichtmuslimen besucht werden. In der fünftgrößten Moschee der Welt fällt man wahrscheinlich nicht großartig auf.

Moscheen

Selbst kleine Dörfer haben oft mehr als eine Moschee. Die Bauten stehen in bester Lage im Stadtzentrum, wobei eine Mauer stets gen Mekka gerichtet ist. Sie bilden einen erhabenen, ruhigen Gegenpol zu chaotischen Städten und geschäftigen Dorfmärkten. Ihre himmelhohen Minarette sorgen nicht nur dafür, dass der Gebetsruf weithin deutlich zu vernehmen ist, sondern erinnern auch unübersehbar an Gott und Gemeinschaft.

Mit Ausnahme von Casablancas Hassan-II.-Moschee sowie der Tin-Mal-Moschee im Mittleren Atlas sind marokkanische Moscheen für Nichtmuslime geschlossen. Erstere wurde 1993 von dem französischen Architekten Michel Pinseau errichtet: Sie hat Platz für 25 000 Gläubige, verfügt über ein einfahrbares Dach und besitzt ein 210 m hohes, mit Lasern ausgestattetes Minarett. Die Baukosten werden auf 585 Mio. Euro geschätzt – nicht eingerechnet die Instandhaltungskosten und Entschädigungen der früheren Bewohner des Viertels, die für den Bau der Moschee umgesiedelt wurden. Am anderen Ende des ästhetischen Spektrums befindet sich die elegante Schlichtheit der Tin-Mal-Moschee, die 1156 zu Ehren des strengen spirituellen Almohadenführers Mohammed ibn Tumart erbaut wurde. Sie verfügt über Decken aus Zedernholz und hohe Gewölbebogen, die das Auge und den Geist in luftige Höhen heben.

Muslimische Besucher behaupten, Marokkos sakrale Architektur überträfe alle anderen Bauwerke des Landes, insbesondere die Moscheen in Fes, deren primärer Zweck in der Erhebung des Geistes besteht. Dazu sollen etwa die Wände und Waschungsbrunnen mit den glänzenden grün-weißen *zellij* (Fliesenmosaiken) im Fassi-Stil dienen, unterstützt von Mihrabs (Nischen), die gen Mekka ausgerichtet sowie mit Stuck und Marmor verziert sind. Stehen die Tore offen, erhaschen Besucher einen Blick auf den größten Prachtbau von Fes (Fotografieren ist verboten): die Kairaouine-Moschee und -Medersa, die im 8. Jh. von einer Fassi-Erbin gegründet wurden. Im Badi-Palast in Marrakesch können Nichtmuslime die Koutoubia-Minbar besichtigen: Die älteste Kanzel des Landes stammt aus dem 12. Jh. und wurde von Cordobas talentiertesten Kunsthandwerkern mit Silber, Gold sowie Einlegearbeiten geschmückt.

Spanien und Marokko streiten sich immer noch um die Oberherrschaft über die beiden Küstenstädte Ceuta und Melilla. Die örtliche Architektur trägt nichts dazu bei, diesen Konflikt zu lösen: Spricht man mit einem Spanier, zeigt er einem die andalusischen Elemente an den Bauwerken, während jeder Marokkaner darauf beharren wird, dass diese unter den Almohaden entstanden sind.

Riads

In Marokkos Königsstädten stößt man unweit der Paläste auf prächtige Riads. Umgeben von Säulenhöfen mit *zellij*-Bodenmosaiken und Obstbäumen voller zwitschernder Singvögel gaben sich in den *bhous* (Sitzecken) dieser Hofanwesen königliche Familienangehörige, Ratgeber und reiche Kaufleute stundenlang erbaulichen Gesprächen hin. Dank zahlreicher restaurierter Riad-Gästehäuser in Fes und Marrakesch kommt heute jeder in den Genuss solch angenehmer Arrangements.

Während des letzten Jahrzehnts wurden so viele Riads in Pensionen verwandelt, dass der Begriff mittlerweile ein Synonym für „Gästehaus“ ist. Echte Riads besitzen jedoch vierteilige Hofgärten mit einem zentralen Springbrunnen und sind nicht mit einem *dar* zu verwechseln: Dabei handelt es sich um ein einfaches, kleines Haus mit einem zentralen Lichtschacht, das ein praktischeres Bauwerk für die heißen Wüsten- und kühlen Küstenregionen ist. Über 1000 authentische Riads, darunter gut erhaltene Exemplare aus dem 15. Jh., machen Marrakesch zur nordafrikanischen Riad-Hauptstadt.

Ihre schlichten, meterdicken Mauern aus Lehmziegeln lassen kaum erahnen, welche Pracht sich hinter den messingbesetzten Portalen dieser Anwesen verbirgt – z. B. bemalte Zedernholzdecken, schmiedeeiserne Balkone und stuckbesetzte Bogengänge. Allerdings ist die Instandhaltung dieser architektonischen Juwelen nicht einfach, das gilt besonders für die Ausrüstung mit Strom- und Wasserleitungen, da die Fundamentstabilität der Lehmziegelbauten gewahrt werden muss. Doch trotz all seiner Tücken könnte dieses uralte Baumaterial zukunftsweisend sein: Die Lehmziegel neutralisieren Straßenlärm, Sommerhitze und Winterkälte und lassen im Gegensatz zu Altbeton die Raumfeuchte entweichen. Kein Wunder also, dass sie von Öko-Architekten auf der ganzen Welt mittlerweile in neue Konstruktionen integriert werden.

DER LOGIK DES SUKS FOLGEN

Die verschlungenen Suks der labyrinthischen Medinas scheinen keiner linearen Ordnung zu folgen, besitzen aber dennoch eine bestimmte Logik. Einst wurden die Märkte in verschiedene Handelszonen aufgeteilt, sodass mittelalterliche Einkäufer immer genau wussten, wo sie was suchen mussten. Diese ursprüngliche Organisation findet man vor allem in der Altstadt von Fes: Die Läden mit silberbesetzten Borten liegen vor dem Kaftanmarkt, gleich die Straße hinunter hinter den Ständen, die handgewebte weiße Baumwolle für Männer-Dschellabas feilbieten. Wolle bekommt man wieder in einem anderen Suk unweit der Stände mit handgeschnitzten Hornkämmen zum Kardieren von Wolle. Die anrüchigsten und schmutzigsten Geschäftszweige verbannte man damals in die Außenbereiche: Wenn man also auf Gerbereien, Viehmärkte und Eierhändler stößt, ist das ein Zeichen dafür, dass man demnächst den Altstadtrand erreicht. In Marrakesch liegt der Sattelmarkt am Nordostende des Suks, in der Nähe der Gerbereien.

Die besten Suks

- » Okchen-Markt, Meknès
- » Souq Sebbaghine (Färbermarkt), Marrakesch
- » Souq an-Nejjarine (Holzmarkt), Fes
- » Souq el-Ghezel (Wollmarkt), Rabat
- » Marché Central, Casablanca

Suks

Das aufregende Chaos in Marokkos Altstädten unterliegt durchaus einer Ordnung, die sich bis heute in Fes, Meknès und Marrakesch offenbart. Im Zentrum der Medinas erstrecken sich verwinkelte Suks (überdachte Marktstraßen) am Fuße hoch aufragender Minarette, quasi als Symbole für die weltlichen Ambitionen und die höheren geistigen Ziele der Herrschenden. Das Wort Suk (oder auch *souq)* bedeutet „Markt“ und wird auch für die wöchentlich stattfindenden Bauernmärkte in den Dörfern verwendet; wer sich jedoch einmal in den Märkten von Marrakesch oder Fes verirrt hat, wird bald merken, dass die beiden Formen keinesfalls vergleichbar sind.

Dächer aus Palmwedeln bieten in den marokkanischen Suks häufig Schatten und Schutz vor Witterungseinflüssen. Darunter verlaufen kreuz und quer kleinere Straßen mit Imbissständen, Lagerräumen und winzigen Werkstätten von Kunsthandwerkern, die in die meterdicken Lehmziegelmauern geschlagen sind. Im Gegensatz zu den Suks selbst haben diese kleineren Straßen oft keine eigenen Namen und werden darum kollektiv als *qissaria* bezeichnet. Zumeist handelt es sich um Verbindungsstraßen; wer sich verirrt, folgt ihnen also einfach bis zum nächsten Markt.

Zawiyas

Das Buch Medinas: Morocco's Hidden Cities erforscht die uralten marokkanischen Festungsstädte mit malerischen Bildern des französischen Fotografen Jean-Marc Tingaud und poetischen Kommentaren von Tahar Ben Jelloun.

Unscheinbarkeit und entlegene Ecken können leicht täuschen: Selbst winzige Nester am Rand schroffer Steilkanten ziehen Pilgerscharen aus dem ganzen Land an, wenn sie *zawiyas* (Schreine) für *marabouts* (Heilige) besitzen. Angeblich wird *baraka* (Segen) bereits durch die Nähe zu einem *marabout* bedingt: Von der Zawiya Nassiriyya in Tamegroute heißt es, sie könne heilen und Stress abbauen, während die *zawiya* von Sidi Moussas im Aït-Bougomez-Tal die Fruchtbarkeit weiblicher Besucher erhöhen soll.

Traveller besuchen am besten die *zawiyas* in Tamegroute und Aït Bougomez sowie die *zawiya* von Moulay Ali ash-Sharif in Rissani, die inzwischen alle für Nichtmuslime zugänglich sind. Die berühmte Zawiya Moulay Idriss II. in Fes und die sieben *zawiyas* von Marrakesch sind dagegen wie so viele andere Schreine tabu. Man erkennt *zawiyas* oft an ihrem grünen Kacheldach und der friedvollen Atmosphäre. *Marabout*-Schreine in den ländlichen Regionen werden verwirrenderweise häufig als *marabout* statt als *zawiya* bezeichnet und sind häufig Lehmziegelbauten mit weiß getünchten Kuppeln. Im Dorf Tafza gibt's aber auch ein Exemplar aus rotem Stein.

Natur-landschaften

Gebirgszüge »
Wüsten & Oasen »
Die Küste »
Landschaftliche Highlights »

Bergpfad im Hohen Atlas

Gebirgszüge

Die marokkanischen Gebirgszüge kann man sowohl vom Mittelmeer als auch von der Sahara aus sehen. Sie sind genauso landestypisch wie die Medinas und Tajines, allerdings um einiges älter. Der Hohe Atlas umfasst schneebedeckte Gipfel wie den Jebel Toubkal und faszinierende Schluchten. Wer gut in Form ist, kann den Toubkal erklimmen, ansonsten genießt man einfach den Anblick – schon das ist ein echtes Highlight. Straßen führen durch verfallene Kasbahs und Berberdörfer sowie hinauf zu den Bergpässen Tizi n'Test und Tizi n'Tichka.

Der Mittlere Atlas und das Rifgebirge kommen weniger ungastlich daher und warten mit bewaldeten Hängen und Tälern auf. Ifrane, eine von den Franzosen gegründete Stadt in den Höhenlagen des Mittleren Atlas, erinnert an die Alpen und ist von Blumenfeldern umgeben. In Marokkos grünstem Gebirge, dem Rif, blühen im Frühling zahlreiche Wildblumen.

Näher an der Sahara liegt der Antiatlas mit zackigen Gipfeln wie dem Jebel L'Kest, Oasen und Tälern. Der raue, trockene Jebel Sarhro ist die Heimat der halbnomadisch lebenden Aït Atta.

TOP-WANDERROUTEN

» **Rifgebirge** (S. 283) Von Chefchaouen durch den Talassemtane-Nationalpark

» **M'Goun-Massiv** (S. 105) Prähistorische Gesteinsformationen, Gebirgskämme, Klippen und Schluchten

» **Jebel Toubkal** (3313 m; S. 120) In zwei Tagen den höchsten Berg Nordafrikas erklimmen

» **Jebel Sarhro** (S. 155) Palmen- und Mandelbaumhaine erstrecken sich unterhalb krummer „Zinnen" vulkanischen Ursprungs

» **Antiatlas** (S. 417) Unberührte Pfade zwischen ockerfarbenen Felsen und Safranfeldern

Abbildungen

1. Trekking im Hohen Atlas 2. Kasbah Aït Arbi in der Dadèsschlucht (S. 158) 3. Fluss Ourika, Atlasgebirge

SARA-JANE CLELAND / LONELY PLANET IMAGES ©

1

3

OLIVIER CIRENDINI / LONELY PLANET IMAGES ©

2

Wüsten & Oasen

Südlich des schneebedeckten Hohen Atlas entdeckt man eine ganz andere Sorte „Berge“: die Dünen des Erg Chebbi und des Erg Chigaga, die 160 m bzw. 300 m hoch sind. Hier kann man mit einem Kamel und einem in Blau gekleideten Kameltreiber in die Wüste reiten, um das Meer aus Sand bei Mondlicht zu betrachten und in einem Nomadenlager zu übernachten.

Wer aus Marrakesch anreist und möglichst schnell in die Wüste kommen möchte, steuert am besten das Drâatal an, wo einst ein Schild für die Karawanen verkündete, dass es bis Timbuktu nur noch 52 Tage seien. Nicht verwunderlich also, dass Oasen in dieser Region unverzichtbar waren und immer noch sind. In Ouarzazate erstreckt sich die Wüste bis zum Fuß des Atlas und durch die Fensterschlitze der Taourirt-Kasbah erblickt man Palmen.

Dieser Ort ist weit, weit weg (ca. eine Tagesreise im Bus) von der *hammada* (flache Steinwüste) im politisch brisanten Territorium Westsahara.

TOP-OASEN

» **Figuig** (S. 388) Sieben traditionelle Wüstendörfer, umgeben von 200 000 Dattelpalmen

» **N'Kob** (S. 176) Lehmziegelfestungen wachen über die *palmeraie* (Palmenhain)

» **Skoura** (S. 151) Die „Oase der 1000 Palmen“ steht unter dem Schutz der Unesco

» **Afella-Ighir** (S. 414) Felsige rote Schluchten ragen über Palmen auf

» **Tal der Ammeln** (S. 414) Dörfliche *palmeraies* erstrecken sich unterhalb des Jebel L'Kest

» **Tata** (S. 415) In diesem Außenposten in der Sahara sind Baumkronen ein willkommener Anblick

» **Valle du Paradis** (S. 402) *Palmeraies*, Oleanderbäume und Bienenkörbe säumen die Schlucht

Abbildungen

1. Dünen, Erg Chebbi (S. 172) **2.** Dattelpalmen im Drâatal (S. 138) **3.** Dünen, Westsahara (S. 435)

MARK DAFFEY / LONELY PLANET IMAGES ©

1

3

FEARGUS COONEY / LONELY PLANET IMAGES ©

2

Die Küste

Kreischende Möwen, Meeresfrüchte-Tajines, Berber-Fischerdörfer, menschenleere Strände, salzverkrustete Festungswälle: Die marokkanische Küste ist einfach traumhaft und erstreckt sich vom Mittelmeer im Norden bis zur Westsahara ganz im Süden des Landes.

Oued Laou

1 Das verschlafene Fischerdorf (S. 300) erinnert an Zeiten, als die Mittelmeerküste des Landes noch kaum erschlossen war. Blaue Boote liegen am einsamen Strand, Fischernetze werden im goldenen Sand zum Trocknen ausgebreitet und es gibt ein paar baufällige Hotels.

Essaouira

2 Am Fischerhafen von Essaouira (S. 243) werden schillernde Brassen und silbrig glänzende Sardinen neben Rochen, tintenschwarzen Hummern, Austern, bräunlichroten Krebsen und Seeigeln aufgereiht.

Al-Hoceima

3 Die Küstenstadt (S. 302) thront hoch oben auf den Felsen, während der gleichnamige Nationalpark mit unberührten Stränden und Kalksteinfelsen aufwartet, hinter denen sich Tafelland und Schluchten erstrecken.

Lagunen

4 Lagunen und Seen sind die besten Orte zur Beobachtung von Zugvögeln. Flamingos entdeckt man beispielsweise an der Merja Zerga (Blaue Lagune; S. 219) und der Naïla-Lagune im Khenifiss-Nationalpark (S. 433).

Asilah

5 Künstler versehen die weiß getünchten Mauern der Medina anlässlich des jährlich stattfindenden Asilah-Festivals (S. 228) mit farbenfrohen Gemälden. Einige Bilder sind geradezu riesig, andere um einiges kleiner und an Straßenecken gemalt.

FEARGUS COONEY / LONELY PLANET IMAGES ©

1

3

CHRIS HELLIER / CORBIS

Abbildungen

1. Meer und Wüste treffen aufeinander, Westsahara (S. 435); 2. Fischerboote in Essaouira (S. 240); 3. Bucht von Al-Hoceima (S. 302)

2

Landschaftliche Highlights

Drei Wochen

Zum Auftakt dieser Tour der Gipfel und weiteren Naturattraktionen genießt man erst einmal den Blick auf das afrikanische Festland. Danach geht's durch die Berge bis an den Rand der Sahara.

JACQUES SIERPINSKI / HEMIS / CORBIS

FRANCES LINZEE GORDON / LONELY PLANET IMAGES ©

» Wer mit der Fähre ankommt, kann schon von Weitem die herrliche **Mittelmeerküste** (S. 256) mit dem Rifgebirge im Rücken bewundern.

» Der beeindruckende **Jebel Musa** (S. 275) ist eine der Säulen des Herkules.

» Am Atlantik, nahe Asilah, befinden sich die kreisförmig angeordneten **Monolithen von M'Soura** (S. 230), eine mysteriöse, prähistorische Stätte.

» Weiter südlich, in Richtung Hoher Atlas, passiert man die römische Ruinenstadt **Lixus** (S. 223) auf einem Hügel.

» Der **Jebel Toubkal** (S. 120) überragt die umliegenden Gipfel. Er ist der höchste Berg Nordafrikas.

» Auch wenn man ihn nicht besteigt, gibt's viel zu sehen, z. B. die **Dadès-** (S. 158) und die **Todraschlucht** (S. 162).

» Noch weiter südlich erstreckt sich am Rande der Sahara der **Erg Chigaga** (S. 147). Seine Dünen sind 40 km lang und bis zu 300 m hoch.

» Wüstenflair bietet auch **Afella-Ighir** (S. 414), eine Oase, die von Schluchten aus rotem Stein geprägt ist.

» In der Nähe schuf ein Künstler eine Attraktion im Antiatlas, die **Pierres Bleues** (Bemalte Felsen; S. 413).

» Zuletzt kommt man wieder an die Küste zur **Legzira Plage** (S. 429), wo natürliche Steinbogen bis ins Wasser reichen.

Abbildungen

1. Die Pierres Bleues (Bemalte Felsen) im Antiatlas
2. Felswand in der Dadèsschlucht

Naturwunder

Marokkos erstaunliche landschaftliche Vielfalt

Viele Traveller stellen sich Marokko als eine riesige, von Sand umgebene Oase vor und sind dann von der geografischen Vielfalt des Landes überrascht. In nur einem Tag kann man von den windigen, feinsandigen Atlantikstränden durch üppige, landwirtschaftlich genutzte Ebenen und vorbei an den verschneiten Felsen des Hohen Atlas bis in die karge, steinige Wüste reisen. Unterwegs begegnet man überall Menschen, die dieses außergewöhnliche Land bewirtschaften, denn selbst heute noch lebt jeder zweite Marokkaner in einem ländlichen Gebiet. Auf winzigen ummauerten Terrassen, die aus den Hängen gehauen wurden, ernten sie Gerste, kümmern sich um uralte Arganbäume und Olivenhaine oder führen ihre Schafe zu weit entfernten Bergweiden, um die Entwaldung in den Tälern zu verhindern. Ihr sorgfältiger Umgang mit den natürlichen Ressourcen bringt selbst die kargsten Gebiete zum Leben und macht die Landschaft noch viel bemerkenswerter.

Wer ins Meer springen will, sollte bedenken, dass unter den atlantischen Wellen gefährliche Brandungsströmungen verlaufen können – und wenn man erst mal im offenen Wasser ist, kommt bis Amerika nichts mehr (höchstens die Kanarischen Inseln).

Küste

Als die Omaijaden Marokko erreichten, ritten sie mit ihren Pferden bis zum Atlantik und nannten das Land *Al-Maghreb* (wo die Sonne untergeht), weil das Meer das eroberte Gebiet nach Westen begrenzte. Die Küste spielte in der marokkanischen Geschichte eine wichtige Rolle, für die Berberpiraten ebenso wie bei der Landung der Alliierten im Zweiten Weltkrieg, doch inzwischen verläuft das Leben am Meer friedlicher: Nach König Mohammeds VI. „Plan Azur" werden gegenwärtig Teile der Küste zu beeindruckenden neuen Touristenzentren samt Ferienvillen, Strandhotels und Golfplätzen ausgebaut. Zum Glück für Naturfreunde gibt's dazwischen aber noch unberührte Küstenabschnitte mit seltenen Vogelarten und wunderbaren Aussichten von den Klippen.

Seit die Phönizier und Römer in Lixus den ersten Hafen gründeten, wurde die Wirtschaft an der Atlantikküste vom Fischfang und vom internationalen Handel bestimmt. Doch die Küste hat auch eine andere, wilde Seite, die sich beispielsweise an den rauen, steinigen Stränden hinter den weiß getünchten Häusern von Asilah offenbart oder an Feuchtbiotopen wie der Lagune des Merja-Zerga-Nationalparks zeigt, die Flamingos und seltene afrikanische Wasservögel anzieht. Südlich von Casablanca liegen die Häfen Oualidia und Essaouira, ehemalige Piratenbuchten, wo bis heute seltene Tierarten leben und die besten Meeresfrüchte des ganzen Landes auf den Tisch kommen. Noch weiter südlich, unterhalb der Promenaden und Resorts von Agadir, leeren sich die Strände und werden Teil der sandigen Gebiete, die sich durch die Westsahara bis nach Mauretanien erstrecken. In jüngster Zeit wurden die berüchtigten Piratenwege der südlichen Atlantikküste wieder benutzt, um Einwohner aus Subsahara-Afrika auf die Kanarischen Inseln zu schmuggeln.

GOLFEN IN MAROKKO

Golfplätze sind in Marokko ein echtes Ärgernis, und das nicht nur wegen ihrer mörderischen Sandfanganlagen. Weil Unmengen Wasser und chemischer Dünger benötigt werden, um in der Wüste einen Golfplatz zu betreiben, bedeuten die von Pascha Glaoui und König Hassan II. errichteten Anlagen eine enorme Belastung für die Umwelt – ganz zu schweigen von den privaten Plätzen, die in jüngster Zeit ganz in der Nähe von Marrakesch gebaut wurden oder gerade entlang der Atlantikküste entstehen. Spieler, die sich verbessern wollen, ohne der Umwelt zu schaden, sollten sich stattdessen zum La Pause (S. 82) aufmachen, einem umweltfreundlichen, rasenlosen Geländeplatz für Golf und Frisbeegolf in der Wüste vor den Toren Marrakeschs.

Im Gegensatz dazu blieb die zerklüftete Mittelmeerküste bis vor Kurzem recht unentwickelt – und das trotz ihrer spektakulären Uferlinie mit geschützten Buchten und steil abfallenden Klippen. Tanger und die Hafenstädte Ceuta und Melilla machen mit ihren herrlichen Aussichtspunkten und prächtigen Villen am Meer das Beste aus ihrer günstigen Lage. Eine große Barriere nach Osten bildet das Rifgebirge. Das raue Terrain wird von unabhängigen Rifberbern bewohnt, die ihre eigene Sprache (Tarifit) sprechen und den Kolonialmächten wirksam Widerstand leisteten. Bis heute ist das Rif wirtschaftlich marginalisiert, was einen äußerst umstrittenen Vorteil hat: In der Region östlich von Tetouan wird weit verbreitet *kif* (Marihuana) angebaut. Doch der fehlende Zugang zu grundlegenden Leistungen hat die Armut in dem Gebiet nur noch verschlimmert, und es bedurfte riesiger Investitionen der Regierung, um mit einer neuen Infrastruktur den Zugang zu Schulen und medizinischer Versorgung zu verbessern. Gut planierte Straßen machen die Erkundung der Küste in dieser Gegend inzwischen einfacher als je zuvor.

CANNABIS

Beim Wandern im Rif sollte man *kif*-Flächen möglichst nicht betreten. Marokko ist nach den USA der zweitgrößte Marihuanaproduzent der Welt.

Berge

Drei Gebirgszüge ziehen sich diagonal über die topografische Karte von Marokko: das Rifgebirge im Norden, der Mittlere Atlas südlich von Fes sowie der Hohe Atlas südlich und nordöstlich von Marrakesch. Daran schließt sich die flachere Kette des Antiatlas an, die schließlich in der Wüste ausläuft. Diese Gebirge wurden von den gewaltigen Kräften der Plattentektonik erschaffen. Vor etwa 60 Mio. Jahren hob eine dramatische Kollision der Afrikanischen und Eurasischen Platte den Hohen Atlas empor, schloss gleichzeitig die Straße von Gibraltar und schuf die Alpen sowie die Pyrenäen. In der jüngeren Vergangenheit boten die Berge den unabhängigen Berbern Schutz, dienten als Zuflucht vor Eindringlingen oder als strategischer Rückzugsort für den organisierten Widerstand gegen die Möchtegern-Kolonialherren.

Im Norden bildet das flache Rifgebirge einen grünen, fruchtbaren Bogen, der als natürliche Barriere hinter der Küste dient. Weder Vandalen noch Westgoten kamen gegen die Rifberber an, die ihre abgelegene Lage jahrtausendelang erfolgreich nutzten, um feindliche Invasionen sowohl aus Europa als auch aus Afrika abzuwehren.

Der Mittlere Atlas ist das Herz Marokkos. Als Flickenteppich aus Feldern erstreckt er sich von Volubilis bis nach Fes und geht allmählich in Berggipfel über, die mit würzigen Wacholder-, Lebensbaum- und Zedernwäldern bedeckt sind. Diese Gegend eignet sich hervorragend für Trekkingausflüge und dient darüber hinaus als Lebensraum der Berberaffen, der einzigen (nicht menschlichen) Primaten Marokkos. Der Gebirgszug verläuft vom Nordosten des Rifs Richtung Südwesten und erreicht eine Höhe von 3340 m.

Doch das wahre Drama beginnt östlich von Agadir, wo sich die gedrungenen Gebirgsausläufer plötzlich zum herrlichen Hohen Atlas erheben, der südlich von Marrakesch mit dem höchsten Berg Nordafrikas, dem Jebel Toubkal (4167 m), schwindelerregende Höhen erreicht. In den niedrigeren Lagen sind die Hänge auf eine geradezu geniale Art terrassiert. Hier erstrecken sich Walnuss-, Kirsch-, Mandel- und Apfelhaine, die im Frühling ein herrliches Blütenmeer bilden. Im Südosten fällt der Hohe Atlas zum Antiatlas ab, der die Sousebene vor den heißen Winden der Sahara schützt.

NACHHALTIGE MITBRINGSEL

Am umweltfreundlichsten: Kunsthandwerk aus Autoreifen

Gebrauchte Reifen sind nicht biologisch abbaubar, außerdem entstehen beim Verbrennen giftige Abgase – doch wenn sie von marokkanischen Kunsthandwerkern clever für einen neuen Zweck genutzt werden, kommen dabei tolle Schmuckstücke für die Lieben zu Hause heraus. Mit Reifen gerahmte Spiegel verleihen jedem Flur Pepp und zeugen von der Reiselust des Besitzers, darüber hinaus eignen sich Tabletts aus Schläuchen wunderbar, um einen ganzen Trupp Motorradfahrer zu bewirten. Die beste Auswahl findet man bei den Reifenkunst-*mâalems* (Handwerksmeistern) am Südende der Rue Riad Zitoun el-Kedim in Marrakesch (S. 91).

Auch noch ziemlich nachhaltig: Arganöl

Im Ernst: Dies ist das edelste kosmetische Öl, das je von Ziegen ausgeschieden wurde! Rund um Eassaouira und im Antiatlas klettern die Tiere auf niedrige Arganbäume, um die Nüsse zu fressen. Sie verdauen die weiche, flaumige äußere Schicht und scheiden den Kern komplett wieder aus. Anschließend sammeln Frauen den Dung, entnehmen die Kerne, säubern und knacken sie und holen die Mandel heraus. Aus der Nuss wird nun eine winzige Menge orangefarbenen Öls gepresst, das reich an Vitamin E ist. All dies geschieht in mühseliger Handarbeit. Um sicherzugehen, dass die Frauen auch wirklich einen fairen Lohn erhalten und das Endprodukt keine Zusatzstoffe enthält, kauft man am besten direkt von einem Kollektiv. Dafür sind Abstecher zu Amal (S. 252) nördlich von Agadir, zu der Coopérative Tiguemine (S. 251) bei Essaouira und zu einem Laden der Assouss Coopérative d'Argane (S. 91) in Marrakesch zu empfehlen.

Unter Umständen nachhaltig: Berberteppiche & -decken

Berberdecken werden oftmals aus so naturbelassener Wolle hergestellt, dass man das Lanolin darauf noch fühlen kann. Doch trotz der Behauptung, nur natürliche Stoffe zum Färben zu benutzen, verwenden die meisten Teppichweber eine Kombination aus Natur und Chemie, um die gewünschte Farbbrillanz und Lichtbeständigkeit zu erreichen. Einige Kooperativen kardieren und färben ihre Wolle mit natürlichen Farbstoffen (meistens Braun-, Gelb-, Rosa- und helle Grüntöne). Bei leuchtenden Farben ist es dagegen besser, wenn die Teppichherstellerinnen Wolle von renommierten industriellen Färbereien beziehen, anstatt diese selbst chemisch zu färben und den Sud ins Abwasser zu leiten. Vereinigungen, die umweltverträgliche Techniken fördern, demokratisch organisiert sind und die Weberinnen direkt und fair bezahlen, sind Kasbah Myriem (S. 375), die Coopérative Feminine de Tissage Aït Bououli (S. 102), Jemaite Tifawin (S. 150), die Coopérative Ahilal des Tapis (S. 150) und die Aït-Oudinar-Teppichweberinnen-Kooperative (S. 159).

Nicht wirklich umweltfreundlich: Thujaholz

Die marokkanische Thuja ist eine Zypressenart, die nur in Marokko vorkommt und vom Aussterben bedroht ist. Aus der Wurzel, einem karamellfarbenen Knoten, werden Schalen und Schmuckkästchen gemacht. Man sollte sie nur bei Kunsthandwerkskollektiven kaufen, denn die Mitarbeiter kümmern sich eher um verantwortungsbewusstes Sammeln und Wiederaufforstung, darunter die Coopérative Artisanal des Marqueteurs (S. 249) und die Coopérative Artisanale des Femmes de Marrakech (S. 91).

Wüste

Keine Landschaft Marokkos ist so berühmt wie die Wüste mit ihren hügeligen Dünen und Lehmziegel-*ksour* (Burgen), die sich majestätisch aus versteckten Palmenoasen erheben. Doch der größte Teil dieser Region besteht weder aus Oasen noch aus Dünen und ist praktisch unbewohnbar. Riesige Gebiete der unwirtlichen *hammada* (Steinwüste), die von felsigen Schluchten durchzogen sind, schmorten Millionen Jahre in der backofenartigen Wüstenhitze, bis ihre geschwärzten Oberflächen geradezu glasiert waren. Im Osten und Süden dient die Wüste nach wie vor als umstrittene Grenzen zu Algerien und Mauretanien und südlich des Antiatlas gehen die kargen Hänge in die steinige, fast weglose Westsahara über.

Sahara: A Natural History von Marq de Villiers und Sheila Hirtle ist eine lesenswerte Quelle zu Flora und Fauna der Sahara, ihren Bewohnern und ihrer geografischen Geschichte.

Selbst heute noch ruft der Anblick einer Oase an diesem kargen Horizont ein Gefühl der Euphorie und des Erstaunens hervor. In früheren Zeiten jedoch, wenn die Karawanen auf der Reise durch die Sahara nach 52 zermürbenden Tagen die letzten Dünen des Erg Chigaga und bei Tinfou erreicht hatten, bedeutete der grüne Schimmer am Horizont bei Zagora, dass die Kaufleute gerettet waren. Von Zagora zogen die mit Gold beladenen Karawanen auf dem Weg zum Mittleren Atlas durch das Drâatal von einem gut befestigten *ksar* zum nächsten, bis sie schließlich in der Skoura-Oase ihre Kamele entladen und die Maultiere bepacken konnten.

Manchmal werden die Mäuler von Schlangen zugenäht, damit sie die Schlangenbeschwörer nicht beißen können. Dieses Vorgehen führt allerdings zu schlimmen Infektionen. Verantwortungsbewusste Traveller sollten nicht mit solchen Schlangen posieren und deren Haltern kein Trinkgeld geben.

Einige Karawanen passierten die alten Wüstentore von Sijilmassa (bei Rissani), aber einen einfachen Weg gab es nicht: Eine Route führte über die rosa-goldenen Dünen des Erg Chebbi bei Merzouga, die andere vorbei am außergewöhnlichen Jebel Sarhro, wo die ebenso außergewöhnlichen halbnomadischen Krieger der Aït Atta lebten. Mittlerweile ist die Atmosphäre in den Oasen wesentlich entspannter: Tagsüber geht's hier eher gemächlich zu und abends versammeln sich Besucher und Einwohner um ein wärmendes Feuer.

Marokkos Tierwelt

Obwohl das Land seit Jahrtausenden bewohnt und bewirtschaftet wird, wimmelt es hier noch immer von Pflanzen und Tieren – ein Zeugnis für die Nachhaltigkeit der traditionellen Methoden und den sorgsamen Umgang mit den Ressourcen, die über Generationen weitergegeben wurden. Heute gibt's in den 40 verschiedenen Ökosystemen Marokkos viele einheimische Arten, darunter Pflanzen und Tiere, die anderswo vom Aussterben bedroht sind. Allerdings hat die Industrialisierung Marokkos sorgfältig ausbalancierte Umwelt gehörig unter Druck gesetzt. Während das Land Maßnahmen ergreift, um Schutzreservate für gefährdete Arten einzurichten, können Besucher ihren eigenen Teil zum Schutz der natürlichen Lebensräume beitragen, indem sie auf den markierten *pistes* bleiben und sämtlichen Abfall wieder mitnehmen.

Mit der Auswilderung von 5000 in Gefangenschaft ausgebrüteten Vögeln in einer 40 000 km² großen Schutzzone in der östlichen Wüste Marokkos steht die vom Aussterben bedrohte Kragentrappe kurz vor einem Comeback. Ein großer Erfolg, da Trappen nur sehr schwer zum Brüten zu bringen sind.

An der Küste

Abseits der urbanen Hafenstädte und Ferienkomplexe erstrecken sich noch lange wilde Küstenabschnitte, in denen weit mehr Vögel und Meeressäuger wie Delfine und Schweinswale als Menschen leben. An den Stränden kann man Weißaugenmöwen, marokkanische Kormorane und Brandseeschwalben beobachten. Seevögel und Süßwasservögel gedeihen in Reservaten wie dem Sous-Massa-Nationalpark, wo man vielleicht neben Enten und Sumpfvögeln, die aus Europa zum Überwintern hierherziehen, einen der gefährdeten Waldrappe entdeckt. An der Mittelmeerküste bekommt man mit etwas Glück eines der am meisten gefährdeten Tiere überhaupt zu Gesicht: die Mittelmeer-Mönchsrobbe. Inzwischen gibt's nur noch 450 bis 600 Tiere ihrer Art, einige davon haben in geschützten Buchten Marokkos Zuflucht gesucht.

STAUB AUFWIRBELN

Wer die Wüste so sehen will, wie sie die Natur erschaffen hat, der macht sich mit einem Dromedar statt mit einem Jeep auf den Weg. Geländewagen brechen mit ihren großen Rädern die Oberfläche auf, die anschließend durch starken Wind verwirbelt wird. Einer Schätzung zufolge ist die jährliche Staubbildung in Nordafrika in den letzten 50 Jahren um ganze 1000 % gestiegen. Der Staub trägt wesentlich zur Dürre bei, da er die Erdoberfläche vom Sonnenlicht abschirmt und dadurch die Wolkenbildung verhindern. Dies hat weitreichende Konsequenzen: So wurde der Staub von der Sahara bereits bis nach Griechenland getragen. Wer stattdessen mit dem Dromedar unterwegs ist, verscheucht keine Tiere durch Vibrationen und hat bessere Chancen, scheue Geschöpfe wie den Wüstenfuchs, die Wüstenspringmaus und den Wüstenigel zu sehen.

Wüstenbewohner

Auf den ersten Blick scheint die Sahara unmöglich als Lebensraum dienen zu können, trotzdem gibt's hier zahlreiche Tiere. Unter ihnen befinden sich auch einige possierliche pelzige Wesen wie mehrere Rennmaus-Arten, die langohrige, staksige Wüstenspringmaus, die fast aus einem Comic stammen könnte, und der kleine Afrikanische Wüstenigel, der gerade mal 300 bis 500 g schwer wird. Der putzige Fenek (Wüstenfuchs) hat fellbesohlte Pfoten und riesige, fledermausähnliche Ohren, über die er die Hitze ableitet. Er ist scheu und nachtaktiv, doch wer mit einem Dromedar unterwegs ist und in der Wüste übernachtet, erhascht vielleicht einen kurzen Blick auf ihn.

Während die Hitze die meisten Menschen träge macht, sind viele Wüstentiere elegant und flink. Dorkasgazellen sind weit verbreitet und möglicherweise entdeckt man auch die seltene rötliche Cuviergazelle. Zu den Echsen, die durch die Gegend huschen, zählen Skinke und Dornschwanzagamen. Manchmal begegnet man zudem der tödlich aussehenden, aber nicht besonders giftigen Hornviper. Goldschakale sind die am häufigsten vorkommenden Raubtiere und in entlegenen Teilen der Westsahara leben vielleicht auch noch einige an die Wüste angepasste Geparden.

LÖWEN

Der Berberlöwe war einst im ganzen Atlas- und Rifgebirge heimisch, hatte eine dicke, schwarze Mähne und lebte als Einzelgänger. 1921 wurde das letzte wild lebende Tier getötet, doch inzwischen konnte der Parc Zoologique National in Rabat mit einem kleinen Zuchtprogramm Fortschritte erzielen: Die Jungen sind genetisch zu über 80 % Berberlöwen.

In den Bergen

Die bewaldeten Berghänge sind Marokkos artenreichste Biotope. Ihre berühmtesten Bewohner, die geselligen Berbermakaken (auch bekannt als Berberaffen), bekommt man im Rifgebirge und im Mittleren Atlas, besonders rund um Azrou, zu Gesicht. Schwieriger ist es, Berggazellen, Luchse und die gefährdeten Berberschafe zu entdecken. Für Letztere wurde inzwischen ein Schutzgebiet im Hohen Atlas in der Nähe des Tizi n'Test eingerichtet. Dort lebt nur ein Raubtier, das diese Spezies jagt, der ebenfalls vom Aussterben bedrohte Berberleopard. Hierbei handelt es sich um die letzte Leopardenart in Nordafrika.

Im Hohen Atlas steigen Steinadler mit Aufwinden in die Höhe, und bei Wanderungen erblickt man vielleicht Fichtenkreuzschnäbel, Ohrenlerchen, akrobatisch dahinsegelnde Zwergadler, Schmutzgeier sowie Schwarze und Rote Milane. Im Frühling flattern Schmetterlinge in den Bergen herum, darunter der scharlachrote Kardinal und der leuchtend gelbe Kleopatrafalter.

Nationalparks

Angesichts der vordringenden Städte, die sich in natürlichen Lebensräumen ausbreiten, hat die Regierung inzwischen zahlreiche Schutzgebiete eingerichtet, um das Verschwinden seltener Pflanzen- und

SEHENSWERTE NATIONALPARKS

NATIONALPARK	LAGE	BESONDERHEITEN	AKTIVITÄTEN	BESTE BESUCHSZEIT
Toubkal-Nationalpark (S.121)	bei Marrakesch	höchster Berg Nordafrikas	Trekking, Klettern	Mai–Juni
Sous-Massa-Nationalpark (S.401)	südlich von Agadir	Küstendeltas und -wälder; 275 Vogelarten, darunter der gefährdete Waldrapp, Säugetiere und im Gehege gehaltene bedrohte Arten	Trekking, Tierbeobachtung, Vogelbeobachtung	März–Okt.
Lac de Sidi Bourhaba (S.218)	Mehdiya	See und Feuchtgebiete; 200 Zugvogelarten, darunter Marmelenten, Kapohreulen und Flamingos	Schwimmen, Vogelbeobachtung, Trekking	Okt.–März
Merja-Zerga-Nationalpark (S.219)	Moulay Bousselham	Lagunenbiotope; 190 Wasservogelarten, z. B. Kapohreulen, Korallenmöwen, Flamingos und Kammblesshühner	Vogelbeobachtung	Dez.–Jan.
Talassemtane-Nationalpark (S.307)	Chefchaouen	Zedern- & Tannenwälder, Berbermakaken, Füchse, Schakale und Fledermäuse im Zedernwald	Tierbeobachtung, Trekking	Mai–Sept.
Bouarfa-Schutzgebiet (S.387)	Bouarfa	Steppe mit roten Felsen	Trekking, Klettern	April–Okt.
Tazzeka-Nationalpark (S.381)	bei Taza	Eichenwälder & Wasserfälle	Trekking	Juni–Sept.
Al-Hoceima-Nationalpark (S.306)	Al-Hoceima	Thujawald, Kalksteinklippen, Fischadler	Trekking, Vogelbeobachtung	Mai–Okt.

Tierarten zu stoppen. Als erster wurde 1942 der Toubkal-Nationalpark im Hohen Atlas gegründet. Nach der Eröffnung des riesigen Sous-Massa-Nationalparks bei Agadir im Jahr 1991 wurden 2004 vier weitere Schutzzonen geschaffen: Talassemtane (58 950 ha) im Rifgebirge; Al-Hoceima (48 500 ha) im Mittelmeerraum mit herausragenden Küsten- und Marinebiotopen sowie einem der letzten Lebensräume der Fischadler; der Ifrane-Nationalpark (51 800 ha) im Mittleren Atlas mit Zedernwäldern und Berberaffen und der Nationalpark im östlichen Hohen Atlas (55 300 ha).

Heute unterstehen die 14 Nationalparks sowie die 35 Naturschutz-, Waldschutz- und anderen Schutzgebiete der Direction des Eaux et Forêts (Forstaufsicht), die sich auch um die Arterhaltung kümmert und naturwissenschaftliche Forschung betreibt. Die Mitarbeiter der Parks erfassen die Artenvielfalt der Regionen und führen Vogelzählungen, Primatenstudien und Sedimentanalysen durch. Diese Studien sind entscheidend bei der Ursachenforschung für den Verlust von Biotopen, und zwar nicht nur in Marokko, sondern auch darüber hinaus. In jüngster Zeit haben spanische und amerikanische Nationalparkbehörden die marokkanischen Schutzgebiete erforscht, um Fragen der Artenvielfalt besser zu verstehen.

Mehr Infos zur Vogelbeobachtung in Marokko siehe S. 34.

Für die einheimische Tier- und Pflanzenwelt erwiesen sich die Schutzgebiete als Segen, doch die Einwohner stehen ihnen mit gemischten Gefühlen gegenüber. Zwar schützen die Nationalparks lokale Ökosysteme und bringen mit dem zunehmenden Tourismus neue Einnahmen, doch der Zugang der Bevölkerung zu Wasser, Weideland und Wildpflanzen, die als Nahrung und Arzneimittel dienen, wurde eingeschränkt oder sogar komplett unterbunden. Durch den Schutz der Parklandschaften wollen die Ministerien für Tourismus und Landwirtschaft zum Gedeihen der lokalen Ökosysteme beitragen und landschaftlich nutzbares Land nach und nach wiederherstellen – davon profitieren letztendlich auch die örtlichen Gemeinden, denn der Ökotourismus ist eine profitable Alternative zum Marihuana-Anbau.

In naher Zukunft könnten Parkgebühren eingeführt werden, die für die Erhaltung der Natur, die Wissenschaft und die Förderung der Dorfgemeinschaften in den Schutzzonen verwendet werden. Bis dahin sind die beeindruckendsten Sehenswürdigkeiten Marokkos weiter kostenlos. Besucher können ihre Wertschätzung der lokalen Gemeinschaften am besten zum Ausdruck bringen, indem sie auf dem Weg liegende Nichtregierungsorganisationen unterstützen (s. S. 100).

Der Sahara Conservation Fund (www.saharaconservation.org) widmet sich dem Schutz wilder Tiere in der Wüste und zeigt auf seiner Website die Arten, die man in diesem Ökosystem sehen kann.

Kreativer Umweltschutz

Noch natürlicher als die marokkanischen Naturwunder selbst ist der Wunsch, diese zu bewahren. Marokkos Ausgangsbasis ist nicht schlecht, denn Visionen für eine nachhaltigere Zukunft kann das Land einfach aus seiner jüngeren Vergangenheit schöpfen. Die uralten *khettara*-Bewässerungssysteme, die noch heute genutzt werden, transportieren Wasser von natürlichen Quellen über unterirdische Kanäle zu den Feldern und Gärten, ohne dass dabei kostbares Wasser verdunstet. Das Konzept der Zertifizierung ist zwar noch eine Neuheit, doch viele kleine Bauernhöfe erhalten automatisch das Siegel Bio, weil chemischer Dünger teuer ist, es aber zur Genüge Eselsdung gibt. In gemeinschaftlich genutzten Hamams werden Strom und Wasser viel effektiver genutzt als beim individuellen Duschen oder Baden. Die lokal hergestellte, tensidfreie *savon noir* (schwarze Seife, die aus natürlichem Palmen- und Olivenöl besteht) ist sanft genug zum Rasieren und so effektiv wie Waschseife, ohne beim Abspülen die Umwelt zu verschmutzen. Das übrig bleibende „graue Wasser" kann im Garten sowie für die Brunnen in den Innenhöfen genutzt werden. In den traditionellen Lehmziegelhäusern bilden die meterdicken Wände eine natürlich Dämmung gegen Sommerhitze und Winterkälte, außerdem bleibt der größte Teil des Straßenlärms draußen – Klimaanlage und Zentralheizung sind also unnötig.

Marokko handelt entschlossen und passt sich rasch an neue ressourcensparende Technologien an. Die Ölbohrung vor der Küste der Westsahara erwies sich als teuer sowie politisch und ökologisch schwierig, deshalb wendet sich das Land jetzt zuverlässigeren Energiequellen für den eigenen Bedarf und den Export zu. Als Pioniernation ist es bereits dabei, im Rifgebirge Windenergie zu nutzen, darüber hinaus produziert Ouarzazate gegenwärtig an fünf Standorten insgesamt 500 000 Megawatt Strom, was es zu einem der weltgrößten Solarstromlieferanten macht.

Um die vor ihm liegenden Herausforderungen zu bewältigen, wird Marokko allen Einfallsreichtum brauchen – und jede Unterstützung, die es von seinen Besuchern bekommen kann. Wegen des hohen Bedarfs der Stadtbewohner und Touristenkomplexe haben 37 % der Dörfer rund um Marrakesch mittlerweile keine zuverlässige Trinkwasserquelle mehr. In Stauseen wird dem Wasser wertvoller Schlamm entzogen, der für den Betrieb der Bauernhöfe und den Erhalt der Küstenfeuchtgebiete nötig ist. Auch die Wälder sind bedroht: Jedes Jahr gehen 250 km^2 verloren, darunter marokkanische Kiefern, Thujabäume und Atlaszedern. Ein gewichtiges Problem im wahrsten Sinne des Wortes ist die Umweltverschmutzung: Allein die marokkanischen Städte produzieren jährlich 2,4 Mio. Tonnen Müll.

Während Marokko gesetzliche Maßnahmen zu einer Fülle von Umweltproblemen erwägt, die vom Schutz der Feuchtgebiete bis zur Einführung biologisch abbaubarer Plastiktüten reichen, sind in den Städten und Dörfern des Landes bereits Veränderungen im Gange. Wohin man auch reist, überall fallen kleine Änderungen auf, die alle zusammen einen wichtigen Beitrag zum sparsamen Umgang mit den knappen Ressourcen leisten. Daran kann sich jeder beteiligen! Solarbeheizte Duschen liefern nachmittags und abends sofort warmes Wasser; also duscht man besser dann, anstatt zu anderen Tageszeiten Wasser zu vergeuden, das beim Erwärmen der Gasheizung ungenutzt durch die Leitungen rinnt. Wiederaufforstungsprogramme beugen der Bodenerosion vor; Traveller können dazu beitragen, indem sie auf gekennzeichneten Wegen bleiben und örtliche Aufforstungsinitiativen von Nichtregierungsorganisationen unterstützen. Biogärten liefern frische Zutaten und verringern die Abhängigkeit von Lebensmitteln, die über weite Strecken transportiert werden – wer lokale und saisonale Spezialitäten bestellt, verstärkt die Nachfrage. Marokkos wegweisendes Programm des „Grünen Schlüssels" zertifiziert Hotels und Pensionen, die ganz unterschiedliche ressourcensparende Maßnahmen eingeführt haben, von wassersparenden Toiletten bis zu umweltfreundlichen Reinigungsmitteln.

Wenn man die traditionellen, nationalen und lokalen Verfahren zusammen betrachtet, ist Marokko nicht nur bereit, den Wandel zum nachhaltigen Tourismus zu vollziehen, sondern ganz Europa zu zeigen, wie das geht.

Praktische Informationen

Allgemeine Informationen

Arbeiten in Marokko

» In Marokko sind viele Menschen arbeitslos; vor allem Jugendliche finden keinen Job. Darum ist es nicht leicht, in diesem Land Arbeitsmöglichkeiten aufzutun.

» Sehr gute Französischkenntnisse gelten als Muss, etwas Arabisch macht die Sache ebenfalls leichter.

» Wer als Ausländer einen Job gefunden hat, braucht die Hilfe des Arbeitgebers, um eine Arbeitserlaubnis und einen Wohnsitz zu bekommen – oft ein langwieriges Unterfangen.

» Die Auswahl an ehrenamtlichen Tätigkeiten (s. S. 530) ist größer.

Fremdsprachenunterricht

Es ist prinzipiell möglich, in Marokko Deutsch und Englisch als Fremdsprachen zu unterrichten, allerdings wird man dafür nicht sonderlich gut bezahlt.

Eine gute Anlaufstelle dafür ist Rabat.

Die besten Erfolgsaussichten hat man in den Monaten September und Oktober (Anfang des Studienjahres) und eingeschränkt auch Anfang Januar. Wer Englisch unterrichten möchte, dem wird ein TEFL-Zertifikat (Teaching English as a Foreign Language) helfen.

American Language Centers (www.aca.org.ma) Zehn Sprachschulen im ganzen Land.

British Council (www.britishcouncil.org/morocco.htm) Sucht gelegentlich Lehrkräfte; Bewerber benötigen ein TEFL-Zertifikat.

Goethe-Institut (www.goethe.de/ins/ma/rab/deindex.htm) Ist in Rabat und Casablanca vertreten.

TEFL.com (www.tefl.com) Datenbank mit Stellenangeboten.

Botschaften & Konsulate

Ausländische Botschaften und Konsulate befinden sich größtenteils in Rabat und sind montags bis freitags von etwa 9 bis 12 Uhr geöffnet.

Informationen zu Visumsbestimmungen für Marokkos Nachbarstaaten siehe Kastentext S. 544.

Das **Marokkanische Ministerium für Auswärtige Angelegenheiten und Kooperation** (www.maec.gov.ma) verfügt über eine Liste von Botschaften und Konsulaten in Marokko.

Feiertage

An den wichtigsten gesetzlichen Feiertagen haben alle Banken, Postschalter und viele Geschäfte geschlossen.

BOTSCHAFTEN IN RABAT

Algerien (☎0537 76 54 74; www.mae.dz/ma_fr, auf Französisch; 46-48 Ave Tariq ibn Zayid) Ist außerdem mit einem Generalkonsulat in Casablanca und einem Konsulat in Oujda vertreten.

Deutschland (☎0537 21 86 00; www.rabat.diplo.de; 7 Rue Madnine) Zusätzlich gibt's ein Konsulat in Rabat sowie Generalkonsulate in Agadir und Casablanca.

Mauretanien (☎0537 65 66 78; www.mauritania.mr/fr, auf Französisch; 6 Rue Thami Lamdaouar, Soussi)

Österreich (☎0537 76 40 03; www.aussenministerium.at/rabat; 2 Rue Tiddas)

Schweiz (☎0537 26 80 30; www.eda.admin.ch/rabat; Square de Berkane)

Spanien (☎0537 63 39 00; www.maec.es/en; Rue Ain Khalouiya, Route des Zaers, Km 5300 Soussi) Ist außerdem mit Generalkonsulaten in Agadir, Casablanca, Larache, Nador, Rabat, Tanger und Tetouan vertreten.

Der öffentliche Personenverkehr läuft aber meist weiter wie üblich.

Neujahr 1. Januar

Unabhängigkeitstag 11. Januar – erinnert an die Proklamation des marokkanischen nationalistischen Manifests der Unabhängigkeit in Fes.

Tag der Arbeit 1. Mai

Thronfest 30. Juli – erinnert an die Inthronisierung König Mohammeds VI.

Treue von Oued Eddahab 14. August – feiert die „Rückkehr zum Vaterland" der Region Oued Eddahab im Süden, ein Gebiet, das einst von Mauretanien beansprucht wurde.

Jahrestag der Revolution des Königs und des Volkes 20. August – erinnert an die Verbannung Mohammeds V. durch die Franzosen im Jahr 1953.

Fest der Jugend 21. August – der Geburtstag des Königs.

Jahrestag des Grünen Marschs 6. November – zur Erinnerung an den Grünen Marsch im November 1975, der Spanien zur Übergabe der Westsahara an Marokko bewegen sollte.

Unabhängigkeitstag 18. November – feiert die Unabhängigkeit von Frankreich.

REISEN WÄHREND DES RAMADANS

ALISON BING

Ramadan Mubarak! (Froher Ramadan!) Im Mondmonat Ramadan ist *saum* (Fasten) angesagt. Der glaubensbedingte Verzicht auf Essen, Getränke, Tabak und Sex gilt von Sonnenauf- bis Sonnenuntergang und soll spirituelle Erneuerung sowie *zakat* (Wohltätigkeit) fördern.

Viele Geschäfte reduzieren Öffnungszeiten und Personal, deswegen muss man Unterkunft, Transport und Touren möglichst im Voraus organisieren. Ob Büros besetzt sind, klärt ein vorheriger Anruf. Fast alle Restaurants sind tagsüber geschlossen, also Proviant einpacken oder in einem der Touristenlokale reservieren. Geschäfte schließen oft nachmittags; Feilschen hat vor der Mittagshitze und dem einhergehenden Durst bessere Erfolgschancen.

Bei Sonnenuntergang füllen sich die herausgeputzten Straßen mit Lichtern, Musik, verführerischen Düften und Ständen mit Süßigkeiten. Nach dem *iftar* (fastenbrechendes Mahl) mit Datteln, Suppe oder leckeren Snacks gibt's Süßes bis zum Festessen am späten Abend. Es folgen weitere Gänge und noch mehr Süßigkeiten, bis schließlich das *sahur* (Mahl vor Sonnenaufgang) kredenzt wird.

Traveller sind vom Fastengebot befreit, schließlich fällt es schon daheim unter normalen Bedingungen schwer genug. Aus Solidarität sollte man darauf verzichten, in der Öffentlichkeit zu essen oder zu trinken, und die Privatsphäre der Gläubigen zu den Gebetszeiten respektieren.

Bietet eine neue Bekanntschaft einem Süßes an oder lädt zu einem fastenbrechenden Mahl ein, zeigt man mit der Annahme seinen Respekt, mit Ablehnung stößt man sein Gegenüber vor den Kopf. Niemand ist dazu verpflichtet, sich zu revanchieren oder die Süßigkeiten zu essen. Das *zakat* könnte man alternativ mit einer Spende bei einer lokalen Wohltätigkeitsorganisation erwidern.

Fotos

» Marokko ist ein Traum für alle Fotografen, allerdings sollte man niemals etwas ins Visier nehmen, das nur im Entferntesten militärisch oder sicherheitsrelevant anmutet.

- Das gilt auch für Flughäfen, Brücken, Regierungsgebäude und Angehörige der Polizei oder Armee.
- Ganz besonders sollte man diesen Ratschlag im Süden, in der Westsahara und an der Grenze zu Algerien beherzigen.
- Beim Passieren von Kontrollpunkten in der Westsahara muss man seine Kamera verstecken.

» Die Höflichkeit gebietet es, Fremde um Erlaubnis zu bitten, wenn man sie fotografieren will.

- In den Städten wird das nicht so eng gesehen.
- Auf dem Land lassen sich die Einheimischen jedoch nur ungern ablichten.
- Vor allem Frauen und Ältere mögen es nicht, wenn man das Objektiv auf sie richtet.
- Ihr Recht auf Privatsphäre sollte auf jeden Fall respektiert werden.

» Speicherkarten und Batterien für Digitalkameras sind in größeren Städten wie Casablanca und Marrakesch problemlos zu bekommen.

- Wer nur einen kurzen Aufenthalt plant, bringt seine Ausrüstung am besten selbst mit.
- Ein USB-Speicherstick ist praktisch, um Fotos zu sichern. In den meisten Internetcafés ist es aber auch kein Problem, CDs zu brennen.

WICHTIGE MUSLIMISCHE FEIERTAGE

Die Ausübung der islamischen Religion richtet sich nach dem Mondkalender, der etwa elf Tage kürzer ist als sein gregorianisches Pendant.

Hier genannte wichtige religiöse Feiertage werden landesweit begangen. Sie gehen mit Einschränkungen und Änderungen vieler Busfahrpläne sowie allgemeinen Verzögerungen beim Transport einher. Mit Ausnahme des ersten Tages des Ramadan sind Behörden und Geschäfte geschlossen.

Moulid (oder Mouloud) an-Nabi feiert die Geburt des Propheten Mohammed. Oftmals werden an diesem Tag Kinder beschenkt.

Eid al-Fitr (Fest des Fastenbrechens) markiert das Ende des Ramadans und wird auch Eid as-Sagheer (Kleines Fest) genannt. Die viertägige Familienfeier beginnt mit einer *harira* (Linsensuppe), Datteln und Honigkuchen und bringt das Land quasi zum Erliegen.

Eid al-Adha (Opferfest) wird im gesamten islamischen Kulturkreis begangen. Im Mittelpunkt der dreitägigen Festlichkeiten steht das rituelle Opfern von Schafen. Es ist auch als Eid al-Kabeer (Großes Fest) bekannt und erinnert an die Opfergabe Abrahams.

Da das genaue Datum eines islamischen Feiertages erst ein paar Tage vor Beginn des jeweiligen Monats feststeht, sollen folgende Angaben nur als Orientierung dienen.

FEIERTAG	2012	2013	2014
Moulid an-Nabi	5. Feb.	25. Jan.	14. Jan.
Beginn des Ramadans	21. Juli	10. Juli	29. Juni
Eid al-Fitr	19. Aug.	8. Aug.	28. Juli
Eid al-Adha	26. Okt.	15. Okt.	4. Okt.
Neujahr (Jahr)	16. Nov. (1434)	5. Nov. (1435)	25. Okt. (1436)

» Wer Negativfarbfilme (35 mm oder APS) oder Videobänder benötigt, müsste ebenfalls in den größeren Zentren fündig werden.

- Sie kosten allerdings etwas mehr als in Europa.
- Diafilme sind schwerer zu bekommen.
- Beim Kauf eines Films in Marokko ist es ratsam, auf das Verfallsdatum zu achten.
- Professionelle Fotolabore bieten die Entwicklung von Filmen an.

» Umfassende Tipps für tolle Urlaubsfotos gibt der Lonely Planet Band *Travel Photography*.

Frauen unterwegs

» Vor der Hochzeit haben marokkanische Männer nur wenig Gelegenheit, Frauen zu treffen und kennenzulernen. Aus diesem Grund wird westlichen Frauen so viel Beachtung geschenkt.

» Sie sind nicht durch die Zwänge der marokkanischen Gesellschaftsstruktur oder durch religiöse Vorgaben gebunden und gelten als aufregend unabhängig bzw. „verfügbar"!

» Marokkos Tourismus wächst und bringt auch Urlauberinnen ins Land, die wenig vorbereitet oder sich der kulturellen Unterschiede zwischen muslimischen und westlichen Ländern nicht bewusst sind.

» 70 % der marokkanischen Bevölkerung sind jünger als 30 Jahre. Am Ende ihrer Reise werden viele Frauen aus dem Westen wohl meinen, alle Männer dieser Gruppe getroffen zu haben.

» Die permanente Aufmerksamkeit wird bald anstrengend, denn die Typen sind einfach nicht abzuschütteln, egal mit welcher Taktik.

» Bei der ersten Reise nach Marokko werden die meisten Frauen anfangs etwas geschockt sein, entwickeln aber in der Regel schnell eine dicke Haut gegenüber Komplimenten und unerwünschten Blicken.

» Frauen sollten immer vorsichtig bleiben, allerdings ohne deswegen gleich eine Paranoia zu entwickeln; in den meisten Fällen bleiben die Belästigungen nämlich harmlos.

» Marokkaner sind Reisenden gegenüber sehr hilfsbereit und dabei kann es sogar von Vorteil sein, eine Frau zu sein – vor allem wenn man sich verlaufen hat oder sich in irgendeiner Notlage befindet. Normalerweise sind die Einheimischen besonders um das „schwache Geschlecht" besorgt und bieten Frauen in einer potenziell schwierigen Situation Schutz und Unterstützung an.

» Darüber hinaus haben Frauen im Gegensatz zu Männern die Möglichkeit, Marokkanerinnen kennenzulernen.

» Weitere Informationen zu marokkanischen Frauen siehe S. 466.

Kleidung

» Ins Gepäck gehört unauffällige Kleidung. Hotpants und Dekolleté sind in der Medina von Marrakesch absolut unangemessen, auch wenn manche Urlauberinnen das anders sehen.

» Bikinis ziehen Aufmerksamkeit auf sich. Sich am Strand oben ohne zu sonnen ist unangebracht.

» Wer ein Kopftuch oder sogar eine Dschellaba (weiter landestypischer Umhang) trägt, wird besonders in ländlichen Regionen respektvoll behandelt werden. Allerdings muss frau dann auch mit zahllosen Fragen bezüglich ihrer Kleidung rechnen – beispielsweise, ob sie Muslima oder Marokkanerin bzw. mit einem Marokkaner verheiratet ist.

» Weitere Hinweise zu angemessener Kleidung siehe Kastentext S. 470.

Männliche Reisebegleitung

» Frauen in männlicher Begleitung werden höchstwahrscheinlich seltener belästigt.

» Auch wenn man nur miteinander befreundet ist, kann die Behauptung, verheiratet zu sein, helfen (alles andere ist hier ohnehin schwer vermittelbar).

» Marokkanische oder marokkanisch aussehende Frauen, die einen nichtmarokkanischen Ehemann haben, sollten eine Kopie der Heiratsurkunde dabeihaben. Sex vor der Ehe ist für Muslime verboten – und in Marokko gilt Prostitution als heikles Thema.

» Wenn umgekehrt der Mann für einen Marokkaner gehalten werden könnte, muss man aus demselben Grund an der Hotelrezeption mit unangenehmen Situationen rechnen. In größeren Städten sollte das jedoch meist kein Problem darstellen.

PRAKTISCH & KONKRET

» Bei Maßen und Gewichten gilt in Marokko das metrische System.

» Die Stromversorgung ist zuverlässig und in fast allen touristischen Gegenden verfügbar.

» Weitere Infos zum Thema Strom siehe S. 539.

» Eine Liste marokkanischer Onlinezeitungen findet man unter www.onlinenewspapers.com/morocco.htm.

» Nachrichten auf Englisch gibt's bei *Morocco Board News Service* (www.moroccoboard.com), *Morocco Newsline* (www.morocconewsline.com) und *Agence Maghreb Arabe Presse* (www.map.ma/eng). *Maghrebarts* (www.maghrebarts.ma) ist eine französischsprachige Website, die sich den Themen Kunst und Medien widmet.

» In den meisten größeren Städten, großen Hotels und Ferienanlagen wird eine Auswahl an deutschsprachigen Zeitungen geboten.

» Zu den französischsprachigen Tageszeitungen gehören der regierungsfreundliche *Le Matin* (www.lematin.ma) und die oppositionsnahen *Libération* (www.libe.ma), *L'Opinion* und *Al-Bayane*.

» Ein Großteil der marokkanischen Radiostationen sendet über AM oder FM auf Arabisch oder Französisch.

» Médi 1 mit Sitz in Tanger versorgt ganz Nordafrika und Europa mit maghrebinischen News und Musik über 105.3 MHz (in Marrakesch) und 95.3 bzw. 101 (in Tanger) sowie www.medi1.com.

» Die staatliche Rundfunkgesellschaft SNRT (www.snrt.ma) hat regionale und nationale Sender, darunter Chaine Inter, das man über Radio (98.8 MHz in Marrakesch und 90 MHz in Casablanca) empfängt sowie unter www.chaineinter.ma hören kann.

» Satellitenschüsseln sind weit verbreitet und empfangen ausländische Kanäle.

» Der größte Fernsehsender, 2M, ist teils staatlich und sendet über Satellit, analog sowie auf www.2m.ma (auf Arabisch und Französisch).

» Nachrichten und aktuelle Berichte von Médi 1 sind per Satellit und unter www.medi1tv.com zu sehen.

» Marokkanische DVDs haben wie große Teile Afrikas und Asiens den Regionalcode 5, Europa überwiegend den Code 2.

Sicherheitsvorkehrungen

» Verbrechen mit Frauen als Opfer sind sehr selten. Verbale Übergriffe – sowohl durch Frauen als auch durch Männer – kommen schon mal vor.

» Dies gilt vor allem für Gegenden, die in den letzten Jahren von vielen Touristen bereist wurden.

» Uns haben aber auch schon Berichte von Handgreiflichkeiten bei Musikfestivals in Essaouira erreicht.

» Frauen sollten immer ein paar einfache Vorsichtsmaßnahmen beachten:

- Sicherheit geht immer vor ökonomischen Überlegungen.
- Nachts nicht allein durch die Straßen ziehen und nach Einbruch der Dunkelheit zu Hause sein. Notfalls ein Taxi nehmen.
- In abgelegenen Regionen wie an verlassenen Stränden, in Wäldern und Sanddünen sollte frau nicht alleine unterwegs sein.
- Eine Sonnenbrille schützt vor Blickkontakt. Trotzdem sollte man sich nicht während des ganzen Aufenthalts in Marokko dahinter verstecken.
- Nicht aggressiv verhalten, denn das könnte erwidert werden. Ein gut gelauntes *non, merci* oder *la shukran* (nein, danke) ist deutlich wirkungsvoller als ein Kraftausdruck.
- Das Zauberwort heißt Respekt, ein für die meisten Marokkaner sehr wichtiger Begriff.

» Ein Ehering oder ein Foto des – notfalls erfundenen – Ehemanns oder Kindes können Wunder wirken. Ist man als Frau ohne die Familie unterwegs, kann man dennoch argwöhnische Blicke ernten. Dann hilft die Behauptung, man träfe sie am nächsten Reiseziel wieder.

» Jungen marokkanischen Männern ist es allerdings oft egal, ob eine Frau verheiratet ist oder nicht. Sie bestehen auf ihren rein freundschaftlichen Absichten und laden einen vielleicht sogar nach Hause ein, um ihre Mutter kennenzulernen.

Verhaltensweisen & Beziehungen

» In einem Land mit so viel Arbeitslosigkeit wie in Marokko werden Urlauber aus dem Westen oft als umherspazierende Ausreisevisa betrachtet; das gilt natürlich auch für Frauen.

» Dieses Bild wird teils von Ferienromanzen westlicher Urlauberinnen mit Einheimischen genährt.

» Gelangweilte junge Männer haben mitunter wenig zu verlieren, wenn sie einer Ausländerin schöne Augen machen, um so in ein anderes Land zu gelangen oder wenigstens ein sexuelles Abenteuer zu erleben, das sie mit Marokkanerinnen nicht haben können.

» Manche Marokkaner führen eventuell mehrere Beziehungen gleichzeitig.

» Auf der anderen Seite gibt's natürlich auch viele glückliche Geschichten von Pärchen verschiedener Nationalitäten.

Verkehrsmittel

» In öffentlichen Verkehrsmitteln setzt man sich wenn möglich neben eine Frau. Das gilt besonders für *grands taxis*, wo es recht beengt zugeht, sowie für Zugabteile, in denen man sich eventuellen Anzüglichkeiten nur schwer entziehen kann.

» Meist ist die Nutzung von *grands taxis* für Frauen ungefährlich, egal, wo man sitzt. Um sicherzugehen, kann man einfach für die zwei vorderen Plätze zahlen, das ist in jedem Fall bequemer.

» Nicht trampen.

Zufluchtsorte & Fettnäpfchen

» Wird der Trubel zu viel, sollte frau sich nach Orten umsehen, an denen sich alleinstehende Marokkanerinnen aufhalten.

» Das Obergeschoss eines *salon de thé* (Teehaus), ein Café, ein Restaurant oder Hotelterrassen sind eine gute Wahl.

» Hamams gelten als gute Adressen für ein paar entspannte, männerfreie Stunden.

» Hotelpools und öffentliche Schwimmbäder erfreuen sich bei Männern großer Beliebtheit, ob sie nun schwimmen oder sich an der Bar einen Drink genehmigen.

» Billige Unterkünfte wie Budgethotels über beliebten Einheimischenbars dienen auch als Bordelle.

» Wer Lust auf ein alkoholisches Getränk hat, hält sich am besten an die großen Hotels und meidet die rauen Kneipen mit ihrer größtenteils männlichen Klientel. Marokkanerinnen, die sich dort aufhalten, sind meist Prostituierte (auch die elegant aussehenden).

Freiwilligenarbeit

Viele internationale und marokkanische Organisationen vermitteln Freiwilligenjobs bei regionalen Entwicklungsprojekten.

Teilnehmer erhalten normalerweise keine Bezahlung und oft nicht einmal ein Dach über dem Kopf. Die Projekte zielen vor allem auf junge Leute ab, die ihre mehrwöchigen Sommerferien einmal anders verbringen möchten.

Gelegentlich handelt es sich dabei um echte Ferienlager und internationale Austauschprogramme.

Auf den Webseiten der Botschaften gibt's manchmal Links zu Nichtregierungsorganisationen und Projekten. Ohne ausreichende Kenntnisse des Arabischen oder der Berbersprache oder spezielle Fähigkeiten sind die Chancen allerdings gering.

Gute Anlaufstellen:

Idealist.org (www.idealist.org) Freiwilligenarbeit und Jobs in Marokko.

International Cultural Youth Exchange (ICYE; www.icye.org) Erleichtert die Suche nach neuen Freiwilligenprogrammen in Marokko.

The Big Trip (Lonely Planet) Der Guide für Aussteiger

und Abenteurer enthält ein Kapitel über Freiwilligenarbeit und Jobmöglichkeiten im Ausland sowie ein Verzeichnis mit Anlaufstellen.

Volunteer Abroad (www.volunteerabroad.com/Morocco.cfm) Guter Ausgangspunkt für die Suche nach ehrenamtlichen Jobs; führt Links zu Organisationen mit Marokkoprogrammen auf.

Working Abroad (www.workingabroad.com) Ehrenamtliche Jobs und Lehrtätigkeiten weltweit.

Organisationen

Internationale oder nationale Organisationen, die manchmal Jobs oder Camps in Marokko anbieten:

Baraka Community Partnerships (www.barakacommunity.com) Freiwillige helfen beim Tijhza-Dorfprojekt im Hohen Atlas in einem Aufforstungsprogramm sowie bei der Reparatur und Renovierung einfacher Häuser, bei der Unterstützung der zwei Schulen, der Gründung einer Vorschule und einer Muttergruppe, bei der Errichtung von Komposttoiletten und dem Aufbau einer Imkerei.

Chantiers Sociaux Marocains (CSM; www.csm.netsons.org) Marokkanische NRO mit Sitz in Rabat, die 18- bis 30-jährige Freiwillige aus aller Welt landesweit in den Bereichen Gesundheit, Bildung und Entwicklung einsetzt.

Jeunesse des Chantiers Marocains (http://perso.menara.ma/youthcamps) Die gemeinnützige Organisation fördert den kulturellen Austausch zwischen Jugendlichen. Zum Angebot gehören Programme in Marrakesch, die ehrenamtliche Jobs in Kindergärten und Waisenheimen vermitteln. Die Unterbringung erfolgt in Gastfamilien.

Projects Abroad (www.projects-abroad.de) Die in England gegründete Organisation ist mittlerweile auch in Deutschland vertreten und bietet gemeinnützige Ferienprogramme in Marokko, vom Gesundheitswesen bis zur Arbeit mit Nomaden.

United Planet (www.unitedplanet.org) Vermittelt Engagements, die von einer Woche bis zu einem Jahr dauern und teilweise in Marokko absolviert werden können.

Geld

» Die marokkanische Währung heißt Dirham (Dh), 1 Dh sind 100 Centimes.

» Es gibt Banknoten mit Werten bis zu 200 Dh und Münzen im Wert von 1, 2, 5 und 10 Dh sowie von 10, 20 und 50 Centimes. Letztere sind jedoch weniger häufig.

» Der Dirham ist keine frei konvertible Währung, d. h. er darf nicht außer Landes gebracht werden und ist im Ausland nicht verfügbar.

» Er ist recht stabil, was auch für den Wechselkurs gilt.

» Am einfachsten sind Euros, US-Dollars und britische Pfund einzutauschen.

» Wechselkurse siehe S. 17.

Bargeld

Bargeld ist praktisch und zugleich riskant. Wenn man es verliert, ist es weg, und nur sehr wenige Reiseversicherer werden in diesem Fall helfen. Dennoch sollte man immer ein wenig Bares bei sich haben.

» Einen Tagesvorrat an kleineren Scheinen im Geldbeutel oder in einer Tasche (allerdings niemals in der Gesäßtasche) mit sich führen.

» Der Rest gehört in einen Geldgürtel oder an einen anderen sicheren Ort.

» Wer in abgelegene Orte reist, braucht so viel Bargeld, dass es reicht, bis man wieder in eine etwas größere Stadt kommt.

» Immer einen Notfallvorrat an Euros in kleinen Scheinen dabeihaben.

» Manch einer empfindet riesige Mengen an Kleingeld als lästig, allerdings ist es extrem praktisch für Taxis, Trinkgelder, Führer und Bettler.

Geldautomaten

» Um an Bargeld zu kommen, sind Bankautomaten (*guichets automatiques*) am praktischsten.

» Sogar in den kleinsten Städten gibt's welche, außerdem akzeptieren praktisch alle Geräte Visa-, MasterCard,- Electron-, Cirrus-, Maestro- und InterBank-Karten.

» BMCE (Banque Marocaine du Commerce Extérieur), Crédit du Maroc, Banque Populaire, BMCI (Banque Marocaine pour le Commerce et l'Industrie), Société Générale und Attijariwafa Bank bieten einen verlässlichen Service.

» Achtung: An Wochenenden geht manchen Geräten das Geld aus!

» Welchen Betrag man abheben kann, hängt von den Konditionen der jeweiligen Karte ab.

» Das Tageslimit an den meisten Automaten beträgt etwa 2000 Dh.

» Bei vielen Banken kostet das Abheben im Ausland Geld; am besten vorab bei der Hausbank nachfragen.

Geldwechsel

» Ausländische Währungen können in unbegrenzter Höhe nach Marokko eingeführt werden.

» Der Im- und Export von Dirhams ist verboten.

» Banken und Wechselstuben tauschen die meisten Währungen, auch den Euro.

» Die Banken arbeiten zuverlässig, flott und effizient.

» Die Kurse variieren nur geringfügig von Bank zu Bank, ein Vergleich kann trotzdem nicht schaden.

» Wer Reiseschecks eintauschen möchte,

benötigt seinen Reisepass (und manchmal auch die Quittung für die Schecks); das gilt ebenfalls für Barauszahlungen und teilweise für Bargeldtausch.

» Wichtig: Die Umtauschquittung sollte man unbedingt aufheben. Sie muss nämlich bei nahezu allen marokkanischen Banken und *bureaux de change* vorgelegt werden, wenn man das übrig gebliebene Geld in eine andere Währung zurücktauschen möchte.

CEUTA & MELILLA

» In den spanischen Enklaven Ceuta und Melilla zahlt man mit dem Euro.

» Die marokkanischen Banken in den jeweiligen Grenzgebieten wechseln nur Bargeld.

» Alle Banken in Ceuta und Melilla handeln mit Dirhams, bieten jedoch niedrigere Kurse als ihre Kollegen in Marokko an.

Kreditkarten

» In Touristenzentren werden die wichtigsten Kreditkarten normalerweise akzeptiert.

» Marokkanische Geschäfte erheben oft eine Gebühr von etwa 5 %.

» Zu den am weitesten verbreiteten Kreditkarten gehören MasterCard und Visa. Wer sich auf das Plastikgeld verlassen will, sollte am besten beide dabeihaben.

» Noch besser ist eine Kombination aus Kreditkarten, Bankkarten, Reiseschecks und Bargeld – so hat man auch dann noch eine Alternative, wenn der Geldautomat die Karte nicht nimmt oder die einzige Bank in der Umgebung geschlossen ist.

» In fast allen großen Bankfilialen kann man mit Visa oder MasterCard Bargeld abheben.

» Eine Liste mit verlässlichen Banken findet man im Abschnitt „Geldautomaten".

TRINKGELD IN MAROKKO

SERVICE	TRINKGELD
Restaurant	10 %
Café	ein paar Dirhams
Museumsführer	3–5 Dh
Gepäckträger	3–5 Dh
Toilettenpersonal	2–3 Dh
Gepäckabfertiger	3–5 Dh
Tankwart	3–5 Dh
gardien de voiture (Parkwächter)	3–5 Dh; über Nacht 10 Dh

Reiseschecks

» Von Reiseschecks ist in Marokko abzuraten – sogar große Banken in den Städten akzeptieren sie oft nicht.

» Wer dennoch welche mitnehmen möchte, um für den Fall eines Diebstahls gerüstet zu sein, ist mit Schecks von American Express, Visa und Thomas Cook gut bedient. Sie werden am ehesten akzeptiert und haben gute Konditionen.

» Auf jeden Fall ist es wichtig, sich die Schecknummern zu notieren und verwendete abzuhaken. Nur so können verloren gegangene Reiseschecks auch ersetzt werden.

» Der Zettel mit den Nummern sollte von den Schecks getrennt aufbewahrt werden.

» Fast alle Banken erheben für die Einlösung von Reiseschecks eine Gebühr.

» Diese beträgt meist 10 bis 20 Dh pro Scheck, also vorher nachfragen.

Schwarzmarkt

Da sich Geld an offiziellen Stellen normalerweise ohne Probleme umtauschen lässt, bleibt wenig Spielraum für einen Schwarzmarkt. Trotzdem sind auf den Straßen einige Schwarzhändler unterwegs, die einen Geldwechsel anbieten, besonders in Tanger, Casablanca sowie an den Grenzen sowie innerhalb der Enklaven Ceuta und Melilla. Es ist besser, diesen zwielichtigen Gestalten aus dem Weg zu gehen: Erstens hat man von dem Tausch keinen finanziellen Nutzen und zweitens sitzt man häufig Betrügern auf.

Trinkgeld

» Trinkgeld gehört einfach zum marokkanischen Leben dazu. Für fast jede Dienstleistung werden ein paar Münzen erwartet.

» Man sollte sich nicht unter Druck setzen lassen, allerdings kann die clevere Verteilung von Dirhams für einen bereitwillig geleisteten Dienst das Leben spürbar erleichtern.

» Man sollte sich vor Augen halten, dass ein ungelernter Arbeiter in Marokko weniger als 100 Dh pro Tag verdient.

Internetzugang

» Internetcafés sind in Marokko weit verbreitet, effizient sowie günstig (3–10 Dh pro Std.) und warten meist mit schnellen Verbindungen auf.

» Zu den Ärgernissen für viele Urlauber gehören die weit verbreiteten französischen und arabischen Tastaturen (keine Qwertz-Belegung) sowie zahlreiche männliche User, die sich Pornoseiten anschauen.

» In diesem Band bezeichnet das Internet-Symbol (@) in den Abschnitten „Schlafen" Unterkünfte mit einem Gäste-PC samt Internetzugang.

» Das WLAN-Symbol (📶) steht für eine Einrichtung mit WLAN-Zugang.

» WLAN gibt's in einem Großteil der Mittel- und Spitzenklasseunterkünfte sowie in vielen besseren Budgetoptionen. Außerhalb der Großstädte und Touristenziele ist es weniger verbreitet, in häufig von Ausländern besuchten Orten jedoch zunehmend auf dem Vormarsch.

» Wer seinen Laptop dabeihat, benötigt im Allgemeinen keinen Adapter; die Spannungsstärke entspricht nämlich größtenteils der in Europa. Regelmäßige Virusscans sind jedoch zu empfehlen, da hier nur geringe Sicherheitsstandards gelten.

» Nützliche Websites siehe S.17 und Kastentext S.529.

Karten

Direkt vor Ort wird man Schwierigkeiten haben, passable Marokkokarten aufzutreiben, deshalb sollte man selbst eine mitbringen.

Informationen zu Karten für Trekkingtouren und im Allgemeinen siehe S.36. Empfehlenswert:

» Die Marco Polo *Kontinentalkarte Marokko* ist eine gute Wahl.

- Mit einem Maßstab von 1 : 800 000 umfasst sie eine Übersichtskarte, Pläne Marokkos inklusive der Westsahara, eine Entfernungstabelle, ein Ortsregister und fünf Citypläne.
- Außerdem werden darin landschaftlich reizvolle Strecken und Sehenswürdigkeiten angezeigt.

» Nützlich ist auch die Michelin-Karte Nr. 742 (früher Nr. 959), die man ebenfalls in größeren marokkanischen Städten erhält.

- Mit einem Maßstab von 1 : 4 000 000 umfasst sie das gesamte Land inklusive der Westsahara, enthält eine Karte im Maßstab von 1 : 1 000 000 von Marokko sowie zusätzlich Karten im Maßstab von 1:600 000 von Marrakesch, dem Hohen und Mittleren Atlas sowie von Fes und Umgebung.
- Sie zeigt die Standorte von Wochenmärkten, Kasbahs sowie *marabouts* (Grabmale örtlicher Heiliger) und hebt malerische Straße hervor.

» Die World Map *Morocco* von GeoCenter gilt als gute Alternative und wird mancherorts in Marokko verkauft.

- Sie zeigt Marokko im praktischen Maßstab von 1 : 800 000 (die Westsahara im Maßstab von 1:2 500 000).

Darüber hinaus gibt's mehrere Nordwestafrikakarten, die Marokko mit abdecken. Die Michelin-Karte Nr. 741 (Maßstab 1 : 4 000 000; früher Nr. 953 und 153), ein Klassiker für große Touren, umfasst ganz Westafrika sowie einen Großteil der Sahara.

Übersichtskarten Marokkos aus der ehemaligen Sowjetunion (Maßstab: 1 : 100 000 bis 1 : 1 000 000) kann man online und in gut sortierten Fachgeschäften weltweit kaufen. Oft müssen sie bestellt werden, wobei die Lieferzeit manchmal bis zu sechs Wochen beträgt.

Öffnungszeiten

Obwohl Marokko ein muslimisches Land ist, gilt bei den Ladenöffnungszeiten die Arbeitswoche von Montag bis Freitag. Nichtsdestotrotz ist der Freitag der Hauptgebetstag, weshalb viele Geschäfte an diesem Nachmittag eine ausgedehnte Mittagspause einlegen. Während des Ramadans ticken im ganzen Land die Uhren anders – Geschäfte haben dann nur von 10 bis 15 oder 16 Uhr geöffnet.

Oft variieren die Öffnungszeiten zwischen Medinas und *villes nouvelles;* in den Neustädten sind die meisten Geschäfte sonntags geschlossen, wohingegen die in den Medinas häufig die ganze Woche über (Freitag ausgenommen) von 9 bis 19 Uhr offen sind.

Die Suks in den Medinas und die Lebensmittelmärkte in den *villes nouvelles* der größeren Städte leeren sich am Donnerstagnachmittag, und freitags wirken sie oftmals ganz verwaist.

Suks in kleinen Ortschaften öffnen früh am Tag und schließen vor der Nachmittagshitze.

In Städten haben Apotheken abwechselnd Nachtdienst. Die jeweils diensthabenden hängen wochenweise in den Apotheken aus.

In den wichtigsten Urlaubsorten haben *bureaux de change* (Wechselstuben) oft bis 20 Uhr und übers Wochenende geöffnet.

Téléboutiques (private Telefonläden) und Internetcafés bieten ihre Dienste häufig bis tief in die Nacht hinein an, vor allem in Städten.

In diesem Band werden Öffnungszeiten nur dann angegeben, wenn sie stark von den im Folgenden genannten abweichen. Eine Ausnahme stellen Sehenswürdigkeiten dar; ihre Öffnungszeiten werden immer aufgelistet.

Banken Mo–Fr 8.30–18.30 Uhr

Postämter Mo–Fr 8.30–16.30 Uhr

Behörden Mo–Fr 8.30–18.30 Uhr

Restaurants 12–15 & 19–22 Uhr

Bars 16 Uhr–open end

Geschäfte Mo–Sa 9–12.30 & 14.30–20 Uhr (wegen der Gebete über Mittag oft länger geschlossen)

Touristeninformationen Mo–Do 8.30–12 & 14.30–18.30, Fr 8.30–11.30 & 15–18.30 Uhr

Post

» Die Filialen von **Poste Maroc** (www.bam.net.ma, auf Französisch) erkennt man an den gelben „PTT"-Schildern oder dem „La-Poste"-Logo.

» *Tabacs*, die in den Stadtzentren verteilten kleinen Tabak- und Zeitungskioske, bieten ähnliche Dienste an. Oft verkaufen sie Briefmarken, außerdem sind die Schlangen kürzer.

» Die marokkanische Post arbeitet zuverlässig, aber nicht sonderlich schnell.

» Briefe nach Europa sind mindestens eine Woche unterwegs.

» Schickt man seine Post in einer Stadt ab, geht's meist schneller.

» Postkarten ins Ausland kosten pauschal rund 13 Dh, Briefe etwa 18 Dh.

Express- & Kuriersendungen

» Normalerweise sind der Express Mail Service (EMS bzw. Poste Rapide) und die Paketpost im selben Gebäude untergebracht.

» In Marokko ist **Chronopost International Maroc** (www.chronopost.ma, auf Französisch) für Expresssendungen zuständig.

» Der Versand eines 500 g schweren Päckchens nach Europa kostet mindestens 308 Dh.

» Private Versandunternehmen findet man in größeren Städten. Sie sind schneller, aber auch teurer.

» Zu den Anbietern gehören **DHL** (www.dhl-ma.com) und **TNT** (www.tnt.com, auf Französisch).

Pakete verschicken

» Das Paketamt ist durch ein Schild mit der Aufschrift *colis postaux* zu erkennen und befindet sich in einem separaten Bereich des Postamts.

» Der Versand eines 1 kg schweren Pakets per Luftpost nach Europa kostet rund 120 Dh.

» Das Paket darf in Breite, Länge und Höhe 2 m nicht überschreiten; die Gewichtsobergrenze hängt vom jeweiligen Ziel ab, beträgt jedoch meist 30 kg.

» Wer Einkäufe nach Hause schicken will, sollte in der Post ein Paket und ein Versandformular besorgen und damit zu dem Laden marschieren, in dem er sie erworben hat.

» Die Verkäufer können ihre Ware sicher in Zeitungen und Pappe verpacken.

» Ein Teppich sollte zusammengerollt und in Plastiksäcke verpackt werden; auch das können Händler übernehmen.

» Die Adresse muss mehrfach mit einem wasserfesten Stift gut lesbar auf das Paket geschrieben werden.

» Das Zielland sollte besonders deutlich hervorgehoben werden, am besten auf Französisch und Englisch.

» Die Angabe des Warenwerts ist freiwillig – es kann allerdings sein, dass beim Empfang Gebühren fällig werden.

» Auf keinen Fall das Paket fest verschließen! Die Zollbehörde des Postamts muss den Inhalt überprüfen.

» Gebühren für Luftpost (Par Avion) werden nach dem Gewicht bemessen. Man kann auch explizit um einen Transport auf dem Land- und Seeweg bitten.

» Der Landweg ist um einiges billiger, kann jedoch bis zu drei Monate dauern.

» Für besonders wertvolle oder sperrige Waren wie große Möbel ist eine Zollabfertigung erforderlich.

» Der Geschäftsinhaber sollte sowohl die notwendigen Formalitäten als auch den Versand abwickeln – die Kosten trägt der Käufer. Auf jeden Fall ist es ratsam, Kopien der Unterlagen zu machen, falls das Paket nicht ankommen sollte.

Post empfangen

» Es sollte kein Problem sein, sich postlagernde Sendungen in eine größere Stadt schicken zu lassen: Die Adresse muss den Namen des Empfängers und den Vermerk „Poste Restante, La Poste Principale" enthalten.

- Postlagernde Pakete werden mitunter nur ein paar Wochen aufbewahrt und dann zurückgeschickt.
- Bei Abholung muss man seinen Reisepass vorzeigen und eine Gebühr von 3,50 Dh entrichten.

» Man kann auch via Amex Postsendungen empfangen.

- Amex (http://tinyurl.com/2u45epf) wird durch das Reisebüro Voyages Schwartz vertreten und hat Niederlassungen in Casablanca, Tanger und Marrakesch.
- Um diesen Dienst in Anspruch zu nehmen, sollte man Reiseschecks oder eine Kreditkarte von Amex besitzen.
- Meist muss man sich mit dem Reisepass ausweisen. Wer kein Kunde ist, muss eventuell eine Gebühr entrichten.

» Wer sich mit dem Personal seines Hotels gut versteht und dieses für vertrauenswürdig hält, kann nachfragen, ob Post direkt ins Hotel geschickt werden kann.

Rechtsfragen

Drogen Das marokkanische Gesetz verbietet den Besitz, das Anbieten, den Verkauf und den Transport von Cannabis. Das Strafmaß für den Besitz auch sehr geringer Mengen ist hoch und reicht von empfindlichen Geldbußen über die Konfiszierung des Fahrzeugs bis zu zehn Jahren Gefängnis ohne Aussicht auf frühzeitige Entlassung wegen guter Führung. Freisprüche in Drogenverfahren kommen nur selten vor.

Hilfe und Rat Wer in Schwierigkeiten gerät, sollte zuallererst eine diplomatische Vertretung des Heimatlandes kontaktieren. Oftmals ist die lokale Polizei in Betrügereien verwickelt. Die Organisation **Fair Trials International** (FTI; ☎4420-7762 6400; www.fairtrials.net) mit Sitz in London steht Bürgern aus der EU, die im Ausland einer Straftat bezichtigt werden, mit Rechtshilfe und Beratung zur Seite.

Polizei Wer von der marokkanischen Polizei verhaftet wurde, ist rechtlich zunächst ziemlich wehrlos. In den seltensten Fällen steht ein so guter Dolmetscher bereit, dass er eine Aussage exakt wiedergeben kann. Diese wird im folgenden Gerichtsverfahren jedoch eine zentrale Rolle spielen. Menschenrechtsorganisationen zufolge sind Misshandlungen in marokkanischen Gefängnissen keine Seltenheit.

Reisen mit Behinderung

Marokko ist kaum für Menschen mit Behinderung gerüstet, was allerdings nicht bedeutet, dass abenteuerlustigen Körperbehinderten eine Reise verwehrt bleiben muss. Auf folgende Dinge sollte man achten:

» Die engen, holprigen Straßen in den Medinas machen die Fortbewegung manchmal selbst für Traveller ohne Handicap zu einer Herausforderung.

» Nicht alle Hotels (und fast keines der preiswerteren) haben einen Aufzug. Also immer ein Zimmer im Erdgeschoss buchen.

» Nur in einer Handvoll Luxushotels gibt's behindertengerechte Räume.

» Am besten gelangt man in Marokko mit dem Auto von A nach B, wenngleich man in Bussen und an Bahnhöfen gegen ein Trinkgeld mit Hilfe rechnen kann.

» Viele Touranbieter können einen Trip entsprechend der jeweiligen Erfordernisse zusammenstellen.

» Seh- oder Hörgeschädigte müssen sich ebenfalls auf Einschränkungen einstellen – Hörhilfen, Zeichen in Blindenschrift oder akustische Signale an Fußgängerüberwegen sucht man vergebens.

Organisationen

Folgende Organisationen bieten Menschen mit Behinderung im Urlaub Informationen, Ratschläge und Hilfe:

Nationale Koordinierungsstelle Tourismus für Alle e.V. (Natko; ☎06131 250410; www.natko.de; Kötherhofstr. 4, 55116 Mainz)

Mobility International Schweiz (☎06220 68835; www.mis-ch.ch; Froburgstr. 4, CH-4600 Olten)

MyHandicap (☎089 21898695-0; www.myhandicap.de/touristik.html; Mandlstr. 22, D-80802 München)

Schwule & Lesben

» Homosexuelle Handlungen und Zuneigungsbekundungen (auch Küsse) sind in Marokko verboten – theoretisch werden sie mit Gefängnis und/oder einer Geldbuße geahndet.

» Tatsächlich aber sind – nicht in der Öffentlichkeit ausgeübte – sexuelle Praktiken zwischen Männern recht weit verbreitet, auch wenn sich nur die wenigsten Menschen offen selbst als schwul bezeichnen würden.

» Platonische Zuneigung wird offen gezeigt, sogar deutlicher zwischen Männern als zwischen Frauen.

» Das Zauberwort lautet Diskretion. Öffentliche Liebesbezeugungen sollten generell vermieden werden, da immer wieder von Übergriffen auf Schwule berichtet wird.

» Einige Städte sind Homosexuellen gegenüber verhältnismäßig tolerant: An erster Stelle steht Marrakesch, gefolgt von Tanger.

» Es gibt keine ausgewiesenen Ziele für Schwule, aber die eine oder andere Schwulenbar. In größeren Städten bietet das Nachtleben für jeden etwas.

» Viele junge Männer sind aufgrund ihrer Armut dazu bereit, Sex gegen Geld oder andere Gefälligkeiten anzubieten. Überflüssig zu erwähnen, dass aus diesem Grund Ausbeutung ein unerfreulicher, aber fester Bestandteil der marokkanischen Schwulenszene ist.

Frauen

» Lesben sollten eigentlich keine Probleme haben – Marokkaner glauben schlichtweg, dass es Liebe zwischen Frauen in ihrem Land nicht gibt.

» Wahrscheinlich hilft es nicht einmal, sich als homosexuell zu outen, um Möchtegern-Romeos fernzuhalten. Es könnte marokkanische Männer eher noch in ihrem Glauben bestärken, dass westliche Männer ihnen auf sexuellem Gebiet nicht das Wasser reichen können.

Infos im Internet

Folgende Internetseiten geben Hinweise zu gesetzlichen

Bestimmungen und Einstellungen gegenüber Homosexualität:

Behind the Mask (www.mask.org.za) Detaillierte Infos und szenespezifische News zu allen afrikanischen Ländern.

Communauté de Femmes Lesbiennes, Bi et Trans du Maroc (www.mennawfena.net, auf Französisch) Für lesbische, bisexuelle und transsexuelle Frauen in Marokko.

Gay & Lesbian Arab Society (www.glas.org) Informationen zur Homosexualität in der arabischen Welt.

Global Gayz (www.globalgayz.com) Nützliche Quelle mit tollen Marokko-Links.

Mithly (www.mithly.net, auf Französisch & Arabisch) Das erste Magazin für Schwule in der arabischen Welt.

Spartacus International Gay Guide (www.spartacusworld.com) Renommierter internationaler Schwulen-Reiseführer mit Infos zu Marokko.

Sicherheit

Marokko gehört zu den sichersten Reisezielen in Afrika, und die große Mehrheit der Einheimischen ist freundlich und aufrichtig. Wer nicht aufpasst, kann aber natürlich trotzdem auf die Nase fallen.

Diebstahl

Vor Dieben ist man hier relativ sicher. Traveller können das Restrisiko verringern, indem sie in größeren Städten besonders aufmerksam (aber nicht paranoid) sind und einige Grundregeln beherzigen.

» Beim Sightseeing nur das Nötigste mitnehmen.

» Habseligkeiten gut versteckt bei sich tragen.

» Besondere Vorsicht ist geboten, wenn man an Automaten Geld abhebt.

» Offen getragene Geldbeutel fallen auf.

» In Brustbeuteln und Geldgürteln unter der Kleidung sind Geld, Reisepass und wichtige Dokumente gut aufgehoben, da sie dort kaum auffallen.

» Wer es bevorzugt, Wertsachen im Hotelzimmer zu lassen (möglichst im abgeschlossenen Koffer), hat mit großer Wahrscheinlichkeit nichts zu befürchten.

» Zimmer in Spitzenklassehotels sind oft mit Tresoren ausgestattet.

» Andere Hotels haben manchmal einen Safe an der Rezeption, wo man Wertsachen wie Kameras aufbewahren kann.

» Nichts im Auto liegen lassen, selbst wenn es von außen nicht sichtbar ist.

» In Großstädten, besonders in Casablanca, kann es mitunter zu Überfällen auf Ausländer kommen.

» Abends und nachts ist in den Medinas besondere Vorsicht angesagt.

» Taschendiebe treiben vor allem in den Altstädten von Marrakesch, Casablanca und Tanger ihr Unwesen.

» Oft lenkt dabei eine Person das Opfer ab, während ihm eine zweite die Taschen leert.

Drogen

» Marokkos Ära als Hippieparadies ist inzwischen Geschichte.

» Im Rif-Gebirge wird zwar Cannabis (bekannt als *kif*) angebaut, allerdings sind Drogenrazzien an der Tagesordnung – und ein marokkanisches Gefängnis will wirklich niemand von innen kennenlernen.

» Nicht vergessen: Der Verkauf, Erwerb und Konsum von Haschisch ist in Marokko verboten.

» Wer erwischt wird, zahlt eine Geldbuße oder muss schlimmstenfalls ins Gefängnis (s. S. 535).

» Hasch wird manchmal auch als „Schokolade" oder öfter noch als „etwas ganz Spezielles" bzw. „Shit" bezeichnet. Und darin sitzt man tatsächlich, wenn man damit erwischt wird.

» Die Einheimischen rauchen zwar selbst noch zum Entspannen und Zeitvertreib Marihuana, als Tourist ist man jedoch angreifbarer.

ABZOCKE & ÄRGERNISSE

Viele marokkanische Storys rund um Erpressung und Raub haben irgendetwas mit Drogen zu tun. Dank der jüngsten Gesetzgebung und des harten Durchgreifens wurden die Dealer zur Aufgabe ihre aggressiven Verkaufstaktiken gezwungen, doch damit sind die Probleme noch lange nicht vom Tisch.

Es ist sehr beliebt, jemanden mit Drogen abzufüllen, ihm ein Stück Haschisch von der Größe eines Ziegelsteines aufzuschwatzen und dann mit der Polizei zu drohen. Klar, wer ein bisschen Haschisch gekauft oder sogar intus hat, will wahrscheinlich nichts mit der Staatsmacht zu tun haben –

OFFIZIELLE REISE- & SICHERHEITSHINWEISE

Auf den folgenden Webseiten findet man aktuelle Reise- und Sicherheitshinweise:

www.auswaertiges-amt.de Auswärtiges Amt Deutschlands.

www.bmeia.gv.at Österreichisches Außenministerium.

www.eda.admin.ch Eidgenössisches Departement für auswärtige Angelegenheiten der Schweiz

und das wissen die Gauner ganz genau.

HEISSE PFLASTER

In Tangers Untergrund einzutauchen ist nur was für Eingeweihte.

Neulinge sollten spätabendliche Angebote von Hasch und Gras dankend ablehnen – die Dealer haben einen sechsten Sinn für Greenhorns und lassen keine Gelegenheit aus, ihnen eine Menge Geld abzunehmen.

Tetouan, Asilah, Casablanca und Marrakesch gelten als weitere beliebte Orte für Betrügereien dieser Art.

Issaguen und das Rif sind die Zentren des marokkanischen *kif*-Anbaus.

Vor allem in Issaguen kann es schnell mal Ärger geben – um den Ort sollte man ohne einen zuverlässigen Führer an der Seite besser einen Bogen machen.

MAJOUN

» Manchmal wird auch *majoun* angeboten, eine klebrige, zähe Masse ähnlich wie Sirup, die aus zerstoßenen Marihuana-Samen besteht.

» Schon ein kleines Kügelchen davon haut einen um – man sollte den Erfahrungsberichten von Paul Bowles in *Der Weg nach Tassemsit ... und andere Reiseerzählungen aus der nicht-christlichen Welt* oder *So mag er fallen* also Glauben schenken.

» Beim Erstkonsum von *majoun* kann es bei entsprechender Neigung zu Paranoia-Attacken kommen.

SPANIEN

Die spanische Polizei sieht den Besitz von geringen Mengen Cannabis für den Eigenbedarf relativ locker, allerdings ist der spanische Zoll ziemlich rigoros gegenüber Leuten, die von Marokko aus einreisen und Drogen im Gepäck haben. Das wird als Dealen angesehen.

» Autos werden an der Grenze mit großer Wahrscheinlichkeit durchsucht.

» Niemals – und damit meinen wir auch wirklich niemals! – sollte man für irgendwelche anderen Leute ein Päckchen mitnehmen oder ein Auto über die Grenze bringen.

UNBEHOLFEN, UNERFAHREN & UNBEDARFT?

Viele Marokkaner sind absolut davon überzeugt, dass Menschen aus dem Westen zwar vielleicht aus einer technologisch weiter entwickelten Welt kommen als sie selbst, ansonsten aber naiv, leichtgläubig und schlicht dumm sind. Vor allem die berüchtigten *faux guides* (inoffiziellen Führer) versuchen, das auszunutzen.

Gleich zu Beginn einer Begegnung checken diese Leute, was der potenzielle Kunde wert ist. Von Äußerlichkeiten (Armbanduhr, Schuhe und Kleidung) mal abgesehen, helfen ihnen dabei zahllose Fragen – wie lange man in Marokko bleibt, ob das der erste Urlaub in diesem Land ist, was man beruflich macht, ob man Familie hat (ein Zeichen für Wohlstand) usw.

Bei so einer intensiven Befragung ist Vorsicht geboten. Im Zweifelsfall sollte man vorgeben, sich super auszukennen. Ein paar Worte auf Arabisch wirken ebenfalls überzeugend.

In absteigender Reihenfolge gelten Traveller aus den folgenden Ländern und Regionen als „lukrativ": Japan, USA, Kanada, Australien, Großbritannien, Nordeuropa, Südeuropa, Mittlerer Osten. Am wenigsten Erfolg versprechen sich die *faux guides* bei Menschen aus dem Subsahara-Afrika und Arabern aus anderen nordafrikanischen Staaten.

Eine typische Masche zur Kontaktaufnahme ist das Angebot reiner Freundschaftsdienste wie einer Stadtführung, dem Zeigen günstiger Geschäfte oder Hilfe bei der Hotelwahl. Etwas subtiler sind Ansagen wie „ich will mein Deutsch verbessern" oder „ich brauche Hilfe beim Lesen und Entziffern offizieller Dokumente bzw. Briefen von Freunden".

Wer solchen Typen einen Korb gibt, muss damit rechnen, dass sie ans Gewissen appellieren oder einem unterstellen, man sei ein Rassist, der etwas gegen Marokkaner oder Muslime hat.

Manchmal hilft es, sich einfach dumm zu stellen. Wer merkt, dass er abgecheckt wird, kann zudem mit der Behauptung, aus einem total obskuren Land zu stammen, Verwirrung stiften. Aber Vorsicht: Marokkaner sind sehr sprachbegabt. Es kann passieren, dass die eigene Tarnung auffliegt, wenn man behauptet, Ukrainer zu sein und der „neue Freund" plötzlich fließend Ukrainisch spricht.

Rauchen

» Rauchen ist in Marokko anscheinend ein Volkssport und Nichtraucherrestaurants sowie -hotels sind größtenteils unbekannt.

» Das gilt insbesondere für die untere und mittlere

Preisklasse, in Restaurants und Hotels der Spitzenklasse gibt's hingegen oft Nichtraucherbereiche.

» In vielen Lokalen und Cafés können Gäste jedoch auch draußen sitzen, was die Situation erträglicher macht.

» Nur in richtigen Nobelhotels (darunter die Kette Sofitel) darf man überhaupt nicht rauchen.

FRAUEN

» In muslimischen Ländern wird es nicht gern gesehen, wenn Frauen rauchen.

» Außerhalb der großen Städte erblickt man selten Frauen mit einem Glimmstängel in der Hand

» Dies ist eher eine kulturelle als eine religiöse Regel.

» Auch wenn das Rauchen sowie das Trinken von Alkohol bei der Mehrheit der religiösen Führer als *haram* (verboten) gilt, wird nur im heiligen Monat Ramadan tagsüber konsequent darauf verzichtet.

» Das alles muss Besucher nicht allzu sehr beeinflussen. Frauen sollten lediglich in Häusern von Einheimischen auf Zigaretten verzichten und andernorts möglichst diskret rauchen.

Sanitäre Anlagen

» Bei sanitären Anlagen in Marokko muss man jede Menge Geduld mitbringen.

» In preiswerten Hotels ohne Stern sind ein tröpfelnder Wasserhahn und Hocktoiletten oft Usus.

» Manchmal wird enthusiastisch warmes Wasser angepriesen, das tatsächlich höchstens lauwarm und nur zu bestimmten Tageszeiten verfügbar ist.

» Auf dem Land wird Wasser mitunter durch Holzöfen erwärmt. Das kommt der Umwelt nicht gerade zugute – in Marokko ist Holz teuer, Wasser oft nur in geringen Mengen vorhanden und Entwaldung ein großes Problem.

NEIN, DANKE

Folgende Tipps helfen vielleicht, in den Medinas aufdringliche Leute loszuwerden und Nervenzusammenbrüche oder peinliche Situationen zu vermeiden:

» Höflich alle Hilfsangebote ablehnen und ein paar gut gelaunte Antworten parat haben (möglichst auf Arabisch). Aber nicht die Hand geben oder sich in längere Gespräche verwickeln lassen.

» Den Eindruck vermitteln, man wisse genau, wohin man geht. Oder erklären, dass man am ersten Tag einen Führer engagiert habe und nun die Stadt auf eigene Faust erkunden möchte.

» Eine dunkle Sonnenbrille aufsetzen und sich in ein Café, Restaurant oder Taxi zurückziehen, wenn man die Nerven verliert.

» Notfalls das Wort *police* fallen lassen und dabei so gucken, als meine man es ernst.

» In kleinen Städten und in ländlichen Regionen gilt ein Hamam als bessere Wahl.

Schlepper, Guides & Gauner

Die legendären marokkanischen Gauner und *faux guides* (inoffiziellen Guides) sind und bleiben eine unvermeidbare Erfahrung.

» Mittlerweile gibt's in den wichtigsten Touristenzentren *brigades touristiques* (Touristenpolizisten). Jeder, der versucht, sich als inoffizieller Führer zu betätigen, riskiert das Gefängnis und/oder eine hohe Geldstrafe. Das hat das Problem zwar weitgehend entschärft, aber nicht vollständig beseitigt.

» Diese Leute kämpfen um ihren Lebensunterhalt und können dabei hartnäckig und unfreundlich sein.

» Normalerweise hängen sie an den Zugängen zu den Medinas der großen Städte sowie an den Busbahnhöfen, Bahnhöfen und Fährhäfen herum.

» Alles und jeden abzuwehren wäre allerdings eine übertriebene Reaktion.

» Wer zum ersten Mal in einem Ort ankommt, kann von einem Führer durchaus profitieren – ob dieser nun offiziell ist oder nicht.

» Obwohl Arbeitslosigkeit die Anzahl der *faux guides* in die Höhe treibt, sind nicht alle Hochstapler. Viele haben Erfahrung und sprechen ein halbes Dutzend Sprachen.

» Ihr Hauptinteresse besteht oft darin, von Hotels oder Suk-Händlern Provisionen zu kassieren.

UMGANG MIT GUIDES

» Sich vor der Tour auf einen Preis verständigen.

» Klarmachen, was man ungefähr erwartet und wie viele Geschäfte man besuchen möchte.

» Nicht lizenzierte Führer kosten etwa 50 bis 100 Dh pro Tag.

» Es sollte immer pro Guide und nicht pro Person abgerechnet werden.

» Wer zu einem bestimmten Ort geführt werden möchte, z. B. zum Ausgang einer Medina, sollte nicht mehr als ein paar Dirhams zahlen.

» Was auch immer man anbietet – es wird immer der „Das kann doch nicht dein Ernst sein"-Blick aufgesetzt. Die beste Antwort ist der „Das ist schon mehr als das Übliche"-Blick.

» Nicht den Humor verlieren und sich damit trösten, dass man nach einigen Tagen an einem Ort deutlich weniger belästigt wird.

» Offizielle Führer können in Tourismusbüros oder Hotels engagiert werden. Sie kosten einen Fixbetrag von 250 bis 300 Dh pro Tag (plus Trinkgeld).

» Für einen Besuch der Medinas von Fes und Marrakesch lohnt es sich, einen Führer zu engagieren.

» Dieser hilft in all dem Trubel bei der Suche nach interessanten Sehenswürdigkeiten und Geschäften. Außerdem bewahrt er seine Kunden vor Belästigungen durch Möchtegernführer.

» Wer seinen Rundgang nicht in eine Shoppingtour verwandelt sehen will, sollte dies vorher klären.

VERKEHR & TRANSPORT

» Autofahrer sollten auf den Zufahrtsstraßen nach Fes und Marrakesch mit „motorisierten Gaunern" rechnen. Diese Plagegeister auf Mofas wollen eine Unterkunft oder irgendetwas anderes vermitteln und können genauso hartnäckig sein wie ihre Kollegen zu Fuß.

» Bei Ankunft und Abfahrt mit der Fähre in Tanger muss man mit aufdringlichen Betrügern rechnen.

» Wenn man mit dem Zug in Städten wie Fes und Marrakesch ankommt, läuft man dort auch manchmal „Studenten" oder anderen schrecklich hilfsbereiten Menschen in die Arme, die unheimlicherweise wissen, dass das Hotel, in dem man absteigen wollte, geschlossen oder ausgebucht ist. Doch wie der Zufall es will, kennen sie zum Glück ein anderes nettes Plätzchen ...

Verlaufen

» Eines der kleineren Probleme stellen die sich ständig ändernden Straßennamen in marokkanischen Städten dar.

» Seit Jahren werden die alten französischen, spanischen und berberischen Namen durch arabische ersetzt.

» Das führt dazu, dass man mit bis zu drei verschiedenen Straßennamen konfrontiert wird – je nachdem, wer Auskunft gibt, welche Karte benutzt wird oder in welchem Teil einer Straße man sich befindet.

» Das übliche arabische Wort für Straße ist *sharia*, in Medinas heißen sie *derb* (kleinere Straßen *zankat*).

» Auch die französischen Begriffe *avenue, boulevard* und *rue* sind weit verbreitet. Im Norden und äußersten Süden werden Straßen wie im Spanischen *calle* und *avenida* genannt.

» Teilweise hat sich das Arabische durchgesetzt. In diesem Reiseführer werden Straßen *sharia* oder *zankat* genannt, wenn sie im Alltag auch so bezeichnet werden.

MEDINAS

» Im Labyrinth der Medinas helfen Straßennamen sowieso relativ wenig – ein Kompass wäre praktischer.

» Wer sich verlaufen hat, geht zur nächsten belebten Hauptgasse. Hier sollte sich recht bald eine Orientierungshilfe oder ein Ausgang finden lassen.

Sprachkurse

In den meisten marokkanischen Großstädten kann man Kurse belegen, in denen modernes Standardarabisch sowie die marokkanische Variante unterrichtet werden. Besonders groß ist die Auswahl in Fes (S. 337), Rabat (S. 205) und Casablanca (S. 188), wo Kurse von langer und kurzer Dauer angeboten werden.

Jeunesse des Chantiers Marocains (http://perso.menara.ma/youthcamps) Sprach- und Kulturprogramme in Marrakesch.

Strom

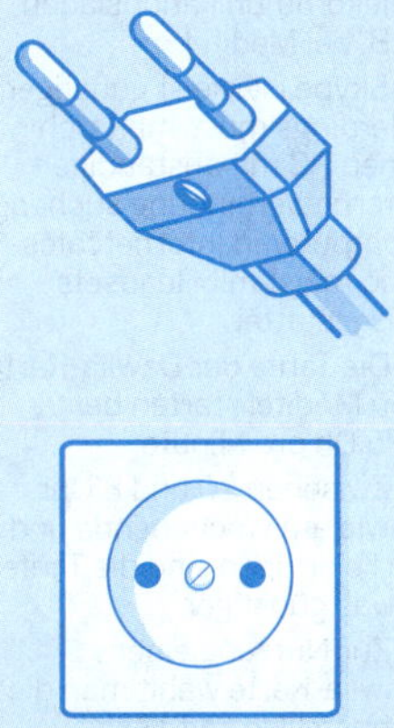

127V/220V/50Hz

Telefon

» Bei Inlandsgesprächen muss stets die vierstellige Ortsvorwahl eingegeben werden – selbst dann, wenn sich der angerufene Anschluss in derselben Stadt oder Region befindet.

» Anrufe können in *téléboutiques* (privaten Telefonzentren) und öffentlichen Telefonzellen getätigt werden.

» In *téléboutiques* kann man kleine Scheine meist in Münzgeld wechseln.

» Die meisten Telefonzellen funktionieren mit Karten.

» *Télécartes* (Telefonkarten) sind in *tabacs* und *téléboutiques erhältlich.*

» Mit der Dawlia-Karte von Méditel kann man auch Inlandsgespräche führen (ab 0,75 Dh pro Min. auf einen Festnetzanschluss).

» Kartentelefone sind einfach zu bedienen.

» Wer von einem Hotelapparat aus telefoniert, zahlt in der Regel das Doppelte.

» Marokkanische Festnetznummern beginnen mit 05.

Ferngespräche

» Internationale Telefonkarten bekommt man in Telekommunikationsläden, z. B. bei Méditel.

» Skype ist meist günstiger, allerdings muss man sich einen PC mit anständiger Internetverbindung suchen. Computer in Internetcafés sind meist mit Headsets ausgestattet.

» Die Tarife der Dawlia-Karte von Méditel starten bei 1,75 Dh pro Minute.

» Zwischen 20 und 8 Uhr sowie am Wochenende und an Feiertagen sind die Tarife etwas günstiger.

» Zur Nutzung einer Dawlia-Karte wählt man die zehnstellige, mit 133 beginnende Kartennummer, gibt dann die vierstellige PIN-Nummer ein und folgt den Anweisungen der Telefonstimme.

Mobiltelefone

» Es gibt in Marokko drei GSM-Mobilfunknetze:

- Méditel (www.meditele com.ma)
- Maroc Telecom (www.iam.ma)
- Inwi (www.inwi.ma)

» Abgesehen vom Atlasgebirge und der Sahara ist die Netzabdeckung ausgezeichnet.

» Günstiger als die Roaming-Gebühren ist auf jeden Fall eine Prepaid-SIM-Karte für das eigene Mobiltelefon. Allerdings funktioniert diese Karte nur dann, wenn das Handy nicht dafür gesperrt ist.

MAROKKANISCHE TELEFONNUMMERN AUF DEM NEUESTEN STAND

2009 wurde das Telefonnummernsystem in Marokko geändert. Leider haben nicht alle Hotels und Hamams ihre Werbedaten dementsprechend angepasst, weswegen manchmal eine Ziffer hinzugefügt werden muss. Bei alten Festnetznummern folgt auf die 0 am Anfang eine 5 (035 00 00 00 wird also zu 0535 00 00 00). Bei alten Handynummern muss nach der 0 am Anfang eine 6 gewählt werden (072 00 00 00 wird zu 0672 00 00 00). In diesem Band sind alle Nummern aktualisiert.

» Eine Prepaid-SIM-Karte von Méditel kostet 20 Dh, 10 Dh Guthaben inklusive.

» Für Inlandsgespräche zahlt man mindestens 1,20 Dh pro Minute, für Ferngespräche 2,50 Dh.

» Zwischen 8 und 20 Uhr kommt man günstiger davon.

» Eine SMS auf ein marokkanisches Handy kostet 1 Dh.

» Beim Kauf einer SIM-Karte muss der Reisepass oder ein anderer Ausweis vorgelegt werden.

» Guthabenkarten gibt's in *téléboutiques*, an Zeitungsständen und in Lebensmittelläden.

» Marokkanische Handynummern beginnen mit 06.

Toiletten

» Toiletten mit Spülung sind Luxus in einem Land, das ständig mit Wasserknappheit zu kämpfen hat. Mit Ausnahme von Hotels und Restaurants der Mittel- und Spitzenklasse gibt's eher Hocktoiletten.

» Bei diesen gehören ein Wasserhahn, ein Schlauch oder ein Wassereimer zur Ausstattung, damit man sich anschließend säubern kann (mit der linken Hand).

» Da es selten Toilettenpapier *(papier hygiénique)* gibt, sollte man stets einen kleinen Vorrat dabeihaben.

» Weil die Abflussrohre schnell verstopfen, wird das Papier nicht in die Toilette geworfen, sondern in den dafür bereitstehenden Eimer.

» Frauen sollten für gebrauchte Tampons oder Binden eine Plastiktüte verwenden.

» Außerhalb der Großstädte wird man nur wenige öffentliche Toiletten finden.

» Wenn man doch eine entdeckt, benötigt man Trinkgeld fürs Personal, geschlossene Schuhe und meist eine Nasenklammer.

Touristeninformation

In Städten und größeren Ortschaften gibt's meist Touristeninformationen, die sich jedoch in der Regel als Lager für Infobroschüren mit schlecht informiertem Personal entpuppen. Oft erhält man an der Rezeption seines Hotels oder von anderen Einheimischen bessere Tipps. Die besten Touristeninformationen findet man in kleineren Orten, die für sich Werbung machen wollen.

NÜTZLICHE NUMMERN

Notfallnummern findet man auf S. 17.

Marokkanische Landesvorwahl ☎212
Internationale Telefonvorwahl ☎00
Telefonauskunft ☎160
Spanische Landesvorwahl (Melilla und Ceuta eingeschlossen) ☎34

L'Office National Marocain du Tourisme (ONMT; www.visitmorocco.com, www.ruraltourism.ma) Die staatliche Touristeninformation Marokkos betreibt die meisten Tourismusbüros.

Unterkunft

In Marokko steht eine große Bandbreite an Unterkünften zur Auswahl.

Die in diesem Band aufgeführten Preise gelten für die Hochsaison (Nov.–April) und an Wochenenden; wenn nicht anders angegeben, ist Frühstück nicht inbegriffen. Die Reihenfolge der Unterkünfte richtet sich nach den Vorlieben der Autoren, die Preiskategorien beziehen sich auf die Kosten für ein Doppelzimmer:

Budgetunterkünfte (€) Bis 400 Dh

Mittelklassehotels (€€) 400–800 Dh

Spitzenklassehotels (€€€) Über 800 Dh

Für teurere Städte wie Casablanca, Essaouira, Fes, Marrakesch, Rabat und Tanger gelten hingegen folgende Preiskategorien:

Budgetunterkünfte (€) Bis 600 Dh

Mittelklassehotels (€€) 600–1200 Dh

Spitzenklassehotels (€€€) Über 1200 Dh

In diesem Buch sind die offiziellen, von der Regierung festgesetzten Preise (inkl. Steuern) aufgeführt, allerdings gelten sie nur als Richtwerte.

Alleinreisende Außerhalb der Städte werden Zimmerpreise oft pro Person und nicht pro Zimmer berechnet – deshalb stellt es selten ein Problem dar, eines allein zu buchen. Da es aber in Riads nur eine begrenzte Anzahl an Betten gibt, wird man für eine Einzelbelegung selten einen Preisnachlass bekommen.

Hauptreisezeiten Über die Osterfeiertage und im August ergattert man nur schwer eine Unterkunft, denn dann strömen viele spanische und französische Touristen ins Land. Auch über Weihnachten und Neujahr ist der Süden (vor allem Marrakesch) schnell ausgebucht.

Preisnachlässe Viele Hotels bieten zu „Werbezwecken" einen deutlichen Rabatt auf ihre angegebenen Preise, besonders in großen Ferienorten wie Agadir bzw. in der Nebensaison (Mai–Okt.). Nachfragen lohnt sich immer.

Reservierungen Für eine Reservierung verlangen viele Hotels eine Bestätigung per E-Mail oder Fax sowie eine Kreditkartennummer.

Apartments

» Wenn man in einer kleinen Gruppe oder mit der Familie reist, kann man ein Apartment beziehen und sich selbst verpflegen – besonders in der Nebensaison, wenn die Preise deutlich sinken.

» Agadir, das nahe gelegene Taghazout, Essaouira, Assilah und die größeren Tourismuszentren an beiden Küsten bieten eine ordentliche Auswahl an Apartments und Häusern für Selbstversorger; manchmal gehören sie zu Ferienanlagen.

» Auch die Riad-Agenturen (S. 542) vermieten Apartments.

Camping

» In Marokko darf man überall zelten, wenn der Grundstücksbesitzer nichts dagegen hat.

» Es gibt zahlreiche offizielle Campingplätze.

» Auf den meisten sind Wasser und Strom vorhanden. Manche verfügen außerdem über ein kleines Restaurant, ein Lebensmittelgeschäft und einen Pool.

» Campingplätze findet man in fast allen größeren Städten, allerdings liegen sie oft recht weit vom Zentrum entfernt.

» Manche lohnen den Extraweg, doch viele bieten nur karge, steinige Stellplätze mit wenig Schatten und einfachen Anlagen.

» Besonders die Campingplätze in Südmarokko werden oft von französischen Touristen mittleren Alters mit ihren riesigen Wohnmobilen bevölkert.

PREISE

» Offizielle Plätze kosten ungefähr 10 bis 20 Dh pro Person; dazu kommen noch 10 bis 20 Dh fürs Zelt und etwa 10 bis 15 Dh für ein kleines Auto.

» Wohnmobile oder Caravans schlagen in der Regel mit ca. 20 bis 30 Dh und im Extremfall mit bis zu 45 Dh zu Buche.

» Strom ist normalerweise für 10 bis 15 Dh zu haben.

» Eine warme Dusche gibt's für 5 bis 10 Dh.

» Viele Zeltplätze verfügen über einfache Zimmer oder über Apartments für Selbstversorger.

Gîtes d'étape, Privatunterkünfte & Hütten

» *Gîtes d'étape* sind Gästehäuser oder Hostels, die oft Bergführern gehören. In den einfachen Quartieren entlang der angesagten Trekkingrouten im Atlasgebirge darf man nicht viel mehr als Matratzen auf dem Boden erwarten.

» *Gîtes* sind mit einfachem Bad und teilweise Warmwasserduschen ausgestattet.

» Berghütten *(refuges)* sind größer als *gîtes* und gleichen Schweizer Alpenhütten. Sie verfügen meist über Schlafsäle, Gemeinschaftsduschen und einen geselligen Speise-/Aufenthaltsraum.

» Der **Club Alpin Français** (CAF; www.caf-maroc.com, auf Französisch) betreibt *refuges* im Hohen Atlas.

UNTERKUNFT ONLINE BUCHEN

Weitere Hotelbeschreibungen von Lonely Planet Autoren gibt's unter www.hotels.lonelyplanet.com/morocco. Dort findet man unabhängige Kritiken und Empfehlungen zu den besten Unterkünften, außerdem kann man sie gleich online buchen.

» Wer dort oder abseits der ausgetretenen Pfade unterwegs ist, kann gelegentlich in einfachen Dorfhäusern nächtigen.

» Viele Privatunterkünfte haben weder Strom noch fließendes Wasser, aber dafür bieten einem die Familien reichlich Wärme und Gastfreundschaft.

» Die Preise sind die gleichen wie in den *gîtes d'étape* oder auf den Hütten.

» Weitere Infos zu Bergunterkünften für Wanderer siehe S. 39.

Hostels

Die **Fédération Royale Marocaine des Auberges de Jeunes** (☎0522 47 09 52; http://tinyurl.com/373omvl) gehört dem internationalen Jugendherbergsverband an und betreibt verlässliche Jugendherbergen in Casablanca, Fes, Marrakesch, Meknès, Ouarzazate sowie Rabat.

» Wer allein unterwegs ist, kommt hier am günstigsten unter (30–60 Dh pro Nacht), muss dafür aber eine ungünstige Lage des Quartiers in Kauf nehmen.

» Einige Herbergen warten mit einer Küche, einem Familienzimmer und Frühstück auf.

» Vorsicht: Manch ein Hostel der unteren Preisklasse entpuppt sich als spontan umgestaltetes Privathaus, das ohne Genehmigung betrieben wird.

Hotels

» Beim Check-in muss man seinen Reisepass und seine Einreisenummer parat haben.

» Registrierte Hotels erheben einen staatlichen Steuerzuschlag, der in den aufgeführten Preisangaben bereits enthalten ist; der genaue Betrag hängt von der Einstufung der jeweiligen Bleibe ab.

» Manche Hotels in abgelegenen Gegenden bieten Halbpension *(demi-pension)*, also Zimmer mit Frühstück und Abendessen, oder Vollpension *(pension)*, also zusätzlich mit Mittagessen, an. Oft lohnt sich der Aufpreis.

BUDGETUNTERKÜNFTE

» Preiswerte Hotels mit einem oder gar keinem Stern sind oft in den Medinas (Altstadt) von größeren Städten zu finden.

» Manche wirken sauber und ordentlich, andere haben schon Jahre keinen Wischlappen mehr gesehen.

» „Preiswert" heißt meistens, dass man sich auf Gemeinschaftsbäder und -hocktoiletten einstellen muss.

» Viele Budgethotels haben keine Seife im Bad, deshalb bringt man am besten selbst ein Stück bzw. Duschgel mit.

» Manchmal gibt's gasbetriebene Duschen mit Warmwasser, für die man 5 bis 10 Dh extra zahlt.

» Ist überhaupt kein warmes Wasser vorhanden, dient ein Hamam (s. S. 31) als willkommene Alternative.

» In vielen günstigen Hotels im Süden kann man auf der Dachterrasse (25–30 Dh) nächtigen; dort liegen einige Matratzen aus. Andere Unterkünfte verfügen über einen traditionellen marokkanischen Salon, in dem man Sessel oder Kissen vorfindet: Hier darf man zu einem ganz ähnlichen Preis übernachten.

MITTELKLASSEHOTELS

» Marokkanische Mittelklassehotels haben in der Regel einen recht hohen Standard.

» Die Palette reicht von quasi-westlichen Einrichtungen – up to date, aber meist etwas seelenlos – bis zu Riads und *maisons d'hôtes* (kleinen Hotels), die in puncto Komfort und Charme typisch marokkanisch sind.

» In dieser Preisklasse gibt's ein Zimmer mit einem eigenen Bad.

» Oft wird in günstigeren Gegenden wie dem Süden Mittelklassestandard zu Budgetpreisen geboten.

SPITZENKLASSEHOTELS

» Hotels in diesem Preissegment ähneln Mittelklasseunterkünften, warten jedoch mit mehr Komfort und einer luxuriöseren Ausstattung auf.

» In Urlaubsorten wie Agadir gibt's meist separate Ferienanlagen mit Extras wie Golfplätzen, Nachtclubs und mehreren Restaurants.

Riads, Dars & Kasbahs

Viele Traveller reizt auch die Möglichkeit, in umgebauten traditionellen Häusern zu übernachten. Der Begriff „Boutique-Hotel" ist für diese Mittel- und Spitzenklasseunterkünfte wie geschaffen – kein Haus gleicht dem anderen. Fast alle Unterkünfte punkten mit persönlichem Service und werden gleichermaßen für Ambiente und Verpflegung geschätzt.

Standorte Dank mehrerer Hundert Optionen steht Marrakesch bei Riad-Fans am höchsten im Kurs; Fes, Meknès, Essaouira und Rabat sind ebenfalls gute Adressen. Aufgrund ihrer ungebrochenen Popularität findet man Riads nunmehr auch verstärkt in Gegenden, in denen man sie eigentlich kaum erwarten dürfte.

Riads und Dars Der Begriff „Riad" wird häufig sehr allgemein verwendet. Konkret bezieht er sich jedoch auf Häuser, die rund um einen Innenhofgarten mit Bäumen gebaut sind. Daneben gibt's in Marokko auch jede Menge *dars* (traditionelle Stadthäuser mit Innenhöfen).

Kasbahs Oft dienen Kasbahs (alte Zitadellen) als Hotels. Sie befinden sich in den Touristenzentren Mittel- und Südmarokkos. Aufgrund der Gebäudestruktur sind die Zimmer klein und dunkel, dafür aber im Sommer reizvoll und kühl.

Reservierung Fast alle Riad-Inhaber bestehen auf Reservierungen. Rechtzeitige Planung lohnt sich: Meist stehen nur wenige Zimmer zur Verfügung, die schnell ausgebucht sind. Wer reserviert, wird von Riad-Angestellten bei der Ankunft draußen vor der Medina abgeholt. Ein Segen, denn im Gassengewirr hat man gehörig Probleme, die richtige Eingangstür zu finden.

Preise Die Zimmerpreise von Riads sind mit denen in Vier- oder Fünf-Sterne-Hotels vergleichbar. Viele Unterkünfte geben ihre Onlinepreise in Euro an – allerdings zu Wechselkursen, von denen sie selbst kräftig profitieren. Daher sollte man vor der Buchung alle Preisangaben sorgfältig überprüfen.

REISEBÜROS

Die Websites folgender Agenturen informieren über vorhandene Immobilien und Mietpreise:

Fez Riads (☎0672 51 33 57; www.fez-riads.com) Das Unternehmen spendet einen Teil seiner Einkünfte für die Restaurierung der Medina von Fes.

Marrakech Riads (☎0524 39 16 09; www.marrakech-riads.com) Alteingesessen und renommiert.

Versicherung

Der Abschluss einer Reiseversicherung, die beim Verlust oder Diebstahl von Wertgegenständen und bei gesundheitlichen Problemen einspringt, ist ein Muss (siehe auch S. 563).

Aktivitäten Einige Versicherungen schließen „risikobehaftete Freizeitaktivitäten" explizit aus. Dazu gehören Gerätetauchen, Motorradfahren und vielleicht sogar Trekkingtouren.

Autofahren Wer ein Auto mietet, sollte eine adäquate Krankenversicherung und eine gültige Autoversicherung abschließen (siehe S. 555).

Flüge Wer das Flugticket mit einer Kreditkarte bezahlt, bekommt mitunter eine Reiseunfallversicherung inklusive und kann das Geld zurückfordern, wenn die Fluggesellschaft den Flug streicht.

Kauf Eine Reiseversicherung sollte so früh wie möglich abgeschlossen werden. Besorgt man sie erst kurz vor Reiseantritt, greift sie eventuell nicht bei Flugverzögerungen aufgrund von Streiks, die bereits vor Abschluss begonnen oder sich angekündigt haben.

Online-Versicherungen Weltweit gültige Reiseversicherungen können über www.lonelyplanet.com/travel_services online abgeschlossen, verlängert und in Anspruch genommen werden – auch unterwegs.

Verlängerungen Wer unterwegs die Versicherung verlängern muss, sollte dies vor ihrem Ablauf tun, da ansonsten eine höhere Prämie fällig wird.

Visa

» Deutsche, Österreicher und Schweizer dürfen sich ab Einreise 90 Tage lang visumsfrei in Marokko aufhalten.

» Bei der Einreise wird ein noch mindestens sechs Monate gültiger Reisepass benötigt.

» Kinder bis zwölf Jahre müssen im Pass der Eltern eingetragen sein (mit Foto) oder einen eigenen Ausweis bzw. den 2006 eingeführten Kinderreisepass besitzen.

» Da sich Einreisebestimmungen natürlich auch hin und wieder mal ändern, kann es nicht schaden, aktuelle Informationen bei der diplomatischen Vertretung Marokkos oder in einem Reisebüro einzuholen.

Aufenthaltsverlängerungen

» Wer seinen Aufenthalt verlängern möchte, macht sich am besten auf den Weg nach Spanien oder in eine der spanischen Enklaven in Marokko und reist nach ein paar Tagen wieder ins Land ein.

» Außer zusätzlichen Kosten sind damit kaum Probleme verbunden. Im ungünstigsten Fall kommen einem jedoch die persönlichen Launen der marokkanischen Einwanderungsbeamten in die Quere, an denen sich Traveller gelegentlich die Zähne ausbeißen.

» Die schwierigere Alternative besteht darin, den Aufenthalt offiziell bei der Generaldirektion für nationale Sicherheit zu verlängern. Nach Auskunft des Auswärtigen Amts ist dies jedoch – wenn überhaupt – nur unter strengen Auflagen möglich.

» Theoretisch kann man sich auch um einen ständigen Wohnsitz *(Carte de Séjour)* bemühen, dies ist jedoch kompliziert und verlangt einen Beschäftigungsnachweis.

» Die nächstgelegene Polizeizentrale *(Préfecture de Police)* informiert über die erforderlichen Dokumente.

» Wenn möglich, nimmt man sich als Unterstützung im

VISA FÜR NACHBARLÄNDER

In Rabat befinden sich die Botschaften folgender Staaten (s. Kasten S. 526):

Algerien

» Die Grenze zwischen Marokko und Algerien ist gesperrt.

» Abgesehen von Angehörigen der Arabischen Liga benötigt jeder zur Einreise ein Visum.

» Algerien empfiehlt, den Antrag im Herkunftsland zu stellen.

» Weitere Infos sind unter www.sahara-overland.com und im Lonely Planet Band *Africa*, der Algerien umfasst, nachzulesen.

Mauretanien

» Abgesehen von Angehörigen der Arabischen Liga benötigt jeder zur Einreise ein Visum.

» Bei Redaktionsschluss wurden an der Grenze keine Visa für Mauretanien ausgestellt.

» Die mauretanische Botschaft in Rabat vergibt Visa für 30- oder 90-tägige Aufenthalte (340/680 Dh).

» Anträge sind morgens von Montag bis Donnerstag zu stellen; das Visum kann nachmittags oder am folgenden Tag abgeholt werden. Am besten kommt man, bevor die Botschaft (um 9 Uhr) öffnet.

» Zur Antragstellung werden zwei Passfotos und eine Kopie des Reisepasses benötigt.

» Man sollte sich darauf vorbereiten, in blumigen Ausführungen und auf Französisch darlegen zu müssen, warum man immer schon mauretanische Reiseziele wie Chinguetti und den Parc National du Banc d'Arguin besuchen wollte.

» Weitere Infos gibt's unter www.sahara-overland.com und im Lonely Planet Band *West Africa*, der Mauretanien umfasst.

Spanien

» Im EU-Staat Spanien gilt das Schengener Abkommen.

» In Ceuta und Melilla gelten die gleichen Ein- und Durchreisebestimmungen wie in Spanien.

Bürokratiedschungel einen marokkanischen Freund mit.

» Neben dem Reisepass und drei Passfotos verlangt die Polizeistelle in der Regel ein Schreiben der eigenen Botschaft, die im Namen des Antragstellers eine Aufenthaltsverlängerung beantragt.

» Die Bearbeitung kann Stunden oder Tage in Anspruch nehmen. Zudem pflegen die unterschiedlichen Polizeizentralen jeweils ihren ganz individuellen bürokratischen Stil.

Internationaler Impfpass

In bestimmten Teilen Afrikas und Südamerikas grassiert das Gelbfieber. Wer aus solchen Regionen nach Marokko einreist, muss daher eine Gelbfieberimpfung mittels des internationalen Impfpasses oder einer separaten Impfbescheinigung nachweisen.

In der Praxis müssen diese Nachweise allerdings nur dann erbracht werden, wenn die Einreise auf dem Landweg über das von Gelbfieber betroffene Mauretanien (wie rigoros die dortigen Grenzkontrollen tatsächlich sind, steht auf einem anderen Blatt) oder über ein afrikanisches Land, beispielsweise per Flug mit der Royal Air Maroc, erfolgt.

Um Schwierigkeiten bei der Einreise zu vermeiden, ist Travellern, die sich im vergangenen Monat in einem Risikoland aufhielten, auf jeden Fall zu empfehlen, einen Impfnachweis mit sich zu führen.

Reisende ohne offizielle aktuelle Impfbescheinigung werden eventuell geimpft und dann direkt vor Ort für bis zu zehn Tage in Quarantäne gesteckt. Und im schlimmsten Fall wird man sogar in sein Herkunftsland zurückgeschickt.

Wer aus einem entsprechend belasteten Gebiet einreist, muss eventuell eine Impfbescheinigung gegen Cholera vorweisen.

Weitere Informationen zu Schutzimpfungen siehe S. 564.

Zeit

In Marokko gilt die Greenwich Mean Time.

Sommerzeit Während der marokkanischen Sommerzeit werden die Uhren eine Stunde vorgestellt. 2011 dauerte diese vom 2. April bis zum 30. Juli. Da sie jedoch mit dem Beginn des Ramadan endet und dieser derzeit in die Sommermonate fällt, wird die Sommerzeit in den folgenden Jahren wohl nicht zur Anwendung kommen. Mehr darüber erfährt man unter www.timeanddate.com.

Spanien Bei Anreise über Spanien, das inklusive Ceuta und Melilla der Mitteleuropäischen Zeitzone angehört, ist zu beachten, dass das Land während der dortigen Sommerzeit (dauert von Ende März bis Ende Oktober) der marokkanischen Zeit um zwei Stunden voraus ist.

Zeitverständis der Einheimischen Die meisten Einheimischen verfügen scheinbar über unendlich viel Zeit. Sie haben es nicht einmal ansatzweise so eilig wie Menschen aus der westlichen Welt. Anstatt sich darüber zu ärgern, sollten sich Traveller ein kleines bisschen vom örtlichen Lebensrhythmus abschneiden.

Zollbestimmungen

» Dirhams dürfen weder ein- noch ausgeführt werden.

» Zollfrei sind bis zu 200 Zigaretten, 25 Zigarren oder 250 g Tabak; 1 l Alkohol; 150 ml Parfum; sowie Geschenke und Souvenirs bis zu einem Wert von 2000 Dh.

» Nicht eingeführt werden dürfen u. a. „jegliche sittenwidrige Gegenstände, die zu einer Verletzung des Landfriedens führen könnten" wie beispielsweise „Bücher, Druckerzeugnisse sowie Audio- und Videokassetten".

Verkehrsmittel & -wege

AN- & WEITERREISE

Dank einer Reform des Verkehrswesens sind die Besucherzahlen sprunghaft angestiegen, denn nun erlaubt es ein Luftverkehrsabkommen mit der EU europäischen Billigfluglinien, in Marokko zu landen.

Doch auch die wunderbaren Landwege sollten nicht ignoriert werden. Eine romantischere und schadstoffärmere Alternative zum Fliegen sind die zahlreichen Fährverbindungen von Europa nach Afrika, die Marokko an das europäische Bahnnetz anbinden.

Flüge, Touren und Bahntickets kann man unter www.lonelyplanet.com/bookings buchen.

Einreise

Bei der Einreise am Flughafen sind die Formalitäten unkompliziert und normalerweise ziemlich schnell erledigt.

Besucher müssen ein Formular ausfüllen und darin den Zweck des Besuches und ihren Beruf angeben.

Informationen zu Visa siehe S. 543.

Flugzeug

Flughäfen & Fluggesellschaften

Direktverbindungen bestehen von Städten in Europa, im Nahen Osten, in Westafrika und in Nordamerika. Viele Flieger landen in Casablanca und Marrakesch.

Die Sicherheitsstatistik von der nationalen marokkanischen Fluggesellschaft **Royal Air Maroc** (RAM; www.royalairmaroc.com) ist gut, denn in den letzten 40 Jahren gab es nur einen größeren Unfall.

Mehr Infos zu marokkanischen Flughäfen und ihren Einrichtungen gibt's auf der Website des **Office National des Aéroports** (www.onda.ma).

Der **Internationale Flughafen Mohammed V** (Casablanca; s. S. 199) gilt als Marokkos wichtigstes Tor für ausländische Besucher. Weitere internationale Flughäfen:

» Flughafen Menara (Marrakesch, S. 94)

» Flughafen Fes (S. 350)

» Flughafen Rabat-Salé (S. 215)

» Internationaler Flughafen Ibn Batouta (Tanger, S. 273)

» Flughafen Al-Massira (Agadir, S. 400)

» Flughafen Taourirt (Ouarzazate, S. 138)

» Nador (S. 319)

» Al-Hoceima (S. 305)

» Flughafen Angad (Oujda, S. 386)

INTERNATIONALE FLUGGESELLSCHAFTEN

Royal Air Maroc ist die wichtigste Airline, bekommt aber zunehmend Konkurrenz durch Billiglinien.

Air Algérie (www.airalgerie.dz)

Air Arabia (www.airarabia.com)

Air Berlin (www.airberlin.com)

Air Europa (www.air-europa.com)

Air France (www.airfrance.com)

Alitalia (www.alitalia.com)

British Airways (www.ba.com)

easyJet (www.easyjet.com)

EgyptAir (www.egyptair.com)

Emirates (www.emirates.com)

Etihad (www.etihadairways.com)

Iberia (www.iberia.com)

Jet4You (www.jet4you.com)

KLM-Royal Dutch Airlines (www.klm.com)

Lufthansa (www.lufthansa.com)

Qatar (www.qatarairways.com)

Ryanair (www.ryanair.com)

Thomson Airways (http://flights.thomson.co.uk)

Tunis Air (www.tunisair.com.tn)

Tickets

» Hochsaison für Flüge nach Marokko ist von Juli bis Ende August und von Mitte bis Ende Dezember.

» Am billigsten sind die Tickets von November bis Mitte Dezember und von Januar bis Mitte Februar.

» Mit europäischen Billigfliegern reist man wesentlich günstiger.

KLIMAWANDEL & REISEN

Der Klimawandel stellt eine ernste Bedrohung für unsere Ökosysteme dar. Zu diesem Problem tragen Flugreisen immer stärker bei. Lonely Planet sieht im Reisen grundsätzlich einen Gewinn, ist sich aber der Tatsache bewusst, dass jeder seinen Teil dazu beitragen muss, um die globale Erwärmung zu verhindern.

Fliegen & Klimawandel

Fast jede Art der motorisierten Fortbewegung erzeugt CO_2 (die Hauptursache für die globale Erwärmung), doch Flugzeuge sind mit Abstand die schlimmsten Klimakiller – nicht nur wegen der großen Entfernungen und der entsprechend großen CO_2-Mengen, sondern auch weil sie diese Treibhausgase direkt in hohen Schichten der Atmosphäre freisetzen. Die Zahlen sind erschreckend: Zwei Personen, die von Europa in die USA und wieder zurück fliegen, erhöhen den Treibhauseffekt in demselben Maße wie ein durchschnittlicher Haushalt in einem ganzen Jahr.

Emissionsausgleich

Die englische Website www.climatecare.org und die deutsche Internetseite www.atmosfair.de bieten sogenannte CO_2-Rechner. Damit kann jeder ermitteln, wie viel Treibhausgase seine Reise produziert. Das Programm errechnet den zum Ausgleich erforderlichen Betrag, mit dem der Reisende nachhaltige Projekte zur Reduzierung der globalen Erwärmung unterstützen kann, beispielsweise Projekte in Indien, Honduras, Kasachstan und Uganda.

Lonely Planet unterstützt gemeinsam mit Rough Guides und anderen Partnern aus der Reisebranche das CO_2-Ausgleichs-Programm von climatecare.org. Alle Reisen von Mitarbeitern und Autoren von Lonely Planet werden ausgeglichen.

Weitere Informationen sind unter www.lonelyplanet.com zu finden.

» Die Flugpreise sind in den Reisebüros in etwa die gleichen wie bei den Fluggesellschaften.

» Am billigsten sind in der Regel Flüge nach Casablanca und Marrakesch.

» Günstigere Tickets für Studenten und Leute unter 26 Jahren werden bei Reisebüros wie **STA Travel** (www.statravel.com) angeboten.

» Ansonsten nutzt man die üblichen Flugportale.

INTERKONTINENTALFLÜGE MIT RTW-TICKETS

» Es ist nicht einfach, Marokko in eine Tour mit dem Round-the-World-Ticket (RTW-Ticket) einzubauen.

» Mit den meisten RTW-Tickets sind maximal zehn Zwischenlandungen möglich, allerdings lässt sich das Ticket gegen Aufpreis erweitern. Billiger und flexibler dürfte es sein, einen separaten Flug nach Marokko von einem europäischen Flughafen wie Madrid aus zu buchen.

» Wer es schafft, Marokko in seine Weltreise einzubauen, und von dort weiter Richtung Westen in die USA fliegen will, muss wahrscheinlich einen Umweg über eine Stadt auf dem europäischen Kontinent oder London machen.

» Richtung Osten müssen Reisende meistens in den Vereinigten Arabischen Emiraten zwischenlanden. Von dort gibt's Anschlussflüge nach Asien oder Australien.

Afrika

Royal Air Maroc ist eine der besseren afrikanischen Fluggesellschaften und bedient von Casablanca aus ein umfangreiches Streckennetz in Nord-, West und Zentralafrika:

» Abidjan (Elfenbeinküste)

» Accra (Ghana)

» Algier (Algerien)

» Bamako (Mali)

» Brazzaville (Kongo)

» Conakry (Guinea)

» Cotonou (Benin)

» Dakar (Senegal)

» Douala (Kamerun)

» Kairo (Ägypten)

» Libreville (Gabun)

» Lomé (Togo)

» Malabo (Äquatorialguinea)

» Niamey (Niger)

» Nouakchott (Mauretanien)

» Ouagadougou (Burkina Faso)

» Tunis (Tunesien)

» Tripolis (Libyen)

Aus anderen Teilen Afrikas ist es wahrscheinlich billiger, über den Nahen Osten oder über Europa zu fliegen, als einen Anschlussflug von einem der obigen Flughäfen zu buchen.

Die Flüge von Iberia zwischen Johannesburg (Südafrika) und Madrid mit Anschlussflügen nach Marokko sind meistens ausgesprochen günstig.

Europa

Das Flugangebot zwischen Europa und Marokko variiert ständig, da die Billiganbieter oft ihre Strecken ändern.

Royal Air Maroc fliegt von Casablanca in die meisten westeuropäischen Hauptstädte.

DEUTSCHLAND

Air Berlin Fliegt von Köln, Hamburg, München und mehreren anderen deutschen Städten nach Casablanca, Agadir, Nador und Tanger.

Lufthansa Verkehrt zwischen Frankfurt und Casablanca.

Royal Air Maroc Bietet Verbindungen von Düsseldorf und Frankfurt nach Casablanca und Nador an.

Ryanair Hat Flüge von Düsseldorf (Weeze) und Frankfurt-Hahn nach Marrakesch, Agadir und Fes sowie zwischen Bremen und Marrakesch im Programm.

ÖSTERREICH

Austrian Airlines Pendelt zwischen Wien und Agadir.

Air France Fliegt von Wien nach Casablanca.

SCHWEIZ

Royal Air Maroc Bietet Verbindungen von Genf nach Casablanca und Marrakesch.

Swiss Air Verbindet Zürich mit Agadir, Casablanca und Marrakesch.

SPANIEN

Air Europa Fliegt von Madrid und Asturien nach Marrakesch.

easyJet Fliegt von Madrid nach Casablanca, Marrakesch und Tanger.

Iberia Bietet Verbindungen von Madrid und Barcelona nach Casablanca, Marrakesch und Tanger an sowie Flüge nach Casablance ab Malaga und Valencia und Flüge nach Melilla von verschiedenen Abflughäfen, darunter Madrid, Palma de Mallorca und Malaga.

Royal Air Maroc Verkehrt von Madrid und Barcelona nach Casablanca, Marrakesch und Tanger sowie von Las Palmas, Malaga, Sevilla und Valencia nach Casablanca und in andere marokkanische Städte.

Ryanair Hat Verbindungen von Madrid, Barcelona und anderen Städten nach Marrakesch, Fes und Nador sowie von Madrid nach Oujda und Tanger im Programm.

Auf dem Landweg

Grenzübergänge

Visuminformationen für die folgenden Länder siehe Kastentext S. 544.

Algerien Die Grenze ist weiter geschlossen. Algerien will sie nicht öffnen, bis der Status der Westsahara geklärt ist.

Mauretanien Der einzige Grenzübergang befindet sich in der Westsahara zwischen Dakhla (Marokko) und Nouâdhibou (Mauretanien).

Spanien Vom spanischen Festland kann man über die spanischen Enklaven Ceuta (s. S. 305) und Melilla (s. S. 319) nach Nordmarokko reisen.

Europa

AUTO & MOTORRAD

» Europäische Autoverleiher erlauben es normalerweise nicht, dass ihre Fahrzeuge nach Marokko mitgenommen werden. Informationen zu Mietwagen in Marokko siehe S. 555.

» Wer mit einem marokkanischen Mietwagen in die spanischen Enklaven Ceuta und Melilla fahren will, benötigt eine schriftliche Bescheinigung der Autovermietung, dass er den Wagen außer Landes bringen darf.

» Einige Unternehmen erlauben nicht, dass man mit ihren Autos Marokko verlässt.

» Wer über Ceuta oder Melilla nach Marokko einreist, sollte die Gelegenheit nutzen und dort seinen Tank mit steuerfreiem Treibstoff füllen.

» Weitere Informationen zur Einreise nach Marokko mit dem Fahrzeug siehe S. 553.

BUS

Die meisten Busse setzen mit den Fähren von Spanien nach Marokko über.

Passagiere müssen zur Zoll- und Passkontrolle aussteigen.

Busverbindungen nach Marokko gibt's selbst von weit entfernten europäischen Städten, allerdings ist die Fahrt sehr lang und ein Billigflug oft günstiger.

Von Casablanca fahren fast täglich Busse nach Spanien. Die Tickets sollte man eine Woche im Voraus buchen, und noch früher, wenn das Reisedatum auf einen wichtigen spanischen oder französischen Feiertag fällt, denn dann sind die Busse voller Marokkaner, die im Ausland arbeiten.

Fast alle Busse kommen nach der Fahrt übers Mittelmeer im marokkanischen Tanger an, einige setzen aber auch zwischen Nador und Almería über.

Busunternehmen:

Alsa (www.alsa.es) Spanisches Busunternehmen, das Marokko bedient.

CTM (www.ctm.ma, auf Französisch) Marokkos nationales Busunternehmen, die Compagnie de Transports au Maroc, bietet Verbindungen von Casablanca und anderen marokkanischen Städten nach Spanien, Frankreich, Belgien, Deutschland und Italien.

Eurolines (www.eurolines.com) Eine Vereinigung europäischer Fernbusunternehmen, die Verbindungen in ganz Europa und bis nach Marokko im Programm hat. Eurolines unterhält in großen europäischen Städten Büros, man kann die

Tickets und Pässe aber auch online kaufen.

Linebus (www.linebus.es, auf Spanisch) Eine spanische Busgesellschaft, die nach Rabat, Casablanca, Meknès und Marrakesch fährt.

Supratours (www.supratours.ma, auf Französisch) Marokkos bestes Fernbusunternehmen wird von der Eisenbahngesellschaft ONCF geführt und bietet wöchentliche Verbindungen von großen Städten im Norden des Landes zu Zielen in Spanien, Frankreich sowie Italien.

Tramesa (http://perso.menara.ma/tramesa07, auf Französisch) Zuverlässiges Unternehmen mit guten Verbindungen zwischen Marokko und Spanien.

ZUG

Die Bahnfahrt von Europa nach Marokko ist eine gediegene und kultivierte Art des Reisens.

Marokko liegt nicht im Geltungsbereich von InterRail- und Eurail-Pässen, deshalb muss man die Fahrkarten vor Ort kaufen, wenn man das Land im Rahmen einer Europareise besuchen will. Infos zum Bahnverkehr in Marokko siehe S. 560.

In Algeciras liegt der Bahnhof etwa zehn Gehminuten vom Fährterminal für Marokko entfernt. Wer tagsüber ankommt, dürfte relativ schnell auf eine der regulären Fähren kommen.

Nützliche Infoquellen:

Man in Seat 61 (www.seat61.com) Die beste Website für Bahnreisen nach Marokko mit ausführlichen und aktuellen News.

Thomas Cook European Rail Timetable (www.thomascookpublishing.com) Gut für die Planung von Bahnreisen in Europa; erscheint monatlich mit aktualisierten Fahrplänen.

Mauretanien

» Die Trans-Sahara-Strecke über Mauretanien ist die beliebteste und unkomplizierteste Route von Nordafrika in die Gebiete südlich der Sahara. Sie wird von etlichen abenteuerlustigen Überlandreisenden frequentiert.

» Vom Abzweig nach Dakhla an der N1 führt die Strecke 328 km entlang der Küste nach Süden, dann überquert sie die Grenze nach Mauretanien und folgt der Atlantikküste von Nouâdhibou Richtung Süden vorbei am Parc National du Banc d'Arguin bis zur mauretanischen Hauptstadt Nouakchott.

» Die Route gilt als ungefährlich, trotzdem sollte man sich vor dem Start unbedingt über die aktuelle Sicherheitslage informieren: Der Mord an einer französischen Touristenfamilie in der Nähe von Nouakchott 2007 und in diesem Zusammenhang geäußerte Drohungen von Al-Qaida hatten 2008 die Absage der durch Mauretanien führenden Rallye Paris–Dakar zur Folge.

» Man sollte reichlich Wasser und Essen mitnehmen und frühmorgens aufbrechen.

» Die Route ist durchgängig asphaltiert und damit die einzige befestigte Straße durch die Sahara (von einem 5 km langen Streifen im Niemandsland zwischen den beiden Grenzübergängen mal abgesehen).

» Marokkanische Grenzformalitäten werden in der schlichten Siedlung Guergarat erledigt.

» Die Grenze liegt 18 km hinter Guergarat und ist stark vermint, deshalb muss man unbedingt auf der Straße bleiben!

» Man kann die mauretanische Währung Ouguiya (UM) an der Grenze und auf dem Schwarzmarkt im Niemandsland eintauschen.

» Fahrzeugdurchsuchungen und Forderungen nach einem *petit cadeau* (kleines Geschenk) sind nicht ungewöhnlich, besonders wenn die mauretanischen Behörden Alkohol oder billiges marokkanisches Benzin bei einem finden.

» Der Konsum von Alkohol ist für Muslime in Mauretanien verboten. Von Nichtmuslimen wird erwartet, dass sie auf den Transport und das Verteilen von derartigen Getränken verzichten.

» Von der Grenze führt eine 41 km lange Fahrt zur ersten größeren mauretanischen Stadt, Nouâdhibou.

» Nützliche Infoquellen:

- Im **Sahara Travel Forum** (www.horizonsunlimited.com) von Horizons Unlimited findet man eine Fülle von Ratschlägen zur Reise zwischen Marokko und Mauretanien.
- Das Buch und die Website ***Sahara Overland*** (www.sahara-overland.com) bieten wichtige Infos zu Trans-Sahara-Reisen.

AUTO & MOTORRAD

» Allgemeine Infos zur Mitnahme von Fahrzeugen nach Marokko siehe S. 553.

» Da diese Route die Sahara sowie ein Minenfeld an der Grenze überquert, ist es ratsam, einen Konvoi mit anderen Fahrzeugen zu bilden und die Grenze möglichst vor Sonnenuntergang zu erreichen (vor allem wenn man ohne Allradantrieb unterwegs ist).

» Außerdem sollte der Benzinvorrat bei jeder Gelegenheit aufgefüllt werden.

» Einige Tankstellen südlich von Dakhla haben manchmal keinen Sprit mehr – besonders die letzte Tankstelle 50 km vor der Grenze.

» Besucher müssen ihren Reisepass von der Polizei abstempeln lassen und eine auf 30 Tage befristete Einfuhrgenehmigung für Fahrzeuge (10 €) erwerben.

MINIBUS & JEEP

» In Dakhla gibt's Verkehrsverbindungen zur mauretanischen Grenze und darüber hinaus.

» Minibusse und Geländewagen fahren vom militärischen Kontrollposten an der Straße ab, die aus Dakhla herausführt.

» Transportmöglichkeiten, sowohl mit Einheimischen als auch mit anderen Überlandreisenden, lassen sich in Dakhla am besten in den Hotels Erraha, Sahara und Sahara Regency erfragen bzw. arrangieren.

» Zwischen November und März sind die meisten Überlandreisenden auf der Route unterwegs.

» Manchmal fahren vom Hauptbahnhof *grands taxis* zur Grenze (220 Dh). Das letzte Stück bis zum mauretanischen Kontrollposten muss allerdings per Anhalter zurückgelegt werden, da die Grenze nicht zu Fuß überquert werden darf.

» Besser ist eine Mitfahrgelegenheit für den ganzen Weg bis Nouâdhibou, andernfalls ist mit halsabschneiderischen Preisen für die Weiterfahrt von der Grenze rechnen.

» Ein Platz in einem Fahrzeug, das Nouâdhibou ansteuert, kostet bis zu 600 Dh.

» Buschtaxis von Nouâdhibou zur Grenze schlagen mit etwa 2000 UM (mauretanische Ouguiya) zu Buche. Nach Dakhla zahlt man ca. 11 500 UM.

» Es lohnt sich, bei Hotels und Campingplätzen nach freien Sitzen in demnächst aufbrechenden Fahrzeugen zu fragen.

» Camping Chez Abba und Camping Baie du Lévrier („Chez Ali“) erfreuen sich bei Überlandreisenden großer Beliebtheit.

Übers Meer

Wegen der vielen Fährverbindungen zwischen Nordmarokko und Südeuropa ist die Einreise übers Mittelmeer sehr beliebt, das gilt vor allem für die Route von Algeciras (Spanien) nach Tanger, die im Sommer von zahlreichen Tagesausflüglern und Wohnmobilurlaubern genutzt wird.

» Die Fahrt mit der Fähre lässt sich mit dem Bus, der Bahn oder dem eigenen Fahrzeug kombinieren.

» In Südspanien und Nordmarokko kann man einfach den Hafen ansteuern und ein Ticket für die nächste Fähre kaufen (außer im August und zu Ostern, wenn die Nachfrage am höchsten ist – dann muss man rechtzeitig im Voraus buchen).

» In allen Hafenstädten gibt's zahlreiche Ticketbüros und Reiseagenturen, besonders am und rund um den Hafen, sodass man von einem zum nächsten laufen und sich das passendste Angebot raussuchen kann.

» In Tanger und Algeciras sollte man Schleppern aus dem Weg gehen, die einen zu bestimmten Reisebüros führen wollen, von denen sie eine Provision bekommen.

» Tickets sind auch online erhältlich.

» Bei Schiffsreisen von Europa nach Marokko gibt's oft Rabatte für Studenten mit ISIC-Ausweis, Inhaber von InterRail- oder Eurail-Pässen und Senioren aus der EU.

» Kinder zwischen zwei und zwölf Jahren zahlen nur die Hälfte, Kinder unter zwei Jahren gar nichts. Wer über 60 ist, kann sich häufig über Ermäßigungen freuen.

» In Marokko werden seltener Rabatte gewährt, aber es lohnt sich manchmal trotzdem nachzufragen.

» Auf den meisten Fähren ist die Mitnahme von Fahrzeugen gegen eine zusätzliche Gebühr möglich; die Fahrradmitnahme kostet in der Regel nichts.

» Für längere Überfahrten kann man eine Kabine mieten.

» Im europäischen Sommer (Mitte Juni–Mitte Sept.) sowie an Weihnachten und Neujahr herrscht im

FÄHRUNTERNEHMEN & ROUTEN

Directferries (www.directferries.com), ein europaweites Portal, verkauft Tickets für die meisten der folgenden Fährverbindungen, allerdings ist das Buchungsprogramm etwas launisch.

Acciona Transmediterranea, Euroferrys und Ferrimaroc (www.trasmediterranea.es) Almería–Melilla, Almería–Nador, Algeciras–Ceuta, Algeciras–Tanger, Barcelona–Tanger, Málaga–Melilla.

Baleària (www.balearia.com) Algeciras–Ceuta, Algeciras–Tanger.

Comanav Algeciras–Tanger, Genua–Tanger, Sète–Nador, Sète–Tanger.

Comarit (www.comarit.es, auf Spanisch) Algeciras–Tanger, Sète–Tanger, Tarifa–Tanger.

FRS (www.frs.es) Algeciras–Ceuta, Algeciras–Tanger, Gibraltar–Tanger, Tarifa–Tanger

Grandi Navi Veloci (GNV; www.gnv.it) Barcelona–Tanger, Genua–Tanger.

Grimaldi Lines (www.grimaldi-lines.com) Livorno–Tanger, Valencia–Tanger.

Fährstrecken

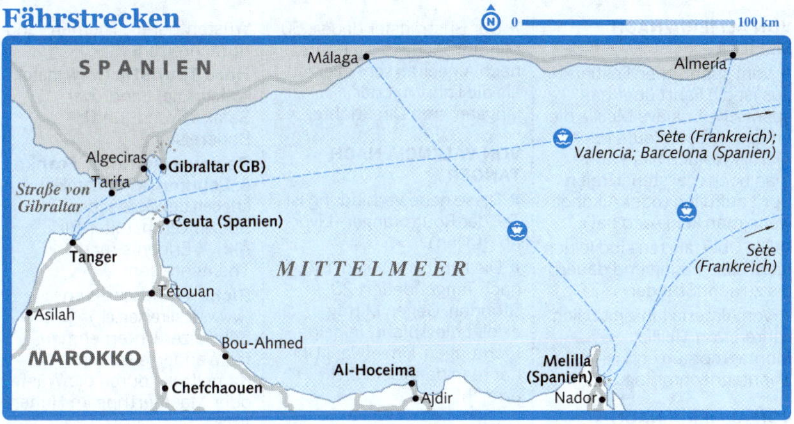

Fährverkehr am meisten Andrang.

» Tickets können nun bis zu 25 % teurer sein.

» Auf den meisten Routen werden nun zusätzliche Fähren eingesetzt, um den Menschenmassen gerecht zu werden. Fußgänger können ihr Ticket problemlos bei der Ankunft am Hafen kaufen, doch wer mit dem Fahrzeug kommt, sollte im Voraus reservieren.

» Fähren nach Tanger legen jetzt am neuen Hafen Tanger Med an, mit Ausnahme der Fähren von Tarifa (Spanien). Der alte Hafen in Tanger war für seine Prostituierten berüchtigt, wobei inzwischen viele weitergezogen sind.

Frankreich

» Die Fahrt von Sète (2 Zugstunden von Marseille entfernt) nach Tanger dauert 36 Stunden, nach Nador 28 Stunden.

» Die Schiffe sind luxuriöser als jene, die zwischen Spanien und Marokko verkehren.

» Jede Woche fahren etwa fünf Schiffe nach Tanger und eines nach Nador.

» Es empfiehlt sich, im Voraus zu buchen.

Gibraltar

» Tanger wird täglich von einer Fähre angesteuert.

» Die Überfahrt dauert etwa so lange wie die nach/von Algeciras, außerdem sind die Tickets genauso teuer.

» Algeciras gilt als bessere Alternative, da der Hafen mehr Leute anzieht und deshalb die Auswahl größer ist.

Spanien

» Zwischen Spanien und Marokko verkehren jede Menge Fähren.

» Tickets bekommt man ab 30 €.

» Tragflächenboote und Katamarane (auch Schnellfähren genannt) werden oft benutzt, sind aber teurer als Fähren und können bei rauer See ausfallen.

» Die Unternehmensgruppe Acciona Transmediterranea, zu der auch Euroferrys und Ferrimaroc gehören, unterhält Büros in all ihren europäischen Häfen.

» Bei der spanischen Passkontrolle gibt's kaum Probleme. Nicht-EU-Bürger und Reisende mit Schengen-Visum sollten aber darauf achten, dass sie einen Ausreisestempel bekommen, bevor sie auf die Fähre gehen.

» An Bord muss man ein Einschiffungsformular ausfüllen und den Pass abstempeln lassen, bevor man wieder das Festland betritt.

» Bei Travellern, die aus Marokko kommen, lässt sich der spanische Zoll manchmal sehr viel Zeit.

VON ALGECIRAS NACH TANGER

» Dies ist die beliebteste und häufigste Fährverbindung zwischen Europa und Marokko.

» Die Fähren verkehren mindestens alle 90 Minuten und starten im Sommer sogar stündlich.

» Normalerweise fahren die Schiffe von 7 Uhr (Sommer 6 Uhr) bis 22 Uhr, zu Spitzenzeiten im August auch manchmal rund um die Uhr.

» Die Überfahrt dauert etwa eine Stunde, wobei das vom Schiff abhängt.

» Dank der großen Konkurrenz gibt's keine großen Preisunterschiede.

» Einige Fährgesellschaften bieten auch 1.-Klasse-Tickets an, die 20 % mehr kosten, sich bei der kurzen Überfahrt aber kaum lohnen.

VON ALGECIRAS NACH CEUTA

» Diese Route ist eventuell etwas für Autofahrer, denn in der spanischen Enklave Ceuta kann man steuerfreies Benzin (und Alkohol) kaufen.

» Jeden Tag fahren zwischen 7 und 22 Uhr mehrere Schnellboote (30 Min.–1 Std.) in beide Richtungen.

VON ALMERÍA NACH MELILLA

» Vom spanischen Festland aus ist die Fahrt über die spanische Enklave Melilla die entspannteste Route nach Marokko. Auch hier kann man noch mal steuerfreien Sprit auffüllen (oder Alkohol, wenn man kein Auto hat).

» Die Überfahrten sind leider nicht allzu häufig und dauern bis zu acht Stunden.

» Von Almeria fahren täglich Fähren, von Melilla Montagmorgen und Sonntagnachmittag.

VON ALMERÍA NACH NADOR

» Nador ist viel ruhiger als Tanger und hat Travellern außer Verkehrsverbindungen in den Rest des Landes nicht viel zu bieten.

» Pro Woche starten fünf Fähren in beide Richtungen. Nach Nador brauchen sie fünf Stunden, nach Almería acht Stunden.

VON BARCELONA NACH TANGER

» Zwei Unternehmen bieten diese Route nach Tanger an, eine Fähre kommt aus Genua (Italien) und legt in Barcelona einen Zwischenstopp ein.

» Es gibt drei Verbindungen pro Woche. Die Fahrt dauert etwa 29 Stunden.

VON MÁLAGA NACH MELILLA

» Diese Fähre verkehrt täglich außer sonntags. Normalerweise erfolgt die Abfahrt nach/von Melilla nachmittags/nachts.

» Die Tour dauert bis zu acht Stunden.

VON TARIFA NACH TANGER

» Etwa jede Stunde starten Katamarane, die nur 35 Minuten brauchen – damit ist dies die schnellste und unkomplizierteste Route.

» Im Fahrpreis enthalten ist der Bustransfer nach Algeciras, dazu muss man sein Schiffsticket vorzeigen.

» Der Bustransfer dauert 50 Minuten, sodass die Route nach Algeciras schneller ist als die Fahrt mit der langsameren Direktfähre.

VON VALENCIA NACH TANGER

» Diese neue Verbindung ist Teil der Route Tanger–Livorno (Italien).

» Die Fahrt von Valencia nach Tanger dauert 20 Stunden. Gegen Mittag erfolgt die Abfahrt in beide Richtungen. Um etwa 8 Uhr hat man dann sein Ziel erreicht.

Italien

» Drei Unternehmen bieten Überfahrten von Italien übers Mittelmeer nach Tanger an, und zwar von Livorno über Valencia und von Genua über Barcelona.

» Die neue Verbindung von Livorno dauert 56 Stunden.

» Von Genua fahren dreimal in der Woche Schiffe (50 Std.).

Geführte Touren

Viele Tourveranstalter organisieren Trips durch Marokko. Reisemagazine wie **Abenteuer & Reisen** (www.abenteuer-reisen.de) und die Reiseseiten von Wochenendzeitungen enthalten zahlreiche Werbeanzeigen.

Siehe auch S. 559 und S. 31 für Spezialanbieter, die Aktivitäten von Klettern bis Rafting im Programm haben.

Alpha Touristic (www.marokko-reisen.net) Ein auf Marokko spezialisierter deutscher Veranstalter von Sport-, Bade- und Studienreisen.

Botros Tours (www.botros tours.at) Österreichischer Anbieter für Reisen in den Maghreb, nach Ägypten sowie in die Länder des Nahen Ostens bzw. Arabiens.

Cultoura Reisen (www.cultoura.ch) Schweizer Anbieter von Kameltreks, Wüstentouren, Themen- und Sprachreisen.

Hora Touristik (www.marokko-tours.de) Landrover-Safaris, Rund- und Badereisen.

Reiseveranstalter Franke & Leinker (www.marokko erleben.de) Deutscher Spezialveranstalter für Aktiv-, Erlebnis- und Themenreisen.

Rickli Wanderreisen (www.ricklireisen.ch) Schweizer Unternehmen für Wanderreisen und Kameltreks durch die Wüste oder Maultiertrips im Hohen Atlas.

Studiosus Reisen (www.studiosus.com) Große Auswahl an Studienreisen unter kompetenter Leitung.

Yallahtrek (www.yallah morocco.com; Taliouine) Der Trekkingspezialist für den Jebel Siroua bietet auch kulturelle Aktivitäten für Einzelreisende, Gruppen und Familien (s. S. 408).

UNTERWEGS VOR ORT

Dank der guten Verkehrsverbindungen zwischen Marokkos Städten gestaltet sich der Transport vor Ort relativ problemlos. Außerdem kann man sich selbst in entlegenen Ecken häufiger von jemandem mitnehmen lassen. Royal Air Maroc bietet Inlandsflüge an, zwischen allen größten Städten erstreckt sich ein hervorragendes Eisenbahnnetz und mit großen Busfirmen wie CTM reist man wunderbar komfortabel und effizient. Regionale Unternehmen sind billiger und bunter, erfüllen aber ihren Zweck.

Mietwagen kosten mehr, gestatten aber größtmögliche Flexibilität. Allerdings kann das Autofahren in großen Städten ganz schön stressig sein. Gut ausgebaute Straßen sind an der Tagesordnung. Umfangreiche Investitionen haben den Zugang zu Gegenden wie dem

Rifgebirge mittlerweile deutlich erleichtert. In einsamen Berg- und Wüstenregionen gibt's jedoch oft nur unbefestigte *pistes*.

Auto & Motorrad

Marokko ist wie geschaffen zum motorisierten Herumreisen, und auf den Straßen tummeln sich jede Menge Wohnmobile. Wer ein Auto hat, erlebt die größtmögliche Freiheit beim Erkunden der ungewöhnlicheren Routen Marokkos – vor allem im Süden und im Rif, wo man mit dem Bus manchmal ziemlich langsam vorankommt.

Tagsüber ist das Fahren meistens kein Problem und nicht allzu stressig, auch wenn man bei marokkanischen Fahrern etwas mehr Vorsicht walten lassen muss, als man aus der westlichen Welt gewöhnt ist.

Die Straßen zwischen den wichtigsten Zentren in Marokko sind in der Regel gut, und es gibt ein wachsendes Autobahnnetz. Eine neue Autobahn entlang der Mittelmeerküste wird gerade an die drei vorhandenen angeschlossen:

» Von Tanger die Atlantikküste hinunter bis nach El-Jadida.

» Von Rabat landeinwärts über Meknès nach Fes.

» Von Casablanca Richtung Süden über Marrakesch nach Agadir.

Benzin & Ersatzteile

Ersatzteile Marokkanische Mechaniker sind normalerweise gut, außerdem findet man in allen einigermaßen großen Städten mindestens eine Werkstatt (die meisten mit Ersatzteilen für Renault und andere französische Marken). Wer Teile zum Selbsteinbauen sucht, sollte einen marokkanischen Bekannten bitten, ihn beim Kauf zu begleiten, damit die Preise näher am landesüblichen Niveau bleiben.

Preise Verbleites und seltener zu findendes bleifreies *(sans plomb)* Benzin kosten etwa 10 Dh pro Liter, den Liter Diesel *(gasoil)* bekommt man für ca. 7 Dh. Die Preise steigen mit zunehmender Entfernung vom Nordwesten des Landes. Als große Ausnahme gilt das Gebiet der Westsahara, wo die Tankstellenkette Atlas Sahara steuerfreies Benzin verkauft, das etwa 30 % billiger ist. Auch in den zollfreien spanischen Enklaven Ceuta und Melilla kann man recht günstig tanken.

Verfügbarkeit Im Land gibt's viele Tankstellen, südlich von Goulimime werden sie allerdings immer seltener. Wer abgelegene Gebiete ansteuert, sollte bei jeder Gelegenheit tanken. In der südlichen Wüste muss man die Tankuhr genau im Auge behalten und Benzin besorgen, wo immer es geht, weil es die Tankstellen nicht immer vorrätig haben. Für Notfälle immer einen vollen Reservekanister mitnehmen! Das „Benzin", das in der Nähe der algerischen Grenze (besonders rund um Berkane) am Straßenrand angeboten wird, sollte man auf keinen Fall kaufen! Es wird aus Algerien eingeschmuggelt und enthält mit Sicherheit Bestandteile, die den Motor schädigen.

Eigene Fahrzeuge einführen

» Alle Fahrzeuge, die eine internationale Grenze überqueren, sollten das Nationalitätskennzeichen des Landes tragen, in dem sie zugelassen sind.

» Ein Warndreieck ist im Fall einer Panne sehr nützlich.

» Das marokkanische Gesetz verlangt eine grüne Versicherungskarte *(carte verte* bzw. Internationale Versicherungskarte zum Kraftverkehr) zum Nachweis der Autoversicherung.

» Fahrer benötigen außerdem ihren Fahrzeugschein (in Marokko *carte grise* genannt) sowie ihren Führerschein oder einen internationalen Führerschein.

» In der Autoversicherung ist Marokko selten eingeschlossen, darum vorher checken!

» Genaueres über alle benötigten Dokumente erfahren Traveller bei ihren Automobilclubs oder ihrer Autoversicherung.

» Die grüne Versicherungskarte besorgt man sich am besten schon zu Hause. Ansonsten muss man am Fährhafen oder bei einem Versicherungsagenten *(bureau d'assurance)* in der Nähe eine Versicherung *(assurance frontiere)* abschließen; Kostenpunkt: etwa 650 Dh für zehn Tage.

» Beim Abschluss einer Versicherung sollte man auch nach dem optionalen Formular *constat amiable* fragen, das beide Parteien bei einem kleineren Unfall ausfüllen. Man erhält es u. a. in den *tabacs* der Städte.

» Am Hafen bzw. bei längeren Überfahrten auf dem Schiff muss man das Formular TVIP (*déclaration d'admission temporaire de moyens de transport*) ausfüllen, eine auf sechs Monate befristete Fahrzeugzulassung.

» Dieses Formular ist vorzulegen, wenn man das Land mit dem Fahrzeug verlässt.

» Man kann es auch auf der Website der **marokkanischen Zollbehörde** (www.douane.gov.ma, auf Französisch) runterladen; dort wird es als D16TER bezeichnet.

» Ein *carnet de passage en douane* für die temporäre Einfuhr eines Fahrzeugs nach Marokko ist nicht nötig, wenn man mit dem eigenen Wagen nach Marokko fährt.

Führerschein

» Ein internationaler Führerschein wird von den meisten Kraftfahrzeugbehörden empfohlen, viele

ENTFERNUNGEN (KM)

	Agadir	Al-Hoceima	Casablanca	Dakhla	Er-Rachidia	Essaouira	Fes	Figuig	Marrakesch	Meknès	Nador	Ouarzazate	Oujda	Rabat	Safi	Smara	Tan Tan	Tanger	Tarfaya
Al-Hoceima	1091																		
Casablanca	511	536																	
Dakhla	1173	2264	1684																
Er-Rachidia	681	616	545	1854															
Essaouira	160	887	351	1346	745														
Fes	756	275	289	1920	329	640													
Figuig	1076	669	920	2249	395	1081	719												
Marrakesch	273	758	232	1448	510	170	461	905											
Meknès	740	335	229	1913	346	580	57	741	446										
Nador	1095	175	628	2260	510	979	339	516	822	399									
Ouarzazate	354	992	442	1548	295	380	687	701	175	652	816								
Oujda	1099	293	632	2272	514	983	334	326	826	403	104	820							
Rabat	602	445	91	1775	482	442	196	877	321	139	535	528	541						
Safi	294	792	256	1467	683	129	545	1078	148	486	884	361	888	347					
Smara	551	1642	1062	746	1232	724	1307	1627	824	1291	1646	926	1650	1153	845				
Tan Tan	331	1422	842	842	1012	504	1087	1407	504	1071	1426	705	1430	933	625	220			
Tanger	880	323	369	2053	608	720	303	988	598	287	1086	811	609	278	625	1431	1211		
Tarfaya	544	1635	1055	633	1225	517	1300	1620	817	1284	1639	919	1643	1146	838	331	213	1424	
Tetouan	892	278	385	2065	604	736	247	931	675	258	437	820	555	294	641	1443	1223	57	1436

ausländische Führerscheine, u. a. auch die aus EU-Mitgliedsländern, werden aber akzeptiert, wenn sie ein Foto enthalten.

» Beim Fahren muss man den Führerschein und den Pass dabeihaben.

Gefahren im Straßenverkehr

Die Unfallquote ist hoch: 2009 kamen bei Verkehrsunfällen etwa 4000 Menschen ums Leben und über 100 000 wurden verletzt. Viele marokkanische Verkehrsteilnehmer verhalten sich willkürlich oder aggressiv, deshalb kann das Fahren in den Städten eine haarsträubende Erfahrung sein. Man sollte bei jedem Wagen davon ausgehen, dass er plötzlich ausscheren und einem im unpassendesten Moment den Weg abschneiden könnte.

Vorsicht vor Fußgängern und Radfahrern, die völlig unerwartet auftauchen oder abbiegen. In der Nähe von Städten bevölkern Fußgänger (auch große Gruppen von Schulkindern), Fahrräder, Pferdekarren, Esel usw. die Straßen.

Berge Wer im Winter in die Berge fährt, muss mit Schnee und Eis rechnen. Die Pässe des Hohen Atlas sind in dieser Jahreszeit oft wegen des Schneefalls geschlossen. Vor der Fahrt vor Ort informieren und auf die Straßenschilder an den Straßen, die aus Marrakesch hinausführen, achten!

Medinas Wenn man in eine Stadt kommt, parkt man besser außerhalb der Medina oder findet vorher heraus, ob der Weg zur Unterkunft gut fahrbar ist, denn die engen Straßen sind nicht für Autos gemacht.

Nebenstraßen Viele kleinere Straßen sind so schmal, dass normale Fahrzeuge bei Gegenverkehr auf den Seitenstreifen ausweichen müssen. Am besten langsamer werden und das Auto zumindest halb von der Straße runterfahren, statt zu versuchen, auf der Straße aneinander vorbeizukommen. Der Straßenbelag hat oft schartige Ränder, die eine Reifenpanne verursachen können. Von entgegenkommenden Fahrzeugen hochgeschleuderte Steine stellen eine besondere Gefahr für Windschutzscheiben dar.

Nachtfahrten Nachts zu fahren ist besonders riskant: Fahrzeuge, die langsamer als 20 km/h sind, dürfen ohne Licht fahren.

Pistes Manche *pistes* lassen sich mit einem normalen Auto wie einem Dacia Logan bewältigen, doch viele sind nur mit Geländewagen befahrbar. Aber egal, mit welchem Auto man unterwegs ist, es geht auf jeden Fall langsam voran. Viele Abschnitte der *pistes* in den Bergen kann man bei schlechtem Wetter nicht passieren; sie sind in der Michelin-Karte Nr. 742 (früher Nr. 959) markiert.

Vorbereitung Vor einer längeren Fahrt sollte man immer Einheimische nach den Straßenbedingungen fragen, die Reifen kontrollieren und einen Reservereifen sowie ausreichend Trinkwasser und Benzin mitnehmen.

Wüste In der *hammada* (Steinwüste) hört die geteerte Straße manchmal ohne Vorankündigung auf und geht in eine holprige Angelegenheit aus Sand, Schotter und Schlaglöchern über. Wenn ein starker *chergui* (trockener östlicher Wüstenwind) pustet und viel Staub vor sich aufwirbelt, heißt es warten, bis er sich legt. Sonst kann das Auto ganz schön ramponiert werden.

Mietwagen

Alter Die meisten marokkanischen Autovermietungen verlangen, dass die Fahrer mindestens 21 Jahre alt sind (in manchen Fällen 23 Jahre).

Preise In Marokko ein Auto zu mieten ist nicht gerade billig und für Alleinreisende oder Paare mit typischen Reiserouten finanziell nicht immer sinnvoll. Ein Economy-Modell mit drei oder fünf Türen, typischerweise ein Dacia Logan, kostet bei einer Mietdauer von einer Woche und ohne Kilometerbegrenzung etwa 300 Dh pro Tag. Bei längerer Vermietung für drei Wochen und mehr bekommt man manchmal günstigere Tagessätze um 250 Dh. Die günstigsten Angebote findet man bei der Onlinebuchung von zu Hause aus. Manchmal bekommt man einen guten Preis, wenn man das Auto bei dem Reisebüro oder der Fluggesellschaft mietet, wo man den Flug bucht.

Kaution Die meisten Verleiher wollen eine rückzahlbare Kaution (3000–5000 Dh), es sei denn, man bezahlt mit Kreditkarte. Von dieser wird dann ein Abdruck gemacht, den man später unbedingt zurückverlangen sollte.

Autovermietungen Bei internationalen Firmen wie **Hertz** (www.hertz.com), **Budget** (www.budget.ma in Französisch), **Europcar** (www.europcar.com), **National** (www.nationalcar.com) und **Avis** (www.avis.ma) kann man das Auto vor der Abreise online buchen. Es gibt auch zahlreiche lokale Anbieter: Beispielsweise reihen sich an Flughäfen oft mehrere Stände aneinander, sodass man gut handeln kann. Zu den besten Städten für Mietwagen gehören Agadir, Casablanca, Fes, Marrakesch und Tanger, denn hier ist die Konkurrenz am größten.

Mögliche Probleme Egal, wo man ein Auto mietet – man sollte sichergehen, dass man versteht, was im Preis inbegriffen ist und wofür man haften muss. Einige Urlauber, die bei kleineren, unbekannteren Firmen einen Wagen gemietet und mit Kreditkarte bezahlt hatten, erlebten bei ihrer Rückkehr nach Hause eine böse Überraschung: Es war das Zehnfache des vereinbarten Preises abgebucht worden. Immer den Zustand des Wagens überprüfen, bevor ein Vertrag unterschrieben wird, und sicherstellen, dass Reservereifen, Erste-Hilfe-Kasten, Werkzeugkasten und alle notwendigen Papiere da sind – inklusive Versicherung. Die Wagenpapiere und den Führerschein nimmt man nachts am besten mit ins Zimmer, da man sie braucht, falls das Auto gestohlen oder beschädigt wird. Quittungen für Ölwechsel und Reparaturen immer aufbewahren, denn diese Ausgaben sollten zurückerstattet werden.

Versicherung und Steuern In Marokko ist es gesetzlich vorgeschrieben, zusammen mit dem Mietvertrag auch eine Kfz-Versicherung abzuschließen. Bei den Vertragsverhandlungen immer darauf achten, dass Kaskoversicherung, Kfz-Haftpflicht und Steuer (20 %) inklusive sind. Empfehlenswert ist eine zusätzliche Collision-Damage-Waiver-Versicherung ähnlich der deutschen Vollkaskoversicherung, die normalerweise 35 bis 60 Dh pro Tag kostet. Doch selbst dann bleibt oft ein Selbstbehalt von bis zu 5000 Dh bei selbstverschuldeten Unfällen. Möglicherweise bekommt man eine Versicherung, die pro Tag um die 60 Dh zusätzlich kostet und diesen Selbstbehalt ausschließt oder minimiert. Auch eine persönliche Versicherung (ca. 30 Dh pro Tag) kann eine gute Idee sein, sie ist aber eventuell schon in der Reiseversicherung enthalten.

Piste Außer bei einem Geländewagen bietet der Mietvertrag vermutlich keinen Versicherungsschutz für das Fahren abseits befestigter Straßen *(pistes)*. Wenn es auf einer *piste* zur Panne kommt, müssen die Traveller selber zahlen. Deshalb, wenn möglich, vor der Fahrt vom Verleiher das Okay für die Reiseroute einholen!

Service Internationale Firmen haben nicht immer bessere Autos als lokale Verleiher, aber meistens einen besseren Service. Weil die Firmen über ein Netzwerk von Büros im ganzen Land verfügen, kann bei einer Panne oder einem Unfall oft ein Ersatzwagen aus der nächsten Niederlassung geschickt werden. Wenn man in einer bestimmten Region bleiben will, findet man jedoch möglicherweise eine billigere lokale Autovermietung, die in der näheren Umgebung über ein solches Netzwerk verfügt.

Rückgabe Bei größeren Unternehmen kann man ein Auto an einem Ort mieten und an einem anderen wieder abgeben, dafür wird aber in der Regel eine Gebühr fällig (normalerweise 2000 Dh), selbst wenn das Auto in einer Stadt abgegeben wird, wo das Unternehmen eine Filiale hat. Bei verspäteter Rückgabe berechnen die Unternehmen die Überschreitung des Mietzeitraums pro Stunde (ein Betrag von 100 Dh pro Std. ist nicht ungewöhnlich).

Motorrad

» Motorradreisen werden immer beliebter. Aber viele Maschinen, vor allem die mit leistungsstärkeren Motoren, sind in Marokko kaum bekannt, sodass Reparaturen schwierig sein können.

» Traveller sollten unbedingt ein paar Dinge über die Wartung wissen.

» Ein gute Werkzeugausstattung und alle notwendigen Ersatzteile, darunter Kabel, Reifenschläuche, Flickzeug, Motorradheber, Pumpe, Zündkerzen, Kette, waschbarer Luftfilter und Kabelverbindungen, gehören ins Gepäck.

» Manche Motorradversicherungen decken Fahrten in Marokko nicht ab.

» Einige Unternehmen verleihen auch Motorräder (300 Dh pro Tag für eine Yamaha DT 125cc) und Mofas (ab 150 Dh pro Tag).

» **Horizons Unlimited** (www.horizonsunlimited.com) bietet eine Fülle von Ratschlägen zum Motorradfahren in der Region.

Parken

» In vielen Städten werden Parkplätze von *gardiens de voitures* bewacht.

» Theoretisch muss man sie nicht bezahlen, es sei denn, man bekommt ein Ticket, welches zeigt, dass sie für die Stadt arbeiten. Nichtsdestotrotz ist es im Prinzip eine gute Idee, für ihre Dienste ein paar Dirhams zu zahlen.

» Die Parkplatzwächter sind zwar keine absolute Garantie für Sicherheit, sorgen aber für eine gewisse Seelenruhe und werden zweifellos anbieten, das Auto auch zu waschen.

» In immer mehr Großstädten muss man im Zentrum einen Parkschein aus einem der blauen Automaten ziehen, die am Straßenrand aufgestellt sind (2–3 Dh pro Std., max. Parkdauer 2 Std.). Sonntags ist Parken kostenlos.

» An rot-weiß gestreiften Straßenrändern ist das Parken verboten.

» Grün-weiße Streifen signalisieren Halteverbot.

» Für illegales Parken kann ein Bußgeld von bis zu 1500 Dh verhängt werden.

» An illegal geparkte Autos werden in vielen Städten Parkkrallen angebracht, auch in Rabat und Casablanca.

Straßensperren

» Kontrollpunkte der Polizei sind auf den Hauptstraßen in die meisten größeren Städte keine Seltenheit.

» Ausländer am Steuer werden aber normalerweise nicht angehalten. Trotzdem kann es nicht schaden, vom Gas zu gehen und das schönste Lächeln aufzusetzen – wahrscheinlich gibt's ein Lächeln zurück und das Auto wird durchgewinkt.

» Auch in sensiblen Gebieten wie der Westsahara, im Rifgebirge rund um die Region Ketama, wo Cannabis angebaut wird, sowie auf der Straße nach Figuig in der Nähe der algerischen Grenze gibt's häufig Straßensperren.

» In diesen Gegenden ist die Polizei sehr wachsam, doch wahrscheinlich muss man höchstens den Pass, den Führerschein und die Fahrzeugpapiere vorzeigen und wird nach Zweck und Ziel der Reise gefragt.

Verkehrsregeln

» In Marokko herrscht Rechtsverkehr.

» In Städten haben Fahrzeuge Vorfahrt, die von rechts in einen Kreisverkehr einbiegen.

» Das Missachten eines roten Stoppschilds kostet 700 Dh.

» Die Höchstgeschwindigkeit in geschlossenen Ortschaften beträgt 40 km/h.

» Außerhalb von Ortschaften gilt landesweit eine Geschwindigkeitsbegrenzung von 100 km/h, auf den Autobahnen 120 km/h.

» Auf Straßenschildern werden Fahrer aufgefordert, dem Gesetz zu folgen und sich anzuschnallen, aber kaum jemand hält sich dran. Marokkanische Autofahrer vertrauen eher darauf, dass Allah ihnen helfen wird. Wer es ihnen gleichtut, muss mit einer Geldstrafe rechnen – also anschnallen!

» Für die Autobahn wird eine Maut verlangt, z. B. zwischen Rabat und Tanger 60 Dh sowie zwischen Rabat und Casablanca 20 Dh. Man zieht ein Ticket, wenn man auffährt, und bezahlt, sobald man abfährt.

» Bei Verkehrsunfällen müssen die Fahrer, vor allem wenn es Verletzte gibt, an der Unfallstelle bleiben und dürfen ihre Fahrzeuge nicht bewegen, bis die Polizei kommt – was Stunden dauern kann.

» Für den Fall eines Zusammenstoßes sollte man das Formular *constat amiable* dabeihaben (s. S. 553).

Bus

Busse sind das billigste und effizienteste Verkehrsmittel, um Marokko zu bereisen, und zudem recht sicher, auch wenn die Fahrer manchmal etwas zu wünschen übrig lassen.

Busbahnhöfe In manchen Busbahnhöfen geht's zu wie im Irrenhaus. Schlepper der unterschiedlichen Unternehmen wuseln herum und rufen lauthals die Ziele der abfahrenden Busse aus. In den meisten Städten gibt's nur einen zentralen Busbahnhof *(gare routière)*, doch Supratours und CTM haben manchmal separate Terminals, und ihre Büros sind oft außerhalb des Busbahnhofs. Gelegentlich gibt's für einige wenige regionale Zielorte andere Busbahnhöfe.

Schlepper Schlepper führen einen gerne zu bestimmten Ticketschaltern (und kassieren eine kleine Provision vom jeweiligen Unternehmen). Deshalb immer genau checken, dass die empfohlene Verbindung auch wirklich die komfortabelste, direkteste und günstigste ist!

Gepäck Die Busbahnhöfe in den großen Städten haben eine Gepäckaufbewahrung *(consigne)*, die manchmal rund um die Uhr geöffnet ist. Das Gepäck sollte mit einem Vorhängeschloss gesichert werden. In den meisten Fällen wird für den Koffertransport eine Gebühr verlangt, besonders wenn die Sachen oben auf dem Dach verstaut werden; üblich sind 5 Dh.

Preise Busfahren ist im Verhältnis zu den zurückgelegten Entfernungen billig. Die CTM-Fahrpreise von Casablanca nach Agadir, Marrakesch, Fes und Tanger betragen 220, 130, 70 bzw. 100 Dh. Supratours bietet eine 1. und eine 2. Klasse an, die sich aber meist kaum im Preis und Komfort unterscheiden.

Reservierungen Wenn möglich, und besonders wenn Busse selten fahren oder nicht an dem Ort starten, wo man einsteigen will, ist eine Reservierung für die CTM- und Supratours-Busse sinnvoll. Zu den besonders gefragten Routen gehören Marrakesch–Essaouira und Casablanca–Marrakesch. Hier ist es in der Hauptsaison ratsam, zwei Tage im Voraus zu reservieren.

Tagesfahrten In vielen Bussen gibt's nur sehr dürftige Vorhänge, darum sollte man darauf achten, wo man sitzt, wenn man nicht in der Sonne braten will. Auf der Fahrt nach Süden setzt man sich morgens möglichst auf die rechte Seite, nachmittags auf die linke. In Bussen Richtung Westen sitzt man am besten rechts, Richtung Osten links. Beim Kauf der Fahrkarte bekommt man oft einen Platz zugewiesen, man kann aber darum bitten, selbst die Wahl treffen zu dürfen.

Nachtfahrten Viele Städteverbindungen werden von Nachtbussen bedient, die schneller und kühler sein können; das ist allerdings nicht immer auch schlafförderned.

Pausen Die meisten Busfahrten über drei Stunden beinhalten eine Pause zum Beinevertreten und Stärken. An Kontrollpunkten der Polizei stehen Busse oft ca. zehn Minuten – länger als *grands taxis*, deren einheimische Fahrer die Polizisten meistens kennen.

KNIGGE FÜR UNTERWEGS

In öffentlichen Verkehrsmitteln ist es verpönt zu essen, wenn andere Fahrgäste zuschauen müssen – das wird als Egoismus und schlechtes Benehmen gewertet. Also immer ein bisschen mehr mitnehmen, Um den Platznachbarn etwas anbieten zu können (beispielsweise eine Tüte Obst).

Es gibt bestimmte Rituale, die beachtet werden sollten. Ein Mitreisender, dem man etwas zu essen anbietet, lehnt üblicherweise erst mal ab. Das heißt: zweiter Versuch und diesmal etwas überzeugender. Aber darauf einstellen, dass man wieder eine Abfuhr kriegt. Beim dritten, sehr nachdrücklichen Angebot können die Sitznachbarn endlich annehmen, wenn sie wirklich wollen

Wer etwas angeboten bekommt, aber nichts möchte, sollte trotzdem ein kleines Stück annehmen. Gleichzeitig zufrieden den Bauch reiben, Um klarzumachen, dass man satt ist. Die Dankbarkeit, dass man das komplizierte Ritual mitmacht, äußert sich in Respekt, Schutz und freundschaftlicher Fürsorge.

Busunternehmen

CTM

Compagnie de Transports au Maroc (www.ctm.ma) verfügt über das umfangreichste Streckennetz in Marokko und steuert viele Orte an, die für Traveller interessant sind. Zugleich ist es das älteste Busunternehmen im Land: Es wurde 1919 gegründet.

» Kinder ab vier Jahren bezahlen in CTM-Bussen den vollen Preis. Er liegt ca. 15–30 % über dem der meisten anderen Unternehmen und ist mit dem Preis für die 2. Klasse in normalen Zügen vergleichbar.

» Tickets können normalerweise im Voraus gekauft werden.

» Fast alle Busse von CTM sind modern und komfortabel. In manchen Fahrzeugen der 1. Klasse gibt's Videos (ein zweifelhaftes Vergnügen), Klimaanlage und

Heizung (manchmal beides im Übermaß).

» Für Gepäck muss man eine offizielle Beförderungsgebühr von 5 Dh pro Gepäckstück zahlen.

» Wer das Ticket kauft, bekommt einen Gepäckzettel. Diesen unbedingt gut aufbewahren – er wird bei der Ankunft wieder gebraucht!

SUPRATOURS

Die Eisenbahngesellschaft ONCF betreibt **Supratours** (www.supratours.ma) zur Ergänzung ihres Bahnnetzes. So steigen z. B. Bahnreisende, die von Marrakesch weiter nach Süden reisen, am Bahnhof in Busse nach Agadir, Ourzazate und in andere Städte um.

» Siehe Karte des Supratours- & Bahnstreckennetzes.

» An den Schaltern im Bahnhof kann man Tickets für die komplette Strecke kaufen, einschließlich der Busfahrt. So ist es möglich, die Fahrt von Azrou nach Nador zunächst mit dem Bus nach Fes und dann mit dem Zug über Taourirt zurückzulegen.

» In den Zügen haben Traveller mit Anschlussfahrkarten für Busse Vorrang.

» Die Preise und der Komfort der Busse sind bei Supratours ganz ähnlich wie bei CTM.

ANDERE UNTERNEHMEN

Alle anderen Busunternehmen in Marokko sind privat und operieren vorwiegend regional.

Als gute zweite Wahl gelten Satas und SAT im Süden des Landes sowie Trans Ghazala im Norden. Sie sind etwas billiger und nicht ganz so komfortabel und effizient wie CTM bzw. Supratours.

Am unteren Ende der Preisskala liegen etliche zweitklassige Betreiber, die mit einem oder zwei abgenutzten Bussen auf den kürzeren bzw. regionalen Routen pendeln. Bequeme Sitze oder Klimaanlage darf man hier nicht erwarten.

Sie starten erst dann, wenn der Fahrer befindet, dass sie voll sind, und halten unterwegs ständig an, um neue Passagiere einzusammeln. Immerhin sind sie spottbillig und für kürzere Strecken sehr vergnüglich.

In den billigeren Bussen gibt's im Winter meistens keine Heizung, auch nicht, wenn es durch die Berge geht. Also immer ausreichend warme Klamotten mitnehmen!

» Schneeverwehungen auf den Gebirgspässen halten den Verkehr manchmal auf, besonders auf der Straße von Marrakesch nach Ouarzazate.

» In älteren Bussen hat man extrem wenig Beinfreiheit, deshalb können längere Fahrten für große Menschen ein ziemlicher Härtetest sein.

» Abgesehen von ganz wenigen örtlichen Bussen bekommt jeder Fahrgast einen Sitzplatz.

Fahrrad

Mit dem Mountainbike durch Marokko zu touren kann eine tolle Art zu reisen sein. Es gibt jede Menge Gelegenheiten, abseits der ausgetretenen Pfade zu radeln: Tausende von Kilometern abgelegener *pistes* warten nämlich nur darauf, erkundet zu werden.

Fahrradverleih Marokkanische Städte lassen sich am besten zu Fuß entdecken, aber in Orten wie Essaouira und Taroudannt kann man auch Fahrräder ausleihen (ca. 50–100 Dh pro Tag) – eine sinnvolle Investition, wenn man weit weg vom Zentrum wohnt. Wer allerdings die allerneuesten Mountainbike-Modelle erwartet, wird bitter enttäuscht sein.

Gefahren Radfahrer müssen sich nicht an spezielle Verkehrsregeln halten und Autofahrer nehmen keine besondere Rücksicht auf sie. Die befestigten Straßen sind zwar im Allgemeinen in gutem Zustand, aber oft eng. In verkehrsarmen Gebieten wie dem Antiatlas muss man auf unebene Straßenränder achten: Angesichts der marokkanischen Kamikaze-Fahrer kann das Radeln ganz schön haarig werden. Radler berichteten auch, dass sie in abgelegenen Gebieten von Kindern bedrängt wurden, die mit Steinen warfen.

Geführte Touren Ein paar Tourveranstalter bieten Ausflüge mit dem Mountainbike an.

Parken In Städten wie Marrakesch gibt's Fahrradparks, in denen das Rad tagsüber geparkt werden kann und bewacht wird.

Praktische Informationen Allgemeine Infos gibt's bei den heimischen Verbänden, z. B. dem **Allgemeinen Deutschen Fahrrad-Club** (ADFC; ☎0421 34 62 90; www.adfc.de). Eine Übersicht über Radreiseveranstalter findet man auf der Website des **Bunds Deutscher Radfahrer** (www.rad-net.de).

Transport und Camping Busunternehmen befördern Fahrräder in der Regel für einen Aufpreis als Gepäck. Auch im Zug kann man Räder normalerweise mitnehmen, meistens aber nur im Güterwagen. Viele Campingplätze verlangen ca. 10 Dh pro Fahrrad.

Vorbereitung Die Entfernungen sind groß, außerdem müssen Gepäck und reichlich Trinkwasser transportiert werden. Wichtige Ersatzteile wie Speichen, Bremsklötze und Schläuche nimmt man am besten mit.

Flugzeug

» Die nationale Airline **Royal Air Maroc** (RAM; ☎0890 00 08 00; www.royalairmaroc.com)

ist die wichtigste Inlandsfluggesellschaft.

» Sie steuert Tanger, Nador, Oujda, Fes, Casablanca, Er-Rachidia, Marrakesch, Essaouira, Agadir, Laâyoune und Dakhla an.

» Bei den meisten Flügen muss man am Internationalen Flughafen Mohammed V in Casablanca, dem Drehkreuz der Fluggesellschaft, umsteigen.

» Auf gefragten Strecken, z. B. zwischen Casablanca und Marrakesch, gibt's tägliche mehrere Verbindungen.

» Fliegen ist erheblich teurer als Busfahren, doch wenn man es eilig hat, kann es sich lohnen. Der Flug von Casablanca nach Dakhla, der 2¼ Stunden dauert, kostet zwischen 800 und 3000 Dh, verglichen mit 580 Dh für einen Sitz in der 1. Klasse für die 17-stündige Busfahrt mit Supratours.

» Tickets bekommt man im Internet, in den Büros von Royal Air Maroc und bei Reiseagenturen.

» Im Callcenter von Royal Air Maroc wird Englisch gesprochen.

Geführte Touren

Spezialanbieter für Aktivitäten von Vogelbeobachtung bis Reiten siehe auch S. 552 und S. 31.

Amira Tourisme (www.amiratourisme.com; Marrakesch) Leser empfehlen dieses italienische Unternehmen für Wüstenexkursionen.

Atlas Sahara Trek (www.atlas-sahara-trek.com; Marrakesch) Winterliche Kameltrips zum Erg Chigaga und Sommertreks ins abgelegene M'Goun-Tal.

Authentic Morocco (www.authentic-morocco.com; Marrakesch) Das Programm des zuverlässigen Unternehmens, das die lokalen Gemeinschaften unterstützt und sanften Tourismus praktiziert, reicht von Kameltouren bis zu Exkursionen zu römischen Ruinen.

Desert Majesty (www.desertmajesty.com; Ouarzazate) Von Lesern empfohlen; bietet Touren mit Zeltübernachtung durch den Atlas und die marokkanische Sahara.

Mountain Voyage (www.mountain-voyage.com; Marrakesch) Der marokkanische Ableger des britischen Veranstalters Discover und Besitzer der Kasbah du Toubkal bietet Trekkingtouren in die Berge und in die Wüste sowie Exkursionen mit dem Geländewagen an.

Nature Trekking Maroc (www.maroctrekking.com; Marrakesch) Reisen abseits der ausgetretenen Pfade für Trekker, Mountainbiker, Skifahrer sowie zu Pferd und mit dem Geländewagen.

Yallah (www.yallahmorocco.com; Marrakesch) Das seit einem Jahrzehnt bestehende Unternehmen organisiert maßgeschneiderte Touren sowie zwei Reiserouten durch die Königsstädte und durch Südmarokko, die beide ein luxuriöses Ende in Marrakesch nehmen.

Your Morocco Tour (www.your-morocco-tour.com; Ouarzazate) Der von Lesern empfohlene Veranstalter hat maßgeschneiderte Exkursionen und feste Touren von Tagestrips in die Umgebung Marrakeschs bis zu einer neuntägigen Sahara-Reise im Programm.

Nahverkehr

Bus

» In den größeren Städten gibt's ein öffentliches Busnetz.

» Tickets kosten meist 4 Dh.

» Für Fahrten durch die *ville nouvelle* (Neustadt) sind die Busse oft praktisch.

» Sie können haarsträubend überfüllt sein und ihre Routen wirken oft verwirrend.

» *Petits taxis* sind eine unkomplizierte und schnelle Alternative.

Grand Taxi

Bei den älteren Mercedesmodellen, die man in den marokkanischen Straßen fahren und rund um die Busbahnhöfe parken sieht, handelt es sich um Sammeltaxis (*grands taxis* auf Französisch oder *taxiat kebira* auf Arabisch).

Zu den besonders schönen Gegenden, in denen Busverbindungen nicht so gut sind und die sich gut mit dem *grand taxi* besuchen lassen, gehören das Ziz- und das Drâatal, der Tizi n'Test und das Rifgebirge.

Routen *Grands taxis* sind aus dem marokkanischen Straßenverkehr nicht wegzudenken und pendeln zwischen benachbarten Ortschaften, oft in einer Art Staffelsystem, das bei längeren Fahrten mehrmaliges Umsteigen erfordert. Bei entsprechender Nachfrage und in Gegenden wie der Westsahara, wo die Städte weit auseinanderliegen, legen sie manchmal auch längere Strecken zurück. Diese Fahrten sind aber seltener und finden oft nur sehr früh am Morgen statt.

Sitzplätze In *grands taxis* passen gequetscht höchstens sechs Leute (zwei vorne, vier hinten). Sie starten, sobald sie voll sind. Manchmal ist es von Vorteil, für zwei Sitzplätze zu bezahlen, damit das Taxi früher losfährt und man mehr Platz hat. Das gilt vor allem fur alleinreisende Frauen, die dann ohne störende Begleitung vorne sitzen können.

Fahrpreise Normalerweise liegen die festen Fahrpreise etwas über den Buspreisen, sind aber immer noch ziemlich niedrig. Wer nach dem Preis fragt, sollte klarstellen, dass er für *une place* (einen Platz) in einem *taxi collectif* (Sammeltaxi) bezahlt. Ein anderer Ausdruck, um zu erklären, dass man das Taxi nicht allein benutzen will, ist *ma'a an-nas* (mit anderen Leuten).

Ein ganzes Taxi chartern Schlepper und Fahrer versuchen manchmal, Fremde davon zu überzeugen, das gesamte Taxi zu mieten *(complet)*. Dann freundlich lächeln, aber sich nicht in seinem Entschluss beirren lassen. Allerdings ist es manchmal eine gute Idee, ein ganzes Sammeltaxi anzumieten, besonders für Kleingruppen oder auf wenig gefragten Strecken, wo es Stunden dauern würde, bis sich genug Passagiere eingefunden haben. Vor der Abfahrt muss geduldig ein angemessener Preis ausgehandelt werden; für das ganze Taxi sollte dies nach Möglichkeit der sechsfache Preis eines Einzelplatzes sein. Bei der Reise durch landschaftlich reizvolle Gegenden klarstellen, dass der Fahrer verstanden hat, wo er unterwegs anhalten soll.

Gefahren Oft sind die Fahrer ziemliche Verkehrsrowdys. In unübersichtlichen Kurven zu überholen kann geradezu eine Frage der Ehre sein. Geschwindigkeitsbegrenzungen werden nur eingehalten, wenn eine Polizeikontrolle in Sicht ist. Viele Unfälle werden durch übermüdete Sammeltaxifahrer verursacht, die am Steuer einschlafen. Nachts sollte dieses Beförderungsmittel deshalb besser gemieden werden. Sicherheitsgurte sind eine Rarität. Und die Frage danach könnte als Zweifel an den Fahrkünsten des Fahrers aufgefasst werden.

Petit Taxi

» In allen größeren Städten gibt's sogenannte *petits taxis*, häufig kleine Peugeots oder Fiats, die in jedem Ort eine andere Farbe haben.

» *Petits taxis* dürfen nur innerhalb der Stadtgrenzen fahren.

» Sie dürfen bis zu drei Passagiere transportieren.

» Die meisten Wagen sind mit einem Taxameter ausgestattet. Damit es auch eingeschaltet wird, bittet man auf Französisch darum: *„Tournez le conteur, s'il vous plaît."*

» Oft gibt's Festpreise, die von Stadt zu Stadt variieren.

» Wenn man ein Auto ohne Taxameter erwischt hat, sollte der Preis vor der Fahrt ausgehandelt werden.

» Weigert sich der Fahrer, das Taxameter einzuschalten und nennt keinen Preis, sollte man ihn bitten anzuhalten und aussteigen. Man kann fast allen Fahrern von *petits taxis* vertrauen, doch jene in Marrakesch sind dafür berüchtigt, dass sie Touristen ausnehmen.

» Die gemeinsame Beförderung verschiedener Fahrgäste ist üblich. Der Preis sollte der gleiche sein, egal, ob man in ein leeres Taxi steigt, das unterwegs noch andere Passagiere einlädt, ob man in eines einsteigt, in dem schon andere Leute sitzen, oder ob man allein im Taxi ist.

» Ab 20 Uhr (im Sommer oft ab 21 Uhr) wird normalerweise ein Aufschlag von 50 % verlangt. Wenn es ein Festpreissystem gibt, zahlt man 1 Dh mehr.

Pick-ups & Geländewagen

» In abgelegeneren Gegenden, vor allem im Atlasgebirge, fahren die Einheimischen mit Berber-*camionettes* (Pick-ups), alten Transportern oder auf der Ladefläche von Lastern von Dorf zu Dorf.

» Das ist eine holprige, aber abenteuerliche Art, Land und Leute ein bisschen besser kennenzulernen.

» Es kommt vor, dass man lange (manchmal Tage) auf die nächste Mitfahrgelegenheit warten muss.

» Wer zwischen entlegenen Städten und Dörfern pendeln will, findet Mitfahrgelegenheiten am ehesten frühmorgens an Markttagen (meists 1–2-mal wöchentlich).

» Geländewagentaxis nutzen üblicherweise die abgelegenen *pistes*, die normale Taxis ruinieren würden.

Zug

» Marokkos hervorragendes Schienennetz gehört zu den besten Afrikas und verbindet viele große Zentren.

» Das **Office National des Chemins de Fer** (ONCF; www.oncf.ma) ist der Betreiber des Bahnnetzes.

» Es gibt zwei Hauptlinien:

- Von Tanger über Rabat und Casablanca nach Marrakesch.
- Von Oujda oder Nador im Nordosten über Fes und Meknès nach Marrakesch; in Sidi Kacem treffen sich beide Linien.

» Die Busse des ONFC-Unternehmens Supratours (s. S. 558) binden viele Orte an das Bahnnetz an.

» Besonders gut sind die Bahnverbindungen rund um Casablanca und Rabat; hier fahren die Züge zwischen beiden Städten und zu nahe gelegenen Orten wie Kenitra im 30-Minuten-Takt.

» Die Nachtzüge Tanger–Marrakesch und Oujda–Casablanca verfügen über Schlafwagen.

» Züge sind komfortabel, schnell und ziemlich pünktlich.

» Weil sie außerdem nicht viel kosten, sind sie den Bussen vorzuziehen, wenn man die Wahl hat.

» In den Zügen gibts Getränke und Snacks.

» Rauchen ist in den Abteilen verboten.

» **Man in Seat 61** (www.seat61.com) bietet hervorragende Infos zu marokkanischen Zügen.

» Zwischen Kenitra, Rabat, Casablanca und dem

Supratours- & Schienennetz

Flughafen Mohammed V verkehren regelmäßig Shuttlezüge als Ergänzung zu den Schnellzügen auf dieser Strecke.

Bahnhöfe & Fahrpläne

» Die Bahnhöfe sind meist nicht gut ausgeschildert und die Durchsagen (auf Französisch und Arabisch) oft komplett unverständlich. Deshalb gut aufpassen und nach dem Zielbahnhof Ausschau halten!

» Fast alle Bahnhöfe befinden sich in der *ville nouvelle* einer Stadt.

» In Städten wie Marrakesch und Rabat warten die schicken Hauptbahnhöfe mit digitalen Abfahrts- bzw. Ankunftstafeln auf.

» Auf den Bahnhöfen gibt's häufig Gepäckaufbewahrungen, an denen aber nur abschließbares Gepäck angenommen wird.

» Fahrpläne in französischer Sprache hängen an den meisten Bahnhöfen aus. An den Fahrkartenschaltern kann man sich einen Miniplan für bestimmte Ziele ausdrucken lassen.

» Fahrpläne und Preise stehen auch auf der Website des ONFC.

Fahrkarten

» Fahrkarten sollten am Bahnhof gekauft werden, denn beim Kauf im Zug wird ein Zuschlag fällig.

» Das Ticket möglichst einen Tag vorher kaufen, besonders für die 1. Klasse.

» In der 2. Klasse gibt es keine Sitzplatzreservierungen, deshalb reicht es normalerweise, die Karte am Reisetag zu kaufen.

» Tickets für die 1. Klasse kann man bis zu einem Monat im Voraus kaufen.

» Außerhalb Marokkos bekommt man zwar keine Fahrkarten, doch für Reisen in der 1. Klasse um einen wichtigen Feiertag herum und für Schlafwagen (besonders auf der Strecke Tanger–Marrakesch) sollte man sie so früh wie möglich besorgen.

» Auf das Ticket immer gut aufpassen, weil es im Zug kontrolliert und am Zielbahnhof eingesammelt wird.

Klassen

» Es gibt zwei Arten von Zügen:

- *Rapide* (Train Rapide Climatisé, TCR) – Standard für Städteverbindungen.
- *Ordinaire* (Train Navette Rapide, TNR) – weniger komfortabel und ohne Klimaanlage (außer im Doppeldecker-Shuttle TNR Rabat–Casablanca). Überwiegend Nacht- und Regionalzüge.

» Der Unterschied zwischen beiden liegt vor allem im Komfort, nicht in der Geschwindigkeit.

» Die in diesem Reiseführer angegebenen Preise gelten für die klimatisierten *rapides* (*ordinaires* sind ca. 30 % billiger).

» Es gibt Tickets für die 1. und für die 2. Klasse; die Abteile der 1. Klasse haben sechs Sitze, die der 2. Klasse acht.

» Tickets der 1. Klasse enthalten die Platzreservierung, in der 2. Klasse setzt man sich einfach auf einen leeren Platz.

» Für kurze Strecken ist die 2. Klasse absolut ausreichend.

Preise

» Preisbeispiele für die 2. Klasse:

- Von Casablanca nach Marrakesch (90 Dh, 3 Std.)
- Von Rabat nach Fes (80 Dh, 3 Std.)
- Von Tanger nach Marrakesch (205 Dh, 8½ Std.)

» Alle Fahrten im Schlafwagen kosten 350 Dh im Abteil für vier Personen und 450/650 Dh im Einzel- bzw. Doppelabteil.

» Kinder unter vier Jahren fahren kostenlos mit.

» Kinder zwischen vier und zwölf Jahren bekommen eine Ermäßigung, die meistens 50 % beträgt, in Schlafwagen und einigen anderen Fällen ist sie aber geringer.

» An Wochenenden gibt's auf Hauptstrecken einen Rabatt von 25 % auf die Hin- und Rückfahrt sowie auf einfache Fahrten über 180 km.

Zugpässe

Rail Pass Der Rail Pass kostet für 7/15/30 Tage 600/1170/2100 Dh in der 2. Klasse und 900/1600/3150 Dh in der 1. Klasse. Für Reisende unter 26 Jahren ist er billiger, noch günstiger bekommen ihn Kinder unter zwölf Jahren.

Carte Fidelité (149 Dh) Für alle Traveller, die älter als 26 sind. Berechtigt zu einem Preisnachlass von 50 % auf acht Hin- und Rückfahrkarten und 16 einfache Fahrkarten in einem Jahr.

Carte Chahab (6 Monate 249 Dh) Ermäßigungen von 25 bis 50 % für Personen unter 26 Jahren.

Carte Hikma (6 Monate 99 Dh) Ermäßigungen von 25 bis 50 % für über 60-Jährige.

Gesundheit

Vorbeugen ist das A und O, um in Marokko gesund zu bleiben. Ein bisschen rechtzeitige Planung kann einem so manchen Ärger ersparen. Wer Glück hat, muss sich unterwegs nur mit ein paar Magenbeschwerden rumschlagen, wohingegen Infektionskrankheiten eher mit schlechten Lebensbedingungen zusammenhängen. Durch richtige Vorsorge lassen sie sich vermeiden. Ärztliche Hilfe brauchen Traveller meist nur nach Unfällen. Die medizinische Versorgung reicht von erstklassig in den großen Städten bis dürftig in abgelegenen Ecken.

VOR DER REISE

Impfungen Gesundheitsfragen dulden keinen Aufschub: Weil manche Impfstoffe erst nach zwei Wochen wirken, sollte man vier bis acht Wochen vor der Reise den Arzt aufsuchen.

Erste-Hilfe-Kurse Wer in abgelegene Gebiete reisen will, tut gut daran, einen Erste-Hilfe-Kurs zu belegen (z. B. beim Roten Kreuz). Travellern, die eine Trekkingtour planen, empfehlen wir, einen medizinischen Trainingskurs für entlegene Regionen zu absolvieren. Ansprechpartner ist die **Royal Geographical Society** (www.rgs.org).

Medikamente Medikamente sollten in der deutlich gekennzeichneten Originalverpackung aufbewahrt werden. Ein Brief vom Arzt mit Datum, Unterschrift und genauen Angaben über Krankheiten und Medikamente inklusive generischer Bezeichnung ist sehr nützlich. Wer Spritzen oder Kanülen dabeihat, muss sich unbedingt vorher bescheinigen lassen, dass sie medizinisch notwendig sind. Dann nur noch zum Zahnarzt, Ersatzkontaktlinsen und Ersatzbrille (plus Brillenpass) ins Gepäck und los geht's.

Versicherungen

» Eine ausreichende Krankenversicherung ist unverzichtbar, da man nicht überall eine gute Versorgung erwarten darf und die wenigen guten Privatkrankenhäuser teuer sind.

» Manchmal werden die Behandlungskosten direkt an die medizinische Einrichtung gezahlt, ansonsten muss man selbst vor Ort die Gebühren entrichten und das Geld später zurückfordern. Allerdings bestehen die meisten Ärzte und Krankenhäuser in Marokko darauf, dass der Patient seine Rechnung vor Ort begleicht.

» Wer sein Geld später von der Versicherung zurückfordert, muss alle relevanten Unterlagen einreichen.

» Man sollte einen Beleg der Versicherung bei sich tragen; damit vermeidet man in Notfallsituationen eine Verzögerung der Behandlung.

» Einige Versicherungen bitten ihre Kunden, per R-Gespräch eine Zentrale im Heimatland anzurufen, um das jeweilige Problem einschätzen zu lassen. Die Notfalltelefonnummer sollte man immer bei sich tragen.

» Traveller sollten sich nach den privaten Rettungsdiensten erkundigen, die ihr Versicherer in Marokko nutzt. Diese kann man im Notfall direkt anrufen.

» Ein Flug nach Hause im Notfall oder ein Transport per Flugzeug oder Ambulanz in ein Krankenhaus in einer großen Stadt muss ebenfalls in der Versicherung enthalten sein – in schweren Fällen kann das lebensrettend sein.

Medizinische Checkliste

Diese Dinge gehören in die Reiseapotheke:

» Antibiotika (für Reisen in abgelegene Regionen)

» Antibakterielles Hautgel

» Durchfallmedikamente (z. B. Loperamid)

» Paracetamol oder Aspirin

» Entzündungshemmende Mittel (z. B. Ibuprofen)

» Antihistaminika (bei Heuschnupfen und allergischen Reaktionen)

» Antibakterielle Salbe (z. B. Betaisodona) für Wunden und Abschürfungen

» steroidhaltige Crème oder Kortison (bei allergischem Ausschlag)

» Bandagen, Mullverbandsmaterial

EMPFOHLENE IMPFUNGEN

Obwohl für Marokko keine speziellen Impfungen vorgeschrieben sind, wird trotzdem Schutz vor folgenden Krankheiten empfohlen:

» Diphtherie
» Tetanus
» Masern
» Mumps
» Röteln
» Polio
» Hepatitis A und B
» Typhus
» Tollwut

Bei der Reisevorbereitung sollte man also überprüfen, ob der Impfschutz komplett ist. Der Arzt stellt einen internationalen Impfpass mit allen Injektionen aus.

» Heftpflaster oder Klebestreifen
» Schere, Sicherheitsnadeln und Pinzette
» Thermometer
» Taschenmesser
» Insektenspray mit DEET
» Insektenspray für Kleidung, Zelte und Moskitonetze
» Sonnenschutzcreme bzw. Sunblocker
» Rehydrationssalze zum Einnehmen (z. B. Dioralyt)
» Jod- oder andere Tabletten zur Wasserreinigung
» Spritzen und sterile Kanülen (bei Reisen in entlegene Gegenden)

Infos im Internet

Im Internet kann man sich wunderbar informieren:

International Association for Medical Advice to Travellers (IAMAT; www.iamat.org) Bietet Zugang zu einer Online-Datenbank, auf der Ärzte mit anerkannter Ausbildung verzeichnet sind.

Lonely Planet (www.lonelyplanet.com)

NetDoktor (www.netdoktor.de/reisemedizin)

Weltgesundheitsorganisation (www.who.int/ith)

Weitere Lektüre

International Travel Health Guide von Stuart Rose MD.

The Travellers' Good Health Guide von Ted Lankester.

Travellers' Health von Dr. Richard Dawood.

UNTERWEGS IN MAROKKO

Medizinische Versorgung & Kosten

Außerhalb der großen Städte ist die Grundversorgung nicht überall gewährleistet. Viele Hotels kennen den schnellsten Weg zum Arzt, außerdem listen einige Botschaften auf ihren Websites (s. S. 526) Mediziner und Kliniken auf. Im Notfall sollte man seine Botschaft kontaktieren.

Apotheken Viele Apotheken sind gut ausgestattet und die Mitarbeiter wissen bei den üblichen Reisewehwehchen Rat; meistens sprechen sie Französisch. Sie verkaufen rezeptfrei Medikamente, oft sogar welche, die zu Hause gar nicht so leicht aufzutreiben sind. Darüber hinaus sagen sie einem, wann ein Arzt zu Rate gezogen werden sollte. Unbekannte Medikamente müssen vor der Einnahme genau überprüft werden, denn einigen Lesern wurden falsche oder potenziell gefährliche Mittel verkauft.

Ärzte und Kliniken Wer sich von einem Arzt oder in einer Klinik behandeln lässt – vor allem außerhalb der Großstädte – muss häufig an Ort und Stelle bezahlen. Manchmal wird sogar für sterile Verbände oder Infusionen kassiert.

Zahnärztliche Versorgung Der Standard bei der zahnärztlichen Versorgung ist unterschiedlich. Mit den Zangen der Straßenzahnärzte auf der Djemaa el-Fna in Marrakesch will aber wohl keiner gern Bekanntschaft machen! Reiseversicherungen zahlen normalerweise nur für Notbehandlungen.

Infektionskrankheiten

Gelbfieber

Wer aus einer Gelbfieberregion nach Marokko reist, muss vor der Einreise einen Beleg über die entsprechende Impfung vorweisen (s. S. 544).

Infektion Das Risiko, an Gelbfieber zu erkranken, hält sich in Grenzen. Überträger sind Moskitos aus der ländlichen Provinz Chefchaouen (vor allem von Mai–Okt.).

Symptome und Folgen Nach wenigen Tagen kommt es zu Muskelschmerzen, Fieber, Kopfschmerzen, Übelkeit und Erbrechen, in einem Viertel der Fälle gefolgt von Anämie, Leberentzündung, Hepatitis, Gelbsucht und Nierenschäden. Patienten, die aus Nase, Mund und Magen bluten (was zu Blut im Erbrochenen und im Kot führt), sterben meist nach kurzer Zeit.

Vorbeugung Das Ansteckungsrisiko ist so gering,

dass die Weltgesundheitsorganisation keinen Impfschutz empfiehlt. Die Impfung muss in einer Spezialklinik erfolgen, allerdings ist der Lebendimpfstoff nicht für schwangere Frauen und Reisende mit Immunschwäche geeignet.

Hepatitis A

Infektion Durch kontaminierte Lebensmittel (besonders Meeresfrüchte) und Wasser.

Symptome und Folgen Zu den Symptomen gehören dunkler Urin, Fieber und Bauchschmerzen. Außerdem färbt sich das Weiße in den Augen gelb. Obwohl Hepatitis A selten tödlich endet, kann die Krankheit zu langanhaltenden lethargischen Zuständen führen und erfordert eine lange Heilungszeit.

Vorbeugung Der Impfstoff (Avaxim, VAQTA, Havrix) wird gespritzt; nach 12 Monaten erfolgt eine Nachimpfung. Die Impfung gegen Hepatitis A gibt's auch kombiniert mit der Impfung gegen Typhus (Hepatyrix oder Viatim).

Hepatitis B

Infektion Durch infiziertes Blut, verunreinigte Kanülen und beim Sex.

Symptome und Folgen Gelbsucht und Leberprobleme (gelegentlich auch Leberversagen).

Vorbeugung Alle Reisenden sollten die Hepatitis-B-Impfung eingeplant haben (in Marokko gehört sie zum Routineimpfprogramm für Kinder). Der Impfstoff wird einzeln oder zusammen mit dem gegen Hepatitis A (Hepatyrix) gespritzt.

HIV/Aids

In Marokko liegt die HIV-Infektionsrate bei 0,11 % – Tendenz steigend. Die Krankheit tritt hauptsächlich in großen Städten wie Agadir und Marrakesch auf. In einigen Regionen liegt die Rate über 5 %.

Infektion Durch infiziertes Blut und Blutprodukte, Sex mit einem infizierten Partner oder Kontakt mit Fremdblut, z. B. durch verunreinigte Instrumente bei medizinischen, zahnärztlichen und Akupunkturbehandlungen oder anderen Prozeduren, bei denen die Haut durchstochen wird (etwa bei Piercings). Ansteckungsgefahr besteht auch beim gemeinsamen Gebrauch intravenöser Kanülen.

Leishmaniose

Infektion Durch Bisse infizierter Hunde oder Sandfliegen. Die Krankheit kommt vor allem in ländlichen Regionen wie dem Atlasgebirge vor, wo Sandfliegen zwischen Juni und Oktober besonders verbreitet sind.

Symptome und Folgen Langsam wachsende Hautgeschwülste oder -entzündungen. Die Krankheit kann zu schwerem, lebensbedrohlichem Fieber führen, das mit Anämie und Gewichtsverlust einhergeht.

Vorbeugung und Behandlung Unbedingt Bisse von Sandfliegen vermeiden. Es gibt keinen Impfstoff, aber die Behandlung mit einem antimonhaltigen Medikament wie Glucantime oder Pentostam ist einfach und erfordert nur eine Injektion.

Tollwut

Infektion Tollwut tritt in Marokko örtlich begrenzt auf. Infizierte Tiere übertragen sie durch Beißen oder Lecken an verletzten Hautstellen.

Symptome und Folgen Die ersten Symptome äußern sich durch Schmerzen oder ein Jucken an der Bissstelle. Dem folgen Fieber, Appetitverlust und Kopfschmerzen. Wenn die Krankheit unbehandelt bleibt, endet sie tödlich.

Vorbeugung und Behandlung Impfen lassen sollten sich Traveller, die in abgelegene Gebiete reisen, wo sich innerhalb von 24 Stunden nach dem Biss kein Impfstoff auftreiben lässt. Jeder Biss, Kratzer oder auch nur der Speichel von behaarten Warmblütern muss sofort gründlich gereinigt bzw. beseitigt werden. Die Impfung garantiert keine Immunität, schafft aber Zeit, in der man einen Arzt aufsuchen kann.

Tuberkulose

Infektion Durch engen Atemkontakt, seltener durch infizierte Milch oder Milchprodukte.

Symptome und Folgen Tuberkulose kann ohne Symptome verlaufen, aber auch Husten, Gewichtsabnahme oder Fieber mit sich bringen – manchmal erst Monate oder sogar Jahre nach der Ansteckung. Durch Röntgen lässt sich am besten feststellen, ob jemand die Krankheit hat.

Vorbeugung Der Impfstoff BCG empfiehlt sich für Traveller, die in engen Kontakt mit der lokalen Bevölkerung kommen: bei Familienbesuchen, längeren Aufenthalten oder beruflich als Lehrer bzw. im Gesundheitswesen. Der Lebendimpfstoff ist nicht für schwangere Frauen oder Personen mit Immunschwäche geeignet.

Typhus

Infektion Durch Lebensmittel oder durch Wasser, die mit infizierten menschlichen Fäkalien verunreinigt wurden.

Symptome und Folgen Anfänglich leidet man an Fieber oder an einem roten Ausschlag am Unterleib. Darüber hinaus kann es zu Septikämie (Blutvergiftung) kommen.

Vorbeugung Die Impfstoffe Typhim Vi oder Typherix bieten einen recht guten Schutz. In einigen Ländern erhält man auch Vivotif, das als Schluckimpfung eingenommen werden muss.

Durchfall-erkrankungen

Ursachen Auf ungewohntes Essen, Hitze, lange Tage und einen unregelmäßigen Schlafrhythmus reagiert der Körper oft mit Magen-Darm-Verstimmungen.

Vorbeugung Normalerweise ist das Leitungswasser in Großstädten trinkbar. Anderswo sollte man besser aufbereitetes Wasser trinken. Um Durchfall zu vermeiden, frisches Obst und Gemüse nie roh essen und immer waschen bzw. schälen. Vorsicht mit Essen vom Büfett, das längere Zeit warm gehalten wird! Es sollte immer kochend heiß sein. An vielen Straßenständen, bei denen man beim Kochen zuschauen kann, ist das in der Regel der Fall. Auch ein gut besuchtes Restaurant steht für Qualität. Traveller sollten achtsam sein, aber nicht durchdrehen, sonst entgeht einem vielleicht einer der größten Genüsse in Marokko. Aus Angst vor einem verdorbenen Magen auf das leckere Essen zu verzichten, wäre wirklich zu schade.

Hygiene Wichtig ist auch die persönliche Hygiene. Viele marokkanische Speisen werden mit der Hand gegessen, also vor dem Essen und nach dem Toilettengang immer schön die Hände waschen (sogar das kleinste Restaurant hat ein Waschbecken; Seife ist weniger üblich, besonders in billigen Hotels). Antibakterielles Handgel, das ohne Wasser reinigt, tut ebenfalls gute Dienste.

Behandlung Viel trinken. Prima ist in dem Fall eine preisgünstige, orale Rehydrationslösung *(sels de réhydration orale)*, die alle Apotheken auf Lager haben. Fettes Essen und Milchprodukte meiden. Wer ein paar Mal an Durchfall leidet, muss sich noch nicht sorgen. Wenn man aber öfter als vier, fünf Mal zur Toilette flitzen muss, sind Antibiotika (z.B. ein Chinolon-Präparat) und ein Durchfallmittel (etwa Loperamid) angebracht. Bei blutigem Durchfall, der über 72 Stunden nicht weggeht und von Fieber, Schüttelfrost oder starken Bauchschmerzen begleitet wird, sollte man einen Arzt aufsuchen.

Gesundheits-risiken

Hitzeschäden

Ursachen Wer sich in heißen Gebieten zu sehr anstrengt, ohne sich vorher zu akklimatisieren, kann an Hitzeerschöpfung leiden. Leute, die stark schwitzen, viel Flüssigkeit ausdünsten und den Verlust von Salz und Flüssigkeit nicht wieder ausgleichen, sind besonders gefährdet.

Symptome und Folgen Kopfschmerzen, Schwindelgefühle und Müdigkeit.

Vorbeugung Erstes Anzeichen für eine Dehydrierung ist Durst – also immer genug Wasser trinken! Der Urin sollte hell und stark verdünnt sein. Weil die marokkanische Sonne erbarmungslos sein kann, sollte man einen Hut aufsetzen.

Behandlung Viel trinken, am besten Wasser, Fruchtsaft oder beides, mit kaltem Wasser abkühlen und Luft zufächeln. Der Salzverlust lässt sich mit salzigen Flüssigkeiten wie Suppe oder Brühe und einer Prise mehr Salz im Essen als sonst schnell wieder ausgleichen.

Hitzeschlag

Ursachen Extreme Hitze, hohe Luftfeuchtigkeit, Dehydrierung, körperliche Anstrengung oder die Einnahme von Drogen und Alkohol in der Sonne. Ein Hitzeschlag tritt auf, wenn die Wärmeregulierung des Körpers zusammenbricht.

Symptome und Folgen Die Körpertemperatur steigt so stark an, dass der Organismus nicht mehr schwitzen kann. Irrationales und hyperaktives Verhalten, schließlich Bewusstlosigkeit und Tod können die Folgen sein.

Behandlung Schnelle Abkühlung angesagt! Am besten den Körper mit Wasser bespritzen und Luft zufächeln. In Notfällen werden Flüssigkeiten und Elektrolyte intravenös über einen Tropf verabreicht.

Höhenkrankheit

Ursachen Sauerstoffmangel in Höhen über 2500 m zwingt fast alle Menschen irgendwie in die Knie, weil die Muskeln und das Gehirn weniger Sauerstoff abbekommen. Das müssen Herz und Lungen dann wieder ausgleichen. Leider gibt's keine Faustregel, was für wen zu hoch ist: Die akute Höhenkrankheit (Acute Mountain Sickness, AMS) hat schon auf 3000 m Todesfälle gefordert, richtig gefährlich wird es aber eigentlich erst bei 3500 bis 4500 m.

Symptome und Folgen Symptome von AMS machen sich meistens innerhalb der ersten 24 Stunden in der Höhe bemerkbar. Weniger bedrohliche Anzeichen sind Kopfschmerzen, Trägheit, Schwindel, unruhiger Schlaf und Appetitlosigkeit. Allerdings kann sich der Zustand unerwartet verschlimmern und tödlich enden. Zu den ernsteren Symptomen gehören Atemlosigkeit, trockener Reizhusten (evtl. mit rosa-schaumigem Auswurf), starke Kopfschmerzen, Koordinationsschwierigkeiten, Verwirrung, irrationales Benehmen, Erbrechen, Schläfrigkeit und Bewusstlosigkeit.

Vorbeugung Das Zauberwort heißt „Akklimatisierung" – die nötige Zeit dafür gehört unbedingt in den Trekkingplan. Wer einen Bergführer aussucht, der die Krankheit erkennen und damit umgehen kann, ist gut beraten. Marokkos beliebteste Trekkingroute zum Jebel Toubkal führt relativ schnell hoch zum Gipfel auf 4167 m, sodass die wenigsten Teilnehmer ungeschoren davonkommen. Die längeren Touren im M'Goun-Massiv führen bis in Höhen um 4000 m. Im Rifgebirge und am Jebel Sarhro kraxeln die Wanderer in deutlich tiefer gelegenen Regionen herum. Für sie besteht keine so große Gefahr. Infos über diese Krankheit gibt's z. B. unter www.trekkingguide.de.

Behandlung Wer auf der Höhe bleibt und sich etwas erholt, kann leichtere Symptome wieder loswerden. Besser ist es natürlich, abzusteigen – schon 500 m können einen gewaltigen Unterschied machen. Paracetamol oder Aspirin helfen gegen Kopfschmerzen. Bleiben die Beschwerden oder verschlimmern sie sich, heißt die Devise: bergab! Niemand sollte sich mithilfe von Medikamenten vor dem Abstieg drücken oder sich für den weiteren Aufstieg aufputschen. Diamox (Acetazolamid) lindert das Kopfweh bei Höhenkrankheit und hilft dem Körper, sich an den Sauerstoffmangel zu gewöhnen. Das Medikament gibt's nur auf Rezept. Wer auf Sulfonamid-Antibiotika allergisch reagiert, dem kann mit Diamox dasselbe passieren.

Insektenbisse & -stiche

Ursachen Moskitos, Sandfliegen (besonders an Stränden), Skorpione (in Südmarokko), Bienen und Wespen, Bettwanzen und Krätze durch Milben (vor allem in Budgetunterkünften).

Symptome und Folgen Insektenstiche sind nicht wirklich gefährlich, nerven allerdings ziemlich. Sandfliegen hinterlassen fürchterlich juckende Stiche, können aber auch eine seltene Hauterkrankung übertragen: die Leishmaniose. Bisse von Skorpionen schmerzen, sind jedoch nicht lebensbedrohlich. Bettwanzen hinterlassen heftig juckende Stiche, die stark anschwellen können. In Billigunterkünften lauert oft die Krätze. Dafür verantwortlich sind klitzekleine Milben, die in der Haut leben, insbesondere zwischen den Fingern, wo sie extrem juckenden Ausschlag hervorrufen.

Vorbeugung und Behandlung Insektensprays auf DEET-Basis. Mit einem wirksamen Mittel, das auf die Matratzen gesprüht wird, kann Bettwanzen und Milben der Garaus gemacht werden. Mit einer Lotion aus der Apotheke lässt sich Krätze wieder loswerden. Wer mit Krätzebefallenen in Kontakt kommt, sollte sich selbst ebenfalls behandeln, denn auch Menschen ohne Symptome können die Krankheit verbreiten.

Schlangenbisse

Ursachen Die Chance, in Marokko eine Schlange zu Gesicht zu bekommen oder sich gar einen Biss einzufangen, tendiert gen null. Allerdings treiben sich in den Wüstenregionen im Süden ein paar giftige Arten wie die Hornviper rum. Schlangen sonnen sich gern auf Felsen und im Sand. Zur heißesten Tageszeit verkriechen sie sich.

Vorbeugung Nicht barfuß gehen oder die Hände in irgendwelche Löcher oder Spalten stecken.

Behandlung Wer gebissen wird, sollte nicht in Panik verfallen. Die Hälfte aller Gebissenen bekommt das Schlangengift gar nicht ab. Der betroffene Körperteil muss mit einer Schiene (z. B. einem Stock) ruhig gestellt und bandagiert werden. Dabei ordentlich fest wickeln, so wie bei einer Verstauchung. Ein Druckverband ist nicht geeignet, auch sollte der Biss nicht ausgeschnitten oder -gesaugt werden. Der Gebissene braucht so schnell wie möglich einen Arzt, der ihm im Notfall ein Schlangenserum geben kann.

Wasser

Das Leitungswasser in Marokkos Großstädten ist gechlort und normalerweise trinkbar. Woanders sollte es besser aufbereitet werden – mit speziellen Tabletten oder einem Filter.

Wasser in Flaschen gibt's überall, doch die Unmengen weggeworfener (und nicht recycelter) Plastikflaschen belasten die Umwelt.

In abgelegenen Gegenden ist das Wasser aus Brunnen oder Bohrlöchern meistens in Ordnung. Um das Wasser aus Flüssen und Seen macht man allerdings besser einen großen Bogen, da hier Bakterien und Viren lauern, die Durchfall oder Erbrechen verursachen.

Frauen & Gesundheit

Kondome, Tampons und Damenbinden bekommt man fast überall.

Verhütung Manche Antibiotika, Durchfall und Erbrechen machen die Pille eventuell unwirksam. Wer nicht schwanger werden will, sollte für alle Fälle Kondome parat haben. Diese müssen kühl und trocken gelagert werden, damit sie nicht reißen oder brüchig werden.

Schwangerschaft Mutterpass und genaue Angaben zur Blutgruppe sind gut, wenn unterwegs ärztliche Hilfe gebraucht wird. Bei der Schwangerenversorgung in Nordafrika gibt's gewaltige Unterschiede. Man sollte sich also gut überlegen, ob die Reise unbedingt in die hintersten Ecken gehen muss. Dazu kommen kulturelle und sprachliche Barrieren, nicht zu vergessen die möglicherweise schlechten medizinischen Standards.

Sprache

NOCH MEHR?

Wer sich intensiver mit der Sprache beschäftigen möchte, legt sich am besten den *MARCO POLO Sprachführer Arabisch* zu.

Mit der Amtssprache Arabisch kann man sich im ganzen Land verständigen. Berber ist im Rif und im Atlasgebirge zu hören. Viele Berber sprechen zumindest rudimentär Arabisch. In den Städten kommt man auch mit Französisch weiter, allerdings beherrschen auf dem Land nur wenige Berber diese Sprache.

MAROKKANISCH-ARABISCH

Morokkanisch-Arabisch (Darija), die Alltagssprache in Marokko, ist ein Dialekt des Modernen Standardarabisch (MSA), unterscheidet sich davon aber so sehr, als wäre es eine ganz andere Sprache.

Publikationen und Schilder sind in modernem Standardarabisch geschrieben, der gemeinsamen schriftlichen Form in allen arabischsprachigen Ländern. Im Unterschied zu den übrigen arabischen Staaten werden in Marokko jedoch die westlichen numerischen Symbole verwendet.

In diesem Sprachführer verwenden wir für die Darstellung der arabischen Ausdrücke/ Sätze das lateinische Alphabet und benutzen ein vereinfachtes Aussprachesystem. Vokale:

a	wie in „Nähe“
aa	wie in „Vater“
ai	wie in „Kaiser“
ay	wie im englischen Wort „day“
e	wie in „Bett“
i	wie in „Mitte“
ii	wie in „Bier“
o	wie in „Boot“
ow	wie in „Bau“
u	wie in „Butter“
uu	wie in „Mut“

Bei Doppelkonsonanten werden beide Laute ausgesprochen: Hammam (Badehaus) spricht man also „ham-mam“. Ein Apostroph (') steht für einen Glottisverschluss (wie am Anfang von „Oh-oh!“). Wichtige Konsonanten:

dh	wie das englische „th“ in „this“
gh	Kehllaut wie beim deutschen „r“
h	ein stark geflüstertes „h“
kh	wie das „ch“ in „Loch“
q	ein starker, kehliger „k“-Laut
s	stimmloses „s“ wie in „Sandwich“
sh	„sch“ wie in „Schule“
w	wie im englischen „wine“
y	wie in „ja“
z	stimmhaftes „s“ wie in „Seife“

Essen & Trinken

Einen Tisch für ..., bitte.
tabla dyal ... 'afak

Geben Sie mir bitte die Speisekarte?
nazar na'raf lmaakla lli 'andkum?

Was empfehlen Sie?
shnuu tansaani nakul?

Ich hätte gern das, was sie/er isst.
gha nzharrab shnuu kaatakul hiyya/huwwa

Ich bin Vegetarier.
makanakuulsh llehem

Ich hätte gern etwas zu trinken.
bghiit shi haazha nashrubha

Bitte bringen Sie mir ...	llaa ykhallik zhiib li ...
ein Bier	birra
ein/e Glas/Flasche Rot/Weiß-/ Roséwein	kaas/qar'a dyal hmar/byad/ ruuzi shshrab

eine Serviette	mandiil
etwas Brot	shwiyya dyaal lkhuubz
etwas Pfeffer	shwiyya dyaal lebzaar
etwas Salz	shwiyya dyaal lmelha
etwas Wasser	shwiyya dyaal lmaa
Das habe ich nicht bestellt.	tlabtsh had shshi
Ohne ..., bitte.	bla ... 'afak
Das ist hervorragend!	had shshi ldiid bezzef!
Prost!	bsaha!
Die Rechnung, bitte.	lahsaab, 'afak

Fisch & Fleisch

Anchovis	shton
Fisch	hut
Fleisch	lehem
Garnele	qaimruun
Hühnchen	faruuj/dujaj
Hummer	laangos
Kabeljau	lamuuri
Kamel	lehem jemil
Lamm	lehem ghenmii
Leber	kebda
Nieren	kelawwi
Rindfleisch	baqrii
Sardinen	serdiin
Seezunge	sol
Thunfisch	ton
Weißfisch	merla

Obst & Gemüse

Apfel	teffah
Aprikose	meshmash
Artischocke	quuq
Aubergine	lbdanzhaal
Banane	banan/moz
Datteln	tmer
Erbsen	zelbana bisila
Feigen	kermuus
Gemüse	khuudar
Granatapfel	reman
grüne Bohnen	luubiiya
Kartoffeln	batatas
Knoblauch	tuuma
Linsen	'aads
Obst	fakiya
Oliven	ziitoun
Orange	limuun
Pilz	fegg'a
Salat	khess
Salatgurke	khiyaar
Tomate	mataisha tamatim
Wassermelone	dellah
Weintrauben	'eineb
weiße Bohnen	fasuuliya
Zwiebel	besla

Andere Nahrungsmittel

Brot	khuubz
Butter	zebda
Eier	bayd
Joghurt	zabadii/laban/danuun
Käse	fromaj/jiben
Öl	zit
Pommes frites	ships
Pfeffer	filfil/lebzaar
Salz	melha
Suppe	shorba
Zucker	sukur

Konversation & Nützliches

Ein Mann wird höflich mit dem Äquivalent von „Herr" – asiidii (vor einem Namen zu sii abgekürzt) – angesprochen. Bei Frauen ist die Anrede lalla, gefolgt vom Vornamen. Eine Person auf der Straße oder einen Kellner macht man mit shriif auf sich aufmerksam.

Die Abkürzungen „m", „f" und „Pl." stehen für „maskulin", „feminin" und „Plural".

Hi.	la bes (lässige Begrüßung) bekhiir (Antwort)
Hallo.	es salaam alaykum (höflich) wa alaykum salaam (Antwort)
Auf Wiedersehen.	bessalama/m'a ssalama
Bitte.	'afak/'afik/'afakum (m/f/Pl.)
Danke.	shukran
Gern geschehen.	la shukran 'la wejb
Entschuldigung.	smeh liiya

Fragewörter

Wie?	kiifash?
Was?	ash?
Wann?	iimta?
Wo?	fiin?
Welche/r/s?	ashmen?
Wer?	shkuun?
Warum?	'lash?

Zahlen

1	wahed
2	juuj
3	tlata
4	reb'a
5	khamsa
6	setta
7	seb'a
8	tmenya
9	tes'uud
10	'ashra
20	'ashriin
30	tlatiin
40	reb'iin
50	khamsiin
60	settiin
70	seb'iin
80	tmaniin
90	tes'iin
100	mya
200	myatayn
1000	alf
2000	alfayn

Ja./Nein.	iiyeh/la
Wie geht's?	kiif halek?
Gut, danke.	bekhiir, lhamduu llaah
Wie heißt du?	asmiitek?
Ich heiße ...	esmii ...
Sprichst du Deutsch/Englisch?	wash kat'ref almaniya/negliiziiya?
Ich verstehe nicht.	mafhemtsh

Notfälle

Hilfe!	'teqnii!
Bitte helfen Sie mir!	'awennii 'afak!
Gehen Sie weg!	siir fhalek!
Ich habe mich verlaufen.	tweddert
Dieb!	sheffar!
Ich wurde ausgeraubt.	tsreqt
Rufen Sie die Polizei!	'ayyet 'la lbùliis!
Rufen Sie einen Arzt!	'ayyet 'la shii tbiib!
Es gab einen Unfall!	uq'at ksiida!
Wo ist die Toilette?	fiin kayn lbiit lma?
Ich bin krank.	ana mriid
Hier tut es weh.	kaydernii henna
Ich bin allergisch gegen (Penicillin).	'andii lhsasiiya m'a (lbiinseliin)

Shoppen & Service

Wo ist der/die/das ...?	fiin kayn ...?
Andenkenladen	baazaar
Apotheke	farmasyan
Bank	shii baanka
... Botschaft	ssifaara dyal ...
Friseur	shii hellaq
Markt	souk
Polizeiwache	lkuumiisariiya
Postfiliale	lbuustaa
Reisebüro	wekaalet el aasfaar
Restaurant	ristura/mat'am

Ich möchte ... wechseln	bghiit nserref ...
etwas Geld	shii fluus
Reiseschecks	shek siiyahii

Ich würde gern ... kaufen.	bghiit nshrii ...
Ich sehe mich nur um.	ghiir kanshuuf
Kann ich mir das ansehen?	wakhkha wakhkha nshuufha?
Das gefällt mir nicht.	ma'jebatniish
Wie viel kostet das?	bshhal?
Das ist sehr teuer.	ghalii bezzaf
Kann ich mit Kreditkarte zahlen?	wash nkder nkhelles bel kart kredii?

groß	kabiir
klein	saghiir
offen	mehluul
geschlossen	masduud

Uhrzeit & Datum

Wie spät ist es?	shal fessa'a?

gestern	lbareh
heute	lyuum
morgen	ghedda
Morgen	fessbah
Nachmittag	fel'shiiya
Abend	'shiiya
Tag	nhar
Woche	l'usbu'
Monat	shshhar
Jahr	l'am

früh/spät	bekrii/m'ettel
schnell/langsam	dghiiya/beshwiiya

Montag	nhar letniin
Dienstag	nhar ttlat
Mittwoch	nhar larb'
Donnerstag	nhar lekhmiis
Freitag	nhar jjem'a
Samstag	nhar ssebt
Sonntag	nhar lhedd

Januar	yanaayir
Februar	fibraayir
März	maaris
April	abriil
Mai	maayu
Juni	yunyu
Juli	yulyu
August	aghustus/ghusht
September	sibtimbir/shebtenber
Oktober	uktuubir
November	nufimbir/nu'enbir
Dezember	disimbir/dijenbir

Unterkunft

Wo ist ein/e ...?	fiin kayn ...?
Campingplatz	shii mukheyyem
Hotel	shii uutayl
Jugendherberge	daar shshabab

Haben Sie ein freies Zimmer?
wash kayn shii biit khawiiya?

Kann ich das Zimmer sehen?
wash yemkenlii nshuuf lbiit?

Wie viel kostet das Zimmer pro Tag?
bash hal kayn gbayt l wahed nhar?

Ich möchte ein Zimmer ...	bghiit shii biit ...
für eine Person	dyal wahed
für zwei Personen	dyal juuj
mit Bad	belhammam

Bett	namuusiiya
Bettzeug	iizar
Decke	bttaaniiya
Dusche	duush
Klimaanlage	kliimatiizasiiyun
Schlüssel	saruut
Toilette	biit lma
Warmwasser	lma skhuun
Zimmer	biit

Verkehrsmittel & -wege

Öffentliche Verkehrsmittel

Wann fährt ... ab/ kommt ... an?	wufuqash kaykhrej/ kaywsul ...?
Fähre	lbabuur
Flugzeug	ttayyyaara
Stadt-/Intercitybus	ttubiis/lkar
Zug	tran

Ich hätte gern ein Ticket ...	'afak bghiit wahed lwarka l ddar lbayda ...
hin und zurück	bash nemshii uu njii
1./2. Klasse	ddaraja lluula/ttaniiya

Wo ist der/die ...?	fiin kayn ...?
Bahnhof	lagaar
Busbahnhof	mhetta dyal ttobiisat
Bushaltestelle	blasa dyal ttobiisat
Flughafen	mataar
Ticketschalter	maktab lwerqa

Wie viel kostet die Fahrt?
shhal taman lwarka?

Bitte sagen Sie mir, wann wir in ... ankommen.
'afak iila wselna l ... guulhaliiya

Ich möchte nur für einen Platz zahlen.
bghiit nkhelles blaasaawaheda

Halten Sie hier bitte an.
wqef henna 'afak

Bitte warten Sie auf mich.
tsennanii 'afak

Autofahren & Radfahren

Wo kann ich ein/en mieten ...?	fiin yimkin li nkri ...?
Auto	tumubiil
Esel	hmar
Fahrrad	bshklit
Kamel	jmel
Pferd	'awd

Kann ich hier parken?
wash nqder nwakef hna?

Wie lange darf ich hier parken?
sh-hal men waket neqder nstatiun hna?

Wie komme ich nach ...?
kiifesh ghaadii nuwsul l ...?

Wo ist die nächste Tankstelle?
fin kayna shi bumba dyal lisans griba?

Ich hätte gern ... Liter.
bghiit ... itru 'afak

Bitte überprüfen Sie das Öl/Wasser.
'afak shuf zzit/lma

Wir brauchen einen Mechaniker.
khesna wahed lmikanisyan

Das Auto ist bei ... liegen geblieben.
tumubiil khasra f ...

Ich habe einen Platten.
'ndi pyasa fruida

Wegweiser

Wo ist der/die/das ...?
fiin kayn ...?

Wie lautet die Adresse?
ashnuu huuwa l'unwan?

Bitte schreiben Sie die Adresse auf.
kteb l'unwan 'afek

Bitte zeigen Sie es mir auf der Karte.
werri liya men l kharita 'afak

Wie weit?
bshhal b'ayd?

Gehen Sie geradeaus.
siir niishan

Biegen Sie ... ab	dor ...
an der Ecke	felqent
an der Ampel	fedo elhmer
links	'al liiser
rechts	al liimen

hinter	men luy
hier	hna
neben	hedda
gegenüber	'eks
dort	hunak

Norden	shamel
Süden	januub
Osten	sherq
Westen	gherb

BERBERSPRACHEN

Bei den Berbern gibt's drei Hauptdialekte,die in gewisser Weise auch für die enthnische Zugehörigkeit stehen.

Im Norden, rund um das Rif, sprechen die Einheimischen einen Dialekt namens Irifien. Dieser ist bis in Figuig an der algerischen Grenze zu hören. Im Mittleren und Hohen Atlas und in den Tälern Richtung Sahara gibt's einen Dialekt mit verschiedenen Namen, z. B. Braber oder Amazigh.

Fast alle sesshaften Stämme des Hohen Atlas, des Antiatlas, der Sousebene und der Oasen im Südwesten sprechen Taschelhit oder Chlcuh.Die folgenden Begriffe entstammen dem Taschelhıt-Dialekt, der für Traveller am nützlichsten sein dürfte.

Konversation & Nützliches

Hallo.	la bes darik/darim (m/f)
Hallo. (Antwort)	la bes
Auf Wiedersehen.	akayauun arbii
Bis später.	akranwes daghr
Bitte.	barakalaufik
Danke.	barakalaufik
Ja.	yah
Nein.	oho
Entschuldigung.	samhiy
Wie geht's?	meniik antgiit?
Gut, danke.	la bes, lhamdulah
Gut.	iifulkii/iishwa
Schlecht.	(khaib) iighshne

Praktisch & Konkret

Essen	tiiremt
Maultier	aserdon
Schlafplatz	kra lblast mahengane
Wasser	arman

Gibt's ...?	iis iila ...?
Haben Sie ...?	iis daruun ...?
Wie viel kostet das?	minshk aysker?
Geben Sie mir ...	fky ...
Ich möchte ...	riigh ...
ein bisschen/viel	iimiik/bzef
nicht gut	uur iifulkii
zu teuer	iighla

Ich möchte nach ...	addowghs ...
Wo ist ...?	mani ghiila ...?
Ist es nah/weit?	iis iiqareb/yaguug?
geradeaus	niishan
nach links	fozelmad
nach rechts	fofasii

Berg	adrar
Dorf	duurwar
Fluss	asiif
der Pass	tizii

gestern	iidgam
heute	(zig sbah) rass
morgen	(ghasad) aska

GLOSSAR

Nachfolgend werden arabische (A), berberische (B), französische (F) und spanische (S) Begriffe aufgelistet, die in diesem Reiseführer immer wieder vorkommen. Nützliche Begriffe zum Trekking siehe S. 39.

agadir (B) – befestigter, gemeinschaftlich genutzter Kornspeicher
'ain (A) – Wasserquelle
aït (B) – Familie (von), steht oft vor Stammes- & Ortsnamen
Al-Andalus – islamisches Spanien und Portugal
Alawiden – Herrscherdynastie, die in Marokko seit Ende des 17. Jhs. an der Macht ist
Allah – Gott
Almohaden – sittenstrenge islamische Bewegung und Dynastie (1147–1269), ursprünglich berberisch, die sich als Reaktion auf die korrupte Dynastie der Almorawiden formierte
Almoraviden – islamische Bewegung und Dynastie (1054–1147), die über Spanien und den *Maghreb* herrschte
assif (A) – Wasserlauf, Fluss

bab (A) – Tor
babouches (F) – traditionelle Lederslipper
banu (A) – siehe *beni*
baraka (A) – Segen oder Gefallen
ben (A) – (oder *ibn)* Sohn von
bendir (B) – berberische Rahmentrommel
beni (A) – „Söhne des", oft dem Stammesnamen vorangestellt (auch *banu)*
Berber – indigene Bevölkerung Nordafrikas
borj (A) – Festung; wörtlich „Wachtturm"
brigade touristique (F) – Touristenpolizei
bureau des guides (F) – Büro der Reiseführer

calèche (F) – Pferdekutsche
calle (S) – Straße
camionette (F) – Minivan oder Kleintransporter
chergui (A) – trockener Wüstenwind aus dem Osten
Compagnie de Transports Marocains – CTM; staatliches Busunternehmen
Corniche – Küstenstraße

dar (A) – traditionelles Stadthaus mit Innenhof
Délégation Régionale du Tourisme – Touristeninformation
derb (A) – Gasse oder enge Straße
djemaa (A) – Freitagsmoschee (auch *jami'*, *jemaa* und *jamaa*)
douar (A) – im Hohen Atlas Bezeichnung für „Dorf"
douche (F) – öffentliche Duschen (siehe *Hamam)*
Dschellaba – beliebtes, wallendes Kleidungsstück, für Männer aus Baumwolle oder Wolle, für Frauen aus leichten Synthetikstoffen

Eaux et Forêts – Ministerium, dem die Nationalparks unterstehen
eid (A) – religiöses Festival
Ensemble Artisanal – staatlicher Kunsthandwerksladen
erg (A) – Sanddünen

fantasia (S) – militärische Übung mit Kavallerieangriff
faux guides (F) – inoffizielle Führer
foum (A) – meist die Mündung eines Flusses oder die Öffnung eines Tals (von arabisch „Mund")
frontera (S) – Grenze
funduq (A) – *Karawanserei* (oft für „Hotel")

gîte, gîte d'étape (F) – Hostel für Trekker, manchmal auch Privatunterkunft
gardien de voitures (F) – Parkplatzwächter
gare routière (F) – Busbahnhof
ghassoul (A) – eine Art Lehmgemisch mit Kräutern, getrockneten Rosenblättern und Lavendel aus dem *Hamam* zum Fettentfernen und Haarewaschen
glaoua (A) – flach gewebter Teppich mit sehr flauschigem Flor (auch *zanafi)*
Gnaoua – auch Gnawa; marokkanische, bluesähnliche Musikform; stammt von befreiten Sklaven in Marrakesch und Essaouira
grand taxi (F) – Sammeltaxi (für weite Entfernungen)

Hadsch – Pilgerfahrt nach Mekka; ein Hadschi/eine Hadschia ist ein Mann/eine Frau, der/die gepilgert ist
halqa (A) – Straßentheater
Hamam – türkisches Badehaus mit einer Sauna und Massagebehandlungen; auch *bain* (Bad) oder *bain maure* (maurisches Bad; beide Begriffe stammen aus dem Französischen)
hammada (A) – Steinwüste
hanbel (A) – siehe *Kelim*
haram (A) – wörtlich „verboten"; bezeichnet einen Bereich, der heilig oder nicht zugänglich ist, beispielsweise den Gebetsraum einer Moschee

Hidschra – Flucht des *Propheten Mohammed* von Mekka nach Medina im Jahr 622; Beginn der islamischen Zeitrechnung

ibn (A) – Sohn von (siehe auch *ben*)
Idrissiden – marokkanische Dynastie, die im 9. Jh. einen stabilen Staat im Norden errichtete
iftar (A) – Fastenbrechen zu Sonnenuntergang im Monat Ramadan; Frühstück (auch *ftur*)
Imam – islamischer Geistlicher
Interzone – der Begriff stammt vom Schriftsteller William Burroughs und bezeichnet die Zeit zwischen 1923 und 1956, als Tanger unter der Herrschaft von neun Ländern stand
irifi (A) – trockener Wüstenwind, auch *chergui* genannt

jebel (A) – Berg (in Regionen, die früher französisch waren, manchmal *djebel)*
jedid (A) – neu (manchmal *jdid*)

Kalif – „Stellvertreter" des *Propheten Mohammed*; Herrscher über die islamische Welt
Kapitol – Haupttempel einer römischen Stadt, meist im Forum gelegen
Karawanserei – großer Gasthof für Kaufleute, in einem Innenhof gelegen; Unterbringung und Marktplatz (siehe auch *funduq)*
Kasbah – Festung, Zitadelle, oft auch Verwaltungszentrum (auch *qasba)*
Kelim – gewebte Decken oder Teppiche (auch *hanbel*)
kif (A) – Marihuana
Koran – heiliges Buch der Muslime (auch *quran)*
Korsaren – Piraten des 18. Jhs. mit Basis bei Salé
koubba (A) – Heiligtum oder Schrein (siehe auch *marabout)*
ksar (A) – Festung oder Befestigung (Plural: *ksour*)

mâalems (A)– Kunsthandwerksmeister
Maghreb – wörtlich „Westen"; Gebiet, das Marokko, Algerien, Tunesien und Libyen umfasst
maison d'hôte (F) – Pension, oft in traditionellen, restaurierten marokkanischen Wohnhäusern
majoun (A) – klebrige Paste aus den zerdrückten Samen der Marihuanapflanze
marabout – Heiliger; oft auch das Mausoleum eines Heiligen
masjid (A) – anderer Name für eine Moschee, besonders in einer *Medersa* (siehe auch *djemaa*)
mechouar (A) – königlicher Versammlungsort
Medersa – Schule, in der Theologie, Recht, arabische Literatur und Grammatik unterrichtet werden (auch Medrese oder Madrassa)
Medina – Altstadt; der alte arabische Teil moderner Orte und Städte
mellah (A) – jüdisches Viertel der *Medina*
Meriniden – marokkanische Dynastie (1269–1465), die viele *Medersas* errichten ließ
Mihrab – Gebetsnische in der Moscheewand, die zeigt, wo Mekka liegt (das *qibla)*
Minbar – Kanzel in der Moschee; Imame predigen von einer unteren Stufe, da der *Prophet* von der obersten Stufe predigte
moulay (A) – Herrscher
Mouloud – islamisches Fest, das die Geburt des *Propheten Mohammed* feiert
moussem (A) – Pilgerreise zum Grab eines *marabout;* Fest zu Ehren eines *marabout*
Muezzin – Moscheeangehöriger, der vom Minarett aus die Gläubigen zum Gebet ruft
Muqarna – Dekorstuck
musée (F) – Museum

ONMT – Office National Marocain du Tourisme (Nationaler Tourismusverband), manchmal auch Délégation Régionale du Tourisme
ordinaire (F) – weniger komfortabler Zug und etwas langsamer als ein *rapide*
oued (A) – Fluss oder Bach mit ausgetrockneten Flussbetten (manchmal *wad* oder *wadi*)
oulad (A) – Söhne (von), oft vor einem Stammes- oder Ortsnamen stehend

palais de justice (F) – Gerichtshof
palmeraie (F) – Palmenhain
pastilla (S)– reichhaltige Pastete, ein Mix aus Pikant und Süß mit Huhn oder Taube und feinem Teig; Gericht aus Teiglagen mit Zimt und Mandeln, ein Dessert bei Banketts
Pascha – wichtiger Regierungsvertreter im osmanischen Reich
pensión (S) – Pension
petit taxi (F) – Taxi für Kurzfahrten
pisé (F) – Baustoff aus sonnengetrocknetem Ton/Lehm
piste (F) – unbefestigte Straße, oft nur mit Allradfahrzeug passierbar
place (F) – Platz
plage (F) – Strand
plazas de soberanía (S) – „Plätze der Souveränität"; so wurden die zu Spanien gehörenden Gebiete in Nordafrika bezeichnet
pressing (F) – Reinigung, Wäscherei
Prophet (Mohammed) – Begründer des Islam (570–632)

qaid (A) – örtlicher Häuptling, in einigen Regionen vergleichbar mit dem Bürgermeister (auch *caid)*

qissaria (A) – überdachter Markt, manchmal auch kommerzielles Zentrum einer *Medina*

Ramadan – neunter Monat im islamischen Jahr; Fastenmonat

rapide (F) – etwas schnellerer und komfortablerer Zug als der *ordinaire*

Reconquista – Rückeroberung der von Mauren besetzten Iberischen Halbinsel durch die Christen

refuge (F) – alpine Hütte, Schutzhütte für Wanderer

Riad – traditionelles Stadthaus mit einem Innengarten

ribat (A) – Kombination aus Kloster und Festung

Saaditen – marokkanische Dynastie; herrschte im 16. Jh.

sharia (A) – Straße

shedwi (A) – flach gewebter, gestreifter Teppich

Scherif – Abkömmling des *Propheten Mohammed*

Schiiten – die kleinere der beiden islamischen Haupströmungen; die Gründer akzeptierten nur Nachkommen von Ali, dem Schwiegersohn des *Propheten*, als dessen Nachfolger (siehe auch *Sunniten)*

sidi (A) – höfliche Anrede (vergleichbar mit „Herr"; auch *si)*

skala (A) – Festung

Sufismus – islamische Mystik; bei der Beziehung zu Gott spielt die innere Einstellung eine besondere Rolle

Suk – Markt (auch *souq)*

Sunniten – die größere der beiden islamischen Hauptströmungen, abgeleitet von Anhängern des Omaijaden-Kalifats (siehe auch *Schiiten)*

Syndicat d'Initiative – Touristeninformation der Regierung

tabac (F) – Laden für Zigaretten und Zeitungen

tadelakt (A) – wasserundurchlässige Kalkmischung mit Pigmenten; wird mit einem Stein zu einer glatten, glänzenden Oberfläche poliert; ursprünglich nur für Wände von *Hamams* genutzt, jetzt sehr beliebt bei Innenarchitekten

tariq (A) – Straße

téléboutique (F) – privat betriebener Telefondienst

télécarte (F) – Telefonkarte

terz Fezzi (A) – detailreiche geometrische Stickerei, die aus Fes stammt

tizi (B) – Bergpass

Tuareg – nomadische Berber der Sahara; wegen der mit Indigo gefärbten Kleidung auch als „Blaue Männer" bekannt

ville nouvelle (F) – neue Stadt; Städte, die die Franzosen neben bereits bestehenden Orten und Städten errichteten

Wesir – Bezeichnung für einen Provinzgouverneur im Osmanischen Reich oder für einen Berater des Sultans

zanafi (A) – flach gewebter Teppich mit sehr flauschigem Flor (auch *glaoua)*

zawiya (A) – religiöse Bruderschaft rund um einen *marabout;* Ort der Bruderschaft (auch *zaouia)*

zellij (A) – Dekofliesen aus Keramik

Hinter den Kulissen

WIR FREUEN UNS ÜBER IHR FEEDBACK

Post von Travellern zu bekommen ist für uns ungemein hilfreich – Kritik und Anregungen halten uns auf dem Laufenden und helfen, unsere Bücher zu verbessern. Unser reiseerfahrenes Team liest alle Zuschriften genau durch, um zu erfahren, was an unseren Reiseführern gut und was schlecht ist. Wir können solche Post zwar nicht individuell beantworten, aber jedes Feedback wird garantiert schnurstracks an die jeweiligen Autoren weitergeleitet, rechtzeitig vor der nächsten Nachauflage.

Wer uns schreiben will, erreicht uns über www.lonelyplanet.de/kontakt.

Hinweis: Da wir Beiträge möglicherweise in Lonely Planet Produkten (Reiseführer, Websites, digitale Medien) veröffentlichen, ggf. auch in gekürzter Form, bitten wir um Mitteilung, falls ein Kommentar nicht veröffentlicht oder ein Name nicht genannt werden soll. Wer Näheres über unsere Datenschutzpolitik wissen will, erfährt das unter www.lonelyplanet.com/privacy.

UNSERE LESER

Vielen Dank an die Traveller, die unsere letzte Ausgabe genutzt und uns hilfreiche Hinweise, Ratschläge und interessante Geschichten geschickt haben.

Helmut Ablinger, Azzam Alkadhi, Sebastian Arabito, Mike Armstrong, Joanna Armstrong, Bethany Arnold, M. A. Azzam, Lies Baarendse, Phil Baker, Shan Baker, Guillermo Ballesteros, Steph Barnes, Magda Benavides, Christine Bernard, Martin (Bez) Berridge, Marcus Beuchert, Gwen Bingle, Sam Bixby, Rachel Blech, Elisabeth van den Bogaard, Katie Borg, Daniël Bosman, Moya Bradbee, Scott Brandl, Chiara Brivio, Vincent Brouerius van Nidek, Jonathan Brown, Shane Buckham, Jeanne Burnham, Laura Buttafoco, Mark Buzinkay, Melissa Caras, Stephanie Carnachan, Bouzekri Chakroune, Sarah Collings, Wouter Coppens, Alice Cox, Ranald Coyne, Wells Crandall, Derek Crosby, Tim Cullis, Janet Cupples, Cyril, Lui DelVerto, Heather Dev, Riet Dhuyvetter, Lilian Dijkema, Jeroen Doorn, Clement Douault, Jess Dunbar, Karima Echcherki, Richard Else, Oriol Llach Estrella, Lorraine Federico, Margo Finlay, Stavros Fotiadis, Mike Fowkes, Ednah Beth Friedman, Kostas Gabriel, Warren Galgut, Ana Gimenez, Frans Glazener, Samantha von Gleichenstein, Susan Gore, Petra Gran, Françoise Guévin, Julia Gunther, Vivek Gurudutt, Yorron Hackmon, Inga Hanover, Bill Hanson, Emma Hart, Kathy Hawkins, Jackie Hayes, Larissa van Hensbergen, Nadja Hermann, Michael Hicks, Stephen Honey, Wim van Hoorn, Alice Horsman, Brent Huff, Frank Huisingh, Sue Hunt, John Hutchison-Maxwell, Nicole Ianieri, Jill Israel, Tracy Jenkins, Paula Joe, Gill Johnston, Carla Jones da Silva, Rebecca Jürgens, Viktor Kaposi, Bahim Karaoui, Manon Kelder, Heidi Klein, Jaap Kok, Boštjan Kolarič, Ane Krestine Larsen, Jonathan Ledbury, Chloe Lee, Elisabeth Lefebvre, Jean-Claude Lefebvre, Jonatan Leffler, Audun Lem, Liliam, Pamela Lowenstein, Pablo Lozano, Robert Malies, Christina Mang, Orlaith Mannion, Francesca Marini, Brett Martin, Jacqueline Martin, Chris Matthyssen, Christine McGrath, Alexandra Meyer, Jan de Morree, Brendan Moroso, Beth Mottart, Hana Muselikova, Gemma Newbery, Marc Nolden, Sian O'Keefe, Eduardo Oliveira, Joanna O'Maley, Dino Ott, Nordine Ouyahia, Malcolm Page, Pietro Passinetti, Sonal Patel, Julie Paterson, Alan Pearson, Casper Pedersen, Nicole Perry, Nondas Pettas, Jiri Pilar, Carolyn Popple, Atif Qadir, Helen Quaggin-Molloy, Nadine Raidbard, Cleber Rezende, Hans Riedler, Liel Rohwer, Mary Rose-Miller, Massimiliano Russi, Nicolas Sansone, Azra Saric, Anneke Schakenraad, Almut Schindler, Isabel Schmitz-DuMont, Ayesha Siddiqi, Barney Smith, Stephen Sohmer, Sharon Sorek, Ruthi Soudack, Kathy Stetz, Stella Steveni, Hannah Stewart, Pat Streuber, Catherine Such, Matt Such, Karol Svaral, Jessica Svensson, Adam

Taylor, Yumiko Texidor, Jon Thompson, Karren Thorn, Nicoletta Tosi, Marek Tretera, Michael Turner, Heidie van Veen, Armijn Verweij, Julina Wadsworth, Kit Wardle, Simon Webster, Susan West, Andreas Wicke, Cornelia Wiedmer, Jurriaan Witteman, Tina Yocum, Keren Zaks, Marloes van Zantvoort, Markus Zink.

DANK DER AUTOREN

James Bainbridge

Ein Djemaa-el-Fna-artiges Dankeschön-Konzert an meine Mitautoren für ihr Know-how und ihre Begeisterung sowie an Mohamed, Kay und die Riad-Bledna-Gang (inklusive Omar für seine militärische Planung), die Catling-Familie, Laargoub Car in Agadir, Sissi und Hassan von Yallatrek und Mahfoud von der Auberge le Safran in Taliouine, die Mitarbeiter der Maison Traditionnelle in Oumesnate, Mohamed in Tiwadou, Jean-Pierre in Sidi Ouarsik, sowie Sadat und Pete in Tarfaya.

Alison Bing

Allah yhrem waldikum (Gott segne eure Eltern) an die Marokkokenner Souad Boudeiry, Si Ahmad Nmeis, Mohamed, Omar und Kay Nour; meine unerschrockenen Mitreisenden Sahai Burrowes und Sandeep Brar; die geliebten Marokko-Koautoren, die redaktionellen *maâlems* (Meisterhandwerker) David Carroll und Kate James und die beherzten Lonely Planet Kartografen; sowie Marco Flavio Marinucci für ein lebenslanges Abenteuer. An alle marokkanischen Freunde, Gastgeber und netten Fremden, die zu zahlreich sind, um sie hier alle zu erwähnen, geht ein *llaykhlef alf* – möge eure Gastfreundschaft tausendfach an euch zurückgegeben werden.

Paul Clammer

Shukran an meine „Fassi-Familie" – ihr wisst, wer gemeint ist. Danke an Jack, Ina und Youness in Figuig sowie Cynthia Berning in Midelt.

Helen Ranger

Danke an das Lonely Planet Team, James und die anderen Autoren. In Casablanca half mir Mustapha Bouamara, außerdem war Tahir Shah eine Freude. In Essaouira *shukran bizeff* an Latifa Boumazzhour und Kirsty McArdle für ihr Insiderwissen. Ricky in Asilah danke ich für die fabelhafte Terrasse. Gerald Loftus in Tanger war inspirierend. John Wilkinson in Chefchaouen verfügt über beeindruckende Kenntnisse und mischte tolle Campari-Gin-Getränke. Abdesalam Moudden und Mostapha el-Habti aus dem Rif besitzen wunderbares Trekking-Knowhow. Amine Adrissi erwies sich als freundlicher, kompetenter Fahrer. Ein besonderes Dankeschön geht an Ibn Warraq, dessen Turban immer noch abgewickelt werden muss.

QUELLENNACHWEISE

Klimakartendaten von Peel, M. C., Finlayson, B. L. & McMahon, T. A. (2007) „Updated World Map of the Köppen-Geiger Climate Classification", *Hydrology and Earth System Sciences*, 11, 163344.

Umschlagfoto: Hassan-II.-Moschee, Casablanca/Feargus Cooney/Lonely Planet Images. Viele Fotos in diesem Reiseführer können bei Lonely Planet Images, www.lonelyplanetimages.com, auch lizenziert werden.

ÜBER DIESES BUCH

Dies ist die 3. deutsche Auflage von *Marokko*, basierend auf der 10. englischen Auflage von *Morocco*, die aus der Feder von James Bainbridge (Hauptautor), Alison Bing, Paul Clammer und Helen Ranger stammt. Die 9. Auflage wurde von Paul Clammer, Alison Bing, Anthony Sattin und Paul Stiles verfasst, für die 8. Auflage waren Anthony Ham, Alison Bing, Paul Clammer, Etain O'Carroll und Anthony Sattin verantwortlich. Für das Kapitel „Gesundheit" aus der 9. und 10. Auflage wurde ein Text von Dr. Caroline Evans verwendet und für diese Auflage von James Bainbridge aktualisiert.

Dieser Reiseführer wurde vom Lonely Planet Büro Melbourne in Auftrag gegeben und von folgenden Personen produziert:

Verantwortlicher Redakteur
David Carroll

Leitende Redakteurinnen
Kate James, Monique Perrin

Leitender Kartograf
Jolyon Philcox

Leitender Layoutdesigner
Nicholas Colicchia

Chefredakteurinnen
Anna Metcalfe, Susan Paterson

Redaktion Brigitte Ellemor

Kartografie
Adrian Persoglia, Amanda Sierp

Layoutdesign
Chris Girdler, Celia Wood

Redaktionsassistenz
Carly Hall, Helen Koehne, Helen Yeates

Kartografieassistenz
Mick Garrett, Joelene Kowalski, Alex Leung, James Leversha

Umschlagrecherche
Naomi Parker

Interne Bildrecherche
Rebecca Skinner

Redaktion Sprachführer
Annelies Martens, Branislava Vladisavljevic

Dank an Shahara Ahmed, Melanie Dankel, Frank Deim, Ryan Evans, Jocelyn Harewood, Victoria Harrison, Lisa Knights, Andi Lien, Wayne Murphy, Peter Shields, Juan Winata

Register

A

B

F

Verweise auf Karten **000**
Verweise auf Fotos 000

G

H

L

M

Verweise auf Karten **000**
Verweise auf Fotos 000

Verweise auf Karten **000**
Verweise auf Fotos **000**

V

W

Z

Auf einen Blick

Folgende Symbole helfen sich im Verzeichnis zurechtzufinden:

- Sehenswertes
- Aktivitäten
- Kurse
- Touren
- Feste & Events
- Schlafen
- Essen
- Ausgehen
- Unterhaltung
- Shoppen
- Praktisches/ Transport

Weitere hilfreiche Symbole:

- Telefonnummer
- Öffnungszeiten
- Parkmöglichkeiten
- Nichtraucher
- Klimaanlage
- Internetzugang
- WLAN
- Swimmingpool
- Vegetarisches Angebot
- Englische Speisekarte
- Familienfreundlich
- Tierlieb
- Bus
- Fähre
- Metro
- U-Bahn
- London Tube
- Straßenbahn
- Zug

Die Einträge unter „Schlafen", „Essen" usw. sind nach den Vorlieben der Autoren geordnet.

Empfehlungen von Lonely Planet:

- LP TIPP – Das empfiehlt unser Autor
- GRATIS – Hier bezahlt man nichts
- Nachhaltig und umweltverträglich

Für die Sehenswürdigkeiten, Unterkünfte, Organisationen und Restaurants mit diesen Symbolen ist Verantwortungsbewusstsein nicht nur eine Marketingfloskel, deshalb wurden sie von den Lonely Planet Autoren ausgewählt. Sie unterstützen z. B. lokale Erzeuger, haben vor allem regionale Produkte auf ihrer Speisekarte oder setzen sich für die Erhaltung der Umwelt ein.

Kartenlegende

Sehenswertes
- Strand
- Buddhistisch
- Burg/Festung
- Christlich
- Hinduistisch
- Islamisch
- Jüdisch
- Denkmal
- Museum/Galerie
- Ruine
- Weingut/Weinberg
- Zoo
- Noch mehr Sehenswertes

Aktivitäten, Kurse & Touren
- Tauchen/Schnorcheln
- Kanu-/Kajakfahren
- Skifahren
- Surfen
- Schwimmen/Pool
- Wandern
- Windsurfen
- Noch mehr Aktivitäten Kurse/Touren

Schlafen
- Hotel/Pension
- Camping

Essen
- Restaurant

Ausgehen
- Bar/Kneipe
- Café

Unterhaltung
- Theater/Museum

Shoppen
- Geschäft

Praktisches
- Bank
- Botschaft/ Konsulat
- Krankenhaus/Arzt
- Internet
- Polizei
- Postamt
- Telefon
- Toiletten
- Touristeninformation
- Noch mehr Informationen

Transport
- Flughafen
- Grenzübergang
- Bus
- Seilbahn
- Fahrradweg
- Fähre
- Metro
- Eisenbahn eingleisig
- Parkplatz
- Tankstelle
- Taxi
- Eisenbahn
- Straßenbahn
- Anderes Verkehrsmittel

Verkehrswege
- Mautstraße
- Autobahn
- Hauptstraße
- Landstraße
- Verbindungsstraße
- Sonstige Straße
- Unbefestigte Straße
- Platz/Fußgängerzone
- Stufen
- Tunnel
- Fußgängerbrücke
- Wanderung
- Wanderung mit Abstecher
- Pfad

Landschaften
- Hütte
- Leuchtturm
- Aussichtspunkt
- Berg/Vulkan
- Oase
- Park
- Pass
- Raststelle
- Wasserfall

Städte
- Hauptstadt
- Landeshauptstadt
- Großstadt
- Ort/Dorf

Grenzen
- Internationale Grenze
- Bundesstaatengrenze/ Provinzgrenze
- Umstrittene Grenze
- Regionale Grenze/ Vorortgrenze
- Meerespark
- Klippen
- Mauer

Gewässer
- Fluss/Bach
- Periodischer Fluss
- Sumpf/Mangrove
- Riff
- Kanal
- Wasser
- Trocken-/Salz-/ Periodischer See
- Gletscher

Gebietsformen
- Strand/Wüste
- Christlicher Friedhof
- Weiterer Friedhof
- Park/Wald
- Sportanlage
- Sehenswerte Bebauung
- Highlights (Bebauung)

DIE AUTOREN

James Bainbridge

Hauptautor; Südmarokko & Westsahara James' Karriere als Reiseschriftsteller begann vor mehr als zehn Jahren. Damals nahm der Zeitschriftenjournalist eine Auszeit von seinem Job in London und lernte Marokko auf dem Überlandweg nach Timbuktu kennen. Seine Erfahrungen hielt er in mehreren Artikeln für den *Guardian* fest. Es folgten weltweite Publikationen über Afrika und den Nahen Osten, darunter Lonely Planet Reiseführer wie die *Türkei* oder *West Africa.* Seitdem reiste James immer wieder nach Marokko und singt mit der Leidenschaft eines Gnaoua-Musikers Loblieder auf das Land. Wenn er nicht gerade Preise von *grands taxis* im Antiatlas recherchiert, lebt er in Kapstadt.

Alison Bing

Marrakesch & Zentralmarokko Alison hat bereits Beiträge für Lonely Planet Reiseführer wie *Kalifornien, USA* und *Italien* verfasst und für diesen Band systematisch jeden *mechoui*-Lammbraten in Marrakesch probiert, es sich auf Riad-Dachterrassen gemütlich gemacht, um Sonnenuntergänge zu beobachten, sowie persönlich die Dampfstärke von Hamams untersucht. Sie studierte Islamische Kunst, Architektur und Nordafrikanische Volkswirtschaftslehre an der American University in Kairo und hat einen Master der Fletcher School of Law and Diplomacy, eines Programms der Unis Tufts und Harvard. Mit eigenwilligen Kommentaren zu Kunst, Essen und Kultur für Zeitungen, Zeitschriften und das Radio untergräbt sie regelmäßig ihre beachtliche diplomatische Ausbildung.

Paul Clammer

Königsstädte, Mittlerer Atlas & der Osten Als Student unternahm Paul seine erste Rucksacktour – und das ganz allein. Er stieg daheim in Cambridgeshire in den Bus und in Casablanca wieder aus. Danach war er zunächst einige Zeit als Molekularbiologe tätig, kehrte aber irgendwann wieder zurück nach Marokko, um dort als Touristenführer bei Trekkingtouren im Atlas und Besichtigungen der Medina von Fes zu arbeiten. Er freut sich besonders über die gestiegene Zahl von günstigen Flugverbindungen zwischen Großbritannien und Marokko und macht häufig Gebrauch davon.

Mehr Informationen über Paul unter:
www.lonelyplanet.com/members/paulclammer

Helen Ranger

Atlantikküste; Mittelmeerküste & Rifgebirge Seit ihrem 2004 erfolgten Umzug nach Fes verfasst Helen Beiträge über Marokko. Sie ist fasziniert von der Vielfalt des Landes und schreibt für den Lonley Planet Band *Fez Encounter* sowie für ihren Blog „The View from Fez". Für diesen Reiseführer nahm Helen schicke Boulevards unter die Lupe, arbeitete sich durch die Medina von Tanger, kraxelte einen Berghang des Beni-Snassen-Massivs hinab, relaxte in Chefchaouen und genoss die Kuriositäten (bzw. Tapas-Bars) von Ceuta und Melilla. Sie lebt in einem 400 Jahre alten Haus, wo sie so lange bleiben will, bis sie sich nicht mehr in der Medina von Fes verläuft.

Mehr Informationen über Helen unter:
www.lonelyplanet.com/members/helenranger

DIE LONELY PLANET STORY

Ein uraltes Auto, ein paar Dollar in den Hosentaschen und Abenteuerlust, mehr brauchten Tony und Maureen Wheeler nicht, als sie 1972 zu der Reise ihres Lebens aufbrachen. Diese führte sie quer durch Europa und Asien bis nach Australien. Nach mehreren Monaten kehrten sie zurück – pleite, aber glücklich –, setzten sich an ihren Küchentisch und verfassten ihren ersten Reiseführer *Across Asia on the Cheap.* Binnen einer Woche verkauften sie 1500 Bücher und Lonely Planet war geboren. Seit 2011 ist BBC Worldwide der alleinige Inhaber von Lonely Planet. Der Verlag unterhält Büros in Melbourne (Australien), London und Oakland (USA) mit über 600 Mitarbeitern und Autoren. Sie alle teilen Tonys Überzeugung, dass ein guter Reiseführer drei Dinge tun sollte: informieren, bilden und unterhalten.

Lonely Planet Publications,
Locked Bag 1, Footscray, Melbourne, Victoria 3011, Australia

Verlag der deutschen Ausgabe: MAIRDUMONT,
Marco-Polo-Straße 1, 73760 Ostfildern, www.mairdumont.com, lonelyplanet@mairdumont.com

Chefredakteurin deutsche Ausgabe: Birgit Borowski
Übersetzung: Julie Bacher, Tobias Büscher, Anne Cappel, Britt Maaß, Claudia Riefert, Petra Sparrer, Katja Weber
Redaktion: Meike Etmann, Isabelle Oster, Marion Krause (Verlagsbüro Wais & Partner, Stuttgart)
Mitarbeit: Sarah Kohl, Maria Onken
Technischer Support: Primustype, Notzingen

Marokko

3. deutsche Auflage Dezember 2011, übersetzt von *Morocco 10th edition,* August 2011, Lonely Planet Publications Pty

Printed in China